ELLEN GOULD WHITE

W0065353

DER
MESSIAS

GIHON PUBLISHING

DER MESSIAS
ELLEN GOULD WHITE

5. AUSGABE 2019

TITEL DER AMERIKANISCHEN ORIGINALAUSGABE:
»THE DESIRE OF AGES«
PACIFIC PRESS, 1898

SEITENZAHLEN DER ENGLISCHEN AUSGABE (DESIRE OF AGES)
IN KLAMMERN NEBEN DEN SEITENZAHLEN

ERSTE VERÖFFENTLICHUNG 1884/1888

HERAUSGEBER
© GIHON PUBLISHING
LITERATUR@GIHON.DE

PRINTED IN GERMANY

ISBN: 978-3-939979-15-9

VORWORT

Durch die kostbaren Zeilen dieses Buches entsteht vor dem Auge des Lesers jene gesegnete Zeit, als Jesus Christus, der Sohn Gottes unter den Menschen weilte. Unter genauester Berücksichtigung der vier Evangelien der Heiligen Schrift und von Gott geleitet, schrieb die Verfasserin dieses Buches das Leben des Messias und Heilandes dieser Welt nieder. Durch ihre umfassende Kenntnis der Heiligen Schrift und der damaligen Ereignisse vermittelt sie uns den tiefsten Eindruck in die Lebensgeschichte des Erlösers und Retters der Menschheit.

Dieses Buch erklärt und belehrt, tröstet und erhebt und ist ein Wegweiser zum himmlischen Ziel. Die Lebensgeschichte des Sohnes Gottes während seines Erdenlebens wird hier authentisch erzählt. Es enthält die wichtigsten Ereignisse und die liebevollsten Momente unseres Heilandes bis zu seiner Himmelfahrt.

Ellen G. White (1827-1915) ging es in diesem Buch darum, Gottes Liebe zu beschreiben, die sich besonders eindrucksvoll im Leben und Wirken von Jesus aus Nazareth offenbarte. Die Autorin fing 1858 an, über das Leben Jesu zu schreiben. Ihr wurden viele Visionen im jahrhundertelangen Konflikt zwischen Christus und Satan gezeigt. Vieles davon schrieb sie schon in dem Buch »Geistliche Gaben« nieder. Es war der Geist von Gott, der sie leitete. Er war die führende Macht im Schreiben all ihrer Mitteilungen.

Es ist nicht nur ein anderes Buch über das Leben Jesu. Als Gegensatz zu anderen Werken über das Leben Jesu wurde es unter der Inspiration des Geistes Gottes geschrieben. Es ist vom himmlischen Geist durchwebt. Hier können wir den Herrn selbst erkennen. Diesen Segen können alle erhalten, die diese Seiten mit Herz und Verstand durchsuchen und dann auch bereit sind, sich dabei vom Heiligen Geist auch führen zu lassen.

Jesus Christus ist die entscheidende Person im kosmischen Konflikt. Durch sein Leben, Leiden und Sterben hat er ihn gewonnen – für uns alle! Vor allem hat er gezeigt, wie liebevoll, gütig und barmherzig Gott ist.

Die Herausgeber

INHALTSVERZEICHNIS

III. Licht und Schatten über dem Weg des Heilandes

VERWENDETE BIBELÜBERSETZUNGEN: LUTHER ÜBERSETZUNG, ODER SCHLACHTERAUSGABE
2000 WENN NICHT ANDERS ANGEGEBEN
GN – GUTE NACHRICHT • NL – NEUES LEBEN BIBEL • HFA – HOFFNUNG FÜR ALLE

KAPITEL 1

*Auf Grundlage von
Matthäus 1
Lukas 1*

»*GOTT MIT UNS*«

M an wird ihm den Namen Immanuel geben, das heißt übersetzt: ‚Gott mit uns'.« Matthäus 1,23 »Die Erleuchtung zur Erkenntnis der Herrlichkeit Gottes« strahlte »in dem Angesicht Jesu Christi.« 2. Korinther 4,6 Von Ewigkeit an war der Herr Jesus eins mit dem Vater. Er war »das Ebenbild Gottes« 2.Korinther 4,4 in Größe und Majestät, »der Abglanz seiner Herrlichkeit.« Hebräer 1,3 Er kam auf die Erde, um diesen Ruhm zu festigen, und in diese von Sünde belastete Welt, um das Licht der Liebe Gottes zu offenbaren – um »Gott mit uns« zu sein. Deshalb wurde auch von Ihm geweissagt: »Man wird Ihm den Namen Immanuel geben.« Matthäus 1,23

Indem Er kam, um mitten unter uns zu wohnen, wollte Jesus das Wesen Gottes den Menschen und den Engeln bekannt machen. Er war das Wort Gottes, durch Ihn wurden Gottes Gedanken lebendig. In Seinem hohepriesterlichen Gebet sagte Jesus: »Ich habe ihnen deinen Namen verkündet: Der HERR, der HERR, der starke Gott, der barmherzig und gnädig ist, langsam zum Zorn und von großer Gnade und Treue… 2.Mose 34,6, damit die Liebe, mit der du mich liebst, in ihnen sei und ich in ihnen.« Johannes 17,26 Diese Offenbarung wurde jedoch nicht nur Seinen Kindern hier auf Erden gegeben – unsere kleine Welt ist auch das Lehrbuch für das ganze Weltall. Gottes wunderbares Ziel der Gnade, das Geheimnis seiner erlösenden Liebe ist das Thema, das »auch die Engel gelüstet zu schauen«, 1.Petrus 1,12 und sie werden sich damit die ganze Ewigkeit hindurch beschäftigen. Die Erlösten wie auch die ungefallenen Wesen werden wegen dem Kreuz Christi selbst immer weiter studieren und darüber sogar Lieder singen. Dann werden sie erkennen, dass die Herrlichkeit, die von Jesus ausstrahlt, der Abglanz Seiner aufopfernden Liebe ist. Im Licht von Golgatha wird deutlich, dass das Gesetz der gebenden Liebe die Lebensgrundlage ist, die auf Erden und im Himmel gilt, und dass die Liebe, die »nicht das Ihre« 1.Korinther 13,5 sucht, aus dem Herzen Gottes kommt. Und in dem, der »sanftmütig und von Herzen demütig« Matthäus 11,29 ist, zeigt sich die Wesensart dessen, »der in einem unzugänglichen Licht wohnt, den kein Mensch gesehen hat noch sehen kann.« 1.Timotheus 6,16 Am Anfang offenbarte sich Gott in jedem Seiner Schöpfungswerke. Es war Christus, der den Himmel ausbreitete und auch der Erde sein Fundament gab. Seine Hand positionierte die Welten im Universum und formte die Blumen auf dem Feld. Von Ihm heißt es: »Der du die Berge festsetzest in deiner Kraft.« Psalm 65,7 »Sein ist das Meer, und er hat's gemacht.« Psalm 95,5 Er war es, der die Erde schön gestaltete und die Luft mit Gesang erfüllte. Und auf jedes Seiner geschaffenen Werke auf Erden, in der Luft und am Himmel, schrieb Er die Botschaft von der Liebe des Vaters.

Durch die Sünde ist das vollkommene Werk Gottes zwar beschädigt worden, die göttliche Handschrift aber blieb erhalten. Selbst heute noch erzählt die Schöpfung von der Herrlichkeit und Güte Gottes. Nichts – abgesehen von den selbstsüchtigen Menschen – lebt für sich selbst. Jeder Vogel in den Lüften, jedes Tier auf der Erde dient einem anderen Leben. Jedes Blatt im Wald, jeder einfache Grashalm erfüllt einen bestimmten Dienst. Jeder Baum und Strauch, ja, jedes Blatt gibt von jener Lebenskraft weiter, ohne die weder Mensch noch Tier leben könnte. Und auch der Mensch und das Tier wiederum tragen zum Leben von Baum, Strauch und Blatt bei. Durch ihren Duft und ihre Schönheit werden die Blumen der Welt zum Segen. Die Sonne verströmt ihr Licht und erfreut dadurch tausend Welten. Selbst der Ozean, der Ursprung aller Quellen und Flüsse, empfängt die Gewässer aus allen Ländern wieder. Doch er nimmt nur, um erneut zu geben. Die Dunstschleier, die von ihm aufsteigen, fallen als Regen wieder auf die Erde herab, um erneut Leben hervorzubringen.

Die Engel der Herrlichkeit finden ihre Freude im Geben, wenn sie gefallenen, sündhaften Menschen Liebe anbieten und unermüdlich über sie wachen können. Himmlische Wesen werben um die Herzen der Menschen und bringen helles Licht in diese dunkle Welt. Durch sanftes und geduldiges Wirken beeinflussen sie das Gemüt, um verlorene Menschen in die Gemeinschaft mit Christus zu führen, die viel enger ist, als sie es sich vorstellen können.

Erst wenn wir uns vom diesseitigen Denken abwenden, wird uns bewusst, dass es die Herrlichkeit Gottes ist, zu geben. Jesus sagt von sich: Ich tue »... nichts von mir selber.« Johannes 8,28 »Der lebendige Vater hat mich gesandt, und ich lebe um des Vaters willen.« Johannes 6,57 »Ich suche nicht meine Ehre«, Johannes 8,50 »sondern die Ehre dessen, der mich gesandt hat.« Johannes 7,18 Diese Worte weisen auf den erhabenen Grundsatz hin, der das Gesetz des Lebens für das All bedeutet. Alle Dinge, die Christus von Gott erhielt, nahm Er aber, um wieder zu geben. So ist es auch in den himmlischen Vorhöfen, und das gilt auch für Jesu Dienst an allen geschaffenen Wesen: Durch den geliebten Sohn fließt die Lebenskraft des Vaters zu allen. Über den Sohn kehrt sie als Lobpreis und als fröhlichen Dienst wieder zum Vater zurück, eine

Flut der Liebe gleich, die zum erhabenen Ursprung aller Dinge zurück strömt. Durch Christus wird so der Kreislauf des Segens geschlossen, indem Er das Wesen des großen Gebers darstellt, der das Gesetz des Lebens vertritt.

Im Himmel selbst wurde dieses Gesetz übertreten. Die Sünde entsprang der Selbstsucht. Luzifer – der schirmende Cherub – wollte der Erste im Himmel sein. Er wollte die Kontrolle über die himmlischen Wesen bekommen, um sie von ihrem Schöpfer wegzuziehen und ihre Huldigung für sich selbst zu gewinnen. Deshalb stellte er Gott falsch dar und unterstellte Ihm den Wunsch nach Selbsterhöhung. So täuschte er Engel, so tat er es auch bei den Menschen. Er brachte sie dazu, an Gottes Wort zu zweifeln und Seiner Güte zu misstrauen. Weil Gott ein Gott der Gerechtigkeit und Ehrfurcht gebietender Hoheit ist, veranlasste Satan sie, Ihn für streng und unversöhnlich zu halten. So verleitete er später auch die Menschen, sich seiner Rebellion gegen Gott anzuschließen. Eine Nacht des Jammers legte sich auf die Erde.

Durch das Missverstehen der Absichten Gottes fiel die Welt in Finsternis. Damit die dunklen Schatten vertrieben und die Schöpfung zu Gott zurückgeführt werden konnte, musste Satans trügerische Macht vernichtet werden. Das konnte aber nicht durch Gewalt getan werden. Die Ausübung von Gewalt ist entgegen der Herrschaft Gottes. Er erwartet nur einen Dienst aus Liebe, und die kann man jedoch weder befehlen noch durch den Einsatz von Macht oder Gewalt erzwingen. Nur durch Liebe wird Liebe geweckt. Gott zu erkennen heißt, Ihn zu lieben. Der Gegensatz Seines Charakters zum Charakter Satans musste sichtbar gemacht werden. Nur Einer im ganzen Universum konnte dies tun; nur Jesus, der die Höhe und Tiefe der Liebe Gottes kannte, konnte sie auch verkünden. Über der Dunkelheit der Erde sollte die Sonne der Gerechtigkeit aufgehen voller »Heil unter ihren Flügeln.« Maleachi 3,20

Der Plan unserer Erlösung war keine nachträgliche Idee, ein Plan, der nach dem Fall Adams erst ausgearbeitet wurde. Er war vielmehr die »Offenbarung des Geheimnisses, das ewige Zeiten hindurch verschwiegen geblieben« war. Römer 16,25 Er zeigte die Grundsätze auf, die von Ewigkeit her den Thron Gottes begründeten. Es war eine Offenlegung der Grundsätze, die von Ewigkeiten her das Fundament des Thrones Gottes war.

Von Anfang an wussten Gott und Christus von der Abtrünnigkeit Satans und vom Fall des Menschen durch die täuschende Macht des Abfalls. Gott hat nicht bestimmt, dass die Sünde existieren sollte, Er hat sie aber voraus gesehen und traf Vorkehrungen, um diesem schrecklichen Notfall zu begegnen. So groß war Seine Liebe für die Welt, dass Er beschloss, Seinen eingeborenen Sohn dahinzugeben, »damit alle, die an ihn glauben, nicht verloren werden, sondern das ewige Leben haben.« Johannes 3,16

Satan hatte gesagt: »Ich will ... meinen Thron über die Sterne Gottes erhöhen ... und gleich sein dem Allerhöchsten.« Jesaja 14,13.14 Aber von Christus heißt es: »... der, als er in der Gestalt Gottes war, es nicht wie einen Raub festhielt, Gott gleich zu sein; sondern er entäußerte sich selbst, nahm die Gestalt eines Knechtes an und wurde wie die Menschen.« Philipper 2,6.7

Dies war ein freiwilliges Opfer. Jesus hätte an der Seite des Vaters bleiben und an der Herrlichkeit des Himmels und der Verehrung der Engel festhalten können. Doch Er entschied sich, das königliche Zepter in die Hände des Vaters zurückzugeben und vom Thron des Universums herabzusteigen, um denen Licht zu bringen, die im Dunkeln sind, und Leben zu den Verdammten.

Vor inzwischen 2000 Jahren hörte man im Himmel vom Thron Gottes her eine Stimme von Bedeutung: »Siehe, ich komme!.« »Opfer und Gaben hast du nicht gewollt; einen Leib aber hast du mir bereitet ... Siehe, ich komme – im Buch steht von mir geschrieben –, dass ich tue, Gott, deinen Willen.« Hebräer 10,5-7 Diese Worte sind ein Hinweis auf die Erfüllung des Planes, der von Ewigkeit an verborgen war. Christus hatte vor, auf unserer Erde zu erscheinen und Mensch zu werden. Deshalb sagt Er: »Einen Leib ... hast du mir bereitet.« Wäre Er in der Herrlichkeit erschienen, die Er beim Vater vor der Schöpfung der Welt besaß, dann hätten wir das Licht seiner Gegenwart nicht ertragen können. Damit wir Ihn anschauen konnten, ohne vernichtet zu werden, wurde Seine Herrlichkeit verhüllt. Seine Göttlichkeit war unter einem menschlichen Schleier verborgen – die unsichtbare Herrlichkeit sichtbar in menschlicher Gestalt.

Dieses große Vorhaben wurde vorgeschattet durch Sinnbilder und Symbole. Der brennende Busch, in dem Christus dem Mose erschien, offenbarte Gott. Um die Gottheit darzustellen, wurde ein armseliger Busch gewählt, der anscheinend keinerlei Anziehungskraft besaß. Dieser verhüllte den Unendlichen. Der allerbarmherzige Gott verbarg seine Herrlichkeit unter einem recht bescheidenen Abbild, damit Mose Ihn schauen und trotzdem weiterleben konnte. In der Wolkensäule bei Tag und in der Feuersäule bei Nacht kommunizierte Gott mit Israel, offenbarte dem Menschen Seinen Willen und ließ ihnen Seine Gnade zuteil werden.

Gottes Herrlichkeit wurde abgemildert und Seine Majestät verhüllt, damit die schwache Sehkraft des Menschen sie erblicken konnte. So sollte Christus im »nichtigen Leib« unserer menschlichen Gestalt erscheinen. Philipper 3,21 In den Augen der Welt verfügte Er über keine Schönheit, die Ihn angenehm gemacht hätte; dennoch war Er der Fleisch gewordene Gott, das Licht des Himmels und der Erde. Seine Herrlichkeit war verhüllt und die Erhabenheit und Majestät waren verborgen, damit Er den kummervollen und versuchten Men-

schen recht nahe kommen könnte.

Gott befahl durch Mose den Israeliten: »Sie sollen mir ein Heiligtum machen, dass ich unter ihnen wohne.« 2. Mose 25,8 In diesem Heiligtum mitten unter Seinem Volk wollte Er wohnen. Während der ganzen beschwerlichen Wüstenwanderung war das Sinnbild seiner Gegenwart stets bei ihnen. Genauso schlug Christus seine Hütte inmitten des Lebensraumes der Menschen auf. Er wohnte neben uns, um uns mit Seinem göttlichen Wesen und Leben vertraut machen zu können. »Das Wort wurde Fleisch und wohnte unter uns; und wir sahen seine Herrlichkeit, eine Herrlichkeit als des Eingeborenen vom Vater, voller Gnade und Wahrheit.« Johannes 1,14 Seitdem Jesus kam, um mit uns zu wohnen, wissen wir, dass Gott unsere Prüfungen kennt und unseren Schmerz nachempfindet. Jeder Sohn und jede Tochter Adams kann nun verstehen, dass unser Schöpfer der Freund von Sündern ist. In jeder Lehre der Gnade, in jeder Verheißung der Freude, in jeder Tat der Liebe, in jeder göttlichen Anziehung, offenbart im Leben des Heilandes, erkennen wir den »Gott mit uns«!

Satan stellt Gottes Gesetz der Liebe als eine Form der Selbstsucht dar. Er behauptet, dass es uns unmöglich sei, Seinen Vorschriften zu gehorchen. Den Fall unserer ersten Eltern mit all dem daraus resultierenden Schmerz, hängt er dem Schöpfer an und verleitet die Menschen dazu, in Gott den Urheber der Sünde, des Leides und des Todes zu sehen. Jesus enthüllt diese Täuschung. Als einer von uns sollte Er ein Beispiel des Gehorsams sein. Dafür nahm Er unsere menschliche Natur auf sich und erlebte unsere Erfahrungen. »Daher musste Er in allen Dingen seinen Brüdern gleich werden.« Hebräer 2,17 Falls wir etwas erdulden müssten, was Jesus nicht zu tragen brauchte, würde Satan dies so interpretieren, als sei die Kraft Gottes für uns nicht ausreichend, weshalb auch Jesus »...versucht ist allenthalben, gleich wie wir...« Hebräer 4,15 Er ertrug jede Versuchung, der auch wir ausgesetzt sind, doch benutzte Er zu seinem Vorteil keine Kraft, die nicht auch uns reichlich zur Verfügung steht.

Als Mensch trat Er der Versuchung entgegen und überwand sie mit der Kraft, die Ihm von Gott gegeben wurde. Er sagte: »Deinen Willen, mein Gott, tue ich gern, und dein Gesetz hab ich in meinem Herzen.« Psalm 40,9 Als Er umherzog, um Gutes zu tun und die zu heilen, welche von Satan gequält wurden, da öffnete Er den Menschen das Verständnis für das Gesetz Gottes und für Seinen Dienst. Durch Sein Leben bezeugt Er, dass es auch uns möglich ist, dem Gesetz Gottes zu gehorchen. Christus kam durch Sein Leben als Mensch der Menschheit nahe, durch Seine Göttlichkeit blieb Er mit dem Thron Gottes verbunden. Als Menschensohn gab Er uns ein Beispiel des Gehorsams, als Sohn Gottes gibt Er uns die Kraft zu gehorchen.

Es war Christus, der aus dem Busch auf dem Berg Horeb zu Mose sprach, in dem Er sagte: »ICH BIN, DER ICH BIN!« ... So sollst du zu den

Kindern Israels sagen: »ICH BIN«, der hat mich zu euch gesandt. 2. Mose 3,14 Das war das Versprechen für die Befreiung Israels. Als Er nun in menschlicher Gestalt zu uns kam, erklärte Er sich als der »ICH BIN.« Das Kind in Bethlehem, der bescheidene, demütige Heiland ist Gott, »offenbart im Fleisch.« 1. Timotheus 3,16 Zu uns sagt Er: »Ich bin der gute Hirte« Johannes 10,11 »Ich bin das lebendige Brot.« Johannes 6,51 »Ich bin der Weg und die Wahrheit und das Leben.« Johannes 14,6 »Mir ist gegeben alle Gewalt im Himmel und auf Erden.« Matthäus 28,18 »ICH BIN« – das ist die Zusicherung jeder Verheißung. »ICH BIN« – habt deshalb keine Furcht. »Gott mit uns« ist die Bürgschaft unserer Befreiung von Sünde und die Zusicherung von Kraft, dem Gesetz des Himmels gehorchen zu können. Durch die Demütigung in der Annahme der menschlichen Natur, offenbarte Christus einen Charakter, der dem des Satans entgegensteht. Aber Er stieg auf dem Weg der Demütigung noch weiter hinunter. »... und in Seiner äußeren Erscheinung als ein Mensch erfunden, erniedrigte Er sich selbst und wurde gehorsam bis zum Tod, ja bis zum Tod am Kreuz.« Philipper 2,8

Wie der Hohepriester seine prächtigen Priestergewänder ablegte und im weißen Leinenkleid des einfachen Priesters seinen Dienst versah, so nahm Christus die Gestalt eines Dieners an und brachte ein Opfer dar – Er selbst der Priester und Er selbst das Opfer. »Er ist um unsrer Missetat willen verwundet und um unsrer Sünde willen zerschlagen. Die Strafe liegt auf Ihm, auf dass wir Frieden hätten ...« Jesaja 53,5

Christus wurde so behandelt, wie wir es verdient haben. Damit wollte Er erreichen, dass mit uns so umgegangen würde, wie es Ihm zusteht. Er wurde wegen unserer Sünde verdammt, an der Er keinen Anteil hatte, damit wir durch Seine Gerechtigkeit, gerecht gesprochen würden, an der wir keinen Anteil haben. Er ertrug den Tod, den wir hätten erleiden müssen, damit wir Sein Leben empfangen konnten. »Durch Seine Wunden sind wir geheilt.« Jesaja 53,5

Durch Sein Leben und seinen Tod hat Christus sogar mehr erreicht als nur die Befreiung vom Untergang, welcher durch die Sünde verursacht wurde. Satan beabsichtigte, eine ewige Trennung zwischen Gott und Menschen zu erreichen. Aber in Christus werden wir noch enger mit Gott verbunden, als wären wir niemals gefallen. Durch die Annahme unserer Natur hat sich der Heiland selbst mit einem Band an die Menschheit gebunden, das nie wieder gelöst werden kann. Für alle Ewigkeit ist Er mit uns verbunden. »Denn also hat Gott die Welt geliebt, dass Er seinen eingeborenen Sohn gab.« Joh.3,16 Er gab Ihn nicht nur, damit Er unsere Sünden tragen und für uns als Opfer sterben sollte, Er schenkte Ihn der gefallenen Menschheit. Um uns seine unwandelbare Gesinnung des Friedens zu versichern, ließ Gott Seinen eingeborenen Sohn Mensch werden, damit Er für immer in menschlicher Natur bliebe. Das ist die Zusage dafür, dass Gott Sein Wort auch erfüllen wird. »Uns ist ein Kind geboren, ein Sohn ist uns gegeben, und die Herrschaft ruht auf Seiner Schulter ...« Jesaja 9,5 Gott hat in der Person Seines Sohnes die menschliche Natur angenommen, und dieselbe in den Himmel getragen. Es ist der Menschensohn, der Anteil hat am Thron des Universums. Als »Menschensohn« heißt Er: »Wunder-Rat, Gott-Held, Ewig-Vater, Friede-Fürst.« Jesaja 9,5 Der »ICH BIN« ist der Mittler zwischen Gott und der Menschheit und legt Seine Hände auf beide. Er, »... der da ist heilig, unschuldig, unbefleckt, von den Sündern abgesondert«, schämt sich nicht, uns »Brüder zu heißen.« Hebräer 7,26; 2,11 In Christus ist die Familie auf Erden und die Familie des Himmels verbunden. Der verherrlichte Christus ist unser Bruder. Der Himmel ist eingeschlossen in die menschliche Natur, und menschliches Wesen ist eingehüllt im Herzen der unendlichen Liebe.

Gott sagt über Sein Volk: »Wie edle Steine werden sie in Seinem Land glänzen. Denn wie groß ist Seine Güte und wie groß ist Seine Huld!« Sacharja 9,16f Die Erhöhung der Erlösten wird zu einem ewigen Zeugnis der Gnade Gottes werden. »In den kommenden Zeiten« wird er »den überschwänglichen Reichtum Seiner Gnade in Güte an uns erweise[n] in Christus Jesus«, »damit jetzt den Fürstentümern und Herrschaften in den himmlischen [Regionen] durch die Gemeinde die mannigfaltige Weisheit Gottes bekannt gemacht werde, nach dem Vorsatz der Ewigkeiten, den Er gefasst hat in Christus Jesus, unserem Herrn.« Epheser 2,7; 3,10f Durch Christi Erlösungswerk steht Gottes Herrschaft gerechtfertigt da. Der Allmächtige wird als ein Gott der Liebe bekannt gemacht.

Satans Anklagen sind widerlegt, sein Wesen entlarvt. Niemals wieder kann es zur Rebellion kommen, und nie wieder wird die Sünde Eingang in das Universum finden. Für alle Ewigkeit sind die Geschöpfe vor dem Abfall sicher. Durch die Selbstaufopferung der Liebe sind die Bewohner der Erde und des Himmels mit ihrem Schöpfer in unauflösbarer Gemeinschaft verbunden.

Das Werk der Erlösung wird vollkommen sein. Dort, wo die Sünde herrschte, wird die Gnade Gottes überfließen. Die Erde selbst, die Satan als sein Eigentum beansprucht, soll nicht nur erlöst, sondern auch erhöht werden. Unsere kleine Welt, unter dem Fluch der Sünde der einzige dunkle Fleck in Gottes herrlicher Schöpfung, soll mehr als alle anderen Welten im Universum geehrt werden. Hier, wo einst der Sohn Gottes unter den Menschen wohnte, wo der König der Herrlichkeit lebte, litt und starb, soll zukünftig »das Zelt Gottes bei den Menschen« stehen, wenn Er alles neu gemacht haben wird. »Und Er wird bei ihnen wohnen, und sie werden Sein Volk sein, und Er selbst, Gott mit ihnen, wird Ihr Gott sein.« Offenbarung 21,3 Wenn die Erlösten in der Ewigkeit im Licht des Herrn wandeln, werden sie Ihn für Sein unbeschreibliches Geschenk preisen, für Immanuel – »Gott mit uns.«

KAPITEL 2

*Auf Grundlage von
5. Mose 28,10
5. Mose 4,6*

DAS AUSERWÄHLTE VOLK

Über tausend Jahre lang hatten die Juden darauf gewartet, dass der Heiland kommt. Auf dieses Ereignis gründeten sich ihre lebhaftesten Hoffnungen. In Liedern und der Weissagung, im Tempeldienst und im täglichen Gebet war Sein Name enthalten. Doch als Er unter ihnen erschien, erkannten sie Ihn nicht. Der Geliebte des Himmels war für sie nur »wie eine Wurzel aus dürrem Erdreich. Er hatte keine Gestalt und Hoheit«, und sie fanden nichts Schönes an Ihm, das Ihn für sie begehrenswert gemacht hätte. Jesaja 53,2 »Er kam in Sein Eigentum; und die Seinen nahmen Ihn nicht auf.« Johannes 1,11 Trotzdem hatte Gott die Israeliten erwählt. Er hatte sie dazu berufen, die Kenntnis Seines Gesetzes, die Sinnbilder und Weissagungen, die auf den Heiland hinwiesen, unter den Menschen zu bewahren. Sein Wunsch für sie war, der Heilsbrunnen für die Welt zu sein. Was Abraham in seiner Umgebung, Joseph in Ägypten und Daniel am babylonischen Hof war, das sollten die Hebräer unter den heidnischen Völkern sein. Sie sollten den Menschen Gott offenbaren. Als der Herr Abraham berief, sagte Er: »Ich ... will dich segnen ... und du sollst ein Segen sein ... und in dir sollen gesegnet werden alle Geschlechter auf Erden.« 1.Mose 12,2.3 Das äußerten auch die Propheten.

Selbst als Israel durch Krieg und Gefangenschaft verwüstet war, galt ihm die Verheißung: »Und der Überrest Jakobs wird inmitten vieler Völker sein wie ein Tau vom HERRN, wie Regenschauer auf das Gras, das auf niemand wartet und nicht auf Menschenkinder hofft.« Micha 5,6 Bezüglich des Tempels in Jerusalem kündigte der Herr durch Jesaja an: »... mein Haus soll ein Bethaus für alle Völker genannt werden.« Jesaja 56,7 Doch die Israeliten machten ihre Hoffnung auf weltliche Größe fest. Seitdem sie Kanaan betreten hatten, wichen sie von den Geboten Gottes ab und folgten heidnischen Bräuchen. Vergeblich warnte Gott sie durch Seine Propheten. Vergeblich wurden sie auch dadurch bestraft, dass heidnische Völker sie unterdrückten.

Jeder Reformation folgte ein umso tieferer Abfall. Wären die Israeliten Gott treu geblieben, hätte Er sein Ziel erreichen und sie ehren und erhöhen können. Wären sie gehorsam geblieben, so hätte Er sie »über alle anderen Völker« gesetzt, »die Er gemacht hat«, und sie wären »gelobt, gerühmt und gepriesen« worden. 5.Mose 26,19 Mose sagt: »Alle Völker auf Erden werden sehen, dass über dir der Name des Herrn genannt ist, und werden sich vor dir fürchten.« 5.Mose 28,10 Wenn alle Völker »diese Gebote hören«, werden sie sagen: »Ei, was für weise und verständige Leute sind das, ein herrliches Volk!« 5.Mose 4,6 Aber wegen ihrer Untreue konnte Gottes Ziel nur durch ständige Trübsal und Demütigung erreicht werden.

Sie wurden von Babylon abhängig gemacht und unter die Heiden zerstreut. Durch das Leid erneuerten viele ihren Glauben an den Bund mit Gott. Als sie ihre Harfen dort in Babel an die Weiden hängten und um den verwüsteten heiligen Tempel trauerten, Psalm 137,1-3 da leuchtete durch sie das Licht der Wahrheit. Dadurch verbreiteten sie die Erkenntnis über Gott unter die Heiden. Diese heidnischen Opferriten waren ein Zerrbild des von Gott festgelegten Opferdienstes. Viele, die es mit den heidnischen Bräuchen ernst nahmen, erfuhren durch die Juden, was die von Gott vorgeschriebenen Opfer bedeuteten und nahmen im Glauben die Verheißung auf einen Erlöser an.

Viele der Verbannten erlitten Verfolgung oder verloren ihr Leben, weil sie sich weigerten, den Sabbat aufzugeben und heidnische Feste zu feiern. Als die Götzendiener angestachelt wurden, die Wahrheit zu vernichten, stellte der Herr Seine Diener vor Herrscher und Könige, damit diese und deren Untertanen die Wahrheit erhalten mögen. Immer wieder wurden die größten Herrscher dazu gebracht, die Überlegenheit des wahren Gottes zu verkünden, den ihre hebräischen Gefangenen anbeteten.

Durch die Babylonische Gefangenschaft wurden die Israeliten wirksam von der Anbetung der Götzenbilder geheilt. In den darauf folgenden Jahrhunderten litten sie an der Unterdrückung durch heidnische Feinde, bis sie fest davon überzeugt waren, dass ihr Wohlergehen vom Gehorsam gegenüber dem Gesetz Gottes abhing. Bei zu vielen Juden kam der Gehorsam jedoch nicht aus Liebe. Ihr Motiv war egoistisch. Sie dienten Gott nur äußerlich, weil sie meinten, dadurch zu nationaler Größe zu gelangen. Daher wurden sie nicht zu einem Licht der Welt. Sie schotteten sich von der Welt ab, um so der Versuchung zum Götzendienst zu entkommen. In den Unterweisungen, die Gott ihnen durch Mose erteilt hatte, war der Umgang Israels mit Götzenanbetern eingeschränkt worden. Diese Belehrungen wurden nun falsch ausgelegt. Die Israeliten sollten zwar durch sie daran gehindert werden, sich nach heidnischen Bräuchen zu richten; doch jetzt dienten sie dazu, zwischen ihnen und den Heiden eine Mauer aufzubauen. Jerusalem war in den Augen der Juden der Himmel, und Eifersucht erfüllte sie bei dem Gedanken, Gott könnte auch den Heiden gnädig sein. Nach ihrer Rückkehr aus Babylon legten die Juden viel Wert auf religiöse Unterweisung. Überall im Land wurden Synagogen errichtet, in denen Priester und Schriftgelehrte das Gesetz auslegten. Sie gründeten zudem auch Schulen, auf denen neben den Künsten und der Wissenschaften auch die Grundsätze wahrer Frömmigkeit gelehrt wurden. Diese Institutionen gerieten jedoch in Verfall; denn während der Gefangenschaft hatten viele Israeliten heidnische Vorstellungen und Bräuche übernommen. Die wurden nun in den Gottesdienst mit eingebracht. In vielen Bereichen passten sie sich den Gewohnheiten der Götzendiener an.

Als sich die Juden von Gott abwandten, verloren sie weitgehend das Verständnis für die Bedeutung des Opferdienstes. Dieser Dienst wurde von Christus selbst eingeführt. In jedem seiner Teile war dieser Dienst ein Sinnbild auf Jesus und von Kraft und geistlicher Schönheit erfüllt. Die Juden verloren so die geistliche Bedeutung ihrer Zeremonie, und deshalb klammerten sie sich an tote Formen. Sie vertrauten auf die Opfer selbst und auf die Bräuche anstatt auf den, auf den diese hinwiesen. Um diesen Verlust auszugleichen, vervielfältigten Priester und Rabbiner die eigenen Anforderungen. Je strenger sie wurden, umso weniger befand sich die Liebe Gottes in ihnen. Der Maßstab ihrer Frömmigkeit bestand in der Anzahl ihrer Zeremonien, während ihre Herzen voller Stolz und Heuchelei waren.

Bei all diesen peinlich genauen und lästigen Vorschriften war es unmöglich, das Gesetz wirklich zu halten. Wer Gott dienen wollte und auch versuchte, die Regeln der Rabbiner zu beachten, plagte sich unter einer schweren Last ab. Er konnte vor den Anklagen seines geängsteten Gewissens nicht zur Ruhe kommen. So versuchte Satan, das Volk mutlos zu machen, die Vorstellung vom Wesen Gottes zu verfälschen und den Glauben Israels in Verruf zu bringen. Er hoffte, beweisen zu können, was er bei seinem Aufruhr im Himmel behauptet hatte, nämlich dass Gottes Forderungen ungerecht seien und man sie nicht befolgen könne. Er versicherte, dass selbst die Israeliten das Gesetz nicht hielten. Während die Juden die Ankunft des Messias herbei sehnten, hatten sie keine richtige Vorstellung von Seiner Aufgabe. Sie suchten nicht die Befreiung von ihrer Sündenlast, sondern wollten vom Römerjoch befreit werden. Sie erwarteten einen Messias, der als Eroberer kommen, die Macht ihrer Unterdrücker zerbrechen und Israel zur Weltherrschaft verhelfen sollte. So wurde der Weg für sie vorbereitet, ihren Retter abzulehnen.

Zur Zeit der Geburt Christi quälte sich das Volk unter der Fremdherrschaft ab, außerdem war es von innerem Streit zerrissen. Den Juden war zwar erlaubt worden, eine eigene Regierung zu behalten, aber nichts konnte die Tatsache verbergen, dass sie von den Römern unterjocht wurden. Sie konnten sich mit der Beschneidung der eigenen Macht nicht abfinden. Die Römer behielten sich das Recht vor, den Hohepriester zu ernennen und abzusetzen. Oftmals erhielt man dieses Amt nur durch List, Bestechung, ja sogar durch Mord. Korruption wurde unter den Priestern immer mehr üblich. Noch besaßen sie aber eine große Macht, die sie für egoistische und gewinnträchtige Ziele einsetzten. Das Volk war ihren hartherzigen Forderungen ausgeliefert und musste zudem hohe Steuern an die Römer zahlen. Deshalb herrschte überall Unzufriedenheit. So kam es häufig zu Volksaufständen. Geldgier und Gewalttat, Misstrauen und Gleichgültigkeit im religiösen Leben, zehrten am Volk. Hass auf die Römer, nationaler Stolz und geistlicher Hochmut ließen die Juden noch immer streng die religiösen Formen beachten. Die Priester versuchten, den Schein der Heiligkeit aufrechtzuerhalten, indem sie peinlich genau die kultischen Vorschriften beachteten. Das bedrängte und in geistlicher Finsternis lebende Volk wie auch seine machthungrigen Beherrscher sehnten sich nach dem Einen, der die Feinde besiegen und das Königreich Israel wiederherstellen würde. Sie hatten zwar die Weissagungen erforscht – doch ohne geistliche Erleuchtung. Sie übersahen daher jene Schriftworte, die auf die Erniedrigung Christi bei Seiner ersten Ankunft hinwiesen, und wandten jene anderen falsch an, die von der Herrlichkeit Seines zweiten Kommens sprachen. Ihr Stolz verdunkelte ihre Erkenntnis so sehr, dass sie die Prophezeiungen nach ihren eigenen selbstsüchtigen Wünschen auslegten.

KAPITEL 3

Auf Grundlage von
1. Mose 49,10; 4. Mose 24,17
Hesekiel 21,32

»ALS ABER DIE ZEIT ERFÜLLT WAR ...«

»Als aber die Zeit erfüllt war, sandte Gott seinen Sohn, ... damit Er die, welche unter dem Gesetz waren, loskaufte, damit wir die Sohnschaft empfingen.« Galater 4,4 Das Kommen des Heilandes wurde bereits im Garten Eden vorhergesagt. Als Adam und Eva zum ersten Mal die Verheißung hörten, warteten sie auf eine schnelle Erfüllung. Voller Freude empfingen sie ihren erstgeborenen Sohn in der Hoffnung, dass er der Erlöser sein möchte. Doch die Erfüllung dieser Verheißung ließ auf sich warten. Jene, die sie zuerst empfingen, starben, ohne erlebt zu haben, dass sie sich erfüllt hätte. Von den Tagen Henochs an wurde diese Verheißung durch Patriarchen und Propheten weitergegeben und die Hoffnung auf Seine Erscheinung am Leben erhalten – und trotzdem kam Er noch nicht.

Erst die Weissagung Daniels offenbarte die Zeit Seines Kommens, doch nicht alle waren in der Lage, diese Botschaft richtig zu deuten. Ein Jahrhundert nach dem anderen ging vorüber, und die Stimmen der Propheten verstummten. Die Hand der Unterdrücker lastete schwer auf Israel, und viele sprachen nun: »Es dauert so lange und es wird nichts aus der Weissagung.« Hesekiel 12,22

Wie die Sterne unbeirrbar ihre ewige Bahn ziehen, so erfüllen sich ohne Hast und Verzögerung die Absichten Gottes. Einst hatte der Herr unter den Sinnbildern einer großen Finsternis und eines rauchenden Ofens dem Abraham die Knechtschaft Israels in Ägypten offenbart und dabei Seinem Diener erklärt, dass ihr Aufenthalt dort 400 Jahre dauern würde; danach aber sollten sie »ausziehen mit großem Gut.« 1.Mose 15,14

Das stolze Reich der Pharaonen bekämpfte leidenschaftlich diese Verheißung Gottes, doch vergeblich. Denn als die Zeit erfüllt war, an »diesem Tage, zog das ganze Heer des Herrn aus Ägyptenland.« 2.Mose 12,41 Mit der gleichen Sicherheit war im Rat Gottes auch die Zeit der ersten Ankunft Christi bestimmt worden. Als die Weltenuhr diese Stunde anzeigte, wurde Jesus in Bethlehem geboren. »Als ... die Zeit erfüllt war, sandte Gott seinen Sohn.« Galater 4,4 Er

18   [31/32]   hatte in Seiner Vorsehung die Bewegungen der Völker, die

Wogen menschlicher Bestrebungen und Einflüsse gelenkt, bis die Welt für das Kommen des Erlösers reif war. Damals waren die Völker unter einer Herrschaft vereint. Allgemein wurde eine Sprache verwendet, die auch überall als Schriftsprache galt. Von weither kamen die zerstreut wohnenden Juden nach Jerusalem, um gemeinsam die jährlichen Feste zu feiern. So konnten sie auch nach der Rückkehr in ihre Heimatorte überall die Kunde von der Ankunft des Messias verbreiten. Zur selben Zeit ließ der Einfluss des Heidentums auf das Volk nach. Man hatte von der großartigen heidnischen Machtentfaltung und den Fabeln genug. Man sehnte sich nach einer Religion, die das Herz zufrieden stellen konnte. Während das Licht der Wahrheit von den Menschen gewichen zu sein schien, gab es immer noch welche, die dieses Licht suchten und die mit Sorge und Unruhe erfüllt waren. Diese Leute hungerten und dürsteten nach der Erkenntnis des lebendigen Gottes, und sie sehnten sich nach der Zusicherung eines Lebens über das Grab hinaus.

Als die Juden sich von Gott abgewandt hatten, verblasste der Glaube, und die Hoffnung auf das ewige Heil war fast erloschen. Man verstand die Worte der Propheten nicht mehr. Den meisten Israeliten war der Tod ein furchtbares Geheimnis; die Vorstellungen über das Jenseits waren dunkel und ungewiss. Man hörte nicht nur das Klagen der Mütter von Bethlehem, sondern es erfüllte sich, »was gesagt ist durch den Propheten Jeremia, der da spricht: ‚Zu Rama hat man ein Geschrei gehört, viel Weinen und Wehklagen; Rahel beweinte ihre Kinder und wollte sich nicht trösten lassen, denn es war aus mit ihnen‘.« Matthäus 2,17.18 Ohne Trost saßen die Juden »am Ort und im Schatten des Todes.« Matthäus 4,16 Sehnsüchtig schauten sie nach dem Erlöser aus, dessen Erscheinen die Dunkelheit vertreiben und das Geheimnis der Zukunft offenbaren sollte.

Außerhalb des jüdischen Volkes gab es Angehörige anderer Nationen, die das Erscheinen eines göttlichen Lehrers vorhersagten. Diese suchten ernst nach Wahrheit, und darum schenkte Gott ihnen den Geist der Weissagung. Wie Sterne am dunklen Nachthimmel waren solche Lehrer aufgetaucht – einer nach dem anderen. Mit ihren prophetischen Worten hatten sie in den Herzen vieler Heiden eine frohe Hoffnung entfacht.

Seit Jahrhunderten waren die heiligen Schriften ins Griechische übersetzt worden, eine damals über weite Gebiete des Römischen Reiches verbreitete Sprache. Dazu kam noch, dass die Juden überallhin verstreut waren und ihre Erwartung des Messias in gewissem Grad von den Heiden geteilt wurde. Unter jenen, von den Juden Heiden genannt, befanden sich Männer, die ein besseres Verständnis der göttlichen Weissagungen über den Messias besaßen als die Schriftgelehrten Israels. Sie erwarteten in dem Messias einen Erretter von der Sünde. Philosophen bemühten sich, das Geheimnis der hebräischen Heilsgeschichte zu erforschen. Aber die Verblendung der Juden verhinderte die Ausbreitung des Lichtes. Sie waren nicht darum bemüht, die Kluft, die zwischen ihnen und anderen Völkern bestand, zu überbrücken und waren nicht bereit, ihre Erkenntnis über den Opferdienst anderen mitzuteilen. Zuerst musste ihr Messias, der wahre Lehrer, kommen und die Bedeutung aller biblischen Schattenbilder erklären.

Durch die Natur, durch Bilder und Gleichnisse, durch Patriarchen und Propheten hatte Gott zur Welt gesprochen. Diese Unterweisungen mussten der Menschheit auch in einer menschlichen Sprache gegeben werden. Der Engel des Bundes sollte diese Aufgabe übernehmen. Seine Stimme sollte in Seinem eigenen Tempel gehört werden. Christus musste kommen, um jene Worte zu sprechen, die klar und deutlich verstanden werden konnten. Er, der Schöpfer der Wahrheit, musste die Wahrheit vom Spreu menschlicher Äußerungen trennen, die ohne Wirkung geblieben waren. Nicht nur die Grundsätze der Herrschaft Gottes und der Erlösungsplan mussten verständlich gemacht werden, sondern auch die Texte des Alten Testamentes sollten den Menschen ausführlich erklärt werden.

Unter den Juden gab es trotzdem noch standhafte Leute, Nachkommen jenes geheiligten Geschlechtes, das die Erkenntnis Gottes in sich bewahrt hatte. Sie warteten noch auf die Erfüllung der den Vätern gegebenen Verheißung. Diese gläubigen Juden stärkten und belebten ihren Glauben immer wieder durch die Worte Moses: »Einen Propheten wird euch der Herr, euer Gott, erwecken aus euren Brüdern gleichwie mich; den sollt ihr hören in allem, was Er euch sagen wird.« Apg. 3,22 Oder sie lasen, dass Gott den Einen salben und auf die Erde senden werde, um »den Elenden gute Botschaft zu bringen, die zerbrochenen Herzen zu verbinden, zu verkündigen den Gefangenen die Freiheit, … zu verkündigen ein gnädiges Jahr des Herrn.« Jesaja 61,1.2

Weiter hörten sie, wie Er »auf Erden das Recht gründet, die Inseln auf seine Lehre warten, die Heidenvölker zu seinem Licht und die Könige zu dem Glanz kommen werden, der über ihm aufgeht.« Jesaja 42,4; Jesaja 60,3 Besonders aber ermutigten sie die Worte des sterbenden Jakob: »Es wird das Zepter von Juda nicht weichen noch der Stab des Herrschers von seinen Füßen, bis dass der Held komme, und ihm werden die Völker anhangen.« 1.Mose 49,10

Die Tatsache, dass Israels Macht immer mehr abnahm, bezeugte das nahe bevorstehende Kommen des Messias. Die Weissagung Daniels schilderte die Herrlichkeit Seiner Herrschaft über ein Reich, das alle irdischen Reiche ablösen sollte und das »ewig bleiben würde.« Daniel 2,44 Während nur wenige die Sendung Christi wirklich verstanden, war die Erwartung weit verbreitet, dass Er als

mächtiger Fürst kommen werde, um in Israel Sein Reich aufzurichten und den Völkern die ersehnte Freiheit zu bringen. Die Zeit war erfüllt. Die Menschheit, durch Jahrhunderte der Übertretung immer tiefer gesunken, verlangte nach dem Erlöser. Satan hatte alles getan, um die Kluft zwischen dem Himmel und der Erde tief und unüberbrückbar zu machen. Durch seine Lügen hatte er die Menschen zur Sünde ermutigt. Er beabsichtigte, Gottes Langmut zu erschöpfen und dessen Liebe zu den Menschen so zu verdunkeln, dass er schließlich die Welt seiner satanischen Oberhoheit überlassen würde.

Satan versuchte deshalb, die Erkenntnis Gottes den Menschen vorzuenthalten und ihre Aufmerksamkeit vom Tempel Gottes abzulenken, um sein eigenes Reich aufrichten zu können. Sein Streit um die Oberherrschaft schien fast vollständig erfolgreich zu sein. Zwar hatte Gott in jeder Generation Seine Mitarbeiter; selbst unter den Heiden gab es immer wieder Männer, durch die Christus wirken konnte, um das Volk aus ihrer Sünde und Erniedrigung herauszuführen. Doch diese Boten wurden verachtet und gehasst. Viele von ihnen starben gewaltsam. Der dunkle Schatten, den Satan über die Welt geworfen hatte, wurde immer länger.

Satan versuchte durch das Heidentum zu allen Zeiten die Menschen von Gott wegzulocken; aber seinen größten Sieg erlangte er, indem er den Glauben in Israel verfälschte. Es erging den Israeliten genauso wie den Heiden, denen durch ihren Götzendienst die Gotteserkenntnis verloren ging und die immer verderbter wurden. Das Prinzip, dass der Mensch sich durch seine eigenen Werke selbst erlösen könne, war die Grundlage jeder heidnischen Religion. Satan hatte das eingepflanzt. Wo immer man das befolgt, gibt es für die Menschen keine Schranke mehr gegen die Sünde.

Die Botschaft der Erlösung wird den Menschen durch menschliche Werkzeuge übermittelt. Doch die Juden wollten das Monopol auf die Wahrheit, die das ewige Leben bedeutet, für sich allein. Sie hatten das lebendige Manna gehortet und es dem Verderben ausgeliefert. Die Religion, die sie für sich allein in Anspruch zu nehmen gedachten, wurde für sie zum Ärgernis. Sie beraubten Gott Seiner Herrlichkeit und betrogen die Welt, indem sie das Evangelium verfälschten. Die Weigerung der Juden, sich Gott zu weihen und der Welt zum Heil zu werden, machte sie zu Satans Werkzeugen, die Verderben über die Welt brachten.

Das Volk, das von Gott erwählt wurde, Pfeiler und Fundament der Wahrheit zu sein, war zu Vertretern Satans geworden. Sie erfüllten die Aufgabe, die Satan ihnen zugedacht hatte, indem sie Mittel und Wege fanden, das Wesen Gottes falsch darzustellen, und die Welt veranlassten, Ihn als Tyrannen zu betrachten. Sogar die Priester, die ihren Dienst im Tempel ausübten, hatten die Bedeutung der gottesdienstlichen Handlungen aus den

Augen verloren. Sie hatten bereits aufgehört, hinter deren Symbolcharakter den eigentlichen Sinn zu sehen. Im Ablauf des Opferdienstes waren sie zu Akteuren in einem Schauspiel geworden. Die Ordnungen, die Gott selbst eingesetzt hatte, wurden zu einem Mittel, die Sinne zu betören und die Herzen zu verhärten. Auf diesem Weg konnte Gott nichts mehr für die Menschheit tun. Dieses ganze System musste beseitigt werden.

Der Betrug der Sünde hatte seinen Höhepunkt erreicht. Alle Mittel zum moralischen Verderben menschlicher Seelen waren eingesetzt. Der Sohn Gottes sah nur Not und Elend, als Er auf die Welt blickte. Voller Mitleid erlebte Er, wie Menschen Opfer satanischer Grausamkeit wurden. Mitfühlend blickte Er auf jene, die verführt oder getötet wurden und verloren gingen. Sie hatten sich einen Obersten gewählt, der sie gleichsam als Gefangene vor seinen Karren spannte. Irregeleitet und betrogen, bewegten sie sich in einer traurigen Prozession ihrem ewigen Untergang entgegen, – dem Tod, in dem keine Lebenshoffnung ist, der Nacht, die keinen Morgen kennt. Satanisches Wirken vermischte sich mit menschlichem Tun. Die Körper menschlicher Wesen, dazu geschaffen, dass Gott darin wohnte, wurden zu einer Behausung der Teufel. Die Sinne, Nerven, Triebe und Organe der Menschen wurden durch übernatürliche Kräfte angestachelt, der niedrigsten Begierde zu frönen. Den Angesichtern der Menschen war geradezu der Stempel der Dämonen aufgeprägt. Sie spiegelten die Legionen des Bösen wider, von dem sie besessen waren. Solcherart war der Anblick, der sich dem Erlöser der Welt bot. Welch ein Schauspiel für den unendlich Reinen, das zu sehen!

Die Sünde war zu einer Wissenschaft geworden, und das Laster wurde als Teil der Religion geheiligt. Die Empörung gegen Gott war tief in den Herzen verwurzelt, und die Feindseligkeit der Menschen gegen den Himmel war außerordentlich heftig. Vor dem ganzen Universum zeigte es sich, dass die menschliche Natur, von Gott getrennt, sich nicht über das Menschliche emporschwingen kann. Ein neues Element der Lebensgestaltung und Kraft muss erst durch jenen Einen verliehen werden, der die Welt geschaffen hat. Gespannt warteten die nichtgefallenen Welten darauf, dass sich der Herr aufmachen und das menschliche Geschlecht vernichten würde. Aber wenn Gott dies getan hätte, würde Satan bereit sein, seinen Plan auszuführen, mit dem er sich die Ergebenheit der himmlischen Wesen sichern würde. Er hatte bereits behauptet, dass die Grundsätze der Herrschaft Gottes eine Vergebung unmöglich machten. Würde Gott die Welt vernichtet haben, so hätte der Teufel behauptet, dass seine Anklagen gegen Gott wahr seien. Er lauerte nur darauf, Gott anzuklagen und auch andere Welten in die Empörung mit hineinzuziehen. Aber statt die

Welt zu vernichten, sandte Gott Seinen Sohn, um sie zu retten.

Obwohl überall Auflehnung und sittlicher Verfall herrschte, wurde ein Weg zur Erlösung der Menschheit vorbereitet. Im entscheidenden Augenblick, gerade als Satan zu triumphieren schien, brachte der Sohn Gottes die frohe Botschaft von der göttlichen Gnade auf die Erde. In allen Zeiten, in jeder Stunde ist die Liebe Gottes dem gefallenen Menschengeschlecht nachgegangen. Ungeachtet seiner Bosheit, erhielt es immer wieder sichtbare Zeichen Seiner Gnade. Und als die Zeit erfüllt war, offenbarte die Gottheit ihre Herrlichkeit, indem sie die Fülle heilsamer Gnade über die Welt ausschüttete. Diese Gnade sollte nie aufgehalten oder der Welt entzogen werden, bis die Durchführung des Heilsplanes zum Abschluss gekommen wäre.

Satan jubelte, dass er es geschafft hatte, das Bild Gottes im Menschen zu entstellen. Darum kam Jesus auf diese Erde, um im Menschen das Bild Seines Schöpfers wiederherzustellen. Niemand außer Christus kann den Charakter erneuern, der durch die Sünde zugrunde gerichtet worden war. Er kam, um die bösen Geister zu vertreiben, die den Willen beherrscht hatten. Er kam, um uns aus dem Staub aufzuhelfen, um unseren entstellten Charakter nach dem Vorbild Seines göttlichen Wesens umzuformen und ihn mit Seiner eigenen Herrlichkeit zu schmücken.

KAPITEL 4

*Auf Grundlage von
Lukas 2,1-20*

»EUCH IST HEUTE DER HEILAND GEBOREN«

Als König der Herrlichkeit ließ Er sich herab, um Knechtsgestalt anzunehmen. Harte und widrige Verhältnissen bestimmten das irdische Leben. Seine Herrlichkeit wurde verborgen, damit die Aufmerksamkeit der Welt nicht auf Seine glanzvolle Erscheinung gelenkt wird. Er vermied jede Selbstdarstellung, denn Er wusste, dass weder Reichtum oder weltliche Ehren noch Ansehen bei den Menschen jemanden vom Tod erretten können. Jesus wollte keine Anhänger, die Ihm um des Irdischen Glanzes willen nachfolgten. Nur die Schönheit der göttlichen Wahrheit sollte die Menschenherzen zu Ihm führen. Der Charakter des Heilandes war von den Propheten lange zuvor in Weissagungen beschrieben worden. So wünschte Er sich Menschen, die Ihn auf das Zeugnis des Wortes Gottes hin akzeptierten.

Erstaunt von dem wunderbaren Erlösungsplans beobachteten die Engel das Volk Gottes, um zu sehen, wie es den Sohn des Himmels in Menschengestalt aufnehmen würde. Viele von ihnen besuchten das Land des auserwählten Volkes. Andere befassten sich mit Fabeln und beteten Götzen an. Die Engel aber kamen in das Land, dem die Herrlichkeit Gottes offenbart wurde und wo das Licht der Weissagung geschienen hatte. Unbemerkt gelangten sie nach Jerusalem zu den berufenen Auslegern der heiligen Schriften und zu den Dienern des Hauses Gottes. Dem Priester Zacharias war bereits während seines Altardienstes verkündigt worden, dass die Menschwerdung Christi bevorstehe; auch war schon der Vorläufer des Herrn geboren und dessen Sendung durch Wunder und Weissagung bestätigt worden. Die Kunde von Seiner Geburt und der wunderbaren Bedeutung Seiner Aufgabe war überall zu hören. Dennoch bereitete sich Jerusalem nicht darauf vor, seinen Erlöser zu empfangen.

Völlig verwundert sahen nun die Boten des Himmels auf die Gleichgültigkeit jenes Volkes, das von Gott dazu berufen wurde, der Welt die heiligen Wahrheiten mitzuteilen. Das jüdische Volk wurde als Zeuge bewahrt, dass Christus dem Samen Abrahams und dem Hause Davids entstammte; und trotzdem

wusste es nicht, dass die Ankunft des Heilandes jetzt unmittelbar bevorstand. Selbst im Tempel, wo die Morgen- und Abendopfer täglich auf das Lamm Gottes hinwiesen, traf man keine Vorbereitungen, Ihn zu empfangen. Selbst die Priester und Lehrer des Volkes wussten nichts davon, dass nunmehr das größte und wichtigste Ereignis aller Zeiten stattfinden sollte. Sinnlos leierten sie ihre Gebete herunter und erfüllten die förmlichen Vorschriften des Gottesdienstes, um die Menschen zu beeindrucken. In ihrem Streben nach Reichtum und weltlicher Ehre waren sie jedoch nicht auf die Offenbarung des Messias vorbereitet. Diese Gleichgültigkeit war im ganzen jüdischen Land spürbar. Egoismus und Liebe zur Welt machten die Herzen unempfänglich für die Freude, die den Himmel durchdrang. Nur wenige sehnten sich danach, den Unsichtbaren zu schauen, und nur diesen Wenigen offenbarte sich der Himmel.

Die Engel begleiteten Josef und Maria auf ihrer Reise von ihrem Heim in Nazareth zur Stadt Davids. Die Anordnung des kaiserlichen Rom, dass sich alle Völker in seinem weitläufigen Gebiet schätzen ließen, erstreckte sich auch auf die Bewohner von Galiläa. Wie einst Kyrus zur Weltherrschaft berufen wurde, damit er die Gefangenen des Herrn freiließe, so diente jetzt Kaiser Augustus als Werkzeug, um die Absicht Gottes auszuführen, indem er den Anlass gab, der die Mutter Jesu nach Bethlehem führte. Sie stammte aus dem Geschlecht Davids, und der Sohn Davids musste in Davids Stadt geboren werden. Aus Bethlehem, so hatte der Prophet gesagt, »soll mir der kommen, der in Israel Herr sei, dessen Ausgang von Anfang und von Ewigkeit her gewesen ist.« Micha 5,1 Doch in der Stadt ihrer königlichen Vorfahren waren Josef und Maria unbekannt und unbeachtet. Müde und ohne Bleibe, zogen sie die lange, enge Straße entlang von einem Ende bis zum anderen und suchten vergeblich eine Unterkunft für die Nacht. Es gab für sie keinen Raum mehr in den überfüllten Herbergen der Stadt. Endlich bot ihnen ein dürftiger Stall, wo das Vieh untergebracht war, eine Zuflucht für die Nacht – und hier wurde der Erlöser der Welt geboren.

Obwohl die Menschen nichts davon wussten, erfüllte es die himmlische Welt mit unaussprechliche Freude. Mit tiefer, immer inniger werdender Anteilnahme fühlten sich die himmlischen Wesen zur Erde hingezogen. Die ganze Erde schien durch die Gegenwart des Erlösers erhellt. Über den Hügeln von Bethlehem sammelte sich eine unzählbare Engelschar. Sie warteten auf das Zeichen, der Welt die Freudenbotschaft mitzuteilen. Wären die Obersten Israels ihrer Berufung treu geblieben, dann hätten sie an der großen Freude teilhaben dürfen, die Geburt des Heilandes zu verkündigen. So wurden sie jedoch übergangen. Der Herr sagt: »Ich will Wasser gießen auf das Durstige und Ströme auf das Dürre.« Jesaja 44,3 ... »Den Frommen geht das Licht auf in der Finsternis.« Psalm 112,4 Allen, die das Licht suchen und es freudig annehmen, werden helle Lichtstrahlen vom Thron Gottes leuchten. Auf den Feldern, auf denen damals der junge David seine Schafe geweidet hatte, hüteten auch jetzt Hirten des Nachts ihre Herden. In den stillen Nachtstunden sprachen sie miteinander vom verheißenen Heiland und beteten um das Kommen des Königs auf Davids Thron. »... des Herrn Engel trat zu ihnen, und die Klarheit des Herrn leuchtete um sie; und sie fürchteten sich sehr. Und der Engel sprach zu ihnen: ‚Fürchtet euch nicht! Siehe, ich verkündige euch große Freude, die allem Volk widerfahren wird; denn euch ist heute der Heiland geboren, welcher ist Christus, der Herr, in der Stadt Davids.'« Lukas 2,9-11 Bei diesem Versprechen zogen atemberaubende Bilder am inneren Auge der Hirten vorbei. Der Erlöser Israels ist gekommen! Macht, Erhöhung und Sieg wurden mit Seinem Kommen verbunden. Aber der Engel musste sie darauf vorbereiten, ihren Heiland in Armut und Erniedrigung zu erkennen. »... Das habt zum Zeichen: Ihr werdet finden das Kind in Windeln gewickelt und in einer Krippe liegen.« Lukas 2,12

Der himmlische Bote nahm den Hirten die Ängste. Er teilte ihnen mit, wie sie Jesus finden konnten. Mit zärtlicher Rücksicht auf ihre menschliche Schwäche gab er ihnen Zeit, sich an die göttliche Herrlichkeit zu gewöhnen. Dann aber konnte die Freude und der Lobpreis nicht länger zurückgehalten werden. Die himmlischen Heerscharen erhellten die ganze Ebene mit ihrem Glanz. Die Erde verstummte und der Himmel beugte sich in Ehrfurcht, um dem Lied zu lauschen: »Ehre sei Gott in der Höhe und Friede auf Erden den Menschen seines Wohlgefallens.« Lukas 2,14 Wenn doch nur die Menschen heute noch diesen Freudenchor hören könnten! Jene Ankündigung, das Gehörte würde bis ans Ende der Zeit mehr und mehr aufgehen und überall auf Erden ein Echo finden. Wenn die Sonne der Gerechtigkeit mit Heil unter seinen Flügeln aufgehen wird, dann wird dieses Lied erneut von einer riesigen Schar ertönen, wie das Rauschen großer Wasser: »Halleluja! denn der Herr, der Allmächtige Gott, hat das Reich eingenommen!« Offenbarung 19,6

Als die Engel sich entfernten, verschwand auch das Licht, und die Schatten der Nacht breiteten sich erneut über die Hügel von Bethlehem aus. Aber das prächtigste Bild, das menschliche Augen je wahrgenommen haben, blieb im Gedächtnis der Hirten. »Da die Engel von ihnen gen Himmel fuhren, sprachen die Hirten untereinander: Lasst uns nun gehen nach Bethlehem und die Geschichte sehen, die da geschehen ist, die uns der Herr kundgetan hat. Und sie kamen eilend und fanden beide, Maria und Joseph, dazu das Kind in der Krippe liegen.« Lukas 2,15.16 Freudigen Herzens verließen sie den Ort und verbreiteten, was sie gesehen und gehört hatten. »Und alle, vor die es kam, wunderten sich der Rede, die ihnen die Hirten gesagt hatten. Maria aber behielt alle diese Worte und bewegte sie in ihrem Herzen. Und die Hirten kehrten wie-

der um, priesen und lobten Gott.« Lukas 2,18-20

Himmel und Erde sind heute nicht weiter voneinander entfernt als damals, als die Hirten draußen auf dem Feld dem Gesang der Engel zuhörten. Die Menschheit ist immer noch so sehr Gegenstand der Sorge des Himmels wie damals, als einfache Menschen bei ihren gewöhnlichen Tätigkeiten um die Mittagszeit Engel begegneten und sie in den Weingärten und auf den Feldern mit den Boten Gottes redeten. Deshalb kann auch uns der Himmel auf allen unseren Wegen nahe sein. Engel aus den himmlischen Höfen werden die Schritte derjenigen begleiten, die nach Gottes Willen leben.

Die Geschichte von Bethlehem ist ein unerschöpfliches Thema. Darin verborgen liegt die »Tiefe des Reichtums, beides, der Weisheit und der Erkenntnis Gottes.« Römer 11,33 Wir staunen über das Opfer des Heilandes, der den himmlischen Thron gegen eine Krippe und die Gesellschaft anbetender Engel gegen die Tiere im Stall tauschte. Der Stolz der Menschen und ihr Wunsch nach Unabhängigkeit werden in Seiner Gegenwart getadelt. Die ärmliche Geburt Jesu war erst der Anfang Seiner außerordentlichen Erniedrigung. Hätte der Sohn Gottes die Gestalt des Menschen angenommen, als Adam noch im Paradies lebte, wäre das schon eine Tat von geradezu unbegreiflicher Demütigung gewesen. Nun aber kam Jesus auf die Erde, nachdem das Menschengeschlecht bereits durch vier Jahrtausende der Sünde geschwächt worden war. Wie jedes Kind Adams akzeptierte Er die Folgen des unerbittlichen Gesetzes der Vererbung. Diese Resultate wurden in der Geschichte Seiner irdischen Vorfahren sichtbar. Mit einem solchen Erbteil belastet, teilte Er unsere Nöte und Versuchungen und gab uns das Beispiel eines Lebens frei von Sünde. Satan hasste Christus wegen dessen Stellung vor Gott. Dieser Hass gegen Ihn nahm zu, als er selbst entthront wurde. Er hasste den, der sich selbst dahingab, Sünder zu erlösen. Dennoch sandte Gott Seinen Sohn in diese Welt, über die Satan herrschen wollte – als hilfloses, aller menschlichen Schwachheit unterworfenes Kind. Er erlaubte Ihm, sich zusammen mit jedem Menschen den Gefahren des Lebens auszusetzen und, wie jeder andere Mensch auch, den Lebenskampf zu führen – mit dem Wagnis, zu versagen und auf ewig verloren zu gehen.

Ein menschlicher Vater ist sehr besorgt um seinen Sohn. Wenn er seinem Kind ins Auge blickt, so erzittert er beim Gedanken an die Gefahren, die das Leben mit sich bringt. Er will seinen Liebling vor der Gewalt Satans bewahren und Anfechtungen von ihm fernhalten. Gott aber sandte Seinen eigenen Sohn, um einen viel heißeren Kampf und größeren Gefahren zu begegnen, damit unseren Kleinen der Pfad zum Leben gesichert würde. »Darin steht die Liebe: nicht, dass wir Gott geliebt haben, sondern dass er uns geliebt hat und gesandt seinen Sohn zur Versöhnung für unsre Sünden.« 1.Johannes 4,10 Darüber wundere dich, o Himmel, und staune, o Erde!

KAPITEL 5

*Auf Grundlage von
Lukas 2, 21-38*

JESU DARSTELLUNG

E twa 40 Tage nach der Geburt Christi brachten Joseph und Maria Ihn nach Jerusalem, um Ihn dem Herrn zu weihen und ein Opfer zu bringen. Dies entsprach dem jüdischen Gesetz, und als Stellvertreter der Menschen musste Christus in jeder Hinsicht dem Gesetz nachkommen. Als ein feierliches Versprechen dem Gesetz gegenüber, wurde Er der Beschneidung unterzogen.

Als Opfergabe der Mutter verlangte das Gesetz ein einjähriges Lamm zum Brandopfer und eine junge Taube oder Turteltaube zum Sündopfer. Falls die Eltern zu arm waren, um ein Lamm zu bringen, sah das Gesetz ein Paar Turteltauben oder zwei junge Tauben vor, die eine als Brandopfer, die andere als Sündopfer. Die dem Herrn gebrachten Opfer mussten makellos sein. Sie stellten Christus dar. Daran wird deutlich, dass Jesus frei von körperlichen Gebrechen war. Er war »das Lamm ohne Makel und Flecken.« 1.Petrus 1,19 Er war stark und gesund, Sein Körper war durch keinerlei Fehler verdorben. Sein ganzes Leben hindurch lebte Er in Übereinstimmung mit den Gesetzen der Natur. Geistig und körperlich war Er ein Beispiel dafür, wie Gott die Menschen geschaffen hat und was sie sein könnten, wenn sie Seinen Geboten gehorchten.

Die Weihe des Erstgeborenen hatte ihren Ursprung in frühesten Zeiten. Gott hatte versprochen, den Erstgeborenen des Himmels für die Rettung der Sünder zu opfern. Dieses Geschenk sollte durch die Weihe des Erstgeborenen in jeder Familie anerkannt werden. Dieser sollte dem Priestertum als Vertreter Christi unter den Menschen geweiht werden. Bei der Befreiung Israels aus Ägypten wurde die Weihe des Erstgeborenen erneut befohlen. Während die Kinder Israels sich in der Knechtschaft der Ägypter befanden, bekam Mose vom Herrn den Befehl, zum ägyptischen Pharao zu gehen und ihm zu sagen: »Israel ist mein erstgeborener Sohn; und ich gebiete dir, dass du meinen Sohn ziehen lässt, dass er mir diene. Wirst du dich weigern, so will ich deinen erstgeborenen Sohn töten.« 2.Mose 4,22.23 Mose brachte seine Botschaft vor, doch die hochmütige Antwort des Königs lautete: »Wer ist der Herr, dass ich Ihm gehorchen müsse

und Israel ziehen lasse: Ich weiß nichts von dem Herrn, will auch

Israel nicht ziehen lassen.« 2.Mose 5,2 Der Herr wirkte für Sein Volk durch Zeichen und Wunder, indem Er furchtbare Gerichte über Pharao brachte. Schließlich wurde dem Würgeengel befohlen, alle Erstgeburt der Ägypter – Menschen und Tiere – umzubringen. Damit die Israeliten dabei verschont blieben, sollten sie ihre Türpfosten mit dem Blut eines geschlachteten Lammes bestreichen. Jedes Haus sollte gekennzeichnet werden, damit der Engel in seiner Todesmission an den Häusern der Israeliten vorüberginge. Nachdem der Herr dieses Gericht über Ägypten gebracht hatte, sagte Er zu Mose: »Heilige mir alle Erstgeburt ... alles, was zuerst den Mutterschoß durchbricht bei Mensch und Vieh, das ist mein.« 2.Mose 13,2 Und weiter: »An dem Tage, da ich alle Erstgeburt schlug in Ägyptenland, da heiligte ich mir alle Erstgeburt in Israel, vom Menschen an bis auf das Vieh, dass sie mir gehören sollen.« 4.Mose 3,13 Nachdem der Dienst in der Stiftshütte eingesetzt wurde, erwählte sich Gott den Stamm Levi, damit dieser an Stelle der Erstgeborenen Israels den Dienst im Heiligtum ausübe. Trotzdem sollte der Erstgeborene auch weiterhin als des Herrn Eigentum betrachtet werden und durch ein Lösegeld freigekauft werden.

Das Gebot der Darstellung des Erstgeborenen hat somit eine besondere Bedeutung erlangt. Während diese einerseits ein Brauch der Erinnerung an die wunderbare Befreiung der Kinder Israels durch den Herrn bedeutete, wies es andererseits auf die noch wichtigere Erlösung durch den eingeborenen Sohn Gottes hin. So, wie das Blut, das an die Türpfosten gesprengt wurde die Erstgeborenen Israels vor dem leiblichen Tod bewahrte, so hat das Blut Christi Macht, die Welt vor dem ewigen Tod zu bewahren.

Was für eine Bedeutung kam demnach der Darstellung Christi zu! Doch der Blick des Priesters konnte den Schleier nicht durchdringen; ihm blieb das dahinterliegende Geheimnis verborgen. Die Darstellung der Säuglinge im Tempel war für ihn eine gewöhnliche Szene. Tag für Tag nahm er, wenn man die Kinder dem Herrn weihte, das Lösegeld entgegen und waltete gewohnheitsmäßig seines Amtes, ohne dabei besonders auf Eltern oder Kinder zu achten, es sei denn, äußere Anzeichen ließen auf Wohlstand oder eine hohe Stellung der Eltern schließen. Maria und Joseph aber waren arm; und als sie mit ihrem Kind zum Tempel kamen, sah der Priester nur einen Mann und eine Frau, gekleidet wie Galiläer in den einfachsten Gewändern. Nichts an ihrer äußeren Erscheinung erweckte besondere Aufmerksamkeit, zudem brachten sie auch nur die kleine Opfergabe der Armen mit.

Der Priester waltete lediglich seines Amtes. Er nahm das Kind auf seine Arme und hielt es vor dem Altar empor; dann gab er es seiner Mutter zurück und trug den Namen »Jesus« in die Liste der Erstgeborenen ein. Er dachte nicht daran, dass das Kindlein, das er eben noch auf seinen Armen gehalten hatte, der Herr des Himmels, der König der Herrlichkeit war. Noch weniger dachte er daran, dass dieses Kind es war, von dem Mose geschrieben hatte: »Einen Propheten wird euch der Herr, euer Gott, erwecken aus euren Brüdern gleichwie mich; den sollt ihr hören in allem, was Er euch sagen wird.« Apg. 3,22 Er dachte auch nicht daran, dass dieses kleine Baby es war, dessen Herrlichkeit schon Mose zu sehen gewünscht hatte. Aber ein Größerer als Mose lag in seinen Armen. Und als er den Namen des Kindes in die Liste eintrug, schrieb er den Namen des Einen auf, der das Fundament des ganzen jüdischen System darstellte. Dieser Name sollte sein Todesurteil sein, denn das System der Opfer und Gaben näherte sich seinem Ende. Das Sinnbild hat fast seine Verwirklichung erreicht, der Schatten seinen Gegenstand.

Obwohl die Wolke der Herrlichkeit vom Heiligtum gewichen war, verbarg sich doch jetzt in dem Kind von Bethlehem die Herrlichkeit, vor der sich die Engel verbeugten. Dieses sich selbst noch gar nicht bewusste Kind war nichts anderes als der versprochene Same, auf den schon der erste Altar am Eingang zum Paradies hinwies. Es war der Held – der Friedefürst. Er war es, der sich gegenüber Mose als »ICH BIN« bezeichnete und der später in der Wolken- und Feuersäule die Israeliten geführt hatte. Lange zuvor war Er von den Propheten angekündigt worden – als der Ersehnte aller Völker, als Wurzel und Reis Davids, als der helle Morgenstern. Der Name des hilflosen Kindes, eingetragen in die Stammesliste Israels, war ein Zeichen der Hoffnung für die gefallene Menschheit, dass Er unser Bruder ist. Das Kind, für das das Lösegeld gezahlt wurde war Er, der das Lösegeld für die Sünden der Welt bezahlen würde. Er war der wahre Hohepriester über das Haus Gottes, vgl. Hebräer 10,21 das Haupt eines unvergänglichen Priestertums vgl. Hebr. 7,24, der Fürsprecher »zu der Rechten der Majestät in der Höhe.« Hebräer 1,3

Geistliche Dinge können nur geistlich wahrgenommen werden. Während der Sohn Gottes im Tempel zu der Aufgabe geweiht wurde, die zu erfüllen Er gekommen war, sah der Priester in Ihm nicht mehr als in irgendeinem anderen Kind. Obwohl er selbst weder etwas Besonderes sah noch fühlte, wurde die Tatsache dennoch bekannt, dass Gott Seinen Sohn in die Welt gab. Diese Gelegenheit sollte nicht unbeachtet vorbei gehen. »Siehe, ein Mann war in Jerusalem, mit Namen Simeon; und dieser Mann war fromm und gottesfürchtig und wartete auf den Trost Israels, und der heilige Geist war mit ihm. Und ihm war ein Wort zuteil geworden von dem heiligen Geist, er solle den Tod nicht sehen, er habe denn zuvor den Christus des Herrn gesehen.« Lukas 2,25.26

Als Simeon den Tempel betrat, sah er ein Elternpaar ihren erstgeborenen Sohn dem Priester darreichen. Ihr Aussehen zeugte von Armut; Simeon aber verstand die Ankündigungen des Geistes, und er war tief ergriffen, als er erkannte, dass dieses Kindlein, das jetzt dem Herrn geweiht wurde, der Trost Israels war, den zu sehen er sich gesehnt hatte. Dem erstaunten Priester hingegen erschien Simeon wie von Sinnen. Als Maria das Kind zurückerhalten hatte, nahm Simeon es auf seine Arme und stellte es Gott dar. Dabei überkam ihn eine Freude, wie er sie noch nie zuvor empfand. Er hielt das Christuskindlein hoch und sprach: »Herr, nun lässt du deinen Diener im Frieden fahren, wie du gesagt hast; denn meine Augen haben deinen Heiland gesehen, den du bereitet hast vor allen Völkern, ein Licht, zu erleuchten die Heiden, und zum Preis deines Volkes Israel.« Lukas 2,29-32 Der Geist der Weissagung erfüllte diesen Gottesmann, und während Maria und Joseph sich über seine Worte wunderten, segnete er sie beide und sprach zu Maria: »Siehe, dieser ist gesetzt zum Fall und Aufstehen für viele in Israel und zu einem Zeichen, dem widersprochen wird; und auch durch deine Seele wird ein Schwert dringen, damit vieler Herzen Gedanken offenbar werden.« Lukas 2,34.35

Auch die Prophetin Hanna kam dazu und bestätigte Simeons Zeugnis über Jesus. Während Simeon noch redete, erstrahlte ihr Angesicht von dem Glanz der Herrlichkeit Gottes, und sie dankte von ganzem Herzen dafür, dass es ihr noch ermöglicht war, Christus, den Herrn, zu sehen. Diese demütigen Anbeter hatten nicht vergeblich die Prophezeiungen der Heiligen Schrift studiert. Die jedoch Führer und Priester in Israel waren, wandelten nicht in den Wegen des Herrn, obwohl auch sie die bedeutsamen Aussagen der Propheten kannten. Darum konnten ihre Augen auch nicht das Licht des Lebens sehen.

So ist es noch immer. Es finden Ereignisse statt, auf die der ganze Himmel seine Aufmerksamkeit richtet; doch bei den geistlichen Führern und Anbetenden im Hause Gottes finden sie kein Verständnis und bleiben unerkannt. Man lässt wohl einen historischen Christus gelten, wendet sich aber vom lebendigen Heiland ab, der durch Sein Wort zur Selbstverleugnung auffordert. Selbst bei den Armen und Leidenden, die um Hilfe flehen, und in der gerechten Sache, die Armut, Mühsal und Schmach einschließt, wird Er heute ebenso wenig aufgenommen wie zur Zeit seines Erdenlebens.

Maria dachte über die vielsagende und tiefgründige Weissagung Simeons nach. Immer wenn sie das Kind in ihren Armen ansah, kamen ihr die Worte der Hirten von Bethlehem in den Sinn. Das erfüllte sie mit dankbarer Freude und froher Hoffnung. Simeons Worte riefen in ihr die Prophezeiung Jesajas ins Gedächtnis: »Es wird ein Reis hervorgehen aus dem Stamm Isais und ein Zweig aus seiner Wurzel Frucht bringen. Auf ihm wird ruhen der Geist des Herrn, der Geist der Weisheit und des Verstandes, der Geist des Rates und der Stärke, der Geist der Erkenntnis und der Furcht des Herrn ... Gerechtigkeit wird der Gurt seiner Lenden sein und die Treue der Gurt seiner Hüften.« Jesaja

11.1.2.5 »Das Volk, das im Finstern wandelt, sieht ein großes Licht, und über denen, die da wohnen im finstern Lande, scheint es hell ... Denn uns ist ein Kind geboren ... und die Herrschaft ruht auf Seiner Schulter; und Er heißt Wunder-Rat, Gott-Held, Ewig-Vater, Friede-Fürst.« Jesaja 9,1.5

Und doch begriff Maria die Sendung Christi nicht. Simeon hatte von Ihm geweissagt, dass Er ein Licht sei, das die Heiden erleuchten und gleichzeitig Israel zum Ruhm gereichen sollte. Entsprechend hatten die Engel die Geburt des Heilands als eine Freudenbotschaft für alle Völker verkündigt. Gott wollte die Juden von der engstirnigen Vorstellung, die sie von der Aufgabe des Messias hatten, abbringen und sie dazu befähigen, Ihn nicht nur als Befreier Israels, sondern auch als Erlöser der Welt zu betrachten. Doch viele Jahre mussten erst noch vergehen, ehe selbst die Mutter Jesu Seine Aufgabe verstand.

Wohl freute sich Maria über die Herrschaft des Messias auf dem Thron Davids, doch erkannte sie nicht, dass Er erst über eine Leidenstaufe dazu gelangen sollte. Durch Simeon wurde klar, dass der Messias einen beschwerlichen Lebensweg vor sich hatte. Mit den Worten: »Durch deine Seele wird ein Schwert dringen« Lukas 2,34f deutete Gott deshalb rücksichtsvoll und barmherzig der Mutter Jesu an, welche Pein sie seinetwegen zu erleiden haben würde.

Simeon hatte gesagt: »Siehe, dieser ist gesetzt zum Fall und zum Aufstehen für viele in Israel und zu einem Zeichen, dem widersprochen wird.« Lukas 2,34f Ein Aufstehen ist erst nach einem Fall möglich. Wir alle müssen auf den Fels des Heils fallen und zerbrechen, ehe wir durch Christus erhöht werden können. Unser Ich muss entthront und unser Stolz gedemütigt werden, wenn wir die Herrlichkeit des geistlichen Reiches erkennen wollen. Die Juden wiesen die Ehre von sich, die man durch Demütigung erhält; deshalb wollten sie ihren Erlöser nicht aufnehmen. Er erwies sich als das »Zeichen, dem widersprochen wurde. ... damit vieler Herzen Gedanken offenbar werden.« Lukas 2,34f

Im Licht des Lebens Christi werden die Herzen aller, vom Schöpfer bis zum Fürsten der Finsternis, erkennbar. Satan hat Gott als eigennützig und gewalttätig dargestellt, als Einen, der alles für sich verlange und nichts gebe, der den Dienst seiner Geschöpfe zur eigenen Verherrlichung beanspruche, selbst aber um ihretwillen keine Opfer bringe. Doch die Gabe Christi macht sichtbar, was im Herzen des Vaters ist; sie bezeugt, dass Gott nur »Gedanken des Friedens und nicht des Leides« Jeremia 29,11 für uns hat. Sie zeigt, dass Gottes Abscheu gegen die Sünde zwar stark ist wie der Tod, Seine Liebe zum Sünder aber noch stärker. Er wird, nachdem Er die Aufgabe, uns zu erlösen, begonnen hat, alles tun, koste es was es wolle, um diese Aufgabe auch zu vollenden. Er wird uns die ganze Wahrheit mitteilen, die zu unserem Heil notwendig ist. Alle Barm-

herzigkeit, die wir brauchen, wird Er uns erweisen und alle nötige

Hilfe von oben zukommen lassen. Er häuft Wohltat auf Wohltat, Gabe auf Gabe. Die Schatzkammer des Himmels steht denen offen, die bereit sind, sich von Ihm retten zu lassen. Alle Schätze des Weltalls und Seine unbegrenzte Macht stellt Er Christus zur Verfügung mit der Erklärung, dass alles für den Menschen sei. Er soll diese Gaben dafür verwenden, sie davon zu überzeugen, dass es weder im Himmel noch auf Erden größere Liebe gebe als Seine. Der Mensch soll erkennen, dass es kein größeres Glück für ihn gebe, als Gott immer zu lieben.

Am Kreuz von Golgatha standen Liebe und Selbstsucht einander gegenüber. Dort war beides in ausgereiftem Zustand. Christus hatte nur gelebt, um zu trösten und zu segnen. Satan dagegen zeigte die ganze Bosheit seines Hasses gegen Gott, indem er den Herrn tötete. Er ließ deutlich werden, dass die von ihm angezettelte Empörung nur dem einen Zweck dienen sollte, Gott zu stürzen und den zu vernichten, durch den die Liebe Gottes sichtbar wurde.

Durch Christi Leben und Sterben werden auch die Gedanken der Menschen enthüllt. Von der Krippe bis zum Kreuz war das Leben Jesu eine ständige Aufforderung, uns selbst zu verleugnen und an Seinen Leiden teilzuhaben. An Ihm wurden die Absichten der Menschen deutlich. Jesus kam mit der Wahrheit des Himmels und zog alle zu sich, die auf die Stimme des Heiligen Geistes hörten, wohingegen sich die Anbeter des eigenen Ichs zum Reich Satans bekannten. In ihrer Haltung gegenüber Christus bezeugten sie allen, auf wessen Seite sie standen. So spricht sich jeder selbst sein Urteil.

Am Tag des Weltgerichts wird sich jeder Verlorene über die Tragweite seiner Ablehnung der Wahrheit bewusst sein. Das Kreuz wird aufgezeigt und jeder, der bis dahin durch Übertretungen abgestumpft war, wird angesichts des Kreuzes dessen wahre Bedeutung erkennen. Im Angesicht der Situation auf Golgatha mit seinem geheimnisvollen Opfer, werden die Sünder verurteilt dastehen. Jede lügenhafte Ausrede bricht dort zusammen, und der Abfall des Menschen kommt in seiner ganzen Abscheulichkeit ans Licht. Jeder sieht dann, was für eine Wahl er getroffen hat. Jede Frage nach Wahrheit und Irrtum während des langen Kampfes wird beantwortet sein. Gott wird gerechtfertigt dastehen und frei sein von dem Vorwurf, für das Vorhandensein oder die Fortdauer der Sünde die Verantwortung zu tragen. Es wird sich zeigen, dass die göttlichen Verordnungen nicht zur Sünde geführt haben. Es wird sich zudem erweisen, dass der Herrschaft Gottes kein Makel anhaftete und dass sie keinen Anlass zur Unzufriedenheit gegeben hat. Wenn dann die Gedanken und Herzen aller offenbar geworden sind, werden die Treuen und die Empörer gemeinsam ausrufen: »Gerecht und wahrhaftig sind deine Wege, du König der Völker. Wer sollte dich nicht fürchten, Herr, und deinen Namen preisen? ... denn deine gerechten Gerichte sind offenbar geworden.« Offenbarung 15,3.4

KAPITEL 6

Auf Grundlage von
Matthäus 2
Lukas 2

»WIR HABEN SEINEN STERN GESEHEN«

A ls nun Jesus geboren war in Bethlehem in Judäa zur Zeit des Königs Herodes, ... da kamen Weise aus dem Morgenland nach Jerusalem und sprachen: Wo ist der neugeborene König der Juden? Wir haben seinen Stern gesehen im Morgenland und sind gekommen, ihn anzubeten.« Matthäus 2,1.2 Die Weisen aus dem Osten waren Philosophen. Sie gehörten einer großen und einflussreichen Schicht an, die viele Edle, Wohlhabende und Gebildete einschloss. Unter diesen gab es solche, die die Leichtgläubigkeit des Volkes ausnutzten. Andere dagegen waren aufrichtige Männer, die auf die Zeichen der Vorsehung in der Natur achteten. Sie waren wegen ihrer Rechtschaffenheit und Weisheit hoch angesehen. Zu dieser Gruppe von Menschen gehörten auch die Weisen, die zu Jesus kamen.

Zu allen Zeiten schon ließ Gott Sein Licht in die Finsternis der Heidenwelt hineinleuchten. Als diese Magier den sternenklaren Himmel beobachteten und versuchten, das leuchtende Geheimnis des Schöpfers zu ergründen, da sahen sie die Herrlichkeit des Herrn. Auf der Suche nach mehr Erkenntnis wandten sie sich den hebräischen Schriften zu. In ihrem eigenen Land gab es gesammelte prophetische Schriften, die vom zukünftigen Kommen eines göttlichen Lehrers berichteten. Hatte doch ein Bileam, obwohl zeitweise Prophet des lebendigen Gottes, ebenfalls zu den Magiern gehört. Er hatte durch den Heiligen Geist den Wohlstand Israels und das Erscheinen des Messias vorhergesagt. Seine Weissagungen waren durch Überlieferung von Jahrhundert zu Jahrhundert weitergegeben worden. Im Alten Testament jedoch war das Kommen des Heilandes noch deutlicher angekündigt. Mit Freuden erkannten daher die Magier, dass Seine Ankunft nahe bevorstehe und die ganze Welt von der Erkenntnis der Herrlichkeit Gottes erfüllt werden sollte.

Die Weisen sahen in jener Nacht ein geheimnisvolles Licht am Himmel, als die Herrlichkeit Gottes die Höhen von Bethlehem überflutete. Als es dann verblasste, erschien ein leuchtender Stern und blieb am Himmelsgewölbe stehen.

Es war kein Fixstern und auch kein Planet. Deshalb wurde diese

Erscheinung besonders aufmerksam beobachtet. Davon, dass jener Stern eine weit entfernte Gruppe strahlender Engel war, konnten die Weisen natürlich nichts wissen. Doch sie gewannen den Eindruck, dass dieser Stern von besonderer Wichtigkeit für sie sei. Sie fragten daraufhin Priester und Philosophen und studierten auch selbst die alten Schriftrollen. Dabei trafen sie auf die Weissagung Bileams: »Es wird ein Stern aus Jakob aufgehen und ein Zepter aus Israel aufkommen.« 4.Mose 24,17 Konnte dieser seltsame Stern als Vorbote des Verheißenen gesandt sein? Die Magier, die das Licht der Wahrheit vom Himmel schon freudig begrüßt hatten, strahlte auf sie nun noch heller und sie wurden durch Träume angewiesen, den neugeborenen Fürsten zu suchen.

Wie Abraham damals auf den Ruf Gottes hin im Glauben auszog, ohne zu wissen, »wo er hinkäme«, Hebräer 11,8 und wie Israel gläubig der Wolkensäule ins verheißene Land folgte, so zogen auch diese Heiden aus, den verheißenen Heiland zu suchen. Die Länder des Ostens waren reich an Kostbarkeiten, und so traten auch die Magier ihre Reise nicht mit leeren Händen an.

Der Sitte entsprechend, Fürsten oder anderen hochgestellten Persönlichkeiten zum Zeichen der Huldigung Geschenke zu überreichen, nahmen sie die erlesensten Erzeugnisse des Landes mit als Weihegabe an den, in dem alle Geschlechter der Erde gesegnet werden sollten. Um den Stern im Auge behalten zu können, mussten die Weisen in der Nacht reisen. Die Zeit verkürzten sie sich mit einem Gedankenaustausch über die mündlichen und schriftlichen Aussprüche der alten Propheten bezüglich des Einen, den sie suchten. Während jeder Ruhepause durchforschten sie die Prophezeiungen, und die Überzeugung, dass sie von oben geleitet wurden, vertiefte sich immer mehr. So kam zu dem Stern als äußeres Zeichen auch von innen das Zeugnis des Heiligen Geistes dazu. Er beeinflusste ihre Herzen und belebte ihre Hoffnung. Die Reise, wenn auch sehr lang, war für sie eine fröhliche.

Als sie endlich das Land Israel erreicht hatten und, Jerusalem im Blick, den Ölberg hinab stiegen, da blieb der Stern, der auf dem beschwerlichen Weg vor ihnen hergezogen war, über dem Tempel stehen, um nach einiger Zeit ihren Blicken zu entschwinden. Eilig schritten sie nun voran in der zuversichtlichen Erwartung, dass die Nachricht von der Geburt des Messias überall Begeisterung ausgelöst hatte. Aber alle ihre Nachforschungen blieben ohne Erfolg. Gleich nachdem sie die Stadt betreten hatten, begaben sie sich zum Tempel. Doch überascht stellten sie fest, dass niemand etwas von dem neugeborenen König zu wissen schien. Ihre Fragen riefen keine Freudenausbrüche hervor, eher das Gefühl einer unangenehmen Überraschung und Furcht, vermischt mit einem Gefühl der Geringschätzung. Die Priester verschanzten sich hinter der Überlieferung. Ihre religiöse Auffassung und ihre Art der Frömmigkeit stand für sie über allem, während sie die Griechen und Römer als überaus sündige Heiden bezeichneten. Auch die Weisen galten bei den Juden als Heiden, obwohl sie keine Götzendiener waren und in Gottes Augen weit höher standen als Seine angeblichen Anbeter. Selbst bei den berufenen Hütern der heiligen Schriften fand ihr eifriges Fragen keinen Anklang.

Die Ankunft der Weisen wurde überall in Jerusalem schnell bekannt. Ihre ungewöhnliche Botschaft brachte viel Aufregung unter das Volk, die bis in den Palast des Königs Herodes drang. Der listige Edomiter erschrak schon bei der bloßen Erwähnung eines möglichen Rivalen. Unzählige Mordtaten hatten seinen Weg zum Thron besudelt. Dazu war er fremdstämmig und beim Volk, das er regierte, verhasst. Seine einzige Sicherheit war die Gunst Roms. Dieser neue Fürst aber hatte sich auf mehr zu berufen. Er war dazu geboren, das Reich einzunehmen.

Herodes verdächtigte die Priester, dass sie mit den Fremden gemeinsame Sache machten, um einen Volksaufstand heraufzubeschwören und ihn von seinem Thron zu stoßen. Zwar verbarg er sein Misstrauen, doch er beschloss, die Ausführung ihrer Pläne zu durchkreuzen. Er ließ die Hohepriester und Schriftgelehrten zu sich rufen und erkundigte sich bei ihnen, was ihre heiligen Bücher über den Ort lehrten, wo der Messias geboren werden sollte.

Diese Erkundigungen des Thronräubers, noch dazu durch die Fremden angeregt, verletzte den Stolz der jüdischen Lehrer. Die offenkundige Gleichgültigkeit, mit der sie sich an die Durchsicht der prophetischen Schriften begaben, machte den eifersüchtigen Herrscher wütend, glaubte er doch, sie versuchten nur zu verbergen, was sie von dieser Sache wussten.

Mit einer Bestimmtheit, über die sie sich nicht hinwegzusetzen wagten, befahl er ihnen deshalb, genaue Nachforschungen anzustellen und ihm den Geburtsort des von ihnen erwarteten Königs zu nennen. »Und sie sagten ihm: In Bethlehem in Judäa; denn so steht geschrieben durch den Propheten: ,Und du, Bethlehem im jüdischen Lande, bist keineswegs die kleinste unter den Städten in Juda; denn aus dir wird kommen der Fürst, der mein Volk Israel weiden soll.'« Matthäus 2,5.6

Darauf lud Herodes die Weisen zu einer vertraulichen Unterredung ein. Obwohl Zorn und Furcht in seinem Inneren tobten, ließ er sich äußerlich nichts anmerken und empfing die Fremden höflich. Er erkundigte sich, wann ihnen denn der Stern erschienen sei und gab vor, als begrüße er freudig die Nachricht von der Geburt Christi. Schließlich gebot er den Weisen: »Zieht hin und forscht fleißig nach dem Kindlein; und wenn ihr's findet, so sagt mir's wieder, dass ich auch komme und es anbete.« Matthäus 2,8 Mit diesen Worten entließ er sie, damit sie nach Bethlehem zögen.

Die Priester und Ältesten von Jerusalem waren ja nicht so unwissend bezüglich der Geburt Christi, wie sie vorgaben. Die Nachricht vom Besuch der Engel bei den Hirten war auch nach Jerusalem gedrungen, nur hatten die Rabbiner das als unwichtig abgetan. Obwohl sie selbst Jesus hätten finden und die Magier zu Seinem Geburtsort bringen können, mussten erst die Weisen kommen und sie auf die Geburt des Messias aufmerksam machen. Sie sprachen: »Wo ist der neugeborene König der Juden? Wir haben Seinen Stern gesehen im Morgenland und sind gekommen, Ihn anzubeten.« Matthäus 2,2

Stolz und Neid waren es, die die Priester und Rabbiner veranlassten, dem Licht die Tür zu schließen. Hätten sie dem Bericht der Hirten und Weisen geglaubt, dann wären sie dadurch in eine schwierige Lage gebracht worden: Sie hätten so ihre eigene Behauptung widerlegt, Vertreter der Wahrheit Gottes zu sein. Außerdem brachten es diese gebildeten Lehrer einfach nicht fertig, von denen Belehrungen anzunehmen, die sie Heiden nannten. Es konnte nach ihrer Meinung nicht sein, dass Gott sie übergangen hätte, um sich dafür unwissenden Hirten und unbeschnittenen Heiden zu offenbaren.

So beschlossen sie, diese Nachrichten, die den König Herodes und ganz Jerusalem in Aufregung versetzt hatten, mit Verachtung zu entgegnen. Sie wollten sich nicht einmal nach Bethlehem begeben, um festzustellen, ob das alles stimmte. Gleichzeitig verleiteten sie das Volk, die Beachtung von Jesus für schwärmerische Überspanntheit zu halten. Hier schon begannen die Priester und Rabbiner, Christus zu verwerfen. Ihr Stolz und ihre Hartnäckigkeit steigerten sich schließlich zu bitterem Hass gegen den Heiland. So geschah es, dass während Gott den Heiden die Tür öffnete, die Führer der Juden sich die Tür selbst verschlossen.

Alleine verließen die Weisen Jerusalem. Als sie aber in der Dunkelheit des Abends die Tore Jerusalems hinter sich ließen, da sahen sie zu ihrer großen Freude wieder den Stern und wurden nach Bethlehem geführt. Sie hatten nicht wie die Hirten einen Hinweis erhalten, unter welch ärmlichen Verhältnissen sie Jesus finden würden.

Nach der langen Reise waren sie von der Gleichgültigkeit der jüdischen Führer sehr enttäuscht und hatten Jerusalem weniger zuversichtlich verlassen, als sie es betreten hatten. In Bethlehem fanden sie keine Wache, die den neugeborenen König schützte, und keiner von den weltlichen Fürsten war anwesend. Jesus lag in eine Krippe gebettet. Seine Eltern – ungebildete Landleute – waren Seine einzigen Hüter. Konnte Dieser es sein, von dem geschrieben stand, dass Er bestimmt sei, »die Stämme Jakobs aufzurichten und die Zerstreuten Israels wieder zu versammeln«, ein »Licht der Heiden« zum »Heil bis an die Enden der Erde« zu sein? Jesaja 49,6

Sie aber »gingen in das Haus und fanden das Kindlein mit Maria, seiner Mutter, und fielen nieder und beteten es an.« Matthäus 2,11 Auch unter der unscheinbaren Hülle erkannten sie die Gottheit Jesu. So gaben sie Ihm, als ihrem Heiland, ihre Herzen und »taten ihre Schätze auf und schenkten Ihm Gold, Weihrauch und Myrrhe.« Matthäus 2,11 Welch einen Glauben bewiesen sie damit! Von diesen Männern des Ostens hätte Jesus auch sagen können, was Er später von dem römischen Hauptmann feststellte: »Solchen Glauben habe ich in Israel bei keinem gefunden!« Matthäus 8,10

Die Weisen erkannten nicht die Absicht von Herodes. Deshalb hatten sie vor, nachdem sie den Zweck ihrer Reise erreicht hatten, wieder nach Jerusalem zurückzukehren und dem König von ihrem Erfolg zu berichten. Doch in einem Traum empfingen sie die göttliche Anweisung, keinen weiteren Kontakt mit Herodes aufzunehmen. So mieden sie Jerusalem und gingen auf einem anderen Weg in ihre Heimat zurück.

Auf ähnliche Weise wurde auch Joseph aufgefordert, mit Maria und dem Kind nach Ägypten zu fliehen. »Bleib dort, bis ich dir's sage; denn Herodes hat vor, das Kindlein zu suchen, um es umzubringen.« Matthäus 2,13 Joseph gehorchte unverzüglich, trat aber der größeren Sicherheit wegen die Auslandsreise erst in der Nacht an.

Durch die Weisen hatte Gott die Aufmerksamkeit des jüdischen Volkes auf die Geburt Seines Sohnes gelenkt. Ihre Nachforschungen in Jerusalem, die allgemeines Interesse weckten, und selbst die Eifersucht des Herodes, die die Aufmerksamkeit der Priester und Rabbiner erzwang, veranlasste viele, den Weissagungen über den Messias und zugleich dem großen Ereignis, das eben erst geschehen war, Beachtung zu schenken.

Satan aber war entschlossen, das göttliche Licht aus der Welt auszuschließen, und versuchte mit äußerster List, den Heiland zu vernichten. Aber Er, der niemals schläft noch schlummert, wachte über Seinen geliebten Sohn. Wie Er früher Israel mit Manna vom Himmel versorgt und Elia zur Zeit der Hungersnot gespeist hatte, so bereitete Er nun Maria und dem Jesuskind in einem heidnischen Land einen Zufluchtsort. Durch die Gaben der heidnischen Magier hatte der Herr ihnen die Mittel für die Reise nach Ägypten und für den Aufenthalt in einem fremden Land verschafft.

Die Weisen hatten zu den ersten gehört, die den Erlöser begrüßten; ihre Gabe war die erste, die Ihm zu Füßen gelegt wurde. Was für ein Privileg war dies! Das Herz, das mit Liebe gibt, erhellt Gott mit Ehre, indem er ihm die größte Wirksamkeit gibt. Wenn wir Jesus unser Herz gegeben haben, werden wir Ihm auch unsere Gaben darbringen. Bereitwillig werden wir dem Herrn, der uns liebt und sich selbst für uns geopfert hat, unser Gold und Silber, unsere kostbaren irdischen Güter, unsere besten geistigen und geistlichen Fähigkeiten weihen. Herodes wartete inzwischen in Jerusalem ungeduldig auf die Rückkehr der Weisen. Als die Zeit verstrich, ohne dass sie erschienen, wurde sein Argwohn erneut geweckt. Die Abneigung der Rabbiner, ihm den Geburtsort des Messias zu nennen, ließ ihn jetzt vermuten, dass sie seine Pläne durchschaut und dass die Magier ihn absichtlich gemieden hatten.

Bei diesem Gedanken wurde er sehr wütend. Nachdem er mit seiner Verschlagenheit nichts ausgerichtet hatte, blieb ihm als letztes Mittel nur noch die Gewalt. So sollte das Geschick dieses jungen Königs nun zum abschreckenden Beispiel werden. Die hochmütigen Juden sollten sehen, was auf sie wartete, wenn sie versuchten, gegen ihn einen Aufruhr anzuzetteln und an seiner Statt einen anderen Herrscher einzusetzen.

Sofort sandte Herodes seine Soldaten nach Bethlehem mit dem Befehl, alle Kinder im Alter von zwei Jahren und darunter zu töten. Die stillen Heime der Stadt Davids wurden zum Schauplatz jener Schreckensszenen, die 600 Jahre zuvor dem Propheten mitgeteilt worden waren: »Zu Rama hat man ein Geschrei gehört, viel Weinen und Heulen; Rahel beweinte ihre Kinder und wollte sich nicht trösten lassen.« Matthäus 2,18

Dieses Unheil hatten die Juden selbst über sich gebracht. Wären sie gläubig und demütig vor Gott gewandelt, dann hätte er in sehr deutlicher Weise dem Zorn des Königs wehren können. Doch sie hatten sich durch ihre Sünden von Gott getrennt und den Heiligen Geist, ihren einzigen Schutz, verworfen. Sie studierten die Schrift nicht mit dem Wunsch, den Willen Gottes zu tun. Sie hatten lediglich nach Weissagungen gesucht, die sich für sie günstig auslegen ließen und dafür zu sprechen schienen, dass Gott alle übrigen Völker verachtete. Stolz hatten sie damit geprahlt, dass der Messias als König kommen, Seine Feinde besiegen und in Seinem Zorn die Heiden zerstampfen werde. Dadurch war der Hass ihrer Herrscher hervorgerufen worden. Vor allem aber hatte Satan die Juden zu einer solchen falschen Darstellung der Sendung Christi verleitet, in der Absicht, die Vernichtung des Heilandes herbeizuführen. Nun aber fiel alles auf sie selbst zurück.

Dieses grausame Vorgehen sollte eine der letzten Handlungen sein, mit denen Herodes seine dunkle Herrschaft besudelte. Nicht lange nach dem abscheulichen Kindermord in Bethlehem wurde er selbst auch ein Opfer des Schicksals, dem keiner entkommt: Er musste sterben – und er starb einen schrecklichen Tod.

Joseph, der sich immer noch in Ägypten aufhielt, wurde jetzt von einem Engel Gottes aufgefordert, nach Israel zurückzukehren. In der Annahme, dass Jesus der Erbe des Thrones Davids sei, wollte er erst Bethlehem zu seinem Wohnort machen. Als er aber erfuhr, dass Archelaus an seines Vaters Statt über Judäa regierte, befürchtete er, dass nun der Sohn die Absichten des Vaters gegen Jesus ausführen könnte. Von allen Söhnen des Herodes glich Archelaus dem in seinem Charakter am meisten. Schon seine Thronbesteigung war von Aufruhr in Jerusalem und der Niedermetzelung Tausender von Juden durch die römischen Wachen begleitet gewesen.

Abermals wurde Joseph zu einem Zufluchtsort geführt. Er kehrte nach Nazareth zurück, seinem früheren Wohnsitz, wo Jesus 30 Jahre seines Lebens zubringen sollte, »damit erfüllt würde, was da gesagt ist durch die Propheten: Er soll Nazarener heißen.« Matthäus 2,23 Galiläa stand ebenfalls unter der Herrschaft eines Sohnes des Herodes, doch war dort die Bevölkerung mehr mit fremdem Volkstum gemischt als Judäa, so dass rein jüdische Fragen in Galiläa weniger Beachtung fanden als in Judäa. Deshalb schien es weniger wahrscheinlich, dass die Sonderstellung Jesu so leicht den Neid der maßgebenden Kreise erregen würde.

So geartet war die Aufnahme, die der Heiland fand, als er zur Erde kam. Kaum schien es einen Ruheort, eine Zufluchtsstätte für den noch unmündigen Erlöser zu geben. Gott konnte Seinen geliebten Sohn nicht den Menschen anvertrauen, selbst nicht zu der Zeit, da er sich um ihr Heil bemühte. Deshalb beauftragte Er Engel damit, Jesus zu geleiten und zu schützen, bis Er Seine Aufgabe auf Erden vollbracht hätte und durch die Hände derer sterben würde, die zu retten Er gekommen war.

KAPITEL 7

*Auf Grundlage von
Lukas 2,39.40*

DIE KINDHEIT JESU

Seine Kindheit und Jugendzeit verbrachte Jesus in einem kleinen Ort in den Bergen. Es gab keinen Platz auf Erden, der nicht durch Seine Gegenwart geehrt worden wäre. Selbst Königspalästen wäre es ein Vorrecht gewesen, Ihn als Gast aufzunehmen. Er ging aber an den Häusern der Reichen, an den Höfen der Könige und den berühmten Stätten der Gelehrsamkeit vorüber, um sich in dem unbedeutenden und verachteten Ort Nazareth niederzulassen.

Wunderbar in seiner Bedeutung ist der kurze Bericht über die ersten Jahre im Leben Jesu: »Das Kind wuchs und ward stark im Geist, voller Weisheit, und Gottes Gnade war bei ihm.« Lukas 2,40 In dem Sonnenglanz, der vom Angesicht Seines Vaters ausging, nahm Jesus zu »an Weisheit, Alter und Gnade bei Gott und den Menschen.« Lukas 2,52 Sein Verstand war rege und scharfsinnig und an Aufmerksamkeit und Weisheit Seinen Jahren voraus. Dennoch war sein Charakter wundervoll ausgeglichen. Die Entwicklung der Geistes- und Körperkräfte erfolgte nach Seinem Alter. Schon als Kind erwies sich Jesus als überaus liebenswürdig veranlagt. Stets war Er bereit, anderen tatkräftig zu dienen. Dazu bewies Er eine Geduld, die durch nichts zu erschüttern war, und eine Wahrheitsliebe, die sich unbestechlich für das Rechte einsetzte. In den Grundsätzen felsenfest, offenbarte sein Leben die Tugend selbstloser Höflichkeit.

Mit tiefem Ernst beobachtete die Mutter Jesu, wie sich Seine Gaben entfalteten und sich Sein Charakter vollkommen entwickelte. Voller Freude versuchte sie, Seinen munteren, empfänglichen Sinn zu begeistern. Durch den Heiligen Geist erhielt sie Weisheit zur Zusammenarbeit mit den himmlischen Boten bei der Erziehung dieses Kindes, das den Anspruch erheben konnte, nur Gott als Seinen Vater zu bezeichnen.

Schon immer hatten die treuen Israeliten sehr sorgfältig auf die Erziehung ihrer Jugend geachtet. Der Herr hatte sie unterwiesen, die Kinder schon vom Babyalter an über Seine Güte und Größe zu belehren, wie sie sich besonders in Seinem Gesetz offenbart und in der Geschichte Israels gezeigt haben. Sie sollten dabei den Gesang, das Gebet und die Betrachtung der Schrift dem kindlichen Verständnis anpassen. Väter und Mütter sollten ihre Kinder darüber unterrichten, dass das Gesetz Gottes ein Ausdruck Seines Charakters sei und dass sich mit der Annahme Seiner Grundsätze das Bild Gottes auf den Geist und die Seele übertrage. Viele Belehrungen erfolgten mündlich. Daneben aber lernte die Jugend auch die hebräischen Schriften lesen, und die Pergamentrollen mit den alttestamentlichen Texten standen ihren Studien zur Verfügung.

Zur Zeit Christi wurde der Ort oder die Stadt, welche die religiöse Erziehung der Jugend nicht förderten, so angesehen, als stünde sie unter dem Fluch Gottes. Dennoch war der Unterricht formal, und die Traditionen hatten größtenteils die heiligen Schriften verdrängt. Rechte Erziehung würde die Jugend dazu führen, dass sie den Herrn »suchen und auf ihn aufmerksam werden sollten und ihn finden würden.« Apostelgeschichte 17,27; NL Die Lehrer der Juden wandten jedoch ihre Aufmerksamkeit zeremoniellen Themen zu. Der Verstand wurde mit einem Stoff belastet, der für die Schüler wertlos war und erst recht vor der höheren Schule des Himmels nichts galt. Die Erfahrung, welche man durch die persönliche Annahme des Wortes Gottes erlangt, hatte keinen Platz in ihrem Erziehungssystem. Vor lauter Äußerlichkeiten fanden die Schüler keine Gelegenheit, um stille Stunden mit Gott zu verbringen. Sie hörten Seine Stimme nicht zu sich sprechen. Auf ihrer Suche nach Erkenntnis kehrten sie der Quelle der Weisheit den Rücken. Das Wichtigste im Gottesdienst vernachlässigten sie und die Grundsätze des Gesetzes wurden verdunkelt. Diese höhere Bildung wurde zum größten Hindernis für eine echte Entwicklung. Durch die Erziehungsweise der Rabbiner wurde die Kraft der Jugend einengt. Sie wurden schwerfällig und einseitig im Denken.

Der junge Jesus wurde nicht in den Schulen der Synagoge unterrichtet. Von den Menschen war Seine Mutter seine erste Lehrerin. Von ihr und durch die Schriften der Propheten erfuhr Er die himmlischen Dinge. Genau jene Worte, die Er damals selbst durch Mose zu Israel gesprochen hatte, wurden Ihm auf den Knien Seiner Mutter gelehrt. Als Er vom Kindesalter zum Jugendlichen heranwuchs, besuchte Er nicht die Schulen der Rabbiner. Er bedurfte einer Bildung aus solchen Quellen nicht, denn Gott war Sein Lehrer.

Die während der Ausübung Seines Dienstes gestellte Frage: »Woher weiß Er das alles, Er hat doch die Schrift nicht studiert wie wir?« Johannes 7,15; NL deutet nicht an, dass Jesus nicht lesen konnte, sondern lediglich, dass Er keine rabbinische Ausbildung erhielt. Da Er sein Wissen genauso erwarb, wie wir es können, beweist Seine innige Vertrautheit mit der Schrift, wie fleißig Er Seine

jugendlichen Jahre dem Wort Gottes widmete. Dazu lag vor Ihm das große Buch von Gottes geschaffenen Werken. Er, der alle Dinge erschuf, vertiefte sich nun selbst in die Lehren, die Er mit eigener Hand in die Erde und ins Meer und in den Himmel geschrieben hatte. Während er sich fernhielt von allen unheiligen Dingen der Welt, sammelte Er eine Fülle von wissenschaftlichen Erkenntnissen aus der Natur. Er erforschte das Leben der Pflanzen, Tiere und Menschen. Von frühester Kindheit an beherrschte Ihn nur ein Ziel: Er lebte, um andere zu segnen. Dafür fand Er Hilfsmittel in der Natur. Neue Ideen von Wegen und Möglichkeiten blitzten gleich in Seinen Gedanken auf, als Er das Leben der Pflanzen und Tiere studierte. Ständig trachtete Er danach, durch Sichtbares jene Dinge zu veranschaulichen, welche die lebendigen Weissagungen Gottes darstellen. Die Gleichnisse, durch die Er während Seines Wirkens Seine Wahrheitslehren gern kleidete, zeigen, wie offen Sein Gemüt für die Einflüsse der Natur war und wie viele Unterweisungen fürs geistliche Leben Er aus Seinem täglichen Leben genommen hatte. So wurden Jesus die Bedeutung der Worte und Werke Gottes entfaltet, als Er den Dingen auf den Grund zu gehen suchte. Himmlische Wesen waren Seine Begleiter, und Er pflegte heilige Gedanken und vertrauliche Zwiesprache. Vom ersten Dämmern seines Verstandes an nahm Er ständig zu an geistlicher Gnade und in der Erkenntnis der Wahrheit.

Jedes Kind kann, genauso wie Jesus, Erkenntnis erlangen. Wenn wir versuchen, durch Sein Wort mit unserem himmlischen Vater bekannt zu werden, dann sind uns Engel nahe. Unser Geist wird gestärkt, unser Charakter erhoben und verfeinert. Wir werden unserem Heiland ähnlicher. Und wenn wir all das Schöne und Großartige in der Natur betrachten, wendet sich unser Herz Gott zu. Während der Geist demütig ist, wird die Seele bei der Berührung mit dem Ewigen durch Seine Werke gestärkt. Die Gemeinschaft mit Gott im Gebet fördert die geistigen und sittlichen Fähigkeiten, und die geistlichen Kräfte erstarken in dem Maße, wie wir Gedanken über geistliche Dinge hegen.

Jesu Leben war ein Leben der Übereinstimmung mit Gott. Als Er Kind war, dachte und redete Er zwar wie ein Kind, aber keine Spur der Sünde entstellte das Ebenbild Gottes in Ihm. Dabei war Er nicht frei von Versuchungen. Die Bosheit der Einwohner von Nazareth war sprichwörtlich. Nathanaels Frage: »Was kann von Nazareth Gutes kommen?« zeigt deutlich, wie wenig Achtung sie allgemein genossen. Johannes 1,46 Jesus aber wurde dorthin gestellt, damit Sein Charakter geprüft würde. Er musste ständig auf der Hut sein, wollte Er Seine Reinheit bewahren. Kein Kampf, den auch wir zu bestehen haben, blieb Ihm erspart, damit Er uns unser Leben lang ein Beispiel sein könne – in der Kindheit, im Jugend- und Mannesalter.

Satan war unermüdlich in seinen Anstrengungen, um das Kind von Nazareth zu besiegen. Wenn Jesus auch von frühester Jugend an von den

Engeln des Himmels behütet wurde, so war Sein Leben dennoch ein Kampf gegen die Mächte der Finsternis. Dass jemand auf Erden frei von sündiger Befleckung leben sollte, das war dem Fürsten der Finsternis ärgerlich und ein Grund zur Beunruhigung. Nichts ließ er unversucht, um Jesus in seine Schlingen zu verstricken. Kein Menschenkind wird je berufen, ein heiliges Leben inmitten solch erbitterter Kämpfe gegen Versuchungen zu führen, wie unser Heiland.

Die Eltern Jesu waren arm und auf den Ertrag ihrer täglichen Mühen angewiesen. Er war so mit Armut, Selbstverleugnung und Entbehrungen vertraut. Diese Erfahrung war ein sicherer Schutz für Ihn. In Seinem arbeitsreichen Leben gab es keine müßigen Momente, welche die Versuchung herausgefordert hätten, und keine ziellos verbrachten Stunden bahnten den Weg für schlechte Gesellschaft. Er verschloss, soweit es Ihm möglich war, dem Versucher die Tür. Weder Gewinn noch Vergnügen, weder Beifall noch Tadel konnten Ihn dazu verleiten, Unrecht gutzuheißen. Er war klug, um das Böse zu erkennen, und stark genug, ihm auch zu widerstehen.

Jesus war der einzige Sündlose, der jemals auf Erden gelebt hat, obwohl Er doch fast 30 Jahre lang unter den gottlosen Einwohnern von Nazareth wohnte. Diese Tatsache muss all jene Leute beschämen, die meinen, dass es auf den Ort, das Glück oder den Besitz ankomme, um ein untadeliges Leben führen zu können. Vielmehr erziehen uns gerade Anfechtung, Not und Unheil zu Reinheit und Standhaftigkeit. Er lebte mit Seinen Eltern in einem ländlichen Heim und trug treu und freudig Seinen Anteil an den Lasten des Haushaltes. Derjenige, der einst Gebieter des Himmels gewesen war und dessen Wort die Engel mit Freuden befolgten, war jetzt ein williger Diener, ein liebevoller und gehorsamer Sohn. Er erlernte ein Handwerk und arbeitete mit Joseph zusammen in dessen Zimmermannswerkstatt. In der einfachen Kleidung eines gewöhnlichen Handwerkers ging Er durch die Straßen der kleinen Stadt zu Seiner bescheidenen Arbeit und wieder zurück. Er benutzte Seine göttliche Kraft nicht, um Seine Lasten zu verringern oder sich die Mühen zu erleichtern.

Durch die Arbeit, die Jesus als Jugendlicher und als Mann ausübte, wurden Körper und Geist entwickelt. Er ging nicht leichtsinnig mit Seinen physischen Kräften um, sondern setzte sie so ein, dass sie gesund blieben, damit Er in jeder Weise das Beste leisten konnte. Er lehnte Fehlerhaftigkeit ab – sogar in Seinen handwerklichen Tätigkeiten. Als Handwerker war Er ebenso vollkommen, wie Sein Charakter vollkommen war. Durch Sein Beispiel lehrte Er, dass es unsere Pflicht ist, fleißig zu sein und unsere Arbeit genau und sorgfältig auszuführen, und dass solche Arbeit ehrbar ist. Nützliche Handwerksarbeit erzieht nicht nur die Jugend dazu, ihren Anteil an den Lebenslasten zu tra-

gen, sondern gibt auch körperliche Stärke und entwickelt jede

Fähigkeit. Alle sollten sich mit etwas beschäftigen, was ihnen selbst nützlich ist und auch anderen weiterhilft. Gott hat uns die Arbeit zum Segen gegeben, und nur der Fleißige kann die wahre Schönheit und Freude des Lebens verspüren. Gottes Zustimmung ruht mit liebevoller Gewissheit auf Kindern und Jugendlichen, die freudig ihren Teil der häuslichen Pflichten erfüllen und den Eltern ihre Last tragen helfen. Solche Kinder werden, wenn sie das Heim verlassen, auch brauchbare Mitglieder der Gesellschaft sein.

Während Seines ganzen Erdenlebens war Jesus ein ernsthafter und beständiger Arbeiter. Weil Er viel erwartete, unternahm Er auch viel. Nachdem Er Seinen Dienst angetreten hatte, erklärte Er: »Ich muss wirken die Werke des, der mich gesandt hat, solange es Tag ist; es kommt die Nacht, da niemand wirken kann.« Johannes 9,4 Jesus schreckte weder vor Sorge noch vor Verantwortung zurück, wie es viele Seiner angeblichen Nachfolger tun. Gerade weil sie diese Zucht umgehen wollen, sind viele schwach und unfähig. Mögen sie auch vortreffliche und liebenswerte Eigenschaften aufweisen, so sind sie doch kraftlos und nahezu unbrauchbar, wenn es gilt, Schwierigkeiten zu begegnen oder Hindernisse zu überwinden. Die Zuverlässigkeit und Tatkraft, die Festigkeit und Stärke des Charakters, die sich in Christus zeigten, sollen sich durch die gleiche Schule, die Er durchzustehen hatte, in uns entwickeln. Dann wird auch die Gnade, die Er empfing, uns bereitstehen!

Solange Er unter den Menschen lebte, teilte unser Heiland das Los der Armen. Er kannte ihre Sorgen und Nöte aus eigener Erfahrung und vermochte die demütigen Arbeiter zu trösten und zu ermutigen. Wer wirklich begriffen hat, was uns Jesu Leben lehrt, wird nie daran denken, irgendwelche Unterschiede zwischen Menschengruppen zu machen, und einen Reichen nicht höher achten als einen würdigen Armen.

Jesus brachte Fröhlichkeit und Feingefühl in Seine Arbeitsweise. Es verlangt viel Geduld und Geisteskraft, die Lehren der Heiligen Schrift zuhause und am Arbeitsplatz umzusetzen und trotz aller Anspannung durch irdische Geschäfte die Ehre Gottes im Auge zu behalten. Darin wird uns Christus zum Helfer. Er war von weltlichen Sorgen nie so sehr in Anspruch genommen, dass Er keine Zeit mehr gehabt hätte, um über ewige Dinge nachzudenken. Oft drückte Er die Freude Seines Herzens aus, indem Er Psalmen und geistliche Lieder sang. Dann hörten die Einwohner Nazareths Seine Stimme sich in Lobpreis und Danksagung zu Gott erheben. Er pflegte Gemeinschaft mit dem Himmel durch Gesang, und wenn Seine Gefährten über die ermüdende Arbeit klagten, wurden sie durch die lieblichen Weisen aus Seinem Mund aufgemuntert. Sein Lobgesang schien die bösen Engel zu bannen und Seine Umgebung wie Weihrauch mit Wohlgeruch zu erfüllen. Die Gedanken Seiner Zuhörer wurden aus ihrer irdischen Gebundenheit in die himmlische Heimat versetzt. Jesus war der Quell heilsamer Gnade für die Welt. Auch während jener Jahre der Zurückgezogenheit in Nazareth gingen von Ihm Ströme des Mitgefühls und der Zärtlichkeit aus. Die Betagten und Bekümmerten, die Sündenbeladenen, die freudig spielenden Kinder, die schwache Kreatur in den Hainen und die geduldigen Lasttiere – sie alle waren glücklicher durch Seine Gegenwart. Er, dessen Machtwort die Welten aufrecht erhielt, beugte sich herab, um einem verwundeten Vöglein zu helfen. Es gab nichts, was nicht Seiner Beachtung wert oder Seines Dienstes würdig gewesen wäre.

Während Jesus so an Weisheit und körperlicher Größe zunahm, wuchs Er auch an Gnade bei Gott und den Menschen. Er erwarb sich auch die Liebe aller, weil Er mit allen zu fühlen vermochte. Die Atmosphäre von Hoffnung und Mut, die Ihn umgab, machte Ihn in jedem Heim zum Segen. Oft forderte man Ihn auf, am Sabbat in der Synagoge den Lehrtext aus den Propheten zu lesen, wobei die Herzen der Zuhörer ergriffen wurden, weil ihnen ein neues Licht aus den alt vertrauten Worten des heiligen Textes entgegen strahlte.

Doch Jesus vermied es, Aufsehen zu erregen. Während der vielen Jahre Seines Aufenthaltes in Nazareth zeigte Er Seine Wunder wirkende Macht nicht. Er trachtete weder nach einer angesehenen Stellung, noch nahm Er irgendwelche Titel an. Still und bescheiden lebte Er – und selbst die Schrift, die über Seine Jugendjahre schweigt, erteilt uns damit eine wichtige Lehre: Je mehr sich das Leben eines Kindes in der Stille und Einfachheit – frei von künstlicher Erregung und mehr im Einklang mit der Natur – abspielt, desto günstiger sind die Aussichten für sein körperliches Wachstum und seine geistige Entwicklung.

Jesus ist unser Vorbild. Viele befassen sich gern mit der Zeit Seines öffentlichen Wirkens, während sie die Lehren Seiner Jugendjahre meist unbeachtet lassen. Aber gerade mit Seinem Verhalten zuhause ist Er den Kindern und Jugendlichen ein Vorbild. Der Heiland wurde arm, um uns zu zeigen, wie wir auch bei bescheidenem Los ein Leben in inniger Gemeinschaft mit Gott führen können. Er lebte, um Seinen Vater im Alltagsleben zu gefallen, Ihn zu ehren und zu verherrlichen. Sein Werk begann damit, dass Er dem bescheidenen Gewerbe eines Handwerkers, der sich hart für sein tägliches Brot abmühen muss, besondere Weihe verlieh. Er diente Gott, wenn Er an der Werkbank arbeitete, genauso gut, als wenn Er für die Volksmenge Wunder wirkte. Jeder junge Mensch, der Jesu treuem und gehorsamen Beispiel in seinem bescheidenen Heim nachfolgt, darf auch das Zeugnis für sich in Anspruch nehmen, das der Vater durch den Heiligen Geist Jesus bescheinigte: »Siehe, das ist mein Knecht – ich halte ihn – und mein Auserwählter, an dem meine Seele

Wohlgefallen hat.« Jesaja 42,1

KAPITEL 8

Auf Grundlage von
Lukas 2,41-51

AUF DEM PASSAHFEST

Die Juden betrachteten das 12. Lebensjahr als Grenze zwischen Kindheit und Jugend. Der hebräische Junge wurde nach Vollendung dieses Lebensjahres ein Sohn des Gesetzes genannt und auch ein Sohn Gottes. Ihm wurden besondere Vorrechte an religiösen Unterweisungen gegeben, und man erwartete von Ihm eine rege Beteiligung an den heiligen Festen und Bräuchen. Es stimmte also völlig mit diesen Bräuchen überein, dass Jesus in diesem Alter das Passahfest in Jerusalem besuchte. Wie alle gläubigen Israeliten machten sich Joseph und Maria, wie jedes Jahr auf den Weg, um an der Passahfeier teilzunehmen, und als Jesus das erforderliche Alter hatte, nahmen sie Ihn mit dorthin.

Es waren jährlich drei Feste, zu denen alle männlichen Israeliten in Jerusalem vor dem Herrn zu erscheinen hatten – das Passahfest, das Pfingstfest und das Laubhüttenfest. Von diesen großen Festen wurde das Passahfest am meisten besucht. Sie kamen aus allen Ländern, in denen Juden verstreut lebten. Aus allen Gegenden Palästinas strömten viele Anbeter zum Fest. Die Reise von Galiläa nach Jerusalem dauerte mehrere Tage, und die jüdischen Pilger schlossen sich, um nicht allein zu wandern und zum gegenseitigen Schutz, unterwegs zu Gruppen zusammen. Frauen und Greise legten die oft steilen und felsigen Wege auf Ochsen oder Eseln zurück. Die kräftigeren Männer und die Jugendlichen reisten zu Fuß. Das Passahfest fiel in die Frühlingszeit, Ende März oder Anfang April; das ganze Land erstrahlte in Blüten und wurde vom Gesang der Vögel erfreut. Entlang des Reiseweges befanden sich denkwürdige Orte aus der Geschichte Israels, und die Eltern erzählten ihren Kindern von den Wundern, die Gott in der Vergangenheit an Seinem Volk gewirkt hatte. Sie verkürzten sich die Reise zudem durch Gesang und Musik, und wenn sie dann in der Ferne die Türme Jerusalems auftauchen sahen, stimmte jede Stimme in den Triumphgesang mit ein: »Nun stehen unsere Füße in deinen Toren, Jerusalem ... Es möge Friede sein in deinen Mauern und Glück in deinen Palästen!« Psalm 122,2.7

Seit der Zeit, in der die Hebräer ein selbständiges Volk wurden, hielten sie alljährlich das Passahfest. In der letzten Nacht ihrer ägyptischen Gefangenschaft, als nichts auf die Stunde ihrer Befreiung hinzudeuten schien, hatte Gott sie dazu aufgefordert, den sofortigen Auszug vorzubereiten. Er hatte Pharao vor der letzten Plage gewarnt, die über die Ägypter kommen sollte, und die Hebräer angewiesen, sich in ihren Häusern zu versammeln, ihre Türpfosten mit dem Blut eines geschlachteten Lammes zu besprengen und das gebratene Lamm mit ungesäuertem Brot und bitteren Kräutern zu essen. »So sollt ihr's aber essen: Um eure Lenden sollt ihr gegürtet sein und eure Schuhe an euren Füßen haben und den Stab in der Hand und sollt es essen als die, die hinweg eilen; es ist des Herrn Passah.« 2.Mose 12,11 Und als es Mitternacht war über Ägypten, wurde alle Erstgeburt der Ägypter erschlagen. Dann sandte der Pharao die Botschaft an Israel: »Macht euch auf und zieht weg aus meinem Volk ... Geht hin und dient dem Herrn, wie ihr gesagt habt.« 2.Mose 12,31 Die Hebräer verließen Ägypten als unabhängiges Volk. Der Herr ordnete an, alljährlich das Passahfest zu feiern. »Und wenn eure Kinder zu euch sagen werden: Was habt ihr da für einen Brauch?, sollt ihr sagen: Es ist das Passahopfer des Herrn, der an den Kindern Israel vorüber ging in Ägypten, als er die Ägypter schlug.« 2.Mose 12,26.27 Auf diese Weise sollte allen nachfolgenden Generationen diese wunderbare Befreiungstat Gottes weitergegeben werden.

Auf das Passahopfer folgte das siebentägige Fest der ungesäuerten Brote. Am zweiten Tag dieses Festes wurde dem Herrn die Erstlingsfrucht der Jahresernte dargebracht – und zwar eine Garbe Gerste. Alle Bräuche dieses Festes versinnbildeten das Werk Christi. Die Befreiung Israels aus Ägypten war ein Gleichnis für die Erlösung, zu dessen Erinnerung das Passahfest diente. Das geschlachtete Lamm, das ungesäuerte Brot und auch die Erstlingsgabe stellen den Erlöser dar.

Zur Zeit Christi war die Feier des Passahfestes bei den meisten Juden zu einem bloßen Formendienst herabgesunken. Wie groß war jedoch die Bedeutung dieses Festes für den Sohn Gottes!

Zum ersten Mal sah Jesus den Tempel und die weiß gekleideten Priester ihren feierlichen Dienst versehen. Er erblickte das blutende Opfer auf dem Altar und beugte sich mit den Gläubigen im Gebet, während die Wolke des Weihrauchs zu Gott empor stieg. Er erlebte bewusst die eindrucksvollen Handlungen des Passahgottesdienstes. Mit jedem Tag sah Er deren Bedeutung klarer. Jede Handlung schien mit Seinem eigenen Leben engstens zusammenzuhängen. Das alles weckte neue Gedanken in Ihm. Still und in sich gekehrt schien Er über ein besonderes Problem nachzudenken. Das Geheimnis Seiner Sendung wurde Ihm bewusst.

Versunken im Nachdenken über diese Erlebnisse, verblieb Er nicht an der Seite Seiner Eltern. Er wollte allein sein. Als die gottesdienstlichen Handlungen längst vorbei waren, hielt Er sich noch immer in den Vorhöfen des Tempels auf, und als die jüdischen Festbesucher Jerusalem wieder verließen, blieb Er in der Stadt zurück.

Bei diesem Besuch in Jerusalem wollten Jesu Eltern Ihn mit den großen Lehrern Israels zusammenbringen. Während Er in jeder Einzelheit dem Wort Gottes gehorsam war, unterwarf Er sich jedoch nicht den Bräuchen und Gewohnheiten der Schriftgelehrten. Joseph und Maria hofften, Er könnte dahin gebracht werden, den gelehrten Rabbinern mit achtungsvoller Ehrerbietung gegenüberzutreten und ihre Forderungen mit größerer Sorgfalt zu beachten. Doch Jesus war im Tempel durch Gott selbst unterrichtet worden. Das, was Er auf diese Weise erhalten hatte, begann Er sogleich mitzuteilen.

Eine mit dem Tempel verbundene Halle diente zu jener Zeit als Heilige Schule, nach der Art der alten Prophetenschulen. Die Rabbiner versammelten hier ihre Schüler um sich. Auch Jesus kam in diese Halle. Zu den Füßen dieser ehrwürdigen und gelehrten Männer sitzend, lauschte Er deren Belehrungen. Als Einer, der nach Weisheit suchte, fragte Er diese Lehrer über die Weissagungen und die gegenwärtigen Ereignisse, die auf das Kommen des Messias hinwiesen.

Jesus dürstete nach einer Erkenntnis Gottes. Seine Fragen regten zum Nachdenken über tiefe Wahrheiten an, die seit langem verborgen und doch für das Heil der Menschen so lebensnotwendig waren. Während Er zeigte, wie begrenzt und oberflächlich die ganze Weisheit der Gelehrten war, enthielt doch jede Frage, die ihnen vorgelegt wurde, eine göttliche Lehre und ließ die Wahrheit in einem neuen Licht erscheinen. Die Rabbiner sprachen von der wunderbaren Erhöhung, die das Erscheinen des Messias dem jüdischen Volk bringen würde, doch Jesus verwies auf die Prophetie Jesajas und fragte nach der Bedeutung jener Schriftstellen, die vom Leiden und Sterben des Gotteslammes berichteten. Die Schriftgelehrten reagierten mit Gegenfragen und waren über Seine Antworten erstaunt. Mit der Demut eines Kindes wiederholte Jesus die Worte der Schrift und gab ihnen eine so tiefe Bedeutung, wie es für sie unvorstellbar gewesen war. Wären die von Ihm dargelegten Wahrheitsgrundsätze befolgt worden, dann hätte das in jenen Tagen eine Reformation des Glaubens bewirkt. Ein tiefes Interesse an geistlichen Dingen wäre erwacht und viele wären vorbereitet gewesen, Ihn anzunehmen, als Jesus mit Seinem öffentlichen Dienst begann.

Die Rabbiner wussten, dass Jesus nicht in ihren Schulen unterrichtet worden war – dennoch übertraf Er sie in Seinem Verständnis

Prophetien weit. In diesem nachdenklichen galiläischen Jungen erkannten sie einen großen Hoffungsträger. Sie wollten Ihn gern als ihren Schüler haben, damit Er ein Lehrer in Israel würde, und Seine weitere Erziehung übernehmen, in dem Bewusstsein, dass ein so schöpferischer Geist nur von ihnen geformt werden könne.

Jesu Worte hatten ihre Herzen so tief bewegt, wie es Worte aus Menschenmund nie zuvor vermocht hatten. Gott versuchte, diesen Führern in Israel Licht zu geben und benutzte dazu das einzige Mittel, durch das sie erreicht werden konnten. In ihrem Stolz, hätten sie es niemals zugelassen, Belehrungen durch irgendwelche anderen anzunehmen. Hätten Jesu Worte den Anschein gehabt, dass Er sie belehren wollte, würden sie Ihm gar nicht zugehört haben. So aber schmeichelten sie sich, Ihn zu lehren oder wenigstens Seine Kenntnisse in den Schriften zu prüfen. Seine jugendliche Bescheidenheit und Anmut entwaffnete ihre Vorurteile. Unbewusst wurde ihr Verständnis für das Wort Gottes geöffnet, und der Heilige Geist sprach zu ihren Herzen.

Die Schriftgelehrten mussten einsehen, dass ihre Erwartungen hinsichtlich des Messias durch das prophetische Wort nicht gestützt wurden, doch sie wollten die Theorien nicht aufgeben, die ihrem Ehrgeiz schmeichelten. Sie wollten nicht zugeben, dass sie die Schriften falsch auslegten, die sie vorgaben zu lehren. Sie fragten sich untereinander: Woher hat dieser Jüngling Sein Wissen, obwohl er doch keine Schule besuchte? Das Licht schien in der Finsternis, die Finsternis aber »hat's nicht ergriffen.« Johannes 1,5

Inzwischen waren Maria und Joseph in großer Sorge und Unruhe. Beim Verlassen Jerusalems hatten sie Jesus aus den Augen verloren und wussten nicht, dass Er in der Stadt zurückgeblieben war. Das Land war damals dicht bevölkert, und die Karawanen aus Galiläa waren sehr groß. Es gab viel Durcheinander, als sie die Stadt verließen. Auf dem Weg nahm die Freude, mit Freunden und Bekannten zu reisen, ihre Aufmerksamkeit in Anspruch, und erst als es Abend wurde, bemerkten sie Seine Abwesenheit. Als sie zur Rast anhielten, vermissten sie die helfende Hand ihres Kindes. Doch weil sie annahmen, Er wäre in ihrer Reisegruppe, waren sie immer noch unbesorgt. So jung, wie Er auch war, hatten sie Ihm völlig vertraut und erwartet, dass Er, wenn nötig, zur Stelle wäre, um ihnen zu helfen, indem Er ihre Wünsche voraus ahnte, so wie Er es stets getan hatte. Doch nun erwachten ihre Ängste. Sie suchten Ihn überall unter den anderen Reisenden, aber vergeblich. Schaudernd erinnerten sie sich daran, wie Herodes versucht hatte, Ihn als Baby zu töten. Trübe Ahnungen erfüllten ihre Herzen. Sie machten sich große Vorwürfe.

Sie kehrten sogleich nach Jerusalem zurück und suchten Ihn hier weiter.

Als sie sich am nächsten Tag unter die Anbetenden des Tempels mischten, fesselte eine vertraute Stimme ihre Aufmerksamkeit. Sie konnten sich nicht irren; keine andere Stimme war der Seinen gleich – so feierlich, ernst und dennoch so melodisch.

Sie fanden Jesus in der Schule der Rabbiner. Trotz ihrer großen Freude konnten sie doch ihren Kummer und ihre Angst nicht vergessen. Als Er wieder bei ihnen war, sprach Maria Worte, die einen leisen Vorwurf beinhalteten: »Mein Sohn, warum hast du uns das getan? Siehe, dein Vater und ich haben dich mit Schmerzen gesucht.« Lukas 2,48

»Warum habt ihr mich gesucht?«, antwortete Er. »Ihr hättet doch wissen müssen, dass ich im Haus meines Vaters bin.« Lukas 2,49; NL Und als sie Seine Worte nicht zu verstehen schienen, zeigte Er nach oben. Auf Seinem Angesicht lag ein Glanz, worüber die Eltern sich wunderten. Die Gottheit Jesu durchleuchtete den Menschensohn. Als sie Ihn im Tempel fanden, hatten sie dem gelauscht, was sich zwischen Ihm und den Rabbinern abspielte, und sie hatten sich über Seine Fragen und Antworten gewundert. Seine Worte weckten eine Reihe von Gedanken, die sie niemals wieder vergessen sollten.

Seine Frage an sie enthielt eine Lektion. »Wisst ihr nicht, dass ich sein muss in dem, was meines Vaters ist?« Lukas 2,49 Jesus war dabei, jenes Werk zu erfüllen, wozu Er in die Welt gekommen war, doch Joseph und Maria hatten ihres vernachlässigt. Gott hatte ihnen hohe Ehre erwiesen, indem Er ihnen Seinen Sohn anvertraute. Heilige Engel hatten den Weg Josephs gelenkt, um Jesu Leben zu bewahren. Dennoch hatten Joseph und Maria für einen ganzen Tag den aus den Augen verloren, den sie doch für keinen Augenblick vergessen sollten. Und als ihre Besorgnis sich als grundlos erwies, haben sie nicht sich selbst Vorwürfe gemacht, sondern Ihn beschuldigt.

Es war ganz natürlich für Jesu Eltern, Ihn als ihr eigenes Kind zu betrachten. Er war täglich bei ihnen. Sein Leben glich in vieler Hinsicht dem der anderen Kinder, und es fiel ihnen schwer, in Ihm den Sohn Gottes zu sehen. Sie waren in Gefahr, die ihnen in der Gegenwart des Heilandes der Welt gewährte Segnung zu unterschätzen. Der Schmerz, den sie bei der Trennung von Ihm empfanden, und der sanfte Vorwurf, den Seine Worte enthielten, sollte ihnen die Heiligkeit des ihnen Anvertrauten eindringlich nahe bringen.

In der Antwort an Seine Mutter zeigte Jesus zum ersten Mal, dass Er Seine Beziehung zu Gott verstand. Vor Seiner Geburt hatte der Engel zu Maria gesagt: »Der wird groß sein und ein Sohn des Höchsten genannt werden; und Gott der Herr wird Ihm den Thron Seines Vaters David geben, und Er wird ein König sein über das Haus Jakob ewiglich.« Lukas 1,32.33 Diese Worte hatte Maria in ihrem Herzen bewegt, doch während sie daran glaubte, dass ihr Kind der Messias Israels sein sollte, begriff sie Seine Sendung nicht. Auch jetzt verstand sie Seine Worte nicht, doch sie wusste, dass Er auf Seine verwandtschaftliche Bindung zu Joseph verzichtet und sich als Sohn Gottes bekannt hatte. Jesus verleugnete nicht Seine Beziehung zu Seinen irdischen Eltern. Er kehrte mit ihnen von Jerusalem nach Hause zurück und half ihnen bei ihren Alltagspflichten. Das Geheimnis Seiner Mission verbarg Er in Seinem Herzen und wartete gehorsam auf den für Ihn vorgesehenen Zeitpunkt, um Seine Aufgabe anzupacken. 18 Jahre lang, seitdem Er erkannt hatte, dass Er der Sohn Gottes war, achtete Er die Bindung, die Ihn mit dem Zuhause in Nazareth verband, und erfüllte die Pflichten eines Sohnes, Bruders, Freundes und Bürgers.

Als Jesus im Tempel mit Seiner Aufgabe vertraut gemacht worden war, zog Er sich von der Menge zurück. Er wünschte in Stille mit jenen von Jerusalem nach Hause zurückzukehren, die das Geheimnis Seines Lebens kannten. Durch den Passahgottesdienst wollte Gott Sein Volk von dessen irdischen Sorgen weglenken und sie an Sein wunderbares Eingreifen erinnern, als Er sie aus Ägypten befreite. Er wollte, dass sie in diesem Geschehen eine Verheißung für die Befreiung von der Sünde erkennen. Wie das Blut des getöteten Lammes die Häuser der Israeliten geschützt hatte, so sollte sie auch das Blut Christi bewahren. Doch sie konnten durch Christus nur gerettet werden, wenn sie Sein Leben als das ihre annahmen. Der symbolische Dienst war nur nützlich, wenn der die Gottesdienstteilnehmer zu Christus als ihrem persönlichen Heiland wies. Gott wollte, dass sie zu einem andachtsvollen Studium unter Gebet geführt werden. Doch als die Menge Jerusalem verließ, nahmen die Aufregung der Reise und der gesellige Austausch allzu oft ihre ganze Aufmerksamkeit in Anspruch, und der Gottesdienst, den sie erlebt hatten, war bald vergessen. Der Heiland fühlte sich nicht zu ihrer Gesellschaft hingezogen.

Als Joseph und Maria mit Jesus allein von Jerusalem zurückkehrten, hoffte Er, ihre Gedanken auf die Weissagungen über den leidenden Heiland zu lenken. Auf Golgatha suchte Er den Schmerz Seiner Mutter zu lindern. Jetzt dachte Er besonders an sie: Maria würde Zeugin Seiner letzten Seelenpein sein, und Jesus wollte, dass sie Seine Sendung verstand, damit sie gestärkt würde, um durchzuhalten, wenn das Schwert ihre Seele durchdringen würde. vgl. Lukas 2,35 Wie Jesus von ihr getrennt worden war und sie Ihn mit Schmerzen 3 Tage gesucht hatte, so würde Er auch dann wieder für sie 3 Tage verloren sein, wenn Er für die Sünden der Welt geopfert wird. Und wenn Er aus dem Grab käme, würde sich ihre Trauer wieder in Freude kehren. Doch wie viel besser würde sie den Schmerz über Seinen Tod ertragen haben, wenn sie jene Schriftstellen verstanden hätte, auf die Er jetzt ihre Gedanken zu lenken versuchte!

Hätten sich Josephs und Marias Gedanken durch Andacht und Gebet mit

Gott verbunden, so würden sie die Heiligkeit des ihnen Anvertrauten besser erkannt haben, und sie hätten Jesus nicht aus den Augen verloren. Durch die Nachlässigkeit eines Tages verloren sie den Heiland, doch es kostete sie 3 Tage furchtsames Suchen, um Ihn zu finden. So ergeht es auch uns: Durch unnützes Geschwätz, üble Nachrede oder durch Vernachlässigung des Gebets können wir an einem Tag die Gegenwart des Heilands verlieren, und es können viele Tage schmerzlichen Suchens vergehen, bis wir Ihn wieder finden und den verlorenen Frieden wieder erlangen.

In unserem Umgang miteinander sollten wir darauf achten, dass wir Jesus nicht vergessen und es gar nicht bemerken, dass Er nicht mehr unter uns weilt. Werden wir von irdischen Dingen so sehr in Anspruch genommen, dass wir keine Gedanken für Ihn haben, in dem unsere Hoffnung auf ein ewiges Leben mündet, dann trennen wir uns von Jesus und den himmlischen Engeln. Diese heiligen Wesen können nicht bleiben, wo die Gegenwart des Heilandes unerwünscht ist und Seine Abwesenheit nicht bemerkt wird. Darum gibt es bei den bekenntlichen Christen häufig so viel geistliche Entmutigung.

Viele besuchen eine religiöse Versammlung und werden durch das Wort Gottes erfrischt und getröstet. Weil sie es jedoch vernachlässigen, nachzudenken und zu wachen und zu beten, verlieren sie den Segen und fühlen sich verlassener als je zuvor. Oft glauben sie dann, Gott behandle sie zu hart. Sie erkennen nicht, dass es allein ihre Schuld ist. Indem sie sich von Jesus trennten, haben sie das Licht Seiner Gegenwart ausgeschlossen.

Es würde gut für uns sein, täglich in einer Andachtsstunde über das Leben Christi nachzudenken. Wir sollten es uns Punkt für Punkt vornehmen und uns jede Einzelheit vor Augen führen – besonders die letzten Tage. Wenn wir in dieser Weise über Sein großes Opfer für uns nachdenken, wird unser Vertrauen in Ihn beständiger sein, unsere Liebe zu Ihm lebendiger werden, und wir werden tiefer mit Seinem Geist erfüllt sein. Wenn wir am Ende gerettet werden wollen, müssen wir die Lektion der Reue und Demut am Fuß des Kreuzes lernen.

Sind wir nun miteinander verbunden, dann können wir uns gegenseitig zum Segen werden. Gehören wir Christus ganz, dann werden unsere lieblichsten Gedanken auch von Ihm erfüllt sein. Wir werden gerne von Ihm sprechen, und indem wir einander von Seiner Liebe erzählen, werden unsere Herzen durch göttliche Einflüsse berührt. Indem wir die Schönheit Seines Charakters betrachten, werden wir »verklärt in Sein Bild von einer Herrlichkeit zur andern.« 2.Korinther 3,18

KAPITEL 9

A TAGE DER USEINANDERSETZUNG

Von frühester Kindheit an waren die jungen Israeliten von den Forderungen der Rabbiner umgeben. Für jede Handlung bis zu den geringfügigsten Dingen des Lebens gab es strenge Gesetze. Die Lehrer in den Synagogen unterrichteten die Jugendlichen in unzähligen Satzungen, deren Befolgung von ihnen als strenggläubige Juden erwartet wurde. Doch Jesus interessierte sich nicht dafür. Von Kindheit an handelte Er unabhängig von den Gesetzen der Rabbiner. Den Schriften des Alten Testaments galt Sein Studium, und die Worte: »So spricht der Herr« kamen stets von Seinen Lippen.

Als Ihm der Zustand Seines Volkes bewusst wurde, stellte Er fest, dass die Anforderungen der Gesellschaft und die Anforderungen Gottes in ständigem Widerspruch zueinander standen. Die Menschen wandten sich vom Wort Gottes ab und erhöhten selbst erfundene Lehren. Sie befolgten traditionelle Bräuche, die wirkungslos waren. Ihr Gottesdienst bestand lediglich aus einem Kreislauf von Zeremonien. Die heiligen Wahrheiten, die diese lehren sollten, blieben den Anbetenden verborgen. Er erkannte, dass die Menschen in ihren glaubenstoten Gottesdiensten keinen Frieden fanden. Sie kannten nicht die Freiheit des Geistes, die sie erhalten würden, wenn sie Gott in Wahrheit dienten. Jesus war gekommen, um den Menschen zu zeigen, was Anbetung Gottes eigentlich bedeutet. Er konnte der Vermengung menschlicher Vorschriften mit den göttlichen Geboten nicht zustimmen. Er griff die Weisungen und Handlungen der Gelehrten nicht an, doch wenn Er wegen Seiner eigenen schlichten Gewohnheiten getadelt wurde, dann benutzte Er Gottes Wort, um Sein Verhalten zu rechtfertigen.

Jesus versuchte durch ein mildes und demütiges Verhalten jene zu erfreuen, mit denen Er in Kontakt kam. Weil Er so sanftmütig und unaufdringlich war, meinten die Schriftgelehrten und Ältesten, Ihn leicht durch ihre Lehren beeinflussen zu können. Sie drängten Ihn, die Lehren und Traditionen anzunehmen, die von den Rabbinern aus alter Zeit übermittelt worden waren, doch Er fragte nach deren Autorität in der Heiligen Schrift. Er war stets bereit, auf jedes Wort zu hören, das aus dem Mund Gottes kam, doch Er konnte nicht den Erfindungen der Menschen gehorchen. Jesus schien die gesamte Heilige Schrift zu kennen, und Er erklärte sie in ihrer wahren Bedeutung. Die Rabbiner waren beschämt, dass ein Kind sie belehrte. Sie erklärten, dass es ihr Amt sei, die Schrift auszulegen, und dass Er in der Position sei, ihre Auslegung anzunehmen. Sie waren entrüstet darüber, dass Er ihren Worten Widerstand entgegensetzte.

Sie wussten, dass für ihre Traditionen in der Schrift keine Beweise vorgelegt werden konnten. Auch erkannten sie, dass Jesus ihnen mit Seinem geistlichen Verständnis weit voraus war. Trotzdem waren sie verärgert, weil Er ihren Befehlen nicht gehorchte. Als sie Ihn nicht zu überzeugen vermochten, suchten sie Joseph und Maria auf sprachen mit ihnen über Jesu Verweigerungshaltung. Daraufhin musste Er Tadel und Kritik einstecken.

Schon in sehr jungen Jahren hatte Jesus Seine Charakterbildung selbst in die Hand genommen, und nicht einmal die Achtung vor Seinen Eltern und die Liebe zu ihnen konnten Ihn vom Gehorsam gegenüber dem Wort Gottes abbringen. Ein »Es steht geschrieben« war Seine Begründung für jedes Handeln, das sich bei Ihm von den familiären Gewohnheiten unterschied. Der Einfluss der Rabbiner machte jedoch Sein Leben bitter. Bereits in jungen Jahren musste Er die harte Lektion lernen, zu schweigen und geduldig auszuharren.

Seine Brüder, wie auch die Söhne Josephs genannt wurden, stellten sich auf die Seite der Rabbiner. Sie bestanden darauf, dass die Überlieferungen genauso befolgt werden mussten, als ob sie Gottes Gebote wären. Sie schätzten diese menschlichen Vorschriften sogar höher als Gottes Wort und waren über Jesu klaren Scharfsinn bei der Unterscheidung zwischen Falschem und Wahrem höchst verärgert. Seinen strikten Gehorsam gegenüber dem göttlichen Gesetz verurteilten sie als Eigensinn. Es überraschte sie, welche Kenntnis und welches Wissen Er an den Tag legte, wenn Er den Rabbinern antwortete. Sie wussten, dass Er von diesen weisen Männern nicht unterrichtet worden war – statt dessen mussten sie erleben, dass Er sie belehrte. Sie erkannten, dass Seine Ausbildung von höherer Art war, als ihre eigene. Doch sie merkten nicht, dass Er Zugang zum Lebensbaum besaß – zu einer Erkenntnisquelle, von der sie keine Ahnung hatten.

Christus sonderte sich nicht ab und hatte gerade dadurch den Pharisäern besonderen Anstoß gegeben, dass Er in dieser Beziehung von ihren strengen Regeln abwich. Er stellte fest, dass der Bereich der Religion von hohen Mauern umgeben war, als ob der zu heilig für das alltägliche Leben war. Diese trennenden Mauern riss Er nieder. Im Kontakt mit den Menschen fragte Er nicht: »Was glaubst du? Welcher Glaubensgemeinschaft gehörst du an?« Er setzte Seine helfende Kraft ein, um allen Leuten zu helfen. Statt sich wie als Einsiedler zurückzuziehen, um dadurch Seinen himmlischen Charakter zur Schau zu stellen, wirkte Er ernsthaft für Menschen. Er schärfte ihnen den Grundsatz ein, dass die biblische Religion nichts mit Kasteiung des Körpers zu tun hat, und eine reine und unbefleckte Religion nicht nur zu festgesetzten Zeiten und besonderen Anlässen gilt. Immer und überall bekundete Er ein liebevolles Interesse für die Menschen und verbreitete das Licht einer heiteren Frömmigkeit um sich. Dies war für die Pharisäer ein Tadel. Es zeigte, dass Religion nicht aus Selbstsucht besteht und ihre krankhafte Hingabe an das eigene Interesse weit von wahrer Frömmigkeit entfernt war. Das hatte ihre Feindschaft gegen Jesus geweckt, so dass sie versuchten, Ihn zum Gehorsam gegenüber ihren Satzungen zu zwingen.

Jesus wirkte, um jedes Leid, das Er sah, zu lindern. Er konnte nur wenig Geld spenden, doch Er verzichtete oft auf Nahrung, um denen zu helfen, die bedürftiger erschienen als Er. Seine Brüder merkten, dass Er mehr Einfluss hatte als sie. Er verfügte über ein Taktgefühl wie es keiner von ihnen hatte – oder haben wollte. Wenn sie unfreundlich mit armen und erniedrigten Menschen gesprochen hatten, dann suchte Jesus gerade solche auf, um sie mit tröstenden Worten wieder zu ermutigen. Wer in Not war, dem reichte Er einen Trunk kühlen Wassers und gab die eigene Mahlzeit hin. Wenn Er ihr Leid linderte, dann passten die Wahrheiten, die Er lehrte, genau zu Seinen Taten der Barmherzigkeit und prägten sich so dem Gedächtnis fest ein.

Dies alles missfiel Seinen Brüdern. Weil sie älter als Jesus waren, meinten sie, Er müsse ihnen gehorchen. Sie warfen Ihm auch vor, Er bilde sich ein, ihnen überlegen zu sein. Sie tadelten Ihn dann dafür, dass Er sich über ihre Lehrer und die Priester und Oberen des Volkes stelle. Oft bedrohten sie Ihn und versuchten sogar, Ihn einzuschüchtern, doch Er machte weiterhin die heiligen Schriften zu Seinem Ratgeber.

Jesus liebte Seine Brüder und behandelte sie mit gleichbleibender Freundlichkeit, doch sie waren eifersüchtig auf Ihn und offenbarten ihren entschiedensten Unglauben und ihre Verachtung. Sie konnten Sein Verhalten nicht begreifen. Große Gegensätze wurden ihnen in Seinem Leben offenbar: Er war der göttliche Sohn Gottes – und dennoch ein hilfloses Kind. Ihm als dem Schöpfer der Welt gehörte die Erde – andererseits war Armut Sein ständiger Lebensbegleiter. Er besaß eine Würde und Individualität, die sich völlig von irdischem Stolz und irdischer Anmaßung unterschieden. Er strebte nicht nach weltlicher Größe und war sogar mit der niedrigsten Stellung zufrieden. Darüber ärgerten sich Seine Brüder. Sie konnten sich Seine heitere Ruhe in allen Prüfungen und Entbehrungen nicht erklären. Sie wussten ja nicht, dass Er um unsertwillen

arm geworden war, damit wir »durch Seine Armut reich« würden.

2.Korinther 8,9 Auch konnten sie das Geheimnis Seiner Sendung nicht besser verstehen, als die Freunde Hiobs dessen Erniedrigung und Leiden.

Jesus wurde von Seinen Brüdern missverstanden, weil Er nicht so war wie sie. Sein Standard war nicht der ihre. Im Hinschauen auf Menschen, hatten sie sich von Gott abgewandt, und besaßen nicht dessen Kraft in ihrem Leben. Die religiösen Formen, welche sie beachteten, konnten ihren Charakter nicht umwandeln. Sie verzehnteten »Minze, Dill und Kümmel«, doch ihnen fehlte »das Wichtigste im Gesetz, nämlich das Recht, die Barmherzigkeit und der Glaube.« Matthäus 23,23 Jesu Beispiel war ihnen ein ständiges Ärgernis. Er hasste nur eines auf der Welt – und zwar die Sünde. Er konnte nicht Zeuge eines Unrechts sein, ohne den Schmerz, welchen Er darüber empfand, zu verbergen. Zwischen den Formalisten, die hinter dem Schein der Heiligkeit die Liebe zur Sünde versteckten, und einem Charakter, dem der Eifer um die Ehre Gottes über alles ging, war der Gegensatz unübersehbar. Weil Sein Leben das Böse verurteilte, stieß Er daheim und auch außerhalb Seiner Familie auf Widerspruch. Wegen Seiner Selbstlosigkeit und Rechtschaffenheit wurde Er verhöhnt. Seine Langmut und Freundlichkeit wurden als Feigheit gedeutet.

Von der Bitternis, die das Los der Menschen ist, gab es nichts, das Christus nicht auch erlitt. Es gab Menschen, die Ihn wegen Seiner Geburt verachteten. Und schon als Kind begegnete Er ihren verächtlichen Blicken und ihrer üblen Nachrede. Hätte Er mit einem ungeduldigen Wort oder Blick darauf reagiert oder hätte Er Seinen Brüdern auch nur in einer einzigen unrechten Handlung nachgegeben, dann wäre Er kein makelloses Vorbild mehr gewesen und hätte darin versagt, den Plan zu unserer Erlösung ausführen zu können. Hätte Er eingeräumt, dass es für die Sünde eine Entschuldigung gäbe, dann hätte Satan triumphiert und die Welt wäre verloren gegangen. Deshalb arbeitete der Versucher daran, Jesu Leben so schwierig wie möglich zu machen, um Ihn dadurch zur Sünde zu verführen.

Doch auf jede Versuchung hatte Jesus nur eine Antwort: »Es steht geschrieben!« Selten tadelte Er das Unrecht seiner Brüder, es sei denn, Er hatte ihnen ein Wort Gottes auszurichten. Oft wurde Er der Feigheit beschuldigt, weil Er sich weigerte, sich mit ihnen in bösen Dingen zu verbinden. Auch dann lautete Seine Antwort: Es steht geschrieben: »Siehe, die Furcht des Herrn, das ist Weisheit, und meiden das Böse, das ist Einsicht.« Hiob 28,28

Manche suchten seine Gesellschaft, weil sie in Seiner Gegenwart Frieden empfanden, doch viele mieden Ihn, weil sie sich durch Sein makelloses Leben getadelt vorkamen. Seine jugendlichen Kameraden drängten Ihn, so zu handeln wie sie. Er war heiter und fröhlich; sie hielten sich gern in Seiner Nähe auf, und freuten sich über Seine bereitwilligen Anregungen, doch wegen Seiner Bedenken, waren sie ungeduldig und behaupteten, Er sei engstirnig und verbohrt. Auch darauf lautete Jesu Antwort: Es steht geschrieben: »Wie wird ein junger Mann seinen Weg unsträflich gehen? Wenn er sich hält an deine Worte ... Ich behalte dein Wort in meinem Herzen, damit ich nicht wider dich sündige.« Psalm 119,9.11

Oft wurde Er gefragt: Warum willst du in allen Dingen unbedingt so anders sein als wir? Dann entgegnete Er: »Wohl denen, die ohne Tadel leben, die im Gesetz des Herrn wandeln! Wohl denen, die sich an seine Mahnungen halten, die ihn von ganzem Herzen suchen, die auf seinen Wegen wandeln und kein Unrecht tun.« Psalm 119,1-3

Als Er gefragt wurde, weshalb Er sich nicht an den Streichen der Jugendlichen von Nazareth beteiligte, sprach Er: Es steht geschrieben: »Ich freue mich über den Weg, den deine Mahnungen zeigen, wie über großen Reichtum. Ich rede von dem, was du befohlen hast, und schaue auf deine Wege. Ich habe Freude an deinen Satzungen und vergesse deine Worte nicht.« Psalm 119,14-16

Jesus kämpfte nicht um Seine Rechte. Oft wurde Ihm aber Seine Arbeit unnötig erschwert, weil Er hilfsbereit war und sich nicht beklagte. Doch Er gab weder auf, noch ließ Er sich entmutigen. Er war über solche Schwierigkeiten erhaben, als lebte Er im Licht des Angesichtes Gottes. Er rächte sich auch nicht, wenn Er grob behandelt wurde, sondern ertrug alle Beleidigungen geduldig.

Immer wieder wurde Er von den Leuten gefragt: Weshalb lässt du dich eigentlich so schlecht behandeln, und das sogar von deinen Brüdern? Er antwortete, es steht geschrieben: »Mein Sohn, vergiss meine Weisungen nicht, und dein Herz behalte meine Gebote, denn sie werden dir langes Leben bringen und gute Jahre und Frieden; Gnade und Treue sollen dich nicht verlassen. Hänge meine Gebote an deinen Hals und schreibe sie auf die Tafel deines Herzens, so wirst du Freundlichkeit und Klugheit erlangen, die Gott und den Menschen gefallen.« Sprüche 3,1-4

Seit Jesu Eltern Ihn im Tempel gefunden hatten, war ihnen Sein Verhalten ein Geheimnis. Er ließ sich nicht auf Streit ein. Sein Verhalten aber war eine ständige Belehrung. Er schien abseits von den anderen zu leben. Glückliche Stunden erlebte Er dann, wenn Er in der Natur und mit Gott allein war. Wann immer es Ihm möglich war, verließ Er Seinen Arbeitsplatz, um durch die Felder zu ziehen, in grünen Tälern über Geistliches nachzusinnen, um am Berghang oder unter den Bäumen des Waldes Gemeinschaft mit Gott zu pflegen. Frühmorgens hielt Er sich an entlegenen Orten auf – nachsinnend die Schrift studierend oder im Gebet. Nach solchen Stunden der Stille kehrte Er dann nach Hause zurück, um Seine Pflichten wieder aufzunehmen und ein Beispiel geduldiger Pflichterfüllung zu geben.

Christi Leben war gekennzeichnet von Ehrerbietung und Liebe zu Seiner Mutter. Maria glaubte in ihrem Herzen, dass das heilige Kind, das von ihr geboren wurde, der lange verheißene Messias war, doch sie wagte es nicht, dies laut zu sagen. Während Seines Erdenlebens nahm sie an Seinen Leiden teil. Sie erlebte sorgenvoll die Versuchungen, denen Er in Seiner Kindheit und Jugend ausgesetzt war. Verteidigte sie Ihn in jenem Verhalten, das sie für richtig hielt, so setzte sie sich selbst Unannehmlichkeiten aus. Sie schaute auf die häusliche Gemeinschaft, und die zärtliche mütterliche Betreuung ihrer Kinder war in ihren Augen lebenswichtig für deren Charakterbildung. Josephs Söhne und Töchter wussten das, und indem sie an ihre mütterliche Sorge appellierten, versuchten sie, Jesu Handeln nach ihren Maßstäben zu korrigieren.

Maria machte Jesus oftmals Vorhaltungen und drängte Ihn, sich den Bräuchen der Rabbiner anzupassen. Aber Er konnte nicht davon überzeugt werden, Seine Gewohnheiten zu ändern, nämlich über die Werke Gottes nachzudenken oder die Leiden der Menschen und sogar der Tiere zu lindern. Als die Lehrer und Priester Marias Unterstützung forderten, um Jesus zu überwachen, war sie sehr bekümmert, doch in ihr Herz zog erst wieder Frieden ein, als Er ihr die Schriftworte zeigte, die Sein Verhalten rechtfertigten.

Zeitweise schwankte Maria zwischen Jesus und Seinen Brüdern, die nicht glaubten, dass Er der von Gott Gesandte sei. Es gab jedoch genügend Beweise dafür, dass Er göttlich war. Sie sah, wie Er sich für das Wohl anderer Menschen aufopferte. Seine Anwesenheit erfüllte das Heim mit einer reineren Atmosphäre, und Sein Leben wirkte innerhalb der Gesellschaft wie Sauerteig. Schuld- und makellos wandelte Er inmitten gedankenloser, grober und unhöflicher Menschen, unter betrügerischen Zöllnern, sorglosen Verschwendern, ungerechten Samaritern, heidnischen Soldaten, groben Bauern und der zusammen gewürfelten Menge. Hier und da sprach Er Worte des Mitgefühls, wenn Er die Menschen sah, wie sie trotz Erschöpfung ihre schweren Lasten weiter tragen mussten. Er teilte ihre Last und wiederholte ihnen die Lehren von der Liebe, Freundlichkeit und Güte Gottes, die Er in der Natur gelernt hatte.

Er lehrte allen, auf sich als solche zu schauen, denen wertvolle Talente verliehen wurden, und die – richtig eingesetzt – ihnen ewige Reichtümer zusicherten. Jede Eitelkeit verbannte Er aus Seinem Leben und lehrte durch Sein Beispiel, dass jeder Augenblick ewige Folgen bringt und die Zeit ein Schatz ist, welcher nur für heilige Ziele verwendet werden darf. Er ging an keinen Menschen achtlos vorüber, weil Er ihn für wertlos hielt, sondern versuchte bei jedem das rettende Heilmittel anzuwenden. In welcher Gesellschaft Er auch war, Er hatte stets eine Lektion bereit, die der Zeit und den Umständen angemessen war. Auch die gröbsten und aussichtslosesten Menschen versuchte Er mit Hoffnung zu erfüllen, indem Er ihnen die Zusicherung gab, dass auch sie frei von Tadel und Schuld sein und einen Charakter entwickeln könnten, wie er sich in den Kindern Gottes manifestiert. Oft begegnete Er Menschen, die unter die Herrschaft Satans geraten waren und keine Kraft besaßen, seinen Fallstricken zu entkommen. Zu solchen Entmutigten, Kranken, Versuchten und Gefallenen sprach Jesus Worte zartesten Mitgefühls – Worte, die sie gerade brauchten und auch verstehen konnten. Andere befanden sich gerade in einem Nahkampf mit dem Seelenfeind. Diese Menschen ermunterte Jesus zum Ausharren und versicherte ihnen, sie könnten erfolgreich sein, weil Gottes Engel ihnen bis zum Sieg beistehen würden. Diejenigen, denen Er auf diese Weise half, waren nun davon überzeugt, dass es Einen gab, auf den sie sich voll und ganz verlassen konnten. Er werde die ihnen anvertrauten Geheimnisse nicht verraten.

Jesus heilte Körper und Seele. Er interessierte sich für alle Leiden, die Er bemerkte, und jedem Leidenden brachte Er Erleichterung. Seine freundlichen Worte wirkten wie lindernder Balsam. Niemand konnte behaupten, dass Jesus ein Wunder vollbracht habe, doch von Ihm strömte die heilende Kraft der Liebe aus – hin zu den Kranken und Bekümmerten. So wirkte Er seit Seiner Kindheit für die Menschen auf unaufdringliche Weise. Deshalb hörten Ihm so viele Menschen gern zu, als Er dann mit Seinem öffentlichen Dienst begann.

Doch als Kind, als Jugendlicher und auch als Erwachsener ging Jesus Seinen Weg allein. Rein und treu trat Er die Weinkelter allein, und niemand half Ihm dabei. Jesaja 63,3 Auf Ihm lastete das ungeheure Gewicht der Verantwortung für die Errettung der Menschheit. Er wusste: Wenn es in den Grundsätzen und Zielen des Menschengeschlechts keinen völligen Wandel gibt, sind alle verloren. Dieses Wissen war Seine Seelenlast, und niemand konnte diese auf Ihm liegende Last begreifen. Zielstrebig widmete Er sich dem Sinn Seines Lebens, nämlich das Licht der Welt zu sein.

KAPITEL 10

*Auf Grundlage von
Lukas 1,5-23, 57-80; 3,1-18
Matthäus 3,1-12; Markus 1,1-8*

DIE **STIMME** IN DER **WÜSTE**

A us der Mitte der gläubigen Israeliten, die sehnsüchtig auf das Kommen des Messias warteten, erschien der Vorläufer Christi. Zacharias, ein betagter Priester, und seine Frau Elisabeth waren »beide fromm vor Gott.« Lukas 1,6 Ihr stilles und frommes Leben offenbarte das Licht des Glaubens. Wie ein Stern leuchtete es in der geistlichen Finsternis jener Zeit. Dieses gottesfürchtige Paar empfing die Verheißung eines Sohnes, der vor dem Herrn hergehen und Ihm den Weg bereiten sollte.

Zacharias wohnte »auf dem ... Gebirge Judäas«, Lukas 1,65 aber er war nach Jerusalem hinaufgegangen, um eine Woche lang im Tempel zu dienen. Die Priester jeder Ordnung waren verpflichtet, dies zweimal im Jahr zu tun. »Und es begab sich, als Zacharias den Priesterdienst vor Gott versah, da seine Ordnung an der Reihe war, dass ihn nach dem Brauch der Priesterschaft das Los traf, das Räucheropfer darzubringen; und er ging in den Tempel des Herrn.« Lukas 1,8.9

Er stand vor dem goldenen Altar im Heiligen. 2.Mose 25,2-27 Die Weihrauchwolke mit den Gebeten Israels stieg zu Gott empor. Plötzlich wurde er sich der Gegenwart eines göttlichen Wesens bewusst. Ein Engel des Herrn »stand an der rechten Seite des Räucheraltars.« Lukas 1,11 Die Stellung des Engels war ein besonderes Zeichen, doch Zacharias beachtete es nicht. Schon viele Jahre hatte er um das Kommen des Erlösers gebetet. Nun endlich sandte Gott einen Boten mit der Nachricht, dass seine Gebete Erhörung finden sollten. Aber diese Gnade erschien Zacharias zu groß, um an sie glauben zu können; Furcht und Selbstvorwürfe erfüllten ihn.

Er wurde jedoch mit der frohen Zusicherung begrüßt: »Fürchte dich nicht, Zacharias, denn dein Gebet ist erhört, und deine Frau Elisabeth wird dir einen Sohn gebären, und du sollst ihm den Namen Johannes geben.« Lukas 1,13f »Denn er wird groß sein vor dem Herrn; Wein und starkes Getränk wird er nicht trinken und wird ... erfüllt werden mit dem heiligen Geist. Und er wird vom Volk Israel viele zu dem Herrn, ihrem Gott, bekehren. Und er wird vor ihm hergehen im Geist und in der Kraft Elias, zu bekehren die Herzen der Väter zu den

Kindern und die Ungehorsamen zu der Klugheit der Gerechten, zuzurichten dem Herrn ein Volk, das wohl vorbereitet ist. Und Zacharias sprach zu dem Engel: Woran soll ich das erkennen? Denn ich bin alt, und meine Frau ist betagt.« Lukas 1,15-18 Zacharias wusste sehr gut, wie Abraham noch in hohem Alter ein Kind geschenkt wurde, weil dieser dem aufrichtig vertraute, der es verheißen hatte. Doch der betagte Priester denkt einen Augenblick über die Schwachheit des Menschengeschlechts nach. Er vergisst, dass Gott das, was Er verheißen hat, auch erfüllen kann. Welch ein Gegensatz zwischen diesem Unglauben und dem reinen kindlichen Glauben Marias, jenes Mädchens aus Nazareth, das dem Engel auf seine wunderbare Ankündigung antwortete: »Siehe, ich bin des Herrn Magd; mir geschehe, wie du gesagt hast.« Lukas 1,38

Die Geburt des Sohnes von Zacharias soll, genauso wie die Geburt des Sohnes von Abraham und des Kindes von Maria, uns eine große geistliche Wahrheit vermitteln: eine Lehre, die wir nur langsam lernen und so schnell wieder vergessen. Wir sind unfähig, aus uns selbst etwas Gutes hervorzubringen; doch was wir nicht tun können, wird durch die Macht Gottes in jedem demütigen und gläubigen Menschenkind bewirkt. Durch den Glauben wurde das Kind der Verheißung gegeben. Durch den Glauben wird auch geistliches Leben geboren, und wir werden befähigt, Werke der Gerechtigkeit zu tun.

Auf die Frage von Zacharias erwiderte der Engel: »Ich bin Gabriel, der vor Gott steht, und bin gesandt, um mit dir zu reden und dir diese frohe Botschaft zu bringen.« Lukas 1,19; Zürcher 500 Jahre zuvor hatte Gabriel Daniel den prophetischen Zeitabschnitt mitgeteilt, der sich bis zum Kommen Christi erstrecken sollte. Das Bewusstsein, dass das Ende dieses Zeitabschnitts bevorstand, hatte Zacharias veranlasst, um die Ankunft des Messias zu beten. Und jetzt gerade war der Bote, der die Prophezeiung ausgesprochen hatte, gekommen, um deren Erfüllung anzukündigen.

Die Worte des Engels: »Ich bin Gabriel, der vor Gott steht« Lukas 1,19 weisen darauf hin, dass er in den himmlischen Höfen eine hohe Stellung einnimmt. Als er mit einer Botschaft zu Daniel kam, sagte er: »Es ist keiner, der mir hilft gegen jene, außer eurem Engelsfürsten Michael [Christus].« Daniel 10,21 Von Gabriel spricht der Heiland in der Offenbarung, indem er sagt: »Er [Christus] hat sie durch seinen Engel gesandt und gedeutet seinem Knecht Johannes.« Offenbarung 1,1 Und Johannes gegenüber erklärte der Engel: »Ich bin dein Mitknecht und deiner Brüder, der Propheten.« Offenbarung 22,9 Welch ein wunderbarer Gedanke: Der Engel, der dem Sohn Gottes an Ansehen am nächsten steht, ist es, der berufen wurde, Gottes Absichten sündhaften Menschen zu offenbaren!

Zacharias hatte hinsichtlich der Worte des Engels Zweifel geäußert. Er

sollte deshalb schweigen, bis sie erfüllt würden. »Siehe«, sagte der Engel, »du wirst verstummen ... bis auf den Tag, da dies geschehen wird, darum, dass du meinen Worten nicht geglaubt hast, welche sollen erfüllt werden zu ihrer Zeit.« Lukas 1,20 Es war die Pflicht der Priester, in ihrem Dienst um Vergebung für allgemeine und nationale Sünden und für die Ankunft des Messias zu beten. Als Zacharias dies tun wollte, brachte er kein Wort heraus.

Er erschien, um das Volk zu segnen, »und er winkte ihnen und blieb stumm.« Lukas 1,22 Sie hatten lange gewartet und schon befürchtet, er sei von Gottes Gericht getroffen worden. Doch als er aus dem Heiligen heraustrat, leuchtete auf seinem Antlitz die Herrlichkeit Gottes, »und sie merkten, dass er eine Erscheinung gehabt hatte im Tempel.« Lukas 1,22 Zacharias übermittelte, was er gesehen und gehört hatte, und »da die Zeit seines Dienstes um war, ging er heim in sein Haus.« Lukas 1,23

Bald nach der Geburt des verheißenen Kindes konnte er wieder sprechen, »und er fing an, Gott zu loben. Ehrfürchtiges Staunen erfasste die Menschen in der ganzen Gegend. Die Nachricht von diesen Ereignissen verbreitete sich überall im Bergland von Judäa. Alle, die davon erfuhren, dachten darüber nach und fragten sich: ‚Was wohl aus diesem Kind werden wird?‘« Lukas 1,64-66; NL Alles das lenkte die Aufmerksamkeit auf die Ankunft des Messias, für den Johannes den Weg bereiten sollte.

Der Heilige Geist ruhte auf Zacharias, und in folgenden wunderschönen Worten weissagte er von der Bestimmung dessen Sohnes: »Du, Kindlein, wirst ein Prophet des Höchsten heißen. Denn du wirst dem Herrn vorangehen, dass du seinen Weg bereitest und Erkenntnis des Heils gebest seinem Volk in der Vergebung ihrer Sünden, durch die herzliche Barmherzigkeit unsres Gottes, durch die uns besuchen wird das aufgehende Licht aus der Höhe, damit es erscheine denen, die da sitzen in Finsternis und Schatten des Todes, und richte unsre Füße auf den Weg des Friedens.« Lukas 1,76-79

»Und das Kindlein wuchs und wurde stark im Geist. Und er war in der Wüste bis zu dem Tag, an dem er vor das Volk Israel treten sollte.« Lukas 1,80 Vor der Geburt von Johannes hatte der Engel gesagt: »Er wird groß sein vor dem Herrn; Wein und starkes Getränk wird er nicht trinken und wird ... erfüllt werden mit dem heiligen Geist.« Lukas 1,15 Gott hatte den Sohn von Zacharias zu einer großen Aufgabe berufen, zu der größten, die je einem Menschen anvertraut wurde. Damit Johannes diese Aufgabe ausführen konnte, musste der Herr mit ihm zusammenarbeiten. Und der Geist Gottes wollte bei ihm sein, wenn er den Anweisungen des Engels nachkäme.

Johannes sollte als ein Bote Gottes hinausgehen und das göttliche Licht zu den Menschen bringen. Es galt, die Gedanken der Menschen in eine neue Richtung zu lenken und ihnen die Heiligkeit der Forderungen Gottes einzuprägen, sowie aufzuzeigen, dass sie Seine vollkommene Gerechtigkeit benötigen. Wer solch ein Botendienst ausführen wollte, musste selbst heilig sein – ein Tempel des Geistes Gottes. Um seine Aufgabe erfüllen zu können, brauchte er einen starken und gesunden Körper sowie große seelische und geistige Stärke. Deshalb war es für ihn nötig, seine Neigungen und Leidenschaften zu beherrschen. Er musste sich so in der Gewalt haben, dass er unter den Menschen genauso von den umgebenden Verhältnissen ungerührt bestehen könnte wie die Felsen und Berge in der Wildnis.

Zur Zeit von Johannes dem Täufer waren Habsucht und Liebe zu Luxus und Pomp weit verbreitet. Sinnliche Vergnügen, Schwelgereien und Trinkgelage lösten körperliche Krankheit und Entartung aus, schwächten das geistliche Wahrnehmungsvermögen und verminderten die Fähigkeit, die Sünde als sündhaft zu empfinden. Johannes sollte ein Reformator sein. Durch sein asketisches Leben und seine einfache Kleidung sollte er die Ausschweifungen seiner Zeit tadeln. Darum wurden den Eltern von Johannes durch einen Engel vom himmlischen Thron die entsprechenden Anweisungen gegeben und eine Lektion bezüglich der Mäßigkeit erteilt.

In Kindheit und Jugend ist der Charakter am besten zu formen. Die Fähigkeit, sich zu beherrschen, sollte in jener Zeit erlernt werden. Im häuslichen Kreis und am Familientisch wird ein Einfluss ausgeübt, dessen Auswirkungen bis in die Ewigkeit reichen. Die Gewohnheiten, die in den frühen Kinderjahren angenommen werden, entscheiden mehr als irgendeine natürliche Begabung darüber, ob ein Mensch im Lebenskampf siegen oder unterliegen wird. Die Jugend ist die Zeit des Säens. Sie bestimmt darüber, welcher Art die Ernte sein wird, sowohl in diesem als auch im zukünftigen Leben.

Als Prophet sollte Johannes »die Herzen der Väter zu den Kindern [bekehren] und die Ungehorsamen zu der Klugheit der Gerechten, zuzurichten dem Herrn ein Volk, das wohl vorbereitet ist.« Lukas 1,17 Indem er den Weg für Christi erstes Kommen bahnte, ist er allen jenen ein Vorbild, die ein Volk auf die Wiederkunft unseres Herrn vorbereiten sollen. Die Welt hat sich der Zügellosigkeit verschrieben. Es gibt jede Menge Irrlehren und Unwahrheiten. Satans Tricks, um Menschenseelen zugrunde zu richten, haben sich vervielfacht. Alle Menschen, die in der Furcht Gottes heilig werden wollen, müssen Enthaltsamkeit und Selbstbeherrschung lernen. Die Lüste und Leidenschaften sollten den höheren Kräften des Geistes unterworfen bleiben. Diese Selbstdisziplin ist lebenswichtig, wenn wir die geistige Kraft und die geistliche Erkenntnis erhalten wollen, die uns befähigen, die geheiligten Wahrheiten des Wortes Gottes zu verstehen und in die Tat umzusetzen. Deshalb ist bei der Vorbereitung auf

die Wiederkunft Christi Mäßigkeit geboten.

Normalerweise wäre der Sohn des Zacharias als Priester ausgebildet worden. Aber die Ausbildung in den Schulen der Rabbiner hätte ihn für seine Aufgabe untauglich gemacht. Gott sandte ihn nicht zu den Lehrern der Theologie, um die Auslegung der Schrift zu lernen. Er rief ihn in die Wüste, damit er von der Natur und dem Gott der Natur lerne.

Er fand seinen Wohnplatz in einer einsamen Gegend inmitten von kahlen Hügeln, wilden Schluchten und felsigen Höhlen. Er beschloss freiwillig, auf die Freuden und den Luxus des Lebens zugunsten der harten Schulung in der Wüste zu verzichten. Dort begünstigte die Umgebung das einfache Leben und die Selbstverleugnung. Da er vom Lärm der Welt nicht gestört wurde, konnte er dort die Lehren der Natur, der Offenbarung und der Vorsehung studieren. Seine gottesfürchtigen Eltern hatten ihm die an seinen Vater gerichteten Worte des Engels oft wiederholt. Schon von seiner Kindheit an war ihm seine Aufgabe erklärt worden, und er hatte den besonderen Auftrag angenommen. Für ihn war die Einsamkeit der Wüste eine willkommene Zuflucht vor einer Gesellschaft, die fast ganz von Misstrauen, Unglaube und Unanständigkeit beherrscht war. Er vertraute nicht auf seine eigene Kraft, um der Versuchung zu widerstehen. Er schreckte vor der anhaltenden Berührung mit der Sünde zurück, damit er nicht das Bewusstsein ihrer außerordentlichen Sündhaftigkeit verliere.

Johannes war von Geburt an ein Nasiräer, ein Gottgeweihter. Er hatte sich selbst später für sein ganzes Leben dem Herrn geweiht. Seine Kleidung glich derjenigen der alten Propheten: ein Gewand aus Kamelhaaren, gehalten von einem ledernen Gürtel. Er aß Johannisbrot und wilden Honig Matthäus 3,4 – das, was er in der Wüste fand. Dazu trank er das klare Wasser, das von den Hügeln herabfloss.

Er verbrachte sein Leben nicht in Untätigkeit, in asketischem Trübsinn oder in selbstsüchtiger Abgeschiedenheit. Von Zeit zu Zeit ging er hinaus unter die Menschen, und beobachtete aufmerksam, was in der Welt vorging. Von seinem stillen Zufluchtsort aus verfolgte er, wie sich die Ereignisse entwickelten. Mit einem durch göttlichen Geist erleuchteten geistigen Sehvermögen studierte er die Charaktere der Menschen, um besser zu verstehen, wie er ihre Herzen mit der Botschaft des Himmels erreichen könnte. Er spürte die Last seines Auftrages und versuchte, sich in der Einsamkeit durch tiefes Nachdenken und durch das Gebet für sein vor ihm liegendes großes Lebenswerk innerlich vorzubereiten.

Obwohl er in der Wüste lebte, blieb er nicht frei von Versuchungen. Soweit wie möglich verschloss er Satan jeden Zugang, ohne jedoch dessen Angriffe verhindern zu können. Sein geistliches Empfinden aber war rein. Er hatte Charakterstärke und Entschiedenheit gelernt und war mit Hilfe [102/103] des Heiligen Geistes in der Lage, die Schleichwege Satans aufzuspüren und der teuflischen Macht zu widerstehen.

In der Wüste fand Johannes seine Schule und seinen Tempel. Er war genauso von der Gegenwart Gottes eingeschlossen und von den Beweisen seiner Macht umgeben wie einst Mose von den Hügeln Midians. Es war ihm nicht vergönnt, sich wie Israels großer Führer mitten in der erhabenen Majestät der einsamen Bergwelt aufzuhalten; doch vor ihm, auf der anderen Seite des Jordans, lagen die Höhen Moabs. Sie sprachen zu ihm von dem, der die Berge gegründet hat mit Stärke. Was in seiner Wildnis düster und schrecklich aussah, veranschaulichte ihm auf lebendige Weise den Zustand Israels. Der fruchtbare Weinberg des Herrn war eine trostlose Einöde geworden. Aber über der Wüste strahlte das klare, schöne Firmament. Der Regenbogen der Verheißung wölbte sich über die finsteren Wolken, die sich zum Gewitter sammelten. Genauso strahlte über der Erniedrigung Israels die verheißene Herrlichkeit der Herrschaft des Messias. Die Wolken des Zorns waren umspannt von dem Regenbogen seiner verheißenen Gnade.

In der Stille der Nacht las er die Verheißungen Gottes an Abraham, dessen Nachkommen zahllos sein sollten wie die Sterne. Und die ersten Lichtstrahlen der Morgendämmerung, die das Gebirge Moab vergoldeten, erinnerten ihn an den, von dem gesagt ist, dass Er sei »wie das Licht des Morgens, wenn die Sonne aufgeht, am Morgen ohne Wolken.« 2.Samuel 23,4

Der helle Mittag verkündigte ihm den Glanz der Offenbarung Gottes; »denn die Herrlichkeit des Herrn soll offenbart werden, und alles Fleisch miteinander wird es sehen ...« Jesaja 40,5

Ehrfürchtig und doch mit Begeisterung forschte er in den prophetischen Schriftrollen nach den Offenbarungen über das Kommen des Messias – des verheißenen Samens, der der Schlange den Kopf zertreten sollte – des Helden und Friedensbringers, der erscheinen sollte, ehe ein König aufhören würde, auf dem Thron Davids zu regieren. Jetzt war diese Zeit gekommen. Ein römischer Herrscher regierte im Palast auf dem Berg Zion. Nach dem zuverlässigen Wort des Herrn war der Christus bereits geboren.

Jesajas glanzvolle Darstellung der Herrlichkeit des Messias war Tag und Nacht seine Lektüre. Immer wieder las er über den Zweig von der Wurzel Isais, von dem König, der in Gerechtigkeit regieren würde und ein »... rechtes Urteil sprechen den Elenden im Lande«, Jesaja 11,4 der »... ein Schutz vor dem Platzregen, ... der Schatten eines großen Felsens im trockenen Lande« Jesaja 32,2 wäre. Israel sollte nicht länger »die Verlassene« heißen noch sein Land »Einsame«, sondern es sollte vom Herrn genannt werden »meine Lust« und sein

Land »liebes Weib.« Jesaja 62,4 Das einsame Herz des Täufers war erfüllt von diesem großartigen Bild. Er sah den König in seiner Schönheit und vergaß sich dabei selbst. Er erblickte die Majestät der messianischen Heiligkeit und fühlte sich selbst kraftlos und unwürdig. Er war bereit, als Bote des Himmels hinauszugehen, ohne Scheu vor irdischen Dingen, denn er hatte das Göttliche geschaut. Er konnte aufrecht und ohne Furcht vor weltlichen Königen stehen, denn er hatte sich vor dem König aller Könige gebeugt.

Johannes verstand das Wesen des messianischen Reiches nicht völlig. Er erwartete, dass Israel als Staat von seinen Feinden befreit würde – das Kommen eines Königs, der gerecht regieren würde, und die Aufrichtung Israels als eine heilige Nation waren seine große Hoffnung. Er glaubte, dass auf diese Weise die bei seiner Geburt gegebene Prophezeiung erfüllt werden würde: »Und [er wird] gedenken an seinen heiligen Bund..., dass wir, erlöst aus der Hand unsrer Feinde, ihm dienten ohne Furcht unser Leben lang in Heiligkeit und Gerechtigkeit.« Lukas 1,72-75

Er sah sein Volk betrogen, selbstzufrieden und in seinen Sünden eingeschlafen. Er sehnte sich danach, es zu einem heiligeren Leben aufzuwecken. Die Botschaft, die Gott ihm gegeben hatte, sollte die Israeliten aus ihrer Trägheit aufschrecken und sie dazu bewegen, wegen ihrer großen Bosheit zu zittern. Bevor der Same des Evangeliums Platz finden konnte, musste erst der Herzensboden aufgebrochen werden. Bevor sie bei Jesus Heilung suchten, mussten sie sich ihrer gefährlichen Lage durch die Wunden der Sünde bewusst werden.

Gott schickt Seine Boten nicht aus, um dem Sünder zu schmeicheln. Er sendet keine Friedensbotschaft, um die Ungeheiligten in tödliche Sicherheit zu wiegen. Er legt schwere Lasten auf das Gewissen des Missetäters und durchdringt die Seele mit Pfeilen, die ihm die Sünde bewusst machen. Die Engel weisen ihn auf die schrecklichen Gottesgerichte hin, um ihn erkennen zu lassen, dass er Hilfe braucht und ihn zu dem Ausruf zu bewegen: »Was muss ich tun, um gerettet zu werden?« Dann wird dieselbe Hand, die bis in den Staub demütigte, den Bußfertigen erhöhen. Die Stimme, die die Sünde tadelte und den Stolz und das selbstsüchtige Streben als unwürdig verurteilte, fragt nun mit liebevollster Anteilnahme: »Was willst du, dass ich dir tue?«

Als Johannes mit seiner Aufgabe begann, befand sich das ganze Volk in einem Zustand der Aufregung und der Unzufriedenheit, der an Aufruhr grenzte. Mit der Amtsenthebung von Archelaus war Judäa unmittelbar unter die Herrschaft Roms gekommen. Die Tyrannei und Erpressung der römischen Statthalter und ihre entschlossenen Anstrengungen, heidnische Symbole und Sitten einzuführen, hatten Aufstände ausgelöst, die im Blut von Tausenden der Mutigsten in Israel erstickt worden waren. All dies verstärkte den nationalen Hass gegen Rom und erhöhte die Sehnsucht, von der Gewalt [104/105] der Römer frei zu werden. Inmitten von Uneinigkeit und Streit hörte man eine Stimme aus der Wüste, erschreckend und ernst, aber voller Hoffnung: »Tut Buße, denn das Himmelreich ist nahe herbeigekommen!« Matthäus 3,2 Diese Stimme bewegte das Volk mit einer neuen, erstaunlichen Kraft. Die Propheten hatten die Ankunft des Messias als ein Ereignis vorhergesagt, das noch in weiter Ferne läge. Nun aber wurde angekündigt, dass das große Ereignis nahe bevorstehe. Die eigenartige Erscheinung des Täufers lenkte die Gedanken der Zuhörer zu den alten Sehern. Er ähnelte in seinem Auftreten und in seiner Kleidung dem Propheten Elia, in dessen Geist und Kraft er auch das allgemeine Verderben ankündigte und die vorherrschenden Sünden verdammte. Seine Worte waren klar, treffend und überzeugend. Viele meinten, er sei einer der alten Propheten und auferstanden von den Toten. Das Volk war aufgerüttelt; scharenweise zog es hinaus in die Wüste.

Johannes verkündete das Kommen des Messias und rief die Menschen zur Umkehr auf. Als Symbol der Reinigung von Sünde taufte er die Gläubigen im Jordan. So erklärte er anschaulich, dass jene, die sich Gottes auserwähltes Volk nannten, mit Sünde beschmutzt waren und ohne Reinigung des Herzens keinen Anteil am Reich des Messias haben können.

Fürsten und Rabbiner, Soldaten, Zöllner und Bauern kamen, um den Propheten zu hören. Vorübergehend beunruhigte sie die ernste Warnungsbotschaft Gottes. Viele bereuten ihre Sünden und ließen sich taufen. Menschen aus allen Schichten unterwarfen sich den Forderungen des Täufers, um an dem Königreich teilzuhaben, das er ankündigte.

Viele Schriftgelehrte und Pharisäer kamen, bekannten ihre Sünden und baten um die Taufe. Sie hatten sich für besser gehalten als andere Menschen und das Volk dazu gebracht, von ihrer Frömmigkeit eine hohe Meinung zu haben. Jetzt aber wurde die geheime Schuld ihres Lebens aufgedeckt. Doch Johannes wurde durch den Heiligen Geist gezeigt, dass viele von diesen Männern sich ihrer Sünde nicht wirklich bewusst waren. Sie waren nur Opportunisten. Sie hofften, dass sie als Freunde des Propheten Vorteile beim Kommen des Fürsten haben würden. Und durch die Taufe dieses beliebten, jungen Lehrers würde sich ihr Einfluss auf das Volk vergrößern.

Johannes konfrontierte sie mit der alles durchdringenden Frage: »Ihr Schlangenbrut, wer hat euch denn gewarnt, vor dem kommenden Zorn zu fliehen? Seht zu, bringt rechtschaffene Frucht der Buße! Denkt nur nicht, dass ihr bei euch sagen könntet: Wir haben Abraham zum Vater. Denn ich sage euch: Gott vermag dem Abraham aus diesen Steinen Kinder zu erwecken.« Matthäus 3,7-9 Gott hatte Israel verheißen: »So spricht der Herr, der die Sonne dem Tage

zum Licht gibt und den Mond und die Sterne der Nacht zum Licht bestellt; der das Meer bewegt, dass seine Wellen brausen – Herr Zebaoth ist sein Name: Wenn jemals diese Ordnungen vor mir ins Wanken kämen, spricht der Herr, so müsste auch das Geschlecht Israels aufhören, ein Volk zu sein vor mir ewiglich. So spricht der Herr: Wenn man den Himmel oben messen könnte und den Grund der Erde unten erforschen, dann würde ich auch verwerfen das ganze Geschlecht Israels für all das, was sie getan haben, spricht der Herr.« Jeremia 31,35-37 Diese Verheißung ewiger Gunst hatten die Juden falsch ausgelegt. Sie betrachteten ihre natürliche Herkunft von Abraham als Anspruch auf diese Verheißung. Doch sie übersahen die Bedingungen, die Gott gestellt hatte. Bevor Er ihnen die Verheißung gab, hatte Er gesagt: »... Ich will mein Gesetz in ihr Herz geben und in ihren Sinn schreiben, und sie sollen mein Volk sein, und ich will ihr Gott sein, ... denn ich will ihnen ihre Missetat vergeben und ihrer Sünde nimmermehr gedenken.« Jeremia 31,33f

Einem Volk, in dessen Herzen Gottes Gesetz geschrieben steht, ist sein Wohlwollen sicher. Es ist eins mit Ihm. Aber die Juden hatten sich von Gott getrennt. Wegen ihrer Sünden litten sie unter den Strafgerichten Gottes. Deshalb gerieten sie auch unter die Knechtschaft einer heidnischen Nation. Ihre Sinne wurden durch Übertretung verdunkelt, und weil der Herr ihnen in der Vergangenheit solch große Gunst erwiesen hatte, entschuldigten sie ihre Sünden damit. Sie bildeten sich ein, dass sie besser seien als andere Menschen und so Gottes Segnungen verdienten.

»Es ist aber geschrieben uns zur Warnung, auf die das Ende der Zeiten gekommen ist.« 1.Korinther 10,11 Wie oft interpretieren wir die Segnungen Gottes falsch und bilden uns ein, dass wir auf Grund unserer inneren Güte begünstigt werden! Gott kann für uns nicht das tun, was Er gerne tun möchte. Seine Gaben werden dazu benutzt, unsere Selbstzufriedenheit zu vergrößern und auch unsere Herzen in Unglaube und Sünde zu verhärten.

So erklärte Johannes den Lehrern Israels, dass sie sich durch ihren Stolz, ihre Selbstsucht und Grausamkeit als Schlangenbrut ausgewiesen hätten – als tödlichen Fluch für das Volk, statt Kinder des gerechten und gehorsamen Abraham zu sein. Angesichts des Lichtes, das sie von Gott erhalten hatten, waren sie noch schlimmer als die Heiden, über die sie sich so erhaben fühlten. Sie hatten den Felsen vergessen, aus dem sie gehauen, und der Grube, aus der sie ausgegraben worden waren. Gott war nicht auf sie angewiesen, um Seine Absicht zu verwirklichen. Wie er Abraham aus einem heidnischen Volk herausgerufen hatte, so konnte Er auch andere zu Seinem Dienst berufen. Ihre Herzen mochten jetzt so leblos erscheinen wie die Steine in der Wüste, aber Sein Geist wäre imstande, sie neu zu beleben, dass sie nach Seinem Willen handelten und die Erfüllung Seiner Verheißung erlebten.

»Es ist schon die Axt den Bäumen an die Wurzel gelegt«, sagte der Prophet. »Darum, welcher Baum nicht gute Frucht bringt, wird abgehauen und ins Feuer geworfen.« Matthäus 3,10 Der Wert eines Baumes wird nicht nach seinem Namen bestimmt, sondern nach seinen Früchten. Wenn die Früchte nichts wert sind, dann kann der Name den Baum nicht davor bewahren, umgehauen zu werden. Johannes verkündete den Juden, dass ihr Ansehen vor Gott durch ihren Charakter und ihr Leben bestimmt würde. Ein Bekenntnis allein war wertlos. Wenn ihr Leben und ihr Charakter nicht mit Gottes Gesetz übereinstimmten, dann waren sie auch nicht Sein Volk.

Durch seine Herz durchdringenden Worte wurden seine Zuhörer überführt. Sie kamen zu ihm und fragten: »Was sollen wir denn tun?« Lukas 3,10 Er antwortete: »Wer zwei Röcke hat, der gebe einen davon dem ab, der keinen hat; und wer zu essen hat, mache es ebenso.« Lukas 3,11 Und er warnte die Zöllner, ungerecht zu handeln, und die Soldaten, gewalttätig zu sein.

Er sagte, dass alle, die im Reich Christi leben wollten, dies durch Glauben und Buße bekunden müssten. In ihrem Lebenswandel müssten Güte, Rechtschaffenheit und Treue erkennbar werden. Solche Gläubigen würden sich um Bedürftige kümmern und Gott ihre Gaben darbringen. Sie würden die Wehrlosen beschützen und ihrer Umgebung ein Beispiel praktischer Nächstenliebe sein. So werden auch die wahren Nachfolger Jesu von der verändernden Macht des Heiligen Geistes Zeugnis geben. In ihrem täglichen Leben kann man Gerechtigkeit, Barmherzigkeit und göttliche Liebe erkennen; andernfalls glichen sie der Spreu, die dem Feuer übergeben werden wird.

Johannes sagte: »Ich taufe euch mit Wasser zur Buße; der aber nach mir kommt, ist stärker als ich, und ich bin nicht genug, ihm die Schuhe abzunehmen; der wird euch mit dem heiligen Geist und mit Feuer taufen.« Matth. 3,11 Der Prophet Jesaja hatte erklärt, der Herr werde sein Volk »durch den Geist, der richten und ein Feuer anzünden wird«, von seinen Übertretungen reinigen.

Das Wort Gottes an Israel lautete: »Und will meine Hand wider dich kehren und wie mit Lauge ausschmelzen, was Schlacke ist, und all dein Zinn ausscheiden.« Jesaja 4,4; 1,25 Für die Sünde ist »unser Gott ... ein verzehrend Feuer«, Hebräer 12,29 ganz gleich, wo sie vorgefunden wird. In allen, die sich ihm unterwerfen, wird der Geist Gottes die Sünde verzehren. Aber wenn Menschen an der Sünde festhalten, identifizieren sie sich mit ihr. Dann wird die Herrlichkeit Gottes, welche die Sünde vernichtet, sie selbst vernichten. Jakob rief nach der Nacht des Ringens mit dem Engel: »Ich habe Gott von Angesicht gesehen, und doch wurde mein Leben gerettet.« 1.Mose 32,31 Jakob hatte sich an Esau schwer versündigt; doch er hatte es bereut. Seine Übertretung war vergeben und seine

Sünde gesühnt, deshalb konnte er die Offenbarung der Gegenwart Gottes ertragen. Überall wo Menschen vor Gott traten, während sie absichtlich an Bösem festhielten, mussten sie sterben. Beim zweiten Kommen Christi werden die sündigen Menschen verzehrt werden »mit dem Hauch seines Mundes«, und er wird mit ihnen »ein Ende machen durch seine Erscheinung, wenn er kommt.« 2.Thessalonicher 2,8 Das Licht der göttlichen Herrlichkeit, das dem Gerechten Leben gibt, wird die Sünder töten.

Zur Zeit von Johannes dem Täufer sollte Jesus als jemand erscheinen, der das Wesen Gottes offenbart. Schon durch Seine Gegenwart würden die Menschen ihrer Sünden bewusst werden. Aber nur, wer auch bereit war, sich von seiner Sündhaftigkeit reinigen zu lassen, konnte in Seine Gemeinschaft aufgenommen werden. Nur wer reinen Herzens war, vermochte in Seiner Gegenwart zu bestehen.

So erklärte der Täufer die Botschaft Gottes an Israel. Viele achteten auf seine Lehre. Sie opferten alles, um der Botschaft gehorsam zu sein. Viele Menschen folgten Johannes von Ort zu Ort. Es waren sogar einige unter ihnen, die hofften, dass er der Messias sei. Als Johannes bemerkte, dass sich die Herzen seiner Zuhörer ihm zuwandten, nutzte er jede Gelegenheit, ihren Glauben auf den hin zu lenken, der noch kommen sollte.

KAPITEL 11

Auf Grundlage von
Matthäus 3,13-17
Markus 1,9-11; Lukas 3,21-22

DIE *TAUFE*

D ie Nachricht von dem Propheten in der Wüste und seiner wunderbaren Botschaft verbreitete sich über ganz Galiläa. Sie erreichte die Bauern in den entlegensten Gebirgsorten, drang zu den Fischern am See und fand in diesen einfachen, ernsten Herzen aufrichtigste Reaktionen. Auch in Nazareth wurde in der Werkstatt Josephs davon gesprochen, und einer erkannte den Ruf. Seine Zeit war gekommen. Jesus verließ Seine tägliche Arbeit, nahm Abschied von Seiner Mutter und folgte Seinen Landsleuten, die zum Jordan hin strömten. Jesus und Johannes der Täufer waren verwandt und durch die Umstände ihrer Geburt eng miteinander verbunden. Dennoch kannten sie sich nicht persönlich. Jesus hatte sich bisher in Nazareth aufgehalten, Johannes dagegen in der Wüste von Judäa. Beide hatten, obwohl in völlig verschiedener Umgebung, in größter Zurückgezogenheit gelebt und keinen Kontakt miteinander gehabt. Die Vorsehung hatte es so bestimmt. Es sollte nicht der Verdacht aufkommen, beide hätten sich verschworen, um einander ihren Anspruch zu stützen und sich gegenseitig zu bestätigen.

Johannes kannte die Ereignisse, die mit der Geburt Jesu verbunden waren. Er hatte auch von Jesu Besuch als Knabe in Jerusalem gehört und von dem, was in der Schule der Rabbiner vorgegangen war. Er wusste von Seinem sündlosen Leben und glaubte, dass Jesus der Messias sei, wenn ihm auch keine ausdrückliche Gewissheit darüber gegeben war. Die Tatsache, dass Jesus so viele Jahre zurückgezogen gelebt hatte, ohne einen Hinweis auf seine Bestimmung zu geben, hätte Zweifel hervorrufen können, ob Er der Verheißene sei. Der Täufer aber wartete voller Glauben, dass Gott zu seiner Zeit alles klärte. Es war ihm offenbart worden, dass der Messias darum bitten würde, von ihm getauft zu werden, und dass dabei ein Zeichen seines göttlichen Wesens gegeben werden sollte. Dadurch würde es ihm möglich, Ihn den Menschen vorzustellen.

Als Jesus kam, um getauft zu werden, erkannte Johannes in Ihm eine Reinheit des Charakters, wie er sie bisher noch bei keinem Menschen wahrgenommen hatte. Etwas Heiliges umgab Ihn und flößte Ehrfurcht ein.

Viele, die zu Johannes an den Jordan gekommen waren, hatten schwere Schuld auf sich geladen und erschienen niedergedrückt von der Last ihrer zahllosen Sünden. Es war aber noch keiner bei ihm gewesen, von dem solch göttlicher Einfluss ausging wie von Jesus. Dies stimmte damit überein, was ihm über den Messias geweissagt worden war. Und dennoch zögerte er, die Bitte Jesu zu erfüllen. Wie konnte er, ein Sünder, den Sündlosen taufen! Und warum sollte dieser, der keine Buße nötig hatte, sich einer Handlung unterziehen, die als Sinnbild dafür galt, dass eine Schuld abzuwaschen war?

Als Jesus um die Taufe bat, wehrte Ihm Johannes, indem er ausrief: »Ich habe es nötig, von dir getauft zu werden, und du kommst zu mir?« Jesus antwortete: »Lass es so geschehen! Denn so gebührt es uns, alle Gerechtigkeit zu erfüllen.« Da gab Johannes nach, führte Jesus hinein in den Jordan und tauchte Ihn unter. Als Jesus heraufstieg »aus dem Wasser ... siehe, da tat sich der Himmel auf, und er sah den Geist Gottes wie eine Taube herabfahren und über sich kommen.« Matthäus 3,14-16 Jesus empfing die Taufe nicht im Sinne eines Schuldbekenntnisses. Er identifizierte sich aber mit den Sündern und tat alles, was auch wir tun müssen. Sein Leben des Leidens und des geduldigen Ausharrens nach Seiner Taufe ist ein Beispiel für uns.

Nachdem Jesus aus dem Wasser gestiegen war, kniete er am Ufer im Gebet. Ein neuer und bedeutender Lebensabschnitt begann für Ihn. Er ging jetzt auf einer höheren Ebene Seinem Lebenskampf entgegen. Obwohl Er der Fürst des Friedens war, glich Sein Kommen eher einer Kampfansage. Denn das Reich, das Er aufrichten wollte, war das Gegenteil von dem, was sich die Juden wünschten. Er, der die Grundlage aller gottesdienstlichen Handlungen Israels war, würde als deren Feind und Zerstörer angesehen werden. Er, der auf Sinai das Gesetz verkündigt hatte, würde als Gesetzesübertreter verdammt werden. Er, der gekommen war, die Macht Satans zu brechen, würde als Beelzebub angeklagt werden. Keiner auf Erden hatte Ihn verstanden. Während Seines Dienstes musste Er Seinen Weg allein gehen. Sein Leben lang hatten seine Mutter und Seine Brüder Seine Mission nicht verstanden. Selbst Seine Jünger begriffen Ihn nicht. Er hatte im ewigen Licht gewohnt, eins mit Gott. In Seinem irdischen Leben jedoch wandelte Er einsam und allein.

Als einer von uns hatte Er die Last unserer Schuld und des Elends mit zu tragen. Der Sündlose musste die ganze Schmach der Sünde fühlen, der Friedfertige unter Zank und Streit leben. Und die Wahrheit musste bei der Falschheit, die Reinheit bei dem Laster wohnen. Jede Sünde, jede Uneinigkeit, jedes verderbliche Verlangen, das die Übertretung mit sich brachte, quälte Ihn.

Der Heiland musste Seinen Weg allein gehen – und allein die schwere Last tragen. Auf Ihm, der Seine göttliche Herrlichkeit abgelegt und die schwache menschliche Natur angenommen hatte, lag die Erlösung der Welt. Er sah und empfand alles und blieb doch Seiner Aufgabe treu. Von Ihm hing das Heil des gefallenen Menschengeschlechts ab, und Er streckte die Hand aus, um die allmächtige Liebe Gottes zu ergreifen.

Jesu Blick schien den Himmel zu durchdringen, während Er inniglich betete. Er wusste, wie sehr die Sünde die Herzen der Menschen verhärtet hat und wie schwer es für sie sein würde, Seinen Dienst zu erkennen und das Geschenk der Rettung anzunehmen. Er bat den Vater um Kraft, ihren Unglauben zu überwinden, die Fesseln zu sprengen, die Satan um sie gelegt hat, und um ihretwillen den Bösen zu besiegen. Er bat um einen Beweis, dass Gott die Menschen durch den Sohn Gottes wieder in Gnaden annehmen wolle.

Nie zuvor hatten die Engel solch ein Gebet gehört. Sie sind ganz ungeduldig, Ihrem Herrn eine Botschaft tröstlicher Gewissheit zu bringen. Aber der Vater selbst wollte die Bitte Seines Sohnes beantworten. Vom Thron Gottes her leuchtete strahlend Seine Herrlichkeit. Der Himmel öffnete sich, und eine Lichtgestalt »wie eine Taube« ließ sich auf des Heilandes Haupt herab als ein Sinnbild für Ihn, den Sanftmütigen und Demütigen.

Außer Johannes sahen nur wenige aus der riesigen Menschenmenge am Jordan die himmlische Erscheinung. Dennoch ruhte der feierliche Ernst der Gegenwart Gottes auf den Versammelten. Alle starrten schweigend auf Christus. Seine Gestalt war in Licht gehüllt, wie es stets den Thron Gottes umgibt. Sein nach oben gewandtes Angesicht war verklärt, wie sie vor ihm noch keines Menschen Antlitz gesehen hatten. Vom geöffneten Himmel herab sprach eine Stimme: »Dies ist mein lieber Sohn, an dem ich Wohlgefallen habe.« Matthäus 3,17

Diese Worte wurden als Bestätigung gegeben, um den Glauben derer anzufachen, die dieses Ereignis miterlebt hatten, und um den Heiland für seine Aufgabe zu stärken. Trotz dessen, dass die Sünden einer schuldigen Welt auf Christus gelegt wurden, ungeachtet auch der Erniedrigung, die sündige, menschliche Natur angenommen zu haben, nannte die Stimme vom Himmel Ihn den Sohn des Ewigen.

Johannes war tief bewegt, als er sah, wie Jesus sich als Bittender beugte und unter Tränen Seinen Vater um ein Zeichen der Übereinstimmung mit Seinem Willen anflehte. Als die Herrlichkeit Gottes Ihn umgab und die Stimme vom Himmel zu hören war, da erkannte Johannes das von Gott verheißene Zeichen. Jetzt war er sich sicher, dass er den Erlöser der Welt getauft hatte. Der Heilige Geist ruhte auf ihm, und mit ausgestreckter Hand auf Jesus weisend, rief er: »Siehe, das ist Gottes Lamm, welches der Welt Sünde trägt!« Johannes 1,29

Keiner der Zuhörer – selbst Johannes – verstand die wahre Bedeutung der

Worte »das Lamm Gottes.« Auf dem Berg Morija hatte Abraham

die Frage seines Sohnes gehört: »Mein Vater, ... wo ist aber das Schaf zum Brandopfer?« Der Vater hatte geantwortet: »Mein Sohn, Gott wird sich ersehen ein Schaf zum Brandopfer.« 1.Mose 22,7f Und in dem Widder, den Gott anstelle Isaaks sandte, sah Abraham einen Hinweis auf den, der für die Sünden der Menschen sterben sollte. In diesem Bild sprach auch Jesaja durch den Heiligen Geist von Christus: »Als er gemartert ward, litt er doch willig und tat seinen Mund nicht auf wie ein Lamm, das zur Schlachtbank geführt wird; und wie ein Schaf, das verstummt vor seinem Scherer ... der Herr warf unser aller Sünde auf ihn.« Jesaja 53,7.6 Aber das Volk Israel hatte diese Lehre nicht verstanden. Viele betrachteten die Sühnopfer nicht anders als die Heiden ihre Opfer; nämlich als Gaben, durch die sie selbst die Gottheit besänftigen könnten. Doch der Herr wollte die Israeliten lehren, dass nur seine eigene Liebe es ist, die sie mit Ihm versöhnen kann.

Die Worte, die zu Jesus am Jordan gesprochen wurden: »Siehe, das ist mein lieber Sohn, an dem ich Wohlgefallen habe«, binden das ganze Menschengeschlecht mit ein. Gott sprach zu Jesus, den Er als unseren Stellvertreter ansah. Wir werden trotz unserer Sünden und Schwächen nicht von Gott als Unwürdige verworfen, denn Er hat uns »begnadet ... in dem Geliebten.« Epheser 1,6 Die Herrlichkeit, die auf Christus ruhte, ist ein Pfand der Liebe Gottes für uns. Sie weist uns auch auf die Macht des Gebets hin und zeigt uns, wie unsere Stimme das Ohr Gottes erreichen kann und wie unsere Bitten in den himmlischen Höfen gehört werden können. Durch die Sünde wurde die Verbindung des Himmels mit der Erde unterbrochen, und die Menschen wurden dem Himmel entfremdet. Nun hatte Jesus sie wieder mit dem Reich der Herrlichkeit verbunden. Seine Liebe umschloss alle Menschen und reichte bis an den höchsten Himmel. Das Licht, das aus dem geöffneten Himmel auf das Haupt des Heilandes fiel, wird auch uns scheinen, wenn wir ernstlich um Hilfe bitten, der Versuchung zu widerstehen. Die gleiche göttliche Stimme spricht zu jedem Gläubigen: Du bist mein Kind, an dem ich Wohlgefallen habe!

»Wir sind nun Gottes Kinder; und es ist noch nicht erschienen, was wir sein werden. Wir wissen aber, wenn es erscheinen wird, dass wir ihm gleich sein werden; denn wir werden ihn sehen, wie er ist.« 1.Johannes 3,2

Der Heiland hat den Weg geöffnet, damit auch der Sündhafteste und Bedürftigste, der Unterdrückteste und Allerverachtetste Zutritt zum Vater erhalten kann. Jeder kann eine Heimat in den herrlichen Wohnungen bekommen, die Jesus vorbereitet. »Das sagt der Heilige, der Wahrhaftige, der da hat den Schlüssel Davids, der auftut, und niemand schließt zu, der zuschließt, und niemand tut auf: ... Siehe, ich habe vor dir gegeben eine offene Tür, und niemand kann sie zuschließen.« Offenbarung 3,7f

KAPITEL 12

Auf Grundlage von
Matthäus 4,1-11
Markus 1,12-13; Lukas 4,1-13

DIE VERSUCHUNG

er Heiland, »voll heiligen Geistes, kam wieder von dem Jordan und ward vom Geist in die Wüste geführt.« Lukas 4,1 Die Worte im Markusevangelium sind noch deutlicher. Es heißt dort: »Und alsbald trieb ihn der Geist in die Wüste; und er war in der Wüste vierzig Tage und wurde versucht von dem Satan und war bei den wilden Tieren.« Markus 1,12.13 »Und er aß nichts in diesen Tagen.« Lukas 4,2 Der Geist Gottes leitete den Heiland, als Er in die Wüste geführt wurde, um versucht zu werden. Jesus hatte die Versuchung nicht herausgefordert, sondern ging in die Wüste, um allein zu sein, um über Seine Arbeit und Seine Mission nachzudenken und um sich für den Dornenweg, der vor Ihm lag, durch Beten und Fasten Kraft und Stärke zu holen. Satan aber wusste, dass Jesus in die Wüste gegangen war, und so hielt er die Zeit für günstig, sich Ihm zu nähern.

In diesem Kampf zwischen dem Fürsten des Lebens und dem Beherrscher dieser Welt stand Gewaltiges auf dem Spiel. Nachdem Satan die Menschen zur Sünde verleitet hatte, beanspruchte er die Erde als sein Eigentum und nannte sich ihr Herrscher. Da er das erste Elternpaar nach seinem eigenen Wesen beeinflusst und umgewandelt hatte, wollte er hier sein Reich gründen. Er behauptete, die Menschen hätten ihn zu ihrem Oberhaupt gewählt. Durch seine Macht über die Menschheit behielt er die Herrschaft über die Welt. Christus aber war gekommen, um Satans Anspruch zu widerlegen. Als Menschensohn würde Er Gott treu bleiben und dadurch beweisen, dass der Teufel nicht die vollständige Herrschaft über das Menschengeschlecht gewonnen hat und dass dessen Ansprüche auf die Welt gelogen waren. Alle sollten frei werden, die von Satans Einfluss loskommen wollten. Die Herrschaft, die Adam verloren hatte, sollte wiederhergestellt werden.

Seit der Ankündigung an die Schlange: »Ich will Feindschaft setzen zwischen dir und der Frau und zwischen deinem Nachkommen und ihrem Nachkommen...« 1.Mose 3,15 wusste Satan, dass er keine absolute Gewalt über die Welt

hatte. Im Menschen war das Wirken einer Kraft spürbar, die seiner Herrschaft widerstand. Mit größtem Interesse beobachtete er die von Adam und seinen Söhnen dargebrachten Opfer. Er erkannte in diesen Handlungen ein Symbol der Verbindung zwischen Himmel und Erde und nahm sich vor, diese Gemeinschaft zu stören. Er stellte Gott falsch dar und missdeutete die gottesdienstlichen Handlungen, die auf Christus hinwiesen. Die Menschen wurden dahin gebracht, Gott als ein Wesen zu fürchten, das sich an ihrem Verderben erfreut. Die Opfer, die Gottes Liebe hätten offenbaren sollen, wurden gebracht, um seinen Zorn zu besänftigen. Satan erregte die bösen Leidenschaften der Menschen, um seine Herrschaft über sie zu festigen.

Als das geschriebene Wort Gottes gegeben wurde, studierte Satan die Prophezeiungen vom Kommen des Heilandes. Generationen hindurch bemühte er sich, die Menschen gegen diese Weissagungen blind zu machen, damit sie den Messias ablehnten, wenn er käme.

Als Jesus geboren wurde, wusste Satan, dass Einer mit dem göttlichen Auftrag gekommen war, seinen Herrschaftsanspruch streitig zu machen. Er zitterte bei der Botschaft des Engels, der die Autorität des neugeborenen Königs bezeugte. Ihm war gut bekannt, welch eine bevorzugte Stellung Jesus als Geliebter des Vaters im Himmel hatte. Dass dieser Sohn Gottes als Mensch auf die Erde kommen sollte, erfüllte ihn mit Bestürzung und ängstlicher Erwartung. Er konnte das Geheimnis dieses großen Opfers nicht fassen. Seine selbstsüchtige Seele konnte eine solche Liebe zu den irregeleiteten Menschen nicht verstehen. Die Menschen begriffen die Herrlichkeit und den Frieden des Himmels und die Freude der Gemeinschaft mit Gott nur undeutlich. Luzifer, dem schirmenden Cherub, waren diese Segnungen dagegen gut bekannt. Seitdem er den Himmel verloren hatte, war er fest entschlossen, sich zu rächen. Er veranlasste andere, seinen Sturz mit ihm zu teilen. Dies sollte er dadurch erreichen, dass er die Menschen dazu bewegt, den Wert der himmlischen Dinge zu unterschätzen und ihre Herzen an irdische Dinge zu hängen. Nur sehr schwer konnte der Herr des Himmels Menschenseelen für sein Reich gewinnen. Von der Zeit seiner Geburt in Bethlehem an wurde Er ständig von Satan angegriffen. Das Bild Gottes wurde durch Jesus sichtbar, und Satan hatte beschlossen, den Heiland zu überwältigen. Noch kein menschliches Wesen war auf Erden der Macht des Betrügers entkommen. Alle Mächte des Bösen vereinten sich, um einen Krieg gegen Jesus zu führen und Ihn auch möglichst zu besiegen.

Bei der Taufe des Heilandes war auch der Teufel unter den Augenzeugen. Er sah, wie die Herrlichkeit Gottes den Sohn umhüllte. Er hörte auch, wie die Stimme des Herrn die Gottheit Jesu bezeugte. Seit dem Fall Adams wurde die persönliche Verbindung der Menschen mit Gott abgeschnitten. Die Gemeinschaft zwischen Himmel und Erde war durch Christus wiederhergestellt worden. Aber nun, da Jesus »in der Gestalt des sündlichen Fleisches« Römer 8,3 gekommen war, sprach der Vater wieder selbst. Einst hatte Er durch Christus mit den Menschen geredet, jetzt verkehrte Er mit ihnen durch Christus. Satan hatte gehofft, dass die Abneigung Gottes gegen das Böse zur ewigen Trennung zwischen Himmel und Erde führen würde. Aber jetzt wurde es offenbar, dass durch den Mittler Jesus Christus wieder eine Verbindung zwischen Gott und den Menschen hergestellt war.

Satan erkannte, dass er entweder siegen oder selbst besiegt werden sollte. Vom Ausgang des Kampfes hing zu viel ab, um ihn seinen Verbündeten, den Geistern in der Luft, zu überlassen. Er musste selbst die Führung in diesem Krieg übernehmen. Alle Mächte des Abfalls wurden gegen den Sohn Gottes aufgeboten. Christus wurde zur Zielscheibe aller teuflischen Waffen.

Viele betrachten den Kampf zwischen Christus und Satan so, als hätte er keine besondere Bedeutung für ihr eigenes Leben – deshalb interessiert sie das wenig. Und doch wiederholt sich dieser Kampf in jedem Menschenherzen. Keiner verlässt die Reihen Satans, um in den Dienst Gottes zu treten, ohne dass er den schärfsten Angriffen des Bösen ausgesetzt wäre. Die Verlockungen, denen Christus widerstand, waren jene, die wir als so schwer überwindbar empfinden. Sie wurden Ihm in so viel stärkerem Maße aufgezwungen, wie Sein Charakter erhabener ist als der unsere. Mit der furchtbaren Sündenlast der Welt, die auf Ihm lag, widerstand der Heiland fleischlichen Lüsten, Welt- und Eigenliebe, die nur zu Vermessenheit führt. Von diesen Versuchungen wurden Adam und Eva besiegt – und auch wir werden leicht davon überwunden.

Satan wies auf die Sünde Adams hin, um zu beweisen, dass Gottes Gesetz ungerecht sei und nicht gehalten werden könne. Umhüllt von unserer menschlichen Natur, sollte Christus Adams Übertretungen wiedergutmachen. Doch hatte die Sünde noch keine Wirkung auf Adam gehabt, als er von dem Versucher angegriffen wurde. Er war ein kräftiger, vollkommener Mann und körperlich und geistig mit voller Lebenskraft ausgestattet. Umgeben von der Herrlichkeit des Gartens Eden, genoss er zudem noch den täglichen Umgang mit himmlischen Wesen. Ganz anders war die Situation, der Jesus in der Wüste begegnen musste, um Satan zu bewältigen. Schon viertausend Jahre lang hatte das Menschengeschlecht an Körperkraft, Seelenstärke und sittlicher Tugend abgenommen; dennoch nahm der Heiland alle Schwachheiten der entarteten Menschheit auf sich. Nur so war es Ihm möglich, die Menschen aus der tiefsten Erniedrigung zu erretten.

Viele behaupten, dass es für den Heiland unmöglich war, der Versuchung nachzugeben. Aber wie hätte Jesus denn sonst anstelle des sündigen Menschen stehen können! Er hätte dann auch nicht den Sieg erkämpfen können, den Adam nicht errang. Würden wir in irgendeiner Weise einen schwierigeren Kampf zu bestehen haben als Christus, dann könnte Er nicht in der Lage sein, uns zu helfen. Der Heiland nahm die menschliche Natur mit all ihren schuldhaften Verstrickungen an, selbst mit der Möglichkeit, der Versuchung nachzugeben. Wir haben jedoch nichts zu tragen, was nicht auch Er erduldet hat.

Bei Christus wie auch bei dem ersten Menschenpaar war die Esslust der Grund zur ersten großen Versuchung. Gerade da, wo das Verderben seinen Anfang genommen hatte, musste auch das Erlösungswerk beginnen. Wie Adam durch die Befriedigung der Esslust in Sünde fiel, so musste Christus durch die Verleugnung der Esslust überwinden. »Da er vierzig Tage und vierzig Nächte gefastet hatte, hungerte ihn. Und der Versucher trat zu ihm und sprach: Bist du Gottes Sohn, so sprich, dass diese Steine Brot werden. Und er antwortete und sprach: Es steht geschrieben: ‚Der Mensch lebt nicht vom Brot allein, sondern von einem jeglichen Wort, das durch den Mund Gottes geht‘.« Matthäus 4,2-4

Von Adams Zeit an bis in die Tage Jesu hatte Genusssucht die Macht der Esslust und der Leidenschaften so gestärkt, dass sie fast unbeschränkt herrschten. Dadurch waren die Menschen verderbt und krank geworden. Es war ihnen daher auch unmöglich, sich selbst zu überwinden. Ihretwegen bestand der Heiland die härteste Prüfung. Wegen uns übte Er eine Selbstbeherrschung, die noch stärker war als Hunger und Tod. Dieser erste Sieg schloss noch manches mit ein, was in unseren Kämpfen gegen die Mächte der Finsternis von Bedeutung ist.

Als Jesus die Wüste betrat, umhüllte Ihn die Herrlichkeit Seines Vaters. Er pflegte so innige Zwiesprache mit Gott, dass Er über der menschlichen Schwäche stand. Doch die Herrlichkeit des Vaters wich von Ihm. Er war dem Kampf mit der Versuchung ausgesetzt. Sie bedrängte Ihn jeden Augenblick. Seine menschliche Natur schreckte vor dem Kampf zurück, der Ihn erwartete. 40 Tage lang fastete und betete Er. Schwach und abgezehrt vor Hunger, erschöpft und ausgezehrt durch größte Seelenpein, war »seine Gestalt hässlicher ... als die anderer Leute und sein Aussehen als das der Menschenkinder.« Jesaja 52,14 Jetzt bot sich Satan die ersehnte Gelegenheit. Nun, so glaubte er, Christus überwinden zu können.

Es erschien dem Heiland jemand wie in Gestalt eines Himmelsboten und gab vor, auf Seine Gebete hin von Gott gesandt zu sein, um Ihm das Ende Seines Fastens mitzuteilen. Wie damals Abrahams Hand durch einen Engel von der Opferung seines Sohnes Isaak zurückgehalten worden war, so sei er jetzt zu Seiner Befreiung gesandt, denn der Vater habe sich schon mit Seiner Bereitschaft zufrieden gegeben, den blutgetränkten Leidensweg zu beschreiten. Diese Botschaft brachte er Jesus. Christus war durch das lange Fasten körperlich geschwächt und sehnte sich nach Nahrung, als Satan Ihn plötzlich überfiel. Der Versucher zeigte auf die zerstreut umherliegenden Steine – die aussahen wie Brotlaibe – und sagte zu Ihm: »Bist du Gottes Sohn, so sprich, dass diese Steine Brot werden.« Matthäus 4,3

Obwohl der Versucher als Engel des Lichts erschien, verriet er mit den Worten »bist du Gottes Sohn« seinen wahren Charakter. Hier sehen wir das versteckte Misstrauen. Hätte Jesus dem Versucher nachgegeben, wäre Sein Herz von Zweifel erfüllt worden. Der Teufel hatte vor, den Heiland durch dasselbe Mittel zu überwinden, wodurch er schon von Anfang an bei den Menschen erfolgreich war. Wie schlau hatte Satan sich einst Eva im Paradies genähert! »Hat Gott wirklich gesagt: Von allen Bäumen des Gartens dürft ihr nicht essen?« 1.Mose 3,1; Elberfelder So weit waren die Worte schon richtig – doch der Tonfall seiner Stimme verriet seine heimliche Verachtung gegenüber Gottes Worten. Darin lag eine versteckte Verneinung, ein Zweifeln an der göttlichen Wahrheit. Satan war bemüht, Eva den Gedanken einzuflößen, Gott werde nicht handeln, wie er es gesagt hat. Zudem versuchte er ihr klar zu machen, dass es unmöglich der Liebe und Güte Gottes entsprechen könne, die schönen Früchte des Baumes der Erkenntnis den Menschen vorzuenthalten. Auch jetzt versuchte Satan dem Heiland seine eigenen bösen Gedanken einzuflüstern. Aus der Bitterkeit seines Herzens kamen die Worte: »Bist du Gottes Sohn...« Diese Worte waren aber in Gedanken voll von Bitterkeit. Die Betonung seiner Stimme enthüllte seine völlige Ungläubigkeit. Würde Gott Seinen eigenen Sohn so behandeln? Würde er Ihn in der Wüste unter wilden Tieren, ohne Nahrung, ohne Gesellschaft und ohne Trost lassen? Satan gab zu verstehen, dass Gott niemals Seinen Sohn in einer solchen Lage ließe. »Bist du Gottes Sohn«, dann befreie dich durch Deine göttliche Macht von dem quälenden Hunger. Gebiete, dass die Steine Brot werden!

Die Worte vom Himmel »Dies ist mein lieber Sohn, an dem ich Wohlgefallen habe« Matthäus 3,17 hatte auch Satan gut im Gedächtnis behalten. Doch er wollte den Heiland dahin bringen, diesen Worten zu misstrauen. Gottes Wort war für Christus die Zusicherung seiner geheiligten Mission. Er war gekommen, als Mensch unter Menschen zu leben, und es war Gottes Wort, das Seine Verbindung mit dem Himmel bezeugte. Satan wollte Ihn mit Zweifel gegen das Wort seines Vaters erfüllen. Er wusste, dass der Sieg in dem großen Streit ihm gehören würde, gelänge es ihm, Jesu Vertrauen zu Gott zu erschüttern. Dadurch könnte er Jesus überwinden. So hoffte er, dass Jesus aufgrund von Verzagtheit und quälendem Hunger den Glauben an Seinen Vater verlöre und ein Wunder zu Seinen Gunsten wirkte. Hätte Jesus dem Versucher nachgegeben, wäre der ganze Erlösungsplan vereitelt worden. Als sich Satan und der Sohn Gottes zum

ersten Mal als Gegner gegenüberstanden, war Christus noch der

Herr der himmlischen Heerscharen. Satan dagegen wurde wegen seiner Empörung aus dem Himmel ausgestoßen. Jetzt schien die Lage umgekehrt zu sein, und Satan wollte seinen scheinbaren Vorteil gut ausnutzen. Einer der mächtigsten Engel, so sagte er, sei aus dem Himmel verbannt worden, und Seine [Jesu] Lage deute an, dass er dieser gefallene Engel sei – von Gott vergessen und von den Menschen verlassen. Ein göttliches Wesen aber wäre in der Lage, sein Anrecht durch ein Wunder zu beweisen. »Bist du Gottes Sohn, so sprich, dass diese Steine Brot werden.« Matthäus 4,3 Solch eine schöpferische Tat, drängte der Versucher, wäre doch ein unumstößlicher Beweis der Göttlichkeit und würde den Streit beenden.

Nicht ohne inneren Kampf vermochte Jesus dem Erzverführer zuzuhören. Er wollte aber trotzdem Satan keinen Beweis Seiner Gottheit geben oder den Grund Seiner Erniedrigung erklären. Er wusste, dass es weder zur Ehre Gottes noch zum Besten der Menschen gewesen wäre, hätte Er den Wunsch des Verführers erfüllt. Wäre Er auf die Einflüsterungen Satans eingegangen, so hätte dieser erneut sagen können: Gib mir ein Zeichen, damit ich glauben kann, dass du der Sohn Gottes bist. Jeder Beweis aber wäre zu kraftlos gewesen, die rebellische Macht in Satans Herzen zu brechen. Und Christus durfte ja Seine göttliche Kraft nicht zu Seinem eigenen Vorteil verwenden. Er war gekommen, um Prüfungen standzuhalten, wie auch wir Prüfungen bestehen müssen; Er wollte uns durch Sein Leben ein Beispiel des Glaubens und der Ergebenheit hinterlassen. Weder jetzt noch später wirkte der Heiland in Seinem irdischen Leben Wunder für Sich selbst. Seine gewaltigen Werke und Wundertaten geschahen ausschließlich zum Besten anderer. Obwohl Jesus von Anfang an Satan erkannte, ließ Er sich doch nicht zu einem Streit herausfordern. Gestärkt durch die Erinnerung an die Stimme vom Himmel, fand Er inneren Frieden in der Liebe Seines Vaters. Er verhandelte nicht mit der Versuchung.

Jesus begegnete Satan mit den Worten der Heiligen Schrift: »Es steht geschrieben ...« Matthäus 4,4 In jeder Versuchung war Seine Kriegswaffe das Wort Gottes. Satan forderte von Christus ein Wunder als Zeichen Seiner Göttlichkeit. Größer aber als jedes Wunder ist das feste Vertrauen auf ein »So spricht der Herr.« Das ist ein Zeichen, das nicht angefochten werden kann. Solange Christus diese Haltung einnahm, konnte der Versucher Ihn nicht übervorteilen.

In der Zeit größter menschlicher Schwäche wurde der Heiland von heftigsten Versuchungen geplagt. So hoffte Satan, den Herrn zu überwinden. Es war doch die gleiche Art, durch die er die Menschen unter seinen Einfluss gebracht hatte. Wenn die Kräfte versagten, der Wille geschwächt war und der Glaube aufhörte, in Gott zu ruhen, dann wurden selbst diejenigen besiegt, die lange und mutig um das Recht gekämpft hatten. Mose war ermüdet von der vierzigjährigen Wanderschaft mit Israel durch die Wüste, als sein Glaube für einen Augenblick an der unendlichen Macht des Herrn zweifelte. Er scheiterte unmittelbar an der Grenze des verheißenen Landes. So erging es auch Elia, der unerschrocken vor dem König Ahab gestanden hatte und dem ganzen Volk Israel, mit seinen 450 Baalspropheten an der Spitze, entgegengetreten war. Nach diesem schrecklichen Tag auf dem Karmel, als die falschen Propheten getötet worden waren und das Volk seinen Bund mit Gott erneuert hatte, floh Elia um sein Leben vor den Drohungen der abgöttischen Königin Isebel. So hat Satan stets aus der menschlichen Schwäche Vorteil gezogen, und er wirkt auch weiterhin in der gleichen Art. Immer, wenn sich uns dunkle Wolken in den Weg stellen, verwirrt durch Umstände, Krankheit oder sonstige Schwierigkeiten, so ist Satan sofort zur Stelle, um zu versuchen und zu reizen. Er zielt mit seinen Angriffen auf unsere Charakterschwächen. Er möchte unser Vertrauen zu Gott mit der Frage erschüttern, warum ein guter Gott derartiges überhaupt zulasse. Wir sind geneigt, Gott zu misstrauen und seine Liebe zu uns anzuzweifeln. Oft tritt der Versucher an uns heran – wie er auch an Jesus herangetreten war – und hält uns unsere Schwächen und Unzulänglichkeiten vor Augen. So hofft er, die Seele zu entmutigen und unseren Halt an Gott zu brechen. Dann hat er sein Opfer fest im Griff. Träten wir ihm aber entgegen wie Christus, würden wir mancher Niederlage entkommen. Indem wir uns jedoch mit dem Feind auf eine Unterhaltung einlassen, verschaffen wir ihm dadurch einen Vorteil.

Als Christus aber dem Versucher sagte: »Der Mensch lebt nicht vom Brot allein, sondern von einem jeglichen Wort, das durch den Mund Gottes geht«, Matthäus 4,4 wiederholte er die Worte, die er mehr als 1400 Jahre zuvor zu den Israeliten gesprochen hatte. »Und du sollst an den ganzen Weg gedenken, durch den der HERR, dein Gott, dich geführt hat diese 40 Jahre lang in der Wüste ... Und er demütigte dich und ließ dich hungern und speiste dich mit dem Manna, das weder du noch deine Väter gekannt hatten, um dich erkennen zu lassen, dass der Mensch nicht vom Brot allein lebt, sondern dass er von all dem lebt, was aus dem Mund des HERRN hervorgeht.« 5.Mose 8,2.3 Als die Israeliten in der Wüste waren, sandte ihnen Gott Manna vom Himmel. Er speiste sein Volk gerade zu der Zeit reichlich, als alle Nahrungsmittel fehlten. Aus dieser Erfahrung sollte Israel erkennen, dass der Herr sich in jeder Lebenslage zu dem bekennt, der Ihm vertraut und in Seinen Wegen wandelt. Der Heiland zeigte jetzt ganz praktisch, wie sich göttliche Verheißungen erfüllen. Durch das Wort Gottes wurde den Israeliten geholfen, und durch dasselbe Wort sollte Jesus Beistand geleistet werden. Er wartete auf den Moment, wo Er die Hilfe des Vaters erleben würde. Aus Gehorsam gegen den Willen Seines Vaters befand Er

sich in der Wüste, und Er wollte keine Nahrung annehmen, die Er den Einflüsterungen Satans zu verdanken gehabt hätte. Vor dem ganzen Weltall bezeugte Er, dass es ein weniger großes Unglück sei, in irgendeiner Form zu leiden, als auch nur im Geringsten von den Wegen und dem Willen Gottes abzuweichen. »Der Mensch lebt nicht vom Brot allein, sondern von einem jeglichen Wort Gottes.« Oft kommt der Gläubige in Situationen, wo er nicht gleichzeitig Gott dienen und seine irdischen Belange wahrnehmen kann. Dann scheint es so, als nähme der Gehorsam gegen manche klaren Forderungen Gottes ihm jeglichen Lebensunterhalt. Satan versucht ihm einzureden, dass es nötig sei, seiner Überzeugung ein Opfer zu bringen. Doch das Einzige, auf das wir uns in dieser Welt allein verlassen können ist das Wort Gottes. »Trachtet zuerst nach dem Reich Gottes und nach seiner Gerechtigkeit, so wird euch solches alles zufallen.« Matthäus 6,33 Schon für das irdische Leben ist es das Beste, niemals von dem Willen unseres himmlischen Vaters abzuweichen. Wenn wir die Kraft Seines Wortes kennen, werden wir nicht den Einflüsterungen Satans erliegen, um Speise zu erhalten oder unser Leben zu retten. Unsere einzige Frage wird sein: Was ist Gottes Wille? Was verheißt er uns? Mit diesem Wissen werden wir Ihm gehorchen und uns auf Seine Verheißung verlassen.

In der letzten großen Auseinandersetzung des Kampfes mit Satan werden die Menschen, die Gott treu sind, es erleben, dass sie von jeder irdischen Hilfe abgeschnitten werden. Weil sie sich weigern, Gottes Gesetz zu übertreten, um irdischen Mächten zu gehorchen, wird es ihnen verboten werden, zu kaufen oder zu verkaufen. Zuletzt wird beschlossen, dass sie getötet werden sollen. vgl. Offenbarung 13,11-17 Doch den Gehorsamen ist die Verheißung gegeben: »Der wird in der Höhe wohnen, und Felsen werden seine Feste und Schutz sein. Sein Brot wird ihm gegeben, sein Wasser hat er gewiss.« Jesaja 33,16 Durch diese Verheißung werden die Kinder Gottes leben. Wenn die Erde von Hungersnöten heimgesucht wird und verödet, werden sie gespeist werden. »Sie werden nicht zuschanden in böser Zeit, und in der Hungersnot werden sie genug haben.« Psalm 37,19 Auf jene Zeit der Not blickte der Prophet Habakuk voraus, und seine Worte drücken den Glauben der Gemeinde aus: »Da wird der Feigenbaum nicht grünen, und es wird kein Gewächs sein an den Weinstöcken. Der Ertrag des Ölbaums bleibt aus, und die Äcker bringen keine Nahrung; Schafe werden aus den Hürden gerissen, und in den Ställen werden keine Rinder sein. Aber ich will mich freuen des Herrn und fröhlich sein in Gott, meinem Heil.« Habakuk 3,17.18

Das Wichtigste, was uns die Heilige Schrift aus der Versuchungsgeschichte Jesu vermittelt, ist Sein Sieg über die menschlichen Triebe und Begierden. Zu allen Zeiten haben gerade die Versuchungen auf körperlicher Ebene das Menschengeschlecht am meisten verdorben und herabgewürdigt. Durch Unmäßigkeit ist Satan bemüht, die geistlichen und sittlichen Kräfte zu zerstören, die Gott den Menschen als unschätzbare Gabe anvertraut hat. Denn deshalb ist es dem Menschen nicht möglich, geistliche Dinge zu würdigen. Durch Befriedigung fleischlicher Lüste versucht Satan, das Ebenbild Gottes in der Seele des Menschen auszulöschen.

Unbeherrschte Genusssucht und die dadurch entstehenden Krankheiten und Entartung, die bei Christi erstem Kommen vorhanden waren, werden vermehrt auch bei seiner Wiederkunft festzustellen sein. Der Heiland wies darauf hin, dass der Zustand der Welt dann sein wird wie in den Tagen der Sintflut und zur Zeit Sodoms und Gomorras. Das Dichten und Trachten des menschlichen Herzens wird beständig böse sein. Wir leben heute in dieser gefahrvollen Zeit und sollten die große Lehre des Heilandes beherzigen, die Er uns durch sein Fasten gab. Nur nach der unbeschreiblichen Qual, die der Heiland erlitt, können wir das Sündhafte unbeherrschter Genusssucht bewerten. Sein Beispiel zeigt uns, dass wir nur dann Hoffnung auf ein ewiges Leben haben können, wenn wir unsere Begierden und Leidenschaften dem Willen Gottes unterwerfen.

Aus eigener Kraft vermögen wir den Begierden des Fleisches nicht zu widerstehen. Satan wird gerade diese Schwächen nutzen, um uns in Versuchung zu führen. Christus wusste, dass der Feind sich jedem Menschen nähern würde, um aus dessen ererbten Schwächen Vorteile zu ziehen und alle, die kein Gottvertrauen besitzen, durch seine Einflüsterungen zu umgarnen. Unser Herr hat dadurch, dass Er uns auf unserem Lebensweg vorangegangen ist, den Weg der Überwindung gebahnt. Er will nicht, dass wir im Kampf mit Satan irgendwie benachteiligt sein sollten. Durch die Angriffe der Schlange sollen wir uns nicht einschüchtern oder entmutigen lassen. »... Seid getrost«, sagt er, »ich habe die Welt überwunden.« Johannes 16,33

Wer gegen die Macht der Esslust anzukämpfen hat, schaue auf den Heiland in der Wüste der Versuchung. Er blicke auf Ihn, wie Er am Kreuz Todesqualen litt und ausrief: »Mich dürstet!« Jesus hat alles ertragen, was Menschen je auferlegt werden könnte. Sein Sieg ist auch unser Sieg.

Christus verließ sich auf die Weisheit und Kraft Seines himmlischen Vaters. Er sagte: »Gott der Herr hilft mir, darum werde ich nicht zuschanden. Darum hab ich mein Angesicht hart gemacht wie einen Kieselstein; denn ich weiß, dass ich nicht zuschanden werde. Er ist nahe, der mich gerecht spricht; wer will mit mir rechten? ... Siehe, Gott der Herr hilft mir.« Jesaja 50,7-9 Auf Sein eigenes Beispiel weisend, fragt er uns: »Wer ist unter euch, der den Herrn fürchtet, ... der im Finstern wandelt und dem kein Licht scheint: Der hoffe auf den Namen des Herrn und verlasse sich auf seinen Gott!« Jesaja 50,10

Jesus sagte: »Es kommt der Fürst der Welt. Er hat keine Macht über mich.«
Johannes 14,30 Nichts konnte Satan mit seinen Spitzfindigkeiten

bei Ihm ausrichten. Jesus gab der Sünde nicht nach. Mit keinem Gedanken überließ Er sich der Versuchung. So soll es auch bei uns sein. Das Menschliche in Christus war mit dem Göttlichen verbunden. Der Ihm innewohnende Heilige Geist hatte Ihn für den Kampf ausgerüstet. Und Jesus kam, um uns zu Teilhabern der göttlichen Natur zu machen. Solange wir durch den Glauben mit Ihm verbunden sind, kann die Sünde nicht über uns herrschen. Gott fasst unsere Hand des Glaubens und will uns leiten, damit wir einen festen Halt an der Gottheit Christi haben und einen vollkommenen Charakter entfalten können.

Christus hat uns gezeigt, wie dies zu erreichen ist. Wodurch blieb Er im Streit gegen Satan siegreich? Durch das Wort Gottes! Nur dadurch konnte Er der Versuchung widerstehen. »Es steht geschrieben«, sagte Er. Und uns sind »die teuren und allergrößten Verheißungen geschenkt, ... dass ihr dadurch teilhaftig werdet der göttlichen Natur, die ihr entronnen seid der verderblichen Lust in der Welt.« 2.Petrus 1,4 Jede Verheißung in Gottes Wort gehört uns. »Von einem jeglichen Wort, das durch den Mund Gottes geht,« Matthäus 4,4 sollen wir leben. Wenn Versuchungen uns bestürmen, sollen wir nicht auf die äußeren Umstände oder auf unsere Schwächen blicken, sondern auf die Macht des Wortes, dessen ganze Kraft uns gehört. Der Psalmist sagt: »Ich behalte dein Wort in meinem Herzen, damit ich nicht wider dich sündige. Gelobt seist du, Herr! Lehre mich deine Gebote! Ich will mit meinen Lippen erzählen alle Weisungen deines Mundes. Ich freue mich über den Weg, den deine Mahnungen zeigen, wie über großen Reichtum. Ich rede von dem, was du befohlen hast, und schaue auf deine Wege. Ich habe Freude an deinen Satzungen und vergesse deine Worte nicht.« Psalm 119,11-16 »Im Treiben der Menschen bewahre ich mich vor gewaltsamen Wegen durch das Wort deiner Lippen.« Psalm 17,4

KAPITEL 13

Auf Grundlage von
Matthäus 4,5-11
Markus 1,12-13; Lukas 4,5-13

JESU SIEG

»**D**a führte ihn der Teufel mit sich in die heilige Stadt und stellte ihn auf die Zinne des Tempels und sprach zu ihm: Bist du Gottes Sohn, so wirf dich hinab; denn es steht geschrieben: ‚Er wird seinen Engeln über dir Befehl tun, und sie werden dich auf den Händen tragen, auf dass du deinen Fuß nicht an einen Stein stoßest.'« Matthäus 4,5.6

Satan meinte nun, den Herrn in seinem eigenen Bereich getroffen zu haben. Der gerissene Feind benutzte Worte, die aus Gottes Mund kamen. Immer noch erscheint er als Engel des Lichts und beweist, dass er mit der Schrift vertraut ist und die Wichtigkeit des Geschriebenen versteht. Wie Jesus zuvor das biblische Wort nahm, um Seinen Glauben zu begründen, so verwendete der Versucher es jetzt, um seinen Betrug zu stützen. Er behauptet, er habe nur Jesu Treue testen wollen, und lobt dessen Standhaftigkeit. Weil der Heiland Gottvertrauen bekundet hat, drängte Satan Ihn zu einem weiteren Beweis Seines Glaubens.

Doch wiederum leitet er die Versuchung mit einer Andeutung des Misstrauens ein: »Wenn du Gottes Sohn bist ...« Christus wurde versucht, auf dieses »Wenn« einzugehen, aber Er unterließ es, sich des geringsten Zweifels hinzugeben. Er wollte Sein Leben nicht gefährden, um Satan einen Beweis Seiner Göttlichkeit zu geben.

Der Versucher wollte aus dem Menschsein Christi einen Vorteil ziehen und nötigte Ihn zur Anmaßung. Wenn Satan auch zur Sünde reizen kann, so ist es ihm nicht möglich, jemanden zum Sündigen zu zwingen. Er sagte zu Jesus: »Wirf dich hinab«, wohl wissend, dass er Ihn nicht hinab stürzen konnte, denn Gott würde dazwischentreten, um Ihn zu bewahren. Auch konnte Satan Jesus nicht zwingen, sich selbst hinab zu stürzen. Nur wenn Christus der Versuchung nachgegeben hätte, wäre Er überwunden worden. Alle Mächte der Erde und der Hölle konnten Ihn nicht dazu veranlassen, auch nur im Geringsten vom Willen Seines Vaters abzuweichen.

Der Versucher kann uns also nie dazu zwingen, etwas Böses zu tun. Er kann die Gemüter nicht beherrschen, wenn sie sich nicht selbst seiner

Herrschaft ausliefern. Der Wille muss zustimmen, und der Glaube erst seinen Halt an Christus loslassen, bevor Satan seine Macht über uns ausüben kann. Doch mit jedem sündhaften Verlangen, an dem wir festhalten, bieten wir ihm einen Angriffspunkt. Immer wenn wir es versäumen, den göttlichen Standard zu erreichen, öffnen wir ihm eine Tür, durch die er eintreten kann, um uns zu versuchen und zu zerstören. Und jede Niederlage oder jedes Versagen unsererseits gibt ihm Gelegenheit, Christus mit Vorwürfen zu überschütten.

Als Satan die Verheißung anführte: »Er wird seinen Engeln über dir Befehl tun, und sie werden dich auf den Händen tragen«, Matthäus 4,6 ließ er folgende Worte weg: »dass sie dich behüten auf allen deinen Wegen« das heißt auf Wegen, die Gott erwählt hat. Jesus weigerte sich, den Pfad des Gehorsams zu verlassen. Während Er völliges Vertrauen in Seinen himmlischen Vater bekundete, wollte Er sich nicht unaufgefordert in eine Situation bringen, die das Eingreifen Seines Vaters erfordert hätte, um Ihn vor dem Tod zu bewahren. Er wollte die Vorsehung nicht zwingen, Ihn zu retten, und dadurch versäumen, den Menschen ein Beispiel des Vertrauens und der Unterordnung zu geben.

Jesus erklärte Satan: »Wiederum steht auch geschrieben: ,Du sollst Gott, deinen Herrn, nicht versuchen.'« Matthäus 4,7 Diese Worte sprach Mose zu den Kindern Israels, als sie in der Wüste Durst litten und forderten, dass Mose ihnen Wasser gäbe, indem sie riefen: »Ist der Herr unter uns oder nicht?« 2.Mose 17,7 Gott hatte wunderbar für sie gewirkt, doch in Schwierigkeiten zweifelten sie an Ihm und verlangten einen Beweis, dass Er mit ihnen war. In ihrem Unglauben wollten sie Ihn auf die Probe stellen, und Satan drängte den Heiland, genau dasselbe zu tun. Gott hatte bereits bezeugt, dass Jesus Sein Sohn sei, und nun nochmals einen Beweis zu fordern, dass Christus der Sohn Gottes war, hieße, Gottes Wort einer Prüfung zu unterziehen – das heißt, Ihn zu versuchen.

Und dasselbe findet statt, wenn wir um etwas beten, das Gott nicht verheißen hat. So etwas würde Misstrauen zeigen und Ihn wirklich auf die Probe stellen oder Ihn versuchen. Wir sollten niemals unsere Bitten vor Gott bringen, um auszuprobieren, ob Er sein Wort erfüllen wird, sondern weil Er es erfüllen wird. Ebenso sollen wir nicht beten, um zu prüfen, ob Er uns liebt, sondern deshalb, weil Er uns liebt. »Ohne Glauben ist es unmöglich, Gott zu gefallen; denn wer zu Gott kommen will, der muss glauben, dass er sei und denen, die ihn suchen, ein Vergelter sein werde.« Hebräer 11,6

Der Glaube hat jedoch nichts mit Vermessenheit zu tun. Nur wer echten Glauben hat, ist davor sicher. Denn Vermessenheit ist eine satanische Verfälschung des Glaubens. Der Glaube ergreift Gottes Verheißungen und bringt Frucht im Gehorsam. Die Vermessenheit beansprucht auch die Verheißungen, benutzt sie aber, wie Satan es tat, um Übertretungen zu entschuldigen.

Der wahre Glaube hätte unsere ersten Eltern in Eden dazu veranlasst, der Liebe Gottes zu vertrauen und Seinen Geboten zu gehorchen – doch die Vermessenheit verleitete sie dazu, Sein Gesetz zu übertreten und zu meinen, dass Seine große Liebe sie vor den Folgen ihrer Sünde bewahren würde. Das ist kein Glaube, der die Gunst des Himmels beansprucht, ohne die Bedingungen zu erfüllen, unter denen Gnade gewährt wird. Echter Glaube gründet sich auf Verheißungen und Verordnungen der Heiligen Schrift.

Wenn es Satan schon nicht gelang, Misstrauen zu erregen, dann gelingt es ihm oft, dass er uns zur Vermessenheit verleitet. Wenn er uns veranlassen kann, dass wir uns ohne Grund auf den Weg der Versuchung begeben, dann weiß er, dass ihm der Sieg sicher ist. Gott wird alle bewahren, die auf dem Pfad des Gehorsams gehen – davon abzuweichen heißt, sich auf Satans Boden zu wagen. Dort werden wir gewiss untergehen. Der Heiland hat uns geboten: »Wacht und betet, dass ihr nicht in Versuchung fallt!« Markus 14,38 Andacht und Gebet bewahren uns davor, uns unaufgefordert auf den Weg der Gefahr zu stürzen, wodurch wir mancher Niederlage entgehen.

Dennoch sollen wir nicht den Mut verlieren, wenn uns Versuchungen überfallen. Kommen wir in eine schwierige Situation, bezweifeln wir oft, dass wir vom Geist Gottes geführt werden. Aber es war die Leitung des Geistes, die Jesus in die Wüste führte, um von Satan versucht zu werden. Wenn Gott Prüfungen zulässt, dann sollen sie nach Seiner Absicht zu unserem Besten dienen. Jesus missbrauchte die Verheißungen Gottes nicht, indem Er sich unaufgefordert der Versuchung aussetzte, noch gab Er sich der Verzagtheit hin, als die Versuchung ihn bestürmte. Genauso sollen wir es auch nicht! »Gott ist treu, der euch nicht versuchen lässt über eure Kraft, sondern macht, dass die Versuchung so ein Ende nimmt, dass ihr's ertragen könnt.« 1.Korinther 10,13 Darum: »Opfere Gott Dank und erfülle dem Höchsten deine Gelübde und rufe mich an in der Not, so will ich dich erretten.« Psalm 50,14.15

Jesus war auch aus der zweiten Versuchung als Sieger hervorgegangen, und nun zeigte Satan seinen wahren Charakter. Doch er erschien nicht als furchterregendes Monster mit Pferdehufen und Fledermausflügeln. Er ist ein mächtiger Engel – jedoch gefallen. Nun bekannte er sich offen als Rebell und als ein Gott dieser Welt.

Als Satan Jesus auf einen hohen Berg geführt hatte, zeigte er Ihm wie in einem Panorama alle Reiche der Welt in ihrer ganzen Pracht. Das Sonnenlicht schien auf die mit Tempeln geschmückten Städte und prächtigen Paläste, sowie auf fruchtbare Felder und traubenbeladene Weinberge. Die Spuren der Sünde waren verborgen. Jesu Augen, die soeben nur Trostlosigkeit und Verwüstung ge-

sehen hatten, waren jetzt auf eine Szene von unvergleichlicher

Schönheit und dem Wohlstand gerichtet. Dazu hörte Er die Stimme des Versuchers: »Alle diese Macht will ich dir geben und ihre Herrlichkeit; denn sie ist mir übergeben, und ich gebe sie, wem ich will. Wenn du mich nun anbetest, so soll sie ganz dein sein.« Lukas 4,6.7

Die Mission Christi konnte nur durch Leiden erfüllt werden. Vor ihm lag ein Leben voller Kummer, Not und Konflikten, sowie ein schmachvoller Tod. Er hatte die Sünden der ganzen Welt zu tragen, sowie die Trennung von der Liebe Seines Vaters zu erdulden. Jetzt bot der Versucher an, auf seine Macht zu verzichten, die er sich angeeignet hatte. Christus hätte der furchtbaren Zukunft entgehen können, indem Er die Oberhoheit Satans anerkannte. Das wäre aber die Niederlage in dem großen Kampf gewesen. Indem Satan versuchte, sich über den Sohn Gottes zu erheben, hatte er im Himmel gesündigt. Würde er jetzt siegen, dann wäre dies der Triumph der Rebellion gewesen.

Als Satan Christus erklärte, dass das Reich und die Herrlichkeit der Welt ihm übertragen sei und er sie geben könne, wem immer er wolle, sagte er nur teilweise die Wahrheit. Er sagte dies, um seinen verführerischen Absichten näherzukommen. Satan hatte Adam seine Herrschaft entrissen, denn Adam war der Statthalter des Schöpfers. Er war kein unabhängiger Regent. Die Erde gehört Gott, und Er hat alle Dinge seinem Sohn übergeben. Adam sollte unter dessen Gewalt herrschen. Als Adam nun betrogen war, gelangte seine Herrschaft in Satans Hände – dennoch blieb Christus der rechtmäßige König. So hatte der Herr auch zu König Nebukadnezar gesagt, dass »der Höchste Gewalt hat über die Königreiche der Menschen und sie geben kann, wem er will.« Daniel 4,14 Satan kann seine angemaßte Gewalt nur so weit ausüben, wie Gott es zulässt.

Als der Versucher Christus das Reich und die Herrlichkeit der Welt anbot, beabsichtigte er, dass Christus seine wahre Königsherrschaft über die Welt aufgeben und die Herrschaft nur unter Satan ausüben würde. Auf eine solche Herrschaft war auch die Hoffnung der Juden gegründet. Sie sehnten sich nach einem Reich von dieser Welt. Hätte Christus eingewilligt, ihnen das zu geben, dann wäre Er von ihnen gern aufgenommen worden. Doch der Fluch der Sünde ruhte mit all seinem Elend darauf. Christus forderte den Versucher auf: »Weg mit dir, Satan! Denn es steht geschrieben: ,Du sollst anbeten den Herrn, deinen Gott, und ihm allein dienen'.« Matthäus 4,10

Satan, der im Himmel rebelliert hatte, bot Christus die Reiche dieser Welt an, um dadurch Seine Huldigung für die Grundsätze des Bösen zu erkaufen. Doch Er ließ sich nicht kaufen. Er war gekommen, um ein Reich der Gerechtigkeit zu gründen und wollte Seinen Vorsatz nicht aufgeben. Mit der gleichen Versuchung tritt Satan auch an die Menschen heran, doch bei ihnen hat er mehr Erfolg als bei Christus. Den Menschen bietet er das Reich dieser Welt an unter der Bedingung, dass sie seine Oberherrschaft anerkennen. Er verlangt, dass sie ihre Rechtschaffenheit opfern, das Gewissen missachten und der Selbstsucht nachgeben. Christus gebietet ihnen, zuerst nach dem Reich Gottes und nach Seiner Gerechtigkeit zu trachten, doch Satan steht daneben und sagt ihnen: »Ganz gleich, was hinsichtlich des ewigen Lebens wahr ist, wenn ihr in dieser Welt Erfolg haben wollt, dann müsst ihr mir dienen. Ich halte euer Wohlergehen in meinen Händen. Ich kann euch Reichtum, Vergnügen, Ehre und Glück geben. Hört auf meinen Rat! Lasst euch nicht von solch eigenartigen Ansichten über Ehrlichkeit und Selbstverleugnung beherrschen! Ich will euch euren Weg bahnen.« Auf diese Weise werden die Menschen betrogen. Sie sind bereit, dem eigenen Ich zu dienen, und Satan ist zufrieden. Während er sie mit der Hoffnung auf weltlichen Erfolg lockt, gewinnt er die Herrschaft über sie. Doch Er bietet den Menschen etwas an, was ihm gar nicht gehört und was ihm bald genommen wird und im Gegenzug betrügt er sie um ihren Anspruch auf das Erbe der Kinder Gottes. Satan stellte in Zweifel, ob Jesus der Sohn Gottes war. In dieser kurzen Zurückweisung erhielt er Beweise, die er nicht leugnen konnte. Die Gottheit blitzte aus dem leidenden Menschensohn hervor. Satan hatte keine Kraft, sich dem Befehl zu widersetzen. Gedemütigt und aufbegehrend im Zorn war er gezwungen, sich aus der Gegenwart des Erlösers der Welt zurückzuziehen. Christi Sieg war ebenso vollständig, wie es die Niederlage Adams war.

So können auch wir der Versuchung widerstehen und Satan zwingen, von uns zu weichen. Jesus erlangte den Sieg durch Seine Unterordnung und Seinen Glauben Gott gegenüber, und durch die Apostel sagt Er zu uns: »So seid nun Gott untertan. Widersteht dem Teufel, so flieht er von euch. Naht euch zu Gott, so naht er sich zu euch.« Jakobus 4,7.8 Wir können uns nicht selbst vor der Macht des Versuchers retten. Er hat die Menschheit besiegt, und wenn wir anfangen, in eigener Kraft zu bestehen, dann werden wir eine Beute seiner Anschläge. Aber »der Name des Herrn ist eine feste Burg; der Gerechte läuft dorthin und wird beschirmt.« Sprüche 18,10 Satan zittert und flieht vor dem schwächsten Menschen, der seine Zuflucht in dem mächtigen Namen findet.

Nachdem sich der Feind entfernt hatte, fiel Jesus erschöpft zu Boden mit Todesblässe auf Seinem Gesicht. Die Engel des Himmels hatten den Kampf beobachtet und gesehen, wie Ihr geliebter Herr durch dieses unbeschreibliche Leid gehen musste, um für uns Menschen einen Fluchtweg zu bahnen. Er hatte den Test bestanden – eine größere Prüfung, als wir sie je zu ertragen haben.

Jetzt, als Er wie tot am Boden lag, dienten Engel dem Sohn Gottes. Er wurde mit Nahrung versorgt, sowie durch die Botschaft von der Liebe Seines Vaters und der Zusicherung getröstet, dass der Himmel über Seinen Sieg triumphier-

te. Wieder gestärkt, fühlte Sein Herz großes Mitleid mit den

Menschen und er fuhr fort, Seine angefangene Aufgabe zu vollenden und nicht eher zu ruhen, bis der Feind überwunden und unser gefallenes Menschengeschlecht erlöst ist.

Niemand wird den Preis unserer Erlösung wirklich begreifen können, bis die Erlösten mit dem Heiland vor dem Thron Gottes stehen werden. Wenn die Herrlichkeiten der ewigen Heimat plötzlich unseren entzückten Sinnen sichtbar werden, dann denken wir daran, dass Jesus all das für uns verließ, nicht nur die himmlischen Höfe, sondern für uns auch das Risiko des Misslingens und der ewigen Verlorenheit trug. Dann werden wir unsere Kronen zu Seinen Füßen legen und in das Lied mit einstimmen: »Das Lamm, das geschlachtet ist, ist würdig, zu nehmen Kraft und Reichtum und Weisheit und Stärke und Ehre und Preis und Lob.« Offenbarung 5,12

KAPITEL 14

*Auf Grundlage von
Markus 1,2-8; Lukas 3,1-18
Johannes 1,19-51*

WIR HABEN
DEN *MESSIAS* GEFUNDEN

D er Täufer Johannes predigte und taufte bei Bethabara jenseits des Jordans. Nicht weit von dieser Stelle entfernt hatte Gott einst den Lauf des Flusses aufgehalten, bis das Volk Israel hindurchgegangen war. Unweit davon war auch die Stadtfestung Jericho durch himmlische Heere gestürmt worden. Alle diese Erinnerungen wurden wieder wachgerufen und verliehen der Botschaft des Täufers besondere Bedeutung. Würde der Gott, der einst so wunderbar gewirkt hatte, erneut Seine Macht für die Befreiung Israels offenbaren? Diese Gedanken bewegten die Herzen des Volkes, so dass sie sich täglich zahlreich an den Ufern des Jordans versammelten.

Die Predigten von Johannes waren im Volk auf ein so großes Echo gestoßen, dass sie die Aufmerksamkeit der geistlichen Oberen erforderten. Die Römer sahen misstrauisch auf jede öffentliche Versammlung, weil sie darin die Gefahr einer Empörung sahen, und jedes mögliche Anzeichen für einen Volksaufstand erregte die Befürchtungen der jüdischen Führung. Johannes hatte die Autorität des Hohen Rates nicht anerkannt und diesen nicht um Erlaubnis für sein Wirken gebeten. Er hatte sowohl die Leiter und das Volk als auch Pharisäer und Sadduzäer gleichermaßen getadelt. Dennoch folgte das Volk ihm eifrig. Das Interesse an seinem Werk schien ständig zu wachsen. Obwohl er beim Hohen Rat nie nach Anerkennung gesucht hatte, rechnete ihn dieser als öffentlichen Lehrer unter seine Gerichtsbarkeit.

Diese Körperschaft setzte sich aus Mitgliedern zusammen, die aus der Priesterschaft gewählt wurden, sowie aus den Obersten und Lehrern des Volkes. Der Hohepriester war normalerweise der Vorsitzende. Alle Mitglieder dieses Rates waren zwar ältere Männer, jedoch keine Greise. Es waren gelehrte Männer, die nicht allein in der jüdischen Religion und Geschichte, sondern auch in den allgemeinen Wissenschaften bewandert waren. Sie durften keine körperlichen Gebrechen haben, mussten Ehemänner und Väter sein, um sich mehr als andere menschlich und rücksichtsvoll benehmen zu können. Ihr Versammlungsort war

ein mit dem Tempel in Jerusalem verbundener Raum. Zur Zeit der jüdischen Unabhängigkeit war der Hohe Rat oder Sanhedrin der Oberste Nationale Gerichtshof und besaß sowohl weltliche als auch geistliche Autorität. Obwohl er jetzt den römischen Statthaltern untergeordnet war, übte er trotzdem einen großen Einfluss in bürgerlichen und religiösen Angelegenheiten aus.

Der Hohe Rat konnte es nicht lange hinausschieben, die Tätigkeit von Johannes zu untersuchen. Einige erinnerten sich an die Offenbarung des alten Zacharias im Tempel und an die Weissagung des Vaters, die seinen Sohn als Vorläufer des Messias gekennzeichnet hatte. In den Unruhen und Veränderungen der letzten 30 Jahre hatte man diese Hinweise weitgehend aus den Augen verloren. Nun aber dachte man daran in der Erregung, die durch den Dienst des Johannes entstanden war.

Es war schon lange her, seit Israel einen Propheten hatte und man solch eine Reformation miterleben konnte, wie sie jetzt im Entstehen war. Das Gebot, die Sünden zu bekennen, schien neu und erschreckend. Viele von den Leitern wollten nicht hingehen, um sich die Aufrufe und Anklagen von Johannes anzuhören, denn sie befürchteten, von Johannes ihrer Lebensgeheimnisse überführt zu werden. Doch seine Predigt war eine direkte Ankündigung des Messias. Es war gut bekannt, dass die 70 Wochen aus den Weissagungen Daniels, die sich auf die Ankunft des Messias beziehen, fast um waren, und jeder wollte am Zeitalter der nationalen Herrlichkeit teilhaben, das dann erwartet wurde. Die Begeisterung des Volkes war so groß, dass sich der Hohe Rat genötigt sah, dem Wirken von Johannes entweder zuzustimmen oder es zu verwerfen. Ihre Macht über das Volk hatte schon bedenklich abgenommen. Es stellte sich ihnen die ernste Frage, wie sie ihre Autorität aufrecht halten sollten. In der Hoffnung, zu irgendeinem Entschluss zu kommen, sandte man eine Abordnung von Priestern und Leviten an den Jordan, um sich mit dem neuen Lehrer zu befassen.

Eine große Volksmenge war beisammen und lauschte seinen Worten, als die Abgeordneten dem Jordan näher kamen. Die hochmütigen Rabbiner trugen mit autoritärer Mine ein betont vornehmes Wesen zur Schau, um das Volk zu beeindrucken und die Ehrerbietung des Propheten herauszufordern. Respektvoll, ja geradezu furchtsam teilte sich die Menge beim Herannahen der Priester, um sie hindurch zu lassen. Die großen Männer in ihren prächtigen Gewändern, stolz auf Rang und Macht, standen jetzt vor dem Prediger in der Wüste. »Wer bist du?«, wollten sie wissen. Johannes, der ihre Gedanken erriet, antwortete: »Ich bin nicht der Christus.« Sie fragten ihn: »Was denn? Bist du Elia?« Er sprach: »Ich bin's nicht.« »Bist du der Prophet?« »Nein.« Da sprachen sie zu ihm: »Was bist du denn? dass wir Antwort geben denen, die uns gesandt haben. Was sagst du von dir selbst?« »Ich bin eine Stimme eines Predigers in der Wüste: Richtet den Weg des Herrn! wie der Prophet Jesaja gesagt hat.« Johannes 1,19-23

Die Schriftstelle, auf die Johannes hier verwies, war jene herrliche Weissagung: »Tröstet, tröstet mein Volk! spricht euer Gott. Redet mit Jerusalem freundlich und predigt ihr, dass ihre Knechtschaft ein Ende hat, dass ihre Schuld vergeben ist ... Es ruft eine Stimme: In der Wüste bereitet dem Herrn den Weg, macht in der Steppe eine ebene Bahn unserm Gott! Alle Täler sollen erhöht werden, und alle Berge und Hügel sollen erniedrigt werden, und was uneben ist, soll gerade, und was hügelig ist, soll eben werden; denn die Herrlichkeit des Herrn soll offenbart werden, und alles Fleisch miteinander wird es sehen; denn des Herrn Mund hat's geredet.« Jesaja 40,1-5

Wenn im Altertum ein König durch weniger bevölkerte Teile eines Gebiets reiste, wurde dem fürstlichen Wagen eine Abteilung vorausgeschickt, um die Erhebungen des Weges abzutragen und Vertiefungen aufzufüllen, damit der König sicher und unbehindert reisen konnte. Dieses Bild verwendete der Prophet, um das Wirken des Evangeliums zu veranschaulichen. »Alle Täler sollen erhöht werden, und alle Berge und Hügel sollen erniedrigt werden.« Wenn der Geist Gottes mit Seiner wunderbar aufrüttelnden Kraft die Seele berührt, demütigt er den menschlichen Stolz. Weltliche Vergnügungen, sowie Ehre und Macht werden als wertlos angesehen. Die »Anschläge und alles Hohe, das sich erhebt wider die Erkenntnis Gottes«, werden zunichte, und jeder Gedanke wird gefangen genommen »unter den Gehorsam Christi.« 2.Korinther 10,5 Dann stehen Demut und selbstlose Liebe hoch in Kurs, die sonst unter den Menschen wenig geschätzt werden. Das macht das Werk des Evangeliums aus, von dem die Botschaft des Johannes ein Teil war.

Die Rabbiner setzten ihre Befragung fort: »Warum taufst du denn, wenn du nicht der Christus bist noch Elia noch der Prophet?« Johannes 1,25 Das Wort »der Prophet« bezog sich auf Mose. Die Juden waren der Meinung, dass Mose von den Toten auferstehen und zum Himmel auffahren würde. Sie wussten nicht, dass er längst auferstanden war. Als der Täufer seinen Dienst begann, dachten viele, er wäre der von den Toten auferstandene Mose, denn er schien sehr genaue über die Prophezeiungen und die Geschichte Israels Bescheid zu wissen. Sie glaubten auch, dass vor dem Kommen des Messias Elia persönlich erscheinen würde. Dieser Erwartung begegnete Johannes mit einer Verneinung, doch hatten seine Worte eine tiefere Bedeutung. Jesus sagte später, indem Er auf Johannes verwies: »Wenn ihr's annehmen wollt: er ist Elia, der da kommen soll.« Matthäus 11,14 Johannes kam im Geist und in der Kraft Elias, um ein solches Werk zu tun, wie es auch Elia tat. Hätten die Juden ihn angenommen, dann wäre es auch für sie ausgeführt worden. Doch sie nahmen seine Botschaft nicht an, denn für sie war er nicht der Elia. So konnte er auch für sie nicht die Aufgabe

ausführen, die zu tun er gekommen war.

Viele von denen, die sich am Jordan versammelten, waren bei der Taufe Jesu dabei gewesen, doch das dort gegebene Zeichen war nur wenigen offenbart worden. Während der vorangegangenen Monate der Tätigkeit des Täufers hatten viele es abgelehnt, den Bußruf zu beachten. Dadurch hatten sie ihre Herzen verhärtet und ihr Verstand wurde verdunkelt. Als der Himmel bei der Taufe Jesu von Ihm Zeugnis ablegte, nahmen sie es nicht wahr. Augen, die sich niemals glaubensvoll Ihm, dem Unsichtbaren, zugewandt hatten, sahen nicht die Offenbarung der Herrlichkeit Gottes. Ohren, die niemals Seiner Stimme gelauscht hatten, hörten auch nicht die Worte des Zeugnisses. Genauso ist es auch heute. Oft ist die Gegenwart Christi und der dienenden Engel in den Zusammenkünften der Menschen offenbar geworden, und dennoch gibt es viele, die nichts davon wissen. Sie bemerken nichts Ungewöhnliches. Doch einigen Leuten wurde die Gegenwart des Heilands enthüllt. Frieden und Freude belebten ihre Herzen. Sie wurden getröstet, ermutigt und gesegnet.

Die Abgesandten aus Jerusalem hatten Johannes weiter gefragt: »Warum taufst du denn?«, und sie erwarteten seine Antwort. Plötzlich, als sein Blick über die Menge flog, strahlten seine Augen, sein Gesicht hellte auf und er war tief bewegt. Mit ausgestreckten Händen rief er: »Ich taufe mit Wasser; aber Er ist mitten unter euch getreten, den Ihr nicht kennt. Der wird nach mir kommen, und ich nicht wert bin, dass ich Seine Schuhriemen löse.« Johannes 1,26.27

Das war eine klare, unmissverständliche Botschaft, die dem Hohen Rat gebracht werden sollte. Die Worte von Johannes konnten auf niemand anderen angewandt werden, als auf den schon lange Verheißenen. Der Messias befand sich unter ihnen! Erstaunt blickten die Priester und Obersten um sich, um denjenigen zu entdecken, von dem Johannes gesprochen hatte, aber Er war in der großen Menschenmenge nicht zu sehen.

Als Johannes bei der Taufe Jesu auf Ihn als das Lamm Gottes wies, fiel neues Licht auf die Aufgabe des Messias. Die Gedanken des Propheten wurden auf die Worte Jesajas gelenkt: »Wie ein Lamm, das zur Schlachtbank geführt wird,« Jesaja 53,7 Während der folgenden Wochen studierte Johannes mit neuem Interesse die Weissagungen und Lehren des Opferdienstes. Er unterschied zwar nicht klar die zwei Phasen der Tätigkeit Christi – einmal als leidendes Opfer, zum anderen als siegreicher König –, doch er sah, dass Sein Kommen eine tiefere Bedeutung hatte, als es von den Priestern oder vom Volk erkannt wurde. Als er Jesus bei dessen Rückkehr aus der Wüste unter der Menge erblickte, hoffte er zuversichtlich, dass Er dem Volk einige Zeichen Seines wahren Charakters gäbe. Fast ungeduldig wartete er darauf, dass der Heiland Seine Mission erklärte, doch kein Wort wurde gesprochen, und kein Zeichen gegeben. Jesus reagierte nicht auf die Ankündigung des Täufers, sondern mischte sich unter die Anhänger von Johannes und gab weder ein äußerliches Zeichen Seiner besonderen Aufgabe, noch unternahm er etwas, um die Aufmerksamkeit auf Sich zu lenken. Am nächsten Tag sah Johannes Jesus herankommen.

Erfüllt von der Herrlichkeit Gottes, streckte der Prophet seine Hände aus und rief: »Siehe, das Lamm Gottes, das die Sünde der Welt hinwegnimmt! Das ist der, von dem ich sagte: Nach mir kommt ein Mann, der vor mir gewesen ist; denn er war eher als ich. Und ich kannte ihn nicht; aber damit er Israel offenbar würde, darum bin ich gekommen, mit Wasser zu taufen. ... Ich sah den Geist wie eine Taube vom Himmel herabsteigen, und er blieb auf ihm. Und ich kannte ihn nicht; aber der mich sandte, mit Wasser zu taufen, der sprach zu mir: Der, auf den du den Geist herabsteigen und auf ihm bleiben siehst, der ist's, der mit Heiligem Geist tauft. Und ich habe es gesehen und bezeuge, dass dieser der Sohn Gottes ist.« Johannes 1,29-34

War dieser der Christus? Ehrfürchtig und verwundert sahen die Menschen auf den, der gerade als Sohn Gottes bezeichnet worden war. Sie wurden durch die Worte von Johannes tief bewegt. Er hatte zu ihnen im Namen Gottes gesprochen. Sie hatten ihm Tag für Tag zugehört, als er ihre Sünden rügte, und waren täglich immer mehr überzeugt worden, dass er vom Himmel gesandt sei. Aber wer war Dieser, der größer als Johannes der Täufer sein sollte? In Seiner Kleidung und Haltung war nichts, was nach einem besonderen Rang aussah. Er schien ein gewöhnlicher Mensch zu sein – ebenso gekleidet wie sie mit dem bescheidenen Gewand der Armen.

Unter der Menge gab es einige, die bei Jesu Taufe die göttliche Herrlichkeit gesehen und die Stimme Gottes gehört hatten. Doch seitdem hatte sich das Aussehen des Heilandes sehr verändert. Bei der Taufe sahen sie Sein Angesicht durch das Licht vom Himmel verklärt, jetzt war es bleich, matt und abgezehrt. Er wurde nur vom Propheten erkannt. Als aber die Leute Ihn anschauten, sahen sie ein Angesicht, in dem sich göttliches Erbarmen mit bewusster Stärke verband. Jeder Blick, jeder Gesichtsausdruck war von Demut und unaussprechlicher Liebe geprägt. Er schien von einer Atmosphäre geistlichen Einflusses auszugehen. Während Sein Benehmen sanft und anspruchslos war, beeindruckte Er die Menschen durch eine verborgene Macht, die jedoch nicht ganz unsichtbar bleiben konnte. War dies Der, auf den Israel so lange gewartet hatte?

Jesus kam in Armut und Erniedrigung, damit Er sowohl unser Vorbild als auch unser Erlöser sein konnte. Wenn Er in königlicher Pracht erschienen wäre, wie hätte Er Demut lehren können? Und wie hätte Er solch herausfordernde Wahrheiten wie in der Bergpredigt äußern können? Wo wäre die Hoffnung der Niedrigen denn geblieben, wenn Jesus nur gekommen wäre, um als König unter

den Menschen zu leben?

Der Menge schien es dennoch unmöglich, dass dieser Eine, von Johannes angekündigt, mit ihren hohen Erwartungen im Zusammenhang stehen sollte. Deshalb waren viele enttäuscht und äußerst verwirrt.

Die Worte, welche die Priester und Rabbiner so gern hören wollten, dass Jesus nun die Königsherrschaft in Israel wieder aufrichten würde, blieben ungesagt. Auf so einen König hatten sie unablässig gewartet. Solch einen König wollten sie gern willkommen heißen. Doch jemand, der in ihren Herzen ein Königreich der Gerechtigkeit und des Friedens aufrichten wollte, den würden sie nicht annehmen.

Am nächsten Tag dann, während in seiner Nähe zwei Jünger standen, sah Johannes Jesus unter dem Volk. Wieder erhellte sich das Angesicht des Propheten von der Herrlichkeit des Unsichtbaren, als er ausrief: »Siehe, das ist Gottes Lamm!« Diese Worte begeisterten die Jünger, obwohl sie nicht ganz deren Sinn verstanden. Was bedeutete der Name, den Johannes Ihm gab – »Gottes Lamm«? Der Täufer hatte es nicht erklärt.

Die Jünger verließen Johannes und suchten Jesus auf. Einer der beiden war Andreas, der Bruder von Simon. Der andere war Johannes, der Evangelist. Sie wurden die ersten Jünger Christi. Getrieben von einem unwiderstehlichen Impuls, folgten sie Ihm und wollten gern mit Ihm reden, dennoch schwiegen sie vor Ehrfurcht – überwältigt von dem Gedanken: »Ist dieser der Messias?«

Jesus wusste, dass Ihm die Jünger folgten. Sie waren die Erstlingsfrucht Seines Dienstes, und das Herz des göttlichen Lehrers freute sich, als diese Menschen von Seiner Gnade bewegt wurden. Doch als Er sich umwandte, fragte Er nur: »Was sucht ihr?« Johannes 1,38.39 Er wollte ihnen die Freiheit lassen, umzukehren oder ihr Verlangen auszusprechen.

Die Jünger waren sich aber nur eines bewusst: Die Gegenwart des Einen erfüllte ihre Gedanken. Sie sprachen: » Rabbi, wo wohnst du?« In einer kurzen Unterhaltung am Wege konnten sie nicht das empfangen, wonach sie sich sehnten. Sie wollten mit Jesus allein sein, zu Seinen Füßen sitzen und Seine Worte hören. Da sprach der Herr zu ihnen: »Kommt und seht! Sie kamen und sahen's und blieben den Tag bei ihm.« Johannes 1,39

Hätten Johannes und Andreas den ungläubigen Geist der Priester und Obersten gehabt, dann wären sie nicht als Lernende zu den Füßen des Herrn gesessen, sondern wären zu Ihm als Kritiker gekommen, um über Seine Worte zu richten. Auf diese Weise verschließen sich viele die Tür für die wertvollsten Gelegenheiten. Doch diese Jünger Christi handelten anders. Sie hatten den Ruf des Heiligen Geistes in der Predigt von Johannes dem Täufer erwidert. Nun erkannten sie auch die Stimme des himmlischen Lehrers. So waren ihnen die Worte Jesu voller Frische, Wahrheit und Schönheit. Göttliche

Erleuchtung erhellte die Lehren der alttestamentlichen Schriften. Die alten Themen der Wahrheit erscheinen ihnen in einem ganz neuen Licht. Es sind Reue, Glaube und Liebe, die den Menschen befähigen, die himmlische Weisheit zu erhalten. Der Glaube, der durch die Liebe wirkt, ist der Schlüssel zur Erkenntnis, und jeder, der »liebt, der ist von Gott geboren und kennt Gott.« 1.Johannes 4,7

Der Jünger Johannes war ein Mensch, von ernstem, tiefem Gemüt, inbrünstig und dennoch nachdenklich. Er hatte angefangen, die Herrlichkeit Christi zu erkennen – nicht den weltlichen Prunk und die Macht, auf die zu hoffen er gelehrt worden war, sondern »seine Herrlichkeit, eine Herrlichkeit, wie sie der einzige [Sohn] von seinem Vater hat, voll Gnade und Wahrheit.« Johannes 1,14; Zürcher Er war vom Nachdenken über dieses wunderbare Thema ganz in Anspruch genommen.

Andreas wollte gern die Freude weitergeben, die sein Herz erfüllte. Er suchte seinen Bruder Simon auf und rief: »Wir haben den Messias gefunden.« Johannes 1,41 Simon brauchte keine weitere Aufforderung. Auch er hatte der Predigt von Johannes dem Täufer gelauscht und eilte nun zum Heiland. Christi Auge ruhte auf ihm, während es seinen Charakter und den Lauf seines Lebens sah: Seine impulsive Natur, sein liebendes, teilnahmsvolles Herz, sein Ehrgeiz und sein Selbstvertrauen, die Geschichte seines Falls, seine Reue, sein Wirken und sein Märtyrertod – all das sah der Erlöser und sagte: »Du bist Simon, des Johannes Sohn; du sollst Kephas heißen, das wird verdolmetscht: Fels.« Johannes 1,42

»Als Jesus am nächsten Tag beschloss, nach Galiläa zu gehen, begegnete er Philippus und sagte zu ihm: ,Komm mit und folge mir nach.'« Joh. 1,43; NL Philippus gehorchte dieser Aufforderung und wurde sofort ein Mitarbeiter Christi.

Philippus rief Nathanael. Dieser war unter der Menge gewesen, als der Täufer auf Jesus als Lamm Gottes hinwies. Als Nathanael Jesus sah, war er enttäuscht. Konnte dieser Mann, der die Spuren von Arbeit und Armut an sich trug, wirklich der Messias sein? Doch Nathanael wollte Jesus nicht verwerfen; die Botschaft des Täufers hatte ihn überzeugt.

Als Philippus ihn jetzt rief, hatte Nathanael sich gerade in einen stillen Hain zurückgezogen, um über die Ankündigung von Johannes und über die Prophezeiung hinsichtlich des Messias nachzudenken. Er betete: Wenn der von Johannes Angekündigte der Erlöser sei, dann möge es ihm kundgetan werden, und die Gegenwart des Heiligen Geistes versicherte ihm, dass Gott Sein Volk besucht und ein »Horn des Heils« aufgerichtet habe. Lukas 1,69 Philippus wusste, dass sein Freund die Weissagungen studierte, und während Nathanael gerade unter einem Feigenbaum betete, fand er ihn. Oft hatten sie an diesem abgelegenen Ort, von Laubwerk verborgen, zusammen gebetet. Die Mitteilung: »Wir haben

den gefunden, von welchem Mose im Gesetz und die Propheten

geschrieben haben« schien Nathanael eine direkte Antwort auf sein Gebet zu sein. Doch Philippus hatte noch einen zaghaften Glauben. Er fügte mit leisem Zweifel hinzu: »Jesus, Josephs Sohn von Nazareth.« Erneut wurde Nathanaels Vorurteil wach, und er rief: »Was kann von Nazareth Gutes kommen?«

Philippus ließ sich auf keine Diskussion ein. Er sagte nur: »Komm und sieh es!« Johannes 1,45f »Jesus sah Nathanael kommen und sagt von ihm: Siehe, ein rechter Israelit, in dem kein Falsch ist. Nathanael spricht zu ihm: Woher kennst du mich? Jesus antwortete und sprach zu ihm: Bevor Philippus dich rief, als du unter dem Feigenbaum warst, sah ich dich.« Johannes 1, 47f

Das genügte. Der göttliche Geist, der sich zu Nathanaels einsamem Gebet unter dem Feigenbaum bekannt hatte, sprach jetzt zu ihm in den Worten Jesu. Obwohl noch in Zweifeln und zu Vorurteilen neigend, war Nathanael mit dem aufrichtigen Verlangen nach Wahrheit zu Jesus gekommen, und nun wurde sein Verlangen gestillt. Sein Glaube übertraf noch den Glauben dessen, der ihn zu Jesus gebracht hatte. Er antwortete dem Herrn: »Rabbi, du bist Gottes Sohn, du bist der König von Israel!« Johannes 1,49 Hätte sich Nathanael der Führung der Rabbiner anvertraut, würde er Jesus nie gefunden haben. Durch eigenes Erleben und Berühren wurde er ein Jünger Jesu. Ebenso lassen sich noch heute viele Menschen aus Vorurteil vom Guten fernhalten. Wie ganz anders gestaltete sich ihr Leben, wenn sie »kommen und sehen« würden!

Niemand wird zur errettenden Erkenntnis der Wahrheit finden, der sich der Führung menschlicher Autoritäten anvertraut. Wir müssen wie Nathanael das Wort Gottes selbst studieren und um die Erleuchtung durch den Heiligen Geist bitten. Er, der Nathanael unter dem Feigenbaum erblickte, wird auch uns an unserem verborgenen Anbetungsort sehen. Engel aus der himmlischen Welt des Lichts sind denen nahe, die demütig nach göttlicher Führung suchen.

Mit der Berufung von Johannes, Andreas, Simon, Philippus und Nathanael begann die Gründung der christlichen Gemeinde. Johannes der Täufer wies zwei seiner Jünger zu Jesus. Der eine von diesen, Andreas, fand seinen Bruder und rief ihn zum Heiland. Dann wurde Philippus berufen, und der ging, um Nathanael zu suchen. Diese Beispiele sollten uns die Wichtigkeit von persönlichen Aufrufen an unsere Verwandten, Freunde und Nachbarn deutlich machen. Es gibt solche, die zeitlebens bekennen, mit Christus zu leben, doch sich noch nie persönlich darum bemüht haben, auch nur einen Menschen zum Heiland zu führen. Sie überlassen diese Arbeit dem Prediger. Dieser mag für seine Aufgabe zwar gut befähigt sein, aber er kann nicht das tun, was Gott den Gliedern seiner Gemeinde aufgetragen hat.

Es gibt auch viele, die den Dienst aus einem liebenden, christlichen Herzen benötigen. Viele sind schon verloren gegangen, die hätten gerettet werden können, wenn ihre Nachbarn, Freunde und Bekannten sich persönlich um sie bemüht hätten. Viele warten darauf, persönlich angesprochen zu werden. Besonders in der Familie, in der Nachbarschaft und am Wohnort gibt es als Missionare Christi Arbeit für uns. Sind wir Christen, dann wird dieser Dienst uns eine Freude sein. Wir gelten nicht eher als bekehrt, als bis in uns ein Verlangen geboren wurde, anderen mitzuteilen, welchen kostbaren Freund wir in Jesus gefunden haben. Die rettende und heiligende Wahrheit lässt sich nicht im Herzen verschließen.

Alle, die dem Herrn geweiht sind, werden Kanäle des Lichtes sein. Gott macht sie zu Seinen Werkzeugen, um anderen vom Reichtum Seiner Gnade zu erzählen. Er hat verheißen: »Ich will sie und alles, was um meinen Hügel her ist, segnen und auf sie regnen lassen zu rechter Zeit. Das sollen gnädige Regen sein.« Hesekiel 34,26

Philippus sprach zu Nathanael: »Komm und sieh es!« Er bat ihn nicht, das Zeugnis von anderen anzunehmen, sondern Christus selbst zu sehen. Seitdem Jesus zum Himmel aufgefahren ist, sind Seine Nachfolger Seine Beauftragten unter den Menschen. Und einer der wirksamsten Wege, um Menschen für Ihn zu gewinnen, besteht darin, Seinen Charakter in unserem täglichen Leben zu veranschaulichen. Unser Einfluss, den wir auf andere ausüben, hängt nicht so sehr von dem ab, was wir sagen, sondern von dem, was wir sind. Die Menschen mögen unser logisches Denken bekämpfen, sich dem widersetzen und unsere Aufforderungen abweisen, doch ein Leben selbstloser Liebe ist ein Argument, dem sie nicht widersprechen können. Ein beständiges Leben, gekennzeichnet durch die Sanftmut Christi, ist eine Macht in der Welt.

Die Lehre Christi war der Ausdruck einer tief verwurzelten innerlichen Überzeugung und Erfahrung, und jene, die von Ihm lernen, werden Lehrer nach der göttlichen Ordnung sein. Das Wort Gottes, durch jemanden gesprochen, der selbst durch das Wort geheiligt ist, hat eine lebenspendende Kraft, welche die Hörer anzieht und sie davon überzeugt, dass es eine lebendige Wirklichkeit ist. Wenn jemand die Wahrheit in Liebe empfangen hat, wird er dies durch sein Verhalten und den Klang seiner Stimme überzeugend ausdrücken. Er verkündet, was er selbst gehört und gesehen hat und was ihn vom Wort des Lebens berührte, damit auch andere Gemeinschaft mit ihm durch die Erkenntnis Christi haben können. Sein Zeugnis, das von Lippen kommt, die mit einer glühenden Kohle vom Altar berührt worden sind, ist Wahrheit für empfängliche Herzen und heiligt den Charakter. vgl. Jesaja 6,6f

Wer danach trachtet, anderen Licht zu bringen, wird selbst gesegnet werden. »Das sollen gnädige Regen sein.« »Wer anderen zu trinken gibt, wird selbst

erquickt.« Hesekiel 34,26; Sprüche 11,25 Gott könnte seine Absicht,

Sünder zu retten, auch ohne unsere Mithilfe erreichen, doch damit wir einen Charakter nach dem Vorbild Christi entwickeln, müssen wir an Seinem Werk teilhaben. Um zu Seiner Freude einzugehen – der Freude nämlich, Menschenseelen zu sehen, die durch Sein Opfer erlöst wurden –, müssen wir an Seinem Wirken für ihre Erlösung auch tätig sein.

Nathanaels erste Glaubensbekundung – so hingebungsvoll, ernst und aufrichtig – war daher wie Musik in den Ohren Jesu. Und er »antwortete und sprach zu ihm: Du glaubst, weil ich dir sagte: Ich sah dich unter dem Feigenbaum? Du wirst Größeres sehen als das.« Johannes 1,50 Der Heiland schaute mit Freuden auf die vor Ihm liegende Aufgabe, den Demütigen die Frohe Botschaft zu predigen, die zerbrochenen Herzen zu heilen und den Gefangenen Satans die Freiheit zu predigen. Beim Gedanken an die wertvollen Segnungen, die Er den Menschen gebracht hatte, fügte Jesus hinzu: »Wahrlich, wahrlich, ich sage euch: Ihr werdet den Himmel offen sehen und die Engel Gottes hinauf- und herab fahren über den Menschensohn.« Johannes 1,51

Sinngemäß sagte Christus: Am Ufer des Jordans öffnete sich der Himmel, und der Geist kam auf mich herab wie eine Taube. Diese Szene war nur ein Zeichen, dass ich Gottes Sohn bin. Glaubst du dies nun, dann soll dein Glaube belebt werden. Du wirst den Himmel offen sehen, um nie nie wieder geschlossen zu werden. Ich habe ihn für dich geöffnet. Die Engel Gottes steigen hinauf und tragen die Gebete der Bedürftigen und Bedrückten zum Vater empor und kommen herab, um den Menschenkindern Segen und Hoffnung, Mut, Hilfe und Leben zu bringen.

Die Engel Gottes bewegen sich von der Erde zum Himmel und vom Himmel zur Erde. Die Macht Gottes vollbrachte die Wunder Christi an den Kranken und Leidenden durch den Dienst der Engel. Und durch Christus gelangen auch die Segnungen von Gott zu uns, durch den Dienst der himmlischen Boten. Indem Er die menschliche Natur annahm, verband unser Heiland Seine Interessen mit denen der gefallenen Söhne und Töchter Adams, während Er durch seine Göttlichkeit den Thron Gottes umschließt. Dadurch ist Christus das Bindeglied in der Kommunikation des Menschen mit Gott, und Gott mit dem Menschen geworden.

KAPITEL 15

*Auf Grundlage von
Johannes 2,1-11*

AUF DER HOCHZEIT ZU KANA

Seinen Dienst begann Jesus nicht mit großen Taten vor dem Hohen Rat, sondern bei einer Familienfeier in einem kleinen galiläischen Dorf, und zwar anlässlich der Hochzeit zu Kana. Hier offenbarte Er Seine Macht und bewies dadurch Seine Anteilnahme am menschlichen Erleben. Er wollte dazu beitragen, das Leben der Menschen froher und glücklicher zu machen. In der Wüste hatte Er selbst den Leidenskelch getrunken. Nun kam Er, um den Menschen den Segenskelch zu reichen und durch Seinen Segen auch die verwandtschaftlichen Beziehungen im Leben der Menschen zu heiligen.

Vom Jordan aus war Jesus nach Galiläa zurückgekehrt. In Kana, nicht weit von Nazareth entfernt, sollte eine Hochzeit stattfinden. Die Ausrichter waren Verwandte von Josef und Maria. Weil Jesus von dieser Familienzusammenkunft wusste, ging Er nach Kana und war mit Seinen Jüngern zum Fest eingeladen.

Hier traf Er Seine Mutter nach längerer Trennung wieder. Maria hatte von den Ereignissen am Jordan und Seiner Taufe gehört. Berichte waren bis nach Nazareth gedrungen und hatten ihre Erinnerungen an jene Erlebnisse wieder wachgerufen, die in ihrem Herzen so lange verborgen waren. Wie ganz Israel war auch sie durch die Sendung von Johannes dem Täufer aufgerüttelt worden. Sie erinnerte sich gut an die Verheißungen, die bei dessen Geburt gegeben worden waren. Jetzt wurden ihre Hoffnungen durch dessen Verbindung mit Jesus wieder belebt. Aber sie erreichten auch Nachrichten von Jesu seltsamem Verschwinden in die Wüste, weshalb sie von beunruhigenden Ahnungen erfüllt war.

Von dem Tag an, als Maria die Ankündigung des Engels in ihrem Heim zu Nazareth gehört hatte, war Maria jeder Hinweis darauf wertvoll, dass Jesus der Messias sei. Sein reines, selbstloses Leben gab ihr Gewissheit, dass Er niemand anders als der von Gott Gesandte war. Dennoch kamen in ihr Zweifel und Enttäuschungen auf, und sie sehnte sich nach der Zeit, wenn Seine Herrlichkeit sichtbar werden würde. Joseph, der mit ihr das Geheimnis der Geburt Jesu geteilt hatte, war ihr durch den Tod entrissen worden. Nun hatte sie niemand, dem sie sich mit ihren Hoffnungen und Befürchtungen anvertrauen konnte. Die vergangenen zwei Monate waren für sie recht traurig gewesen. Sie war von Jesus getrennt gewesen, dessen Mitgefühl ihr stets den besten Trost gegeben hatte, und hatte viel über die Worte Simeons nachdenken müssen: »Auch durch deine Seele wird ein Schwert dringen.« Lukas 2,35 Die drei Tage schwerer Seelenangst rief sie sich in Erinnerung, an denen sie meinte, Jesus für immer verloren zu haben, und mit sorgenvollem Herzen erwartete sie nun Seine Rückkehr.

Auf der Hochzeit zu Kana trifft sie Jesus wieder – denselben liebevollen, pflichtbewussten Sohn. Dennoch ist Jesus nicht derselbe geblieben. Sein Aussehen hat sich verändert. Es trug die Spuren Seines seelischen Ringens in der Wüste, und ein bis dahin unbekannter Ausdruck von Würde und Macht wiesen auf Seine himmlische Sendung hin. Um Ihn war eine Schar junger Männer, deren Augen Ihm ehrfürchtig folgten und die Ihn »Meister« nannten. Diese Begleiter berichten nun Maria, was sie bei Jesu Taufe und auch bei anderen Gelegenheiten gesehen und gehört haben. Sie schließen mit der Erklärung: »Wir haben den gefunden, von welchem Mose im Gesetz und die Propheten geschrieben haben.« Johannes 1,45

Während sich die Gäste versammeln, scheinen viele mit einer wichtigen Sache beschäftigt zu sein. Eine verheimlichte Erregung beherrscht die Anwesenden. In Gruppen stehen sie zusammen und unterhalten sich lebhaft, aber leise blicken sie fragend auf den Sohn von Maria. Als Maria das Zeugnis der Jünger über Jesus gehört hatte, war sie von der freudigen Gewissheit erfüllt, dass ihre lang gehegten Hoffnungen nicht vergeblich waren. Doch sie stünde über der Menschheit, wenn sich in die heilige Freude nicht auch der natürliche Stolz einer liebenden Mutter gemischt hätte. Als sie die vielen auf Jesus gerichteten Blicke bemerkte, sehnte sie sich danach, dass ihr Sohn der Gesellschaft einen Beweis gäbe, dass Er wirklich der Geehrte Gottes wäre. Sie hoffte, es fände sich für Ihn eine Gelegenheit, vor ihnen ein Wunder zu wirken.

Nach damaligen Brauch dauerte eine Hochzeitsfeier normalerweise mehrere Tage. Bei diesem Fest stellte sich heraus, dass der Vorrat an Wein nicht reichte, und dies wiederum verursachte Sorge und Bedauern. Es war üblich, bei festlichen Gelegenheiten reichlich Wein zur Verfügung zu stellen, und ein Mangel daran hätte auch ein Mangel an Gastfreundschaft bedeutet. Als Verwandte des Brautpaars hatte Maria bei den Vorbereitungen zum Fest mitgeholfen und sagte nun zu Jesus: »Sie haben keinen Wein mehr.« Diese Worte sollten ein Hinweis für Ihn sein, um dem Mangel abzuhelfen. Aber Jesus sprach: »Frau, was habe ich mit dir zu tun? Meine Stunde ist noch nicht gekommen.« Johannes 2,3f Diese uns schroff erscheinende Antwort drückte keine Kälte oder Unhöflichkeit aus. Die vom Erlöser gewählte Form, Seiner Mutter zu antworten, entsprach der damaligen orientalischen Gepflogenheit. Man benutzte diese Anrede bei Leuten, denen man Achtung erweisen wollte. Jede Handlung Christi auf Erden entsprach dem von Ihm selbst gegebenen Gebot: »Du sollst deinen Vater und deine Mutter ehren!« 2.Mose 20,12 Bei Seinem letzten fürsorglichen Akt gegenüber Seiner Mutter sprach Er sie am Kreuz genauso an, als Er sie der Obhut Seines Lieblingsjüngers Johannes anbefahl. Auf der Hochzeit zu Kana und auch am Kreuz erklärte die Liebe, die in Seinem Tonfall, Seinem Blick und Seinem Verhalten zum Ausdruck kommt, die Bedeutung Seiner Worte.

Bei Seinem Besuch als Jugendlicher im Tempel, als das Geheimnis Seiner Lebensaufgabe sich Ihm enthüllte, hatte Christus zu Maria gesagt: »Wisst ihr nicht, dass ich sein muss in dem, was meines Vaters ist?.« Lukas 2,49 Diese Worte enthüllen den Grundgedanken Seines ganzen Lebens und Wirkens. Alles musste sich Seiner Aufgabe unterordnen – dem großen Werk der Erlösung zu dessen Durchführung Er in die Welt gekommen war. Jetzt wiederholte Er diese Lehre. Die Gefahr lag nahe, dass Maria durch ihre Verwandtschaft mit Jesus ein besonderes Anrecht auf Ihn geltend machen wollte und den Anspruch, Ihn in Seiner Mission bis zu einem gewissen Grad zu leiten. 30 Jahre lang war Er ihr ein liebender und gehorsamer Sohn gewesen, und Seine Liebe zu ihr war unverändert, doch nun musste Er das Werk Seines himmlischen Vaters beginnen. Als Sohn des Allerhöchsten und als Heiland der Welt durften Ihn keine irdischen Banden bei der Erfüllung Seiner Aufgabe abhalten, noch Sein Verhalten beeinflussen. Er musste bei der Ausübung des Willens Gottes frei sein. Diese Lektion gilt auch uns: Gottes Ansprüche stehen höher als die Bindungen menschlicher Verwandtschaft. Keine irdische Verlockung darf unsere Füße von jenem Pfad abwenden, den Gott uns gehen heißt.

Die einzige Hoffnung auf Erlösung für die gefallene Menschheit liegt in Christus. Auch Maria konnte nur durch das Lamm Gottes Erlösung finden. Sie besaß in sich keinerlei Verdienste. Ihre Verbindung mit Jesus brachte sie in keine andere geistliche Beziehung zu Ihm als irgendeine andere menschliche Person. Das wird auch in den Worten Jesu deutlich. Er machte einen Unterschied in Seinem Verhältnis zu ihr als Menschensohn und als Sohn Gottes. Das Band irdischer Verwandtschaft rückte sie keineswegs auf die gleiche Stufe mit Ihm.

Die Worte »Meine Zeit ist noch nicht gekommen« betonen, dass jede Handlung Christi auf Erden in Erfüllung des Planes geschah, der schon von Ewigkeit her bestanden hatte. Bevor Jesus zur Erde kam, lag der ganze Plan in allen Details vor Ihm. Als er aber unter den Menschen wandelte, wurde Er Schritt für Schritt durch den Willen Seines Vaters geleitet. Er zögerte nicht, zur festgelegten Zeit zu handeln. Mit derselben Unterordnung wartete Er auch, bis Seine

Zeit gekommen war. Indem Jesus zu Maria sagte, dass Seine

Zeit noch nicht gekommen sei, antwortete Er auf ihren unausgesprochenen Gedanken – auf die Erwartung, die sie gemeinsam mit ihrem Volk hegte. Sie hoffte, Er würde sich als Messias offenbaren und den Thron in Israel einnehmen. Doch die Zeit war dafür noch nicht gekommen. Nicht als König, sondern als »Mann der Schmerzen und vertraut mit Krankheit« Jesaja 53,3; Zürcher hatte Jesus das Schicksal der Menschheit angenommen.

Obwohl Maria von Christi Aufgabe keine richtige Vorstellung hatte, vertraute sie Ihm einfach. Auf diesen Glauben hin reagierte Jesus. Das erste Wunder wurde vollbracht, um Marias Vertrauen und den Glauben Seiner Jünger zu stärken. Die Jünger mussten zahlreichen und großen Versuchungen zum Unglauben begegnen. Ihnen hatten es die Prophezeiungen unzweifelhaft klar gemacht, dass Jesus der Messias war. Sie erwarteten, dass die religiösen Führer Ihn mit noch größerem Vertrauen aufnehmen würden als sie selbst. Sie erzählten im Volk die wunderbaren Werke Christi und sprachen von ihrem eigenen Glauben an Seine Sendung, doch sie waren über den Unglauben, das tiefsitzende Vorurteil und die Feindschaft gegen Jesus, welche die Priester und Rabbiner zeigten, überrascht und bitter enttäuscht. Die ersten Wunder des Heilandes ermutigten die Jünger, diesem Widerstand entschlossen zu begegnen.

Durch Jesu Worte überhaupt nicht entmutigt, sagte Maria zu den Dienern am Tisch: »Was er euch sagt, das tut.« Johannes 2,5 Damit tat sie alles, was sie konnte, um den Weg für das Werk Christi vorzubereiten.

An der Tür standen sechs große steinerne Wasserkrüge, und Jesus wies die Diener an, diese mit Wasser zu füllen. Es geschah. Dann, weil der Wein dringend gebraucht wurde, sagte Jesus: »Schöpft nun und bringt's dem Speisemeister!« Johannes 2,8 Statt des Wassers, womit die Krüge gefüllt worden waren, floss Wein heraus. Weder der Gastgeber noch die Gäste hatten überhaupt einen Mangel bemerkt. Als aber der Speisemeister den Wein probierte, den die Diener ihm brachten, fand er ihn wesentlich besser als jeden Wein, den er jemals getrunken hatte, und ganz anders als der bisher ausgeschenkte. Er wandte sich an den Bräutigam und sagte: »Jeder bietet zuerst den guten Wein an! Und erst später, wenn alle schon genug getrunken haben, kommt der billigere Wein auf den Tisch. Aber du hast den besten Wein bis jetzt zurückgehalten.« Johannes 2,10; Hfa

Wie die Menschen zuerst den besten Wein servieren und danach den minderwertigeren, so macht es die Welt mit ihren Gaben. Was sie anbietet, mag dem Auge gefallen und die Sinne faszinieren, aber es erweist sich als unbefriedigend. Der Wein verwandelt sich in Bitterkeit, die Fröhlichkeit in Trübsinn. Was mit Gesang und Heiterkeit begann, endet in Müdigkeit und Abscheu. Doch die Gaben Jesu sind immer frisch und neu. Das Fest, welches Er der Seele bereitet, hört nie auf, Befriedigung und Freude zu schenken. Jede neue Gabe vergrößert die Fähigkeit des Empfängers, die Segnungen des Herrn zu schätzen und zu genießen. Er gibt Gnade um Gnade. Daran wird kein Mangel sein. Wenn du in Ihm bleibst, ist dir verbürgt, dass du heute eine wertvolle Gabe erhältst, und morgen noch ein größeres Geschenk. Die Worte Jesu an Nathanael verdeutlichen die Gesetzmäßigkeit des Handelns Gottes mit den Kindern des Glaubens. Mit jeder neuen Offenbarung Seiner Liebe erklärt Er dem empfänglichen Herzen: »Du glaubst ... du wirst noch Größeres als das sehen.« Johannes 1,50

Christi Gabe zum Hochzeitsfest war ein Sinnbild. Das Wasser stellte die Taufe in Seinen Tod dar, der Wein das Vergießen Seines Blutes für die Sünden der Welt. Das Wasser zum Füllen der Krüge wurde von menschlichen Händen gebracht, aber nur das Wort Christi konnte ihm die lebenspendende Eigenschaft geben. So ist es auch mit den Bräuchen, die auf den Tod des Heilands hinweisen: Nur durch die Kraft Christi, die durch den Glauben wirkt, sind sie in der Lage, die Seele zu ernähren. Christi Wort trug reichlich zum Gelingen für das Hochzeitsfest bei. Ebenso reichlich ist die Versorgung mit Seiner Gnade, um alle Sünden auszutilgen und die Seele zu erneuern und zu stärken.

Auf dem ersten Fest, das Christus mit Seinen Jüngern besuchte, reichte Er ihnen den Kelch, der Sein Werk für ihre Rettung darstellte. Bei dem letzten Abendessen gab Er ihn wieder, der bei der Einsetzung jener heiligen Handlung, durch den Sein Tod verkündet werden soll, »bis er kommt.« 1.Korinther 11,26

Der Schmerz der Jünger bei der Trennung von ihrem Herrn wurde durch die Verheißung einer Wiedervereinigung gemildert. Jesus sagte deshalb: »Ich werde von nun an nicht mehr von diesem Gewächs des Weinstocks trinken bis an den Tag, an dem ich von neuem davon trinken werde mit euch in meines Vaters Reich.« Matthäus 26,29 Der Wein, mit welchem der Herr die Gäste versorgte, und jener, den Er den Jüngern als Sinnbild Seines Blutes gab, war reiner Traubensaft. Darauf bezieht sich der Prophet Jesaja, wenn er vom »Saft in der Traube« spricht und sagt: »Verdirb es nicht, denn es ist ein Segen darin!« Jesaja 65,8

Es war Christus, der Israel im Alten Testament die Warnung gab: »Wein ruft Spott hervor; starkes Getränk beschwört Streit herauf. Wer sich betrinkt, der kann nicht weise sein.« Sprüche 20,1; NL Und Er selbst besorgte auch kein solches Getränk. Satan versucht die Menschen, sich der Befriedigung hinzugeben, die den Verstand verdunkelt und die geistliche Wahrnehmungsfähigkeit betäubt, doch Christus lehrt uns, die niedere Natur zu beherrschen. Sein ganzes Leben war ein Beispiel der Selbstverleugnung. Um die Macht des Appetits zu brechen, erlitt Er an unserer Statt die schwerste Prüfung, welche die menschliche Natur ertragen konnte. Es war Christus, der Johannes den Täufer anwies, weder Wein

noch andere Alkoholika zu trinken. Auch war Er es, der der Frau von Manoah eine ähnliche Enthaltsamkeit vorschrieb. Und Er sprach einen Fluch über den Menschen aus, der seinem Nächsten die Flasche an die Lippen hebt. Christus widerspricht nicht Seiner eigenen Lehre. Der unvergorene Wein, den Er für die Hochzeitsgäste bereitete, war ein gesundes und erfrischendes Getränk. Es wirkte so, dass der Geschmackssinn mit einem gesunden Appetit in Übereinstimmung gebracht wurde.

Als die Gäste auf dem Fest über die Qualität des Weines sprachen, wurden Nachforschungen angestellt. Von den Dienern erfuhr man von dem Wunder. Die Hochzeitsgesellschaft war eine Zeitlang viel zu überrascht, um an den zu denken, der dieses wunderbare Werk vollbracht hatte. Als sie schließlich nach ihm suchten, stellte es sich heraus, dass Er sich so still zurückgezogen hatte, dass es sogar von Seinen Jüngern unbemerkt geblieben war.

Die Aufmerksamkeit der Gesellschaft richtete sich nun auf die Jünger. Zum ersten Mal hatten sie Gelegenheit, ihren Glauben an Jesus zu bekennen. Sie erzählten, was sie am Jordan gesehen und gehört hatten, und in vielen Herzen wurde die Hoffnung lebendig, dass Gott seinem Volk einen Befreier gesandt hatte. Die Nachricht von dem Wunder breitete sich in der ganzen Gegend aus und wurde auch nach Jerusalem getragen. Mit neuem Interesse durchforschten die Priester und Ältesten die Prophezeiungen, die auf Christi Kommen hinwiesen. Mit großem Verlangen wollte man etwas über die Mission dieses neuen Lehrers erfahren, der unter dem Volk in einer so unauffälligen Weise erschien.

Der Dienst Christi stand in auffälligem Gegensatz zu dem der jüdischen Ältesten. Ihre Hochachtung vor der Tradition und dem Formalismus hatte die wahre Freiheit im Denken und Handeln zerstört, selbst zu denken und zu handeln. Sie lebten ständig in Angst, sich zu verunreinigen. Um die Berührung mit dem »Unreinen« zu vermeiden, hielten sie sich nicht nur von Heiden fern, sondern auch von den meisten Menschen ihres eigenen Volkes. Weder versuchten sie, ihnen zum Segen zu sein, noch, sie als Freunde zu gewinnen. Indem sie ständig bei diesen Dingen verweilten, ließen sie ihren Geist verkümmern und engten ihren Lebensbereich ein. Ihr Beispiel ermutigte aber Menschen aller Schichten zum Egoismus und zur Intoleranz.

Jesus begann das Werk der Reformation, indem Er mit der Menschheit in engen Kontakt kam. Während Er dem Gesetz Gottes größte Ehrfurcht erwies, tadelte Er die überhebliche Frömmelei der Pharisäer und versuchte, das Volk von den sinnlosen Vorschriften zu befreien, die sie banden. Er trachtete danach, die Schranken niederzureißen, welche die verschiedenen Gesellschaftsgruppen voneinander trennten, um alle Menschen als Kinder einer einzigen Familie zusammenzubringen. Seine Teilnahme an dem Hochzeitsfest sollte ein Schritt dahin sein.

Gott hatte Johannes den Täufer angewiesen, in der Wüste zu leben, damit er vor dem Einfluss der Priester und Rabbiner bewahrt und auf seine besondere Aufgabe vorbereitet würde. Aber an der Askese und Abgeschiedenheit seines Lebens sollte sich das Volk kein Beispiel nehmen. Johannes hatte seine Zuhörer nicht aufgefordert, ihre bisherige Tätigkeit aufzugeben. Er verlangte von ihnen den Beweis ihrer Reue an dem Platz, an den Gott sie gerufen hatte.

Jesus tadelte die Genusssucht in allen ihren Formen, dennoch hatte Er ein geselliges und umgängliches Wesen. Er nahm die Gastfreundschaft aller Volksschichten an und besuchte die Heime der Armen und Reichen, der Gelehrten und Ungebildeten und versuchte ihre Gedanken vom Alltäglichen auf Fragen des geistlichen und ewigen Lebens zu lenken. Er verurteilte ein ausschweifendes Leben, und kein Schatten weltlichen Leichtsinns verunreinigte sein Verhalten. Doch Er freute sich am harmlosen Vergnügen und durch Seine Gegenwart rechtfertigte Er auch geselliges Beisammensein. Eine jüdische Hochzeit bot dazu eine beeindruckende Gelegenheit, und eine solche Fröhlichkeit bereitete auch dem Menschensohn Freude. Durch Seine Teilnahme an diesem Fest ehrte Jesus die Ehe als eine göttliche Einrichtung.

Im Alten wie auch im Neuen Testament wird die eheliche Beziehung als Gleichnis für die zärtliche und heilige Verbindung zwischen Christus und Seinem Volk benutzt. Jesu Gedanken wurden durch die Fröhlichkeiten der Hochzeitsfeier auf die Freude jenes Tages vorwärts gerichtet, an dem Er Seine Braut zum Vaterhaus führen wird und die Erlösten sich mit Ihrem Erlöser zum Hochzeitsmahl des Lammes versammeln werden. Er sagt: »Wie sich ein Bräutigam freut über die Braut, so wird sich dein Gott über dich freuen.« »Man soll dich nicht mehr nennen ‚Verlassene‘ ..., sondern du sollst heißen ‚Meine Lust‘...; denn der Herr hat Lust an dir.« »Er wird sich über dich freuen und dir freundlich sein, er wird dir vergeben in seiner Liebe und wird über dich mit Jauchzen fröhlich sein.« Jesaja 62,5.4; Zefanja 3,17 Als dem Apostel Johannes ein Blick auf das Geschehen im Himmel gewährt wurde, schrieb er: »Und ich hörte etwas wie eine Stimme einer großen Schar und wie eine Stimme großer Wasser und wie eine Stimme starker Donner, die sprachen: Halleluja! Denn der Herr, unser Gott, der Allmächtige, hat das Reich eingenommen! Lasst uns freuen und fröhlich sein und ihm die Ehre geben, denn die Hochzeit des Lammes ist gekommen, und seine Braut hat sich bereitet!« »Selig sind, die zum Hochzeitsmahl des Lammes berufen sind.« Offenbarung 19,6.7.9

Jesus sah in jedem Menschen jemanden, an den der Ruf ergehen muss, in Sein Reich zu kommen. Er erreichte die Herzen der Menschen, indem Er sich als einer unter sie mischte und sich danach sehnte, ihnen Gutes zu tun. Er suchte sie auf den Straßen, in ihren Heimen, auf den Booten, in der Synagoge, am

Seeufer und auf dem Hochzeitsfest. Er traf sie bei ihrer täglichen

Arbeit und interessierte sich für ihre weltlichen Angelegenheiten. Er trug seine Lehre in die Haushalte, in denen Er die Familien in ihren Heimen unter den Einfluss Seiner göttlichen Gegenwart brachte. Seine starke persönliche Anteilnahme half Ihm, Herzen zu gewinnen. Er zog sich oft zum stillen Gebet ins Gebirge zurück, doch dies war eine Vorbereitung für Sein Wirken unter Menschen, die im aktiven Leben standen. Von diesen Gebetszeiten kehrte Er zurück, um den Kranken Linderung zu bringen, die Unwissenden zu unterweisen und die Ketten der von Satan Gefangenen zu brechen.

Jesus unterrichtete Seine Jünger durch Freundschaft und persönlichen Kontakt. Manchmal lehrte Er sie, indem Er mitten unter ihnen am Bergeshang saß; manchmal offenbarte Er die Geheimnisse des Reiches Gottes am See oder bei den gemeinsamen Wanderungen. Er hielt keine langen Predigten, wie es Menschen heute tun. Wo immer Herzen geöffnet waren, um die göttliche Botschaft aufzunehmen, entfaltete Er die Wahrheiten über den Weg der Erlösung. Er verlangte von Seinen Jüngern nicht, dies oder das zu tun, sondern sagte nur: »Folge mir nach.« Auf seinen Reisen durch Land und Städte nahm Er sie mit sich, damit sie sehen könnten, wie Er die Menschen belehrte. Er verknüpfte ihre Interessen mit den Seinen, und sie vereinten sich mit Ihm in der Arbeit.

Das Beispiel Christi, sich die Interessen der Menschen anzueignen, sollte von allen befolgt werden, die Sein Wort predigen und die das Evangelium Seiner Gnade empfangen haben. Wir dürfen uns einem geselligen Umgang nicht entziehen und sollen uns nicht von anderen absondern. Um alle Menschen zu erreichen, müssen wir sie dort aufsuchen, wo sie sind. Selten werden sie von selbst auf uns zukommen. Nicht nur von der Kanzel aus werden Menschenherzen von der göttlichen Wahrheit berührt. Es gibt noch ein anderes Arbeitsfeld, das zwar einfacher ist, aber ebenso viel versprechend. Man findet es im Heim der Niedrigen und in den Villen der Reichen, an der gastfreundlichen Tafel und auch bei harmlosen geselligen Zusammenkünften.

Als Jünger Christi sollen wir uns nicht aus Liebe zum Vergnügen unter die Welt mischen, um mit ihr an denselben Torheiten teilzuhaben. Solche Gesellschaft kann uns nur schaden. Wir sollen Sünde niemals durch unsere Worte oder Taten, durch unser Stillschweigen oder unsere Gegenwart gutheißen. Wohin wir auch gehen, müssen wir Jesus mit uns nehmen und den anderen zeigen, wie wertvoll uns der Heiland geworden ist. Doch wer versucht, seinen Glauben dadurch zu verheimlichen, indem er ihn hinter Steinmauern versteckt, verliert viele wertvolle Gelegenheiten, um Gutes zu tun. Durch gesellschaftliche Kontakte kommen Christen mit der Welt in Berührung. Jeder, der vom göttlichen Licht berührt wurde, soll auch versuchen, den Pfad jener zu erhellen, die noch nichts vom Licht des Lebens wissen.

Wir alle sollten Zeugen für Jesus werden. Unser gesellschaftlicher Einfluss, geheiligt durch die Gnade Christi, muss kultiviert werden, um Menschen für den Heiland zu gewinnen. Lasst die Welt sehen, dass wir nicht selbstsüchtig in unseren eigenen Interesse aufgehen, sondern danach verlangen, unsere Segnungen und Vorrechte mit anderen zu teilen. Sie sollen sehen, dass unsere Religion uns nicht unfreundlich oder streng macht. Mögen alle, die bekennen, Christus gefunden zu haben, ebenso wie Er dem Wohl der Menschen dienen. Wir sollten der Welt nie den falschen Eindruck geben, dass Christen schwermütige, unglückliche Menschen sind. Wenn unsere Augen auf Jesus gerichtet sind, werden wir einen mitfühlenden Erlöser sehen und Licht von Seinem Angesicht empfangen. Wo immer Sein Geist regiert, wird Friede sein. Und auch Freude wird es geben, denn es herrscht ein ruhiges, heiliges Vertrauen auf Gott.

Christus freut sich über Seine Nachfolger, wenn sie trotz ihres Menschseins zeigen, dass sie Teilhaber der göttlichen Natur sind. Sie sind keine Statuen, sondern lebendige Männer und Frauen. Ihre Herzen, erfrischt vom Tau der göttlichen Gnade, öffnen und weiten sich hin zur Sonne der Gerechtigkeit. Das Licht, das auf sie scheint, lassen sie durch Taten, die von der Liebe Christi leuchten, auf andere zurückstrahlen.

KAPITEL 16

IN SEINEM TEMPEL

»D anach zog er hinab nach Kapernaum, er und seine Mutter und seine Brüder und seine Jünger, und sie blieben wenige Tage dort. Und das Passahfest der Juden war nahe, und Jesus zog hinauf nach Jerusalem.« Johannes 2,12f Auf dieser Reise schloss sich Jesus einer der großen Menschengruppen an, die sich auf dem Weg zur Hauptstadt befanden. Er hatte über Seine Aufgabe noch nicht öffentlich gesprochen, so mischte er sich unbeachtet unter die Menge. Dabei war das Kommen des Messias, auf das die Predigt des Täufers besonders die Aufmerksamkeit gelenkt hatte, oft das Thema der Unterhaltung. Mit großer Begeisterung sprach man von der Hoffnung auf die kommende nationale Größe. Jesus wusste, dass diese Hoffnung enttäuscht werden musste, denn sie gründete sich auf eine falsche Auslegung der Schrift. Mit tiefem Ernst erklärte Er die Weissagungen und versuchte die Menschen zu einem gründlicheren Erforschen des Wortes Gottes anzuregen.

Die jüdischen Lehrer hatten das Volk unterwiesen, dass es in Jerusalem lernen würde, wie man Gott anbetet. Dort versammelten sich während der Passahwoche viele Menschen aus allen Teilen Palästinas und sogar aus entfernten Ländern. Die Tempelhöfe füllten sich mit verschiedensten Leuten. Vielen war es nicht möglich, die Opfer mitzubringen, die als Sinnbild des einen großen Opfers geopfert werden sollten. Um es ihnen zu erleichtern, wurden Opfertiere im äußeren Vorhof des Tempels gekauft und verkauft. Hier kamen verschiedenste Menschen zusammen, um ihre Opfergaben zu kaufen. Dazu wurde alle Fremdwährung in die Münze des Heiligtums umgewechselt.

Es wurde verlangt, dass jeder Jude jährlich einen halben Silberling für »die Versöhnung seiner Seele« 2.Mose 30,12 zahlen sollte. Der so gesammelte Betrag diente dem Unterhalt des Tempels. Außerdem wurden große Summen als freiwillige Gaben aufgebracht, die in die Schatzkammer des Tempels flossen. Es wurde erwartet, dass alle Fremdwährung umgewechselt würde in die Münze, die man Schekel des Heiligtums nannte und für den Dienst im Tempel annahm. Dieser Geldwechsel bot Gelegenheit zu Betrug und Wucher und war zu einem entehrenden Handel ausgeartet, der jedoch eine gute Einnahmequelle für die Priester bildete. Die Händler verlangten überzogen hohe Preise für die Tiere und teilten ihren Gewinn mit den Priestern und Obersten, die sich so auf Kosten des Volkes bereicherten. Die Anbetenden waren gelehrt worden zu glauben, dass der Segen Gottes nicht auf ihren Kindern und auf ihrem Acker ruhte, wenn sie keine Opfer brächten. Auf diese Weise konnte ein hoher Preis für die Tiere gefordert werden. Wer einen weiten Weg zurückgelegt hatte, wollte nicht in seine Heimat zurückkehren, ohne den Opferdienst erfüllt zu haben, zu dem er so weit hierher gekommen war.

Zur Zeit des Passahfestes wurden viele Opfer gebracht, und der Verkauf im Vorhof war äußerst lebhaft. Die dadurch entstehende Unruhe ließ eher auf einen lärmenden Viehmarkt als auf den heiligen Tempel Gottes schließen. Man hörte hitziges Feilschen, das Brüllen der Rinder, das Blöken der Schafe und das Gurren der Tauben, vermischt mit dem Geräusch klingender Münzen und dem Lärm zorniger Wortgefechte. Das Durcheinander war so groß, dass dadurch die Andächtigen gestört wurden. Ihre Gebete wurden übertönt von dem Tumult, der bis in den Tempel drang. Die Juden waren besonders stolz auf ihre Frömmigkeit. Sie bejubelten ihren Tempel und empfanden jedes Wort, das gegen ihn gesprochen wurde, als Gotteslästerung. Sie hielten auch rigoros die Beachtung der mit ihm verbundenen gottesdienstlichen Handlungen ein. So hatte ihre Liebe zum Geld alle Bedenken überwunden. Sie waren sich kaum klar darüber, wie weit sie von der eigentlichen Bedeutung des Dienstes abgewichen waren, den Gott selbst eingesetzt hatte.

Als der Herr damals auf den Berg Sinai herab kam, wurde dieser Ort durch Seine Gegenwart geheiligt. Mose wurde angewiesen, den Berg einzuzäunen und zu heiligen. Gott warnte das Volk und sagte: »Hütet euch, auf den Berg zu steigen oder seinen Fuß anzurühren; denn wer den Berg anrührt, der soll des Todes sterben. Keine Hand soll ihn anrühren, sondern er soll gesteinigt oder erschossen werden; es sei Tier oder Mensch, sie sollen nicht leben bleiben.« 2.Mose 19,12f So wurde gelehrt, dass jeder Ort, an dem Gott Seine Gegenwart offenbart, ein heiliger Ort ist. Die Vorhöfe des Tempels hätten allen heilig sein müssen, aber diese Gewinnsucht machte alle Bedenken zunichte.

Die Priester und Obersten waren dazu aufgerufen, für das Volk Repräsentanten Gottes sein. Sie hätten den Missbrauch des Tempelhofes nicht erlauben dürfen, sondern sollten vielmehr dem Volk ein Beispiel der Rechtschaffenheit und Barmherzigkeit geben, statt ihren eigenen Vorteil zu suchen. Sie waren aufgerufen, an die Lage und Bedürfnisse der Anbetenden zu denken und denen zu helfen, die nicht die erforderlichen Opfertiere kaufen konnten. Nichts davon geschah. Die Habsucht hatte ihre Herzen ganz verhärtet.

Zum Fest kamen Leidende, Bedürftige und Bedrückte, Blinde, Lahme und Taube. Manche wurden sogar auf Betten dorthin gebracht. Es kamen viele, die zu arm waren, um auch nur die geringste Opfergabe für den Herrn zu kaufen und einfach selbst zu arm, um sich Nahrung zu besorgen und den eigenen Hunger zu stillen. Sie wurden durch die Forderungen der Priester sehr bekümmert, die dabei auf ihre Frömmigkeit noch sehr stolz waren und behaupteten, sich um die Belange des Volkes zu kümmern. Tatsächlich aber kannten sie weder Mitgefühl noch Erbarmen. Arme, Kranke und Sterbende flehten vergeblich um irgendeine Vergünstigung. Ihre Not weckte kein Mitleid in den Herzen der Priester.

Als Jesus in den Tempel ging, überschaute Er die ganze Situation. Er sah die unehrlichen Geschäfte und auch das Elend der Armen, die man im Glauben gelassen hat, dass es ohne Blutvergießen von Tieren keine Vergebung der Sünden gäbe. Er sah den äußeren Vorhof Seines Tempels in einen Ort hemmungslosen Schacherns verwandelt. Die heilige Stätte glich einem großen Marktplatz.

Christus sah, dass hier etwas geschehen musste. Zahlreiche Zeremonien waren dem Volk auferlegt, ohne dass es deren genaue Bedeutung kannte. Die Anbeter brachten ihre Opfer, ohne zu wissen, dass diese ein Sinnbild für das einzige vollkommene Opfer waren. Nun stand Er, auf den all ihr Gottesdienst hinwies, unerkannt und unbeachtet unter ihnen. Er hatte die Anordnungen bezüglich der Opfer gegeben. Er kannte auch ihre symbolische Bedeutung und sah nun, dass sie entartet war und missverstanden wurden. Die Anbetung im Geist war fast verschwunden. Es bestand keinerlei Verbindung zwischen den Priestern und Obersten und ihrem Gott. Es war Christi Aufgabe, eine völlig neue Form des Gottesdienstes einzuführen.

Mit durchdringendem Blick erfasst Christus von den Stufen des Tempelhofes aus die Szene vor sich. Mit prophetischem Auge schaut Er in die Zukunft und überblickt nicht nur Jahre, sondern ganze Jahrhunderte und Zeitalter. Er sieht, wie die Priester und Obersten des Volkes das Recht der Bedürftigen beugen und wie sie verbieten, das Evangelium den Armen zu predigen. Er sieht, wie die Liebe Gottes den Sündern verborgen bleibt und wie die Menschen Seine Gnade zum Handelsgut herabwürdigten. Jesu Blick drückt Empörung, Macht und Autorität aus, als Er auf dieses Treiben schaut. Die Aufmerksamkeit der Menschen dort richtet sich auf Ihn. Die Augen jener, die sich mit dem unehrlichen Handel befassen, starrten auf sein Gesicht. Sie können ihren Blick nicht abwenden und spüren aber, dass dieser Mann ihre geheimsten Gedanken liest und ihre verborgensten Absichten durchschaut. Einige versuchen, ihre Gesichter zu verbergen, als ob ihre bösen Taten darauf geschrieben stünden. Der Lärm verebbt nun. Die Rufe der Händler und Käufer verstummen. Eine peinliche Stille entsteht. Ein Gefühl des Schreckens erfüllt sie. Es ist, als ob alle vor dem Richterstuhl Gottes stehen, um sich für ihre Taten zu verantworten. Als sie auf Christus schauen, sehen sie, wie die Gottheit durch Seine menschliche Gestalt hindurch leuchtet. Die Majestät des Himmels steht als Richter des Jüngsten Tages vor ihnen – zwar nicht umgeben von der Herrlichkeit, die sie dann begleiten wird, aber mit der Macht, die das Innerste durchschaut. Sein Auge blickt über die Menge, jeden einzelnen erfassend. Seine Gestalt scheint sich in gebietender Würde über alle Anwesenden zu erheben, und göttliches Licht verklärt Sein Angesicht. Er spricht, und Seine klare, klangvolle Stimme – dieselbe Stimme, die damals auf dem Berg Sinai das Gesetz verkündete, das die Priester und Obersten jetzt so frevelhaft übertreten – ertönt und hallt im ganzen Tempelgewölbe wider: »Tragt das weg und macht nicht meines Vaters Haus zum Kaufhaus!« Johannes 2,16

Langsam steigt Er dann die Stufen hinab, erhebt die Geißel aus Stricken, die Er bei Seinem Eintritt in den Vorhof aufgenommen hat, und befiehlt den Händlern, den Tempelbereich zu verlassen. Mit einem Eifer und einer Strenge, wie Er sie niemals vorher gezeigt hat, stößt Er die Tische der Geldwechsler um. Die Münzen fallen hell klingend auf den marmornen Boden. Niemand wagt, Jesu Autorität in Frage zu stellen und keiner traut sich, seinen Wuchergewinn vom Boden aufzusammeln. Obwohl Jesus mit der Geißel nicht zuschlägt, erscheint sie doch in Seiner hoch erhobenen Hand wie ein flammendes Schwert. Tempelbeamte, schachernde Priester, Geldwechsler und Viehhändler mit ihren Schafen und Ochsen eilen davon, nur von einem Gedanken getrieben, dem verzehrenden Feuer der Gegenwart Jesu so schnell wie möglich zu entkommen.

Panik erfasst die Menge, die von der Göttlichkeit Jesu berührt wird. Hunderte bleicher Lippen stoßen Schreckensrufe aus. Selbst die Jünger zittern. Sie erstarren in Ehrfurcht vor den Worten und dem Auftreten Jesu, die sich so von Seinem sonstigen Verhalten unterscheiden. Sie erinnern sich, dass von Ihm geschrieben steht: »Der Eifer um dein Haus hat mich gefressen.« Johannes 2,17

Bald hat sich die lärmende Menge mit ihren Waren aus der Nähe des Tempels des Herrn entfernt. Die Höfe sind frei von unheiligem Handel, und eine tiefe, feierliche Stille legt sich über die Stätte der Verwirrung. Die Gegenwart des Herrn, die damals den Berg heiligte, hat jetzt den zu Seiner Ehre erbauten Tempel geheiligt. In der Reinigung des Tempels kündigte der Herr Seine Mission als Messias an und begann damit Sein Werk. Jener Tempel, errichtet als Wohnung der göttlichen Gegenwart, sollte für Israel und für die Welt ein Gleichnis sein. Von Ewigkeit her war es die Absicht Gottes, dass jedes geschaffene Wesen – vom glänzenden Seraph bis zum Menschen – ein Tempel für die Gegenwart des Schöpfers sein sollte. Wegen der Sünde verlor der Mensch dazu die

Bereitschaft. Durch das Böse verderbt und verfinstert, konnte das menschliche Herz nicht mehr die Herrlichkeit des Göttlichen darstellen. Aber durch die Menschwerdung des Sohnes Gottes ist die Absicht des Himmels erfüllt worden. Gott wohnt im Menschen, und durch Seine errettende Gnade wird das Herz des Menschen wieder sein Tempel. Es war Gottes Wille, dass der Tempel in Jerusalem ein beständiger Zeuge von der hohen Bestimmung sein sollte, zu der jeder berufen ist. Aber die Juden hatten die Bedeutung des Hauses Gottes, das sie mit großem Stolz betrachteten, nicht verstanden. Sie bereiteten sich nicht zu einem heiligen Tempel für den Geist Gottes. Die Höfe des Tempels in Jerusalem, erfüllt vom Durcheinander unheiligen Schacherns, versinnbildeten nur zu genau den Tempel des Herzens, der durch Begierden und unheilige Gedanken verunreinigt war.

Durch die Reinigung des Tempels von weltlichen Käufern und Verkäufern offenbarte Jesus Seine Mission, das Herz von der Verunreinigung durch die Sünde – von irdischen Wünschen, selbstsüchtigen Lüsten und den sündhaften Gewohnheiten, die die Seele verderben – zu reinigen. »Bald wird kommen zu seinem Tempel der Herr, den ihr sucht; und der Engel des Bundes, den ihr begehrt, siehe, er kommt! spricht der Herr Zebaoth. Wer wird aber den Weg seines Kommens ertragen können, und wer wird bestehen, wenn er erscheint? Denn er ist wie das Feuer eines Schmelzers und wie die Lauge der Wäscher. Er wird sitzen und schmelzen und das Silber reinigen, er wird die Söhne Levi reinigen und läutern wie Gold und Silber.« Maleachi 3,1-3

»Wisst ihr nicht, dass ihr Gottes Tempel seid und der Geist Gottes in euch wohnt? Wenn jemand den Tempel Gottes verdirbt, den wird Gott verderben, denn der Tempel Gottes ist heilig; der seid ihr.« 1.Korinther 3,16.17 Niemand kann aus eigener Kraft das Böse austreiben, das sich in seinem Herzen eingenistet hat. Nur Christus ist in der Lage, den Seelentempel zu reinigen. Aber Er wird sich nicht den Eingang erzwingen. Er dringt nicht in das Herz ein, wie einst in den Tempel, sondern Er sagt: »Ich stehe vor der Tür und klopfe an. Wenn jemand meine Stimme hören wird und die Tür auftun, zu dem werde ich hineingehen.« Offenbarung 3,20 Er will kommen – aber nicht nur für einen Tag, denn Er sagt: »Ich will unter euch wohnen und wandeln ..., und sie sollen mein Volk sein.« 2.Korinther 6,16 Er wird »unsere Schuld unter die Füße treten und alle unsere Sünden in die Tiefen des Meeres werfen.« Micha 7,19 Seine Gegenwart wird die Seele reinigen und heiligen, um für den Herrn ein heiliger Tempel und eine »Behausung Gottes im Geist« Epheser 2,22 zu sein.

Die Priester und Obersten waren, angsterfüllt vor dem durchdringenden Blick Jesu, der in ihren Herzen las, schnell aus dem Tempelbereich geflohen. Auf ihrer Flucht begegneten sie anderen, die sich auf dem Weg zum Tempel befanden. Diesen empfohlen die Flüchtenden dann, umzukehren und erzählten ihnen, was sie gehört und gesehen hatten. Christus schaute den Fliehenden nach, denn sie taten Ihm leid in ihrer Furcht und der Unkenntnis hinsichtlich des wahren Gottesdienstes. In diesem Geschehen sah er die Zerstreuung des ganzen jüdischen Volkes durch dessen eigene Bosheit und Unbußfertigkeit versinnbildet. Warum flohen die Priester aus dem Tempel? Und weshalb behaupteten sie nicht ihren Platz? Derjenige, der ihnen zu gehen befahl, war der Sohn eines Zimmermanns, ein armer Galiläer ohne irdischen Rang oder Macht. Weshalb widerstanden sie Ihm nicht? Warum verließen sie ihren Besitz, der so übel erworben war, und flohen auf die Anweisung des Einen hin, dessen äußere Erscheinung so demütig war?

Christus sprach mit der Autorität eines Königs, und in Seinem Auftreten und im Klang Seiner Stimme war etwas, dem sie sich nicht widersetzen konnten. In Jesu gebietenden Worten erkannten sie ihren wirklichen Zustand als Heuchler und Diebe. Als göttliches Wesen durch die Menschheit Christi hindurch strahlte, sahen sie nicht nur Entrüstung auf Seinem Angesicht, sie begriffen auch die Bedeutung Seiner Worte. Sie hatten den Eindruck, vor dem Thron des ewigen Richters zu stehen und ihr Urteil für Zeit und Ewigkeit zu hören.

Eine Zeit lang waren sie schon überzeugt, dass Christus ein Prophet sei. Viele hielten ihn sogar für den Messias. Der Heilige Geist erinnerte sie an die Aussprüche der Propheten über Christus. Würden sie sich denn zu dieser Überzeugung auch bekennen?

Bereuen wollten sie nicht. Sie kannten Christi Mitleid mit den Armen und wussten, dass sie sich durch ihr Verhalten dem Volk gegenüber des Wuchers schuldig gemacht hatten. Weil Christus ihre Gedanken erkannte, hassten sie Ihn. Sein öffentlicher Tadel war demütigend für sie, und wegen seinem wachsenden Einfluss beim Volk waren sie auf Ihn eifersüchtig. Sie beschlossen, Ihn zur Rede zu stellen hinsichtlich der Macht, in welcher Er sie hinaus getrieben hatte, und wer Ihm diese Macht gegeben habe. Langsam und nachdenklich, aber mit Hass im Herzen, kehrten sie zum Tempel zurück. Doch welch eine Veränderung war in der Zwischenzeit geschehen! Als sie geflohen waren, sind die Armen zurückgeblieben und diese schauten jetzt auf Jesus, dessen Angesicht Liebe und Mitgefühl ausdrückte. Mit Tränen in den Augen sagte Er zu den Zitternden, die um Ihn standen: Fürchtet euch nicht! Ich will euch erlösen, und ihr sollt mich preisen; denn dazu bin ich in die Welt gekommen.

Die Menschen drängten sich immer näher an den Heiland und baten: Meister, segne mich! Und Jesus hörte jeden Hilferuf. Mit dem Erbarmen einer liebevollen Mutter beugte Er sich über die leidenden Kleinen. Allen schenkte Er Aufmerksamkeit. Egal, welche Krankheit ein Armer auch haben mochte, jeder wurde geheilt. Die Stummen öffneten ihren Mund zum

Lobpreis, die Blinden sahen das Angesicht ihres Heilers, und die Herzen der Leidenden wurden froh.

Was für eine Offenbarung erlebten die Priester und Beamten des Tempels, die Zeugen dieses großartigen Geschehens wurden! Die Versammelten erzählten von den Schmerzen, die sie erlitten hatten, von ihren enttäuschten Hoffnungen, von kummervollen Tagen und schlaflosen Nächten. Ehe der letzte Hoffnungsfunke der Leidenden zu verlöschen drohte, hatte der Heiland sie geheilt. Die Last war so schwer, sagte einer, und doch habe ich einen Helfer gefunden. Er ist der Christus Gottes, und ich will mein Leben Seinem Dienst weihen. Eltern sagten zu ihren Kindern: Er hat euer Leben gerettet; darum singt Danklieder, um Ihn zu preisen. Die Stimmen der Kinder und Jugendlichen, der Väter und Mütter, der Freunde und Zuschauer vereinten sich in Lob- und Dankesliedern. Hoffnung und Freude erfüllte ihre Herzen und Friede zog in ihre Gemüter ein. Nun geheilt an Seele und Leib, kehrten sie nach Hause zurück und erzählten überall von der unvergleichlichen Liebe Jesu.

Bei der Kreuzigung Jesu schlossen sich jene Menschen, die selbst geheilt worden waren, nicht dem Pöbel an, der schrie: »Kreuzige ihn! Kreuzige ihn!« Ihre Anteilnahme galt Jesus, weil sie selbst Seine große Barmherzigkeit und Seine wunderbare Macht erfahren hatten. Sie waren sich bewusst, dass Er ihr Heiland war, denn Er hatte sie an Leib und Seele gesund gemacht. Später lauschten sie der Verkündigung der Apostel, und als dann Gottes Wort in ihre Herzen drang, fingen sie an zu verstehen. So wurden sie zu Zeugen der Güte Gottes und zu Werkzeugen Seiner Erlösung.

Die Menge, die aus dem Tempelhof geflohen war, kam nach einiger Zeit zögernd wieder zurück. Sie hatten sich zum Teil von dem Schrecken erholt, der sie erfasst hatte, doch ihre Gesichter zeigten noch Unentschlossenheit und Furcht. Sie blickten mit Erstaunen auf die Taten Jesu und waren davon überzeugt, dass sich in Ihm die Weissagungen über den Messias erfüllt hatten. Die Sünde der Entweihung des Tempels ruhte größtenteils auf den Priestern. Aufgrund ihrer Anordnung war der Tempelhof zu einem Marktplatz verwandelt worden. Das Volk war daran ziemlich unschuldig. Es war von der göttlichen Autorität Jesu beeindruckt. Dennoch war der Einfluss der Priester und Obersten auf das Volk stärker. Jene betrachteten Christi Wirken als etwas gänzlich Neues und stellten Sein Recht infrage, sich gegen das zu stellen, was die Verantwortlichen des Tempels erlaubt hatten. Sie waren auch verärgert, weil ihre Einnahmen aus dem Handel unterbrochen worden war, und unterdrückten somit das Mahnen des Heiligen Geistes.

Die Priester und Obersten hätten noch vor allen anderen Menschen in Jesus den Gesalbten des Herrn erkennen sollen, denn sie besaßen ja die heiligen Schriftrollen, die Seine Mission beschrieben. Sie wussten auch, dass sich in der Reinigung des Tempels eine größere Macht bekundete als die von Menschen. So sehr sie Jesus auch hassten, konnten sie sich dennoch nicht dem Gedanken entziehen, dass Er ein von Gott gesandter Prophet sei, der die Heiligkeit des Tempels wiederherstellen sollte. Mit aller aus dieser Befürchtung geborenen Achtung wandten sie sich an Ihn mit der Frage: »Was zeigst du uns für ein Zeichen, dass du solches tun darfst?« Johannes 2,18

Jesus hatte ihnen bereits ein Zeichen gegeben. Indem Er blitzartig ihre Herzen erleuchtete und vor ihnen jene Werke tat, die vom Messias erwartet wurden, hatte Er einen überzeugenden Beweis Seiner Persönlichkeit erbracht. Deshalb antwortete Er auf ihre Frage nach einem Zeichen mit einem Gleichnis und deckte damit auf, dass Er ihre Bosheit erkannt hatte und voraussah, wohin sie durch diese geführt würden. »Brecht diesen Tempel ab«, sagte er, »und in drei Tagen will ich ihn aufrichten.« Johannes 2,19

Diese Worte hatten zweifache Bedeutung. Jesus bezog es nicht nur auf die Zerstörung des jüdischen Tempels und dessen Kultdienstes, sondern auch auf Seinen eigenen Tod – die Zerstörung des Tempels Seines Leibes. Das planten die Juden bereits. Als die Priester und Obersten nun zum Tempel zurückkehrten, hatten sie beschlossen, Jesus umzubringen und sich dadurch selbst von dem Störenfried zu entledigen. Als Er ihnen ihre Absicht vorhielt, begriffen sie Ihn nicht. Sie bezogen Sein Wort nur auf den Tempel in Jerusalem und erklärten empört: »Dieser Tempel ist in 46 Jahren erbaut worden, und du willst ihn in 3 Tagen aufrichten?« Joh. 2,20 Dabei spürten sie, dass Jesus ihren Unglauben bestätigt hatte, und sie wurden umso mehr in ihrer Ablehnung gegen Ihn bestärkt.

Christus hatte nicht beabsichtigt, dass Seine Worte von den ungläubigen Juden und auch nicht von Seinen Jüngern zu jener Zeit verstanden werden sollten. Er wusste, dass sie von seinen Feinden falsch ausgelegt und gegen Ihn selbst gerichtet würden. Während seines Verhörs sollten sie als Anklagepunkt vorgebracht und auf Golgatha als Verhöhnung gegen Ihn gewandt werden. Hätte Er seine Worte erklärt, würden die Jünger von Seinem Leiden erfahren haben, und dies hätte ihnen einen solchen Kummer bereitet, den sie noch nicht zu ertragen vermochten. Außerdem hätte eine Erklärung den Juden vorzeitig enthüllt, welche Auswirkungen ihre Vorurteile und ihr Unglaube einmal haben würden. Sie hatten schon einen Weg eingeschlagen, den sie beharrlich so lange verfolgen würden, bis man Ihn wie ein Lamm zur Schlachtbank führte. Christus sprach diese Worte wegen den Menschen, die in späterer Zeit an Ihn glaubten, wusste Er doch, dass sie wiederholt werden würden.

Während des Passahfestes würden sie Tausenden zu Ohren kommen und

in alle Teile der Welt getragen werden. Nach Seiner Auferstehung von den Toten würde dann ihre Bedeutung verstanden und für viele zu einem überzeugenden Beweis Seiner Göttlichkeit werden. Selbst Jesu Jünger konnten Seine Lehren oft nicht begreifen, weil sie sich in geistlicher Finsternis bewegten. Doch wurden ihnen viele Seiner Aussagen durch die nachfolgenden Ereignisse verständlich gemacht. Als Er nicht mehr unter ihnen weilte, waren Seine Worte fest in ihren Herzen verankert.

Auf den Tempel in Jerusalem bezogen, hatten Jesu Worte »Brecht diesen Tempel ab, und in drei Tagen will ich ihn aufrichten« eine tiefere Bedeutung, als Seine Hörer erfassten. Christus war die Grundlage und das Leben des Tempels. Dessen Dienste symbolisierten das Opfer des Sohnes Gottes. Das Priesteramt war eingesetzt worden, um die Mittlertätigkeit Christi und sein Werk darzustellen. Der gesamte Ablauf des Opferdienstes wies voraus auf den Tod des Heilandes zur Erlösung der Welt. Jene Opfer würden nutzlos sein, sobald sich das große Ereignis erfüllt hätte, auf das sie seit Jahrhunderten hinwiesen.

Der ganze Zeremonial- und Kultdienst wies symbolhaft auf Christus hin und war deshalb ohne Ihn wertlos. Als die Juden ihre Verwerfung Christi besiegelten, indem sie Ihn dem Tod auslieferten, verwarfen sie damit all das, was dem Tempel und seinen Diensten Bedeutung gab. Er war nicht mehr länger heilig sondern dem Untergang geweiht. Von diesem Tag an waren die damit verbundenen Opferdienste bedeutungslos geworden. Wie das Opfer Kains, waren jene Opfer seitdem kein Ausdruck des Glaubens an den Erlöser. Als sie dann Christus töteten, zerstörten die Juden praktisch ihren Tempel.

In dem Moment, als Christus am Kreuz starb, zerriss der innere Vorhang des Tempels von oben bis unten in zwei Hälften – ein Zeichen dafür, dass das große, endgültige Opfer gebracht worden war und damit das ganze Opfersystem für immer ein Ende gefunden hatte.

»In drei Tagen will ich ihn aufrichten.« Joh. 2,19 Mit dem Tod Jesu schienen die Mächte der Finsternis die Oberhand gewonnen zu haben, und sie jubelten über ihren Triumph. Doch Jesus ging aus dem von Joseph von Arimathia überlassenen Grab als Sieger hervor. »Er hat die Mächte und die Gewalten ihrer Macht entkleidet und sie öffentlich zur Schau gestellt und hat einen Triumph aus ihnen gemacht in Christus.« Kolosser 2,15

Aufgrund der Wirksamkeit Seines Todes und Seiner Auferstehung wurde Er ein »Diener am Heiligtum und an der wahren Stiftshütte, welche Gott aufgerichtet hat und kein Mensch.« Hebräer 8,2 Menschen errichteten das israelitische Heiligtum und bauten auch den jüdischen Tempel, doch das Heiligtum oben im Himmel, von dem das irdische nur ein Abbild war, wurde von keinem menschlichen Architekten erbaut. »Siehe, es ist ein Mann, der heißt ,Spross' ... er wird bauen des Herrn Tempel, und er wird herrlich geschmückt sein; und wird sitzen und herrschen auf seinem Thron. Und ein Priester wird sein zu seiner Rechten.« Sacharja 6,12f Der auf Christus hinweisende Opferdienst war vergangen. Doch wurden die Augen der Menschen auf das wahre Opfer gelenkt, das für die Sünden der Welt gebracht worden war. Das irdische Priestertum hörte auf. Nun schauen wir auf zu Jesus, dem Diener des Neuen Bundes, und »zu dem Blut der Besprengung, das da besser redet als Abels Blut.« Hebräer 12,24

Der »Weg zum Heiligen« war noch nicht offenbart, »solange die vordere Hütte [stand] … Christus aber ist gekommen, dass er sei ein Hoherpriester der zukünftigen Güter, und ist durch die größere und vollkommenere Hütte eingegangen, die nicht mit Händen gemacht, das heißt: die nicht von dieser Schöpfung ist … durch sein eigen Blut ein für allemal … und hat eine ewige Erlösung erworben.« Hebräer 9,8.11.12 »Daher kann er auch für immer selig machen, die durch ihn zu Gott kommen; denn er lebt für immer und bittet für sie.« Hebräer 7,25

Obwohl der Mittlerdienst vom irdischen auf den himmlischen Tempel verlegt wurde und das Heiligtum und unser großer Hoherpriester für menschliche Augen unsichtbar wäre, hatten die Jünger dadurch dennoch keinen Nachteil. Ihre Verbindung zu Gott erfuhr keinen Bruch, und ihre Kraft wurde infolge der Abwesenheit des Heilandes nicht geringer. Während Jesus im himmlischen Heiligtum dient, ist Er durch Gottes Geist auch ein Diener der Gemeinde auf Erden. Er ist den Sinnen entrückt, aber Seine beim Abschied gegebene Verheißung: »Siehe, ich bin bei euch alle Tage bis an der Welt Ende« Matthäus 28,20 hat sich erfüllt. Während Er Seine Kraft auf schwächere Helfer überträgt, ist Er zugleich mit Seiner belebenden Gegenwart unter Seiner Gemeinde.

»Weil wir denn einen großen Hohepriester haben, Jesus, den Sohn Gottes …, so lasst uns festhalten an dem Bekenntnis. Denn wir haben nicht einen Hohepriester, der nicht könnte mitleiden mit unserer Schwachheit, sondern der versucht worden ist in allem wie wir, doch ohne Sünde. Darum lasst uns hinzutreten mit Zuversicht zu dem Thron der Gnade, damit wir Barmherzigkeit empfangen und Gnade finden zu der Zeit, wenn wir Hilfe nötig haben.« Hebräer 4,14-16

KAPITEL 17

*Auf Grundlage von
Johannes 3,1-17*

NIKODEMUS

Nikodemus bekleidete ein hohes Amt im jüdischen Land. Er war hochgebildet, besaß große Gaben und war ein angesehenes Mitglied des Hohen Rates. Wie andere war er auch durch Jesu Lehren angerührt worden und fühlte sich trotz seiner bevorzugten Stellung zu dem einfachen Nazarener hingezogen. Die Unterweisungen Jesu hatten ihn außerordentlich beeindruckt, und er wollte mehr von diesen wunderbaren Wahrheiten hören.

Die Tatsache, dass Christus Seine Autorität bei der Säuberung des Tempels demonstriert hatte, weckte gezielten Hass von Seiten der Priester und Obersten. Sie fürchteten die Macht dieses Fremden. Eine solche Kühnheit von einem unbekannten Galiläer durfte man keinesfalls dulden. So waren sie darauf aus, Seiner Tätigkeit ein Ende zu bereiten. Doch nicht alle stimmten diesem Vorhaben zu. Es gab einzelne, die nicht einem Mann entgegentreten wollten, der so offensichtlich durch Gottes Geist geleitet wurde. Sie erinnerten sich, wie Propheten getötet worden waren, weil sie die Sünden der Führer Israels getadelt hatten. Sie wussten, dass die Unterdrückung der Juden durch eine heidnische Nation die Folge ihrer Hartnäckigkeit war, mit der sie die göttlichen Ermahnungen zurückgewiesen hatten. So befürchteten sie, dass die Priester und Obersten wegen ihrer gegen Jesus gerichteten Anschläge in die Fußtapfen ihrer Väter treten und neues Unglück über das ganze Volk bringen würden. Auch Nikodemus teilte diese Bedenken. Als in einer Sitzung des Hohen Rats besprochen wurde, welche Haltung man Jesus gegenüber einnehmen wolle, mahnte er zu Vorsicht und Mäßigung. Nachdrücklich wies er darauf hin, dass es gefährlich sei, Seine Warnungen unbeachtet zu lassen, wenn dieser Jesus tatsächlich mit göttlicher Autorität ausgestattet wäre. Die Priester wagten es nicht, diesen Rat zu missachten, und so ergriffen sie eine Zeit lang keine offenen Maßnahmen gegen den Heiland.

Nikodemus studierte, seit er Jesus gehört hatte, besonders sorgfältig die Weissagungen über den Messias, und je mehr er darin forschte, desto fester wurde er davon überzeugt, dass jener Mann der Eine war, der *[168/169]* 121 kommen sollte. Wie viele andere Israeliten war auch er über die Entweihung des Tempels sehr unglücklich gewesen. Er wurde dann Zeuge jenes Geschehens, als Jesus die Käufer und Verkäufer vertrieb. Er nahm die erstaunlichen Bekundungen göttlicher Macht wahr und beobachtete, wie der Heiland mit den Armen umging und die Kranken heilte, er sah auch ihre frohen Blicke und hörte ihre jubelnden Dankesworte. Da konnte er nicht mehr daran zweifeln, dass Jesus von Nazareth der von Gott Gesandte war.

Darum suchte er eifrig nach einer Gelegenheit, mit Jesus zu sprechen. Er scheute sich aber, Ihn offen tagsüber aufzusuchen, denn es wäre für einen Obersten der Juden zu demütigend gewesen, wenn seine Sympathie für einen noch so wenig bekannten Lehrer bekannt geworden wäre. Und wäre solch ein Besuch dem Hohen Rat bekannt geworden, dann hätte er zweifellos dessen Verachtung und Verurteilung auf sich geladen. So entschloss er sich zu einem heimlichen Besuch zu nächtlicher Stunde und entschuldigte dies damit, dass auch andere seinem Beispiel folgen könnten, wenn er am Tag ginge. Er hatte durch Nachforschungen erfahren, dass der Heiland sich gern am Ölberg aufhielt, und nun besuchte er ihn an dieser einsamen Stätte, als alles schon schlief. In der Gegenwart Jesu befiel Nikodemus eine seltsame Schüchternheit, die er durch einen Anschein von Gelassenheit und Würde zu verbergen versuchte. »Meister«, sprach er Jesus an, »wir wissen, dass du bist ein Lehrer von Gott gekommen; denn niemand kann die Zeichen tun, die du tust, es sei denn Gott mit ihm.« Johannes 3,2 Indem er Christi einzigartige Lehrgabe und Seine überwältigende Wundermacht ansprach, hoffte er, sich den Weg zu einem Gespräch zu bahnen. Seine Worte sollten Vertrauen ausdrücken, doch in Wirklichkeit offenbarten sie nur Unglauben. Er anerkannte Jesus nicht als Messias, sondern sah in Ihm nur einen von Gott gesandten Lehrer.

Statt diesen Gruß zu erwidern, blickte Jesus auf den Sprecher, als wollte Er in dessen Seele lesen. In seiner unendlichen Weisheit erkannte Er in ihm einen Menschen, der nach Wahrheit suchte. Er wusste um den Grund seines Besuchs, und wollte die Überzeugung des Besuchers noch vertiefen und kam deshalb direkt zur Sache, indem Er ernst, aber freundlich sagte: »Wahrlich, wahrlich, ich sage dir: Es sei denn, dass jemand von neuem geboren werde, so kann er das Reich Gottes nicht sehen.« Johannes 3,3

Nikodemus war in der Erwartung zum Herrn gekommen, eine angeregte Diskussion mit Ihm zu führen. Jesus aber breitete vor ihm die Grundlagen der Wahrheit aus. Er sagte zu Nikodemus, dass er mehr eine geistliche Erneuerung brauche als theoretisches Wissen, dass er ein neues Herz nötig habe und nicht nur die Befriedigung seiner Wissbegierde, dass er ein neues Leben von oben

her erhalten müsse, bevor er himmlische Dinge schätzen könne.

Solange diese Änderung der Neuschaffung nicht stattfinde, nützt es Nikodemus nichts, mit Ihm über Seine Autorität und Aufgabe zu reden. Nikodemus hatte die Predigt von Johannes dem Täufer über Bekehrung und Taufe gehört und wie er die Leute auf den Einen hingewiesen hatte, der mit dem Heiligen Geist taufen werde. Nikodemus spürte, dass es unter den Juden einen Mangel an geistlicher Gesinnung gab und dass sie weitgehend von Frömmelei und weltlichem Ehrgeiz geleitet wurden. So hatte er durch das Kommen des Messias auf eine Besserung dieser Dinge gehofft. Doch die herzergreifende Botschaft des Täufers hatte ihn nicht von seiner eigenen Sünde überzeugt. Er war ein strenger Pharisäer und stolz auf seine guten Werke. Auch wurde er von vielen sehr geschätzt wegen seiner wohltätigen und großzügigen Gesinnung bezüglich der Unterhaltung des Tempeldienstes. Er war sich des göttlichen Wohlwollens gewiss und deshalb erschreckt von dem Gedanken an ein Reich, das für ihn in seiner momentanen Verfassung zu rein wäre. Das Bild von der Wiedergeburt, das Christus hier benutzte, war Nikodemus nicht ganz unbekannt. Die vom Heidentum zum Glauben Israels Bekehrten wurden oft mit neugeborenen Kindern verglichen. Darum musste Nikodemus auch begriffen haben, dass Jesu Worte nicht buchstäblich gemeint sein konnten. Aufgrund seiner israelitischen Abstammung aber meinte er, einen Platz im Reich Gottes sicher zu haben. Er meinte, keine Bekehrung nötig zu haben. Deshalb überraschten ihn die Worte des Heilands. Ihn ärgerte die unmittelbare Anwendung dieses Bildes auf ihn. Der Stolz des Pharisäers kämpfte in ihm mit dem aufrichtigen Verlangen eines nach Wahrheit Suchenden. Er wunderte sich, dass Christus so mit ihm sprach – ohne jede Rücksicht auf seine Position als Oberster in Israel.

Verwundert über seine Selbstbeherrschung, antwortete er dem Herrn ironisch: »Wie kann ein Mensch geboren werden, wenn er alt ist?« Johannes 3,4 Damit offenbarte er wie viele andere, denen die schneidende Wahrheit ins Gewissen dringt, die Tatsache, dass der natürliche Mensch nichts vom Geist Gottes vernimmt. In ihm ist nichts, was auf geistliche Dinge anspricht – denn geistliche Dinge müssen geistlich beurteilt werden. Der Heiland aber trat nicht Argumenten mit weiteren Argumenten entgegen. Ernst und würdevoll hob Er seine Hand und betonte nachdrücklich: »Wahrlich, wahrlich, ich sage dir: Es sei denn, dass jemand geboren werde aus Wasser und Geist, so kann er nicht in das Reich Gottes kommen.« Johannes 3,5 Nikodemus verstand, dass Christus sich hier auf die Wassertaufe bezog und auf die Erneuerung des Herzens durch den Geist Gottes. Er war davon überzeugt, dass er in der Gegenwart dessen stand, den Johannes der Täufer vorhergesagt hatte. Jesus sprach weiter: »Was vom Fleisch geboren wird, das ist Fleisch; und was vom Geist geboren wird, das ist Geist.« Johannes 3,6 Von Natur aus ist das Herz böse.

»Kann wohl ein Reiner kommen von Unreinen? Auch nicht einer!« Hiob 14,4 Keine menschliche Erfindung kann eine mit Sünden beladene Seele heilen. »Denn fleischlich gesinnt sein ist Feindschaft wider Gott, weil das Fleisch dem Gesetz Gottes nicht untertan ist; denn es vermag's auch nicht.« Römer 8,7

»Denn aus dem Herzen kommen böse Gedanken, Mord, Ehebruch, Unzucht, Diebstahl, falsches Zeugnis, Lästerung.« Matthäus 15,19 Die Quelle des Herzens muss gereinigt werden, ehe der Strom klar werden kann. Wer versucht, den Himmel durch seine eigenen Werke, durch das Halten der Gebote zu erreichen, versucht Unmögliches. Es gibt keine Sicherheit für den, der nur eine gesetzliche Religion, eine äußere Frömmigkeit besitzt. Das Leben des Christen hat nichts mit einer Veränderung oder Verbesserung des alten Lebens zu tun, sondern es ist eine Umwandlung der Natur. Das Ich und die Sünde sterben, und es beginnt ein ganz neues Leben. Dieser Wechsel kann nur durch das kräftige Wirken des Heiligen Geistes geschehen. Nikodemus konnte es immer noch nicht begreifen, was der Herr ihm sagen wollte. Darum benutzte nun Jesus das Bild vom Wehen des Windes, um verständlicher zu werden: »Der Wind bläst, wo er will, und du hörst sein Sausen wohl; aber du weißt nicht, woher er kommt und wohin er fährt. So ist ein jeglicher, der aus dem Geist geboren ist.« Johannes 3,8

Man hört den Wind in den Zweigen der Bäume, in dem Rascheln der Blätter und der Blumen. Und doch ist er unsichtbar. Niemand weiß, woher er kommt und wohin er geht. Ebenso ist es mit dem Wirken des Heiligen Geistes am Herzen. Dieser Vorgang kann ebenso wenig erklärt werden wie das Brausen des Windes. Jemand mag nicht die genaue Zeit, den Ort oder einzelne Umstände seiner Bekehrung angeben können, und trotzdem ist er bekehrt. So unsichtbar wie der Wind weht, wirkt Christus beständig auf das Herz ein. Nach und nach, dem Einzelnen vielleicht ganz unbewusst, werden Eindrücke hervorgerufen, die ihn zu Christus ziehen. Diese Eindrücke können dadurch empfangen werden, dass man über Ihn nachdenkt, in der Heiligen Schrift liest oder das Wort Gottes in der Predigt hört. Dann plötzlich, wenn der Geist immer stärker und unmittelbarer geworden ist, ergibt sich der Mensch freudig dem Herrn Jesus. Viele nennen dies eine plötzliche Bekehrung, und doch war es nur das Ergebnis des langen, geduldigen Werbens des Geistes Gottes.

Während der Wind selbst unsichtbar ist, bewirkt er etwas, das man sehen und spüren kann. So offenbart sich das Wirken des Geistes in jeder Handlung des Bekehrten. Sobald der Geist Gottes ins Herz einzieht, verändert Er das Leben. Sündhafte Gedanken werden abgewiesen, böse Taten aufgegeben. Liebe, Demut und Frieden nehmen die Stelle von Ärger, Neid und Zank ein. Traurigkeit verwandelt sich in Freude, und das Angesicht spiegelt das Licht des

Himmels wider. Keiner sieht die Hand, die die Last aufhebt, oder erblickt das Licht, das von den himmlischen Vorhöfen herab leuchtet. Der Segen kommt, wenn ein Mensch sich im Glauben Gott übergibt. Dann schafft diese unsichtbare Kraft, die man nicht sehen kann, ein neues Wesen nach dem Bild Gottes. Durch unser begrenztes Denken ist es unmöglich, das Werk der Erlösung zu verstehen. Dieses Geheimnis übersteigt jede menschliche Erkenntnis! Doch wer vom Tod zum Leben durchdringt, der nimmt wahr, dass es eine göttliche Tatsache ist. Den Anfang unserer Erlösung lernen wir bereits auf Erden durch die persönliche Erfahrung kennen. Die Auswirkungen reichen bis in die Ewigkeit. Während Jesus sprach, drangen einige Lichtstrahlen der Wahrheit in das Herz des Obersten. Der milde, besänftigende Einfluss des Heiligen Geistes beeindruckte sein Herz. Und doch verstand er die Worte des Heilandes nicht ganz. Er war nicht so sehr von der Notwendigkeit der Wiedergeburt beeindruckt, wie von der Art und Weise ihres Zustandekommens, und fragte verwundert: »Wie kann solches zugehen?«

»Jesus antwortete und sprach zu ihm: Bist du ein Meister in Israel und weißt das nicht?« Johannes 3,9f Sicher sollte einer, dem die geistliche Erziehung seines Volkes anvertraut worden war, nicht in Unkenntnis über diese wichtigen Wahrheiten sein. Seine Worte enthielten die Lehre, dass Nikodemus wegen seiner geistlichen Unwissenheit lieber sehr bescheiden von sich hätte denken sollen, statt sich wegen der klaren Botschaft der Wahrheit aufzuregen. Christus sprach zu ihm jedoch mit einer solchen feierlichen Würde und in einer in Blick und Sprache zum Ausdruck kommenden aufrichtigen Liebe, dass Nikodemus nicht beleidigt sein konnte, als ihm seine demütigende Situation bewusst wurde.

Als Jesus ihm erklärte, dass Seine Mission auf Erden nicht darin bestehe, ein zeitliches, sondern ein ewiges Reich aufzurichten, war sein Zuhörer doch verwirrt. Jesus merkte das und fügte hinzu: »Glaubt ihr nicht, wenn ich euch von irdischen Dingen sage, wie werdet ihr glauben, wenn ich euch von himmlischen Dingen sage?« Johannes 3,12 Wenn Nikodemus die Lehre Christi nicht verstehen konnte, die das Wirken der Gnade am Herzen veranschaulichte, wie sollte er dann die Natur Seines herrlichen himmlischen Reiches erfassen! Konnte er die Art und Weise des Wirkens Jesu auf Erden nicht begreifen, dann konnte er auch Sein Werk im Himmel nicht verstehen.

Die Juden, die Jesus aus dem Tempel getrieben hatte, behaupteten, Kinder Abrahams zu sein. Dennoch waren sie vor Jesus geflohen, weil sie die Herrlichkeit nicht ertragen konnten, die sich in Ihm offenbarte. Mit diesem Verhalten bewiesen sie, dass sie durch die Gnade Gottes nicht vorbereitet waren, an den geheiligten Diensten im Tempel teilzunehmen. Sie waren eifrig darauf bedacht, stets den Anschein der Heiligkeit zu erwecken, doch vernachlässigten sie die Heiligkeit des Herzens. Während sie Eiferer der Buchstaben des

Gesetzes waren, übertraten sie es ständig dem Geist nach. Ihr großes Bedürfnis war genau jene Umwandlung, die Christus dem Nikodemus erklärt hatte – eine geistliche Neugeburt, eine Reinigung von Sünde und eine Erneuerung der Erkenntnis und Frömmigkeit. Im Hinblick auf diese Erneuerung gab es für die Blindheit Israels keine Entschuldigung. Unter der Eingebung des Heiligen Geistes hatte schon Jesaja geschrieben: »Nun sind wir alle wie die Unreinen, und alle unsre Gerechtigkeit ist wie ein beflecktes Kleid.« Jesaja 64,5 David betete: »Schaffe in mir, Gott, ein reines Herz, und gib mir einen neuen, beständigen Geist.« Psalm 51,12 Und durch Hesekiel ist uns die Verheißung gegeben worden: »Ich will euch ein neues Herz und einen neuen Geist in euch geben und will das steinerne Herz aus eurem Fleisch wegnehmen und euch ein fleischernes Herz geben. Ich will meinen Geist in euch geben und will solche Leute aus euch machen, die in meinen Geboten wandeln.« Hesekiel 36,26f

Bisher hatte Nikodemus diese Schriftstellen mit nur geringem Verständnis gelesen – nun aber begann er ihre Bedeutung zu begreifen. Er erkannte, dass jemand selbst dann, wenn er das Gesetz dem Buchstaben nach strengstens befolgte und es rein äußerlich ins Leben übertrüge, noch kein Recht hätte, das Königreich des Himmels zu betreten. Menschlich gesehen war sein Leben gerecht und ehrenhaft, doch in der Gegenwart Christi empfand er, dass sein Herz unrein und sein Leben nicht Gott wohlgefällig war.

Nikodemus wurde zu Christus gezogen. Als der Heiland ihm das Thema Wiedergeburt erklärte, sehnte er sich danach, diese Umwandlung an sich selbst zu erfahren. Wie konnte dies geschehen? Jesus beantwortete die unausgesprochene Frage mit den Worten: »Wie Mose in der Wüste die Schlange erhöht hat, so muss der Menschensohn erhöht werden, damit alle, die an ihn glauben, das ewige Leben haben.« Johannes 3,14f

Jetzt konnte Nikodemus den Herrn verstehen, denn dieses Bild der erhöhten Schlange war ihm vertraut. Es machte ihm die Aufgabe des Heilandes auf Erden deutlich. Als damals die Israeliten durch den Biss der feurigen Schlangen am Sterben waren, wies Gott Mose an, eine Schlange aus Messing zu gießen und sie inmitten der Gemeinde aufzurichten. Dann wurde im ganzen Lager bekannt gemacht, dass alle, die auf diese Schlange schauen würden, leben sollten. Das Volk wusste sehr gut, dass in der Schlange selbst keine Macht war, die helfen konnte – sie war ein Sinnbild auf Christus. Wie dieses Bildnis, nach dem Ebenbild der todbringenden Schlangen gemacht, zu ihrem Heil aufgerichtet wurde, so wurde Einer dazu gemacht, um »in der Gestalt des sündigen Fleisches« Römer 8,3 ihr Erlöser zu sein. Viele Israeliten meinten, dass der Opferdienst in sich selbst fähig wäre, sie von ihren Sünden zu befreien. Gott wollte
sie lehren, dass der Opferdienst nicht mehr Nutzen bringen

könnte, als diese Schlange aus Messing. Ihre Gedanken sollten dadurch allein auf Christus gerichtet werden. Sie konnten zur Heilung ihrer Wunden oder zur Vergebung ihrer Sünden nichts anderes aus sich selbst tun, als ihren Glauben an die Gabe Gottes zu bekunden: Sie sollten aufblicken und leben! Wer nun von den Schlangen gebissen worden war, hätte zögern können aufzublicken, hätte bezweifeln können, dass in dem Symbol eine Kraft wirksam sei, hätte eine wissenschaftliche Begründung fordern können – aber es wurde keine Erklärung gegeben. Sie mussten dem Wort Gottes vertrauen, das durch Mose weitergegeben wurde. Eine Weigerung, das Bild anzuschauen, wäre ihr Tod gewesen.

Durch Streitfragen oder lange Erörterungen gelangt keiner zur Erkenntnis der Wahrheit. Wir müssen aufblicken und leben. Nikodemus nahm diese Lehre gläubig an und forschte in der Schrift, anders als bisher – nicht mehr um theoretisches Wissen zu erlangen, sondern göttliches Leben für die Seele. Er fing an, das Königreich des Himmels zu sehen, als er sich einfach der Leitung des Heiligen Geistes unterordnete. Auch heute müssen Tausende dieselbe Wahrheit verstehen lernen, die Nikodemus im Bild der erhöhten Schlange gelehrt worden war. Sie verlassen sich darauf, dass sie ihr Gesetzesgehorsam der Gnade Gottes empfiehlt. Werden sie aufgefordert, auf Jesus zu schauen und zu glauben, dass Er sie allein durch Seine Gnade errette, dann rufen sie aus: »Wie kann solches zugehen?« Johannes 3,9f

Wie Nikodemus müssen wir bereit sein, auf dieselbe Art und Weise ins Leben einzugehen wie der größte aller Sünder. Denn außer Christus ist »kein anderer Name unter dem Himmel den Menschen gegeben, darin wir sollen selig werden.« Apostelgeschichte 4,12 Im Glauben empfangen wir die Gnade Gottes, denn der Glaube selbst rettet uns nicht. Er bringt nichts ein, sondern ist gewissermaßen nur die Hand, mit der wir Christus festhalten und uns dessen Verdienste – das Heilmittel gegen die Sünde – aneignen. Ohne die Hilfe des Geistes Gottes können wir ja nicht einmal bereuen. Deshalb sagt die Schrift von Christus: »Den hat Gott durch seine rechte Hand erhöht zum Fürsten und Heiland, um Israel Buße und Vergebung der Sünden zu geben.« Apostelgeschichte 5,31 Reue kommt ebenso von Christus, wie Vergebung.

Wie werden wir nun gerettet? »Wie Mose in der Wüste die Schlange erhöht hat«, so ist der Menschensohn erhöht worden, und wer von der Schlange betrogen und gebissen wurde, kann aufblicken und leben. »Siehe, das ist Gottes Lamm, welches der Welt Sünde trägt!« Johannes 1,29 Das Licht, das uns vom Kreuz entgegen strahlt, zeigt uns die Liebe Gottes. Sie zieht uns zu Ihm hin. Widerstreben wir diesem Ziehen nicht, dann werden wir zum Fuß des Kreuzes geführt, um dort die Sünden zu bereuen, die den Heiland ans Kreuz brachten. Dann erneuert der Heilige Geist durch den Glauben das innere

Leben des Menschen. Gedanken und Wünsche werden dem Willen Christi untergeordnet. Herz und Gemüt werden neu geschaffen zum Bild dessen, der in uns wirkt, um sich alle Dinge untertan zu machen. Dann ist das Gesetz Gottes in Herz und Sinn geschrieben, und wir können mit Christus bekennen: »Deinen Willen, mein Gott, tue ich gern.« Psalm 40,9 Im Gespräch mit Nikodemus erklärte Jesus den Erlösungsplan und sprach über Seine Aufgabe. In keiner späteren Rede hat Er so vollständig das Werk beschrieben, das in den Herzen aller geschehen muss, die das Himmelreich erben wollen. Gleich zu Beginn Seines Dienstes öffnete Er einem Mitglied des Hohen Rates das Verständnis der Wahrheit. Dieser hatte ein sehr empfängliches Gemüt und war ein beglaubigter Lehrer Israels. Im Allgemeinen aber nahmen die geistigen Führer des Volkes die göttliche Wahrheit nicht an. Nikodemus verbarg diese Botschaft drei Jahre in seinem Herzen. Aber der Heiland kannte den Boden, auf dem Er den Samen ausgestreut hatte. Seine Worte, die er zur Nachtzeit auf dem einsamen Berg zu nur einem Zuhörer gesprochen hatte, gingen nicht verloren.

Eine Zeit lang bekannte sich Nikodemus nicht öffentlich zu Jesus, aber er beobachtete Sein Leben und dachte über Seine Lehren nach. In den Sitzungen des Hohen Rates vereitelte er wiederholt manchen Anschlag der Priester, der Jesus zerstören sollte. Als dann der Heiland am Kreuz erhöht wurde, erinnerte sich Nikodemus an die Worte vom Ölberg: »Wie Mose in der Wüste die Schlange erhöht hat, so muss der Menschensohn erhöht werden, damit alle, die an ihn glauben, das ewige Leben haben.« Johannes 3,14f Das Licht jener heimlichen Unterredung umleuchtete das Kreuz von Golgatha, und Nikodemus sah in Jesus den Erlöser der Welt. Als nach der Himmelfahrt Jesu die Jünger durch Verfolgungen zerstreut wurden, trat Nikodemus unerschrocken hervor. Er setzte sein Vermögen zur Unterstützung der jungen Gemeinde ein, die die Juden mit dem Tod Christi als ausgetilgt betrachteten. In den gefahrvollen Zeiten stand er nun fest und unerschüttert wie ein Fels im Meer. Er ermutigte den Glauben der Jünger und gab seine Mittel zur Ausbreitung des Evangeliums. Er wurde von denen verhöhnt und verfolgt, die ihn in früheren Jahren geehrt und geachtet hatten. Er verlor seine irdischen Güter; doch sein Glaube, der in jener nächtlichen Unterredung mit Jesus begonnen hatte, schwankte nicht.

Nikodemus erzählte Johannes später die Geschichte jenes Gespräches, und dieser schrieb sie zur Unterweisung aller Menschen auf. Noch heute sind diese Wahrheiten genauso wichtig wie in jener ernsten Nacht auf dem Berg in der nächtlichen Stunde, als der jüdische Oberste kam, um von dem demütigen Lehrer aus Galiläa den Weg des Lebens zu erfahren.

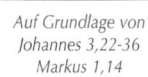

KAPITEL 18

Auf Grundlage von
Johannes 3,22-36
Markus 1,14

»ER MUSS WACHSEN...«

D er Einfluss des Täufers auf das Volk war zeitweise größer als der seiner Herrscher, Priester oder Fürsten. Hätte er sich als Messias ausgegeben und einen Aufstand gegen Rom angezettelt – die Priester und das Volk wären in Scharen seinem Ruf gefolgt. Jedes Ansinnen, auf das der Ehrgeiz von Welteroberern anspricht, hielt Satan für Johannes den Täufer wie eine Nötigung bereit. Aber sich seiner Vollmacht bewusst, widerstand Johannes unerschütterlich dem verlockenden Angebot. Stattdessen lenkte er die ihm zugedachte Aufmerksamkeit auf einen anderen.

Nun sah er, wie sich die Woge der Volksgunst von ihm ab, und dem Erlöser zuwandte. Täglich wurde die Menge um Johannes kleiner. Als Jesus von Jerusalem in die Gegend des Jordans kam, sammelten sich viele Menschen, um Ihn zu hören. Die Anzahl Seiner Nachfolger wuchs ständig. Viele kamen, um sich taufen zu lassen. Da Christus selbst nicht taufte, erlaubte Er seinen Jüngern, die Taufhandlung durchzuführen. Damit bestätigte Er die göttliche Sendung seines Vorläufers.

Doch die Jünger von Johannes blickten eifersüchtig auf die wachsende Beliebtheit Jesu. Sie brauchten auf eine Gelegenheit nicht lange zu warten, sein Wirken zu kritisieren. Zwischen ihnen und den Juden kam die Frage auf, ob die Taufe eine Reinigung des Menschen von der Sünde vollbringen könne. Sie waren der Meinung, dass sich die Jesustaufe erheblich von der Johannestaufe unterscheide. Bald darauf gerieten sie mit den Jüngern Jesu in eine Auseinandersetzung darüber, welche zu sprechende Formel bei der Taufe die richtige sei, und letztlich stritten sie Christus das Recht zu taufen ab.

Die Jünger von Johannes kamen mit ihren Klagen zu ihm und sprachen: »Meister, der bei dir war jenseits des Jordans, von dem du zeugtest, siehe, der tauft, und jedermann kommt zu ihm.« Johannes 3,26 Durch diese Worte wollte Satan Johannes versuchen. Obwohl seine Aufgabe fast beendet schien, wäre es dem Täufer doch noch möglich gewesen, das Wirken Christi zu behindern. Hätte er sich selbst bemitleidet und Sorge und Enttäuschung darüber geäußert, jetzt überflüssig zu sein, dann hätte er Zwietracht gesät, Neid und Eifersucht genährt und den Fortgang des Evangeliums ernsthaft behindert. Johannes besaß von Natur aus Fehler und Schwächen wie alle Menschen auch, doch die Berührung durch die göttliche Liebe hatte ihn umgewandelt. Er lebte in einer Atmosphäre – unberührt von Selbstsucht und Ehrgeiz und völlig erhaben über ansteckende Eifersucht. Er zeigte für die Unzufriedenheit seiner Jünger kein Verständnis, sondern ließ vielmehr erkennen, wie ungetrübt er seine Beziehung zum Messias verstand und wie freudig er den Einen willkommen hieß, dessen Weg er geebnet hatte.

Er sprach: »Ein Mensch kann nichts nehmen, wenn es ihm nicht vom Himmel gegeben ist. Ihr selbst seid meine Zeugen, dass ich gesagt habe: Ich bin nicht der Christus, sondern vor ihm her gesandt. Wer die Braut hat, der ist der Bräutigam; der Freund des Bräutigams aber, der dabeisteht und ihm zuhört, freut sich sehr über die Stimme des Bräutigams.« Johannes 3,27-29

Johannes stellte sich als Freund vor, der die Rolle eines Boten zwischen den Verlobten – Braut und Bräutigam – spielte und den Weg für die Hochzeit ebnete. Sobald die Braut dem Bräutigam zugeführt war, hatte der Freund seinen Auftrag erfüllt. Er hatte die Verbindung der beiden gefördert und freute sich ihres Glücks. Genauso sah Johannes seine Berufung darin, das Volk zu Jesus zu geleiten, und es freute ihn, ein Zeuge des erfolgreichen Wirkens des Erlösers zu sein. Er sagte: »Diese meine Freude ist nun erfüllt. Er muss wachsen, ich aber muss abnehmen!« Johannes 3,29f

Johannes blickte im Glauben auf den Heiland, so dass er den Gipfel der Selbstverleugnung erklimmen konnte. Er versuchte nicht, Menschen an sich zu binden, sondern wollte ihre Gedanken höher und höher führen, bis sie beim Lamm Gottes Ruhe fänden. Er selbst war nur eine Stimme, ein lauter Ruf in der Wüste gewesen. Jetzt nahm er freudig Schweigen und Vergessenwerden in Kauf, damit alle Augen auf das Licht des Lebens schauten.

Alle Boten Gottes, die treu zu ihrer Berufung stehen, werden keine eigene Ehre suchen. Die Liebe zu sich selbst geht auf in der Liebe zu Christus. Kein konkurrierendes Denken wird die köstliche Sache der Evangeliumsarbeit beeinträchtigen. Wie Johannes der Täufer haben sie den Sinn ihres Wirkens erkannt und verkündigen: »Siehe, das ist Gottes Lamm, welches der Welt Sünde trägt!« Joh. 1,29 Sie werden Jesus erhöhen und mit Ihm wird die Menschheit erhöht. »Denn so spricht der Hohe und Erhabene, der ewig wohnt, dessen Name heilig ist: Ich wohne in der Höhe und im Heiligtum und bei denen, die zerschlagenen und demütigen Geistes sind, auf dass ich erquicke den Geist der Gedemütigten und das Herz der Zerschlagenen.« Jesaja 57,15 Die von aller

Selbstsucht freie Seele des Propheten war von göttlichem Licht erfüllt. Als er sein Zeugnis zur Verherrlichung des Erlösers ablegte, waren seine Worte geradezu ein Gegenstück zu jenem Gespräch, das Christus selbst mit Nikodemus geführt hatte. Johannes sagte: »Der von oben her kommt, ist über alle. Wer von der Erde ist, der ist von der Erde und redet von der Erde. Der vom Himmel kommt, der ist über alle ... Denn welchen Gott gesandt hat, der redet Gottes Worte; denn Gott gibt den Geist nicht nach dem Maß.« Johannes 3,31.34 Christus konnte von sich sagen: »Ich suche nicht meinen Willen, sondern den Willen des, der mich gesandt hat.« Johannes 5,30 Ihm wird erklärt: »Du hast geliebt die Gerechtigkeit und gehasst die Ungerechtigkeit; darum hat dich, o Gott, gesalbt dein Gott mit dem Öl der Freude wie keinen andern neben dir.« Hebräer 1,9 Der Vater »gibt den Geist ohne Maß.« Johannes 3,34 Genauso ist es mit den Nachfolgern Christi. Wir können das Licht des Himmels nur in dem Maß empfangen, in dem wir bereit sind, unserem Ich zu entsagen. Wir können weder das Wesen Gottes erkennen noch Christus im Glauben annehmen – es sei denn, wir »nehmen gefangen alle Gedanken unter den Gehorsam Christi.« 2.Korinther 10,5 Wer dies tut, erhält den Heiligen Geist reichlich. In Christus »wohnt die ganze Fülle der Gottheit leibhaftig, und ihr habt diese Fülle in ihm.« Kolosser 2,9f

Die Jünger von Johannes hatten erklärt, dass alle zu Christus kamen, aber Johannes sah klarer und sagte: »Sein Zeugnis nimmt niemand an.« Johannes 3,32 So wenige waren bereit, Jesus als den Erretter von Sünde anzunehmen. »Wer es [sein Zeugnis] aber annimmt, der besiegelt, dass Gott wahrhaftig ist.« Johannes 3,33 »Wer an den Sohn glaubt, der hat das ewige Leben.« Johannes 3,36 Der Streit ist müßig, ob die Christus- oder die Johannestaufe von Sünden reinige. Allein die Gnade Christi verleiht der Seele Leben. Ohne Christus ist die Taufe, wie jede andere religiöse Handlung, eine wertlose Form. »Wer dem Sohn nicht glaubt, der wird das Leben nicht sehen.« Johannes 3,36

Von dem Erfolg des Wirkens Christi, den der Täufer mit solcher Freude anerkannte, wurde auch den Behörden in Jerusalem berichtet. Priester und Rabbiner waren auf den Einfluss des Johannes eifersüchtig gewesen, als sie mit ansehen mussten, wie das Volk die Synagogen verließ und in die Wüste strömte. Aber hier war Einer, der mit noch größerer Macht die Massen anzog. Diese Obersten in Israel waren nicht bereit, mit Johannes zu sagen: »Er muss wachsen, ich aber muss abnehmen.« Johannes 3,30 Fest entschlossen fingen sie an, jenem Werk ein Ende zu setzen, das ihnen das Volk abspenstig machte.

Jesus wusste, sie würden keine Anstrengung scheuen, um eine Spaltung zwischen Seinen Jüngern und den Jüngern des Johannes herbeizuführen. Ebenso spürte er, dass der Sturm sich bereits zusammenballte, der einen der größten Propheten, der je in diese Welt gesandt worden war, hinweg fegen würde. Weil Er alle Missverständnisse oder Unstimmigkeiten vermeiden wollte, beendete Er unauffällig Seine Tätigkeit in Judäa und zog sich nach Galiläa zurück. Auch wir sollten, der Wahrheit in Treue zugetan, alles vermeiden, was zu Misstönen und Missverständnissen führen könnte. Denn immer, wenn das geschieht, werden Menschen dabei verloren gehen. Wenn Umstände eintreten, die eine Spaltung verursachen könnten, sollten wir dem Beispiel Jesu und Johannes des Täufers folgen.

Johannes war dazu berufen, als Reformator voranzugehen. Deshalb standen seine Jünger in der Gefahr, ihre Aufmerksamkeit auf ihn zu richten, weil sie meinten, dass der Erfolg seines Werkes von seinen Bemühungen abhinge. Dabei konnten sie aber leicht die Tatsache übersehen, dass er nur ein Werkzeug war, durch das Gott wirkte. Das Werk von Johannes reichte jedoch für die Gründung der christlichen Gemeinde nicht aus. Nachdem er seinen Auftrag ausgeführt hatte, musste eine andere Arbeit getan werden, die durch sein Zeugnis nicht zustande kommen konnte. Das verstanden aber seine Jünger nicht. Als sie nun sahen, wie Jesus auftrat und das Werk fortführte, waren sie eifersüchtig und unzufrieden.

Die gleichen Gefahren bestehen auch heute noch. Gott ruft jemand in eine bestimmte Arbeit. Hat dieser sie dann seiner Befähigung entsprechend ausgeführt, ersetzt der Herr ihn durch andere, um durch sie das Werk noch weiter zu führen. Aber wie die Jünger von Johannes meinen viele, dass der Erfolg vom ersten Arbeiter abhängt. Die Aufmerksamkeit ist auf das Menschliche fixiert und nicht auf das Göttliche. Eifersucht entsteht, und Gottes Werk nimmt Schaden. Derjenige, der so zu unverdienter Ehre gelangt, steht in der Versuchung, Selbstvertrauen zu hegen. Er vergegenwärtigt sich nicht seine Abhängigkeit von Gott. Das Volk wird unterwiesen, sich auf menschliche Führung zu verlassen. Auf diese Weise machen sie Fehler und driften ab von Gott.

Damit Gottes Werk nicht Bild oder Aufschrift des Menschen trägt, lässt der Herr von Zeit zu Zeit verschiedene Kräfte wirksam werden, durch die sich seine Absichten am Besten erfüllen. Selig sind jene, die bereit sind, Demütigungen hinzunehmen und mit Johannes dem Täufer zu sprechen: »Er muss wachsen, ich aber muss abnehmen.« Johannes 3,30

KAPITEL 19

*Auf Grundlage von
Johannes 4,1-42;
Lukas 9,52-53*

AM JAKOBSBRUNNEN

Auf dem Weg nach Galiläa ging Jesus auch durch Samaria. Es war mittags, als Er das schöne Tal Sichem erreichte, an dessen Eingang der Jakobsbrunnen lag. Ermüdet von der Reise, ruhte sich der Heiland dort aus, während die Jünger losgingen, um Nahrung zu kaufen.

Die Juden und die Samariter waren bittere Feinde. Sie vermieden es, so weit wie möglich, miteinander in Kontakt zu kommen. Die Rabbiner erlaubten nur für den Notfall, in Handelsverbindung mit den Samaritern zu treten. Jeder gesellige Umgang mit ihnen aber war verpönt. Ein Jude würde weder etwas von einem Samariter leihen, noch jede Freundlichkeit oder sogar ein Glas Wasser oder Stück Brot annehmen. Durchaus übereinstimmend mit dieser Sitte ihres Volkes kauften die Jünger lediglich die notwendige Nahrung. Weiter gingen sie nicht. Von einem Samariter irgendeine Gunst zu erbitten oder nach einer Wohltat zu trachten, lag selbst den Jüngern Christi fern. Jesus saß schwach vor Hunger und Durst am Brunnen. Er hatte mit Seinen Jüngern seit dem Morgen eine lange Wanderung hinter sich, dazu knallte jetzt die heiße Mittagssonne hernieder. Sein Durst verstärkte sich bei dem Gedanken, dass ihm kühles, erfrischendes Wasser so nahe und doch unerreichbar war, da Er weder Strick noch Krug hatte und der Brunnen tief war. Er teilte das Los aller menschlichen Kreatur. Und so wartete Er, bis jemand käme, um hier Wasser zu schöpfen.

Da kam eine Frau aus Samaria zum Brunnen und füllte ihren Krug mit Wasser, doch schien sie Jesu Gegenwart überhaupt nicht zu bemerken. Als sie schon wieder gehen wollte, bat der Heiland sie um einen Schluck Wasser. Eine solche Bitte würde kein Orientale abschlagen. Im Morgenland galt das Wasser als Gottesgabe. Dem durstigen Wanderer einen Schluck Wasser zu geben, wurde als eine so heilige Pflicht angesehen, dass die Araber der Wüste keine Mühe scheuten, um sie zu erfüllen. Die Feindschaft, die zwischen Juden und Samaritern bestand, hielt jedoch diese Frau davon ab, Jesus eine Freundlichkeit zu erweisen. Der Heiland versuchte aber, das Herz dieser Frau zu gewinnen, indem Er taktvoll, aus göttlicher Liebe heraus, um eine Gunst bat, statt eine zu gewähren. Ein Angebot hätte abgeschlagen werden können, Vertrauen aber weckt Vertrauen. Der König des Himmels kam zu dieser ausgestoßenen Menschenseele und bat um einen Dienst von ihrer Hand. Er, der den Ozean entstehen ließ, der dem Wasser der großen Tiefe gebot und Er, der die Quellen der Erde öffnete, ruhte müde am Jakobsbrunnen und war selbst für einen Schluck Wasser auf die Freundlichkeit einer Fremden angewiesen.

Die Frau sah, dass Jesus ein Jude war. In ihrer Überraschung vergaß sie, den Wunsch des Heilandes zu erfüllen, versuchte jedoch, den Grund dafür zu erfahren. »Wie, du bittest mich um etwas zu trinken, der du ein Jude bist, und ich eine samaritische Frau?« Jesus antwortete: »Wenn du erkenntest die Gabe Gottes und wer der ist, der zu dir sagt: Gib mir zu trinken!, du bätest ihn, und er gäbe dir lebendiges Wasser.« Johannes 4,9f Du wunderst dich, dass ich dich um so eine kleine Gefälligkeit bitte wie um einen Schluck Wasser aus dem Brunnen an diesem Ort. Hättest du mich darum gebeten, so würde ich dir vom Wasser des ewigen Lebens gegeben haben. Die Frau hatte die Worte Jesu nicht verstanden, aber sie spürte deren ernste Bedeutung. Ihr leichtes, herausforderndes Wesen änderte sich. Sie sagte, in der Meinung, Jesus spräche von dem Wasser dieses Brunnens: »Herr, hast du doch nichts, womit du schöpfen könntest, und der Brunnen ist tief; woher hast du denn lebendiges Wasser? Bist du mehr als unser Vater Jakob, der uns diesen Brunnen gegeben hat? Und er hat daraus getrunken ...« Johannes 4,11f Sie sah nur einen müden Wanderer vor sich, verstaubt und durstig, und verglich Ihn in Gedanken mit dem verehrten Patriarchen Jakob. Sie glaubte – und das ist ganz natürlich –, dass kein anderer Brunnen dem gleichen könnte, den die Vorväter gebaut hatten. Sie sah zurück in die Zeit der Väter und schaute vorwärts auf das Kommen des Messias. Und dabei stand die Hoffnung der Väter – der Messias – neben ihr, und sie erkannte Ihn nicht. Wie viele durstige Menschenseelen befinden sich heute in unmittelbarer Nähe der lebendigen Quelle, dennoch suchen sie die Lebensquelle in der Ferne! »Sprich nicht in deinem Herzen: ‚Wer will hinauf gen Himmel fahren?‘ – nämlich um Christus herab zu holen – oder: ‚Wer will hinab in die Tiefe fahren?‘ – nämlich Christus von den Toten heraufzuholen –, sondern was sagt sie: ‚Das Wort ist dir nahe, in deinem Munde und in deinem Herzen.‘ Denn wenn du mit deinem Munde bekennst, dass Jesus der Herr ist, und in deinem Herzen glaubst, dass ihn Gott von den Toten auferweckt hat, so wirst du gerettet.« Römer 10,6-9 Jesus beantwortete die Ihn betreffende Frage nicht sofort, sondern sagte feierlich: »Wer von diesem Wasser trinkt, den wird wieder dürsten; wer aber von dem Wasser trinken wird, das ich ihm gebe, den wird ewiglich nicht dürsten, sondern das Wasser, das ich ihm geben werde, das wird in ihm ein Brunnen des Wassers werden, das in das ewige Leben quillt.« Johannes 4,13f

Wer seinen Durst an den Quellen dieser Welt stillen will, wird immer wieder durstig werden, denn die Menschen sind überall unbefriedigt. Sie sehnen sich nach etwas, das ihre Seele beruhigt. Dieses Verlangen kann nur Einer stillen. Christus ist das Bedürfnis der Welt und die Sehnsucht der Völker. Die göttliche Gnade, die Er allein weitergeben kann, ist wie lebendiges Wasser, das die Seele belebt, sie reinigt und erfrischt.

Jesus meinte damit nicht, dass ein einziger Schluck vom Wasser des Lebens genügte. Wer von der Liebe Jesu probierte, wünscht sich ständig davon – er sucht nichts anderes. Die Reichtümer, Ehren und Vergnügen der Welt haben keinerlei Anziehungskraft mehr für ihn, sondern der beständige Ruf seines Herzens lautet: Mehr von dir! Und Er, der der Seele ihre Bedürftigkeit offenbart, wartet darauf, den geistlichen Hunger und Durst zu stillen, denn menschliche Mittel und Wege vermögen es nicht. Die Zisternen werden leer und die Teiche trocknen aus, aber unser Erlöser ist eine unerschöpfliche Quelle. Wir können trinken und immer wieder schöpfen und finden ständig frischen Vorrat. In dem Christus wohnt, hat die Quelle des Segens in sich, den »Brunnen des Wassers, ... das in das ewige Leben quillt.« Aus dieser Quelle kann er genügend Kraft und Gnade schöpfen, um alle Bedürfnisse zu stillen.

Als Jesus von dem lebendigen Wasser sprach, sah Ihn die Frau verwundert an. Er hatte ihr Interesse geweckt und ließ in ihr ein Verlangen nach jener Gabe entstehen, von der Er sprach. Sie erkannte, dass Er nicht das Wasser vom Jakobsbrunnen meinte, denn davon trank sie täglich und wurde doch immer wieder durstig. »Herr«, sagte sie zu Ihm, »gib mir solches Wasser, damit ich nicht dürste!« Plötzlich gab der Herr der Unterhaltung eine andere Wendung. Ehe diese Frau die Gabe empfangen konnte, die Er ihr gerne schenken wollte, musste sie nicht nur ihre Sünde bekennen, sondern auch ihren Heiland. Er sprach zu ihr: »Gehe hin, rufe deinen Mann und komm her!« Sie sprach: »Ich habe keinen Mann.« Mit dieser Antwort hoffte sie, alle weiteren Fragen zu umgehen. Doch der Heiland fuhr fort: »Du hast recht gesagt: Ich habe keinen Mann. Fünf Männer hast du gehabt, und den du hast, der ist nicht dein Mann; da hast du recht gesagt.« Johannes 4,15-18

Die Zuhörerin zitterte. Eine geheimnisvolle Hand wendete die Blätter ihrer Lebensgeschichte um und brachte das zum Vorschein, was sie für immer zu verbergen gehofft hatte. Wer war dieser Mann, der die Geheimnisse ihres Lebens so genau kannte? Sie musste unwillkürlich an die Ewigkeit denken, an das zukünftige Gericht, wenn alles, was jetzt verborgen ist, offenbar werden wird. In diesem Bewusstsein erwachte ihr Gewissen. Sie konnte nichts bestreiten, aber sie versuchte, diesem unangenehmen Thema auszuweichen. Ehrfurchtsvoll sagte sie: »Herr, ich sehe, dass du ein Prophet bist.« Johannes 4,19

Dann brachte sie die Rede auf religiöse Streitfragen, um ihr Gewissen zu beruhigen. Wenn dieser Mann ein Prophet war, dann konnte Er ihr auch sicherlich alles erklären, was ihr bisher so strittig schien.

Geduldig ließ der Heiland der Samariterin bei der Führung des Gesprächs freie Hand. Inzwischen wartete Er auf eine Gelegenheit, ihrem Herzen erneut die Wahrheit nahezubringen. »Unsere Väter haben auf diesem Berg angebetet«, sprach die samaritische Frau, »und ihr sagt, in Jerusalem sei die Stätte, da man anbeten solle.« Johannes 4, 20 Vor ihren Blicken lag der Berg Garizim, dessen Tempel verwüstet war. Nur der Altar stand noch. Der Ort der Anbetung war zwischen Juden und Samaritern ein Streitpunkt. Einige der samaritischen Vorfahren hatten einst zu Israel gehört; aber ihrer Sünden wegen ließ es der Herr zu, dass sie von einem heidnischen Volk überwunden wurden. Schon viele Generationen hindurch lebten sie mit Götzenanbetern zusammen, deren Religion ihre eigene allmählich durchdrungen hatte. Sie behaupteten allerdings, dass ihre Götzen sie nur an den lebendigen Gott, den Herrscher des ganzen Weltalls, erinnern sollten, trotz allem waren sie so weit gekommen, ihre Götzenbilder zu verehren.

Als der Tempel in Jerusalem zur Zeit Esras wieder gebaut wurde, wollten die Samariter den Juden bei seinem Aufbau helfen. Das wurde ihnen aber verweigert, und es entstand eine bittere Feindschaft zwischen beiden Völkern. Die Samariter bauten sich deshalb ihren Tempel auf dem Berg Garizim. Hier beteten sie Gott an in Übereinstimmung mit den mosaischen Bräuchen, obwohl sie den Götzendienst nicht völlig aufgegeben hatten. Aber das Unglück verfolgte sie. Ihr Tempel wurde von Feinden zerstört, und sie schienen unter einem Fluch zu stehen. Dennoch hielten sie an ihren Traditionen und der Form des Gottesdienstes fest. Sie wollten den Tempel in Jerusalem nicht als Haus Gottes anerkennen und auch nicht zugeben, dass die jüdische Religion der ihren überlegen war.

Auf die Frage der Samariterin antwortete Jesus: »Glaube mir, Frau, es kommt die Zeit, dass ihr weder auf diesem Berge noch in Jerusalem den Vater anbeten werdet. Ihr wisst nicht, was ihr anbetet; wir wissen aber, was wir anbeten; denn das Heil kommt von den Juden.« Johannes 4,21f Jesus hatte damit bewiesen, dass Er frei war von dem jüdischen Vorurteil gegen die Samariter. Nun versuchte Er sogar das Vorurteil der Samariterin gegen die Juden zu beseitigen. Während Er darauf hinwies, dass der Glaube der Samariter durch den Götzendienst verdorben war, erklärte Er, dass die großen Wahrheiten über die Erlösung den Juden anvertraut seien und dass aus ihrem Volk auch der Messias kommen sollte. In den heiligen Schriften hatten sie eine klare Darstellung vom Wesen Gottes und von den Grundsätzen seiner Regierung. Jesus rechnete Sich selbst zu den Juden, denen Gott die Erkenntnis über Seine Person gegeben hatte. Er wollte gerne die

Gedanken Seiner Zuhörerin über äußere Formen und über alle

Streitfragen hinausheben. »Es kommt die Zeit und ist schon jetzt, in der die wahren Anbeter den Vater anbeten werden im Geist und in der Wahrheit; denn auch der Vater will solche Anbeter haben. Gott ist Geist, und die ihn anbeten, die müssen ihn im Geist und in der Wahrheit anbeten.« Johannes 4,23f

Hier wird die gleiche Wahrheit ausgesprochen, die Jesus schon Nikodemus offenbart hatte als Er sagte: »Es sei denn, dass jemand von neuem geboren werde, so kann er das Reich Gottes nicht sehen.« Johannes 3,3 Menschen werden dem Himmel nicht näher gebracht, indem sie einen heiligen Berg oder einen geweihten Tempel aufsuchen. Die Religion ist nicht nur auf äußere Formen und Handlungen beschränkt. Die Religion, die von Gott kommt, ist auch die einzige, die zu Gott führt. Um Ihm in der richtigen Weise zu dienen, müssen wir durch den Geist Gottes neu geboren werden. Dieser wird unsere Herzen reinigen und unseren Sinn erneuern und uns befähigen, Gott zu erkennen und zu lieben. Er wird in uns die Bereitschaft wecken, allen Seinen Anforderungen gehorsam zu sein. Dies allein ist wahre Anbetung. Sie ist die Frucht der Wirksamkeit des Geistes Gottes. Jedes aufrichtige Gebet ist durch den Geist eingegeben, und Gott akzeptiert ein solches Gebet. Wo immer jemand nach Gott sucht, da bekundet sich das Wirken des Geistes, und Gott wird sich jenem Menschen mitteilen. Nach solchen Anbetern sucht Er. Er wartet nur darauf, sie anzunehmen und sie zu Seinen Söhnen und Töchtern zu machen.

Jesu Worte machten schon während ihrer Unterhaltung großen Eindruck auf die Samariterin. Weder von den Priestern ihres Volkes noch von den Juden hatte sie jemals solche Gedanken gehört. Als der Heiland ihr vergangenes Leben vor ihr enthüllt hatte, war sie sich ihrer großen Not bewusst geworden. Sie erkannte den Durst ihrer Seele, den die Wasser des Brunnens von Sichar nicht stillen konnte. Sie war bisher nie mit etwas in Berührung gekommen, das ihr Verlangen so nach Höherem geweckt hätte. Jesus hatte sie davon überzeugt, dass Er ihr Leben genau kannte. Dennoch fühlte sie, dass Er ihr Freund war, der Mitleid mit ihr hatte und sie liebte. Obwohl sie sich durch Seine reine Gegenwart in ihrer Sünde verdammt fühlte, hatte Er kein Wort des Tadels gesprochen, sondern ihr von Seiner Gnade erzählt, die ihre Seele erneuern könnte. Sie wurde von Seinem Charakter überzeugt, und sie fragte sich, ob dieser Mann nicht der lang ersehnte Messias sei. Sie sagte zu Ihm: »Ich weiß, dass der Messias kommt, der da Christus heißt. Wenn dieser kommt, wird er uns alles verkündigen. Jesus spricht zu ihr: Ich bin's, der mit dir redet.« Johannes 4,25f

Als die Frau diese Worte hörte, glaubte sie in ihrem Herzen. Sie nahm die wunderbare Verkündigung aus dem Mund des göttlichen Lehrers an. Ihr Gemüt war empfänglich und sie war bereit, die herrlichste Offenbarung zu erfassen, denn die heiligen Schriften interessierten sie, und der Heilige

Geist hatte ihre Seele auf eine größere Erkenntnis vorbereitet. Sie kannte die Verheißung des Alten Testamentes: »Einen Propheten wie mich wird dir der Herr, dein Gott, erwecken aus dir und aus deinen Brüdern; dem sollt ihr gehorchen.« 5.Mose 18,15 Sie hatte sich immer schon danach gesehnt, diese Verheißung zu verstehen. Nun fiel ein Lichtstrahl in ihre Seele. Das Wasser des Lebens – das geistliche Leben, das Christus jeder durstigen Seele gibt – war ihrem Herzen geschenkt worden. Gottes Geist wirkte an ihr.

Die schlichte Darstellung, die Jesus dieser Frau gab, hätte Er den selbstgerechten Juden nicht geben können. Christus war zurückhaltender, wenn Er mit ihnen sprach. Was den Juden vorenthalten wurde und die Jünger später geheim halten sollten, offenbarte Er dieser Samariterin. Jesus sah, dass sie diese Erkenntnis benutzen würde, um andere an Seiner Gnade teilhaben zu lassen.

Als die Jünger von ihrem Auftrag zurück kamen, waren sie überrascht, ihren Meister im Gespräch mit der Samariterin zu finden. Er hatte den erfrischenden und so sehr begehrten Schluck Wasser nicht bekommen und fand auch nicht die Zeit, die von den Jüngern gebrachte Speise zu essen. Nachdem die Frau gegangen war, baten die Jünger Ihn, etwas zu essen. Der Heiland aber saß still und nachdenklich. Sein Angesicht strahlte von einem inneren Licht, und sie fürchteten, Seine Gemeinschaft mit Gott zu stören. Sie wussten aber, dass Er hungrig und matt war, und fühlten sich verpflichtet, Ihn an Seine leiblichen Bedürfnisse zu erinnern. Jesus anerkannte ihre liebevolle Fürsorge und sagte: »Ich habe eine Speise zu essen, von der ihr nicht wisst.« Verwundert fragten sich die Jünger, wer ihm Nahrung gebracht haben konnte. Doch der Herr erklärte ihnen: »Meine Speise ist die, dass ich tue den Willen des, der mich gesandt hat, und vollende sein Werk.« Johannes 4,34 Jesus freute sich, dass Seine Worte das Gewissen der Samariterin geweckt hatten. Er sah, dass diese Frau vom Wasser des Lebens gläubig trank, und Sein eigener Hunger und Durst waren gestillt.

Die Erfüllung Seiner Aufgabe, um derentwillen Er den Himmel verlassen hatte, stärkte Ihn für Seine Arbeit und erhob Ihn über die menschlichen Bedürfnisse. Es war Ihm wichtiger, einer hungernden und dürstenden Menschenseele mit der Wahrheit zu dienen, als selbst leibliche Nahrung zu genießen. Dies war ihm eine Freude und eine Erfrischung, denn Wohltätigkeit war Sein Leben!

Unser Heiland wünscht sich, angenommen zu werden. Er hungert nach dem Mitgefühl und der Liebe derer, die Er mit Seinem eigenen Blut erkauft hat. Mit innigem Verlangen sehnt Er sich danach, dass sie zu Ihm kommen und das Leben empfangen. Wie eine Mutter auf das erste erkennende Lächeln ihres Kindes achtet, das dadurch sein erwachendes Verständnis anzeigt, so wartet Christus auf den Ausdruck dankbarer Liebe, der Ihm zeigt, dass das geistliche Leben in den Herzen der Menschen erwacht ist.

Die Worte Jesu hatten die Samariterin mit Freude erfüllt. Die wunderbare Offenbarung überwältigte sie fast. Sie ließ ihren Krug stehen und eilte in die Stadt, um den anderen Leuten dort diese Botschaft zu bringen. Jesus wusste, warum sie gegangen war, und der zurückgelassene Wasserkrug sprach unmissverständlich von der Wirkung Seiner Worte. Es war ihr Herzenswunsch, von dem lebendigen Wasser zu trinken. Sie vergaß den Zweck ihres Kommens und auch des Heilandes Durst, den sie doch stillen wollte. Sie eilte mit freudig erregtem Herzen in die Stadt zurück, um den anderen Leuten das kostbare Licht mitzuteilen, das sie selbst empfangen hatte.

»Kommt, seht einen Menschen, der mir alles gesagt hat, was ich getan habe, ob er nicht der Christus sei!« So rief sie den Leuten in der Stadt zu. Und ihre Worte berührten ihre Herzen. Ein neuer Ausdruck war an ihrem Gesicht zu sehen, eine Veränderung in ihrem ganzen Auftreten. Es interessierte die Menschen, Jesus zu sehen, und sie gingen »aus der Stadt und kamen zu ihm.« Johannes 4,29f

Jesus saß noch immer am Rand des Brunnens. Sein Blick wanderte über die sich vor Ihm ausbreitenden reifenden Kornfelder, die von der leuchtenden Sonne berührt wurden. Er wies Seine Jünger auf dieses Bild hin und knüpfte eine Belehrung daran: »Sagt ihr nicht: Es sind noch vier Monate, dann kommt die Ernte? Siehe, ich sage euch: Hebt eure Augen auf und seht in das Feld, denn es ist weiß zur Ernte.« Johannes 4,35 Während Er so sprach, blickte Er auf die Schar, die schnell dem Brunnen zueilte. Es waren noch vier Monate bis zur Erntezeit des Getreides, aber hier war schon eine Ernte reif für den Schnitter.

»Schon empfängt Lohn«, sagte Er, »der da schneidet, und sammelt Frucht zum ewigen Leben, auf dass sich miteinander freuen, der da sät und der da schneidet. Denn hier ist der Spruch wahr: Dieser sät, der andere schneidet.« Johannes 4,36f Hiermit kennzeichnete Jesus die hohe Aufgabe, die die Verkündiger des Evangeliums Gott gegenüber zu erfüllen haben. Sie sollen Seine lebendigen Werkzeuge sein, denn Gott verlangt ihren persönlichen Dienst. Ob wir nun säen oder ernten, wir arbeiten für den Herrn. Einer streut den Samen aus, der andere bringt die Ernte ein – beide aber erhalten ihren Lohn. Sie freuen sich gemeinsam über den Erfolg ihrer Arbeit.

Jesus sprach zu den Jüngern: »Ich habe euch gesandt, zu schneiden, was ihr nicht gearbeitet habt; andere haben gearbeitet, und ihr seid in ihre Arbeit gekommen.« Johannes 4,38 Der Heiland schaute hier schon voraus auf die große Ernte zu Pfingsten. Die Jünger sollten dies nicht als Ergebnis ihrer eigenen Anstrengungen betrachten. Sie setzten lediglich die Arbeit anderer fort. Seit Adams Fall hatte Christus fortwährend die Saat des Wortes an Seine erwählten Diener weitergegeben, damit sie in die Herzen der Menschen gesenkt würde. Und ein unsichtbarer Mittler, ja eine allgegenwärtige Macht war still, aber wirksam tätig gewesen, um die Ernte hervorzubringen. Der Tau, der Regen und der Sonnenschein der Gnade Gottes waren gegeben worden, um die ausgestreute Saat der Wahrheit zu erfrischen und zu hegen. Christus war nun bereit, die Saat mit Seinem eigenen Blut zu tränken. Seine Jünger hatten das Privileg, mit Gott zusammen zu arbeiten. Sie waren Mitarbeiter Christi und darin Nachfolger der heiligen Männer von früher. Durch die Ausgießung des Heiligen Geistes zu Pfingsten wurden Tausende an einem Tag gläubig. Das war das Ergebnis der Aussaat Christi, die Ernte Seines Wirkens.

In den Worten, die Jesus zur Samariterin am Brunnen gesprochen hat, wurde guter Samen gesät. Wie schnell konnte er die Ernte einholen. Die Samariter kamen, hörten Jesus und glaubten an Ihn. Sie scharten sich um Ihn, überhäuften Ihn mit Fragen und nahmen Seine Erklärungen über alles, was ihnen bisher unverständlich gewesen war, aufmerksam auf. Während sie Ihm zuhörten, fing ihre Verwirrung an zu weichen. Sie waren wie ein Volk, das in großer Dunkelheit einem plötzlich aufleuchtenden Licht nachging, bis es den hellen Tag fand. Sie wurden nicht müde, dem Herrn zuzuhören, und wollten sich nicht mit einem kurzen Gespräch zufrieden geben. Sie wollten mehr hören und wünschten auch, dass ihre Freunde in der Stadt diesen wunderbaren Lehrer hören konnten. So luden sie den Herrn ein, mit ihnen zu kommen und in ihrer Stadt zu bleiben. Zwei Tage blieb Jesus in Samarien, und viele dort glaubten an Ihn.

Die Pharisäer verachteten die Einfachheit Jesu. Sie leugneten Seine Wunder, forderten aber ein Zeichen, dass Er der Sohn Gottes sei. Die Samariter forderten kein Zeichen. Jesus wirkte auch keine Wunder unter ihnen – nur der Samariterin hatte Er am Brunnen das Geheimnis ihres Lebens offenbart –, und doch nahmen Ihn viele an. In großer Freude sagten sie zu der Frau: »Von nun an glauben wir nicht mehr um deiner Rede willen; denn wir haben selber gehört und erkannt: Dieser ist wahrlich der Welt Heiland.« Johannes 4,42

Die Samariter glaubten, dass der Messias als Erlöser nicht nur für Juden, sondern für die ganze Welt gekommen war. Der Heilige Geist hatte Ihn durch Mose als einen von Gott gesandten Propheten vorausgesagt. Jakob hatte erklärt, dass diesem alle Völker folgen werden, und Abraham ließ erkennen, dass in dem Einen alle Völker gesegnet werden sollen. vgl. 1.Mose 49,10; 22,18; 12,3; 26,4; Galater 3,16 Darauf gründeten die Samariter ihren Glauben an den Messias. Die Tatsache, dass die Juden die späteren Propheten missdeutet haben, indem sie dem ersten Kommen Jesu allen Glanz und alle Herrlichkeit Seines zweiten Kommens zuschrieben, hatte die Samariter veranlasst, alle heiligen Schriften bis auf die von Mose gegebenen abzulegen. Doch als der Heiland diese falschen Auslegungen weg wischte, nahmen viele die späteren Weissagungen an

und auch die Worte von Christus selbst, die sich auf das Reich

Gottes bezogen. Jesus hatte angefangen, die Scheidewand zwischen Juden und Heiden einzureißen und der ganzen Welt die Heilsbotschaft zu verkünden. Und obwohl Er ein Jude war, pflegte Er doch freien Umgang mit den Samaritern und beachtete nicht im Geringsten den pharisäischen Brauch Seines Volkes. Trotz aller Vorurteile nahm Er die Gastfreundschaft dieser verachteten Menschen an. Er schlief unter ihrem Dach, aß mit ihnen an ihrem Tisch die Speise, die sie zubereitet und aufgetragen hatten. Er lehrte auf ihren Straßen und behandelte sie äußerst freundlich und höflich.

Im Tempel zu Jerusalem trennte eine niedrige Mauer den äußeren Hof von allen anderen Teilen des geweihten Gebäudes. An dieser Mauer stand in mehreren Sprachen zu lesen, dass es nur den Juden erlaubt sei, diese Abgrenzung zu überschreiten. Würde ein Heide es gewagt haben, den umgrenzten Bereich zu betreten, hätte er den Tempel entweiht und als Strafe mit seinem Leben bezahlen müssen. Doch Jesus, der Schöpfer des Tempels und Seines Dienstes, zog die Heiden zu sich durch das Band Seiner Zuneigung, während Seine göttliche Gnade ihnen das Heil brachte, das die Juden ablehnten.

Der Aufenthalt in Samaria sollte für Seine Jünger, die noch unter dem Einfluss des jüdischen Fanatismus standen, ein besonderer Segen sein. Sie waren der Auffassung, dass die Treue zum eigenen Volk von ihnen verlangte, Feindschaft gegen die Samariter zu hegen. Sie wunderten sich deshalb über das Verhalten Jesu. Sie konnten es jedoch nicht ablehnen, Seinem Beispiel zu folgen. Und während der beiden Tage in Samaria trug ihre Treue zu Ihm dazu bei, dass sie sich mit ihren Vorurteilen zurückhielten. Dennoch waren sie in ihrem Herzen unversöhnt. Nur langsam lernten sie, dass ihre Verachtung und ihre Feindseligkeit der Barmherzigkeit und dem Mitgefühl weichen mussten. Doch nach der Himmelfahrt Jesu sahen sie Seine Lehren unter völlig neuem Vorzeichen. Nach der Ausgießung des Heiligen Geistes erinnerten sie sich an die Blicke des Heilandes, an Seine Worte, an Sein achtungsvolles und liebevolles Verhalten gegenüber diesen verachteten Fremden. Als Petrus später nach Samaria reiste, um das Wort zu verkündigen, war sein Wirken vom gleichen Geist erfüllt. Als Johannes nach Ephesus und Smyrna gerufen wurde, erinnerte er sich an die Erfahrung am Brunnen von Sichem. Und so war er voller Dankbarkeit gegenüber dem göttlichen Lehrer. Der die Schwierigkeiten voraussah, die ihnen begegnen würden, hatte ihnen durch Sein eigenes Beispiel geholfen.

Der Heiland handelt heute noch genauso wie damals, als Er der Samariterin das Wasser des Lebens anbot. Jene, die sich Seine Nachfolger nennen, mögen die Ausgestoßenen verachten und meiden. Aber keinerlei Umstände von Herkunft oder Nationalität oder andere Lebensumstände können den Menschenkindern Seine Liebe entziehen. Einem jeden, wie sündig er auch sein mag, sagt der Herr: Hättest du mich gebeten, ich würde dir lebendiges Wasser gegeben haben. Die Einladung des Evangeliums soll nicht auf wenige Auserwählte beschränkt werden, die uns durch Seine Annahme meinen zu ehren. Die Botschaft soll an alle Menschen gegeben werden. Wo immer Herzen für die Wahrheit offen sind, ist Christus bereit, sie zu belehren. Er offenbart ihnen den Vater und die Art der Anbetung, die dem Herrn, der in aller Menschen Herzen liest, angenehm ist. Zu ihnen spricht Er nicht in Gleichnissen sondern wie damals zur Samariterin am Brunnen bei Sichar: »Ich bin's, der mit dir redet.«

Als Jesus am Jakobsbrunnen verweilte, um auszuruhen, kam Er gerade aus Judäa, wo Sein Wirken nur wenig bewirkt hatte. Er war von den Priestern und Rabbinern abgelehnt worden, und selbst jene, die Seine Jünger sein wollten, hatten Seinen göttlichen Charakter nicht erkannt. Obwohl der Heiland müde und matt war, nutzte Er doch die Gelegenheit, mit der Samariterin zu reden – einer Fremden und Abtrünnigen von Israel, die dazu in offener Sünde lebte.

Der Heiland wartete nicht, bis sich viele Zuhörern versammelt hatten. Oft begann Er auch vor nur wenigen Menschen zu lehren; doch die Vorübergehenden blieben einer nach dem anderen stehen und hörten zu, bis eine große Menge verwundert und ehrfürchtig zugleich den Worten des göttlichen Lehrers lauschte. Der Diener Gottes darf nicht meinen, zu wenigen Leuten nicht mit demselben Eifer reden zu können wie zu einer großen Versammlung. Vielleicht hört nur ein Mensch die Botschaft; doch wer kann sagen, wie weitreichend sein Einfluss sein wird? Selbst die Jünger hielten es nicht für lohnend, dass sich der Heiland mit der Samariterin beschäftigte. Jesus aber sprach mit dieser Frau ernster und eifriger als mit Königen, Gelehrten oder geistlichen Würdenträgern. Die Lehren, die Er ihr weitergab, sind bis an die entferntesten Orte der Erde gedrungen.

Sobald die Samariterin den Heiland gefunden hatte, brachte sie andere Menschen zu Ihm. Sie war in ihrer Missionsarbeit wirksamer als Jesu Jünger. Diese stempelten Samaria als wenig versprechendes Arbeitsfeld ab. Ihre Gedanken waren auf eine große Aufgabe gerichtet, die in der Zukunft geschehen sollte. Darum sahen sie auch nicht die Ernte, die um sie herum einzuholen war. Durch die samaritische Frau, die sie verachteten, waren die Einwohner einer ganzen Stadt zum Heiland gekommen, um von ihm zu hören. Unverzüglich brachte sie das empfangene Licht ihren Landsleuten.

Diese Frau stellt das Wirken des praktischen Glaubens dar. Jeder wahre Jünger wird für das Reich Gottes geboren, um ein Missionar zu sein. Wer von dem lebendigen Wasser trinkt, wird selbst eine Quelle des Lebens. Der Empfänger wird zum Geber. Die Gnade Christi in der Seele ist wie eine Quelle in der Wüste, die hervorsprudelt, um alle zu erfrischen, und die in allen, die dem Verschmachten nahe sind, das Verlangen nach dem Lebenswasser weckt.

KAPITEL 20

Auf Grundlage von
Matthäus 8,5-13
Lukas 7,1-10

»WENN IHR NICHT ZEICHEN UND WUNDER SEHT...«

D ie Galiläer nun, die vom Passahfest zurückgekehrt waren, berichteten über die wunderbaren Werke Jesu. Das Urteil, das die Würdenträger in Jerusalem über Seine Taten fällten, bereitete Ihm in Galiläa den Weg. Viele Menschen beklagten den Missbrauch, der mit dem Tempel getrieben wurde und auch die Habgier und Überheblichkeit der Priester. Sie hofften, dass dieser Mensch, der ihre Obersten in die Flucht geschlagen hatte, der ersehnte Befreier sei. Jetzt erreichten sie Nachrichten, die ihre größten Erwartungen zu bestätigen schienen. Es wurde berichtet, dass der Prophet erklärt habe, der Messias zu sein. Aber die Leute aus Nazareth glaubten nicht an Ihn. Aus diesem Grund ging Jesus auf dem Weg nach Kana an der Stadt Nazareth vorüber.

Der Heiland erklärte Seinen Jüngern, dass ein Prophet in seiner eigenen Heimat nichts gelte. Die Menschen bewerten den Charakter von ihresgleichen nach dem, was sie selbst zu erkennen fähig sind. Die Kurzsichtigen und weltlich Denkenden beurteilten Jesus nach Seiner niederen Herkunft, Seiner einfachen Kleidung und Seiner täglichen Arbeit. Sie konnten nicht die Reinheit jenes Geistes würdigen, der von keiner Sünde befleckt war.

Die Nachricht von Jesu Rückkehr nach Kana verbreitete sich bald überall in Galiläa und brachte den Leidenden und Bedrückten Hoffnung. In Kapernaum erregte diese Nachricht die Aufmerksamkeit eines jüdischen Edelmannes, der in königlichen Diensten stand. Dessen Sohn litt offenbar an einer unheilbaren Krankheit. Die Ärzte hatten ihn schon aufgegeben. Als nun der Vater von Jesus hörte, entschloss er sich, bei Ihm Hilfe zu suchen. Das Kind war sehr schwach und man befürchtete, dass es seine Rückkehr nicht mehr erleben werde. Dennoch wollte der Vater selbst zu Jesus gehen und Ihm seine Bitte vortragen. Er hoffte, dass die Gebete eines Vaters das Mitgefühl des großen Arztes wecken könnten. Als er Kana erreichte, fand er Jesus inmitten einer großen Menschenmenge. Mit besorgtem Herzen drängte er sich in die Nähe des Heilandes. Sein Glaube begann aber doch zu wanken, als er nur einen schlicht gekleideten Mann entdeckte, der zudem von seiner Wanderung noch staubbedeckt [196/197] **143** und müde aussah. Er zweifelte, dass dieser Mann seine Bitte erfüllen könnte, verschaffte sich aber dennoch die Gelegenheit einer Unterredung mit Jesus, teilte Ihm sein Anliegen mit und bat Ihn inständig, dass Er mit in sein Haus käme. Jesus kannte seinen Kummer bereits. Bevor jener Beamte nämlich sein Haus verließ, hatte der Herr seine Niedergeschlagenheit schon gesehen.

Er wusste aber auch, dass der Vater seinen Glauben an Ihn, den Messias, von der Erfüllung seiner Bitte abhängig gemacht hatte. Bevor Jesus ihm seine Bitte nicht erfüllte, wollte er Ihn nicht als Messias annehmen. Darum sagte Jesus dem ängstlich Wartenden: »Wenn ihr nicht Zeichen und Wunder seht, so glaubt ihr nicht.« Johannes 4,48

Ungeachtet aller Beweise, dass Jesus der Christus war, hatte sich der Bittsteller entschlossen, nur dann an Ihn zu glauben, wenn Er seine Bitte erfüllen würde. Der Heiland stellte diesen zweifelnden Unglauben dem einfachen Glauben der Samariter gegenüber, die kein Wunder oder Zeichen erbeten hatten. Sein Wort, das immer gegenwärtige Zeugnis Seiner Göttlichkeit, hatte eine Überzeugungskraft, die ihre Herzen berührte. Christus litt darunter, dass Sein eigenes Volk, dem die Weissagungen Gottes anvertraut worden waren, es versäumte, auf die Stimme des Herrn zu hören, die durch Seinen Sohn zu ihnen sprach. Dennoch hatte der königliche Beamte ein bestimmtes Maß an Glauben. Er war gekommen, um den ihm am kostbarsten erscheinenden Segen zu erbitten. Jesus aber hatte ein größeres Geschenk für ihn bereit. Er wollte nicht nur das Kind heilen, sondern den Beamten und seine Familie an den Segnungen des Heils teilhaben lassen und in Kapernaum, das bald sein eigenes Arbeitsfeld werden sollte, ein Licht anzünden. Aber der Beamte musste zuerst begreifen, dass er Hilfe brauchte, bevor ihn nach der Gnade verlangte. Dieser Edelmann stand für viele andere Leute in seinem Land. Sie interessierten sich nur aus egoistischen Motiven für Christus. Sie hofften, durch Seine Macht irgendeinen besonderen Nutzen zu haben, und sie machten ihren Glauben davon abhängig, dass Er ihnen diese zeitliche Gunst gewähre. Aber sie waren sich ihrer geistlichen Krankheit nicht bewusst und erkannten auch nicht, dass sie die göttliche Gnade brauchten.

Blitzartig trafen nun diese Worte Jesu das Herz des königlichen Beamten aus Kapernaum. Ihm wurde bewusst, dass seine Motive zum Aufsuchen des Heilands egoistisch waren. Sein schwankender Glaube erschien ihm in seinem wahren Charakter, und mit großem Schmerz erkannte er, dass sein Zweifel seinem Sohn das Leben kosten könnte. Er wusste, dass er sich in der Gegenwart dessen befand, der die Gedanken lesen konnte und dem alle Dinge möglich waren. In seiner Herzensangst flehte er: »Herr, komm herab, ehe mein Kind stirbt!« Johannes 4,49 Sein Glaube ergriff Jesus, so wie Jakob es tat, als er, mit dem Engel ringend, damals ausrief: »Ich lasse dich nicht, du segnest mich denn.« 1.Mose 32,27 Wie Jakob, so errang auch dieser den Sieg. Der Heiland kann sich dem Menschen nicht entziehen, der sich an Ihn klammert und Ihm seine große Not bekennt. »Gehe hin«, sagte Er, »dein Sohn lebt.« Da verließ der Mann freudig und mit einem noch nie gekannten Frieden den Heiland. Er glaubte nicht nur, dass sein Sohn gesund würde, sondern er war auch fest davon überzeugt, in Christus den Erlöser gefunden zu haben.

Zur selben Stunde erlebten alle, die in Kapernaum am Bett des sterbenden Kindes weilten, eine plötzliche, rätselhafte Veränderung. Die Schatten des Todes verschwanden von der Stirn des Kindes, das Fieber ließ nach, die ersten Anzeichen beginnender Genesung machten sich bemerkbar. In die trüben Augen kam wieder Glanz und Verständnis, und den schwachen, abgemagerten Körper erfüllte neue Kraft. Das Kind zeigte keinerlei Anzeichen einer Erkrankung mehr. Sein erhitzter Körper wurde regeneriert und er sank in einen ruhigen Schlaf und das Fieber schwand. Die Familie war sehr erstaunt und erfreut.

Die Entfernung zwischen Kana und Kapernaum war nicht so groß, deshalb hätte der jüdische Oberste noch am gleichen Abend nach der Unterredung mit Jesus in sein Heim zurückkehren können. Er beeilte sich aber nicht und kam erst am nächsten Morgen wieder zuhause an. Welch eine Heimkehr war das! Als er losgegangen war, Jesus zu suchen, hatten Sorgen sein Herz erfüllt. Der Sonnenschein schien ihm grausam, und der Gesang der Vögel blanker Hohn. Wie ganz anders ist es jetzt! Die Natur erscheint ihm verwandelt zu sein, so neu kommt ihm alles vor. Als er sich in der Stille des frühen Morgens auf die Reise begibt, scheint die ganze Schöpfung mit ihm den Herrn zu loben. Kurz vor Kapernaum kommen ihm einige seiner Diener entgegen, die ihn aus der Ungewissheit befreien wollen. Doch er zeigt zu ihrer großen Verwunderung kein Erstaunen über die Nachricht, die sie ihm bringen. Sie wundern sich noch mehr, als er nach der genauen Zeit fragt, zu der sich der Zustand des Kindes zu bessern begann. Sie antworten: »Gestern um die siebente Stunde verließ ihn das Fieber.« Johannes 4,52 Im gleichen Augenblick, da des Vaters Glaube die Zusage ergriff: »Dein Sohn lebt«, berührte die göttliche Liebe das sterbende Kind. Nun eilt der Vater nach Hause, um sein Kind zu begrüßen. Er drückt es an sich, wie einen vom Tod auferstandenen, und dankt Gott immer wieder für diese wunderbare Genesung.

Der jüdische Oberste wollte mehr von Christus hören. Als er einige Zeit später den Lehren des Heilandes zuhörte, wurden er und alle seine Hausgenossen Jesu Jünger. Die ausgestandene Trübsal hatte zur Bekehrung der ganzen Familie geführt. Die Nachricht von dem Wunder aber breitete sich aus und half mit, in Kapernaum, wo später so viele seiner großen

Taten geschahen, den Weg für das persönliche Wirken Jesu zu ebnen. Er, der den königlichen Beamten in Kapernaum segnete, möchte uns auch so segnen; aber wie der betrübte Vater fühlen wir uns oft durch unser Verlangen nach irgendwelchen irdischen Werten veranlasst, Jesus zu suchen. Und wenn Er uns dann das Erbetene schenkt, vertrauen wir ganz auf Seine Liebe. Der Heiland sehnt sich danach, uns einen größeren Segen zu geben als den, den wir erbitten, und Er zögert die Antwort auf unsere Bitte manchmal hinaus, um uns das Böse in unseren eigenen Herzen zu offenbaren und uns zu zeigen, wie sehr wir Seine Gnade benötigen. Er will, dass wir die Selbstsucht aufgeben, in der wir ihn oft suchen. Indem wir unsere Hilflosigkeit und unsere bittere Not bekennen, sollen wir uns ganz auf Seine Liebe verlassen.

Der königliche Beamte wollte die Erfüllung seiner Bitte sehen, bevor er glauben konnte. Er musste aber Jesu Wort glauben, dass seine Bitte erhört und der Segen gewährt worden sei. Daraus müssen wir auch lernen. Nicht weil wir sehen oder empfinden, dass Gott uns hört, sollen wir glauben. Wir müssen vor allem Seinen Verheißungen vertrauen. Wenn wir im Glauben zu Ihm kommen, dann dringt auch jede Bitte in Gottes Herz. Haben wir Ihn um Seinen Segen gebeten, dann sollen wir glauben, dass wir ihn auch empfangen werden, und müssen Ihm danken, dass wir ihn empfangen haben.

Nun sollen wir unseren Pflichten in der Gewissheit nachgehen, dass wir den Segen Gottes dann erhalten, wenn wir ihn am meisten brauchen. Haben wir das gelernt, dann wissen wir auch, dass unsere Gebete erhört sind. Gott will »überschwänglich tun« nach dem »Reichtum seiner Herrlichkeit« und nach der »Macht seiner Stärke.« Epheser 3,20.16; Epheser 1.19

KAPITEL **21**

*Auf Grundlage von
Johannes 5*

BETHESDA
UND DER HOHE RAT

»**E**s ist aber in Jerusalem beim Schaftor ein Teich, der auf Hebräisch Bethesda heißt und der fünf Säulenhallen hat. In diesen lagen viele Kranke, Blinde, Lahme, Ausgezehrte, die warteten darauf, dass sich das Wasser bewegte.« Johannes 5,2-3

Zu bestimmten Zeiten geriet das Wasser dieses Teiches in Bewegung, und es wurde allgemein angenommen, dass das auf das Einwirken einer übernatürlichen Kraft zurückzuführen war und dass derjenige, der nach dem Aufwallen des Wassers als erster in den Teich stieg, von jeder Krankheit, an der er litt, geheilt würde. Hunderte Leidende kamen an diesen Ort, und die Menge war so groß, dass sie, sobald das Wasser sich bewegte, vorwärts stürmte und dabei Männer, Frauen und Kinder nieder trampelte, die schwächer waren als sie selbst. Viele konnten den Teich nicht erreichen. Und andere, die es geschafft hatten, starben am Ufer. Es waren Hallen errichtet worden, damit die Kranken sich gegen die Hitze des Tages und die Kälte der Nacht schützen konnten. Manch einer verbrachte die Nacht in diesen Räumen und schleppte sich Tag für Tag an den Rand des Teiches in der vergeblichen Hoffnung auf Hilfe.

Wieder einmal war Jesus in Jerusalem. Er ging allein – offensichtlich in Gedanken und Gebet versunken – und kam zu dem Teich. Er sah, wie die unglücklichen Leidenden auf das warteten, was sie für ihre einzige Möglichkeit der Heilung hielten. Er sehnte sich danach, Seine heilende Kraft einzusetzen und jeden Leidenden gesund zu machen. Doch es war Sabbat. Die Menge ging zur Anbetung in den Tempel, und Er wusste, dass eine derartige Tat der Heilung das Vorurteil der Juden stark hervorrufen und dadurch Sein Wirken vorzeitig beenden würde. Doch der Heiland wurde Zeuge eines furchtbaren Elends.

Da lag ein Mann, der seit 38 Jahren ein hilfloser Krüppel war. Seine Krankheit war größtenteils die Folge seiner eigenen Sünde und wurde deshalb als Gottesgericht angesehen. Verlassen, ohne Freunde und unter dem Eindruck, von der Gnade Gottes ausgeschlossen zu sein, hatte der Leidende viele Jahre des Elends hinter sich. Zu der Zeit, da man das Aufwallen des *[201/202]* **147**

Wassers erwartete, trugen ihn andere, die sich seiner Hilflosigkeit erbarmten, zu den Hallen. Im günstigen Augenblick jedoch hatte er niemanden, der ihm dann hinein half. Er hatte zwar gesehen, wie das Wasser Wellen schlug, war aber nie in der Lage gewesen, weiter als bis ans Ufer des Teiches zu kommen. Stärkere als er stürzten sich stets vor ihm hinein. Den Wettlauf mit der selbstsüchtigen, sich bekämpfenden Menge konnte er nicht gewinnen. Sein beharrliches Bemühen um das eine Ziel sowie seine Angst und ständige Enttäuschung, zehrten den Rest seiner Kräfte auf.

Der kranke Mann lag auf seiner Matte und hob gelegentlich seinen Kopf, um auf den Teich zu schauen, als sich ein gütiges, mitleidvolles Antlitz über ihn beugte und die Worte »Willst du gesund werden?« Johannes 5,6 seine Aufmerksamkeit weckten. Hoffnung erfüllte sein Herz. Er fühlte, dass er in irgendeiner Weise Hilfe erwarten durfte. Aber der Schimmer der Ermutigung schwand schnell. Er dachte daran, wie oft er vergeblich versucht hatte, den Teich zu erreichen, und rechnete kaum noch damit, am Leben zu sein, wenn das Wasser wieder in Bewegung geriete. Müde wandte er sich ab und sagte: »Herr, ich habe keinen Menschen, der mich in den Teich trägt, wenn das Wasser sich bewegt. Wenn ich hingehe, steigt schon ein anderer vor mir hinein.« Johannes 5,7; Bruns

Jesus fordert diesen Leidenden nicht auf, an Ihn zu glauben, sondern sagt einfach: »Stehe auf, nimm dein Bett und geh!« Johannes 5,8; Bruns An dieses Wort nun klammert sich der Glaube des Mannes. Jeder Nerv und jeder Muskel erbebt von neuem Leben, und heilsame Bewegung erfasst seine verkrüppelten Glieder. Ohne lange zu fragen, entschließt er sich, der Weisung Christi zu folgen, und alle seine Muskeln gehorchen seinem Willen. So springt er auf seine Füße und stellt fest, dass er gesund ist.

Jesus hatte ihm keine göttliche Hilfe zugesagt. Der Mann hätte weiter zweifeln können und seine einzige Chance verlieren, geheilt zu werden. Doch er glaubte dem Wort Christi, handelte danach und bekam Kraft.

Durch den gleichen Glauben können wir geistlich geheilt werden. Wir sind durch die Sünde vom göttlichen Leben getrennt – wir sind wie gelähmt. Aus uns selbst sind wir genauso unfähig, ein reines Leben zu führen, wie der gebrechliche Mann ohne Hilfe unfähig war zu gehen. Viele erkennen ihre Hilflosigkeit und sehnen sich nach jenem geistlichen Leben, das sie in Übereinstimmung mit Gott bringt. Sie mühen sich jedoch vergeblich, es zu erringen. Verzweifelt rufen sie aus: »Ich elender Mensch! Wer wird mich retten von diesem Leibe des Todes?« Römer 7,24; Elberfelder Solche verzweifelten und ringenden Menschen dürfen aufschauen. Der Heiland neigt sich über die mit Seinem eigenen Blut Erkauften und fragt mit unaussprechlicher Güte und herzlichem Erbarmen: »Willst du gesund werden?« Er fordert dich auf, in Gesundheit und Frieden aufzustehen. Warte nicht, bis du fühlst, dass du gesund geworden bist. Glaube Seinem Wort, und es wird sich an dir erfüllen. Übergib deinen Willen Christus. Entschließe dich, Ihm zu dienen. Sobald du auf Sein Wort hin handelst, wirst du Kraft erhalten. Was immer du falsch gemacht haben magst und welche schwere Sünde auch durch langes Nachgeben deinen Körper und deine Seele gefangen hält, Christus kann und will dich frei machen. Er will der Seele, die »tot« ist in »Übertretungen«, Epheser 2,1 Leben geben. Er will den Gefangenen befreien, der durch Schwachheit, Unglück und Ketten der Sünde gebunden ist.

Nach seiner Heilung bückte sich der Gelähmte, um sein Bett aufzuheben, das lediglich aus einer Matte und einer Decke bestand. Er empfand tiefe Freude, und als er sich wieder aufrichtete, schaute er sich nach dem um, der ihn geheilt hatte. Doch Jesus war in der Menge untergetaucht. Der Mann befürchtete, Ihn nicht zu erkennen, wenn er Ihn wiedersehen würde. Als er nun mit festem, freiem Schritt davoneilte, Gott lobte und sich seiner neu gefundenen Kraft freute, traf er mehrere Pharisäer. Ihnen berichtete er unverzüglich von seiner Heilung und war überrascht von der Kälte, mit der sie ihm zuhörten.

Mit finsteren Mienen unterbrachen sie ihn mit der Frage, warum er am Sabbat sein Bett trage. Streng erinnerten sie ihn daran, dass es nicht richtig sei, am Tag des Herrn Lasten zu tragen. Vor lauter Freude hatte der Mann vergessen, dass es Sabbat war. Doch er empfand keinerlei Gewissensbisse, war er doch nur der Weisung jenes Mannes gefolgt, der eine solche Kraft von Gott besaß. Mutig antwortete er: »Der mich gesund gemacht hat, sprach zu mir: Nimm dein Bett und geh hin!« Johannes 5,11 Sie fragten, wer das getan habe, doch er konnte es nicht sagen. Diese Obersten wussten genau, dass nur einer fähig war, solch ein Wunder zu wirken. Sie suchten aber einen ganz eindeutigen Beweis, dass es Jesus gewesen war, um Ihn als Sabbatschänder verurteilen zu können. Ihrer Meinung nach hatte Er das Gesetz nicht nur dadurch übertreten, dass er den kranken Mann am Sabbat heilte, sondern auch noch durch diese frevelhafte Anweisung, sein Bett fortzutragen.

Die Juden hatten das Gesetz so entstellt, dass daraus ein Joch der Sklaverei geworden war. Ihre sinnlosen Vorschriften boten anderen Völkern Anlass zum Spott. Besonders der Sabbat war durch allerlei sinnlose Verbote so eingeengt worden, dass sie für ihn als den heiligen, ehrwürdigen Tag des Herrn keine Freude mehr empfanden. Die Schriftgelehrten und Pharisäer hatten seine Befolgung zu einer unerträglichen Last gemacht. Einem Juden war es nicht erlaubt, am Sabbat ein Feuer oder auch nur eine Kerze anzuzünden. Deshalb musste die Bevölkerung für zahlreiche Dienstleistungen, die ihnen selbst durch die bestehenden Vorschriften verboten waren, Heiden zu Hilfe nehmen. Es wurde aber dabei nicht bedacht, dass derjenige, der andere mit unerlaubten

Arbeiten beauftragt, sich ebenso schuldig macht, als hätte er sie selbst aus-geführt. Die Juden meinten, das Heil sei nur ihnen vorbehalten und die bereits hoffnungslose Lage aller Nichtjuden könne durch nichts verschlimmert werden. Gott hat jedoch keine Gebote gegeben, denen nicht alle gehorchen sollten. Sein Gesetz erlaubt keine unvernünftigen und egoistischen Beschränkungen.

Im Tempel traf Jesus erneut den Geheilten. Er war gekommen, um für die ihm erwiesene große Gnade ein Sündopfer und Dankopfer darzubringen. Als Jesus ihn unter den Anbetenden fand, gab er sich ihm mit den mahnenden Worten zu erkennen: »Siehe, du bist gesund geworden; sündige hinfort nicht mehr, dass dir nicht etwas Schlimmeres widerfahre.« Johannes 5,14

Der Geheilte war überglücklich, den getroffen zu haben, der ihn gerettet hatte. Von der Feindschaft gegen Jesus nichts wissend, erzählte er den Phari-säern, die ihn gefragt hatten, dass dieser es war, der ihn geheilt hatte. »Darum verfolgten die Juden Jesus, weil er dies am Sabbat getan hatte.« Johannes 5,16

Um sich wegen der Anklage der Sabbatschändung zu verantworten, wurde Jesus vor den Hohen Rat gestellt. Wären die Juden damals eine unabhän-gige Nation gewesen, dann hätte eine solche Anklage ausgereicht, Ihn zum Tod zu verurteilen. Ihre Abhängigkeit von den Römern verhinderte das jedoch. Die Juden waren nicht befugt, die Todesstrafe zu verhängen. Und die gegen Christus vorgebrachten Anklagen waren vor einem römischen Gericht unbedeu-tend. Die Pharisäer hofften jedoch, andere Gründe zu finden. Ungeachtet ihrer Bemühungen, seine Aufgabe zu behindern, gewann Jesus sogar in Jerusalem größeren Einfluss auf das Volk als sie. Zahlreiche Menschen, die sich nicht für die Predigten der Rabbiner interessierten, wurden durch Seine Lehren angezogen. Was Er sagte, konnten sie verstehen, und es erwärmte und tröstete ihre Herzen. Er schilderte ihnen Gott nicht als rächenden Richter, sondern als barmherzigen Vater und offenbarte das Wesen Gottes dadurch, dass er es in seinem Wesen widerspiegelte. Seine Worte wirkten wie Balsam für eine verwundete Seele. Durch Worte und Taten der Gnade zerbrach Er die drückende Gewalt der Über-lieferungen und Menschengebote und stellte die Liebe Gottes in aller Fülle dar. In einer der ältesten Weissagungen auf Christus heißt es: »Es wird das Zepter von Juda nicht weichen noch der Stab des Herrschers von seinen Füßen, bis dass der Held komme, und ihm werden die Völker anhangen.« 1.Mose 49,10

Die Menschen sammelten sich um Christus. Aufgeschlossenen Herzens nahmen sie eher Seine Lehren der Liebe und des Wohlwollens an, als die von den Priestern geforderten strengen Zeremonien. Wären die Priester und Rabbi-ner nicht dazwischengetreten, so hätte Jesu Lehre eine Reformation ausgelöst, wie die Welt sie nie erlebt hatte. Aber um ihre eigene Macht aufrechtzuerhalten, waren diese Obersten fest entschlossen, Seinen Einfluss zu schwächen. Die Anklageerhebung vor dem Hohen Rat und eine öffentliche Verurteilung Seiner Lehren sollten dies bewirken helfen, denn noch besaß das Volk große Hochachtung vor seinen religiösen Führern.

Wer immer es wagte, sich von den Forderungen der Priester loszusagen oder die dem Volk von ihnen auferlegten Lasten zu erleichtern, wurde sowohl der Gotteslästerung als auch des Verrats für schuldig befunden. Mit dieser Begründung hofften die Rabbiner, Verdacht gegen Christus wecken zu können. Sie unterstellten Ihm, dass Er versuche, die überlieferten Sitten abzuschaffen und dadurch Zwietracht im Volk zu säen, um den Weg zu einer völligen Unterjochung durch die Römer zu ebnen.

Die Pläne, an deren Verwirklichung die Rabbiner so eifrig arbeiteten, hatten jedoch einen anderen Urheber als den Hohen Rat. Nachdem Satan vergeblich versucht hatte, Jesus in der Wüste zu überwinden, bündelte er alle seine Kräfte, um Ihn in Seinem Dienst zu behindern und wenn möglich, Seine Aufgabe zum Scheitern zu bringen. Was er nicht durch direkte, persönliche Anstrengung schaffen konnte, wollte er strategisch erreichen. Kaum hatte er sich von dem Ringen in der Wüste zurückgezogen, entwickelte er gemeinsam mit den ihm verbündeten Engeln Pläne, um auch weiterhin den Verstand des jüdischen Volkes so mit Blindheit schlagen zu können, dass es Seinen Erlöser nicht erkenne. Dabei wollte er sich in der religiösen Welt menschlicher Mitarbeiter bedienen, denen er seinen eigenen Hass auf den Verfechter der Wahrheit einflößte. Er wollte sie verleiten, Christus abzulehnen und Ihm das Leben so unerträglich wie möglich zu machen in der Hoffnung, Ihn in Seinem Auftrag zu entmutigen. Und tatsächlich wurden die führenden Männer Israels Werkzeuge Satans im Kampf gegen den Erlöser.

Jesus war dazu gekommen, »dass er sein Gesetz herrlich und groß mache.« Jesaja 42,21 Er sollte dessen Würde nicht herabsetzen, sondern erhöhen. Die Heilige Schrift sagt deshalb: »Er selbst wird nicht verlöschen und nicht zerbrechen, bis er auf Erden das Recht aufrichte.« Jesaja 42,4 Er war gekommen, den Sabbat von jenen bedrückenden Vorschriften zu befreien, die ihn zu einem Fluch statt zu einem Segen gemacht hatten.

Aus diesem Grund hatte Jesus bewusst am Sabbat das Heilungswunder zu Bethesda gewirkt. Er hätte den Kranken genauso gut an einem anderen Tag der Woche heilen können, oder ihm nicht gebieten, sein Bett fortzutragen. Doch das hätte Ihm nicht die gewünschte Gelegenheit verschafft. Eine weise Absicht lag in jeder Handlung Jesu während Seines Erdenlebens. Was immer Er tat – es war an sich und in seiner Aussage wichtig. Unter den Leidenden am Teich suchte Er jenen aus, den es am schlimmsten getroffen hatte, um an ihm Seine heilende Macht zu demonstrieren. Und Er gebot dem Mann, sein

Bett durch die Stadt zu tragen, um die an ihm gewirkte große Tat bekanntzu-
machen. Dadurch sollte die Frage aufgeworfen werden, was am Sabbat zu tun
erlaubt sei. Dies wiederum sollte Ihm ermöglichen, die Einschränkungen der
Juden bezüglich des Tages des Herrn öffentlich anzuprangern und ihre Überlieferungen für nichtig zu erklären.

Jesus erklärte ihnen, dass die Heilung des Kranken mit dem Sabbatgebot
übereinstimmte. Es deckte sich auch mit dem Dienst der Engel Gottes, die
ständig zwischen Himmel und Erde hinab- und hinaufsteigen, um der leidenden
Menschheit zu helfen. Jesus erklärte: »Mein Vater wirkt bis auf diesen Tag, und
ich wirke auch.« Johannes 5,17 Alle Tage gehören Gott, um an ihnen Seinen Plan
für die Menschheit umzusetzen. Legten die Juden das Gesetz richtig aus, dann
irrte sich der Herr, der durch Sein Wirken jedes Lebewesen erquickte und trug,
seit Er die Erde geschaffen hatte. Dann hätte derjenige, der Sein Schöpfungswerk als gut bezeichnet und den Sabbat zum Gedenken an dessen Vollendung
eingesetzt hatte, seinem Wirken ein Ende setzen und den nie endenden Lauf
des Universums anhalten müssen.

Sollte Gott der Sonne verbieten, am Sabbat zu scheinen, und ihre belebenden
Strahlen daran hindern, die Erde zu erwärmen und die Pflanzenwelt zu erhalten?
Müssen die Gestirne an diesem heiligen Tag auf ihren Bahnen stillstehen? Soll
der Herr etwa den Bächen gebieten, den Feldern und Wäldern kein Wasser zu
spenden, und den Meeren, ihren unaufhörlichen Wechsel zwischen Ebbe und
Flut zu unterbrechen? Müssen Weizen und Korn ihr Wachstum einstellen, und
soll die reifende Traube das Wachstum ihrer purpurroten Blüte aufschieben?
Dürfen Bäume und Blumen am Sabbat keine Knospen und Blüten treiben?

In dem Fall würden die Menschen die Früchte der Erde und die Segnungen
vermissen, die das Leben lebenswert machen. Die Natur muss deshalb ihren
unveränderlichen Lauf fortsetzen. Würde Gott Seine Hand auch nur für einen
Augenblick zurückziehen, würde der Mensch ohnmächtig werden und sterben.
Genauso darf auch der Mensch an diesem Tag nicht untätig sein. Die Bedürfnisse des Lebens müssen beachtet, die Kranken versorgt und die dringendsten
Wünsche erfüllt werden. Wer es am Sabbat unterlässt, Leidenden zu helfen,
wird nicht als unschuldig gelten können. Gottes heiliger Ruhetag wurde für den
Menschen geschaffen, und Werke der Barmherzigkeit stehen in voller Übereinstimmung mit Seiner Bestimmung. Gott will nicht, dass Seine Geschöpfe auch
nur eine Stunde lang von Schmerzen geplagt werden, die am Sabbat oder einem
anderen Tag gelindert werden können.

Die Erwartungen an Gott sind am Sabbat eher noch größer als an den
anderen Tagen. Sein Volk lässt dann die alltägliche Arbeit ruhen und ver-
bringt die Zeit in Andacht und Anbetung. Es erbittet von Gott

am Sabbat mehr Gnadenerweise als an anderen Tagen, bittet um seine besondere Aufmerksamkeit und erfleht Seinen besonderen Segen. Gott lässt den Sabbat nicht erst verstreichen, ehe Er diese Bitten erhört. Im Himmel ruht die Arbeit nie, und auch der Mensch sollte nicht aufhören, Gutes zu tun. Der Sabbat ist nicht als eine Zeit nutzloser Untätigkeit zu verstehen. Gewiss, das Gesetz verbietet alle weltliche Arbeit am Ruhetag des Herrn. Jede Plackerei zum Erwerb des Lebensunterhalts soll aufhören. Nichts, was weltlichem Vergnügen oder eigenem Vorteil dient, ist an diesem Tag erlaubt; aber wie Gott Sein Schöpfungswerk beendete, am Sabbat ruhte und diesen Tag segnete, so soll der Mensch mit den Beschäftigungen seines täglichen Lebens aufhören und diese heiligen Stunden zu heilsamer Ruhe, Andacht und guten Werken nutzen. Christi Tat, den Kranken zu heilen, stimmte somit völlig mit dem Gesetz überein. Er ehrte damit den Sabbat.

Jesus beanspruchte für sich die gleichen Rechte wie Gott, indem Er Taten von gleicher Heiligkeit und Art vollbrachte wie Sein Vater im Himmel. Aber die Pharisäer wurden immer wütender. Ihrer Meinung nach hatte er nicht nur das Gesetz gebrochen, sondern sich selbst Gott gleichgesetzt, weil Er erklärte, »Gott sei sein Vater.« Johannes 5,18

Das jüdische Volk nannte Gott seinen Vater. Hätte Jesus sein Verhältnis zu Gott ähnlich beschrieben, dann würden sie sich nicht so aufgeregt haben. Doch sie beschuldigten Ihn der Gotteslästerung und zeigten damit, dass sie Ihn sehr wohl verstanden hatten, als Er diesen Anspruch im höchsten Sinne erhob.

Die Gegner Christi konnten den Wahrheiten, die Er ihren Gewissen nahe brachte, nichts entgegen setzen. Sie konnten lediglich auf ihre Bräuche und Überlieferungen hinweisen. Doch im Vergleich zu dem, was Jesus aus dem Wort Gottes und dem gleichmäßigen Lauf der Natur ableitete, erschienen ihre Argumente schwach und hohl. Hätten die Rabbiner wirklich den Wunsch nach Licht verspürt, dann wären sie überzeugt gewesen, dass Jesus die Wahrheit gesagt hatte. Statt dessen wichen sie den Argumenten aus, auf die Jesus bezüglich des Sabbats Wert legte, und versuchten Hass gegen Ihn zu schüren mit der Begründung, Er behaupte, Gott gleich zu sein. Die Wut der Obersten war grenzenlos. Hätten sie nicht das Volk gefürchtet, die Priester und Rabbiner hätten Jesus gleich umgebracht. Doch die Zuneigung des Volkes zu Ihm war stark. Viele sahen in Jesus den Freund, der ihre Krankheiten geheilt und sie in ihren Sorgen getröstet hatte. Sie verteidigten nun auch Seine Heilung des Kranken am Teich Bethesda. Deshalb mussten die Obersten vorläufig ihren Hass zügeln.

Jesus wies die Beschuldigung der Gotteslästerung zurück. Er erklärte: Meine Vollmacht zu der Aufgabe, wegen der ihr mich anklagt, beruht darauf, dass ich der Sohn Gottes bin – eins mit Ihm in Wesen, Willen und Absicht. *[207/208]* **153**

In allen Seinen Werken der Schöpfung und der Vorsehung wirke ich mit Gott zusammen. »Der Sohn kann nichts von sich aus tun, sondern nur, was er den Vater tun sieht.« Johannes 5,19 Die Priester und Rabbiner stellten den Sohn Gottes gerade wegen der Aufgabe zur Rede, zu dessen Durchführung Er in die Welt gekommen war. Durch ihre Sünden hatten sie sich von Gott getrennt, und in ihrem Hochmut gingen sie ihre eigenen Wege unabhängig von Ihm. Sie meinten, aus sich selbst zu allen Dingen befähigt zu sein, und sahen keine Notwendigkeit, ihr Handeln von göttlicher Weisheit leiten zu lassen. Der Sohn Gottes aber war dem Willen des Vaters untertan und von Seiner Macht abhängig. So weitgehend hatte Christus Sein Ich aufgegeben, dass Er selbst keine Pläne entwickelte. Er unterwarf sich bereitwillig den Plänen, die Gott mit Ihm vorhatte und die der Vater Ihm Tag für Tag enthüllte. Genauso sollten auch wir uns auf Gott verlassen. Unser Leben wird dann nur noch die Ausführung Seines Willens sein.

Als Mose begann, ein Heiligtum als Wohnstätte für Gott zu errichten, wurde er angewiesen, alles nach dem Muster zu machen, das ihm auf dem Berg gezeigt worden war. Mose erfüllte voller Eifer Gottes Auftrag. Die begabtesten und geschicktesten Handwerker wurden eingesetzt, um seine Anweisungen auszuführen. Jede Schelle, jeder Granatapfel, jede Quaste, jeder Saum, jeder Vorhang und jedes Gefäß im Heiligtum sollte genau nach dem ihm gezeigten Modell hergestellt werden. Gott der Herr rief ihn auf den Berg und ließ ihn die himmlischen Dinge sehen. Er schützte ihn mit seiner Herrlichkeit und befähigte ihn dadurch, das Vorbild zu sehen. Damit übereinstimmend ließ er dann alles anfertigen. So offenbarte er Israel, dass er es zu seinem Wohnplatz machen wollte, sein herrliches Ideal des Charakters. Das Vorbild zeigte er ihnen auf dem Berg, als er das Gesetz vom Sinai gab und als er an Mose vorüberging mit dem Ruf: »Herr, Herr, Gott, barmherzig und gnädig und geduldig und von großer Gnade und Treue, der da Tausenden Gnade bewahrt und vergibt Missetat, Übertretung und Sünde.« 2.Mose 34,6f

Israel hat jedoch seinen eigenen Weg gewählt und nicht nach dem Vorbild gebaut. Christus dagegen – der Tempel, in dem Gott wahrhaftig wohnte – formte jede Einzelheit Seines irdischen Lebens harmonisch nach dem göttlichen Ideal. Er sprach: »Deinen Willen, mein Gott, tue ich gern, und dein Gesetz hab ich in meinem Herzen.« Psalm 40,9 So soll auch unser Charakter »zu einer Wohnung Gottes im Geist« Epheser 2,22 erbaut werden. Wir sollen »alles nach dem Bilde … auf dem Berge« Hebräer 8,5 und in Übereinstimmung mit Jesus machen, der »euch ein Vorbild hinterlassen [hat], dass ihr sollt nachfolgen seinen Fußtapfen.« 1.Petrus 2,21 Christi Worte zeigen uns, dass wir uns unlösbar an unseren Vater im Himmel gebunden fühlen sollen. Wer immer wir auch sein mögen, wir sind von Gott abhängig. Er hält jedes Schicksal aller

Menschen in Seinen Händen. Er hat uns unsere Aufgabe zugewiesen und uns mit Fähigkeiten und Gaben dafür ausgestattet. Wenn wir unseren Willen Gott unterordnen und Seiner Stärke und Weisheit vertrauen, werden wir auf sicheren Pfaden geleitet werden, so dass wir den uns zugewiesenen Anteil an Seinem großen Plan zu erfüllen vermögen. Wer sich jedoch auf seine eigene Weisheit und Kraft verlässt, trennt sich selbst von Gott. Statt mit Christus zusammen zu wirken, führt er die Absicht des Feindes Gottes und der Menschheit aus.

Der Heiland fährt fort: »Was dieser [der Vater] tut, das tut gleicherweise auch der Sohn ... Wie der Vater die Toten auferweckt und macht sie lebendig, so macht auch der Sohn lebendig, welche er will.« Johannes 5,19.21 Die Sadduzäer meinten, es gäbe keine Auferstehung des Leibes. Jesus aber versichert ihnen, dass eine der größten Taten Seines Vaters die Auferweckung der Toten sei und Er selbst auch die Macht habe, diese Tat zu vollbringen. »Es kommt die Stunde und ist schon jetzt, dass die Toten werden die Stimme des Sohnes Gottes hören, und die sie hören werden, die werden leben.« Johannes 5,25 Die Pharisäer glaubten an die Auferstehung der Toten. Christus erklärte, dass die Kraft, die den Toten Leben verleiht, sich gerade jetzt unter ihnen befinde und dass sie auserwählt seien, ihre Wirksamkeit zu erleben. Es ist dieselbe Auferweckungskraft, die einer Menschenseele, die »tot« ist in »Übertretungen und Sünden« Epheser 2,1 das Leben gibt. Dieser Geist des Lebens in Christus Jesus, »die Kraft seiner Auferstehung« Philipper 3,10, macht Menschen »frei ... von dem Gesetz der Sünde und des Todes.« Römer 8,2 Die Herrschaft des Bösen ist gebrochen, und durch den Glauben wird der Mensch vor der Sünde bewahrt. Wer sein Herz dem Geist Christi öffnet, wird Teilhaber jener mächtigen Kraft, die seinen Körper aus dem Grab hervorkommen lassen wird.

Der demütige Nazarener macht Seine wahre Größe geltend. Er erhebt sich über alles Menschliche, streift die Gestalt der Sünde und Schmach ab und steht sichtbar vor aller Augen – der Ruhm der Engel, der Sohn Gottes, eins mit dem Schöpfer des Weltalls. Seine Zuhörer sind fasziniert. Niemand hat je solche Worte gesprochen wie Er oder ist mit solch königlicher Würde aufgetreten. Was Er sagte, war deutlich und klar, und Er erklärte voll und ganz Seinen Auftrag sowie die Pflicht der Welt. »Denn der Vater richtet niemand; sondern alles Gericht hat er dem Sohn gegeben, damit sie alle den Sohn ehren, wie sie den Vater ehren. Wer den Sohn nicht ehrt, der ehrt den Vater nicht, der ihn gesandt hat ... Denn wie der Vater das Leben hat in sich selber, so hat er auch dem Sohn gegeben, das Leben zu haben in sich selber, und hat ihm Macht gegeben, das Gericht zu halten, weil er des Menschen Sohn ist.« Johannes 5,22.23.26.27

Die Priester und Obersten hatten sich zu Richtern aufgespielt, um das Werk Christi zu verdammen, Er aber erklärte, Er sei ihr Richter und der der ganzen Erde. Die Welt ist Christus übergeben worden, und durch Ihn ist jeglicher Segen von Gott auf die gefallene Menschheit gekommen. Sowohl vor, wie nach Seiner Menschwerdung war Er der Erlöser. Sobald die Sünde kam, gab es schon einen Erlöser. Er schenkte jedem Licht und Leben, und nach dem Maß des verliehenen Lichtes wird jeder einmal beurteilt werden. Christus, der dieses Licht schenkte, jedem Menschen mit innigstem Flehen nachging und sich bemühte, ihn aus der Sünde heraus zur Heiligung zu führen, ist ihr Anwalt und Richter zugleich. Seit Beginn des großen Streits im Himmel hat Satan seine Sache auf betrügerische Weise verfolgt. Christus dagegen hat alles getan, um Satans Pläne aufzudecken und dessen Macht zu brechen. Er ist dem Betrüger entgegengetreten und hat durch alle Zeiten hindurch darauf hingewirkt, die in Sünde Gefangenen dem Zugriff dessen zu entreißen, der das Verdammungsurteil über jede Menschenseele bringen will.

Und Gott »hat ihm Vollmacht gegeben, das Gericht zu halten, weil er der Menschensohn ist.« Johannes 5,27 Christus hat die Anfechtungen und Versuchungen des Menschen bis zur Neige gekostet und versteht die Schwächen und Sünden der Menschen. Er hat um unsertwillen den Verlockungen Satans widerstanden und wird gerecht und barmherzig mit den Menschen umgehen, um alle die zu retten, für die Er Sein eigenes Blut vergossen hat. Deshalb wurde der Menschensohn auch dazu bestimmt, das Gericht zu halten.

Doch der Auftrag Christi galt nicht dem Gericht, sondern der Erlösung. »Gott hat seinen Sohn nicht gesandt in die Welt, dass er die Welt richte, sondern dass die Welt durch ihn gerettet werde.« Johannes 3,17 Und vor dem Hohen Rat erklärte Jesus: »Wer mein Wort hört und glaubt dem, der mich gesandt hat, der hat das ewige Leben und kommt nicht in das Gericht, sondern er ist vom Tode zum Leben hindurchgedrungen.« Johannes 5,24

Mit der Aufforderung, nicht verwundert zu sein, eröffnete Christus seinen Zuhörern das Geheimnis der Zukunft, indem Er noch weiter vorausblickte: »Es kommt die Stunde, in der alle, die in den Gräbern sind, seine Stimme hören werden, und werden hervorgehen, die da Gutes getan haben, zur Auferstehung des Lebens, die aber Böses getan haben, zur Auferstehung des Gerichts.« Johannes 5,28f Auf diese Zusicherung des künftigen Lebens hatte Israel so lange gewartet in der Hoffnung, es beim Erscheinen des Messias zu empfangen. Das einzige Licht, das die Dunkelheit des Grabes zu erleuchten vermochte, umstrahlte sie. Eigensinn macht dagegen blind. Jesus hatte die Traditionen der Rabbiner verletzt und ihre Autorität ignoriert. Nun wollten sie nicht glauben.

Der Zeitpunkt, der Ort, der Anlass, die Tiefe der Empfindungen, welche die Versammlung erfüllten – das alles zusammen machte die Worte Jesu vor dem Hohen Rat noch eindrucksvoller. Die höchsten religiösen

Würdenträger des Volkes trachteten dem nach dem Leben, der Sich selbst als denjenigen bezeichnete, der Israel wiederherstellen wollte. Der Herr des Sabbats wurde vor ein irdisches Tribunal gestellt, um Sich wegen der Anschuldigung zu verantworten, das Sabbatgebot übertreten zu haben. Während Christus furchtlos Seinen Auftrag erklärte, blickten seine Richter erstaunt und wütend auf Ihn. Seine Worte waren jedoch nicht zu widerlegen – sie konnten Ihn nicht verurteilen. Er bestritt Priestern und Rabbinern das Recht, Ihn zur Rechenschaft zu ziehen oder Seine Aufgabe zu behindern. Dazu fehlte ihnen jede Legitimation. Ihre derartigen Ansprüche stützten sich auf ihren eigenen Hochmut und ihre eigene Überheblichkeit. Jesus lehnte es ab, sich ihrer Anklagen schuldig zu bekennen oder sich von ihnen verhören zu lassen.

Statt sich wegen der Ihm zur Last gelegten Tat zu rechtfertigen oder Seine damit verbundene Absicht zu erläutern, wandte sich Jesus gegen die Herrschenden des Volkes. Der Beschuldigte wurde zum Ankläger. Er tadelte sie wegen ihrer harten Herzen und Unkenntnis der heiligen Schriften und behauptete, dass sie das Wort Gottes insofern verwarfen, indem sie Ihn, den Gott gesandt hatte, zurückwiesen. »Ihr sucht in der Schrift; denn ihr meint, ihr habt das ewige Leben darin; und sie ist es, die von mir zeugt.« Johannes 5,39

Die Geschichts-, Lehr- und prophetischen Bücher des Alten Testaments erstrahlen auf jeder Seite von der Herrlichkeit des Sohnes Gottes. Soweit die jüdische Ordnung auf göttliche Anweisung zurückging, war sie eine geraffte Weissagung der frohen Botschaft. Von Christus »zeugen alle Propheten.« Apostelgeschichte 10,43 Begonnen mit der Weissagung an Adam, über die Zeit der Patriarchen und der Gesetzgebung – immer ebnete das herrliche Licht des Himmels den Fußspuren des Erlösers den Weg. Seher erblickten den Stern von Bethlehem, den verheißenen Helden, vgl. 1.Mose 49,10 während künftige Ereignisse geheimnisvoll an ihnen vorüberzogen. Jedes Opfer wies auf Christi Tod hin. Mit jeder Wolke des Rauchopfers stieg Seine Gerechtigkeit auf und mit jeder Posaune des Erlassjahres wurde Sein Name genannt. vgl. 3.Mose 25,13 Im ehrfurchtgebietenden Geheimnis des Allerheiligsten wohnte Seine Herrlichkeit.

Die Juden besaßen die heiligen Schriften und meinten, nur durch äußere Kenntnis des Wortes das ewige Leben zu haben. Doch Jesus sagte: »Sein Wort habt ihr nicht in euch wohnen.« Johannes 5,38 Weil sie aber Christus in Seinem Wort verworfen hatten, lehnten sie Ihn auch als Person ab. »Aber ihr wollt nicht zu mir kommen«, erklärte er, »dass ihr das Leben hättet.« Johannes 5,40

Die jüdischen Obersten hatten zwar die Lehren der Propheten über das Königreich des Messias studiert, jedoch nicht in der aufrichtigen Absicht, die Wahrheit zu erkennen, sondern um Beweise zu finden, die ihre ehrgeizigen Hoffnungen stützten. Als Christus auf eine Weise auftrat, die ihren

Erwartungen nicht entsprach, wollten sie Ihn nicht annehmen. Und um sich zu rechtfertigen, versuchten sie nachzuweisen, dass Er ein Betrüger sei. Nachdem sie einmal diesen Weg beschritten hatten, war es für Satan leicht, sie in ihrem Widerstand gegen Christus zu verhärten. Genau die Worte, die sie als Beweis seiner Göttlichkeit hätten annehmen sollen, legten sie gegen Ihn aus. So verwandelten sie die Wahrheit Gottes in eine Lüge, und je klarer der Heiland durch Seine Werke der Barmherzigkeit zu ihnen sprach, desto entschlossener waren sie, sich dem Licht zu widersetzen.

Jesus sagte: »Ich nehme nicht Ehre von Menschen.« Johannes 5,41 Er suchte weder den Einfluss noch die Bestätigung des Hohen Rates; deren Zustimmung konnte Ihn nicht ehren. Er war mit der Ehre und Vollmacht des Himmels ausgestattet. Hätte Er es gewollt, so wären Engel gekommen, um Ihm zu huldigen, und der Vater würde erneut Jesu Göttlichkeit bezeugt haben. Aber um ihrer selbst und um des Volkes willen, dessen Führer sie waren, wünschte Er, dass die jüdischen Oberen Sein wahres Wesen erkennten und die Segnungen empfingen, die zu bringen Er gekommen war.

»Ich bin gekommen in meines Vaters Namen, und ihr nehmt mich nicht an. Wenn ein anderer kommen wird in seinem eignen Namen, den werdet ihr annehmen.« Johannes 5,43 Jesus kam in der Autorität Gottes. Er trug Gottes Bild an Sich, erfüllte Gottes Wort und suchte Gottes Ehre. Dennoch nahmen Israels Herrscher Ihn nicht an. Würden aber andere kommen und Christi Wesen zur Schau stellen, in Wirklichkeit jedoch nach ihrem eigenen Willen handeln und ihre eigene Ehre suchen, dann würden sie diese annehmen. Und warum? Weil derjenige, der seine eigene Ehre sucht, das Verlangen anderer nach Selbsterhöhung anspricht. Auf solche Aufforderungen konnten die Juden eingehen. Sie würden einen falschen Lehrer willkommen heißen, weil er die von ihnen gehegten Meinungen und Überlieferungen akzeptierte und damit ihrem Stolz schmeichelte. Christi Lehre dagegen deckte sich nicht mit ihren Vorstellungen – die war nämlich geistlich und forderte, sich selbst zu opfern. Deshalb würden sie diese nicht annehmen. Sie kannten Gott nicht, und als Er durch Christus zu ihnen sprach, war es für sie die Stimme eines Fremden.

Wiederholt sich dies nicht in unserer Zeit? Gibt es heute nicht viele, sogar religiöse Leiter, die ihre Herzen gegen den Heiligen Geist verhärten und es für sie dadurch unmöglich machen, die Stimme Gottes zu erkennen? Lehnen sie nicht Gottes Wort um ihrer eigenen Überlieferungen willen ab?

»Wenn ihr Mose glaubtet«, sprach Jesus, »so glaubtet ihr auch mir; denn er hat von mir geschrieben. Wenn ihr aber seinen Schriften nicht glaubt, wie werdet ihr meinen Worten glauben?« Johannes 5,46f Es war Christus, der durch Mose zu den Israeliten gesprochen hatte. Hätten sie auf die göttliche

Stimme geachtet, die durch ihren großen Führer sprach, dann würden sie diese in den Lehren Christi wiedererkannt haben. Hätten sie Mose geglaubt, dann würden sie auch an den geglaubt haben, von dem Mose schrieb.

Jesus wusste, dass die Priester und Rabbiner entschlossen waren, Ihm das Leben zu nehmen. Dennoch erklärte Er ihnen sehr deutlich Seine Einheit mit dem Vater und Sein Verhältnis zur Welt. Sie erkannten, dass ihr Widerstand gegen Ihn unentschuldbar war. Trotzdem ließ ihr mörderischer Hass nicht nach. Angst ergriff sie, als sie die überwältigende Macht sahen, die Seinen Dienst begleitete. Aber sie widersetzten sich Seinem Ruf und wurden in Finsternis gefangen.

Es war ihnen in keiner Weise gelungen, das Ansehen Jesu zu untergraben oder Ihm die Achtung und Aufmerksamkeit des Volkes zu entziehen – im Gegenteil, viele von ihnen waren von Seinen Worten überzeugt. Die Obersten selbst hatte ihr Gewissen gequält, als Er ihnen nachdrücklich ihre Schuld bewusst machte. Doch das ließ sie nur noch heftiger reagieren. Sie waren entschlossen, Ihn zu töten. Sie sandten deshalb überall Boten ins Land, die das Volk vor Jesus als einem Betrüger warnen sollten. Auch wurden Spione ausgesandt, um Ihn zu überwachen. Sie sollten berichten, was Er sagte und tat. Der wunderbare Erlöser stand nun ganz deutlich unter dem Schatten des Kreuzes.

KAPITEL 22

Auf Grundlage von
Matthäus 11,1-11; 14,1-11
Markus 6,17-28; Lukas 7,19-28

GEFANGENSCHAFT UND TOD DES JOHANNES

Der Täufer Johannes war der erste, der das Reich Christi verkündigte und auch der erste, der dafür leiden musste. Aus der freien Luft der Wüste und weg von der großen Menschenmenge, die an seinen Worten hing, wurde er in den Kerker eines Burgverlieses eingesperrt. Er war zum Gefangenen in der Festung des Herodes Antipas geworden. In dem Gebiet östlich des Jordans, das unter der Herrschaft des Antipas stand, hatte Johannes einen großen Teil seines Wirkens zugebracht.

Herodes, der zügellose König, hatte selbst der Predigt des Täufers zugehört und unter dessen Aufruf zur Buße gezittert. »Denn Herodes fürchtete Johannes, weil er wusste, dass er ein gerechter und heiliger Mann war ... und wenn er ihn hörte, wurde er sehr unruhig; doch hörte er ihn gern.« Markus 6,20

Johannes war ehrlich zu ihm und tadelte ihn wegen seiner unerlaubten Verbindung mit Herodias, der Frau seines Bruders. Eine Zeitlang unternahm Herodes einen schwachen Versuch, die Ketten der Begierde, die ihn festhielt, zu brechen. Doch Herodias verstrickte ihn um so fester in ihrem Netz und rächte sich an dem Täufer dadurch, dass sie Herodes veranlasste, ihn ins Gefängnis zu werfen. Das Leben von Johannes war ein ständig aktiver Dienst gewesen. So lasteten die Düsternis und Untätigkeit seiner Gefangenschaft schwer auf ihm. Als Woche um Woche verstrich, ohne eine Änderung zu bringen, überkamen ihn Verzagtheit und Zweifel. Seine Jünger ließen ihn nicht alleine. Ihnen wurde erlaubt, das Gefängnis zu betreten, und sie berichteten ihm von der Tätigkeit Jesu. Dabei erzählten sie ihm, wie die Leute sich um Jesus scharten, und sie fragten sich, warum dieser neue Lehrer, wenn Er wirklich der Messias war, nichts zur Freilassung von Johannes unternahm. Wie konnte Er es zulassen, dass Sein treuer Vorläufer der Freiheit und vielleicht gar seines Lebens beraubt wird? Diese Fragen blieben nicht ohne Wirkung. Zweifel, wie sie sonst niemals aufgekommen wären, wurden Johannes eingeflüstert. Satan freute sich, die Worte dieser Jünger zu hören und zu sehen, wie sie den Boten des Herrn tief inner-

lich verwundeten. Wie oft erweisen sich doch gerade die guten

Freunde eines Menschen, die ihm so gern ihre Verbundenheit bekunden, als seine gefährlichsten Feinde! Wie oft wirken ihre Worte deprimierend und entmutigend, anstatt den Glauben zu stärken!

Johannes dem Täufer erging es wie den Jüngern des Heilandes: Auch er hatte das Wesen des Reiches Christi nicht verstanden, sondern wartete darauf, dass Jesus den Thron Davids einnehmen werde. Als aber die Zeit verstrich und der Heiland keinen Anspruch auf königliche Autorität geltend machte, zeigte sich Johannes bestürzt und beunruhigt. Er hatte dem Volk verkündet, dass als Erfüllung der Weissagung des Propheten Jesaja dem Herrn der Weg bereitet werden müsse. »Alle Berge und Hügel sollen erniedrigt werden, und was uneben ist, soll gerade, und was hügelig ist, soll eben werden.« Jesaja 40,4 Er hatte nach den Gipfeln menschlichen Hochmuts und menschlicher Macht Ausschau gehalten, die erniedrigt werden müssten. Und er hatte auf den Messias als den hingewiesen, der »seine Wurfschaufel schon in der Hand« hält und gründlich »seine Tenne fegen«, der »seinen Weizen in die Scheune sammeln; aber die Spreu ... mit unauslöschlichem Feuer« verbrennen wird. Matthäus 3,12 Wie der Prophet Elia, der im Geist und Kraft zu Israel gekommen war, so erwartete Johannes, dass der Herr sich als ein Gott offenbaren werde, der mit Feuer antwortet.

Seinen Dienst hatte der Täufer als ein Mann versehen, der Unrecht vor hoch und niedrig furchtlos tadelte. Er hatte es gewagt, dem König Herodes mit offenem Tadel bezüglich der Sünde entgegenzutreten. Ja, er hatte sein eigenes Leben nicht geschont, wenn es galt, den ihm erteilten Auftrag zu erfüllen. Und nun wartete er in seinem Verlies auf den »Löwen aus dem Stamme Juda«, Offenbarung 5,5 der den Hochmut des Unterdrückers dämpfen und die Armen und Jammernden befreien sollte. Jesus aber schien sich damit zufriedenzugeben, Jünger um sich zu sammeln und das Volk zu heilen und zu lehren. Er aß an den Tischen der Zöllner, während das Joch der Römer jeden Tag schwerer auf Israel lastete. König Herodes und seine moralisch zweifelhafte Geliebte taten, was sie wollten, und die Schreie der Armen und Leidenden stiegen zum Himmel auf.

Dem einsamen Propheten aus der Wüste schien all dies ein unfassbares Geheimnis zu sein. Es gab Stunden, in denen die Einflüsterungen teuflischer Mächte seinen Geist quälten und der Schatten einer schrecklichen Angst ihn beschlich. War der seit langem erwartete Erlöser etwa noch gar nicht erschienen? Doch was bedeutete dann die Botschaft, die hinauszutragen es ihn getrieben hatte? Das Ergebnis seines Dienstes hatte Johannes bitter enttäuscht. Er hatte erwartet, dass Gottes Botschaft die gleiche Wirkung haben würde wie das öffentliche Lesen des Gesetzes in den Tagen von Josia und Esra, vgl. 2.Chronik 34,14-33; Nehemia 8,9 und dass es zu einer tiefgehenden Buße und Umkehr zum Herrn kommen würde. Dem Erfolg dieses Auftrages *[215/216]* **161** hatte er sein ganzes Leben geweiht. Sollte nun alles vergeblich gewesen sein? Johannes war traurig, als er merkte, dass seine eigenen Jünger aus Liebe zu ihm Jesus gegenüber Unglauben zeigten. War sein Dienst an ihnen fruchtlos geblieben? Hatte er seinen Dienst vielleicht nicht gewissenhaft genug erfüllt und wurde ihm nun deshalb der Auftrag wieder entrissen? Hätte Jesus, der verheißene und erschienene Erlöser, nicht die Macht des Unterdrückers gebrochen und seinem Boten Johannes die Freiheit wiedergegeben – vorausgesetzt, dieser wäre in seiner Berufung treu erfunden worden?

Der Täufer gab aber seinen Glauben an Christus nicht auf. Die Erinnerung an die Stimme vom Himmel und das Herabkommen der Taube, die fleckenlose Reinheit Jesu, die Kraft des Heiligen Geistes, die Johannes erfüllt hatte, als er in die Nähe des Heilandes kam, und das Zeugnis der prophetischen Schriften – das alles bezeugte ihm, dass Jesus von Nazareth der Verheißene Gottes war. Johannes wollte über seine Zweifel und Sorgen nicht mit seinen Jüngern sprechen. So entschloss er sich, direkt bei Jesus nachfragen zu lassen. Er beauftragte zwei seiner Jünger damit und hoffte, dass ein Gespräch mit dem Heiland ihren eigenen Glauben stärken und ihren Brüdern Gewissheit bringen würde. Und er selbst sehnte sich nach irgendeinem persönlichen Wort von Christus. Die Jünger kamen zu Jesus mit der Frage: »Bist du, der da kommen soll, oder sollen wir eines andern warten?« Matthäus 11,3

Erst kurze Zeit war vergangen, seit der Täufer auf Jesus hingewiesen und verkündigt hatte: »Siehe, das ist Gottes Lamm, welches der Welt Sünde trägt!« Johannes 1,29 »Dieser ist's, der nach mir kommt, der vor mir gewesen ist.« Joh.1,27 Und nun die Frage: »Bist du, der da kommen soll?« Für menschliches Denken war das sehr bitter und enttäuschend. Wenn selbst Johannes, der treue Wegbereiter, nicht in der Lage war, Christi Aufgabe richtig zu erkennen, wie konnte das dann von der selbstsüchtigen Menge erwartet werden? Der Heiland beantwortete die Frage der Jünger nicht sofort. Während sie sich über Sein Schweigen wunderten, kamen Kranke und Leidende zu Ihm, um geheilt zu werden. Blinde ertasteten sich ihren Weg durch das Volk. Leidende aller Art drängten sich, manche aus eigener Kraft, andere von Freunden getragen, voller Verlangen in die Nähe Jesu. Die Stimme des mächtigen Arztes erreichte das taube Ohr. Ein Wort, ein Berühren mit Seiner Hand öffnete die erblindeten Augen, und sie sahen das Licht des Tages, die Schönheit der Natur, die Gesichter ihrer Freunde und das Antlitz des Erlösers. Jesus gebot der Krankheit Einhalt und bannte das Fieber. Seine Stimme erreichte die Ohren der Sterbenden, und sie standen auf – gesund und voller Kraft. Besessene, die sich selbst nicht kontrollieren konnten, gehorchten Seinem Wort, der Wahnsinn wich von ihnen, und sie beteten Ihn an. Während Er Krankheiten heilte, unterrichtete Er das Volk. Die armen Bauern und Arbeiter, von den Rabbinern als unrein gemieden, drängten sich um Ihn, und Er sprach Worte des ewigen Lebens zu ihnen. So ging der Tag vorüber, und die Jünger von Johannes sahen und hörten das alles. Schließlich rief Jesus sie zu sich und forderte sie auf, hinzugehen und Johannes alles zu berichten, was sie erlebt hatten. Dann fügte Er noch hinzu: »Selig ist, wer sich nicht an mir ärgert.« Lukas 7,23 Der Beweis Seiner Göttlichkeit wurde darin sichtbar, dass Er sich der Nöte der leidenden Menschheit annahm. Seine Herrlichkeit wurde darin sichtbar, dass Er sich auf unsere Niedrigkeit herabließ.

Die Jünger teilten ihm diese Botschaft mit, und Johannes genügte das. Er erinnerte sich an die messianische Weissagung: »Der Geist Gottes des Herrn ist auf mir, weil der Herr mich gesalbt hat. Er hat mich gesandt, den Elenden gute Botschaft zu bringen, die zerbrochenen Herzen zu verbinden, zu verkündigen den Gefangenen die Freiheit, den Gebundenen, dass sie frei und ledig sein sollen; zu verkündigen ein gnädiges Jahr des Herrn.« Jesaja 61,1.2

Durch seine Werke wies sich Christus nicht allein als Messias aus, sondern Er zeigte auch, wie Sein Reich gegründet werden sollte. Johannes wurde dieselbe Wahrheit eröffnet wie einst dem Propheten Elia in der Wüste, als »ein großer, starker Wind, der die Berge zerriss und die Felsen zerbrach, kam vor dem Herrn her; der Herr aber war nicht im Winde. Nach dem Wind aber kam ein Erdbeben; aber der Herr war nicht im Erdbeben. Und nach dem Erdbeben kam ein Feuer; aber der Herr war nicht im Feuer.« 1.Könige 19,11f

Doch nach dem Feuer redete Gott zu dem Propheten durch eine stille, sanfte Stimme. Genauso sollte Jesus Seine Aufgabe erfüllen, nicht mit Waffengewalt und indem Er Throne und Königreiche stürzte. Er sollte vielmehr durch ein Leben der Güte und Hingabe zu den Herzen der Menschen sprechen.

Der Grundsatz der Selbstverleugnung im Leben des Täufers war auch das Prinzip im Königreich des Messias. Johannes wusste genau, wie fremd all dies den Grundsätzen und Hoffnungen der führenden Männer Israels war. Was er für einen überzeugenden Beweis der Göttlichkeit Christi hielt, würde jene nicht überzeugen. Sie erwarteten einen Messias, wie er nicht verheißen worden war. Johannes erkannte, dass die Sendung des Heilandes bei ihnen nur Hass und Verdammung ernten konnte. Als Wegbereiter musste er den Kelch trinken, den Christus selbst bis zur Neige leeren sollte. Die Worte des Heilandes »Selig ist, wer sich nicht an mir ärgert«, Matthäus 11,6 waren für Johannes ein sanfter Tadel. Er stieß bei ihm nicht auf taube Ohren. Jetzt verstand er das Wesen des Dienstes Christi besser und beugte sich vor Gott, bereit zu leben oder zu sterben, was immer der Sache, die er liebte, am meisten dienen konnte.

Nachdem die Boten von Johannes weggegangen waren, sprach Jesus zu den Menschen über den Täufer. Er wandte sich in tiefem Mitgefühl dem treuen Zeugen zu, der im Burgverlies des Herodes lebendig begraben war. Er wollte das Volk nicht in der Meinung bestärken, Gott habe Johannes im Stich gelassen, oder Johannes wäre am Tag der Prüfung im Glauben gescheitert. »Was seid ihr hinausgegangen in die Wüste zu sehen?«, fragte er. »Wolltet ihr ein Rohr sehen, das vom Wind bewegt wird?« Lukas 7,24

Die großen Schilfrohre, die am Jordan wuchsen und sich bei jeder Brise hin- und herbogen, waren ein treffendes Bild für die Rabbiner, die als Kritiker und Richter über den Dienst des Täufers aufgestanden waren. Bei jedem Sturm der öffentlichen Meinung schwankten sie bald in diese, bald in jene Richtung. Einerseits wollten sie die Botschaft des Täufers nicht bereitwillig annehmen und ihre Herzen durchforschen, andererseits wagten sie es jedoch aus Furcht vor dem Volk nicht, seiner Tätigkeit offen entgegenzutreten. Aber der Bote Gottes war nicht feige. Die Volksmenge, die sich um Christus scharte, war Zeuge der Tätigkeit von Johannes gewesen. Sie hatten gehört, wie furchtlos er die Sünde getadelt hatte. Mit derselben Deutlichkeit hatte Johannes auch zu den selbstgerechten Pharisäern, priesterlichen Sadduzäern, zum König Herodes und seinem Hofstaat, zu Fürsten und Soldaten, Zöllnern und Bauern gesprochen. Er glich keinem schwankenden Schilfrohr, das sich durch den Wind menschlichen Lobes oder Vorurteils bewegen ließ. Selbst im Gefängnis war er in seiner Treue zu Gott und seinem Streben nach Gerechtigkeit derselbe geblieben, der er bei der Verkündigung der Botschaft Gottes in der Wüste gewesen war. In seiner Treue zu den Grundsätzen stand er fest wie ein Fels.

Jesus sprach weiter: »Oder was seid ihr hinausgegangen zu sehen? Wolltet ihr einen Menschen in weichen Kleidern sehen? Siehe, die weiche Kleider tragen, sind in den Häusern der Könige.« Matthäus 11,8 Johannes war berufen worden, die Sünden und Entwicklungen seiner Zeit zu tadeln. Seine schlichte Kleidung wie auch sein selbstverleugnendes Leben stimmten genau mit dem Wesen seiner Botschaft überein. Wertvolle Kleider und ein Leben im Luxus passen nicht zu einem Diener Gottes, sondern zu denen, die »in den Häusern der Könige« leben, zu den Herrschern dieser Welt als Zeichen ihrer Macht und ihres Glanzes. Jesus hob bewusst den Gegensatz zwischen der Kleidung von Johannes und der der Priester und Mächtigen hervor. Diese Würdenträger hüllten sich in prächtige Gewänder und trugen kostbaren Schmuck. Sie stellten sich gern zur Schau und hofften, dadurch das Volk zu blenden und ihm mehr Achtung abzunötigen. Es ging ihnen mehr darum, von Menschen bewundert zu werden, als ein reines Herz zu erlangen, das Gott gutheißt. So bekundeten sie, dass sie nicht Gott, sondern dem Reich dieser Welt treu ergeben waren. »Oder was«, sprach Jesus, »seid ihr hinausgegangen zu sehen? Wolltet ihr einen Propheten sehen? Ja, ich sage

euch: Er ist mehr als ein Prophet. Dieser ist's, von dem geschrieben steht: ‚Siehe, ich sende meinen Boten vor dir her, der deinen Weg vor dir bereiten soll.' Wahrlich, ich sage euch: Unter allen, die von einer Frau geboren sind, ist keiner aufgetreten, der größer ist als Johannes der Täufer« Matthäus 11,9-11

Bei der Ankündigung der Geburt von Johannes hatte der Engel dem Priester Zacharias erklärt: »Er wird groß sein vor dem Herrn.« Lukas 1,15 Was ist Größe aber im Urteil des Himmels? Nicht das, was die Welt für Größe hält. Reichtum, sozialer Stand, vornehme Herkunft oder Intelligenz, für sich allein betrachtet, zählen nicht. Wenn intellektuelle Größe, losgelöst von jeder höheren Beziehung eine Verehrung beansprucht, dann gebührt unsere Huldigung Satan, dessen Intelligenz noch nie ein Mensch erreicht hat. Es ist nun einmal so: Je größer eine Gabe ist, zu einem desto größeren Fluch entartet sie, sobald sie zum Selbstzweck verfälscht wird. Gott schätzt allein sittliche Werte. Liebe und Reinheit sind Eigenschaften, die Ihm wichtig sind. In den Augen des Herrn war Johannes groß, als er vor den Abgesandten des Hohen Rates, vor dem Volk und vor seinen eigenen Jüngern keine Ehre für sich selbst erstrebte, sondern sie alle auf Jesus als den von Gott Verheißenen hinwies. Seine selbstlose Freude im Dienst für Christus stellt die höchste Form edler Gesinnung dar, die je ein Mensch offenbaren kann.

Alle jene, die sein Bekenntnis zu Jesus vernommen hatten, bezeugten nach seinem Tod: »Johannes hat kein Zeichen getan; aber alles, was Johannes von diesem gesagt hat, das ist wahr.« Johannes 10,41 Er war nicht beauftragt wie Elia, Feuer vom Himmel fallen zu lassen oder Tote aufzuwecken oder wie Mose, im Namen Gottes den Wunderstab zu verwenden. Er war gesandt, den nahenden Erlöser anzukündigen und das Volk aufzurufen, sich auf dessen Ankunft vorzubereiten. Seinen Auftrag erfüllte er so treu, dass die Menschen in Erinnerung an das, was er sie über Jesus gelehrt hatte, bestätigten: »Alles, was Johannes von diesem gesagt hat, das ist wahr.« Ein solches Zeugnis von Christus zu geben, ist jeder Jünger des Meisters aufgerufen. Als Vorläufer des Messias war Johannes »mehr als ein Prophet.« Matthäus 11,9 Denn während die Propheten das Kommen Christi nur aus der Ferne schauen konnten, war es Johannes gegeben, Ihn selbst zu sehen, das Zeugnis des Himmels zu Jesu Messias-Amt zu hören und ihn vor Israel als den von Gott Gesandten vorzustellen. Doch Jesus erklärte: »Und doch ist noch der Geringste im Himmelreich größer als er.« Matthäus 11,11; NL

Der Prophet Johannes war das Bindeglied zwischen den beiden Heilsordnungen. Als Gottes Beauftragter trat er hervor und zeigte die Beziehung von Gesetz und Propheten zur christlichen Heilsordnung auf. Er war das kleinere Licht, dem ein größeres folgen sollte. Das Verständnis von Johannes war durch den Heiligen Geist erleuchtet, sodass er Licht über sein Volk ausstrahlen konnte. Aber kein anderes Licht schien jemals oder wird jemals auf gefallene Menschen so klar scheinen wie jenes, das von den Lehren und dem Beispiel Jesu ausging. Christus und Seine Mission waren in ihrer Darstellung durch die schattenhaften Opfer nur undeutlich verstanden worden. Sogar Johannes hatte noch keine rechte Vorstellung vom künftigen unsterblichen Leben, das durch den Heiland geschenkt wird.

Abgesehen von der Freude, die Johannes in seinem Dienst fand, war sein Leben voller Sorge. Außer in der Wüste, wurde seine Stimme nur selten vernommen. Er trug das Los der Einsamkeit. Und es war ihm nicht vergönnt, die Früchte seiner Arbeit zu schauen. Ihm wurde nicht erlaubt, mit Christus zusammen zu sein und Zeuge der Bekundungen göttlicher Macht zu werden, die das größere Licht begleiteten. Er durfte nicht sehen, wie Blinde das Augenlicht wieder erhielten, wie Kranke geheilt und Tote zum Leben auferweckt wurden. Das Licht hat er nicht gesehen, das in jedem Wort Christi erstrahlte und seinen Glanz auf die Verheißungen der Prophetie warf. Der einfachste Jünger, der Christi machtvolle Werke sah und Seine Worte hörte, war in dieser Hinsicht Johannes dem Täufer gegenüber bevorzugt und wurde daher von Jesus als »größer« bezeichnet. Durch die großen Scharen, die der Predigt von Johannes zugehört hatten, wurde der Täufer im ganzen Land bekannt. Alle nahmen tiefen Anteil am Ausgang seiner Gefangenschaft. Sein makelloses Leben und die ihn begünstigende starke öffentliche Meinung führten zu der Annahme, dass keine ernsten Maßnahmen gegen ihn ergriffen würden.

Herodes glaubte, dass Johannes ein Prophet Gottes war und hatte sich fest vorgenommen, ihn freizulassen. Doch aus Angst vor Herodias schob er seine Absicht auf. Herodes wusste auch, dass sie auf direktem Wege niemals die Zustimmung von ihm zum Tod des Täufers erreichen würde. So beschloss sie, ihr Ziel durch eine List zu erreichen. Am Geburtstag des Königs sollte den Würdenträgern des Staates und den Hofbeamten ein Fest gegeben werden. Es würde geschlemmt und getrunken werden. Dadurch würde Herodes nicht so achtsam sein, und sie könnte ihn nach ihrem Willen beeinflussen.

Als der große Tag kam und der König mit seinen Würdenträgern aß und trank, sandte Herodias ihre Tochter in den Festsaal, damit sie zur Unterhaltung der Gäste tanzte. Salome befand sich im ersten Aufblühen ihrer Weiblichkeit, und ihre üppige Schönheit faszinierte die Sinne der adligen Zecher.

Es war nicht üblich, dass die Damen des Hofes bei solchen Festlichkeiten erschienen, und ein schmeichelhaftes Kompliment wurde Herodes gemacht, als diese Tochter israelitischer Priester und Fürsten zum Vergnügen seiner Gäste tanzte. Der König war vom Wein benommen. Die Leidenschaft herrschte, die Vernunft war entthront. Er sah nur den Festsaal mit den schwelgenden

Gästen, die reich gedeckte Tafel, den funkelnden Wein, die blinkenden Lichter und das junge Mädchen, das vor ihm tanzte. In der Unbesonnenheit des Augenblicks wollte er irgend etwas tun, womit er vor den Großen seines Reiches glänzen könnte. Mit einem Schwur gelobte er, der Tochter der Herodias zu geben, was immer sie erbitten mochte, sogar bis zur Hälfte seines Königreiches. vgl. Matthäus 14,6.7; Markus 6,21-23 Salome eilte zu ihrer Mutter, um sich von ihr raten zu lassen, was sie sich wünschen sollte. Die Antwort kam schnell: das Haupt Johannes des Täufers. Salome kannte nicht den Rachedurst im Herzen ihrer Mutter, und sie schreckte davor zurück, diese Bitte zu äußern; doch die Entschiedenheit der Herodias setzte sich durch. Das Mädchen kehrte zurück mit der entsetzlichen Bitte: »Gib mir hier auf einer Schale das Haupt Johannes des Täufers!« Matthäus 14,8; Markus 6,25

Herodes war überrascht und bestürzt. Die ausgelassene Fröhlichkeit wich, und unheilvolles Schweigen legte sich über die Szene. Bei dem Gedanken, Johannes zu töten, wurde der König von Entsetzen gepackt. Aber er hatte sein Wort gegeben und wollte nicht so dastehen als hätte er übereilt und unüberlegt gehandelt. Zu Ehren seiner Gäste hatte er den Eid geschworen. Wenn auch nur einer von ihnen ein Wort gegen die Einlösung seines Versprechens vorgebracht hätte, so würde er den Propheten liebend gern verschont haben. Er gab ihnen Gelegenheit, zugunsten des Gefangenen zu sprechen. Sie waren weit gereist, um der Predigt von Johannes zu lauschen. Sie kannten ihn als Mann ohne Makel und als Diener Gottes. Obwohl wegen der Bitte des Mädchens schockiert, waren sie doch zu betrunken, um Einspruch zu erheben.

Keine Stimme wurde laut, um das Leben des von Gott gesandten Boten zu retten. Diese Männer nahmen hohe Vertrauensämter im Land ein, und auf ihnen ruhte schwere Verantwortung. Trotzdem hatten sie sich der Schwelgerei und dem Trunk hingegeben, bis ihre Sinne umnebelt waren. Die leichtfertigen Szenen aus Musik und Tanz hatten sie verwirrt und ihr Gewissen eingeschläfert. Durch ihr Schweigen sprachen sie das Todesurteil über den Propheten Gottes und stillten damit den Rachedurst einer lasterhaften Frau. Herodes wartete vergeblich darauf, von seinem Eid entbunden zu werden. Dann erteilte er widerstrebend den Befehl zur Hinrichtung des Propheten. Bald wurde das Haupt von Johannes vor den König und seine Gäste gebracht. Für immer waren die Lippen dessen verschlossen, der Herodes gewissenhaft vor der Fortführung seines sündigen Lebens gewarnt hatte. Nie mehr sollte man diese Stimme hören, die Menschen zur Umkehr rief. Das Gelage einer Nacht hatte das Leben eines der größten Propheten gekostet. Ach, wie oft schon fiel das Leben Unschuldiger der Unmäßigkeit derer zum Opfer, die eigentlich Hüter der Gerechtigkeit hätten sein sollen! Wer berauschende Getränke konsumiert, lädt sich damit die Verantwortung für alles Unrecht auf, das er unter dessen betörendem Einfluss begehen kann. Durch das Betäuben seiner Sinne wird es für ihn unmöglich, ruhig zu urteilen, sowie Recht und Unrecht klar zu unterscheiden. So ermöglicht er es Satan, durch ihn Unschuldige zu unterdrücken und zu vernichten. »Der Wein macht Spötter, und starkes Getränk macht wild; wer davon taumelt, wird niemals weise.« Sprüche 20,1 So kann man sagen: »Das Recht ist zurückgewichen ... und wer vom Bösen weicht, muss sich ausplündern lassen.« Jesaja 59,14f Menschen, in deren Händen die Gerichtsbarkeit über das Leben ihrer Mitmenschen liegt, sollten eines Verbrechens für schuldig gesprochen werden, wenn sie unmäßig leben. Jeder, der das Gesetz anwendet, sollte es auch selbst halten. Er muss stets die Kontrolle über sich behalten und im Vollbesitz seiner körperlichen, geistigen und sittlichen Kräfte bleiben, um jederzeit über Geisteskraft und einen hohen Gerechtigkeitssinn verfügen zu können.

Das Haupt Johannes des Täufers wurde der Herodias gebracht, die es mit teuflischer Genugtuung entgegennahm. Sie triumphierte in ihrer Rache und bildete sich ein, dass das Gewissen von Herodes nicht weiter beunruhigt sein würde. Aber sie sollte ihrer Sünde nicht froh werden. Ihr Name wurde berüchtigt und verachtet, während Herodes durch Gewissensbisse mehr gequält wurde als jemals durch die Warnungen des Propheten. Der Einfluss der Predigt von Johannes war dagegen nicht zum Schweigen gebracht – die sollte für jede Generation bis zum Ende der Zeit erhalten bleiben.

Herodes sah seine Sünde immer vor sich. Unaufhörlich suchte er nach der Befreiung von den Anklagen seines schuldigen Gewissens. Sein Vertrauen zu Johannes blieb ungebrochen. Wenn er sich dessen Leben der Selbstverleugnung, seine ernsten und eindringlichen Ermahnungen, sowie sein gesundes Urteil vor Augen hielt und dann daran dachte, unter welchen Umständen er ihn hatte töten lassen, konnte Herodes keine Ruhe finden. Bei seinen Staatsgeschäften oder wenn Menschen ihm huldigten, trug er zwar ein lächelndes Antlitz und eine würdevolle Miene zur Schau, darunter aber verbarg sich ein verängstigtes Herz, stets von der Furcht erfüllt, dass auf ihm ein Fluch laste.

Die Worte von Johannes, dass vor Gott nichts verborgen bleibt, hatten Herodes tief beeindruckt. Seiner Überzeugung nach war Gott an jedem Ort gegenwärtig. Somit war Er auch Zeuge der Schwelgerei im Festsaal gewesen, hatte den Befehl zur Enthauptung von Johannes gehört und das Frohlocken der Herodias, sowie den Schimpf gesehen, welches dem abgetrennten Haupt des Mannes galt, der sie zurechtgewiesen hatte. Vieles von dem, was Herodes von den Lippen des Propheten gehört hatte, sprach nun weit deutlicher zu seinem Gewissen als bei dessen Predigt in der Wüste.

Als Herodes von den Taten Christi hörte, erschrak er sehr, dachte er doch, Gott habe Johannes von den Toten auferweckt und mit noch größerer Macht ausgesandt, um die Sünde zu verdammen. Er lebte in ständiger Angst, Johannes würde sich für seinen Tod rächen und ihn und sein Haus verfluchen. Herodes erntete genau das, was Gott als Folge eines sündigen Wandels genannt hatte: »Ein bebendes Herz ... und erlöschende Augen und eine verzagende Seele, und dein Leben wird immerdar in Gefahr schweben; Nacht und Tag wirst du dich fürchten und deines Lebens nicht sicher sein. Morgens wirst du sagen: Ach dass es Abend wäre! und abends wirst du sagen: Ach dass es Morgen wäre! vor Furcht deines Herzens, die dich schrecken wird, und vor dem, was du mit deinen Augen sehen wirst.« 5.Mose 28,65ff Den Sünder klagen seine eigenen Gedanken an. Nichts kann quälender sein als der Stachel eines schuldigen Gewissens, das ihn Tag und Nacht nicht zur Ruhe kommen lässt.

Für viele ist das Schicksal Johannes des Täufers ein großes Geheimnis. Sie fragen sich, warum er wohl im Gefängnis hat schmachten und sterben müssen. Das Rätsel dieser dunklen Fügung vermag unser menschliches Denken nicht zu durchdringen. Es kann jedoch unser Vertrauen zu Gott nicht erschüttern, wenn wir bedenken, dass Johannes nur Anteil hatte an den Leiden Christi. Alle Nachfolger Christi werden die Krone des Opfers tragen. Von egoistischen Menschen werden sie sicher missverstanden werden, und Satan wird sie zum Ziel seiner heftigsten Angriffe machen. Sein Reich hat es genau darauf abgesehen, den Grundsatz der Selbstaufopferung zu beseitigen, und wo immer sich dieser Grundsatz zeigt, wird Satan dagegen vorgehen.

Kindheit, Jugend und Mannesalter von Johannes waren durch Festigkeit und sittliche Kraft gekennzeichnet. Als sein Aufruf in der Wüste erscholl: »Bereitet dem Herrn den Weg und macht eben seine Steige!« Matthäus 3,3 fürchtete Satan um den Bestand seines Reiches. Das Verwerfliche der Sünde wurde so nachdrücklich aufgedeckt, dass die Menschen erschraken. Satans Macht über Menschen, die bis dahin seiner Herrschaft unterworfen waren, wurde gebrochen. Unermüdlich hatte er sich bemüht, den Täufer von seinem Leben vorbehaltloser Hingabe an Gott abzubringen, jedoch vergeblich. Und auch Jesus hatte er nicht überwinden können. Die Versuchung Jesu in der Wüste war für Satan zur Niederlage geworden, und deshalb war sein Zorn groß. Er beschloss nun, Christus dadurch zu treffen, dass er Johannes aus dem Weg räumte. Dem Einen, den er nicht zur Sünde verleiten konnte, wollte er schaden.

Jesus hat nichts zur Befreiung Seines Dieners unternommen. Er wusste, dass Johannes die Prüfung bestehen würde. Gern wäre der Heiland zu Johannes gegangen, um das Dunkel des Kerkers durch Seine Gegenwart zu erhellen. Doch Er durfte sich nicht in die Hand der Feinde begeben und dadurch Seinen eigenen Auftrag gefährden. Zu gerne hätte Er Seinen treuen Diener befreit. Doch um der Tausende willen, die in späteren Jahren Gefängnis und Tod erleiden mussten, sollte Johannes den Kelch des Leidens leeren. Wenn die Nachfolger Jesu von Gott und Menschen anscheinend verlassen in einsamen Zellen schmachten oder durch Schwert, Folter oder Scheiterhaufen umkommen müssten, würden ihre Herzen bei dem Gedanken gestärkt werden, dass Johannes der Täufer, dessen Treue Christus selbst bezeugt hat, eine ähnliche Erfahrung durchmachen musste.

Satan wurde erlaubt, das irdische Leben des Boten Gottes vorzeitig zu beenden. Aber jenes Leben, welches »ist verborgen mit Christus in Gott«, Kolosser 3,3 konnte der Verderber nicht antasten. Er frohlockte, Christus Leid zugefügt zu haben. Doch Johannes zu Fall zu bringen, damit scheiterte er. Der Tod hat ihn lediglich vor der Macht weiterer Versuchung bewahrt. In diesem Kampf hat Satan seinen wirklichen Charakter offenbart. Nun war das ganze Universum Zeuge seiner Feindschaft gegen Gott und die Menschen geworden.

Obwohl nichts Übernatürliches geschah, um Johannes zu befreien, wurde er doch nicht verlassen. Stets waren himmlische Engel bei ihm und öffneten ihm das Verständnis für die Weissagungen auf Christus und für die kostbaren Verheißungen der Schrift. Sie boten ihm Halt, wie sie auch dem Volk Gottes in den künftigen Jahrhunderten eine Stütze sein sollten. Johannes dem Täufer wie auch allen, die nach ihm kamen, wurde die Zusicherung gegeben: »Siehe, ich bin bei euch alle Tage bis an der Welt Ende.« Matthäus 28,20

Niemals führt Gott seine Kinder anders, als sie es sich selbst wünschten, falls sie bereits am Anfang den Ausgang sehen und die herrliche Frucht schauen könnten, die sie als Mitarbeiter Gottes bewirken dürfen. Weder Henoch, der verwandelt in den Himmel aufgenommen wurde, noch Elia, der im Feuerwagen gen Himmel fuhr, war größer oder wurde mehr geehrt als Johannes der Täufer, der einsam im Kerker umkam. »Denn euch ist es gegeben um Christi willen, nicht allein an ihn zu glauben, sondern auch um seinetwillen zu leiden.« Philipper 1,29 Von allen Gaben, die der Himmel Menschen verleihen kann, bezeugt die der Gemeinschaft mit Christus in Seinem Leiden größtes Vertrauen und höchste Ehre.

KAPITEL 23

Auf Grundlage von
Markus 1,14.15
Lukas 24,27; Daniel 9,27

»DAS REICH GOTTES
IST HERBEIGEKOMMEN«

»Nachdem aber Johannes gefangen gesetzt war, kam Jesus nach Galiläa und predigte das Evangelium vom Reich Gottes und sprach: Die Zeit ist erfüllt, und das Reich Gottes ist nahe. Tut Buße und glaubt an das Evangelium!« Markus 1,14f Das Kommen des Messias war zuerst in Judäa verkündigt worden. Als Zacharias im Tempel in Jerusalem seinen Dienst am Altar erfüllte, wurde ihm die Geburt des Vorläufers vorhergesagt. Auf den Hügeln von Bethlehem hatten die Engel die Geburt Jesu verkündigt, und nach Jerusalem kamen die Weisen, um den neugeborenen König zu suchen.

Im Tempel hatten Simeon und Hanna Seine Göttlichkeit bezeugt. »Jerusalem und das ganze jüdische Land« hatten die Predigt des Täufers Johannes gehört, und die Abordnung des Hohen Rates vernahm zusammen mit der Volksmenge dessen Zeugnis über Jesus. In Judäa hatte Jesus Seine ersten Jünger berufen. Hier verbrachte Er einen wesentlichen Teil Seines ersten Dienstes. Das Aufleuchten Seiner Göttlichkeit bei der Reinigung des Tempels, Seine Heilungswunder und die Predigt der göttlichen Wahrheit aus Seinem Mund – all das bekundete, was Er nach der Heilung in Bethesda vor dem Hohen Rat dargelegt hatte, nämlich dass Er der Sohn des Ewigen war.

Hätten die führenden Männer Israels Christus angenommen, dann würde Er sie dadurch geehrt haben, dass sie als Seine Boten das Evangelium in die Welt hinaustragen sollten. Ihnen wurde die erste Gelegenheit gegeben, Herolde des Reiches und der Gnade Gottes zu werden. Israel aber erkannte nicht die Zeit der Heimsuchung. Eifersucht und Misstrauen der jüdischen Führer reifte zu offenem Hass heran, und die Herzen des Volkes wurden von Jesus abgelenkt.

Der Hohe Rat hatte somit Jesu Botschaft abgelehnt und war fest entschlossen, Ihn zu töten. Deshalb verließ Jesus Jerusalem, die Priester, den Tempel, die religiösen Führer und all die Leute, die im Gesetz unterwiesen waren und wandte sich anderen Menschen zu. Ihnen wollte Er seine Botschaft verkündigen und aus ihnen jene herausrufen, die Sein Evangelium zu allen Nationen tragen sollten. Das Licht und das Leben der Menschen wurde in Jesu Zeit von den religiösen Würdenträgern abgelehnt. Dies wiederholte sich in jeder Generation. Die Geschichte vom Rückzug Christi aus Judäa wiederholte sich immer wieder. Als die Reformatoren das Wort Gottes predigten, hatten sie nicht beabsichtigt, sich von der bestehenden Kirche zu trennen. Aber die geistlichen Führer tolerierten das Licht nicht. Dadurch wurden die Lichtträger gezwungen, sich nach Menschen umzusehen, die sich nach der Wahrheit sehnten. In unseren Tagen werden nur wenige, die sich als Nachfolger der Reformatoren bekennen, auch von deren Geist getrieben. Wenige hören auf die Stimme Gottes und sind bereit, die Wahrheit anzunehmen, wie auch immer sie ihnen dargeboten werden mag.

Oft werden Menschen, die wirklich den Fußtapfen der Reformatoren folgen, dazu gezwungen, sich von den Kirchen, die sie sehr lieben, zu trennen, um die klare Lehre des Wortes Gottes verkündigen zu können. Und häufig werden nach Licht suchende Menschen durch dieselbe Lehre genötigt, die Kirche ihrer Väter aus Gehorsam gegenüber Gott zu verlassen. Die Bewohner Galiläa's wurden von den Rabbinern in Jerusalem als ungesittet und ungebildet verachtet, dem Heiland boten sie jedoch ein günstigeres Wirkungsfeld, denn sie waren ernst und aufrichtig. Fanatismus war bei ihnen nur selten zu finden. Ihr Denken war für die Wahrheit offener. Jesus ging nicht nach Galiläa, weil Er Ruhe oder Einsamkeit suchte. Das Land war damals dicht bevölkert, mit einer weit stärkeren Vermischung von Angehörigen anderer Völker als Judäa.

Als Jesus durch Galiläa zog, indem Er heilte und lehrte, versammelte sich eine große Menschenmenge aus den Städten und Dörfern um Ihn. Sogar aus Judäa und den Nachbarprovinzen kamen viele. Oft musste Er sich vor der Menge verbergen. Die Begeisterung wuchs so sehr an, dass Vorsichtsmaßnahmen erforderlich wurden, denn sonst hätten die römischen Behörden vielleicht einen Aufstand befürchten können. Nie zuvor hatte es für die Welt eine solche Zeit gegeben. Der Himmel war zu den Menschen herab gekommen. Hungernde und dürstende Menschenseelen, die lange auf die Erlösung Israels gewartet hatten, labten sich jetzt am Erbarmen des gnädigen Heilandes.

Der Schwerpunkt der Predigt Christi lautete: »Die Zeit ist erfüllt, und das Reich Gottes ist herbeigekommen. Tut Buße und glaubt an das Evangelium!« Markus 1,14f Die vom Heiland gepredigte Frohbotschaft war auf Weissagungen gegründet. Die Zeit, die nach Seinen Worten »erfüllt« war, umfasste den Zeitabschnitt, den der Engel Gabriel dem Propheten Daniel genannt hatte: »70 Wochen sind bestimmt über dein Volk und über deine heilige Stadt; dann wird dem Frevel ein Ende gemacht und die Sünde abgetan und die Schuld gesühnt, und es wird ewige Gerechtigkeit gebracht und Gesicht und Weissagung erfüllt und das Allerheiligste gesalbt werden.« Daniel 9,24 Ein Tag bedeutet in der Weis-

sagung ein Jahr. vgl. 4.Mose 14,34; Hesekiel 4,6

Die 70 Wochen oder 490 Tage stellen somit 490 Jahre dar. Für diesen Zeitabschnitt gilt als Anfangspunkt: »So wisse und verstehe: Vom Erlass des Befehls zur Wiederherstellung und zum Aufbau Jerusalems bis zu dem Gesalbten, dem Fürsten, vergehen 7 Wochen und 62 Wochen«, Daniel 9,25 insgesamt also 69 Jahrwochen oder 483 Jahre. Der Befehl zur Wiederherstellung und zum Aufbau Jerusalems wurde durch einen Erlass des persischen Königs Artaxerxes Longimanus erteilt und im Herbst 457 v. Chr. wirksam. vgl. Esra 6,14; Esra 7,1.9 Die 483 Jahre würden somit im Jahr 27 n. Chr. enden. Gemäß der Weissagung sollte dieser Zeitabschnitt bis auf den Messias, den »Gesalbten«, reichen. Im Jahr 27 n. Chr. empfing Jesus bei Seiner Taufe die Salbung mit dem Heiligen Geist und begann kurze Zeit später mit Seiner Tätigkeit. Von nun an hieß es: »Die Zeit ist erfüllt.« Markus 1,14f Der Engel sagte dann: »Und er wird mit den Vielen einen festen Bund schließen eine Woche lang [7 Jahre].« Daniel 9,27

Sieben Jahre, nachdem der Heiland Seinen Dienst aufgenommen hatte, sollte das Evangelium besonders den Juden verkündigt werden: dreieinhalb Jahre durch Christus selbst und anschließend durch die Apostel. »In der Mitte der Woche wird er Schlacht- und Speisopfer aufhören lassen.« Daniel 9,27 Im Frühjahr des Jahres 31 wurde Christus als das wahre Opferlamm auf Golgatha geopfert. Der Vorhang im Tempel zerriss, um anzuzeigen, dass die Heiligkeit und der Zweck des Opferdienstes ihr Ende gefunden hatten. Die Zeit war gekommen, dass irdische Opfer aufhörten. Die eine Woche – sieben Jahre – endete im Jahre 34 n. Chr. Damals besiegelten die Juden durch die Steinigung von Stephanus, dass sie das Evangelium endgültig verworfen hatten. Die Jünger wurden durch die Verfolgung »zerstreut« und »zogen umher und predigten das Wort.« Apostelgeschichte 8,4 Kurz danach bekehrte sich der Verfolger Saulus und wurde zum Heidenapostel Paulus.

Die Zeit für Christi Kommen, für Seine Salbung mit dem Heiligen Geist und für Seinen Tod war ebenso genau festgelegt wie der Zeitpunkt, da die Verkündigung des Evangeliums an die Heiden beginnen sollte.

Es war ein Vorrecht für das jüdische Volk, diese Weissagungen verstehen und im Wirken Jesu ihre Erfüllung erkennen zu dürfen. Christus hob Seinen Jüngern gegenüber mit Nachdruck die Wichtigkeit des Studiums der Weissagungen hervor. Er bezog sich auf die Weissagung Daniels über ihre Zeit mit den Worten: »Wer das liest, der merke auf!« Matthäus 24,15 Nach Seiner Auferstehung legte Er Seinen Jüngern aus, was in »allen Propheten ... von ihm gesagt war.« Lukas 24,27 Durch alle Propheten hatte der Heiland selbst geredet. »Der Geist Christi ... der in ihnen war«, hat »zuvor bezeugt ... die Leiden, die über Christus kommen sollten, und die Herrlichkeit danach.« 1.Petrus 1,11 Der Engel Gabriel, der dem Sohn Gottes rangmäßig am nächsten steht, überbrachte Daniel die göttliche

Botschaft. Gabriel, »seinen Engel«, sandte Christus, um dem geliebten Johannes die Zukunft zu eröffnen. Und selig gesprochen wird, »der da liest und die da hören die Worte der Weissagung und behalten, was darin geschrieben ist.« Offenbarung 1,1-3 »Gott der Herr tut nichts, er offenbare denn seinen Ratschluss den Propheten, seinen Knechten.« Amos 3,7 »Was verborgen ist, ist des Herrn, unseres Gottes; was aber offenbart ist, das gilt uns und unsern Kindern ewiglich.« 5.Mose 29,28 Das, was offenbart ist, hat Gott uns gegeben. Sein Segen ist jedem zugesagt, der die prophetischen Schriften ehrfürchtig und unter Gebet studiert.

Wie die Botschaft vom ersten Kommen Christi das Reich Seiner Gnade ankündigte, so kündigt die Botschaft von Seinem zweiten Kommen das Reich Seiner Herrlichkeit an. Diese zweite Botschaft gründet sich ebenso wie die erste auf das prophetische Wort. Was der Engel dem Daniel über die letzte Zeit ankündigte, soll erst in der Zeit des Endes verstanden werden. Von dieser Zeit heißt es: »Viele werden es dann durchforschen und so wird die Erkenntnis zunehmen.« »Aber die Gottlosen werden gottlos handeln; und kein Gottloser wird Verständnis dafür haben, während die Verständigen es verstehen werden.« Daniel 12,4.10; Menge

Der Heiland selbst hat die Zeichen Seines Kommens genannt, und spricht: »Wenn ihr seht, dass dies alles geschieht, so wisst, dass das Reich Gottes nahe ist ... Hütet euch aber, dass eure Herzen nicht beschwert werden mit Fressen und Saufen und mit täglichen Sorgen und dieser Tag nicht plötzlich über euch komme wie ein Fallstrick ... So seid allezeit wach und betet, dass ihr stark werdet, zu entfliehen diesem allem, was geschehen soll und zu stehen vor dem Menschensohn.« Lukas 21,31.34-36 Wir leben in der von der Heiligen Schrift vorhergesagten Zeit. Die Zeit des Endes hat begonnen. Die Weissagungen der Propheten sind enthüllt, und ihre ernsten Warnungen weisen darauf hin, dass das Kommen unseres Herrn in Herrlichkeit nahe ist. Die Juden hatten das Wort Gottes falsch gedeutet und nicht richtig angewandt; so kannten sie die Zeit ihrer Heimsuchung nicht. Die Jahre, in denen Christus und Seine Apostel ihnen dienten – letzte köstliche Gnadenjahre für das erwählte Volk –, verbrachten sie damit, zu planen, wie sie die Boten des Herrn vernichten könnten. Vergeblich wurde ihnen das Reich des Geistes angeboten. Auch heute geht das Denken der Menschen völlig in weltlichen Dingen auf. Sie haben keinen Blick für die Erfüllung der Weissagungen und für die Zeichen des bald kommenden Reiches Gottes.

»Ihr aber, liebe Brüder, seid nicht in der Finsternis, dass der Tag wie ein Dieb über euch komme. Denn ihr alle seid Kinder des Lichtes und Kinder des Tages. Wir sind nicht von der Nacht noch von der Finsternis.« Während wir zwar nicht wissen, in welcher Stunde unser Herr wiederkommt, können wir jedoch erkennen, wann sein Tag nahe ist. »So lasst uns nun nicht schlafen wie die andern, sondern lasst uns wachen und nüchtern sein.« 1.Thessalonicher 5,4-6

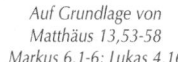

KAPITEL 24

Auf Grundlage von
Matthäus 13,53-58
Markus 6,1-6; Lukas 4,16

»IST ER NICHT DER SOHN DES ZIMMERMANNS?«

A uf den heiteren Tagen des Dienstes Christi in Galiläa lag ein Schatten. Die Bewohner Nazareths lehnten Jesus ab. »Ist er nicht der Sohn des Zimmermanns? Heißt nicht seine Mutter Maria und seine Brüder Jakobus und Joseph und Simon und Judas?« Matthäus 13,55

In Seiner Kindheit und Jugendzeit hatte Jesus gemeinsam mit Seinen Brüdern an den Gottesdiensten in der Synagoge von Nazareth teilgenommen. Seit Er jedoch Seinen Dienst begonnen hatte, war Er nicht mehr bei ihnen gewesen. Trotzdem war es ihnen nicht verborgen geblieben, was mit Ihm geschehen war. Als er nun wieder unter ihnen erschien, steigerten sich ihr Interesse und ihre Erwartung außerordentlich. Hier waren die vertrauten Gestalten und Gesichter derer, die Ihn von klein auf kannten. Hier lebten Seine Mutter, Seine Brüder und Seine Schwestern, und alle blickten auf Ihn, als Er am Sabbat die Synagoge betrat und unter den Andächtigen Platz nahm.

Bei den gewöhnlichen Gottesdiensten verlas der Älteste einen Abschnitt aus den Propheten und ermahnte das Volk, weiter auf den zu hoffen, der da kommen, ein herrliches Reich gründen und alle Unterdrückung beenden sollte. Er versuchte seine Hörer dadurch zu ermutigen, dass er die Beweise für das baldige Erscheinen des Messias wiederholte. Er beschrieb die Herrlichkeit Seiner Ankunft und hob besonders den Gedanken hervor, dass der Gesalbte als Heerführer kommen und Israel befreien werde.

War ein Rabbiner zum Gottesdienst in der Synagoge anwesend, dann wurde erwartet, dass er die Predigt hielt. Den prophetischen Textabschnitt dagegen durfte jeder Israelit vorlesen. An diesem Sabbat nun wurde Jesus gebeten, den Gottesdienst zu übernehmen. Er »stand auf und wollte lesen. Da wurde ihm das Buch des Propheten Jesaja gereicht.« Lukas 4,16f Der von Ihm gelesene Schriftabschnitt wurde nach dem allgemeinem Verständnis auf den Messias bezogen: »Der Geist des Herrn ist auf mir, weil er mich gesalbt hat, zu verkündigen das Evangelium den Armen; er hat mich gesandt, zu predigen den Gefangenen, dass sie frei sein sollen und den Blinden, dass sie sehen *[236/237]* **175** sollen und den Zerschlagenen, dass sie frei und ledig sein sollen, zu verkündigen das Gnadenjahr des Herrn.« Lukas 4,18f »Und als er das Buch zutat, gab er's dem Diener … Und aller Augen in der Synagoge sahen auf ihn … Und sie gaben alle Zeugnis von ihm und wunderten sich, dass solche Worte der Gnade aus seinem Munde kamen.« Lukas 4,20.22 Jesus stand vor den Leuten als lebendige Erfüllung der Weissagungen, die sich auf Ihn bezogen. Als Er die Texte erklärte, die Er gelesen hatte, sprach Er vom Messias als Einem, der den Unterdrückten hilft, die Gefangenen befreit, die Kranken heilt, den Blinden das Augenlicht wiedergibt und vor der Welt das Licht der Wahrheit offenbart.

Seine beeindruckende Art und auch der wunderbare Inhalt Seiner Worte begeisterten die Hörer mit einer nie zuvor verspürten Kraft. Der Strom des göttlichen Einflusses durchbrach jedes Hindernis. Wie Mose sahen sie den Unsichtbaren. Als ihre Herzen durch den Geist Gottes bewegt wurden, antworteten sie mit inbrünstigem Amen und lobten den Herrn.

Als Jesus jedoch erklärte: »Heute ist dies Wort der Schrift erfüllt vor euren Ohren«, Lukas 4,21 fühlten sie sich plötzlich ermahnt, über sich selbst nachzudenken, und über den Anspruch von dem, der zu ihnen gesprochen hatte. Er hatte sie, die Israeliten, Nachkommen Abrahams, so dargestellt, als lebten sie in Knechtschaft. Er hatte zu ihnen gesprochen wie zu Gefangenen, die von der Macht des Bösen erlöst werden müssten – wie zu Leuten, die in Finsternis lebten und das Licht der Wahrheit benötigten. Ihr Stolz war gekränkt, und Befürchtungen wurden in ihnen geweckt. Jesu Worte wiesen darauf hin, dass Sein Werk für sie ganz und gar nicht ihren Wünschen entsprechen würde. Und ihre Taten könnten genau geprüft werden. Obwohl sie den frommen Schein sorgfältig wahrten, schreckten sie doch vor dem prüfenden Blick Seiner klaren, forschenden Augen zurück.

»Wer ist dieser Jesus?«, fragten sie. Er, der die Herrlichkeit des Messias für sich in Anspruch nahm, war der Sohn eines Zimmermanns und hatte gemeinsam mit Seinem Vater Joseph Sein Handwerk ausgeübt. Die Leute von Nazareth hatten gesehen, wie Er sich bergauf und bergab plagte, sie kannten Seine Brüder und Schwestern und wussten über Sein Leben und Seine Tagesarbeit Bescheid. Sie hatten miterlebt, wie aus dem Kind ein Jugendlicher und aus dem Jugendlichen ein Mann wurde. Obwohl Sein Leben makellos geblieben war, glaubten sie dennoch nicht, dass Er der Verheißene war. Welch ein Gegensatz bestand zwischen Seiner Lehre vom neuen Reich und jener Auslegung, die sie von ihren Ältesten gehört hatten! Jesus hatte nichts über eine Befreiung von den Römern gesagt. Sie hatten von Seinen Wundern gehört und deshalb gehofft, Er würde Seine Macht zu ihrem Vorteil einsetzen. Doch sie hatten keinerlei Anzeichen einer solchen Absicht gesehen. Als sie dem Zweifel die Tür öffneten, wurden ihre

Herzen so sehr verhärtet, dass sie nicht einmal für einen Augenblick erweicht wurden. Satan war entschlossen, zu verhindern, dass an jenem Tag blinde Augen geöffnet oder in Sklaverei gehaltene Menschenseelen befreit würden. Mit aller Kraft versuchte er, sie in ihrem Unglauben zu bestärken. Zwar waren sie von der Überzeugung aufgerüttelt worden, dass ihr Erlöser zu ihnen sprach, doch für sie hatte dieses ihnen gegebene Zeichen keine Bedeutung.

Nun enthüllte Jesus ihnen ihre geheimen Gedanken als Beweis Seiner Göttlichkeit. »Und er sprach zu ihnen: Ihr werdet mir freilich dies Sprichwort sagen: Arzt, hilf dir selber! Denn wie große Dinge haben wir gehört, die in Kapernaum geschehen sind! Tue so auch hier in deiner Vaterstadt! Er sprach aber: Wahrlich, ich sage euch: Kein Prophet gilt etwas in seinem Vaterland. Aber wahrhaftig, ich sage euch: Es waren viele Witwen in Israel zur Zeit des Elia, als der Himmel verschlossen war drei Jahre und sechs Monate und eine große Hungersnot herrschte im ganzen Lande, und zu keiner von ihnen wurde Elia gesandt als allein zu einer Witwe nach Sarepta im Gebiet von Sidon. Und viele Aussätzige waren in Israel zur Zeit des Propheten Elisa, und keiner von ihnen wurde rein als allein Naeman aus Syrien.« Lukas 4,23-27

Indem Jesus Ereignisse aus dem Leben der Propheten erwähnte, ging Er auf die Fragen Seiner Hörer ein. Den Dienern, die Gott zu einer besonderen Aufgabe berufen hatte, wurde nicht erlaubt, etwas für hartherzige und ungläubige Menschen zu tun. Wer aber ein empfängliches Herz besaß und glaubte, erhielt durch die Propheten besondere Beweise Seiner göttlichen Macht.

In den Tagen Elias hatten die Israeliten Gott den Rücken gekehrt. Sie hielten an ihren Sünden fest und verwarfen die durch die Boten des Herrn gegebenen Mahnungen des Geistes. So verließen sie selbst den Weg, auf dem Gott sie segnen konnte. Der Herr ging an den Häusern Israels vorbei und fand für Seinen Diener eine Bleibe in einem heidnischen Land bei einer Frau, die nicht zum auserwählten Volk gehörte. Diese Frau fand Gnade, weil sie dem Licht, das sie empfing, gehorcht hatte und weil ihr Herz für das größere Licht, das Gott ihr durch Seinen Propheten sandte, empfänglich war.

Aus demselben Grund wurden die Aussätzigen zu Elisas Zeit übergangen. Doch Naeman, ein heidnischer Adelsmann, war in den Dingen, die er als recht erkannt hatte, treu gewesen, und er war sich auch bewusst, wie sehr er Hilfe nötig hattte. Durch die Bereitschaft, die Gnadengaben Gottes zu empfangen, wurde er nicht nur vom Aussatz geheilt, sondern auch mit der Erkenntnis des wahren Gottes gesegnet.

Unser Verhältnis zu Gott hängt nicht davon ab, wie viel Licht wir erhalten haben, sondern davon, was wir aus dem machen, das wir empfangen haben. Deshalb stehen Heiden, die nach bestem Vermögen und Verständnis das Rechte zu tun bemüht sind, Gott näher als Menschen, die großes Licht empfangen haben und angeblich Gott dienen, dieses Licht aber nicht beachten und durch ihr tägliches Leben ihrem Bekenntnis widersprechen. Mit Seinen Worten in der Synagoge traf Jesus Seine Hörer an der Wurzel ihrer Selbstgerechtigkeit, indem Er ihnen deutlich die bittere Wahrheit vor Augen führte, dass sie sich von Gott abgewandt und den Anspruch, Sein Volk zu sein, verspielt hatten. Jedes Wort schnitt tief in ihr Herz, als ihnen ihre wirkliche Lage klar gemacht wurde. Jetzt verhöhnten sie den Glauben, den Jesus erst in ihnen entfacht hatte. Sie wollten nicht zugeben, dass jener, der aus Armut und Niedrigkeit hervorgegangen war, mehr darstellte als einen gewöhnlichen Menschen.

Ihr Unglaube erzeugte Groll. Satan hatte sie in seiner Gewalt, und im Zorn erhoben sie ihre Stimme gegen den Heiland. Sie hatten sich von dem abgewandt, dessen Aufgabe es war, zu heilen und wiederherzustellen. Nun zeigten sie die Eigenschaften des Zerstörers. Als sich Jesus auf die den Heiden gewährten Segnungen bezog, wurde der leidenschaftliche Nationalstolz Seiner Hörer so sehr geweckt, dass Seine Worte im Tumult untergingen. Diese Leute bildeten sich viel darauf ein, dass sie das Gesetz hielten. Doch nun, da ihre Vorurteile angetastet wurden, waren sie bereit, einen Mord zu begehen. Die Versammlung endete abrupt. Jesus wurde gepackt und aus der Synagoge gezogen sowie aus der Stadt gejagt. Alle schienen begierig darauf zu sein, Ihn umzubringen. Sie trieben Ihn an den Rand eines Abgrunds, um Ihn kopfüber hinabzustürzen. Geschrei und Verwünschungen erfüllten die Luft. Einige warfen sogar mit Steinen nach Ihm, als Er plötzlich aus ihrer Mitte verschwand. Die himmlischen Boten, die in der Synagoge an Seiner Seite gestanden hatten, waren auch hier inmitten der wütenden Menge bei Ihm. Sie schirmten Ihn vor Seinen Feinden ab und brachten Ihn an einen sicheren Ort. So schützten Engel auch Lot und führten ihn sicher aus Sodom heraus. Auf die gleiche Art behüteten sie Elisa in jenem kleinen Gebirgsort. Zwar wimmelten die umliegenden Berge von Pferden und Wagen des Königs von Syrien und von der großen Schar seiner bewaffneten Männer. Elisa aber sah die nahe gelegenen Hänge bedeckt von den Heerscharen Gottes – dort standen Pferde und Feuerwagen um den Diener des Herrn her.

Zu allen Zeiten waren Engel den treuen Nachfolgern Christi nahe. Die gewaltige Verschwörung des Bösen geht gegen alle Überwinder vor. Doch Christus möchte, dass wir auf das Unsichtbare schauen, auf die Heere des Himmels, die sich zu deren Rettung um alle lagern, die Gott lieben. Vor welchen erkannten und unerkannten Gefahren wir durch das Eingreifen der Engel bewahrt worden sind, werden wir nie erfahren, bis wir im Licht der Ewigkeit die Vorsehung Gottes erkennen werden. Dann wird uns bewusst werden, dass die ganze Familie des Himmels Anteil an der irdischen Familie nahm und dass Boten vom Thron Gottes ausgesandt wurden, die uns Tag für Tag begleiteten.

Als Jesus in der Synagoge einen Abschnitt aus den Schriftrollen des Propheten Jesaja vorlas, endete Er plötzlich vor dem letzten Teil der Beschreibung des messianischen Werkes. Nach den Worten »zu verkündigen ein gnädiges Jahr des Herrn« ließ Er die Wendung »und einen Tag der Vergeltung unsres Gottes« weg. Jesaja 61,2 Diese Aussage ist ebenso sehr wahr wie der erste Teil der Weissagung, und durch Sein Schweigen hat Jesus diese Wahrheit keineswegs geleugnet. Doch gerade bei dieser letzten Aussage verweilten Seine Hörer so gern, und sie sehnten deren Erfüllung herbei. Sie verkündeten die Gerichte Gottes über die Heiden, ohne zu bedenken, dass ihre eigene Schuld weit größer war als die der anderen. Sie selbst brauchten die Gnade, die sie den Heiden versagten, am nötigsten. Jener Tag in der Synagoge, an dem Jesus unter ihnen stand, war ihre Gelegenheit, den Ruf des Himmels anzunehmen. Er, der »sich freut, wenn er barmherzig sein kann«, Micha 7,18; NL wollte sie gern vor dem Untergang bewahren, den ihre Sünden nach sich zogen.

Ohne einen weiteren Ruf zur Buße konnte Er sie jedoch nicht aufgeben. Gegen Ende Seines Dienstes in Galiläa besuchte Er noch einmal den Ort Seiner Kindheit. Seit man Ihn damals abgewiesen hatte, sprach man von Seiner Predigt und Seinen Wundern im ganzen Land. Jetzt konnte niemand bestreiten, dass Er mehr als menschliche Kraft besaß. Die Leute in Nazareth wussten, dass Er umher zog, um Gutes zu tun und alle zu heilen, die von Satan geknechtet waren. Ringsumher gab es ganze Ortschaften, in denen in keinem Haus auch nur eine Klage wegen Krankheit zu hören war, denn Christus war hindurchgezogen und hatte alle ihre Krankheiten geheilt. Die in jeder Tat Seines Lebens deutlich gewordene Gnade bezeugte, dass Er der Gesalbte Gottes war.

Wieder lauschten die Nazarener Seinen Worten und wurden vom Geist Gottes bewegt. Doch selbst jetzt wollten sie nicht zugeben, dass dieser Mann, der unter ihnen aufgewachsen war, anders oder größer war als sie selbst. Immer noch nagte die bittere Erinnerung an ihnen, dass Er beansprucht hatte, der Verheißene Gottes zu sein, gleichzeitig aber ihre Zugehörigkeit zu Israel in Abrede stellte. Er hatte ihnen doch klar gemacht, dass sie der Gnade Gottes weniger würdig seien als heidnische Männer und Frauen. Deshalb lehnten sie Ihn trotz der Frage: »Woher hat er diese Weisheit und solche Taten?« Matthäus 13,54 als den Gesalbten Gottes ab. Wegen ihres Unglaubens konnte der Heiland nicht viel für sie tun. Nur einige wenige Herzen waren bereit für seine Segnungen. Ungern zog Er weiter, um niemals zurückzukehren. Der einmal fest gewurzelte Unglaube behielt die Herrschaft über die Menschen in Nazareth. Genauso beherrschte er den Hohen Rat und das jüdische Volk. Als die Priester und das Volk zum ersten Mal die Offenbarung der Macht des Heiligen Geistes zurückwiesen, war dies der Anfang des Endes.

Um zu beweisen, dass ihr erstes Widerstreben berechtigt war, hatten sie seitdem ständig an den Worten Christi etwas auszusetzen. Ihre Ablehnung des Heiligen Geistes erreichte ihren Höhepunkt am Kreuz von Golgatha, in der Zerstörung der Stadt Jerusalem und in der Zerstreuung des Volkes in alle Himmelsrichtungen. Wie sehr hat Christus sich doch danach gesehnt, vor den Israeliten die wertvollen Schätze der Wahrheit auszubreiten! Aber sie waren geistlich so verblendet, dass ihnen unmöglich die Wahrheiten Seines Reiches enthüllt werden konnten.

Sie klammerten sich an ihr Glaubensbekenntnis und an die nutzlosen Zeremonien, als der Himmel ihnen Seine Wahrheit zur Annahme anbot. Sie gaben ihr Geld für Spreu und hohle Hülsen aus. Dabei lag das Brot des Lebens in ihrer Reichweite. Warum studierten sie nicht das Wort Gottes und suchten darin, um zu erkennen, ob sie sich im Irrtum befanden?

Die alttestamentlichen Schriften enthielten über jede Einzelheit des Dienstes Christi klare Aussagen, und immer wieder zitierte Er Worte aus den prophetischen Büchern mit dem Hinweis: »Heute ist dieses Wort der Schrift erfüllt vor euren Ohren.« Lukas 4,21

Würden sie aufrichtig die Heilige Schrift durchforscht und ihre eigenen Lehrsätze am Wort Gottes geprüft haben, dann hätte Jesus weder über ihre Unbußfertigkeit zu weinen, noch erklären zu brauchen: »Seht, euer Haus soll euch wüste gelassen werden.« Lukas 13,35 Die Beweise, dass Er der Gesalbte war, hätten sie kennen können, und das Elend, das ihre stolzen Städte in Trümmer legte, wäre abgewandt worden. Aber unrealistischer Fanatismus engte das Denken der Juden ein. Christi Unterweisungen enthüllten ihre charakterlichen Mängel und forderten zur Umkehr. Hätten sie Seine Lehren angenommen, dann hätten sie ihr tägliches Verhalten ändern und die von ihnen gehegten Hoffnungen aufgeben müssen. Wollten sie im Himmel geehrt werden, dann mussten sie auf die Ehre von Menschen verzichten. Der Gehorsam gegenüber den Worten dieses neuen Rabbi hätte sie konträr zu den Auffassungen der großen Denker und Lehrer jener Zeit gestellt.

In Christi Tagen war die Wahrheit unbeliebt. Sie ist es auch heute noch. Sie war es immer, seit Satan zum ersten Mal dem Menschen Abneigung gegen sie einflößte, indem er ihm Lügen darbot, die zur Selbsterhöhung führten. Treffen wir nicht auch heute Theorien und Lehren an, die nicht im Wort Gottes gegründet sind? Die Menschen hängen ihnen ebenso beharrlich an wie die Juden damals ihren Traditionen. Die jüdischen Führer waren voll geistlichem Hochmut. Ihr Streben nach eigener Ehre zeigte sich sogar bei ihrem Dienst im Tempel. In der Synagoge beanspruchten sie die besten Plätze. Auf den Märkten mochten sie es, gegrüßt zu werden, und es gefiel ihnen, ihren Titel aus dem

Mund anderer zu hören. Weil echte Frömmigkeit verschwand, eiferten sie umso mehr für ihre Traditionen und religiösen Formen. Weil ihr Verständnis durch egoistische Vorurteile getrübt war, vermochten sie die Kraft der überzeugenden Worte Christi nicht mit Seinem demütigen Leben in Übereinstimmung zu bringen. Sie erkannten nicht, dass echte Größe auf äußeren Glanz verzichten kann. Die Armut dieses Mannes hielten sie für völlig unvereinbar mit Seinem Anspruch, der Messias zu sein. Sie fragten sich, was Seine Anspruchslosigkeit denn zu bedeuten habe, wenn Er tatsächlich derjenige wäre, der Er zu sein vorgab.

Was würde aus ihrem Volk werden, wenn Er wirklich auf jede Waffengewalt verzichtete? Wie könnten die Macht und der Glanz – so lange erwartet – die Völker dazu bringen, Untertanen der Stadt der Juden zu werden? Hatten die Priester nicht gelehrt, dass Israel die Herrschaft über die ganze Erde ausüben sollte? Hatten sich die großen Religionslehrer etwa geirrt?

Es war aber nicht nur der fehlende äußere Glanz in Seinem Leben, das die Juden veranlasste, Jesus abzulehnen. Er war die Verkörperung der Reinheit – sie dagegen waren unrein. Er lebte als Beispiel makelloser Unbescholtenheit unter den Menschen. Sein reines Leben ließ einen Lichtschein auf ihre Herzen fallen. Seine Aufrichtigkeit enthüllte ihre Unaufrichtigkeit. Sie offenbarte die hohle Form ihrer anmaßenden Frömmigkeit und deckte vor ihnen das abstoßende Wesen des Unrechts auf. Ein solches Licht war unerwünscht. Hätte Christus die Aufmerksamkeit auf die Pharisäer gelenkt und ihre Gelehrsamkeit und Frömmigkeit gelobt, dann würden sie Ihn mit Freuden begrüßt haben.

Als Er aber vom Himmelreich als einem Reich der Gnade für alle Menschen sprach, rückte Er einen religiösen Aspekt ins Blickfeld, den sie nicht akzeptieren wollten. Ihr eigenes Beispiel und die Lehre hatten nie ausgereicht, den Dienst für Gott begehrenswert erscheinen zu lassen. Als sie sahen, wie Jesus sich gerade um die Menschen bemühte, die sie hassten und von sich weg stießen, weckte das die schlimmsten Leidenschaften ihrer stolzen Herzen. Ungeachtet ihrer Prahlerei, dass Israel als »der Löwe, der da ist vom Geschlecht Juda«, Offenbarung 5,5 zur Vorherrschaft über alle Nationen erhöht werden solle, konnten sie das Fehlschlagen ihrer ehrgeizigen Hoffnungen leichter ertragen, als den Tadel ihrer Sünden aus dem Mund Christi zu hören und den Vorwurf zu spüren, der allein schon durch das Vorhandensein Seiner Reinheit auf ihnen ruhte.

KAPITEL 25

*Auf Grundlage von
Matthäus 4,18-22
Markus 1,16-20; Lukas 5,1-11*

DIE BERUFUNG AM SEE

Über dem galiläischen See brach ein neuer Tag an. Die Jünger Jesu hatten eine anstrengende, erfolglose Nachtarbeit hinter sich und waren müde. Sie befanden sich mit ihren Fischerbooten noch draußen auf dem See. Christus war gekommen, um eine ruhige Stunde am Wasser zu verbringen. Er hoffte in der Frühe des Tages auf eine Zeit der Stille, denn sonst folgte Ihm Tag für Tag eine große Menschenmenge. Doch bald sammelten sich auch hier am See immer mehr Menschen um Ihn, und die Zahl nahm so schnell zu, dass Er von allen Seiten bedrängt wurde. Inzwischen waren auch Seine Jünger an Land gekommen. Um dem Druck der Menge zu entgehen, trat Jesus zu Petrus ins Boot und bat ihn, ein wenig vom Ufer abzustoßen. So konnte Er besser von allen gesehen und gehört werden, und vom Boot aus unterrichtete Er die am Strand versammelte Menge.

Welch ein Bild bot sich hier den Engeln! Ihr glorreicher Befehlshaber sitzt in einem Fischerboot, das von den ruhelosen Wellen hin- und herbewegt wird und verkündigt den zuhörenden Menschen, die auf das Seeufer zudrängen, die frohe Botschaft von der Rettung. Er, der vom Himmel Geehrte, verkündigte dem einfachen Volk im Freien die großen Tatsachen Seines Reiches. Er hätte jedoch keinen passenderen Hintergrund für Sein Wirken haben können.

Der See, die Berge, die sich ausbreitenden Felder, das Sonnenlicht, das die Erde überflutete – sie alle lieferten Beispiele, um Seine Lehren zu veranschaulichen und dem Geist einzuprägen. Und keine Lehre Christi fiel auf steinigen Boden. Jede Botschaft von Seinen Lippen erreichte diese oder jene Menschenseele als ein Wort des ewigen Lebens.

Ans Ufer strömten immer mehr Menschen. Es kamen Greise, die sich mühsam am Stock vorwärts bewegten, kräftige Landleute aus den Bergen, Fischer, die ihre Arbeit auf dem See verlassen hatten, Kaufleute und Rabbiner, Reiche und Gelehrte, Alte und Junge. Sie brachten ihre Kranken und Leidenden mit und drängten sich nach vorn, um die Worte des göttlichen Lehrers zu hören. Solchen

Szenen wie dieser hatten die Propheten entgegengesehen, und

sie schrieben: »Das Land Sebulon und das Land Naphthali, die Straße am See, das Land jenseits des Jordan, das heidnische Galiläa, das Volk, das in Finsternis saß, hat ein großes Licht gesehen; und die da saßen am Ort und Schatten des Todes, denen ist ein Licht aufgegangen.« **Matthäus 4,15f**

Seine Predigt richtete Jesus nicht nur an die Menschenmenge am Ufer des Sees Genezareth, sondern Er hatte auch eine andere Zuhörerschaft im Sinn. Indem Er die vor Ihm liegenden Zeitalter überblickte, sah Er Seine treuen Diener im Gefängnis und vor Gericht, in Versuchung, Einsamkeit und Leid. Jedes Bild der Freude, der Auseinandersetzung und der Ratlosigkeit sah Er vor sich. Die gleichen Worte, die Er zu den um Ihn herum Versammelten sprach, waren auch an diese anderen Menschen gerichtet, so dass sie in Zeiten der Prüfung Hoffnung, im Leid Trost und in der Finsternis himmlisches Licht empfingen. Durch den Heiligen Geist sollte jene Stimme, die vom Fischerboot auf dem See Genezareth aus sprach, zu hören sein – die Stimme, die bis zum Ende der Zeit menschlichen Herzen Frieden verheißt.

Nach Seiner Rede wandte sich Jesus an Petrus und bat ihn, auf den See hinauszufahren und sein Netz zu einem Fang auszuwerfen. Aber Petrus war entmutigt, denn er hatte die ganze Nacht nichts gefangen. Während der einsamen Stunden hatte er an das Schicksal Johannes des Täufers gedacht, der allein in seinem Kerker schmachtete. Er hatte dann auch an die Zukunft Jesu und Seiner Nachfolger denken müssen und sich mit dem Misserfolg des Werkes in Judäa und mit der Bosheit der Priester und Rabbiner beschäftigt. Sogar im eigenen Beruf hatte er jetzt versagt. Und während er neben sich auf die leeren Netze schaute, schien ihm die Zukunft dunkel und entmutigend. »Meister«, sagte er, »wir haben die ganze Nacht gearbeitet und nichts gefangen; aber auf dein Wort will ich die Netze auswerfen.« Lukas 5,5

Die Nacht war die günstigste Zeit für den Fischfang mit Netzen in dem klaren Wasser des Sees. Darum erschien es den Jüngern auch aussichtslos, am Tag das Netz auszuwerfen, nachdem sie nachts ohne Erfolg waren. Doch Jesus hatte es befohlen, und sie gehorchten aus Liebe zu ihrem Meister.

Simon und sein Bruder warfen gemeinsam das Netz aus, und als sie es wieder einholen wollten, war es so voll mit Fischen, dass es zu zerreißen begann. Sie waren genötigt, Johannes und Jakobus zur Unterstützung herbeirufen. Als sie den Fang gesichert hatten, waren beide Boote so voll beladen, dass sie zu sinken drohten. Petrus jedoch achtete nun weder auf die Boote noch auf ihre Ladung. Dieses Wunder offenbarte ihm mehr als alle vorherigen Erlebnisse die göttliche Macht Jesu. Er erkannte in Jesus den Gebieter über die ganze Schöpfung. Die Gegenwart des göttlichen Meisters machte ihm seine eigene Unwürdigkeit deutlich. Liebe zu seinem Herrn, Scham über seinen Unglauben, Dankbarkeit über die Herablassung Jesu und besonders das Bewusstsein seiner Unreinheit in der Gegenwart der unendlichen Reinheit überwältigten ihn. Während seine Begleiter die gefangene Beute in Sicherheit brachten, fiel Petrus dem Heiland zu Füßen und rief: »Herr, gehe von mir hinaus! Ich bin ein sündiger Mensch.« Lukas 5,8

Es war die gleiche Gegenwart göttlicher Heiligkeit, die den Propheten Daniel vor dem Engel Gottes wie tot zu Boden fallen ließ. Er sagte: »Jede Farbe wich aus meinem Antlitz, und ich hatte keine Kraft mehr.« Daniel 10,8

Als Jesaja die Herrlichkeit des Herrn schaute, rief er aus: »Weh mir, ich vergehe! Denn ich bin unreiner Lippen und wohne unter einem Volk von unreinen Lippen; denn ich habe den König, den Herrn Zebaoth, gesehen mit meinen Augen.« Jesaja 6,5 Dem Menschlichen mit seiner Schwachheit und Sünde stand die Vollkommenheit des Göttlichen gegenüber, und er fühlte sich äußerst unzulänglich und unwürdig. So ist es bei allen gewesen, die Gottes Größe und Erhabenheit schauen durften.

Petrus rief: »Gehe von mir hinaus! Ich bin ein sündiger Mensch.« Dennoch umklammerte er Jesu Füße, um nicht von ihm getrennt zu werden. Der Heiland antwortete: »Fürchte dich nicht! denn von nun an wirst du Menschen fangen.« Lukas 5,10 So wurde einst auch dem Propheten Jesaja erst dann die göttliche Botschaft anvertraut, als er die Herrlichkeit Gottes und zugleich seine eigene Unwürdigkeit erkannt hatte. Erst als Petrus eingesehen hatte, wie wenig er sich auf sein eigenes Können und wie sehr er sich auf Gott verlassen konnte, wurde er berufen, für den Herrn zu wirken. Bis dahin hatte sich keiner der Jünger Jesus ganz als Mitarbeiter angeschlossen. Sie waren Zeugen vieler Seiner Wunder gewesen und hatten Ihm zugehört, als Er lehrte. Doch ihren Beruf hatten sie noch nicht völlig aufgegeben. Die Gefangennahme von Johannes dem Täufer war für sie alle eine bittere Enttäuschung gewesen.

Wenn das Endergebnis der Sendung des Täufers so aussehen sollte, dann konnten sie für ihren Meister nur wenig Hoffnung haben, wo doch alle religiösen Führer sich gegen Ihn verbündeten. Unter diesen Umständen war es für sie eine Erleichterung, für kurze Zeit wieder ihrer Tätigkeit als Fischer nachgehen zu können. Aber nun forderte Jesus von ihnen, ihr früheres Leben aufzugeben und Seine Belange zu ihren eigenen zu machen. Petrus hatte den Ruf angenommen. Als Jesus ans Ufer kam, forderte Er auch die drei anderen Jünger auf: »Folgt mir nach; ich will euch zu Menschenfischern machen.« Matthäus 4,19 Sogleich verließen sie alles und folgten Ihm. Ehe der Herr Petrus, Jakobus und Johannes aufforderte, ihre Netze und Boote zu verlassen, hatte Er ihnen die Zusicherung gegeben, dass Gott für ihre Bedürfnisse sorgen würde. Petrus war dafür reich

entschädigt worden, dass er sein Boot für die Verkündigung

des Evangeliums zur Verfügung gestellt hatte. »Derselbe Herr, reich für alle, die ihn anrufen«, Römer 10,12 hat gesagt: »Gebt, so wird euch gegeben. Ein volles, gedrücktes, gerütteltes und überfließendes Maß wird man in euren Schoß geben.« Lukas 6,38 So hatte Jesus auch den Dienst von Petrus belohnt. Und jedes in Seinem Dienst gebrachte Opfer wird belohnt werden nach dem »überschwänglichen Reichtum seiner Gnade.« Epheser 2,7

In jener traurigen Nacht auf dem See, in der die Jünger von Jesus getrennt waren, wurden sie durch Unglauben und Frust über die erfolglose Arbeit schwer bedrückt, aber Jesu Gegenwart erfrischte ihren Glauben und brachte ihnen Freude und Erfolg. So ist es auch mit uns! Getrennt von Christus ist unser Wirken erfolglos, und es ist dann leicht, misstrauisch zu sein und zu klagen. Ist Er aber in unserer Nähe und arbeiten wir unter Seiner Leitung, dann freuen wir uns der Gewissheit Seiner Macht. Satan will uns entmutigen, Christus aber stärkt uns mit Hoffnung und Glauben.

Was der Heiland den Jüngern durch dieses Wunder mitteilen wollte, ist auch eine tiefere Lehre für uns: Er, dessen Machtwort selbst die Fische aus der Tiefe sammelte, kann auch die menschlichen Herzen beeinflussen und sie durch das Band Seiner Liebe zu sich ziehen, so dass Seine Diener »Menschenfischer« werden. Diese Fischer von Galiläa waren einfache und ungelehrte Männer. Doch Christus, das Licht der Welt, befähigte sie zur Erfüllung des Dienstes, zu dem Er sie berufen hatte. Er verachtete keineswegs eine gute Erziehung, die sich nur als segensreich erweisen kann, wenn sie unter göttlicher Leitung steht und für Seinem Dienst geweiht ist. Er ging aber an den Weisen Seiner Zeit vorüber, weil sie zu selbstbewusst waren, um mit den Leidenden Erbarmen haben und Mitarbeiter Gottes sein zu können. Diese Weisen verschmähten es in ihrem blinden, heuchlerischen Eifer, sich von Jesus belehren zu lassen. Der Heiland sucht die Mitarbeit derer, die offene Kanäle zur Mitteilung Seiner Gnade sein wollen. Das Erste, was alle lernen müssen, die mit Gott zusammenarbeiten wollen, ist das Misstrauen zu sich selbst. Dann sind sie vorbereitet, den Charakter Christi nahegebracht zu bekommen. Solch eine Ausbildung ist nicht auf wissenschaftlichen Schulen dieser Welt zu bekommen, sondern sie ist die Frucht jener Weisheit, die allein vom göttlichen Lehrer vermittelt wird.

Jesus erwählte einfache Fischer, weil sie nicht in den Traditionen und falschen Sitten ihrer Zeit ausgebildet worden waren. Sie waren unverbildete Menschen mit bodenständigen Fähigkeiten, demütig und lernbegierig – das waren Männer, die Christus zu Seinem Dienst ausbilden konnte. So mancher einfache Mann, der treu und geduldig seine alltägliche Arbeit ausführt, ist sich der großen Kraft gar nicht bewusst, die er besitzt. Könnte er sie einsetzen, würde das ihn an die Seite hoch geehrter Männer stellen. Um diese schlummernden Fähigkeiten zu wecken, ist die Berührung einer geschickten Hand erforderlich. Solche Männer waren es, die Jesus zu Seinen Mitarbeitern berief. Er gewährte ihnen den Vorzug, mit Ihm in unmittelbarer Verbindung zu stehen.

Die großen Männer dieser Welt hatten keinen solchen Lehrer gehabt. Als die Jünger die Schule des Heilandes verließen, waren sie nicht mehr unwissend oder ungebildet. Sie waren an Gemüt und Charakter Ihm ähnlich geworden, woran ihre Verbindung mit Jesus von den Menschen erkannt wurde.

Es ist nicht die höchste Aufgabe der Ausbildung, reines Wissen zu vermitteln, sondern vielmehr jene belebende Tatkraft weiterzugeben, die durch eine Verbindung von Herz zu Herz und von Seele zu Seele empfangen wird. Nur Leben kann auch Leben erzeugen. Welch ein Vorrecht war das für die Jünger, die drei Jahre lang täglich mit dem göttlichen Leben in unmittelbarer Verbindung standen, von dem jeder lebenspendende Impuls ausging, der die Welt gesegnet hat! Mehr als seine Gefährten gab sich Johannes, der geliebte Jünger, dem Einfluss jenes wunderbaren Lebens hin. Er sagte: »Das Leben ist erschienen, und wir haben gesehen und bezeugen und verkündigen euch das Leben, das ewig ist, das beim Vater war und uns erschienen ist.« 1.Johannes 1,2 »Von seiner Fülle haben wir alle genommen Gnade um Gnade.« Johannes 1,16

Die Apostel Jesu Christi waren frei von jedem Selbstruhm. Sie schrieben den Erfolg ihrer Arbeit allein Gott zu und bekundeten dies allen Menschen. Das Leben dieser Männer, ihr Charakter, den sie entwickelten, und die riesige Aufgabe, die Gott durch sie vollbrachte, bezeugen deutlich, was Gott für alle jene tun will, die lernbegierig und Ihm gehorsam sind.

Wer Christus am meisten liebt, wird auch am meisten Gutes tun. Es gibt keine Grenzen der Nützlichkeit für den, der das eigene Ich beiseite stellt, dem Wirken des Heiligen Geistes Raum gibt und ein Gott geweihtes Leben führt. Wer sich der notwendigen Zucht unterwirft, ohne zu klagen oder auf dem Weg zu verzagen, den wird Gott von Stunde zu Stunde und Tag für Tag unterweisen, denn Gott sehnt sich danach, Seine Gnade den Menschen weiterzugeben. Wenn Seine Kinder die Hindernisse aus dem Weg räumen, wird Er das Wasser des Heils in großen Strömen durch die menschlichen Kanäle fließen lassen. Wenn demütige Menschen ermutigt würden, so viel wie möglich Gutes zu tun und ihr Eifer nicht immer gebremst würde, dann wären hundert Mitarbeiter für den Herrn da, wo jetzt nur einer ist.

Gott nimmt die Menschen, wie sie sind, und bildet sie zu Seinem Dienst aus, wenn sie sich Ihm überlassen. Der Geist Gottes belebt alle Fähigkeiten des Menschen, der Ihn aufgenommen hat. Und wenn sie sich bedingungslos Gott ergibt, wird sie sich unter der Leitung des Heiligen Geistes harmonisch entwickeln, und
sie wird gestärkt werden, die Forderungen Gottes zu begreifen

und zu erfüllen. So wird auch ein schwacher, schwankender Charakter stark und ausdauernd. Diese beständige Zuneigung lässt ein so inniges Verhältnis zwischen Jesus und Seinem Jünger entstehen, dass der Christ Ihm in seinem Wesen ähnlich wird. Durch die Verbindung mit dem Herrn wird sein Blickfeld weiter, sein Unterscheidungsvermögen schärfer und sein Urteil ausgewogener sein. Wen wirklich danach verlangt, Christus zu dienen, der wird durch die lebensspendende Kraft der »Sonne der Gerechtigkeit« so gestärkt, dass er viel Frucht bringen kann zur Ehre Gottes.

Menschen mit bestmöglichster Ausbildung in den Künsten und den Wissenschaften haben wertvolle Lektionen von bescheidenen Christen bekommen, die von der Welt als ungebildet bezeichnet wurden. Doch diese unbedarften Jünger waren in der besten aller Schulen ausgebildet worden. Sie hatten zu den Füßen des Meisters gesessen, von dem es heißt, es habe »noch nie ein Mensch so geredet wie dieser.« Johannes 7,46

KAPITEL 26

*Auf Grundlage von
Markus 1,24
Lukas 4,35.36*

IN KAPERNAUM

Wenn Jesus nicht in Galiläa unterwegs war und lehrte, hielt Er sich oft in Kapernaum auf. Deshalb nannte man diesen Ort »seine Stadt.« Sie lag am See Genezareth, nahe der schönen Ebene von Genezareth. Die tiefe Lage des Sees gibt dem ebenen Land, das seine Ufer säumt, das angenehme Klima des Südens. Hier gediehen in den Tagen Christi Palmen und Ölbäume, es gab hier Obstgärten und Weinberge, grüne Felder und leuchtend blühende Blumen in reicher Fülle, und alles wurde durch die Bäche bewässert, die von den Felsen herabstürzten.

Die Ufer des Sees und die Hügel, die ihn in nur geringer Entfernung umgeben, waren mit Städten und Dörfern dicht besiedelt. Am See lagen zahlreiche Fischerboote. Überall regte sich geschäftiges und aktives Leben. Kapernaum selbst eignete sich gut als Mittelpunkt für das Wirken des Heilands. Da es an der Hauptstraße von Damaskus nach Jerusalem und Ägypten und auch zum Mittelmeer hin lag, bildete es einen wichtigen Verkehrsknotenpunkt. Aus vielen Ländern kamen die Menschen durch diese Stadt oder rasteten hier auf der Hin- oder Rückreise. Hier konnte Jesus ein buntes Völkergemisch, alle Volksschichten, Hohe und Niedrige, Reiche und Arme antreffen, und seine Lehren würden in andere Länder und in viele Familien getragen werden. Dadurch gäbe es genügend Anregung zum Forschen in den Prophezeiungen, die Aufmerksamkeit würde auf den Heiland gelenkt und Seine Botschaft auf diesem Weg in die Welt getragen werden.

Ungeachtet dessen, dass der Hohe Rat gegen Jesus vorging, wartete das Volk gespannt darauf, wie sich Seine Mission weiter entwickeln würde. Der ganze Himmel war vor Anteilnahme in Bewegung. Engel bereiteten den Weg für Seinen Dienst vor, sie bewegten die Herzen der Menschen und zogen sie zum Heiland hin. Dort war der Sohn des königlichen Beamten, den Christus geheilt hatte, ein Zeuge seiner Macht. Und der Beamte und seine Familie bezeugten freudig ihren Glauben. Als bekannt wurde, dass der große Lehrer sich unter ihnen aufhielt, wurde die ganze Stadt lebendig. Menschenmengen scharten sich um Ihn herum. Am Sabbat war die Synagoge überfüllt, sodass viele wieder weggehen mussten, da sie keinen Platz mehr finden konnten. Alle, die den Heiland hörten, »verwunderten sich seiner Lehre; denn er predigte mit Vollmacht.« Lukas 4,32 »Er lehrte sie mit Vollmacht und nicht wie ihre Schriftgelehrten.« Matthäus 7,29 Die Lehre der Schriftgelehrten und Ältesten war kalt und formell und hörte sich wie eine auswendig gelernte Lektion an. Für sie besaß das Wort Gottes keine lebendige Kraft. Stattdessen wurden ihre eigenen Ideen und Traditionen gelehrt. Sie erfüllten ihren Dienst in gewohnter Weise und gaben vor, das Gesetz zu erklären, aber keine Eingebung von Gott rührte ihre eigenen Herzen oder die Herzen ihrer Zuhörer an.

Jesus gab sich nicht mit den verschiedenen, unter den Juden strittigen Themen ab. Es war Seine Aufgabe, die Wahrheit zu verkündigen. Seine Worte erhellten die Lehren der Patriarchen und Propheten, und die heiligen Schriften kamen den Menschen wie eine neue Offenbarung vor. Nie zuvor hatten Seine Hörer im Wort Gottes solch eine tiefe Bedeutung wahrgenommen.

Jesus begegnete den Menschen, indem Er sich in deren Lage versetzte, als einer, der mit ihren Nöten vertraut war. Er ließ die Schönheit der Wahrheit hervorleuchten, indem Er sie auf die direkteste und einfachste Weise darlegte. Seine Sprache war rein, gewählt und klar wie das Wasser eines sprudelnden Baches. Seine Stimme klang jenen, die den eintönigen Reden der Rabbiner zugehört hatten, wie Musik in den Ohren.

So einfach Seine Lehre war, sprach Er doch mit Vollmacht. Diese Eigenschaft hob Seine Art zu lehren ganz entschieden von der aller anderen ab. Die Rabbiner ließen Zweifel und Unschlüssigkeit anklingen, als könnten die Schriftstellen so oder auch völlig gegensätzlich ausgelegt werden. Die Zuhörer wurden dadurch jeden Tag in immer größere Ungewissheit gestürzt. Für Jesus aber waren die Schriften, aus denen Er lehrte, von unbestreitbarer Autorität. Was auch immer das Anliegen sein mochte – Er sprach davon mit Vollmacht, als wenn Seinen Worten nicht widersprochen werden könnte.

Er sprach sehr ernst, ohne heftig zu werden. Er sprach als Einer, der eine bestimmte Absicht verfolgte. Er machte die Wirklichkeiten der ewigen Welt sichtbar. In jedem Thema wurde Gott offenbart. Jesus suchte den Bann zu brechen, der die Menschen so stark an irdische Dinge bindet. Er rückte die Angelegenheiten dieses Lebens in das richtige Verhältnis zu jenen Dingen, die die Ewigkeit betreffen, doch Er übersah keineswegs ihre Bedeutung. Er lehrte, dass Himmel und Erde miteinander verbunden seien und dass eine Kenntnis der göttlichen Wahrheit die Menschen besser darauf vorbereitet, ihre alltäglichen Pflichten zu erfüllen. Er sprach als Einer, der mit dem Himmel vertraut und sich Seiner engen Beziehung zu Gott bewusst war. Dennoch anerkannte Er seine

Verbundenheit mit jedem aus der menschlichen Familie. Seine Botschaften der Gnade waren unterschiedlicher Art und damit auf Seine Zuhörer zugeschnitten. Er wusste genau, wie »mit den Müden zu rechter Zeit zu reden« war, denn seine Lippen waren »voller Huld«, Jesaja 50,4 damit Er den Menschen die Schätze der Wahrheit so attraktiv wie möglich mitteilen konnte.

Er war taktvoll, um all den Menschen zu begegnen, die voreingenommen waren, und sie mit bildhaften Vergleichen zu überraschen, die ihre Aufmerksamkeit fesselten. Über die Vorstellungskraft erreichte Er das Herz. Seine Beispiele zur Veranschaulichung fand Er unter den Dingen des Alltags und obwohl sie einfach waren, lag in ihnen eine wunderbare tiefe Bedeutung. Die Vögel in der Luft, die Lilien auf dem Feld, die Saat, der Hirte und die Schafe – mit diesen Beispielen veranschaulichte Christus unsterbliche Wahrheiten. Wann immer Seine Zuhörer später diesen Dingen aus der Natur gegenüberstanden, erinnerten sie sich an Seine Worte. In den von Christus benutzten Bildern spiegelten sich ständig Seine Lehren wider.

Christus schmeichelte nie den Menschen und sprach auch nie etwas, um ihre Neigungen zu unterstützen und ihre Phantasie zu erregen, noch lobte Er sie wegen ihrer klugen Erfindungen. Aber Menschen, die ohne Vorurteile waren und über die Dinge unvoreingenommen nachdachten, nahmen Seine Lehre an und fanden dadurch ihre Weisheit auf die Probe gestellt.

Sie staunten über die geistliche Wahrheit, die in der einfachsten Sprache ausgedrückt war. Die Gebildetsten waren von Seinen Worten fasziniert, und auch den Ungebildeten waren sie nützlich. Er hatte eine Botschaft für die Analphabeten, und Er machte sogar den Heiden verständlich, dass Seine Botschaft genauso auch für sie galt.

Sein liebevolles Mitgefühl wirkte heilsam auf müde und beunruhigte Herzen. Sogar mitten im Tumult zorniger Feinde war Er von einer Atmosphäre des Friedens umgeben. Die Schönheit Seines Antlitzes, Seine umgängliche Wesensart und vor allem die Liebe, die sich in Blick und Ton äußerte, zog alle zu Ihm hin, die nicht ganz durch Unglauben verhärtet waren. Wäre nicht jeder Blick und jedes Wort vom Geist der Güte und des Wohlwollens beherrscht gewesen, dann hätte Er nicht die großen Scharen von Zuhörern an sich gezogen, wie es geschah. Die Geplagten, die zu Ihm kamen, spürten, dass Er als treuer und hingebungsvoller Freund ihre Interessen zu den Seinen machte, und sie wünschten sich, noch mehr von den Wahrheiten kennenzulernen, die Er lehrte. Der Himmel war näher gerückt. Sie sehnten sich deshalb danach, in Jesu Gegenwart zu bleiben, damit der Trost Seiner Liebe beständig bei ihnen sei.

Jesus beobachtete mit tiefem Ernst, wie sich der Gesichtsausdruck Seiner
Zuhörer veränderte. Die Gesichter, die Interesse und Freude

ausdrückten, erfüllten Ihn mit großer Befriedigung. Als die Pfeile der Wahrheit in die Seele drangen, die Schranken der Selbstsucht durchbrachen und Reue und schließlich Dankbarkeit bewirkten, wurde der Heiland froh. Als Sein Auge über die Menge der Zuhörer schweifte und Er darunter Gesichter erkannte, die Er schon gesehen hatte, strahlte Sein Angesicht vor Freude. Er sah in ihnen hoffnungsvolle Bürger für Sein Königreich. Wenn die klar ausgesprochene Wahrheit einen beliebten Götzen betraf, sah Er die Veränderung in dem Gesicht, den kalten, drohenden Blick, der besagte, dass das Licht nicht willkommen war. Wenn Er sah, wie Menschen die Botschaft des Friedens ablehnten, drang es Ihm wie ein Stich tief ins Herz.

Jesus sprach in der Synagoge vom Reich Gottes, zu dessen Aufrichtung Er gekommen war und von Seiner Aufgabe, die Gefangenen Satans zu befreien. Seine Rede wurde jedoch durch laute Rufe unterbrochen. Ein Wahnsinniger drängte sich durch die Menge und schrie: »Was willst du von uns, Jesus von Nazareth? Du bist gekommen, uns zu vernichten. Ich weiß, wer du bist: der Heilige Gottes.« Markus 1,24

Alle waren aufgeregt und bestürzt. Die Aufmerksamkeit der Zuhörer wurde von der Rede Christi abgelenkt, und Seine Worte blieben unbeachtet. Dies war von Satan beabsichtigt und deshalb führte er sein Opfer zur Synagoge. Aber Jesus bedrohte den unsauberen Geist und sprach: »Verstumme und fahre aus von ihm! Und der böse Geist warf ihn mitten unter sie und fuhr von ihm aus und tat ihm keinen Schaden.« Lukas 4,35

Der Verstand dieses Unglücklichen war von Satan verfinstert worden, aber in der Gegenwart des Heilandes hatte ein Lichtstrahl das Dunkel durchbrochen. In dem Kranken erwachte das Verlangen, von der Herrschaft Satans freizukommen; doch der Teufel widerstand der göttlichen Macht. Als der Unglückliche versuchte, Jesus um Hilfe zu bitten, legte der Böse ihm jene üblen Worte in den Mund, und er schrie vor Angst und Furcht. Er begriff ganz gut, dass er sich in der Gegenwart dessen befand, der ihn befreien konnte. Als er aber versuchte, in den Bereich der göttlichen Hand zu kommen, da hielt der Wille eines anderen ihn zurück, und die Worte eines anderen wurden von ihm ausgesprochen.

Ein schrecklicher Kampf tobte zwischen der Macht Satans und seinem Verlangen nach Freiheit. Jesus, der in der Wüste den Versucher besiegt hatte, wurde hier abermals Seinem Feind gegenübergestellt. Der Teufel versuchte alles, um sein Opfer in der Gewalt zu behalten; denn jetzt zu verlieren, hieße Jesus einen Sieg zu überlassen. Es schien, als ob der Unglückliche im Kampf mit dem bösen Feind, der ihm seine kostbarsten Kräfte geraubt hatte, sein Leben verlieren würde. Aber der Heiland sprach mit Autorität und befreite den Gefangenen Satans. Der vorher Besessene stand nun glücklich, wieder als er selbst, vor der verwunderten und staunenden Menge. Sogar der böse Geist hatte die göttliche Macht des Heilandes bezeugt. Der Geheilte lobte Gott für seine Befreiung. Das Auge, das gerade noch im Feuer des Irrsinns geglüht hatte, strahlte jetzt klar und vernünftig und floss über von Tränen der Dankbarkeit. Die Anwesenden waren stumm vor Staunen. Sobald sie ihre Sprache wiedergefunden hatten, rief einer dem andern zu: »Was ist das für ein Wort? Er gebietet mit Vollmacht und Gewalt den unreinen Geistern, und sie fahren aus.« Lukas 4,36

Die wirkliche Ursache des Leidens, das diesen Mann zu einem schrecklichen Schauspiel für seine Freunde und zu einer Last für sich selbst gemacht hatte, lag in seinem eigenen Leben begründet. Er war von den Vergnügungen der Sünde fasziniert worden und wollte sein Leben in Partylaune verbringen. Er hatte nicht geahnt, welch ein Schrecken er der Welt und welche Schande er seiner Familie sein würde. Er glaubte, seine Zeit mit harmlos scheinenden Torheiten zubringen zu können. Doch einmal die abwärts führende Bahn betreten, so glitt er rasch immer tiefer. Unmäßigkeit und Leichtfertigkeit verdarben seine guten Eigenschaften, und Satan übernahm vollständig die Regie.

Die Reue kam zu spät. Gern hätte er nun Wohlleben und Vergnügen aufgegeben, um seine verlorenen Kräfte wiederzuerlangen, aber er schmachtete hilflos in den Fängen Satans. Er hatte sich auf das Gebiet des Feindes begeben, und alle seine Fähigkeiten waren von Satan in Besitz genommen worden. Der Versucher hatte ihn mit vielen bezaubernden Vorstellungen gelockt, und sobald der schwache Mann sich in seiner Macht befand, behandelte er ihn grausam und unbarmherzig und verfolgte ihn mit schrecklichen Heimsuchungen. So wird es mit allen sein, die der Sünde nachgeben. Das verlockende Vergnügen am Anfang ihres Weges endet in der Finsternis der Verzweiflung oder im Wahnsinn einer ruinierten Seele.

Derselbe böse Geist, der Jesus in der Wüste versuchte und sich des Besessenen in Kapernaum bemächtigt hatte, beherrschte auch die ungläubigen Juden. In ihrem Fall umgab er sich jedoch mit einer Atmosphäre der Frömmigkeit, indem er sie über ihre wahren Beweggründe täuschte, die sie veranlassten, den Heiland zu verwerfen. Ihre Situation war viel hoffnungsloser als die des Besessenen, denn sie spürten keinerlei Bedürfnis, Christus kennenzulernen und blieben deshalb fest unter der Macht Satans.

Die Zeit, in der Christus den Menschen persönlich diente, war auch eine sehr aktive Zeit für die Mächte der Finsternis. Jahrelang hatte Satan mit seinen bösen Engeln danach Ausschau gehalten, die Herrschaft über Leib und Seele der Menschen zu gewinnen und Sünde und Krankheit über sie zu bringen, um dann Gott für alles Leid verantwortlich zu machen. Jesus offenbarte den Men-

schen das Wesen Gottes. Er brach die Macht Satans und befreite dessen Gefangene. Neues Leben, Liebe und himmlische Kraft bewegten die Herzen der Menschen, und der Fürst des Bösen wurde veranlasst, für die Herrschaft seines Reiches zu kämpfen. Satan konzentrierte alle seine Kräfte, um Christi Werk ständig anzugreifen. So wird es auch im letzten großen Kampf zwischen der Gerechtigkeit und der Sünde sein. Während die Jünger Jesu mit neuem Leben, mit Macht und Kraft aus der Höhe ausgestattet werden, wird auch aus der Tiefe neues Leben erwachen und die Werkzeuge Satans stärken. Großer Eifer wird alle irdischen Kreaturen erfassen. Mit einer in jahrhundertelangem Kampf erworbenen List wird der Fürst dieser Welt in Gestalt eines Engels des Lichts tätig sein, und große Scharen werden sich »irreführenden Geistern und Lehren der Dämonen« 1.Timotheus 4,1 zuwenden.

Zur Zeit Christi waren die Obersten und die Lehrer Israels nicht imstande, dem Werk Satans zu widerstehen. Sie versäumten es, das einzige Mittel zu gebrauchen, durch das sie bösen Geistern hätten widerstehen können. Durch das Wort Gottes überwand Jesus den Bösen. Die führenden Männer Israels behaupteten, Ausleger des Wortes Gottes zu sein, aber sie hatten es nur erforscht, um ihre Überlieferungen zu stützen und ihre eigenen Satzungen durchzusetzen. Durch ihre Auslegung unterstellten sie dem Wort Gottes einen Sinn, den Gott nie gegeben hatte. Ihre geheimnisvollen Erklärungen ließen das verworren erscheinen, was Er verständlich gemacht hatte. Sie stritten sich über unbedeutende Einzelheiten und leugneten die wesentlichsten Wahrheiten. So wurde der Unglaube weit verbreitet. Gottes Wort wurde seiner Kraft beraubt, und böse Geister setzten ihren Willen durch.

Die Geschichte wiederholt sich. Mit der offenen Bibel vor sich verehren viele angeblich religiöse Männer unserer Zeit ihre eigenen Lehren und untergraben so den Glauben an die Heilige Schrift als dem Wort Gottes. Sie zergliedern das Wort, und setzen ihre eigenen Meinungen über dessen klarste Aussagen. In ihrer Hand verliert Gottes Wort seine erneuernde Kraft. Darum wuchert der Unglaube, und die Ungerechtigkeit nimmt überhand. Wenn Satan den Glauben an die Heilige Schrift untergraben hat, leitet er die Menschen zu anderen Licht- und Kraftquellen. Das wird von Vielen nicht bemerkt. Wer sich von den klaren Aussagen der Heiligen Schrift und der überzeugenden Macht des Heiligen Geistes abwendet, öffnet dämonischen Einflüssen die Tür. Kritik und Spekulation an der Bibel haben dem Spiritismus und der Theosophie – diesen modernen Formen des alten Heidentums – den Weg bereitet, um sogar in den erklärten Kirchen unseres Herrn Jesus Christus an Boden zu gewinnen.

Parallel zur Verkündigung des Evangeliums sind Kräfte tätig, die jedoch Werkzeuge der lügenhaften Geister sind. Manch einer lässt sich nur aus Neugierde mit ihnen ein. Nimmt er dann das Wirken übernatürlicher

Kräfte wahr, so lässt er sich mehr und mehr verlocken, bis er von einem Willen beherrscht wird, der stärker ist als sein eigener. Er kann sich der geheimnisvollen Macht nicht mehr entziehen. Die Widerstandskraft seiner Seele ist gebrochen, und er hat keinen Schutz gegen die Sünde. Niemand kennt die Tiefen der Erniedrigung, in die er sinken kann, wenn einmal die Schranken des Wortes Gottes und des Heiligen Geistes missachtet sind. Geheime Sünden oder ihn beherrschende Leidenschaften können ihn zu einem ebenso hilflosen Gefangenen Satans machen, wie es der Besessene zu Kapernaum war. Dennoch ist seine Situation nicht hoffnungslos.

Das Mittel, durch das wir den Bösen überwinden können, ist dasselbe, durch das Christus überwand – nämlich die Macht des Wortes! Gott beherrscht unser Gemüt nicht ohne unsere Zustimmung. Wenn wir aber gerne seinen Willen kennenlernen und auch tun wollen, dann gelten uns Seine Verheißungen: Ihr »werdet die Wahrheit erkennen, und die Wahrheit wird euch frei machen.« Johannes 8,32 »Wenn jemand dessen Willen tun will, wird er innewerden, ob diese Lehre von Gott ist oder ob ich von mir selbst aus rede.« Johannes 7,17 Durch den Glauben an diese Verheißungen ist es möglich, aus den Schlingen des Irrtums und von der Herrschaft der Sünde befreit zu werden.

Jeder Mensch kann frei wählen, welche Macht ihn beherrschen soll. Keiner ist so tief gefallen, keiner ist so schlecht, dass er in Christus nicht Erlösung finden könnte. Der Besessene konnte statt eines Gebets nur die Worte Satans aussprechen. Dennoch wurde das unausgesprochene Flehen des Herzens erhört. Kein Schrei einer Not leidenden Seele wird unbeachtet bleiben, wenn auch die Worte fehlen. Wer ein Bündnis mit Gott eingehen will, bleibt nicht der Macht Satans oder der Schwäche der eigenen Natur überlassen, sondern es gilt die Zusicherung Gottes: »Sie suchen Zuflucht bei mir und machen Frieden mit mir, ja, Frieden mit mir.« Jesaja 27,5 Die Geister der Finsternis werden um die Seelen streiten, die einmal unter ihre Herrschaft geraten sind. Aber die Engel im Himmel werden siegreich für sie kämpfen.

Der Herr sagt: »Kann man auch einem Starken den Raub wegnehmen? Oder kann man einem Gewaltigen seine Gefangenen entreißen? So aber spricht der Herr: Nun sollen die Gefangenen dem Starken weggenommen werden, und der Raub soll dem Gewaltigen entrissen werden. Ich selbst will deinen Gegnern entgegentreten und deinen Söhnen helfen.« Jesaja 49,24f

Während die Menschen in der Synagoge noch vor Schreck wie gebannt waren, zog sich Jesus in das Haus von Petrus zurück, um ein wenig zu ruhen. Aber auch auf dieses Heim war ein Schatten gefallen. Die Schwiegermutter von Petrus war krank, sie »hatte hohes Fieber.« Lukas 4,38 Jesus heilte sie, und die Frau stand auf

und diente dem Meister und Seinen Jüngern.

Die Nachricht vom Wirken Jesu verbreitete sich schnell in ganz Kapernaum. Aus Angst vor den Rabbinern wagte niemand am Sabbat zu kommen, um geheilt zu werden. Sobald aber die Sonne am Horizont verschwunden war, entstand eine allgemeine Bewegung. Aus Wohnhäusern, Werkstätten und von den Märkten strömten die Bewohner der Stadt zur bescheidenen Wohnstätte, die Jesus beherbergte. Kranke wurden auf ihren Betten hergebracht, andere schleppten sich an Krücken zu Ihm oder wurden von ihren Freunden gestützt, etliche schwankten schwachen Schrittes in die Nähe des Heilandes.

Stundenlang gingen und kamen sie. Niemand wusste ja, ob der Meister am nächsten Tag noch unter ihnen sein würde. Nie zuvor gab es in Kapernaum solch einen Tag wie diesen. Die Luft war erfüllt vom Triumph und Jubel über die Heilungen, und der Heiland selbst nahm Anteil an der Freude, die Er bewirkt hatte. Als Er die Leiden derer sah, die zu Ihm kamen, wurde Sein Herz von Mitleid bewegt, und Er half freudig, ihre Gesundheit und ihr Glück wiederherzustellen. Erst als dem letzten Leidenden geholfen war, beendete Jesus Seine Aufgabe. Die Nacht war schon weit vorgerückt, als die Menge sich wieder verlaufen hatte und Stille in Simons Haus einkehrte. Der lange, aufregende Tag war vorbei – und Jesus suchte nun endlich Ruhe. Doch als die Stadt noch im Schlummer lag, »stand er auf und ging hinaus. Und er ging an eine einsame Stätte und betete dort.« Markus 1,35

So verbrachte Jesus Seine Tage hier auf Erden. Immer wieder entließ Er Seine Jünger, damit sie ihr Heim aufsuchen und sich ausruhen konnten. Er selbst aber widerstand behutsam ihren Bemühungen, Ihn von Seinem Wirken wegzuziehen. Den ganzen Tag hindurch hatte Er gearbeitet. Er belehrte die Unwissenden, heilte die Kranken, gab den Blinden ihr Augenlicht zurück, speiste die Menge, und am Abend oder am frühen Morgen ging Er in die heilige Stille der Berge, um mit Seinem himmlischen Vater Zwiesprache zu halten.

Oft verbrachte Er die ganze Nacht im Gebet und ernstem Nachdenken und kehrte erst bei Tagesanbruch wieder an Seine Aufgabe unter den Menschen zurück. Früh am Morgen des nächsten Tages kamen Petrus und seine Gefährten zu Jesus und berichteten Ihm, dass Er von den Einwohnern Kapernaums gesucht würde. Die Jünger waren schon über den Empfang sehr enttäuscht gewesen, der ihrem Herrn bisher bereitet wurde. Die Behörden in Jerusalem versuchten Ihn zu töten, selbst die Nazarener hatten Sein Leben bedroht. Nun wurde Er in Kapernaum mit freudiger Begeisterung willkommen geheißen. Das erfüllte die Jünger mit neuer Hoffnung. Vielleicht ließen sich unter den freiheitsliebenden Galiläern die Stützen des neuen Reiches finden. Erstaunt hörten sie deshalb Jesu Worte: »Ich muss auch den anderen Städten das Evangelium predigen vom Reich Gottes.« Lukas 4,43

In der Aufregung, die in Kapernaum herrschte, lag die Gefahr, dass das Ziel Seines Auftrags aus den Augen verloren würde. Jesus war nicht damit zufrieden, die Aufmerksamkeit der Menschen als Wundertäter oder Heiler auf sich zu lenken. Er wollte sie vielmehr als ihr Heiland zu sich ziehen. Während die Menschen begierig waren zu glauben, dass Er als König gekommen sei, um ein irdisches Reich zu gründen, wünschte Er ihre Gedanken vom Irdischen zum Geistlichen hin zu lenken. Ein rein weltlicher Erfolg hätte Seine Aufgabe behindert.

Die Bewunderung der sorglosen Menge berührte Ihn recht unangenehm. Sein Leben war frei von jeder Anmaßung. Die Huldigungen, die die Welt den Hohen, Reichen und Begabten darbringt, waren dem Menschensohn fremd. Er setzte keine Mittel ein, die Menschen so gern nutzen, um Anhänger zu gewinnen und Huldigungen zu ergattern. Jahrhunderte vor Seiner Geburt war von Ihm geweissagt worden: »Er wird nicht schreien noch rufen, und seine Stimme wird man nicht hören auf den Gassen. Das geknickte Rohr wird er nicht zerbrechen, und den glimmenden Docht wird er nicht auslöschen. In Treue trägt er das Recht hinaus. Er selbst wird nicht verlöschen und nicht zerbrechen, bis er auf Erden das Recht aufrichte.« Jesaja 42,2-4

Die Pharisäer versuchten, sich durch genaue Ausführung der vorgeschriebenen Bräuche, durch die Pracht ihrer Gottesdienste und durch Wohltätigkeit hervorzuheben. Sie zeigten ihren Eifer für die Religion, indem sie diese zum Thema ihrer Diskussion machten. Über Streitfragen wurde unter den verschiedenen Parteien lang und breit verhandelt, und es war nicht ungewöhnlich, auf den Straßen die Kontroversen der gelehrten Männer zu hören.

Das Leben Jesu stand zu diesem Benehmen in auffallendem Gegensatz. Er hatte keine laute und aufdringliche Art und hielt keine Schau-Gottesdienste ab, Er tat auch nichts, um Applaus zu ernten. Christus war in Gott geborgen, und Gott war im Charakter Seines Sohnes sichtbar. Darauf wollte Jesus die Gemüter des Volkes und ihre Ehrfurcht hinlenken. Die »Sonne der Gerechtigkeit« brach nicht mit dem Glanz über die Welt herein, der die Sinne blendet. Es steht von Christus geschrieben: »Er wird hervorbrechen wie die schöne Morgenröte.« Hosea 6,3 Sanft und still ergießt sich das Tageslicht über die Erde, zerteilt die Schatten der Finsternis und erweckt die Welt zu neuem Leben. So ging auch die »Sonne der Gerechtigkeit« auf mit »Heil unter ihren Flügeln.« Maleachi 3,20

KAPITEL 27

»SO DU WILLST, KANNST DU MICH WOHL REINIGEN...«

Von allen im Orient bekannten Krankheiten wurde der Aussatz [Lepra] am meisten gefürchtet. Sein ansteckender und unheilbarer Verlauf und die schreckliche Wirkung auf seine Opfer erfüllten selbst den Tapfersten mit Furcht. Unter den Juden hielt man den Aussatz für ein göttliches Strafgericht als Folge der Sünde und bezeichnete ihn deshalb als Schicksalsschlag oder »Fingerzeig Gottes.« Da die Krankheit letztendlich tödlich ausging, wurde sie als Sinnbild der Sünde betrachtet. Das Zeremonialgesetz erklärte einen Aussätzigen für unrein. Wie ein bereits Toter war er von menschlichen Ansiedlungen ausgeschlossen. Was immer er berührte, wurde dadurch unrein. Selbst die Luft wurde durch seinen Atem verdorben. Wer verdächtig war, unter dieser Krankheit zu leiden, musste sich den Priestern vorstellen, die ihn zu untersuchen und seinen Fall zu entscheiden hatten. Nachdem jemand für aussätzig erklärt war, wurde er von seiner Familie und auch vom ganzen Volk getrennt und blieb fortan dazu verurteilt, nur mit denen zusammen zu leben, die ebenso leiden mussten. Die Forderungen des Gesetzes waren unerbittlich. Selbst für Könige und Oberste gab es keine Ausnahme. So musste etwa ein Herrscher, der von der schrecklichen Krankheit erfasst wurde, seine Regentschaft aufgeben und sich von der Gesellschaft fernhalten.

Getrennt von Freunden und Verwandten musste der Aussätzige den Fluch seiner Krankheit tragen. Er war verpflichtet, sein Unglück offen bekanntzugeben, seine Kleider zu zerreißen und laute Warnrufe auszustoßen, damit jeder seine ansteckende Nähe meiden konnte. Wenn einer jener einsamen Ausgestoßenen klagend rief: »Unrein! Unrein!«, dann galt dies als ein Signal, das man mit Furcht und Abscheu zur Kenntnis nahm.

In der Gegend, in der Jesus lebte und wirkte, gab es viele solcher Leidenden. Als die Nachricht von Jesu Wirken diese Aussätzigen erreichte, erwachte in ihnen ein wenig Hoffnung. Seit den Tagen des Propheten Elisa war es nicht mehr vorgekommen, dass ein Aussätziger geheilt worden war. Sie wagten es deshalb nicht, darauf zu hoffen und etwas von Jesus zu erwarten, was

Er noch nie zuvor irgend jemandem zuteil werden ließ. Im Herzen eines dieser Aussätzigen war jedoch der Glaube erwacht. Er wusste nur nicht, wie er Jesus erreichen konnte. Wie sollte es für ihn, der von der Verbindung mit seinen Mitmenschen ausgeschlossen war, möglich sein, zum Heiland zu kommen? Und wenn er es versuchte, würde Jesus ihn heilen? Würde Er sich herablassen, einen Menschen zu beachten, von dem man glaubte, dass er unter dem Gericht Gottes stand? Würde Er nicht wie die Pharisäer und Ärzte einen Fluch über ihn aussprechen und ihm befehlen, aus der Nähe der Menschen zu fliehen? Er dachte über alles nach, was ihm von Jesus erzählt worden war. Nicht einer, der Hilfe gesucht hatte, war abgewiesen worden. Da entschloss sich der Unglückliche, Jesus zu suchen. War ihm auch der Zutritt zur Stadt verwehrt, so war es vielleicht doch möglich, dass er dem Herrn auf einer abgelegenen Gebirgsstraße begegnete, oder er fände Ihn, wenn er außerhalb der Stadt lehrte. Diese Hoffnung ließ ihn über alle Schwierigkeiten hinwegsehen.

Der Aussätzige gelangt in die Nähe des Herrn. Jesus lehrt gerade am See, und das Volk hat sich um Ihn versammelt. Aus der Ferne fängt der Aussätzige einige Worte Jesu auf. Er sieht, dass dieser Seine Hände den Kranken auflegt und erlebt, dass Lahme, Blinde, Gichtbrüchige und andere Kranke sich nach der Berührung gesund erheben und Gott für ihre Erlösung preisen. Der Glaube wächst im Herzen des Aussätzigen. Er nähert sich der Menge immer mehr und vergisst die ihm auferlegten Beschränkungen, die Gefährdung der Gesunden, übersieht die Furcht und das Entsetzen, womit ihn alle ansehen. Er ist nur erfüllt von der seligen Hoffnung, geheilt zu werden.

Er selbst bietet einen ekelerregenden Anblick. Die Krankheit hat seinen Körper völlig entstellt und sein verwesender Körper sieht schrecklich aus. Entsetzt weichen die Menschen vor ihm zurück. Sie bedrängen sich gegenseitig in ihrer Ungeduld, aus seiner Nähe zu fliehen. Einige versuchen ihn daran zu hindern, zu Jesus zu gelangen, aber vergeblich. Er sieht und hört sie nicht. Ihre Schreckensrufe beeindrucken ihn nicht. Er sieht nur den Sohn Gottes und hört nur die Stimme, die den Sterbenden Leben verkündet. Nachdem er sich zu Jesus durchgekämpft hatte, wirft er sich Ihm zu Füßen und ruft: »Herr, wenn du willst, kannst du mich reinigen.« Matthäus 8,2

Jesus erwiderte: »Ich will's tun; sei rein!« Matthäus 8,2f Gleichzeitig legte Er Seine Hand auf den Kranken. Sofort ging eine große Veränderung in dem Aussätzigen vor: Sein Fleisch wurde gesund, seine Kraft belebte sich und seine Muskeln wurden fest. Die raue, schuppige Hautoberfläche des Aussätzigen verschwand, und stattdessen bildete sich eine gesunde Hautfarbe, genauso wie bei einem gesunden Kind. Jesus befahl dem Mann, das an ihm vollzogene

Wunder nicht weiterzuerzählen, sondern sich umgehend mit

einer Opfergabe zum Tempel zu begeben. Eine solche Gabe wurde damals nur angenommen, wenn die Priester den Opfernden untersucht und für völlig geheilt befunden hatten. So unwillig sie auch dieser Aufgabe nachkommen mochten, sie konnten dem aber nicht ausweichen.

Die Worte der Schrift zeigen, wie nachdrücklich der Heiland dem Geheilten gebot, unbedingt zu schweigen und dafür rasch zu handeln. »Daraufhin schickte Jesus ihn sofort weg und befahl ihm: ‚Geh zum Priester und lass dich von ihm untersuchen. Sprich unterwegs mit niemandem. Nimm das Opfer mit, das Mose für die Heilung von Aussatz vorgeschrieben hat. Das soll für alle ein Beweis deiner Heilung sein.'« Markus 1,43f; NL Hätten die Priester die Einzelheiten der Heilung des Aussätzigen gekannt, dann würde ihr Hass gegen Christus sie vielleicht dazu verleitet haben, ein ungerechtes Urteil zu fällen. Jesus wünschte, dass der Geheilte sich im Tempel vorstellte, bevor irgendwelche Gerüchte über das Wunder die Priester erreichten. Nur so konnte eine neutrale Entscheidung gesichert und dem geheilten Aussätzigen erlaubt werden, sich erneut mit seiner Familie und seinen Freunden zu vereinen.

Christus hatte noch andere Absichten im Sinn, als Er dem Mann zu schweigen gebot. Der Heiland wusste, dass Seine Feinde immer versuchten, Seine Arbeit zu behindern und die Leute Ihm abspenstig zu machen. Ihm war klar, dass sich andere Betroffene von dieser furchtbaren Krankheit um Ihn scharten, wenn sich die Heilung jenes Aussätzigen überall herumgesprochen hätte. Dann aber wäre der Vorwurf unvermeidlich, dass das Volk durch den Kontakt mit ihnen angesteckt würde. Viele Leprakranke würden die Gabe der Gesundheit nicht so nutzen, dass sie für andere oder für sie selbst zum Segen wäre. Und wenn Er die Aussätzigen um sich versammelte, gäbe Er einen Grund zu dem Vorwurf, Er übertrete die Verbote des Zeremonialgesetzes. Das wäre aber für Seine Evangeliumsverkündigung hinderlich.

Die nachfolgenden Ereignisse rechtfertigten Jesu warnende Worte. Sehr viele Menschen hatten die Heilung jenes Aussätzigen miterlebt und warteten gespannt darauf, wie die Entscheidung der Priester ausfallen werde. Als dann der Mann zu seinen Freunden zurückkehrte, gab es große Aufregung. Obwohl er von Jesus zur Zurückhaltung ermahnt worden war, bemühte sich der Geheilte nicht weiter, die Tatsache seiner Genesung zu verbergen. Dies zu verheimlichen, wäre auch wirklich unmöglich gewesen. Zudem posaunte der Mann seine Heilung überall hinaus. In der Meinung, dass es nur Jesu Bescheidenheit war, die ihm diese Zurückhaltung auferlegte, fing er an, überall von der Vollmacht des Wunderheilers zu berichten. Er konnte nicht verstehen, dass jede Kundgebung dieser Art die Priester und Ältesten mehr in ihrer Absicht bestärkte, Jesus umzubringen. Er empfand nur die Wohltat der wiedergewonnenen Gesundheit als so kostbar und freute sich über die neu gewonnene Lebenskraft. Er war glücklich darüber, seiner Familie und der Gemeinschaft wiedergegeben zu sein, und konnte sich unmöglich dabei zurückhalten, den Arzt zu preisen, der ihn gesund gemacht hatte. Aber die Verbreitung der Angelegenheit führte dazu, dass das Werk des Heilandes behindert wurde. Als Folge pilgerten Menschen in Scharen zu Jesus und Er sah sich deshalb eine Zeit lang gezwungen, Seine Aufgabe zu unterbrechen.

Jede Handlung Christi hatte weitreichende Absichten. Sie umfasste mehr, als man vom direkten Geschehen her zunächst annehmen mochte. So auch im Fall des geheilten Aussätzigen. Während Jesus allen half, die zu Ihm kamen, sehnte Er sich danach, auch denen Gutes zu tun, die nicht gekommen waren. Während Er die Zöllner, Heiden und Samariter zu sich zog, wünschte Er genauso, die Priester und Schriftgelehrten zu erreichen, die in Vorurteil und Überlieferung befangen waren. Er ließ nichts unversucht, sie anzusprechen. Als Er den geheilten Aussätzigen zu den Priestern schickte, gab Er ihnen einen Beweis, der ihre Vorurteile abbauen sollte.

Die Pharisäer behaupteten, dass sich Christi Lehren gegen das Gesetz richteten, das Gott durch Mose gegeben hatte. Diese Anschuldigung widerlegte Jesus mit der Weisung an den wieder rein gewordenen Aussätzigen, eine Opfergabe zu bringen, wie das Gesetz es verlangte. Das war ein ausreichender Hinweis für alle, die sich überzeugen lassen wollten.

Die führenden Persönlichkeiten in Jerusalem hatten Spione ausgesandt, die irgendeinen Vorwand suchen sollten, um Christus töten zu können. Dieser antwortete darauf, indem Er ihnen einen Beweis Seiner Liebe zur Menschheit gab, Seiner Hochachtung vor dem Gesetz und Seiner Macht, von Sünde und Tod zu erretten. So bezog Er das Psalmwort auf sie: »Sie erweisen mir Böses für Gutes und Hass für Liebe.« Psalm 109,5 Er, der auf dem Berg der Seligpreisungen die Weisung erteilt hatte: »Liebet eure Feinde«, Matthäus 5,44 erläuterte nun durch Sein Handeln den Grundsatz: »Vergeltet nicht Böses mit Bösem oder Scheltwort mit Scheltwort, sondern dagegen segnet.« 1.Petrus 3,9

Dieselben Priester, die den Aussätzigen verbannt hatten, bescheinigten ihm nun seine Heilung. Dieses Urteil, das öffentlich bekannt gemacht werden musste und eingetragen wurde, war ein wirksames Zeugnis für Jesus. Und da der Geheilte aufgrund der priesterlichen Untersuchung, die keinerlei Spuren der Krankheit an ihm feststellen konnte, wieder in die Gemeinde Israel aufgenommen wurde, war er selbst ein lebender Zeuge für Seinen Wohltäter. Mit Freude brachte er seine Opfergabe und verherrlichte so den Namen Jesu. Die Priester waren von der göttlichen Kraft des Heilandes überzeugt. Sie hat-

ten Gelegenheit, die Wahrheit kennenzulernen und durch das

Licht gefördert zu werden. Verachteten sie dieses Licht, so würde es von ihnen weichen, um nie wieder zurückzukehren. Von vielen wurde das Licht verworfen. Dennoch war es nicht vergeblich gegeben! Manches Herz wurde bewegt, nur wurde es noch nicht offenbar. Während Christi Lebenszeit auf Erden schien sein Erlösungswerk bei den Priestern und Lehrern des Volkes auf nur wenig Gegenliebe zu stoßen, aber nach Seiner Himmelfahrt »wurden auch viele Priester dem Glauben gehorsam.« Apostelgeschichte 6,7

Jesu Wundertat an dem Aussätzigen stellt Sein Wirken der Reinigung des Herzens von der Sünde dar. Der Mann, der zu Jesus kam, war »voll Aussatz«, dessen tödliches Gift seinen ganzen Körper durchdrang. Die Jünger versuchten ihren Meister daran zu hindern, ihn anzurühren, denn wer einen Aussätzigen berührte, verunreinigte sich selbst. Jesus aber wurde dadurch, dass Er Seine Hand auf den Aussätzigen legte, nicht verunreinigt. Seine Berührung übertrug lebenspendende Kräfte, und der Kranke wurde geheilt. So ist es auch mit dem Aussatz der Sünde. Er hat sich tief in den Menschen hineingefressen, ist tödlich und kann unmöglich durch menschliche Kraft geheilt werden. »Das ganze Haupt ist krank, das ganze Herz ist matt. Von der Fußsohle bis zum Haupt ist nichts Gesundes an euch, sondern Beulen und Striemen und frische Wunden.« Jesaja 1,5f Jesus, der unter uns Menschen wohnte, blieb selbst frei von aller Verunreinigung, doch Seine Gegenwart übt eine heilende Kraft auf den Sünder aus. Wer nun Jesus zu Füßen fällt und im Glauben sagt: »Herr, wenn du willst, kannst du mich reinigen«, wird die Antwort hören: »Ich will's tun; sei rein!« Matthäus 8,2f

In einigen Fällen gewährte Jesus nicht sogleich den gewünschten Segen, aber bei dem Aussatz wurde die Bitte sofort erfüllt. Bitten wir um irdische Segnungen, so mag die Erhörung unseres Gebets verzögert werden oder Gott mag uns etwas anderes geben als das Erbetene. Wenn wir aber um Befreiung von Sünde bitten, hilft Er sofort. Es ist Sein Wille, uns von der Sünde zu befreien, uns zu Seinen Kindern zu machen und uns zu ermöglichen, ein heiliges Leben zu führen. Christus hat »sich selbst für unsre Sünden dahin gegeben ... dass er uns errette von dieser gegenwärtigen, bösen Welt nach dem Willen Gottes, unsres Vaters.« Galater 1,4 »Und das ist die Zuversicht, die wir haben zu Gott: Wenn wir um etwas bitten nach seinem Willen, so hört er uns. Und wenn wir wissen, dass er uns hört, worum wir auch bitten, so wissen wir, dass wir erhalten, was wir von ihm erbeten haben.« 1.Johannes 5,14f »Wenn wir aber unsre Sünden bekennen, so ist er treu und gerecht, dass er uns die Sünden vergibt und reinigt uns von aller Ungerechtigkeit.« 1.Johannes 1,9

Bei der Heilung des Gelähmten aus Kapernaum lehrte Christus genau diese Wahrheit. Das Wunder geschah, um Seine Macht zu zeigen, Sünden zu vergeben, und andere wertvolle Wahrheiten zu veranschaulichen. Es stärkt so die Hoffnung und ermutigt, aber es warnt uns zudem vor dem Verhalten der spitzfindigen Pharisäer. Der Gelähmte hatte genauso wenig Hoffnung auf Genesung wie der Aussätzige. Seine Krankheit war die Folge eines sündhaften Lebens, und sein Leiden wurde durch Selbstvorwürfe noch verstärkt. Vor langer Zeit hatte er sich an die Pharisäer und Ärzte gewandt in der Hoffnung, Erleichterung von seinen seelischen Leiden und körperlichen Schmerzen zu finden. Sie aber hatten ihn einfach für unheilbar erklärt und ihn dem Zorn Gottes überlassen.

Die Pharisäer betrachteten Krankheiten als Beweis göttlicher Ablehnung und hielten sich deshalb von Kranken und Hilfsbedürftigen fern. Und doch waren gerade sie, die sich für so heilig hielten, oft schuldiger als die Leidenden, die sie verurteilt hatten.

Der Gelähmte war völlig hilflos, und da er keinerlei Aussicht auf Heilung sah, wurde er ganz verzweifelt. Dann hörte er von den Wundertaten Jesu. Ihm wurde gesagt, dass andere auch geheilt wurden, die so schuldbeladen und hilflos waren wie er – ja sogar Aussätzige waren gereinigt worden. Die Freunde, die ihm davon berichteten, ermutigten ihn, zu glauben, dass auch er geheilt werden könne, wenn er zu Jesus gebracht würde. Aber seine Hoffnung schwand, als er daran dachte, wodurch er sich seine Krankheit zugezogen hatte. Er befürchtete, dass der reine Arzt ihn nicht in Seiner Gegenwart dulden würde. Es war jedoch nicht so sehr die körperliche Heilung, die er sich wünschte, als vielmehr eine Befreiung von der Last seiner Sünden. Könnte er Jesus sehen und die Zusicherung der Vergebung und des Friedens mit dem Himmel erhalten, dann wollte er leben oder sterben, wie es des Herrn Wille sei. Der Hilferuf des dem Tod Ausgelieferten war: »O könnte ich doch zu Ihm kommen!«

Es gab keine Zeit zu verlieren, denn schon trug sein welker Körper die Zeichen des Verfalls. Er bat seine Freunde, ihn auf seinem Bett zu Jesus zu tragen. Diese erfüllten ihm gern seinen Wunsch. Aber das Gedränge in und vor dem Haus, in dem der Heiland weilte, war so groß, dass die Freunde mit dem Kranken den Herrn Jesus nicht erreichen, ja nicht einmal in Seine Nähe kommen und Seine Stimme hören konnten.

Jesus lehrte im Haus von Petrus. Um Ihn herum saßen üblicherweise Seine Jünger und »auch Pharisäer und Schriftgelehrten, ... die gekommen waren aus allen Orten in Galiläa und Judäa und aus Jerusalem.« Lukas 5,17 Sie waren als Spione gekommen, um Anklagematerial gegen Jesus zu sammeln. Außer ihnen drängte sich noch eine bunte Volksmenge zusammen: Wissbegierige, Ehrfürchtige, Neugierige und Ungläubige. Verschiedene Nationalitäten und alle Gesellschaftsschichten waren vertreten. »Und die Kraft des Herrn war

mit ihm, dass er heilen konnte.« Lukas 5,17 Der Geist des Lebens schwebte über der Versammlung, aber die Pharisäer und Schriftgelehrten erkannten Seine Gegenwart nicht. Sie hatten kein Heilsverlangen, und die Heilung war nicht für sie. »Die Hungrigen füllt er mit Gütern und lässt die Reichen leer ausgehen.« Lukas 1,53

Immer wieder versuchten die Träger des Gelähmten, sich einen Weg durch die Menge zu bahnen, aber vergeblich. Der Kranke blickte in unaussprechlicher Qual um sich. Wie konnte er die Hoffnung aufgeben, da die lang ersehnte Hilfe so nahe war! Auf seinen Vorschlag hin trugen ihn die Freunde auf das Dach des Hauses, brachen es auf und ließen ihn hinab vor die Füße Jesu. Der Heiland unterbrach seine Rede. Er sah das bekümmerte Gesicht des Kranken und die flehend auf Ihn gerichteten Blicke. Er verstand den Unglücklichen, denn Er selbst hatte doch das verzweifelte, verwirrte Gemüt zu sich gezogen. Als der Gichtbrüchige noch zuhause war, hatte der Heiland dessen Gewissen von seiner Schuld überzeugt, und als jener, dann seine Sünden bereute und an die Kraft Jesu glaubte die ihn heilen konnte, hatte die lebenspendende Gnade des Heilandes zuerst sein verlangendes Herz erfreut.

Jesus hatte beobachtet, wie der erste Schimmer des Glaubens sich in jenem Kranken zu dem Bewusstsein hin entwickelte, dass Jesus die einzige Hilfe des Sünders sei. Er hatte gesehen, dass dessen Glaube mit jedem Versuch, in Seine Gegenwart zu kommen, stärker wurde. Der Heiland sprach Worte, die wie Musik an das Ohr des Leidenden drangen: »Sei getrost, mein Sohn, deine Sünden sind dir vergeben.« Matthäus 9,2

Die Last der Verzweiflung weicht von der Seele des Kranken, der Frieden der Vergebung ruht auf seinem Gemüt und strahlt aus seinem Blick. Die körperlichen Schmerzen sind verschwunden, sein ganzes Wesen ist umgewandelt. Der hilflose Gelähmte ist geheilt, der schuldige Sünder hat Vergebung empfangen! In einfachem Glauben nahm er die Worte Jesu als Gabe eines neuen Lebens an. Er bat um nichts mehr, sondern lag in glücklichem Schweigen da. Er war so erfüllt von Glückseligkeit, dass er keine Worte finden konnte. Das Licht des Himmels strahlte aus seinem Angesicht, und die Menschen sahen ehrfürchtig auf dieses Geschehen.

Die Rabbiner hatten gespannt darauf gewartet, wie sich Jesus diesem Kranken gegenüber verhalten würde. Sie erinnerten sich, wie der Mann sie um Hilfe angefleht hatte und sie ihm Hoffnung und Anteilnahme verweigerten. Noch dazu hatten sie ihm erklärt, dass er unter dem Fluch Gottes stünde. Das alles kam ihnen wieder in den Sinn, als sie den Kranken vor sich sahen. Sie registrierten, mit welchem Interesse alle Anwesenden beobachteten, was da ablief. Nun bekamen sie richtig Angst, sie könnten ihren Einfluss auf das Volk verlieren. Diese Würdenträger tauschten zwar ihre Gedanken nicht gleich aus, sahen sich aber vielsagend an und lasen von ihren Gesichtern ab, dass sie dieselben Gedanken hatten: Es musste unbedingt etwas getan werden, um den Gefühlsüberschwang zu bremsen. Jesus hatte erklärt, dass die Sünden des Gelähmten vergeben seien. Diese Aussage hielten die Pharisäer für eine Gotteslästerung. Sie glaubten nun, dass sie diesen Ausspruch als eine Todsünde hinstellen könnten. So sprachen sie in ihrem Herzen: »Er lästert Gott! Wer kann Sünden vergeben denn Gott allein?« Markus 2,7

Jesus schaute sie durchdringend an, sodass sie sich duckten und zurückwichen. Dann sagte Er: »Warum denkt ihr so Böses in euren Herzen? Was ist denn leichter, zu sagen: Dir sind deine Sünden vergeben, oder zu sagen: Steh auf und geh umher? Damit ihr aber wisst, dass der Menschensohn Vollmacht hat, auf Erden die Sünden zu vergeben, – sprach er zu dem Gelähmten: Steh auf, hebe dein Bett auf und gehe heim!« Matthäus 9,4-6

Da erhebt sich der Mann, den man auf einer Bahre zu Jesus gebracht hat, elastisch und kraftvoll wie ein Jugendlicher. Gesundes Blut strömt durch seine Adern, jedes Organ seines Körpers wird wieder tätig, und die Farbe der Gesundheit löst die Blässe des nahenden Todes ab, die sein Angesicht gekennzeichnet hatte. »Und er stand auf, nahm sein Bett und ging alsbald hinaus vor aller Augen, sodass sie sich alle entsetzten und Gott priesen und sprachen: Wir haben so etwas noch nie gesehen.« Markus 2,12

Welch wunderbare Liebe Christi, die sich herunterbeugt, um den Schuldbeladenen und Kranken zu heilen! Die Gottheit trauert über das Elend der Menschheit und lindert es. Was für eine wunderbare Macht, die sich hier vor den Menschenkindern entfaltet! Wer kann noch an der Rettungsbotschaft zweifeln? Wer will die Barmherzigkeit des mitleidvollen Erlösers verachten?

Es ist nicht weniger als die Schöpferkraft nötig, jenem verfallenden Körper neue Gesundheit zu geben. Dieselbe Stimme, die dem aus Erde geschaffenen Menschen das Leben gab, tat es auch an dem sterbenden Gelähmten. Und die gleiche Macht, die dem Körper Leben gab, hatte das Herz erneuert. Derjenige, von dem es bei der Schöpfung heißt: »Er sprach, und es geschah. Er gebot, und es stand da«, Psalm 33,9 hatte dieser in Übertretungen und Sünden toten Menschenseele durch sein Wort Leben geschenkt.

Die Heilung des Körpers stellte jene Macht unter Beweis, die das Herz erneuert hatte. Christus forderte den Gelähmten auf, sich zu erheben und zu gehen, damit »ihr aber wisst, dass der Menschensohn Vollmacht hat, Sünden zu vergeben auf Erden.« Markus 2,10

Der Gelähmte erfuhr durch Christus Heilung für Seele und Körper. Der geistlichen Heilung folgte die körperliche Wiederherstellung. Diese Lehre sollte nicht übersehen werden. In unseren Tagen leiden Tausende an physischen Krankheiten, die sich wie der Gelähmte nach der Mitteilung sehnen: »Deine Sünden sind dir vergeben.« Markus 2,5 Die Last der Sünde mit der damit verbundenen inneren Unruhe und den unbefriedigten Wünschen ist die Ursache ihrer Krankheiten. Erst wenn sie zum Heiland ihrer Seele kommen, können sie Erleichterung finden. Den Frieden kann nur der geben, der dem Geist Kraft und dem Körper Gesundheit schenkt.

Jesus kam, damit »er die Werke des Teufels zerstöre.« 1.Johannes 3,8 »In ihm war das Leben.« Johannes 1,4 Und Er sagte selbst: »Ich bin gekommen, damit sie das Leben und volle Genüge haben sollen.« Johannes 10,10 Er ist der »Geist, der lebendig macht.« 1.Korinther 15,45 Jesus hat immer noch die gleiche lebenspendende Macht, die Er auf Erden besaß, als Er die Kranken heilte und Sündern ihre Schuld vergab. Er vergibt »dir alle deine Sünde ... und heilt alle deine Gebrechen.« Psalm 103,3

Die Heilung des Gelähmten hatte eine solche Wirkung auf das Volk, als hätte sich der Himmel geöffnet und die Herrlichkeit einer besseren Welt offenbart. Als der Geheilte durch die Menge lief, mit jedem Schritt Gott lobte und seine Last trug, als sei sie federleicht, machten ihm die Leute Platz. Die Menge sah ihn mit ehrfurchtsvollen Blicken an, und die Menschen flüsterten einander zu: »Wir haben heute seltsame Dinge gesehen.« Lukas 5,26

Die Pharisäer waren vor Erstaunen verstummt und durch ihre Niederlage überwältigt. Sie sahen, dass sich hier keine Gelegenheit bot, das Volk durch ihre Eifersucht aufzuwiegeln. Die wunderbare Heilung, die an diesem Mann vollbracht worden war, den sie einst dem Zorn Gottes übergeben hatten, machte einen so gewaltigen Eindruck auf die Menschen, dass die Pharisäer zeitweilig vergessen waren. Sie sahen, dass Christus eine Macht besaß, die sie Gott allein zugeschrieben hatten, und doch stand die bescheidene Würde Seines Wesens in auffallendem Gegensatz zu ihrem Hochmut. Sie waren verwirrt und beschämt und erkannten wohl die Gegenwart eines höheren Wesens, aber sie bekannten sich nicht zu Ihm. Je stärker und zwingender der Beweis war, dass Jesus die Macht hatte, auf Erden Sünden zu vergeben, umso fester vergruben sie sich in ihrem Unglauben. Sie verließen das Haus von Petrus, in dem sie die Heilung des Gelähmten durch Jesu Wort miterlebt hatten und dachten sich neue Pläne aus, um den Sohn Gottes zum Schweigen zu bringen.

Körperliche Krankheit, wie bösartig und tiefsitzend sie auch gewesen sein mag, wurde durch die Macht Christi geheilt, aber die Krankheit der Seele nahm völlig Besitz von jenen, die ihre Augen dem Licht verschlossen hatten. Aussatz und Gicht waren nicht so schrecklich wie Frömmelei und Unglauben. Im Heim des Geheilten herrschte große Freude, als er zu seiner Familie zurückkehrte und mit Leichtigkeit das Bett trug, auf dem er erst kurz zuvor langsam weggetragen worden war. Alle umringten ihn und weinten vor Freude. Sie wagten kaum, ihren Augen zu trauen, als er nun in voller Manneskraft wieder vor ihnen stand. Jene Arme, die sie kraftlos gesehen hatten, gehorchten wieder seinem Willen und die zusammengeschrumpften, fahl aussehenden Muskeln waren wieder frisch und rosig. Sein Schritt war fest und frei. Freude und Hoffnung leuchteten aus seinem Blick, und ein Ausdruck der Reinheit und des Friedens hatte die Spuren von Sünde und Leiden weggenommen. Froher Dank stieg aus dem Kreis dieser Familie empor.

Gott wurde verherrlicht durch Seinen Sohn, der dem Mutlosen Hoffnung und dem Zerschlagenen neue Stärke gegeben hatte. Dieser Mann und seine Familie waren bereit, ihr Leben für Jesus einzusetzen. Kein Zweifel trübte ihr Vertrauen, kein Unglaube minderte ihre Treue zu dem, der Licht in ihr verdunkeltes Leben gebracht hatte.

KAPITEL 28

*Auf Grundlage von
Matthäus 9,9-17
Markus 2,14-22; Lukas 5,27-39*

LEVI MATTHÄUS

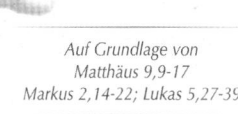

Von den römischen Beamten in Palästina waren keine verhasster als die Zöllner. Die Tatsache, dass die Steuern von einer fremden Macht auferlegt wurden, war für die Juden ein ständiges Ärgernis und erinnerte sie immer wieder daran, dass sie ihre Unabhängigkeit verloren hatten. Hinzu kam, dass die Steuereintreiber nicht nur die Werkzeuge römischer Unterdrückung waren, sondern Erpresser zum eigenen Vorteil, die sich auf Kosten des Volkes bereicherten. Ein Jude, der dieses Amt aus der Hand der Römer annahm, galt als Verräter der Ehre seiner Nation. Als Abtrünniger wurde er verachtet und zu den Schlimmsten der Gesellschaft gezählt. Levi Matthäus gehörte zu dieser Menschengruppe. Nach den vier Jüngern am See Genezareth berief Christus ihn als nächsten in Seinen Dienst. Die Pharisäer hatten Matthäus nur nach seinem Beruf beurteilt, Jesus dagegen sah das Herz dieses Menschen, das bereit war, die Wahrheit anzunehmen. Matthäus hatte den Lehren des Heilandes zugehört. Als der Geist Gottes in ihm das Bewusstsein der Sündhaftigkeit weckte, sehnte er sich danach, Hilfe bei Christus zu suchen. Er war jedoch so sehr daran gewöhnt, dass die Rabbiner Abstand zu ihm hielten, dass ihm überhaupt nicht einmal der Gedanke kam, dieser große Lehrer könnte ihn beachten.

Eines Tages saß der Zöllner vor seinem Zollhäuschen und sah Jesus kommen. Sehr erstaunt vernahm er die an ihn gerichteten Worte: »Folge mir nach!« Matthäus »verließ alles, stand auf und folgte ihm nach.« Lukas 5,27f Er zögerte nicht, auch hinterfragte er nicht. Ihm kam auch nicht der Gedanke, nun das einträgliche Geschäft gegen Armut und Not tauschen zu sollen. Ihm genügte es, bei Jesus zu sein, seinen Worten zu lauschen und mit ihm zusammen zu wirken. So war es schon mit den zuvor berufenen Jüngern geschehen. Als Jesus Petrus und seine Gefährten aufforderte, Ihm nachzufolgen, verließen sie gleich ihre Boote und Netze. Einige dieser Jünger hatten für Verwandte zu sorgen. Sie zögerten jedoch nicht, als sie vom Heiland eingeladen wurden, und fragten auch nicht, wovon sie leben und ihre Familie ernähren würden. Sie gehorchten einfach der Aufforderung. Als Jesus sie später fragte: »Als ich euch ausgesandt habe [272/273] **207** ohne Geldbeutel, ohne Tasche und ohne Schuhe, habt ihr da je Mangel gehabt?«, konnten sie antworten: »Niemals.« Lukas 22,35 Sowohl Matthäus in seinem Wohlstand als auch Petrus und Andreas in ihrer Armut standen vor der gleichen Entscheidung – jeder traf sie mit der gleichen Hingabe. Angesichts des Erfolges, als die Netze mit Fischen zum Zerreißen voll und die Anreize des bisherigen Lebens am stärksten waren, forderte Jesus die Jünger am See auf, dies alles für die Evangeliumsarbeit aufzugeben. So wird ein jeder geprüft, was stärker in ihm ist: Sein Verlangen nach weltlichen Gütern oder nach der Gemeinschaft mit Christus.

Grundsätze sind immer anspruchsvoll. Deshalb kann im Dienst Gottes keiner erfolgreich sein, der nicht sein ungeteiltes Herz mit einbringt und »erachte[t] ... alles für Schaden gegenüber der überschwänglichen Erkenntnis Christi Jesu.« Philipper 3,8 Wer irgendetwas in seinem Leben zurückhält, kann kein Jünger Jesu sein, noch viel weniger Sein Mitarbeiter. Menschen, die das große Erlösungswerk schätzen, werden in ihrem Leben jene Selbstaufopferung offenbaren, die auch im Leben Jesu sichtbar war. Wohin Er immer geht, sie werden Ihm freudig folgen.

Der Ruf an Matthäus, Jesus nachzufolgen, brachte große Empörung mit sich. Es war ein Verstoß gegen die religiösen, gesellschaftlichen und nationalen Bräuche, wenn ein Glaubenslehrer einen Zöllner in seinen engsten Kreis aufnahm. Die Pharisäer hofften, die bestehende Beliebtheit Jesu beim Volk durch geschicktes Ausnutzen der Vorurteile der Menschen verändern zu können.

Unter den Zöllnern entstand großes Interesse an Jesus. Ihre Herzen wurden zu dem göttlichen Lehrer hingezogen. Aus Freude an seiner neuen Jüngerschaft wollte Matthäus seine früheren Kollegen unbedingt zu Jesus bringen. Deshalb veranstaltete er ein Fest in seinem Haus und lud dazu seine Verwandten und Freunde ein. Es kamen nicht nur Zöllner, sondern auch viele andere Leute von zweifelhaftem Ruf, die von ihren »besseren« Nachbarn geächtet wurden.

Die Feier wurde Jesus zu Ehren gegeben, und Er zögerte nicht, auf die höfliche Geste einzugehen. Ihm war schon klar, dass dies im Lager der Pharisäer Anstoß erregen und Ihn zugleich in den Augen des Volkes bloßstellen würde. Doch »diplomatische« Rücksichtnahme konnte Sein Verhalten nicht beeinflussen. Bei Ihm galten äußerliche Unterschiede nichts. Sein Herz sprach Menschenseelen an, die nach dem Lebenswasser dürsteten.

Jesus saß als Ehrengast zwischen den Zöllnern an der Tafel. Durch Sein Wohlwollen und Sein umgängliches Wesen zeigte Er ihnen, dass Er die Würde des Menschen achtete, deshalb wollten sie sich gerne Seines Vertrauens würdig erweisen. In ihre durstigen Herzen fielen Seine Worte mit beglückender, lebenspendender Kraft. Neue Impulse wurden geweckt, und diesen Ausgestoßenen der Gesellschaft eröffnete sich die Möglichkeit, ein neues Leben zu beginnen. Bei solchen Treffen wurden nicht wenige von den Lehren des Heilandes beeindruckt. Sie bekannten sich aber erst nach Seiner Himmelfahrt zu Ihm. Als der Heilige Geist ausgegossen wurde und sich an einem Tag 3000 Menschen bekehrten, waren viele darunter, die die Wahrheit zuerst an der Tafel der Zöllner gehört hatten. Einige davon wurden Boten des Evangeliums. Für Matthäus selbst war das Verhalten Jesu auf dem Fest eine stete Belehrung. Der verachtete Zöllner wurde zu einem der hingebungsvollsten Evangelisten, der sich in seinem Dienst genau nach dem Beispiel Seines Meisters richtete.

Als die Rabbiner von der Teilnahme Jesu am Fest von Matthäus erfuhren, nutzten sie die Gelegenheit, Ihn anzuklagen. Sie hatten jedoch vor, es mit Hilfe der Jünger zu tun. Indem sie ihre alten Vorurteile wieder zum Leben erweckten, hofften sie, die Jünger ihrem Meister entfremden zu können. Christus bei den Jüngern und die Jünger bei Christus zu beschuldigen – das war ihr Plan. Dabei richteten sie ihre Pfeile auf die empfindlichsten Stellen. Seit dem Streit im Himmel hat Satan immer wieder diese Methode verwendet. Und alle, die Uneinigkeit und Entfremdung verursachen, werden von seinem Geist getrieben. So stellten die neidischen Rabbiner den Jüngern eine Frage: »Warum isst euer Meister mit den Zöllnern und Sündern?« Matthäus 9,11 Jesus wartete nicht auf die Antwort Seiner Jünger, sondern erwiderte selbst: »Die Starken bedürfen des Arztes nicht, sondern die Kranken. Geht aber hin und lernt, was das heißt: ‚Ich habe Wohlgefallen an Barmherzigkeit und nicht am Opfer.' Ich bin gekommen, die Sünder zu rufen und nicht die Gerechten.« Matthäus 9,12f; Hosea 6,6

Die Pharisäer behaupteten, geistlich gesund zu sein und deshalb keinen Arzt zu brauchen, während sie die Zöllner und Heiden als diejenigen betrachteten, die an der Krankheit ihrer Seele schließlich sterben würden. War es dann nicht Jesu Aufgabe als Arzt, gerade jenen nachzugehen, die umso mehr Seine Hilfe brauchten? Obwohl die Pharisäer viel von sich hielten, waren sie tatsächlich aber in einem viel schlimmeren Zustand als diejenigen, die sie verachteten. Die Zöllner waren nicht so frömmlerisch und hochmütig und deshalb der Wahrheit gegenüber viel aufgeschlossener. Jesus sprach zu den Rabbinern: »Geht aber hin und lernt, was das heißt: ‚Ich habe Wohlgefallen an Barmherzigkeit und nicht am Opfer.'« Damit zeigte Er ihnen: Ihr behauptet zwar, das Wort Gottes auslegen zu können, von Seinem Geist aber habt ihr nichts verstanden. Für einen Moment waren die Pharisäer zwar zum Schweigen gebracht, in ihrer Feindseligkeit aber wurden sie um so entschlossener. Als nächstes machten sie die Jünger Johannes des Täufers ausfindig und versuchten, sie gegen den Erlöser aufzustacheln.

Diese Pharisäer hatten den göttlichen Auftrag des Täufers nicht anerkannt. Mit Verachtung hatten sie auf seine enthaltsame Lebensführung, seine Anspruchslosigkeit und einfache Kleidung hingewiesen und ihn zum Fanatiker erklärt. Sie hatten sich seiner Verkündigung widersetzt und versucht, das Volk gegen ihn aufzuwiegeln, weil er ihre Heuchelei öffentlich verurteilt hatte. Obwohl der Geist Gottes die Herzen dieser Verächter bewegt und sie ihrer Sünden überführt hatte, lehnten sie Gottes Rat ab und erklärten sogar, Johannes sei von einem bösen Geist besessen. Als Jesus nun auftrat, sich unter das Volk mischte und an dessen Tischen aß und trank, beschuldigten sie ihn, »ein Fresser und Weinsäufer« zu sein. Matth. 11,19 Ausgerechnet diejenigen, die diese Anklage vorbrachten, machten sich deren selbst schuldig. Genau wie Satan Gott falsch darstellt und Ihm seine eigenen Charakterzüge unterschiebt, so handelten diese boshaften Leute an den Boten des Herrn.

Die Pharisäer wollten nicht wahrhaben, dass Jesus mit Zöllnern und Sündern aß, um ihnen – die in der Finsternis lebten – das Licht des Himmels zu bringen. Sie wollten nicht eingestehen, dass jedes von dem göttlichen Lehrer gesprochene Wort wie ein Same war, der zur Verherrlichung Gottes keimte und Frucht hervorbrachte. Sie hatten sich also entschlossen, das Licht nicht anzunehmen. Obwohl sie sich dem Dienst des Täufers widersetzt hatten, wollten sie jetzt um die Freundschaft seiner Jünger werben und hofften, sich ihrer Mithilfe gegen Jesus versichern zu können. Sie stellten es so dar, dass Jesus sich über die alten Überlieferungen hinwegsetze, und verglichen die ernste Frömmigkeit des Täufers mit dem Verhalten Jesu, der mit Zöllnern und Sündern Feste feierte.

Gerade damals befanden sich die Jünger von Johannes in großer Bedrängnis. Das war, ehe Johannes sie mit seiner Botschaft zu Jesus sandte. Ihr geliebter Lehrer saß im Kerker, und sie brachten ihre Tage mit Klagen zu. Jesus unternahm nichts, um Johannes zu befreien. Ja, Er schien sogar dessen Lehre in Misskredit zu bringen. Weshalb schlugen Jesus und Seine Jünger einen so erheblich anderen Weg ein, wenn Johannes von Gott gesandt war?

Die Jünger von Johannes hatten kein klares Verständnis vom Wirken Christi. Sie meinten, es müsse wohl einige Gründe für die Anklagen der Pharisäer geben. Auch sie hielten viele Vorschriften der Rabbiner und hofften sogar, durch Gesetzeswerke gerechtfertigt zu werden. Fasten galt bei den Juden als verdienstvolle Tat, und die strengsten unter ihnen fasteten in jeder Woche an zwei Tagen. Die Jünger von Johannes fasteten gerade gemeinsam mit den Pharisäern, als sie sich mit der Frage an Jesus wandten: »Warum fasten wir und die Pharisäer so viel und deine Jünger fasten nicht?« Matthäus 9,14

Jesus antwortete ihnen sehr behutsam. Er versuchte nicht, ihre falsche Vorstellung vom Fasten zu korrigieren. Nur in Bezug auf Seine eigene Sendung wollte Er sie aufklären. Er benutzte dazu dasselbe Bild, das auch der Täufer in seinem Zeugnis von sich und Jesus gebraucht hatte. Johannes hatte gesagt: »Wer die Braut hat, der ist der Bräutigam; der Freund des Bräutigams aber, der
dabeisteht und ihm zuhört, freut sich sehr über die Stimme des

Bräutigams. Diese meine Freude ist nun erfüllt.« Johannes 3,29 Die Jünger des Johannes konnten sich an diese Worte ihres Lehrers gut erinnern, als Jesus dieses Bild verwendete und erwiderte: »Wie können die Hochzeitleute fasten, während der Bräutigam bei ihnen ist?« Markus 2,19

Der Fürst des Himmels befand sich unter Seinem Volk. Gottes größte Gabe war der Welt geschenkt worden. Wohl den Armen, denn Jesus war gekommen, um sie zu Erben Seines Reiches zu machen. Wohl den Reichen, denn Er lehrte sie, wie sie sich ewige Reichtümer sichern könnten. Wohl den Einfältigen, Er würde sie klug zur Seligkeit machen. Wohl den Gelehrten, Jesus wollte ihnen tiefere Geheimnisse offenbaren, als sie je ergründet hatten. Wahrheiten, die seit der Gründung der Welt verborgen gewesen waren, sollten durch das Wirken des Erlösers den Menschen verständlich werden. Johannes der Täufer hatte sich gefreut, den Heiland zu sehen. Was für eine Gelegenheit zur Freude war es doch für die Jünger, die mit der himmlischen Majestät wandeln und sprechen durften! Wie sollten sie da klagen und fasten! Sie mussten ihre Herzen für das Licht seiner Herrlichkeit öffnen, damit sie über alle, die in der Finsternis und im Schatten des Todes lebten, dieses Licht verbreiten konnten.

Die Worte Christi skizzierten ein wunderschönes Bild, doch über dem lag ein großer Schatten, den nur Seine Augen wahrnehmen konnten. Er sagte: »Es wird aber die Zeit kommen, dass der Bräutigam von ihnen genommen wird; dann werden sie fasten, an jenem Tage.« Markus 2,20

Wenn sie dann ihren verratenen und gekreuzigten Herrn sähen, dann würden die Jünger klagen und fasten. In Seinen letzten Worten, die Er nach dem Abendmahl an sie richtete, heißt es: »Noch eine kleine Weile, dann werdet ihr mich nicht sehen; und abermals eine kleine Weile, dann werdet ihr mich sehen. Wahrlich, wahrlich, ich sage euch: Ihr werdet weinen und klagen, aber die Welt wird sich freuen; ihr werdet traurig sein, doch eure Traurigkeit soll in Freude verwandelt werden.« Johannes 16,19f Sobald der Herr aus dem Grab hervorkäme, würde sich ihre Traurigkeit in Freude verwandeln. Nach Seiner Himmelfahrt könnte Er zwar nicht persönlich bei ihnen sein, durch den Tröster würde Er sie jedoch ständig begleiten. Deshalb sollten sie ihre Zeit nicht mit Trauern zubringen. Das war, was Satan erreichen wollte. Er wünschte, dass sie der Welt den Eindruck vermittelten, betrogen und enttäuscht worden zu sein.

Im Glauben sollten sie jedoch zum himmlischen Heiligtum aufschauen, wo Jesus für sie sein priesterliches Amt ausübte. Sie sollten dem Heiligen Geist, Seinem Stellvertreter, ihre Herzen öffnen und sich am Glanz Seiner Gegenwart erfreuen. Doch Tage der Anfechtung und Schwierigkeiten würden über sie kommen, wenn der Kampf mit den Herrschern dieser Welt und den Anführern des Reiches der Finsternis ausbrechen würde. Wenn Christus dann nicht mehr persönlich bei ihnen wäre, sie aber versäumten, den Tröster zu erkennen, dann allerdings würde es besser passen, zu fasten.

Die Pharisäer versuchten durch eine strenge Einhaltung religiöser Formen sich selbst aufzuwerten, während ihre Herzen mit Neid und Streitsucht erfüllt waren. In der Schrift heißt es: »Siehe, wenn ihr fastet, hadert und zankt ihr und schlagt mit gottloser Faust drein. Ihr sollt nicht so fasten, wie ihr jetzt tut, wenn eure Stimme in der Höhe gehört werden soll. Soll das ein Fasten sein, an dem ich Gefallen habe, ein Tag, an dem man sich kasteit, wenn ein Mensch seinen Kopf hängen lässt wie Schilf und in Sack und Asche sich bettet? Wollt ihr das ein Fasten nennen und einen Tag, an dem der Herr Wohlgefallen hat?« Jesaja 58,4.5 Wahres Fasten ist nicht nur ein äußerlicher Dienst. Die Schrift bezeichnet als gottgewolltes Fasten: »Lass los, die du mit Unrecht gebunden hast, lass ledig, auf die du das Joch gelegt hast! Gib frei, die du bedrückst, reiß jedes Joch weg!« Lass »den Hungrigen dein Herz finden« und sättige »den Elenden.« Jesaja 58,6.10 Darin wird der wahre Geist und Charakter des Dienstes Christi deutlich. Sein ganzes Leben war ein freiwilliges Opfer zur Rettung der Welt. Ob Er in der Wüste am Ort der Versuchung fastete oder mit den Zöllnern beim Fest von Matthäus aß, Er gab Sein Leben für die Rettung Verlorener. Wahre Frömmigkeit zeigt sich nicht in unnützem Trauern, leiblicher Erniedrigung und zahlreichen Opfern, sondern in der Hingabe des Ichs an einen bereitwilligen Dienst für Gott und die Menschen.

Jesus ergänzte Seine Antwort an die Jünger von Johannes mit einem Gleichnis: »Niemand setzt einen Lappen von einem neuen Kleid auf ein altes Kleid; denn sonst zerreißt er auch das neue, und der Lappen vom neuen passt nicht zu dem alten.« Lukas 5,36 Die Botschaft Johannes des Täufers sollte nicht mit Überlieferung und Aberglauben durchsetzt werden. Ein Versuch, die Anmaßung der Pharisäer mit der Frömmigkeit von Johannes zu vermischen, ließe die Kluft zwischen ihnen nur noch klarer hervortreten.

Auch die Prinzipien der Lehren Christi konnten mit dem Formengeist des Pharisäertums nicht in Übereinstimmung gebracht werden. Christus sollte die Lücke nicht schließen, die durch die Lehren von Johannes entstanden war. Vielmehr wollte Er das Trennende zwischen dem Alten und dem Neuen verdeutlichen. Diese Tatsache veranschaulichte Jesus mit den Worten: »Niemand füllt neuen Wein in alte Schläuche; denn sonst wird der neue Wein die Schläuche zerreißen, und er wird verschüttet, und die Schläuche verderben.« Lukas 5,37 Man benutzte Lederschläuche zur Aufbewahrung des neuen Weines. Nach einer gewissen Zeit wurden sie trocken und spröde. Es war sinnlos, sie weiterhin für den gleichen Zweck zu verwenden. Mit diesem alltäglichen Beispiel verglich Jesus den Zustand der jüdischen Führer. Priester, Schriftgelehrte und Oberste steck-

ten in dem alten Trott von Überlieferungen und Zeremonien. Ihre

Herzen waren hart geworden wie die ausgedörrten Weinschläuche, mit denen der Herr sie verglich. Da sie sich mit einer Gesetzesreligion begnügten, konnten sie unmöglich Gefäße der lebendigen, himmlischen Wahrheit werden. Sie hielten ihre eigene Gerechtigkeit für völlig ausreichend und wünschten nicht, dass ihrer Religion auch nur ein neues Element hinzugefügt werde. Die guten Absichten Gottes für die Menschen nahmen sie für sich selbst als eine Selbstverständlichkeit hin. Sie brachten sie mit ihrem eigenen Verdienst in Verbindung – mit ihren eigenen guten Werken. Der Glaube, der durch Liebe tätig ist und das Herz reinigt, fand keinen Platz in der Religion der Pharisäer, denn diese Religion bestand aus frommen Zeremonien und menschlichen Anordnungen. Alle Bemühungen, die Lehren Jesu mit der überlieferten Religion zu vereinen, mussten fehlschlagen. Die lebendige göttliche Wahrheit würde, wie der gärende Wein, die alten, verrotteten Schläuche pharisäischer Überlieferung zum Bersten bringen.

Die Pharisäer hielten sich für zu weise, um belehrt zu werden, für zu gerecht, um Erlösung zu empfangen, für zu sehr geehrt, um Ehre zu benötigen, die von Jesus Christus kommt. Der Heiland wandte sich deshalb von ihnen ab, um andere zu suchen, die die Botschaft des Himmels annehmen würden. In den ungebildeten Fischern, dem Zöllner am Markt, der Frau aus Samaria und in dem einfachen Volk, das Ihm freudig zuhörte, fand Er Seine neuen Gefäße für den neuen Wein. Werkzeuge im Dienst der Evangeliumsverkündigung sind jene Menschen, die gerne das ihnen von Gott gesandte Licht aufnehmen. Sie sind Seine Botschafter, die der Welt die Wahrheit mitteilen sollen. Wenn Menschen durch Christi Gnade zu neuen Gefäßen werden, wird Er sie mit neuem Wein füllen. Obwohl die Predigt Christi mit neuem Wein verglichen wurde, war sie doch keine neue Lehre, sondern nur die Offenbarung dessen, was von Anfang an verkündigt worden war. Doch für die Pharisäer hatte Gottes Wahrheit ihre ursprüngliche Bedeutung und Schönheit verloren. Daher war Christi Lehre für sie in fast jeder Hinsicht neu. Sie wurde weder anerkannt noch beherzigt.

Jesus wies auf den Einfluss falscher Lehre hin, die imstande ist, die Wertschätzung der Wahrheit und das Verlangen nach ihr zu zerstören. »Niemand«, so sagte Er, »der vom alten Wein trinkt, will neuen; denn er spricht: Der alte ist milder.« Lukas 5,39 Die ganze Wahrheit, die der Welt durch die Patriarchen und Propheten gegeben wurde, leuchtete in neuer Schönheit aus den Worten Christi heraus. Die Schriftgelehrten und Pharisäer hatten jedoch kein Verlangen nach dem kostbaren neuen Wein. Bevor sie sich nicht der alten Überlieferungen, Gewohnheiten und Bräuche entledigten, war für die Lehren Christi weder in ihrem Herzen noch in ihrem Verstand Platz. Sie klammerten sich an tote Formen und wandten sich von der lebendigen Wahrheit und der Kraft Gottes ab. Dies zeigte den Verfall des jüdischen Volkes, und auch in unserer Zeit bestätigt es das Scheitern vieler Menschen. Tausende machen denselben Fehler wie die Pharisäer, die von Christus am Fest von Matthäus getadelt wurden. Viele widersetzten sich der Wahrheit, die vom Vater des Lichts herab kommt, statt eine liebgewonnene Idee aufzugeben oder den Götzen ihrer vorgefassten Meinung zu stürzen. Sie vertrauen dem eigenen Ich, verlassen sich auf ihre eigene Weisheit und erkennen ihre geistliche Armut nicht. Sie bestehen darauf, dass sie durch die Ausführung irgendeines bedeutenden Werkes erlöst werden. Wenn sie feststellen, dass sie sich keineswegs in das Werk einbringen können, weisen sie die Erlösung zurück.

Ein gesetzlicher Glaube kann niemals Menschen zu Christus führen, denn er ist ohne Liebe und ohne Christus. In Gottes Augen sind Fasten und Beten, in selbstgerechtem Geist geübt, ein Gräuel. Die feierliche gottesdienstliche Versammlung, der Ablauf der religiösen Handlungen, die zur Schau gestellte Demut und die großartige Opfergabe spricht davon, dass der Täter dieser Werke sich selbst für gerecht hält und einen Anspruch auf das Himmelreich hat. Welch eine Täuschung! Mit unseren eigenen Werken können wir uns niemals die Seligkeit erkaufen. Heutzutage ist es genau wie in den Tagen Christi. Die Pharisäer kennen ihre geistliche Not nicht. Doch an sie ergeht die folgende Botschaft: »Du sprichst: Ich bin reich und habe genug und brauche nichts! und weißt nicht, dass du elend und jämmerlich bist, arm, blind und bloß. Ich rate dir, dass du Gold von mir kaufst, das mit Feuer geläutert ist, damit du reich werdest, und weiße Kleider, dass du dich anziehst und die Schande deiner Blöße nicht offenbar werde.« Offenbarung 3,17f Glaube und Liebe sind das im Feuer geläuterte Gold. Für viele büßte das Gold jedoch seinen Glanz ein, und der reiche Vorrat ging verloren. Ihnen bedeutet die Gerechtigkeit Christi soviel wie ein ungetragenes Kleid und eine ungenutzte Quelle. Ihnen wird gesagt: »Ich habe gegen dich, dass du die erste Liebe verlässt. So denke nun daran, wovon du gefallen bist, und tue Buße und tue die ersten Werke! Wenn aber nicht, werde ich über dich kommen und deinen Leuchter wegstoßen von seiner Stätte, wenn du nicht Buße tust.« Offenbarung 2,4f

»Die Opfer, die Gott gefallen, sind ein zerbrochener Geist, ein zerbrochenes und zerschlagenes Herz wirst du, o Gott, nicht verachten.« Psalm 51,19 Bevor jemand im eigentlichen Sinn des Wortes ein an Christus Gläubiger sein kann, muss er von seinem Ich befreit werden. Nur aus einem Menschen, der dem Ich entsagt hat, kann der Herr eine neue Kreatur schaffen. Neue Schläuche können dann mit neuem Wein gefüllt werden. So belebt die Liebe Christi den Gläubigen mit neuem Leben. In jedem, der auf den Anfänger und Vollender unseres Glaubens sieht, wird das Wesen Christi sichtbar werden.

KAPITEL 29

Auf Grundlage von
1. Mose 1,31
Markus 3,4; Matthäus 12,10-12

DER **SABBAT**

D er Sabbat wurde bei der Schöpfung geheiligt. Für den Menschen war er bestimmt, »als die Morgensterne miteinander jauchzten und alle Söhne Gottes jubelten.« Hiob 38,7 Frieden erfüllte die Welt, denn die Erde war mit dem Himmel in Harmonie. »Gott sah an alles, was er gemacht hatte, und siehe, es war sehr gut.« 1.Mose 1,31 Da ruhte Er voller Freude über das gelungene Werk.

»Gott segnete den siebenten Tag und heiligte ihn.« 1.Mose 2,3 Er sonderte ihn ab zu heiligem Dienst, »weil er an ihm ruhte von allen seinen Werken.« 1.Mose 2,3 Er gab ihn Adam als Ruhetag. Er war ein Gedenktag der göttlichen Schöpfung und daher ein Zeichen der Macht und Liebe Gottes. Die Heilige Schrift sagt: »Er hat ein Gedächtnis gestiftet seiner Wunder.« Psalm 111,4 »Denn Gottes unsichtbares Wesen, das ist Seine ewige Kraft und Gottheit, wird seit der Schöpfung der Welt ersehen aus Seinen Werken, wenn man sie wahrnimmt, so dass sie keine Entschuldigung haben.« Römer 1,20 Alle Dinge wurden durch den Sohn Gottes geschaffen. »Im Anfang war das Wort, und das Wort war bei Gott ... Alle Dinge sind durch dasselbe gemacht, und ohne dasselbe ist nichts gemacht, was gemacht ist.« Johannes 1,1-3 Und weil der Sabbat ein Gedenktag der Schöpfung ist, stellt er ein Zeichen der Liebe und der Macht Christi dar.

Der Sabbat lenkt unsere Gedanken zur Natur hin und bringt uns in Gemeinschaft mit dem Schöpfer. Im Gesang der Vögel, im Rauschen der Bäume, im Plätschern der Wellen können wir immer noch die Stimme dessen hören, der mit Adam in der Kühle des Tages redete. Wenn wir die Kraft Gottes in der Natur betrachten, so finden wir ausreichend Trost, denn das Wort, das alle Dinge schuf, gibt auch unserer Seele Leben. Er, »der da hieß das Licht aus der Finsternis hervorleuchten, der hat einen hellen Schein in unsre Herzen gegeben, dass durch uns entstünde die Erleuchtung zur Erkenntnis der Herrlichkeit Gottes in dem Angesicht Jesu Christi.« 2.Korinther 4,6

Deshalb singt der Psalmist: »Herr, du lässt mich fröhlich singen von deinen Werken, und ich rühme die Taten deiner Hände. Herr, wie sind [281/282] 215

deine Werke so groß! Deine Gedanken sind sehr tief.« Psalm 92,5f Der Heilige
Geist erklärt durch den Propheten Jesaja: »Mit wem wollt ihr denn Gott vergleichen? Oder was für ein Abbild wollt ihr von ihm machen? … Wisst ihr denn
nicht? Hört ihr denn nicht? Ist's euch nicht von Anfang an verkündigt? Habt
ihr's nicht gelernt von Anbeginn der Erde? Er thront über dem Kreis der Erde,
und die darauf wohnen, sind wie Heuschrecken; er spannt den Himmel aus wie
einen Schleier und breitet ihn aus wie ein Zelt, in dem man wohnt … Mit wem
wollt ihr mich also vergleichen, dem ich gleich sei? spricht der Heilige … Hebt
eure Augen in die Höhe und seht! Wer hat dies geschaffen? Er führt ihr Heer
vollzählig heraus und ruft sie alle mit Namen; seine Macht und starke Kraft
ist so groß, dass nicht eins von ihnen fehlt. Warum sprichst du denn, Jakob,
und du, Israel, sagst: Mein Weg ist dem Herrn verborgen, und mein Recht geht
vor meinem Gott vorüber: Weißt du nicht? Hast du nicht gehört? Der Herr, der
ewige Gott, der die Enden der Erde geschaffen hat, wird nicht müde noch matt,
sein Verstand ist unausforschlich. Er gibt dem Müden Kraft und Stärke genug
dem Unvermögenden.« Jesaja 40,18-29

»Fürchte dich nicht, ich bin mit dir, weiche nicht, denn ich bin dein Gott.
Ich stärke dich, ich helfe dir auch, ich halte dich durch die rechte Hand meiner
Gerechtigkeit.« Jesaja 41,10 »Wendet euch zu mir, so werdet ihr gerettet, aller
Welt Enden; denn ich bin Gott, und sonst keiner mehr.« Jesaja 45,22 Dies ist die
Botschaft, die in der Schöpfung hineingelegt wurde und die durch den Sabbat
wach gehalten wird. Bei dem Sabbatgebot an Israel sagte der Herr: »Meine Sab-
bate sollt ihr heiligen, dass sie ein Zeichen seien zwischen mir und euch, damit
ihr wisst, dass ich, der Herr, euer Gott bin.« Hesekiel 20,20

Der Sabbat war ein Bestandteil des auf dem Sinai gegebenen Gesetzes,
aber nicht erst damals wurde er als Ruhetag verkündigt. Das Volk Israel kannte
es bereits, bevor es am Sinai bekanntgemacht wurde, denn auf dem Weg dorthin hielt man schon den Sabbat. Als einige diesen geweihten Tag entheiligten,
tadelte sie Gott, indem Er sagte: »Wie lange weigert ihr euch, meine Gebote und
Weisungen zu halten?« 2.Mose 16,28

Der Sabbat wurde nicht nur für Israel gegeben, sondern auch für die ganze Welt. Schon im Paradies hatte Gott ihn den Menschen verkündet, und wie
die anderen Vorschriften des Gesetzes, ist es unvergänglich gültig. Von dem
Gesetz, zu dem das vierte Gebot gehört, erklärt Christus: »Bis Himmel und Erde vergehen, wird nicht vergehen der kleinste Buchstabe noch ein Tüpfelchen
vom Gesetz.« Matthäus 5,18 Solange Himmel und Erde bestehen, wird der Sabbat immer ein Zeichen der Macht des Schöpfers sein. Und wenn auf Erden das
Paradies wieder erblühen wird, dann wird auch Gottes heiliger Ruhetag von
allen Bewohnern geehrt werden, die dort leben. »Einen Sabbat

nach dem anderen« werden sie auf der gereinigten neuen Erde »kommen, um vor mir anzubeten, spricht der Herr.« Jesaja 66,23 Keine andere Einrichtung, die den Juden anvertraut war, zeichnete sie so sehr vor den umliegenden Völkern aus, wie gerade der Sabbat. Gott wollte, dass die Feier dieses Tages sie als Seine Anbeter erkennbar mache. Der Sabbat sollte ein äußeres Zeichen ihrer Trennung vom Götzendienst sowie ihrer Verbindung mit dem wahren Gott sein. Um aber den Sabbat heiligen zu können, müssen die Menschen selbst heilig sein und durch den Glauben Teilhaber der Gerechtigkeit Christi werden. Als den Israeliten befohlen wurde: »Gedenke des Sabbattages, dass du ihn heiligest«, sagte der Herr auch zu ihnen: »Ihr sollt mir heilige Leute sein.« 2.Mose 20,8 Nur so konnte der Sabbat die Israeliten als Anbetende Gottes kennzeichnen.

Als die Juden sich von Gott abwandten und ihre eigene Gerechtigkeit schufen, anstatt Christus im Glauben anzunehmen, verlor der Sabbat für sie seine Bedeutung. Satan versuchte sich zu erhöhen und die Menschen von Jesus wegzuziehen. Sein Plan war, den Sabbat zu verändern, weil dieser das Zeichen der Macht Christi ist. Die Führer Israels handelten nach Satans Willen, indem sie den Sabbat mit bedrückenden Menschensatzungen einzäunten. Zur Zeit Christi war der Sabbat so verfälscht worden, dass er mehr dem Charakter selbstsüchtiger, willkürlich handelnder Menschen glich, als dass er das Wesen eines liebenden himmlischen Vaters widerspiegelte. Die Rabbiner bezeichneten Gott im Grunde genommen als ein Wesen, das Gesetze erließ, die es Menschen unmöglich machte, sie zu halten. Sie führten das Volk dahin, Gott als Tyrannen anzusehen und zu denken, dass die Beachtung des Sabbats, wie es Gott verlangt, die Menschen hartherzig und grausam mache. Es war Christi Aufgabe, diese falschen Auffassungen zu beseitigen. Obwohl Er von den Rabbinern mit schonungsloser Feindschaft verfolgt wurde, bemühte Er sich nicht einmal, ihre Forderungen zu akzeptieren, sondern feierte vielmehr den Sabbat in Übereinstimmung mit dem Gesetz Gottes.

Als der Heiland und Seine Jünger an einem Sabbat vom Gottesdienst zurückkehrten, gingen sie durch ein reifendes Kornfeld. Jesus hatte Seinen Dienst an diesem Sabbat bis zum Abend ausgedehnt, und als sie nun durch das Feld gingen, sammelten die Jünger einige Kornähren, rieben sie zwischen den Händen und aßen die Körner. An keinem anderen Tag hätte dies irgendwelches Aufsehen erregt. Es war ja gestattet, beim Durchschreiten eines Kornfeldes, eines Obst- oder Weingartens beliebig viel Früchte zu pflücken und zu essen. Dies an einem Sabbat zu tun, war jedoch nicht erlaubt – ja, es wurde sogar als Sabbatschändung betrachtet. Nicht nur das Pflücken war eine Art Ernte, sondern auch das Reiben zwischen den Händen galt gewissermaßen als Dreschen der Frucht. So war die Tat der Jünger für die Rabbiner eine zweifache Übertretung des Sabbatgebotes. Die wachsamen Spione der Rabbiner beklagten sich bei Jesus und sagten: »Siehe, deine Jünger tun, was am Sabbat nicht erlaubt ist.« Matthäus 12,2

Als Jesus selbst einmal am Teich Bethesda der Sabbatschändung beschuldigt wurde, verteidigte Er sich mit der Erklärung, der Sohn Gottes zu sein und in Übereinstimmung mit dem himmlischen Vater zu handeln. Nun, als Seine Jünger angegriffen wurden, verwies Er die Ankläger auf Beispiele aus dem Alten Testament, auf Handlungen, die am Sabbat von denen vorgenommen worden waren, die im Dienst Gottes standen.

Die jüdischen Lehrer rühmten sich ihrer Kenntnis der heiligen Schriften. In der Antwort des Heilandes lag jedoch ein Tadel bezüglich ihrer Unwissenheit der Schriften. »Habt ihr nicht gelesen«, sprach Er zu ihnen, »was David tat, als ihn und die bei ihm waren hungerte? Wie er in das Gotteshaus ging und aß die Schaubrote, die doch weder er noch die bei ihm waren essen durften, sondern allein die Priester?« Matthäus 12,3f »Und Er sprach zu ihnen: Der Sabbat ist um des Menschen willen gemacht, und nicht der Mensch um des Sabbats willen.« Markus 2,27 »Oder habt ihr nicht gelesen im Gesetz, wie die Priester am Sabbat im Tempel den Sabbat brechen und sind doch ohne Schuld? Ich sage euch aber: Hier ist Größeres als der Tempel ... Der Menschensohn ist ein Herr über den Sabbat.« Matthäus 12,5.6.8

Wenn es David erlaubt war, von den Broten im Tempel zu essen, die doch für einen heiligen Zweck bestimmt waren, um seinen Hunger zu stillen, dann war es auch von den Jüngern nicht falsch, wenn sie am heiligen Sabbattag einige Ähren ausrauften, um davon zu essen und ihren Hunger zu stillen. Außerdem hatten die Priester am Sabbat mehr zu tun als an anderen Tagen. Dieselbe Arbeit zu weltlichen Zwecken wäre sündhaft gewesen, doch die Tätigkeit der Priester geschah im Dienst für Gott. Sie führten jene Bräuche aus, die auf die erlösende Kraft Christi hinwiesen, und ihr Dienst war in Übereinstimmung mit dem Sinn und Ziel des Sabbats. Nun aber war Christus selbst gekommen, und die Jünger, die Seinen Auftrag ausführten, waren im Dienst Gottes tätig. Alles, was zur Erfüllung dieses Auftrages notwendig war, durfte von ihnen auch am Sabbat getan werden.

Christus wollte Seinen Jüngern und auch Seinen Gegnern erklären, dass der Dienst für den Herrn allem anderen vorgehen sollte. Das Werk Gottes in dieser Welt ist auf die Erlösung der Menschen gerichtet. Deshalb stimmt das, was am Sabbat getan werden muss, um diese Aufgabe zu erfüllen, auch mit dem Sabbatgebot überein. Seine Argumentation schloss Jesus damit ab, dass Er sich »Herr des Sabbats« nannte, der über alle Zweifel und auch über dem Gesetz steht. Der ewige Richter sprach die Jünger Jesu von aller Schuld frei, indem Er

sich gerade auf jenes Gesetz berief, dessen Übertretung man

sie beschuldigte. Jesus beließ es nicht dabei, Seine Gegner zu tadeln, sondern Er erklärte damit, dass sie in ihrer Blindheit den Sinn des Sabbats verkannt hätten. Er sagte: »Wenn ihr aber wüsstet, was das heißt: ‚Ich habe Wohlgefallen an Barmherzigkeit und nicht am Opfer‘, dann hättet ihr die Unschuldigen nicht verdammt.« Matthäus 12,7 Die vielen leblosen Zeremonien konnten den Mangel an aufrichtiger Rechtschaffenheit und hingebungsvoller Liebe, die immer den wahren Anbeter Gottes auszeichnen, nicht ersetzen.

Erneut wiederholte Christus die Wahrheit, dass die Opfer in sich selbst wertlos sind und nur ein Mittel darstellen, nicht aber die Erfüllung bedeuten. Ihre Aufgabe war es, Menschen zum Heiland zu führen und sie dadurch in Übereinstimmung mit Gott zu bringen. Es ist der Dienst aus Liebe, den Gott schätzt. Fehlt diese Liebe, dann sind Ihm alle Opfer und Formen ein Ärgernis. So ist es auch mit dem Sabbat. Dieser war dazu bestimmt, die Gemeinschaft der Menschen mit Gott herzustellen. Als jedoch das Gemüt der Menschen von lästigen Satzungen in Anspruch genommen wurde, war Gottes Absicht mit dem Sabbat durchkreuzt und die rein äußerliche Beachtung des Sabbats ein Hohn.

An einem anderen Sabbat sah Jesus beim Betreten einer Synagoge einen Mann mit einer verdorrten Hand. Die Pharisäer beobachteten Ihn genau, um zu sehen, was Er tun würde. Jesus wusste genau, dass Er als Übertreter des Gesetzes angesehen würde, wenn Er am Sabbat heilte. Dennoch zögerte Er nicht, die Mauern der überlieferten Menschensatzungen einzureißen, die den Sabbat umzäunten. Er rief den leidenden Mann zu sich und fragte dann: »Soll man am Sabbat Gutes oder Böses tun, Leben erhalten oder töten?« Markus 3,4 Bei den Juden galt die Regel, dass derjenige, der eine gute Tat unterließ, gleichzeitig eine böse Tat beging.

Ein gefährdetes Leben nicht zu retten, bedeutete, es zu töten. So schlug Jesus die Juden mit ihren eigenen Waffen. »Sie aber schwiegen still. Und er sah sie umher an mit Zorn und war betrübt über ihr verstocktes Herz und sprach zu dem Menschen: Strecke deine Hand aus! Und er streckte sie aus; und seine Hand wurde gesund.« Markus 3,4f

Als Jesus gefragt wurde: »Ist's erlaubt, am Sabbat zu heilen?«, antwortete Er: »Wer ist unter euch, der ein einziges Schaf, wenn es ihm am Sabbat in eine Grube fällt, nicht ergreift und ihm heraus hilft? Wie viel mehr ist nun ein Mensch als ein Schaf! Darum darf man am Sabbat Gutes tun.« Matthäus 12,10-12

Die Pharisäer wagten es aus Furcht vor der Menge nicht, Christus zu antworten. Sie wollten sich selbst keine Schwierigkeiten bereiten. Sie wussten genau, dass Er die Wahrheit gesprochen hatte. Lieber würden sie einen Menschen seinen Schmerzen überlassen, als ihre Satzungen übertreten. Dagegen würden sie ein Schaf aus seiner Notlage befreien, um dem Eigentümer den

Verlust zu ersparen. So zeigten sie einem Tier mehr Mitgefühl als dem Menschen, der doch zum Ebenbild Gottes geschaffen ist. Dies zeigt deutlich die Wirkung aller falschen Glaubensrichtungen. Diese entspringen dem Verlangen, sich über Gott zu erheben, und enden aber darin, dass sie den Menschen unter das Tier erniedrigen. Jede Religion, die sich gegen die oberste Gewalt Gottes wendet, betrügt den Menschen um die Herrlichkeit, die er bei der Schöpfung besaß und die ihm von Christus wiedergegeben werden soll. Jede falsche Religion weist ihre Anhänger an, gegen die menschlichen Bedürfnisse, Leiden und Rechte gleichgültig zu sein. Das Evangelium dagegen setzt den Wert der Menschheit hoch, die als Erlöste durch das Blut Christi in allen Nöten der liebevollsten Aufmerksamkeit wert ist. Der Herr sagt, »dass ein Mann kostbarer sein soll als Feingold und ein Mensch wertvoller als Goldstücke aus Ophir.« Jesaja 13,12

Als Jesus sich an die Pharisäer mit der Frage wandte, ob es recht sei, am Sabbat Gutes zu tun oder Böses, Leben zu retten oder zu töten, stellte Er sie ihren eigenen bösen Absichten gegenüber. Sie trachteten Ihm mit erbittertem Hass nach dem Leben, während Er das Leben bewahren und den Menschen Glück bringen wollte. War es nun besser, am Sabbat zu töten, wie sie es planten, oder Kranke zu heilen, wie Er es getan hatte? Was war besser: alle Menschen zu lieben und dies durch Taten der Barmherzigkeit zu bekunden oder an Gottes heiligem Tag Mordgedanken im Herzen zu hegen?

Durch die Heilung der verdorrten Hand verurteilte Jesus die jüdischen Sitten und handhabte das vierte Gebot so, wie Gott es einst gegeben hatte. »Darum darf man wohl am Sabbat Gutes tun«, sagte er. Indem Er die sinnlosen Einschränkungen der Juden aus dem Weg räumte, ehrte Er das wahre Wesen des Sabbats, während Jesu Ankläger Gottes heiligen Tag entehrten.

Viele, die meinen, dass Christus das Gesetz abgeschafft habe, lehren, dass Er den Sabbat brach und sogar die Jünger rechtfertigte, als sie dasselbe taten. Solche Leute stellen sich in Wirklichkeit auf die Stufe der kritisierenden Juden und widersprechen dem Zeugnis Christi von sich selbst, denn Er sagte: Ich halte meines Vaters Gebote und bleibe in seiner Liebe. vgl. Johannes 15,10

Weder der Heiland noch Seine wahren Nachfolger brachen das Sabbatgebot. Christus war eine lebendige Verkörperung des Gesetzes, von dessen heiligen Vorschriften Er nicht eine einzige in Seinem Leben übertrat. Er blickte auf ein Volk von Zeugen, die alle eine Gelegenheit suchten, Ihn zu verurteilen, und Er konnte sie unwidersprochen fragen: »Wer unter euch kann mich einer Sünde beschuldigen?« Johannes 8,46

Der Heiland war nicht gekommen, die Worte der Patriarchen und Propheten beiseitezusetzen, denn Er selbst hatte durch diese Männer gesprochen. Alle

Wahrheiten des Wortes Gottes kamen von Ihm. Aber all diese unschätzbaren Edelsteine waren in eine falsche Fassung gebracht worden. Ihr kostbares Licht war benutzt worden, dem Irrtum zu dienen. Gott wünschte, dass sie aus der Fassung des Irrtums herausgenommen und in den Rahmen der Wahrheit gesetzt würden. Dies aber konnte nur durch die göttliche Hand geschehen. Durch die Verbindung mit dem Irrtum hatte die Wahrheit dem Feind Gottes und der Menschen gedient. Nun war Christus gekommen, sie wieder aufzurichten, damit sie Gott verherrlichen und die Rettung der Menschheit bewirken sollte.

»Der Sabbat ist um des Menschen willen gemacht, und nicht der Mensch um des Sabbats willen«, sagte Jesus. Die Einrichtungen, die Gott geschaffen hat, sind nützlich für die Menschheit. »Es geschieht alles um euretwillen.« 2.Korinther 4,15 »Es sei Paulus oder Apollos oder Kephas, es sei Welt oder Leben oder Tod, es sei Gegenwärtiges oder Zukünftiges, alles ist euer, ihr aber seid Christi, Christus aber ist Gottes.« 1.Korinther 3,22f Das Gesetz der Zehn Gebote, zu denen der Sabbat gehört, gab Gott zum Segen für Sein Volk. »Der Herr hat uns geboten, nach all diesen Rechten zu tun, dass wir den Herrn, unsern Gott, fürchten, auf dass es uns wohlgehe unser Leben lang.« 5.Mose 6,24 Und durch den Psalmschreiber wurde Israel aufgefordert: »Dient dem Herrn mit Freuden, kommt vor sein Angesicht mit Jubel! Erkennt, dass der Herr Gott ist! Er hat uns gemacht und nicht wir selbst, zu seinem Volk und zu Schafen seiner Weide. Geht ein zu seinen Toren mit Danken, zu seinen Vorhöfen mit Loben; dankt ihm, preist seinen Namen!« Psalm 100,2-4 Von allen, »die den Sabbat halten, dass sie ihn nicht entheiligen«, Jesaja 56,6 sagt der Herr: »Die will ich zu meinem heiligen Berge bringen und will sie erfreuen in meinem Bethaus.« Jesaja 56,7

»Der Menschensohn ist ein Herr auch über den Sabbat.« Diese Worte sind voll Belehrung und Trost. Weil der Sabbat um des Menschen willen gemacht wurde, ist er des Herrn Tag. Er gehört Christus, denn alle Dinge sind durch Ihn gemacht. Ohne Ihn »ist nichts gemacht, was gemacht ist.« Johannes 1,3 Weil Er alles geschaffen hat, hat Er auch den Sabbat eingesetzt. Durch ihn wurde dieser als ein Gedächtnistag der Schöpfungsarbeit abgesondert, und so weist der Sabbat auf Ihn als den Schöpfer hin und auch als Den, der da heiligt. Im Sabbat liegt die Erklärung, dass Er, der alle Dinge im Himmel und auf Erden geschaffen hat und in Dem alle Dinge zusammengefasst sind, das Haupt der Gemeinde ist und dass wir durch Seine Macht mit Gott versöhnt sind. Gott sagte, indem Er von Israel sprach: »Ich gab ihnen auch meine Sabbate zum Zeichen zwischen mir und ihnen, damit sie erkannten, dass ich der Herr bin, der sie heiligt.« Hesekiel 20,12 Deshalb ist der Sabbat ein Zeichen der Macht Christi, uns zu heiligen, und er ist allen gegeben, die Christus heiligt. Als ein Zeichen der heiligenden Macht ist der Sabbat allen gegeben, die durch Christus ein Teil des Israels Gottes werden. Der Herr sagt: »Wenn du am Sabbat deinen Fuß zurückhältst, dass du nicht an meinem heiligen Tag das tust, was dir gefällt; wenn du den Sabbat deine Lust nennst und den heiligen Tag des Herrn ehrenwert; ... dann wirst du an dem Herrn deine Lust haben; und ich will dich über die Höhen Landes führen und dich speisen mit dem Erbe deines Vaters Jakob! Ja, der Mund des Herrn hat es verheißen.« Jesaja 58,13f

Allen, die den Sabbat als Zeichen der Schöpfungs- und Erlösungsmacht Christi annehmen, wird er eine Lust sein, und weil sie Christus in diesem Tag sehen, werden sie sich in Ihm freuen. Der Sabbat weist sie auf die Werke der Schöpfung hin und gilt als Beweis Seiner mächtigen erlösenden Kraft. Während er an den verlorenen Frieden des Paradieses erinnert, spricht er vom wiederhergestellten Frieden durch den Heiland. Jeder Gegenstand in der Natur wiederholt seine Einladung: »Kommt her zu mir alle, die ihr mühselig und beladen seid; ich will euch erquicken.« Matthäus 11,28

KAPITEL 30

*Auf Grundlage von
Markus 3,13-19
Lukas 6,12-16*

ER WÄHLTE ZWÖLF AUS

» *U* nd er ging auf einen Berg und rief zu sich, welche er wollte, und die gingen hin zu ihm. Und er setzte zwölf ein, die er auch Apostel nannte, dass sie bei ihm sein sollten und dass er sie aussendete, zu predigen.« Markus 3,13f Es war unter den schützenden Bäumen am Bergabhang, unweit des Sees Genezareth, als die Zwölf zum Apostelamt berufen wurden und hier hielt Jesus auch die Bergpredigt. Im Feld und auf den Hügeln weilte Jesus sehr gerne, denn Seine Lehren wurden viel öfter unter freiem Himmel als im Tempel oder in der Synagoge verkündigt. Kein Gotteshaus hätte die Volksmenge fassen können, die Ihm folgte. Und doch lehrte Er nicht nur deshalb im Freien, sondern auch, weil Er die Natur sehr liebte. Jeder ruhige Zufluchtsort war Ihm ein heiliger Tempel.

Unter den Bäumen von Eden hatten sich die ersten Bewohner der Erde ihr Heiligtum gewählt. Da unterhielt Christus sich mit dem Vater der Menschheit. Nachdem unsere ersten Eltern aus dem Paradies verbannt worden waren, beteten sie Gott weiter auf dem Feld und in Hainen an. Dort begegnete ihnen Christus mit Seinem Evangelium der Gnade. Es war Christus selbst, der mit Abraham unter den Eichen von Mamre sprach und mit Isaak, als dieser abends aufs Feld hinausging zum Gebet; mit Jakob auf den Höhen bei Bethel; mit Mose inmitten der Berge von Midian und mit dem jungen David, als dieser seine Schafe hütete. Seit 1500 Jahren verließen die Hebräer auf Christi Anweisung hin jedes Jahr eine Woche lang ihre Heime und machten sich Hütten aus grünen Zweigen von schönen Bäumen, Palmwedeln und Zweigen von Laubbäumen und Bachweiden. vgl. 3.Mose 23,40

Um Seine Jünger auszubilden, zog sich Jesus gern aus der lauten Stadt in die Ruhe der Felder und Höhen zurück. Das entsprach der Lektion der Selbstverleugnung, die Er Seine Jünger lehren wollte. Während Seines Dienstes liebte Er es, die Menschen unter dem blauen Himmel, an grasbedeckten Hängen oder an der Küste des Sees um sich zu versammeln. Hier konnte Er, umgeben von den Werken Seiner eigenen Schöpfung, die Gedanken Seiner Hörer vom Künstlichen auf das Natürliche lenken. Im Wachstum und in der Entfaltung *[290/291]* 223 der Natur zeigen sich die Grundsätze Seines Reiches. Wenn die Menschen zu den Höhen Gottes aufschauten und die Wunderwerke Seiner Hand wahrnahmen, dann konnten sie wertvolle Lehren der göttlichen Wahrheit lernen. Was Christus ihnen sagte, würden sie in den Dingen der Natur wiederfinden. So ergeht es jedem, der mit Christus im Herzen Feld und Wald durchstreift. Er wird sich von einer heiligen Macht umgeben fühlen. Die Natur veranschaulicht die Gleichnisse unseres Herrn und wiederholt Seine Ratschläge. Durch die Gemeinschaft mit Gott in der Natur wird der Geist erhoben, und das Herz findet Ruhe.

Nun musste der erste Schritt in der Organisation der Gemeinde getan werden, die den Herrn nach Seinem Weggehen auf dieser Erde vertreten sollte. Kein prächtiger Tempel stand ihnen zur Verfügung; doch der Heiland führte Seine Jünger zu dem stillen Ort, den Er liebte. Hier verbanden sich in ihrem Gemüt für immer die heiligen Erfahrungen jenes besonderen Tages mit der beeindruckenden Schönheit von Berg und Tal und See.

Jesus berief seine Jünger, um sie dann als Seine Zeugen auszusenden, damit sie der Welt verkündigten, was sie von Ihm gesehen und gehört hatten. Ihr Dienst war der wichtigste, zu dem Menschen je berufen wurden, und stand dem Dienst Christi am nächsten. Sie sollten für die Errettung der Welt mit Gott zusammenarbeiten. Wie im Alten Testament die 12 Patriarchen als Vertreter Israels galten, so sollten die 12 Apostel die Evangeliumsgemeinde vertreten.

Der Heiland kannte den Charakter der Männer, die Er ausgewählt hatte. Vor Ihm lagen ihre Fehler und Schwächen offen da. Er kannte auch die Gefahren, durch die sie hindurchgehen müssten und die auf ihnen ruhenden Verantwortungen, und Er fühlte sich zu diesen Auserwählten hingezogen. Allein auf dem Berg, in der Nähe des Sees Genezareth, verbrachte Er die ganze Nacht im Gebet für sie, während sie am Fuß des Berges schliefen. Mit dem Dämmern des Morgens rief Er sie zu sich, um ihnen eine wichtige Botschaft zu übermitteln.

Diese Jünger hatten Jesus bereits eine Zeitlang in Seinem Wirken unterstützt. Johannes und Jakobus, Andreas und Petrus mit Philippus, Nathanael und Matthäus – sie alle waren enger mit Ihm verbunden gewesen, als die anderen und hatten auch mehr von Seinen Wundern gesehen. Petrus, Jakobus und Johannes waren Ihm besonders eng verbunden. Sie waren fast immer mit Ihm zusammen, sahen Seine Wunder und hörten Seine Worte.

Johannes war noch inniger dem Herrn zugetan. Er wurde als der bezeichnet, den Jesus lieb hatte. Der Heiland liebte sie alle, aber Johannes besaß das empfänglichste Gemüt. Er war zudem der jüngste von ihnen und öffnete Jesus in kindlichem Vertrauen sein Herz. So wurde die Verbindung mit Christus immer enger und inniger, und deshalb konnte er auch die tiefsten geistlichen Lehren

des Heilandes seinem Volk mitteilen.

An der Spitze einer der Gruppen, die sich unter den Aposteln herausgebildet hatten, steht der Name Philippus. Er war der erste Jünger, zu dem Jesus ausdrücklich sagte: »Folge mir!« Philippus war aus Bethsaida, der Stadt von Andreas und Petrus. Er hatte der Lehre des Täufers gelauscht und dessen Ankündigung Christi als das Lamm Gottes vernommen. Philippus suchte aufrichtig nach Wahrheit, aber es fiel ihm schwer, zu glauben. Obwohl er sich Christus angeschlossen hatte, beweist die Art, wie er Nathanael von Ihm erzählte, dass er von der Göttlichkeit Jesu noch nicht völlig überzeugt war. Die Stimme vom Himmel hatte Christus als Sohn Gottes verkündigt. Dennoch war er für Philippus noch »Jesus, Josephs Sohn von Nazareth.« Johannes 1,45 Sein Mangel an Glauben zeigte sich auch bei der Speisung der Fünftausend. Jesus wollte ihn prüfen mit der Frage: »Wo kaufen wir Brot, dass diese essen?« Johannes 6,5

Die Antwort des Philippus drückte seinen Kleinglauben aus: »Für 200 Silbergroschen Brot ist nicht genug unter sie, dass ein jeglicher ein wenig nehme.« Johannes 6,7 Jesus war traurig darüber. Obwohl Philippus Seine Werke gesehen und Seine Kraft gespürt hatte, fehlte es ihm an Glauben. Als die Griechen Philippus nach Jesus fragten, nutzte er nicht die Gelegenheit, sie mit dem Heiland bekannt zu machen, sondern ging zu Andreas. Auch die Worte von Philippus in den letzten Stunden vor der Kreuzigung waren so, dass sie den Glauben entmutigten. Als Thomas zu Jesus sprach: »Herr, wir wissen nicht, wo du hingehst; und wie können wir den Weg wissen?«, antwortete ihm Jesus: »Ich bin der Weg und die Wahrheit und das Leben ... Wenn ihr mich erkannt habt, so werdet ihr auch meinen Vater erkennen.« Philippus erwiderte zweifelnd: »Herr, zeige uns den Vater, und es genügt uns.« Johannes 14,5-8 So schwerfällig und schwach im Glauben war dieser Jünger, der schon drei Jahre mit Jesus wandelte. Im positiven Gegensatz zum Unglauben von Philippus steht das kindliche Vertrauen von Nathanael. Er hatte ein von tiefem Ernst geprägtes Wesen, und sein Glaube hielt sich an die unsichtbare Wirklichkeit. Doch Philippus war ein Schüler in der Schule Christi, und der göttliche Lehrer hatte Geduld mit seinem Unglauben und seiner Trägheit. Nachdem aber der Heilige Geist auf die Jünger ausgegossen worden war, wurde Philippus ein Lehrer nach der göttlichen Weisung. Nun wusste er, wovon er sprach, und er lehrte mit einer Gewissheit, die seine Hörer überzeugte.

Während Jesus die Jünger auf ihren Dienst vorbereitete, drängte sich einer unter sie, der nicht dazu berufen worden war. Es war Judas Ischariot, ein angeblicher Nachfolger Christi. Er trat nun vor und bat um einen Platz im engeren Kreis der Jünger. Sehr ernst und scheinbar aufrichtig erklärte er: »Meister, ich will dir folgen, wo du hingehst.« Matthäus 8,19 Jesus wies ihn weder zurück, noch hieß Er ihn willkommen, Er sprach nur die ernsten Worte: »Die Füchse haben Gruben, und die Vögel unter dem Himmel haben Nester; aber der Menschensohn hat nichts, wo er sein Haupt hinlege.« Matthäus 8,20 Judas glaubte, dass Jesus der Messias sei, und indem er sich den Jüngern anschloss, hoffte er auf eine hohe Position in dem neuen Reich. Dieser Hoffnung wollte Jesus durch die Erklärung Seiner Armut den Boden entziehen. Die Jünger wünschten sich, dass Judas einer von ihnen würde. Er hatte eine Achtung gebietende Erscheinung, besaß zudem leitende Fähigkeiten und hatte einen praktischen Sinn. Sie empfahlen ihn darum dem Herrn Jesus als jemanden, der Ihm bei Seiner Aufgabe sehr behilflich sein werde und sie waren überrascht, dass Jesus ihn so kühl empfing.

Sie waren noch dazu sehr enttäuscht, dass Jesus nicht versuchte, die Mitarbeit der führenden Männer Israels zu gewinnen. Sie dachten, es sei ein Fehler, dass Er sein Werk nicht durch die Unterstützung dieser einflussreichen Männer stärkte. Hätte Er Judas zurückgewiesen, so würden sie in ihrem Innern die Weisheit Jesu bezweifelt haben. Die spätere Geschichte von Judas sollte ihnen die Gefahr zeigen, irgendwelche weltlichen Rücksichten zu erwägen, wenn es darauf ankommt, geeignete Männer für das Werk Gottes zu bestimmen. Die Mitwirkung solcher Leute, die die Jünger so gern gesichert haben wollten, hätte das Werk Gottes in die Hände Seiner schlimmsten Feinde gebracht.

Als sich Judas mit den Jüngern verband, war er nicht ohne Empfinden gegenüber dem göttlichen Charakter des Heilandes. Er fühlte den Einfluss jener Macht, welche die Seelen zu Christus zog. Der Heiland, der nicht gekommen war, das geknickte Rohr zu zerbrechen und den glimmenden Docht auszulöschen, wollte auch ihn nicht zurückweisen, solange noch ein Wunsch nach Licht in ihm vorhanden war. Jesus kannte das Herz von Judas. Er kannte auch die Tiefen der Bosheit, in denen dieser versinken würde, wenn er sich nicht durch die Gnade Gottes befreien ließ. Mit Aufnahme in den Kreis der Jünger Jesu bekam Judas Gelegenheit, durch das tägliche Zusammensein mit dem Heiland dessen uneigennützige Liebe kennenzulernen. Würde er Jesus sein Herz übergeben, dann könnte die göttliche Gnade den Dämon der Selbstsucht daraus verbannen, und Judas könnte ein Bürger im Reich Gottes werden.

Gott nimmt die Menschen mit ihren menschlichen Charaktereigenschaften und bildet sie für Seinen Dienst aus, wenn sie sich verändern lassen und von Ihm lernen wollen. Sie werden nicht berufen, weil sie vollkommen sind, sondern trotz ihrer Unvollkommenheit. So können sie durch die Erkenntnis und Ausübung der Wahrheit aus göttlicher Gnade in das Ebenbild ihres Meisters umgewandelt werden. Judas hatte dieselben Möglichkeiten wie die anderen Jünger auch. Er vernahm die gleichen kostbaren Lehren wie sie; aber der Wandel in der Wahrheit, wie ihn Christus verlangte, entsprach nicht seinen eigenen Wünschen und Absichten. Er wollte seine eigene Meinung nicht aufgeben, um himmlische Weisheit zu empfangen. Mit welcher Nachsicht behandelte Jesus den, der doch sein Verräter sein würde! Er verweilte in seinen Lehren besonders bei den Grundsätzen der Wohltätigkeit und traf damit die Wurzel des Geizes. Er zeigte Judas das Hässliche der Habsucht, und oft erkannte Judas seinen eigenen Charakter und seine Sündhaftigkeit in der Schilderung Jesu. Er konnte sich aber nicht dazu überwinden, seine Ungerechtigkeit zu bekennen und aufzugeben. Er setzte dagegen einfach seine betrügerischen Handlungen fort, statt der Versuchung zu widerstehen. Christus war ihm ein lebendiges Vorbild, wie er werden musste, wenn er von der göttlichen Vermittlung und dem göttlichen Dienen profitieren wollte, aber Lehre auf Lehre ließ er unbeachtet.

Jesus kritisierte ihn nicht hart wegen seines Geizes, sondern trug diesen Sünder mit göttlicher Geduld. Er bewies Judas jedoch, dass Er in seinem Herzen lesen konnte wie in einem offenen Buch. Er gab ihm die höchsten Anreize, richtig zu handeln, und Judas würde keine Entschuldigung haben, wenn er das himmlische Licht ablehnt. Statt im Licht voranzugehen, entschied sich Judas, seine Fehler lieber zu behalten. Er hegte böse Wünsche, rachsüchtige Leidenschaften und finstere, trotzige Gedanken, bis Satan volle Gewalt über ihn hatte. So wurde Judas ein Vertreter des Feindes Christi.

Als er mit Jesus zusammenkam, besaß er einige gute Charakterzüge, die der Gemeinde zum Segen geworden wären. Hätte er sich bereit erklärt, das Joch Christi zu tragen, dann hätte er einer der ersten Apostel sein können. Er verhärtete jedoch sein Herz, wenn ihm seine Fehler gezeigt wurden. Stolz und widerspenstig hielt er an seinem selbstsüchtigen Ehrgeiz fest und machte sich dadurch selbst unfähig für die Aufgabe, die Gott ihm gerne gegeben hätte.

Alle Jünger hatten ernste Fehler, als Jesus sie in Seinen Dienst rief. Selbst Johannes, der mit dem Sanftmütigen und Demütigen in engste Verbindung kam, war von Natur nicht sanft und hingebend, sondern man nannte seinen Bruder und ihn »Donnersöhne.« Markus 3,17 Jede Kränkung, die dem Herrn entgegengebracht wurde, erregte die Entrüstung und Kampfbereitschaft dieser Jünger. Heftigkeit, der Geist der Rache und der Kritik, waren Eigenschaften des geliebten Jüngers. Er war stolz und wäre gern der Erste im Reich Gottes gewesen. Aber Tag für Tag erlebte er – im Gegensatz zu seiner eigenen Reizbarkeit – die liebevolle Langmut Jesu und hörte die Lehren der Demut und Geduld. So öffnete er sein Herz dem göttlichen Einfluss und wurde nicht nur ein Hörer, sondern auch ein Täter der Worte des Heilands. Sein eigenes Ich wurde in Christus verborgen. Er lernte so, das Joch Christi auf sich zu nehmen und seine Last zu tragen.

Jesus tadelte Seine Jünger, Er ermahnte und warnte sie, aber Johannes und seine Brüder verließen ihn nicht. Sie wählten ihn trotz seiner Verweise, und der Heiland zog sich auch nicht wegen ihrer Schwächen und Fehler von ihnen zurück. Sie teilten bis zum Ende Seine Schwierigkeiten mit Ihm und nahmen sich Seinen Lebenswandel zum Vorbild. Sie wurden in ihrem Charakter durch Seinen Einfluss umgewandelt.

Die Apostel waren ihren Gewohnheiten und ihrer Veranlagung nach sehr verschieden. Da war der Zöllner Levi-Matthäus und der feurige Simon der Zelot, der kompromisslose Feind der römischen Macht; der kühne und impulsive Petrus und der niedrig gesinnte Judas; zudem noch der treuherzige, aber zaghafte und ängstliche Thomas; der zum Zweifel neigende Philippus mit seinem trägen Herzen und die ehrgeizigen, offenen Söhne des Zebedäus mit ihren Brüdern. Diese alle mit ihren verschiedenen Fehlern, mit angeborenen und angewöhnten Neigungen zum Bösen wurden zusammengebracht, um in Christus und durch Ihn in der Familie Gottes zu wohnen und zu lernen, eins im Glauben, in der Lehre und im Geist zu werden. Sie würden Prüfungen, Schwierigkeiten und Meinungsverschiedenheiten zu begegnen haben; aber wenn Christus in ihren Herzen wohnte, könnte keine Uneinigkeit unter ihnen sein. Seine Liebe würde sie dahin bringen, einander zu lieben. Die Lehre Jesu würde alle Unterschiede in Einklang bringen und die Jünger so eng verbinden, bis sie eines Sinnes und gleichen Urteils wären. Christus ist der große Mittelpunkt, und sie würden sich einander in dem Maße nähern, wie sie dem Mittelpunkt zustrebten.

Nachdem Jesus die Unterweisung der Jünger beendet hatte, sammelte Er die kleine Schar um sich, kniete mitten unter ihnen nieder, legte Seine Hände auf ihre Häupter und weihte sie mit einem Gebet zu ihrer heiligen Aufgabe. So wurden die Jünger des Herrn zum Evangeliumsdienst bestimmt.

Christus wählt nicht unschuldige Engel als Seine Stellvertreter auf Erden aus, sondern bestimmt dazu menschliche Wesen, welche die gleichen Neigungen haben wie diejenigen, die sie erretten wollen.

Christus selbst wurde »wie jeder andere Mensch«, Philipper 2,7; Hfa damit Er die Menschheit erreichen konnte, denn nur das Göttliche, vereint mit dem Menschlichen, konnte der Welt die Rettung bringen. Das Göttliche brauchte das Menschliche, um eine Verbindung zwischen dem Schöpfer und dem Geschöpf herzustellen. So ist es mit den Dienern und Boten Jesu. Der Mensch braucht eine Macht, die über seine eigene hinausgeht, um in ihm das Ebenbild Gottes wiederherzustellen und ihm zu ermöglichen, Gottes Werk zu tun. Das jedoch lässt das menschliche Werkzeug nicht unwichtig werden. Der Mensch erfasst die göttliche Kraft, Christus wohnt im Herzen des Menschen durch den Glauben, und durch die Verbindung mit dem Göttlichen wird der Mensch fähig, Gutes zu tun.

Jesus, der die Fischer von Galiläa erwählte, beruft noch heute Menschen in Seinen Dienst. Er ist noch genauso bereit, Seine Macht durch uns zu offen-

baren, wie Er es durch die ersten Jünger tat. Wie unvollkommen und sündhaft wir auch sein mögen, der Herr will unser Partner sein und bietet uns eine Lehrzeit bei Ihm an! Er lädt uns ein, uns unter den göttlichen Einfluss zu stellen, damit wir, durch innige Gemeinschaft mit Christus verbunden, die Werke Gottes tun können.

»Wir haben aber diesen Schatz in irdenen Gefäßen, damit die überschwängliche Kraft von Gott sei und nicht von uns.« 2.Korinther 4,7 Darum wurde auch die Verkündigung des Evangeliums irrenden Menschen und nicht Engeln übertragen. Es ist deshalb offensichtlich, dass die Kraft, die durch schwache Menschen wirkt, die Kraft Gottes ist. Dadurch werden wir ermutigt zu glauben, dass die Kraft, die andern helfen kann, die genauso Hilfe brauchen wie wir, auch uns aufhelfen wird. Die selbst umgeben sind mit Schwachheit, sollten mitfühlen können mit denen, »die unwissend sind und irren.« Hebräer 5,2

Wer in Gefahr gewesen ist, kennt die Schwierigkeiten des Weges und kann deshalb denen von Nutzen sein, die sich in gleicher Gefahr befinden. Es gibt Menschenseelen, die vom Zweifel geplagt, mit Gebrechen beladen und schwach im Glauben sind sowie unfähig, den Unsichtbaren zu erfassen. Aber ein Freund, den sie sehen können und der zu ihnen kommt an Christi Statt, kann das Bindeglied werden, das dann ihren schwankenden Glauben an Christus stärkt.

Wir sollen mit den Engeln des Himmels zusammen arbeiten, um der Welt den Heiland bekannt zu machen. Mit ungeduldigem Eifer warten die Engel auf unsere Mitarbeit, denn der Mensch muss das Werkzeug sein, durch das die Menschheit die Botschaft erhält. Wenn wir uns aufrichtig Christus übergeben, freuen sich die Engel, dass durch unseren Mund Gottes Liebe weitergegeben wird.

KAPITEL 31

DIE **BERGPREDIGT**

C hristus versammelte Seine Jünger selten allein, wenn Er lehren wollte. Er suchte sich nicht nur die Zuhörer aus, die den Weg des Lebens bereits kannten, sondern es war Seine Aufgabe, die Masse des Volkes zu erreichen, die in Unwissenheit und Irrtum lebte. Er verkündigte die Lehre der Wahrheit dort, wo sie das verfinsterte Verständnis erreichen konnte. Er selbst war die Wahrheit, und mit umgürteten Lenden und segnenden Händen bereit, durch Worte der Warnung, der Ermahnung und Ermutigung alle aufzurichten, die zu Ihm kämen.

Obwohl die Bergpredigt besonders für die Jünger bestimmt war, wurde sie vor einer großen Zuhörerschar gehalten. Nach der Berufung der Apostel ging Jesus mit den Jüngern an den See, wo die Menge sich schon am frühen Morgen zu versammeln anfing. Außer den Galiläern, die normalerweise kamen, waren Leute aus Judäa und selbst aus Jerusalem, Peräa, Dekapolis, Idumäa, aus Tyrus und Sidon und aus den phönizischen Städten an der Küste des Mittelmeeres erschienen. »Eine große Menge, die seine Taten hörten, kamen zu ihm.« Markus 3,8 »Und alles Volk suchte ihn anzurühren; denn es ging Kraft von ihm aus und heilte sie alle.« Lukas 6,19

Der schmale Strand aber bot nicht genug Platz für alle, die Seine Stimme hören wollten – selbst wenn sie standen. So führte Jesus Seine Zuhörer an einen Berghang. Als sie eine ebene Fläche erreichten, die einen geeigneten Versammlungsort für die große Menge bot, ließ sich Jesus auf den Rasen nieder. Die Jünger und alle anderen folgten Seinem Beispiel. Sie saßen stets in nächster Nähe des Heilandes. Sie ließen sich auch hier durch das vordrängende Volk ihren Platz nicht streitig machen. Sie setzten sich ganz dicht in Jesu Nähe, um nicht ein Wort von Ihm zu verpassen. Sie hörten aufmerksam zu und wollten gerne die Wahrheiten verstehen, die sie allen Völkern und Generationen verkündigen sollten. Heute blieben sie besonders nahe bei ihrem Herrn, da sie spürten, es würde sich etwas Außergewöhnliches ereignen. Sie glaubten, dass das Reich

Gottes bald aufgerichtet würde, und aus den Ereignissen dieses

Morgens vermuteten sie nun eine entsprechende Äußerung von Jesus. Große Erwartung herrschte unter den Zuhörern. Die gespannten Gesichter bezeugten tiefes Interesse. Als sich alle an dem grünen Abhang niedergelassen hatten und auf Jesu Worte warteten, wurden ihre Herzen mit Gedanken an die kommende Herrlichkeit erfüllt. Es waren auch Schriftgelehrte und Pharisäer dabei, die sich schon auf den Tag freuten, wenn sie die Herrschaft über die verhassten Römer erlangen und die Reichtümer und die Pracht des größten Weltreichs selbst haben würden. Die armen Landleute und Fischer hofften ihrerseits auf die Zusage, dass ihre baufälligen Hütten, die kärgliche Nahrung, das mühevolle Leben, die Furcht vor der Not eingetauscht würden gegen Wohnungen des Überflusses und ein leichteres Leben. Sie hofften, dass Christus ihnen an Stelle ihres groben Gewandes, das ihnen am Tag Kleid und in der Nacht Decke war, die reichen und kostbaren Kleider ihrer Unterdrücker gäbe. Alle Herzen waren von der stolzen Erwartung erfüllt, dass Israel bald als auserwähltes Volk des Herrn von allen Völkern geehrt und Jerusalem zur Hauptstadt eines Weltreichs erhoben würde.

Christus enttäuschte diese Hoffnung auf irdische Größe. In der Bergpredigt versuchte Er, ihre durch falsche Belehrung entstandene Vorstellung zu korrigieren und Seinen Zuhörern einen richtigen Begriff von Seinem Reich und Seinem eigenen Charakter zu geben, dabei griff Er jedoch den Irrtum des Volkes nicht direkt an. Er sah das Elend der Welt, das wegen der Sünde entstanden war, doch Er gab ihnen keine lebhafte Schilderung ihrer Not. Er wies sie auf etwas viel Besseres hin, als sie je gekannt hatten. Ohne ihre Vorstellung vom Reich Gottes zu untergraben, erklärte Er ihnen die Bedingungen, unter denen sie dort nur hinein gelangen können. Er überließ es ihnen selbst, sich ihre eigenen Schlüsse über dieses Reich zu ziehen. Die Wahrheiten, die Er hier vorstellte, sind für uns heute nicht weniger wichtig, als sie es für die Ihm nachfolgende Menge waren. Wir haben es genauso nötig wie sie, die Grundlagen des Reiches Gottes kennen zu lernen.

Christus sprach zuerst Worte des Segens auf dem Berg. Er preist diejenigen glücklich, die ihre geistliche Armut erkennen und ihr Bedürfnis nach Erlösung spüren, denn das Evangelium soll den Armen gepredigt werden. Nicht den geistlich Stolzen, die behaupten, reich zu sein und nichts zu bedürfen, wird es offenbart, sondern den Demütigen und denen, die bereuen. Nur eine Quelle hilft dem Sünder – nur eine Quelle gibt es für die geistlich Armen.

Das stolze Herz ist darum bemüht, das Heil zu verdienen. Unser Anrecht jedoch auf den Himmel und unsere Tauglichkeit dafür liegen in der Gerechtigkeit Christi. Der Herr kann zur Erneuerung der Menschen nichts tun, bis der Mensch – überzeugt von seiner Schwäche und frei von aller Überheblichkeit – sich ganz der Herrschaft Gottes übergibt. Erst dann kann er die Gabe erhalten, die Gott ihm verleihen will. Der Seele mit einem solchen Bedürfnis wird nichts vorenthalten, sie hat unbeschränkten Zugang zu ihm, in dem alle Fülle wohnt. »Denn so spricht der Hohe und Erhabene, der ewig wohnt, dessen Name heilig ist: Ich wohne in der Höhe und im Heiligtum und bei denen, die zerschlagenen und demütigen Geistes sind, auf dass ich erquicke den Geist der Gedemütigten und das Herz der Zerschlagenen.« Jesaja 57,15

»Selig sind, die da Leid tragen; denn sie sollen getröstet werden.« Matthäus 5,4 Durch diese Worte will Jesus nicht sagen, dass im Leidtragen selbst eine Macht liegt, welche die Schuld der Sünde wegnimmt. Er akzeptiert keine Scheinheiligkeit oder vorgetäuschte Demut. Das Leidtragen, von dem Er spricht, besteht nicht in Trübsinn und Klagen. Während wir über die Sünde trauern, sollen wir uns an der kostbaren Gnade erfreuen, Kinder von Gott zu sein.

Wir trauern oft, weil unsere bösen Taten unangenehme Folgen mit sich bringen, aber das ist keine Reue. Wirkliche Reue über die Sünde bewirkt nur der Heilige Geist. Er offenbart die Undankbarkeit unseres Herzens, das den Heiland verletzt und betrübt hat, und bringt uns bereuend zum Fuß des Kreuzes. Durch jede Sünde wird Jesus erneut verwundet. Wenn wir auf Ihn blicken, den wir »durchbohrt haben«, trauern wir über die Sünde, die Ihm Qual verursacht hat. Solches Leidtragen wird dazu führen, nicht zu sündigen. Der weltlich eingestellte Mensch wird dieses Trauern als Schwäche deuten.

Es ist aber vielmehr die Kraft, die den Bußfertigen mit dem Ewigen durch Bande verbindet, die nicht zerrissen werden können. Es zeigt, dass Engel Gottes der Seele die Gnade zurückbringen, die durch die Härte des Herzens und Übertretungen verloren worden war. Die Tränen des Bußfertigen sind nur Regentropfen, die dem Sonnenschein der Gerechtigkeit vorangehen. Dieses Trauern kündet von einer Freude, die zu einem lebendigen Brunnen in der Seele wird. »Allein erkenne deine Schuld, dass du wider den Herrn, deinen Gott, gesündigt hast.« Jeremia 3,13 »So will ich nicht zornig auf euch blicken. Denn ich bin gnädig, spricht der Herr, und will nicht ewiglich zürnen.« Jeremia 3,12 Den »Trauernden zu Zion« schafft er, »dass ihnen Schmuck statt Asche, Freudenöl statt Trauerkleid, Lobgesang statt eines betrübten Geistes gegeben werden, dass sie genannt werden ‚Bäume der Gerechtigkeit'.« Jesaja 61,3

Und auch für alle, die in Not und Kummer trauern, gibt es Trost. Die Bitterkeit von Trauer und Demütigung ist besser, als der Sünde nachzugeben. Durch Trübsal enthüllt uns Gott die Makel in unserem Charakter, damit wir durch Seine Gnade unsere Fehler überwinden mögen. Die uns unbekannten Schwächen werden aufgedeckt, und wir werden geprüft, ob wir den Tadel und die Ratschläge Gottes annehmen. Bricht Trübsal über uns herein, dann sollen wir nicht unruhig

sein und klagen, uns nicht dagegen auflehnen oder die Hand Christi loslassen, sondern uns vor Gott demütigen. Die Wege des Herrn kommen dem eigenartig vor, der alles nur positiv sehen will. Sie erscheinen der menschlichen Natur dunkel und freudlos, und doch sind Gottes Wege gnädige Pfade und führen schließlich zur Rettung. Elia wusste nicht, was er tat, als er in der Wüste äußerte, genug vom Leben zu haben und zum Herrn betete, dass er sterben könne. Der Herr in Seiner Barmherzigkeit nahm ihn nicht beim Wort. Er hatte noch eine große Aufgabe für ihn zu tun, und wenn sie erledigt wäre, dann sollte er nicht entmutigt und einsam in der Wüste umkommen. Ihm war nicht bestimmt, in den Staub des Todes hinab zu sinken, sondern aufzufahren in Herrlichkeit, getragen von himmlischen Wagen, zum Thron Gottes in der Höhe. Gottes Wort sagt den Bekümmerten: »Ihre Wege habe ich gesehen, aber ich will sie heilen und sie leiten und ihnen wieder Trost geben.« Jesaja 57,18 »Ich will ihr Trauern in Freude verwandeln und sie trösten und sie erfreuen nach ihrer Betrübnis.« Jeremia 31,13

»Selig sind die Sanftmütigen.« Matthäus 5,5 Alle Schwierigkeiten, die uns begegnen, können durch die Sanftmut sehr reduziert werden, die in Christus ist. Wenn wir so demütig sind wie Jesus, dann werden wir uns über Geringschätzung, abweisende Antworten, Belästigungen, denen wir ja täglich ausgesetzt sind, hinwegsetzen; sie werden unser Gemüt nicht betrüben. Der höchste Beweis eines christlichen Adels ist die Selbstbeherrschung. Wer bei Beleidigungen und Grausamkeiten nicht einen ruhigen und vertrauensvollen Geist bewahrt, der beraubt Gott Seines Rechts, in ihm die Vollkommenheit Seines Wesens zu offenbaren. Ein demütiges Herz ist die Kraft, die den Nachfolgern Christi den Sieg verleiht. Es ist das Zeichen ihrer Verbindung mit den himmlischen Höfen.

»Der Herr ist groß, und doch sorgt er für die Demütigen, von den Stolzen hält er sich fern.« Psalm 138,6; NL Die den sanftmütigen und demütigen Geist Christi offenbaren, werden von Gott sorgsam beachtet. Sie mögen von der Welt verachtet werden, doch in Seinen Augen sind sie sehr wertvoll. Nicht nur die Weisen, die Großen, die Wohltäter bekommen Zutritt zu den himmlischen Höfen. Nicht nur die fleißigen Arbeiter, die dauernd aktiv sind – nein, sondern die geistlich Armen, die sich nach der Gegenwart eines in ihnen wohnenden Heilandes sehnen; die von Herzen Demütigen, deren höchstes Streben darin besteht, Gottes Willen zu tun – sie werden reichen Eingang haben und zu der Schar gehören, die ihre Kleider gewaschen und sie hell gemacht haben im Blut des Lammes. »Darum sind sie vor dem Thron Gottes und dienen ihm Tag und Nacht in seinem Tempel; und der auf dem Thron sitzt, wird über ihnen wohnen.« Offenbarung 7,15

»Selig sind, die da hungert und dürstet nach der Gerechtigkeit.« Matthäus 5,6 Das Bewusstsein der Unwürdigkeit wird das Herz veranlassen, nach Gerechtigkeit zu hungern und zu dürsten, und dieses Verlangen wird nicht enttäuscht werden. Wer Jesus einen Platz in seinem Herzen einräumt, wird

Seine Liebe erfahren. Alle, die sich danach sehnen, dass Gottes Charakter in ihnen Gestalt gewinnt, werden dies auch erleben. Der Heilige Geist lässt den, der auf Jesus schaut, niemals ohne Beistand. Er nimmt vom Reichtum Christi und macht ihm das deutlich. Und wenn das Auge auf Christus gerichtet bleibt, hört das Wirken des Heiligen Geistes nicht auf, bis die Seele nach Seinem Bild umgestaltet ist. Die Macht der Liebe wird die Seele reiner und größer machen und für höhere Ziele und für eine tiefere Erkenntnis himmlischer Dinge befähigen. Dann wird sie »die Fülle haben.« Jeremia 31,14 »Selig sind, die da hungert und dürstet nach der Gerechtigkeit; denn sie sollen satt werden.« Matthäus 5,6

Die Barmherzigen werden Barmherzigkeit erlangen. Und die reines Herzens sind, werden Gott schauen. Jeder unreine Gedanke beschmutzt die Seele, beeinträchtigt das moralische Empfinden und trägt dazu bei, die Eindrücke des Heiligen Geistes zu verwischen. Der geistliche Blick wird getrübt, so dass die Menschen Gott nicht wahrnehmen können. Der Herr will dem reumütigen Sünder vergeben und vergibt ihm auch, dennoch bleibt die Seele verdorben. Alle unreinen Worte und Gedanken müssen von dem vermieden werden, der die geistliche Wahrheit klar verstehen will.

Aber die Worte Christi schließen noch mehr ein als die Freiheit von moralischer Unreinheit, auch mehr als die Freiheit von jenen förmlichen Vergehen, die von den Juden so sorgfältig vermieden wurden. Die Selbstsucht hindert uns daran, Gott zu schauen. Der eigennützige Geist beurteilt Gott als einen, der genauso ist wie er selbst. Solange wir nicht die Selbstsucht aufgegeben haben, können wir Gott, der die Liebe ist, auch nicht verstehen. Nur ein selbstloses Herz und ein demütiger und auch vertrauender Geist wird erkennen, dass Gott »barmherzig und gnädig und geduldig und von großer Gnade und Treue« ist. 2.Mose 34,6

»Selig sind die Friedfertigen.« Matthäus 5,9 Der Friede Christi ist aus der Wahrheit entstanden und stimmt mit Gott überein. Die Welt befindet sich in Feindschaft mit dem Gesetz Gottes, die Sünder stehen in Feindschaft mit ihrem Schöpfer und dadurch sind sie es auch miteinander. Aber der Psalmist sagt: »Großen Frieden haben, die dein Gesetz lieben; und nichts bringt sie zu Fall.« Psalm 119,165

Menschen können keinen Frieden schaffen, und menschliche Pläne zur Läuterung und Veredelung von Einzelnen oder der Gesellschaft werden dabei scheitern, Frieden zu vermitteln, weil sie das Herz nicht erreichen. Die einzige Macht, die wahren Frieden schaffen oder erhalten kann, ist die Gnade Christi. Wenn sie im Herzen eingepflanzt ist, wird sie alle bösen Leidenschaften vertreiben, die Zank und Uneinigkeit verursachen. »Es sollen Zypressen statt Dornen wachsen und Myrten statt Nesseln«, Jesaja 55,13 und »die Wüste und Einöde wird sich freuen, und die Steppe wird frohlocken und blühen wie ein

Narzissenfeld.« Jesaja 35,1

Die vielen Zuhörer wunderten sich sehr über diese Lehren, die den Vorschriften und dem Beispiel der Pharisäer so entgegenstanden. Die Menschen dachten, dass das Glück im Besitz irdischer Güter bestehe, und deshalb Ruhm und Ehre der Menschen begehrenswert sei. Es war sehr angenehm, »Rabbi« genannt, für weise und fromm gehalten und öffentlich als tugendhaft gepriesen zu werden. Dies wurde als Gipfel des Glücks betrachtet. Aber zu jenen zahlreichen Zuhörern sagte der Heiland, dass weltliche Ehre und irdischer Gewinn alles seien, was jene Menschen als Belohnung je empfangen würden. Er sprach mit großer Bestimmtheit, und eine überzeugende Kraft begleitete Seine Worte. Die Zuhörer wurden ganz still. Ein Gefühl der Furcht überkam alle. Sie sahen sich zweifelnd an. Wer von ihnen würde dann gerettet werden, wenn die Lehren dieses Mannes wahr wären? Viele ließen sich überzeugen, dass der Geist Gottes diesen bemerkenswerten Lehrer trieb und Seine Gedanken göttlichen Ursprungs waren.

Nachdem Christus das Wesen des wahren Glücks erklärt und den Weg zu Ihm gezeigt hatte, wies Er sehr nachdrücklich auf die Pflichten Seiner Jünger hin, die als von Gott erwählte Lehrer andere auf den Pfad der Gerechtigkeit und des ewigen Lebens leiten sollten. Er wusste, dass sie oft unter Enttäuschungen und Entmutigungen zu leiden hätten. Sie würden auf entschiedenen Widerstand stoßen und beschimpft werden und ihr Zeugnis würde abgelehnt werden. Jesus wusste genau, dass diese einfachen Menschen, die so aufmerksam Seinen Worten folgten, in der Ausübung ihres Evangeliumsdienstes Verleumdung, Marter, Gefängnis und Tod erleiden würden. Darum sagte Er weiter: »Selig sind, die um der Gerechtigkeit willen verfolgt werden, denn ihrer ist das Himmelreich. Selig seid ihr, wenn euch die Menschen um meinetwillen schmähen und verfolgen und reden allerlei Übles gegen euch, wenn sie damit lügen. Seid fröhlich und getrost; es wird euch im Himmel reichlich belohnt werden. Denn ebenso haben sie verfolgt die Propheten, die vor euch gewesen sind.« Matthäus 5,10-12

Die Welt liebt die Sünde und hasst die Gerechtigkeit. Dies war auch die Ursache ihrer Feindschaft gegen Jesus. Alle, die Seine große Liebe verwerfen, werden das Christentum als ein störendes Element betrachten. Das Licht Christi vertreibt die Dunkelheit, die ihre Sünden zudeckt, und die Notwendigkeit einer Erneuerung wird deutlich. Während solche Menschen, die sich dem Wirken des Heiligen Geistes überlassen und den Kampf gegen das eigene Ich aufnehmen, aber doch der Sünde nachgeben, kämpfen alle gegen die Wahrheit und ihre Vertreter. So entsteht Uneinigkeit; und Christi Nachfolger werden als Unruhestifter unter dem Volk angeklagt. Es ist aber die Gemeinschaft mit Gott, die ihnen der Welt Feindschaft einbringt. Sie tragen die Schmach Christi, sie wandern den gleichen Weg, den der Edelste der Erde vorausging, darum sollten sie mit Freudigkeit und nicht klagend die Verfolgungen erdulden. Jede Feuerprobe ist ein Mittel Gottes zu ihrer Läuterung und das macht sie fähiger, ihre Aufgabe als Mitarbeiter Gottes zu erfüllen. Jeder Kampf hat seinen Zweck in dem großen Streit für die Gerechtigkeit, und jeder wird zur Freude an dem endgültigen Triumph beitragen.

Haben Christi Nachfolger dies im Blick, dann werden sie ihrer Glaubens- und Geduldsprobe bedeutend freudiger entgegengehen, statt sie zu fürchten und sogar zu meiden. Immer darum besorgt, ihre Pflichten der Welt gegenüber zu erfüllen und sich ganz nach dem Wohlgefallen Gottes zu richten, werden Seine Diener jeder Verpflichtung ohne Rücksicht auf die Gunst von Menschen gewissenhaft nachkommen. »Ihr seid das Salz der Erde«, Matthäus 5,13 sagte Jesus. Zieht euch nicht von der Welt zurück, um Verfolgungen zu entgehen. Ihr sollt unter den Menschen bleiben, damit die Würze der göttlichen Liebe sei wie das Salz, um die Welt vor dem Verderben zu bewahren.

Herzen, die auf das Wirken des Heiligen Geistes reagieren, sind Kanäle, durch die Gottes Segnungen fließen. Würden diejenigen, die Gott dienen, von der Erde entfernt werden und würde sich Gottes Geist von den Menschen zurückziehen, dann würde die Welt infolge der Herrschaft Satans total verwüstet. Obwohl es die Gottlosen nicht wissen, haben sie die Segnungen dieses Lebens dem Dasein der von ihnen verachteten und unterdrückten Gotteskinder zu verdanken. Aber wenn Christen es nur dem Namen nach sind, dann gleichen sie dem Salz, das seine Würzkraft verloren hat. Sie haben dann keinen positiv wirkenden Einfluss in der Welt. Durch ihre Verzerrung des Wesens Gottes sind sie schlimmer als Ungläubige. »Ihr seid das Licht der Welt.« Matthäus 5,14

Die Juden dachten, die Wohltat des Heils sei auf ihr eigenes Volk beschränkt, aber der Heiland zeigte ihnen, dass das Heil wie der Sonnenschein der ganzen Welt gehört. Die Religion der Bibel soll nicht zwischen den Deckeln eines Buches oder innerhalb der Kirchenmauern eingeschlossen sein. Sie soll nicht nur gelegentlich zu unserem eigenen Nutzen hervorgeholt und dann sorgfältig wieder beiseite gelegt werden. Sie muss vielmehr das tägliche Leben heiligen und in jedem geschäftlichen Unternehmen sowie in allen gesellschaftlichen Beziehungen zu spüren sein. Ein wahrer Charakter wird nicht äußerlich gebildet und angelegt, er strahlt von innen heraus. Wollen wir andere auf den Weg der Gerechtigkeit bringen, dann müssen erst die Prinzipien der Gerechtigkeit in unseren eigenen Herzen gehegt werden. Unser Glaubensbekenntnis mag die Lehrsätze der Religion ausdrücken, aber es ist unsere praktische Frömmigkeit, die dem Wort der Wahrheit Gewicht verleiht. Ein konsequenter Lebenswandel, fromme Gespräche, unerschütterliche Rechtschaffenheit, ein aktiver und wohlwollender Geist und das göttliche Beispiel – das sind die

Mittel, durch die der Welt das Licht mitgeteilt wird.

Jesus ging nicht auf die Einzelheiten des Gesetzes ein. Er ließ den Hörer aber auch nicht schlussfolgern, dass Er gekommen sei, die Gesetzesforderungen aufzuheben. Er wusste, dass Spitzel bereit waren, jedes Wort aufzugreifen, das sie für ihre Zwecke nutzen könnten. Und Er kannte das Vorurteil, das sich in den Vorstellungen vieler Seiner Zuhörer festgesetzt hatte. Deshalb sagte Er nichts, was ihren Glauben an die Religion und die Satzungen, die ihnen von Mose übermittelt worden waren, hätte ins Wanken bringen können. Christus selbst war ja der Urheber des Sitten- wie auch des Zeremonialgesetzes. Er war nicht gekommen, das Vertrauen in Seine eigene Unterweisung zu zerstören. Vielmehr suchte Er die Mauer der überlieferten Satzungen, die ein Hemmnis für die Juden waren, nur deshalb zu durchbrechen, weil Er große Hochachtung vor dem Gesetz und den Propheten empfand. Während Er einerseits die falschen Deutungen des Gesetzes seitens der Juden ablehnte, bewahrte Er auf der anderen Seite Seine Jünger sorgfältig davor, sich von den lebenswichtigen Wahrheiten zu trennen, die den Hebräern anvertraut worden waren.

Die Pharisäer prahlten mit ihrem Gehorsam gegenüber dem Gesetz, kannten aber so wenig von seinen Grundsätzen für das tägliche Leben, dass ihnen die Worte des Heilandes wie Ketzerei vorkamen. Als Er den Schutt wegräumte, unter dem die Wahrheit begraben lag, meinten sie, Er werfe die Wahrheit selbst hinaus. Sie flüsterten einander zu, dass Er das Gesetz geringachte. Er las ihre Gedanken und antwortete ihnen: »Ihr sollt nicht meinen, dass ich gekommen bin, das Gesetz oder die Propheten aufzulösen; ich bin nicht gekommen aufzulösen, sondern zu erfüllen.« Matthäus 5,17

Hier widerlegte Jesus die Anklage der Pharisäer. Es war Seine Aufgabe der Welt gegenüber, den heiligen Anspruch des Gesetzes, dessen Übertretung man Ihn beschuldigte, zu wahren. Hätte das Gesetz Gottes verändert oder verkürzt werden können, dann wäre es nicht nötig gewesen, dass Christus die Folgen unserer Übertretung erlitt. Er kam aber, um die Beziehung des Gesetzes zu den Menschen zu erklären und durch Sein Leben des Gehorsams dessen Vorschriften sichtbar zu machen. Gott hat uns Seine heiligen Gebote gegeben, weil Er die Menschen liebt. Um uns vor den Folgen der Sünde zu bewahren, offenbart Er im Gesetz die Grundsätze der Gerechtigkeit.

Das Gesetz ist ein Ausdruck der Gedanken Gottes. Wird es in Christus angenommen, erfüllt es auch unsere Gedanken. Seine Gebote erheben uns über die Macht der natürlichen Wünsche und Neigungen und über die Versuchungen, die zur Sünde verleiten. Gott will unser Wohlergehen! Er gab uns Sein Gesetz, damit wir im Gehorsam gegen Seine Grundsätze Freude haben möchten. Als einst die Engel bei der Geburt Jesu sangen: »Ehre sei Gott in der Höhe und Friede auf Erden und den Menschen ein Wohlgefallen«, Lukas 2,14 da erklärten sie damit die Prinzipien des Gesetzes, das herrlich und groß zu machen Er gekommen war.

Als das Gesetz am Berg Sinai verkündet wurde, enthüllte Gott den Menschen die Heiligkeit Seines Charakters, damit sie an Ihm ihre eigene Sündhaftigkeit erkennen möchten. Das Gesetz wurde gegeben, um sie ihrer Sünde zu überführen und ihnen die Notwendigkeit eines Heilandes klarzumachen. Dies sollte geschehen, indem die Prinzipien des Gesetzes durch den Heiligen Geist auf das Herz wirkten. Diese Aufgabe hat es auch heute noch zu erfüllen. Im Leben Christi werden die Prinzipien des Gesetzes deutlich, und wenn der Heilige Geist das Herz berührt, wenn das Licht Christi den Menschen die Notwendigkeit des Verlangens nach Seinem reinigenden Blut und Seiner rechtfertigenden Gnade offenbart, ist das Gesetz immer noch das Mittel, uns zu Christus zu bringen, damit wir durch den Glauben gerecht werden. »Das Gesetz des Herrn ist vollkommen und erquickt die Seele.« Psalm 19,8

»Bis Himmel und Erde vergehen«, sagte Jesus, »wird nicht vergehen der kleinste Buchstabe noch ein Tüpfelchen vom Gesetz, bis es alles geschieht.« Matthäus 5,18 Die am Himmel leuchtende Sonne und die Erde, auf der wir wohnen, sind Gottes Zeugen, dass Sein Gesetz unveränderlich und ewig ist. Obwohl diese vergehen, werden die göttlichen Gebote weiter bestehen. »Es ist aber leichter, dass Himmel und Erde vergehen, als dass ein Tüpfelchen vom Gesetz fällt.« Lukas 16,17 Die Gesetze der sinnbildlichen Gottesdienste, die auf Jesus als das Lamm Gottes hinwiesen, mussten mit dem Tod Jesu aufhören; aber die Zehn Gebote sind so unveränderlich wie der Thron Gottes.

»Das Gesetz des Herrn ist vollkommen.« Psalm 19,8 Deshalb ist jedes Abweichen davon Sünde. Wer die Gebote Gottes übertritt und auch andere dazu verleitet, wird von Christus schuldig gesprochen. Das Leben des Heilandes im Gehorsam bekräftigte die Forderungen des Gesetzes. Es bewies, dass das Gesetz von der Menschheit gehalten werden kann, und zeigte damit, was für einen vorzüglichen Charakter der Gehorsam heranbilden kann. Alle, die wie Jesus gehorsam sind, erklären damit, dass »das Gebot ... heilig, recht und gut« ist. Römer 7,12 Anderseits unterstützen alle, die Gottes Gebote übertreten, die Behauptung Satans, dass das Gesetz ungerecht sei und nicht befolgt werden könne. So unterstützen sie den Betrug des großen Gegners und entehren Gott. Sie sind Kinder des ersten Rebellen, der gegen Gottes Gesetz vorging. Würde ihnen Eingang in den Himmel gewährt, öffneten sie der Zwietracht und dem Aufruhr Tür und Tor und gefährdeten damit das Wohlergehen des ganzen Weltalls. Niemand, der auch nur einen Grundsatz des Gesetzes absichtlich missachtet, wird in das himmlische Reich eintreten. Die Rabbiner hielten ihre Gerechtigkeit

für einen Freibrief zum Himmel; doch Jesus erklärte, dass diese

Gerechtigkeit ungenügend und nichts wert sei. Nur äußerliche Zeremonien und eine rein theoretische Erkenntnis der Wahrheit bildeten ihre Gerechtigkeit. Die Rabbiner behaupteten fromm zu sein – allein durch ihre eigenen Bemühungen im Befolgen des Gesetzes. Doch ihre Werke hatten die Gerechtigkeit vom Glauben getrennt. Während sie die rituellen Handlungen peinlich genau beachteten, führten sie ein unmoralisches und verderbtes Leben. Ihre sogenannte Gerechtigkeit konnte ihnen niemals zum Eingang in das Himmelreich verhelfen.

Die größte Täuschung der Menschen zur Zeit Christi war die Ansicht, dass die Gerechtigkeit darin bestehen würde, der Wahrheit lediglich zuzustimmen. Es hat sich in allen menschlichen Erfahrungen gezeigt, dass eine theoretische Kenntnis der Wahrheit nicht ausreicht, um Menschen zu retten. Das allein bringt keine Früchte der Gerechtigkeit hervor. Eifersüchtige Hochachtung vor dem, was theologische Wahrheit genannt wird, ist oft von einem Hass gegen die reine Wahrheit begleitet. Die dunkelsten Kapitel der Weltgeschichte sind belastet mit Berichten über Verbrechen, die von eifernden, blinden Schwärmern begangen wurden. Die Pharisäer behaupteten, Kinder Abrahams zu sein und das Wort Gottes zu besitzen, und doch bewahrten diese Vorzüge sie nicht vor Selbstsucht, Boshaftigkeit, Habsucht und schlimmster Heuchelei. Sie hielten sich für die besten Religionsbekenner der Welt, aber ihre sogenannte Rechtgläubigkeit verleitete sie dazu, den Herrn der Herrlichkeit zu kreuzigen.

Die gleiche Gefahr besteht noch heute. Viele halten sich für Christen, nur weil sie ein christliches Bekenntnis ablegten. Sie übertragen jedoch ihr Glaubensbekenntnis nicht in das praktische Leben. Ihnen fehlen Liebe und Glauben, deshalb haben sie nicht die Kraft und die Gnade empfangen, die aus der Heiligung in der Wahrheit kommen. Die Menschen mögen vorgeben, an die Wahrheit zu glauben; wenn sie aber durch diese nicht aufrichtig, gütig, geduldig, langmütig und himmlisch gesinnt werden, wird sie ihnen zum Fluch und durch ihren Einfluss auch zum Fluch für die Welt.

Die Gerechtigkeit, die Christus lehrte, stimmt im Herzen und Leben mit dem erklärten Willen Gottes überein. Sündige Menschen können nur gerecht werden, wenn sie an Gott glauben und eine lebendige Verbindung mit Ihm aufrecht erhalten. Dann wird wahre Frömmigkeit die Gedanken erheben und das Leben adeln. Dann passen auch die äußeren Formen der Religion mit der inneren Reinheit des Christen zusammen. Dann sind auch die im Gottesdienst geforderten Handlungen kein bedeutungsloser Formendienst wie bei den heuchlerischen Pharisäern. Jesus erklärt jedes einzelne Gebot im ganzen Umfang seiner Anforderungen. Statt auch nur einen Bruchteil seiner Bedeutung wegzunehmen, zeigt Er, wie weitreichend seine Grundsätze sind, und enthüllt den verhängnisvollen Irrtum der Juden, lediglich äußeren Gehorsam zur Schau zu tragen. Er erklärt, dass schon durch einen bösen Gedanken oder einen verlangenden Blick das Gesetz Gottes übertreten wird. Jeder, der sich an der kleinsten Ungerechtigkeit beteiligt, bricht das Gesetz und erniedrigt seinen eigenen sittlichen Charakter. Ein Mord beginnt schon in Gedanken. Und wer Hass im Herzen hegt, betritt damit den Pfad des Mörders. Und Opfer von solchen Menschen verabscheut Gott.

Die Juden pflegten einen Geist der Vergeltung. In ihrem Hass gegen die Römer sprachen sie schwere Beschuldigungen aus und erfreuten Satan, indem sie solche Eigenschaften äußerten. Dadurch bildeten sie sich selbst dazu aus, die schrecklichen Taten zu begehen, zu denen er sie anleitete. In dem religiösen Leben der Pharisäer gab es nichts, was den Heiden hätte als Vorbild dienen können. Jesus ermahnte sie, sich nicht durch den Gedanken zu betrügen, sich im Herzen gegen ihre Unterdrücker auflehnen zu können, noch sich danach zu sehnen, das erlittene Unrecht zu rächen.

Es gibt zwar eine Entrüstung, die selbst bei Nachfolgern Christi entschuldbar ist. Wenn sie sehen, dass Gott oder Sein Dienst entehrt wird oder Unschuldige unterdrückt werden, dann kann ein gerechter Zorn die Seele erfassen. Solcher Zorn, aus hohem sittlichen Empfinden geboren, ist keine Sünde. Wer sich jedoch bei jeder vermeintlichen Kränkung bewogen fühlt, dem Ärger oder Groll Raum zu geben, öffnet Satan sein Herz. Bitterkeit und Feindschaft müssen aus der Seele verbannt werden, wenn wir in Harmonie mit dem Himmel leben wollen.

Der Heiland geht noch weiter. Er sagt: »Wenn du deine Gabe auf dem Altar opferst und dort kommt dir in den Sinn, dass dein Bruder etwas wider dich hat, so lass dort vor dem Altar deine Gabe und geh zuerst hin und versöhne dich mit deinem Bruder und dann komm und opfere deine Gabe.« Matthäus 5,23f Viele wirken eifrig für den Herrn, und doch herrschen zwischen ihnen und ihren Brüdern unglückliche Zwistigkeiten, die sie beheben könnten. Gott verlangt von ihnen, alles in ihrer Macht Stehende zu tun, um die Einigkeit wiederherzustellen. Bis sie das nicht getan haben, kann Gott ihren Dienst nicht annehmen. Auf die Pflicht des Christen dazu wird sehr deutlich hingewiesen.

Gott schenkt allen Seinen Segen. »Er lässt seine Sonne aufgehen über Böse und Gute und lässt regnen über Gerechte und Ungerechte.« Matthäus 5,45 »Er ist gütig gegen die Undankbaren und Bösen.« Lukas 6,35 Er möchte, dass wir handeln wie Er, der sagt: »Segnet, die euch fluchen; tut wohl denen, die euch hassen ..., damit ihr Kinder seid eures Vaters im Himmel.« Matthäus 5,44f Das sind die Prinzipien des Gesetzes und die Quellen des Lebens. Gottes Ideal für Seine Kinder ist höher, als die höchsten menschlichen Gedanken reichen können. »Darum sollt ihr vollkommen sein, wie euer Vater im Himmel vollkommen ist.« Matthäus

5,48 Dieses Gebot ist eine Verheißung. Der Erlösungsplan hat unsere vollständige Befreiung aus der Macht Satans zum Ziel. Christus trennt immer die bereuende Seele von der Sünde. Er kam, die Werke des Teufels zu zerstören und hat versprochen, dass der Heilige Geist jedem Bußfertigen verliehen werden soll, um ihn davon abzuhalten, zu sündigen.

Der starke Einfluss des Versuchers soll nicht als Entschuldigung für eine einzige böse Tat gelten. Satan freut sich, wenn er hört, dass angebliche Nachfolger Christi Entschuldigungen für ihre Charakterfehler vorbringen. Solche Entschuldigungen führen zur Sünde. Für die Sünde gibt es aber keine Entschuldigung. Jedes bußfertige, gläubige Gotteskind kann einen heiligen Charakter, ein christusähnliches Leben erlangen.

Das Ideal eines christlichen Charakters ist die Christusähnlichkeit. Wie der Menschensohn in Seinem Leben vollkommen war, so sollen Seine Nachfolger es in ihrem Leben auch sein. Jesus wurde »in allem seinen Brüdern gleich.« Hebräer 2,17 Er wurde ein Mensch wie wir und konnte hungrig, durstig und müde werden. Nahrung stärkte Ihn, und Schlaf erfrischte Ihn. Ihm ging es wie allen Menschen, doch Er war der sündlose Gottessohn. Er war Gott »im Fleisch.« 1.Timotheus 3,16 Seinem Wesen sollten wir nachstreben. Von denen, die an Ihn glauben, sagt der Herr: »Ich will unter ihnen wohnen und wandeln und will ihr Gott sein, und sie sollen mein Volk sein.« 2.Korinther 6,16

Christus war die Leiter, die Jakob sah, deren Fuß auf der Erde stand und deren Spitze bis zum Himmelstor ragte, dem einzigen Eingang zur ewigen Herrlichkeit. Hätte an dieser Leiter auch nur eine Sprosse gefehlt, um die Erde zu erreichen, müssten wir verloren gehen, aber Christus erreicht uns dort, wo immer wir auch sind. Er nahm unsere Natur an und siegte, so dass wir dadurch, dass wir Seine Natur annehmen, auch überwinden können. »In der Gestalt des sündigen Fleisches« Römer 8,3 führte Er ein Leben frei von Sünde. Durch Seine Göttlichkeit ergreift Er nun den Thron des Himmels, während er durch seine menschliche Natur zu uns herabreicht. Er fordert uns auf, durch den Glauben an Ihn die Herrlichkeit des Charakters Gottes zu erlangen. Deshalb sollen wir »vollkommen sein«, wie unser »Vater im Himmel vollkommen ist.« Matthäus 5,48

Jesus hatte gezeigt, worin Gerechtigkeit besteht, und Er hatte auf Gott als die Quelle dieser Gerechtigkeit hingewiesen. Jetzt wandte Er sich den praktischen Pflichten zu. Beim Almosengeben, beim Gebet und beim Fasten, sagte Er: tut nichts, um die Aufmerksamkeit der anderen zu erregen oder Lob zu erlangen. Gebt aufrichtigen Herzens zum Wohl der leidenden Armen. Lasst im Gebet die Seele mit Gott verbunden sein. Geht beim Fasten nicht mit gebeugtem Haupt und einem Herzen, das dabei nur an sich selbst denkt! Das Herz eines Pharisäers ist ein öder, unfruchtbarer Boden, in dem kein göttlicher Same gedeihen kann. Wer sich Gott ausliefert, wird Ihm den wertvollsten

Dienst erweisen. Durch Gemeinschaft mit Gott können die Menschen mit Ihm zusammenwirken, indem sie Seinen Charakter darstellen. Der aufrichtigen Herzens geleistete Dienst hat eine große Belohnung. »Dein Vater, der in das Verborgene sieht, wird dir's vergelten.« Matthäus 6,6 In einem Lebenswandel, der sich unter die Gnade Christi gestellt hat, bildet sich der Charakter. Die ursprüngliche Schönheit der Seele wird wiederhergestellt, wir entfalten in uns die Eigenschaften Gottes, und das göttliche Ebenbild strahlt durch alles Menschliche hindurch. Auf den Gesichtern der Frauen und Männer, die ihr Leben mit Gott leben, leuchtet himmlischer Friede. Sie sind mit der Atmosphäre des Himmels umgeben; für sie hat das Reich Gottes begonnen. Sie besitzen die Freude Christi, die Freude, der Menschheit zum Segen zu sein. Sie haben die Ehre, zum Dienst für ihren Meister angenommen zu werden. In Seinem Namen wird ihnen das Werk Gottes anvertraut.

»Niemand kann zwei Herren dienen.« Matthäus 6,24 Wir können Gott nicht mit einem geteilten Herzen dienen. Die Religion der Heiligen Schrift übt nicht irgendeinen Einfluss aus neben vielen anderen, sondern ihr Einfluss soll der höchste, weitreichendste sein, der jeden anderen beherrscht. Die Religion der Heiligen Schrift soll nicht wie ein wenig Farbe hier und da auf die Leinwand aufgetragen werden, sondern sie soll das ganze Leben durchdringen, als ob die Leinwand in die Farbe getaucht worden wäre, bis jeder Faden des Gewebes eine satte, unveränderliche Farbe angenommen hat. »Wenn dein Auge lauter ist, so wird dein ganzer Leib licht sein. Wenn aber dein Auge böse ist, so wird dein ganzer Leib finster sein.« Matthäus 6,22f

Reinheit und Beständigkeit des Willens sind die Voraussetzungen, um Licht von Gott zu empfangen. Wer die Wahrheit erkennen will, der muss bereit sein, alles anzunehmen, was sie offenbart. Er darf mit dem Irrtum keine Kompromisse eingehen. Unbeständig und oberflächlich in der Treue zur Wahrheit zu sein, heißt Finsternis des Irrtums und satanische Täuschung zu wählen.

Weltliche Klugheit und die unveränderbaren Grundsätze der Gerechtigkeit gehen nicht einfach ineinander über wie die Farben des Regenbogens. Zwischen beiden ist von dem ewigen Gott eine breite, deutliche Trennungslinie gezogen. Christi Bild unterscheidet sich so auffallend von dem Bild Satans wie der helle Mittag von der dunkelsten Mitternacht. Nur jene, die in Jesu Fußtapfen wandeln, sind Seine Mitarbeiter. Wird eine Sünde in der Seele gehegt oder eine schlechte Gewohnheit im Leben geduldet, dann ist das ganze Wesen unrein, und der Mensch wird ein Werkzeug der Ungerechtigkeit.

Jeder, der den Dienst für den Herrn gewählt hat, darf sich getrost Seiner Fürsorge überlassen. Christus wies auf die Vögel unter dem Himmel und auf die

Blumen des Feldes hin. Er forderte Seine Zuhörer auf, auf diese zu achten, und fragte sie: »Seid ihr denn nicht viel mehr als sie?« Matthäus 6,26 Das Maß der Aufmerksamkeit, die Gott irgendeinem Gegenstand schenkt, entspricht dessen Rang im Wertmaß des Lebens. Die Vorsehung wacht über den kleinen braunen Sperling. Die Blumen des Feldes und das Gras, das wie ein Teppich die Erde bedeckt, sind der Beachtung und Fürsorge unseres himmlischen Vaters wert. Der erhabene Meister aller Künstler hat die Lilien so schön gestaltet, dass sie die Pracht Salomos in den Schatten stellen. Wie viel mehr sorgt Er sich um die Menschen, die Gottes Ebenbild und Ruhm sind! Er möchte gerne, dass Seine Kinder einen Charakter offenbaren, der dem Seinen entspricht. Wie erst der Sonnenstrahl die unterschiedlichen und zarten Farben der Blumen deutlich macht, so verleiht Gott der Seele die Schönheit Seines eigenen Wesens.

Alle, die das Reich Christi, das Reich der Liebe, der Gerechtigkeit und des Friedens wählen und es mehr schätzen als alles andere, sind mit der himmlischen Welt verbunden. Und jede Segnung, die sie in diesem Leben brauchen, steht ihnen bereit. Im Buch der göttlichen Vorsehung, dem Buch des Lebens, ist jedem von uns eine Seite gegeben. Auf dieser Seite stehen die Einzelheiten unseres Lebens. Selbst die Haare auf unserem Kopf sind gezählt. Gottes Kinder sind Seinem Herzen niemals fern.

»Darum sorgt nicht für morgen.« Matthäus 6,34 Wir sollen Christus täglich folgen. Gott gibt uns heute keine Hilfe für morgen. Er gibt Seinen Kindern nicht alle Anweisungen für die ganze Lebensreise auf einmal. Sie würden dadurch nur verwirrt werden. Er sagt ihnen nur so viel, wie sie behalten und ausführen können. Die mitgeteilte Kraft und Weisheit ist stets für den gegenwärtigen Notstand gedacht. »Wenn aber jemandem unter euch Weisheit mangelt, so bitte er Gott, der jedermann gern gibt und niemanden schilt, so wird ihm gegeben werden.« Jakobus 1,5 »Richtet nicht, damit ihr nicht gerichtet werdet.« Matthäus 7,1 Denkt nicht, dass ihr besser seid als andere, und erhebt euch nicht zum Richter über sie. Da ihr nicht die Motive ihrer Handlungen kennt, seid ihr unfähig, andere zu richten. Wenn ihr aber kritisiert, dann fällt ihr meist euer eigenes Urteil; denn ihr zeigt oft, dass ihr so Teilhaber Satans seid, indem ihr eure Brüder verklagt. Der Herr sagt: »Erforscht euch selbst, ob ihr im Glauben steht; prüft euch selbst!« 2.Korinther 13,5 Das ist unsere Aufgabe. »Wenn wir uns selber richteten, so würden wir nicht gerichtet.« 1.Korinther 11,31

Ein guter Baum wird gute Frucht bringen! Ist die Frucht ungenießbar, so ist der Baum wertlos. Genauso bezeugen die Früchte unseres Lebens, unsere Taten, in welchem Zustand sich unser Herz und unser Charakter befinden. Mit guten Werken können wir uns die Seligkeit nicht erkaufen, aber sie dienen als Beweis des Glaubens, der durch die Liebe tätig ist und die Seele reinigt. Obwohl die himmlische Belohnung nicht nach dem Verdienst der

Werke ausgeteilt wird, steht sie doch im Verhältnis zu den Werken, die durch die Gnade Christi getan worden sind.

So verkündigte Christus die Grundsätze Seines Reiches und zeigte, wie umfassend sie als Leitlinie des Lebens dienen. Um Seine Lehre noch verständlicher zu machen, veranschaulichte Er sie durch Bilder und Gleichnisse. Es reicht nicht, sagte Er, dass ihr meine Worte hört, ihr müsst sie durch Gehorsam zum Fundament eures Charakters machen. Das eigene Ich ist nur loser Sand. Baut ihr auf menschlichen Theorien und Ideen, so wird euer Haus fallen. Durch die Stürme der Versuchungen und Prüfungen wird es hinweg gefegt werden. Diese Prinzipien aber, die ich euch gegeben habe, werden dauerhaft sein. Darum bekennt euch zu mir und baut auf mein Wort!

»Darum, wer diese meine Rede hört und tut sie, der gleicht einem klugen Mann, der sein Haus auf Fels baute. Als nun ein Platzregen fiel und die Wasser kamen und die Winde wehten und stießen an das Haus, fiel es doch nicht; denn es war auf Fels gegründet.« Matthäus 7,24f

KAPITEL 32

*Auf Grundlage von
Matthäus 8,5-13
Lukas 7,1-17*

DER HAUPTMANN

Christus hatte zu dem königlichen Beamten, dessen Sohn von ihm geheilt worden war, gesagt: »Wenn ihr nicht Zeichen und Wunder seht, so glaubt ihr nicht.« Johannes 4,48 Es betrübte Ihn, dass Sein eigenes Volk äußerliche Beweise Seines Messiasamtes verlangte. Immer wieder hatte Er sich über ihren Unglauben gewundert. Er war deshalb sehr erstaunt über den Glauben des Hauptmanns, der zu Ihm kam. Der Hauptmann zweifelte nicht an der Macht des Heilandes, er bat Ihn nicht einmal, persönlich zu ihm zu kommen, um das Wunder zu bewirken. »Sprich nur ein Wort«, sagte er voller Glauben und Vertrauen, »so wird mein Knecht gesund.« Matthäus 8,8

Der Knecht war gelähmt und lag im Sterben. Bei den Römern waren die Diener Sklaven. Sie wurden auf den Märkten gekauft. Sie wurden beschimpft und grausam behandelt. Dieser Hauptmann aber war seinem Diener zugetan und wünschte herzlich seine Genesung. Er glaubte, dass Jesus ihn heilen könnte. Er hatte den Heiland zwar noch nicht gesehen, aber alles, was er über sein Wirken bisher mitbekommen hatte, erweckte seinen Glauben. Ungeachtet des Formalismus der Juden war dieser Römer überzeugt, dass ihre Religion der seinen überlegen war. Er hatte schon die Schranken nationalen Vorurteils und des Hasses durchbrochen, welche die Sieger von den Besiegten trennten. Er respektierte ihren Gottesdienst und war den Juden als Anbetern Gottes positiv eingestellt. In der Lehre Christi, wie sie ihm berichtet worden war, fand er etwas, was dem Bedürfnis seiner Seele entsprach.

Sein ganzes geistliches Verlangen kam den Worten des Heilandes entgegen. Er hielt sich jedoch für unwürdig, in Jesu Nähe zu kommen, und so bat er die jüdischen Ältesten, um die Heilung seines Knechtes zu bitten, würden sie doch den großen Lehrer kennen und wüssten, so dachte er, wie sie sich Ihm nähern mussten, um Seine Gunst zu erlangen.

Als Jesus nach Kapernaum kam, wurde Er von einer Abordnung Ältester empfangen, die ihm den Wunsch des Hauptmanns überbrachten und mit den Worten unterstrichen: »Er hat unser Volk lieb, und die Synagoge hat er uns erbaut.« Lukas 7,5 Jesus machte sich sofort auf den Weg zum Haus des Hauptmanns, kam jedoch wegen der großen Menge nur langsam voran. Die Nachricht Seines Kommens eilte Ihm voraus. Der Hauptmann in seiner Demut sandte Ihm die Botschaft entgegen: »Ach Herr, bemühe dich nicht; ich bin nicht wert, dass du unter mein Dach gehst.« Der Heiland aber setzte unbeirrt Seinen Weg fort. Da wagte es schließlich der Hauptmann, sich Ihm zu nähern. Er tat es mit den Worten: »Darum habe ich auch mich selbst nicht würdig geachtet, zu dir zu kommen; sondern sprich ein Wort, so wird mein Knecht gesund. Denn auch ich bin ein Mensch, der Obrigkeit untertan, und habe Soldaten unter mir; und wenn ich zu einem sage: Geh hin!, so geht er hin; und zu einem anderen: Komm her!, so kommt er; und zu meinem Knecht: Tue das! so tut er's.« Lukas 7,6-8 Wie ich die Macht Roms vertrete und meine Soldaten mich als höchste Autorität anerkennen, so vertrittst du die Macht des ewigen Gottes, und alle Geschöpfe sind Deinem Wort gehorsam. Du kannst der Krankheit gebieten zu weichen, und sie wird dir gehorchen. Du kannst die himmlischen Boten rufen, und sie werden heilende Kraft verleihen. Sprich nur ein Wort, so wird mein Knecht gesund.

»Da aber Jesus das hörte, wunderte er sich über ihn und wandte sich um und sprach zu dem Volk, das ihm nachfolgte: Ich sage euch: Solchen Glauben habe ich in ganz Israel nicht gefunden.« Lukas 7,9 Und zu dem Hauptmann sagte er: »Gehe hin; dir geschehe, wie du geglaubt hast. Und sein Knecht wurde gesund zu derselben Stunde.« Matthäus 8,13

Die jüdischen Ältesten, die den Hauptmann der Gunst Jesu anempfahlen, hatten bewiesen, wie weit sie davon entfernt waren, den Geist des Evangeliums zu besitzen. Sie erkannten nicht, dass der einzige Anspruch, den wir auf Gottes Gnade haben, unsere große Not ist. In ihrer Selbstgerechtigkeit baten sie für den Hauptmann wegen der vielen Gunsterweisungen für »unser Volk.« Der Hauptmann aber sagte von sich selbst: »Ich bin es nicht wert.« Sein Herz war von der Gnade Christi berührt worden. Er sah seine Unwürdigkeit, fürchtete sich aber nicht, um Hilfe zu bitten. Er baute nicht darauf, was er an Gutem getan hatte, sondern gab seine große Not als Grund für seine Bitte an. Sein Glaube erfasste das wahre Wesen Christi. Er glaubte nicht nur an Ihn, weil dieser ein Wundertäter war, sondern weil er in Ihm den Freund und Heiland der Menschheit sah.

Deshalb sollte in solch einer Haltung jeder Sünder zu Christus kommen. Er rettete uns »nicht um der Werke der Gerechtigkeit willen, die wir getan hatten, sondern nach seiner Barmherzigkeit.« Titus 3,5 Wenn Satan dir sagt, dass du ein Sünder bist und nicht hoffen kannst, von Gott gesegnet zu werden, dann sag ihm, dass Christus in die Welt kam, um Sünder zu retten. Wir haben nichts, was uns bei Gott empfiehlt. Der einzige Grund, den wir anführen können, ist unsere

äußerst hilflose Lage, die Jesu erlösende Kraft für uns notwendig macht. Wenn wir alles Selbstvertrauen aufgeben, dann dürfen wir zum Kreuz auf Golgatha schauen und sagen: »Da ich dir nichts bringen kann, schmieg' ich an dein Kreuz mich an.«

Die Juden waren von Kindheit an über die Aufgabe des Messias unterrichtet worden und besaßen die inspirierten Aussagen der Patriarchen und Propheten und auch die symbolischen Bilder des Opferdienstes. Sie hatten jedoch das Licht ignoriert und sahen jetzt in Jesus nicht den, nach dem sie Verlangen haben sollten. Der Hauptmann jedoch, der im Heidentum geboren, im Götzendienst des kaiserlichen Rom erzogen, als heidnischer Soldat ausgebildet und wahrscheinlich durch seine Erziehung und Umgebung vom geistlichen Leben abgeschnitten war und durch den blinden Eifer der Juden und die Verachtung seiner eigenen Landsleute dem Volk Israel gegenüber noch weiter davon getrennt wurde – dieser Mann erfasste die Wahrheit, gegen die die Kinder Israel blind waren. Er wartete nicht darauf, dass die Juden den aufnehmen würden, der sich als ihr Messias ausgab. Als »das wahre Licht, das alle Menschen erleuchtet, die in diese Welt kommen«, Johannes 1,9 ihm erschien, da erkannte er selbst aus der Ferne die Herrlichkeit des Sohnes Gottes.

Das war für Jesus ein Pfand für die Aufgabe, die das Evangelium unter den Heiden schaffen sollte. Freudig sah Er dem Sammeln der Menschenseelen aus allen Völkern für Sein Reich entgegen, aber mit tiefer Trauer schilderte Er den Juden die Folgen der Ablehnung Seiner Gnade: »Ich aber sage euch: Viele werden kommen vom Osten und vom Westen und mit Abraham und Isaak und Jakob im Himmelreich zu Tisch sitzen; aber die Kinder des Reichs werden hinausgestoßen in die Finsternis; da wird sein Heulen und Zähneklappern.« Matthäus 8,11f Wie viele bereiten sich jetzt noch diese große Enttäuschung! Wie vielen Menschen in den christlichen Ländern scheint dieses Licht nur, um von ihnen verworfen zu werden, während Heiden die Gnade Jesu erfassen!

In der Nähe von Kapernaum, etwa 20 Meilen entfernt, lag auf einer Ebene das Dorf Nain. Von dort aus konnte man die landschaftlich schöne Ebene von Jesreel überblicken. Dorthin wanderte nun der Herr. Viele Seiner Jünger und auch etliche Anhänger aus dem Volk waren bei Ihm. Auf dem Weg dahin vergrößerte sich die Zahl derer, die sich nach Seinen Worten nach Liebe und Anteilnahme sehnten, Ihm ihre Kranken zur Heilung brachten und im Stillen gehofft hatten, dass Er, dem eine so wunderbare Macht zur Verfügung stand, sich als König von Israel offenbaren werde. Es war eine frohe, erwartungsvolle Schar, die sich um Ihn drängte und Ihn auf dem felsigen Pfad zum Bergdorf begleitete. Als sie näher kamen, sahen sie einen Leichenzug, der sich langsam, in schleppendem Tempo durch die Tore zur Begräbnisstätte bewegte. Dem Zug voran trug man in einem offenen Sarg den Verstorbenen. Ihm zur

Seite gingen die Hinterbliebenen, deren Wehklagen die Luft erfüllte. Alle Einwohner des Ortes schienen sich versammelt zu haben, um ihre Anteilnahme zu bezeugen und dem Toten die letzte Ehre zu erweisen.

Es war ein Anblick, der Mitgefühl erwecken musste. Der Tote war der einzige Sohn seiner Mutter, und sie war eine Witwe. Die einsam Trauernde folgte ihrer einzigen irdischen Stütze zum Grab, ihrem ganzen Trost. »Und als sie der Herr sah, jammerte sie ihn.« Sie aber ging weinend, blind gegen alles, auf ihrem Weg weiter, ohne Jesu Gegenwart zu bemerken. Da trat der Herr an die unglückliche Frau heran und sagte sanft: »Weine nicht!« Lukas 7,13 Er wollte gerade ihre Trauer in Freude verwandeln, dennoch konnte Er nicht darauf verzichten, diese zarten Worte des Mitgefühls auszusprechen.

»Und trat hinzu und berührte den Sarg.« Selbst die Berührung des Toten konnte den Herrn nicht verunreinigen. Die Träger hielten an und das Klagen der Leidtragenden verstummte. Sie sammelten sich alle mit ungewisser Hoffnung um den Sarg. Es war jemand da, der bereits Krankheiten gebannt und Teufel ausgetrieben hatte. War auch der Tod Seiner Macht unterworfen?

Mit klarer, gebieterischer Stimme sprach Er: »Jüngling, ich sage dir, steh auf!« Diese Stimme durchdringt den Toten, und er öffnet die Augen. Dann nimmt ihn Jesus bei der Hand und richtet ihn auf. Sein Blick fällt auf die Frau, die weinend neben Ihm gestanden, und Mutter und Sohn finden sich in selig-freudiger Umarmung. Die Menge steht schweigend, wie gebannt. »Und Furcht ergriff sie alle.« Still und ehrfurchtsvoll standen die Leute eine Weile, als wären sie in der Gegenwart Gottes. Dann priesen sie »Gott und sprachen: Es ist ein großer Prophet unter uns aufgestanden, und: Gott hat sein Volk besucht.« Der Leichenzug kehrte triumphierend nach Nain zurück. »Und diese Kunde von ihm erscholl in ganz Judäa und im ganzen umliegenden Land.« Lukas 7,14-17

Jesus achtet heute noch auf die Traurigen. Unser Kummer berührt Ihn. Sein Herz, das damals liebte und Mitleid hatte, ist ein Herz von unveränderlicher Güte und Fürsorge. Sein Wort, das den Toten ins Leben zurückrief, ist jetzt nicht weniger wirksam als zu jener Zeit, da es sich an den Jüngling von Nain richtete. Er sagt: »Mir ist gegeben alle Gewalt im Himmel und auf Erden.« Matthäus 28,18

Jesu Macht ist im Verlauf der Zeiten weder geringer geworden, noch ist sie durch die ständige Wirksamkeit Seiner überströmenden Gnade erschöpft. Allen denen, die an Ihn glauben und auf ihn ihr Vertrauen setzen, ist Er ein lebendiger Heiland. Als Jesus der Mutter den Sohn zurückgab, verwandelte Er ihre Trauer in große Freude. Und doch war der Jüngling nur in das irdische Leben zurückgerufen worden, um erneut all die Mühen, Sorgen und Gefahren zu erdulden und nochmals der Macht des Todes zu erliegen. Aber unsere Trauer um die Toten

stillt Jesus durch eine Botschaft unendlicher Hoffnung: Ich bin

»der Lebendige. Ich war tot, und siehe, ich bin lebendig von Ewigkeit zu Ewigkeit und habe die Schlüssel der Hölle und des Todes.« Offenbarung 1,18 »Weil nun die Kinder von Fleisch und Blut sind, hat auch er's gleichermaßen angenommen, damit er durch seinen Tod die Macht nähme dem, der Gewalt über den Tod hatte, nämlich dem Teufel, und erlöste, die durch Furcht vor dem Tod im ganzen Leben Knechte sein mussten.« Hebräer 2,14f

Satan kann die Toten nicht in seiner Gewalt behalten, wenn der Sohn Gottes ihnen gebietet zu leben. Er kann auch nicht eine einzige Menschenseele im geistlichen Tod festhalten, die gläubig Christi Machtwort annimmt. Gott sagt zu allen, die in Sünden tot sind: »Wache auf, der du schläfst, und steh auf von den Toten.« Epheser 5,14 Sein Wort ist ewiges Leben. Wie das Wort Gottes, das dem ersten Menschen gebot zu leben, auch uns noch Leben gibt und wie Jesu Wort: »Jüngling, ich sage dir, stehe auf!« dem Jüngling von Nain Leben gab – so ist das Wort: »Steh auf von den Toten« Leben für den Menschen, der es annimmt. Gott hat uns errettet »von der Macht der Finsternis und hat uns versetzt in das Reich seines lieben Sohnes.« Kolosser 1,13 Alles wird uns in Seinem Wort angeboten. Nehmen wir es an, dann sind wir gerettet.

»Wenn nun der Geist dessen, der Jesus von den Toten auferweckt hat, in euch wohnt, so wird er, der Christus von den Toten auferweckt hat, auch eure sterblichen Leiber lebendig machen durch seinen Geist, der in euch wohnt.« Römer 8,11 »Denn er selbst, der Herr, wird, wenn der Befehl ertönt, wenn die Stimme des Erzengels und die Posaune Gottes erschallen, herabkommen vom Himmel, und zuerst werden die Toten, die in Christus gestorben sind, auferstehen. Danach werden wir, die wir leben und übrig bleiben, zugleich mit ihnen entrückt werden auf den Wolken in die Luft, dem Herrn entgegen; und so werden wir bei dem Herrn sein allezeit.« 1.Thessalonicher 4,16f Mit diesem Trostwort, so gebot Er, sollen wir uns untereinander tröste.

KAPITEL 33

*Auf Grundlage von
Matthäus 12,22-50
Markus 3,20-35*

WER SIND MEINE BRÜDER?

Die Söhne von Joseph waren weit davon entfernt, mit dem Wirken Jesu einverstanden zu sein. Was sie über Sein Leben und Tun hörten, verwunderte sie und sie waren darüber bestürzt. Ihnen wurde erzählt, dass Er ganze Nächte im Gebet verbrächte.

Tagsüber bedrängten ihn große Scharen von Menschen, so dass Er nicht einmal Zeit zum Essen fände. Seine Freunde meinten, dass Er sich durch übermäßige Arbeit selbst schaden könnte. Und für Jesu Verhalten den Pharisäern gegenüber fanden sie keine Erklärung. Manche befürchteten sogar, dass Sein Verstand verwirrt werden könnte.

Von all dem erfuhren Seine Brüder – auch von der Beschuldigung der Pharisäer, Jesus treibe böse Geister durch die Macht Satans aus. Sie empfanden, dass in großem Ausmaß Schande über sie kommt, weil sie mit Ihm verwandt waren. Sie wussten, was für Aufsehen Seine Worte und Taten hervorriefen. Nicht nur Seine kühnen Äußerungen machten sie sehr besorgt, sie waren auch entrüstet, wie Er die Schriftgelehrten und Pharisäer anklagte. So kamen sie zu der Überzeugung, dass Er von ihnen überredet oder gezwungen werden müsse, diese Handlungsweise aufzugeben. Deshalb veranlassten sie Maria, sie darin zu unterstützen. Um Seiner Liebe willen zu ihr, so dachten sie, könnten sie Ihn dahin bringen, sich umsichtiger zu verhalten.

Kurz zuvor hatte Jesus zum zweiten Mal einen Besessenen geheilt, der blind und stumm war. Sofort wiederholten die Pharisäer ihre Anklage: »Er treibt die bösen Geister aus durch ihren Obersten.« Matthäus 9,34 Christus erwiderte ihnen klar: Wenn sie das Wirken des Heiligen Geistes Satan zuschrieben, trennten sie sich selbst von der Quelle des Segens. Wer gegen Jesus gesprochen habe, weil er dessen göttliche Herkunft nicht erkannte, könne Vergebung erhalten, denn der Heilige Geist vermag ihn dahin zu bringen, seinen Irrtum einzusehen und zu bereuen. Wenn die Seele bereut und glaubt, wird ihre Sünde mit dem Blut Christi abgewaschen, egal, um welche Sünde es sich handelt. Wer dagegen das

Wirken des Heiligen Geistes zurückweist, verhindert dadurch

selbst, dass ihm Bußfertigkeit und Glaube zuteil werden können. Gott arbeitet durch Seinen Geist am Herzen des Menschen. Wer jedoch vorsätzlich diesen Geist zurückweist und für teuflisch erklärt, trennt die einzige Verbindung, durch die Gott Sich mitteilen kann. Wird der Heilige Geist endgültig verworfen, kann Gott nichts mehr für diesen Menschen tun.

Die Pharisäer, die Jesus damit warnte, glaubten selbst nicht an die Beschuldigung, die sie gegen Ihn vorbrachten. Unter diesen Würdenträgern gab es keinen, der sich nicht zum Heiland hingezogen gefühlt hätte. Sie alle hatten in ihren Herzen die Stimme des Geistes vernommen, die ihnen erklärte, dass Jesus der Gesalbte Israels sei, und sie drängte, sich als Seine Jünger zu bekennen. Im Licht der Gegenwart Jesu war ihnen ihre Gottlosigkeit bewusst geworden, und sie hatten sich nach einer Gerechtigkeit gesehnt, die sie selbst nicht schaffen konnten. Doch nachdem sie Jesus verworfen hatten, wäre es für sie zu demütigend gewesen, ihn doch noch als Messias anzunehmen. Sie hatten den Pfad des Unglaubens betreten und waren nun zu stolz, ihren Irrtum einzugestehen. Um die Wahrheit nicht anerkennen zu müssen, versuchten sie verzweifelt, die Lehre des Erlösers in Frage zu stellen. Die Beweise Seiner Macht und Barmherzigkeit erbitterten sie. Sie konnten Ihn nicht davon abhalten, Wunder zu vollbringen, und auch Seine Lehre nicht totschweigen. Sie taten aber alles, was ihnen nur möglich war, um Jesus falsch darzustellen und Seine Worte zu verdrehen. Noch immer ging ihnen der Geist Gottes nach, um sie von ihrer Schuld zu überzeugen. Viele Hindernisse mussten sie aufrichten, um Seiner Macht widerstehen zu können. Die stärkste Kraft, mit der das menschliche Herz in Berührung kommen kann, rang mit ihnen, aber sie wollten sich ihr nicht ergeben.

Es ist nicht Gott, der die Augen der Menschen mit Blindheit schlägt oder ihre Herzen verhärtet, vielmehr sendet Er ihnen Licht, um ihre Irrtümer zu korrigieren und sie auf sicheren Wegen zu leiten. Durch die Zurückweisung dieses Lichtes werden die geistlichen Augen geblendet und die Herzen hart. Oft geschieht dies allmählich und fast unmerklich. Licht erreicht die Seele durch Gottes Wort, durch Seine Diener oder unmittelbar durch das Wirken des Geistes Gottes. Bleibt aber ein einziger Lichtstrahl unbeachtet, so tritt eine teilweise Lähmung des geistlichen Wahrnehmungsvermögens ein, und die nächste Offenbarung des Lichts wird weniger deutlich erkannt. So nimmt die Dunkelheit zu, bis völlige Nacht im Herzen herrscht. So erging es diesen führenden Juden. Sie waren überzeugt, dass eine göttliche Kraft Christus begleitete. Dennoch widerstrebten sie der Wahrheit und schrieben das Wirken des Heiligen Geistes Satan zu. Damit entschieden sie sich vorsätzlich für betrügerische Machenschaften. Sie lieferten sich Satan aus und wurden hinfort von ihm beherrscht. Eng verbunden mit Christi Warnung vor der Sünde gegen den Heiligen Geist ist Seine Warnung vor unnützen und negativen Worten. Worte sind ein Spiegelbild der Gedanken des Herzens. »Denn wovon das Herz voll ist, davon redet der Mund.« Matthäus 12,34 Die Bedeutung der Worte liegt nicht nur darin, Charaktermerkmale aufzuzeigen. Sie üben selbst eine Wirkung auf den Charakter aus. Die Menschen werden von ihren eigenen Worten beeinflusst. Oftmals äußern sie in einem von Satan plötzlich zugeflüsterten Impuls ihre Eifersucht und ihren üblen Argwohn, obwohl sie selbst nicht wirklich daran glauben. Ihre Äußerungen haben aber eine Rückwirkung auf ihre Gedanken. Ihre eigenen Worte täuschen sie. Was sie auf Satans Veranlassung gesprochen haben, halten sie für wahr. An einer einmal vorgebrachten Meinung oder Entscheidung halten sie fest, weil sie meistens zu stolz sind, sie zu widerrufen. Nun versuchen sie so lange ihr Recht zu beweisen, bis sie schließlich selbst daran glauben. Es ist gefährlich, göttliches Licht in Zweifel zu ziehen, in Frage zu stellen und zu kritisieren. Die Angewohnheit, sorglos und geringschätzig zu kritisieren, fällt auf den eigenen Charakter zurück und begünstigt Unehrerbietigkeit und Unglauben.

Manch einer, der diese Angewohnheit pflegte, ging, ohne sich der Gefahr bewusst zu sein, so weit, das Wirken des Heiligen Geistes zu tadeln und abzulehnen. Jesus spricht: »Ich sage euch aber, dass die Menschen am Tag des Gerichts Rechenschaft geben müssen von einem jeden unnützen Wort, das sie geredet haben. Denn nach deinen Worten wirst du gerechtfertigt, und nach deinen Worten wirst du verurteilt werden.« Matthäus 12,36f Dann fügte Jesus eine Warnung für diejenigen hinzu, die zwar von Seinen Worten beeindruckt waren und Ihm freudig zugehört hatten, sich aber dem Heiligen Geist nicht auslieferten, damit Er von ihnen Besitz ergreife. Nicht nur durch Widerstand, auch durch nachlässigen Umgang wird die Seele geschädigt. Jesus sagt: »Wenn der unreine Geist von einem Menschen ausgefahren ist, so durchstreift er dürre Stätten, sucht Ruhe und findet sie nicht. Dann spricht er: Ich will wieder zurückkehren in mein Haus, aus dem ich fortgegangen bin. Und wenn er kommt, so findet er's leer, gekehrt und geschmückt. Dann geht er hin und nimmt mit sich sieben andere Geister, die böser sind als er selbst; und wenn sie hineinkommen, wohnen sie darin.« Matthäus 12,43-45 Es gab in den Tagen Christi viele Menschen, wie es sie auch heute gibt, über die Satans Herrschaft eine Zeitlang gebrochen zu sein schien. Durch die Gnade Gottes wurden sie von den bösen Geistern frei, die sie beherrscht hatten. Sie erfreuten sich der Liebe Gottes. Aber wie im Gleichnis vom Sämann die auf den steinigen Boden gefallene Saat keine Wurzel hatte, so blieben diese Hörer des göttlichen Wortes nicht in Seiner Liebe. Sie übergaben sich nicht täglich Gott, damit Christus in ihren Herzen wohne. Kehrt dann der böse Geist mit sieben anderen Geistern zurück, »die böser sind als er selbst«, werden sie völlig von der Macht des Bösen beherrscht.

Wenn ein Mensch sich Christus ausliefert, ergreift eine neue Kraft Besitz von dem neuen Herzen. Mit ihm geht eine Änderung vor sich, die niemand von sich aus zustande bringen kann. Es ist ein außergewöhnlicher Vorgang, wenn die menschliche Natur durch ein übernatürliches Element durchdrungen wird. Christus macht eine Menschenseele, die sich Ihm ergibt, zu Seiner Festung gegen eine aufrührerische Welt. Er erwartet, dass in diesem Bollwerk keine andere als nur Seine Autorität gilt. Ein Herz, das so von himmlischen Kräften bewahrt wird, ist für Satans Angriffe uneinnehmbar. Wenn wir uns jedoch nicht der Macht Christi anvertrauen, wird uns der Böse beherrschen. Es ist unvermeidbar, dass wir uns der einen oder anderen der beiden großen Mächte unterordnen, die um die Herrschaft in der Welt kämpfen. Wir brauchen uns gar nicht bewusst in den Dienst des Reiches der Finsternis zu stellen, um unter seine Herrschaft zu geraten. Es genügt bereits, wenn wir es unterlassen, uns mit dem Reich des Lichts zu verbünden. Arbeiten wir nicht mit den himmlischen Kräften zusammen, so wird Satan von unseren Herzen Besitz ergreifen und es zu seinem Wohnsitz machen. Der einzige Schutz gegen das Böse besteht darin, dass Christus durch den Glauben an Seine Gerechtigkeit in uns wohnt.

Wenn es nicht zu einer lebendigen Verbindung mit Gott kommt, können wir den negativen Auswirkungen von Eigenliebe und Genusssucht sowie den Verlockungen zur Sünde nicht widerstehen. Wir können uns für eine gewisse Zeit, in der wir uns von Satan lossagen, von vielen schlechten Gewohnheiten trennen, aber ohne lebendige Verbindung zu Gott, ohne dauerhafte Hingabe an Ihn werden wir doch überwältigt werden. Ohne ein persönliches Verhältnis zu Christus und eine dauerhafte Gemeinschaft mit Ihm, werden wir dem Feind ausgeliefert sein und schließlich seinen Willen tun. Jesus sagte: »Es wird mit diesem Menschen hernach ärger, als es vorher war. So wird's auch diesem bösen Geschlecht ergehen.« Matthäus 12,45

Niemand ist so sehr verhärtet wie ein Mensch, der die Einladung der Gnade missachtet und ihrem Geist trotzt. Das verbreitetste Merkmal der Sünde gegen den Heiligen Geist ist die beharrliche Missachtung der Aufforderung des Himmels zur Buße. Jeder Schritt in der Abweisung Christi ist auch ein Schritt in der Ablehnung der Erlösung und führt zur Sünde gegen den Heiligen Geist.

Das jüdische Volk verwarf Christus und beging damit die unverzeihliche Sünde. Wenn wir die Einladung der göttlichen Gnade ablehnen, können wir denselben Fehler begehen. Wir beleidigen den Lebensfürsten und bereiten Ihm vor Satans Schule und vor den himmlischen Mächten Schande, wenn wir uns weigern, auf Seine bevollmächtigten Boten zu hören, und stattdessen den Agenten Satans Gehör schenken, welche die Seele von Christus fortziehen. Solange sich jemand so verhält, gibt es für ihn weder Hoffnung noch Vergebung. Schließlich stirbt in ihm jedes Verlangen ab, mit Gott versöhnt zu werden. Während Jesus wieder einmal die Menschen unterwies, teilten Ihm Seine Jünger mit, dass Seine Mutter und Seine Brüder da wären und Ihn sehen wollten. Er durchschaute deren Anliegen »und sprach zu dem, der es ihm mitteilte: Wer ist meine Mutter und wer sind meine Brüder? Und er reckte die Hand aus über seine Jünger und sprach: Siehe da, das ist meine Mutter und das sind meine Brüder! Denn wer den Willen tut meines Vaters im Himmel, der ist mir Bruder und Schwester und Mutter.« Matthäus 12,48-50

Wer Christus im Glauben annimmt, wird mit Ihm enger verbunden sein, als es durch menschliche Verwandtschaft je sein könnte. Wie Christus eins mit dem Vater ist, so werden sie mit Ihm eins werden. Weil die Mutter Jesu an Ihn glaubte und nach Seinen Worten handelte, stand sie der Erlösung näher als durch ihr familiäres Verhältnis. Seinen Brüdern nützte ihre Beziehung zu Ihm nichts, es sei denn, sie nähmen Ihn als ihren persönlichen Erlöser an. Wie hilfreich hätte es doch für Jesus sein können, wenn Seine irdischen Angehörigen an Seine himmlische Herkunft geglaubt hätten und Seine Mitarbeiter im Werk Gottes gewesen wären! Ihr Unglaube überschattete das Leben Jesu auf Erden. Er war ein Teil des bitteren Leidenskelches, den Er für uns bis zur Neige geleert hat.

Sehr stark empfand der Sohn Gottes die Feindseligkeit, die im menschlichen Herzen gegen das Evangelium aufloderte. Besonders schmerzlich litt Er in Seinem eigenen Zuhause darunter, denn Sein Herz war voller Freundlichkeit und Liebe, und Er schätzte die besorgte Rücksichtnahme im Familienkreis sehr. Seine Brüder wünschten, dass Er ihren Ideen zustimmte, während diese absolut nicht mit Seiner göttlichen Aufgabe zusammenpassten. Ihrer Meinung nach benötigte Jesus ihren Rat. Sie beurteilten Ihn von ihrem menschlichen Standpunkt aus und dachten, wenn Er nur sagte, was für die Schriftgelehrten und Pharisäer akzeptabel wäre, dann könnte Er die unangenehmen Zusammenstöße vermeiden, die Seine Worte jetzt hervorriefen. Sie hielten Ihn für überspannt, weil Er für sich göttliche Autorität beanspruchte und vor die Rabbiner zu treten wagte, um ihre Sünden zu tadeln. Sie wussten, dass die Pharisäer nur eine Gelegenheit suchten, Jesus anzuklagen. Sie waren aber auch der Meinung, dass Er ihnen dazu genügend Anlass gegeben hätte.

Mit ihrem begrenzten Urteilsvermögen konnten sie die Aufgabe nicht begreifen, die zu erfüllen Jesus gekommen war. Deshalb hatten sie auch kein Verständnis für Seine Sorgen. Ihre groben, gedankenlosen Worte zeigten, dass ihnen das rechte Verständnis für Seine Wesensart fehlte. Sie erkannten nicht, dass sich in Ihm Göttliches und Menschliches vereint hatten. Oft sahen sie Ihn in Seinem Kummer, aber statt Ihn zu trösten, verwundeten sie ihn durch ihr Verhalten und ihre Worte. So quälten sie Sein empfindsames Wesen, missverstanden Seine Beweggründe und begriffen Sein Wirken nicht. Seine Brüder stützten sich oft auf die Lehrmeinungen der Pharisäer, die fadenscheinig und veraltet waren, und maßten sich an, den etwas lehren zu können, der alle Wahrheiten verstand und alle Geheimnisse durchschaute. Sie verdammten einfach, was sie nicht verstehen konnten. Ihre Vorwürfe verletzten Jesus tief. Seine Seele war beschwert und voll Kummer. Sie bekannten offen ihren Glauben an Gott und dachten, für Gott einzutreten. Dabei war Er unter ihnen als Mensch, aber sie erkannten Ihn nicht. Das alles machte Seinen Weg dornig.

Christus litt so sehr unter dem Unverständnis Seiner Angehörigen, dass es für Ihn eine Erleichterung war, dorthin zu gehen, wo Er auf Verständnis stieß. Besonders ein Heim besuchte Er gerne – das Heim der Geschwister Lazarus, Maria und Martha. In der Atmosphäre ihres Glaubens und ihrer Liebe fand Sein Geist Ruhe. Doch niemand auf der Erde konnte Seinen göttlichen Auftrag wirklich begreifen oder die Last nachempfinden, die Er für die Menschheit trug. Deshalb fand Er Stärkung oftmals im Alleinsein und in der Zwiesprache mit Seinem himmlischen Vater.

Wer immer um Christi willen leiden muss und sogar in seiner eigenen Familie auf Verständnislosigkeit und Misstrauen stößt, kann sich damit trösten, dass Jesus das Gleiche ertragen hat und mit ihm fühlt. Er bietet uns an, mit Ihm Gemeinschaft zu pflegen und uns dort zu erquicken, wo auch Er Erleichterung fand – in der Verbundenheit mit dem Vater.

Alle, die Christus als ihren persönlichen Heiland annehmen, sind keine verlassenen Waisen, die die Anfechtungen des Lebens allein durchstehen müssen. Er nimmt sie als Mitglieder in die himmlische Familie auf und bittet sie, Seinen Vater auch ihren Vater zu nennen. Sie sind Seine »Kleinen«; dem Herzen Gottes wertvoll und mit Ihm durch die innigsten und festesten Bande verknüpft. Er liebt sie mit überaus großer Warmherzigkeit, ja, weit mehr, als unsere Väter und Mütter uns in unserer Hilflosigkeit geliebt haben. So hoch erhaben ist das Göttliche über dem Menschlichen.

In den Gesetzen wurde Israel ein herrliches Bild über das Verhältnis Christi zu Seinem Volk gegeben. Wenn ein Hebräer durch Armut gezwungen war, sich vom Besitz seiner Väter zu trennen und sich als Sklave zu verkaufen, dann war es die Pflicht des nächsten Blutsverwandten ihn und seiner Väter Gut wieder einzulösen. vgl. 3.Mose 25,25.47-49; Ruth 2,20

So übernahm Christus die Aufgabe, uns und unser durch die Sünde verlorenes Erbteil einzulösen, denn Er ist mit uns verwandt. Er wurde unser Bruder, um uns zu erlösen. Der Herr, unser Heiland, steht uns näher als Vater, Mutter, Bruder, Freund oder Geliebter. Er spricht: »Fürchte dich nicht, denn ich habe dich erlöst; ich habe dich bei deinem Namen gerufen; du bist mein! ... Weil du kostbar bist in meinen Augen, wertvoll für mich, und ich dich liebgewonnen habe, darum gebe ich Länder als Lösegeld für dich hin und Völker für dein Leben.« Jesaja 43,1.4; Menge

Christus liebt die himmlischen Wesen, die Seinen Thron umgeben. Doch wie lässt sich die große Liebe erklären, mit der Er uns geliebt hat? Wir können sie nicht verstehen, wohl aber durch persönliche Erfahrung kennen lernen.

Wenn wir an dem verwandtschaftlichen Verhältnis zu Christus festhalten, wie herzlich sollten wir dann mit jenen umgehen, die auch Seine Brüder und Schwestern sind! Sollten wir nicht unverzüglich unseren Anspruch auf verwandtschaftliche Beziehung zu Gott anerkennen? Sollten wir, da wir in die Familie Gottes aufgenommen sind, nicht unseren himmlischen Vater und unsere geistlichen Schwestern und Brüder ehren?

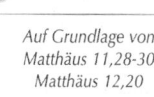

KAPITEL 34

*Auf Grundlage von
Matthäus 11,28-30
Matthäus 12,20*

DIE EINLADUNG

»**K**ommt her zu mir alle, die ihr mühselig und beladen seid; ich will euch erquicken.« Matthäus 11,28 Diese trostvollen Worte richtete Jesus an die Menschen, die Ihm nachfolgten. Jesus hatte gesagt, dass sie nur durch Ihn Gott erkennen könnten und auch davon gesprochen, dass Seinen Jüngern die Kenntnis über himmlische Dinge gegeben worden war. Aber Er ließ niemanden spüren, von Seiner Fürsorge und Liebe ausgeschlossen zu sein. Alle Mühseligen und Beladenen dürfen sich Ihm nahen.

Schriftgelehrte und Rabbiner spürten trotz ihrer überaus genauen Einhaltung religiöser Zeremonien einen Mangel, der durch Bußübungen nie gestillt werden konnte. Zöllner und Sünder mochten so tun, als befriedige sie das Sinnliche und Diesseitige, während ihre Herzen von Angst und Zweifel erfüllt waren. Jesus schaute auf die Betrübten und Bedrückten, deren Hoffnungen erstickt waren und die nun durch weltliche Freuden ihren Seelenhunger stillen wollten. Sie alle lud Jesus ein, in Ihm Frieden zu finden. Voller Güte bat Er die Mühseligen: »Nehmt auf euch mein Joch und lernt von mir; denn ich bin sanftmütig und von Herzen demütig; so werdet ihr Ruhe finden für eure Seelen.« Matthäus 11,29 Mit diesen Worten spricht Christus jeden Menschen an. Ob wir uns dessen bewusst sind oder nicht, jeder von uns ist müde und schwer beladen und von Belastungen niedergedrückt, die nur Christus uns abnehmen kann. Die schwerste Last, die wir zu tragen haben, ist die Last der Sünde. Wenn wir sie tragen müssten, würde sie uns erdrücken. Stattdessen ist der Sündlose an unsere Stelle getreten. »Der Herr warf unser aller Sünde auf ihn.« Jesaja 53,6

Christus hat die Bürde unserer Schuld auf sich genommen. Er will die Last von unseren müden Schultern nehmen und uns Ruhe schenken. Auch die Last unserer Sorgen und Trübsale will Er tragen. Er lädt uns ein, alle unsere Sorge auf Ihn zu werfen, denn Er trägt uns auf Seinem Herzen.

Der Erstgeborene des Menschengeschlechts befindet sich am Thron des Ewigen. Er schaut auf jeden, der sich Ihm als Erlöser zuwendet. Er kennt aus eigener Erfahrung die menschlichen Schwächen und somit auch unsere Bedürfnisse. Er weiß, wo wir besonders angefochten sind, denn Er wurde in allem genauso versucht wie wir – doch ohne Sünde.

Verzagtes Kind Gottes, Er wacht über dir! Macht die Sünde dir zu schaffen? Er macht dich frei. Bist du zu schwach? Er will dich stärken. Bist du zu unwissend? Er will dich erleuchten. Bist du verletzt worden? Er möchte dich heilen. Der Herr »zählt die Sterne.« Ps. 147,4 Ja, »er heilt, die zerbrochenen Herzens sind, und verbindet ihre Wunden.« Ps. 147,3 Er lädt dich ein: »Kommt her zu mir.« Matth. 11,28

Erzählt eure Anliegen dem Herrn, was immer euch ängstigt und bedrängt. Ihr werdet mit neuem Lebensmut beseelt. Der Weg wird geebnet sein, um euch von den Hindernissen und Schwierigkeiten zu befreien. Je schwächer und hilfloser ihr euch fühlt, desto stärker werdet ihr in der Kraft Christi werden. Je schwerer eure Lasten sind, desto wohltuender wird der Friede sein, wenn ihr diese auf den großen Lastenträger geworfen habt. Die Ruhe, die Christus verheißt, hängt von konkret benannten Bedingungen ab. Sie sind so formuliert, dass jeder sie erfüllen kann. Jesus sagt uns genau, wie wir »seine Ruhe« finden können.

»Nehmt auf euch mein Joch.« Matthäus 11,29 Das Joch ist ein Hilfsmittel für die Arbeit. Zugtiere werden zur Arbeit ins Joch gespannt. Erst durch das Joch vollbringen sie eine gute Leistung. Christus lehrt uns dadurch, dass wir berufen sind, zeitlebens zu dienen. Als Seine Mitarbeiter sollen wir Sein Joch auf uns nehmen. Das Joch, das uns zum Dienst verpflichtet, ist das Gesetz Gottes. Das erhabene Gesetz der Liebe, das im Paradies offenbart, auf Sinai verkündet und im Neuen Bund ins Herz geschrieben wurde. Es bindet den menschlichen Arbeiter an den Willen Gottes. Wäre es uns überlassen, unseren eigenen Neigungen zu folgen und dorthin zu gehen, wohin wir gerne wollen, dann blieben wir in den Fallstricken Satans hängen und trügen seine Merkmale. Deshalb setzt Gott uns Grenzen durch Seinen Willen, der stark, edel und erhaben ist. Er möchte, dass wir die Aufgaben unseres Dienstes geduldig und weise ausführen. Christus selbst hat als Mensch das Joch des Dienstes getragen. Er sprach: »Deinen Willen, mein Gott, tue ich gern, und dein Gesetz hab ich in meinem Herzen.« Psalm 40,9 »Ich bin vom Himmel gekommen, nicht damit ich meinen Willen tue, sondern den Willen dessen, der mich gesandt hat.« Johannes 6,38 Liebe zu Gott, Eifer für Seine Ehre und Liebe zu der gefallenen Menschheit brachten Jesus auf die Erde, um zu leiden und zu sterben. Das war die treibende Kraft Seines Lebens. Uns bittet Er, ebenfalls nach diesem Grundsatz zu handeln.

Viele Menschen drückt ihre Sorgenlast, weil sie versuchen, mit dem Lebensstil der Welt mitzuhalten. Sie haben sich dieser Art zu leben angepasst, finden sich mit deren Verworrenheiten ab und eignen sich deren Spielregeln an. Dadurch wird ihr Charakter verdorben, und sie werden ihres Lebens überdrüs-

sig. Um ihre Begierden und weltlichen Lüste zu befriedigen, verletzen sie ihr Gewissen und bringen sich zusätzlich in Gewissensnöte. Die ständige innere Zerrissenheit reibt ihre Lebenskräfte auf. Unser Herr wünscht, dass sie dieses Joch der Sklaverei ablegen, und Er lädt sie ein, Sein Joch auf sich zu nehmen. Er sagt: »Mein Joch ist sanft, und meine Last ist leicht.« Matthäus 11,30 Er bittet sie, zuerst nach dem Reich Gottes und seiner Gerechtigkeit zu trachten und verspricht ihnen, dass sie dann alle lebensnotwendigen Dinge erhalten werden. Sorge macht blind gegenüber der Zukunft, Jesus aber sieht das Ende von Anfang an. In jeder Schwierigkeit hat Er einen Ausweg bereit. Unser himmlischer Vater hat tausend Wege für uns vorgesehen, von denen wir nichts ahnen. Wer dem Dienst und der Ehre Gottes oberste Priorität einräumt, der wird erleben, dass die Schwierigkeiten schwinden und sich vor ihnen ein ebener Pfad ausbreitet. Jesus sagt: »Lernt von mir; denn ich bin sanftmütig und von Herzen demütig; so werdet ihr Ruhe finden.« Matthäus 11,29

Wir sollen in die Schule Christi gehen und Sanftmut und Demut von Ihm lernen. Erlösung ist jenes Geschehen, durch das die Seele für den Himmel vorbereitet wird. Diese Ausbildung umfasst die Erkenntnis Christi. Sie bedeutet Befreiung von Gedanken, Gewohnheiten und Handlungen, die man sich in der Schule des Fürsten der Finsternis angeeignet hat. Die Seele muss von allem frei werden, was der Treue zu Gott entgegensteht. Im Herzen Christi, in dem vollkommene Harmonie mit Gott herrschte, wohnte echter Friede. Weder machte Ihn Beifall übermütig, noch ließen Ihn Kritik und Enttäuschung mutlos werden. Selbst inmitten stärksten Widerstandes und grausamster Behandlung war Er immer noch guten Mutes. Viele jedoch, die Seine Nachfolger zu sein behaupten, haben ein ängstliches und ruheloses Herz, weil sie Angst davor haben, ihr Vertrauen auf Gott zu setzen. Sie liefern sich Ihm nicht völlig aus, weil sie vor den Konsequenzen zurückschrecken, die solch eine Hingabe haben könnte. Wer dies jedoch nicht aufbringt, findet keinen Frieden.

Eigenliebe bringt Unruhe mit sich. Sind wir aber von Gott neu geboren, ist der gleiche Geist in uns, der auch in Jesus war und Ihn dazu bewegte, sich selbst zu erniedrigen, damit wir selig würden. Wir sollen nicht nach der höchsten Position streben, sondern gern zu den Füßen Jesu sitzen, um von Ihm zu lernen. Wir müssen begreifen, dass der Sinn unseres Dienstes nicht darin besteht, uns selbst in den Vordergrund zu spielen und großes Aufsehen zu erregen, auch nicht darin, aus eigener Kraft aktiv zu sein. Der Wert unserer Arbeit hängt davon ab, wie weitgehend sich uns der Heilige Geist mitteilt. Gottvertrauen heiligt die Gedankenwelt und verhilft uns dazu, geduldig zu sein.

Man spannt Ochsen ins Joch, um sie beim Ziehen der Wagenladung zu unterstützen und ihnen die Last zu erleichtern. Genauso ist es mit dem Joch Christi. Ist unser Wille im Willen Gottes aufgegangen und setzen wir

Seine Gaben zum Segen für andere ein, dann werden wir die Last des Lebens als leicht empfinden. Wer in den Geboten Gottes wandelt, tut es gemeinsam mit Christus, und in Seiner Liebe findet das Herz Ruhe.

Als Mose betete: »Lass mich deinen Weg wissen, damit ich dich erkenne«, antwortete der Herr: »Mein Angesicht soll vorangehen; ich will dich zur Ruhe leiten.« 2.Mose 33,13f Von den Propheten kam die Botschaft: »So spricht der Herr: Tretet hin an die Wege und schaut und fragt nach den Wegen der Vorzeit, welches der gute Weg sei, und wandelt darin, so werdet ihr Ruhe finden für eure Seele!« Jeremia 6,16 Weiter spricht der Herr: »O dass du auf meine Gebote gemerkt hättest, so würde dein Friede sein wie ein Wasserstrom und deine Gerechtigkeit wie Meereswellen.« Jesaja 48,18

Alle, die Christus beim Wort nehmen und Ihm ihre Herzen übergeben, dass Er sie bewahre, und ihr Leben, dass Er es ordne, werden Ruhe und Frieden finden. Nichts auf der Welt kann sie betrüben, wenn Jesus sie durch Seine Gegenwart froh macht. Ganze Hingabe ergibt völligen Frieden. Der Herr verheißt: »Wer festen Herzens ist, dem bewahrst du Frieden; denn er verlässt sich auf dich.« Jesaja 26,3 Unser Leben mag einem unentwirrbaren Knäuel ähneln. Wenn wir uns aber dem erfahrenen Meister anvertrauen, wird Er es zu Seiner Ehre in ein vorbildliches Leben und ebensolchen Charakter umformen, der die Herrlichkeit und damit das Wesen Christi widerspiegelt. Er wird im Paradies Gottes willkommen geheißen werden. Solche Menschen werden in »weißen Kleidern« mit dem Herrn wandeln, »denn sie sind's wert.« Offenbarung 3,4

Gehen wir durch Christus zur Ruhe ein, dann fängt der Himmel schon hier auf Erden an. Folgen wir Seiner Einladung: »Kommt ... und lernt von mir«, dann beginnt für uns das ewige Leben. »Himmel« bedeutet nichts anderes als ein ständiges Näherkommen zu Gott durch Christus. Je länger wir jetzt schon das himmlische Glück erleben, desto mehr wird uns davon zugänglich sein. Je mehr wir Gott erkennen, desto glücklicher werden wir sein. Gehn wir jetzt mit Jesus, so werden wir von Seiner Liebe erfüllt. Bei Ihm wird uns nichts fehlen.

Schon jetzt können wir so viel von Gott empfangen, wie unsere menschliche Natur ertragen kann, aber was ist das im Vergleich mit der Ewigkeit? Die Erlösten sind »vor dem Thron Gottes und dienen ihm Tag und Nacht in seinem Tempel; und der auf dem Thron sitzt, wird über ihnen wohnen. Sie wird nicht mehr hungern noch dürsten; es wird auch nicht auf ihnen lasten die Sonne oder irgendeine Hitze; denn das Lamm mitten auf dem Thron wird sie weiden und leiten zu den Quellen des lebendigen Wassers, und Gott wird abwischen alle Tränen von ihren Augen.« Offenbarung 7,15-17

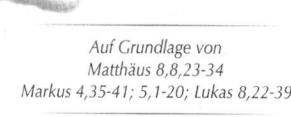

KAPITEL 35

*Auf Grundlage von
Matthäus 8,8,23-34
Markus 4,35-41; 5,1-20; Lukas 8,22-39*

»*SCHWEIG* UND *VERSTUMME!*«

Ein ereignisreicher Tag im Leben Jesu auf Erden war zu Ende gegangen. Am See Genezareth hatte Er Seine ersten Gleichnisse erzählt und durch sinnreiche Vergleiche aus der Natur das Wesen Seines Reiches und die Art und Weise Seines Kommens erklärt. Er hatte Seine Arbeit mit der eines Sämanns verglichen – die Entwicklung Seines Reiches mit dem Wachsen eines Senfkorns und der Wirkung des Sauerteiges in einem Scheffel Mehl. Die Trennung der Gerechten von den Gottlosen am Jüngsten Tag hatte Er durch die Gleichnisse vom Unkraut und Weizen und vom Fischnetz dargestellt. Das Wertvolle der Wahrheiten, die Er lehrte, hatte Er durch das Gleichnis von dem verborgenen Schatz und von der köstlichen Perle veranschaulicht, während Er im Gleichnis von dem Haushalter Seinen Jüngern zeigte, wie sie als Seine Stellvertreter arbeiten sollten.

Den ganzen Tag über hatte Er gelehrt und geheilt. Als es langsam Abend wurde, drängte sich die Menge noch immer um Ihn. Tagelang schon hatte Er sich um die Menschen gekümmert, ohne sich viel Zeit zum Essen und Ruhen zu gönnen. Die boshafte Kritik und die Verdrehungen der Pharisäer, womit sie Ihn beständig verfolgten, erschwerten Seine Tätigkeit sehr. Jetzt am Ende des Tages war Er so ermüdet, dass Er beschloss, sich an einen stillen Ort auf der anderen Seite des Sees zurückzuziehen. Am östlichen Ufer des Sees Genezareth gab es hier und da Ortschaften; dennoch wirkte es im Vergleich mit dem westlichen Ufer öde und wüst. Es wohnten dort mehr Heiden als Juden, und sie hatten nur wenig Kontakt mit Galiläa. So fand Jesus hier die gewünschte Abgeschiedenheit. Seine Jünger bat Er, Ihn dorthin zu begleiten.

Nachdem Jesus die Menge verabschiedet hatte, nahmen die Jünger Ihn direkt mit ins Boot und stießen eiligst vom Ufer ab. Doch sie blieben nicht allein. Andere Boote, die am Ufer lagen und schnell mit Menschen besetzt waren, folgten ihnen. Es gab noch viele, die Ihn sehen und hören wollten.

Endlich hatte der Heiland das Gedränge der Menge hinter sich. Überwältigt von Müdigkeit und Hunger, legte Er sich hinten ins Boot und schlief bald ein. Es war ein ruhiger, angenehmer Abend, und tiefe Stille lag über dem See. Plötzlich jedoch wurde es dunkel am Himmel. Der Wind blies ungestüm von den Bergklüften herab und fegte am östlichen Seeufer entlang – ein wilder Sturm brach los. Die Sonne war untergegangen, und die Finsternis der Nacht breitete sich über dem stürmischen See aus. Die von dem wütenden Wind zu Schaum gepeitschten Wellen stürzten mit aller Heftigkeit über dem Boot der Jünger zusammen und drohten es zu verschlingen. Die abgehärteten Fischer hatten ihr Leben auf dem See zugebracht und ihr Schifflein durch manchen Sturm sicher ans Ufer gebracht. Jetzt aber versagten ihre Kraft und ihre Geschicklichkeit. Sie waren hilflos in der Gewalt des Sturmes, und ihre Hoffnung wich, als sie sahen, dass das Boot voll Wasser schlug.

Ganz erfüllt von dem Bestreben, sich zu retten, hatten sie vergessen, dass Jesus an Bord war. Als sie aber merkten, dass ihre Rettungsarbeiten vergeblich waren und sie den sicheren Tod vor Augen hatten, erinnerten sie sich, auf wessen Wunsch sie über den See fuhren. Der Heiland war jetzt ihre einzige Hoffnung. In ihrer Hilflosigkeit und Verzweiflung schrien sie: »Meister! Meister!« Lukas 8,24 Aber die dichte Finsternis verbarg Ihn vor ihren Augen. Ihre Stimmen wurden von dem Heulen des Sturmes übertönt – es kam keine Antwort. Zweifel und Angst überfielen sie. Hatte Jesus sie verlassen? War Er, der Krankheiten und Dämonen, ja sogar den Tod besiegt hatte, jetzt machtlos, seinen Jüngern zu helfen? Achtete er nicht auf ihre Not?

Sie rufen noch einmal. Wieder keine Antwort. Nur das Heulen des Sturmes ist zu vernehmen. Schon beginnt das Schiff zu sinken. Noch einen Augenblick und die gierigen Wellen werden sie verschlungen haben.

Plötzlich erhellt ein Blitzstrahl die Finsternis, und da sehen die Jünger ihren Herrn ruhig schlafen. Bestürzt und verzweifelt rufen sie: »Meister, fragst du nichts danach, dass wir umkommen?« Markus 4,38 Wie kann Er so friedlich schlafen, während sie in Gefahr sind und mit dem Tod kämpfen!

Ihr Schreien weckt schließlich den Herrn. Ein neuer Blitz erhellt Seine Gestalt, und die Jünger erkennen staunend den himmlischen Frieden auf Seinem Angesicht und lesen in Seinem Blick selbstvergessene, hingebungsvolle Liebe. Ihre Herzen wenden sich Ihm zu, und sie stammeln: »Herr, hilf uns, wir kommen um!« Noch nie ist solch ein Rufen unbeachtet geblieben.

Die Jünger ergreifen noch einmal ihre Ruder, um einen letzten Rettungsversuch zu unternehmen. Da erhebt sich der Herr. Er steht mitten unter den Jüngern, während der Sturm weiter wütet. Die Wellen schlagen über sie hinweg, und Blitze erleuchten des Meisters Angesicht. Er erhebt seine Hand, die schon so oft Werke der Barmherzigkeit getan hat, und gebietet dem stür-

mischen See: »Schweig und verstumme!«

Der Sturm hört auf. Die Wogen legen sich. Die Wolken weichen, und Sterne leuchten hervor. Das Schiff gleitet wieder auf dem ruhig gewordenen See dahin. Jesus aber wendet sich an Seine Jünger und sagt traurig zu ihnen: »Was seid ihr so furchtsam? Habt ihr noch keinen Glauben?« Markus 4,40 Bedrücktes Schweigen befiel die Jünger. Selbst Petrus wagte es vor Scheu nicht, das auszusprechen, was ihn erfüllte. Die Schiffe, die mitfuhren, um den Heiland zu begleiten, waren in derselben Gefahr gewesen wie das Boot der Jünger. Schrecken und Verzweiflung hatten alle ihre Insassen ergriffen, doch Jesu Befehl stillte alle Aufregung. Die Gewalt des Sturmes hatte die Boote zusammengetrieben und so erlebten alle das Wunder mit. Durch die Stille, die nun dem Sturm folgte, war alle Angst schnell vergessen, und die Leute sprachen untereinander: »Was ist das für ein Mann, dass ihm Wind und Meer gehorsam sind?« Matthäus 8,27

Als Jesus geweckt wurde, um dem Sturm zu begegnen, bewies Er vollkommenen Frieden. Wort und Blick verrieten nicht eine Spur von Angst, denn Sein Herz war frei davon. Nicht weil Er Allmacht besaß, nicht als Herr der Erde, des Himmels und der Meere bewahrte Er diese Ruhe, denn jene Macht hatte Er niedergelegt. Er sagte: »Ich kann nichts von mir aus tun.« Johannes 5,30 Er vertraute aber der Macht Seines Vaters. Er ruhte völlig im Glauben – im Glauben an die Liebe und Fürsorge Gottes. Die Macht des Wortes, die den Sturm stillte, war die Macht Gottes.

Wie Jesus sich im Glauben in der Liebe des Vaters geborgen fühlte, so sollen wir uns in der Fürsorge des Heilandes geborgen wissen. Hätten die Jünger dem Herrn vertraut, dann hätten sie auch ihren Frieden bewahrt. Durch ihre Furcht in der Stunde der Gefahr bekundeten sie jedoch Unglauben. In ihrer Bemühung, sich selbst zu retten, vergaßen sie Jesus. Erst als sie an sich selbst verzweifelten und sich an Ihn wandten, konnte Er ihnen helfen. Wie oft ist die Erfahrung der Jünger auch unsere! Wenn sich die Stürme der Versuchung über uns zusammenbrauen, wenn grelle Blitze zucken und die Wogen der Verzweiflung über uns hinwegfegen, dann kämpfen wir mit unserer Not allein und vergessen, dass es jemanden gibt, der uns helfen kann. Wir vertrauen unserer eigenen Kraft, bis uns alle Hoffnung verlässt und wir dem Verderben nahe sind. Dann erst denken wir an den Heiland, und wenn wir Ihn im Glauben anrufen, wird es nicht vergebens sein. Obwohl Er betrübt unseren Unglauben und die Selbstsucht tadelt, schenkt Er uns bereitwillig die Hilfe, die wir nötig haben.

Wo wir auch sein mögen, auf dem Land oder auf dem Meer, so brauchen wir uns nicht zu fürchten, wenn wir Jesus im Herzen haben. Ein lebendiger Glaube an Ihn wird das unruhige Meer des Lebens beruhigen und uns aus der Gefahr befreien in einer Weise, von der er weiß, dass sie die beste ist. Das Stillen des Sturms enthält noch eine weitere geistliche Lehre. Die Erfahrung jedes Menschen bestätigt die Wahrheit des Schriftwortes: »Die Gottlosen sind wie das ungestüme Meer, das nicht still sein kann ... Die Gottlosen haben keinen Frieden, spricht mein Gott.« Jesaja 57,20f Die Sünde hat unseren Frieden zerstört. Solange unser Ich nicht bezwungen ist, finden wir keine Ruhe. Die mächtigen Leidenschaften des Herzens vermag keine menschliche Macht unter Kontrolle zu bringen. Wir sind da so hilflos, wie die Jünger machtlos waren, den Sturm zu stillen. Doch der Herr, der den Wellen des Sees Genezareth gebot, hat Worte des Friedens für jeden Menschen. Wie heftig der Sturm auch sein mag, wer zu Jesus ruft: »Herr, errette mich!«, wird Rettung finden! Christi Gnade versöhnt die Seele mit Gott und lässt die menschliche Leidenschaft zur Ruhe kommen. In Jesu Liebe wird unser Herz still. Er »stillte den Sturm, dass er schwieg und die Wellen sich beruhigten; und jene freuten sich, dass sie sich legten und er führte sie zum ersehnten Hafen.« Psalm 107,29f »Da wir nun gerecht geworden sind durch den Glauben, haben wir Frieden mit Gott durch unsern Herrn Jesus Christus.« Römer 5,1 »Der Gerechtigkeit Frucht wird Friede sein, und der Ertrag der Gerechtigkeit wird ewige Stille und Sicherheit sein.« Jesaja 32,17

In den frühen Morgenstunden, als gerade das Licht der aufgehenden Sonne wie ein Friedensgruß Land und See berührte, kam der Heiland mit den Jüngern ans Ufer. Kaum aber hatten sie das Land betreten, als sich ihnen ein Anblick bot, der schrecklicher war als das Wüten des Sturmes. Aus einem Versteck zwischen den Gräbern stürzten sich zwei Irrsinnige auf sie, als wollten sie sie in Stücke reißen. An ihren Füßen hingen noch Glieder von Ketten, die sie gesprengt hatten. Sie hatten blutende Wunden, die von den scharfen Steinen herrührten. Ihre Augen stierten wild unter dem langen, wirren Haar und alles Menschliche schien ihnen von den Dämonen, die in ihnen wohnten, genommen zu sein. Sie sahen mehr wilden Tieren ähnlich als Menschen.

Die Jünger und andere Begleiter des Herrn flohen vor Schreck. Bald aber bemerkten sie, dass Christus nicht bei ihnen war. Sie schauten sich um und sahen ihren Herrn dort stehen, wo sie Ihn verlassen hatten. Der den Sturm gestillt, der schon früher Satan begegnet war und ihn besiegt hatte, floh nicht vor diesen bösen Geistern. Die Wahnsinnigen hatten sich zähneknirschend und vor Wut schäumend dem Herrn genähert. Da erhob Jesus die Hand, die den wilden Wogen Ruhe geboten hatte, und die Männer vermochten nicht, näher zu kommen. Sie standen tobend, aber hilflos vor Ihm.

Mit Autorität gebot er nun den unreinen Geistern, aus diesen Männern auszufahren. Seine Worte durchdrangen die umnachteten Sinne der Unglücklichen, und sie erkannten, wenn auch noch schwach, die Gegenwart des Einen, der sie von den bösen Geistern befreien konnte. Sie fielen dem Heiland zu Füßen, Ihn anzubeten. Als sie jedoch die Lippen öffneten, um

Seine Gnade zu erflehen, sprachen die Dämonen aus ihnen und schrien Ihn ungestüm an: »Was willst du von uns, du Sohn Gottes? Bist du hergekommen, uns zu quälen, ehe es Zeit ist?« Matthäus 8,29

Jesus fragte den einen: »Wie heißt du?« Und die Antwort war: »Legion heiße ich; denn wir sind viele.« Markus 5,9 Diese unglücklichen Männer wurden von Dämonen als Sprachrohr benutzt, Jesus anzuflehen, sie nicht aus dem Land zu vertreiben. Nicht weit davon, am Abhang eines kleinen Berges, weidete eine Herde Säue. In diese wollten die Dämonen fahren. Jesus erlaubte es ihnen, und sofort wurde die Herde von panischem Schrecken ergriffen. Die Säue rasten wild die Klippen hinunter, stürzten sich, da sie ihre Richtung nicht ändern konnten, in den See und ertranken.

Inzwischen war mit den Besessenen eine wunderbare Veränderung vor sich gegangen; es war licht geworden in ihrem Geist, die Augen blickten klug und verständig. Die bisher zum Bild Satans entstellten Gesichter wurden sanft und die blutbefleckten Hände ruhig. Mit freudiger Stimme lobten sie Gott für ihre Errettung aus dieser Not.

Die Schweinehirten hatten von den Klippen aus alles gesehen, was passiert war und eilten davon, um die Nachricht von dem Vorfall ihrem Herrn und allen Leuten zu erzählen. Ängstlich und bestürzt strömten die Bewohner der ganzen Gegend zu Jesus. Die beiden Besessenen hatten die ganze Umgebung terrorisiert. Niemand war seines Lebens sicher gewesen, denn sie hatten sich mit der Wut von Dämonen auf jeden gestürzt, der vorüberging. Nun waren sie wieder gesittet und vernünftig und saßen zu den Füßen Jesu. Sie lauschten Seinen Worten und ehrten den Namen dessen, der sie gesund gemacht hatte. Doch die Menschen, die all dies erlebten, freuten sich nicht mit ihnen. Der Verlust der Schweine schien ihnen mehr zu bedeuten als die Befreiung dieser Gefangenen Satans. Es war ein Akt göttlicher Gnade, dass dieser Verlust die Tierhalter getroffen hatte. Sie waren ganz erfüllt von ihren irdischen Belangen und kümmerten sich nicht um ihr geistliches Wohl. Jesus wollte ihre Gleichgültigkeit brechen, damit sie Seine Gnade annehmen möchten, doch die Trauer und Entrüstung über den Verlust der Herde machten sie blind gegenüber der göttlichen Gnade. Die Bekundung einer übernatürlichen Macht beflügelte den Aberglauben der Menschen und weckte die Befürchtung, dass noch weitere Unglücksfälle folgen könnten, solange dieser Fremdling unter ihnen weilte. Sie befürchteten finanziellen Schaden und beschlossen, Ihn lieber loszuwerden. Die Leute, die Jesus über den See begleitet hatten, erzählten alles, was in der vergangenen Nacht geschehen war. Sie berichteten von ihrer Gefahr im Sturm und davon, wie Jesus Wind und Meer beruhigt hatte. Aber alle ihre Berichte blieben ohne Wirkung. Von Furcht erfüllt drängte sich die Menge um

Jesus und bat Ihn, diese Gegend zu verlassen. Jesus hielt sich daran, bestieg wieder das Boot und fuhr zum gegenüberliegenden Ufer.

Die Bewohner der Gegend um Gergesa hatten einen direkten Beweis von Jesu Macht und Gnade vor sich. Sie sahen die Männer, die ihren Verstand wiedererlangt hatten, und doch fürchteten sie über alles, ihre irdischen Interessen zu gefährden. Das veranlasste sie, Jesus, der vor ihren Augen den Fürsten der Finsternis verbannt hatte, wie einen Eindringling zu behandeln und die Gabe des Himmels auszuschließen. Es besteht heute nicht mehr die Gelegenheit, den Heiland als Mensch abzuweisen, wie es die Gerasener taten, aber es gibt immer noch viele, die sich weigern, Seinem Wort zu gehorchen, besonders dann, wenn dieser Gehorsam die Aufopferung irgendwelcher irdischen Vorteile einschließen würde. Sie verwerfen Seine Gnade und weisen Seinen Geist von sich, damit Seine Gegenwart ihnen keinen materiellen Verlust bringe.

Wie ganz anders empfanden es die beiden Geheilten! Sie wünschten die Gesellschaft ihres Erlösers, denn bei Ihm fühlten sie sich geborgen vor den bösen Geistern, die sie gequält und ihre besten Kräfte geraubt hatten. Als Jesus wieder das Boot besteigen wollte, blieben sie ganz nahe bei Ihm, knieten vor Ihm nieder und baten darum, bei Ihm bleiben zu dürfen, um immer Seinen Worten lauschen zu können. Doch der Herr gebot ihnen, nach Hause zu gehen und dort zu erzählen, was Er Großes für sie getan hat.

Hier gab es Arbeit für sie. Sie sollten in ihr heidnisches Heim zurückgehen und von den Segnungen erzählen, die sie von Jesus erhalten hatten. Es war schwer für sie, sich vom Heiland zu trennen, zumal sie wussten, welche großen Schwierigkeiten nun im Umgang mit ihren heidnischen Landsleuten auf sie zukommen würden. Ihre lange Trennung von der menschlichen Gesellschaft schien sie für die von Ihm empfohlene Aufgabe unfähig gemacht zu haben, doch sobald der Herr sie beauftragte, waren sie bereit, das zu tun.

Nicht nur ihren Angehörigen und Nachbarn erzählten sie von dem Wunderheiland, sie gingen vielmehr durch das ganze Gebiet der Zehn-Städte und berichteten überall von der errettenden Macht Jesu und beschrieben, wie Er sie von den bösen Geistern befreit hatte. So wurden sie durch ihr Missionswerk mehr gesegnet, als wenn sie zu ihrem eigenen Nutzen bei Jesus geblieben wären. Wenn wir die große Rettungsbotschaft selbst auch verbreiten helfen, werden wir dem Erlöser nähergebracht.

Die beiden vom Wahnsinn Geheilten waren die ersten Missionare, die der Herr in die Gegend der Zehn-Städte sandte, das Evangelium zu verkündigen. Nur kurze Zeit hatten sie das Vorrecht gehabt, die Lehren Jesu zu hören. Nicht eine einzige Predigt hatten sie von Ihm vernommen. Sie waren nicht in der Lage, das Volk zu belehren wie die Jünger, die täglich bei Jesus gewesen waren, aber sie bezeugten durch ihr persönliches Erlebnis, dass Jesus der Messias war. Sie konnten erzählen, was sie wussten, was sie von der Macht Christi gesehen, gehört und erlebt hatten. Dies kann jeder tun, dessen Herz von der göttlichen Gnade berührt worden ist.

Johannes, der Lieblingsjünger, schrieb: »Was von Anfang an war, was wir gehört haben, was wir gesehen haben mit unseren Augen, was unsere Hände betastet haben, vom Wort des Lebens ..., was wir gesehen und gehört haben, das verkündigen wir auch euch.« 1.Johannes 1,1-3

Als Zeugen Christi sollen wir weitergeben, was wir wissen, was wir selbst gesehen, gehört und empfunden haben. Wenn wir Jesus Schritt für Schritt gefolgt sind, dann werden wir auch etwas über den Weg erzählen können, den Er uns geführt hat. Wir können davon berichten, wie wir Seine Verheißungen erprobt und sie als zuverlässig gefunden haben. Wir können Zeugnis darüber geben, was wir von der Gnade Christi erfahren haben. Das ist das Zeugnis, zu dem der Herr uns aufruft und an dessen Mangel die Welt zugrunde geht.

Obwohl die Menschen von Gergesa Jesus nicht angenommen hatten, überließ Er sie nicht der Finsternis, die sie selbst gewählt hatten. Als sie Ihn baten, von ihnen zu gehen, hatten sie Seine Worte noch nicht gehört. Sie wussten nicht, wen sie da abwiesen. Darum sandte Er ihnen erneut das Licht, und zwar durch solche Boten, bei denen sie sich nicht weigern würden, zuzuhören.

Durch die Vernichtung der Schweine wollte Satan die Menschen vom Heiland ablenken und die Verkündigung des Evangeliums in diesem Gebiet verhindern. Aber gerade dieses Ereignis bewegte die Menschen mehr als irgendetwas anderes und lenkte ihre Aufmerksamkeit auf Christus. Der Heiland war zwar gegangen, aber zurück blieben als Zeugen Seiner Macht die Menschen, die Er geheilt hatte. Diejenigen, die Werkzeuge des Fürsten der Finsternis waren, wurden Kanäle des Lichts, Botschafter des Sohnes Gottes. Die Leute waren erstaunt, als sie von den wunderbaren Neuigkeiten hörten. Überall in diesem Gebiet standen die Türen dem Evangelium offen.

Als Jesus in das Gebiet der Zehn-Städte zurückkehrte, scharten sich die Menschen um Ihn, und drei Tage lang hörten nicht nur die Einwohner einer Stadt, sondern Tausende aus der ganzen Umgebung die Botschaft der Erlösung. Auch die Macht der Dämonen ist letztlich der Herrschaft unseres Heilandes unterworfen, und das Werk des Bösen wird um des Guten willen eingedämmt. Die Begegnung mit den Besessenen war für die Jünger sehr lehrreich. Sie zeigte ihnen die Tiefe der Entartung, in die Satan die ganze Menschheit zu stürzen versucht, dann aber auch die Aufgabe Christi, die Gefangenen aus Satans Macht zu befreien. Jene elenden Geschöpfe, die inmitten der Gräber hausten und, von bösen Geistern besessen, in ungezügelten Leidenschaften und [341/342] **267** ekelerregenden Neigungen geknechtet waren, bezeugen, was aus Menschen wird, wenn sie der satanischen Gewalt überlassen bleiben. Satans Einfluss wirkt dahingehend, die Sinne der Menschen zu verwirren, das Gemüt auf Böses zu lenken und zu Gewalttaten und Verbrechen anzustiften. Er schwächt den Körper, verdunkelt den Geist und entwürdigt die Seele. Wer die Einladung des Heilandes verwirft, begibt sich auf das Gebiet Satans.

Viele Menschen in jeder Lebensstellung, zuhause, im Geschäft und selbst in der Gemeinde, tun das heute. Darum haben Gewalttaten und Verbrechen auf Erden überhand genommen, und tiefe moralische Finsternis bedeckt wie mit einem Leichentuch die Wohnungen der Menschen. Durch seine lockenden Versuchungen verführt Satan zu immer größerer Sünde, bis völlige Entartung und Untergang die Folge sind. Der einzige Schutz vor dieser teuflischen Macht liegt in der Gegenwart Jesu. Vor Menschen und Engeln ist Satan als Feind und Verderber, Christus aber als des Menschen Freund und Erlöser offenbart worden.

Christi Geist wird solche Eigenschaften im Menschen entwickeln, die den Charakter veredeln und seinem Wesen zur Ehre gereichen. Er wird den Menschen heranbilden zur Verherrlichung Gottes an Körper, Seele und Geist. »Denn Gott hat uns nicht gegeben den Geist der Furcht, sondern der Kraft und der Liebe und der Besonnenheit.« 2.Timotheus 1,7 Er hat uns berufen, die »Herrlichkeit« – den Charakter – »unseres Herrn Jesus Christus« zu erlangen und gleich zu sein dem »Ebenbild seines Sohnes.« 2. Thessalonicher 2,14; Römer 8,29

Menschen, die zu Werkzeugen Satans herabgewürdigt worden sind, können immer noch durch die Kraft Christi zu Boten der Gerechtigkeit umgewandelt und von Christus hinausgesandt werden, um zu erzählen, »welch große Wohltat dir der Herr getan und wie er sich deiner erbarmt hat.« Markus 5,19

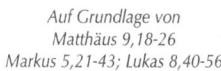

KAPITEL 36

Auf Grundlage von
Matthäus 9,18-26
Markus 5,21-43; Lukas 8,40-56

DIE *BERÜHRUNG* DES *GLAUBENS*

Als Jesus die Gegend der Zehn-Städte verlassen hatte und wieder zum westlichen Ufer des Sees zurückgekehrt war, wurde Er von einer großen Volksmenge erwartet, die Ihn freudig begrüßte. Er blieb noch einige Zeit dort am See, lehrte und heilte Kranke und begab sich in das Haus von Matthäus, wo Er mit Zöllnern beim Fest zusammentraf. Hier fand Ihn Jairus, der Oberste der Synagoge. Jairus kam in größter Not zu Jesus, warf sich Ihm zu Füßen und rief: »Meine Tochter liegt in den letzten Zügen; komm doch und lege deine Hände auf sie, damit sie gesund werde und lebe.« Markus 5,23

Jesus eilte sofort mit dem Obersten zu dessen Wohnung. Obwohl die Jünger schon oft Seine Werke der Barmherzigkeit gesehen hatten, waren sie doch überrascht, dass ihr Herr den Wunsch dieses hochmütigen Obersten so bereitwillig erfüllte. Sie begleiteten mit noch vielen anderen ihren Meister, ungeduldig und erwartungsvoll. Das Haus des Obersten war nicht weit. Aber Jesus und Seine Begleiter kamen nur langsam voran, denn die Menge drängte von allen Seiten. Trotz der Ungeduld des Vaters unterbrach Jesus aus Mitleid mit dem Volk Seinen Weg, heilte hier einen Leidenden und tröstete dort eine traurige Seele. Da drängte sich plötzlich ein Bote durch die Menge und teilte Jairus mit, dass seine Tochter gestorben sei und es nun nicht mehr notwendig sei, den Meister zu bemühen. Diese Worte hörte auch der Heiland, und Er sagte zu Jairus: »Fürchte dich nicht; glaube nur, so wird sie gesund!« Lukas 8,50

Jairus hielt sich enger an den Heiland, und gemeinsam eilten sie nun zum Sterbehaus. Die bestellten Klageweiber und Flötenspieler waren bereits vor Ort und erfüllten die Luft mit ihrem lauten Wehklagen. Die vielen Menschen und der Lärm bedrückten den Herrn. Er gebot ihnen zu schweigen und sagte: »Was lärmt und weint ihr? Das Kind ist nicht gestorben, sondern es schläft.« Markus 5,39 Die Menge war empört über die Worte des Fremden. Sie hatte doch den Tod des Mädchens selbst miterlebt. So wurden Jesu Worte verlacht. Er aber forderte die Juden auf, das Haus zu verlassen, nahm die Eltern des Mädchens und die Jünger Petrus, Jakobus und Johannes zu sich und ging mit ihnen in das Sterbezimmer. Jesus trat ans Krankenbett, nahm die Hand des Kindes und sagte in der in ihrem Haus geläufigen Sprache mit sanfter Stimme: »Mädchen, ich sage dir, steh auf!« Markus 5,41

Sofort kam Leben in die regungslose Gestalt des Mädchens. Der Puls begann wieder zu schlagen, die Lippen öffneten sich mit einem Lächeln, die Augen taten sich weit auf wie nach einem langen Schlaf. Das Mädchen blickte verwundert auf die Anwesenden. Sie stand auf, und die Eltern schlossen ihr Kind mit Tränen der Freude in den Augen in ihre Arme.

Auf dem Weg zum Haus des Obersten hatte Jesus eine arme Frau getroffen. Sie litt seit zwölf Jahren an einer Krankheit, die ihr das Leben zur Last machte. Ihr ganzes Vermögen hatte sie für Ärzte und Heilmittel ausgegeben, um schließlich doch als unheilbar erklärt zu werden. Sie schöpfte neue Hoffnung, als sie von den Wunderheilungen Jesu hörte und glaubte fest, dass sie geheilt würde, könnte sie nur zu Ihm kommen. So schleppte sie sich mühsam ans Ufer, wo Jesus lehrte und versuchte, durch die Menge hindurchzukommen – doch vergeblich. Erneut folgte sie Ihm, als Er aus dem Haus von Levi Matthäus kam. Und wieder schaffte sie es nicht, Ihn zu erreichen. Sie war schon ganz verzweifelt, als der Herr auf Seinem Weg durch die Menge in ihre Nähe kam.

Nun war die goldene Gelegenheit da: Die Frau befand sich in unmittelbarer Nähe des großen Arztes! Aber inmitten der Unruhe konnte sie nicht mit Ihm sprechen, ja kaum einen flüchtigen Blick auf Ihn werfen. Schon fürchtete sie, dass ihr diese einzigartige Gelegenheit, Hilfe zu erhalten, verloren gehen könnte. Mit aller Gewalt drängte sie sich noch weiter nach vorn und sagte zu sich selbst: »Wenn ich auch nur seine Kleider könnte anrühren, so würde ich gesund.« Markus 5,28 Als Jesus vorüberging, streckte sie die Hand aus, und es gelang ihr, den Saum Seines Gewandes zu berühren. Im gleichen Moment spürte sie, dass sie geheilt war. Sie hatte in diese eine Berührung ihren ganzen Glaubensmut gelegt, und sofort trat die Kraft vollkommener Gesundheit an die Stelle von Schmerz und Schwäche.

Mit dankbarem Herzen wollte sich die Frau wieder aus der Menge zurückziehen; aber Jesus blieb plötzlich stehen und die Menschen auch. Er drehte sich um und fragte mit einer Stimme, die aus dem Lärm der Menge klar herauszuhören war: »Wer hat mich berührt?« Lukas 8,45 Ein erstaunter Blick aus den Augen der Umstehenden war die stumme Antwort. Da Er in dem großen Gedränge, in dem Er sich seinen Weg bahnen musste, bald hier, bald da angestoßen wurde, wunderten sich die Leute sehr über Seine seltsame Frage.

Petrus, der immer bereit war zu sprechen, antwortete Jesus: »Meister, das Volk drängt und drückt dich.« Lukas 8,45 Jesus aber sprach: »Es hat mich jemand berührt; denn ich habe gespürt, dass eine Kraft von mir ausgegangen ist.« Lukas 8,46 Der Heiland konnte die Berührung des Glaubens von dem absichtslosen Anrühren im Gedränge unterschieden. Dieses gläubige Vertrauen sollte nicht ungewürdigt bleiben. Jesus wollte der demütigen Frau Worte des Trostes zusprechen, die ihr eine Quelle der Freude sein würden – Worte, die allen Seinen Nachfolgern bis zum Ende der Zeit zum Segen wären.

Jesus blickte auf die geheilte Frau und fragte, wer ihn angerührt habe. Sie musste erkennen, dass ein Verheimlichen unmöglich wäre, trat zitternd hervor, warf sich dem Herrn zu Füßen und erzählte unter Tränen der Dankbarkeit ihre Leidensgeschichte und wie sie Heilung gefunden hatte. Jesus sprach gütig zu ihr: »Meine Tochter, dein Glaube hat dir geholfen. Geh hin in Frieden!« Lukas 8,48 Er förderte damit nicht den Aberglauben, dass allein das einfache Berühren Seines Gewandes Heilung bewirke. Nicht durch äußerliche Berührung, sondern durch den Glauben, der Seine göttliche Macht erfasste, wurde die Frau geheilt. Die staunende Menge, die sich um Christus drängte, spürte nichts von Seiner Lebenskraft. Aber als die leidende Frau ihre Hand ausstreckte, um Ihn zu berühren, und dabei glaubte, dass sie geheilt werden würde, fühlte sie die heilende Wirkung. So ist es auch in geistlichen Dingen.

Gelegentlich ein religiöses Gespräch zu führen oder ohne inneres Verlangen und ohne lebendigen Glauben zu beten, nützt nichts. Ein bloßes Lippenbekenntnis zu Christus, das Ihn lediglich als den Erlöser der Welt anerkennt, kann niemals die Seele heilen. Der Glaube an die Erlösung ist eben nicht nur eine verstandesmäßige Zustimmung zur Wahrheit. Wer volle Erkenntnis erwartet, bevor er glauben will, kann nicht von Gott gesegnet werden. Es genügt nicht, das zu glauben, was wir über Jesus hören, wir müssen an Ihn glauben. Der einzige Glaube, der uns helfen kann, ist der: Jesus als persönlichen Heiland anzunehmen und sich Sein Verdienst aneignen. Vielen bedeutet der Glaube nur eine Meinung, aber der rettende Glaube ist ein Bündnis mit Gott, das jene eingehen, die den Herrn annehmen. Echter Glaube ist Leben. Ein lebendiger Glaube bedeutet stetige Zunahme an Kraft, ein zuversichtliches Vertrauen, wodurch die Menschenseele zu einer alles überwindenden Macht wird. Nachdem die Frau geheilt war, wollte Jesus gerne, dass sie den Segen würdigte, den sie erhalten hatte. Die Gaben, die das Evangelium anbietet, sollen nicht wie ein Raub gesichert und heimlich genossen werden. Der Herr fordert uns darum auf, Seine Güte zu bekennen. »Ihr seid meine Zeugen, spricht der Herr, dass ich Gott bin.« Jesaja 43,12

Unser Bekenntnis Seiner Treue ist das erwählte Mittel des Himmels, um der Welt Christus zu offenbaren. Wir sollen seine Gnade anerkennen, die durch die heiligen Menschen der alten Zeit bekannt gemacht wurde. Besonders wirksam aber ist das Zeugnis der eigenen Erfahrung. Wir sind soweit Zeugen Gottes, wie wir an uns selbst das Wirken der göttlichen Macht offenbaren. Jeder unterscheidet sich in seinem Leben von dem seiner Mitmenschen, und seine Erfahrung ist ganz anders als ihre. Gott wünscht, dass in unserem Lob, das zu Ihm aufsteigt, unsere eigene Persönlichkeit mitschwingt. Wird dieses kostbare Bekenntnis zum Lob Seiner herrlichen Gnade von einem wirklich christlichen Leben getragen, so hat es eine unwiderstehliche Macht, die für die Rettung von Menschenseelen wirkt.

Als die zehn Aussätzigen zum Herrn kamen, um geheilt zu werden, gebot Er ihnen, sich den Priestern zu zeigen. Auf dem Weg dorthin wurden sie geheilt. Aber nur einer kam wieder zurück, um Christus zu ehren. Die anderen gingen ihres Weges und vergaßen den, der sie gesund gemacht hatte. Wie viele handeln heute genauso! Der Herr wirkt ständig zum Besten der Menschheit. Er schenkt fortwährend aus Seiner Fülle und lässt die Kranken wieder gesund aufstehen. Er befreit Menschen aus Gefahren, die sie nicht erkennen. Er beauftragt himmlische Engel, Menschen vor Schwierigkeiten zu bewahren und sie zu beschützen »vor der Pest, die im Finstern schleicht, vor der Seuche, die am Mittag Verderben bringt.« Psalm 91,6 Aber das alles beeindruckt die Menschen nicht. Er hat alle Reichtümer des Himmels gegeben, um sie zu erlösen, und dennoch schätzen sie Seine große Liebe nicht. Durch Undankbarkeit verschließen sie ihre Herzen gegen die Gnade Gottes. Sie sind wie ein Dornstrauch in der Wüste und wissen nicht, dass ihnen etwas Gutes geschieht, und so bleiben sie »in der Dürre der Wüste, im unfruchtbaren Lande.« Jeremia 17,6

Es hilft uns, wenn wir jede Gabe Gottes in unserem Gedächtnis bewahren. Dadurch wird der Glaube gestärkt, immer mehr zu beanspruchen und zu empfangen. Es liegt eine größere Ermutigung für uns in dem Segen, den wir selbst von Gott erhalten, als in allen Berichten über göttliche Segnungen, die anderen geschenkt wurden. Die Seele, die sich der Gnade Gottes öffnet, wird wie ein bewässerter Garten sein. Ihre Gesundheit wird schnell zunehmen, ihr Licht wird in die Dunkelheit scheinen, und die Herrlichkeit des Herrn wird an ihr gesehen werden. Denkt darum an die göttliche Güte und an alle Seine zärtlichen Gnadenbeweise. Lasst uns – wie das Volk Israel – Steine der Dankbarkeit zum Zeugnis aufrichten und darauf die wertvolle Geschichte schreiben von dem, was Gott an uns getan hat. Indem wir überblicken, wie Er mit uns auf unserer Pilgerreise gehandelt hat, werden wir mit einem Herzen voller Dank sagen: »Wie soll ich dem Herrn vergelten all seine Wohltat, die er an mit tut? Ich will den Kelch des Heils nehmen und des Herrn Namen anrufen. Ich will meine Gelübde dem Herrn erfüllen vor all seinem Volk.« Psalm 116,12-14

KAPITEL 37

Auf Grundlage von
Matthäus Kapitel 10
Markus 6,7-11; Lukas 9,1-6

DIE ERSTEN EVANGELISTEN

Die Apostel hatten als Angehörige Jesu ihren Herrn durch ganz Galiläa begleitet. Sie hatten alle Lasten und Schwierigkeiten, die über sie kamen, mit Ihm geteilt. Sie hatten Seinen Unterweisungen gelauscht. Sie waren mit dem Sohn Gottes gewandert und hatten sich mit Ihm unterhalten. Aus Seinen täglichen Belehrungen wussten sie auch, wie sie ihre künftige Aufgabe an der Rettung der Menschheit erfüllen mussten. Immer, wenn der Heiland die Bedürfnisse der Volksmenge stillte, die sich um Ihn versammelte, waren die Jünger dabei und eifrig bemüht, dem Herrn bei der Erfüllung Seiner schweren Aufgabe beizustehen. Sie halfen bei der Organisation der Zuhörer mit, erklärten ihnen die heiligen Schriften und wirkten in verschiedener Weise für deren geistliches Wohl. Sie lehrten, was sie von Jesus gelernt hatten, und machten so täglich ihre Erfahrungen. Doch sie benötigten auch eine Erfahrung in selbstständiger Arbeit. Sie bedurften noch viel Unterweisung, große Geduld und Einfühlung. Christus sandte sie deshalb als Seine Stellvertreter hinaus, solange Er noch persönlich bei ihnen war. So konnte Er sie auf ihre Fehler und Mängel aufmerksam machen und ihnen mit Seinem weisen Rat zur Seite stehen.

Die Jünger ließen sich durch die Lehren der Priester und Pharisäer oft durcheinander bringen. Solange sie mit Jesus zusammen waren, konnten sie Ihm ihre Verlegenheit schildern, und Er zeigte ihnen den Unterschied zwischen Schriftwahrheit und Tradition. Dadurch hatte Er ihr Vertrauen auf Gottes Wort gestärkt und sie weitgehend von der Furcht vor den Rabbinern und den Fesseln der Überlieferung freigemacht. In der Ausbildung der Jünger war das Beispiel des Lebens Jesu bedeutend wirkungsvoller als ein rein theoretischer Unterricht. Als sie von Ihm getrennt waren, erinnerten sie sich an jeden Blick und an jedes Seiner Worte. Wie oft wiederholten sie in Diskussionen mit den Gegnern des Evangeliums diese Worte! Und wenn sie deren Wirkung auf das Volk sahen, waren sie hoch erfreut. Jesus rief die Zwölf zu sich und gebot ihnen, jeweils zu zweit in die Städte und Dörfer zu gehen. Keiner wurde allein ausgesandt, sondern es ging Bruder mit Bruder, Freund mit Freund. So konnten sie einander helfen, ermutigen, beraten und auch zusammen beten. Des einen Kraft vermochte die Schwäche des anderen auszugleichen. So wurden später auch die 70 ausgesandt. Es war des Herrn Wille, dass die Boten des Evangeliums in dieser Weise miteinander arbeiten sollten. Auch in unserer Zeit wäre die Evangeliumsarbeit viel erfolgreicher, wenn dieses Beispiel mehr beachtet würde. Die Botschaft der Jünger war dieselbe, die auch Johannes der Täufer und der Heiland selbst verkündigt hatten: »Das Himmelreich ist nahe herbei gekommen!« Matthäus 3,2 Sie sollten nicht mit den Leuten darüber streiten, ob Jesus von Nazareth der Messias sei, sondern in Seinem Namen die gleichen Werke tun, die Er auch getan hatte. Er gebot ihnen: »Macht Kranke gesund, weckt Tote auf, macht Aussätzige rein, treibt böse Geister aus. Umsonst habt ihr's empfangen, umsonst gebt es auch.« Matthäus 10,8

Während seines Dienstes nahm Jesus sich mehr Zeit für die Heilung der Kranken als fürs Predigen. Seine Wunder bezeugten die Wahrheit Seiner Worte, dass Er nicht gekommen sei, zu zerstören, sondern zu retten. Seine Gerechtigkeit ging vor Ihm her, und die Herrlichkeit des Vaters folgte Ihm. Wohin Er ging, die Nachricht von Seiner Barmherzigkeit eilte Ihm voraus. Und wo immer Er vorbeikam, erfreuten sich die Empfänger seines Erbarmens, der Gesundheit und Kraft. So sammelte sich das Volk um die Jünger, um aus ihrem Mund zu hören, was der Herr getan hatte. Jesu Stimme war für viele der erste Laut, den sie je gehört, Sein Name das erste Wort, das sie je gesprochen, und Sein Angesicht das erste, das sie je wahrgenommen hatten. Warum sollten sie Jesus nicht lieben und Sein Lob nicht verkündigen? Die Städte und Ortschaften, durch die Er reiste, erlebten Ihn wie einen lebendigen Strom, der Leben und Freude auf seinem Weg verbreitet.

Christi Nachfolger sollen auch so arbeiten wie Er. Indem wir Hungrige speisen, Nackte kleiden, Leidende und Bedrückte trösten, den Verzagten dienen und Hoffnungslose ermutigen, wird auch an uns die Verheißung erfüllt werden: »Deine Gerechtigkeit geht dir dann voraus und die Herrlichkeit des Herrn folgt dir nach!« Jesaja 58,8; NL Die Liebe Christi, die sich in selbstlosem Dienst zeigt, wird zur Besserung des Gottlosen wirkungsvoller sein als das Schwert oder das Gericht. Diese sind notwendig, um den Übertreter des Gesetzes zu treffen, aber ein liebevoller Evangelist kann mehr als das tun.

Oft verhärtet sich das Herz unter einer Zurechtweisung, die Liebe Christi aber wird ein Herz erweichen. Der Missionar kann nicht nur in körperlichen Nöten helfen, er kann vor allem den Sünder zu dem großen Arzt führen, der die Seele vom Aussatz der Sünde zu reinigen vermag. Es ist Gottes Wille, dass die Kranken, die Unglücklichen, die von bösen Geistern Besessenen seine Stimme durch seine Diener und Boten vernehmen sollen. Er will durch menschliche Werkzeuge ein Tröster sein, wie die Welt keinen besseren kennt. Die Jünger sollten auf ihrer ersten Missionsreise nur »zu den verlorenen Schafen aus dem Hause Israel« Matthäus 10,6 gehen. Hätten sie jetzt den Heiden oder Samaritern das Evangelium gepredigt, dann würden sie ihren Einfluss bei den Juden verloren haben. Sie hätten das Vorurteil der Pharisäer erregt und würden sich selbst in Auseinandersetzungen verwickelt haben, so dass sie gleich zu Beginn ihrer missionarischen Tätigkeit entmutigt worden wären. Selbst die Apostel konnten es kaum begreifen, dass das Evangelium allen Völkern gebracht werden musste. Ehe sie diese Wahrheit nicht selbst fassen und verstehen konnten, waren sie nicht genügend vorbereitet, unter den Heiden zu arbeiten. Wenn die Juden das Evangelium annehmen würden, sollten sie nach Gottes Willen als seine Boten zu den Heiden ziehen. Deshalb wurde ihnen die Botschaft vom Reich zuerst gebracht. Wo immer der Heiland wirkte, erkannten Menschen ihren bedürftigen Zustand und hungerten und dürsteten nach der Wahrheit. Die Zeit war gekommen, diesen suchenden Menschen das Evangelium Seiner Liebe zu verkündigen, und die Jünger sollten als Jesu Stellvertreter zu all denen gehen. So würden die Gläubigen dahin gebracht werden, sie als göttlich bevollmächtigte Lehrer anzusehen. Und wenn der Heiland von ihnen ginge, wären sie nicht ohne Lehrer zurückgelassen.

Auf dieser ersten Reise sollten die Jünger nur in die Ortschaften gehen, in denen Jesus schon gewesen war und sich dort Freunde erworben hatte. Die Vorbereitungen für die Reise sollten ganz einfach sein. Nichts durfte ihre Gedanken von der großen Aufgabe ablenken oder in irgendeiner Weise Widerspruch erregen oder gar die Tür zu weiterer Arbeit verschließen. Sie sollten nicht das Gewand der Religionslehrer tragen oder sich in ihrer Kleidung von den einfachen Landarbeitern unterscheiden. Sie sollten nicht in die Synagogen gehen und das Volk zum öffentlichen Gottesdienst zusammenrufen, sondern ihre Arbeit von Haus zu Haus tun. Dabei durften sie die Zeit nicht mit unnützen Begrüßungen verschwenden oder von einer Familie zur anderen gehen, um sich bewirten zu lassen. Aber an jedem Ort sollten sie die Gastfreundschaft derer annehmen, die es wert waren und die sie ebenso freundlich beherbergten, als ob sie den Herrn selbst zu Gast hätten.

Mit dem schönen Gruß »Friede sei diesem Hause!« Lukas 10,5 sollten sie jedes gastliche Haus betreten. Ein solches Heim würde dann durch ihre Gebete, ihre Lobgesänge und die Betrachtung der heiligen Schriften im Familienkreis gesegnet werden. Diese Jünger sollten Herolde der Wahrheit sein, um den Weg für das Kommen ihres Meisters zu bereiten. Ihre Botschaft war das Wort des ewigen Lebens, und das Schicksal der Menschen hing von der Annahme oder Ablehnung dieser Botschaft ab. Um deren feierlichen Ernst den

Menschen deutlicher vor Augen zu führen, gebot Jesus Seinen Jüngern: »Wenn euch jemand nicht aufnehmen und eure Rede nicht hören wird, so geht heraus aus diesem Haus oder dieser Stadt und schüttelt den Staub von euren Füßen. Wahrlich, ich sage euch: Dem Lande der Sodomer und Gomorrer wird es erträglicher ergehen am Tage des Gerichts als dieser Stadt.« Matthäus 10,14f

Jesu Blick durchdrang nun die Zukunft. Er sieht das große Arbeitsfeld, in dem Seine Jünger später für Ihn zeugen werden. Sein prophetisches Auge überblickt die Erfahrungen Seiner Boten durch alle Zeiten hindurch bis zu Seinem zweiten Kommen. Er zeigt Seinen Nachfolgern die Kämpfe, denen sie entgegen gehen. Er offenbart ihnen den Plan und die Art des Streites, Er öffnet ihnen die Gefahren, denen sie nicht entrinnen können, und sprach mit ihnen von der Selbstverleugnung, die erforderlich sein wird. Er gibt ihnen den Rat, die Kosten zu überschlagen, damit sie der Feind nicht unvorbereitet überfallen kann. Ihr Kampf richtet sich nicht gegen Fleisch und Blut, sondern gegen die »Mächtigen und Gewaltigen«, gegen die »Herren der Welt, die in dieser Finsternis herrschen«, gegen die bösen Geister unter dem Himmel. Epheser 6,12 Christi Nachfolger müssen gegen übernatürliche Mächte kämpfen, ihnen ist aber auch übermenschliche Hilfe zugesichert. Alle himmlischen Wesen gehören zu diesem Heer, und Einer, der »um so viel erhabener geworden als die Engel, als der Name, den er geerbt hat, ihn auszeichnet vor ihnen.« Hebräer 1,4 Der Heilige Geist, der Vertreter des Höchsten unter den Heerscharen des Herrn, kommt herunter, um die Schlacht zu führen.

Unsere Schwächen mögen zahlreich sein und unsere Sünden und Fehler schwer, aber die Gnade Gottes ist für alle vorhanden, die ihn mit reuevollem Herzen suchen. Die Kraft des Allmächtigen ist bei denen, die ihr Vertrauen auf Gott setzen. »Siehe«, sagte Jesus, »ich sende euch wie Schafe mitten unter die Wölfe. Darum seid klug wie die Schlangen und ohne Falsch wie die Tauben.« Matthäus 10,16 Er selbst hat nie ein Wort der Wahrheit zurückgehalten, es aber stets in Liebe gesprochen. Er war im Umgang mit Menschen äußerst taktvoll und bedacht. Er übte freundliche Aufmerksamkeit, gebrauchte keine groben Ausdrücke, sprach nie unnötig ein hartes Wort und fügte niemals unnötigerweise Schmerzen einer empfindsamen Seele zu. Er tadelte keine menschlichen Schwächen. Furchtlos verurteilte Er zwar Heuchelei, Unglauben und Bosheit, aber Er konnte Seine scharfen Zurechtweisungen nur mit Tränen in der Stimme aussprechen. Er weinte über Jerusalem, über die Stadt, die Er liebte, weil sie sich weigerte, Ihn – den Weg, die Wahrheit und das Leben – anzunehmen. Obwohl die Bewohner Ihn, den Heiland, verwarfen, betrachtete Er diese Stadt mit mitleidvoller Sorge, und der Kummer über ihr Schicksal quälte Sein Herz. Jede Menschenseele war in Seinen Augen wertvoll.

Während Er selbst mit göttlicher Würde auftrat, erwies Er jedem Mitglied der Familie Gottes liebevolle Achtung. In allen Menschen sah Er gefallene Wesen, die zu retten Er als Seine Aufgabe betrachtete.

Christi Diener sollen nicht nach den Anweisungen ihres natürlichen Herzens handeln. Sie benötigen eine engere Gemeinschaft mit Gott, damit sich nicht in der Erregung das eigene Ich erhebt und im Zorn Worte von sich gibt, die dann nicht mehr dem Tau oder dem sanften Regen gleichen, der die welken Pflanzen erfrischt. Das will Satan erreichen, weil es seine Art des Wirkens ist.

Der Drache ist zornig, der Geist Satans äußert sich in Wut und Beschuldigung. Gottes Diener aber sollen Seine Stellvertreter sein und nur in der Währung des Himmels austeilen, nämlich die Wahrheit, die Sein Bild und Gepräge trägt. Die Kraft, durch die sie das Böse überwinden, ist die Kraft Christi. Seine Herrlichkeit ist ihre Stärke. Sie müssen auf Seine Güte blicken, dann können sie das Evangelium mit göttlichem Feingefühl und in entsprechender Sanftmut verkündigen. Der Geist, der auch bei Herausforderungen ruhig bleibt, wird für die Wahrheit überzeugender sein, als jedes Argument.

Alle, die in Auseinandersetzungen mit den Gegnern der Wahrheit verwickelt werden, haben nicht nur Menschen, sondern auch Satan und seinen Engeln zu widerstehen. Mögen sie sich dann an die Worte Jesu erinnern: »Siehe, ich sende euch wie Lämmer mitten unter die Wölfe.« Lukas 10,3

Ruhen sie in Gottes Liebe, wird ihr Gemüt selbst unter persönlichen Kränkungen ruhig bleiben. Der Herr wird sie mit der göttlichen Waffenrüstung kleiden, Sein Geist wird Herz und Sinn beeinflussen, dass ihre Stimmen nicht mehr wie das Bellen der Wölfe klingen. Ferner unterwies Jesus Seine Jünger: »Hütet euch aber vor den Menschen.« Sie sollten denen, die Gott nicht kannten, weder blind vertrauen noch ihrem Rat folgen, denn dies würde den Handlangern Satans nur einen Vorteil verschaffen. Menschliche Erfindungskraft arbeitet Gottes Plänen oft entgegen. Alle, die den Tempel des Herrn bauen, sollen es übereinstimmend mit dem Vorbild tun, das als göttliches Original auf dem Berg gezeigt wurde. Gott wird entehrt und die Botschaft verraten, wenn Seine Diener sich auf den Rat von Menschen stützen, die nicht unter der Führung des Heiligen Geistes stehen. Menschliche Weisheit ist Torheit bei Gott. Wer sich auf sie verlässt, wird ganz bestimmt scheitern.

»Sie werden euch den Gerichten überantworten und ... euch vor Statthalter und Könige führen um meinetwillen, ihnen und den Heiden zum Zeugnis.« Matthäus 10,17f Durch Verfolgung wird das Licht ausgebreitet. Die Boten Jesu werden vor die Großen dieser Welt gebracht werden, die sonst wohl nie das Evangelium hören würden, denn die Wahrheit war ihnen falsch dargelegt worden. Sie haben falsche Anklagen gegen die Diener Gottes und ihren Glauben gehört. Das Zeugnis derer, die um ihres Glaubens willen vor Gericht gebracht werden, ist häufig die einzige Gelegenheit für sie, die wahre Natur des Evangeliums kennen zu lernen. Im Verhör müssen Jesu Jünger antworten, ihre Richter müssen dem abgelegten Zeugnis zuhören, und Gott wird Seinen Kindern Gnade geben, dieser gefahrvollen Situation zu begegnen. Der Herr verheißt: »Es soll euch zu der Stunde gegeben werden, was ihr reden sollt. Denn nicht ihr seid es, die da reden, sondern eures Vaters Geist ist es, der durch euch redet.« Matthäus 10,19f

Wenn der Geist Gottes das Verständnis Seiner Diener erleuchtet, wird die Wahrheit in ihrer göttlichen Macht und in ihrer ganzen Bedeutung verkündigt werden. Die Feinde der Wahrheit werden nämlich die Jünger anklagen und unterdrücken. Doch selbst bei Schaden und in großem Leid, ja noch im Tod sollen die Kinder Gottes die Sanftmut ihres göttlichen Vorbildes offenbaren. So zeigt sich der Unterschied zwischen Satans Handlangern und den Boten Christi, und dadurch wird der Heiland vor Herrschern und Volk geehrt.

Die Jünger wurden nicht eher mit dem Mut zum Bekenntnis und der Festigkeit der Märtyrer ausgerüstet, bis solche Gnade notwendig war. Dann aber erfüllte sich das Versprechen des Herrn. Als Petrus und Johannes sich vor dem Hohen Rat verantworten mussten, »wunderten sich« die Versammelten »und wussten auch von ihnen, dass sie mit Jesus gewesen waren.« Apg. 4,13 Von Stephanus steht geschrieben: »Und alle, die im Rat saßen, blickten auf ihn und sahen sein Angesicht wie eines Engels Angesicht.« Apg. 6,15 Die Menschen »vermochten nicht zu widerstehen der Weisheit und dem Geist, in dem er redete.« Apg. 6,10 Und Paulus schreibt über sein eigenes Verhör am Hofe des Kaisers: »Bei meinem ersten Verhör stand mir niemand bei, sondern sie verließen mich alle. Es sei ihnen nicht zugerechnet. Der Herr aber stand mir bei und stärkte mich, damit durch mich die Botschaft ausgebreitet würde und alle Heiden sie hörten; so wurde ich erlöst aus dem Rachen des Löwen.« 2.Timotheus 4,16f

Christi Diener sollten keine Musterrede auswendig lernen, um sich mit ihr zu verteidigen. Ihre Vorbereitung muss täglich getroffen werden, indem sie die wertvollen Wahrheiten des Wortes Gottes sammeln und ihren Glauben durch das Gebet stärken. Werden sie dann vor Gericht gestellt, so wird ihnen der Heilige Geist die Wahrheiten ins Gedächtnis rufen, die sie gerade brauchen. Ein ernstes, tägliches Bemühen, Gott und Jesus Christus, den er gesandt hat, kennen zu lernen, wird die Seele kraftvoll und leistungsfähig machen. Die durch fleißiges Forschen in der Schrift erworbene Kenntnis wird ihnen zur rechten Zeit bewusst werden. Wer es aber versäumt, sich mit den Worten Christi vertraut zu machen, wer nie die Kraft Seiner Gnade in Schwierigkeiten an

sich erfahren hat, kann nicht erwarten, dass der Heilige Geist ihm Gottes Wort in Erinnerung bringt. Wir müssen dem Herrn mit ungeteilter Liebe und mit ganzem Vertrauen täglich dienen. Die Feindschaft gegen das Evangelium wird so heftig sein, dass selbst die zartesten irdischen Bande unbeachtet bleiben und Jünger Jesu von ihren eigenen Familienangehörigen dem Tod ausgeliefert werden. »Ihr werdet gehasst sein von jedermann um meines Namens willen«, sagte Jesus. Er fügte aber hinzu: »Wer aber beharrt bis an das Ende, der wird selig.« Markus 13,13 Er gebot ihnen, sich nicht unnötigerweise Verfolgungen auszusetzen. Jesus selbst wechselte oft das Arbeitsfeld, um denen zu entkommen, die Ihm nach dem Leben trachteten. Als man Ihn in Nazareth ablehnte und die Bewohner Seiner Heimatstadt Ihn töten wollten, ging Er nach Kapernaum, wo Seine Lehre die Menschen in Erstaunen setzte, »denn er predigte in Vollmacht.« Lukas 4,32 So sollen auch Seine Diener durch Verfolgungen nicht entmutigt werden, sondern einen Ort aufsuchen, an dem sie weiter für die Rettung von Menschenseelen arbeiten können.

Der Diener ist nicht größer als sein Meister! Der Fürst des Himmels wurde Beelzebub genannt, und Seine Jünger werden genauso falsch dargestellt werden. Welche Gefahr aber auch drohen mag, Christi Nachfolger müssen ihren Prinzipien treu bleiben und jede Unaufrichtigkeit ablehnen. Sie dürfen auch nicht mit der Wahrheit zurückhalten, bis sie die Erlaubnis haben, sie ungehindert zu verkündigen. Sie sind als Wächter gesetzt, um die Menschen vor der Gefahr zu warnen. Die Wahrheit, die sie von Christus empfingen, muss allen frei und offen mitgeteilt werden. Jesus sagte: »Was ich euch sage in der Finsternis, das redet im Licht; und was euch gesagt wird in das Ohr, das predigt auf den Dächern.« Matthäus 10,27 Jesus selbst hat den Frieden nie durch Kompromisse erkauft. Sein Herz floss über von Liebe zu allen Menschen, aber Er war niemals duldsam gegenüber ihren Sünden. Er war zu sehr der Menschen wirklicher Freund, um schweigen zu können, wenn sie einen Weg gingen, der ihre Seelen ruinieren würde – ihre Seelen, die Er doch mit Seinem Leben erkauft hatte. Er arbeitete dafür, dass der Mensch nicht nur sich selbst, sondern auch seinen höheren, ewigen Zielen treu sein möchte. Die Diener des Evangeliums sind zu der gleichen Aufgabe berufen. Sie müssen sich hüten, um irgendeiner Uneinigkeit willen die Wahrheit herabzusetzen. Sie sollen »dem nachstreben, was zum Frieden dient.« Römer 14,19

Der wahre Friede kann jedoch nie erreicht werden, indem man die Grundsätze der Wahrheit aufs Spiel setzt. Niemand kann aber auch seiner Überzeugung treu sein, ohne auf irgendeinen Widerstand zu stoßen. Einem geistlichen Christentum werden die Kinder des Ungehorsams entgegentreten, aber Jesus gebot Seinen Jüngern: »Fürchtet euch nicht vor denen, die den Leib töten, doch die Seele nicht können töten.« Matthäus 10,28

Wer treu zu Gott hält, braucht die Feindschaft der Menschen und die Macht Satans nicht zu fürchten. In Christus ist ihm ewiges Leben sicher. Seine einzige Sorge sollte sein, die Wahrheit aufzugeben und so das Vertrauen zu enttäuschen, mit dem Gott ihn geehrt hat. Satan versucht, die Menschenherzen mit Zweifel zu füllen und sie zu verleiten, Gott als einen strengen Richter anzusehen. Er verführt sie zur Sünde und sorgt dann dafür, dass sie sich selbst für zu verderbt halten, um sich ihrem himmlischen Vater zu nähern oder sein Mitleid zu wecken. Der Herr versteht das alles. Jesus versichert Seinen Jüngern, dass Gott Mitleid mit ihren Bedürfnissen und Schwächen hat, dass kein Seufzer ausgestoßen, kein Schmerz empfunden wird, kein Kummer die Seele bedrückt, ohne dass Sein Vaterherz dadurch berührt wird.

Die Heilige Schrift zeigt uns Gott in Seiner erhabenen Höhe nicht untätig, nicht schweigend und einsam, sondern umgeben von tausendmal tausend und zehntausendmal zehntausend heiliger Wesen, die darauf warten, Seinen Willen zu tun. Durch Kanäle, die wir nicht wahrnehmen, steht Er mit Seinem ganzen Reich in lebendiger Verbindung. Aber auf unserer kleinen Erde sind die Menschen, für die Er seinen eingeborenen Sohn opferte, der Mittelpunkt Seiner und des ganzen Himmels Anteilnahme. Gott beugt sich von Seinem Thron herab, um das Rufen der Unterdrückten zu hören. Er antwortet auf jedes aufrichtige Gebet: »Hier bin ich!« Er richtet die Bedrückten und Erniedrigten auf. Leiden wir, so leidet Er mit uns, werden wir versucht oder haben wir irgendwelche Schwierigkeiten, so ist ein Himmelsbote bereit, uns beizustehen.

Nicht einmal ein kleiner Sperling fällt auf die Erde, ohne dass Gott darauf achtet. Satans Hass gegen Gott verleitet ihn, alles zu hassen, was Christi Fürsorge genießt. Er versucht, Gottes Schöpfungswerk zu verderben, und freut sich darüber, sogar die stumme Kreatur zu vernichten. Nur durch Gottes schützende Vorsorge werden die Vögel erhalten, um uns durch ihren Gesang zu erfreuen. »Darum fürchtet euch nicht; ihr seid besser als viele Sperlinge.« Jesus fuhr fort: »Wer nun mich bekennt vor den Menschen, den will ich auch bekennen vor meinem himmlischen Vater.« Matthäus 10,31f Ihr sollt meine Zeugen sein auf Erden, Kanäle, durch die meine Gnade weiterfließen kann zum Heil der Menschen! Und ich werde euer Vertreter sein im Himmel. Der Vater schaut dann nicht auf euren fehlerhaften Charakter, sondern auf das Kleid meiner Vollkommenheit, mit dem ihr bekleidet seid. Ich bin der Mittler, durch den der Segen des Himmels auf euch kommen wird. Jeder, der mich bekennt, indem er an dem großen Erlösungswerk teilnimmt, den werde ich auch bekennen, indem ich ihn zum Teilhaber der Herrlichkeit und Freude der Erlösten mache.

Wer Christus bekennen will, muss Ihn ständig in sich tragen. Er kann nichts weitergeben, was er selbst nicht erhalten hat. Seine Nachfolger mögen Seine Lehre glänzend verkündigen, sie mögen die Worte des Heilandes wiedergeben und Ihn doch nicht bekennen, es sei denn, sie besitzen die Sanftmut und Liebe Christi. Ein Geist, der mit dem Geist Christi nicht übereinstimmt, verleugnet Ihn, egal welches Bekenntnis er ablegt. Christus verleugnen kann man durch üble Nachrede, törichtes Geschwätz sowie durch unaufrichtige und unfreundliche Worte. Man kann Ihn dadurch verleugnen, dass man den Bürden des Lebens ausweicht und sündigen Vergnügungen nachgeht. Christus verleugnet ferner, wer sich der Welt anpasst, sich unhöflich verhält, sich an seinen eigenen Ansichten berauscht, sich selbst rechtfertigt, an Zweifeln festhält, sich unnötige Sorgen macht und in der Dunkelheit lebt. In all dem beweist ein Mensch, dass Christus nicht in ihm ist. »Wer mich aber verleugnet vor den Menschen, den will ich auch verleugnen vor meinem himmlischen Vater«, sagt Christus. Matthäus 10,33

Der Heiland warnte Seine Jünger vor der Hoffnung, dass die Feindschaft der Welt gegenüber dem Evangelium überwunden werden und im Verlauf der Weltgeschichte jeder Kampf aufhören würde. Er sagte vielmehr: »Ihr sollt nicht meinen, dass ich gekommen bin, Frieden zu bringen auf die Erde. Ich bin nicht gekommen, Frieden zu bringen, sondern das Schwert.« Matthäus 10,34

Die Ursache des Streits liegt nicht im Evangelium, sondern es ist vielmehr die Folge des Widerstandes gegen dieses. Von allen Verfolgungen ist die häusliche Uneinigkeit und Entfremdung zwischen Freunden oder Angehörigen die schwerste. Doch der Heiland sagt: »Wer Vater oder Mutter mehr liebt als mich, der ist meiner nicht wert; und wer Sohn oder Tochter mehr liebt als mich, der ist meiner nicht wert. Und wer nicht sein Kreuz auf sich nimmt und folgt mir nach, der ist meiner nicht wert.« Matthäus 10,37f

Die Aufgabe der Diener Christi schließt eine heilige Verpflichtung mit ein, denn sie ist eine große Ehre. »Wer euch aufnimmt, der nimmt mich auf«, sagte Jesus, »und wer mich aufnimmt, der nimmt den auf, der mich gesandt hat.« Matthäus 10,40 Kein Dienst der Liebe, der ihnen im Namen Jesu erwiesen wird, soll unbeachtet oder unbelohnt bleiben. Die gleiche dankbare Anerkennung erweist Er dem Schwächsten und Niedrigsten in der Familie Gottes, wenn Er sagt: »Wer einem dieser Geringen auch nur einen Becher kalten Wassers zu trinken gibt, weil er mein Jünger ist, wahrlich, ich sage euch: Es wird ihm nicht unbelohnt bleiben.« Matthäus 10,42 Damit beendete der Heiland Seine Unterweisung. Die erwählten Zwölf gingen nun im Namen Christi hinaus, wie ihr Meister hinausgezogen war, um »zu verkündigen das Evangelium den Armen ... zu predigen den Gefangenen, dass sie frei sein sollen, und den Blinden, dass sie sehen sollen, und den Zerschlagenen, dass sie frei und ledig sein sollen, zu verkündigen das Gnadenjahr des Herrn.« Lukas 4,18f

KAPITEL 38

Auf Grundlage von
Matthäus 14,1-2; 12-13
Markus 6,30-32; Lukas 9,7-10

»RUHT EIN WENIG!«

Nachdem die Apostel von ihrer Missionsreise zurückgekehrt waren, kamen sie zu Jesus und erzählten »ihm alles, was sie getan und gelehrt hatten. Und er sprach zu ihnen: Geht ihr allein an eine einsame Stätte und ruht ein wenig. Denn es waren viele, die kamen und gingen; und sie hatten nicht Zeit genug zum Essen.« Markus 6,30f

Die Jünger kamen zu Jesus und berichteten Ihm alles. Ihre enge Verbindung mit Ihm ermutigte sie, Ihm ihre guten und schlechten Erfahrungen, ihre Freude über die Erfolge ihrer Tätigkeit und den Kummer über ihre Misserfolge, über ihre Schuld und Schwächen mitzuteilen. Sie hatten auf ihrer ersten Missionsreise Fehler begangen, und als sie dem Herrn ihre Erfahrungen offen mitteilten, erkannte Er, dass sie noch manche Unterweisung nötig hatten, aber Er sah auch, dass sie sich ausruhen mussten, nachdem sie erschöpft von ihrer Arbeit zurückgekommen waren.

Wo sie sich jetzt befanden, hatten sie keinen Platz zum Ruhen. Es waren viele, die kamen und gingen, und sie hatten nicht einmal Zeit zu essen. Das Volk drängte sich um den Herrn und wollte gerne geheilt werden und auch Seinen Worten lauschen. Viele fühlten sich zu Ihm hingezogen, denn sie hielten Ihn für die Quelle allen Segens. Einige von denen, die herzu kamen, um von Christus das wertvolle Geschenk der Gesundheit zu empfangen, nahmen Ihn als ihren Erlöser an. Andere, die es bis dahin wegen der Pharisäer nicht gewagt hatten, sich zu Ihm zu bekennen, wurden durch das Wirken des Geistes bekehrt und legten vor den wütenden Priestern und Obersten des Volkes ein Zeugnis von Christus als dem Sohn Gottes ab.

Doch nun wollte sich Jesus gerne zurückziehen, um mit Seinen Jüngern allein zu sein, denn Er hatte ihnen noch viel zu sagen. In ihrer Arbeit hatten sie manchen Kampf bestehen müssen und waren verschiedensten Widerständen begegnet. Bisher hatten sie Christus in allen Dingen um Rat gefragt. Aber vorübergehend sich selbst überlassen, waren sie manchmal beunruhigt, weil sie nicht wussten, was sie tun sollten. Sie wurden in ihrer Arbeit sehr ermutigt, denn Christus hatte sie nicht ohne Seinen Geist ausgesandt. Im Vertrauen auf Ihn wirkten sie viele Wunder. Doch jetzt mussten sie selbst von dem Brot des Lebens essen und sich an einen Ort der Ruhe begeben, wo sie Gemeinschaft mit Jesus pflegen und Anweisungen für ihren zukünftigen Dienst empfangen konnten.

»Und er sprach zu ihnen: Geht ihr allein an eine einsame Stätte und ruht ein wenig.« Markus 6,31 Christus ist voller Mitgefühl und Sorge für alle, die in Seinem Dienst stehen. Er zeigte hier Seinen Jüngern, dass Gott nicht Opfergaben, sondern Barmherzigkeit verlangt. Sie hatten alle Kräfte im Dienst für das leidende Volk aufgebraucht und waren dadurch leiblich und seelisch erschöpft. Nun mussten sie ruhen.

Als die Jünger den Erfolg ihres Wirkens sahen, standen sie in Gefahr, diesen Erfolg sich selbst zuzuschreiben, geistlichen Stolz zu nähren und dadurch Opfer der Versuchungen Satans zu werden. Eine riesige Aufgabe lag vor ihnen. Vor allem aber mussten sie lernen, dass sie die Kraft zu ihrer Bewältigung nur bei Gott finden konnten und nicht in ihnen selbst. Wie Mose in der Wüste Sinai und David in den Bergen von Judäa oder Elia am Bach Krith, so mussten auch die Jünger sich von ihrer aktiven Arbeit zurückziehen, um mit Jesus und der stillen Natur Gemeinschaft zu pflegen und sich auf sich selbst zu besinnen.

Während sich die Apostel auf ihrer Missionsreise befanden, hatte der Heiland andere Städte und Dörfer besucht und dort das Evangelium vom Reich gepredigt. Um diese Zeit hatte Er auch die Nachricht vom Tod Johannes des Täufers erhalten – ein Ereignis, das Ihm sein eigenes Schicksal, dem Er entgegen ging, lebhaft vor Augen führte. Die Schatten auf Seinem Weg wurden immer dichter. Priester und Rabbiner warteten nur auf eine Gelegenheit, um Ihn zu töten. Spione hefteten sich an Seine Fersen, und von allen Seiten fand man sich zusammen, um Ihn zu verderben. Die Nachricht von der Predigt der Apostel in ganz Galiläa erreichte auch König Herodes und lenkte seine Aufmerksamkeit auf Jesus und Sein Wirken.

»Das ist Johannes der Täufer; der ist von den Toten auferstanden, deshalb wirken in ihm solche Kräfte.« Matthäus 14,2 So sprach Herodes, und er wollte Jesus sehen. Schon lange quälte ihn ständige Furcht, dass geheime revolutionäre Kräfte am Werk seien, um ihn vom Thron zu stürzen und die Juden vom römischen Joch zu befreien. Unter dem Volk herrschten Unzufriedenheit und Empörung. Es war offensichtlich, dass Jesu öffentliches Wirken in Galiläa nicht lange andauern konnte. Seine Leidenszeit rückte immer näher, und er sehnte sich danach, für eine Weile der Unruhe der Menge verschont zu sein. Mit traurigem Herzen hatten die Jünger von Johannes seinen verstümmelten Leib beerdigt »und kamen und verkündeten das Jesus.« Matthäus 14,12

Diese Jünger waren auf Jesus neidisch, weil es so ausgesehen hatte, als machte er das Volk von Johannes abspenstig. Gemeinsam mit den Pharisäern hatten sie Ihn wegen Seiner Teilnahme am Fest des Zöllners Matthäus angegriffen. Seine göttliche Mission war von ihnen angezweifelt worden, weil Er den Täufer nicht befreit hatte. Aber jetzt, als ihr Lehrer tot war, sehnten sie sich in ihrem tiefen Kummer nach Trost und Führung für den Fortgang ihres Dienstes. Deshalb kamen sie zu Jesus und vereinten so ihre Interessen mit Seinen. Auch sie benötigten eine Zeit ruhiger Gemeinschaft mit dem Heiland.

In der Nähe von Bethsaida, nördlich des Sees, lag eine einsame Gegend, die gerade jetzt im frischen Grün des Frühlings dem Herrn mit Seinen Jüngern eine willkommene Zufluchtsstätte bot. Sie setzten mit dem Boot über den See, um diesen Platz zu erreichen. Hier würden sie abgelegen und von den lauten, lärmenden Verkehrsstraßen, dem Gewühl und der Unruhe der Stadt sein. Schon die ruhige, schöne Natur bot genug Erholung und eine angenehme Abwechslung für die Sinne. Hier konnten sie den Worten Jesu lauschen, ohne die ärgerlichen Unterbrechungen, Gegenreden und Anklagen der Schriftgelehrten und Pharisäer hören zu müssen. Hier konnten sie für kurze Zeit die wertvolle Gemeinschaft mit dem Herrn wirklich genießen. Die Ruhe, die sich Jesus mit Seinen Jüngern gönnte, bedeutete nicht etwa zügellosen Zeitvertreib. Die Zeit, die sie in der Zurückgezogenheit verbrachten, war auch nicht den Vergnügungen geweiht. Vielmehr redeten sie gemeinsam über das Werk Gottes und über die Möglichkeit, effizienter darin zu werden. Die Jünger waren mit Christus gewesen und konnten Ihn deshalb verstehen. Zu ihnen brauchte Er nicht in Gleichnissen zu reden. Er berichtigte ihre Irrtümer und machte ihnen deutlich, wie sie sich am besten dem Volk nähern könnten. So öffnete Er ihnen immer mehr die wertvollen Schätze der göttlichen Wahrheit. Dadurch wurden sie mit göttlicher Kraft belebt und mit Hoffnung und Mut erfüllt.

Obwohl Jesus Wunder wirken konnte und auch Seine Jünger dazu ermächtigt hatte, empfahl Er seinen ermüdeten Mitarbeitern, einen ländlichen Platz aufzusuchen und dort zu ruhen. Als Er ihnen sagte, dass die Ernte groß und der Arbeiter wenige seien, wollte Er nicht, dass sie nun unaufhörlich arbeiten sollten, sondern Er fügte hinzu: »Darum bittet den Herrn der Ernte, dass er Arbeiter in seine Ernte sende.« Matthäus 9,38 Gott hat jedem seine Aufgabe nach seiner Befähigung zugewiesen, Epheser 4,11-13 und Er will nicht, dass einige durch eine allzu große Verantwortung belastet werden, während andere gegenüber ihren Mitmenschen weder Last noch Sorge fühlen.

Christi Worte des Mitgefühls gelten heute noch Seinen Mitarbeitern, wie damals den Jüngern. »Geht ... an einen einsamen Ort und ruht dort ein wenig aus!«

Markus 6,31; Menge So sprach Er zu den Müden und Erschöpften.

Es ist unklug, sich ständig dem Druck der Arbeit und der Anspannung auszusetzen, selbst wenn diese Zeit dazu dient, für das geistliche Wohl anderer zu sorgen. Dadurch wird die eigene Frömmigkeit vernachlässigt und die Kräfte des Geistes, der Seele und des Körpers werden überanstrengt. Wohl müssen die Jünger Jesu Selbstverleugnung üben und Opfer bringen, aber sie müssen auch dafür sorgen, dass durch ihren Übereifer Satan nicht aus ihrer menschlichen Schwäche Vorteile zieht und das Werk Gottes dadurch geschädigt wird.

Die Rabbiner hielten es für das Wesen der Religion, stets rege Aktivität zu entwickeln. Sie zeigten ihre überlegene Frömmigkeit durch äußerliche Leistungen. Sie trennten dadurch ihre Seele von Gott und vertrauten allein sich selbst. In der gleichen Gefahr stehen die Menschen heute noch. Nimmt ihr Einsatz zu und ist ihr Wirken für Gott erfolgreich, dann stehen sie in Gefahr, sich auf ihre menschlichen Pläne und Methoden zu verlassen, weniger zu beten und weniger Glauben zu üben.

Wir verlieren ähnlich wie die Jünger Gott aus den Augen und versuchen, uns aus unserer Geschäftigkeit einen Heiland zu machen. Deshalb sollten wir ständig auf Jesus blicken, damit wir erkennen, dass es Seine Kraft ist, die alles schafft. Während wir eifrig für das Heil der Verlorenen wirken sollen, müssen wir uns Zeit nehmen, um nachzudenken, um zu beten und das Wort Gottes zu betrachten. Nur die unter anhaltendem Gebet ausgeführte und die durch den Verdienst Christi geheiligte Arbeit wird am Ende zum Guten führen.

Kein Leben war mehr angefüllt von Arbeit und Verantwortung als das Leben Jesu. Und doch, wie oft finden wir Ihn im Gebet! Wie beständig war Seine Verbindung mit Gott! Immer wieder lesen wir in Seiner Lebensgeschichte Berichte wie diese: »Und am Morgen, noch vor Tage, stand er auf und ging hinaus. Und er ging an eine einsame Stätte und betete dort.« Markus 1,35 »Es kam eine große Menge zusammen, zu hören und gesund zu werden von ihren Krankheiten. Er aber zog sich zurück in die Wüste und betete.« Lukas 5,15f »Es begab sich aber zu der Zeit, dass er auf einen Berg ging, zu beten; und er blieb die Nacht über im Gebet zu Gott.« Lukas 6,12

In Seinem Leben, das nur dem Wohl anderer geweiht war, hielt der Heiland es für nötig, sich vom Trubel der Reise und der Ihm Tag für Tag nachfolgenden Menge zurückzuziehen, Seine Aufgabe und den Kontakt mit der menschlichen Not manchmal zu unterbrechen, die Zurückgezogenheit zu suchen und ungestört mit dem Vater Gemeinschaft zu pflegen. Als einer von uns, Teilhaber unserer Nöte und Schwachheiten, war Er völlig von Gott abhängig und suchte an einsamen Orten in der Natur im Gebet göttliche Kraft, um den kommenden Pflichten und Schwierigkeiten gewachsen zu sein. In einer Welt der Sünde ertrug Jesus seelische Kämpfe und Qualen. In der Gemeinschaft mit Gott aber befreite Er sich von den fast erdrückenden Lasten und fand Trost und Freude. In Christus erreichte das Flehen der Menschheit des Vaters unendliches Mitleid. Als Mensch flehte Er vor dem Thron Gottes, bis Seine menschliche Natur von einem himmlischen Strom durchdrungen war, der das Menschliche mit dem Göttlichen verbinden sollte. Durch ständige Gemeinschaft empfing Er Leben von Gott, um es der Welt weiterzugeben. Seine Erfahrung sollte auch unsere sein. »Geht ... an einen einsamen Ort«, Markus 6,31 sagt der Heiland auch uns. Würden wir stets an dieses Wort denken, könnten wir bestimmt stärker und nützlicher wirken.

Die Jünger suchten Jesus, um Ihm alles mitzuteilen, was sie erlebt hatten, und Er ermutigte und belehrte sie. Wenn wir uns heute die Zeit nähmen, zu Jesus zu gehen und Ihm unsere Nöte und Besorgnisse zu berichten, würden wir nicht enttäuscht werden. Er würde uns an die Hand nehmen und helfen.

Wir müssen unserem Heiland mehr Einfachheit, Vertrauen und Zuversicht entgegenbringen. Sein Name ist »Wunder-Rat, Gott-Held, Ewig-Vater, Friede-Fürst.« Von Ihm steht geschrieben: »Die Herrschaft ruht auf seiner Schulter.« Jesaja 9,5 Er ist wirklich der beste Ratgeber. Ihn dürfen wir um Weisheit bitten, Er »gibt allen Menschen gern und macht ihnen deswegen keine Vorhaltungen.« Jakobus 1,5; Bruns

Jeder, der von Gott geleitet wird, lebt ein Leben, das sich von der Welt mit ihren Sitten und Gewohnheiten stark unterscheidet. Um den Willen Gottes erkennen zu können, müssen wir persönliche Erfahrungen im geistlichen Leben haben. Wir werden dann Gott ganz individuell zu uns sprechen hören. Wenn jede andere Stimme schweigt und wir ruhig auf Ihn warten, durch das Stillesein werden wir die Stimme Gottes vernehmen. Er sagt: »Seid still und erkennt, dass ich Gott bin!« Psalm 46,11

Hier allein kann wahre Ruhe gefunden werden. Nur eine solche Vorbereitung ist wirkungsvoll für die Arbeit im Werk Gottes. Inmitten der hastenden Menge und der Belastungen der irdischen Arbeit wird die Seele, die sich auf diese Weise erfrischt, mit einer Atmosphäre von Licht und Frieden umgeben sein. Das Leben wird Wohlgeruch atmen und eine göttliche Macht offenbaren, die die Menschenherzen zu erreichen vermag.

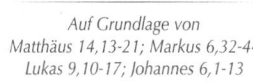

KAPITEL 39

*Auf Grundlage von
Matthäus 14,13-21; Markus 6,32-44
Lukas 9,10-17; Johannes 6,1-13*

»*Gebt IHR ihnen zu essen*«

Der Herr Jesus hatte sich mit Seinen Jüngern an einen entlegenen Platz zurückgezogen, aber auch hier wurde diese seltene Ruhezeit bald gestört. Die Jünger meinten einen Ort gefunden zu haben, wo sie mit ihrem Meister allein wären, aber sobald die Menge den göttlichen Lehrer vermisste, fragte sie, wo Er geblieben sei. Einige merkten sich die Richtung, die Jesus mit Seinen Jüngern eingeschlagen hatte, und so suchten manche Ihn zu Fuß auf, andere folgten in ihren Booten – über das Wasser.

Das Passahfest stand kurz bevor. Von nah und fern versammelten sich Scharen von Pilgern, die auf dem Weg nach Jerusalem waren, um Jesus zu sehen. Immer mehr kamen hinzu, bis es ohne Frauen und Kinder 5000 Menschen waren. Noch ehe der Heiland das Ufer erreicht hatte, wartete schon eine große Menge auf ihn. Er konnte jedoch unbemerkt landen und kurze Zeit mit Seinen Jüngern allein verbringen.

Von einem Hügel aus schaute Er auf die unruhige Menge vor sich. Sein Herz wurde bei ihrem Anblick von tiefem Mitgefühl bewegt. Gestört und der Ruhe beraubt, wurde Er darüber nicht ungeduldig. Mit der ständig zunehmenden Volksmenge wuchs auch Seine Bereitschaft, ihr zu helfen. »Sie jammerten ihn, denn sie waren wie Schafe, die keinen Hirten haben.« Markus 6,34 Er verließ Seinen Zufluchtsort und fand bald einen Platz, wo Er dem Volk am besten dienen konnte. Von den Priestern und Obersten hatten diese Menschen keine Hilfe erhalten können. Nun aber flossen die heilenden Wasser des Lebens von Christus, als Er der Menge den Weg der Seligkeit wies.

Das Volk hörte andächtig auf die Worte der Barmherzigkeit, die so bereitwillig von den Lippen des Sohnes Gottes zu ihm kamen. Die Leute hörten die Worte voller Gnade, so schlicht und klar, dass sie wie der Balsam von Gilead vgl. Jeremia 46,11 für ihre Seelen waren. Die Heilung durch Jesu göttliche Hand brachte den Sterbenden Freude und Leben, den Kranken Erleichterung und Gesundheit. Dieser Tag schien ihnen wie der Himmel auf Erden, und niemand dachte daran, wie lange er schon nichts mehr gegessen hatte. *[365/366]* 287

Langsam ging der Tag dem Ende zu. Die Sonne sank im Westen, doch das Volk blieb noch. Jesus hatte den ganzen Tag gelehrt und geheilt, ohne zu essen und zu ruhen. Er sah blass aus vor Müdigkeit und Hunger, und die Jünger baten Ihn, Seine anstrengende Arbeit zu beenden. Der Heiland aber wollte sich der Menge, die Ihn bedrängte, nicht entziehen.

Schließlich drängten Ihn die Jünger dazu, die Volksmenge um ihrer selbst willen zu entlassen. Viele waren von weit her gekommen und hatten seit dem Morgen nichts gegessen. In den umliegenden Orten könnten sie vielleicht Nahrung kaufen. Jesus aber sagte: »Gebt ihr ihnen zu essen!« Markus 6,37 Dann wandte Er sich an Philippus und fragte ihn: »Wo kaufen wir Brot, dass diese essen?« Das sagte Er nur, um den Glauben des Jüngers zu prüfen. Philippus warf einen Blick auf die Volksmenge und hielt es für unmöglich, genügend Speise für diese riesige Menschenmenge zu besorgen. Er antwortete daher: »Für zweihundert Silbergroschen Brot ist nicht genug für sie, dass jeder ein wenig bekomme.« Johannes 6,7 Darauf erkundigte sich Jesus, wie viel Nahrung unter der Menge vorhanden sei. Er erfuhr von Andreas: »Es ist ein Knabe hier, der hat fünf Gerstenbrote und zwei Fische; aber was ist das unter so viele?« Johannes 6,9

Da ließ sich der Herr die Brote und die Fische bringen und gebot den Jüngern, das Volk sich in Gruppen zu 50 und 100 Mann auf der Wiese lagern zu lassen, um der Ordnung willen und damit alle sehen konnten, was er tun wollte. Als dies geschehen war, nahm Er die Speise, »sah auf zum Himmel, dankte und brach's und gab die Brote den Jüngern, und die Jünger gaben sie dem Volk. Und sie aßen alle und wurden satt und sammelten auf, was an Brocken übrig blieb, zwölf Körbe voll.« Matthäus 14,19f

Er, der dem Volk den Weg zu Frieden und Glück zeigte, sorgte nicht nur für ihre geistlichen, sondern auch für ihre körperlichen Bedürfnisse. Die Versammelten waren müde und matt geworden. Unter ihnen gab es auch Mütter mit Säuglingen auf dem Arm und mit kleinen Kindern, die sich an ihren Kleidern festhielten. Viele hatten stundenlang gestanden, da sie von Jesu Worten so ergriffen waren, dass sie nicht daran gedacht hatten, sich zu setzen. Auch war das Gedränge derart groß, dass die Gefahr bestand, einander zu treten. Jesus wollte ihnen Gelegenheit geben, zu ruhen, und forderte sie auf, sich zu setzen. Es wuchs viel Gras dort, und alle konnten sich bequem lagern.

Der Heiland wirkte nur dann ein Wunder, wenn es wirklich notwendig war zu helfen. Jedes Wunder diente dazu, das Volk zu dem Baum des Lebens zu führen, dessen Blätter die Menschen heilen sollten. Die Speise, die von den Jüngern ausgeteilt wurde, enthielt eine große geistliche Lehre. Es war ein bescheidenes Mahl: Fische und Gerstenbrot, die tägliche Nahrung der Fischer

am See Genezareth. Christus hätte dem Volk eine reiche Tafel decken können, aber eine Nahrung, die lediglich dem Gaumenkitzel diente, würde wenig nützliche Lehre für sie enthalten haben. Der Heiland aber wollte durch diese Speisung zeigen, dass die natürliche Vorsorge Gottes für den Menschen verfälscht worden war. Noch nie haben Menschen die größten Delikatessen, die für den verwöhntesten Geschmack aufgetischt wurden, mehr Genuss bereitet als die Ruhe und diese einfache Speise, die Christus ihnen verschaffte, fernab aller menschlichen Wohnungen.

Würden die Menschen heute einfache Gewohnheiten haben und in Übereinstimmung mit den Naturgesetzen leben, wie einst die ersten Menschen im Paradies, dann könnten alle Bedürfnisse der menschlichen Familie ausreichend erfüllt werden. Es gäbe weniger scheinbare Mängel und mehr Gelegenheiten, nach Gottes Weise zu leben. Selbstsucht und unnatürlicher Geschmack haben Sünde und Elend in die Welt gebracht durch Überfluss auf der einen und Mangel auf der anderen Seite.

Jesus versuchte nicht, das Volk dadurch an sich zu ziehen, dass Er den Wunsch nach einem leichten Leben befriedigte. Jener großen, müden und hungrigen Menge war die einfache Kost nach dem langen und aufregenden Tag nicht nur eine Zusicherung Seiner Macht, sondern auch Seiner barmherzigen Fürsorge in den allgemeinen Bedürfnissen ihres Lebens. Der Heiland hat Seinen Nachfolgern nicht den Luxus der Welt versprochen. Ihre Speise mag einfach, vielleicht sogar dürftig sein. Ihr ganzes Leben mag in Armut dahingehen. Er aber hat Sein Wort gegeben, dass für alle ihre Nöte gesorgt werden soll, und Er hat ihnen etwas verheißen, das weitaus besser ist als irdisches Gut – den bleibenden Trost Seiner Gegenwart!

In der Speisung der 5000 hebt Jesus den Schleier von der natürlichen Welt und enthüllt die Macht, die ständig zu unserem Besten tätig ist. Durch das Reifen der Ernte bewirkt Gott täglich ein Wunder und durch natürliche Vorgänge geschieht das gleiche Werk wie bei der Speisung dieser Menge. Menschen bereiten den Boden und säen den Samen, aber das Leben von Gott bringt den Samen zum Keimen. Luft, Regen und Sonnenschein bringen hervor »zuerst den Halm, danach die Ähre, danach den vollen Weizen in der Ähre.« Markus 4,28 Es ist Gott, der täglich die Millionen durch das Erntefeld der Erde ernährt. Die Menschen sind aufgefordert, mit Ihm in der Sorge um das Korn und um die Zubereitung des Brotes mitzuwirken, und genau deswegen verlieren sie den Blick für das Wirken Gottes und geben Ihm nicht die Ihm gebührende Ehre.

Sein Wirken wird natürlichen Kräften oder menschlichen Werkzeugen zugeschrieben, so dass sich der Mensch an Gottes Platz drängt. Die aus göttlicher Gnade verliehenen Gaben werden egoistisch verwendet und damit zum Fluch statt zum Segen. Gott versucht, das alles zu verhindern. Er möchte unsere abgestumpften Sinne neu beleben, damit sie Seine große Güte erkennen und Ihn für das Wirken Seiner Macht ehren können. Er will auch, dass wir Ihn in Seinen Gaben erkennen, damit diese uns nach Seiner Absicht zum Segen werden. Um dies zu erreichen, wirkte Jesus Wunder.

Nachdem die Menge gespeist war, blieb noch viel Speise übrig. Der Herr, dessen unermesslicher Macht alle Hilfsquellen zu Gebote standen, befahl: »Sammelt die übrigen Brocken, damit nichts umkommt.« Johannes 6,12 Diese Worte bedeuten mehr, als nur die Brotreste in die Körbe zu legen. Sie enthalten eine zweifache Lehre. Wir sollen nichts verschwenden und keinen zeitlichen Vorteil ungenutzt lassen. Wir sollen nichts gering achten, das irgendeinem menschlichen Wesen noch nützlich sein kann. Sammelt alles, was der Not der Hungernden abzuhelfen vermag. Die gleiche Sorgfalt sollen wir auch in geistlichen Dingen üben. Als die Körbe voll Brocken gesammelt wurden, dachten die Gesättigten an ihre Freunde zuhause und wünschten, dass auch sie von dem Brot etwas haben könnten, das Jesus geschenkt hatte. Der Inhalt der Körbe wurde unter die Menge verteilt und in die ganze umliegende Gegend mitgenommen. So sollten diejenigen, die beim Fest waren, anderen von dem Brot geben, das vom Himmel kommt, um den Hunger der Seele zu stillen. Sie sollten wiederholen, was sie über die wunderbaren Dinge Gottes gelernt hatten. Nichts sollte verlorengehen. Kein einziges Wort, das ihr geistliches Heil betraf, durfte nutzlos auf den Boden fallen.

Das Wunder von den Broten lehrt uns ferner unsere Abhängigkeit von Gott. Als Christus die 5000 speiste, war in der Nähe keine Nahrung zu bekommen. Anscheinend standen Ihm keine Mittel zur Verfügung. Er befand sich mit den mehr als 5000 Menschen in der Einsamkeit. Zwar hatte Er die Menge nicht eingeladen, sie war Ihm vielmehr ohne Aufforderung gefolgt. Er wusste aber, dass sie hungrig und müde sein würde, nachdem sie so lange Seinen Worten gelauscht hatte. Er selbst empfand ja dieses Bedürfnis, zu essen. Sie waren weit von zuhause entfernt, und die Nacht brach herein. Viele von ihnen besaßen kein Geld, um sich Nahrung zu kaufen. Er, der um ihretwillen 40 Tage in der Wüste gefastet hatte, wollte es nicht zulassen, dass sie hungrig in ihre Heime zurückkehrten. Die göttliche Vorsehung hatte Jesus an diesen Ort geführt, und Er vertraute darauf, dass Sein himmlischer Vater auch für die notwendigen Mittel sorgen würde, um dem Mangel abzuhelfen.

Wenn wir in schwierige Situationen geraten, sollten wir uns auf Gott verlassen und bei allem, was wir tun, Weisheit und Urteilsvermögen zeigen. Sonst auferlegen wir uns durch sorgloses Handeln selbst Prüfungen. Wir sollten uns nicht dadurch in Schwierigkeiten bringen, dass wir die Mittel außer Acht lassen, 290 [368/369] die Gott bereithält, und die Fähigkeiten missbrauchen, die Er uns gegeben hat. Christi Mitarbeiter sollten Seinen Weisungen uneingeschränkt folgen. Es ist Gottes Werk, und wenn andere durch uns gesegnet werden sollen, müssen Seine Absichten ausgeführt werden. Unser Ich darf nicht zum Mittelpunkt gemacht werden und Ehren empfangen. Wenn wir nach unseren eigenen Ideen planen, wird Gott uns auch unseren eigenen Fehlern überlassen. Folgen wir jedoch Seinen Weisungen und geraten dabei in Schwierigkeiten, dann wird Er uns aus ihnen befreien. Wir brauchen nicht entmutigt aufzugeben, sondern dürfen in jeder Notlage von Ihm Hilfe erbitten, denn Ihm stehen unbegrenzte Mittel zu Verfügung. Oft sehen wir uns von lauter Prüfungen umgeben. Dann müssen wir uns vertrauensvoll an Gott halten. Er will jeden Menschen bewahren, der in Anfechtung gerät, wenn er Gottes Wege gehen möchte.

Christus bittet uns durch den Propheten: »Brich dem Hungrigen dein Brot, und die im Elend ohne Obdach sind, führe ins Haus! Wenn du einen nackt siehst, so kleide ihn, und entzieh dich nicht deinem Fleisch und Blut!« Jesaja 58,7 Er hat uns geboten: »Geht hin in alle Welt und predigt das Evangelium aller Kreatur.« Markus 16,15 Aber wie oft sinkt uns der Mut und verlässt uns der Glaube, wenn wir sehen, wie groß die Not ist und wie wenig Mittel in unseren Händen sind! Wie Andreas, der auf die fünf kleinen Brote und die zwei kleinen Fische sah, erklären wir: »Was ist das unter so viele!« Johannes 6,9 Oft zögern wir und sind nicht bereit, alles zu geben, was wir besitzen. Wir schrecken davor zurück, ein Opfer zu bringen oder gar uns selbst für andere hinzugeben. Aber Jesus hat uns geboten: »Gebt ihr ihnen zu essen!« Markus 6,37

Sein Gebot ist ein Versprechen und dahinter steht dieselbe Macht, die die große Schar am Ufer des Sees speiste. In der Fürsorge Christi für die körperlichen Bedürfnisse einer hungrigen Menge liegt eine tiefe geistliche Lehre für alle Seine Mitarbeiter. Der Heiland empfing vom Vater, Er teilte Seinen Jüngern aus, diese gaben der Menge, und unter dieser gab einer dem anderen. So empfangen alle, die mit Christus verbunden sind, von Ihm das Brot des Lebens, die himmlische Speise, und geben sie anderen weiter.

Jesus nahm die wenigen Brote im vollen Vertrauen auf Gott. Obwohl es nur so viel Speise war, dass sie gerade für Seine Jünger gereicht hätte, lud Er diese doch nicht ein, um zu essen, sondern verteilte das Brot an sie und gebot ihnen, es dem Volk weiterzugeben. Die Nahrung vermehrte sich in Seinen Händen, und die Hände der Jünger, die sich Ihm, dem Brot des Lebens, entgegenstreckten, blieben nie leer. Der kleine Vorrat reichte für alle. Nach der Speisung des Volkes wurden die Brocken gesammelt, und Christus aß nun mit Seinen Jüngern von der so gnädig gewährten Speise.

Die Jünger stellten gleichsam die Verbindung dar zwischen Christus und dem Volk. Diese Tatsache sollte Seinen Nachfolgern heute eine große Ermutigung sein. Christus ist der Mittelpunkt, die Quelle aller Kraft. Seine Boten müssen ihre Stärke von Ihm empfangen. Die Verständigsten, die Intelligentesten können nur das geben, was sie empfangen haben. Aus sich selbst haben sie nichts, um die Bedürfnisse auch nur einer Seele zu befriedigen. Wir können nur das weitergeben, was wir vom Herrn erhalten haben, und wir können nur empfangen, wenn wir es anderen weitergeben. Indem wir beständig austeilen, empfangen wir auch immerzu, und zwar in dem Maße, in dem wir geben. So können wir nun beständig glauben, vertrauen, empfangen und auch weitergeben.

Der Bau von Jesu Königreich wird voran kommen, wenn auch scheinbar langsam und gebremst durch ungeheure Schwierigkeiten. Es ist aber das Werk Gottes, und Gott selbst wird für die Mittel sorgen und Helfer senden – treue, ernste Jünger, deren Hände mit Speise für die hungernde Menschheit gefüllt sind. Gott denkt an alle, die mit liebevollem Herzen arbeiten, um das Wort des Lebens den Sterbenen zu bringen, die ihrerseits wieder ihre Hände nach Speise für hungrigen Seelen ausstrecken.

In unserem Wirken für den Herrn liegt die Gefahr, uns zu sehr darauf zu verlassen, was der Mensch mit seinen Fähigkeiten und Gaben leisten kann. So verlieren wir den Meister aus den Augen und erkennen oft nicht unsere persönliche Verantwortung. Wir laufen Gefahr, unsere Last auf eine Organisation abzuwälzen, statt uns auf Christus, die Quelle aller Kraft, zu verlassen. Es ist ein großer Fehler, im Wirken für Gott auf menschliche Weisheit oder auf Zahlen zu vertrauen. Ein erfolgreiches Wirken für den Herrn hängt nicht so sehr von der Anzahl der Mitarbeiter oder deren Fähigkeiten ab, als vielmehr von der reinen Absicht und der wahren Einfalt eines ernsten, alles von Gott erwartenden Glaubens. Persönliche Verantwortung muss getragen, persönliche Pflichten müssen aufgenommen und eigene Anstrengungen gemacht werden für diejenigen, die nichts von Christus wissen. Statt die Verantwortung auf Menschen zu legen, von denen wir meinen, dass sie begabter seien als wir selbst, sollten wir bereit sein, entsprechend unserer Fähigkeiten zu arbeiten.

Wenn du gefragt wirst: »Wo kaufen wir Brot, dass diese essen?«, dann lass deine Antwort nicht eine Erwiderung des Unglaubens sein. Als die Jünger des Herrn Anordnung hörten: »Gebt ihr ihnen zu essen!«, tauchten vor ihnen alle möglichen Schwierigkeiten auf. Sie fragten sich: »Sollen wir in die Dörfer gehen, um Speise zu kaufen?«

Wenn es heute den Menschen am Brot des Lebens fehlt, fragen die Kinder Gottes: »Sollen wir jemand aus der Ferne holen, der sie speise?« Was sagte Christus? »Lasst sie sich setzen.« Lukas 9,14 Und dann speiste Er sie. Wenn du

von Menschen in Not umgeben bist, dann wisse, dass Christus

auch dort ist. Verbinde dich mit Ihm – bringe deine Gerstenbrote zu Jesus! Die uns zur Verfügung stehenden Mittel scheinen für das Werk nicht auszureichen. Gehen wir aber im Glauben voran und vertrauen wir auf die allmächtige Bereitwilligkeit Gottes, so werden sich uns reichlich Hilfsquellen öffnen.

Ist das Werk von Gott, dann wird Er auch selbst für Mittel sorgen, um es durchzuführen. Er belohnt das schlichte, aufrichtige Vertrauen zu Ihm. Unser Weniges wird im Teilen und beim weisen und sparsamen Gebrauch im Dienst des Herrn mehr werden. In der Hand Christi blieb der geringe Vorrat so lange bestehen, bis die Menge gesättigt war. Gehen wir voller Glauben mit offenen Händen zur Quelle aller Kraft, dann werden wir selbst unter den allerschwierigsten Verhältnissen in unserer Arbeit unterstützt werden und in der Lage sein, auch anderen das Brot des Lebens zu geben. Der Herr sagt: »Gebt, so wird euch gegeben.« Lukas 6,38 »Wer da kärglich sät, der wird auch kärglich ernten; und wer da sät im Segen, der wird auch ernten im Segen ... Gott aber kann machen, dass alle Gnade unter euch reichlich sei, damit ihr in allen Dingen allezeit volle Genüge habt und noch reich seid zu jedem guten Werk; wie geschrieben steht: ,Er hat ausgestreut und gegeben den Armen; seine Gerechtigkeit bleibt in Ewigkeit.' Der aber Samen reicht dem Sämann und Brot zur Speise, der wird auch euch Samen geben und ihn mehren und wachsen lassen die Früchte eurer Gerechtigkeit. So werdet ihr reich sein in allen Dingen, zu geben in aller Einfalt, die durch uns wirkt Danksagung an Gott.« 2.Korinther 9,6-11

KAPITEL 40

Auf Grundlage von
Matthäus 14,22-33
Markus 6,45-52; Johannes 6,14-21

EINE NACHT AUF DEM SEE

A uf der grünen Ebene in der Dämmerung eines Frühlingsabends aß die Menge die Speise, die ihnen der Heiland verschafft hatte. Die Worte Jesu, die sie da gehört hatten, waren ihnen wie eine Offenbarung Gottes vorgekommen. Die Taten der Heilung, die sie sehen durften, konnten nur durch göttliche Kraft bewirkt worden sein. Das Wunder der Brote aber berührte jeden persönlich, jeder hatte Anteil an diesem Geschenk. Zu Moses Zeit hatte der Herr die Kinder Israel in der Wüste durch Manna gespeist, und wer war dieser, der sie heute gespeist hatte, wenn nicht der, von dem Mose geweissagt hatte?

Keine menschliche Macht kann aus fünf Gerstenbroten und zwei kleinen Fischen so viel Speise schaffen, um damit Tausende hungriger Leute zu versorgen. Und sie sagten zueinander: »Das ist wahrlich der Prophet, der in die Welt kommen soll.« Johannes 6,14

Den ganzen Tag waren sie immer mehr davon überzeugt worden. Doch jene krönende Handlung nun gab ihnen die Gewissheit, dass der lang erwartete Erlöser unter ihnen weilt. Die Hoffnung aller Anwesenden wird immer größer: Er ist es, der Judäa zu einem irdischen Paradies machen wird, zu einem Land, in dem Milch und Honig fließt. Er kann jeden Wunsch erfüllen und auch die verhassten Römer verjagen. Er kann Juda und Jerusalem befreien und die in der Schlacht verwundeten Soldaten heilen, die Heere mit Nahrung versorgen sowie Völker besiegen und auch Israel die lang ersehnte Herrschaft geben.

In ihrer Begeisterung sind die Leute bereit, Jesus sofort zum König zu krönen. Sie sehen, dass Er sich nicht darum müht, die Aufmerksamkeit auf sich zu lenken oder sich ehren zu lassen. Hierin unterscheidet Er sich wesentlich von den Priestern und Obersten, und sie befürchten, dass Er nie einen Anspruch auf Davids Thron geltend machen wird. Sie beraten gemeinsam und kommen überein, Ihn gewaltsam zum König von Israel auszurufen. Die Jünger schließen sich der Menge an und erklären, dass der Thron Davids das rechtmäßige Erbe ihres Herrn sei. Nur Jesu Bescheidenheit, sagen sie, veranlasse Ihn, diese Ehre auszuschlagen. Möge doch das Volk Seinen Befreier erheben, dann werden die hochmütigen Priester und Obersten gezwungen sein, den mit göttlicher Macht ausgestatteten Heiland zu ehren. Es werden nun eilig Vorbereitungen getroffen, diesen Plan auszuführen. Doch der Herr bemerkt ihre Absicht und kennt besser als das Volk die Folgen einer solchen Handlung. Schon jetzt trachten die Priester und Obersten Ihm nach dem Leben und beschuldigen Ihn, dass Er das Volk gegen sie aufwiegele. Auf den Versuch des Volkes, Ihn auf den Thron zu setzen, würden nur Gewalttat und Aufstand folgen. Das würde das geistliche Reich in Gefahr bringen. Diese Entwicklung musste sofort gestoppt werden. Jesus rief Seine Jünger und ordnete an, sofort das Boot zu besteigen und nach Kapernaum zurückzufahren, während Er selbst das Volk entlassen werde.

Noch nie waren die Jünger so wenig bereit, die Anordnung ihres Herrn zu befolgen. Sie hatten schon lange auf einen allgemeinen Volksaufstand gehofft, um Jesus auf den Thron zu heben. Sie konnten sich nicht mit dem Gedanken anfreunden, dass diese Begeisterung erfolglos bleiben sollte. Die zum Passahfest versammelte Volksmenge wollte den neuen Propheten sehen, und den Jüngern schien die Zeit gekommen, ihren geliebten Meister auf den Thron zu heben. In dieser Begeisterung war es wirklich schwer für sie, ohne Jesus fortzugehen und Ihn an diesem einsamen Platz zurückzulassen. Sie protestierten gegen Seinen Befehl, aber der Herr sprach nun mit solcher Autorität, wie Er sie ihnen gegenüber noch nie gezeigt hatte. Sie wussten nun, dass weiterer Widerstand nutzlos sein würde und wandten sich schweigend dem See zu.

Jesus gebietet nun der Menge, auseinanderzugehen. Sein Auftreten ist so bestimmt, dass sich niemand zu widersetzen wagt. Die Worte des Lobes und der Begeisterung ersterben auf ihren Lippen. Die Schritte derer, die Ihn greifen wollen, verhallen, und der frohe, lebhafte Blick weicht aus ihren Augen. In dieser Menschengruppe gibt es Männer mit starkem Willen und fester Entschlossenheit, doch die königliche Haltung Jesu und die wenigen ruhigen und befehlenden Worte unterdrücken den Tumult und vereiteln ihre Absichten. Sie erkennen in Ihm eine Macht, die über aller irdischen Gewalt steht, und unterwerfen sich ohne jede Frage.

Als Jesus allein war, »ging er ... auf einen Berg, um zu beten.« Markus 6,46 Stundenlang flehte Er zu Gott. Seine ernsten Bitten galten nicht sich selbst, sondern den Menschen. Er betete um Kraft, den Menschen den göttlichen Charakter Seiner Sendung zu offenbaren, damit Satan ihr Verständnis nicht verdunkeln und ihr Urteil fehlleiten könne. Der Heiland wusste genau, dass die Zeit Seines irdischen Wirkens bald vorüber wäre, und dass nur wenige Ihn als ihren Erlöser annehmen würden. In bitterem Schmerz und tiefem seelischem Ringen betete Er für Seine Jünger, denen noch schwere Prüfungen bevorstanden. Ihre lang gehegten Hoffnungen, die sich auf einen im Volk allgemein verbreiteten Irrtum gründeten, sollten in schmerzlicher und demütigender Weise vereitelt werden. An Stelle Seiner Erhebung auf den Thron Davids würden sie Seine Kreuzigung miterleben. Dies wäre Seine wahre Krönung, aber die Jünger würden es nicht erkennen. Darum kämen kräftige Versuchungen über sie, die sie aber nur schwer als solche erkennen würden. Ohne den Heiligen Geist zur Erleuchtung ihrer Sinne und zur Erweiterung ihres Verständnisses musste ihr Glaube scheitern. Es war schmerzlich für den Heiland, dass sich ihre Vorstellungen von Seinem Reich so sehr auf weltliche Erhöhungen und Ehren beschränkten. Die Sorge für sie lag schwer auf Seinem Herzen, und in bitterem Schmerz und unter heißen Tränen brachte er Seine Bitten zu Gott.

Die Jünger hatten ihr Boot nicht gleich vom Ufer abgestoßen, wie es ihnen von Jesus befohlen worden war. Sie warteten noch einige Zeit und hofften, dass Er nachkäme. Als aber die Dunkelheit der Nacht schnell hereinbrach, traten sie »in ein Boot und fuhren über den See nach Kapernaum.« Johannes 6,17 Sie hatten Jesus mit unbefriedigtem Herzen verlassen und waren ungeduldiger über Ihn als je zuvor, seit sie Ihn als ihren Herrn anerkannt hatten. Sie murrten, weil sie es nicht geschafft hatten, Ihn als König auszurufen. Sie machten sich Vorwürfe, Seinem Befehl so schnell nachgekommen zu sein, da sie vielleicht doch ihre Absicht erreicht hätten, wenn sie entschiedener aufgetreten wären.

Unglaube erfüllte ihr Herz und Gemüt. Die Liebe nach weltlicher Ehre hatte sie verblendet. Sie wussten, dass Jesus von den Pharisäern gehasst wurde, und sie waren sehr darauf bedacht, Ihn zu erhöhen, wie es Ihm zustände. Mit einem Lehrer verbunden zu sein, der mächtige Wunder wirken und gleichzeitig als Betrüger geschmäht werden konnte, das war eine Prüfung, die für sie nur schwer zu ertragen war. Sollten sie immer für die Nachfolger eines falschen Propheten gehalten werden? Würde Christus nie Seine Gewalt als König geltend machen? Warum offenbarte Er, der so eine Macht besaß, nicht Seinen wahren Charakter und machte dadurch auch ihren Weg müheloser? Warum hatte Er Johannes den Täufer nicht vor dem gewaltsamen Tod bewahrt? Wegen solcher Gedanken gerieten sie selbst in geistliches Dunkel, bis sie sich schließlich fragten: Könnte ihr Herr ein Betrüger sein, wie es die Pharisäer behaupteten?

Die Jünger hatten an jenem Tag die wunderbaren Werke Christi miterlebt und es schien, als ob der Himmel sich zur Erde herabgelassen hätte. Die Erinnerung an jene herrlichen und wertvollen Stunden hätte sie mit Glauben und Hoffnung erfüllen sollen. Wenn sie sich dann aus der Fülle ihres Herzens über all diese Dinge unterhalten hätten, wären sie bestimmt nicht in Versuchung geraten. Ihre Enttäuschung jedoch nahm alle anderen Gedanken gefangen. Die Worte Jesu: »Sammelt die übrigen Brocken, damit nichts umkomme«, blieben unbeachtet. Es waren segensreiche Stunden für die Jünger gewesen, aber jetzt hatten sie alles vergessen. Sie befanden sich mitten auf dem unruhigen See. Ihre Gedanken selbst waren stürmisch bewegt und ohne Vernunft. Der Herr gab ihnen etwas anderes, um sie zu beschäftigen und ihre Gedanken abzulenken. Das tut Gott oft, wenn Menschen sich selbst Mühsal und Sorgen schaffen. Es war ganz unnötig, dass sich die Jünger Schwierigkeiten bereiteten, denn die Gefahr näherte sich schnell.

Ein heftiges Unwetter war heraufgezogen und die Jünger waren nicht darauf vorbereitet. Es brach unvermutet los – nach einem herrlichen Tag. Als der Sturm plötzlich tobte, bekamen sie es mit der Angst zu tun. Sie vergaßen schnell ihre Unzufriedenheit, ihren Unglauben und ihre Ungeduld. Jeder von ihnen packte mit an, um das Boot vor dem Sinken zu bewahren. Von Bethsaida bis zu dem Ort, an dem sie Jesus erwarteten, war es nicht weit. Bei günstigem Wetter brauchten sie zur Überfahrt nur einige Stunden. Jetzt aber wurden die Jünger immer weiter von ihrem Ziel abgetrieben. Sie arbeiteten bis zur vierten Nachtwache an den Rudern, dann gaben sich die erschöpften Männer verloren. In Sturm und Dunkelheit hatte der See ihnen ihre Hilflosigkeit gezeigt, und sie sehnten sich nach der Nähe ihres Meisters.

Jesus hatte sie nicht vergessen. Der Wächter am Ufer sah die angsterfüllten Männer mit dem Sturm kämpfen. Nicht einen Augenblick verlor Er Seine Jünger aus den Augen, sondern verfolgte mit großer Aufmerksamkeit das vom Sturm umhergeworfene Boot mit seiner wertvollen Last. Diese Männer sollten doch das Licht der Welt sein. Besorgt, wie eine Mutter über ihre Kinder, wachte der Heiland über Seine Jünger. Als ihre Herzen sich Ihm unterordneten, als sie ihren unheiligen Ehrgeiz bezwungen hatten und wieder demütig um Hilfe flehten, wurde sie ihnen gegeben.

In dem Augenblick, da sie meinen, verloren zu sein, erkennen sie in dem Aufleuchten eines Blitzes eine geheimnisvolle Gestalt, die sich ihnen auf den Wogen nähert. Sie ahnen aber nicht, dass es Jesus ist, und halten den, der ihnen zu Hilfe kommen will, für einen Feind. Schrecken erfüllt sie. Die Ruder, die sie mit festem Griff umklammert halten, entfallen ihnen. Das Boot wird zum Spielball der Wellen. Ihre Blicke sind durch die Erscheinung gefesselt – ein Mensch geht auf den schäumenden Wogen des wütenden Sees.

Sie glauben, es sei ein Geist, der ihnen ihren Untergang ankündigt, und sie schreien vor Furcht. Die Gestalt kommt immer näher. Es scheint, als wolle sie vorübergleiten. Da erkennen sie ihren Herrn, und sie rufen und bitten um Hilfe. Der Heiland wendet sich ihnen zu, und Seine Stimme besänftigt ihre Furcht: »Seid getrost, ich bin's; fürchtet euch nicht!« Matthäus 14,27 Kaum können die Jünger dieses Wunder begreifen, da gerät Petrus außer sich vor Freude. Er ruft: »Herr, bist du es, so befiehl mir, zu dir kommen auf dem Wasser.« Und Jesus spricht: »Komm her!« Matthäus 14,28f Solange Petrus zu Jesus hinschaut, geht er sicher. Kaum blickt er aber stolz zu seinen Gefährten im Boot zurück, da verliert er die Verbindung mit Seinem Herrn. Der Wind stürmt noch heftig, die Wogen gehen hoch und drängen sich zwischen ihn und den Meister. Nun fürchtet sich Petrus. Für einen Augenblick kann er Christus nicht sehen, da lässt sein Glaube nach und er beginnt zu sinken. Aber während die Wogen ihn mit dem Tod bedrohen, blickt Petrus von dem tobenden Wasser aus hin zu dem Heiland und ruft: »Herr, hilf mir!« Sofort ergreift Jesus die ausgestreckte Hand mit den Worten: »Du Kleingläubiger, warum hast du gezweifelt?« Matthäus 14,30f

An der Hand Seines Heilandes betrat Petrus wieder das Schiff. Er war gedemütigt worden und verhielt sich nun still. Er hatte keinen Grund mehr, sich vor den Gefährten zu rühmen, denn er hätte durch Unglauben und Überheblichkeit beinahe sein Leben verloren, denn als er die Augen von Jesus wandte, verlor er seinen Halt und versank in den Wellen.

Wie oft gleichen wir Petrus, wenn Schwierigkeiten auf uns zukommen! Wir sehen dann auf die brausenden Wogen, statt unseren Blick auf den Herrn zu heften. Unsere Füße gleiten aus, und die stolzen Wellen gehen über uns hinweg. Jesus hatte Petrus nicht geboten, zu Ihm zu kommen, damit er umkomme. Er fordert auch uns nicht auf, Ihm nachzufolgen, um uns dann zu verlassen. »Fürchte dich nicht«, sagt Er, »denn ich habe dich erlöst; ich habe dich bei deinem Namen gerufen; du bist mein! Wenn du durch Wasser gehst, will ich bei dir sein, dass dich die Ströme nicht ersäufen sollen; und wenn du ins Feuer gehst, sollst du nicht brennen, und die Flamme soll dich nicht versengen. Denn ich bin der Herr, dein Gott, der Heilige Israels, dein Heiland.« Jesaja 43,1-3

Jesus kannte den Charakter Seiner Jünger. Er wusste, wie schwer ihr Glaube geprüft werden würde. Durch die Erfahrung auf dem See wollte Er die Schwäche von Petrus offenbaren und ihm zeigen, dass seine Sicherheit nur darauf beruhe, der göttlichen Macht beständig zu vertrauen. Inmitten der Stürme der Versuchung konnte er nur dann sicher sein, wenn er, frei von überheblichem Selbstvertrauen, sich ausschließlich auf den Herrn verlassen würde. Gerade dann, als Petrus meinte, stark zu sein, war er schwach. Erst als er seine Schwäche erkannte, konnte er das Bedürfnis seiner Abhängigkeit von Gott sehen. Hätte er aus der Lektion auf dem See gelernt, die Jesus ihm gerne geben wollte, dann wäre er auch nicht gescheitert, als die große Prüfung an ihn herantrat.

Jeden Tag unterweist Gott Seine Kinder. Durch die Erlebnisse des täglichen Lebens bereitet Er sie darauf vor, dass sie eine größere Aufgabe übernehmen können, zu der Seine Vorsehung sie berufen hat. Sieg oder Niederlage in der großen Lebensentscheidung hängt davon ab, wie sie mit den täglichen Prüfungen fertig werden. Wer seine ständige Abhängigkeit von Gott nicht erkennt, wird in der Versuchung unterliegen. Wir meinen vielleicht, sicher zu stehen und nicht fallen zu können. Wir mögen vertrauensvoll sagen: Ich weiß, an wen ich glaube – nichts kann meinen Glauben an Gott und Sein Wort erschüttern! Aber Satan denkt unablässig darüber nach, wie er aus unseren menschlichen Mängeln Vorteile ziehen und unsere Augen gegen unsere wahren Bedürfnisse blind machen kann. Nur durch das Erkennen unserer Schwächen, und durch den ständigen Blick auf Jesus können wir sicher wandeln.

Kaum hatte Jesus das Boot bestiegen, hörte der Sturm auf. »Und sogleich war das Boot an der Stelle, wohin sie fahren wollten.« Johannes 6,21

Der Schreckensnacht folgte das sanfte Licht der Morgendämmerung. Die Jünger und noch andere Leute, die sich mit ihnen im Boot befanden, beugten sich mit dankerfülltem Herzen zu den Füßen Jesu und sagten: »Du bist wahrhaftig Gottes Sohn!« Matthäus 14,33

KAPITEL *41*

*Auf Grundlage von
Johannes 6,22-71
Markus 14,22; Lukas 4,4*

DIE *ENTSCHEIDUNG*
IN GALILÄA

C hristus wusste, dass ein Wendepunkt in Seinem Dasein erreicht war, als Er es den Menschen untersagte, Ihn zum König auszurufen. Die Volksmenge, die Ihn heute auf den Thron heben wollte, hätte sich am nächsten Tag von Ihm abgewandt. Sobald ihr selbstsüchtiger Ehrgeiz enttäuscht worden wäre, hätte sich ihre Liebe in Hass und ihr Lob in Fluch verwandelt. Doch obwohl Christus dies wusste, unternahm Er nichts, um die Krise abzuwenden. Von Anfang an hatte Er Seinen Nachfolgern keinerlei Hoffnung auf irdische Belohnung gemacht. Einem Mann, der Sein Jünger werden wollte, sagte Er: »Die Füchse haben Gruben, und die Vögel unter dem Himmel haben Nester; aber der Menschensohn hat nichts, wo er sein Haupt hinlege.« Matthäus 8,20

Hätten die Menschen zugleich Christus und die Welt besitzen können, würden sie Ihm in Scharen ihrer Treue versichert haben. Aber so einen Dienst konnte Er nicht annehmen. Viele Seiner Anhänger damals wurden von der Hoffnung auf ein weltliches Königreich angezogen. Sie sollten eines besseren belehrt werden. Die tiefe geistliche Bedeutung des von Ihm vollbrachten Wunders der Speisung war von ihnen nicht verstanden worden. Das aber wollte Er ihnen verständlich machen. Diese neue Offenbarung würde jedoch eine strengere Prüfung mit sich bringen.

Überall sprach man über das Wunder der Brotvermehrung, und schon früh am nächsten Morgen strömten die Leute nach Bethsaida, um Jesus zu sehen. Sie kamen zahlreich auf dem Landweg und auch über den See. Die Ihn am Abend zuvor verlassen hatten, kehrten zurück und erwarteten, Ihn dort noch anzutreffen. Es war doch kein Boot vorhanden, mit dem Er zum anderen Seeufer hätte übersetzen können. Ihr Suchen blieb jedoch erfolglos. Deshalb wandten sich viele wieder nach Kapernaum, um Ihn dort zu suchen. Inzwischen befand sich Jesus nach nur eintägiger Abwesenheit wieder in der Landschaft Genezareth. »Als sie aus dem Boot stiegen, erkannten ihn die Leute alsbald und liefen im ganzen Land umher und fingen an, die Kranken auf Bahren überall dorthin zu

tragen, wo sie hörten, dass er war.« Markus 6,54f

Kurze Zeit später ging Er in die Synagoge. Dort fanden Ihn die Leute, die aus Bethsaida gekommen waren. Sie erfuhren, wie Er den See überquert hatte. Die Jünger erzählten der staunenden Menge in allen Einzelheiten von der Heftigkeit des Sturms, dem stundenlangen vergeblichen Rudern gegen widrige Winde, dem Erscheinen Jesu, der auf dem Wasser ging, von der Furcht, in die sie dadurch gerieten und wie Christus sie beruhigte. Sie erzählten vom Wagnis des Petrus, was er erlebte und wie plötzlich der Sturm aufhörte, sodass das Boot anlegen konnte. Viele aber, die mit diesem Bericht nicht zufrieden waren, versammelten sich um Jesus und fragten Ihn: »Rabbi, wann bist du hergekommen?« Johannes 6,25 Sie hofften, von Ihm selbst eine Schilderung des Wunders zu hören.

Jesus aber befriedigte ihre Neugier nicht. Traurig erwiderte Er: »Ihr sucht mich nicht, weil ihr Zeichen gesehen habt, sondern weil ihr von dem Brot gegessen habt und satt geworden seid.« Johannes 6,26 Sie suchten Ihn nicht aus edlen Motiven. Das Brot hatte sie gesättigt, und nun erwarteten sie, weitere irdische Vorteile zu haben, wenn sie sich an Ihn hielten. Der Heiland aber machte ihnen klar: »Verschafft euch doch nicht die Speise, die vergänglich ist, sondern die Speise, die für das ewige Leben vorhält.« Johannes 6,27; Menge Anders ausgedrückt: Trachtet nicht nur nach irdischem Gewinn! Lasst es nicht euer Hauptanliegen sein, für das diesseitige Leben zu sorgen, sondern strebt nach geistlicher Speise – nach jener Weisheit, die bis ins ewige Leben andauert und die allein der Sohn Gottes schenken kann; »denn dazu hat Gott der Vater ihn gesandt.« Johannes 6,27; NL

Für einen Moment war das Interesse der Hörer geweckt. Sie riefen aus: »Was sollen wir tun, um die Werke Gottes zu wirken?« Johannes 6,28 Sie hatten vieles und schweres geleistet, um sich vor Gott angenehm zu machen. Sie waren auch bereit, eine neue Vorschrift zu beachten, durch deren Befolgung sie sich ein größeres Verdienst sichern konnten. Ihre Frage bedeutete eigentlich: Was sollen wir tun, um uns den Himmel zu verdienen? Welchen Preis müssen wir zahlen, um das künftige Leben zu bekommen? »Jesus antwortete und sprach zu ihnen: Das ist Gottes Werk, dass ihr an den glaubt, den er gesandt hat.« Johannes 6,29 Der Preis des Himmels ist die Annahme Jesu. Der Weg zum Himmel geht über den Glauben an »Gottes Lamm, das der Welt Sünde trägt.« Johannes 1,29

Die Menschen aber wollten diese Erklärung nicht als göttliche Wahrheit annehmen. Jesus hatte genau das getan, was die Prophezeiungen über die Taten des Messias vorausgesagt hatten, aber die Menschen vermissten, was ihre egoistischen Hoffnungen sich als Sein Wirken vorgestellt hatten. Nun, Christus hatte die Menge mit Gerstenbroten gesättigt. Doch war Israel in den Tagen Moses nicht 40 Jahre durch Manna ernährt worden? Weit größere Segenstaten erwartete man vom Messias. Unzufriedenen Herzens fragten sie, weshalb Jesus, wenn Er schon so viele wunderbare Taten vollbrachte, die sie miterlebt hatten, den Menschen nicht Gesundheit, Kraft und Reichtum schenkte, sie nicht von den Unterdrückern befreite und ihnen nicht zu Macht und Ansehen verhalf. Dass Jesus behauptete, der Gesandte Gottes zu sein, nicht aber der König Israels sein wollte, das war für sie ein Geheimnis, das sie nicht begreifen konnten. Seine Weigerung wurde falsch verstanden. Viele schlossen daraus, dass Er es nicht wagte, auf Seinen Ansprüchen zu bestehen, weil Er selbst am göttlichen Charakter Seiner Sendung zweifelte. So öffneten sie ihre Herzen dem Unglauben, und die Saat, die Satan ausgestreut hatte, brachte die entsprechenden Früchte: Missverständnisse und Abfall. Nun fragte Ihn ein Schriftgelehrter halb spöttisch: »Was tust du für ein Zeichen, damit wir sehen und dir glauben? Was für ein Werk tust du? Unsre Väter haben in der Wüste das Manna gegessen, wie geschrieben steht: ,Er gab ihnen Brot vom Himmel zu essen.'« Johannes 6,30f

Die Juden ehrten Mose als Spender des Manna und priesen so den Mittler, wobei sie den aus den Augen verloren, der diese Tat eigentlich vollbracht hatte. Ihre Vorfahren hatten gegen Mose gemurrt, an ihm gezweifelt und seine göttliche Mission bestritten. In der gleichen Gesinnung verwarfen deren Nachkommen jetzt den, der ihnen die Botschaft Gottes überbrachte. »Da sprach Jesus zu ihnen: Wahrlich, wahrlich, ich sage euch: Nicht Mose hat euch das Brot vom Himmel gegeben.« Johannes 6,32 Der Spender des Manna stand vor ihnen. Christus selbst hatte ja die Hebräer durch die Wüste geführt und sie täglich mit Himmelsbrot versorgt. Diese Speise war ein Symbol für das wahre Himmelsbrot. Der lebenspendende Geist, der von der unendlichen Fülle Gottes nimmt, ist das wahre Manna. »Denn«, so sagte Jesus, »Gottes Brot ist das, das vom Himmel kommt und gibt der Welt das Leben.« Johannes 6,33 Einige Hörer meinten noch immer, dass Jesus auf irdische Nahrung hinwies und riefen deshalb aus: »Herr, gib uns allezeit solches Brot.« Daraufhin wurde Jesus deutlich: »Ich bin das Brot des Lebens« Johannes 6,34f

Das Bild, das Jesus gebrauchte, war den Juden gut vertraut. Schon Mose hatte unter dem Einfluss des Heiligen Geistes den Israeliten gesagt, »dass der Mensch nicht lebt vom Brot allein, sondern von allem, was aus dem Mund des Herrn geht.« 5.Mose 8,3 Und der Prophet Jeremia hatte geschrieben: »Dein Wort ward meine Speise, sooft ich's empfing, und dein Wort ist meines Herzens Freude und Trost.« Jeremia 15,15 Selbst die Rabbiner kannten ein Sprichwort, wonach das Essen von Brot in geistlichem Verständnis Studium des Gesetzes und Erfüllung guter Werke bedeutete, und oft hieß es, dass bei der Ankunft des Messias ganz Israel gesättigt würde. Die Lehren der Propheten enthüllten den tiefen geistlichen Sinn, der in dem Brotwunder steckte. Diese Bedeutung wollte Christus Seinen Hörern in der Synagoge erschließen. Hätten

sie die Schrift verstanden, dann würden sie auch erfasst haben, was Seine Worte bedeuteten: »Ich bin das Brot des Lebens.« Johannes 6,35 Erst einen Tag zuvor war die große, ermattete und müde Volksmenge durch das Brot gesättigt worden, das Er gegeben hatte. Wie sie durch dieses Brot körperlich gekräftigt und erfrischt worden waren, so hätten sie durch Christus geistliche Kraft für das ewige Leben erhalten können. Er fuhr deshalb fort: »Wer zu mir kommt, den wird nicht hungern; und wer an mich glaubt, den wird nimmermehr dürsten.« Johannes 6,35 Aber Er fügte auch hinzu: »Ihr habt mich wohl gesehen, glaubt aber doch nicht.« Johannes 6,36; Menge

Sie hatten Christus durch ein Zeugnis des Heiligen Geistes und eine Offenbarung Gottes erkannt. Die lebenden Beweise Seiner Macht hatten sie täglich vor Augen gehabt, trotzdem fragten sie noch nach einem weiteren Zeichen. Hätten sie es auch erhalten, so wären sie doch weiter ungläubig geblieben. Konnten sie nicht durch das Gesehene und Gehörte überzeugt werden, dann hatte es keinen Sinn, ihnen noch wunderbarere Dinge zu zeigen. Der Unglaube findet für den Zweifel immer einen Grund und diskutiert den sichersten Beweis hinweg.

Und wieder rief Christus jenen starrsinnigen Herzen zu: »Wer zu mir kommt, den werde ich nicht hinausstoßen.« Johannes 6,37 Alle, die Ihn im Glauben annähmen, so versicherte Er, würden das ewige Leben haben. Nicht einer könnte verloren gehen. Weder die Pharisäer noch die Sadduzäer brauchten sich weiterhin über das zukünftige Leben zu streiten. Und niemand brauchte länger in hoffnungslosem Leid um seine Toten zu trauern. »Denn das ist der Wille meines Vaters, dass, wer den Sohn sieht und glaubt an ihn, das ewige Leben habe; und ich werde ihn auferwecken am Jüngsten Tage.« Johannes 6,40

Die Führer des Volkes waren jedoch beleidigt und sprachen: »Ist dieser nicht Jesus, Josephs Sohn, dessen Vater und Mutter wir kennen? Wieso spricht Er dann: Ich bin vom Himmel gekommen?« Johannes 6,42 Sie wollten so Vorurteile wecken, indem sie sich verächtlich auf Jesu niedrige Herkunft bezogen. Abfällig erinnerten sie an Sein Leben als Arbeiter in Galiläa sowie an Seine Familie, die arm und von einfachem Stand war. Die Behauptungen dieses ungelehrten Zimmermannes wären, so behaupteten sie, keiner Aufmerksamkeit wert. Das Wunderbare Seiner geheimnisvollen Geburt nahmen sie zum Anlass, von einer zweifelhaften Herkunft zu sprechen und die irdischen Umstände Seiner Geburt als Makel hinzustellen.

Jesus versuchte nicht, das Geheimnis Seiner Geburt zu erklären. Er beantwortete weder die Fragen im Hinblick auf Seine himmlische Herkunft noch die, wie Er auf dem See hatte gehen können. Überhaupt lenkte Er die Aufmerksamkeit nicht auf die Wunder, die Sein Leben auszeichneten. Freiwillig hatte Er auf ein hohes Ansehen verzichtet und statt dessen Knechtsgestalt angenommen. Seine Worte und Taten aber bezeugten, wer Er wirklich war. Alle, deren Herzen der göttlichen Erleuchtung geöffnet waren, erkannten in Ihm den eingeborenen Sohn »vom Vater, voller Gnade und Wahrheit.« Johannes 1,14

Das Vorurteil der Pharisäer lag viel tiefer, als aus ihren Fragen hervorging, es war in der Verderbtheit ihrer Herzen begründet. Jedes Wort und jede Tat Jesu rief in ihnen Widerstand hervor, denn der Geist, den sie hegten, fand bei Ihm keinen Widerhall. »Nur der kann zu mir kommen, den der Vater, der mich gesandt hat, zu mir führt. Und ich werde jeden, der zu mir kommt, am letzten Tag vom Tod erwecken. Die Propheten haben geschrieben: ,Gott selbst wird sie alle unterweisen.' Wer den Vater hört und von ihm lernt, der kommt zu mir.« Johannes 6,45; GN Niemand wird je zu Christus kommen, wenn er nicht auf die Liebe des Vaters eingeht, die uns zu Ihm führt. Doch Gott zieht alle Herzen zu sich, und nur wer sich Ihm widersetzt, wird sich weigern, zu Christus zu kommen.

Mit den Worten: »Gott selbst wird sie alle unterweisen« bezog sich Jesus auf die Weissagung des Propheten Jesaja: »Kinder werden vom Herrn gelehrt und der Friede deiner Kinder wird groß sein.« Jesaja 54,13 Dieses Schriftwort wandten die Juden auf sich an. Sie rühmten sich damit, dass Gott ihr Lehrer sei. Jesus aber zeigte ihnen, wie vergeblich solch ein Anspruch ist, denn Er sagte: »Wer den Vater hört und von ihm lernt, der kommt zu mir.« Johannes 6,45; GN Nur durch Christus konnten sie Kenntnis über den Vater erlangen. Die menschliche Natur konnte die Erscheinung Seiner Herrlichkeit nicht ertragen. Wer von Gott gelernt hatte, hörte auf die Stimme des Sohnes und erkannte in Jesus von Nazareth den, der durch Sein Wesen und durch Offenbarung den Vater darstellte.

»Wahrlich, wahrlich, ich sage euch: Wer an mich glaubt, der hat das ewige Leben.« Johannes 6,47 Johannes, der Lieblingsjünger, hatte diesen Worten zugehört. Durch ihn erklärte der Heilige Geist den Gemeinden: »Das ist das Zeugnis, dass uns Gott das ewige Leben gegeben hat, und dieses Leben ist in seinem Sohn. Wer den Sohn hat, der hat das Leben.« 1.Johannes 5,11f Jesus versprach: »Ich werde ihn auferwecken am Jüngsten Tage.« Johannes 6,44 Christus wurde eins mit uns im Fleisch, damit wir im Geist eins würden mit Ihm. Kraft dieser Verbindung werden wir aus dem Grab wieder hervorkommen, nicht nur als Bekundung der Macht Christi, sondern weil durch den Glauben Sein Leben zu unserem wurde. Wer das wahre Wesen Christi erkennt und Ihn in seinem Herzen aufnimmt, hat ewiges Leben. Durch den Geist bleibt Christus in uns, und der Geist Gottes, den unser Herz im Glauben erhält, ist der Anfang vom ewigen Leben.

Die Menschen hatten Christus auf das Manna hingewiesen, das ihre Vorfahren in der Wüste gegessen hatten, als wäre die Gewährung dieser Speise ein größeres Wunder gewesen als das, was Jesus getan hatte. Er zeigte, wie einfach diese Gabe war im Vergleich zu dem, das Er schenken wollte. Das Manna konnte nur die irdische Existenz sichern. Es konnte weder den

Tod verhindern noch Unsterblichkeit zusichern. Das Brot des Himmels dagegen würde sie nähren und zum ewigen Leben führen. Der Heiland sagte deshalb: »Ich bin das Brot des Lebens. Eure Väter haben in der Wüste das Manna gegessen und sind gestorben. Dies ist das Brot, das vom Himmel kommt, damit, wer davon isst, nicht sterbe. Ich bin das lebendige Brot, das vom Himmel gekommen ist. Wer von diesem Brot isst, der wird leben in Ewigkeit.« Johannes 6,48-51 Diesem Bild fügt Christus noch ein weiteres hinzu. Nur durch Sterben konnte Er den Menschen Leben schenken, und mit folgenden Worten nennt Er Seinen Tod das Mittel der Erlösung, denn Er sagt: »Und dieses Brot ist mein Fleisch, das ich geben werde für das Leben der Welt.« Johannes 6,51

Die Juden wollten in Jerusalem gerade das Passahfest feiern zur Erinnerung an die Nacht der Befreiung Israels, als der Todesengel die Familien der Ägypter heimsuchte. Nach dem Willen Gottes sollten sie im Passahlamm das Lamm Gottes sehen und in diesem Bild jenen annehmen, der sich selbst für das Leben der Welt gab. Aber die Juden hatten das Sinnbild zur höchsten Bedeutung erhoben und verstanden seinen Sinn nicht mehr. Daher erkannten sie in Ihm nicht den Leib des Herrn. Die gleiche Wahrheit, die im Passahfest symbolisiert wurde, lehrte auch von Christus, doch diese wurde noch immer nicht verstanden.

Nun riefen die Rabbiner ärgerlich: »Wie kann der uns sein Fleisch zu essen geben?« Johannes 6,52 Sie taten so, als verstünden sie Seine Worte in demselben buchstäblichen Sinn wie Nikodemus, als dieser fragte: »Wie kann ein Mensch geboren werden, wenn er alt ist?« Johannes 3,4 Bis zu einem gewissen Grad begriffen sie, was Jesus meinte, aber sie wollten es nicht zugeben. Bewusst deuteten sie Seine Worte falsch in der Hoffnung, das Volk gegen Ihn aufzuwiegeln. Christus schwächte jedoch Seine sinnbildliche Darstellung nicht ab, sondern wiederholte die Wahrheit vielmehr mit noch deutlicheren Worten: »Wahrlich, wahrlich, ich sage euch: Wenn ihr nicht das Fleisch des Menschensohns esst und sein Blut trinkt, so habt ihr kein Leben in euch. Wer mein Fleisch isst und mein Blut trinkt, der hat das ewige Leben, und ich werde ihn am Jüngsten Tage auferwecken. Denn mein Fleisch ist die wahre Speise, und mein Blut ist der wahre Trank. Wer mein Fleisch isst und mein Blut trinkt, der bleibt in mir und ich in ihm.« Johannes 6,53-56

Christi Fleisch zu essen und sein Blut zu trinken heißt, Ihn als persönlichen Heiland anzunehmen sowie daran zu glauben, dass Er uns unsere Sünden vergibt, und dass wir in Ihm vollkommen sind. Wenn wir mit Seiner Liebe verbunden sind, in ihr bleiben, sie in uns aufnehmen, dann haben wir Anteil an Seiner Natur. Was die Speise für den Körper bedeutet, das ist Christus für unser Herz. Nahrung nützt uns nichts, wenn wir sie nicht essen und sie dadurch nicht zu einem Bestandteil von uns wird. Genauso ist Christus für uns wertlos, wenn wir Ihn nicht als unseren persönlichen Heiland anerkennen. Ein rein theoretisches Wissen wird uns nichts nützen. Wir müssen vielmehr von Ihm leben, Ihn in unser Herz aufnehmen, damit Sein Leben unser Leben wird. Seine Liebe und Gnade muss in uns aufgenommen werden. Doch selbst diese Bilder stellen das besondere der Beziehungen des gläubigen Menschen zu Christus nicht ausreichend dar. Christus sagte: »Wie mich der lebendige Vater gesandt hat und ich lebe um des Vaters willen, so wird auch, wer mich isst, leben um meinetwillen.« Johannes 6,57 Wie der Sohn Gottes durch Seinen Glauben an den Vater lebte, so sollen auch wir durch den Glauben an Christus leben. Jesus hatte sich dem Willen Gottes so völlig ausgeliefert, dass allein der Vater in Seinem Leben sichtbar wurde. Obwohl Er in allen Dingen genauso versucht wurde wie wir, stand Er in dieser Welt ohne Beeinträchtigung vom Bösen, das Ihn umgab. So sollen auch wir genauso überwinden wie Christus.

Bist du ein Nachfolger Jesu? Wenn ja, dann ist alles, was über das geistliche Leben geschrieben steht, für dich geschrieben. Du kannst es erhalten, wenn du dich mit Ihm vereinst. Lässt dein Eifer nach? Ist deine erste Liebe erkaltet? Dann nimm wieder die Liebe an, die Christus dir anbietet. Iss Sein Fleisch und trinke Sein Blut, und du wirst mit dem Vater und dem Sohn eins werden. Die ungläubigen Juden wollten die Worte des Heilandes nur wörtlich verstanden wissen. Im Zeremonialgesetz war ihnen der Blutgenuss verboten. Sie legten daher Christi Rede als eine Lästerung aus und stritten sich untereinander darüber. Sogar viele Jünger erklärten: »Das ist eine harte Rede; wer kann sie hören?« Johannes 6,60

Der Heiland antwortete ihnen: »Ärgert euch das? Wie wenn ihr nun sehen werdet den Menschensohn auffahren dahin, wo er zuvor war? Der Geist ist's, der lebendig macht; das Fleisch ist nichts nütze. Die Worte, die ich rede, sind Geist und sind Leben.« Johannes 6,61-63 Das Leben von Christus, das Er der Welt schenkt, ist in Seinem Wort. Dadurch heilte Jesus Kranke und trieb Dämonen aus. Durch Sein Wort stillte Er den Sturm und weckte Tote auf. Die Menschen bezeugten, dass Sein Wort voller Kraft war. Er sprach Gottes Wort, wie Er es durch die Propheten und Lehrer des Alten Testaments gesprochen hatte. Die ganze Bibel ist eine Offenbarung Christi, und der Heiland wollte den Glauben Seiner Nachfolger deshalb an das Wort koppeln. Wenn Er nicht mehr sichtbar unter ihnen weilen würde, dann müsste das Wort die Quelle ihrer Kraft sein. Wie ihr Meister, so sollten auch sie leben »von einem jeden Wort, das aus dem Mund Gottes geht.« Matthäus 4,4

Wie unser Körper durch Nahrung am Leben erhalten wird, so unser geistliches Leben durch Gottes Wort. Jeder Mensch soll aus dem Wort Gottes für sich selbst Leben empfangen. Wie wir um unser selbst willen essen müssen, um ernährt zu werden, so müssen wir uns auch Gottes Wort selbst aneignen. Wir sollen es

nicht nur durch die Vermittlung anderer Menschen empfangen,

sondern sorgfältig die Bibel studieren und Gott um die Hilfe des Heiligen Geistes anflehen, damit wir Sein Wort auch verstehen. Wir sollten uns einen Vers vornehmen und uns ernstlich darauf konzentrieren, den Gedanken zu erfassen, den Gott für uns dort hineingelegt hat. Dabei sollten wir so lange verweilen, bis er zu unserem eigenen wird und wir wissen, was der Herr sagt. Mit Seinen Verheißungen und Warnungen wendet sich Jesus ganz persönlich an mich.

Gott liebte die Welt so sehr, »dass er seinen eingeborenen Sohn gab«, Johannes 3,16 damit auch ich durch den Glauben an ihn nicht verloren gehe, sondern das ewige Leben habe. Die im Wort Gottes erhaltenen Erfahrungen sollen meine Erfahrungen werden. Gebet und Verheißung, Gebot und Warnung sind für mich ganz persönlich. »Ich bin mit Christus gekreuzigt. Ich lebe; doch nun nicht ich, sondern Christus lebt in mir. Denn was ich jetzt lebe im Fleisch, das lebe ich im Glauben an den Sohn Gottes, der mich geliebt hat und sich selbst für mich dahin gegeben.« Galater 2,19f Werden so im Glauben die Grundsätze der Wahrheit aufgenommen und sich angeeignet, dann werden sie zum Bestandteil des menschlichen Wesens und zur bewegenden Kraft seines Lebens. Das Wort Gottes im Herzen formt die Gedanken und gestaltet die Charakterentwicklung.

Schauen wir mit Augen des Glaubens beständig auf Jesus, dann werden wir stark. Gott wird Seinem hungernden und dürstenden Volk die herrlichsten Offenbarungen schenken und es erfahren lassen, dass Christus ein persönlicher Erlöser ist. Alle, die sich mit Seinem Wort nähren, merken bald, dass es Geist und Leben ist. Das Wort zerstört die natürliche, irdische Wesensart und gibt neues Leben in Christus. Der Heilige Geist naht sich der Seele als Tröster. Durch die umwandelnde Kraft Seiner Gnade wird das Ebenbild Gottes in dem Jünger hergestellt und er wird eine neue Kreatur. Liebe tritt an die Stelle von Hass, und das Herz wird Gott ähnlich. Das bedeutet es, »von einem jeden Wort, das aus dem Mund Gottes geht«, zu leben und das Brot zu essen, das vom Himmel kommt.

Christus hatte hinsichtlich der Beziehung zwischen Ihm und Seinen Nachfolgern eine heilige und ewige Wahrheit ausgesprochen. Er wusste, wie jene beschaffen waren, die den Anspruch erhoben, Seine Jünger zu sein. Seine Worte stellten ihren Glauben auf die Probe. Er erklärte ihnen, dass sie glauben und sich nach Seinen Lehren richten sollten. Jeder, der Ihn aufnahm, sollte von Seinem Wesen und Seinem Charakter erfüllt werden. Dies aber hieß, dass sie ihre liebgewordenen Neigungen aufgeben mussten. Dazu gehörte ferner die völlige Übergabe des eigenen Ichs an Jesus. So wurden sie aufgerufen, aufopferungsvoll, bescheiden und demütig zu sein. Sie sollten – wie der Mann von Golgatha – den schmalen Weg gehen, wenn sie die Gabe des ewigen Lebens und die Herrlichkeit des Himmels empfangen wollten. Diese Prüfung war zu schwer. Die Begeisterung der Menschen, die Ihn gewaltsam entführen und zum König machen wollten, erkaltete. Diese Unterredung in der Synagoge, so erklärten sie, habe ihnen die Augen geöffnet. Jetzt seien sie klüger geworden. Für sie waren Seine Worte geradezu das Eingeständnis, dass Er nicht der Messias sei, und dass aus einer Verbindung mit Ihm kein irdischer Gewinn ermöglicht werden könne. Seine Wunder wirkende Kraft hatten sie begrüßt. Sie waren froh, von Krankheit und Leid befreit zu werden. An Seinem aufopfernden Leben waren sie jedoch nicht interessiert. Sie kümmerten sich auch nicht um das geheimnisvolle geistliche Reich, von dem Er sprach. Die unaufrichtigen und selbstsüchtigen Menschen, die zu Ihm gekommen waren, hatten kein Verlangen mehr nach Ihm. Falls Er Seine Macht und Seinen Einfluss nicht dazu einsetzen würde, sie von den Römern zu befreien, dann wollten sie mit Ihm nichts mehr zu tun haben.

Jesus sagte ihnen deutlich: »Es gibt einige unter euch, die glauben nicht.« Und Er fügte hinzu: »Darum habe ich euch gesagt: Niemand kann zu mir kommen, es sei ihm denn vom Vater gegeben.« Johannes 6,64f Sie sollten begreifen, dass sie sich deshalb nicht zu Ihm gezogen fühlten, weil ihre Herzen für den Heiligen Geist nicht offen waren: »Der natürliche Mensch aber vernimmt nichts vom Geist Gottes; es ist ihm eine Torheit und er kann es nicht erkennen; denn es muss geistlich beurteilt sein.« 1.Korinther 2,14 Nur im Glauben erblickt die Seele die Herrlichkeit Jesu. Die bleibt ihr so lange verborgen, bis durch den Heiligen Geist der Glaube im Herzen entzündet ist.

Durch die öffentliche Zurechtweisung ihres Unglaubens wurden diese Jünger Jesus noch mehr entfremdet. Sie waren sehr erbost. Weil sie den Heiland kränken und der Böswilligkeit der Pharisäer zugetan sein wollten, wandten sie Jesus den Rücken und verließen Ihn voller Verachtung. Sie hatten ihre Wahl getroffen und sich der Form ohne Geist, der Hülse ohne Kern zugewandt. Ihre Entscheidung haben sie später nicht wieder korrigiert, denn sie »gingen hinfort nicht mehr mit ihm.« Johannes 6,66 »Er hat die Wurfschaufel in seiner Hand und wird seine Tenne gründlich reinigen und seinen Weizen in die Scheune sammeln.« Matthäus 3,12 Jetzt war solch eine Zeit der Reinigung gekommen. Die Worte der Wahrheit trennten die Spreu vom Weizen. Viele wandten sich jetzt von Jesus ab, weil sie zu eitel und zu selbstgerecht waren und allzu sehr die Welt liebten, um ein Leben der Demut auf sich zu nehmen. Auch heute verhalten sich viele Menschen so. Auch jetzt werden Menschen so geprüft wie damals die Jünger in der Synagoge zu Kapernaum. Wenn ihnen die Wahrheit nahegebracht wird, so erkennen sie, dass ihr Leben nicht mit dem Willen Gottes übereinstimmt. Sie begreifen zwar, dass sie sich von Grund auf ändern müssen, sind aber nicht bereit, diese selbstverleugnende Aufgabe auszuführen. Deshalb ärgern sie sich, wenn ihre Sünden aufgedeckt werden. Beleidigt wenden sie sich ab, wie damals die Jünger und murren dabei: »Das ist eine harte Rede; wer kann sie hören?«

Johannes 6,60 Lob und Schmeichelei würden ihnen zusagen, die Wahrheit aber ist ihnen nicht willkommen. Sie können sie nicht ertragen. Wenn Menschenmassen nachfolgen und Tausende gesättigt werden, wenn Triumphgeschrei ertönt, dann schreien sie ihr Lob mit lauter Stimme hinaus. Sobald aber Gottes Geist ihre Sünden offenbart und sie auffordert, diese abzulegen, dann kehren sie der Wahrheit den Rücken und folgen Jesus nicht mehr nach.

Als diese unzufriedenen Jünger sich von Christus abwandten, führte sie ein anderer Geist. Ihn, der ihnen einst so anziehend erschienen war, fanden sie nicht mehr interessant. Sie suchten jetzt Seine Feinde auf, denn mit ihnen stimmten sie nun in Gesinnung und Haltung überein. Sie missdeuteten Seine Worte, verfälschten Seine Aussagen und bestritten Seine Motive. Sie stärkten ihre Entscheidung dadurch, dass sie alles sammelten, was gegen Ihn verwendet werden konnte. Durch diese falschen Berichte entstand eine Empörung, die Sein Leben gefährdete. Schnell verbreitete sich die Nachricht, dass Jesus selbst eingestanden habe, nicht der Messias zu sein. Dadurch entstand in Galiläa eine allgemeine Stimmung gegen Ihn wie ein Jahr zuvor in Judäa. Wehe dem Volk Israel! Es lehnte Seinen Erlöser ab, weil es nach einem Eroberer Ausschau hielt, der ihm irdische Macht geben sollte. Es wünschte sich eine Speise, die vergänglich ist, nicht aber etwas, das »in das ewige Leben führt.« Johannes 6,27; NL

Schmerzlich sah Jesus, wie jene, die bisher Seine Nachfolger gewesen waren, sich von Ihm abwandten – dem Leben und Licht der Menschen. Das Bewusstsein, dass man Sein Mitleid nicht schätzte, Seine Liebe nicht erwiderte, Seine Gnade verachtete und Seine Erlösung ablehnte, erfüllte Ihn mit unbeschreiblichem Kummer. Solche Entwicklungen wie diese machten Ihn zu einem Mann der Schmerzen, der mit Leid vertraut war. Ohne zu versuchen, jene aufzuhalten, die Ihn verließen, »fragte Jesus die Zwölf: Wollt ihr auch weggehen?« Johannes 6,67

Petrus antwortete Ihm mit der Gegenfrage: »Herr, wohin sollen wir gehen? Du hast Worte des ewigen Lebens.« Und er fügte hinzu: »Wir haben geglaubt und erkannt: Du bist der Heilige Gottes.« Johannes 6,68f

»Wohin sollen wir gehen?« Die Lehrer Israels waren Sklaven ihres Formenwesens. Die Pharisäer und Sadduzäer lagen miteinander in ständigem Streit. Wer Jesus verließ, geriet damit unter Eiferer für Bräuche und Zeremonien sowie unter ehrgeizige Menschen, die nur ihren eigenen Ruhm suchten. Die Jünger hatten, seit sie Christus angenommen hatten, mehr Frieden und Freude gefunden als in ihrem ganzen Leben davor. Wie konnten sie nun zu denen wieder zurückkehren, die den Freund der Sünder verachteten und verfolgten? Schon lange hatten sie nach dem Messias Ausschau gehalten. Jetzt war Er endlich erschienen, und sie konnten sich nicht von Ihm abwenden und zu denen übergehen, die Jesus nach dem Leben trachteten und sie selbst auch verfolgt hatten, weil sie Seine Jünger geworden waren. »Wohin sollen wir gehen?« Auf keinen Fall fort von den Lehren Christi, von Seinen Beispielen der Liebe und Gnade und hin zur Finsternis des Unglaubens und zur Bosheit der Welt!

Während der Heiland von vielen verlassen wurde, die Zeugen Seines Wunderwirkens gewesen waren, drückte Petrus den Glauben der Jünger aus: »Du bist Christus.« Nur der Gedanke daran, diesen Anker für ihre Seelen verlieren zu können, erfüllte sie mit Angst und Schmerz. Ohne Heiland zu sein, bedeutete für sie, auf einem finsteren, stürmischen Meer umherzutreiben.

Viele Worte und Taten Jesu erscheinen dem begrenzten Verstand geheimnisvoll, aber jedes Wort und jede Tat diente einem ganz bestimmten Zweck im Erlösungswerk und sollte ein besonderes Ergebnis hervorbringen. Wären wir fähig, Jesu Absichten zu begreifen, dann würde uns alles wichtig erscheinen, vollkommen und in Übereinstimmung mit Seiner Sendung.

Während wir jetzt das Handeln Gottes und Seine Wege noch nicht wahrnehmen, können wir trotzdem Seine große Liebe erkennen, die all Seinem Handeln am Menschen zugrunde liegt. Wer nahe bei Jesus lebt, der wird vieles vom Geheimnis der Gottseligkeit verstehen. Er wird die Gnade anerkennen, die tadelt, den Charakter des Menschen bewertet und das Trachten seines Herzens ans Licht bringt. Als Jesus diese Prüfung durch die Wahrheit vornahm, die so viele Seiner Jünger veranlasste, sich abzuwenden, war Ihm vorher schon klar, dass dies das Ergebnis Seiner Worte sein würde. Aber Er hatte seine Gnadenabsicht zu erfüllen. Er sah voraus, dass jeder Seiner geliebten Jünger in der Stunde der Versuchung eine schwere Prüfung zu bestehen haben würde. Sein Todeskampf in Gethsemane, der Verrat an Ihm und Seine Kreuzigung mussten für sie eine überaus schwere Prüfung sein. Würde es zuvor keine Erprobung gegeben haben, dann hätten sich viele aus egoistischen Motiven dem Jüngerkreis angeschlossen. Wenn der Herr in der Gerichtshalle verurteilt würde, wenn die Volksmenge, die Ihm als König zugejubelt hatte, Ihn nun auspfiffe und schmähte, wenn die höhnende Schar schreien würde: »Kreuzige ihn!«, weil ihr weltlicher Ehrgeiz enttäuscht worden sein würde, hätten diese selbstsüchtigen Nachfolger Jesu die Treue aufgekündigt und dadurch die wahren Jünger zusätzlich zu deren Kummer und Enttäuschung über den Zusammenbruch ihrer schönsten Hoffnungen noch in bittere, belastende Sorge gestürzt. In jener dunklen Stunde hätte das Verhalten jener, die sich von Ihm abwandten, andere mitziehen können.

Jesus führte deshalb die Entscheidung herbei, solange Er durch Seine Anwesenheit den Glauben Seiner wahren Nachfolger stärken konnte. Als sorgsamer Erlöser, der genau wusste, welches Schicksal auf Ihn zukam, ebnete Er voller Mitgefühl den Weg für Seine Jünger. Er bereitete sie auf die abschließende Ver-

suchung vor und stärkte sie dadurch für die letzte Prüfung.

KAPITEL 42

*Auf Grundlage von
Matthäus 15,1-20
Lukas 11,37-41*

ÜBERLIEFERUNGEN

Die Pharisäer und Schriftgelehrten, die ja erwarteten, Jesus auf dem Passahfest zu sehen, hatten Ihm eine Falle gestellt. Doch Christus kannte ihre Absichten und blieb der Versammlung fern. Da Er nicht zu ihnen ging, »kamen zu Jesus Pharisäer und Schriftgelehrte.« Matthäus 15,1 Kurze Zeit schien es, als ob die Galiläer Jesus als Messias annehmen würden und die Macht der Priesterherrschaft in jener Gegend gebrochen werden sollte. Die Missionstätigkeit der Zwölf, die die Ausdehnung des Werkes Christi anzeigte und die Jünger unmittelbar mit den Rabbinern in Berührung brachte, erregte erneut die Eifersucht der führenden Männer in Jerusalem. Ihre Spione, die von ihnen zu Beginn des irdischen Dienstes Christi nach Kapernaum gesandt worden waren und die versucht hatten, den Heiland wegen Übertretung des Sabbats anzuklagen, waren verwirrt worden. Trotzdem waren die Rabbiner entschlossen, ihr Vorhaben durchzuführen. Es wurden andere Abgeordnete ausgesandt, um Jesu Tun zu beobachten und irgendeine Anschuldigung gegen Ihn zu finden. Abermals wurde die Nichtbeachtung der überlieferten Vorschriften, mit denen das Gesetz Gottes belastet worden war, Grund zur Klage gegen Ihn. Diese Satzungen waren angeblich dazu bestimmt, die Beachtung des Gesetzes zu schützen. Sie wurden jedoch über das Gesetz selbst gestellt. Wenn sie mit den Zehn Geboten in Widerspruch gerieten, hatten die Vorschriften der Rabbiner Priorität.

Eine der strengsten Vorschriften war die zeremonielle Reinigung. Die vor dem Essen zu beachtenden Formen zu vernachlässigen, galt als schwere Sünde, die sowohl in dieser als auch in der zukünftigen Welt bestraft werden würde. Man hielt es für eine Tugend, den Übertreter solcher Verordnungen unschädlich zu machen. Die Regeln hinsichtlich der Reinigung waren zahlreich.

Ein ganzes Menschenleben reichte kaum aus, um sie alle kennenzulernen. Das Leben derer, die sich bemühten, den Anforderungen der Rabbiner nachzukommen, war ein einziger Kampf gegen zeremonielle Verunreinigung, eine endlose Reihe von Waschungen und Reinigungen. Während das Volk sich mit all den unbedeutenden Unterschieden und Vorschriften beschäftigte, die Gott gar nicht verlangte, wurde seine Aufmerksamkeit von den wichtigen Prinzipien des Gesetzes Gottes abgelenkt.

Christus und Seine Jünger nun hielten sich nicht an diese zeremoniellen Waschungen, und die Abgesandten der Pharisäer machten diese Vernachlässigung zum Grund ihrer Anklage. Sie wagten jedoch keinen direkten Angriff auf den Herrn, sondern kamen zu Ihm und beschuldigten Seine Jünger. Vor allem Volk fragten sie Ihn: »Warum halten deine Jünger sich nicht an unsere uralten Überlieferungen? ... Sie missachten unsere Vorschrift, sich vor dem Essen die Hände zu waschen.« Matthäus 15,2; NL

Wenn Menschen durch die Botschaft der Wahrheit mit besonderer Kraft erfasst werden, dann schickt Satan seine Helfer los, einen Streit über Kleinigkeiten vom Zaun zu brechen und versucht so, die Aufmerksamkeit von den wirklichen Themen abzulenken. Sobald ein gutes Werk begonnen wird, sind gleich Kritiker bereit, über Äußerlichkeiten und Formen zu streiten, um die Gemüter von den lebendigen Wahrheiten abzubringen. Wenn es scheint, als ob Gott auf besondere Weise für Sein Volk wirken will, sollte dieses sich nicht verleiten lassen, auf Streitfragen einzugehen, die der Seele nur zum Verderben gereichen können. Die wichtigsten Fragen für uns sind: Habe ich den rettenden Glauben an den Sohn Gottes? Lebe ich mein Leben in Übereinstimmung mit dem Gesetz Gottes? »Wer an den Sohn glaubt, der hat ewiges Leben; wer aber dem Sohn nicht glaubt, der wird das Leben nicht sehen.« Johannes 3,36 »Und an dem merken wir, dass wir ihn kennen, wenn wir seine Gebote halten.« 1.Johannes 2,3

Jesus versuchte nicht, sich oder Seine Jünger zu verteidigen. Er ging auch nicht auf die Beschuldigung ein, sondern zeigte nur den Geist, der diese Eiferer für menschliche Satzungen beseelte. Er zeigte ihnen durch ein Beispiel, was sie schon wiederholt getan und gerade jetzt wieder getan hatten, ehe sie gekommen waren, Ihn zu suchen. Er sagte ihnen: »Trefflich verwerft ihr das Gebot Gottes, um eure Überlieferung festzuhalten. Denn Mose hat gesagt: ‚Du sollst deinen Vater und deine Mutter ehren!' und: ‚Wer Vater oder Mutter flucht, der soll des Todes sterben!' Ihr aber lehrt so: Wenn jemand zum Vater oder zur Mutter spricht: ‚Korban', das heißt zur Weihegabe ist bestimmt, was dir von mir zugute kommen sollte!, dann gestattet ihr ihm auch fortan nicht mehr, irgendetwas für seinen Vater oder seine Mutter zu tun.« Markus 7,9-12 Sie setzten das fünfte Gebot als unwichtig beiseite, handelten aber sehr genau nach ihren Traditionen. Die Tempelsteuer bezeichneten sie als eine Pflicht, die zu erfüllen heiliger sei als die Unterstützung der Eltern. Es sei sogar ein Unrecht, den Eltern etwas von dem zu geben, das dem Tempel geweiht war. Ein untreues Kind brauchte nur das Wort »Korban« über sein Eigentum auszusprechen, so wurde es dadurch Gott geweiht. Es durfte wohl sein Hab und Gut während seiner Lebensdauer für sich verwenden, aber nach seinem Tod wurde es dann dem Tempel zugesprochen. So hatte das Kind stets die Freiheit, während seines Lebens und nach seinem Tod die Eltern unter dem Deckmantel der Hingabe an Gott zu entehren und zu betrügen.

Niemals hatte Jesus durch Worte oder Taten, die Verpflichtung des Menschen eingeschränkt, dem Herrn Opfergaben zu bringen. Er selbst hatte die Anweisungen des Gesetzes hinsichtlich des Zehnten und der Gaben gegeben. Er lobte auch die arme Frau, als Er auf Erden war, die alles, was sie hatte, in den Gotteskasten legte. Doch der scheinbare Eifer der Priester und Rabbiner für Gott war nur ein Vorwand, um ihr Verlangen nach Selbsterhöhung zu verdecken. Die Menschen wurden dadurch betrogen. Sie trugen schwere Lasten, die nicht Gott ihnen auferlegt hatte. Selbst die Jünger waren nicht ganz frei von dem Joch, das durch ererbtes Vorurteil und rabbinische Autorität auf sie gelegt worden war. Indem Jesus den wahren Geist der Rabbiner zeigte, wollte Er alle echten Diener Gottes von der Last der Überlieferungen befreien.

Den listigen Kundschaftern rief Er zu: »Ihr Heuchler, wie fein hat Jesaja von euch geweissagt und gesprochen: ‚Dies Volk ehrt mich mit seinen Lippen, aber ihr Herz ist fern von mir; vergeblich dienen sie mir, weil sie lehren solche Lehren, die nichts als Menschengebote sind.'« Matthäus 15,7-9 Christi Worte waren eine Anklage gegen das Pharisäertum. Er wies darauf hin, dass sich die Rabbiner über Gott erhoben hatten, indem sie ihre Gebote über die göttlichen Verordnungen setzten. Die Abgesandten von Jerusalem waren wütend. Sie konnten den Herrn nicht als einen Übertreter des mosaischen Gesetzes anklagen, denn Er sprach ja als dessen Verteidiger gegen ihre Traditionen. Die erhabenen Vorschriften des Gesetzes, die Er gelehrt hatte, standen in auffallendem Kontrast zu den kleinlichen Regeln, die sich Menschen ausgedacht hatten.

Jesus erklärte der Menge und Seinen Jüngern, dass die Verunreinigung nicht von außen, sondern von innen heraus geschehe. Reinheit und Unreinheit betreffen die Seele. Die böse Tat, das böse Wort, der schlechte Gedanke – jede Übertretung des Gesetzes Gottes verunreinigt den Menschen, aber nicht die Vernachlässigung äußerlicher, von Menschen festgelegter Verordnungen.

Die Jünger bemerkten den Zorn dieser Leute, als deren Falschheit aufgedeckt wurde. Sie sahen die feindseligen Blicke und hörten, wie sie unzufriedene und rachsüchtige Worte murmelten. Sie dachten nicht daran, wie oft ihr Herr schon bewiesen hatte, dass Er in den Herzen der Menschen wie in einem offenen Buch lesen konnte, und berichteten Ihm von der Wirkung Seiner Worte. Sie hofften, dass Er die wütenden Beamten Jerusalems versöhnlich stimmen könnte, und sagten: »Weißt du auch, dass die Pharisäer an dem Wort Anstoß nahmen, als sie es hörten?« Matthäus 15,12

Jesus antwortete: »Alle Pflanzen, die mein himmlischer Vater nicht gepflanzt hat, die werden ausgerissen.« Matthäus 15,13 Die von den Rabbinern so hoch geachteten Bräuche und Traditionen stammten von dieser Welt und kamen nicht vom Himmel. Wie hoch auch ihr Ansehen beim Volk war, im Urteil Gottes konnten sie nicht bestehen. Alles menschliche Gedankengut, das die Stelle der Gebote Gottes eingenommen hat, wird an jenem Tag als wertlos angesehen, denn »Gott wird alle Werke vor Gericht bringen, alles, was verborgen ist, es sei gut oder böse.« Prediger 12,14

Noch immer werden menschliche Weisungen an die Stelle der Gebote Gottes gesetzt. Selbst unter Christen gibt es Einrichtungen und Bräuche, die keine bessere Grundlage haben als die Traditionen der Väter. Solche Einrichtungen, die auf rein menschlicher Grundlage beruhen, haben die göttlichen Bestimmungen verdrängt. Die Menschen halten an ihren Überlieferungen fest, verehren ihre menschliche Gewohnheiten und hassen alle, die ihnen ihren Irrtum versuchen zu beweisen. In dieser Zeit, da wir angehalten sind, andere auf die Gebote Gottes und den Glauben an Jesus aufmerksam zu machen, erleben wir die gleiche Feindschaft, die sich zur Zeit Christi offenbarte. Es steht geschrieben: »Der Drache, wurde zornig über die Frau und ging hin, zu kämpfen gegen die Übrigen von ihrem Geschlecht, die Gottes Gebote halten und haben das Zeugnis Jesu.« Offenbarung 12,17

»Alle Pflanzen, die mein himmlischer Vater nicht gepflanzt hat, die werden ausgerissen.« Matthäus 15,13 Gott gebietet uns, an Stelle der Autorität der sogenannten Kirchenväter das Wort des ewigen Vaters, des Herrn des Himmels und der Erde, anzunehmen. Hier nur finden wir die reine Wahrheit. Der Psalmist sagte: »Ich habe mehr Einsicht als alle meine Lehrer; denn über deine Mahnungen sinne ich nach. Ich bin klüger als die Alten; denn ich halte mich an deine Befehle.« Psalm 119,99f

Möchten doch alle, die sich unter die menschliche Autorität beugen – seien es die Bräuche der Kirche oder die Überlieferungen der Väter –, die Warnung beachten, die in Christi Worten liegt: »Vergeblich dienen sie mir, weil sie lehren solche Lehren, die nichts als Menschengebote sind.« Matthäus 15,9

KAPITEL 43

*Auf Grundlage von
Matthäus 15,21-28
Markus 7,24-30*

SCHRANKEN WERDEN
NIEDERGERISSEN

Nach dem Zusammentreffen mit den Pharisäern zog sich Jesus von Kapernaum zurück, durchquerte Galiläa und kam zum Hügelland an der Grenze zu Phönizien. Richtung Westen konnte Er unten in der Ebene die alten Städte Tyrus und Sidon sehen mit ihren heidnischen Tempeln, ihren herrlichen Palästen, den Handelsmärkten und den vielen Schiffen im Hafen. Hinter dem Küstenstreifen dehnte sich die blaue Fläche des Mittelmeeres aus, über dessen Weite hinweg die Botschafter das Evangelium in die Zentren des Weltreiches tragen sollten. Aber die Zeit dazu war noch nicht gekommen. Zunächst musste Jesus die Jünger auf ihren Auftrag gut vorbereiten. Dort hoffte Er die dazu nötige Abgeschiedenheit zu finden, die Er in Bethsaida vergeblich gesucht hatte. Doch das war nicht der einzige Grund Seiner Reise.

»Siehe, eine kanaanäische Frau kam aus diesem Gebiet und schrie: Ach Herr, du Sohn Davids, erbarme dich meiner! Meine Tochter wird von einem bösen Geist übel geplagt.« Matthäus 15,22 Die Menschen dort stammten aus dem alten Geschlecht der Kanaaniter. Sie waren Götzendiener und wurden von den Juden verachtet und gehasst. Zu diesen gehörte auch die Frau, die jetzt zu Jesus kam. Sie war eine Heidin und daher von den Vorzügen ausgeschlossen, deren sich die Juden täglich erfreuten. Damals lebten viele Juden unter den Phöniziern, und die Nachricht von Christi Wirken war bis in dieses Gebiet gedrungen. Einige Leute hatten Seinen Worten gelauscht und Seine wunderbaren Taten erlebt. Diese Frau hatte von dem Propheten gehört, von dem berichtet wurde, dass Er alle Krankheiten heile. Als sie von der großen Macht Jesu hörte, weckte das Hoffnung in ihrem Herzen. Von mütterlicher Liebe getrieben entschloss sie sich, dem Herrn die Angelegenheit ihrer Tochter vorzutragen. Sie war entschlossen, Ihm ihren Kummer zu bringen. Er musste ihr Kind heilen. Sie hatte bei den heidnischen Göttern Hilfe gesucht, aber ohne Erfolg. Manchmal war sie versucht zu denken: Was kann jener jüdische Lehrer schon für mich tun? Doch die Nachricht ging um, Er heile alle Krankheiten, ganz gleich, ob jene, die zu Ihm kamen, reich oder arm waren. Sie entschloss sich, ihre einzige Hoffnung nicht *[399/400]* **315** aufs Spiel zu setzen. Christus kannte die Situation dieser Frau. Er wusste auch von ihrem Verlangen, Ihn zu sehen, und stellte sich ihr in den Weg. Er tröstete die Frau und gab gleichzeitig eine lebendige Darstellung jener Lektion, die Er zu lehren beabsichtigte. Deshalb brachte Er Seine Jünger in diese Gegend. Jesus wollte, dass sie die große Unwissenheit sehen und erkennen, die in den Städten und Dörfern rings um Israel herrschte. Dieses Volk, dem jede Gelegenheit gegeben war, die Wahrheit zu verstehen, hatte keine Ahnung von den Nöten derer, die um sie herum lebten. Man bemühte sich auch nicht, diesen Menschen in ihrer Finsternis zu helfen. Die Trennwand, die jüdischer Stolz aufgerichtet hatte, hielt sogar das Mitleid der Jünger mit der heidnischen Welt zurück. Diese Hindernisse sollten niedergerissen werden.

Jesus reagierte nicht sofort auf die Bitte der Frau. Er empfing die Vertreterin eines verachteten Volkes in der gleichen Weise, wie es auch die Juden getan hätten. So wollte er Seinen Jüngern die kalte und herzlose Art der Juden in einem solchen Fall vorführen, um dann durch Seine erbarmende Liebe zu zeigen, wie sie dagegen mit solchen Unglücklichen umgehen sollten.

Obwohl Jesus ihr nicht antwortete, verlor die Frau dadurch nicht ihren Glauben. Und als Er weiterlief, als hörte Er sie nicht, folgte sie Ihm und wiederholte wieder ihre Bitte. Die Jünger waren über diese Zudringlichkeit verärgert und baten ihren Herrn, die Frau wegschicken zu dürfen. Sie sahen ja, dass ihr Meister sich nicht mit der Frau beschäftigen wollte und meinten, dass Er das Vorurteil der Juden gegen die Kanaaniter teilte. Doch es war ein barmherziger Heiland, dem die Frau ihr Anliegen vortrug, und sagte zu seinen Jüngern: »Ich bin nur gesandt zu den verlorenen Schafen des Hauses Israel.« Matthäus 15,24 Obwohl diese Worte mit dem Vorurteil der Juden übereinzustimmen schienen, lag in ihnen in Wirklichkeit ein Tadel für die Jünger, den sie später auch verstanden, als sie sich daran erinnerten, was der Herr ihnen oft gesagt hatte: Er sei in die Welt gekommen, um alle zu erretten, die Ihn annehmen würden.

Die Frau brachte ihre Bitte umso ernster vor, fiel zu Jesu Füßen nieder und rief: »Herr, hilf mir!« Aber Jesus wandte sich offenbar abermals von ihren Bitten ab, wie es auch die gefühllosen Juden in ihrem Vorurteil getan haben würden, und antwortete: »Es ist nicht recht, dass man den Kindern ihr Brot nehme und werfe es vor die Hunde.« Matthäus 15,25f Dies kam im Grunde genommen der Behauptung gleich, dass es nicht richtig sei, die Segnungen, die Gottes auserwähltem Volk galten, an Fremde und Ausländer zu verschwenden. Diese Antwort hätte jeden weniger ernsthaft Suchenden sehr entmutigt. Aber die Frau sah, dass ihre Gelegenheit gekommen war. Auch in dieser scheinbar ablehnenden Antwort Jesu erkannte sie Sein Mitgefühl, das Er nicht verbergen konnte. »Da

entgegnete sie: Ja, du hast recht, Herr! Aber selbst die Hunde bekommen von den Brotresten, die vom Tisch ihrer Herren fallen.« Matthäus 15,27; EÜ Während die Kinder der Familie an des Vaters Tisch essen, bleiben nicht einmal die Hunde ungesättigt, denn sie haben ein Anrecht auf die Brotreste, die von der reich gedeckten Tafel fallen. Wenn Israel nun so viele Segnungen empfing, sollte es für diese Frau keinen Segen geben? Sie wurde als »Hund« betrachtet. Hatte sie nicht dadurch wenigstens den Anspruch eines Hundes auf die Brotreste der göttlichen Barmherzigkeit?

Jesus hatte den Ort Seiner Tätigkeit gewechselt, weil die Schriftgelehrten und Pharisäer Ihm nach dem Leben trachteten. Sie hatten gemurrt und geklagt, hatten Unglauben und Bitterkeit bekundet und die ihnen so bereitwillig angebotene Erlösung verworfen. Hier trifft nun Christus eine Frau aus dem unglücklichen und verachteten Geschlecht der Kanaaniter, das nicht mit dem Licht aus Gottes Wort begünstigt ist. Dennoch überlässt sie sich gleich dem göttlichen Einfluss Christi und vertraut einfach Seiner Macht, ihre Bitte erfüllen zu können. Sie bettelt um die Brotreste, die vom Tisch des Herrn fallen! Wenn sie schon das Vorrecht eines Hundes haben darf, ist sie auch bereit, wie ein Hund angesehen zu werden. Sie kennt kein nationales oder religiöses Vorurteil, keinen Stolz, der ihr Handeln beeinflussen könnte. Sie anerkennt Jesus sofort als den Erlöser, der fähig ist, alles zu tun, worum sie Ihn bittet.

Der Heiland ist zufrieden damit. Er hat ihren Glauben geprüft und durch Sein Verhalten ihr gegenüber gezeigt, dass sie, die man als eine Ausgestoßene betrachtete, nicht länger mehr ein Fremdling ist, sondern ein Kind in der Familie Gottes. Als Kind ist es ihr Vorrecht, an den Gaben des Vaters teilzuhaben. Christus erfüllt nun ihre Bitte und beendet damit die Belehrung der Jünger. Er blickt die Frau mitleids- und liebevoll an und sagt ihr: »Frau, dein Glaube ist groß. Dir geschehe, wie du willst!« Matthäus 15,28 In dem Moment wurde ihre Tochter ganz gesund, und der Dämon plagte sie nicht mehr. Die Frau aber ging dankbar und frohen Herzens hinweg und bekannte Jesus als ihren Heiland.

Dies war das einzige Wunder, das Jesus während dieser Reise wirkte. Nur um diese Tat ausführen zu können, war Er nach Tyrus und Sidon gegangen. Er wollte die betrübte Frau trösten und gleichzeitig ein Beispiel seiner Barmherzigkeit an einem Menschen eines verachteten Volkes zum Nutzen Seiner Jünger für die Zeit hinterlassen, wenn Er nicht mehr bei ihnen sein würde. Er wünschte, die Jünger aus ihrem jüdischen Exklusivitätsdenken herauszuführen und in ihnen die Freude am Dienst über die Grenzen des eigenen Volkes hinaus zu wecken.

Jesus wollte gern die tiefen Geheimnisse der Wahrheit enthüllen, die jahrhundertelang verborgen geblieben waren, dass nämlich die Heiden mit den Juden Erben sein sollten, »Mitgenossen seiner Verheißung in Christus Jesus durch das Evangelium.« Epheser 3,6 Diese Wahrheit lernten die

Jünger nur langsam, und der göttliche Lehrer gab ihnen eine Lektion nach der anderen. Als Er den Glauben des Hauptmanns von Kapernaum belohnte und den Bewohnern von Sychar das Evangelium predigte, hatte Er bereits gezeigt, dass Er die Intoleranz der Juden nicht teilte. Doch die Samariter hatten einige Gotteserkenntnis, und der Hauptmann war Israel freundlich gesonnen. Nun aber brachte Jesus die Jünger mit einer Heidin in Verbindung, die ihrer Meinung nach genauso wenig ein Recht habe, eine Gunst von Ihm zu erwarten, wie irgendjemand anders aus ihrem heidnischen Volk. Jesus wollte damit ein Beispiel geben, wie so ein Mensch zu behandeln sei. Die Jünger hatten gedacht, dass Er die Geschenke Seiner Gnade zu großzügig verteilte. Er wollte ihnen zeigen, dass Seine Liebe nicht auf eine Rasse oder Nation begrenzt sei.

Als Christus sagte: »Ich bin nur gesandt zu den verlorenen Schafen des Hauses Israel«, Matthäus 15,24 erklärte Er die Wahrheit. In seinem Wirken für die Kanaaniterin erfüllte Er Seine Aufgabe. Diese Frau war eine dieser »verlorenen Schafe«, das von den Israeliten gerettet werden sollte, denn diese Aufgabe war ihnen aufgetragen worden – jenes Werk, das sie vernachlässigt haben und das Christus nun tat. Durch diese Tat erkannten die Jünger deutlicher als je die vor ihnen liegende Aufgabe an den Heiden. Sie erblickten ein weites Arbeitsfeld außerhalb von Judäa. Sie sahen Menschen mit Sorgen beladen, die den mehr Bevorzugten unter ihnen unbekannt blieben. Unter denen, die zu verachten man sie gelehrt hatte, fanden sich Menschen, die sich nach der Hilfe des mächtigen Heilandes sehnten und nach dem Licht der Wahrheit hungerten, das den Juden so reichlich gegeben worden war.

Durch den Tod Christi war die Trennmauer zwischen Juden und Heiden weggerissen. Als sich später dann die Juden immer beharrlicher von den Jüngern abwandten, weil diese Jesus zum Retter der Welt erklärten, übten solche und weitere ähnliche Lehren einen großen Einfluss auf die Nachfolger Christi aus. Es wies auf das nicht durch Sitte und Zugehörigkeit zu einem Volk eingeschränkte Werk des Evangeliums hin und leiteten sie bei der Erfüllung ihrer Aufgabe.

Der Besuch des Heilandes in Phönizien und das dort gewirkte Wunder, hatte noch einen weitreichenderen Zweck. Nicht allein für die betrübte Frau, und auch nicht nur für Seine Jünger und für alle, zu deren Wohl sie arbeiteten, hatte Er die Tat vollbracht, sondern auch, »damit ihr glaubt, dass Jesus der Christus ist, der Sohn Gottes, und damit ihr durch den Glauben das Leben habt in seinem Namen.« Johannes 20,31 Dieselben Mächte, die vor 2000 Jahren Menschen von Christus fernhielten, sind auch heute noch aktiv. Der Geist, der die trennende Wand zwischen Juden und Heiden aufrichtete, ist noch immer aktiv. Stolz und Vorurteile haben starke Mauern zwischen den

Menschen aufgerichtet. Christus und Seine Sendung wurde missverstanden und viele haben das Empfinden, dass sie praktisch vom Dienst des Evangeliums ausgeschlossen sind. Lasst in ihnen aber nicht das Gefühl aufkommen, von Christus getrennt zu sein. Menschen oder Satan können keine Schranken aufrichten, die der Glaube nicht durchdringen kann.

Im Glauben durchbrach die Frau aus Phönizien die Schranken, die zwischen Juden und Heiden aufgerichtet waren. Ungeachtet der Entmutigung aufgrund sichtbarer Umstände, die sie hätten zu zweifeln veranlassen können, vertraute sie der Liebe des Heilandes. Der Heiland möchte, dass auch wir Ihm so vertrauen, denn die Segnungen der Erlösung gelten jedem persönlich. Nichts als nur die eigene Entscheidung kann den Menschen daran hindern, der Verheißungen Christi durch das Evangelium teilhaftig zu werden.

Gott hasst soziale Unterschiede und auch alle Einrichtungen solcher Art. Vor Ihm sind alle Menschen gleich viel wert. Denn »Er hat aus einem Menschen das ganze Menschengeschlecht gemacht, damit sie auf dem ganzen Erdboden wohnen, und er hat festgesetzt, wie lange sie bestehen und in welchen Grenzen sie wohnen sollen, damit sie Gott suchen sollten, ob sie ihn wohl fühlen und finden könnten; und fürwahr, er ist nicht ferne von einem jeden unter uns.« Apostelgeschichte 17,26f

Ohne Unterschied des Alters, der Stellung, der Nationalität oder religiöser Vorrechte sind alle eingeladen, zu Ihm zu kommen und zu leben. »Wer an ihn glaubt, der soll nicht zuschanden werden.« Römer 9,33 »Hier ist kein Jude noch Grieche, hier ist kein Knecht noch Freier.« Galater 3,28 »Reiche und Arme begegnen einander; der Herr hat sie alle gemacht.« Sprüche 22,2 »Er ist über alle derselbe Herr, reich für alle, die ihn anrufen. Denn, wer den Namen des Herrn anrufen wird, soll gerettet werden.« Römer 10,12f

KAPITEL 44

*Auf Grundlage von
Matthäus 15,29-39
Markus 7,31-37; 8,1-21*

DAS **WAHRE ZEICHEN**

D a er wieder fortging aus dem Gebiet von Tyrus, kam er durch Sidon an das Galiläische Meer, mitten in das Gebiet der Zehn-Städte.« Markus 7,31 Hier hatte Jesus die Besessenen geheilt, hier hatte das Volk – durch die Vernichtung der Schweineherden verärgert – Ihn gedrängt, das Land zu verlassen. Doch in der Zwischenzeit hatten sie den Botschaften zugehört, die er zurückließ, so dass sie den Wunsch hatten, Ihn wiederzusehen. Als Jesus wieder in dieses Gebiet kam, scharte sich das Volk um Ihn. Man brachte »zu ihm einen, der taub und stumm war.« Jesus heilte diesen Mann nicht nur – wie Er es sonst tat – durch das Wort, sondern nahm ihn beiseite, legte Seine Finger in dessen Ohren und berührte dessen Zunge. Aufschauend zum Himmel klagte Er über die Ohren, die sich nicht der Wahrheit öffnen wollten und über die Zungen, die sich weigerten, den Erlöser anzuerkennen. Bei dem Wort »Tue dich auf!« war das Sprachvermögen des Mannes wieder hergestellt und er konnte sprechen. Trotz der Aufforderung, niemandem davon zu erzählen, verbreitete er überall die Geschichte seiner Heilung. vgl. Markus 7,32 ff

Jesus ging auf einen Berg, wohin Ihm auch die Menge folgte, um Ihm ihre Kranken und Lahmen zu Füßen zu legen. Er heilte sie alle, und die Menge – die aus Heiden bestand – pries den Gott Israels. Drei Tage lang versammelten sie sich um den Heiland, schliefen nachts unter freiem Himmel und drängten sich tagsüber in Christi Nähe, um Seine Worte zu hören und Seine Werke zu sehen. Nach drei Tagen hatten sie keine Nahrung mehr. Der Heiland aber wollte sie nicht hungrig wegschicken und forderte Seine Jünger auf, ihnen Speise zu geben. Erneut offenbarten diese ihren Unglauben. Schon in Bethsaida hatten sie erlebt, dass durch Jesu Segen ihr kleiner Vorrat ausreichte, um die vielen Menschen zu speisen, dennoch brachten sie jetzt nicht alles was sie besaßen, im Vertrauen auf Seine Macht, damit Er es für die hungrige Schar vervielfältigen konnte. Zudem waren die Menschen in Bethsaida Juden und diese hier nur Ungläubige und Heiden. Das jüdische Vorurteil war noch tief in den Herzen der Jünger verankert, und sie sagten zu Jesus: »Woher sollen wir so viel Brot nehmen in der Wüste, um eine so große Menge zu sättigen?« Matthäus 15,33 Sie gehorchten schließlich doch Seinen Worten und brachten Ihm, was sie hatten: Sieben Brote und zwei Fische. Die Menge wurde gespeist, und sieben große Körbe mit Brocken blieben übrig. 4000 Männer, dazu Frauen und Kinder, wurden auf diese Weise gesättigt, und Jesus schickte sie alle mit frohem, dankbarem Herzen wieder nach Hause.

Dann fuhr Jesus mit Seinen Jüngern im Boot über den See nach Magdala, am südlichen Ende der Ebene von Genezareth. An der Grenze von Tyrus und Sidon war Er durch das Vertrauen der kanaanäischen Frau erfrischt worden, und die heidnischen Bewohner des Zehn-Städte-Gebietes hatten Ihn freudig aufgenommen. Doch als Er nun wieder in Galiläa an Land ging, wo Seine Macht am stärksten deutlich wurde und Er die meisten Werke der Barmherzigkeit vollbracht und seine Lehren gepredigt hatte, da trat man Ihm mit verächtlichem Unglauben entgegen.

Einige Vertreter der reichen und hochmütigen Sadduzäer – jener Partei der Priester, Zweifler und Großen des Volkes – hatten sich einer Abordnung der Pharisäer angeschlossen. Diese beiden Sekten standen miteinander in bitterer Feindschaft. Die Sadduzäer warben um die Gunst der regierenden Macht, um ihre eigene Stellung und Autorität aufrechtzuerhalten. Die Pharisäer dagegen pflegten den allgemeinen Hass gegen die Römer und sehnten sich nach der Zeit, in der sie das Joch der Unterdrücker abwerfen konnten. Nun aber verbanden sich Pharisäer und Sadduzäer gegen Christus. Wo es auch sein mag, verbindet sich das Böse mit dem Bösen, um das Gute zu zerstören.

Jetzt kamen die Sadduzäer und Pharisäer zu Christus und verlangten ein Zeichen vom Himmel. Als zur Zeit Josuas das Volk Israel zum Kampf gegen die Kanaaniter nach Beth-Horon zog, stand auf Befehl des Anführers die Sonne still, bis der Sieg erkämpft war. Und viele ähnliche Wunder finden sich in der Geschichte Israels. Jetzt verlangten die Juden ein solches Zeichen von Jesus. Doch solche Zeichen waren es nicht, die sie brauchten. Kein rein äußerliches Zeichen konnte ihnen etwas nützen. Was sie benötigten, war keine Erleuchtung ihres Verstandes, sondern eine Erneuerung ihres Herzens.

Jesus sagte ihnen: »Über das Aussehen des Himmels könnt ihr urteilen; könnt ihr dann nicht auch über die Zeichen der Zeit urteilen?« Matthäus 16,3 Die Worte Christi, gesprochen in der Kraft des Heiligen Geistes, der sie von der Sünde überzeugte, waren das Zeichen, das Gott ihnen zu ihrer Rettung gegeben hatte. Es waren ja noch andere himmlische Zeichen geschehen, die Christi Sendung bestätigten: Der Gesang der Engel bei den Hirten, der Stern, der die Weisen leitete, und die Stimme vom Himmel bei Seiner Taufe. »Und er seufzte in seinem Geist und sprach: Was fordert doch dieses Geschlecht ein Zeichen?« *[405/406]* 321

Markus 8,12 »Und kein Zeichen wird ihm gegeben werden als nur das Zeichen Jonas, des Propheten. Denn wie Jona drei Tage und drei Nächte in dem Bauch des großen Fisches war, so wird der Sohn des Menschen drei Tage und drei Nächte im Herzen der Erde sein.« Matthäus 12,39f; rev. Elberf. Wie einst die Predigt von Jona den Niniviten ein Zeichen war, so sollte Jesu Predigt auch ein Zeichen für Seine Generation sein. Doch welch ein Unterschied gab es in der Aufnahme des Wortes! Die Bewohner der großen heidnischen Stadt zitterten, als sie die Warnung Gottes hörten. Könige und Fürsten demütigten sich, Reiche und Arme riefen gemeinsam zum Gott des Himmels und erlebten Seine Barmherzigkeit. »Die Leute von Ninive werden auftreten beim Jüngsten Gericht mit diesem Geschlecht«, sagte der Heiland, »und werden es verdammen; denn sie taten Buße nach der Predigt des Jona. Und siehe, hier ist mehr als Jona.« Matthäus 12,41

Jedes Wunder, das Christus tat, war ein Zeichen Seiner Gottheit. Er erfüllte genau jene Aufgabe, die für den Messias vorausgesagt worden war, aber die Pharisäer empfanden diese Werke der Barmherzigkeit als ausgesprochenes Ärgernis. Die jüdischen Leiter standen dem menschlichen Leid herzlos und gleichgültig gegenüber. In vielen Fällen hatten ihre Selbstsucht und Unterdrückung die Leiden verursacht, die von Christus geheilt wurden. Deshalb waren Seine Wunder ein ständiger Vorwurf für sie.

Gerade das, was die Juden dazu brachte, das Wirken des Heilandes zu verwerfen, war der größte Beweis für Seinen Charakter. Der größte Wert Seiner Wunder lag in der Tatsache, dass diese zum Segen der Menschen geschahen. Der beste Beweis, dass Er von Gott gesandt war, lag darin, dass Sein Leben den Charakter Gottes offenbarte. Er tat Gottes Werke und sprach dessen Worte. Ein solches Leben ist das größte aller Wunder.

Wenn in unserer Zeit die Wahrheit verkündet wird, dann rufen viele wie damals die Juden: »Zeigt uns ein Zeichen! Wirkt ein Wunder!« Christus tat kein Wunder auf Befehl der Pharisäer. Auch wirkte Er auf Satans Einflüsterungen in der Wüste kein Wunder. Er gibt auch uns keine Kraft, um uns zu rechtfertigen oder den Forderungen des Unglaubens und des Stolzes zu befriedigen. Dennoch ist das Evangelium nicht ohne Zeichen seines göttlichen Ursprungs. Ist es kein Wunder, dass wir die Knechtschaft Satans durchbrechen können? Feindschaft gegen Satan liegt nicht in der Natur des menschlichen Herzens, sie wird uns vielmehr durch die Gnade Gottes eingepflanzt. Wenn jemand, der von einem sturen und eigensinnigen Willen beherrscht wurde, nun frei wird und sich ganz dem göttlichen Einfluss hingibt, dann ist ein Wunder geschehen. Ebenso ist es, wenn ein Mensch, der starken Täuschungen erlegen war, zur Erkenntnis der geistlichen Wahrheit kommt! Jedes Mal, wenn ein Mensch sich bekehrt, Gott lieben lernt und seine Gebote hält, erfüllt sich die Verheißung Gottes. »Ich will euch ein neues Herz und einen neuen Geist in euch geben.« Hesekiel 36,26 Die Veränderung im menschlichen Herzen, die Umwandlung des menschlichen Charakters ist ein Wunder, das einen lebendigen Heiland offenbart, der wirkt, um Menschen zu retten. Ein konsequentes Leben in Christus ist ein großes Wunder. Beim Predigen des Wortes Gottes sollte sich immer als Zeichen die Gegenwart des Heiligen Geistes offenbaren, um das Wort an denen, die es hören, zu einer belebenden Kraft zu machen. Das ist Gottes Zeugnis vor der Welt von der göttlichen Mission Seines Sohnes.

Jene, die ein Zeichen von Jesus wünschten, waren durch Unglauben so verhärtet, dass sie in Seinem Charakters nicht das Ebenbild Gottes erkannten. Sie sahen nicht, dass Seine Sendung eine Erfüllung der Schrift war. Im Gleichnis vom reichen Mann und Lazarus sagte Jesus von den Pharisäern: »Hören sie Mose und die Propheten nicht, so werden sie sich auch nicht überzeugen lassen, wenn jemand von den Toten auferstünde.« Lukas 16,31 Kein Zeichen, das im Himmel oder auf Erden gegeben werden könnte, würde ihnen etwas nützen.

Jesus »seufzte in seinem Geist«, Markus 8,12 wandte sich von den Kritikern ab und betrat wieder das Boot mit Seinen Jüngern. In sorgenvollem Schweigen überquerten sie wieder den See. Sie kamen jedoch nicht dort an Land, wo sie abgefahren waren, sondern schifften in Richtung Bethsaida, in dessen Nähe die Speisung der 5000 stattgefunden hatte. Als sie das Ufer erreichten, sagte Jesus: »Seht zu und hütet euch vor dem Sauerteig der Pharisäer und Sadduzäer!« Matthäus 16,6 Seit den Tagen des Mose war es bei den Juden üblich, zum Passahfest allen Sauerteig aus dem Haus zu entfernen. Sie waren unterwiesen worden, im Sauerteig ein Sinnbild der Sünde zu sehen. Die Jünger jedoch verstanden Jesus nicht. Bei ihrem plötzlichen Aufbruch von Magdala hatten sie vergessen, Brot mitzunehmen und hatten nur einen einzigen Laib bei sich. Deshalb meinten sie nun, Jesus beziehe sich auf diesen Umstand und warne sie davor, Brot bei den Pharisäern oder Sadduzäern zu kaufen. Ihr Mangel an Glauben und geistlicher Einsicht hatte sie schon häufig dazu gebracht, Seine Worte in ähnlicher Weise misszuverstehen. Jetzt tadelte Jesus sie wegen des Gedankens, dass derjenige, der mit einigen Fischen und Gerstenbroten Tausende gespeist hatte, mit dieser ernsten Warnung nur vergängliche Nahrung meine. Es bestand die Gefahr, dass Seine Jünger durch das listige Denken der Pharisäer und Sadduzäer mit Unglauben durchtränkt und dadurch veranlasst würden, von den Werken Christi geringschätzig zu denken.

Die Jünger neigten zu der Auffassung, dass ihr Meister der Forderung nach einem Zeichen vom Himmel hätte nachgeben sollen. Sie waren überzeugt, dass Er dazu absolut fähig war und dass ein solches Zeichen Seine Gegner zum Schweigen gebracht hätte. Sie konnten nicht die Heuchelei dieser Kritiker erkennen. Monate später »kamen einige tausend Menschen zusammen, sodass sie sich untereinander traten.« Da wiederholte Jesus Seine Warnung und »sagte zuerst zu seinen Jüngern: Hütet euch vor dem Sauerteig der Pharisäer, das ist die Heuchelei.« Lukas 12,1

Der Sauerteig im Mehl arbeitet unmerklich und durchsetzt den ganzen Teig. So durchdringt auch die Heuchelei, wenn sie im Herzen gehegt wird, den Charakter und das Leben. Ein treffendes Beispiel der Heuchelei der Pharisäer hatte Christus bereits verurteilt: die Korban-Sitte, durch welche die Vernachlässigung der Kindespflicht mit einem Anschein von Großzügigkeit gegenüber dem Tempel bemäntelt wurde. Die Schriftgelehrten und Pharisäer führten trügerische Grundsätze ein. Sie verbargen so die wahre Absicht ihrer Lehren und nutzten jede Gelegenheit, sie unterschwellig den Gemütern ihrer Zuhörer einzupflanzen. Diese falschen Prinzipien, wenn erst angenommen, wirkten wie Sauerteig im Mehl und durchdrangen und verwandelten den ganzen Charakter. Diese trügerischen Lehren waren es, die es den Menschen so schwer machten, die Worte Christi aufzunehmen.

Der gleiche Einfluss geht heute von jenen aus, die das Gesetz Gottes in einer Weise zu erklären versuchen, dass es mit ihren Lebensgewohnheiten übereinstimmt. Diese Menschen greifen das Gesetz nicht offen an, sondern vertreten spekulative Theorien, die dessen Grundsätze untergraben. Sie erklären es so, dass sie die Macht des Gesetzes zerstören.

Die Heuchelei der Pharisäer war das Ergebnis ihrer Selbstsucht und die Selbstverherrlichung das Ziel ihres Lebens. Diese führte sie dazu, die Schrift zu verfälschen und falsch anzuwenden und machte sie blind für die Absicht der Mission Christi. Sogar die Jünger Christi standen in Gefahr, sich mit diesem geheimen Übel zu identifizieren. Jene, die sich als Nachfolger Jesu ausgaben, aber nicht alles aufgegeben hatten, um wirklich Seine Jünger zu sein, wurden weitgehend vom Denken der Pharisäer beeinflusst. Oft schwankten sie zwischen Glauben und Unglauben, und sie erkannten nicht die Schätze der Weisheit, die in Christus verborgen waren. Sogar die Jünger hatten in ihrem Herzen nicht aufgegeben, für sich selbst Großes zu erstreben, obwohl sie äußerlich alles für Jesu Sache verlassen hatten. Diese Gesinnung war es, die schließlich den Streit auslöste, wer unter ihnen der Größte sei. Sie war es auch, die zwischen ihnen und Christus stand, die in ihnen so wenig Anteilnahme mit Ihm bei Seinem selbstlosen Opfer hervorrief und die es ihnen so schwer machte, das Geheimnis der Erlösung zu begreifen. Wie der Sauerteig, wenn man ihn arbeiten lässt, zu Verderbnis und Verfall führt, so zieht eine gehegte selbstsüchtige Gesinnung die Verunreinigung und den Untergang der Seele nach sich. Wie weit verbreitet ist

unter den Nachfolgern unseres Herrn – wie damals schon – diese feine, trügerische Sünde! Wie oft sind unser Dienst für Christus und unsere Gemeinschaft untereinander getrübt durch den geheimen Wunsch nach Selbsterhöhung! Wie rasch stellt sich das Verlangen nach Eigenlob und menschlichem Beifall ein! Eigenliebe und der Wunsch nach einem bequemeren als dem von Gott verordneten Weg führen dazu, die göttlichen Weisungen durch menschliche Theorien und Traditionen zu ersetzen. Zu Seinen eigenen Jüngern sprach Christus die mahnenden Worte: »Hütet euch vor dem Sauerteig der Pharisäer!«

Die Religion Christi ist Aufrichtigkeit. Und Eifer um die Ehre Gottes ist der Beweggrund, den der Heilige Geist ins Herz pflanzt und nur das durchdringende Wirken des Geistes kann das bewirken. Allein Gottes Macht kann Selbstsucht und Heuchelei verbannen. Diese Veränderung ist das Zeichen Seines Wirkens. Wenn der Glaube, den wir angenommen haben, die Selbstsucht auf allen äußeren Schein vernichtet, wenn er uns dahin führt, die Herrlichkeit Gottes und nicht unsere eigene zu suchen, dann können wir sicher sein, dass unser Glaube von rechter Art ist. »Vater, verherrliche deinen Namen!« Johannes 12,28 Das war das Schlüsselwort des Lebens Christi, und wenn wir Ihm folgen, wird es auch die Leitlinie unseres Lebens sein. Er ermahnt uns, zu leben, »wie er gelebt hat.« 1.Johannes 2,6 »Daran merken wir, dass wir ihn kennen, wenn wir seine Gebote halten.« 1.Johannes 2,3

KAPITEL 45

*Auf Grundlage von
Matthäus 16,13-28
Markus 8,27-38; Lukas 9,18-27*

IM *SCHATTEN* DES *KREUZES*

D as Werk Christi auf Erden eilte ihrem Ende zu. Klar umrissen lagen die Szenen der nächsten Zukunft vor Jesus. Schon bevor er die menschliche Natur annahm, sah Er den ganzen Weg vor sich, den Er gehen musste, um die Verlorenen zu retten. Jeder Schmerz, der Ihn wie ein Schwert durchdringen und jede Beleidigung, die auf Ihn gehäuft würde, jede Entbehrung, die Er zu tragen hatte, lagen offen vor Ihm, noch ehe Er Seine Krone und das königliche Gewand abgelegt und den himmlischen Thron verlassen hatte, um Seine Göttlichkeit mit der menschlichen Natur zu bekleiden. Er konnte den Weg von der Krippe bis nach Golgatha überblicken, und im Bewusstsein aller kommenden Leiden sagte Er: »Siehe, ich komme; im Buch ist von mir geschrieben: Deinen Willen, mein Gott, tue ich gern, und dein Gesetz habe ich in meinem Herzen.« Psalm 40,8f

Jesus hatte den Zweck Seiner Mission stets vor Augen, und Sein irdisches Leben, voll von Arbeit und Selbstaufopferung, wurde durch die Aussicht erhellt, dass all diese Mühen nicht vergeblich sein würden. Indem Er sein Leben für das Leben der Menschen gab, würde Er die Welt zur Treue gegenüber Gott zurückgewinnen. Obwohl Er zuerst die Bluttaufe empfangen musste und die Sünden der Welt schwer auf Seiner unschuldigen Seele lasten sollten, obwohl der Schatten unsagbaren Schmerzes auf Ihn fiel, wählte Er dennoch um der Freude willen, die vor Ihm lag, das Kreuz und achtete der Schande nicht.

Seinen Jüngern waren die kommenden Ereignisse noch verborgen, aber die Zeit war nahe, in der sie Zeugen Seines letzten Ringens werden sollten. Sie mussten sehen, wie der, den sie geliebt und dem sie vertraut hatten, in die Hände Seiner Feinde überantwortet und ans Kreuz von Golgatha geschlagen würde. Bald musste Er sie verlassen und sie würden der Welt allein gegenübertreten – ohne den Trost Seiner sichtbaren Gegenwart. Er wusste, wie sehr bitterer Hass und Unglaube sie verfolgen würden, und Er wollte sie auf diese Prüfungen vorbereiten. Jesus war mit Seinen Jüngern in eine Stadt in der Nähe

von Cäsarea Philippi gekommen. Diese Stadt lag außerhalb von

Galiläa, in einer Gegend, in der Götzendienst herrschte. Die Jünger waren hier weg vom Einfluss der Juden und kamen nun mit den heidnischen Anbetungsformen in engere Berührung. Sie waren umgeben von Zeichen und Merkmalen heidnischen Aberglaubens, den es in allen Teilen der Welt gab. Jesus wünschte, dass der Anblick dieser Dinge sie dazu bringen möge, sich ihrer Verantwortung gegenüber den Heiden bewusst zu sein. Darum zog Er sich während Seines Aufenthalts in diesem Gebiet von der öffentlichen Lehrtätigkeit am Volk zurück und widmete sich mehr Seinen Jüngern. Ehe Er ihnen von Seinen bevorstehenden Leiden erzählte, ging Er ein wenig abseits und betete, dass ihre Herzen bereit sein mögen, Seine Worte aufzunehmen. Als Er wieder zu ihnen zurückkehrte, sagte Er ihnen nicht sofort, was Er zu sagen hatte, sondern gab ihnen erst Gelegenheit, ihren Glauben an Ihn zu bekennen, damit sie dadurch für die kommenden Prüfungen gestärkt würden. Er fragte sie: »Wer sagen die Leute, dass der Menschensohn sei?« Matthäus 16,13

Die Jünger mussten traurig zugeben, dass das Volk Israel Seinen Messias nicht erkannt hätte. Wohl hatten einige, die Augenzeugen Seiner Wunder gewesen waren, Ihn als Sohn Davids erkannt. Die Menge, die in der Nähe von Bethsaida gespeist worden war, hatte Ihn zum König über Israel ausrufen wollen. Viele waren bereit, Ihn sogar als Propheten zu akzeptieren – aber sie glaubten nicht an Ihn als den Messias. Jesus stellte nun eine weitere Frage an sie als Jünger: »,Wer sagt denn ihr, dass ich sei?' Da antwortete Simon Petrus und sprach: ,Du bist Christus, des lebendigen Gottes Sohn!'« Matthäus 16,15f

Schon von Anfang an hatte Petrus geglaubt, dass Jesus der Messias sei. Viele andere, die durch die Predigt von Johannes dem Täufer Christus angenommen hatten, fingen an, über Seine Mission zu zweifeln, als Johannes der Täufer gefangen genommen und getötet wurde. Sie stellten jetzt auch in Frage, dass Jesus wirklich der Messias wäre, auf den sie so lange gewartet hatten. Viele der Jünger, die zuversichtlich erwartet hatten, dass ihr Herr Seinen Platz auf Davids Thron einnehmen werde, verließen Ihn, als sie erfuhren, dass dies nicht Seine Absicht war. Nur Petrus und seine Gefährten blieben Ihm treu. Der Wankelmut all derer, die Ihn gestern priesen und heute verdammten, konnte den Glauben des wahren Nachfolgers Jesu nicht vernichten. Petrus erklärte: »Du bist Christus, des lebendigen Gottes Sohn!« Er wartete nicht auf königliche Ehren, um Seinen Herrn krönen zu können, sondern nahm Ihn in Seiner Niedrigkeit an. Petrus hatte den Glauben der Zwölf in Worte gefasst. Dennoch waren die Jünger noch weit davon entfernt, die Aufgabe Christi auf Erden zu verstehen. Der Widerstand und die falschen Darstellungen der Priester und Ältesten bereiteten ihnen viel Unruhe, obwohl sie sich dadurch nicht von Christus trennen ließen. Sie konnten ihren Weg nicht klar erkennen, denn der Einfluss aus ihrer früheren Erziehung, die Lehren der Rabbiner und die Macht der Traditionen trübten noch immer ihre Erkenntnis der Wahrheit. Von Zeit zu Zeit schienen die hellen Lichtstrahlen auf sie, die von Jesus ausgingen. Doch oft waren sie wie Menschen, die im Dunkeln umhertasten. An diesem Tag aber, bevor sie mit der großen Prüfung ihres Glaubens konfrontiert wurden, ruhte die Kraft des Heiligen Geistes auf ihnen. Ihre Augen waren kurz vom Sichtbaren abgewandt, um das Unsichtbare zu sehen. vgl. 2.Korinther 4,18 Und sie erkannten hinter Seiner menschlichen Gestalt die Herrlichkeit des Sohnes Gottes. Jesus antwortete Petrus und sprach: »Selig bist du, Simon, Jonas Sohn; denn Fleisch und Blut haben dir das nicht offenbart, sondern mein Vater im Himmel.« Matthäus 16,17

Die Wahrheit, die Petrus hier aussprach, ist die Glaubensgrundlage des Gläubigen. Sie ist das, was Jesus selbst als ewiges Leben bezeichnet hat. Diese Erkenntnis zu besitzen, war jedoch kein Grund zur Selbstverherrlichung. Weder durch eigene Weisheit noch durch eigene Leistung war Petrus diese Erkenntnis offenbart worden. Nie kann ein Mensch aus sich selbst heraus zur Erkenntnis des Göttlichen gelangen. Sie »ist höher als der Himmel: Was willst du tun?; tiefer als die Hölle: Was kannst du wissen?« Hiob 11,8 Nur der Geist, der uns annimmt, kann uns die Tiefen Gottes offenbaren, die »kein Auge gesehen hat und kein Ohr gehört hat und in keines Menschen Herz gekommen ist.« 1.Korinther 2,9 Gott hat sie »uns offenbart durch seinen Geist; denn der Geist erforscht alle Dinge, auch die Tiefen der Gottheit.« 1.Kor. 2,10 »Der Herr ist denen Freund, die ihn fürchten; und seinen Bund lässt er sie wissen.« Psalm 25,14 Die Tatsache, dass Petrus die Herrlichkeit Christi erkannte, war ein Beweis, dass er »von Gott gelehrt« Joh. 6,45 war. Ja, in der Tat, »selig bist du, Simon, Jonas Sohn; denn Fleisch und Blut hat dir das nicht offenbart«! Matthäus 16,17 Jesus sprach weiter: »Ich sage dir auch: Du bist Petrus, und auf diesen Felsen will ich meine Gemeinde bauen, und die Pforten der Hölle sollen sie nicht überwältigen.« Matthäus 16,18 Das Wort Petrus bedeutet ein Stein – ein rollender Stein. Petrus war nicht der Fels, auf den die Gemeinde gegründet wurde. Die Pforten der Hölle überwältigten ihn, als er Seinen Herrn unter Fluchen und Schwören verleugnete. Die Gemeinde aber wurde auf Einen gebaut, den die Pforten der Hölle nicht überwältigen konnten.

Mose hatte Jahrhunderte vor dem Kommen Christi auf den Fels des Heils für Israel hingewiesen. Der Psalmist hatte vom »Fels meiner Stärke« gesungen. Und bei Jesaja steht geschrieben: »Darum spricht Gott der Herr: Siehe, ich lege in Zion einen Grundstein, einen bewährten Stein, einen kostbaren Eckstein, der fest gegründet ist.« 5.Mose 32,4; Psalm 62,7; Jesaja 28,16 Petrus selbst, getrieben durch den Heiligen Geist, wendet diese Weissagung auf Jesus an. Er sagt: »...da ihr ja geschmeckt habt, dass der Herr freundlich ist. Zu ihm kommt als zu dem lebendigen Stein, der von den Menschen verworfen ist, aber bei

Gott auserwählt und kostbar. Und auch ihr als lebendige Steine erbaut euch zum geistlichen Hause und zur heiligen Priesterschaft.« 1.Petrus 2,3-5

»Einen anderen Grund kann niemand legen als den, der gelegt ist, welcher ist Jesus Christus.« 1.Korinther 3,11 »Auf diesen Felsen will ich meine Gemeinde bauen«, Matthäus 16,18 sagte der Herr. In der Gegenwart Gottes und aller himmlischen Wesen, in der Gegenwart der unsichtbaren Armee der Hölle gründete Christus Seine Gemeinde auf den lebendigen Felsen. Er selbst ist dieser Felsen – sein Leib, der für uns verwundet und zerschlagen wurde. Die Pforten der Hölle werden die auf diesem Grund erbaute Gemeinde nicht überwältigen.

Wie schwach erschien die Gemeinde, als Christus diese Worte sprach! Es gab nur eine Handvoll Gläubige, gegen die sich die ganze Macht der bösen Kräfte richten würde – doch die Nachfolger Christi sollten sich nicht fürchten! Auf den Fels ihrer Stärke gegründet, konnten sie nicht überwunden werden. 6000 Jahre lang hat der Glaube auf Christus gebaut, und so viele Jahre lang haben die Fluten und Stürme satanischer Wut gegen den Fels unseres Heils gewütet, aber er steht unerschüttert. Petrus hatte die Wahrheit ausgesprochen, die die Grundlage für den Glauben der Gemeinde ist, und Jesus ehrte ihn nun als den Vertreter aller Gläubigen. Er sagte ihm: »Ich will dir die Schlüssel des Himmelreichs geben: Alles, was du auf Erden binden wirst, soll auch im Himmel gebunden sein, und alles, was du auf Erden lösen wirst, soll auch im Himmel gelöst sein.« Matthäus 16,19

»Die Schlüssel des Himmelreichs« sind die Worte Christi. Alle Worte der Heiligen Schrift sind Seine Worte und darin eingeschlossen. Diese Worte haben Macht, den Himmel zu öffnen und auch zu schließen. Sie erklären die Bedingungen, unter denen Menschen angenommen oder verworfen werden. So ist das Werk derer, die Gottes Wort verkünden, ein Geruch des Lebens zum Leben oder des Todes zum Tode. Ihre Mission hat ewige Folgen.

Der Heiland übertrug die Evangeliumsarbeit nicht Petrus persönlich. Später, als Er die Worte wiederholte, die hier zu Petrus gesprochen wurden, bezog Er sie direkt auf die Gemeinde. Sie wurden ihrem Inhalt nach auch zu den Zwölf als den Vertretern aller Gläubigen gesprochen. Hätte Jesus einem der Jünger eine besondere Autorität verliehen, dann würden wir sie nicht so oft darüber streiten sehen, wer der größte unter ihnen wäre. Sie hätten sich dem Wunsch ihres Meisters untergeordnet und den geehrt, den Er erwählt hatte. Statt einen zu berufen, um ihr Haupt zu sein, sagte Jesus den Jüngern: »Ihr sollt euch nicht Rabbi nennen lassen ... Und ihr sollt euch nicht Meister nennen lassen; denn einer ist euer Meister: Christus.« Matthäus 23,8.10 »Christus [ist] das Haupt eines jeden Mannes.« 1.Korinther 11,3 Gott hat alle Dinge unter seine Füße getan und »hat ihn gesetzt der Gemeinde zum Haupt über alles, welche sein Leib ist, nämlich die Fülle dessen, der alles in allem erfüllt.« Epheser 1,22f Die Gemeinde ist auf Christus als ihr Fundament gebaut. Sie soll Christus als ihrem Haupt gehorchen und sich auch nicht auf Menschen verlassen oder von Menschen beherrscht werden. Viele behaupten, dass eine Vertrauensstellung in der Gemeinde ihnen die Autorität gibt, anderen vorzuschreiben, was sie glauben und was sie tun sollen. Diesen Anspruch erkennt Gott aber nicht an. Der Heiland erklärt: »Ihr aber seid alle Brüder.« Matthäus 23,8 Alle sind der Versuchung ausgesetzt und dem Irrtum unterworfen. Wir können uns auf kein sterbliches Wesen als Führer verlassen. Der Fels des Glaubens ist die lebendige Gegenwart Christi in der Gemeinde. Darauf kann sich auch der Schwächste verlassen, und die sich für die Stärksten halten, werden sich als die Schwächsten erweisen, wenn sie Christus nicht zu ihrer Stärke machen. »Verflucht ist der Mann, der sich auf Menschen verlässt und hält Fleisch für seinen Arm.« Jeremia 17,5 Der Herr »ist der Fels; seine Werke sind vollkommen.« 5.Mose 32,4 »Wohl allen, die auf ihn trauen!« Psalm 2,12

Nach dem Bekenntnis von Petrus gebot Jesus den Jüngern, keinem zu sagen, dass Er Christus sei. Diese Anweisung gab Er ihnen wegen des entschlossenen Widerstandes der Schriftgelehrten und Pharisäer. Außerdem hatten das Volk und selbst die Jünger eine so falsche Vorstellung von dem Messias, dass eine öffentliche Ankündigung ihnen nicht den richtigen Begriff von Seinem Wesen und Seiner Aufgabe geben würde. Aber Tag für Tag offenbarte Er sich ihnen als Heiland. So wollte Er ihnen ein richtiges Verständnis von sich als Messias geben.

Noch immer erwarteten die Jünger, Christus als weltlichen Fürsten herrschen zu sehen. Obwohl Er so lange Sein Vorhaben verborgen hatte, glaubten sie, dass Er nicht immer in Armut und Verborgenheit bliebe und die Zeit nahe war, in der Er Sein Reich aufrichten würde. Dass der Hass der Priester und Rabbiner niemals überwunden, Christus von Seinem eigenen Volk verworfen, als Betrüger verurteilt und als Verbrecher gekreuzigt werden würde, – mit den Gedanken hatten sich die Jünger nie beschäftigt. Aber die Stunde der finsteren Mächte kam immer näher und Jesus musste Seine Jünger mit dem ihnen bevorstehenden Kampf vertraut machen. Er war traurig, als Er ihre kommenden Nöte und Ängste voraussah.

Bisher hatte Jesus noch nicht über Seine Leiden und Seinen Tod gesprochen. Zwar hatte Er in Seiner Unterredung mit Nikodemus gesagt: »Wie Mose in der Wüste die Schlange erhöht hat, so muss der Menschensohn erhöht werden, damit alle, die an ihn glauben, das ewige Leben haben«, Johannes 3,14f aber die Jünger hatten diese Worte nicht gehört und würden sie dann auch gar nicht verstanden haben. Jetzt aber waren sie bei ihrem Meister, lauschten Seinen Worten, sahen Seine Werke und stimmten trotz aller Bescheidenheit Seiner Umgebung, trotz des Widerstandes der Priester und des Volkes dem Zeugnis von Petrus über Ihn zu: »Du bist Christus, des lebendigen Gottes Sohn.« Jetzt war die Zeit gekommen, den Schleier der Zukunft beiseite zu schieben. »Seit der Zeit fing Jesus Christus an, seinen Jüngern zu zeigen, wie er nach Jerusalem gehen und viel leiden müsse ... und getötet werden und am dritten Tage auferstehen.« Matthäus 16,21 Sprachlos vor Erstaunen und Kummer hörten Ihm die Jünger zu. Der Heiland hatte das Bekenntnis des Petrus von Ihm als dem Sohn Gottes angenommen. Nun schienen Seine Worte von Leiden, Not und Tod unbegreiflich. Petrus konnte nicht länger schweigen. Er fasste seinen Meister fest bei der Hand, als wollte er Ihn vor dem ihm drohenden Unheil bewahren und rief: »Gott bewahre dich, Herr! Das widerfahre dir nur nicht!« Matthäus 16,22

Petrus liebte seinen Herrn. Und dennoch lobte ihn Jesus nicht, als er so den Wunsch äußerte, seinen Herrn zu schützen. Die Worte von Petrus konnten dem Herrn in der großen Prüfung, die auf Ihn wartete, weder Trost noch Hilfe sein. Sie standen nicht in Übereinstimmung mit der Gnadenabsicht Gottes gegenüber einer verlorenen Welt, noch stimmten sie auch nicht mit den Lehren der Selbstverleugnung überein, die Jesus durch Sein Beispiel geben wollte. Petrus wollte das Kreuz in dem Werk Christi nicht sehen. Der Eindruck, den seine Worte machten, widersprach völlig dem Einfluss, den Jesus auf die Gemüter Seiner Nachfolger ausüben wollte. Das veranlasste den Herrn auch zu dem strengsten Verweis, der je über seine Lippen kam: »Geh hinter mich, Satan! Denn du meinst nicht, was göttlich, sondern was menschlich ist.« Markus 8,33

Satan wollte Jesus entmutigen und ihn von Seinem Auftrag ablenken, und Petrus in seiner blinden Liebe lieh dieser Versuchung seine Stimme. Der Fürst des Bösen war der Urheber dieses Gedankens. Seine Einflüsterung stand hinter jenem impulsiven Aufruf. In der Wüste hatte Satan dem Heiland die Herrschaft der Welt unter der Bedingung angeboten, dass Er den Pfad der Erniedrigung und Aufopferung verlasse. Nun kam er mit der gleichen Versuchung zu dem Jünger, um dessen Blick auf die irdische Herrlichkeit zu lenken, damit er das Kreuz, auf das der Herr die Augen der Jünger richten wollte, nicht wahrnehme. Durch Petrus trat Satan nun erneut mit der Versuchung an Jesus heran, aber der Heiland beachtete sie nicht. Seine Gedanken waren bei Seinen Jüngern. Satan war zwischen Petrus und seien Meister getreten, damit das Herz des Jüngers nicht ergriffen würde von jener Zukunftsschau, die Christi Erniedrigung um seinetwillen zeigte. Christi Worte waren nicht an Petrus gerichtet, sondern an den, der Petrus von seinem Erlöser trennen wollte. »Geh hinter mich, Satan!« Dränge dich nicht länger zwischen mich und meinen irrenden Diener. Lass mich Petrus von Angesicht zu Angesicht sehen, damit ich ihm das Geheimnis meiner Liebe zeigen kann! Es war eine bittere Lektion für Petrus, die er nur langsam lernte, nämlich dass Christi Erdenweg durch Leiden und Erniedrigung gehen müsse. Der Jünger schreckte unwillkürlich zurück vor einer Gemeinschaft des Leidens mit seinem Herrn. In der Hitze des Feuerofens jedoch musste er den Segen einer solchen Gemeinschaft erfahren. Nach langer Zeit, als seine Gestalt durch die Last der Jahre und der Arbeit gebeugt war, schrieb er: »Ihr Lieben, lasst euch die Hitze nicht befremden, die euch widerfährt zu eurer Versuchung, als widerführe euch etwas Seltsames, sondern freut euch, dass ihr mit Christus leidet, damit ihr auch zur Zeit der Offenbarung seiner Herrlichkeit Freude und Wonne haben mögt.« 1.Petrus 4,12

Jesus erklärte nun Seinen Jüngern, dass Sein Leben der Selbstverleugnung für sie ein Beispiel sein sollte. Dann rief Er das Volk, das sich mit den Jüngern in der Nähe aufhielt, zu sich und sagte: »Will mir jemand nachfolgen, der verleugne sich selbst und nehme sein Kreuz auf sich und folge mir.« Matthäus 16,24

Das Kreuz war ein Partner der Macht Roms. Es war das Mittel der demütigendsten und grausamsten Todesart. Die schlimmsten Verbrecher mussten das Kreuz selbst zum Ort der Hinrichtung tragen, und oft, wenn man dabei war, es auf ihre Schultern zu laden, sträubten sie sich mit verzweifelter Heftigkeit dagegen, bis sie überwältigt wurden und man ihnen das Folterwerkzeug auf ihren Schultern festband. Jesus aber gebot Seinen Nachfolgern, das Kreuz freiwillig auf sich zu nehmen und es Ihm nachzutragen. Seine Worte, welche die Jünger nur unklar verstanden, wiesen sie auf die Notwendigkeit hin, sich den bittersten Demütigungen zu unterwerfen – ja sogar den Tod um Christi willen auf sich zu nehmen. Eine größere Hingabe konnten die Worte des Heilandes nicht ausdrücken. Er selbst hatte dies alles auch um ihretwillen auf sich genommen. Ihn verlangte nicht nach dem Himmel, solange wir Sünder verloren waren. Er tauschte die himmlischen Höfe gegen ein Leben der Schmach und tiefsten Beleidigungen und für einen Tod der Schande. Er, der reich war an den unschätzbaren Gütern des Himmels, wurde arm, damit wir durch Seine Armut reich würden. Wir sollen den Weg gehen, den auch Er ging.

Menschen zu lieben, für die Jesus gestorben ist, heißt das eigene Ich zu kreuzigen. Wer ein Kind Gottes ist, sollte sich als Glied einer Kette fühlen, die vom Himmel bis auf die Erde herab reicht, um die Welt zu retten. Er sollte eins sein mit Christus in Seinem Gnadenplan und mit Ihm vorangehen, zu suchen und selig zu machen, was verloren ist. Der Christ muss stets erkennen, dass er sich Gott geweiht hat und nun durch seinen Charakter das Wesen Gottes der Welt offenbaren soll. Die opferbereite Hingabe, die Teilnahme und Liebe, die das Leben Christi kennzeichneten, müssen sich auch im Leben der Nachfolger Christi zeigen.

»Wer sein Leben erhalten will, der wird's verlieren; wer aber sein Leben verliert um meinetwillen, der wird's finden.« Matthäus 16,25 Selbstsucht bedeutet Tod! Kein Organ des Körpers könnte leben, wenn es seine Wirksamkeit nur auf sich selbst beschränken wollte. Würde das Herz sein Lebensblut nicht in Hand und Kopf leiten, verlöre es bald seine Kraft. Wie unser Blut, so durchdringt die

Liebe Christi alle Teile Seines geheimnisvollen Leibes. Wir sind untereinander Glieder und jeder, der sich weigert, weiterzugeben, wird umkommen. Jesus sagte: »Was hülfe es dem Menschen, wenn er die ganze Welt gewönne und nähme doch Schaden an seiner Seele? Oder was kann der Mensch geben, womit er seine Seele auslöse?« Matthäus 16,26

Über Seine gegenwärtige Armut und Demütigung hinaus verwies Jesus die Jünger auf Sein Kommen in Herrlichkeit – nicht in der Pracht einer irdischen Krone, sondern mit göttlicher Herrlichkeit und inmitten der himmlischen Heerscharen und sagte: »Dann wird er einem jeden vergelten nach seinem Tun.« Matthäus 16,27 Zu ihrer Ermutigung gab Er ihnen noch die Verheißung: »Wahrlich, ich sage euch: Es stehen einige hier, die werden den Tod nicht schmecken, bis sie den Menschensohn kommen sehen in seinem Reich.« Matthäus 16,28 Doch die Jünger verstanden Seine Worte nicht. Die Herrlichkeit schien ihnen weit entfernt. Ihre Augen waren auf Näherliegendes gerichtet, auf das irdische Leben in Armut, Erniedrigung und unter Leiden. Mussten sie ihre glühenden Erwartungen vom messianischen Reich aufgeben? Sollten sie ihren Herrn nicht auf dem Thron Davids sehen? Konnte es sein, dass Christus als einfacher, heimatloser Wanderer leben musste, um schließlich verachtet, verworfen und getötet zu werden? Traurigkeit erfüllte ihre Herzen, denn sie liebten ihren Meister. Zweifel beunruhigten ihr Gemüt – es erschien ihnen unbegreiflich, dass der Sohn Gottes solch grausamen Demütigungen ausgesetzt werden sollte. Sie fragten sich, warum Er freiwillig nach Jerusalem ginge, um das Schicksal zu erleiden, das Ihn dort, wie Er ihnen gesagt hatte, erwartete. Wie konnte Er sich damit abfinden und sie in noch größerer Finsternis zurücklassen, als jene gewesen ist, in der sie umherirrten, ehe Er sich ihnen bekannt gemacht hatte?

Die Jünger meinten, dass Jesus für Herodes und Kaiphas in der Gegend von Cäsarea Philippi unerreichbar wäre. Dort hätte Er weder den Hass der Juden noch die Macht der Römer zu fürchten. Warum konnte Er nicht dort, weit entfernt von den Pharisäern, wirken? Warum sollte Er sich selbst dem Tod überantworten? Wenn Er sterben musste, wie konnte dann Sein Reich so fest gegründet werden, dass die Pforten der Hölle es nicht überwältigen würden? Das alles war ihnen sehr rätselhaft. Gerade jetzt fuhren sie an den Ufern des Sees Genezareth entlang auf die Stadt zu, in der alle ihre Hoffnungen zerschlagen werden sollten. Sie wagten es nicht, dem Herrn gegenüber etwas einzuwenden, aber untereinander sprachen sie leise und tief betrübt über die Zukunft. In all ihren Zweifeln klammerten sie sich dennoch an den Gedanken, dass irgendein unvorhergesehenes Ereignis das Schicksal abwenden möge, das ihren Herrn erwartete. So trauerten, zweifelten, hofften und fürchteten sie sechs lange, trübselige Tage hindurch.

KAPITEL 46

*Auf Grundlage von
Matthäus 17,1-8
Markus 9,2-8; Lukas 9,28-36*

DIE VERKLÄRUNG JESU

D er Abend nähert sich, als Jesus drei Seiner Jünger zu sich ruft – Petrus, Jakobus und Johannes. Er führt sie durch die Felder und über unwegsames Gelände auf einen einsamen Berg. Der Heiland und die Jünger haben den Tag mit Reisen und Lehren verbracht. Nun ermüdet sie der ziemlich beschwerliche Weg merklich. Christus, der seelische und körperliche Lasten von den Leidenden genommen hat, ließ neues Leben in schwache Körper strömen. Doch weil Er auch die Begrenzungen der menschlichen Natur unterlag, war Er wie die Jünger vom Aufstieg ermüdet. Die Strahlen der untergehenden Sonne liegen noch auf dem Berggipfel und vergolden den Pfad der vier Wanderer. Doch bald ist dieses letzte Licht verschwunden, das noch über den Hügeln und Tälern lag. Das Dunkel der Nacht umhüllt auch die einsamen Wanderer. Die Düsternis ihrer Umgebung scheint in Einklang zu stehen mit ihrem kummervollen Leben, um dass sich immer dichtere Wolken zusammenballen.

Die Jünger wagen nicht, den Herrn nach Ziel und Zweck der Wanderung zu fragen. Zu oft schon hat Er ganze Nächte in den Bergen im Gebet zugebracht. Er, der Schöpfer der Berge und Täler, fühlt sich in der freien Natur zuhause und genießt deren Stille. Die Jünger folgen, wohin Christus sie führt. Dennoch wundern sie sich, warum ihr Meister diesen beschwerlichen Aufstieg mit ihnen unternimmt, da sie ja müde sind und Er ebenfalls Ruhe braucht.

Endlich macht Jesus halt. Allein geht Er jetzt ein wenig seitwärts und bringt Sein Flehen unter Tränen vor Gott. Er bittet um Kraft, die Prüfung um der Menschen willen zu ertragen. Er muss einen neuen Halt an dem Allmächtigen gewinnen, denn nur so kann Er über die Zukunft nachdenken. Er legt Seinem Vater auch Seine Herzenswünsche für Seine Jünger vor, damit in der Stunde der Finsternis ihr Glaube nicht wanken möge. Der Tau fällt auf Ihn. Er merkt es nicht. Er achtet auch nicht auf die immer tiefer werdende Dunkelheit. Die Stunden verstreichen langsam. Zuerst vereinten die Jünger ihre Gebete mit dem Gebet des Herrn in aufrichtiger Hingabe, aber bald waren sie von der Müdigkeit überwältigt

und sie schlafen ein, obwohl sie versuchen, an dem Geschehen weiterhin Anteil zu nehmen. Jesus hat ihnen von Seinem Leiden erzählt und sie mitgenommen, um mit ihnen im Gebet vereint zu sein – gerade für sie betet Er. Der Heiland hat die Traurigkeit der Jünger gesehen und sehnt sich danach, ihren Kummer durch die Zusicherung zu erleichtern, dass ihr Glaube nicht vergeblich sei. Doch nicht alle Zwölf können die Offenbarung aufnehmen, die Er geben will. Nur die drei, die Zeugen Seiner Seelenangst in Gethsemane sein sollen, hat Er erwählt, mit Ihm auf dem Berg zu sein. Er bittet Seinen Vater, ihnen doch die Herrlichkeit zu zeigen, die Er bei Ihm hatte, ehe die Welt erschaffen war, dass Sein Reich den menschlichen Augen sichtbar wird und Seine Jünger dadurch gestärkt werden möchten, das zu sehen. Er fleht um eine Offenbarung Seiner Göttlichkeit, damit sie in der Stunde Seines tiefsten Seelenschmerzes getröstet sind durch die Erkenntnis, dass Er wahrhaftig Gottes Sohn ist und Sein schmählicher Tod ein Teil des Erlösungsplanes ist. Sein Gebet wird erhört.

Während Jesus sich demütig auf dem steinigen Untergrund beugt, öffnet sich plötzlich der Himmel, die goldenen Tore der Stadt Gottes gehen weit auf, Lichtstrahlen fluten auf den Berg herab und umhüllen Jesus. Das Göttliche in Ihm leuchtet durch das Menschliche und begegnet der von oben kommenden Herrlichkeit. Er erhebt sich und steht in göttlicher Majestät auf dem Gipfel des Berges. Die Seelenqual ist von Ihm gewichen und Sein Angesicht leuchtet »wie die Sonne«, und Seine Kleider sind »weiß wie das Licht.« Matthäus 17,2

Die Jünger erwachen und sehen die flutende Herrlichkeit, die den Berg erleuchtet. Sie starren ängstlich und verwundert auf die glänzende Gestalt ihres Meisters. Als ihre Augen sich an das blendende Licht gewöhnt haben, sehen sie, dass Jesus nicht allein ist. Zwei himmlische Wesen unterhalten sich mit Ihm. Es ist zum einen Mose, der auf dem Sinai mit Gott geredet hatte, und Elia, dem das hohe Vorrecht gegeben wurde, das außer ihm nur einem anderen der Söhne Adams gewährt wurde, nämlich das Vorrecht, niemals unter die Macht des Todes zu kommen.

Auf dem Berg Pisga hatte 1500 Jahre zuvor Mose gestanden und das verheißene Land von ferne gesehen. Doch wegen seiner bei Meriba begangenen Sünde durfte er es nicht betreten. Er erlebte nicht die Freude, die Scharen Israels in das Erbe ihrer Väter zu führen. Seine schmerzliche Bitte: »Lass mich hinübergehen und sehen das gute Land jenseits des Jordan.« 5.Mose 3,25 wurde nicht erhört. Seine Hoffnung, die 40 Jahre lang die Dunkelheit der Wüstenwanderung erhellt hatte, wurde nicht erfüllt. Ein Grab in der Wüste war das Ziel jener Jahre der Last und drückenden Sorge. Und doch hatte der, der »überschwänglich tun kann über alles hinaus, was wir bitten oder verstehen«, Epheser 3,20 auch in diesem Fall das Gebet Seines Dieners erhört. Mose kam unter die Macht des Todes, aber er blieb nicht in der Gruft. Christus selbst rief ihn heraus zu neuem

Leben. Satan, der Betrüger, hatte den Leib Moses seiner Sünde wegen beansprucht; aber Christus, der Heiland, nahm ihn aus dem Grab zu sich. vgl. Judas 9

Mose war auf dem Verklärungsberg Zeuge von Christi Sieg über Sünde und Tod. Er stellte jene dar, die bei der Auferstehung der Gerechten aus den Gräbern hervorgehen werden. Elia, der in den Himmel auffuhr, ohne den Tod gesehen zu haben, war der Repräsentant derer, die bei Christi Wiederkunft auf Erden leben und »verwandelt werden; und dasselbe plötzlich, in einem Augenblick, zur Zeit der letzten Posaune«, 1.Korinther 15,51f wenn »dies Verwesliche wird anziehen die Unverweslichkeit und dies Sterbliche wird anziehen die Unsterblichkeit.« 1.Korinther 15,54 Jesus war mit dem Licht des Himmels bekleidet, mit dem Er auch erscheinen wird, wenn Er kommt »zum zweiten Mal nicht wegen der Sünde ..., sondern zum Heil.« Hebräer 9,28 Denn Er wird kommen »in der Herrlichkeit seines Vaters mit den heiligen Engeln.« Markus 8,38

Nun war das Versprechen erfüllt, das Jesus Seinen Jüngern gegeben hatte. Auf dem Berg wurde ihnen das zukünftige Reich der Herrlichkeit in kleiner Form gezeigt: Christus der König, Mose als Vertreter der auferstandenen Gläubigen, und Elia als Vertreter derer, die »in einem Augenblick« verwandelt werden.

Die Jünger verstehen die Szene zwar noch nicht, aber sie freuen sich, dass der geduldige Lehrer, der Sanftmütige und Demütige, der als schutzloser Fremdling hin und her gewandert ist, von den Begnadeten des Himmels geehrt wird. Sie glauben, dass Elia gekommen sei, die Regierung des Messias zu verkünden, und dass das Reich Christi jetzt auf Erden aufgerichtet werden soll. Ihre Angst und Enttäuschung wollen sie für immer hinter sich lassen. Hier, wo die Herrlichkeit Gottes sichtbar wird, möchten sie bleiben. Petrus ruft begeistert aus: »Herr, es ist gut, dass wir hier sind! Wenn du willst, werde ich hier drei Hütten machen, dir eine, Mose eine und Elia eine.« Matthäus 17,4; rev. Elb.

Die Jünger sind sicher, dass Mose und Elia gesandt wurden, um ihren Meister zu schützen und Sein Königreich auf Erden aufzurichten. Aber das Kreuz muss vor der Krone kommen! Nicht die Krönung Jesu zum König ist das Thema ihrer Unterhaltung, sondern Sein Tod, der Ihn in Jerusalem erwartet. In menschlicher Schwachheit, beladen mit Kummer und den Sünden der Menschen, ging Christus Seinen Weg allein unter den Menschen. Als die Finsternis der nahenden Prüfung auf Ihn eindrang, war Er einsam und allein in einer Welt, die Ihn nicht kannte. Selbst Seine geliebten Jünger, die völlig in ihren Zweifeln und Sorgen und ehrgeizigen Hoffnungen aufgingen, hatten das Geheimnis Seiner Sendung nicht begriffen. Er hatte inmitten der Liebe und Gemeinschaft des Himmels gelebt, aber in dieser Welt, die Er geschaffen hatte, war Er einsam. Nun wurden Boten zu Ihm gesandt. Keine Engel, sondern Menschen, die auch Kummer und Leid ertragen

hatten, die auch mit dem Heiland mitfühlen konnten in den Nöten des irdischen Lebens. Mose und Elia waren Christi Mitarbeiter gewesen und hatten Sein Verlangen nach der Erlösung der Menschheit mit Ihm geteilt. Mose hatte sich für Israel eingesetzt, indem er sagte: »Vergib ihnen doch ihre Sünde; wenn nicht, dann tilge mich aus deinem Buch, das du geschrieben hast.« 2.Mose 32,32 Elia hatte die Einsamkeit kennengelernt, als er dreieinhalb Jahre lang während der Hungersnot den Hass und das Unglück des Volkes ertragen hatte. Allein hatte er auf dem Karmel für Gott gestanden, allein war er in Angst und Verzweiflung in die Wüste geflohen. Diese Männer, die Gott vor den Engeln erwählte, die den Thron umstanden, waren erschienen, um mit Jesus über die Szenen Seiner Leiden zu reden und Ihn mit der Zusicherung zu trösten, dass der ganze Himmel an Seinem Leben und Sterben Anteil nähme. Die Hoffnung der Welt, die Rettung jedes einzelnen Menschen – das war das Thema ihres Gesprächs.

Die vom Schlaf überwältigten Jünger bemerkten nur wenig von dem, was zwischen Christus und den himmlischen Boten vorging. Weil sie nicht wachten und beteten, entging ihnen auch das, was Gott ihnen mitteilen wollte: das Verständnis für die Leiden Christi und die Herrlichkeit, die darauf folgen sollte. Sie verloren den Segen, den sie empfangen hätten, würden sie Jesu Selbstaufopferung mit Ihm geteilt haben. Diese Jünger waren zu träge, um zu glauben, und sie erkannten kaum, mit was der Himmel sie beschenken wollte.

Dennoch erhielten sie großes Licht. Sie bekamen die Gewissheit, dass der Himmel die Sünde des jüdischen Volkes kannte, die in der Verwerfung Christi bestand. Ihnen wurde ein besseres Verständnis von der Aufgabe des Erlösers gegeben. Sie sahen mit ihren Augen und hörten mit ihren Ohren Dinge, die über das menschliche Verstehen hinausgingen. Sie waren »Augenzeugen seiner herrlichen Majestät« 2.Petrus 1,16 und erkannten, dass Jesus wirklich der Messias war, von dem die Patriarchen und Propheten geweissagt hatten, und dass Er als der vom himmlischen Universum anerkannt wurde. Während sie noch das herrliche Schauspiel betrachteten, »überschattete sie eine lichte Wolke. Und siehe, eine Stimme aus der Wolke sprach: Dies ist mein lieber Sohn, an dem ich Wohlgefallen habe; den sollt ihr hören.« Matthäus 17,5

Als die Jünger die Wolke der Herrlichkeit sahen, die heller war als jene, die damals vor dem Volk Israel in der Wüste herzog und sie Gottes Stimme hörten, die damals in gebietender Majestät den Berg erzittern ließ, da fielen sie erschreckt zu Boden. Sie blieben mit verhüllten Angesichtern auf der Erde liegen, bis Jesus zu ihnen trat, sie berührte und alle Furcht durch Seine ihnen gut vertraute Stimme vertrieb. Seine Worte: »Steht auf und fürchtet euch nicht!« Matth. 17,7 beruhigten sie. Als sie es wagten, ihre Augen wieder zu öffnen, sahen sie, wie die himmlische Herrlichkeit vergangen war. Mose und Elia waren verschwunden. Sie waren allein auf dem Berg mit Jesus.

KAPITEL 47

Auf Grundlage von
Matthäus 17,9-21
Markus 9,9-29; Lukas 9,37-45

DER DIENST

hristus hatte die ganze Nacht mit den Jüngern auf dem Berg verbracht. Und als die Sonne aufging, stiegen sie wieder in die Ebene hinab. In Gedanken versunken, waren die Jünger ehrfürchtig und schweigsam. Selbst Petrus sprach kein Wort. Gern hätten sie noch länger an jener heiligen Stätte verweilt, die von himmlischem Licht berührt worden war und wo der Sohn Gottes Seine Herrlichkeit gezeigt hatte. Es gab jedoch noch viel für das Volk zu tun, das von nah und fern herbeigekommen war und schon nach Jesus suchte.

Am Fuß des Berges hatte sich eine große Volksmenge unter Leitung der zurückgebliebenen Jünger versammelt, aber niemand wusste, wohin Jesus sich begeben hatte. Als der Heiland sich nun näherte, befahl Er Seinen Begleitern, über das Geschehene zu schweigen: »Ihr sollt von dieser Erscheinung niemandem sagen, bis der Menschensohn von den Toten auferstanden ist.« Matthäus 17,9 Sie sollten diese Offenbarung in ihrem Herzen bewegen, sie aber nicht öffentlich mitteilen, denn die Menschen würden sie verächtlich und lächerlich machen. Und auch die neun Apostel sollten davon nichts erfahren, da auch sie jenes Ereignis nicht begreifen würden, bis Jesus von den Toten auferstanden wäre. Wie schwer sogar die drei von Jesus bevorzugten Jünger das Geschehen auf dem Berg verstehen konnten, ist in der Tatsache zu sehen, dass sie sich – ungeachtet alles dessen, was Jesus ihnen von dem Ihm bevorstehenden Leidensweg gesagt hatte – untereinander fragten, was denn die Auferstehung der Toten zu bedeuten habe. Trotzdem baten sie Jesus nicht um eine Erklärung Seiner Worte. Seine Worte über die nächste Zukunft hatte sie so traurig gemacht, dass sie keine weitere Aufklärung wünschten. Sie hofften sogar, dass alle diese Ereignisse niemals eintreten möchten.

Als die Leute in der Ebene den Heiland kommen sahen, liefen sie Ihm entgegen und begrüßten Ihn mit größter Ehrfurcht und Freude. Jesus bemerkte jedoch gleich, dass die Leute sehr verlegen und unruhig waren. Auch die Jünger

sahen niedergeschlagen aus.

Gerade erst war ein Ereignis eingetreten, das ihnen bittere Enttäuschung und Demütigung bereitet hatte.

Während sie unten am Berg warteten, hatte ein Vater seinen Sohn zu ihnen gebracht, damit sie diesen von einem bösen Geist befreiten, der ihn sehr quälte. Jesus hatte den Jüngern Macht über unreine Geister verliehen, als Er die Zwölf aussandte, in Galiläa zu predigen. Solange sie voller Glauben vorangingen, gehorchten die bösen Geister ihrem Wort. Auch jetzt geboten sie dem quälenden Geist in Jesu Namen, sein Opfer zu verlassen, aber der Dämon verspottete sie nur durch eine erneute Demonstration seiner Macht. Die Jünger konnten sich ihre Niederlage nicht erklären und erkannten, dass sie sich und ihrem Meister einen schlechten Dienst erwiesen hatten. Unter den Menschen befanden sich Schriftgelehrte, die diese Gelegenheit nutzten, um die Jünger zu demütigen. Sie drängten sich an die Jünger heran, verwickelten sie in schwierige Fragen und versuchten zu beweisen, dass sie und ihr Meister Betrüger seien. Hier sei ein böser Geist, erklärten die Rabbiner triumphierend, den weder die Jünger noch Christus selbst besiegen könnten. Die Leute waren nun mehr geneigt, sich auf die Seite der Schriftgelehrten zu stellen und eine Stimmung der Verachtung und des Spottes bemächtigte sich der Menge.

Aber plötzlich verstummten die Anklagen. Jesus und Seine drei Jünger hatten sich dem Volk genähert, und nun ging die Menge Ihm in überraschend schnellem Gefühlsumschwung entgegen. Die letzte Nacht der Gemeinschaft mit der himmlischen Herrlichkeit hatte bei dem Heiland und Seinen Begleitern ihre Spuren hinterlassen. Auf ihren Angesichtern ruhte ein Glanz, der den Beobachtern Ehrfurcht abnötigte. Die Schriftgelehrten zogen sich furchtsam zurück, während das Volk den Herrn willkommen hieß.

Jesus ging zuerst direkt auf den Besessenen zu, als hätte Er die Szene selbst miterlebt. Er blickte dann auf die Schriftgelehrten und sagte: »Was streitet ihr mit ihnen?« Markus 9,16 Die vorher so lauten und kühnen Reden verstummten jetzt. Eine drückende Stille lag über der ganzen Versammlung. Da bahnte sich der leidgeprüfte Vater einen Weg durch die Menge, fiel Jesus zu Füßen und klagte Ihm seinen ganzen Kummer und seine Enttäuschung. »Meister«, sagte er, »ich habe meinen Sohn hergebracht zu dir, der hat einen sprachlosen Geist. Und wo er ihn erwischt, reißt er ihn ... Ich habe mit deinen Jünger geredet, dass sie ihn austreiben sollen, und sie konnten's nicht.« Markus 9,17f

Jesus schaute auf die ehrfürchtig schweigende Menge und auf die heuchlerischen Schriftgelehrten und die verwirrten Jünger. Er las Unglauben in jedem Herzen und sagte sehr traurig: »O du ungläubiges Geschlecht, wie lange soll ich bei euch sein? Wie lange soll ich euch ertragen?« Er gebot dem betrübten Vater: »Bringt ihn her zu mir!« Markus 9,19

Der Junge wurde gebracht. Sobald der Blick des Heilandes auf ihn fiel, warf der böse Geist den Jungen in schmerzhaften Krämpfen zu Boden. Der wälzte sich, schäumte und erfüllte die Luft mit grässlichen Schreckenslauten.

Wieder standen sich der Fürst des Lebens und der Anführer der Mächte der Finsternis gegenüber – Christus bei der Erfüllung Seines Dienstes, »zu predigen den Gefangenen, dass sie frei sein sollen, und den Blinden, dass sie sehen sollen, und den Zerschlagenen, dass sie frei und ledig sein sollen«, Lukas 4,18 und Satan, der versuchte, seine Beute in seiner Gewalt zu behalten. Engel des Lichts und Scharen böser Geister drängten sich ungesehen heran, um dem Kampf zuzuschauen. Für einen Moment erlaubte Jesus dem bösen Geist, seine Macht zu entfalten, damit die anwesende Menge das Werk der Befreiung besser erfassen konnte. Die Menge schaute mit angehaltenem Atem diesem Schauspiel zu, und im Herzen des Vaters wechselten Furcht mit Hoffnung. Jesus fragte: »Wie lange ist's, dass ihm das widerfährt?« Der Vater berichtete von vielen Jahren des Leidens und der Not. Dann rief er in höchster Verzweiflung: »Wenn du aber etwas kannst, so erbarme dich unser und hilf uns!« Markus 9,21f Durch die Worte »Wenn du etwas kannst« zeigte auch der Vater, dass er an der Macht Christi zweifelte. Jesus antwortete: »Du sagst: wenn du glauben kannst – alles ist möglich dem, der glaubt!« Markus 9,23 Christus fehlte es nicht an Macht. Die Gesundheit des Sohnes hängt allein vom Glauben des Vaters ab. Er erkennt das und bricht über seine eigene Schwäche in Tränen aus. Mit dem Ruf: »Ich glaube, Herr; hilf meinem Unglauben!« Markus 9,24 klammert er sich zuversichtlich an Jesu Barmherzigkeit.

Nun wendet sich der Heiland dem Besessenen zu und sagt: »Du sprachloser und tauber Geist, ich gebiete dir: Fahre von ihm aus und fahre nicht mehr in ihn hinein!« Markus 9,25 Man hört einen Schrei und erlebt einen qualvollen Kampf. Es scheint, als ob der Dämon beim Verlassen seines Opfers das Leben entreißt. Der Knabe liegt unbeweglich und anscheinend leblos da. In der Menge flüstert man sich zu: »Er ist tot.« Doch Jesus ergreift seine Hand, richtet ihn auf und übergibt ihn seinem Vater – vollkommen gesund an Körper und Geist! Vater und Sohn loben den Namen ihres Erlösers. Die Menge ist erstaunt über die »Herrlichkeit Gottes«, während sich die Schriftgelehrten, besiegt und verstimmt, mürrisch abwenden. »Wenn du aber etwas kannst, so erbarme dich unser und hilf uns!« Markus 9,21f Wie viele von Sünden beladene Herzen haben jenes Gebet schon an Gott gerichtet! Und allen antwortet der mitleidvolle Heiland: »Wenn du glauben kannst — alles ist möglich dem, der glaubt!« Markus 9,23 Es ist der Glaube, der uns mit dem Himmel verbindet. Er verleiht uns auch die Kraft, den Mächten der Finsternis gewachsen zu sein. In Jesus Christus hat der Vater die Möglichkeit gegeben, jede sündhafte Neigung zu überwinden und jeder Versuchung, wie stark sie auch sein mag, zu widerstehen. Viele jedoch bemerken, dass ihnen der Glaube fehlt, und deshalb halten sie sich von Christus fern. Wenn sich doch solche Seelen in ihrer Hilflosigkeit an die Barmherzigkeit ihres mitfühlenden Heilandes klammerten und nicht auf sich, sondern auf Christus blickten! Er, der die Kranken heilte und Dämonen austrieb, als Er unter den Menschen lebte, ist auch heute noch derselbe mächtige Erlöser. Der Glaube kommt durch das Wort Gottes, darum ergreife die Verheißung: »Wer zu mir kommt, den werde ich nicht hinausstoßen.« Johannes 6,37 Wirf dich Jesus zu Füßen mit dem Ruf: »Ich glaube, Herr; hilf meinem Unglauben!« Markus 9,24 Du kannst niemals verloren gehen, wenn du so handelst – niemals!

In kurzer Zeit haben die drei Jünger die höchste Herrlichkeit, aber auch die tiefste Erniedrigung gesehen. Sie sahen den Menschen, verklärt in Gottes Ebenbild und entartet zur Ähnlichkeit Satans. Sie haben Jesus von dem Berg herabsteigen sehen, wo Er mit den himmlischen Boten gesprochen hat und von der Stimme aus der strahlenden Herrlichkeit als Sohn Gottes anerkannt worden ist, um jenem schmerzlichen und abstoßenden Schauspiel zu begegnen – jenem besessenen Jungen mit den verzerrten Gesichtszügen und den in krampfartigem Schmerz knirschenden Zähnen, den keine menschliche Macht befreien konnte. Und nun beugt sich dieser mächtige Erlöser, der noch vor kurzer Zeit verklärt vor den verwunderten Jüngern stand, zu dem Opfer Satans herab, das sich in Krämpfen vor Ihm windet, um es aufzurichten und an Körper und Seele gesund seiner Familie zurückzugeben.

An diesem Beispiel wird das Erlösungsgeschehen deutlich: Der Ewige, der noch von der Herrlichkeit Seines himmlischen Vaters erfüllt ist, beugt sich herab, um das Verlorene zu retten. Es stellt auch die Aufgabe der Jünger dar. Ihr Leben sollte sich nicht nur in der Gemeinschaft Jesu auf dem Berggipfel, nicht nur in Stunden geistlicher Erleuchtung, sondern auch in der Arbeit für die verlorenen Seelen erfüllen. Die Jünger mussten lernen, dass Menschen, die unter der Gewalt Satans stehen, auf das Evangelium und auf ihre Fürbitte warten, um wieder frei zu werden.

Die neun Jünger dachten immer noch an ihre bittere Niederlage. Sobald sie später mit ihrem Herrn alleine waren, »traten die Jünger ... zu Jesus und sprachen: Warum konnten wir ihn nicht austreiben? Jesus aber sprach zu ihnen: Um eures Unglaubens willen! Denn wahrlich, ich sage euch: Wenn ihr Glauben hättet wie ein Senfkorn, so würdet ihr zu diesem Berg sprechen: Hebe dich weg von hier dorthin! und er würde sich hinwegheben; und nichts würde euch unmöglich sein.« Matthäus 17,19-20

Ihr Unglaube, der ihnen ein tieferes Mitgefühl mit Jesus verwehrte, und die Nachlässigkeit, mit der sie die ihnen anvertraute heilige Aufgabe betrachteten, verursachten ihre Niederlage im Kampf mit den Mächten der Finsternis.

Jesu Worte über Sein Sterben hatten Trauer und Zweifel geweckt. Und die Erwählung der drei Jünger, die Jesus auf den Berg begleiten durften, hatte die Eifersucht der anderen neun entfacht. Statt ihren Glauben durch Gebet und Nachdenken über Jesu Worte zu stärken, verweilten sie in ihrer Entmutigung und ihrem persönlichen Kummer. In diesem Zustand hatten sie den Kampf mit Satan aufgenommen.

Um einen solchen Kampf siegreich führen zu können, mussten sie bei ihrer Aufgabe eine andere Gesinnung offenbaren. Ihr Glaube musste durch ernstes Gebet, durch Fasten und tiefe Herzensdemut gestärkt werden. Sie mussten vom eigenen Ich entleert und mit dem Geist und der Kraft Gottes gefüllt werden. Nur ernstes, anhaltendes Gebet zu Gott im Glauben – in einem Glauben, der zu völliger Abhängigkeit von Gott und zu rückhaltloser Hingabe an Sein Werk führt, – kann uns die Hilfe des Heiligen Geistes im Kampf gegen Fürsten und Mächte, die Herrscher der Finsternis dieser Welt, und gegen die bösen Geister unter dem Himmel bringen.

»Wenn ihr Glauben hättet wie ein Senfkorn«, sagte Jesus, »so würdet ihr zu diesem Berg sprechen: Hebe dich von hier dorthin!, und er würde sich hinweg heben.« Obwohl ein Senfkorn winzig klein ist, enthält es doch den gleichen geheimnisvollen Lebensgrundsatz, der das Wachstum des größten Baumes erzeugt. Wenn das Senfkorn in den Erdboden kommt, vereint es sich mit dem, was Gott zu seiner Nahrung vorgesehen hat. So entwickelt es schnell ein kräftiges Wachstum. Wenn unser Glaube diesem Senfkorn gleicht, werden wir das Wort Gottes und alle von dem Schöpfer bestimmten Hilfsmittel ergreifen. Dadurch wird unser Glaube erstarken und uns mit himmlischer Kraft ausstatten. Die Hindernisse, die Satan auf unseren Weg legt und die sich so oft scheinbar unüberwindlich vor uns auftürmen, werden der Forderung des Glaubens weichen. »Nichts wird euch unmöglich sein.«

KAPITEL 48

*Auf Grundlage von
Matthäus 17,22-27; 18,1-20
Markus 9,30-50; Lukas 9,43-45*

WER IST DER GRÖSSTE?

Als Jesus nach Kapernaum zurückkehrte, wandte Er sich nicht den schon bekannten Orten zu, wo Er das Volk gelehrt hatte, sondern suchte mit Seinen Jüngern unauffällig das Haus auf, das vorübergehend Sein Heim werden sollte. Während Seines restlichen Aufenthalts in Galiläa war es Sein Ziel, lieber Seine Jünger zu unterweisen, statt unter der Menge zu wirken. Auf Seiner Reise durch Galiläa hatte Jesus erneut versucht, Seine Jünger auf die Ereignisse, die Ihm bevorstanden, seelisch vorzubereiten. Er erzählte ihnen, dass Er nach Jerusalem gehen müsse, um dort zu sterben und aufzuerstehen. Dann fügte Er seltsam und ernst hinzu, dass Er an Seine Feinde verraten werden sollte. Die Jünger verstanden Seine Worte auch jetzt noch nicht. Obwohl große Sorge sie überschattete, waren ihre Herzen mehr mit Rivalitäten erfüllt. Sie stritten sich untereinander, wer im künftigen Reich als der Größte gelten solle. Diesen Streit aber versuchten sie vor Jesus zu verbergen. Deshalb gingen sie nicht wie gewöhnlich dicht an Seiner Seite, sondern schlenderten hinter Ihm her, so dass Er ihnen voraus ging, als sie in Kapernaum eintrafen. Jesus durchschaute ihre Gedanken und wollte ihnen Rat und Belehrung erteilen. Dazu wartete Er aber eine stille Stunde ab, bis ihre Herzen für Seine Worte aufgeschlossen sein würden.

Bald nachdem sie die Stadt erreicht hatten, kam der Steuerbeamte, der die Tempelabgaben einsammelte, zu Petrus und fragte: »Pflegt euer Meister nicht den Tempelgroschen zu geben?« Matthäus 17,24 Es handelte sich dabei nicht um eine bürgerliche Steuer, sondern um einen Betrag, den jeder Jude jährlich für den Unterhalt des Tempels zu zahlen hatte. Die Weigerung, diesen Beitrag zu entrichten, galt als Untreue dem Tempel gegenüber, und das war in den Augen der Rabbiner eine besonders schwere Sünde. Die Einstellung des Heilandes zu den Gesetzen der Rabbiner und Seine deutlichen Tadel an die Verteidiger der Tradition lieferte einen Vorwand für die Anschuldigung, Er trachte danach, den Tempeldienst zu stürzen. Nun sahen Seine Feinde eine günstige Gelegenheit, Ihn beschuldigen zu können. In dem Mann, der die Tempelsteuer einsammelte, fanden sie einen bereitwilligen Verbündeten.

Petrus hielt die Frage des Steuereinnehmers für eine Unterstellung, die Christi Treue zum Tempel berührte. Eifrig auf die Ehre seines Meisters bedacht, antwortete er rasch, ohne erst zu fragen, dass Jesus die Steuer bezahlen werde.

Petrus begriff jedoch nur teilweise die Absicht des Fragestellers. Es gab nämlich einige im Volk, die von der Tempelsteuer befreit waren. Als zur Zeit Moses die Leviten zum Dienst am Heiligtum ausgesondert wurden, erhielten sie unter dem Volk kein Erbteil. Der Herr sagte: »Darum werden die Leviten weder Anteil noch Erbe haben mit ihren Brüdern. Denn der Herr ist ihr Erbteil.« 5.Mose 10,9 Zur Zeit Christi galten die Priester und Leviten immer noch als besonders geweiht für den Tempeldienst und brauchten deshalb keinen Jahresbeitrag für den Unterhalt des Tempels zu entrichten. Auch die Propheten waren davon befreit. Indem die Rabbiner nun den Tempelgroschen von Jesus forderten, übergingen sie Seinen Anspruch, ein Prophet oder Lehrer zu sein und behandelten Ihn wie jeden anderen Menschen auch. Hätte Er sich geweigert, die Steuer zu entrichten, so hätte man das als Untreue dem Tempel gegenüber ausgelegt, während andererseits die Bezahlung der Steuer als Rechtfertigung dafür gegolten hätte, dass sie Jesus als Prophet ablehnten.

Erst kurz zuvor war Jesus von Petrus als Sohn Gottes anerkannt worden, nun aber hatte dieser eine günstige Gelegenheit verpasst, das Wesen Seines Meisters darzustellen. Durch seine Antwort an den Steuerbeamten, dass Jesus den Beitrag bezahlen werde, hatte er in der Tat die falsche Vorstellung von Ihm bekräftigt, die Priester und Oberste in Umlauf setzen wollten.

Als Petrus zurück kam, spielte der Heiland nicht auf das an, was vorgefallen war, sondern fragte ihn: »Was meinst du, Simon? Von wem nehmen die Könige auf Erden Zoll oder Steuer: von ihren Kindern oder von den Fremden?« Petrus antwortete: »Von den Fremden.« Jesus entgegnete ihm: »So sind die Kinder frei.« Matthäus 17,25f Während die Bürger eines Landes für den Lebensunterhalt ihres Königs Steuern zahlen müssen, sind die Kinder des Monarchen davon befreit. Genauso sollte Israel, das bekenntliche Volk Gottes, seinen Dienst unterhalten. Jesus aber war als Sohn Gottes dazu nicht verpflichtet. Wenn Priester und Leviten wegen ihrer Bindung an den Tempel von der Zahlung befreit waren, wieviel mehr erst Jesus, für den der Tempel das Haus Seines Vaters war.

Hätte Jesus die Steuer widerspruchslos gezahlt, dann würde Er die Richtigkeit der Forderung anerkannt und dadurch seine Göttlichkeit geleugnet haben. Obwohl Er es für richtig hielt, dieser Forderung nachzukommen, leugnete Er die Behauptung, auf der sie basierte. Dadurch, wie Er mit der Zahlung umging, wies Er auf Seine Göttlichkeit hin. Er machte deutlich, dass Er mit Gott eins war. Da Er somit kein Untertan des Reiches war, brauchte Er auch nichts zu zahlen.

»Geh hin an den See«, wies Jesus Petrus an, »und wirf die Angel aus, und den ersten Fisch, der heraufkommt, den nimm; und wenn du sein Maul aufmachst, wirst du ein Zweigroschenstück finden; das nimm und gib's ihnen für mich und dich.« Matthäus 17,27

Obwohl Christus Seine Gottheit in ein menschliches Gewand gehüllt hatte, offenbarte Er durch dieses Wunder Seine Herrlichkeit. Es war deutlich, dass Er es war, der durch David erklärt hatte: »Alles Wild im Walde ist mein und die Tiere auf den Bergen zu Tausenden. Ich kenne alle Vögel auf den Bergen; und was sich regt auf dem Felde, ist mein. Wenn mich hungerte, wollte ich dir nicht davon sagen; denn der Erdkreis ist mein und alles, was darauf ist.« Psalm 50,10-12

Als Jesus deutlich machte, dass Er nicht verpflichtet war, die Steuer zu bezahlen, ließ Er sich deswegen nicht auf einen Streit mit den Juden ein. Sie hätten doch nur Seine Worte falsch ausgelegt und gegen Ihn gerichtet. Um dadurch, dass Er nicht zahlte, keinen Anstoß zu erregen, tat Er das, was von Rechts wegen nicht von Ihm verlangt werden konnte. Diese Lektion sollte für Seine Jünger von großem Wert sein. Bald würde ein deutlicher Wandel in ihrer Beziehung zum Tempeldienst eintreten und Christus lehrte sie, sich nicht unnötig gegen die bestehende Ordnung zu wenden. Soweit wie möglich sollten sie keinerlei Anlass bieten, ihren Glauben zu missdeuten. Obwohl Christen keinen einzigen Grundsatz der Wahrheit aufgeben dürfen, sollten sie jedoch möglichst jedem Streit aus dem Weg gehen. Während Petrus zum See ging, blieb Christus mit den übrigen Jüngern allein im Haus. Er rief sie zusammen und fragte: »Worüber habt ihr denn auf dem Weg gesprochen?« Markus 9,33; NL Die Anwesenheit Jesu und Seine Frage ließen die Angelegenheit, über die sie sich auf dem Weg gestritten hatten, in einem völlig anderen Licht erscheinen als zuvor. So schwiegen sie aus Scham und Schuldgefühl. Jesus hatte ihnen mitgeteilt, dass Er ihretwegen sterben müsste. Ihr selbstsüchtiger Ehrgeiz stand jetzt in schmerzlichem Gegensatz zu Seiner selbstlosen Liebe.

Als Jesus ihnen sagte, dass Er sterben und wieder auferstehen werde, versuchte Er dadurch, mit ihnen ein Gespräch über die bevorstehende große Glaubensprüfung anzuknüpfen. Wären sie bereit gewesen, das anzunehmen, was Er ihnen mitteilen wollte, so wären ihnen bittere Not und Verzweiflung erspart geblieben. Seine Worte hätten sie in der Stunde der Verlassenheit und Enttäuschung getröstet. Obwohl Er so deutlich über das gesprochen hatte, was Ihn erwartete, entfachte die Erwähnung darüber, dass Er bald nach Jerusalem ziehen müsse, in den Jüngern erneut die Hoffnung, dass die Aufrichtung des Reiches unmittelbar bevorstehe. Dies hatte zu der Frage geführt, wer dann die höchsten Ämter einnehmen sollte. Als Petrus vom See zurückgekehrt war, erzählten ihm die Jünger, was der Heiland sie gefragt hatte. Schließlich wagte es einer, Jesus zu fragen: »Wer ist doch der Größte im Himmelreich?« Matthäus

18,1 Der Heiland scharte die Jünger um sich und sagte: »Wenn jemand will der Erste sein, der soll der Letzte sein von allen und aller Diener.« Markus 9,35 In diesen Worten lagen ein Ernst und ein Nachdruck, die den Jüngern unverständlich waren. Von dem, was Christus wahrnahm, konnten sie nichts sehen. Sie verstanden auch das Wesen des Reiches Christi nicht, und diese Unkenntnis war die offensichtliche Ursache ihres Streites. Der wahre Grund lag jedoch noch tiefer. Indem Er die Art des Reiches erklärte, konnte Christus ihren Streit vorübergehend schlichten, doch dessen eigentliche Ursache aber wurde nicht berührt. Selbst nachdem sie über alles Bescheid wussten, hätte jede Rangfrage den Streit wieder aufleben lassen können. Nach Christi Weggang wäre dadurch Unheil über die Gemeinde hereingebrochen. Im Streit um den ersten Platz bekundete sich der gleiche Geist, mit dem der große Kampf im Himmel begonnen hatte und der auch Christus vom Himmel auf die Erde gebracht hatte, um dort zu sterben. Vor Jesus erstand das Bild Luzifers, der »Sohn der Morgenröte«, der an Herrlichkeit alle Engel überstrahlte, die den Thron Gottes umgaben, und der durch die engsten Bande mit dem Sohn Gottes verbunden war. Luzifer hatte gesagt: »Ich will ... gleich sein dem Allerhöchsten.« Jesaja 14,14 Dieser Wunsch nach Selbsterhöhung hatte Streit in die himmlischen Höfe gebracht und viele der Heerscharen Gottes aus seiner Gegenwart verbannt. Hätte Luzifer dem Allerhöchsten wirklich gleich sein wollen, dann würde er nie den ihm zugewiesenen Platz verlassen haben, denn die Gesinnung des Allerhöchsten zeigt sich in selbstlosem Dienen. Luzifer wollte zwar die Macht Gottes, aber nicht dessen Charakter. Für sich erstrebte er den höchsten Platz, und jeder, der von dem gleichen Geist beseelt ist, wird sich wie Luzifer verhalten. Auf diese Weise werden Entfremdung, Uneinigkeit und Streit unvermeidlich sein. Die Herrschaft fällt dem Stärksten zu. Das Reich Satans ist ein Reich der Machtentfaltung. Jeder sieht im andern ein Hindernis für das eigene Vorwärtskommen oder eine Stufenleiter, auf der er eine höhere Position ergattern kann.

Während Luzifer es für ein erstrebenswertes Ziel hielt, Gott gleich zu sein, wurde Christus, der Erhöhte »sondern er entäußerte sich selbst, nahm die Gestalt eines Knechtes an und wurde wie die Menschen; und in seiner äußeren Erscheinung als ein Mensch erfunden, erniedrigte er sich selbst und wurde gehorsam bis zum Tod, ja bis zum Tod am Kreuz.« Phil. 2,7f Jetzt stand Ihm das Kreuz unmittelbar bevor, Seine Jünger aber waren so voller Selbstsucht – dem eigentlichen Prinzip des Reiches Satans –, dass sie mit ihrem Herrn weder übereinstimmten noch Ihn verstanden, als Er zu ihnen von Seiner Erniedrigung sprach.

Sehr sanft und dennoch mit ernstem Nachdruck versuchte Jesus dieses Übel zu korrigieren. Er zeigte auf, welches Prinzip im Himmel herrscht und wo-

rin nach dem Maßstab des Himmels wahre Größe besteht. Wen

Stolz und Ehrsucht antreiben, der denkt nur an sich selbst und an den Lohn, der ihm zustünde, nicht aber daran, wie er Gott die empfangenen Gaben zurückgeben könne. Ins Himmelreich kämen solche Menschen nicht, da man sie den Reihen Satans zuordnen würde.

Der Ehre geht die Erniedrigung voraus. Um vor den Menschen eine hohe Stellung einzunehmen, wählt der Himmel denjenigen aus, der sich – wie Johannes der Täufer – vor Gott demütigt. Der Jünger, der einem Kind am ähnlichsten ist, leistet für Gott die beste Arbeit. Die himmlischen Wesen können mit denen zusammenwirken, die sich nicht selbst erhöhen, sondern Menschenseelen retten wollen. Wem am meisten bewusst ist, wie dringend er Gottes Hilfe benötigt, der wird darum beten, und der Heilige Geist wird seinen Blick auf Jesus lenken. Das wird ihn stärken und wieder aufrichten. So eins geworden mit Christus wird er alles tun, Menschen für Ihn zu gewinnen, die sonst in ihren Sünden umkommen müssten. Er ist zu seinem Dienst berufen und hat selbst dort noch Erfolg, wo viele gelehrte und weise Männer scheitern.

Wenn sich Menschen aber selbst erhöhen und meinen, für den Erfolg des großen Planes Gottes unersetzlich zu sein, dann sorgt der Herr dafür, dass sie beiseite gesetzt werden. Dadurch wird deutlich, dass der Herr von ihnen nicht abhängig ist. Das Werk kommt deswegen nicht zum Stillstand, weil sie davon ausgeschlossen sind, sondern es geht sogar mit größerer Kraft voran.

Es genügte nicht, dass Jesu Jünger über das Wesen seines Reiches unterrichtet wurden. Was sie brauchten, war eine Herzensänderung, damit sie mit den in diesem Reich herrschenden Prinzipien übereinstimmten. Jesus rief deshalb ein kleines Kind zu sich, stellte es mitten unter sie, nahm es liebevoll in Seine Arme und sagte: »Wenn ihr nicht umkehrt und werdet wie die Kinder, so werdet ihr nicht ins Himmelreich kommen.« Matthäus 18,2f Die Schlichtheit, Selbstvergessenheit und vertrauende Liebe eines kleinen Kindes sind jene Eigenschaften, die der Himmel schätzt. Es sind Merkmale wahrer Größe.

Wieder erklärte Jesus den Jüngern, dass die Eckpunkte Seines Reiches nicht irdische Würde und Prachtentfaltung sind. Zu Seinen Füßen sind alle diese Unterschiede vergessen. Reiche und Arme, Gelehrte und Unwissende sind dann vereint und denken nicht mehr an Standesunterschiede oder weltliche Rangstellungen. Alle sind als bluterkaufte Seelen versammelt und hängen in gleicher Weise von dem Einen ab, der sie mit Gott versöhnt hat. Ein aufrichtiges und reumütiges Herz ist in Gottes Augen kostbar. Er drückt den Menschen Sein Siegel auf, nicht aufgrund ihres Ranges, ihres Reichtums oder ihrer geistigen Größe, sondern wegen ihres Einsseins mit Christus. Der Herr der Herrlichkeit ist mit jenen zufrieden, die von Herzen sanftmütig und bescheiden sind. Schon David sagte: »Du gibst mir den Schild deines Heils..., und deine Huld macht mich groß.« Psalm 18,36 »Wer dies Kind aufnimmt in meinem Namen«, sagte Jesus, »der nimmt mich auf; und wer mich aufnimmt, der nimmt den auf, der mich gesandt hat.« Lukas 9,48 »Der Himmel ist mein Thron und die Erde der Schemel meiner Füße! ... Ich will aber den ansehen, der demütig und zerbrochenen Geistes ist und der zittert vor meinem Wort.« Jesaja 66,1f

Die Worte des Heilands riefen in den Jüngern ein Gefühl des Misstrauens sich selbst gegenüber hervor. Auf keinen von ihnen zielte Jesu Antwort. Dennoch veranlasste sie Johannes zu der Frage, ob er in einem besonderen Fall richtig gehandelt habe. In kindlichem Geist trug er Jesus die Angelegenheit vor: »Meister, wir sahen einen, der uns nicht nachfolgt, in deinem Namen Dämonen austreiben, und wir wehrten es ihm, weil er uns nicht nachfolgt.« Markus 9,38

Jakobus und Johannes meinten für die Ehre ihres Herrn einzutreten, als sie diesem Mann dies verwehrten. Doch nun wurde ihnen bewusst, dass sie auf ihre eigene Ehre bedacht gewesen waren. Sie erkannten ihren Fehler und nahmen Jesu Tadel hin: »Ihr sollt's ihm nicht verbieten. Denn niemand, der ein Wunder tut in meinem Namen, kann so bald übel von mir reden.« Markus 9,39 Niemand, der in irgendeiner Weise Jesus freundlich begegnete, sollte einfach abgewiesen werden. Es gab viele, die durch das Wesen und Wirken Christi tief berührt waren und deren Herzen sich Ihm im Glauben auftaten. Die Jünger, die die Motive der Menschen nicht kannten, sollten sich daher hüten, diese Menschen zu entmutigen. Wenn Jesus nicht mehr persönlich unter ihnen weilte und das Werk ihren Händen anvertraut wäre, dann sollten sie sich nicht engherzig verhalten und andere ausschließen, sondern dasselbe umfassende Mitgefühl bekunden, das sie bei ihrem Meister gesehen hatten.

Die Tatsache, dass jemand nicht auf allen Gebieten mit unseren persönlichen Vorstellungen oder Meinungen übereinstimmt, berechtigt uns noch lange nicht dazu, ihm die Arbeit für Gott zu verbieten. Christus ist der große Lehrer. Es ist nicht unsere Aufgabe, zu richten oder zu befehlen, sondern demütig sollte jeder von uns zu Jesu Füßen sitzen und von Ihm lernen. Jedes Menschenherz, das von Gott willig gemacht wurde, ist ein Kanal, durch das Christus Seine vergebende Liebe weitergeben will. Wie vorsichtig sollten wir deshalb sein, um ja keine Lichtträger Gottes zu entmutigen und dadurch die Strahlen zu unterbrechen, mit denen Er die Welt erleuchten möchte! Die Härte oder Kälte, mit der ein Jünger Jesu jemandem gegenübertritt, den Christus zu sich zieht, entspricht dem Verhalten des Johannes, der einen Mann daran hinderte, Wunder im Namen Christi zu tun. Das kann dazu führen, dass der Zurückgewiesene den Weg des Feindes einschlägt und verlorengeht. Ehe jemand so etwas täte, »dem wäre es besser, dass ihm ein Mühlstein an seinen Hals

gehängt und er ins Meer geworfen würde«, sagte Jesus. Er fügte noch hinzu: »Wenn dich aber deine Hand zum Abfall verführt, so haue sie ab! Es ist besser für dich, dass du verkrüppelt zum Leben eingehst, als dass du zwei Hände hast und fährst in die Hölle, in das Feuer, das nie verlöscht. Wenn dich dein Fuß zum Abfall verführt, so haue ihn ab! Es ist besser für dich, dass du lahm zum Leben eingehst, als dass du zwei Füße hast und wirst in die Hölle geworfen.« Markus 9,42-45

Weshalb diese ernste Sprache, die deutlicher nicht sein kann? Weil »der Menschensohn ... gekommen [ist], selig zu machen, was verloren ist.« Matthäus 18,11 Sollen sich Seine Jünger weniger um ihre Mitmenschen kümmern als die Majestät des Himmels? Jede Seele hat einen unendlichen Preis gekostet. Wie schlimm ist somit die Sünde, einen Menschen zur Abkehr von Christus zu bewegen und damit für sie die Liebe, die Erniedrigung und den Todeskampf des Erlösers vergeblich zu machen!

»Weh der Welt der Verführungen wegen! Es müssen ja Verführungen kommen.« Matthäus 18,7 Die Welt wird sich unter Satans Einfluss ganz sicher den Nachfolgern Christi entgegenstellen und versuchen, deren Glauben zu zerstören. Wehe aber demjenigen, der Christi Namen angenommen hat und dennoch Satans Werk ausführt! Unserem Herrn wird von denen Schmach zugefügt, die Ihm zu dienen behaupten, dabei aber Sein Wesen entstellen, so dass Tausende getäuscht und auf den falschen Weg geführt werden.

Jede Gewohnheit oder Handlung, die zur Sünde führt und Schande über Christus bringt, sollten wir unbedingt ablegen, wie groß das Opfer auch sein mag. Was Gott entehrt, kann dem Menschen nicht zum Segen sein. Der Segen des Herrn kann auf niemandem ruhen, der die ewigen Grundsätze des Rechts verletzt. Schon eine einzige gehegte Lieblingssünde reicht aus, den Charakter zu verderben und andere Menschen in die Irre zu führen. Wenn man die Hand oder den Fuß abhacken oder das Auge ausreißen sollte, um den Körper vor dem Tod zu bewahren, wieviel mehr sollte man da eine Sünde ablegen, deren Folge der ewige Tod ist!

Beim alttestamentlichen Gottesdienst wurde jedem Opfer Salz hinzugefügt. Dieser Brauch, wie auch das Darbringen von Weihrauch bedeutete, dass nur die Gerechtigkeit Christi diesen Dienst für Gott annehmbar machen konnte. Auf diesen Brauch bezog sich Christus: »Jedes Opfer [wird] mit Salz gesalzen ... Habt Salz in euch und haltet Frieden untereinander!« Markus 9,49f Alle, die sich selbst darbringen wollen als ein »Opfer, das da lebendig, heilig und Gott wohlgefällig ist«, Römer 12,1 müssen das rettende Salz erhalten, nämlich die Gerechtigkeit unseres Heilandes. Dann erst werden sie zum »Salz der Erde« und halten das Übel von den Menschen fern, so wie auch das Salz vor dem Verderben schützt. Wenn aber »das Salz nicht mehr salzt«, Matthäus

5,13 wenn die Frömmigkeit nur Formsache ist und die Liebe Christi fehlt, dann fehlt es an Kraft zum Guten. So ein Leben kann auf die Welt keinen rettenden Einfluss mehr ausüben. Eure Kraft und Tüchtigkeit beim Aufbau meines Reiches, sagt Jesus, hängen davon ab, dass ihr von meinem Geist erfüllt werdet. Ihr müsst an meiner Gnade teilhaben, um ein »Geruch des Lebens zum Leben« zu sein. 2.Korinther 2,16 Dann wird es keine Rivalität, keine Selbstsucht und kein Streben nach der höchsten Stelle mehr geben. Ihr werden dann von der Liebe erfüllt sein, die nicht das ihre sucht, sondern das Wohl des anderen.

Möchte doch der reumütige Sünder aufschauen zu »Gottes Lamm, das der Welt Sünde trägt«! Joh. 1,29 Durch Anschauen wird er verwandelt werden. Seine Furcht wird sich in Freude, seine Zweifel in Hoffnung wandeln, und Dankbarkeit wird in ihm aufblühen. Sein steinernes Herz wird zerbrechen. Eine Flut der Liebe ergießt sich in seine Seele. Christus wird in ihm zu einem Brunnen des Wassers, der »in das ewige Leben quillt.« Joh. 4,14 Wenn wir Jesus sehen: einen Mann, der mit Leiden und Kummer beladen für die Rettung der Verlorenen wirkt – verschmäht, verachtet, verhöhnt, getrieben von Stadt zu Stadt, bis Sein Auftrag erfüllt war, wenn wir Ihn in Gethsemane erblicken, wo Sein Schweiß in großen Blutstropfen herabfällt, und am Kreuz, wo Er im Todeskampf stirbt, – wenn wir das sehen, wird unser Ich nicht mehr nach Anerkennung schreien. Ein Blick auf Jesus beschämt uns wegen unserer Gemütskälte, Trägheit und Selbstsucht. Wir sind dann bereit, alles oder nichts zu sein, damit wir unserem Meister von ganzem Herzen dienen können. Freudig werden wir Jesus unser Kreuz nachtragen und Versuchung, Schande oder Verfolgung um Seinetwillen ertragen.

»Wir aber, die wir stark sind, sollen das Unvermögen der Schwachen tragen und nicht Gefallen an uns selber haben.« Römer 15,1 Niemand, der an Christus glaubt, sollte gering geschätzt werden, mag sein Glaube auch schwach sein und seine Schritte unsicher wie die eines kleinen Kindes. Durch all das, wodurch wir anderen gegenüber im Vorteil sind – sei es Erziehung, Bildung, Charaktergröße, christliches Verhalten oder religiöse Erfahrung –, sind wir Schuldner der weniger Begünstigten. Soweit es in unserer Macht steht, sollen wir ihnen dienen. Sind wir stark, dann sollen wir die Hände der Schwachen stützen. Engel der Herrlichkeit, die jederzeit das Antlitz des Vaters im Himmel schauen, freuen sich, diesen »Kleinen« dienen zu dürfen. Ängstliche Menschen, die noch unangenehme Wesenszüge an sich haben, sind ihnen besonders anvertraut worden. Die Engel sind immer dort, wo sie am meisten gebraucht werden, bei denen, die am härtesten gegen das eigene Ich kämpfen müssen und deren Umgebung am trostlosesten ist. An diesem Dienst sollen wahre Nachfolger Christi teilhaben.

Falls sich einer dieser Kleinen dazu hinreißen lässt, dir Unrecht zuzufügen,

dann ist es deine Aufgabe, ihn wieder auf den rechten Weg zu bringen. Warte nicht, bis er den ersten Versuch zur Versöhnung unternimmt. »Was meint ihr«, fragt Jesus, »wenn ein Mensch hundert Schafe hätte und eins unter ihnen sich verirrte: lässt er nicht die neunundneunzig auf den Bergen, geht hin und sucht das verirrte? Und wenn es geschieht, dass er's findet, wahrlich, ich sage euch: Er freut sich darüber mehr als über die neunundneunzig, die sich nicht verirrt haben. So ist's auch nicht der Wille bei eurem Vater im Himmel, dass auch nur eines von diesen Kleinen verloren werde.« Matthäus 18,12-14

Im Geist der Sanftmut, darauf achtend, »dass du nicht auch versucht werdest«, Galater 6,1 geh zu dem Irrenden und »weise ihn zurecht zwischen dir und ihm allein.« Matthäus 18,15 Setze ihn nicht dadurch der Schande aus, dass du anderen seine Fehler ausbreitest. Verunehre Christus nicht dadurch, dass du die Sünde oder den Irrtum eines Menschen, der den Namen Christi trägt, öffentlich mitteilst. Oft muss man dem Irrenden deutlich die Wahrheit sagen und er muss dahin geführt werden, seinen Fehler einzusehen, damit er sich ändern kann. Du bist aber nicht dazu berufen, ihn zu richten oder zu verdammen. Versuche auch nicht, dich selbst zu rechtfertigen, sondern setze dich für seine Wiederherstellung ein. Seelische Wunden müssen besonders rücksichtsvoll und äußerst sensibel behandelt werden. Nur eine Liebe, wie sie von dem Leidensmann auf Golgatha ausstrahlt, kann hier helfen. Voller Mitleid soll der Bruder mit dem Bruder umgehen, und er darf wissen, dass er im Falle des Erfolges eine »Seele vom Tode errettet und ... die Menge der Sünden« Jakobus 5,20 bedecken konnte.

Doch auch diese Mühe mag nutzlos sein. In solchem Fall, sagte Jesus, »nimm noch einen oder zwei zu dir.« Matthäus 18,16 Möglicherweise haben sie gemeinsam dort Erfolg, wo der Einzelne erfolglos geblieben war. Da sie in der Auseinandersetzung neutral sind, werden sie wahrscheinlich auch unparteiisch entscheiden. Dadurch erhält ihr Rat bei dem Irrenden größeres Gewicht.

Will er jedoch auch auf sie nicht hören, dann, aber auch erst dann, soll die Angelegenheit der Gesamtheit der Gläubigen vorgelegt werden. Die Gemeindeglieder, als Beauftragte Christi, sollen sich im Gebet vereinen und in aller Liebe darum bitten, dass der Missetäter umkehren möge. Der Heilige Geist wird durch Seine Diener reden und den Irrenden bitten, zu Gott zurückzukehren. Der Apostel Paulus sagt im Auftrag Gottes: »Gott ermahnt durch uns; so bitten wir nun an Christi Statt: Lasst euch versöhnen mit Gott!« 2.Korinther 5,20

Wer diese gemeinsamen Einigungsversuche ablehnt, der hat das Band zerrissen, das ihn mit Christus verknüpfte, und sich von der Gemeinde losgesagt. Christus sagt: »So sei er für dich wie ein Heide und Zöllner.« Matthäus 18,17 Man soll ihn aber damit nicht als von der Gnade Gottes abgeschnitten betrachten. Seine bisherigen Brüder sollen ihn nicht verachten oder vernachlässigen, sondern ihn mit Sanftmut und echtem Mitgefühl behandeln – wie eins von den verlorenen Schafen, die Christus immer noch versucht, zu Seiner Herde zurückzuführen. Christi Anweisungen, wie man Irrende behandeln soll, wiederholt in besonderer Form die Unterweisung, die Israel durch Mose erteilt wurde: »Du sollst deinen Bruder nicht hassen in deinem Herzen, sondern du sollst deinen Nächsten zurechtweisen, damit du nicht seinetwegen Schuld auf dich lädst.« 3.Mose 19,17 Das heißt, dass jemand, der die von Christus eingeschärfte Pflicht vernachlässigt, Irrende und Sünder auf den rechten Weg zu bringen, an ihrer Sünde teilhat. An Übeltaten, die wir hätten verhindern können, sind wir genauso mitschuldig, als hätten wir sie selbst begangen.

Nur dem Übeltäter selbst sollen wir sein Unrecht klar machen. Wir dürfen es nicht zu einem Thema der Diskussion und des Tadels machen. Selbst dann, wenn die Angelegenheit bereits der Gemeinde unterbreitet wurde, ist es uns nicht erlaubt, sie anderen gegenüber zu wiederholen. Erfahren ungläubige Menschen von den Fehlern der Christen, dann geraten sie dadurch lediglich ins Strauchenl, und wenn wir uns immer wieder bei diesen Vorfälle aufhalten, so werden sie uns nur schaden, denn durch Anschauen werden wir verwandelt. Versuchen wir, das Fehlverhalten eines Bruders zu bessern, so wird uns Christi Geist dazu führen, ihn möglichst vor der Kritik seiner Mitbrüder und noch weit mehr vor dem Urteil der Ungläubigen zu schützen. Auch wir sind fehlerhaft und benötigen Christi Barmherzigkeit und Vergebung. Wie wir von Ihm behandelt werden wollen, so sollen wir nach Seinem Wunsch auch miteinander umgehen.

»Was ihr auf Erden binden werdet, soll auch im Himmel gebunden sein, und was ihr auf Erden lösen werdet, soll auch im Himmel gelöst sein.« Matthäus 18,18 Ihr handelt als Botschafter des Himmels, und die Folgen eures Handelns reichen in die Ewigkeit hinein. Doch wir brauchen diese große Verantwortung nicht allein zu tragen. Christus weilt überall dort, wo Menschen Seinem Wort mit aufrichtigem Herzen gehorchen. Er ist nicht nur in den Versammlungen der Gemeinde gegenwärtig, sondern wo immer sich Seine Jünger in Seinem Namen versammeln, wie wenige es auch sein mögen, da wird Er ebenfalls sein. Er sagt: »Wenn zwei unter euch eins werden auf Erden, worum sie bitten wollen, so soll es ihnen widerfahren von meinem Vater im Himmel.« Matthäus 18,19

Jesus spricht von Seinem Vater im Himmel, weil Er Seine Jünger daran erinnern möchte, dass Er durch sein Menschsein mit ihnen verbunden ist, an ihren Versuchungen teilhat und mit ihren Leiden mitempfindet, während er durch Seine Göttlichkeit mit dem Thron des Unendlichen verbunden ist.

Welch herrliche Verheißung! Die himmlischen Wesen vereinen sich voller Mitgefühl mit den Menschen und arbeiten für die Errettung der Verlorenen. Die ganze Macht des Himmels vereint sich mit den Fähigkeiten der Menschen, um

Menschenseelen zu Christus zu ziehen.

KAPITEL 49

*Auf Grundlage von
Johannes 7,1-15
Johannes 7,37-39*

AUF DEM LAUBHÜTTENFEST

Dreimal jährlich sollten sich die Juden in Jerusalem versammeln, um den anzubeten, der ihnen aus der Wolkensäule heraus diese Weisung gegeben hatte. Während der babylonischen Gefangenschaft konnten sie diesem göttlichen Gebot nicht nachkommen. Seit sie aber wieder in ihrem Heimatland wohnten, nahmen sie die ihnen verordneten Gedächtnistage sehr ernst. Gott wollte, dass diese jährlich wiederkehrenden Feste das Volk Israel an Ihn erinnerten. Von wenigen Ausnahmen abgesehen, hatten die Priester und Führer des Volkes diesen Zweck jedoch aus den Augen verloren. Christus, der diese Zusammenkünfte des ganzen Volkes angeordnet hatte und auch deren Bedeutung verstand, bezeugte nun, dass sie deren Sinn verloren hatten.

Mit dem Laubhüttenfest endete dann die Reihe der jährlichen Feste. Gottes Wunsch war es gewesen, dass Israel in dieser Zeit über Seine Güte und Gnade nachdenken sollte. Das ganze Land hatte Seinen Schutz und Segen genossen. Tag und Nacht war Seine fürsorgliche Hand spürbar gewesen, und stets hatte Er Sonnenschein und Regen für Saat und Ernte gegeben. In den Tälern und Ebenen Judas war die Ernte eingebracht worden. Die Oliven waren gepflückt und das kostbare Öl in Schläuche gefüllt. Die Palme hatte ihre Frucht geliefert, und die roten Weintrauben waren in der Kelter getreten worden.

Sieben Tage dauerte das Laubhüttenfest, zu dessen Feier die Bewohner des ganzen Landes, ja sogar viele aus anderen Ländern, nach Jerusalem kamen. Alle erschienen sie, von nah und fern, und trugen Zeichen der Freude in den Händen. Alt und Jung, Reich und Arm – jeder kam mit einer Gabe des Dankes als Opfer für den, der das Jahr mit seiner Güte gekrönt hatte und der das Land ließ »triefen von Fett.« Psalm 65,12; Menge

Alles, was Auge und Herz erfreuen konnte, wurde in die Stadt gebracht, so dass Jerusalem aussah wie ein schöner Garten. Es war nicht nur ein Erntedankfest, sondern sollte vor allem eine Gedächtnisfeier sein für Gottes schützende Fürsorge in der Wüste. Zum Andenken an das Leben in Zelten wohnten die Juden während der sieben Tage in Lauben oder Hütten aus grünen Zweigen, die auf den Straßen, in den Tempelhöfen und auf den Dächern errichtet wurden. Sogar die Hügel und Täler rings um Jerusalem waren mit diesen »Laubhütten« bedeckt und schienen von Menschen zu wimmeln.

Mit geistlichen Liedern und Danksagung feierten die Juden dieses Fest. Der große Versöhnungstag, der kurz vorher begangen worden war, hatte nach dem allgemeinen Bekenntnis der Sünden Frieden mit dem Himmel in die Herzen gebracht und damit den Weg zu diesem frohen Fest vorbereitet. »Danket dem Herrn; denn er ist freundlich, und seine Güte währet ewiglich«, Psalm 106,1 so tönte es weit und breit, während der Klang der verschiedensten Musikinstrumente, vermischt mit Hosianna-Rufen, das gemeinsame Singen begleitete. Der Tempel war der Mittelpunkt dieser allgemeinen Freude. Hier entfaltete sich aller Glanz der Opferzeremonien. Auf den Marmortreppen des Tempels stehend, führte der Levitenchor den Gesang an. Die anbetende Menge bewegte im gleichen Takt Palmen- und Myrtenzweige hin und her und wiederholte mit lauter Stimme den Refrain des Liedes. Immer mehr Andächtige nahmen diesen Gesang auf, und immer weiter drang der Schall dieser Klänge, bis er Stadt und Umgebung mit dem Lob Gottes füllte.

Bei Dunkelheit erleuchtete künstliches Licht den Tempel mit seinen Vorhöfen. Musik und das Schwenken der Palmzweige, die Hosianna-Rufe der großen Volksmenge, über die sich das Licht der hängenden Lampen ergoss, die Pracht der priesterlichen Gewänder und das Feierliche des Gottesdienstes vereinten sich zu einem Erleben, das die Zuschauer tief beeindruckte. Die beeindruckendste Szene des Festes aber war der Augenblick, bei dem an ein Ereignis gedacht wurde, das sich während der Wüstenwanderung abgespielt hatte.

Beim ersten Morgengrauen bliesen die Priester in ihre silbernen Posaunen. Die antwortenden Trompeten und die Freudenrufe des Volkes, die über Berge und Täler hallten, begrüßten den Festtag. Ein Priester füllte eine silberne Kanne mit Wasser aus der Quelle Siloah und stieg unter dem Schall der Posaunen langsamen, feierlichen Schrittes mit der hoch erhobenen Kanne die Stufen des Tempels hinauf. Dazu sang er die Psalmworte: »Nun stehen unsere Füße in deinen Toren, Jerusalem.« Psalm 122,2

Der Priester trug die Kanne mit dem heiligen Wasser zum Altar, der in der Mitte des Priesterhofes stand und auf dem sich zwei silberne Schalen befanden. Ein anderer Priester füllte die eine Schale mit dem Wasser aus der Siloahquelle, während die zweite Schale von einem dritten Priester mit Wein gefüllt wurde. Nun flossen Wasser und Wein zusammen durch eine Röhre in den Kidron und von hier weiter in das Tote Meer. Diese Darstellung des geweihten Wassers stellt den Brunnen dar, der auf Gottes Befehl aus dem Felsen floss,

um den Durst der Israeliten in der Wüste zu stillen. Während dieser Handlung sang die Menge: »Gott der Herr ist meine Stärke ... Ihr werdet mit Freuden Wasser schöpfen aus den Heilsbrunnen.« _{Jesaja 12,2f}

Als Josephs Söhne sich vorbereiteten, das Laubhüttenfest in Jerusalem zu besuchen, bemerkten sie erstaunt, dass sich Jesus selbst nicht darauf vorzubereiten schien. Ihre Besorgnis war umso größer, da Christus seit der Heilung am Teich Bethesda zu keinem der großen jüdischen Feste nach Jerusalem gekommen war. Er hatte sich in Seiner Tätigkeit ganz auf Galiläa beschränkt, um unnötige Reibereien mit dem Hohen Rat in Jerusalem zu vermeiden. Die scheinbare Vernachlässigung der gottesdienstlichen Zusammenkünfte in der Hauptstadt und die offene Feindschaft der Priester und Rabbiner gegen Christus beunruhigten seine Umgebung sehr. Von dieser Unruhe blieben auch die Jünger und die nächsten Verwandten nicht verschont.

Der Herr hatte oft über den Segen des Gehorsams gegenüber dem Gesetz gesprochen. Umso erstaunlicher war es nun, dass Er selbst den von Gott eingesetzten Festen gleichgültig gegenüberzustehen schien. Sein Umgang mit Zöllnern und anderen verdächtigen Leuten, die Missachtung der rabbinischen Verordnungen und die Freiheit, mit der Er die traditionellen Satzungen über den Sabbat beiseite schob, brachten Ihn in Gegensatz zu der jüdischen Führungsschicht und ließen manche Frage aufkommen. Seine Brüder hielten es für einen Fehler, dass Er sich von den einflussreichen und bedeutenden Männern des Volkes lossagte. Sie glaubten, dass jene Männer im Recht sein müssten, und sie fanden es falsch, dass Jesus sich ihnen entgegensetzte. Anderseits hatten sie Sein makelloses Leben beobachten können, und wenn sie auch nicht Seine Jünger wurden, so war Sein Wirken nicht ohne tiefen Eindruck auf sie geblieben. Seine Beliebtheit in Galiläa befriedigte ihren Ehrgeiz, und sie hofften immer noch, dass Er einen Beweis Seiner Macht geben werde, der auch die Pharisäer davon überzeugen würde, dass Er der war, der Er zu sein beanspruchte. Was, wenn Er wirklich der Messias, der Prinz Israels wäre? Diese Vorstellung erfüllte sie mit stolzer Genugtuung.

Dieser Gedanke beschäftigte sie immer mehr, so dass sie jetzt Christus drängten, nach Jerusalem zu gehen. »Mache dich auf von hier und geh nach Judäa, damit auch seine Jünger die Werke sehen, die du tust! Niemand tut etwas im Verborgenen und will doch öffentlich etwas gelten. Willst du das, so offenbare dich vor der Welt!« _{Johannes 7,3f} Das drückte Zweifel und Unglaube aus. Seine Brüder hielten Ihn für feige und schwächlich. Wenn Er davon überzeugt wäre, der Messias zu sein, warum dann diese merkwürdige Zurückhaltung und Tatenlosigkeit? Besäße Er wirklich solche Macht, warum ging Er dann nicht kühn nach Jerusalem, um Seine Ansprüche geltend zu machen? Warum vollbrachte Er nicht auch in Jerusalem solche wunderbaren Werke, wie man von Ihm aus Galiläa berichtete? Versteck dich nicht in einsamen Provinzen, sagten sie, sondern lass deine machtvollen Taten zum Nutzen der ungebildeten Bauern und Fischer geschehen. Stelle dich in der Hauptstadt vor, sichere dir den Beistand der Priester und Obersten und einige das Volk durch die Gründung des neuen Reiches. Die Brüder Jesu urteilten aus egoistischen Motiven heraus, die man so oft in den Herzen derer findet, die sich aus Ehrgeiz immer in den Vordergrund drängen. Dieser Geist beherrschte die Welt. Sie ärgerten sich auch darüber, dass Christus nicht einen irdischen Thron suchte, sondern sich als das Brot des Lebens bezeichnete. Sie waren sehr enttäuscht, als so viele Seiner Jünger Ihn deshalb verließen. Sie selbst wandten sich von Ihm ab und dem, was seine Werke offenbarten, um dem Kreuz zu entfliehen. Er war der Gesandte Gottes.

Da spricht Jesus zu ihnen: »Meine Zeit ist noch nicht da; für euch ist die Zeit immer gelegen. Euch kann die Welt nicht hassen, mich aber hasst sie, weil ich von ihr bezeuge, dass ihr ganzes Tun böse ist. Geht ihr nur zum Fest hinauf, ich gehe zu diesem Fest nicht hinauf, weil meine Zeit noch nicht erfüllt ist. So sprach er zu ihnen und blieb in Galiläa.« Johannes 7,6-9; Menge Seine Brüder hatten im Befehlston zu Ihm gesprochen und Ihm vorgeschrieben, welchen Weg Er einschlagen sollte. Er jedoch ließ ihren Vorwurf auf sie zurückfallen, wobei Er sie nicht Seinen selbstverleugnenden Jüngern, sondern der Welt zuordnete. »Euch kann die Welt nicht hassen«, sagte Er, »mich aber hasst sie, weil ich von ihr bezeuge, dass ihr ganzes Tun böse ist.« Die Welt hasst jene nicht, die eines Sinnes mit ihr sind, sondern liebt sie als ihr Eigenes.

Die Welt war für Christus kein Ort der Bequemlichkeit und Selbsterhöhung. Er wartete auch auf keine Gelegenheit, um von ihr Macht und Ehre zu erhaschen – sie konnte Ihn nicht in dieser Weise belohnen. Die Erde war der Platz, an den Gott der Vater Ihn gestellt hatte. Hier war Sein Arbeitsfeld. Er war dahingegeben worden, um für die gefallenen Menschen den großen Erlösungsplan zur Ausführung zu bringen, damit die Welt das Leben haben möge. Aber Er durfte den Gang der Geschehnisse, die auf Ihn zueilten, nicht noch mehr beschleunigen. Jedes Ereignis Seines Wirkens hatte Seine bestimmte Zeit, die Er geduldig abwarten musste. Er wusste wohl, dass Er den Hass der ganzen Welt zu tragen hatte und dass Sein aufopferndes Ringen zum schmachvollen Tod führen würde, aber es war nicht des Vaters Wille, sich Seinen Feinden auszuliefern, bevor die Zeit dafür gekommen war.

Von Jerusalem aus hatten sich Jesu Wundertaten überall im Land herumgesprochen und waren bis zu den verstreut lebenden Juden gedrungen. Obwohl Er schon seit Monaten nicht mehr an den Festen teilgenommen hatte, war das Interesse an Ihm nicht weniger geworden. Viele der Festbesucher, die aus allen Teilen der damaligen Welt nach Jerusalem gekommen waren, hofften fest darauf, Jesus hier zu sehen. Schon zu Beginn des Festes fragten sie nach Ihm. Auch die Pharisäer und Obersten warteten auf Sein Erscheinen und hofften auf eine Gelegenheit, Ihn endlich verurteilen zu können. Eifrig forschten sie überall: »Wo ist der?« Johannes 7,11 Aber niemand wusste es. Viele Juden beschäftigten sich in Gedanken unaufhörlich mit Jesus. Nur die Furcht vor den Priestern und Obersten hinderte sie, Ihn als den Messias anzuerkennen und sich zu Ihm zu bekennen. Heimlich unterhielt man sich über Ihn, und während viele Ihn als den von Gott Gesandten verteidigten, prangerten Ihn andere als Betrüger an.

Inzwischen war Jesus in aller Stille nach Jerusalem gekommen. Er hatte einsame Wege ausgewählt, um den zahllosen Reisenden zu entgehen, die von überall her zur Heiligen Stadt strömten. Hätte Er sich irgendeiner Karawane angeschlossen, wäre die allgemeine Aufmerksamkeit bei Seinem Einzug in die Stadt zu groß gewesen. Er aber wusste, dass eine für Ihn veranstaltete Kundgebung des Volkes der Obrigkeit den erwünschten Anlass gegeben hätte, gegen Ihn einzuschreiten. Um dies zu vermeiden, hatte Er einen einsamen Reiseweg gewählt.

Mitten in der Festwoche, als die Aufregung wegen Seiner Person den Höhepunkt erreicht hatte, betrat Jesus den Tempelhof. Im Volk hatte man bereits behauptet, Er wage es nicht, sich in die Gewalt der Priester und Obersten zu begeben, da Er nicht zum Fest erschienen sei. Nun war man überrascht. Der Lärm des Festes verstummte. Alle bewunderten die königliche Anmut und Würde Seines Auftretens und Seinen Mut, sich angesichts Seiner mächtigen Feinde, die Ihm nach dem Leben trachteten, so frei zu zeigen.

So stand Jesus im Brennpunkt der Aufmerksamkeit aller, die im Tempel waren. Er redete zu ihnen, wie noch nie ein Mensch zu ihnen geredet hatte. Seine Worte bewiesen eine Kenntnis des Gesetzes und der jüdischen Einrichtungen, des Opferdienstes und der Lehren der Propheten, welche die der Priester und Rabbiner weit übertraf. Er durchbrach die Schranken des starren Formenwesens und der Überlieferungen. Die Zukunft schien Ihm enthüllt, und mit der Bestimmtheit eines Menschen, der das Unsichtbare wahrnimmt, sprach Er von irdischen und himmlischen, von menschlichen und göttlichen Dingen. Seine Worte waren sehr klar und überzeugend. Wie in Kapernaum wunderte sich das Volk über die Kraft Seiner Lehre, »denn er predigte mit Vollmacht.« Lukas 4,32 In immer wieder anderen Schilderungen warnte Er Seine Hörer vor dem Unheil, das alle jene heimsuchen würde, welche die Segnungen verwerfen, die Er brachte. Dass Er von Gott kam, hatte Er ihnen auf jede mögliche Art bewiesen, und Er hatte alles getan, um sie zur Reue zu bewegen. Er wäre nicht von Seinem eigenen Volk verworfen und umgebracht worden, wenn Er es vor der Schuld einer solchen Tat hätte bewahren können.

Alle wunderten sich über Seine tiefe Kenntnis des Gesetzes und der Propheten. Man fragte sich: »Wie kann dieser die Schrift verstehen, wenn er es doch nicht gelernt hat?« Johannes 7,15 Bisher wurde niemand als Religionslehrer anerkannt und geachtet, der nicht die Schule der Rabbiner besucht hatte. Darum waren auch Johannes der Täufer und Jesus als Unwissende abgetan worden. Alle, die diese beiden jedoch hörten, waren erstaunt über deren Schriftkenntnis, die sie auf keiner Schule erworben hatten. Menschen waren nicht ihre Lehrer gewesen, sondern Gott im Himmel hatte sie beide gelehrt. Von Ihm hatten sie höchste Weisheit und alle Erkenntnis empfangen.

Als Jesus im Tempelhof sprach, standen Seine Zuhörer wie gebannt vor Ihm. Selbst die eifrigsten Gegner Jesu waren machtlos, Ihm zu schaden. Für den Augenblick hatten sie alles andere vergessen.

Täglich lehrte der Heiland nun das Volk, bis zum »letzten Tag des Festes, der der höchste war.« Johannes 7,37 Als am Morgen dieses Tages das Volk von den anstrengenden Festlichkeiten ermüdet war, erhob Jesus Seine Stimme, dass sie in alle Vorhöfe drang, und rief: »Wen da dürstet, der komme zu mir und trinke! Wer an mich glaubt, wie die Schrift sagt, von dessen Leib werden Ströme lebendigen Wassers fließen.« Johannes 7,37f Die innere Verfassung der Juden verlieh dieser Aufforderung besonderen Nachdruck. Sie waren eingebunden gewesen in die Pracht und den Glanz des Festes. Farbe und Licht hatten ihre Augen geblendet, und ihre Ohren hatten in den harmonischsten Klängen geschwelgt. Für alles war gesorgt gewesen, nur die Bedürfnisse des Geistes waren in all diesen Zeremonien zu kurz gekommen, und den Durst der Seele nach dem Ewigen hatte man nicht gestillt. Da erreichte sie die Einladung Jesu, zu ihm zu kommen und aus dem Lebensbrunnen das Wasser zu trinken, das in das ewige Leben quillt.

Die Priester hatten gerade an diesem Morgen jene Handlung vorgenommen, die an das Schlagen des Felsens in der Wüste erinnerte. Dieser Felsen war ein Symbol für den, durch dessen Erlösungsopfer lebendige Ströme des Heils allen Durstigen zufließen würden. Christi Worte waren das Wasser des Lebens. Im Beisein der großen Menge ließ Er sich schlagen, damit das Wasser des Lebens in die Welt fließen konnte. Satan beabsichtigte durch den Angriff auf Jesus, den Fürsten des Lebens zu überwinden, aber da floss aus dem geschlagenen Felsen lebendiges Wasser. Als Jesus zu den Versammelten sprach, erschütterten sie Seine Worte so sehr, dass sie wie die Samariterin ausrufen wollten: »Herr, gib mir solches Wasser, damit mich nicht dürstet!« Johannes 4,15

Der Heiland kannte die seelischen Bedürfnisse des Volkes und wusste, dass weder Pracht noch Reichtum und Ehre das Herz zufrieden stellen kön-

nen. »Wen da dürstet, der komme zu mir!« Alle sind willkommen – ob Arm oder Reich, Hoch oder Niedrig. Bei dem Herrn sind alle gleich herzlich willkommen! Er verspricht durch Sein Wort, das beladene Gemüt zu befreien, die Betrübten zu trösten und den Niedergeschlagenen und Verzweifelten neue Hoffnung zu geben. Viele Seiner Zuhörer trauerten über enttäuschte Hoffnungen, manche trugen einen geheimen Kummer im Herzen, andere versuchten, ihr stetes Verlangen nach geistlicher Speise durch die Dinge dieser Welt und durch Ruhmsucht zu befriedigen. Alle aber mussten erfahren, dass sie schließlich nur aus löchrigen Zisternen geschöpft hatten, die ihren brennenden Durst nicht löschen konnten.

Im Glanz des Tempels standen sie jetzt leer und unbefriedigt. Der Ruf Jesu »Wen da dürstet« erweckte sie aus dumpfem Grübeln und belebte ihren müden Geist. Sie lauschten mit wachsender Anteilnahme den Worten Jesu, und neue Hoffnung keimte in ihren verzagten Herzen. Sie erkannten unter dem Beistand des Heiligen Geistes in der Rede Jesu das messianische Heil.

Noch heute ertönt Jesu Ruf an die durstigen Seelen in aller Welt. Mit noch größerer Kraft und Anstrengung als am letzten Tag des Festes in Jerusalem erfolgt des Heilandes Einladung an die Menschen. Der Brunnen des lebendigen Wassers steht allen offen, den Müden und Erschöpften wird der erfrischende, stärkende Trank des ewigen Lebens angeboten. »Wen da dürstet, der komme zu mir und trinke!« »Wen dürstet, der komme; und wer da will, der nehme das Wasser des Lebens umsonst.« Offenbarung 22,17 »Wer aber von dem Wasser trinken wird, das ich ihm gebe, den wird in Ewigkeit nicht dürsten, sondern das Wasser, das ich ihm geben werde, das wird in ihm eine Quelle des Wassers werden, das in das ewige Leben quillt.« Johannes 4,14

KAPITEL 50

*Auf Grundlage von
Johannes 7,16-36.40-53
Johannes 8,1-11*

INMITTEN von SCHLINGEN

Während der ganzen Zeit, die Christus in Jerusalem auf dem Fest verbrachte, wurde Er durch Spione beschattet. Jeden Tag entstanden neue Pläne, um ihn zum Schweigen zu bringen. Die Priester und Obersten versuchten, Ihn in eine Falle zu locken. Sie wollten Ihn gewaltsam stoppen, um Ihn vor dem ganzen Volk zu demütigen.

Schon bei Jesu erstem Erscheinen auf dem Fest hatten Ihn die Pharisäer umringt und Ihn gefragt, in wessen Vollmacht Er lehre. Man versuchte dadurch die Aufmerksamkeit von Seinen Worten abzulenken und die Berechtigung Seiner Sendung zu hinterfragen. Damit wollten sie zugleich ihre eigene Wichtigkeit und Macht unterstreichen.

»Meine Lehre ist nicht von mir«, sagte Jesus, »sondern von dem, der mich gesandt hat. Wenn jemand dessen Willen tun will, wird er innewerden, ob diese Lehre von Gott ist oder ob ich von mir selbst aus rede.« Johannes 7,16f

Die Frage dieser Kritiker widerlegte Jesus nicht dadurch, dass Er auf ihre Spitzfindigkeit einging, sondern indem Er ihnen das Verständnis für die Wahrheit öffnete, die für das Heil der Seele unerlässlich ist. Die Fähigkeit, die Wahrheit zu erkennen und wertzuschätzen, so erklärte Jesus, hängt weniger vom Verstand als vielmehr vom Herzen ab. Der Mensch muss die Wahrheit in sich aufnehmen. Das erfordert die Unterordnung des Willens.

Wenn die Wahrheit nur dem Verstand unterworfen zu werden brauchte, würde der Stolz kein Hindernis für ihre Annahme sein. Die Wahrheit kann jedoch nur durch das Werk der Gnade in das Herz gelangen, und das hängt davon ab, dass wir jeder Sünde absagen, die der Geist Gottes offenbart. Der Vorteil, die Wahrheit erkannt zu haben – wie bedeutsam sie auch sein mag –, erweist sich für einen Menschen nur dann als heilsam, wenn sein Herz bereit ist, sie aufzunehmen. Dazu gehört aber, gewissenhaft alle Gewohnheiten und Verhaltensweisen abzulegen, die den Grundsätzen der Wahrheit entgegenstehen. Für jeden, der sich Gott mit dem aufrichtigen Wunsch ergibt, Seinen Willen zu

erfahren und danach zu handeln, wird sich die Wahrheit als eine

Gotteskraft zur Erlösung erweisen. Er ist dann in der Lage zu erkennen, ob jemand wirklich aus Gott oder nur von sich selbst spricht.

Die Pharisäer hatten ihren Willen nicht dem Willen Gottes unterstellt. Sie wollten nicht die Wahrheit erforschen, sondern nur eine Entschuldigung dafür finden, ihr auszuweichen. Christus wies darauf hin, dass dies der Grund dafür war, weshalb sie Seine Lehre nicht verstanden.

Der Herr stellte den Unterschied zwischen einem wahrhaftigen Lehrer und einem Betrüger mit folgenden Worten heraus: »Wer von sich selbst aus redet, der sucht seine eigene Ehre; wer aber die Ehre dessen sucht, der ihn gesandt hat, der ist wahrhaftig, und keine Ungerechtigkeit ist in ihm.« Johannes 7,18 Wer nach eigener Ehre strebt, spricht von sich selbst. Der Geist der Selbstsucht verrät seinen Ursprung, aber Christus suchte die Ehre Gottes. Er sprach des Vaters Worte – das war der Beweis für Seine Vollmacht als Lehrer der Wahrheit.

Jesus bewies den Rabbinern Seine Gottheit, indem Er ihnen ihre Gedanken offenbarte. Seit der Heilung am Teich Bethesda hatten sie schon Seinen Tod beschlossen. Sie brachen damit selbst das Gesetz, das sie zu verteidigen vorgaben. »Hat euch nicht Mose das Gesetz gegeben?«, fragte er sie. »Und niemand unter euch tut das Gesetz. Warum sucht ihr mich zu töten?« Johannes 7,19 Wie ein greller Blitz erhellten diese Worte Jesu den Rabbinern den Abgrund des Verderbens, in den sie zu stürzen drohten. Für einen Augenblick waren sie mit Schrecken erfüllt. Sie erkannten, wie unvorstellbar die Macht Jesu war, gegen die sie kämpfen wollten. Aber sie ließen sich nicht warnen, sondern nahmen den Kampf auf. Um ihren Einfluss beim Volk nicht zu verlieren, mussten sie ihre hinterlistigen Mordgedanken geheim halten. So wichen sie auch der Frage Jesu aus und riefen: »Du bist besessen; wer sucht dich zu töten?« Johannes 7,20 Sie deuteten damit an, dass die Wunderwerke Jesu von einem bösen Geist stammten.

Der Heiland beachtete diese boshafte Verdächtigung nicht und erklärte ihnen, dass die Heilung am Teich Bethesda durchaus mit dem Wesen des Sabbatgebotes übereinstimmte und auch durch die jüdische Auslegung des Gesetzes gerechtfertigt war. Er sagte ihnen: »Mose hat euch doch die Beschneidung gegeben – nicht dass sie von Mose kommt, sondern von den Vätern –, und ihr beschneidet den Menschen auch am Sabbat.« Johannes 7,22 Nach der Vorschrift des Gesetzes musste jeder Knabe am achten Tage beschnitten werden. Das hielten sie nach dem Gesetz auch ein, wenn dieser achte Tag auf einen Sabbat fiel. Wieviel mehr musste es nun mit dem Wesen des Gesetzes übereinstimmen, den ganzen Menschen am Sabbat gesund zu machen! Eindringlich warnte Jesus die Juden. »Richtet nicht nach dem, was vor Augen ist, sondern richtet gerecht.« Johannes 7,24 Die Obersten waren zum Schweigen gebracht, aber einige aus der Menge sprachen: »Ist das nicht der, den sie zu töten suchen? Und siehe, er redet frei und offen und sie sagen ihm nichts. Sollten unsre Oberen nun wahrhaftig erkannt haben, dass er der Christus ist?« Johannes 7,25f

Viele unter Christi Zuhörern, die in Jerusalem wohnten und von den Anschlägen wussten, die die Oberen des Volkes gegen Ihn schmiedeten, fühlten sich mit unwiderstehlicher Kraft von Ihm angezogen. Schwer lastete auf ihnen die Überzeugung, dass Er der Sohn Gottes war. Doch Satan war entschlossen, weiter Zweifel zu säen. Der Weg dazu war durch ihre eigenen falschen Ideen vom Messias und seinem Kommen gebahnt. So wurde allgemein angenommen, dass Christus zwar in Bethlehem geboren werden würde, doch nach einer gewissen Zeit sollte Er wieder verschwinden. Bei Seinem zweiten Erscheinen würde dann niemand wissen, woher Er käme. Viele waren davon überzeugt, dass der Messias keine natürlichen verwandtschaftlichen Beziehungen zu den Menschen unterhalten würde. Da Jesus dieser volkstümlichen Vorstellung von der Herrlichkeit des Messias nicht entsprach, schenkten viele der Einflüsterung Beachtung: »Wir wissen, woher dieser ist; wenn aber der Christus kommen wird, so wird niemand wissen, woher er ist.« Johannes 7,27 Während sie so zwischen Zweifel und Glauben schwankten, griff Jesus ihre Gedanken auf und antwortete ihnen: »Ihr kennt mich und wisst, woher ich bin. Aber von mir selbst aus bin ich nicht gekommen, sondern es ist ein Wahrhaftiger, der mich gesandt hat, den ihr nicht kennt.« Johannes 7,28 Sie behaupteten, über die Herkunft Jesu Bescheid zu wissen, in Wirklichkeit aber wussten sie überhaupt nichts von Ihm. Hätten sie in Übereinstimmung mit dem Willen Gottes gelebt, dann würden sie Seinen Sohn erkannt haben, als Er öffentlich unter ihnen auftrat.

Die Zuhörer kamen nicht daran vorbei, Christi Worte zu verstehen. Es war eine klare Wiederholung des Anspruchs, den Er einige Monate zuvor in Gegenwart des Hohen Rates erhoben hatte, als Er sich selbst als Sohn Gottes bezeichnete. Die Obersten des Volkes hatten daraufhin beraten, wie sie Ihn töten könnten. Jetzt versuchten sie Ihn zu ergreifen. Doch daran wurden sie von einer unsichtbaren Macht gehindert, die ihrer Wut Grenzen setzte und ihnen sagte: Bis hierher und nicht weiter!

»Viele aus dem Volk glaubten an ihn und sprachen: Wenn der Christus kommen wird, wird er etwa mehr Zeichen tun, als dieser getan hat?« Johannes 7,31 Die jüdischen Würdenträger verfolgten besorgt den Verlauf der Dinge. Sie bemerkten die wachsende Anteilnahme des Volkes, eilten zu den Hohepriestern und berieten mit diesen, wie man Jesus unschädlich machen könnte. Sie hielten es jedoch für ratsam, ihre Absicht erst dann zu verwirklichen, wenn Jesus allein sein würde. Ihn vor dem Volk gefangen zu nehmen, wagten sie nicht. Erneut bewies ihnen der Herr, dass Er ihre Absichten kannte. Er sagte ihnen: »Ich bin noch eine kleine Zeit bei euch, und dann gehe ich hin zu dem, der mich gesandt hat. Ihr werdet mich suchen und nicht finden; und wo ich bin, könnt ihr nicht hinkommen.« Johannes 7,33f

Bald würde Er eine Zufluchtsstätte finden, wo Ihn der Hass und die Verachtung der Juden nicht mehr erreichen konnte. Er würde wieder zu Seinem Vater im Himmel auffahren und dort als der Hochgeehrte der Engel leben – dorthin könnten Seine Mörder nie kommen.

Spöttisch fragten die Rabbiner: »Wo will dieser hingehen, dass wir ihn nicht finden könnten? Will er zu denen gehen, die in der Zerstreuung unter den Griechen wohnen, und die Griechen lehren?« Johannes 7,35

Es wurde ihnen nicht bewusst, dass sie mit ihren Worten das Werk Jesu beschrieben. Den ganzen Tag über hatte der Heiland Seine Hände nach einem ungehorsamen, widerstreitenden Volk ausgestreckt. Er würde aber von denen gefunden werden, die Ihn nicht suchten und würde denen erscheinen, die nicht nach Ihm gefragt hatten.

Viele, die davon überzeugt waren, dass Jesus der Sohn Gottes sei, ließen sich durch die falsche Beweisführung der Priester und Rabbiner irreführen. Diese Lehrer hatten mit großem Nachdruck die Weissagungen wiederholt, nach denen der Messias »König sein [werde] auf dem Berg Zion und zu Jerusalem und vor seinen Ältesten in Herrlichkeit« und »von einem Meer bis ans andere, und von dem Strom bis zu den Enden der Erde« herrschen solle. Jesaja 24,23; Psalm 72,8 Dann stellten sie verächtlich Vergleiche an zwischen der hier geschilderten Herrlichkeit und dem ärmlichen Auftreten Jesu. Die klaren prophetischen Worte wurden derart entstellt, dass sie den Irrtum bekräftigten. Hätte das Volk selbst Gottes Wort ernstlich studiert, dann wäre es nicht fehlgeleitet worden.

Das 61. Kapitel des Propheten Jesaja bezeugt, dass Christus genau das tun sollte, was Er schließlich auch tat. Das 53. Kapitel kündigt Seine Verwerfung und Sein Leiden in der Welt an, während das 59. Kapitel die Wesenszüge der Priester und Rabbiner enthüllt.

Gott zwingt die Menschen nicht, ihren Unglauben aufzugeben. Vor ihnen liegen Licht und Finsternis, Wahrheit und Irrtum. Sie selbst müssen sich für das eine oder andere entscheiden. Der menschliche Geist ist mit der Fähigkeit ausgestattet, Recht und Unrecht zu unterscheiden. Nach Gottes Willen dürfen sich die Menschen nicht von einem momentanen Impuls leiten lassen, sondern von der Gewichtigkeit der Beweise, wobei sie sorgfältig Schriftwort mit Schriftwort vergleichen sollen.

Hätten die Juden ihr Vorurteil überwunden und das prophetische Wort mit den Tatsachen verglichen, die Jesu Leben kennzeichneten, so hätten sie eine wunderbare Übereinstimmung zwischen den Prophezeiungen und deren Erfüllung im Leben und Dienst des demütigen Galiläers erkannt.

Heute werden viele genauso irregeführt wie damals die Juden. Geistliche Lehrer lesen die Bibel in dem Licht ihres eigenen Verständnisses oder der Traditionen. Die Menschen forschen nicht in der Heiligen Schrift und beurteilen nicht selbst, was Wahrheit ist. Sie verzichten auf eine eigene Meinung und vertrauen auf führende Männer. Sein Wort zu predigen und zu lehren ist eines der Mittel, die Gott für die Ausbreitung der Wahrheit vorgesehen hat. Aber alles, was Menschen lehren, müssen wir anhand der Bibel prüfen. Wer die Heilige Schrift unter Gebet durchforscht, weil er die Wahrheit erfassen und ihr gehorchen möchte, wird von Gott die rechte Erkenntnis erlangen. Er wird die Bibel verstehen. »Wenn jemand dessen Willen tun will, wird er innewerden, ob diese Lehre von Gott ist oder ob ich von mir selbst aus rede.« Johannes 7,17

Am letzten Tag des Festes kamen die Männer der Tempelwache, die im Auftrag der Obersten und Priester Jesus fangen sollten, ohne Ihn zurück. Wütend fragte man sie: »Warum habt ihr ihn nicht gebracht?« Mit ernster Miene antworteten sie: »Noch nie hat ein Mensch so geredet wie dieser.« Johannes 7,45f

So verhärtet die Herzen der Tempeldiener auch waren, Jesu Worte hatten sie doch angerührt. Während Er im Vorhof redete, waren sie in Seiner Nähe geblieben, um zu hören, ob sich Seine Worte gegen Ihn selbst verwenden ließen. Je mehr sie aber hörten, desto weniger dachten sie an ihren Auftrag. Sie standen bald ganz unter dem Eindruck Seiner Worte. Christus offenbarte sich ihnen und sie erkannten, was die Obersten und Priester nicht einsehen wollten: Die menschliche Natur war von göttlicher Herrlichkeit durchdrungen! Sie waren von Seinen Gedanken und Worten so sehr beeindruckt, dass sie auf alle Vorwürfe nur eines sagen konnten: »Noch nie hat ein Mensch so geredet wie dieser.«

Als die Priester und Obersten zum ersten Mal in die Gegenwart Jesu gekommen waren, hatten sie dieselbe Überzeugung verspürt. Ihre Herzen wurden tief bewegt, und es drängte sich ihnen der Gedanke auf: »Noch nie hat ein Mensch so geredet wie dieser.« Doch sie hatten die durch den Heiligen Geist gewirkte Überzeugung unterdrückt. Wütend darüber, dass jetzt selbst die Hüter des Gesetzes von dem verhassten Galiläer beeindruckt waren, schrien sie die Knechte an: »Habt ihr euch auch verführen lassen? Glaubt denn einer von den Oberen oder Pharisäern an ihn? Nur das Volk tut's, das nichts vom Gesetz weiß; verflucht ist es!« Johannes 7,47-49

Nur wenige Menschen, denen die Wahrheitsbotschaft verkündigt wird, wollen wissen: »Ist das wahr?« Ihnen geht es darum: »Wer tritt für sie ein?« Die meisten urteilen danach, wie viele sie annehmen. Noch immer wird gefragt: »Haben jemals kluge Männer und religiöse Führer daran geglaubt?« Den Menschen fällt heutzutage wahre Frömmigkeit keineswegs leichter als in den Tagen Christi. Sie
sind genauso auf irdische Werte aus und ignorieren die Reich-

tümer der Ewigkeit. Es spricht jedoch nicht gegen die Wahrheit, dass die große Masse sie nicht annehmen will und dass die Mächtigen der Welt oder gar die religiösen Führer sie nicht als gültig anerkennen. Erneut schmiedeten die Priester und Obersten Pläne, um Jesus gefangen zu nehmen. Sie wiesen darauf hin, dass Er das Volk von den verordneten jüdischen Führern wegziehen werde, wenn sie Ihn noch länger ungehindert sprechen ließen. Es sei deshalb nötig, Ihn unverzüglich zum Schweigen zu bringen. Mitten in ihren Beratungen stellte Nikodemus plötzlich die Frage: »Richtet denn unser Gesetz auch einen Menschen, ehe man ihn verhört und erkannt hat, was er tut?« Johannes 7,51

Peinliche Stille folgte diesen Worten. Allen wurde bewusst, dass sie niemanden richten durften, der nicht zuvor gehört worden war. Das war es jedoch nicht allein, was die hochmütigen Obersten verstummen ließ, sondern es war die Tatsache, dass jemand aus ihrer Mitte den Nazarener verteidigte.

Nachdem sie sich von ihrem Erstaunen erholt hatten, fragten sie Nikodemus mit beißendem Spott: »Bist du auch ein Galiläer? Forsche und siehe, aus Galiläa steht kein Prophet auf.« Johannes 7,52

Die Frage von Nikodemus aber hatte bewirkt, dass der Rat die Verhandlungen abbrach, und das Vorhaben, Jesus ohne Verhör zu verurteilen, konnte von den Obersten nicht ausgeführt werden. Für den Augenblick unterlegen, ging »ein jeder … heim. Jesus aber ging zum Ölberg.« Johannes 7,53; 8,1

Von der Aufregung und dem Durcheinander der Stadt, von der begierigen Menge und den heimtückischen Rabbinern suchte Jesus Ruhe und Erholung in den stillen Olivenhainen am Ölberg. Hier konnte Er mit Gott allein sein. Am nächsten Morgen aber »kam er wieder in den Tempel, und alles Volk kam zu ihm; und er setzte sich und lehrte sie.« Johannes 8,2

Er wurde aber schon bald unterbrochen. Einige Schriftgelehrte und Pharisäer kamen auf Ihn zu. Sie zogen eine von Schrecken ergriffene Frau mit sich. Mit roher Gewalt zwangen sie die Frau vor Jesus hin und klagten sie mit harten, eifernden Worten der Übertretung des siebten Gebotes an. Zum Herrn sagten sie mit geheuchelter Ehrerbietung: »Meister, diese Frau ist auf frischer Tat beim Ehebruch ergriffen worden. Mose aber hat uns im Gesetz geboten, solche Frauen zu steinigen. Was sagst du?« Johannes 8,4f Ihre gespielte Hochachtung sollte eine schlau angelegte Verschwörung zu Seiner Vernichtung verbergen. Sie hatten diese Gelegenheit genutzt, um Seine Verurteilung sicherzustellen, dachten sie doch, sie würden auf jeden Fall eine Ursache finden, ihn anzuklagen, ganz gleich, welche Entscheidung Jesus treffen sollte. Spräche Er die Frau frei, würden sie Ihn der Missachtung des mosaischen Gesetzes beschuldigen. Erklärte Er sie dagegen des Todes würdig, dann könnten sie Ihn bei den Römern anklagen, dass Er eine Autorität beanspruchte, die nur ihnen zustehe.

Jesus schaute um sich – Er sah das zitternde Opfer in seiner Schande und die streng blickenden Würdenträger ohne jedes menschliche Mitleid. In Seinem reinen Sinn fühlte Er sich angewidert von diesem Schauspiel. Er wusste ganz genau, warum Ihm diese Angelegenheit vorgetragen worden war. Er las in den Herzen und kannte den Charakter sowie die Lebensgeschichte eines jeden in Seiner Nähe. Diese angeblichen Hüter der Gerechtigkeit hatten selbst die Frau zur Sünde verleitet, um Jesus eine Falle stellen zu können. Ohne auf die Frage der Juden einzugehen, bückte sich Christus, schaute lange zu Boden und begann in den Sand zu schreiben. Ungeduldig wegen Seinem Zögern und Seiner scheinbaren Gleichgültigkeit, kamen die Schriftgelehrten und Pharisäer immer näher und baten dringend um Seine Aufmerksamkeit. Als aber ihre Blicke dem Blick Jesu folgten und auf den Boden zu Seinen Füßen fielen, erbleichten sie. Sie lasen die verborgenen Sünden ihres Lebens. Die Umstehenden, die eine plötzliche Änderung im Ausdruck der Ankläger wahrnahmen, drängten sich enger zu Jesus hin, um zu erkennen, was diese so mit Scham und Erstaunen erfüllte.

Trotz ihrer Beteuerung, das Gesetz zu achten, missachteten sie doch seine Vorschriften, indem sie ihre Anklagen gegen die beim Ehebruch ergriffene Frau vorbrachten. Es wäre vielmehr die Pflicht des Ehemannes gewesen, ein gesetzliches Verfahren einzuleiten. Daraufhin wären beide Übeltäter gleichermaßen bestraft worden. Die Anklage vor Christus war somit völlig unberechtigt. Jesus aber begegnete ihnen mit ihren eigenen Waffen. Das Gesetz befahl, dass bei der Steinigung des Übeltäters die Zeugen den ersten Stein auf den Verurteilten zu werfen hatten. Jesus richtete sich wieder auf, schaute die Ankläger an und sagte: »Wer unter euch ohne Sünde ist, der werfe den ersten Stein auf sie.« Johannes 8,7 Dann bückte Er sich wieder und fuhr fort, in den Sand zu schreiben. Er hatte das durch Mose gegebene Gesetz nicht ignoriert und auch nicht das römische Recht gebrochen. Die Ankläger aber waren geschlagen. Das Gewand ihrer geheuchelten Frömmigkeit war von ihnen gerissen. Nun standen sie schuldig und überführt im Angesicht des gerechten Richters. Sie zitterten vor Furcht, dass ihre Sündhaftigkeit dem ganzen Volk bekannt werden könnte, und schlichen nacheinander mit gebeugtem Haupt und niedergeschlagenen Augen davon. Die Ehebrecherin aber überließen sie dem barmherzigen Heiland.

Jesus schaute die Frau an und sprach zu ihr: »Wo sind sie, Frau? Hat dich niemand verdammt? Sie antwortete: Niemand, Herr. Und Jesus sprach: So verdamme ich dich auch nicht; geh hin und sündige hinfort nicht mehr.« Johannes 8,10f Die Frau hatte, von Furcht überwältigt, vor Ihm gestanden. Seine Worte: »Wer unter euch ohne Sünde ist, der werfe den ersten Stein auf sie« kamen ihr vor wie ein Todesurteil. Sie wagte nicht, ihre Augen zum Heiland zu erheben, sondern erwartete schweigend ihre Strafe.

Sehr erstaunt bemerkte sie, wie ihre Ankläger einer nach dem andern verwirrt und wortlos fortgingen und sie hörte Jesu tröstlichen Worte: »So verdamme ich dich auch nicht; geh hin und sündige hinfort nicht mehr.« Erschüttert warf sie sich dem Heiland zu Füßen, stammelte ihre dankbare Liebe und bekannte unter heißen Tränen ihre Sünden.

Das war der Beginn eines neuen Lebens für sie, ein Leben der Reinheit und des Friedens, geweiht dem Dienst Gottes. Dadurch, dass Jesus dieses gefallene Menschenkind aufrichtete, vollbrachte Er ein größeres Wunder, als wenn Er es von einem schlimmen körperlichen Leiden geheilt hätte. Er befreite von der geistlichen Krankheit, die zum ewigen Tod geführt hätte. Diese reumütige Frau wurde zu einer Seiner treuesten Nachfolgerinnen. Mit aufopfernder Liebe und Hingabe erwiderte sie die vergebende Gnade Jesu.

Dass Jesus der Frau vergab und sie ermutigte, ein besseres Leben zu führen, wirft auf die vollkommene Gerechtigkeit Seines Wesens ein helles Licht. Er hat weder die Sünde gutgeheißen noch die Größe der Schuld, doch Er wollte nicht verdammen, sondern retten. Die Welt hatte für dieses irrende Menschenkind nur Hohn und Verachtung, aber Jesus spricht Worte des Trostes und der Hoffnung. Der Sündlose erbarmt sich der Schwäche des Sünders und reicht ihr Seine hilfreiche Hand. Während die scheinheiligen Pharisäer anklagen und verurteilen, spricht Jesus: »Geh hin und sündige hinfort nicht mehr.«

Wer den Irrenden den Rücken zukehrt und wegschaut und sie nicht daran hindert, ihren Weg ins Verderben fortzusetzen, ist kein Nachfolger Christi. Wer darauf aus ist, andere anzuklagen und sie vor den Richter zu bringen, trägt in seinem eigenen Leben oft mehr Schuld mit sich als sie. Die Menschen hassen den Sünder und lieben die Sünde. Christus dagegen hasst die Sünde und liebt den Sünder. Von diesem Geist müssen auch alle Seine Nachfolger beseelt sein. Die christliche Liebe hält sich zurück im Tadeln, nimmt aber schnell echte Reue wahr. Sie ist immer bereit, dem Irrenden zu vergeben, ihn zu stärken, auf den Pfad der Gottesfurcht zu bringen und darauf zu erhalten.

KAPITEL 51

*Auf Grundlage von
Johannes 8,12
Johannes Kapitel 9*

DAS LICHT DES LEBENS

D a redete Jesus abermals zu ihnen und sprach: Ich bin das Licht der Welt. Wer mir nachfolgt, der wird nicht wandeln in der Finsternis, sondern wird das Licht des Lebens haben.« Johannes 8,12

Als Jesus dies sagte, stand Er im Vorhof des Tempels, dem in Verbindung mit dem Laubhüttenfest besondere Bedeutung zukam. Mitten im Vorhof ragten zwei stattliche Pfeiler auf, an denen große Lampen befestigt waren. Nach dem Abendopfer wurden alle diese Lampen angezündet, die dann ihr Licht über Jerusalem erstrahlen ließen. Dieser Festakt sollte an die Feuersäule erinnern, die Israel in der Wüste geleitet hatte, gleichzeitig aber auch auf den kommenden Messias hindeuten. Abends, wenn die Lampen angezündet wurden, war der Vorhof ein Ort großen Jubels. Grauhaarige Männer, die Tempelpriester und Obersten des Volkes, fanden sich in festlichen Tänzen zu Instrumentalmusik und zum Gesang der Leviten vereint. Durch den Lichterglanz in Jerusalem drückte das Volk seine Hoffnung auf die Ankunft des Messias aus, der ebenfalls Sein Licht über Israel erstrahlen lassen würde. Für Jesus besaß dieser Vorgang jedoch noch eine größere Bedeutung. Wie die Tempellampen ihr Licht in die Umgebung ausstrahlten, so wollte Christus, der geistliche Lichtquell, die Dunkelheit der Welt erhellen. Das Sinnbild war jedoch unvollkommen. Das gewaltige Licht, die Sonne, die Er mit eigener Hand am Himmel geschaffen hatte, war eine bessere Darstellung der Herrlichkeit Seiner Sendung.

Es war früh am Morgen und die Sonne war gerade über dem Ölberg aufgegangen. Blendend hell ergossen sich ihre Strahlen über die Marmorpaläste und ließen das Gold der Tempelmauern aufleuchten. Jesus wies darauf hin und sagte: »Ich bin das Licht der Welt.« Johannes 8,12 Einer, der diese Worte hörte, gab sie lange danach in dem herrlichen Schriftwort wieder: »In ihm war das Leben, und das Leben war das Licht der Menschen. Und das Licht scheint in der Finsternis, und die Finsternis hat's nicht ergriffen ... Das war das wahre Licht, das alle Menschen erleuchtet, die in diese Welt kommen.« Johannes 1,4.5.9 Lange nach der

Himmelfahrt Jesu verwendete auch Petrus, vom Heiligen Geist

erleuchtet, das Sinnbild, das Christus benutzt hatte: »Umso fester haben wir das prophetische Wort, und ihr tut gut daran, dass ihr darauf achtet als auf ein Licht, das da scheint an einem dunklen Ort, bis der Tag anbreche und der Morgenstern aufgehe in euren Herzen.« 2.Petrus 1,19

Immer, wenn Gott sich Seinem Volk offenbarte, war das Licht ein Symbol Seiner Gegenwart. Auf Sein Schöpfungswort hin hat zu Anbeginn das Licht aus der Finsternis hervorgeleuchtet. Licht war tagsüber in der Wolkensäule und nachts in der Feuersäule verhüllt und leitete so die Israeliten. Licht umloderte in schrecklicher Majestät Gottes den Berg Sinai; Licht lag über dem Gnadenstuhl in der Stiftshütte. Licht erfüllte auch den Tempel Salomos bei seiner Einweihung und Licht erstrahlte auf den Hügeln Bethlehems, als die Engel den wachsamen Hirten die Erlösungsbotschaft verkündeten.

Gott ist Licht. Mit den Worten: »Ich bin das Licht der Welt« erklärte Christus sowohl Sein Einssein mit Gott als auch Seine Verwandtschaft mit der menschlichen Familie. Er war es gewesen, der sprach: »Licht soll aus der Finsternis hervorleuchten.« 2.Korinther 4,6 Von Ihm erhalten auch Sonne, Mond und Sterne ihr Licht. Er war auch das geistliche Licht, das symbolisch im Tempeldienst wie in der Prophetie über Israel geleuchtet hatte. Doch dieses Licht war nicht nur den Juden geschenkt worden. Wie die Sonnenstrahlen überall hin leuchten, so strahlt das Licht der Sonne der Gerechtigkeit für jeden Menschen. »Das war das wahre Licht, das alle Menschen erleuchtet, die in diese Welt kommen.« Johannes 1,9

Die Welt hat ihre großen Lehrer gehabt. Diese Menschen mit gewaltigen Verstandeskräften haben Herrliches erforscht. Ihre Äußerungen regten das Nachdenken an und erschlossen weite Wissensgebiete. Ihnen allen wurde als Führer und Wohltäter der Menschheit Ehre erwiesen. Aber es gibt einen, der sie alle überragte. »Wie viele ihn aber aufnahmen, denen gab er Macht, Gottes Kinder zu werden ... Niemand hat Gott je gesehen; der Eingeborene, der Gott ist und in des Vaters Schoß ist, der hat ihn uns verkündigt.« Johannes 1,12.18

Wir können die Reihe der großen Lehrer der Welt so weit zurückverfolgen, wie menschliche Aufzeichnungen reichen, aber das Licht war vor ihnen da. Wie Mond und Sterne unseres Sonnensystems das Licht der Sonne zurückwerfen, so strahlen die großen Denker der Welt das Licht der Sonne der Gerechtigkeit wider, soweit ihre Lehren auf Wahrheit beruhen. Jeder Edelstein von Gedanken, jeder Geistesblitz stammt von dem »Licht der Welt.« Heutzutage spricht man viel von »höherer Bildung.« Doch die wahre Erkenntnis wird von dem erteilt, »in welchem verborgen liegen alle Schätze der Weisheit und der Erkenntnis.« Kolosser 2,3 »In ihm war das Leben, und das Leben war das Licht der Menschen.« Johannes 1,4 »Wer mir nachfolgt, der wird nicht wandeln in der Finsternis, sondern wird das Licht des Lebens haben.« Johannes 8,12 »Ich bin das Licht der Welt.« Damit bekannte sich Jesus als Messias. Der alte Simeon hatte im Tempel, in dem Jesus gerade lehrte, von ihm als einem »Licht, zu erleuchten die Heiden, und zum Preis deines Volks Israel« gesprochen. Lukas 2,32 Mit diesen Worten hatte Er eine Prophezeiung auf Ihn bezogen, die in ganz Israel bekannt war. Durch den Propheten Jesaja hatte der Heilige Geist erklärt: »Es ist zu wenig, dass du mein Knecht bist, die Stämme Jakobs aufzurichten und die Zerstreuten Israels wiederzubringen, sondern ich habe dich auch zum Licht der Heiden gemacht, dass du seist mein Heil bis an die Enden der Erde.« Jesaja 49,6 Diese Prophezeiung wurde allgemein auf den Messias bezogen, und als Jesus nun sagte: »Ich bin das Licht der Welt«, konnte das Volk seinen Anspruch erkennen, der Verheißene zu sein.

Die Pharisäer und Obersten des Volkes hielten diesen Anspruch allerdings für eine Anmaßung. Dass ein Mensch wie ihresgleichen so etwas von sich behauptete, konnten sie nicht ertragen. Sie taten so, als hätten sie Seine Worte nicht verstanden, und fragten Ihn: »Wer bist du denn?« Johannes 8,25

Sie wollten damit erreichen, dass Er sich selbst als Christus bezeichnete. Sein Aussehen aber und Seine Taten wichen so sehr von den Erwartungen des Volkes ab, dass es Ihn, wie Seine listigen Feinde glaubten, als Betrüger zurückweisen würde, falls Er sich ihm als Messias vorstellte.

Auf ihre Frage: »Wer bist du denn?« antwortete Jesus: »Zuerst das, was ich euch auch sage!« Johannes 8,25 Was sich in Seinen Worten offenbarte, das zeigte sich auch in Seinem Wesen. Er verkörperte die Wahrheiten, die Er lehrte. Von mir selbst tue ich nichts, versicherte Jesus und fuhr fort: »Wie mich der Vater gelehrt hat, so rede ich. Und der mich gesandt hat, ist mit mir. Er lässt mich nicht allein; denn ich tue allezeit, was ihm gefällt.« Johannes 8,28f Er versuchte nicht, Seinen messianischen Anspruch zu beweisen, sondern unterstrich Sein Einssein mit Gott. Wären die Herzen der Pharisäer der Liebe Gottes gegenüber offen gewesen, dann hätten sie Jesus auch angenommen. Viele Zuhörer fühlten sich im Glauben zu Ihm hingezogen. Zu diesen sagte Er: »Wenn ihr bleiben werdet an meinem Wort, so seid ihr wahrhaftig meine Jünger und werdet die Wahrheit erkennen, und die Wahrheit wird euch frei machen.« Johannes 8,31f Diese Worte empörten die Pharisäer. Dass das Volk lange Zeit unter Fremdherrschaft gestanden hatte, ignorierten sie und riefen ärgerlich: »Wir sind Abrahams Kinder und sind niemals jemandes Knechte gewesen. Wie sprichst du denn: Ihr sollt frei werden?« Johannes 8,33

Jesus sah diese Menschen an, die Sklaven der Bosheit waren und Rachegedanken hegten, und antwortete betrübt: »Wahrlich, wahrlich, ich sage euch: Wer Sünde tut, der ist der Sünde Knecht.« Johannes 8,34 Sie steckten in übelster Knechtschaft – beherrscht vom Geist des Bösen.

Jeder Mensch, der es ablehnt, sich Gott unterzuordnen, wird von einer anderen Macht beherrscht. Er gehört nicht sich selbst. Mag er auch von Freiheit reden, in Wirklichkeit lebt er doch in der erniedrigendsten Knechtschaft. Er darf den Glanz der Wahrheit nicht aufnehmen, denn der Teufel beherrscht seinen Geist. Während er sich einbildet, der eigenen Urteilskraft zu folgen, gehorcht er jedoch dem Willen des Fürsten der Finsternis. Christus kam, um die Seele von den Fesseln der Sündenknechtschaft zu lösen. »Wenn euch nun der Sohn frei macht, so seid ihr wirklich frei.« Johannes 8,36 »Das Gesetz des Geistes, der lebendig macht in Christus Jesus, hat dich frei gemacht von dem Gesetz der Sünde und des Todes.« Römer 8,2

In dem Werk der Erlösung gibt es keinen Zwang, und keine äußere Gewalt wird eingesetzt. Unter dem Einfluss des Geistes Gottes kann der Mensch frei entscheiden, wem er dienen möchte. In der Änderung, die stattfindet, wenn die Seele sich Christus übergibt, liegt die höchste Stufe der Freiheit. Die Austreibung der Sünde ist eine Tat der Seele selbst. Wir können uns zwar nicht selbst von der Herrschaft Satans befreien, doch wollen wir von Sünde frei werden und rufen in höchster Not nach einer Macht außer und über uns, dann werden die Kräfte unseres Herzens von der göttlichen Macht des Heiligen Geistes so durchdrungen, dass sie den Willen Gottes als ihren eigenen erfüllen.

Die Freiheit des Menschen ist nur unter einer Voraussetzung möglich, dass er mit Christus eins wird. »Die Wahrheit wird euch frei machen.« Johannes 8,32

Christus ist diese Wahrheit. Die Sünde kann nur Erfolg haben, wenn sie den Geist schwächt und die Freiheit der Seele zerstört. Unterwirft man sich aber Gott, dann wird das eigentliche Selbst wiederhergestellt – die wahre Herrlichkeit und Würde des Menschen. Das göttliche Gesetz aber, von dem wir abhängig sind, ist das »Gesetz der Freiheit.« Jakobus 2,12

Die Pharisäer hatten sich selbst als Kinder Abrahams bezeichnet. Jesus sagte ihnen, dass sie diesen Anspruch nur aufrechterhalten könnten, wenn sie auch die Werke Abrahams täten. Wahre Kinder Abrahams lebten so wie Abraham, im Gehorsam gegenüber Gott, und sie trachteten nicht danach, den Einen zu töten, der zu ihnen von der Wahrheit sprach, die Gott Ihm geschenkt hatte. Die Rabbiner taten nicht die Werke Abrahams, als sie sich gegen Christus verschworen. Die bloße Abstammung von Abraham war wertlos. Ohne geistliche Verbindung mit ihm, die sich dadurch gezeigt hätte, dass sie den Geist Abrahams besäßen und seine Werke täten, waren sie nicht seine Kinder. Dieser Grundsatz ist von Bedeutung auch für ein Problem, das lange die Christenheit beschäftigt hat – die Frage der apostolischen Nachfolge.

Für die Abstammung von Abraham entschieden weder der Name noch der Stammbaum, sondern die Wesensgleichheit. Genauso beruht die apostolische Nachfolge nicht auf der Weitergabe kirchlicher Autorität, sondern auf der geistlichen Verwandtschaft. Ein Leben, das im Geist der Apostel geführt wird, der Glaube und die Lehre, die sie verkündeten, sind der echte Beweis für die apostolische Nachfolge. Nur dadurch werden Menschen zu Nachfolgern der ersten Lehrer des Evangeliums.

Jesus bestritt, dass die Juden Kinder Abrahams waren. Er sagte: »Ihr tut die Werke eures Vaters.« Spöttisch antworteten sie ihm: »Wir sind nicht unehelich geboren; wir haben einen Vater: Gott.« Johannes 8,41 Diese Worte sollten auf die Umstände Seiner Geburt anspielen und Christus in den Augen jener Menschen herabsetzen, die gerade anfingen, an Ihn zu glauben. Jesus ging auf die üble Anspielung gar nicht ein, sondern erwiderte: »Wäre Gott euer Vater, so liebtet ihr mich; denn ich bin ausgegangen und komme von ihm.« Johannes 8,42

Ihre Taten bezeugten aber ihre Verwandtschaft mit dem, der ein Lügner und Mörder war. »Ihr habt den Teufel zum Vater«, erklärte Jesus, »und nach eures Vaters Gelüste wollt ihr tun. Der ist ein Mörder von Anfang und steht nicht in der Wahrheit; denn die Wahrheit ist nicht in ihm ... Weil ich aber die Wahrheit sage, glaubt ihr mir nicht.« Johannes 8,44f Die Tatsache, dass Jesus die Wahrheit mit innerer Überzeugung sagte, war der Grund dafür, dass Ihn die Obersten der Juden nicht annahmen. Gerade die Wahrheit erzürnte diese selbstgerechten Männer. Sie legte deren Irrtümer und Trugschlüsse bloß und verurteilte ihre Lehren und ihr Handeln. Deshalb war sie nicht willkommen. Lieber verschlossen die jüdischen Führer die Augen vor der Wahrheit, als sich zu demütigen und ihren Irrtum einzugestehen. Sie liebten die Wahrheit nicht und hatten auch kein Verlangen nach ihr, obwohl es die Wahrheit war.

»Wer unter euch kann mich einer Sünde beschuldigen? Wenn ich aber die Wahrheit sage, warum glaubt ihr mir nicht?« Johannes 8,46 Drei Jahre lang waren Christi Feinde Ihm Tag für Tag gefolgt und darum bemüht, an Ihm irgendeinen Charakterfehler zu entdecken. Satan hatte mit seinem ganzen bösen Gefolge versucht, Christus zu überwinden, aber sie hatten nichts an Ihm entdeckt, das ihnen hätte das Gefühl geben können, Ihm überlegen zu sein. Sogar die Teufel mussten eingestehen: »Wir wissen von dir, wer du bist: der Heilige Gottes!« Markus 1,24; Albrecht Angesichts des Himmels, angesichts der nichtgefallenen Welten und angesichts der sündhaften Menschen lebte Jesus das Gesetz Gottes aus. Vor Engeln, Menschen und Dämonen hatte Er unangefochten Worte gesprochen, die auf den Lippen anderer Menschen wie eine Lästerung gewirkt hätten: »Ich tue allezeit, was ihm [Gott] gefällt.« Johannes 8,29

Trotz der Tatsache, dass sie keine Sünde an Christus finden konnten, wollten Ihn die Juden nicht annehmen und bewiesen dadurch, dass sie selbst keine Verbindung mit Gott hatten. Sie erkannten nicht Gottes Stimme in der Botschaft Seines Sohnes. Sie maßten sich an, Christus verurteilen zu können. Doch indem sie Ihn verwarfen, verurteilten sie sich damit selbst. »Wer von

Gott ist, der hört Gottes Worte; ihr hört darum nicht, weil ihr nicht von Gott seid.« Johannes 8,47 Diese Lehre ist für alle Zeiten gültig.

Manch einer, der Vergnügen daran findet, zu kritisieren und zu bemängeln, und etwas in Gottes Wort sucht, was zu bezweifeln wäre, meint, dadurch die Unabhängigkeit seines Denkens und seine Geistesschärfe unter Beweis zu stellen. Er spielt sich zum Richter über die Bibel auf und verurteilt sich dabei nur selbst. Zugleich verrät er dadurch, dass er die Wahrheit, die ihren Ursprung im Himmel hat und die Ewigkeit umfasst, nicht zu würdigen weiß. Angesichts der alles überragenden Gerechtigkeit Gottes empfindet er keine Ehrfurcht, sondern beschäftigt sich mit Nebensächlichkeiten und offenbart damit eine kleinliche, irdische Gesinnung, ein Herz, das sehr bald die Fähigkeit verliert, Gott wahrzunehmen. Wer aber sein Herz beim Anklopfen Gottes auftut, der versucht, dadurch seine Gotteserkenntnis zu vermehren und das eigene Wesen zu verfeinern und zu bessern. Wie sich eine Blume der Sonne zuwendet, damit deren helle Strahlen sie treffen und in Schönheit aufleuchten lassen, so wendet sich die Seele der »Sonne der Gerechtigkeit« zu, damit das Licht des Himmels die menschliche Natur veredele mit der Anmut des Charakters Jesu Christi.

Jesus fuhr mit dem Lehren fort und hob dabei den krassen Gegensatz hervor, der zwischen dem Verhalten der Juden und dem Verhalten Abrahams bestand: »Abraham, euer Vater, wurde froh, dass er meinen Tag sehen sollte, und er sah ihn und freute sich.« Johannes 8,56

Abraham schon hatte sich sehnlichst gewünscht, den verheißenen Heiland zu sehen. Mit allem Ernst hatte er darum gebetet, noch vor seinem Tod den Messias sehen zu dürfen. Und er sah Christus. Ihm wurde eine übernatürliche Erkenntnis geschenkt, und er erkannte das göttliche Wesen Jesu. Er sah das Leben Christi vor sich und freute sich, denn er erhielt einen Einblick in das göttliche Sühnopfer für die Sünde. Eine Veranschaulichung für dieses Opfer gab es in seiner eigenen Erfahrung. Ihm war befohlen worden: »Nimm Isaak, deinen einzigen Sohn, den du lieb hast … und opfere ihn dort zum Brandopfer.« 1.Mose 22,2

Auf den Opferaltar legte er den verheißenen Sohn, auf den sich alle Seine Hoffnungen gründeten. Als er dann neben dem Altar mit erhobenem Messer stand, um Gott zu gehorchen, hörte er eine Stimme vom Himmel zu ihm sprechen: »Lege deine Hand nicht an den Knaben und tu ihm nichts; denn nun weiß ich, dass du Gott fürchtest und hast deines einzigen Sohnes nicht verschont um meinetwillen.« 1.Mose 22,12 Diese schreckliche Prüfung wurde Abraham auferlegt, damit er den Tag Christi schauen und die große Liebe Gottes zu dieser Welt verstehen könnte, eine Liebe, die so groß war, dass Gott Seinen eingeborenen Sohn in einen außerordentlich schmachvollen Tod dahingab, um die Welt vor dem Verderben zu retten.

Abraham lernte von Gott die wichtigste Lektion, die jemals einem Sterblichen zuteil wurde. Sein Gebet, Christus noch bei Lebzeiten schauen zu dürfen, wurde erhört. Er sah Christus und all das, was ein Sterblicher sehen kann, ohne deswegen sterben zu müssen. Weil er sich völlig Gott ausgeliefert hatte, konnte er verstehen, was ihm von Christus offenbart wurde. Ihm wurde gezeigt, dass Gott durch die Dahingabe seines eingeborenen Sohnes zur Errettung der Sünder vom ewigen Tod ein größeres und bewundernswerteres Opfer brachte, als es je ein Mensch bringen könnte.

Abrahams Erfahrung beantwortete die Frage: »Womit soll ich mich dem HERRN nahen, mich beugen vor dem hohen Gott? Soll ich mich ihm mit Brandopfern nahen und mit einjährigen Kälbern? Wird wohl der Herr Gefallen haben an viel tausend Widdern, an unzähligen Strömen von Öl? Soll ich meinen Erstgeborenen für meine Übertretung geben, meines Leibes Frucht für meine Sünde?« Micha 6,6.7 In Abrahams Worten: »Mein Sohn, Gott wird sich ersehen ein Schaf zum Brandopfer« 1.Mose 22,8 und in der Tatsache, dass Gott ein Opfer an Isaaks Statt beschaffte, wurde es deutlich, dass niemand für sich selbst Sühne leisten kann. Das heidnische Opfersystem war für Gott völlig unannehmbar. Kein Vater sollte seinen Sohn oder seine Tochter als Sühnopfer darbringen. Nur der Sohn Gottes kann die Sünden der Welt tragen.

Aufgrund seines eigenen Leides war Abraham erst in der Lage, das Opfer Christi zu begreifen. Israel aber wollte nicht verstehen, was ihren stolzen Herzen so unwillkommen war. Christi Aussage über Abraham beeindruckte Seine Zuhörer überhaupt nicht. Die Pharisäer sahen darin lediglich eine weitere Ursache für ihre spitzfindigen Einwände. Spöttisch antworteten sie Ihm, als wäre Er geistesgestört: »Du bist noch nicht fünfzig Jahre alt und hast Abraham gesehen?« Johannes 8,57 Mit feierlichem Ernst antwortete Jesus: »Wahrlich, wahrlich, ich sage euch: Ehe Abraham wurde, bin ich.« Johannes 8,58

Schweigen ergriff die große Versammlung. Den Namen Gottes, der Mose offenbart worden war, um den Gedanken der ewigen Gegenwart auszudrücken, hatte dieser Rabbi aus Galiläa als Seinen eigenen beansprucht. Er hatte behauptet, jener Eine zu sein, der aus sich selbst existieren kann, jener, der Israel verheißen worden war und »dessen Ausgang von Anfang und von Ewigkeit her gewesen ist.« Micha 5,1

Wieder beschwerten sich die Priester und Rabbiner über Jesus, den sie einen Lästerer nannten. Sein Anspruch, mit Gott eins zu sein, hatte sie schon vorher dazu aufgestachelt, Ihm nach dem Leben zu trachten, und einige Monate später sprachen sie es offen aus: »Um eines guten Werkes willen steinigen wir dich nicht, sondern um der Gotteslästerung willen, denn du bist ein Mensch und machst dich selbst zu Gott.« Johannes 10,33

Weil Er der Sohn Gottes war und sich auch dazu bekannte, wollten sie Ihn vernichten. Jetzt hoben viele von denen, welche die Priester und Rabbiner unterstützten, Steine auf, um Ihn zu steinigen. »Aber Jesus verbarg sich und ging zum Tempel hinaus.« Johannes 8,59 »Und das Licht scheint in der Finsternis, und die Finsternis hat's nicht ergriffen.« Johannes 1,5

»Und Jesus ging vorüber und sah einen Menschen, der blind geboren war. Und seine Jünger fragten ihn und sprachen: Meister, wer hat gesündigt, dieser oder seine Eltern, dass er blind geboren ist? Jesus antwortete: Es hat weder dieser gesündigt, noch seine Eltern, sondern es sollen die Werke Gottes offenbar werden an ihm ... Als er das gesagt hatte, spuckte er auf die Erde, machte daraus einen Brei und strich den Brei auf die Augen des Blinden. Und er sprach zu ihm: Geh zum Teich Siloah – das heißt übersetzt: gesandt – und wasche dich! Da ging er hin und wusch sich und kam sehend wieder.« Johannes 9,1-3.6.7

Es wurde allgemein geglaubt, dass Sünde bereits in diesem Leben bestraft würde. Jedes Leiden wurde als Strafe für eine Übeltat betrachtet, die der Betroffene oder seine Eltern begangen hatten. Sicher, alles Leiden stammt aus der Übertretung des göttlichen Gesetzes. Diese Wahrheit war jedoch verfälscht worden. Satan, der Urheber der Sünde mit all ihren Folgen, hatte die Menschen dazu geführt, Krankheit und Tod als Maßnahmen Gottes zu sehen, als Strafe, die willkürlich wegen der Sünde verhängt wurde. Von daher kam es, dass jemand, der Kummer hatte oder im Unglück steckte, noch unter der zusätzlichen Belastung stand, als großer Sünder zu gelten.

So wurde der Weg für die Verwerfung Jesu durch die Juden vorbereitet: »Er trug unsre Krankheit und lud auf sich unsre Schmerzen.« Doch gerade deshalb hielten ihn die Juden »für den, der geplagt und von Gott geschlagen und gemartert wäre«, Jesaja 53,4 und sie verbargen ihr Angesicht vor Ihm. vgl. Jesaja 53,3 Gott hatte eine Lehre erteilt, die dazu bestimmt war, dies zu verhindern: Hiobs Leben zeigte, dass Satan Leiden verhängt, die Gott gnädig außer Kraft setzt. Israel verstand jedoch die Lektion nicht. Den gleichen Fehler, den Gott bei den Freunden Hiobs schon getadelt hatte, wiederholten nun die Juden, als sie Christus verwarfen.

Der Glaube der Juden über den Zusammenhang von Sünde und Leiden wurde auch von den Jüngern geteilt. Als Jesus ihren Irrtum korrigierte, sagte Er ihnen jedoch nichts über die Ursache der Heimsuchung des Mannes, sondern verwies sie auf das Ergebnis: Es sollten »die Werke Gottes offenbar werden.« Joh.9,3 »Solange ich in der Welt bin«, sagte er, »bin ich das Licht der Welt.« Joh. 9,5 Als er dann die Augen des Blinden mit einem Brei bestrichen hatte, schickte Er ihn zum Teich Siloah, damit er sich dort wasche. Danach konnte der Blinde wieder sehen. Durch dieses Geschehen beantwortete Jesus die Frage Seiner Jünger sehr praktisch, wie Er es im allgemeinen tat, wenn Ihm Fragen aus reiner Neugier vorgelegt wurden. Die Jünger sollten sich nicht über das Problem streiten, wer gesündigt oder nicht gesündigt hatte, sie sollten vielmehr die Allmacht und Gnade Gottes begreifen, die dem Blinden das Augenlicht wiedergab. Es war offensichtlich, dass weder der Lehmbrei noch der Teich, in dem sich der Blinde gewaschen hatte, Heilkräfte besaßen, sondern allein Christus. Die Pharisäer konnten nicht umhin, sich über diese Heilung zu wundern. Doch mehr als zuvor waren sie von Hass erfüllt, denn das Wunder war an einem Sabbat geschehen.

Die Nachbarn des jungen Mannes und alle, die ihn als Blinden gekannt hatten, sagten nun: »Ist das nicht der Mann, der dasaß und bettelte?« Johannes 9,8 Zweifelnd schauten sie ihn an. Denn nachdem seine Augen geöffnet waren, hatte sich sein Gesichtsausdruck gegenüber vorher verändert: Er strahlte und schien ein anderer Mensch zu sein. Die Frage ging herum, denn einige meinten: »Er ist's«, andere wieder: »Nein, aber er ist ihm ähnlich.« Er selbst aber, dem dieser große Segen zuteil geworden war, löste das Problem mit dem Bekenntnis: »Ich bin's.« Johannes 9,9 Er erzählte ihnen dann von Jesus und wie dieser ihn geheilt hatte. Da fragten sie ihn: »Wo ist er? Er antwortete: Ich weiß es nicht.« Johannes 9,12

Dann führten sie ihn vor eine Ratssitzung der Pharisäer. Wieder wurde er gefragt, auf welche Weise er seine Sehkraft wiedererlangt habe. Er erwiderte: »Einen Brei legte er mir auf die Augen, und ich wusch mich und bin nun sehend.« Da behaupteten einige Pharisäer. »Dieser Mensch ist nicht von Gott, weil er den Sabbat nicht hält.« Johannes 9,15f Die Pharisäer hofften, Jesus zu einem Sünder stempeln zu können, denn dann wäre Er bestimmt nicht der Messias. Sie ahnten nicht, dass Er, der den Blinden geheilt hatte, der Stifter des Sabbats war und dessen Ansprüche genau kannte. Sie selbst waren sehr eifrig auf die Heiligung des Sabbats bedacht, doch planten sie ausgerechnet an diesem Tag einen Mord. Viele andere aber waren zutiefst bewegt, als sie von dem Heilungswunder erfuhren, und sie waren überzeugt, dass der Mann, der dem Blinden das Augenlicht geschenkt hatte, mehr war als ein gewöhnlicher Mensch. Ihre Antwort auf den Vorwurf, dass Jesus ein Sünder sei, weil Er den Sabbat nicht halte, lautete: »Wie kann ein sündiger Mensch solche Zeichen tun?« Johannes 9,15f

Noch einmal wandten sich die Rabbiner an den Blinden: »Was sagst du von ihm, dass er deine Augen aufgetan hat? Er aber sprach: Er ist ein Prophet.« Johannes 9,17 Die Pharisäer behaupteten daraufhin, der Geheilte sei gar nicht blind geboren worden und habe daher auch nicht sein Augenlicht wieder erhalten können. Sie riefen seine Eltern dazu und fragten: »Ist das euer Sohn, von dem ihr sagt, er sei blind geboren?« Joh. 9,19 Da hatte nun der Mann selbst erklärt, dass er blind gewesen und sehend geworden sei, doch die Pharisäer wollten lieber ihre eigenen Sinne Lügen strafen, statt ihren Fehler einzugestehen. So mächtig sind

Vorurteile, so entstellt ist pharisäische Gerechtigkeit.

Die Pharisäer hofften noch darauf, die Eltern jenes Mannes einzuschüchtern. Scheinbar aufrichtig fragten sie: »Wie ist er nun sehend?« Johannes 9,19 Die Eltern fürchteten, sich zu gefährden, denn es wurde bekanntgegeben, dass jeder, der Jesus »als den Christus bekannte, der sollte in den Bann getan werden.« Johannes 9,22 Er sollte für 30 Tage aus der Synagoge ausgeschlossen werden. Während dieser Zeit durfte im Heim des Missetäters kein Kind beschnitten und kein Toter beklagt werden. Dieser Urteilsspruch wurde als großes Unglück angesehen. Auf ihn folgte, wenn er nicht zur Reue führte, eine weit schwerere Strafe. Die große Segenstat, die ihrem Sohn widerfahren war, hatte die Eltern zwar überzeugt, dennoch antworteten sie: »Wir wissen, dass dieser unser Sohn ist und dass er blind geboren ist. Aber wieso er nun sehend ist, wissen wir nicht, und wer ihm seine Augen aufgetan hat, wissen wir auch nicht. Fragt ihn, er ist alt genug; lasst ihn für sich selbst reden.« Johannes 9,20f

Auf diese Weise schoben sie die Verantwortung weiter auf ihren Sohn hin, denn sie wagten es nicht, sich zu Christus zu bekennen.

Das Dilemma, in dem sich die Pharisäer befanden, ihre Fragen und Vorurteile sowie ihr Unglaube gegenüber den Tatsachen öffneten der Masse und besonders den einfachen Leuten die Augen. Jesus hatte seine Wunder häufig auf offener Straße gewirkt und dabei stets Leiden gelindert. Die Frage vieler lautete: Würde Gott so mächtige Taten durch einen Betrüger vollbringen, wie die Pharisäer Jesus bezeichneten? Der Streit wurde auf beiden Seiten immer heftiger.

Die Pharisäer merkten, dass sie Jesu Wirken damit öffentlich machten. Sie konnten das Wunder ja nicht einfach leugnen. Der Blinde war voller Freude und Dankbarkeit. Er bestaunte die wunderbaren Dinge in der Natur und war über die Schönheit des Himmels und der Erde entzückt. Frei erzählte er von seinem Erlebnis und wieder versuchten sie, ihn zum Schweigen zu bringen mit den Worten: »Gib Gott die Ehre!« Wir wissen, dass dieser Mensch ein Sünder ist.« Johannes 9,24 Das sollte heißen: Behaupte nicht noch einmal, dass dich dieser Mann sehend machte. Das war Gottes Werk! Der Blinde antwortete: »Ob er ein Sünder ist, weiß ich nicht. Eines weiß ich: dass ich blind war und jetzt sehend bin.« Johannes 9,25 Darauf fragten sie ihn erneut: »Was hat er mit dir getan? Wie hat er deine Augen aufgetan?« Johannes 9,26

Mit vielen Worten versuchten sie den Mann zu verwirren, so dass er selbst denken sollte, getäuscht worden zu sein. Der Teufel und seine bösen Engel standen auf der Seite der Pharisäer. Sie vereinten ihre Kraft und List mit der Vernunft von Menschen, um dem Einfluss Christi entgegenzuwirken. So schwächten sie die zustimmende Meinung, die viele bereits gewonnen hatten. Aber auch die Engel Gottes waren vor Ort, um den Mann zu stärken, dessen Augenlicht wiederhergestellt worden war.

Die Pharisäer waren sich nicht darüber im Klaren, dass sie es noch mit jemand anderem zu tun hatten als nur mit dem ungebildeten Blindgeborenen. Sie kannten den nicht, mit dem sie sich in einen Streit eingelassen hatten, denn göttliches Licht erleuchtete die Seele des Blindgeborenen.

Als diese Heuchler ihn zum Unglauben verführen wollten, half ihm Gott, ihnen durch die Kraft und den Scharfsinn seiner Antwort zu zeigen, dass man ihn nicht einfach umgarnen konnte: »,Ich habe es euch schon gesagt, und ihr habt's nicht gehört! Was wollt ihr's abermals hören? Wollt ihr auch seine Jünger werden?' Da schmähten sie ihn und sprachen: ,Du bist sein Jünger; wir aber sind Moses Jünger. Wir wissen, dass Gott mit Mose geredet hat; woher aber dieser ist, wissen wir nicht.'« Johannes 9,27-29

Der Herr Jesus kannte die Prüfung, durch die dieser Mann gehen musste. Deshalb verlieh Er ihm Gnade und Ausdruckskraft, um ein Zeuge für Christus sein zu können. Daher antwortete der Blindgeborene den Pharisäern mit Worten, die eine scharfe Zurückweisung der Fragesteller waren. Sie behaupteten, Ausleger der Heiligen Schrift zu sein und religiöse Führer ihres Volkes. Jetzt aber war jemand da, der Wunder wirkte, und sie mussten zugeben, dass sie die Kraftquelle, aus der er schöpfte, seinen Charakter und seinen Anspruch nicht kannten. Der Blindgeborene antwortete: »Das ist verwunderlich, dass ihr nicht wisst, woher Er ist, und Er hat meine Augen aufgetan. Wir wissen, dass Gott die Sünder nicht erhört; sondern den, der gottesfürchtig ist und seinen Willen tut, den hört Er. Vom Anbeginn der Welt hat man nicht gehört, dass jemand einem Blindgeborenen die Augen aufgetan habe. Wäre dieser nicht von Gott, er könnte nichts tun.« Johannes 9,30-33

Der Mann hatte seine Inquisitoren auf ihrem eigenen Boden getroffen, und sie kamen gegen seine Beweismittel nicht an. Die Pharisäer wunderten sich und schwiegen, gebannt von den scharfsinnigen und entschlossenen Worten. Einige Augenblicke herrschte Ruhe. Dann aber rafften die finster dreinschauenden Priester und Rabbiner ihre Gewänder zusammen, als könnten sie sich durch eine Berührung mit ihm anstecken, schüttelten den Staub von ihren Füßen und schleuderten ihm die Anklage entgegen: »,Du bist ganz in Sünden geboren und lehrst uns?' Und schlossen ihn aus der Glaubensgemeinschaft aus.« Johannes 9,34 Jesus hörte davon, wie jener Mann behandelt worden war, und Er sagte zu ihm, als Er bald darauf mit ihm zusammentraf: »Glaubst du an den Menschensohn?« Johannes 9,35 Zum ersten Mal blickte der Geheilte in das Gesicht seines Heilandes. Vor der Sitzung hatte er seine bekümmerten und verwirrten Eltern gesehen und in die finsteren Gesichter der Rabbiner geschaut. Nun aber ruhte sein Blick auf dem gütigen und friedvollen Gesicht Jesu. Er hatte Ihn bereits, sehr zu seinem Nachteil, als einen Vertreter der Macht Gottes anerkannt, jetzt aber wurde ihm eine noch höhere Offenbarung gewährt. Als ihn der Heiland fragte: »Glaubst du an den Menschensohn?«, antwortete der Blindgeborene mit der Gegenfrage: »Herr, wer ist's, dass ich an ihn glaube?« Jesus antwortete darauf: »Du hast ihn gesehen, und der mit dir redet, der ist's.« Johannes 9,36f

Da warf sich der Mann dem Heiland zu Füßen und betete Ihn an. Nicht nur seine natürliche Sehkraft hatte er erlangt, auch sein geistliches Verständnis hatte sich entwickelt. Christus war seinem Herzen enthüllt worden, und er nahm ihn als den von Gott Gesandten an.

Eine Gruppe Pharisäer hatte sich in der Nähe versammelt. Als Jesus sie sah, dachte Er an die gegensätzliche Wirkung, die Seine Worte und Werke hervorriefen. Er sagte ihnen: »Ich bin zum Gericht in diese Welt gekommen, damit, die nicht sehen, sehend werden, und die sehen, blind werden.« Johannes 9,39 Christus war gekommen, um die Augen der Blinden zu öffnen und denen Licht zu schenken, die in der Finsternis weilten. Er hatte sich selbst als das Licht der Welt bezeichnet, und das Wunder, das er soeben gewirkt hatte, bestätigte seine Sendung. Das Volk, das den Heiland bei Seiner Ankunft gesehen hatte, empfing eine vollständigere Offenbarung der Gegenwart Gottes, als sie die Welt je zuvor erlebt hatte. Die Erkenntnis Gottes wurde umfassender. Doch gerade mit dieser Offenbarung kam das Gericht über die Menschen. Ihr Charakter wurde geprüft und ihr Schicksal entschieden.

Die Offenbarung der göttlichen Macht, die dem Blinden das natürliche und das geistliche Augenlicht geschenkt hatte, ließ die Pharisäer in noch tieferer Finsternis zurück. Einige seiner Zuhörer, die spürten, dass sich Jesu Worte auf sie bezogen, fragten Ihn: »Sind wir denn auch blind?« Jesus antwortete ihnen: »Wärt ihr blind, so hättet ihr keine Sünde.« Johannes 9,40f

Mit anderen Worten: Hätte Gott es euch unmöglich gemacht, die Wahrheit zu erkennen, dann hättet ihr keine Schuld. Nun aber sprecht ihr: »Wir sind sehend.« Ihr glaubt, selbst sehen zu können, und lehnt das einzige Mittel ab, durch das ihr Licht erhalten könntet. Allen, die sich ihrer Not bewusst wurden, brachte Christus unbegrenzte Hilfe. Die Pharisäer wollten ihre Not jedoch nicht eingestehen. Sie weigerten sich, zu Christus zu kommen, und blieben deshalb blind. An dieser Blindheit waren sie selbst schuld. Jesus sagte deshalb zu ihnen: »Eure Sünde bleibt!« vgl. Johannes 9,41

KAPITEL 52

Auf Grundlage von
Johannes 10,1-30
Psalm 23,1-6

DER GUTE HIRTE

»Ich bin der gute Hirte. Der gute Hirte lässt sein Leben für die Schafe ... Ich bin der gute Hirte und kenne die Meinen und die Meinen kennen mich, wie mich mein Vater kennt und ich kenne den Vater. Und ich lasse mein Leben für die Schafe.« Johannes 10,11.14f

Auch hier benutzte Jesus Bilder aus dem täglichen Leben und aus der Natur, um sich Seinen Zuhörern verständlich zu machen. Er hatte den Einfluss des Geistes Gottes mit dem kühlen, erfrischenden Wasser verglichen und sich selbst als das Licht, die Quelle des Lebens und der Freude für die Natur und den Menschen bezeichnet. Jetzt benutzte Er das schöne Bild vom guten Hirten, um Seine Beziehung zu denen darzustellen, die an Ihn glauben. Kein Bild war Seinen Zuhörern vertrauter, und Christi Worte brachten es für immer mit Ihm in Verbindung. Niemals konnten die Jünger auf die Hirten schauen, die ihre Herden hüteten, ohne dabei an die Lehre ihres Meisters zu denken. Sie sahen Christus in jedem treuen Hirten und sich selbst in jeder hilflosen und abhängigen Herde.

Schon durch den Propheten Jesaja wurde dieses Bild auf den Messias angewandt. Er schrieb die tröstlichen Worte: »Zion, du Freudenbotin, steig auf einen hohen Berg; Jerusalem, du Freudenbotin, erhebe deine Stimme mit Macht; erhebe sie und fürchte dich nicht! Sage den Städten Judas: Siehe, da ist euer Gott! ... Er wird seine Herde weiden wie ein Hirte. Er wird die Lämmer in seinen Arm sammeln und im Bausch seines Gewandes tragen.« Jesaja 40,9-11

Der Psalmist hatte gesungen: »Der Herr ist mein Hirte, mir wird nichts mangeln.« Psalm 23,1 Und der Heilige Geist hatte durch Hesekiel erklärt: »Ich will ihnen einen einzigen Hirten erwecken, der sie weiden soll.« Hesekiel 34,23 »Ich will das Verlorene wieder suchen und das Verirrte zurückbringen und das Verwundete verbinden und das Schwache stärken.« Hesekiel 34,16 »Ich will einen Bund des Friedens mit ihnen schließen und alle bösen Tiere aus dem Lande ausrotten.« Hesekiel 34,25 »Und sie sollen nicht mehr den Völkern zum Raub werden ..., sondern sie sollen sicher wohnen, und niemand soll sie schrecken ... Ja, ihr sollt meine Herde sein.« Hesekiel 34,28.31

Christus wandte diese Weissagungen auf sich an und zeigte dadurch den Gegensatz zwischen Seinem Charakter und dem der führenden Juden. Die Pharisäer hatten gerade jemanden aus der Hürde getrieben, weil der es gewagt hatte, die Macht Jesu zu bestätigen. Eine Seele war von ihnen ausgestoßen worden, die der wahre Hirte zu sich gezogen hatte. Dadurch zeigten sie, wie wenig sie von dem ihnen anvertrauten Werk wussten und wie unwürdig sie des Vertrauens als Hirten der Herde waren. Jesus zeigte nun den Gegensatz zwischen ihnen und dem guten Hirten und verwies auf sich als den wirklichen Hüter der Herde des Herrn. Doch zuvor sprach Er von sich selbst unter einem anderen Bild.

Er sagte: »Wer nicht zur Tür hineingeht in den Schafstall, sondern steigt anderswo hinein, der ist ein Dieb und ein Räuber. Der aber zur Tür hineingeht, der ist der Hirte der Schafe.« Johannes 10,1f Die Pharisäer erkannten nicht, dass diese Worte gegen sie gerichtet waren. Als sie noch über dessen Bedeutung nachdachten, fügte Jesus hinzu: »Ich bin die Tür; wenn jemand durch mich hineingeht, wird er selig werden und wird ein- und ausgehen und Weide finden. Ein Dieb kommt nur, um zu stehlen, zu schlachten und umzubringen. Ich bin gekommen, damit sie das Leben und volle Genüge haben sollen.« Johannes 10,9f

Christus ist die Tür zum Schafstall Gottes. Durch diese Tür haben von jeher Seine Kinder Eingang gefunden. In Jesus – wie Ihn alle Vorbilder zeigten, wie alle Symbole Ihn vorschatteten, wie die Offenbarungen der Propheten Ihn darstellten, wie die den Jüngern gegebenen Anweisungen Ihn bekannt machten – sahen sie »Gottes Lamm, das der Welt Sünde trägt.« Johannes 1,29 Durch Ihn sind sie in die Hürde Seiner Gnade eingegangen. Viele haben versucht, den Glauben der Welt auf etwas anderes zu gründen. Zeremonien und Lehrsysteme wurden erdacht, durch die Menschen erhofften, Rechtfertigung und Frieden mit Gott zu empfangen und auf ihre Weise Zugang zu dem Schafstall Gottes zu bekommen. Doch die einzige Tür da hinein ist Christus, und alle, die etwas anderes an seine Stelle gesetzt haben – alle, die versuchten, auf andere Weise in den Schafstall zu gelangen, – sind demnach »Diebe und Räuber.«

Die Pharisäer waren nicht durch diese Tür hineingegangen, sondern auf andere Art als Christus in die Hürde eingedrungen und erfüllten nicht die Aufgabe eines wahren Hirten. Die Priester und Obersten, die Schriftgelehrten und Pharisäer zerstörten die frischen, gesunden Weiden und verschmutzten die Quelle des Lebenswassers. Die Heilige Schrift beschreibt genau das Handeln dieser falschen Hirten: »Das Schwache stärkt ihr nicht, und das Kranke heilt ihr nicht, das Verwundete verbindet ihr nicht, das Verirrte holt ihr nicht zurück und das Verlorene sucht ihr nicht; das Starke aber tretet ihr nieder mit Gewalt.« Hesekiel 34,4 Zu allen Zeiten versuchten Philosophen und kluge Männer durch menschliche Theorien die seelischen Bedürfnisse zu befriedigen. Jede heidnische Nation hatte ihre großen Lehrer und Religionen, die andere Wege zur Erlösung anboten als Christus, indem sie den Blick der Menschen immer weiter von ihrem Schöpfer weglenkten und ihre Herzen mit Furcht vor dem erfüllten, der ihnen nur Gutes getan hatte. Ihr Bestreben ging dahin, Gott dessen zu berauben, was Ihm nicht nur durch die Schöpfung, sondern mehr noch durch die Erlösung gehört. So beraubten falsche Lehrer die Menschen.

Millionen Unglücklicher sind durch falsche Religionen gebunden, zudem in sklavischer Furcht geknechtet und sie leben in dumpfer Gleichgültigkeit dahin, schuften wie Lasttiere, beraubt aller Hoffnung, Freude und Sehnsucht in diesem Leben und nur mit einem Gefühl undefinierbarer Angst vor der Zukunft im Herzen. Allein das Evangelium von der Gnade Gottes kann den Menschen erheben. Das Betrachten der Liebe Gottes, die sich in Seinem Sohn offenbart, erwärmt das Herz und erweckt die Kräfte der Seele wie sonst nichts. Christus kam, um das Ebenbild Gottes im Menschen wiederherzustellen. Wer jedoch die Menschen von Christus abspenstig macht, lenkt sie von der Quelle echter Entfaltung ab und betrügt sie um die Hoffnung, um das Ziel und die Herrlichkeit des Lebens. Er ist ein »Dieb und Räuber.«

»Der aber zur Tür hineingeht, der ist der Hirte der Schafe.« Johannes 10,2 Christus ist Tür und Hirte zugleich. Er tritt bei Sich selbst ein und wird durch Sein eigenes Opfer der Hirte der Schafe. »Dem macht der Türhüter auf, und die Schafe hören seine Stimme; und er ruft seine Schafe mit Namen und führt sie aus. Und wenn er alle seine Schafe hinausgelassen hat, geht er vor ihnen her, und die Schafe folgen ihm nach; denn sie kennen seine Stimme.« Johannes 10,3f

Von allen Geschöpfen ist das Schaf eines der ängstlichsten und hilflosesten. Im Orient sorgt der Hirte ständig für seine Herde. Damals wie auch heute gab es außerhalb der Stadtmauer wenig Schutz, da Räuber von den umherziehenden Stämmen oder Raubtiere, die an unzugänglichen Plätzen in den Bergen lebten, nur darauf lauerten, die Herde zu plündern. Der Hirte wachte über die seiner Obhut anvertrauten Schafe, und er wusste, dass es unter Einsatz seines Lebens geschah. Jakob, der einst die Herden von Laban auf den Weiden bei Haran hütete, beschrieb diesen mühevollen Beruf: »Des Tages kam ich um vor Hitze und des Nachts vor Frost, und kein Schlaf kam in meine Augen.« 1.Mose 31,40 Und als der junge David die Schafe seines Vaters weidete, kämpfte er allein mit Löwen und Bären und rettete das gestohlene Lamm aus ihren Zähnen.

Indem der gute Hirte seine Herde durchs Gebirge und durch Wälder und wilde Schluchten zu den geschützten Weideplätzen an den Ufern der Flüsse führt, indem er in den Bergen einsam die Nacht durchwacht, auf Räuber Acht hat und aufopfernd für die verletzten und schwachen Schafe sorgt, verwächst

sein Leben immer mehr mit dem Leben seiner Schafe. Eine

starke und zärtliche Bindung vereint ihn mit seinen Schutzbefohlenen. Er kennt jedes Tier seiner Herde, mag sie noch so groß sein. Er kennt jedes Schaf mit Namen und es hört auf den Ruf des Hirten. Genauso kennt auch der göttliche Hirte die Schafe Seiner Herde, die auf der ganzen Welt verstreut leben. »Ihr sollt meine Herde sein, die Herde meiner Weide, und ich will euer Gott sein, spricht Gott der Herr.« Hesekiel 34,31 Jesus sagt: »Ich habe dich bei deinem Namen gerufen; du bist mein!« Jesaja 43,1 »Siehe, in meine Hände habe ich dich eingezeichnet.« Jesaja 49,16 Jesus kennt uns persönlich und hat Mitleid mit unseren Schwachheiten. Er kennt uns alle mit Namen. Er kennt das Haus, in dem wir wohnen, den Namen jedes Bewohners. Manchmal gab Er Seinen Dienern Anweisungen, in einer bestimmten Stadt in ein bestimmtes Haus in eine bestimmte Straße zu gehen, um eines Seiner Schafe zu finden.

Jeder Mensch ist dem Herrn so gut bekannt, als sei er der einzige, für den Er Sein Leben gelassen hat. Die Not eines jeden rührt Sein Herz. Jeder Hilferuf erreicht Sein Ohr. Er kam, um alle Menschen zu retten. Jeden lädt Er ein: »Folge mir nach!« Sein guter Geist bewegt die Herzen, damit sie sich entschließen, zu Ihm zu kommen. Viele wehren sich, zu Ihm gezogen zu werden, doch Jesus kennt sie. Er weiß auch, wer freudig auf Seinen Ruf hört und bereit ist, sich Seinem Hirtenamt anzuvertrauen. Er sagt: »Meine Schafe hören meine Stimme, und ich kenne sie, und sie folgen mir.« Johannes 10,27 Er sorgt für jedes einzelne, als gäbe es kein weiteres auf der Welt.

»Er ruft seine Schafe mit Namen und führt sie hinaus ... und die Schafe folgen ihm nach; denn sie kennen seine Stimme.« Johannes 10,3f Ein orientalischer Hirte treibt seine Herde nicht. Er ist nicht auf den Einsatz von Zwang und Gewalt angewiesen, sondern geht der Herde voran, und ruft die Tiere. Sie kennen seine Stimme und gehorchen ihr. So handelt auch der Heiland als Hirte mit seinen Schafen. Die Schrift sagt: »Du führtest dein Volk wie eine Herde durch die Hand des Mose und Aaron.« Psalm 77,21 Und durch den Propheten erklärt Jesus: »Ich habe dich je und je geliebt, darum habe ich dich zu mir gezogen aus lauter Güte.« Jeremia 31,3 Er zwingt keinen Menschen, Ihm zu folgen. »Mit menschlichen Banden zog ich sie«, sagte Er, »mit Seilen der Liebe.« Hosea 11,4

Nicht die Furcht vor Strafe noch die Hoffnung auf ewigen Lohn veranlassen die Jünger Christi, Ihm zu folgen. Sie erkennen die unvergleichliche Liebe des Heilandes, die sich in Seiner irdischen Pilgerschaft von der Krippe in Bethlehem bis zum Kreuz auf Golgatha offenbarte, und Sein Anblick ist es, der die Seele anzieht, erweicht und bezwingt. Liebe erwacht in den Herzen der Betrachter. Sie hören seine Stimme und folgen ihm.

Wie der Hirte seinen Schafen vorausgeht, indem er zuerst den Gefahren begegnet, so geht auch Jesus mit Seinem Volk um. »Wenn er alle seine Schafe hinausgelassen hat, geht er vor ihnen hin.« Der Weg zum Himmel ist durch die Fußspuren des Erlösers gebahnt. Der Pfad mag steil und rau sein, Jesus ist ihn schon gegangen. Seine Füße haben die spitzen Dornen niedergetreten und den Weg für uns leichter gemacht. Jede Last, die uns drückt, hat Er auch getragen.

Obwohl Jesus in die Gegenwart Gottes aufgefahren ist und den Thron des Universums mit Seinem Vater teilt, hat Er doch nichts von Seinem barmherzigen Wesen verloren. Noch heute steht dasselbe treue, mitfühlende Herz dem Leid der Menschheit offen. Noch heute ist jene durchbohrte Hand ausgestreckt, um Seine Kinder in aller Welt überreich zu segnen. »Sie werden nimmermehr umkommen, und niemand wird sie aus meiner Hand reißen.« Johannes 10,28

Die Seele, die sich Jesus Christus übergeben hat, bedeutet Ihm mehr als die ganze Welt. Der Heiland hätte alle Schmerzen und Leiden auf Golgatha ertragen, um nur einen Menschen für Sein Reich zu retten. Nie wird Er einen Menschen verlassen, für den Er gestorben ist. Wenn Seine Nachfolger sich nicht dafür entschließen, Ihn zu verlassen, wird Er sie festhalten.

Durch alle unsere Anfechtungen hindurch haben wir einen nie versagenden Helfer. Er verlässt uns nicht, dass wir allein mit den Versuchungen und gegen das Böse kämpfen und dann schließlich unter den Lasten und Sorgen zusammenbrechen. Können Ihn unsere Augen jetzt auch nicht sehen, so kann doch das Ohr des Glaubens Seine Stimme hören, die da spricht: »Fürchte dich nicht! Ich bin ... der Lebendige. Ich war tot, und siehe, ich bin lebendig von Ewigkeit zu Ewigkeit und habe die Schlüssel der Hölle und des Todes.« Offenbarung 1,17f

Ich habe deinen Kummer getragen, deine Kämpfe durchlebt und deine Versuchungen erduldet. Ich verstehe deine Tränen – ich habe auch geweint. Ich kenne den Gram, der zu tief im Herzen brennt, um ihn irgendeinem menschlichen Ohr anzuvertrauen. Glaube nicht, du seist einsam und verlassen. Bringt dein Schmerz keine Saite in irgendeines Menschen Herz zum Klingen, dann blick auf mich und lebe! »Es sollen wohl Berge weichen und Hügel hinfallen, aber meine Gnade soll nicht von dir weichen, und der Bund meines Friedens soll nicht hinfallen, spricht der Herr, dein Erbarmer.« Jesaja 54,10

Wie sehr auch ein Hirte seine Herde lieben mag, mehr noch liebt er seine Söhne und Töchter. Jesus ist nicht nur unser Hirte, Er ist unser »Ewig-Vater« und sagt: »Ich bin der gute Hirte und kenne die Meinen und die Meinen kennen mich, wie mich mein Vater kennt und ich kenne den Vater.« Johannes 10,14f Welch eine Aussage ist dies! Der eingeborene Sohn, der an der Seite des Vaters ist und dem Gott erklärt hat, dass Er der Mann sei, der Ihm am nächsten steht! vgl. Sacharja 13,7 Das Verhältnis zwischen Jesus und dem ewigen Gott wird verwendet, um

die Verbindung zwischen Christus und Seinen Kindern auf Erden darzustellen. Weil wir die Gabe Seines Vaters und der Lohn Seiner Arbeit sind, liebt uns Jesus als Seine Kinder. Er liebt dich! Der Himmel selbst kann nichts Größeres, nichts Besseres schenken. Vertrauen wir deshalb unserem Heiland!

Jesus dachte an alle, die von falschen Hirten irregeleitet wurden. Jene, die er als Schafe seiner Weide sammeln wollte, waren unter Wölfen zerstreut, und er sagte: »Ich habe noch andere Schafe, die nicht aus dieser Hürde sind. Auch die muss ich herbeiführen; sie werden auf meine Stimme hören, und es wird eine Herde und ein Hirt sein. Weil ich mein Leben hingebe, um es wieder zu gewinnen, deshalb liebt mich der Vater. Niemand vermag es mir zu nehmen, ich gebe es freiwillig hin. Ich habe die Macht, es hinzugeben, und habe die Macht, es wiederzugewinnen.« Johannes 10,16-18; Rösch, Ausgabe von 1936 Als Mitglied der menschlichen Familie war Er sterblich, als Gott aber die Quelle alles Lebens für die Welt. Er hätte der Macht des Todes widerstehen und sich weigern können, unter seine Herrschaft zu kommen, aber Er legte freiwillig sein Leben ab, damit Er Leben und Unsterblichkeit ans Licht bringen konnte. Er trug die Sünden der Welt, nahm deren Fluch auf sich und gab sein Leben als Opfer, damit die Menschen nicht des ewigen Todes sterben müssen. »Fürwahr, er trug unsre Krankheit und lud auf sich unsre Schmerzen. ... Er ist um unsrer Missetat willen verwundet und um unsrer Sünde willen zerschlagen. Die Strafe liegt auf ihm, auf dass wir Frieden hätten, und durch seine Wunden sind wir geheilt. Wir gingen alle in die Irre wie Schafe, ein jeder sah auf seinen Weg. Aber der Herr warf unser aller Sünde auf ihn.« Jesaja 53,4-6

KAPITEL 53

Auf Grundlage von
Markus 10,32-34
Lukas 9,51-56; 10,1-24

DIE LETZTE *REISE* VON *GALILÄA*

Mit dem herannahenden Ende seines Dienstes veränderte sich auch die Art des Wirkens Jesu. Bisher hatte der Heiland versucht, alle öffentliche Aufregung zu vermeiden. Die Huldigungen des Volkes hatte Er zurückgewiesen, und Er wechselte sehr rasch den Ort Seines Wirkens, wenn die Begeisterung des Volkes über Ihn außer Kontrolle geriet. Immer wieder hatte Er befohlen, dass niemand Ihn als Christus bezeichnen solle.

Seine Reise nach Jerusalem zum Laubhüttenfest war schnell und heimlich vor sich gegangen. Wurde Er von Seinen Brüdern bedrängt, sich nun endlich als Messias zu erkennen zu geben, dann lautete Seine Antwort: »Meine Zeit ist noch nicht da.« Johannes 7,6 Unbeachtet reiste er nach Jerusalem und betrat die Stadt. Jetzt aber war Sein Auftreten anders. Er hatte Jerusalem wegen der Bosheit der Priester und Rabbiner für kurze Zeit verlassen. Doch nun kehrte Er auf einem Umweg in aller Öffentlichkeit in die Stadt zurück, und kündete Sein Kommen auf eine Weise an, wie Er es nie zuvor getan hatte. Er war dabei, dem Schauplatz Seines großen Opfers entgegenzugehen, und dazu musste die Aufmerksamkeit des Volkes auf Sein großes Opfer gelenkt werden.

»Wie Mose in der Wüste die Schlange erhöht hat, so muss der Menschensohn erhöht werden.« Joh. 3,14 Wie die Augen aller Israeliten auf die erhöhte Schlange, dem Symbol ihrer Rettung, gerichtet waren, so mussten alle Augen auf Christus gelenkt werden, dem Opfer, das der verlorenen Welt Erlösung brachte.

Es waren eine falsche Vorstellung vom Wirken des Messias und ein mangelnder Glaube an den göttlichen Charakter Jesu, die Seine Brüder dazu geführt hatten, Ihn zu drängen, sich auf dem Laubhüttenfest öffentlich dem Volk vorzustellen. Nun, von dem gleichen Geist getrieben, wollten die Jünger Ihn von der Reise nach Jerusalem abhalten. Sie erinnerten sich an Seine Worte, bezüglich dem, was Ihn in Jerusalem erwarte. Sie wussten von der tödlichen Feindschaft der jüdischen Obersten, und sie hätten ihrem Meister gern abgeraten, dorthin zu gehen. Für Christus war es eine bittere Aufgabe, trotz der Ängste und Enttäuschungen sowie des Unglaubens Seiner geliebten Jünger auf

Seinem Weg voranzugehen. Es wurde Ihm schwer, sie der Angst und Verzweiflung entgegenzuführen, die ihrer in Jerusalem warteten. Außerdem war Satan zur Stelle, um den Menschensohn wieder mit seinen Versuchungen zu bedrängen. Warum sollte Er jetzt nach Jerusalem in den sicheren Tod gehen? Überall hungerten Menschen nach dem Brot des Lebens und so viele Leidende warteten auf Sein Wort der Heilung. Das Werk des Evangeliums Seiner Gnade hatte gerade erst begonnen und Er stand im besten Mannesalter. Warum sollte Er mit Seiner Gnadenbotschaft nicht in die weite Welt gehen, um Seine heilende Kraft mitzuteilen? Warum sollte Er nicht selbst die Freude miterleben, den in Finsternis und Kümmernis verharrenden Millionen Menschen Licht und Freude zu bringen? Warum sollte Er das Einbringen der Ernte Seinen Jüngern überlassen, die so schwach im Glauben, so träge im Verstehen und so langsam im Handeln waren? Wozu sich nun in den sicheren Tod begeben und das Werk verlassen, das noch im Anfangsstadium war? Der Feind, der sich Christus schon in der Wüste entgegengestellt hatte, überfiel Ihn jetzt mit ungestümen und listigen Versuchungen. Hätte Jesus auch nur einen Augenblick nachgegeben und wäre Er von Seinem Weg nur unwesentlich abgewichen, um sich selbst zu retten, dann hätten Satans Heere triumphiert und die Welt wäre verloren gewesen.

Doch der Heiland »wandte ... sein Angesicht, stracks nach Jerusalem zu wandern.« Lukas 9,51 Der Wille Seines Vaters im Himmel war das Gesetz Seines Lebens. Als Er in seiner Kindheit den Tempel besuchte, hatte Er zu Maria gesagt: »Wisst ihr nicht, dass ich sein muss in dem, was meines Vaters ist?« Lukas 2,49 Und als Maria auf der Hochzeit zu Kana wollte, dass Jesus Seine Wunder wirkende Kraft offenbare, war seine Antwort: »Meine Stunde ist noch nicht gekommen.« Johannes 2,4 Mit denselben Worten hatte Er auch Seinen Brüdern geantwortet, als sie Ihn zum Besuch des Laubhüttenfestes drängen wollten. Doch in Gottes großem Plan war die Stunde Seiner Opferung für die Menschheit festgelegt. Nun sollte diese Stunde bald schlagen. Er wollte nicht matt werden noch verzagen. Seine Schritte waren nach Jerusalem gewandt, wo Seine Feinde schon lange darauf warteten, Seinem Leben ein Ende zu machen. Jetzt würde es bald soweit sein. »Stracks« wandte er Sein Angesicht nach Jerusalem und ging der Verfolgung, Verleugnung, Verwerfung, Verurteilung und dem Tod entgegen.

»Er sandte Boten vor sich her; die gingen hin und kamen in ein Dorf der Samariter, ihm Herberge zu bereiten.« Lukas 9,52 Doch die Samariter nahmen Ihn nicht auf, weil Er sich auf dem Weg nach Jerusalem befand. Daraus meinten sie ableiten zu können, dass Er die Juden, die sie so tief hassten, ihnen vorziehe. Wäre Er gekommen, um den Tempel und die Anbetung auf dem Berg Garizim wieder herzustellen, so hätten sie Ihn mit Freuden empfangen. Aber Er war auf dem Weg nach Jerusalem, darum wollten sie Ihm keine Gastfreundschaft erweisen. Wie wenig erkannten sie, dass sie die beste Gabe des Himmels von sich wiesen! Jesus bat Menschen, Ihn aufzunehmen, Er bat sie um Gunsterweisungen von ihrer Hand, damit Er sich ihnen nähern könnte, um sie reich zu segnen. Jede Ihm bezeugte Liebestat vergalt Er durch eine viel wertvollere Gnadengabe. Doch das verloren die Samariter wegen ihrer Voreingenommenheit und ihres blinden Eifers.

Die von Christus ausgesandten Boten Jakobus und Johannes waren über eine solche Beleidigung ihres Herrn sehr empört, weil die Samariter, denen der Besuch Jesu eine Ehre hätte sein müssen, Ihn so grob behandelt hatten. Erst kürzlich waren sie mit Ihm auf dem Verklärungsberg gewesen und hatten Ihn von Gott verherrlicht und von Mose und Elia geehrt gesehen. Nun meinten sie, dass die Missachtung Jesu durch die Samariter nicht ohne strenge Strafe bleiben sollte.

Sie kamen zu Jesus, erzählten, was die Samariter sagten, und berichten, dass jene sich sogar geweigert hätten, Ihm für eine Nacht Unterkunft zu gewähren. Sie meinten, dass ihrem Herrn ein großes Unrecht angetan worden sei, und während sie in einiger Entfernung den Berg Karmel sahen, auf dem Elia einst die falschen Propheten erschlagen hatte, riefen sie aus: »Herr, willst du, so wollen wir sagen, dass Feuer vom Himmel falle und sie verzehre.« Lukas 9,54 Wie überrascht waren sie, als sie bemerkten, wie schmerzlich ihre Worte Jesus berührten! Noch erstaunter waren sie über den Tadel, den sie hörten: »Wisst ihr nicht, welches Geistes Kinder ihr seid? Der Menschensohn ist nicht gekommen, das Leben der Menschen zu vernichten, sondern zu erhalten.« Lukas 9,55f Dann gingen sie in ein anderes Dorf.

Es ist nicht Christi Aufgabe, jemanden zu zwingen, Ihn anzunehmen. Es sind vielmehr Satan und Menschen, die von seinem Geist angetrieben werden, die danach streben, das Gewissen zu zwingen. Unter dem Vorwand, für Gerechtigkeit zu eifern, bringen Menschen, die sich mit bösen Engeln verbunden haben, Leid und Schmerz über ihre Mitmenschen, um sie zu ihren religiösen Anschauungen zu bekehren. Christus aber übt Barmherzigkeit und sucht durch die Offenbarung Seiner Liebe Menschen zu gewinnen. Er duldet keinen Rivalen im Herzen, Er nimmt auch keine geteilte Gabe an, sondern wünscht nur freiwilligen Dienst, – die willige Übergabe des Herzens an die Herrschaft der Liebe. Es gibt keinen überzeugenderen Beweis dafür, dass wir den Geist Satans besitzen, wenn wir denen schaden und Verderben wünschen, die unsere Aufgabe nicht schätzen oder unserer Auffassung entgegen handeln.

Jeder Mensch ist mit Körper, Seele und Geist das Eigentum Gottes. Christus starb, um alle zu erlösen. Nichts ist für den Herrn beleidigender, als Menschen, die aus religiösem Eifer denen Leid zufügen, die mit dem Blut des Heilands teuer

erkauft sind.

»Er machte sich auf und kam von dort in das Gebiet von Judäa und jenseits des Jordans. Und abermals lief das Volk in Scharen bei ihm zusammen, und wie es seine Gewohnheit war, lehrte er sie abermals.« Markus 10,1 Ein Großteil des abschließenden Dienstes hatte Christus in Peräa, einer Provinz »jenseits des Jordans«, verbracht. Hier drängte sich das Volk wie in Zeiten Seines früheren Wirkens in Galiläa um Ihn, und Jesus wiederholte und bekräftige Seine Lehren. Wie Er schon die Zwölf ausgesandt hatte, so »setzte der Herr weitere siebzig Jünger ein und sandte sie je zwei und zwei vor sich her in alle Städte und Orte, wohin er gehen wollte.« Lukas 10,1 Diese Jünger waren einige Zeit bei Ihm gewesen und für ihre Aufgabe ausgebildet worden. Als die Zwölf zu ihrem ersten selbständigen Auftrag ausgesandt waren, hatten andere Jünger den Herrn auf Seiner Wanderung nach Galiläa begleitet und erhielten dadurch das Vorrecht des unmittelbaren Kontakts mit Ihm und von Ihm persönlich belehrt zu werden. Jetzt sollte auch diese Schar sich auf den Weg machen und als Diener des Evangeliums ihren Auftrag ausführen. Die Anweisungen, die Jesus den Siebzig gab, glichen denen, die die Zwölf erhalten hatten, ausgenommen das Verbot, die Städte der Heiden oder der Samariter zu betreten. Obwohl Christus von den Samaritern gerade erst zurückgewiesen worden war, blieb Seine Liebe zu ihnen unverändert. Als die Siebzig in Seinem Namen hinausgingen, besuchten sie zuerst die Städte von Samarien.

Jesu eigener Besuch in Samarien und später Seine anerkennenden Worte über den barmherzigen Samariter sowie die dankbare Freude jenes Aussätzigen, eines Samariters, der allein von den zehn Geheilten umkehrte, um Christus zu danken, waren für die Jünger sehr bedeutungsvoll. Sie hatten sich diese Lehre sehr zu Herzen genommen. In Seinem Auftrag an die Jünger kurz vor Seiner Himmelfahrt nannte der Heiland neben Jerusalem und Judäa auch Samarien als die Gebiete, wo sie zuerst das Evangelium verkündigen sollten. Seine Belehrung hatte sie befähigt, Gottes Werk zu treiben.

Als sie nun in ihres Meisters Namen nach Samarien kamen, fanden sie das Volk auf ihr Kommen vorbereitet. Die Samariter hatten von Christi lobenden Worten und Seinem barmherzigen Wirken an ihren Landsleuten gehört. Sie sahen, dass Jesus sie trotz ihres unhöflichen Betragens liebte, und ihre Herzen wurden gewonnen. Nach Seiner Himmelfahrt nahmen sie die Boten des Evangeliums herzlich auf, und die Jünger brachten eine kostbare Ernte ein unter denen, die einst ihre heftigsten Gegner gewesen waren. »Das geknickte Rohr wird er nicht zerbrechen, und den glimmenden Docht wird er nicht auslöschen. In Treue trägt er das Recht hinaus.« Jesaja 42,3 »Die Heiden werden auf seinen Namen hoffen.« Matthäus 12,21

Wie einst bei der Aussendung der Zwölf, gebot der Herr auch den Siebzig, sich dort nicht aufzudrängen, wo sie nicht willkommen waren.

»Wenn ihr aber in eine Stadt kommt und sie euch nicht aufnehmen, so geht hinaus auf ihre Straßen und sprecht: Auch den Staub aus eurer Stadt, der sich an unsre Füße gehängt hat, schütteln wir ab auf euch. Doch sollt ihr wissen: das Reich Gottes ist nahe herbeigekommen.« Lukas 10,10f Nicht ärgerlich oder beleidigt sollten sie das aussprechen, sondern nur aufzuzeigen, wie schwerwiegend es ist, die Botschaft des Herrn oder seine Boten abzulehnen. Diener des Herrn zu verwerfen heißt, Christus selbst von sich zu weisen.

Jesus fügte noch hinzu: »Ich sage euch: Es wird Sodom erträglicher ergehen an jenem Tage als dieser Stadt.« Dann verweilten Seine Gedanken bei den galiläischen Städten, in denen Er so viele Seiner Liebesdienste gewirkt hatte. Traurig rief Er aus: »Weh dir, Chorazin! Weh dir, Bethsaida! Denn wären solche Taten in Tyrus und Sidon geschehen, wie sie bei euch geschehen sind, sie hätten längst in Sack und Asche gesessen und Buße getan. Doch es wird Tyrus und Sidon erträglicher ergehen im Gericht als euch. Und du, Kapernaum, wirst du bis zum Himmel erhoben werden? Du wirst in die Hölle hinuntergestoßen werden. »Wer euch hört, der hört mich; und wer euch verachtet, der verachtet mich; wer aber mich verachtet, der verachtet den, der mich gesandt hat.« Lukas 10,12-16

Diesen geschäftigen Städten am See waren des Himmels reichste Segnungen großzügig angeboten worden. Tag für Tag war der Fürst des Lebens bei ihnen ein- und ausgegangen. Die Herrlichkeit Gottes, welche Propheten und Könige sich gewünscht hatten zu sehen, schien auf alle herab, die sich um den Heiland drängten, dennoch hatten sie die Gabe des Himmels abgelehnt.

Mit zur Schau gestellter Klugheit hatten die Rabbiner das Volk gewarnt, die neuen Lehren anzunehmen, die dieser neue Lehrer verkündigte, denn Seine Theorien und Handlungsweise würden den Lehren der Väter widersprechen. Das Volk vertraute dem, was die Priester und Pharisäer lehrten, anstatt selbst zu versuchen, das Wort Gottes zu verstehen. Sie ehrten die Priester und Obersten statt Gott, und verwarfen die Wahrheit, damit sie ihre eigenen Traditionen beibehalten konnten. Viele waren tief beeindruckt und fast überzeugt worden, aber sie handelten nicht nach ihren Überzeugungen und stellten sich nicht auf die Seite Christi. Satan schickte seine Versuchungen, bis das Licht wie Finsternis aussah. So verwarfen viele die Wahrheit, die den Menschen Rettung gebracht hätte.

Der treue Zeuge erklärt: »Siehe, ich stehe vor der Tür und klopfe an.« Offenbarung 3,20 Jede Warnung, Zurechtweisung und dringende Aufforderung, aus dem Wort Gottes oder durch Seine Boten, ist ein Anklopfen an der Tür des Herzens. Es ist die Stimme Jesu, die um Einlass bittet. Mit jedem Klopfen, das unbeachtet bleibt, wird die Neigung, zu öffnen, immer schwächer. Werden die Eindrücke des Heiligen Geistes heute missachtet, dann werden sie morgen nicht

mehr so stark sein. Das Herz wird weniger empfänglich und fällt in einen gefährlichen Zustand, in dem es sich nicht der Kürze des Lebens und der dann folgenden großen Ewigkeit bewusst ist. Wir werden im Gericht nicht verurteilt, weil wir uns im Irrtum befunden haben, sondern weil wir die vom Himmel gesandten Gelegenheiten versäumt haben, zu lernen, was Wahrheit wirklich ist.

Wie die Apostel, so hatten auch die Siebzig übernatürliche Gaben als Siegel ihres Auftrags erhalten. Nach Vollendung ihrer Aufgabe kehrten sie freudig zurück und sprachen: »Herr, auch die bösen Geister sind uns untertan in deinem Namen.« Und der Heiland antwortete ihnen: »Ich sah den Satan vom Himmel fallen wie einen Blitz.« Lukas 10,17f

An Jesu geistigem Auge zogen die Ereignisse der Vergangenheit und der Zukunft vorüber. Er sah, wie Satan aus dem Himmel geworfen wurde. Er schaute voraus auf Seine Seelenqual, die das Wesen des großen Betrügers vor dem ganzen Weltall enthüllen würde und hörte den Ruf: »Es ist vollbracht!«, Johannes 19,30 durch den der Welt die Erfüllung des Erlösungsplanes angekündigt und der Himmel für ewig vor den Anklagen, Täuschungen und Ansprüchen Satans geschützt würde.

Über das Kreuz von Golgatha hinweg – mit Seinem Todeskampf und Seiner Schmach – sah Jesus auf den letzten großen Tag, an dem der Fürst der bösen Mächte unter dem Himmel seine Vernichtung auf der Erde erleben wird, die er so lange durch seinen Aufruhr entstellt hat. Jesus sah das Werk des Bösen für immer beendet und wie der Frieden Gottes Himmel und Erde erfüllte.

Christi Nachfolger sollten von nun an Satan als besiegten Feind ansehen. Am Kreuz errang der Heiland den Sieg für sie. Er möchte, dass sie diesen Sieg als ihren Sieg betrachten. »Seht«, sagte er, »ich habe euch Macht gegeben, zu treten auf Schlangen und Skorpione, und Macht über alle Gewalt des Feindes; und nichts wird euch schaden.« Lukas 10,19 Die allmächtige Kraft des Heiligen Geistes schützt jeden Menschen, der bereut. Niemand, der bußfertig und gläubig den Beistand Christi erbittet, wird unter die Macht Satans geraten. Der Heiland steht Seinen angefochtenen und geprüften Kindern zur Seite. Mit Ihm gibt es keinen Misserfolg oder Verlust, keine Unmöglichkeit oder Niederlage. Wir vermögen alles durch den, der uns stark macht. Wenn Versuchungen und Prüfungen kommen, dann erwarte nicht, alle Schwierigkeiten selbst meistern zu können, sondern schaue auf Jesus, deinen Helfer.

Manche Christen denken zuviel über Satan nach und sprechen zuviel über seine Macht. Sie denken an ihren Gegner, sie denken an ihn und reden über ihn. Dadurch wird er in ihrer Vorstellung immer größer. Es stimmt, Satan besitzt Macht und Gewalt, aber Gott sei Dank haben wir einen mächtigen Heiland, der den Bösen aus dem Himmel geworfen hat. Es gefällt Satan, wenn wir seine Macht überbewerten. Warum reden wir nicht von Jesus? Warum rühmen wir nicht Seine Kraft und Seine Liebe? Der Regenbogen der Verheißung, der den Thron im Himmel umgibt, ist ein ewiges Zeugnis, dass Gott die Welt so geliebt hat, »dass er seinen eingeborenen Sohn gab, damit alle, die an ihn glauben, nicht verloren werden, sondern das ewige Leben haben.« Johannes 3,16 Er bestätigt vor dem Universum, dass Gott Seine Kinder in ihrem Kampf mit dem Bösen niemals verlässt. Er sichert uns Kraft und Schutz zu, die bis in alle Ewigkeit reicht.

Der Heiland fügte noch hinzu: »Doch darüber freut euch nicht, dass euch die Geister untertan sind. Freut euch aber, dass eure Namen im Himmel geschrieben sind.« Lukas 10,20 Freut euch nicht darüber, Macht zu besitzen, damit ihr nicht eure Abhängigkeit von Gott aus den Augen verliert. Achtet darauf, dass ihr nicht selbstzufrieden werdet und euer Werk aus eigener Kraft und nicht im Geist und in der Kraft Gottes geschehe. Das eigene Ich ist immer gern bereit, sich selbst das Verdienst zuzuschreiben, wenn die Arbeit erfolgreich ist. Es fühlt sich geschmeichelt und erhoben, und andere haben durchaus nicht den Eindruck, als wäre uns Christus »alles und in allen.« Kolosser 3,11 Der Apostel Paulus schreibt: »Wenn ich schwach bin, so bin ich stark.« 2.Korinther 12,10 Haben wir einen Begriff von unserer Schwachheit, dann lernen wir, uns nicht auf uns selbst zu verlassen. Nichts kann dem Herzen so festen Halt geben, wie das ständige Bewusstsein unserer Abhängigkeit von Gott. Und nichts beeinflusst unser Verhalten so tiefgreifend, wie die Kenntnis der vergebenden Liebe Christi. Sobald wir mit Gott in Kontakt kommen, werden wir mit Seinem Heiligen Geistes durchdrungen, der es uns ermöglicht, zu unserem Nächsten ein gutes Verhältnis zu finden. Freuen wir uns darum, dass wir durch Christus mit Gott verbunden sind und Glieder der himmlischen Familie sein können! Solange wir über uns hinaussehen, werden wir stets die eigene Hilflosigkeit klar erkennen. Je weniger wir das eigene Ich pflegen, desto eindringlicher werden wir die Vollkommenheit Jesu begreifen. Je inniger unsere Verbindung mit der göttlichen Licht- und Kraftquelle ist, desto mehr Licht wird auf uns scheinen und desto größere Kraft werden wir haben, das Werk Gottes zu tun. Freut euch, dass ihr eins seid mit Gott, eins mit Christus und eins mit der ganzen himmlischen Familie.

Während die Siebzig Jesus zuhörten, beeindruckte der Heilige Geist ihre Gemüter und schrieb die Wahrheit in ihre Herzen. Obwohl sie von einer gewaltigen Volksmenge umgeben waren, hatten sie das Gefühl, mit Gott allein zu sein.

Der Heiland freute sich sehr, dass sie die Bedeutung dieser Stunde erfasst hatten. Er war froh »im heiligen Geist und sprach: Ich preise dich, Vater und Herr Himmels und der Erde, weil du dies den Weisen und Klugen verborgen hast und hast es den Unmündigen offenbart. Ja, Vater, so hat es dir wohlgefallen. Alles ist mir übergeben von meinem Vater. Und niemand weiß, wer der Sohn ist, als nur der Vater, noch, wer der Vater ist, als nur der Sohn und wem es

der Sohn offenbaren will.« Lukas 10,21f Die Würdenträger dieser Welt, die sogenannten Großen und Weisen mit all ihrer prahlerischen Weisheit, waren nicht imstande, das Wesen Christi zu verstehen. Sie beurteilten Ihn nach Seiner äußeren
Erscheinung, nach der niedrigen Stellung, die Er als Mensch einnahm. Aber den
Fischern und Zöllnern war es gegeben, das Unsichtbare zu sehen.

Sogar die Jünger versäumten es, all das zu verstehen, was Jesus ihnen zeigen wollte, doch von Zeit zu Zeit wurde ihr Verstand erleuchtet, als sie sich der
Macht des Heiligen Geistes ergaben. Sie erkannten, dass der mächtige Gott, als
Mensch gekleidet, unter ihnen war. Jesus freute sich, dass, obwohl die Weisen
und Klugen diese Erkenntnis nicht besaßen, sie diesen einfachen Menschen
enthüllt worden war. Oft waren sie durch Seinen Geist erweckt und in eine
himmlische Atmosphäre emporgehoben worden, als Er ihnen die Schriften des
Alten Testaments erklärte und ihnen zeigte, wie sie auf Ihn und auf Sein Versöh-
nungswerk zutreffen. Von den geistlichen Wahrheiten, die von den Propheten
verkündet worden waren, hatten sie ein klareres Verständnis als die Schreiber
selbst. Künftig lasen sie das Alte Testament nicht mehr als Lehrsätze der Schriftgelehrten und Pharisäer, nicht als Aussagen von bereits toten klugen Leuten,
sondern als eine neue Offenbarung von Gott. Sie sahen den, welchen »die Welt
nicht empfangen kann, denn sie sieht ihn nicht und kennt ihn nicht. Ihr kennt ihn,
denn er bleibt bei euch und wird in euch sein.« Johannes 14,17

Der einzige Weg zu einer klareren Erkenntnis der Wahrheit ist ein liebevolles
Herz, erfüllt vom Geist Christi. Die Seele muss von Eitelkeit und Stolz gereinigt und
von allem befreit werden, was von ihr Besitz ergriffen hat. Christus allein muss
in ihr herrschen und Gestalt gewinnen. Die menschliche Wissenschaft ist zu beschränkt, die Versöhnung mit Gott zu verstehen. Der Erlösungsplan ist so weitreichend, dass keine irdische Weisheit ihn erklären kann. Er wird stets ein Geheimnis bleiben, das die tiefgründigste Logik nicht ergründen kann. Die Wissenschaft
der Erlösung kann man nicht erklären, sondern nur erfahren. Nur wer die eigene
Sündhaftigkeit erkennt, kann den Wert der Gabe Gottes ermessen.

Eine Fülle von Belehrungen erteilte Jesus, als Er langsam von Galiläa nach
Jerusalem wanderte. Eifrig lauschte das Volk Seinen Worten. Sowohl in Peräa
als auch in Galiläa lebten die Menschen weniger unter der formellen, jüdischen
Frömmigkeit als in Judäa, und die Lehren des Heilandes fanden in ihren Herzen willige Aufnahme. Während der letzten Monate Seines Dienstes sprach
Christus viel in Gleichnissen. Die Priester und Rabbiner verfolgten Ihn mit
ständig wachsendem Hass, und Seine Warnungen an sie hüllte Er in Symbole
ein. Sie konnten Seine Andeutungen nicht missverstehen. Dennoch fanden
sie in Seinen Worten keinen Anhaltspunkt, um Ihn anzuklagen. Im Gleichnis
vom Pharisäer und Zöllner zeigte das selbstgerechte Gebet: »Ich [494/495] 393

danke dir, Gott, dass ich nicht bin wie die anderen Leute«, den scharfen Kontrast zu der Bitte des Bußfertigen: »Gott, sei mir Sünder gnädig!« Lukas 18,11.13 Auf diese Weise tadelte Jesus die Heuchelei der Juden. Durch die Bilder vom unfruchtbaren Feigenbaum und von dem großen Abendmahl sagte Er das verhängnisvolle Schicksal des unbußfertigen Volkes voraus. All denen, die Seine Einladung zum Evangeliumsfest geringschätzig abgelehnt hatten, galten die warnenden Worte: »Ich sage euch, dass keiner der Männer, die eingeladen waren, mein Abendmahl schmecken wird.« Lukas 14,24

Sehr wertvoll waren die den Jüngern gegebenen Unterweisungen. Die Gleichnisse von der zudringlichen Witwe und dem Freund, der zu mitternächtlicher Stunde um Brot bat, bekräftigten Seine Worte: »Bittet, so wird euch gegeben; suchet, so werdet ihr finden; klopfet an, so wird euch aufgetan.« Lukas 11,9 Oft wurde der schwankende Glaube der Jünger gestärkt, wenn sie sich an die Worte Christi erinnerten: »Sollte Gott nicht auch Recht schaffen seinen Auserwählten, die zu ihm Tag und Nacht rufen, und sollte er's bei ihnen lange hinziehen? Ich sage euch: Er wird ihnen ihr Recht schaffen in Kürze.« Lukas 18,7f

Jesus erzählte auch das wunderbare Gleichnis vom verlorenen Schaf und führte dessen Bedeutung noch weiter aus in den Gleichnissen vom verlorenen Groschen und vom verlorenen Sohn. Die Jünger konnten diese kostbaren Unterweisungen ihres Meisters noch nicht völlig verstehen, aber nach der Ausgießung des Heiligen Geistes, als sie die Ernte der Heiden und den eifersüchtigen Zorn der Juden erlebten, verstanden sie die Lehre vom verlorenen Sohn besser. Nun konnten sie die Freude erfahren, die in den Worten liegt: »Du solltest aber fröhlich und guten Mutes sein; denn dieser dein Bruder war tot und ist wieder lebendig geworden, er war verloren und ist wiedergefunden.« Lukas 15,32

Da sie in Jesu Namen hinausgingen und Schmach, Armut und Verfolgung auf sich nahmen, gewannen sie Kraft aus der tröstlichen Aufforderung Christi, die Er auf Seiner letzten Reise von Galiläa nach Jerusalem ausgesprochen hatte: »Fürchte dich nicht, du kleine Herde! Denn es hat eurem Vater wohlgefallen, euch das Reich zu geben. Verkauft, was ihr habt, und gebt Almosen. Macht euch Geldbeutel, die nicht veralten, einen Schatz, der niemals abnimmt, im Himmel, wo kein Dieb hinkommt und den keine Motten fressen. Denn wo euer Schatz ist, da wird auch euer Herz sein.« Lukas 12,32-34

KAPITEL 54

Auf Grundlage von
Lukas 10,25-37

DER BARMHERZIGE SAMARITER

In dem Gleichnis vom barmherzigen Samariter veranschaulicht Christus das Wesen wahrer Religion und zeigt, dass diese nicht darin besteht, Lehrsätze und Glaubensbekenntnisse von sich zu geben oder religiöse Zeremonien zu erfüllen, sondern Werke der Liebe zu tun, nach dem Wohl des Nächsten zu streben und in wahrer Güte zu handeln. Als Jesus das Volk lehrte, »da stand ein Schriftgelehrter auf, versuchte ihn und sprach: Meister, was muss ich tun, dass ich das ewige Leben ererbe?« Lukas 10,25 Atemlos gespannt erwarteten die Versammelten Jesu Antwort. Die Priester und Rabbiner hofften, durch diese Frage dem Herrn eine gute Falle gestellt zu haben, aber der Heiland überging diese Streitfrage und veranlasste den Fragenden, sich selbst die Antwort zu geben. »Was steht im Gesetz geschrieben?«, fragte Er. »Wie liest du?« Die Juden beschuldigten Jesus ständig, dass Er das auf Sinai gegebene Gesetz leicht nehme. Doch er gründete die Frage der Seligkeit auf das Halten der göttlichen Gebote. Der Gesetzeskundige erwiderte: »Du sollst den Herrn, deinen Gott, lieben von ganzem Herzen, von ganzer Seele, von allen Kräften und von ganzem Gemüt und deinen Nächsten wie dich selbst.« Jesus sprach: »Du hast recht geantwortet; tu das, so wirst du leben.« Lukas 10,26-28

Der Schriftgelehrte war mit der Position und den Werken der Pharisäer nicht zufrieden. Er hatte die Schriften erforscht mit dem Wunsch, ihre tatsächliche Bedeutung zu verstehen. Er besaß an der Sache ein entscheidendes Interesse und hatte aufrichtig gefragt: »Was muss ich tun?« In seiner Antwort, in der er erklärte, was das Gesetz forderte, überging er die Vielzahl der zeremoniellen und rituellen Vorschriften. Er legte diesen keinerlei Wert bei, sondern erwähnte stattdessen die beiden großen Grundsätze, in denen das ganze Gesetz und die Propheten ruhten. Diese Antwort, die Christus lobte, brachte den Erlöser gegenüber den Rabbinern in eine vorteilhafte Position. Sie konnten Ihn dafür nicht verurteilen, dass Er das gutgeheißen hatte, was von einem Ausleger des Gesetzes geäußert worden war. »Tu das, so wirst du leben«, sagte Jesus. Er stellte das Gesetz als eine göttliche Einheit vor und lehrte hierdurch, dass es unmöglich sei, die eine Verordnung zu halten und die andere zu verachten, denn für alle gelte das gleiche Prinzip. Der Gehorsam gegen das ganze Gesetz bestimme das Schicksal des Menschen. Völlige Liebe zu Gott und selbstlose Nächstenliebe seien die unerlässlichen Voraussetzungen für ein christliches Leben.

Der Schriftgelehrte erkannte sich als Übertreter des Gesetzes. Jesu tiefgehenden Worte hatten ihn davon überzeugt. Die Gerechtigkeit des Gesetzes, die er zu verstehen glaubte, hatte er nicht geübt und seine Mitmenschen nicht geliebt. Tiefe Reue war nötig, doch statt Buße zu tun, versuchte er sich zu rechtfertigen. Statt die Wahrheit anzuerkennen, versuchte er zu zeigen, wie schwer die Erfüllung des Gesetzes sei. So hoffte er sein Gewissen zu beruhigen und sich vor dem Volk zu rechtfertigen. Jesu Worte hatten deutlich gemacht, wie unnötig seine Frage gewesen war, da er sie sich selbst beantworten konnte. Dennoch fragte er weiter: »Wer ist denn mein Nächster?« Lukas 10,29

Diese Frage verursachte unter den Juden endlose Diskussionen. Was ihr Verhältnis zu den Heiden und Samaritern betraf, so hatten sie keine Zweifel: Diese waren Fremde und Feinde. Wo aber sollte man die Grenzlinie ziehen innerhalb ihres eigenen Volkes und zwischen den verschiedenen Gesellschaftsgruppen? Wen sollte der Priester, der Rabbiner, der Älteste als Nächsten ansehen? Ihr ganzes Leben verbrachten sie in einem Kreis von Zeremonien, Verordnungen und gottesdienstlichen Bräuchen, um sich dadurch rein zu machen. Der Umgang mit der unwissenden und sorglosen Menge, so glaubten sie, würde sie beschmutzen und dann wären beschwerliche Anstrengungen zur Reinigung nötig. Sollten sie denn auch einen »Unreinen« als ihren Nächsten betrachten?

Jetzt wollte Jesus sich noch nicht in diese Streitfragen hineinziehen lassen. Er rügte die Frömmelei derer nicht, die Ihn arglistig beobachteten, um Ihn verurteilen zu können, sondern erklärte Seinen Zuhörern durch ein Gleichnis aus dem Leben das Wesen der himmlischen Liebe. Die Herzen der Juden wurden berührt und der Schriftkundige bekannte die Wahrheit, die ihm Jesus gezeigt hatte. Die einzige Möglichkeit, die Dunkelheit zu zerteilen, ist, das Licht einzulassen. Genauso kann der Irrtum nur durch die Wahrheit bezwungen werden. Durch die Offenbarung der Liebe Gottes zeigen sich die Fehler und Sünden des Herzens, das sich selbst gern zum Mittelpunkt des Lebens macht.

»Es war ein Mensch«, sprach Jesus, »der ging von Jerusalem hinab nach Jericho und fiel unter die Räuber. Die zogen ihn aus und schlugen ihn und machten sich davon und ließen ihn halb tot liegen. Es traf sich aber, dass ein Priester dieselbe Straße hinabzog, und als er ihn sah, ging er vorüber. Desgleichen auch ein Levit: Als er zu der Stelle kam und ihn sah, ging er vorüber.« Lukas 10,30-32 Dies war keine erfundene Geschichte, sondern ein aktuelles

Geschehen, das wahrheitsgetreu erzählt wurde. Der Priester

und der Levit die vorübergingen, waren auch in der Gruppe, die den Worten von Jesus lauschten.

Die von Jerusalem nach Jericho reisten, mussten durch einen Teil der Wüste von Judäa ziehen. Der Weg führte eine einsame, felsige Schlucht hinunter, wo Banditen ihr Unwesen trieben und sich schon oft Gewalttaten abgespielt hatten. Hier geschah es, dass man den Reisenden angriff und alles Wertvollen beraubte, ihn schlug und verletzte und schließlich halbtot am Wegesrand liegen ließ. Als dieser so da lag, kam ein Priester vorbei, blickte aber kaum auf den Verletzten. Dann erschien ein Levit. Er blieb neugierig stehen und sah sich den Überfallenen an. Er wusste ganz genau, was er hier zu tun hatte, aber das war keine angenehme Pflicht. Er wünschte, nicht diesen Weg gegangen zu sein, dann hätte er den Verwundeten nicht gesehen. Er meinte, dass ihn dieser Fall nichts angehe, und ging deshalb weiter.

Beide Männer bekleideten ein geistliches Amt und behaupteten, Ausleger der Schrift zu sein. Sie waren besonders erwählt, dem Volk gegenüber als Stellvertreter Gottes aufzutreten. Sie sollten mitfühlen »mit denen, die unwissend sind und irren«, Hebräer 5,2 damit diese die unermesslich große Liebe Gottes zur Menschheit verstehen könnten.

Die Aufgabe, zu der sie berufen waren, war dieselbe, die Jesus als die Seine mit den Worten beschrieb: »Der Geist des Herrn ist auf mir, weil er mich gesalbt hat, zu verkündigen das Evangelium den Armen; er hat mich gesandt, zu predigen den Gefangenen, dass sie frei sein sollen, und den Blinden, dass sie sehen sollen, und den Zerschlagenen, dass sie frei und ledig sein sollen, zu verkündigen das Gnadenjahr des Herrn.« Lukas 4,18f

Die Engel im Himmel sehen das Elend der Familie Gottes auf Erden und sind bereit, mit den Menschen zusammenzuarbeiten, um Bedrückung und Leiden zu lindern. Gott hatte in Seiner Vorsehung den Priester und den Leviten den Weg geführt, an dem der Verwundete lag, damit sie sehen möchten, dass hier ein Mensch ihre Hilfe und Barmherzigkeit nötig hat. Der Himmel wartete darauf, dass sich die Herzen dieser Männer vom menschlichen Jammer bewegen ließen. Der Heiland selbst hatte damals die Hebräer in der Wüste belehrt. Aus der Wolken- und Feuersäule heraus hatte Er eine ganz andere Lehre gegeben, als sie das Volk jetzt von seinen Priestern und Schriftgelehrten erhielt. Die Fürsorge des Gesetzes erstreckte sich sogar auf die unter den Menschen stehende Tierwelt, die ihre Wünsche und Nöte nicht in Worte fassen kann. Durch Mose wurden den Israeliten darüber besondere Vorschriften gegeben: »Wenn du dem Rind oder Esel deines Feindes begegnest, die sich verirrt haben, so sollst du sie ihm wieder zuführen. Wenn du den Esel deines Widersachers unter seiner Last liegen siehst, so lass ihn ja nicht im Stich, sondern hilf mit ihm zusammen dem *[499/500]* 397

Tier auf.« 2.Mose 23,4f In Seinem Gleichnis von dem unter die Räuber Gefallenen stellte Jesus den Fall eines leidenden Mitbruders dar. Wie viel mehr Mitleid hätten sie für diesen Menschen als für ein Lasttier empfinden sollen! Durch Mose war ihnen mitgeteilt worden, dass der Herr, ihr Gott, »der große Gott, der Mächtige und der Schreckliche« sei, der Recht schafft den Waisen und Witwen und hat die Fremdlinge lieb. Deshalb ordnete er an: »Darum sollt ihr auch die Fremdlinge lieben.« 5.Mose 10,17-19 »Du sollst ihn lieben wie dich selbst.« 3.Mose 19,34

Hiob hatte erklärt: »Kein Fremder durfte draußen zur Nacht bleiben, sondern meine Tür tat ich dem Wanderer auf.« Hiob 31,32 Und als die beiden Engel in menschlicher Gestalt nach Sodom kamen, neigte sich Lot bis zur Erde und sprach: »Siehe, liebe Herren, kehrt doch ein im Hause eures Knechts und bleibt über Nacht.« 1.Mose 19,2 Mit allen diesen Lehren waren der Priester und der Levit vertraut, aber sie hatten sie nicht ins praktische Leben übertragen. In der Schule blinden nationalen Eifers waren sie egoistisch und engherzig geworden und sonderten sich ab. Als sie auf den Verwundeten blickten, konnten sie nicht erkennen, ob dieser zu ihrem Volk gehörte oder nicht. Sie dachten nur, es könnte ein Samariter sein, und deshalb wandten sie ihm den Rücken zu.

In der Handlungsweise des Priesters und des Leviten, wie sie Christus beschrieben hatte, sah der Schriftkundige nichts, was den Anforderungen des Gesetzes widersprochen hätte. Doch nun wurde ihm eine andere Szene vor Augen geführt: Auf seiner Reise kam ein Samariter dort vorbei, wo der Leidende lag. Als er ihn sah, hatte er Mitleid mit ihm. Er fragte nicht, ob er ein Jude oder ein Heide sei. Er wusste genau: Wenn es sich bei dem Fremden um einen Juden gehandelt hätte und der Samariter an seiner Stelle gewesen wäre, würde der Mann ihm ins Gesicht spucken und an ihm mit Verachtung vorbeigehen. Er aber zögerte nicht und beachtete auch nicht, dass er selbst in Gefahr geraten könnte, Opfer einer Gewalttat zu werden, wenn er an diesem Ort bleiben würde. Es genügte ihm, dass da vor ihm ein menschliches Wesen war, das ein Bedürfnis hatte und litt. Er legte sein eigenes Gewand ab und bedeckte ihn damit. Das Öl und der Wein, sein eigener Reiseproviant, verwendete er, um den Verwundeten zu heilen und zu erfrischen. Er hob ihn auf sein eigenes Tier und ging behutsam den Weg entlang, damit der Fremde nicht geschüttelt würde und noch mehr Schmerzen erlitte. Er brachte ihn zu einer Herberge und sorgte für ihn die ganze Nacht über, indem er ihn mitfühlend betreute. Als es dem Kranken dann besser ging, wagte der Samariter, weiterzuziehen. Zuvor jedoch übergab er ihn der Fürsorge des Gastwirts. Er zahlte alle Kosten und hinterlegte das Geld für die weitere Pflege. Selbst damit war er noch nicht zufrieden: Er traf Vorsorge für alle weiteren Bedürfnisse und sagte zum Wirt: »Pflege ihn; und so du mehr ausgibst, will ich dir's bezahlen, wenn ich wiederkomme.« Lukas 10,35 Die

Erzählung war beendet. Jesus schaute den Schriftkundigen lange an und fragte: »Wer von diesen dreien, meinst du, ist der Nächste gewesen dem, der unter die Räuber gefallen war?« Lukas 10,36

Der Schriftkundige vermied selbst jetzt noch, den Namen »Samariter« auszusprechen, und antwortete nur: »Der die Barmherzigkeit an ihm tat.« Da sprach Jesus zu ihm: »So geh hin und tu desgleichen!« Lukas 10,37

Auf diese Weise wurde die Frage: »Wer ist denn mein Nächster?« für immer beantwortet. Christus hat gezeigt, dass unser Nächster nicht nur der ist, der in derselben Kirche lebt wie wir und unseren Glauben teilt. Geschlecht, Rang und Rasse bilden keine Schranke. Unser Nächster ist jeder, der unmittelbar unsere Hilfe benötigt, jede Seele, die verwundet und zerschlagen ist von ihrem Widersacher, jeder, den Gott geschaffen hat und der Sein Eigentum ist.

Im Gleichnis vom barmherzigen Samariter beschrieb uns der Heiland Sein Wesen und Seine Aufgabe. Die Menschen sind von Satan betrogen, geschlagen, beraubt und dem Verderben überlassen worden, aber der Heiland hat Erbarmen mit unserer Hilflosigkeit. Er verließ Seine Herrlichkeit, um uns zur Hilfe zu kommen. Er fand uns dem Tod nahe und setzte sich für uns ein. Er heilte unsere Wunden und bedeckte uns mit dem Kleid der Gerechtigkeit. Er öffnete uns eine Zufluchtsstätte und versorgte uns mit allem, was wir brauchten. Er starb, um uns zu erlösen. Auf Sein Beispiel weisend, sagte Er zu Seinen Nachfolgern: »Das gebiete ich euch, dass ihr euch untereinander liebt.« Johannes 15,17 »Ein neues Gebot gebe ich euch, dass ihr euch untereinander liebt, wie ich euch geliebt habe, damit auch ihr einander lieb habt.« Johannes 13,34

Der Schriftkundige hatte gefragt: »Was muss ich tun?« Und Jesus, der in der Liebe zu Gott und den Menschen das Wesen des Gesetzes erfüllt sieht, hatte gesagt: »Tu das, so wirst du leben.« Der Samariter war den Eingebungen eines gütigen, liebevollen Herzens gefolgt und hatte sich dadurch als Täter des Gesetzes erwiesen. Christus gebot dem Schriftgelehrten: »So geh hin und tu desgleichen!« Nicht nur Worte, sondern auch Taten erwartet die Welt von den Kindern Gottes. »Wer da sagt, dass er in ihm bleibt, der soll auch leben, wie er gelebt hat.« 1.Johannes 2,6

Diese Lehre ist für die Welt heute nicht weniger nötig wie damals zur Zeit Jesu. Selbstsucht und starres Formenwesen haben das wärmende Feuer der Liebe fast ausgelöscht und die Tugenden vertrieben, die den Charakter angenehm machen. Viele, die Christi Namen tragen, haben vergessen, dass Christen Christus darstellen sollen. Wer nicht durch Liebe und Hingabe für das Wohl des Nächsten wirkt – in der Familie, in der Nachbarschaft, in der Gemeinde oder wo immer wir sein mögen –, der ist kein Christ, ganz gleich, welchen Glaubens er auch sei. Der Heiland hat Seine Interessen mit denen der Menschheit verbunden, und Er bittet uns, mit Ihm eins zu werden, damit die Menschheit gerettet werde. »Umsonst habt ihr's empfangen, umsonst gebt es auch.« Matthäus 10,8

Die Sünde ist das größte aller Übel, und es ist unsere Aufgabe, uns des Sünders zu erbarmen und ihm zu helfen. Viele irren sich und fühlen ihre Schmach und erkennen ihre Torheit. Sie haben Hunger nach Worten der Ermutigung. Sie erkennen ihre Fehler und Irrtümer, die sie fast zur Verzweiflung bringen. Wir sollen diese Menschen nicht vernachlässigen.

Wenn wir Christen sind, werden wir nicht auf die andere Straßenseite wechseln und an ihnen vorübergehen oder uns von denen weitgehend fernhalten, die unsere Hilfe so dringend brauchen. Wenn wir einen Menschen im Elend sehen, ob durch Not oder Sünde dahin geraten, so werden wir niemals sagen: Dieser Fall geht mich nichts an.

»Helft ihm wieder zurecht mit sanftmütigem Geist, ihr, die ihr geistlich seid.« Galater 6,1 Drängt durch Glauben und Gebet die Macht des Feindes zurück. Sprecht Worte des Glaubens und der Ermutigung, die für den Zerschlagenen und Verwundeten wie heilender Balsam sein werden. Viele, viele sind müde und in diesem großen Lebenskampf enttäuscht worden, während ein einziges Wort der Aufmunterung sie gestärkt hätte, um überwinden zu können. Niemals sollten wir an einem leidenden Menschen vorübergehen, ohne zu versuchen, ihm Trost zu geben, mit dem wir von Gott getröstet werden.

All dies ist nichts anderes als die Erfüllung eines Prinzips des Gesetzes – jenes Grundsatzes, der durch das Gleichnis vom barmherzigen Samariter veranschaulicht und im Leben Jesu deutlich wurde. Sein Wesen offenbart den eigentlichen Sinn des Gesetzes und zeigt, was es bedeutet, unseren Nächsten so zu lieben wie uns selbst. Wenn die Kinder Gottes allen Menschen gegenüber Barmherzigkeit, Freundlichkeit und Liebe bekunden, bezeugen sie gleichzeitig das Wesen der Gesetze des Himmels. Sie bezeugen, dass das Gesetz des Herrn vollkommen ist und die Seele erquickt. vgl. Psalm 19,8

Wer immer es versäumt, diese Liebe zu zeigen, bricht das Gesetz, das er zu achten vorgibt. Denn der Geist, den wir unseren Brüdern gegenüber offenbaren, zeigt, welche Gesinnung wir Gott gegenüber bekunden. Die Liebe Gottes im Herzen ist die einzige Quelle der Liebe zu unserem Nächsten. »Wer seinen Bruder nicht liebt, den er sieht, wie kann er Gott lieben, den er nicht sieht?« 1.Johannes 4,20 »Niemand hat Gott jemals gesehen. Wenn wir uns untereinander lieben, so bleibt Gott in uns, und seine Liebe ist in uns vollkommen.« 1.Johannes 4,12

KAPITEL 55

Auf Grundlage von
Matthäus 24,1-25
Markus 13,1-37; Lukas 17,20-22

NICHT
DURCH SICHTBARE ZEICHEN

*E*inige Pharisäer waren zu Jesus mit der Frage gekommen: »Wann wird das Reich Gottes kommen?« Lukas 17,20; NL Mehr als drei Jahre waren vergangen, seit Johannes der Täufer die Botschaft verkündet hatte, die wie ein Trompetenstoß ins Land hinaus gedrungen war: »Das Himmelreich ist nahe herbeigekommen!« Matthäus 3,2 Diese Pharisäer sahen jedoch noch keine Anzeichen für die Aufrichtung des Reiches Gottes. Viele von denen, die Johannes abgelehnt hatten und sich Jesus auf Schritt und Tritt widersetzten, deuteten an, dass Jesu Sendung gescheitert sei. Jesus antwortete: »Das Reich Gottes wird nicht durch sichtbare Zeichen angekündigt. Ihr werdet nicht sagen können: Hier ist es! oder: Es ist dort drüben! Denn das Reich Gottes ist mitten unter euch.« Lukas 17,20f; NL Das Reich Gottes beginnt im Herzen. Schaut nicht hier oder dort hin, ob irdische Mächte sein Kommen anzeigen.

Später sprach Er mit Seinen Jüngern nochmal darüber: »Es kommt die Zeit, da werdet ihr euch danach sehnen, den Menschensohn auch nur einen Tag bei euch zu haben, aber es wird euch nicht möglich sein.« Lukas 17,22; NL Weil weltliche Prachtentfaltung diese Tage nicht begleiten wird, steht ihr in der Gefahr, die Herrlichkeit meiner Sendung nicht zu erfassen. Ihr seid euch darüber nicht im Klaren, welch großes Vorrecht es für euch ist, den in menschlicher Gestalt unter euch zu haben, der das Leben und das Licht der Menschen ist. Es werden Tage kommen, in denen ihr euch voller Sehnsucht nach den Gelegenheiten zurücksehnen werdet, die ihr heute habt, nämlich mit dem Sohn Gottes zu wandeln und mit Ihm zu sprechen. Wegen ihrer selbstsüchtigen und irdischen Gesinnung konnten nicht einmal Jesu Jünger die geistliche Herrlichkeit begreifen, die Er ihnen offenbaren wollte. Erst nach Christi Himmelfahrt zum Vater und nach der Ausgießung des Heiligen Geistes auf die Gläubigen schätzten die Jünger in vollem Umfang das Wesen und die Sendung des Heilandes.

Als sie die Geistestaufe erhalten hatten, wurde ihnen nach und nach bewusst, dass sie in der Gegenwart des Herrn der Herrlichkeit geweilt hatten. Als sie sich wieder an die Worte Christi erinnerten, wurden ihre [506/507] **401**

Sinne geschärft, so dass sie die Prophezeiungen verstanden und auch den Sinn der Wunder begriffen, die Er getan hatte. Die Wundertaten Seines Lebens zogen an ihnen vorüber, und es kam ihnen vor, als seien sie aus einem Traum aufgewacht. Sie erkannten: »Das Wort ward Fleisch und wohnte unter uns, und wir sahen seine Herrlichkeit, eine Herrlichkeit als des eingeborenen Sohnes vom Vater, voller Gnade und Wahrheit.« Johannes 1,14

Christus war wirklich von Gott aus in eine sündenbehaftete Welt gekommen, um die gefallenen Kinder Adams zu erretten. Jetzt kamen sich die Jünger nicht mehr so wichtig vor wie zuvor. Und sie wurden auch nicht müde, über Seine Worte und Taten nachzudenken. Seine Lehren, die sie vorher kaum verstanden hatten, erschienen ihnen nun wie eine neue Offenbarung. Die heiligen Schriften wurden für sie zu einem neuen Buch.

Durch das Studium der Weissagungen, die von Christus Zeugnis ablegten, kamen die Jünger Gott näher und lernten von dem, der zum Himmel aufgefahren war, um dort das Werk zu vollenden, das Er auf Erden begonnen hatte. Weiter erkannten sie, dass in Ihm eine Weisheit war, die kein Mensch ohne göttliche Hilfe verstehen konnte. Sie brauchten Hilfe von Jesus, von dem zuvor Könige, Propheten und fromme Männer geweissagt hatten. Voller Staunen lasen sie immer wieder die Schilderungen der Propheten von Seinem Wesen und Seinen Taten. Wie mangelhaft hatten sie doch das prophetische Wort verstanden! Wie lange hatte es gedauert, ehe sie die großen Wahrheiten angenommen hatten, die von Christus Zeugnis ablegten!

Als sie Ihn in Seiner Erniedrigung erlebten, wo Er als ein Mensch unter Menschen wandelte, vermochten sie noch nicht das Geheimnis Seiner Fleischwerdung und Seine doppelte Natur zu begreifen. Ihre Augen waren gehalten, so dass sie die Göttlichkeit in menschlicher Gestalt nicht völlig erkannten. Nachdem sie aber durch den Heiligen Geist erleuchtet worden waren, sehnten sie sich so sehr danach, Jesus wiederzusehen und Ihm zu Füßen zu sitzen! Wie sehr wünschten sie doch, zu Ihm gehen zu können mit der Bitte, ihnen die Schriftworte zu erklären, die sie nicht verstehen konnten! Wie aufmerksam hätten sie jetzt Seinen Worten gelauscht! Was hatte wohl Christus damit gemeint, als Er sagte: »Ich habe euch noch viel zu sagen; aber ihr könnt es jetzt nicht ertragen.« Johannes 16,12 Wie eifrig waren sie bemüht, all das zu erfassen!

Es bekümmerte sie, dass ihr Glaube so schwach gewesen war, dass ihre Gedanken dem Ziel so fern geblieben waren und sie die Wirklichkeit nicht begriffen hatten. Gott hatte einen Herold gesandt, der die Ankunft Christi verkünden und die Aufmerksamkeit der Juden wie der ganzen Welt auf Jesu Sendung lenken sollte, damit sich die Menschen auf Seine Aufnahme vorbereiten könnten. Die

außerordentliche Persönlichkeit, die von Johannes angekündigt wurde, weilte bereits mehr als 30 Jahre unter ihnen, sie aber hatten Ihn nicht als den Gottgesandten erkannt. Reue überkam die Jünger, weil sie es zugelassen hatten, dass der herrschende Unglaube auch ihre Gedanken durchtränkt und ihr Verständnis getrübt hatte.

Das Licht dieser dunklen Welt hatte in der Finsternis geschienen, doch sie hatten nicht erkannt, woher seine Strahlen kamen. Jetzt fragten sie sich, weshalb sie so gelebt hatten, dass Christus sie tadeln musste. Oft wiederholten sie Seine Reden und dachten: Warum ließen wir es zu, dass irdische Gedanken und der Widerstand der Priester und Rabbiner uns so verwirrten, dass wir es nicht begriffen und ein Größerer als Mose unter uns lebte und ein Weiserer als Salomo uns unterwies? Wie taub waren unsere Ohren und wie dürftig unser Verständnis! Thomas wollte nicht glauben, bevor er nicht seinen Finger in Jesu Wunde gelegt hatte, die von römischen Soldaten verursacht worden war. Petrus verleugnete Ihn, als Christus gedemütigt und verworfen wurde. Diese schmerzlichen Erinnerungen standen ihnen jetzt deutlich vor Augen. Sie waren zwar in Seiner Nähe gewesen, hatten Ihn aber weder gekannt noch richtig eingeschätzt. Wie waren ihre Herzen bewegt, als sie nun ihren Unglauben einsahen!

Als sich jetzt die Priester und Oberen gegen sie verbündeten, sie vor den Hohen Rat stellten und ins Gefängnis warfen, freuten sie sich, dass sie als Nachfolger Christi würdig waren, »um Seines Namens willen Schmach zu leiden.« Apostelgeschichte 5,41 Sie waren erfreut, vor Engeln und Menschen beweisen zu können, dass sie die Herrlichkeit Christi erkannt hatten und waren bereit, trotz Verlust aller Güter, Ihm zu folgen.

Wie in den Tagen der Apostel kann auch heute der Mensch die Herrlichkeit Christi ohne Erleuchtung durch den Heiligen Geist nicht begreifen. Die Wahrheit und das Wirken Gottes werden von einer Christenheit, die sich der Welt zugewandt und sich mit ihr auf einen Kompromiss eingelassen hat, nicht geschätzt. Die Nachfolger des Herrn finden wir nicht dort, wo man sich das Leben leicht macht, nach irdischer Ehre strebt oder sich der Welt anpasst. Sie wandern vielmehr einen Pfad der Mühsal und Erniedrigung und erdulden mannigfachen Tadel. An vorderster Front kämpfen sie »mit Fürsten und Gewaltigen, nämlich mit den Herren der Welt, die in der Finsternis herrschen, mit den bösen Geistern unter dem Himmel.« Epheser 6,12 Wie in den Tagen Christi werden sie auch heute von den Priestern und Pharisäern ihrer Tage missverstanden, getadelt und unterdrückt.

»Das Reich Gottes wird nicht durch sichtbare Zeichen angekündigt.« Lukas 17,20; NL Die Frohe Botschaft von der Gnade Gottes mit ihrem Geist der Selbstverleugnung kann niemals mit dem Geist dieser Welt übereinstimmen. Beide Prinzipien sind gegensätzlich. »Der natürliche Mensch aber vernimmt nichts vom Geist Gottes; es ist ihm eine Torheit und er kann es nicht erkennen; denn es muss geistlich beurteilt werden.« 1.Korinther 2,14 Doch in heutiger Zeit gibt es auf religiösem Gebiet viele, die meinen, für die Errichtung des Reiches Christi als einer irdischen und zeitlichen Herrschaft zu arbeiten. Sie möchten unseren Herrn zum Herrscher der Reiche dieser Welt machen, zum Herrn in ihren Gerichten, in der Gesetzgebung, in den Palästen und an den Handelsplätzen. Sie erwarten, dass Er durch Gesetzesakte, die sich auf menschliche Autorität stützen, herrschen würde. Seit aber Christus nicht in menschlicher Gestalt hier auf Erden weilt, wollen sie an seiner Statt handeln und die Gesetze Seines Reiches durchführen.

Die Errichtung eines solchen Reiches wünschten sich auch die Juden in den Tagen Jesu. Sie hätten Jesus angenommen, wäre Er nur bereit gewesen, ein irdisches Reich aufzurichten, um das durchzuführen, was sie für das Gesetz Gottes hielten, und hätte Er sie zu Vollstreckern seines Willens und zu Gehilfen seiner Herrschaft gemacht. Er aber sagte: »Mein Reich ist nicht von dieser Welt.« Johannes 18,36 Er war nicht bereit, eine irdische Herrschaft anzutreten.

Die Regierung, unter der Jesus lebte, war korrupt und diktatorisch. Überall gab es schreiendes Unrecht wie Erpressung, Unduldsamkeit und bedrückende Härte. Der Heiland wollte jedoch keineswegs zivile Reformen durchführen. Er griff weder die nationalen Missbräuche an noch verurteilte Er die Feinde Seiner Nation. Er mischte sich auch nicht in die Herrschaft oder Verwaltung der Machthaber ein. Er, unser Vorbild, hielt sich von irdischer Herrschaft fern. Nicht etwa, weil Er gegenüber den Nöten der Menschen gleichgültig gewesen wäre, sondern weil menschliche und rein äußerliche Maßnahmen hier nicht helfen konnten. Um wirksam sein zu können, musste der Heilungsprozess den einzelnen Menschen erreichen und dessen Herz erneuern.

Nicht durch Gerichts- oder Konzilsentscheidungen, nicht durch gesetzgebende Versammlungen oder durch Begünstigung seitens der Großen dieser Welt wird das Reich Christi aufgerichtet, sondern dadurch, dass der Heilige Geist den Menschen den Charakter Jesu Christi einpflanzt.

»Allen aber, die ihn aufnahmen, denen gab er das Anrecht, Kinder Gottes zu werden, denen, die an seinen Namen glauben; die nicht aus dem Blut, noch aus dem Willen des Fleisches, noch aus dem Willen des Mannes, sondern aus Gott geboren sind.« Johannes 1,12f Hier haben wir es mit der einzigen Kraft zu tun, die die Menschheit aufzurichten vermag. Der menschliche Anteil an der Vollendung dieses Werkes besteht darin, das Wort Gottes zu lehren und auszuleben.

Als der Apostel Paulus seine Arbeit in Korinth, dieser volkreichen, wohlhabenden, verderbten und durch viele heidnische Laster befleckten Stadt, aufnahm, tat er es in der Gesinnung: »Denn ich hatte mir vorgenommen, nichts

anderes zu wissen als nur Jesus Christus, und zwar als Gekreuzigten.« 1.Korinther 2,2 Denen, die mit den übelsten Sünden behaftet gewesen waren, konnte er schreiben: »Ihr seid abgewaschen, ihr seid geheiligt, ihr seid gerecht geworden durch den Namen des Herrn Jesus Christus und durch den Geist unseres Gottes.« 1.Korinther 6,11 »Ich danke meinem Gott allezeit euretwegen für die Gnade Gottes, die euch gegeben ist in Christus Jesus.« 1.Korinther 1,4

Wie in den Tagen Christi hat Gott auch heute das Werk Seines Königreiches nicht denen übertragen, die lautstark nach Anerkennung und Unterstützung durch irdische Herrscher und menschliche Gesetze rufen, sondern denen, die dem Volk in Seinem Namen die geistlichen Wahrheiten erschließen, die bei den Empfängern die Erfahrung des Apostels Paulus bewirken: »Ich bin mit Christus gekreuzigt. Ich lebe, doch nun nicht ich, sondern Christus lebt in mir.« Galater 2,19f Dann werden sie – wie Paulus – für das Wohl der Mitmenschen tätig sein. Er sagte: »So sind wir nun Botschafter für Christus, und zwar so, dass Gott selbst durch uns ermahnt; so bitten wir nun stellvertretend für Christus: Lasst euch versöhnen mit Gott!« 2.Korinther 5,20

KAPITEL 56

Auf Grundlage von
Matthäus 19,13-15
Markus 10,13-16; Lukas 18,15-17

JESUS SEGNET DIE KINDER

Der Herr Jesus war ein großer Freund der Kinder. Er nahm ihre kindliche Teilnahme, ihre freimütige, natürliche Liebe gern an. Der dankbare Lobpreis von ihren reinen Lippen war Musik in Seinen Ohren und erquickte Ihn besonders nach dem bedrückenden Zusammensein mit heuchlerischen und verschlagenen Menschen. Wohin der Heiland kam, überall gewannen Ihm Sein freundliches Aussehen und Seine herzliche Art die Liebe und das Zutrauen der Kinder. Unter den Juden war es üblich, die kleinen Kinder zum Rabbiner zu bringen, damit dieser seine Hände segnend auf sie lege. Als aber einmal die Mütter ihre Kinder zu Jesus brachten, damit sie von Ihm gesegnet würden, wurden Seine Jünger unwillig. Sie sahen des Meisters Werk als viel zu wichtig an, um es durch diesen Dienst unterbrechen zu lassen. Auch hielten sie die Kinder für eine solche Segnung noch für viel zu jung und glaubten, dass ihr Herr über diese Störung ungehalten sein könnte.

Doch es waren die Jünger, über die der Heiland sich ungehalten zeigte. Für die Sorge und Last der Mütter, die ihre Kinder nach dem Wort Gottes erziehen wollten, zeigte Er volles Verständnis. Er hatte ihre Gebete gehört und sie selbst mit ihren Kindern zu sich gezogen. Eine Mutter hatte sich mit ihrem Kind auf den Weg zu Jesus gemacht und unterwegs einer Bekannten von ihrem Vorhaben erzählt, die ebenfalls wünschte, dass ihr Kind gesegnet werde. Andere folgten ihrem Beispiel, so dass eine ganze Schar Mütter mit kleinen und größeren Kindern zum Herrn kam. Jesus hörte freudig ihre mit furchtsamer, tränenerstickter Stimme vorgetragenen Bitten. Doch Er wartete ab, um zu sehen, wie Seine Jünger diese Frauen behandeln würden.

Als Jesus aber bemerkte, wie Seine Jünger die Mütter wegschicken wollten, weil sie dachten, Ihm damit einen Gefallen zu tun, machte Er sie auf ihren Fehler aufmerksam und sagte: »Lasset die Kinder zu mir kommen und wehret ihnen nicht; denn solchen gehört das Reich Gottes.« Lukas 18,16 Er nahm die Kinder in Seine Arme, legte Seine Hände auf sie und gab ihnen den Segen, für den sie gekommen waren.

Die Mütter wurden getröstet und kehrten gestärkt und gesegnet durch Christus wieder nach Hause zurück. Sie konnten nun mit neuem Mut die Last ihres Lebens tragen und mit frohem Glauben ihre Kinder erziehen. Auch heute können die Mütter ebenso vertrauensvoll die Worte Jesu aufnehmen. Er ist derselbe persönliche Heiland geblieben, der Er war, als Er als Mensch unter Menschen lebte. Er hilft den Müttern heute ebenso treu, wie Er ihnen einst geholfen hat, als Er die Kleinen in Seinen Armen hielt. Unsere Kinder heute sind ebenso teuer durch Sein Blut erkauft wie die Kinder damals.

Jesus kennt die Last jedes Mutterherzens. Er, der eine Mutter hatte, die mit Armut und Entbehrung kämpfte, hat für die Mühen jeder Mutter Verständnis. Er, der eine lange Reise unternahm, um dem bekümmerten Herzen einer Frau aus Kanaan beizustehen, wird dasselbe auch für heutige Mütter tun. Er, der der Witwe zu Nain ihren einzigen Sohn zurückgab und der in Seinem Todeskampf am Kreuz noch an Seine eigene Mutter dachte, weiß auch um die Sorgen der Mütter heute. In jedem Kummer und in jeder Not will Er trösten und helfen.

Mögen doch die Mütter mit ihren Sorgen und Nöten zum Heiland kommen! Bei Ihm finden sie genügend innere Kraft, die ihnen bei der Erziehung ihrer Kinder helfen wird. Der Weg zum Herrn ist für jede Mutter offen, die ihre Kinder zu den Füßen des Heilandes legen will. Er, der gesagt hat: »Lasset die Kinder zu mir kommen«, hält heute noch Seinen Segen für die Kleinen bereit. Sogar das Baby in den Armen der Mutter kann durch den Glauben der betenden Mutter »unter dem Schatten des Allmächtigen« Psalm 91,1 leben. Johannes der Täufer war von Geburt an vom Heiligen Geist erfüllt. Wenn wir in Gemeinschaft mit Gott leben, dürfen auch wir erwarten, dass der göttliche Geist unsere Kleinen selbst von ihren frühesten Augenblicken an formt.

Jesus sah in den Kindern, die zu Ihm gebracht wurden, Erben Seiner Gnade und Untertanen Seines Reiches. Viele von ihnen würden um seinetwillen zum Märtyrer werden. Er wusste, dass diese Kinder Ihm williger ihr Herz öffnen und Ihn als ihren Heiland annehmen würden als die Erwachsenen, von denen viele zu den Weltweisen und Hartherzigen gehörten. Er beugte sich zu ihnen herab und lehnte es nicht ab, ihre kindlichen Fragen zu beantworten und sie so zu belehren, wie es ihrem kindlichen Verständnis entsprach. Er pflanzte in ihre bereitwilligen Herzen Samenkörner der Wahrheit, die später aufgehen und Frucht zum ewigen Leben bringen würden.

Es ist noch immer so, dass Kinder für die Wahrheiten des Evangeliums am empfänglichsten sind. Ihre Herzen sind offen für den göttlichen Einfluss und ihre Gedanken bewahren leicht die aufgenommenen Lehren. Schon kleine Kinder können Christen sein mit Erfahrungen, die ihrem Lebensalter entsprechen. Sie müssen in geistlichen Dingen unterrichtet werden, und die Eltern sollten sie darin in jeder Weise fördern, damit sich ihr Charakter nach dem Vorbild des Heilandes entwickeln kann.

Väter und Mütter sollten ihre Kinder als jüngere Glieder der christlichen Familie ansehen, die ihnen anvertraut wurden, um sie für den Himmel zu erziehen. Die Lehren, die uns die Heilige Schrift vermittelt, müssen wir den Kindern so weitergeben, wie es ihrem Verständnis entspricht. Dadurch öffnen wir dem jungen Geschöpf nach und nach die Schönheit der himmlischen Grundsätze. So wird das christliche Heim eine Schule, in der die Eltern als Diener des Herrn wirken, während Christus selbst ihr Lehrer ist.

Wenn wir die jungen Herzen zu Gott führen wollen, dürfen wir nicht gewaltige Gemütsbewegungen als wesentlichen Beweis des Sündenbekenntnisses erwarten. Genauso wenig dürfen wir uns hinsichtlich der Bekehrung auf einen bestimmten Zeitpunkt festlegen. Wir sollten die Kinder nur lehren, ihre Sünden zu Jesus zu bringen, Ihn um Vergebung zu bitten und zu glauben, dass Er ihnen vergibt und sie annimmt, wie Er auch damals, als Er auf Erden lebte, die Kinder annahm. Wenn die Mutter ihre Kinder zum Gehorsam aus Liebe erzieht, bekommen sie den besten Anfangsunterricht in christlicher Lebensführung. Die Liebe der Mutter stellt dem Kind die Liebe Christi zu den Menschen dar, und die Kleinen, die willig den mütterlichen Anordnungen folgen, werden auch dem Heiland vertrauen und Ihm gehorsam sein.

Jesus war Eltern und Kindern in gleicher Weise ein Vorbild. Er sprach mit Autorität und Sein Wort war mächtig. Doch in Seinem Umgang mit groben und hitzigen Menschen wurde Er nie unhöflich oder verletzend. Die Gnade Christi in unserem Herzen wird uns eine himmlische Würde und den rechten Begriff für Anstand verleihen. Sie wird das harte Herz erweichen, das Grobe und Unfreundliche ausschalten und die Eltern dazu führen, ihre Kinder als verständige Wesen zu behandeln, so wie sie selbst behandelt werden möchten.

Ihr Eltern, beachtet bei der Erziehung eurer Kinder die Lehren, die Gott in der Natur gegeben hat! Was würdet ihr tun, um eine Nelke, Rose oder Lilie richtig zu pflegen? Fragt einen Gärtner, was er unternimmt, damit sich jedes Blatt und jeder Zweig zur vollen Schönheit und Lieblichkeit entfalten kann! Er wird euch sagen, dass es nicht durch grobe oder gewalttätige Behandlung zu erreichen ist, denn sie würde die zarten Stängel brechen. Mit liebevoller Sorgfalt aber tut er alles, was der Pflanze zum Gedeihen verhilft. Er befeuchtet den Boden, schützt die jungen Triebe vor kaltem Wind und sengenden Sonnenstrahlen, und der große Schöpfer im Himmel belohnt die Sorgfalt des Gärtners und schenkt Gedeihen. So verhält es sich auch im Leben mit der Erziehung und Pflege der uns anvertrauten Kinder. Fasst sie voller Zartgefühl an und zeigt

ihnen eure Liebe, damit auf diese Weise ihr Charakter nach

dem Wesen Christi geformt werde. Seid ermutigt, die Liebe zu Gott und auch zueinander deutlich zu zeigen.

Dass es so viele hartherzige Männer und Frauen gibt, liegt meistens daran, dass wahre, uneingeschränkte Zuneigung als Schwäche betrachtet und verhindert und unterdrückt wird. Die guten Anlagen solcher Menschen wurden oft in frühester Jugend erstickt, und wenn die Kraft der göttlichen Liebe die kalte Selbstsucht nicht schmelzen lässt, wird ihr Glück für immer zerstört sein. Wenn wir wünschen, dass unsere Kinder die zärtliche Liebe Jesu besitzen sollen und die Zuneigung, die die Engel uns gegenüber bekunden, dann müssen wir ihre guten Impulse pflegen und zur Entfaltung bringen.

Unterrichtet die Kinder darin, Christus in der Natur zu erkennen! Nehmt sie mit hinaus unter den freien Himmel, unter die prächtigen Bäume und in die grünen Gärten, und zeigt ihnen in allen Werken der Schöpfung den Ausdruck der Liebe Gottes! Erklärt den Kindern, dass Gott die Gesetze gegeben hat, denen alles Leben untersteht, und dass diese Gesetze dem Glück und der Freude der Menschen dienen! Ermüdet die Kinder nicht durch lange Gebete und langatmige Ermahnungen, sondern lehrt sie durch den Anschauungsunterricht in der Natur, dem Gesetz Gottes zu gehorchen!

Gewinnen Eltern durch einen christlichen Wandel als wahre Nachfolger Jesu ihre Kinder, so wird es ihnen nicht schwer fallen, sie von der großen Liebe zu überzeugen, mit der Christus uns geliebt hat. Versuchen wir, die Heilswahrheit verständlich darzulegen und die Kinder auf Christus als persönlichen Heiland hinzuweisen, dann werden uns Engel Gottes zur Seite stehen. Der Herr wird die Eltern segnen, damit ihre Kleinen an der kostbaren Geschichte des Kindes von Bethlehem Gefallen finden, das wirklich die Hoffnung der Welt ist.

Als Jesus den Jüngern zurief, den Kindern nicht zu wehren, zu Ihm zu kommen, da sprach Er diese Worte gleichzeitig zu Seinen Nachfolgern in allen Zeiten – zu den Gemeindebeamten, Predigern, Lehrern und zu allen christlichen Eltern. Er zieht die Kinder zu sich und gebietet jedem: »Wehret ihnen nicht!« Entstellt nicht das Bild Jesu durch euren unchristlichen Charakter!

Haltet die Kleinen nicht durch eure Kälte und Strenge von Jesus fern. Verhaltet euch nicht so, dass eure Kinder das Gefühl bekommen, der Himmel könne kein angenehmer Ort sein, wenn auch ihr dort sein werdet. Sprecht nicht von Religion so, als ob sie für Kinder nicht verständlich wäre, oder handelt nicht so, als würde von ihnen nicht erwartet, dass sie sich bereits in ihrer Jugend zu Christus bekennen. Erweckt in ihnen nicht den Eindruck, als wäre die Religion Christi eine Religion des Trübsinns, als müssten sie alles aufgeben, wenn sie zum Heiland kommen, was ihr Leben bisher freudvoll machte. Wie der Heilige Geist an den Herzen der Kinder wirkt, so fördert Er auch Sein Werk. Lehrt die Kinder, dass der Heiland sie ruft und Ihm nichts mehr Freude bereitet, als wenn sie sich schon in jungen Jahren Ihm weihen.

Jesus schaut mit inniger Anteilnahme auf jeden, den Er mit Seinem Blut erkauft hat. Seine Liebe erhebt Anspruch auf ihn. Er sieht ihn mit unaussprechlicher Sehnsucht an. Sein Herz neigt sich nicht nur den folgsamen Kindern zu, sondern auch denen, die angeborene charakterliche Mängel zeigen.

Viele Eltern verstehen nicht, wie weitgehend sie für die Schwächen ihrer Kinder verantwortlich sind. Sie haben nicht genügend Liebe und Weisheit, sich mit den Irrenden zu befassen, die erst durch sie dazu geworden sind. Doch Jesus blickt mit herzlichem Erbarmen auf diese Kinder. Er überblickt genau Ursache und Wirkung. Da soll auch der Prediger ein brauchbares Werkzeug in Jesu Hand sein. Durch Weisheit und geduldige Liebe soll er die unverständigen Kinder an sein Herz ziehen und ihnen Mut und Hoffnung geben. Durch die Gnade Christi soll der Charakter der Kinder so umgewandelt werden, dass man von ihnen sagen darf »Solchen gehört das Reich Gottes.«

KAPITEL 57

Auf Grundlage von
Matthäus 19,16-22
Markus 10,17-22; Lukas 18,18-23

»EINES FEHLT DIR«

»**A**ls er sich auf den Weg machte, lief einer herbei, kniete vor ihm nieder und fragte ihn: Guter Meister, was soll ich tun, damit ich das ewige Leben ererbe?« Markus 10,17 Der junge Mann, der mit dieser Frage zu Jesus kam, war ein Oberster. Er besaß große Güter und bekleidete ein verantwortungsvolles Amt. Dieser sah die Liebe, die Christus den Kindern erwies, wie gütig Er sie empfing und wie Er sie in Seine Arme nahm. Bei diesem freundlichen Anblick entflammte sein Herz für den Heiland. Er wünschte sich, Jesu Jünger zu werden. Er war so tief bewegt, dass er Christus nachlief, als dieser Seines Weges ging, zu Seinen Füßen niederkniete und Ihm dabei ernst und aufrichtig die für ihn und für alle Menschen so überaus wichtige Frage stellte: »Guter Meister, was soll ich tun, damit ich das ewige Leben ererbe?«

Jesus erwiderte ihm: »Was nennst du mich gut? Niemand ist gut als Gott allein.« Markus 10,18 Jesus wollte die Aufrichtigkeit des Obersten prüfen und von ihm hören, warum er Ihn als gut betrachte. Hatte der junge Mann wirklich erkannt, dass der, zu dem er sprach, der Sohn Gottes war? Wie lautete seine echte Herzensüberzeugung? Der Oberste hatte eine hohe Meinung von sich. Er glaubte nicht, dass ihm noch irgendein Fehler anhafte, dennoch war er nicht ganz zufrieden. Er sehnte sich nach etwas, das er nicht besaß. Konnte Jesus ihn nicht segnen, wie er gerade die Kinder gesegnet hatte um auf diese Weise das unbestimmte Verlangen seines Herzens zu stillen?

In Seiner Antwort wies Jesus darauf hin, dass es nötig sei, den Geboten Gottes zu gehorchen, wenn er das ewige Leben erlangen wolle. Er führte einige der Gebote an, die des Menschen Pflichten gegenüber seinen Mitmenschen aufzeigen. Der Oberste erwiderte dem Herrn: »Das habe ich alles gehalten; was fehlt mir noch?« Matthäus 19,20 Der Heiland schaute den jungen Mann an, als ob Er dessen Leben und Charakter erforschen würde. Er liebte ihn und wünschte sehr, ihm diesen Frieden, diese Gnade und Freude zu schenken, die seinen Charakter entscheidend verändern würden. Er sagte ihm: »Eines fehlt dir. Geh hin, verkaufe alles, was du hast, und gib's den Armen, so wirst du einen Schatz [518/519] **411** im Himmel haben, und komm, folge mir nach und nimm das Kreuz auf dich.« Markus 10,21 Der Heiland fühlte sich zu dem jungen Mann hingezogen und glaubte an dessen Aufrichtigkeit, als dieser sagte: »Meister, das habe ich alles gehalten von meiner Jugend auf.« Markus 10,20 Jesus wollte ihm aber die Sensibilität vermitteln, die ihn die Notwendigkeit der Hingabe des Herzens und der christlichen Güte erkennen ließe. Er hätte gern in ihm ein demütiges, reuevolles Herz gesehen, das sich der von Gott geschenkten Liebe bewusst wäre und dessen Mängel in der Vollkommenheit Christi verborgen gewesen wären.

Der reiche junge Mann erschien Jesus besonders geeignet, Sein Mitarbeiter in der Seelenarbeit zu sein. Würde er sich der Führung Christi unterstellen, dann könnte er machtvoll für das Gute wirken. Ideal hätte der Oberste Christus darstellen können, denn er besaß Eigenschaften, die, würde er sich mit dem Heiland verbunden haben, ihn befähigt hätten, mit göttlicher Macht unter den Menschen zu wirken. Christus, der seinen Charakter sah, liebte ihn, und Liebe zu Christus war im Herzen des Obersten erwacht, denn Liebe erzeugt Gegenliebe. Jesus wollte ihn gern als Mitarbeiter sehen und ihn sich selbst gleich machen, zu einem Spiegel, der das Ebenbild Gottes reflektieren würde. Er sehnte sich danach, die Vortrefflichkeit seines Charakters zu entwickeln und ihn für den Evangeliumsdienst zu heiligen. Hätte sich der junge Mann Christus geweiht, dann wäre er in Seiner Gegenwart gewachsen. Hätte er diese Wahl getroffen, wie anders wäre sein Leben verlaufen! »Eines fehlt dir«, Markus 10,21 sagte Christus zu ihm: »Willst du vollkommen sein, so geh hin, verkaufe, was du hast, und gib's den Armen, so wirst du einen Schatz im Himmel haben; und komm und folge mir nach!« Matthäus 19,21 Er las im Herzen des Obersten, dem nur eines fehlte, doch dies eine war lebensnotwendig. Er brauchte die Liebe Gottes in seinem Herzen. Dieser Mangel würde sich – es sei denn, man würde dem abhelfen – für ihn verhängnisvoll sein, indem es das ganze Wesen verdarb. Genusssucht würde die Eigenliebe in ihm stärkten. Wollte er Gottes Liebe erhalten, musste er sein maßloses Ego überwinden.

Der Herr prüfte diesen jungen Mann und ließ ihn zwischen himmlischen Gütern und weltlicher Größe wählen. Der himmlische Schatz wäre ihm sicher, wenn er dem Herrn nachfolgen würde, aber dazu musste er sich völlig Jesus weihen und seinen Willen unter göttliche Leitung stellen. Die Kindschaft des Allerhöchsten wurde ihm angeboten und ihm wurde die Gnade geschenkt, ein Miterbe des himmlischen Schatzes zu werden, wenn er das Kreuz auf sich nähme und dem Heiland auf dem beschwerlichen Weg der Selbstverleugnung nachfolgte. In der Tat waren die Worte Jesu für den jungen Mann die Aufforderung: »Wählt euch heute, wem ihr dienen wollt.« Josua 24,15 Er konnte selbst wählen. Je-

sus sehnte sich nach der Bekehrung des jungen Mannes. Der Herr hatte ihm den schwersten Mangel seines Charakters gezeigt und erwartete nun mit großem Interesse dessen Entscheidung. Würde er Jesus nachfolgen wollen, müsste er sich ganz unter den Gehorsam des Wortes Jesu stellen. Das bedeutete für ihn, alle seine ehrgeizigen Pläne aufzugeben. Wie ernst und besorgt, mit welch innerem Verlangen blickte der Heiland auf den jungen Mann und hoffte, dass er dem Werben des Geistes Gottes nachgeben werde!

Christus zeigte ihm den einzigen Weg, auf dem er zu einem vollkommenen christlichen Charakter kommen konnte. Seine Worte waren Worte der Weisheit, wenn sie auch streng und anspruchsvoll schienen. Sie anzunehmen und ihnen gehorsam zu sein – darin bestand die einzige Hoffnung des Obersten auf Erlösung. Seine bevorzugte irdische Stellung und seine Reichtümer übten auf seinen Charakter einen unbewussten aber unheilvollen Einfluss aus. Wenn er diesen Einfluss weiter auf sich wirken ließe, würde dies Gott aus seinem Herzen drängen. Ob er Gott wenig oder viel vorenthielte, es hieße das zu behalten, was seine sittliche Kraft und Leistungsfähigkeit schmälern würde. Denn wenn wir an den Dingen dieser Welt hängen, wie zweifelhaft und wertlos sie auch sein mögen, werden sie uns schließlich völlig beherrschen.

Der junge Mann begriff sehr gut, was Jesus ihm sagen wollte und wurde traurig. Wäre er sich des Wertes der ihm angebotenen Gabe bewusst gewesen, dann hätte er sich unverzüglich dem Herrn angeschlossen. Er gehörte dem Rat der Juden an, und Satan versuchte ihn mit schmeichelhaften Zukunftsaussichten. Er wünschte sich den himmlischen Schatz, wollte aber auch auf die irdischen Vorteile nicht verzichten, die sein Reichtum ihm bringen würde. Er war betrübt über solche Bedingungen. Er wünschte sich ewiges Leben, dennoch konnte er sich nicht entschließen, das geforderte Opfer zu bringen. Das ewige Leben erschien ihm zu teuer, und so ging er traurig weg, »denn er hatte viele Güter.« Markus 10,22

Sein Anspruch, das Gesetz Gottes gehalten zu haben, war Selbsttäuschung. Er bewies nur, dass Reichtum sein Götze war. Er konnte die Gebote Gottes nicht halten, solange das Irdische den ersten Platz in seinen Neigungen einnahm. Er liebte die Gaben Gottes mehr als den Geber. Jesus hatte dem jungen Mann Seine Gemeinschaft angeboten. »Folge mir nach!«, hatte Er ihm zugerufen, doch der Heiland bedeutete ihm nicht so viel wie sein Ansehen unter den Menschen oder seine Güter. Seinen irdischen Reichtum für den unsichtbaren himmlischen Schatz aufzugeben, erschien ihm ein zu großes Risiko.

Er lehnte das Angebot des ewigen Lebens ab und ging weg. Seitdem gehörte seine Anbetung der Welt. Tausende gehen denselben Weg – sie vergleichen Christus mit der Welt, und viele entscheiden sich für die Welt. Sie wenden sich, wie der Oberste, vom Heiland ab und sagen sich in ihrem Herzen: Diesen will ich nicht als meinen Führer haben. Christi Gespräch mit dem jungen Mann ist beispielhaft. Gott hat uns Verhaltensmuster gegeben, denen jeder einzelne Seiner Diener folgen muss. Dazu gehört der Gehorsam Seinem Gesetz gegenüber – ein Gehorsam, der nicht nur formell ist, sondern unser Leben durchdringt und sich im Charakter zeigt. Gott hat Sein eigenes Wesen zum Maßstab gesetzt für alle, die Mitglieder Seines Reiches werden wollen.

Nur jene, die Christi Mitarbeiter werden wollen und alle, die sprechen: »Herr, alles was ich habe und alles was ich bin, ist dein!«, werden als Söhne und Töchter Gottes anerkannt werden. Alle sollten sich bewusst machen, was es bedeutet, den Himmel zu begehren und sich dennoch abzuwenden, weil man nicht bereit ist, die geforderten Bedingungen zu erfüllen. Denkt daran, was es bedeutet, Christus ein Nein entgegenzuhalten. Der Oberste sagte: Ich kann dir nicht alles geben! Sprechen wir genauso? Der Heiland will mit uns die uns gegebene Aufgabe teilen. Er bietet uns an, die von Gott verliehenen Mittel zu nutzen, um Sein Werk in der Welt voranzutreiben. Nur auf diesem Weg kann Er uns retten.

Dem Obersten sind die Güter anvertraut worden, damit er sich als treuer Haushalter erweisen konnte. Er sollte sie zum Segen der Bedürftigen verwenden. Ebenso schenkt Gott heute den Menschen Mittel und Fähigkeiten. Er gibt ihnen Gelegenheiten, bei der Betreuung der Armen und Leidenden seine Helfer zu sein. Wer die ihm anvertrauten Gaben so einsetzt, wie Gott es bestimmt, wird ein Mitarbeiter des Heilandes. Er gewinnt Menschen für Christus, weil er das Wesen seines Meisters widerspiegelt.

Denen, die wie der junge Oberste eine hohe Vertrauensstellung bekleiden und großen Besitz haben, scheint das Opfer, alles aufzugeben, um Christus nachzufolgen, zu groß zu sein. Doch gerade das ist der Maßstab für alle, die Seine Jünger werden wollen. Mangelnder Gehorsam kann nicht angenommen werden. Selbstaufgabe ist der Kern der Lehren des Heilandes. Häufig ist diese mit Worten erklärt und eingeschärft, die gebieterisch scheinen, weil es keinen anderen Weg gibt, Menschen zu retten, als sich von jenen Dingen zu trennen, die – wenn man sie hegt – den ganzen Menschen verderben.

Indem Christen dem Herrn das Seine zurückgeben, sammeln sie sich einen Schatz, den sie bekommen, wenn sie die Worte hören: »Recht so, du tüchtiger und treuer Knecht, du bist über wenigem treu gewesen, ich will dich über viel setzen; geh hinein zu deines Herrn Freude!« Matthäus 25,23 Darum wollen wir auch »aufsehen zu Jesus, dem Anfänger und Vollender des Glaubens, der, obwohl er hätte Freude haben können, das Kreuz erduldete und die Schande gering achtete und sich gesetzt hat zur Rechten des Thrones Gottes.« Hebräer 12,2 Die Freude, Menschen erlöst und für immer gerettet zu sehen, ist der Lohn aller, die in den Fußspuren Jesu wandeln, der gesagt hat: »Folge mir nach!«

KAPITEL 58

*Auf Grundlage von
Lukas 10,38-42
Johannes 11,1-44*

»LAZARUS, KOMM HERAUS!«

Zu den treuesten Anhängern Jesu gehörte Lazarus aus Bethanien. Seit der ersten Begegnung mit Christus war sein Glaube an Ihn stark. Er liebte Ihn innig, und er wurde vom Heiland auch sehr geliebt. Diesem Lazarus galt Jesu größtes Wunder. Der Heiland segnete alle, die Seine Hilfe suchten, Er liebte alle Menschen. Doch manchen fühlte Er sich durch liebevolle persönliche Bindungen besonders verbunden. Durch ein festes Band der Zuneigung war Sein Herz mit der Familie in Bethanien verknüpft, und für einen ihrer Angehörigen vollbrachte Er Seine wunderbarste Tat.

Im Heim von Lazarus hatte Jesus oft Ruhe gefunden, denn Er selbst besaß kein eigenes Zuhause. Er war auf die Gastfreundschaft Seiner Freunde und Jünger angewiesen. Oft, wenn Er müde war oder Ihn nach menschlicher Gesellschaft verlangte, war Er froh, in dieses friedevolle Haus fliehen zu können, weg von dem Argwohn und der Missgunst der Pharisäer. Hier wurde Er aufrichtig willkommen geheißen, und Er erfuhr reine, lautere Freundschaft. Hier konnte Er unbefangen und in völliger Freiheit sprechen, und Er wusste, dass Seine Worte richtig verstanden und geschätzt wurden.

Unser Heiland schätzte ein stilles Heim und aufmerksame Zuhörer. Auch sehnt Er sich nach menschlichem Mitgefühl, nach Höflichkeit und Zuneigung. Diejenigen, die Seine himmlischen Unterweisungen annahmen – die Er immer bereit war mitzuteilen – wurden reichlich gesegnet. Als die Menge Christus aufs freie Feld folgte, zeigte Er ihnen die Schönheiten der Natur. Er suchte ihnen die Augen für das Verständnis zu öffnen, wie die Hand Gottes die Welt erhält. Um in ihnen ein Gefühl der Wertschätzung für die Güte und das Wohlwollen Gottes hervorzurufen, lenkte Er die Aufmerksamkeit Seiner Zuhörer auf den sanft fallenden Tau, auf die linden Regenschauer und den wärmenden Sonnenschein, die den Guten und Bösen gleichermaßen zuteil werden. Er wünschte, dass sich die Menschen in stärkerem Maße der Anteilnahme bewusst werden, die Gott Seinen Geschöpfen entgegenbringt. Doch die Menge hatte taube Ohren, und in dem Heim in Bethanien konnte Christus von dem beschwer-

lichen Kampf des öffentlichen Wirkens ausruhen. Hier öffnete Er Seinen auf-
nahmebereiten Zuhörern das ganze Ausmaß der Vorsehung Gottes. In diesen
persönlichen Gesprächen breitete Er vor ihnen aus, was Er der so bunt zusam-
mengewürfelten Menschenmenge nicht mitzuteilen versuchte, denn zu Seinen
Freunden brauchte Er nicht in Gleichnissen zu reden.

Während Christus Seine wunderbaren Belehrungen austeilte, saß Maria, eine ehrfürchtige und demütige Zuhörerin, zu Seinen Füßen. Einmal ging
Martha, die mit der Sorge um die Vorbereitung der Mahlzeit beschäftigt war,
zu Jesus und sagte: »Herr, fragst du nicht danach, dass mich meine Schwester
lässt allein dienen? Sage ihr doch, dass sie mir helfen soll!« Lukas 10,40 Dies
geschah bei Jesu erstem Besuch in Bethanien. Der Heiland und Seine Jünger
hatten gerade eine beschwerliche Fußreise von Jericho hinter sich. Martha war
bemüht, für deren Behaglichkeit zu sorgen, und in ihrer ängstlichen Sorge vergaß sie die ihrem Gast schuldige Höflichkeit. Jesus antwortete ihr freundlich
und geduldig: »Martha, Martha, du hast viel Sorge und Mühe. Eins aber ist Not:
Maria hat das gute Teil erwählt; das soll nicht von ihr genommen werden.« Lukas
10,41f Maria bewahrte diese kostbaren Worte des Heilandes in ihrem Herzen –
Worte, die wertvoller waren als die schönsten Edelsteine auf Erden.

Das eine, was Martha brauchte, war ein ruhiges, andächtiges Gemüt, ein
tieferes Verlangen nach Erkenntnis hinsichtlich der zukünftigen Dinge, des
ewigen Lebens und der für das geistliche Wachstum notwendigen geistlichen
Gaben. Es war nötig, dass sie sich weniger um die vergänglichen Dinge sorgte
als mehr um das, was ewig währt. Jesus wollte seine Kinder lehren, jede Gelegenheit zu nutzen, sich die Erkenntnis anzueignen, die sie zur Erlösung tauglich macht. Christi Werk braucht aufmerksame, aktive Mitarbeiter. Es gibt für
alle Marthas mit ihrem Eifer in religiösen Belangen ein weites Betätigungsfeld.
Aber lasst sie zuerst mit Maria zu den Füßen Jesu sitzen! Lasst Fleiß, Bereitwilligkeit und Tatkraft durch die Gnade Christi geheiligt sein, dann wird so ein
Leben als unüberwindliche Kraft zum Guten wirken.

In das friedvolle Heim, in dem Jesus ausgeruht hatte, war Trauer eingezogen.
Lazarus war plötzlich erkrankt, und seine Schwestern ließen dem Heiland sagen:
»Herr, siehe, der, den du lieb hast, liegt krank.« Johannes 11,3 Sie sahen wohl die
Heftigkeit der Krankheit, die ihren Bruder ergriffen hatte, doch sie wussten, dass
Christus fähig war, alle Arten von Krankheiten zu heilen. Sie glaubten, Er würde
in ihrem Schmerz mit ihnen fühlen. Deshalb erbaten sie nicht Seine sofortige
Anwesenheit, sondern sandten nur die Vertrauen bekundende Botschaft: »Der,
den du lieb hast, liegt krank.« Sie nahmen an, dass Er auf ihre Botschaft sofort reagieren und zu ihnen kommen würde, so schnell Er Bethanien erreichen
konnte. Besorgt warteten sie auf eine Nachricht von Jesus. Sie

beteten und warteten auf Ihn, solange noch der Lebensfunke in ihrem Bruder war. Doch der Bote kehrte ohne den Heiland zurück und brachte die Nachricht: »Diese Krankheit ist nicht zum Tode«, Johannes 11,4 und die Schwestern klammerten sich an die hoffnungsvollen Worte, dass Lazarus leben werde. Mitfühlend versuchten sie, dem Leidenden, der fast ohne Bewusstsein lag, Mut und Hoffnung zuzusprechen. Als Lazarus starb, waren sie bitter enttäuscht, doch sie fühlten die ihnen beistehende Gnade Christi, und dies hielt sie davon ab, dem Heiland irgendwie die Schuld zu geben.

Als Jesus die Nachricht hörte, dachten die Jünger, Ihn berühre sie gar nicht, denn Er äußerte keineswegs die Trauer, die sie von Ihm erwartet hatten. Er schaute sie nur an und sagte: »Diese Krankheit ist nicht zum Tode, sondern zur Verherrlichung Gottes, damit der Sohn Gottes dadurch verherrlicht werde.« Johannes 11,4 Zwei Tage blieb Er noch dort, wo Er war. Dieser Aufschub war Seinen Jüngern unverständlich. Sie dachten daran, welcher Trost die Gegenwart des Heilandes der betrübten Familie in Bethanien sein könnte. Sie kannten Seine große Zuneigung zu Lazarus und den Schwestern Maria und Martha sehr gut und sie waren überrascht, dass Er auf die traurige Nachricht: »Den du lieb hast, der liegt krank« nicht reagierte. Während dieser zwei Tage schien Christus die Nachricht ganz vergessen zu haben, denn Er erwähnte Lazarus überhaupt nicht. Die Jünger mussten an Jesu Vorläufer, Johannes den Täufer, denken. Sie hatten sich gewundert, warum Jesus, der die Macht besaß, erstaunliche Wunder zu wirken, es zugelassen hatte, dass Johannes im Gefängnis schmachtete und eines gewaltsamen Todes starb. Warum hatte Er nicht das Leben von Johannes gerettet, wenn Er solche Macht besaß? Diese Frage war von den Pharisäern oft gestellt worden. Sie sahen darin ein unwiderlegbares Argument gegen den Anspruch Jesu, Gottes Sohn zu sein. Der Heiland hatte Seine Jünger vor Schwierigkeiten, Nachteilen und Verfolgung gewarnt. Würde Er sie in diesen Schwierigkeiten auch im Stich lassen? Manche fragten sich, ob sie Seine Mission etwa missverstanden hätten. Alle waren tief beunruhigt.

Nach zwei Tagen sagte Jesus zu den Jüngern: »Lasst uns wieder nach Judäa ziehen!« Johannes 11,7 Warum hat er zwei Tage gewartet? Das fragten sich die Jünger, weil Er jetzt doch nach Judäa ging. Aber die Sorge um ihren Meister und auch um ihr eigenes Schicksal beherrschte nun ihre Gedanken. Sie sahen auf dem Weg, den Er einschlug, nichts als Gefahren. »Meister, eben noch wollten die Juden dich steinigen, und du willst wieder dorthin ziehen? Jesus antwortete: Hat nicht der Tag zwölf Stunden?« Johannes 11,8f

Ich stehe unter dem Schutz meines Vaters im Himmel. Solange ich Seinen Willen tue, ist mein Leben sicher. Meine zwölf Tagesstunden sind noch nicht beendet. Jetzt hat für mich der letzte Abschnitt meines Tages begonnen, aber solange eine einzige Stunde noch bleibt, bin ich sicher. »Wer bei Tag umhergeht«, fuhr Jesus fort, »der stößt sich nicht; denn er sieht das Licht dieser Welt.« Wer Gottes Willen tut und den Weg wandelt, den Gott vorgeschrieben hat, der kann weder straucheln noch fallen. Das Licht des Heiligen Geistes vermittelt ihm eine klare Vorstellung seiner Aufgaben und leitet ihn sicher bis zur Vollendung seines Werkes. »Wer aber bei Nacht umhergeht, der stößt sich; denn es ist kein Licht in ihm.« Johannes 11,9f Wer aber auf selbst erwähltem Weg wandert, wohin ihn Gott nicht gerufen hat, der wird stolpern, und für den verwandelt sich der Tag in Nacht. Wo er auch sein mag, er ist nirgends sicher.

»Dies sprach er, und danach sagte er zu ihnen: Unser Freund Lazarus ist eingeschlafen; aber ich gehe hin, um ihn aufzuwecken.« Joh. 11,11 »Lazarus, unser Freund, ist eingeschlafen« – wie schlicht sind diese Worte! Wie viel natürliche Anteilnahme bekunden sie! Die Jünger hatten angesichts der Angst, ihrem Meister könnte auf dem Weg nach Jerusalem etwas zustoßen, die trauernde Familie in Bethanien fast vergessen, Christus aber hatte an sie gedacht. Die Jünger fühlten sich zurechtgewiesen. Zuerst waren sie enttäuscht gewesen, dass Jesus auf die Nachricht der Schwestern nicht schneller reagiert hatte. Sie wollten schon annehmen, dass Jesus Lazarus und seine beiden Schwestern nicht so sehr liebte, wie sie geglaubt hatten, sonst wäre Er doch mit dem Boten zurückgeeilt. Doch die Worte »Lazarus, unser Freund, ist eingeschlafen« erweckten in ihnen das rechte Empfinden für Sein Handeln, und sie waren überzeugt, dass Jesus Seine leidenden Freunde nicht vergessen hatte. »Da sprachen seine Jünger: Herr, wenn er eingeschlafen ist, so wird er gesund werden! Jesus aber hatte von seinem Tod geredet; sie dagegen meinten, er rede vom natürlichen Schlaf.« Johannes 11,12f Christus stellt Seinen Kindern den Tod als Schlaf dar. Ihr Leben ist mit Christus verborgen in Gott, und bis zum Schall der letzten Posaune werden die Gestorbenen in Ihm schlafen.

»Da sagte es ihnen Jesus frei heraus: Lazarus ist gestorben; und ich bin froh um euretwillen, dass ich nicht dagewesen bin, damit ihr glaubt. Aber lasst uns zu ihm gehen!« Johannes 11,14.15 Thomas sah seinen Herrn nur dem Tod entgegen gehen, wenn Er nach Judäa reiste, doch er nahm seinen ganzen Mut zusammen und sagte zu den anderen Jüngern: »Lasst uns mit ihm gehen, dass wir mit ihm sterben.« Johannes 11,16 Er kannte den Hass der Juden gegen Jesus. Sie wollten Ihn töten, aber dieses Vorhaben war bisher erfolglos geblieben, da des Herrn Zeit noch nicht erfüllt war. Noch stand der Heiland unter dem Schutz himmlischer Wesen. Und selbst in Judäa, wo die Rabbiner Pläne schmiedeten, wie sie ihn ergreifen und töten könnten, konnte Ihm nichts schaden. Über Jesu Worte »Lazarus ist gestorben; und ich bin froh ..., dass ich nicht da gewesen bin« waren die Jünger sehr erstaunt. Hatte Jesus denn absichtlich das Haus seiner Freunde in Bethanien gemieden? Maria, Martha und der sterbende Lazarus schienen einsam und verlassen zu sein, in Wirklichkeit waren sie jedoch nicht allein. Christus sah alles, was sich ereignete, und nach dem Tod von Lazarus stand den verwaisten Schwestern Jesu Gnade bei. Er hatte den Kummer ihrer zerrissenen Herzen gesehen, als ihr Bruder mit seinem starken Feind, dem Tod, rang. Er fühlte ihre Schmerzen, als er Seinen Jüngern sagen musste: »Lazarus ist gestorben.« Doch Er durfte nicht nur an Seine Freunde in Bethanien denken, Er musste auch die Erziehung Seiner Jünger beachten! Sie sollten Seine Stellvertreter in der Welt sein, damit des Vaters Segen allen zuteil würde. Um ihretwillen ließ Er es zu, dass Lazarus starb. Hätte Er es verhindert, wäre das Wunder, der stärkste Beweis Seines göttlichen Wesens, nicht geschehen.

Wäre Christus in Bethanien, im Krankenzimmer von Lazarus gewesen, würde dieser nicht gestorben sein, denn Satan hätte keine Macht über ihn gehabt, und der Tod hätte seinen Pfeil in der Gegenwart des Lebensfürsten nicht auf ihn abschießen können. Deshalb blieb Jesus fern. Er ließ den Feind gewähren, um ihn zurückschlagen zu können – einen besiegten Gegner. Er ließ Lazarus unter die Herrschaft des Todes kommen, und die trauernden Schwestern sahen ihren Bruder ins Grab gelegt. Der Herr wusste, dass ihr Glaube an ihren Erlöser auf eine schwere Probe gestellt wurde, als sie in das tote Antlitz ihres Bruders blickten. Er wusste aber auch, dass sie aus dieser Prüfung mit weit größerer Kraft hervorgehen würden. Er trug ihre Schmerzen mit. Er liebte sie nicht weniger, weil Er abwesend war, sondern Er wusste, dass es für sie, für Lazarus, für Ihn selbst und für Seine Jünger einen Sieg zu erringen galt.

»Um euretwillen ..., damit ihr glaubt.« Für jeden Gläubigen, den es nach göttlicher Führung verlangt, ist der Augenblick der größten Entmutigung die Zeit, da ihm Gottes Hilfe am nächsten ist, und er wird dankbar auf die dunkelste Strecke seines Lebensweges zurückschauen.

»Der Herr weiß die Frommen aus der Versuchung zu erretten.« 2.Petrus 2,9 Aus jeder Versuchung, aus jeder Schwierigkeit wird sie Gott mit einem festeren Glauben und mit reicherer Erfahrung hervorgehen lassen.

Im Zögern Christi, zu Lazarus zu kommen, verbarg sich eine Tat des Erbarmens gegen jene, die Ihn nicht angenommen hatten. Er zögerte, damit Er durch die Auferweckung von Lazarus Seinem halsstarrigen, ungläubigen Volk einen weiteren Beweis geben konnte, dass Er wirklich die »Auferstehung und das Leben« war. Er wollte nicht alle Hoffnung für das Volk, für die armen, verirrten Schafe aus dem Hause Israel aufgeben. Sein Herz brach wegen ihrer Unbußfertigkeit. In Seiner Barmherzigkeit wollte Er ihnen deutlich vor Augen führen, dass Er der Heiland war, der Einzige, der Leben und Unsterblichkeit geben konnte. Er wollte ihnen einen Beweis geben, den die Priester nicht falsch deuten könnten. Deshalb zögerte Er, sofort nach Bethanien zu reisen. Dieses krönende Wunder – die Auferweckung von Lazarus – sollte das Siegel des Allerhöchsten auf Sein Werk und Seinen göttlichen Anspruch sein.

Auf der Reise nach Bethanien widmete sich der Heiland wie gewöhnlich den Kranken und Notleidenden. Nachdem Er die Stadt erreicht hatte, sandte Er einen Boten zu den Schwestern, um ihnen Seine Ankunft mitzuteilen. Christus betrat nicht sofort das Haus, sondern blieb erst an einem stillen Plätzchen am Wegesrand. Der große äußerliche Aufwand, der bei den Juden beim Tod von Freunden oder Verwandten üblich war, fand nicht die Zustimmung Christi.

Er hörte die Klagegesänge der gemieteten Trauergäste und wollte die beiden Schwestern nicht in dieser verwirrenden Situation begrüßen. Unter den Trauergästen befanden sich Familienangehörige, von denen manche eine bedeutende und verantwortungsvolle Stellung in Jerusalem bekleideten. Einige von ihnen gehörten zu Jesu bittersten Feinden. Christus kannte ihre Absichten, deshalb zeigte Er sich ihnen auch nicht sofort.

Die Nachricht von Jesu Kommen wurde Martha so unauffällig übermittelt, dass die anderen im Raum nichts davon erfuhren. Selbst Maria, tief versunken in ihrem Kummer, merkte nichts davon. Martha stand sofort auf und ging hinaus, dem Herrn entgegen, während Maria – in der Annahme, ihre Schwester ginge zum Grab des Bruders – in ihrem Schmerz noch still sitzen blieb.

Martha eilte dem Herrn entgegen, und die widerstrebendsten Gefühle bewegten ihr Herz. In den ausdrucksvollen Zügen Jesu las sie die gleiche Zuneigung wie immer. Ihr Vertrauen in Ihn war ungebrochen. Dabei dachte sie an den geliebten Toten, den Jesus auch lieb gehabt hatte. Schmerz erfüllte ihr Herz, weil der Heiland nicht früher gekommen war, dennoch war sie, als sie sagte: »Herr, wärst du hier gewesen, mein Bruder wäre nicht gestorben«, Johannes 11,21 voller Hoffnung, dass er selbst jetzt noch etwas tun würde, um ihnen zu helfen. Schon zuvor, inmitten des Klagelärms der Trauergäste, hatten die Schwestern diese Worte immer erneut wiederholt.

Mit göttlicher und menschlicher Anteilnahme blickte Jesus in das betrübte, von Gram gezeichnete Angesicht Marthas. Sie wollte das Vergangene nicht noch einmal erzählen. Alles Geschehen drückte sich in den ergreifenden Worten aus: »Herr, wärst du hier gewesen, mein Bruder wäre nicht gestorben.« Und während sie in Sein liebevolles Antlitz schaute, fügte sie hinzu: »Aber auch jetzt weiß ich: Was du bittest von Gott, das wird dir Gott geben.« Johannes 11,22 Jesus ermutigte ihren Glauben und sagte: »Dein Bruder wird auferstehen.« Johannes 11,23 Er wollte durch Seine Worte in Martha nicht die Hoffnung auf eine sofortige Veränderung erwecken, sondern ihre Gedanken über die gegenwärtige Auferweckung ihres

Bruders hinaus auf die Auferstehung der Gerechten lenken. Dies tat Er, damit sie in der Auferstehung von Lazarus ein Unterpfand sehen möchte für die Auferstehung aller gerechten Toten und eine Zusicherung, dass diese durch die Macht des Heilandes vollbracht werden würde. Martha antwortete: »Ich weiß, dass er auferstehen wird in der Auferstehung am letzten Tage.« Der Heiland versuchte ihren Glauben in die richtigen Bahnen zu lenken und sprach zu ihr: »Ich bin die Auferstehung und das Leben.« Johannes 11,24f In Christus ist ursprüngliches, echtes, eigenes Leben. »Wer den Sohn hat, der hat das Leben.« 1.Johannes 5,12

Die Göttlichkeit Christi bedeutet für den Gläubigen die Zusicherung des ewigen Lebens. »Wer an mich glaubt, der wird leben, auch wenn er stirbt; und jeder, der lebt und an mich glaubt, wird in Ewigkeit nicht sterben. Glaubst du das?« Johannes 11,25f Christus dachte hier an Seine Wiederkunft, wenn die gerechten Toten »auferstehen unverweslich« 1.Korinther 15,42 und die lebenden Gerechten in den Himmel aufgenommen werden, ohne den Tod zu erleiden.

Das Wunder, das Jesus jetzt ausführen wollte, indem Er Lazarus sich vom Tod erheben ließ, sollte die Auferstehung der gerechten Toten darstellen. Durch Seine Worte wie auch durch Seine Werke erklärte Er sich selbst als Urheber der Auferstehung. Er, der selbst bald am Kreuz sterben sollte, stand da mit den Schlüsseln des Todes als Sieger über das Grab und behauptete Sein Recht und Seine Macht, ewiges Leben zu geben. Auf die Frage Jesu: »Glaubst du das?« antwortete Martha mit dem Bekenntnis: »Ja, Herr! Ich glaube, dass du der Christus bist, der Sohn Gottes, der in die Welt kommen soll.« Johannes 11,27 Sie verstand die Worte Jesu nicht in ihrer umfassenden Bedeutung, aber sie bekannte ihren Glauben an Seine Göttlichkeit und ihre Zuversicht, dass Er fähig wäre, alles auszuführen, was auch immer Er wollte. »Und als sie das gesagt hatte, ging sie fort und rief heimlich ihre Schwester Maria und sprach: Der Meister ist da und ruft dich!« Johannes 11,28 Sie übermittelte ihre Nachricht so leise wie möglich, denn die Priester und Obersten standen bereit, Jesus festzunehmen, wenn sich eine günstige Gelegenheit dazu böte. Die Wehschreie der Klagenden verhinderten, dass ihre Worte gehört wurden.

Als Maria die Botschaft vernahm, erhob sie sich hastig und eilte mit einem brennenden Leuchten auf ihrem Antlitz aus dem Raum. Die Trauernden, die glaubten, sie ginge zum Grab um zu weinen, folgten ihr. Als Maria dorthin kam, wo Jesus wartete, kniete sie zu Seinen Füßen nieder und sagte mit bebender Stimme: »Herr, wärst du hier gewesen, mein Bruder wäre nicht gestorben.« Johannes 11,32 Das Wehklagen der Trauernden quälte sie jetzt, denn sie sehnte sich nach einigen beruhigenden Worten allein von Jesus. Da sie aber von dem Neid und der Eifersucht wusste, die einige gegen Jesus hegten, hielt sie sich zurück, ihren Kummer völlig auszudrücken. »Als nun Jesus sah, wie sie weinte und wie auch die Juden weinten, die mit ihr gekommen waren, seufzte er im Geist und wurde bewegt.« Johannes 11,33 Er las in den Herzen der Umstehenden, und Er erkannte, dass manche nur vortäuschten, was sich als echter Schmerz zu bekunden schien. Er wusste, dass einige der Begleiter, die hier Trauer heuchelten, innerhalb kurzer Zeit nicht nur Ihm, dem mächtigen Wundertäter, nach dem Leben trachteten, sondern auch dem, der erst vom Tod auferstehen würde.

Christus hätte ihnen die Maske ihrer gespielten Trauer wegreißen können, doch Er hielt Seine gerechte Entrüstung zurück. Die Worte, die Er wahrhaftig hätte sagen können, sagte Er nicht, weil von denen, die Er lieb hatte, jemand schmerzerfüllt zu Seinen Füßen kniete, der treu an Ihn glaubte.

»Wo habt ihr ihn hingelegt?«, fragte Er. Da sagte man Ihm: »Herr, komm und sieh es!« Johannes 11,34 Sie gingen gemeinsam zum Grab. Es war eine traurige Szene, die sich ihnen bot. Lazarus war sehr beliebt gewesen, und die Tränen der verwaisten Schwestern, die mit gebrochenem Herzen um ihn weinten, vermischten sich mit den Tränen jener, die seine Freunde gewesen waren. Angesichts dieses menschlichen Elends und der Tatsache, dass die bekümmerten Freunde über den Verstorbenen klagen konnten, während der Welt Heiland unter ihnen stand, weinte Jesus. Obwohl Er Gottes Sohn war, hatte Er doch menschliche Natur angenommen, und Er war erfüllt von menschlicher Trauer. Sein empfindsames, barmherziges Herz erwacht stets zu echtem Mitgefühl. Er weint mit den Weinenden und freut sich mit den Fröhlichen.

Doch Jesus weinte nicht nur aus menschlichem Mitgefühl mit Maria und Martha. In Seinen Tränen lag ein Schmerz, der soviel größer war als menschliche Traurigkeit, soviel der Himmel höher ist als die Erde. Christus weinte nicht um Lazarus, denn Er war ja im Begriff, ihn aus dem Grab zu rufen. Er weinte, weil viele von denen, die jetzt um Lazarus trauerten, bald Seinen Tod, der Er die Auferstehung und das Leben war, planen würden. Aber wie unfähig zeigten sich die ungläubigen Juden, Seine Tränen richtig zu deuten!

Einige, die in den äußeren Umständen des Geschehens nicht mehr erkennen konnten als nur eine Ursache für Seinen Kummer, sagten leise: »Seht, wie hatte er ihn so lieb!« Andere, die die Saat des Unglaubens in die Herzen der Anwesenden zu streuen versuchten, sprachen spöttisch: »Konnte der, welcher dem Blinden die Augen aufgetan hat, nicht dafür sorgen, dass auch dieser nicht gestorben wäre?« Johannes 11,36f Wenn es doch in Jesu Macht lag, Lazarus zu retten, warum hatte Er ihn dann sterben lassen?

Mit prophetischem Auge erkannte Christus die Feindseligkeit der Pharisäer und Sadduzäer. Er wusste, dass sie über Seinen Tod beratschlagten. Er wusste auch, dass einige von denen, die jetzt so mitfühlend schienen, bald sich selbst

die Tür der Hoffnung und das Tor zur Stadt Gottes zuschlagen würden. Mit Seiner Erniedrigung und Kreuzigung war ein Geschehen dabei, sich abzuwickeln, das in der Zerstörung Jerusalems seinen Höhepunkt erreichen würde, zu jener Zeit aber wären keine Klagelieder für die Toten zu hören. Vor ihm entstand ein deutliches Bild der Vergeltung, die Jerusalem treffen sollte. Er sah Jerusalem von römischen Legionen eingeschlossen, und Er wusste, dass viele, die jetzt um Lazarus weinten, bei der Belagerung der Stadt getötet würden und in ihrem Sterben keinerlei Hoffnung hätten.

Jesus weinte nicht nur wegen der Vorgänge um Ihn herum. Der Kummer aller Zeiten lag auf Ihm. Er sah die schrecklichen Folgen der Übertretung des göttlichen Gesetzes. Er sah, dass im weltgeschichtlichen Geschehen, beginnend mit Abels Tod, der Kampf zwischen Gut und Böse unaufhörlich stattgefunden hat. In die Zukunft schauend, erblickte Er Leid und Schmerz, Tränen und Tod, die das Schicksal der Menschheit sein werden. Sein Herz war verwundet von dem Leid der Menschen aller Länder und Zeiten. Die Wehrufe des sündigen Geschlechts lasteten schwer auf Seiner Seele, und Ihm »gingen die Augen über«, Johannes 11,35 als Er sich danach sehnte, all ihrem Elend abzuhelfen.

»Da ergrimmte Jesus abermals und kam zum Grab.« Lazarus war in eine Felsenhöhle gelegt worden, und ein riesiger Stein verschloss den Eingang. »Hebt den Stein weg!«, Johannes 11,38f befahl Jesus. In der Annahme, dass Er nun den Toten sehen wolle, wandte Martha ein, dass der Leichnam seit vier Tagen begraben läge und die Verwesung bereits eingesetzt hätte. Diese Aussage, die vor der Auferstehung von Lazarus gemacht wurde, ließ Jesu Feinden keine Möglichkeit zu sagen, dass ein Betrug verübt worden wäre. In der Vergangenheit hatten die Pharisäer falsche Behauptungen über die großartigsten Bekundungen göttlicher Macht in Umlauf gebracht.

Als Jesus die Tochter von Jairus auferweckte, hatte Er gesagt: »Das Kind ist nicht gestorben, sondern es schläft.« Markus 5,39 Da es nur kurze Zeit krank gewesen war und unmittelbar nach seinem Tod wieder auferweckt wurde, hatten die Pharisäer erklärt, dass das Kind überhaupt nicht tot gewesen wäre, denn Jesus hätte selbst gesagt, es schliefe nur. Sie hatten den Anschein erwecken wollen, als ob Christus Krankheit nicht heilen könnte, als ob Seine Wunder nur unehrliches Spiel wären. Doch in diesem Fall konnte niemand leugnen, dass Lazarus wirklich tot war.

Will der Herr ein Werk tun, dann beeinflusst Satan irgendjemanden, dagegen Einspruch zu erheben. Jesus sagte: »Hebt den Stein weg!« Bereitet soweit wie möglich meine Aufgabe vor! Aber Marthas bestimmte und ehrempfindliche Art kam jetzt zum Vorschein. Sie wollte den verwesenden Körper ihres Bruders nicht zur Schau gestellt sehen. Dem menschlichen Herzen sind Christi Worte nicht leicht verständlich, und Marthas Glaube hatte die wahre Bedeutung seiner Verheißung nicht begriffen. Der Heiland tadelte Martha, dennoch sprach Er äußerst gütig zu ihr: »Habe ich dir nicht gesagt: Wenn du glaubst, wirst du die Herrlichkeit Gottes sehen?« Johannes 11,40

Warum zweifelst du denn an meiner Macht? Warum willst du dich meinen Anforderungen denn widersetzen? Ich gab dir mein Wort, dass du die Herrlichkeit Gottes sehen solltest, wenn du glauben würdest! Natürliche Hindernisse können das Werk des Allmächtigen nicht aufhalten. Zweifel und Unglauben beweisen keine Demut. Blinder Glaube an Christi Worte entspricht wahrer Demut und echter Selbsthingabe.

»Hebt den Stein weg!« Christus hätte dem Stein gebieten können, dass er sich erhebe, und dieser würde dem Machtwort des Herrn gehorcht haben. Er hätte dies auch den Engeln, die Ihn umgaben, befehlen können. Auf Sein Gebot hin würden unsichtbare Hände den Stein weggewälzt haben. Es sollten jedoch Menschenhände dieser Aufforderung nachkommen. So wollte Christus zeigen, dass die Menschen mit Gott zusammenwirken sollen. Was menschliche Kraft ausführen kann, dazu wird keine göttliche berufen. Gott will auf die Mitarbeit von Menschen nicht verzichten. Er stärkt sie und arbeitet mit ihnen zusammen, wenn Er die in Seinem Dienst eingesetzten Kräfte und Fähigkeiten nutzt.

Der Befehl Jesu ist ausgeführt und der Stein weggerollt. Alles geschieht offen und bedacht, so dass alle sehen können, dass kein Betrug im Spiel ist. Vor ihnen liegt kalt und stumm der Leichnam von Lazarus in seinem Felsengrab. Das Schluchzen der Leidtragenden ist verstummt. Erstaunt und erwartungsvoll stehen sie um das Grab und warten auf das, was da kommen soll.

Ruhig steht der Heiland vor dem Grab. Ein heiliger Ernst liegt auf allen Anwesenden. Jesus tritt näher an die Grabstätte heran. Zum Himmel aufblickend, spricht er: »Vater, ich danke dir, dass du mich erhört hast.« Johannes 11,41 Kurz vorher erst hatten Jesu Feinde ihn der Gotteslästerung angeklagt und Steine aufgehoben, um Ihn zu steinigen, weil Er behauptete, Gottes Sohn zu sein. Sie beschuldigten Ihn, durch Satans Macht Wunder zu wirken. Doch hier nimmt Jesus erneut Gott als Seinen Vater in Anspruch und in vollkommenem Vertrauen erklärt Er, Gottes Sohn zu sein. In allem, was Er tat, wirkte Jesus mit Seinem Vater zusammen. Stets war Er darauf bedacht, deutlich zu machen, dass Sein Wirken nicht unabhängig von Gott geschah, sondern dass Er Seine Wunder wirkte durch Glauben und Gebet. Er wünschte sich, dass alle über Seine Beziehung zu Seinem Vater wüssten. »Vater«, sprach Er, »ich danke dir, dass du mich erhört hast. Ich weiß, dass du mich allezeit hörst; aber um des Volkes willen, das umhersteht, sage ich's, damit sie glauben, dass du mich gesandt hast.« Johannes 11,41f

Mit diesen Worten wurde den Jüngern und dem Volk der überzeugendste

Beweis der engen Beziehung zwischen Christus und Gott gegeben. Ihnen wurde gezeigt, dass Christi Behauptung kein Betrug war. »Als er das gesagt hatte, rief er mit lauter Stimme: Lazarus, komm heraus!« Johannes 11,43 Seine klare, durchdringende Stimme klingt an das Ohr des Toten. Während Er spricht, bricht das Göttliche durch Seine menschliche Natur hindurch. In Seinem Antlitz, das von der Herrlichkeit Gottes erleuchtet ist, liest das Volk die Gewissheit Seiner Macht. Jedes Auge ist fest auf den Eingang der Höhle gerichtet, jedes Ohr gespannt, das leiseste Geräusch zu erhaschen. Mit tiefer, schmerzlicher Anteilnahme warten alle auf das Zeugnis der Göttlichkeit Christi, auf den Beweis, der Seinen Anspruch, Gottes Sohn zu sein, bekräftigt oder die Hoffnung Seiner Anhänger für immer zunichte macht.

Es regt sich etwas in dem stillen Grab, und Lazarus, der tot war, steht im Eingang der Felsengruft. Seine Bewegungen sind behindert durch die Grabtücher, in die er zur Ruhe gelegt wurde, und Christus sagt zu den erstaunten Anwesenden: »Löst die Binden und lasst ihn gehen!« Johannes 11,44 Und wieder wurde ihnen vor Augen geführt, dass der Mensch mit Gott zusammenarbeiten muss. Die Mitglieder der menschlichen Familie müssen für die Menschheit wirken.

Lazarus ist frei und steht vor den Versammelten, nicht als einer, der von Krankheit ausgezehrt ist, mit schwachen, wankenden Gliedern, sondern als ein Mann in den besten Jahren und in der vollen Kraft seiner stattlichen Männlichkeit. Aus seinen Augen blicken Klugheit und Liebe für den Heiland. Anbetend wirft er sich Ihm zu Füßen. Zuerst sind die am Grab Weilenden sprachlos vor Verwunderung. Dann folgt ein unbeschreibliches Jubeln und Danken. Die Schwestern erhalten ihren Bruder als eine Gabe von Gott zurück, und unter Freudentränen stammeln sie dem Heiland ihren Dank. Doch während die Geschwister und die Freunde sich freuen, wieder vereint zu sein, verlässt der Heiland den Schauplatz. Als sie sich nach dem Lebensspender umschauen, ist er nirgends zu finden.

KAPITEL 59

*Auf Grundlage von
Johannes 11,47-54*

DIE ANSCHLÄGE DER PRIESTER

ethanien lag nicht weit von Jerusalem. Und die Nachricht von der Auferstehung des Lazarus hatte bald die Hauptstadt erreicht. Durch Kundschafter, die als Augenzeugen das Wunder Jesu miterlebt hatten, wurden die jüdischen Obersten schnell davon unterrichtet. Man berief sofort den Hohen Rat ein, um sich über weitere Schritte einig zu werden. Christus hatte nun völlig Seine Macht über Tod und Grab bekundet. Mit diesem mächtigen Wunder gab Gott den Menschen den krönenden Beweis, dass Er Seinen Sohn zu ihrer Rettung in die Welt gesandt hatte. Es war eine Offenbarung göttlicher Macht, die genügte, jeden zu überzeugen, der unter der Herrschaft der Vernunft und eines erleuchteten Gewissens stand. Viele, die Augenzeugen der Auferstehung von Lazarus waren, fanden zum Glauben an Jesus. Doch der Hass der Priester gegen Ihn verstärkte sich. Alle geringeren Beweise Seiner Göttlichkeit hatten sie verworfen, nun waren sie wütend über diese neue Wundertat. Der Tote war am hellen Tag und vor einer großen Zeugenschar auferweckt worden, und solch ein Beweis konnte durch keinerlei Kunstgriff hinweggeklärt werden. Allein deshalb wurde die Feindschaft der Priester immer unversöhnlicher. Mehr denn je waren sie entschlossen, Christi Wirken zu unterbinden.

Obwohl die Sadduzäer Jesus keineswegs günstig gesonnen waren, zeigten sie nicht so viel Gehässigkeit gegen Ihn wie die Pharisäer. Ihr Hass gegen Ihn war nicht so bitter gewesen. Doch jetzt fühlten sie sich ganz und gar beunruhigt, denn sie glaubten ja nicht an die Auferstehung der Toten. Sie führten die sogenannte »Wissenschaft« an, die schlussfolgerte, dass es unmöglich wäre, einen toten Körper wieder lebendig zu machen. Doch mit wenigen Worten hatte Christus ihre Lehrsätze widerlegt und ihnen bewiesen, dass sie weder die heiligen Schriften noch die Macht Gottes kannten. Sie sahen keine Möglichkeit, den durch die Wundertat beim Volk erzielten Eindruck auszulöschen. Wie konnten auch Menschen dem abspenstig gemacht werden, dem es gelungen war, einen Toten der Fessel des Grabes zu entreißen? Lügenhafte Berichte wurden in Umlauf gesetzt, doch die Wundertat konnte nicht geleugnet werden, und die Sadduzäer wussten nicht, wie sie dem begegnen sollten. Bisher hatten sie dem Plan, Jesus zu töten, nicht zugestimmt. Nach der Auferstehung von Lazarus jedoch sahen sie ein, dass nur dadurch, dass sie Jesus töteten, Seine Anklagen gegen sie unterbunden werden konnten.

Die Pharisäer glaubten zwar an die Auferstehung, vermochten aber nur nicht in diesem Wunder den Beweis zu erkennen, dass der Messias mitten unter ihnen war; denn stets hatten sie Sein Wirken bekämpft. Von Anfang an wurde Er von ihnen gehasst, weil Er ihre scheinheiligen Ansprüche enthüllt hatte. Er hatte den Deckmantel strenger Kulterfüllung weggerissen, unter dem sich ihr sittlicher Niedergang verbarg. Ihre unaufrichtigen Beteuerungen der Frömmigkeit sahen sie von der reinen Wahrheit verurteilt, die Er verkündete. Sie wollten sich unbedingt an Ihm für Seine Vorwürfe rächen. Sie hatten versucht, Ihn herauszufordern, etwas zu sagen oder zu tun, das ihnen Gelegenheit geben würde, Ihn zu verurteilen. Öfters hatten sie versucht, Ihn zu steinigen, aber Er war ruhig aus ihrer Mitte weggegangen, und sie hatten Ihn aus den Augen verloren.

Die Wunder, die Er am Sabbat ausführte, galten denen, »die da Leid tragen.«Matthäus 5,4 Die Pharisäer jedoch hatten es darauf abgesehen, Ihn als Sabbatschänder zu verurteilen. Sie hatten versucht, die Herodianer gegen Ihn aufzuwiegeln, indem sie erklärten, dass Er versuche, ein konkurrierendes Königtum aufzurichten, und sie berieten mit ihnen, wie sie Ihn vernichten könnten. Um die Römer gegen Ihn aufzubringen, hatten sie ausgesagt, dass Er sich bemühe, ihre Autorität zu untergraben. Sie nahmen jeden Vorwand zum Anlass, Ihn vom Volk fernzuhalten. Doch bisher waren ihre Versuche gescheitert. Die Menge, die Seine Werke der Barmherzigkeit bezeugte und Seine klaren und heiligen Lehren hörte, wusste, dass diese nicht die Taten und Worte eines Sabbatschänders oder Gottesleugners waren. Selbst die Beamten, die von den Pharisäern zu Ihm gesandt wurden, waren von Seinen Worten so beeindruckt gewesen, dass sie es nicht schafften, Hand an Ihn zu legen. In ihrer Verzweiflung hatten die Obersten schließlich eine Verordnung beschlossen, jeden, der sich zu Jesus bekennen würde, aus der Synagoge auszuschließen.

Als sich die Priester, Obersten und Ältesten zur Beratung versammelten, war es ihr fester Entschluss, Jesus zum Schweigen zu bringen, der solche erstaunlichen Taten vollbrachte, dass sich alle darüber wunderten. Pharisäer und Sadduzäer waren sich näher gekommen als je zuvor. Bisher uneinig, wurden sie eins in ihrem Widerstand gegen Christus. Nikodemus und Joseph hatten auf früheren Sitzungen die Verurteilung Jesu verhindert. Deshalb wurden sie jetzt nicht zur Sitzung eingeladen. Es waren zwar noch andere einflussreiche Männer im Hohen Rat, die an Jesus glaubten, doch ihr Einfluss konnte sich gegen den der böswilligen Pharisäer nicht durchsetzen. Dennoch wurden sich die Mitglieder der Versammlung nicht einig. Der Hohe Rat war zu jener Zeit keine rechtskräftige Körperschaft – er wurde nur geduldet. Einige seiner Ratsmitglieder bezweifelten, ob es klug wäre, Jesus zu töten. Sie befürchteten einen Aufstand im Volk, was die Römer veranlassen könnte, der Priesterschaft weitere Vergünstigungen zu entziehen und ihr die Macht zu nehmen, die sie bisher noch besaß. Die Sadduzäer waren zwar eins in ihrem Hass auf Christus, wollten aber bei ihren Maßregeln vorsichtig sein, da sie befürchteten, die Römer würden ihnen ihre hohe Stellung nehmen.

In dieser Ratsversammlung, bei der sich Pharisäer und Sadduzäer getroffen hatten, um Pläne zu schmieden, wie sie Christus töten könnten, war ein Zeuge anwesend, der auch die prahlerischen Worte Nebukadnezars gehört hatte und der Augenzeuge des götzendienerischen Festmahls Belsazars war. Er war auch dabei, als Christus sich selbst in Nazareth als Gesalbten des Herrn ankündigte. Dieser Zeuge war es nun, der den Obersten deutlich machte, was sie taten.

Die Ereignisse im Leben Jesu standen ihnen klar vor Augen, und das beunruhigte sie. Sie erinnerten sich an das Geschehen im Tempel, als Jesus, damals ein Kind von zwölf Jahren, vor den Schriftgelehrten stand und ihnen Fragen stellte, über die sie sich wunderten. Das gerade vollbrachte Wunder, die Auferweckung von Lazarus bezeugte doch, dass Jesus niemand anders war als der Sohn Gottes. Die alttestamentlichen Schriften, die sich auf Christus bezogen, wurden den Ratsmitgliedern in ihrer wahren Bedeutung verständlich. Verwirrt und beunruhigt, fragten die Obersten: »Was tun wir?« Johannes 11,47 Die Meinung des Rates war geteilt. Unter dem Einfluss des Heiligen Geistes konnten die Priester und Obersten nicht die Überzeugung los werden, dass sie gegen Gott kämpften.

Als die Ratlosigkeit der Versammelten ihren Höhepunkt erreicht hatte, erhob sich der Hohepriester Kaiphas, ein stolzer, grausamer Mann, anmaßend und intolerant. Unter seinen Verwandten befanden sich Sadduzäer, stolz, eingebildet und rücksichtslos, voller Ehrgeiz und Grausamkeit, die sie unter dem Deckmantel angeblicher Gerechtigkeit verbargen. Kaiphas hatte die Prophezeiungen studiert, und obwohl er ihre wahre Bedeutung nicht erkannte, sprach er mit großer Autorität und Überzeugungskraft: »Ihr wisst nichts; ihr bedenkt auch nicht: Es ist besser für euch, ein Mensch sterbe für das Volk, als dass das ganze Volk verderbe.« Johannes 11,49f Jesus müsse diesen Weg gehen, drängte der Hohepriester, selbst wenn Er unschuldig sei. Er war ihnen lästig, weil Er das Volk an sich zog und die Autorität der Obersten in Mitleidenschaft zog. Er war nur einer, und es wäre besser, Er stürbe, als dass Er die Macht der Obersten schwächte. Würde das Volk das Vertrauen zu den Führern verlieren, wäre die nationale Kraft zerstört. Kaiphas behauptete, dass die Anhänger Jesu nach diesem Wunder wahrscheinlich einen Aufstand anzetteln würden. Dann würden die Römer eingreifen, so meinte er, und den Tempel schließen, sowie unsere Gesetze aufheben und uns als Nation austilgen. Was bedeutet denn das Leben eines Galiläers gegenüber dem Bestand der ganzen Nation? Wenn Er dem Wohlergehen des Volkes im Weg steht, erweisen wir Gott dann nicht einen Dienst, indem wir Jesus beseitigen? »Es ist besser für euch, ein Mensch sterbe für das Volk, als dass das ganze Volk verderbe.« Johannes 11,50 Mit dem Hinweis, dass *ein* Mann für das Volk sterben müsse, wies Kaiphas auf seine prophetische Kenntnis hin, obwohl diese sehr begrenzt war. Doch Johannes nahm die Prophezeiung in seinem Bericht von dieser Szene auf und zeigte ihre weitreichende Bedeutung. Er schrieb: »Nicht für das Volk allein, sondern auch, um die verstreuten Kinder Gottes zusammenzubringen.« Johannes 11,52 Wie mit Blindheit geschlagen war der hochmütige Kaiphas bezüglich des Auftrags Jesu!

Vom Hohepriester wurde diese kostbare Wahrheit in Lüge verwandelt. Die von ihm vertretene Ordnung gründete sich auf ein ursprünglich heidnisches Prinzip. Unter den Heiden hatte das dunkle Bewusstsein, dass einer für das Menschengeschlecht sterben müsse, zum Darbringen von Menschenopfern geführt. Aus der gleichen Auffassung heraus schlug Kaiphas vor, durch das Opfer Jesu das schuldig gewordene Volk zu retten – nicht von, sondern in seinen Übertretungen, damit es in seiner Sünde weitermachen könne. Durch eine solche Begründung wollte er die Einwände jener entkräften, die es wagen könnten zu sagen, dass nichts Todeswürdiges an Jesus zu finden sei.

Im Verlaufe dieser Beratungen waren die Feinde Jesu gründlich überführt worden. Der Heilige Geist hatte ihre Herzen beeinflusst, doch Satan kämpfte um die Herrschaft über sie. Er lenkte ihre Aufmerksamkeit auf die Schwierigkeiten, die sie wegen Jesus durchzumachen hatten. Wie gering achtete dieser ihre Gerechtigkeit! Jesus zeigte ihnen eine weitaus größere Gerechtigkeit, die alle besitzen müssen, die Kinder Gottes sein wollen. Unbeachtet ihres Formendienstes und ihrer Zeremonien, hatte Er die Sünder ermutigt, sich unmittelbar an Gott, den barmherzigen Vater, zu wenden und Ihm ihr Anliegen vorzutragen. Nach Meinung des Hohen Rates war dadurch das Ansehen der Priesterschaft beschädigt worden, ja, Jesus hatte sich sogar geweigert, die Lehren der rabbinischen Schulen anzuerkennen. Die üblen Schliche der Priester waren von Ihm enthüllt und ihr Ansehen in nicht wiedergutzumachender Weise geschädigt worden. Den Erfolg ihrer Grundsätze und Überlieferungen hatte Er beeinträchtigt, indem Er erklärte, dass sie das Gesetz Gottes ungültig machten, obwohl sie die rituellen Bräuche streng beachteten. All das malte ihnen Satan vor Augen. Er flößte den Priestern und Obersten ein, dass sie unbedingt Jesus töten müssten, um ihre Autorität aufrecht zu erhalten, und sie folgten seinem Rat. Die Tatsache, dass sie ihre frühere Macht verlieren könnten, war nach ihrer Meinung Grund genug, diese Entscheidung zu treffen. Außer einigen wenigen, die es aber nicht wagten, ihre Ansichten auszusprechen, nahm der Hohe Rat die Rede des Kaiphas als von Gott gegeben an. Die Versammelten fühlten sich entlastet, die Uneinigkeit war beseitigt. Sie beschlossen, Jesus bei der erstbesten Gelegenheit zu töten. Indem sie den Beweis der Göttlichkeit Jesu ablehnten, hatten sich diese Priester und Obersten selbst in ein Netz undurchdringlicher Finsternis verstrickt und waren vollständig unter Satans Macht geraten und so dem ewigen Verderben preisgegeben. Doch ihr Irrtum war so groß, dass sie völlig zufrieden mit sich waren. Sie hielten sich für Patrioten, die sich um das Heil der Nation verdient gemacht hatten.

Der Hohe Rat fürchtete allerdings, übereilt zu handeln. Das Volk könnte in Wut geraten und die geplante Gewalttat auf sie zurückfallen. Deshalb verzögerte der Rat die Vollstreckung des Urteils, das er gefällt hatte. Der Heiland erkannte die Anschläge der Priester. Er wusste, dass sie Ihn unbedingt beseitigen wollten und dass sie ihre Absicht bald erreicht haben würden. Doch es war nicht Seine Aufgabe, diese Krise zu beschleunigen, und Er zog sich mit Seinen Jüngern aus dieser Gegend zurück. Auf diese Weise bekräftigte Jesus durch Sein eigenes Beispiel die Unterweisung, die Er den Jüngern gegeben hatte: »Wenn sie euch aber in einer Stadt verfolgen, so flieht in eine andere.« Matthäus 10,23

Es gab ein weites Feld, in dem es für die Rettung der Menschen zu wirken galt, und sie sollten ihr Leben nicht gefährden, es sei denn, die Treue gegen Ihn machte es erforderlich. Der Heiland war schon drei Jahre lang öffentlich tätig gewesen. Seine Selbstverleugnung und Sein selbstloses Wohltun, Sein Leben der Reinheit, Sein Leiden und Seine Hingabe waren allen Menschen bekannt. Dennoch war diese kurze Zeitspanne von drei Jahren so lang, wie die Welt die Gegenwart ihres Heilandes gerade ertragen konnte.

Jesu Leben war ein Leben unter Verfolgung und Schmähung gewesen. Aus Bethlehem von einem eifersüchtigen König vertrieben, von Seinen Landsleuten in Nazareth abgelehnt, in Jerusalem ohne Ursache zum Tod verurteilt, fand Jesus mit Seinen wenigen Getreuen vorläufig Zuflucht in einer fremden Stadt. Er, der stets von menschlichem Leid angerührt war, der die Kranken heilte, die Blinden sehend machte, den Tauben das Gehör und den Stummen die Sprache gab, der Hungrige speiste und Betrübte tröstete, wurde von dem Volk vertrieben, das Er doch erlösen wollte. Er, der auf wogenden Wellen ging und durch ein Wort ihr zorniges Brausen stillte, der die Teufel austrieb, die Ihn dabei noch als Gottes Sohn anerkannten, der Tote auferweckte und Tausende durch Worte der Weisheit überwältigte, konnte nicht die Herzen jener erreichen, die durch Vorurteil und Hass verblendet waren und das Licht des Lebens hartnäckig ablehnten.

KAPITEL 60

*Auf Grundlage von
Matthäus 20,20-28
Markus 10,32-45; Lukas 18,31-34*

DAS *GESETZ*
DES NEUEN **KÖNIGREICHS**

D ie Zeit des Passahfestes kam näher, und Jesus reiste wieder nach Jerusalem. Sein Herz war erfüllt von dem Frieden einer vollkommenen Übereinstimmung mit dem Willen Seines Vaters. Schnell eilte Er nun der Stätte des Opfers zu. Die Jünger aber hatte ein Gefühl des Zweifels und der Furcht erfasst. Sie spürten, dass etwas Unabwendbares auf sie zukam. Der Herr Jesus »ging ihnen voran; und sie entsetzten sich; die ihm aber nachfolgten, fürchteten sich.« Markus 10,32

Erneut rief Jesus die Zwölf zu sich und eröffnete ihnen deutlicher als je zuvor die Geschehnisse Seines Leidensweges. »Seht, wir gehen hinauf nach Jerusalem, und es wird alles vollendet werden, was geschrieben ist durch die Propheten von dem Menschensohn. Denn er wird überantwortet werden den Heiden, und er wird verspottet und misshandelt und angespien werden, und sie werden ihn geißeln und töten; und am dritten Tage wird er auferstehen. Sie aber begriffen nichts davon, und der Sinn der Rede war ihnen verborgen, und sie verstanden nicht, was damit gesagt war.« Lukas 18,31-34

Hatten sie nicht gerade noch überall verkündigt: »Das Himmelreich ist nahe herbeigekommen«? Matthäus 10,7 Hatte Christus nicht selbst verheißen, dass viele »mit Abraham, Isaak und Jakob im Himmelreich zu Tisch sitzen« Matthäus 8,11 werden? Hatte Er den zwölf Jüngern nicht darüber hinaus besondere Ehrenstellungen in Seinem Reich versprochen – dereinst würden sie »sitzen auf zwölf Thronen und richten die zwölf Stämme Israels«? Matthäus 19,28 Eben noch hatte Er versprochen, dass alles, was die Propheten von Ihm niedergeschrieben hatten, sich erfüllen würde. Hatten die Propheten nicht den Glanz der messianischen Herrschaft vorhergesagt? Wenn man daran dachte, schienen Jesu Worte über Verrat, Verfolgung und Tod unklar und verschwommen zu sein. Die Jünger glaubten, dass das Königreich Gottes trotz möglicherweise aufkommender Schwierigkeiten bald aufgerichtet werden würde. Johannes, der Sohn von Zebedäus, war einer der beiden ersten Jünger gewesen, die dem Herrn gefolgt waren. Er und sein Bruder Jakobus waren unter denen, die als erste alles *[547/548]* **431** verlassen hatten, um Ihm zu dienen. Freudig hatten sie sich von ihrer Familie und ihren Freunden getrennt, weil sie bei Ihm sein wollten. Sie waren mit Ihm gewandelt und hatten mit Ihm gesprochen. In der privaten Sphäre des Heimes wie auch in öffentlichen Versammlungen waren sie an Seiner Seite gewesen. Er hatte ihre Ängste besänftigt, sie aus Gefahren errettet, ihre Leiden gelindert, ihren Kummer gebannt und so lange geduldig und liebevoll mit ihnen gesprochen, bis ihre Herzen mit Seinem Herzen übereinzustimmen schienen und sie sich in inbrünstiger Liebe danach sehnten, einmal in Seinem Königreich ganz nahe bei Ihm zu sein. Bei jeder passenden Gelegenheit war Johannes an der Seite des Heilandes zu finden, und auch Jakobus wünschte nichts sehnlicher, als durch eine enge Verbindung mit Jesus geehrt zu werden.

Ihre Mutter war eine Nachfolgerin Jesu und hatte Ihm mit allem gedient, was sie hatte. Mit der Liebe und dem Ehrgeiz einer Mutter begehrte sie für ihre Söhne die ehrenvollsten Plätze im Königreich Jesu. Um diese regte sie ihre Söhne an, den Heiland zu bitten. Die Mutter und ihre zwei Söhne kamen daraufhin zusammen zu Jesus, um Ihm das Herzensanliegen vorzutragen. »Was wollt ihr, dass ich für euch tue?«, Markus 10,36 fragte Er sie. Die Mutter erwiderte: »Lass diese meine zwei Söhne sitzen in deinem Reich, einen zu deiner Rechten und den andern zu deiner Linken.« Matthäus 20,21

Jesus hatte Nachsicht und Geduld mit ihnen und tadelte nicht ihre Selbstsucht, mit der sie persönliche Vorteile vor ihren Brüdern suchten. Er las in ihren Herzen und kannte die Tiefe ihrer Zuneigung zu Ihm. Obwohl durch ihren irdischen Charakter verunreinigt, war ihre Liebe nicht nur eine menschliche Gemütsbewegung, sondern sie entsprang Seiner Erlöserliebe. Er wollte nicht verurteilen, sondern vertiefen und reinigen. »Könnt ihr den Kelch trinken, den ich trinken werde und euch taufen lassen mit der Taufe, mit der ich getauft werde?«, fragte Er sie. Sie erinnerten sich an Seine geheimnisvollen Worte, die von Verfolgung und Leiden redeten. Dennoch antworteten sie: »Ja, das können wir.« Matthäus 20,22 Sie würden es sich zur höchsten Ehre anrechnen, wenn sie ihre Treue dadurch beweisen dürften, dass sie alles, was ihrem Herrn zustoßen sollte, mit Ihm teilten. »Ihr werdet zwar den Kelch trinken, den ich trinke, und getauft werden mit der Taufe, mit der ich getauft werde«, Markus 10,39 sagte Jesus daraufhin. Vor Ihm lag ein Kreuz statt eines Thrones und zu Seiner Rechten und Linken zwei Übeltäter als Schicksalsgenossen. Johannes und Jakobus sollten an dem Leiden ihres Meisters teilhaben dürfen! Der eine sollte als erster der Brüder durch das Schwert umkommen und der andere am längsten von allen Mühsal, Schande und Verfolgung erdulden. »Aber das Sitzen zu meiner Rechten und Linken zu geben, steht mir nicht zu. Das wird denen zuteil, für die es bestimmt ist von meinem

Vater.« Matthäus 20,23 Im Reich Gottes erlangt man Stellung und

Würde nicht durch Begünstigung. Weder kann man sie sich verdienen, noch werden sie einem willkürlich verliehen. Sie sind eine Frucht des Charakters. Krone und Thron sind Merkmale eines erreichten Zieles, sie sind Zeichen der Selbstüberwindung durch unseren Herrn Jesus Christus.

Lange danach, als Johannes durch die Teilhabe an den Leiden Jesu eng mit Christus verbunden war, offenbarte ihm der Herr, was es heißt, Seinem Königreich nahe zu sein. Ihm sagte Er: »Wer überwindet, dem will ich geben, mit mir auf meinem Thron zu sitzen, wie auch ich überwunden habe und mich gesetzt habe mit meinem Vater auf seinen Thron.« Offenbarung 3,21 »Wer überwindet, den will ich machen zum Pfeiler in dem Tempel meines Gottes, und er soll nicht mehr hinausgehen, und ich will auf ihn schreiben den Namen meines Gottes ... und meinen Namen, den neuen.« Offenbarung 3,12

Der Apostel Paulus drückt das so aus: »Ich werde schon geopfert, und die Zeit meines Abscheidens ist gekommen. Ich habe den guten Kampf gekämpft, ich habe den Lauf vollendet, ich habe Glauben gehalten; hinfort liegt für mich bereit die Krone der Gerechtigkeit, die mir der Herr, der gerechte Richter, an jenem Tag geben wird.« 2.Timotheus 4,6-8

Dem Herzen Jesu am nächsten stehen wird, wer hier auf Erden am meisten von Christi aufopfernder Liebe in sich aufgenommen hat, von der es heißt: »Die Liebe treibt nicht Mutwillen, sie bläht sich nicht auf, sie verhält sich nicht ungehörig, sie sucht nicht das Ihre, sie lässt sich nicht erbittern, sie rechnet das Böse nicht zu.« 1.Korinther 13,4f Diese Liebe treibt den Jünger an – wie sie auch unseren Herrn bewogen hat –, alles hinzugeben, zu leben, zu wirken und sich aufzuopfern, ja selbst den Tod zu erleiden, um die Menschheit zu retten. Dieser Geist wurde im Leben des Apostels Paulus sichtbar. Er schreibt: »Christus ist mein Leben« – weil er durch sein Leben Christus den Menschen offenbarte – »und Sterben ist mein Gewinn« Philipper 1,21 – Gewinn für Christus. Selbst der Tod würde die Macht der göttlichen Gnade bekunden und dem Herrn Menschenseelen zuführen. Sein Wunsch war, dass »Christus verherrlicht werde an [seinem] Leibe, es sei durch Leben oder durch Tod.« Philipper 1,20

Als die zehn anderen Jünger von der Anfrage des Jakobus und Johannes hörten, waren sie sehr verärgert. Den höchsten Platz im Reich Gottes wünschte sich ja jeder von ihnen. Nun waren sie erbost darüber, dass diese beiden scheinbar einen Vorteil vor ihnen erlangt hatten.

Wieder schien der alte Streit ausbrechen zu wollen, wer von ihnen der Größte wäre, als Jesus die empörten Jünger zu sich rief und sagte: »Ihr wisst, dass diejenigen, die als Herrscher der Heidenvölker gelten, sie unterdrücken und dass ihre Großen Gewalt über sie ausüben. Unter euch aber soll es nicht so sein.« Markus 10,42f

In den Königreichen der Welt waren Rang und Würde gleichbedeutend mit Selbsterhöhung. Man meinte, dass das einfache Volk nur zum Nutzen der herrschenden Schicht existierte. Einfluss, Wohlstand und Bildung boten den Regierenden viele Möglichkeiten, die Massen zu ihrem eigenen Vorteil zu beherrschen. Sache der Oberschicht war es, zu denken, zu entscheiden, zu genießen und zu regieren. Die anderen aber hatten zu gehorchen und zu dienen. Über die Religion hatte, wie über alle anderen Dinge auch, allein die Obrigkeit zu befinden. Das Volk hatte nur zu glauben und das auszuführen, was die Vorgesetzen anordneten. Das natürliche Recht eines jeden Menschen, selbst zu denken und zu handeln, wurde dem Volk völlig aberkannt.

Christus gründete Sein Reich auf andere Prinzipien. Er rief die Menschen nicht zur Herrschaft, sondern zum Dienst. Der Starke sollte die Gebrechlichkeit des Schwachen tragen. Wer über Macht, Stellung, Begabung oder Bildung verfügt, sollte damit in besonderer Weise zum Dienst an seinen Mitmenschen verpflichtet sein. Selbst von den Niedrigsten der Nachfolger Christi heißt es: »Es geschieht alles um euretwillen.« 2.Korinther 4,15

»Der Menschensohn ist nicht gekommen, dass er sich dienen lasse, sondern dass er diene und sein Leben gebe als Lösegeld für viele.« Markus 10,45 Unter Seinen Jüngern war Christus in jeder Weise darauf bedacht, für sie zu sorgen und ihre Lasten zu tragen. Er teilte ihre Armut, verleugnete sich selbst um ihretwillen, ging vor ihnen her, um Schwierigkeiten zu beseitigen und würde bald Seine irdische Aufgabe dadurch beenden, dass Er Sein Leben dahingab. Bei all Seinen Handlungen ging es Christus darum, die Glieder Seiner Gemeinde, die Seinen Leib darstellt, anzuspornen. Liebe hat die Erlösung geplant, Liebe ist deren Grundlage. Im Königreich Christi werden jene die größten sein, die Seinem Beispiel folgen und als Hirten Seiner Herde tätig sind. Der Apostel Paulus drückt die wahre Würde und Ehre eines christlichen Lebens so aus: »Obwohl ich frei bin von jedermann, habe ich doch mich selbst jedermann zum Knecht gemacht.« 1.Korinther 9,19 »Ich ... suche nicht, was mir, sondern was vielen dient, damit sie gerettet werden.« 1.Korinther 10,33

In Gewissensangelegenheiten dürfen niemandem Fesseln angelegt werden. Keiner ist berechtigt, eines anderen Denken zu beherrschen, für ihn zu entscheiden oder ihm seine Pflichten vorzuschreiben. Gott lässt jedem Menschen die Freiheit, selbst zu denken und seiner Überzeugung zu folgen. »So wird nun jeder für sich selbst Gott Rechenschaft geben.« Römer 14,12

Niemand darf seine eigene Persönlichkeit in der eines anderen Menschen aufgehen lassen. In allen prinzipiellen Fragen muss es deshalb heißen: »Ein jeder sei in seiner Meinung gewiss.« Römer 14,5 Im Reich Jesu Christi gibt es weder

gebieterische Unterdrückung noch Zwang. Auch die Engel des

Himmels kommen nicht zur Erde herab, um zu herrschen und Ehrerbietung zu fordern, sondern um als Botschafter der Gnade gemeinsam mit den Menschen auf Erden die menschliche Natur zu erheben.

Die Grundsätze und selbst die Worte aus den Lehren des Heilandes lebten in ihrer göttlichen Schönheit im Gedächtnis des Lieblingsjüngers Jesu weiter. Bis in seine letzten Tage fühlte sich Johannes für die Gemeinden verantwortlich. »Das ist die Botschaft, die ihr gehört habt von Anfang an, dass wir uns untereinander lieben sollen.« 1.Johannes 3,11

»Daran haben wir die Liebe erkannt, dass er sein Leben für uns gelassen hat; und wir sollen auch das Leben für die Brüder lassen.« 1.Johannes 3,16 Dies war der Geist, der die frühe Christenheit durchdrang. Nach der Ausgießung des Heiligen Geistes wird bezeugt: »Die Menge aber der Gläubigen war ein Herz und eine Seele; auch nicht einer sagte von seinen Gütern, dass sie sein wären.« Apostelgeschichte 4,32 »Es war auch keiner unter ihnen, der Mangel hatte.« Apostelgeschichte 4,34 »Und mit großer Kraft bezeugten die Apostel die Auferstehung des Herrn Jesus, und große Gnade war bei ihnen allen.« Apostelgeschichte 4,33

KAPITEL 61

*Auf Grundlage von
Lukas 19,1-10*

ZACHÄUS

A uf dem Weg nach Jerusalem zog Jesus durch Jericho. Diese Stadt lag
inmitten einer tropischen Vegetation von üppiger Schönheit, einige
Kilometer vom Jordan entfernt am westlichen Rand des Tales, das sich
hier zu einer Ebene ausweitete. Mit ihren Palmen und den von quellenden
Brunnen bewässerten fruchtbaren Gärten leuchtete die von Hügeln und
Schluchten eingefasste Ebene wie ein Edelstein. Viele Reisekarawanen nahmen
den Weg zum Fest über Jericho. Ihre Ankunft leitete stets eine festliche Jahreszeit ein, doch diesmal bewegte das Volk von Jericho ein tieferes Interesse. Es
wurde bekannt, dass sich der galiläische Rabbi, der kürzlich Lazarus auferweckt
hatte, in der Menge befand. Obwohl Gerüchte von Anschlägen der Priester verbreitet waren, wollte das Volk ihm huldigen.

Jericho gehörte zu den Städten, die einst den Priestern vorbehalten waren.
Und auch jetzt noch wohnten viele von ihnen dort. Zudem lebte in dieser Stadt
eine Bevölkerung von sehr unterschiedlichem Charakter. Jericho war ein großer
Handelsmittelpunkt, in dem sich neben Fremden aus verschiedenen Gegenden
römische Beamte und Soldaten aufhielten. Das Eintreiben des Zolls machte die
Stadt zur Heimat vieler Zöllner. Ein Oberster der Zöllner, Zachäus, war Jude und
wurde von seinen Landsleuten verachtet. Sein Rang und sein Wohlstand waren
der Lohn für einen Beruf, den diese verabscheuten und der nur als eine andere
Bezeichnung für Ungerechtigkeit und Wucher angesehen wurde. Dennoch war
der reiche Zöllner nicht der gefühllose Betrüger, der er zu sein schien. Unter dem
Deckmantel von Eigennutz und Hochmut schlug ein Herz, das durchaus für göttliche Einflüsse empfänglich war. Zachäus hatte von Jesus gehört. Überallhin
waren Informationen von dem Einen gedrungen, der sich auch gegenüber den
geächteten Menschenklassen freundlich und höflich verhielt. Im Herzen des
Obersten der Zöllner war die Sehnsucht nach einem besseren Leben erwacht.
Nur wenige Kilometer von Jericho entfernt hatte Johannes der Täufer am Jordan
gepredigt, und dessen Bußruf hatte auch Zachäus vernommen. Die an die Zöllner
gerichtete Anweisung: »Fordert nicht mehr, als euch vorgeschrie-

ben ist«, Lukas 3,13 war ihm zu Herzen gegangen, obwohl er sie äußerlich missachtete. Er kannte die heiligen Schriften und war davon überzeugt, dass er falsch gehandelt hatte. Als er nun die Worte hörte, die von dem großen Lehrer stammten, spürte er, dass er in Gottes Augen ein Sünder war. Doch was er von Jesus gehört hatte, ließ Hoffnung in seinem Herzen aufflammen. Zu bereuen und sein Leben zu reformieren, war selbst bei ihm möglich. War nicht einer aus dem engsten Jüngerkreis des neuen Lehrers auch ein Zöllner gewesen? Zachäus begann sofort der Überzeugung zu folgen, die ihn ergriffen hatte, und an jenen Menschen, die er geschädigt hatte, wiedergutzumachen.

Schon hatte er begonnen, seinen bisherigen Weg zurückzuverfolgen, als die Nachricht durch Jericho eilte, dass Jesus in die Stadt kommt. Zachäus wollte unbedingt den Herrn sehen. Gerade erst begann er zu begreifen, wie bitter die Früchte der Sünde schmecken und wie mühsam der Pfad ist, auf dem er versuchte, sich von dem Unrecht abzuwenden. Missverstanden zu sein und beim Bemühen, seine Fehler wiedergutzumachen, argwöhnisch betrachtet zu werden, das war schwer zu ertragen. Der Zöllner sehnte sich danach, den Einen anzusehen, dessen Worte sein Herz so hoffnungsfroh gemacht hatten.

Die Straßen waren überfüllt, und Zachäus, von kleiner Statur, konnte nicht über die Köpfe der anderen hinwegsehen. Keiner würde ihm Platz machen. So rannte er ein wenig der Menge voraus zu einem Feigenbaum, dessen Äste sich über den Weg breiteten. Der reiche Zöllner kletterte zu einem Platz in den Zweigen, von wo aus er die Kolonne überblicken konnte, wenn sie unter ihm vorüberzog. Die Menge kam näher und schritt vorbei, während Zachäus versuchte, den zu erkennen, den er sehen wollte.

Durch das Geschrei der Priester und Rabbiner und die Willkommensrufe der Menge hindurch fand das unausgesprochene Verlangen des Obersten der Zöllner Eingang in Jesu Herz. Plötzlich, gerade unter dem Feigenbaum, blieb eine Gruppe stehen; die ganze Begleitung stockte, und Jesus, dessen Blick in der Seele zu lesen schien, schaute nach oben. Der Mann auf dem Baum glaubte nicht recht zu hören, als er vernahm: »Zachäus, steig eilend herunter; denn ich muss heute in deinem Haus einkehren.« Lukas 19,5 Die Menge gab den Weg frei, und Zachäus ging – wie in einem Traum – den Weg voran zu seinem Haus. Doch die Rabbiner blickten finster drein und murmelten unzufrieden und abschätzig: »Bei einem Sünder ist er eingekehrt.« Lukas 19,7

Zachäus war von der Liebe und Zuneigung, die Jesus ihm, dem Unwürdigen, entgegenbrachte, überwältigt und sehr verwundert, und er verstummte. Nur die Liebe und Ergebenheit gegenüber seinem neu gefundenen Meister öffneten ihm die Lippen. Er wollte sein Bekenntnis und seine Reue allen mitteilen. In Gegenwart der großen Volksmenge trat er »vor den Herrn und sprach: ‚Siehe, Herr, die Hälfte von meinem Besitz gebe ich den Armen, und wenn ich jemanden betrogen habe, so gebe ich es vierfach zurück.' Jesus aber sprach zu ihm: ‚Heute ist diesem Hause Heil widerfahren, denn auch er ist Abrahams Sohn'.« Lukas 19,8f

Als der reiche Jüngling von Jesus weggegangen war, hatten sich die Jünger über die Worte ihres Meisters gewundert: »Wie schwer ist's, dass die, so ihr Vertrauen auf Reichtum setzen, ins Reich Gottes kommen!« Sie hatten einander gefragt: »Wer kann dann selig werden?« Markus 10,24.26 Nun war ihnen die Wahrheit der Worte Christi demonstriert worden: »Was bei den Menschen unmöglich ist, das ist bei Gott möglich.« Lukas 18,27 Sie erkannten, wie ein Reicher dank der Gnade Gottes in das Himmelreich kommen konnte.

Ehe Zachäus Jesus persönlich begegnet war, hatte er das begonnen, was ihn als echten Bußfertigen auswies. Bevor er von Menschen beschuldigt wurde, hatte er seine Sünde bekannt. Er hatte sich dem Wirken des Heiligen Geistes überlassen und begonnen, die Lehren umzusetzen, die für das alte Israel ebenso geschrieben waren wie für uns heute. Gott hatte gesagt: »Wenn dein Bruder verarmt neben dir und sich nicht mehr halten kann, so sollst du ihm Hilfe leisten, er sei ein Fremdling oder Gast, damit er bei dir leben kann. Du sollst keinen Zins noch Wucher von ihm nehmen, sondern sollst dich fürchten vor deinem Gott, damit dein Bruder neben dir leben kann. Du sollst ihm dein Geld nicht auf Zins geben noch deine Nahrungsmittel um einen Wucherpreis.« 3.Mose 25,35-37

»So soll nun keiner seinen Nächsten übervorteilen; sondern du sollst dich fürchten vor deinem Gott; denn ich, der HERR, bin euer Gott!« 3.Mose 25,17 Diese Worte hatte Christus selbst gesprochen, als Er in der Wolkensäule verhüllt Sein Volk führte. Und die Antwort des Zachäus auf die Liebe Jesu zeigte sich im Mitleid mit den Armen und Leidenden.

Unter den Zöllnern herrschte ein geheimes Einverständnis, so dass sie das Volk unterdrücken und sich gegenseitig in ihren betrügerischen Handlungen unterstützen konnten. Bei ihren Erpressungen führten sie nur aus, was schon eine fast allgemein übliche Sitte geworden war. Sogar die Priester und Rabbiner, die sonst verächtlich auf die Zöllner herab schauten, bereicherten sich unter dem Deckmantel ihres heiligen Amtes auf unehrliche Weise. Doch kaum gab Zachäus dem Einfluss des Heiligen Geistes nach, als er sich auch schon von jedem unredlichen Handeln abwandte. Keine Reue ist echt, wenn sie nicht eine völlige Umkehr bewirkt. Die Gerechtigkeit Christi ist kein Mäntelchen, um Sünden darunter zu verbergen, die nicht bekannt und nicht aufgegeben wurden. Sie ist vielmehr ein Lebensprinzip, das den Charakter umwandelt und das Verhalten prüft. Heiligkeit bedeutet völliges Aufgehen in Gott, die vollständige Übergabe

des Herzens und des Lebens an den Willen Gottes.

Der Christ sollte in seinem geschäftlichen Umgang der Welt zeigen, wie unser Herr handeln würde. Bei jedem Geschäftsabschluss gilt es zu zeigen, dass Gott unser Lehrer ist. In der Buchhaltung, auf Urkunden, Quittungen und Wechseln sollte »Heilig dem Herrn« geschrieben stehen. Wer vorgibt, ein Nachfolger Christi zu sein, jedoch unredlich handelt, legt ein falsches Zeugnis ab von dem heiligen, gerechten und barmherzigen Wesen des Herrn. Jeder bekehrte Mensch wird, wie Zachäus, den Eingang Christi in sein Herz dadurch offenbaren, dass er alle ungerechte Handlungen aufgibt, die sein Leben bisher bestimmt haben. Wie der Oberste der Zöllner wird er seine Aufrichtigkeit dadurch bezeugen, dass er das Unrecht wiedergutmacht.

Gott sagt: Wenn er aber sich bekehrt »von seiner Sünde und tut, was recht und gut ist, so dass der Gottlose das Pfand zurückgibt und erstattet, was er geraubt hat, und nach den Satzungen des Lebens wandelt und nichts Böses tut, so soll er am Leben bleiben und nicht sterben und all seiner Sünden, die er getan hat, soll nicht mehr gedacht werden, denn er hat nun getan, was recht und gut ist; darum soll er am Leben bleiben.« Hesekiel 33,14-16 Haben wir andere durch irgendeinen ungerechten Geschäftsabschluss geschädigt, haben wir einen Menschen übervorteilt oder betrogen, selbst wenn es nicht gegen die gesetzlichen Grenzen verstieß, so sollten wir unser Unrecht bekennen und es wiedergutmachen, soweit es in unserer Macht liegt. Es ist unsere Schuldigkeit, nicht nur das zurückzuerstatten, was wir genommen haben, sondern auch den Zins, um den es anwüchse, wenn es richtig und sinnvoll genutzt würde.

Der Heiland sagte zu Zachäus: »Heute ist diesem Hause Heil widerfahren.« Lukas 19,9 Nicht nur Zachäus selbst wurde gesegnet, sondern mit ihm seine ganze Familie. Christus ging in sein Heim, um ihn in der Wahrheit zu unterrichten und seine Familie in den Dingen des Reiches Gottes zu unterweisen. Durch die Verachtung der Rabbiner und der Gläubigen war Zachäus und seinen Angehörigen der Besuch der Synagoge verwehrt gewesen, doch jetzt versammelten sie sich als die bevorzugteste Familie in ganz Jericho in ihrem eigenen Haus um den göttlichen Lehrer und hörten aufmerksam den Worten des Lebens.

Wer Christus als seinen persönlichen Heiland aufnimmt, der bekommt Erlösung. Zachäus beherbergte Jesus nicht nur als einen vorübergehenden Gast seines Hauses, sondern als den Einen, der ständig in seinem Herzen wohnen sollte. Die Schriftgelehrten und Pharisäer beschuldigten ihn, ein Sünder zu sein, und sie murrten gegen Jesus, weil er Zachäus besuchte. Doch der Heiland erkannte in diesem »Obersten der Zöllner« einen Sohn Abrahams, denn »die aus dem Glauben sind, das sind Abrahams Kinder.« Galater 3,7

KAPITEL 62

Auf Grundlage von
Matthäus 26,6-13; Markus 14,3-11
Lukas 7,36-50; Johannes 11,55-57; 12,1-11

DAS *FEST* IN SIMONS HAUS

Auch Simon von Bethanien wurde als ein Jünger Jesu angesehen. Er war einer der wenigen Pharisäer, die sich offen Christi Nachfolgern anschlossen. Er hatte Jesus als Lehrer anerkannt und hoffte, dass Er der Messias wäre, doch als seinen Heiland hatte er ihn nicht angenommen. Sein Wesen war noch nicht umgestaltet, sein Denken blieb unverändert.

Jesus hatte ihn vom Aussatz geheilt und ihn dadurch zu sich gezogen. Aus Dankbarkeit dafür gab Simon bei Jesu letztem Besuch in Bethanien für Ihn und Seine Jünger ein großes Fest, bei dem auch viele Juden teilnahmen. Gerade zu dieser Zeit herrschte in Jerusalem große Aufregung. Jesus und Seine Sendung wurden mehr beachtet als je zuvor. Die zum Fest gekommen waren, verfolgten genau jeden Seiner Schritte, manche sogar mit feindseligen Blicken.

Sechs Tage vor dem Passahfest war der Heiland nach Bethanien gekommen und nach Seiner Gewohnheit im Haus von Lazarus eingekehrt, um Ruhe zu finden. Die Schar der Mitreisenden, die zur Hauptstadt weiterzog, verbreitete die Nachricht, dass Er auf dem Weg nach Jerusalem sei und den Sabbat über in Bethanien ruhe. Die Menschen dort waren begeistert und viele strömten nach Bethanien, manche aus Zuneigung zu Jesus, andere aus Neugier, den zu sehen, der von den Toten auferweckt worden war.

Viele erwarteten von Lazarus einen großartigen Bericht über seine Erlebnisse nach dem Tod, und sie waren erstaunt, dass er nichts erzählte. Er hatte ja auch nichts zu berichten, denn »die Toten ... wissen nichts; ... sie haben kein Teil mehr auf der Welt an allem, was unter der Sonne geschieht.« Prediger 9,5f Lazarus gab jedoch ein herrliches Zeugnis für das Wirken Christi. Dafür war er von den Toten auferweckt worden. Kraftvoll und deutlich erklärte er, dass Jesus der Sohn Gottes sei. Die Berichte, die von den Besuchern Bethaniens nach Jerusalem gelangten, erhöhten noch die Aufregung. Jeder wollte Jesus sehen und hören. Man fragte sich allgemein, ob Lazarus denn den Herrn nach Jerusalem begleiten würde und ob der Prophet am Passahfest zum König gekrönt werden

würde. Priester und Oberste erkannten, dass ihr Einfluss auf das

Volk immer mehr nachließ, und ihre Wut auf Jesus wuchs ständig. Kaum konnten sie die Gelegenheit erwarten, Ihn für immer aus dem Weg zu räumen. Als nun die Zeit verstrich, befürchteten sie schon, dass Er nach all den Geschehnissen nicht nach Jerusalem kommen würde. Sie dachten daran, wie oft Jesus schon ihre mörderischen Absichten vereitelt hatte, und sie befürchteten, dass Er auch jetzt ihre gegen Ihn gerichteten Absichten erkannt hatte und wegbliebe. Sie konnten nur schlecht ihre Ängstlichkeit verbergen und fragten sich: »Was meint ihr? Er wird doch nicht zum Fest kommen?« Johannes 11,56

Eine Versammlung der Priester und Pharisäer wurde einberufen. Seit der Auferweckung von Lazarus waren die Sympathien des Volkes so völlig auf der Seite Jesu, dass es gefährlich schien, Ihn offen zu ergreifen. Deshalb beschlossen sie, Ihn heimlich festzunehmen und den Prozess so unbemerkt wie nur möglich zu führen. Sie hofften, dass sich die wankelmütige Gunst des Volkes ihnen wieder zukehrte, wenn erst Seine Verurteilung bekannt würde.

Auf diese Weise sollte Jesus vernichtet werden. Doch die Priester und Gelehrten wussten auch, dass sie sich nicht sicher waren, solange Lazarus lebte. Die bloße Existenz eines Mannes, der vier Tage im Grab gelegen hatte und durch ein Wort Jesu wieder zum Leben erweckt worden war, konnte früher oder später eine Gegenreaktion hervorrufen. Das Volk würde dann an ihren Führern den Tod des Einen rächen, der so ein Wunder hatte vollbringen können. Darum beschloss der Hohe Rat auch den Tod von Lazarus. So weit führten Neid und Vorurteil ihre Sklaven. Der Hass und der Unglaube bei den jüdischen Führern nahm so zu, dass sie sogar einem Menschen das Leben nehmen wollten, den göttliche Macht aus dem Grab befreit hatte.

Während diese Verschwörung in Jerusalem ablief, wurden Jesus und Seine Freunde auf das Fest von Simon aus Bethanien eingeladen. Der Heiland saß an der Festtafel zwischen dem Gastgeber, den Er von einer furchtbaren Krankheit geheilt, und Lazarus, den Er vom Tod errettet hatte. Martha diente ihnen, doch Maria lauschte sehr ernst jedem Wort, das der Heiland sprach. In Seiner Barmherzigkeit hatte Jesus ihr die Sünden vergeben, ihren geliebten Bruder hatte Er aus dem Grab gerufen und ihr Herz war voller Dankbarkeit. Sie hatte Jesus von Seinem bevorstehenden Tod sprechen hören, und in ihrer innigen Liebe und Besorgnis sehnte sie sich danach, Ihm ihre Verehrung zu zeigen. Unter großem persönlichem Opfer hatte sie ein alabasternes Gefäß mit »kostbarem Nardenöl« Johannes 12,3; NL gekauft, um damit ihren Herrn zu salben. Doch nun hörte sie, dass Jesus zum König gekrönt werden sollte. Ihr Kummer verwandelte sich in Freude, und sie war bemüht, als erste den Herrn zu ehren. Sie zerbrach das Gefäß und goss den Inhalt auf das Haupt und auf die Füße des Herrn, dann kniete sie vor Ihn hin, weinte und benetzte mit ihren Tränen Seine Füße, die sie noch mit ihrem lang herabwallenden Haar trocknete. Maria wollte jedes Aufheben vermeiden, und ihr Tun sollte unbemerkt bleiben, doch der Duft des Öls erfüllte den Raum und ließ ihre Tat allen Anwesenden bekannt werden. Judas verfolgte dieses Geschehen sehr mürrisch. Statt erst zu hören, was Jesus dazu sagen würde, begann er jenen, die bei ihm saßen, seine Klagen zuzuflüstern, indem er Jesus verurteilte, dass dieser solche Vergeudung duldete. Listig beeinflusste er sie so, dass möglichst Unzufriedenheit folge.

Judas war der Schatzmeister der Jünger. Er hatte ihrer kleinen Kasse heimlich Beträge für sich selbst entnommen und ihre Hilfsmittel dadurch zusammenschrumpfen lassen. Er war bestrebt, alles einzustecken, was er bekommen konnte. Oft wurden aus der Kasse die Armen unterstützt. War etwas gekauft worden, das ihm nicht wichtig genug erschien, sagte er: Warum diese Verschwendung? Warum wurde das Geld nicht in den Beutel getan, damit ich für die Bedürftigen sorgen kann? Marias Handlungsweise stand in so auffallendem Kontrast zu seiner Selbstsucht, dass er tief beschämt wurde. Seiner Gewohnheit gemäß suchte er nach einem angemessenen Motiv, um seinen Einwand gegen Marias Gabe zu begründen. Er wandte sich an die Jünger und sagte: »Dieses Parfüm war ein kleines Vermögen wert. Man hätte es verkaufen und das Geld den Armen geben sollen. Doch es ging ihm gar nicht um die Armen – er war ein Dieb und führte die Kasse der Jünger und entwendete hin und wieder etwas Geld für den eigenen Bedarf.« Johannes 12,5f; NL Judas hatte kein Herz für die Armen. Wäre Marias Salbe verkauft worden und der Erlös in seinen Beutel geflossen, hätten die Armen davon nichts gehabt.

Judas hatte eine hohe Meinung von sich. Als Schatzmeister hielt er sich für bedeutender als seine Gefährten, und brachte es soweit, dass auch sie davon überzeugt waren. Durch ihr Vertrauen zu ihm übte er einen starken Einfluss auf sie aus. Sie ließen sich durch sein angebliches Mitgefühl mit den Armen täuschen. Seine geschickten Andeutungen veranlassten sie, Marias Liebestat misstrauisch zu betrachten. Ein unzufriedenes Murmeln ging um die Tafel: »Was für eine Geldverschwendung … Sie hätte es lieber für viel Geld verkaufen und den Erlös den Armen geben sollen.« Matthäus 26,8f; NL Maria hörte das alles. Ihr Herz wurde bedrückt, und sie befürchtete, dass ihre Schwester ihre Verschwendung tadeln und auch der Meister sie für leichtsinnig halten würde. Ohne sich zu verteidigen oder zu entschuldigen, wollte sie sich zurückziehen, aber dann hörte sie Jesus sagen: »Lasst sie in Ruhe. Warum bringt ihr sie in Verlegenheit? Sie hat mir doch etwas Gutes getan. Die Armen werdet ihr immer bei euch haben. Ihr könnt ihnen helfen, wann immer ihr wollt. Aber ich werde nicht mehr lange bei euch sein. Sie hat getan, was in ihrer Macht stand, und meinen Körper im Voraus

zum Begräbnis gesalbt.« Markus 14,6-8; NL

Die duftende Gabe, die Maria für den Leichnam des Herrn verwenden wollte, schüttete sie über Seine lebende Gestalt aus. Beim Begräbnis hätte der Wohlgeruch nur das Grab erfüllt, jetzt aber erfreute er Jesu Herz mit der Gewissheit ihrer Treue und Liebe. Joseph von Arimathia und Nikodemus boten ihre Gaben Jesus nicht zu Seinen Lebzeiten an, sondern sie brachten ihre kostbaren Spezereien unter heißen Tränen einem Toten. Die Frauen, die Spezereien zum Grab trugen, kamen vergeblich, denn Jesus war inzwischen auferstanden. Maria aber, die ihre Liebe dem Heiland bewies, als dieser ihre Liebestat noch annehmen konnte, salbte Ihn fürs Grab. Als Jesus in die Finsternis Seiner schweren Prüfung hinabstieg, trug Er in Seinem Herzen die Erinnerung an jene Tat als ein Pfand der Liebe, die Ihm von Seinen Erlösten für immer entgegenschlägt.

Viele bringen den Toten wertvolle Gaben und sprechen an ihrem stummen, erstarrten Leib großzügige Worte der Liebe. Zartgefühl, Anerkennung und Hingabe werden an jene verschwendet, die weder hören noch sehen können. Wären doch diese Worte gesprochen worden, als der erschöpfte Geist sie so nötig hatte, als die Ohren noch hören und das Herz noch fühlen konnte – wie köstlich wäre ihr Wohlgeruch gewesen!

Maria selbst konnte die eigentliche Bedeutung ihrer Liebestat nicht abschätzen. Sie vermochte ihren Anklägern nicht zu antworten und konnte auch nicht erklären, warum sie diese Gelegenheit genutzt hatte, Jesus zu salben. Der Geist Gottes hatte sie getrieben, und sie war Ihm gefolgt. Das Herabkommen des Geistes bedarf keiner Begründung. Seine unsichtbare Gegenwart spricht zu Herz und Gemüt und bewegt das Herz zu handeln. Darin liegt die Rechtfertigung solchen Handelns.

Christus erläuterte Maria den Sinn ihrer Tat und gab ihr damit weit mehr, als Er selbst empfangen hatte. »Dass sie das Öl auf meinen Leib gegossen hat, das hat sie für mein Begräbnis getan.« Matthäus 26,12 Wie das alabasterne Gefäß zerbrochen wurde und der Duft des Öls das ganze Haus erfüllte, so musste Christus sterben. Sein Leib musste gebrochen werden, aber Er sollte wieder auferstehen aus dem Grab, und der Wohlgeruch Seines Lebens würde die ganze Welt erfüllen. Christus hat uns geliebt »und hat sich selbst für uns gegeben als Gabe und Opfer, Gott zu einem lieblichen Geruch.« Epheser 5,2

»Wahrlich, ich sage euch: Wo dieses Evangelium gepredigt wird in der ganzen Welt, da wird man auch sagen zu ihrem Gedächtnis, was sie getan hat.« Matthäus 26,13 In die Zukunft blickend, sprach der Erlöser mit Gewissheit von Seinem Evangelium, das in der ganzen Welt gepredigt werden sollte. So weit es sich ausdehnte, würde Marias Gabe überall ihren Wohlgeruch verbreiten, und die Herzen würden durch ihre natürliche Handlungsweise gesegnet werden. Königreiche kämen empor und gingen wieder unter, die Namen der Herrscher und Eroberer fielen in Vergessenheit, aber die Tat Marias bliebe verewigt in den heiligen Büchern. Bis an das Ende des irdischen Geschehens würde dieses zerbrochene Alabastergefäß die Geschichte von der überschwänglichen Liebe Gottes zu dem gefallenen Menschengeschlecht erzählen.

Welch ein großer Unterschied bestand in der Tat Marias zu dem Vorhaben des Judas, der hier so viel Entrüstung heuchelte! Welch einen scharfen Tadel hätte Christus dem erteilen können, der die Saat boshafter Kritik und teuflischen Argwohns in die Herzen der Jünger ausstreute! Und wie gerecht wäre solch ein Tadel gewesen! Jesus, der aller Menschen Gedanken und Beweggründe kennt und jede Handlung versteht, hätte auf diesem Fest allen Anwesenden die finsteren Seiten im Leben von Judas zeigen können. Der faule Vorwand, auf den der Verräter seine Worte bezog, hätte offen dargelegt werden können, denn statt mit den Bedürftigen zu fühlen, beraubte er sie des Geldes, das zu ihrer Unterstützung bestimmt war. Wegen seiner Härte gegen die Witwen, Waisen und Tagelöhner hätte sich Unwillen gegen ihn erhoben. Hätte Christus aber den wahren Charakter von Judas entlarvt, würde es dieser als einen Grund für seinen Verrat angesehen haben. Und obwohl man ihn als Dieb beschuldigte, hätte Judas selbst unter den Jüngern Sympathien gewonnen. Der Heiland machte ihm keine Vorwürfe, und dadurch vermied Er es, ihm einen Entschuldigungsgrund für seinen Verrat zu geben. Doch der Blick, den Jesus auf ihn warf, überzeugte Judas, dass der Heiland seine Heuchelei durchschaute und seinen niedrigen, verachtenswerten Charakter erkannte.

Indem Jesu die Tat Marias hervorhob, die so verurteilt wurde, tadelte Er Judas dadurch. Bisher hatte der Heiland ihn nie direkt getadelt. Nun aber nagte Jesu Tadel an ihm, und er beschloss, sich zu rächen. Nach der Abendmahlzeit ging er direkt in den Palast des Hohepriesters, wo er den Hohen Rat versammelt fand, und bot sich an, den Herrn in ihre Hände zu liefern.

Die Priester waren hocherfreut. Diese Führer Israels hätten unentgeltlich und ohne nach einem Preis zu fragen Christus als ihren Heiland annehmen können. Aber sie lehnten die kostbare Gabe ab, die ihnen der sanfte Geist werbender Liebe anbot. Sie weigerten sich, jenes Heil anzunehmen, das wertvoller ist als Gold, und sie kauften ihren Herrn für 30 Silberstücke.

Judas hatte sich so sehr der Habgier ausgeliefert, dass diese jedes gute Wesensmerkmal überschattete. Er missgönnte die Gabe, die Jesu dargebracht wurde. Sein Herz brannte vor Neid darüber, dass der Heiland etwas empfangen sollte, was nur den Königen der Erde zukam. Für einen Betrag, der weit unter dem Preis für das Ölgefäß lag, verriet er seinen Herrn.

Die anderen Jünger waren nicht wie Judas. Sie liebten ihren Heiland, wenn

sie auch sein wahres Wesen nicht richtig einschätzten. Wären sie sich bewusst gewesen, was Er für sie getan hatte, dann hätten sie erkannt, dass nichts vergeudet war von dem, was Ihm geschenkt wurde. Die Weisen aus dem Morgenland, die so wenig von Christus wussten, hatten für die Ihm schuldige Ehrerbietung ein besseres Verständnis. Sie brachten dem Heiland Geschenke und beugten sich in Ehrfurcht vor Ihm, als Er noch ein Baby war und in einer Krippe lag.

Christus schätzt die Taten herzlich empfundener Höflichkeit. Tat Ihm jemand einen Gefallen, dann segnete Er ihn mit himmlischer Zuvorkommenheit. Er lehnte nicht die einfachste Blumengabe ab, die von Kinderhand gepflückt und Ihm liebevoll geschenkt wurde. Er nahm die Gaben der Kinder an und segnete sie, indem Er ihre Namen in das Buch des Lebens schrieb. Die Heilige Schrift berichtet über die Salbung Jesu durch Maria, um sie vor den anderen Frauen ihres Namens auszuzeichnen. Taten, die der Liebe zu Jesus und der Ehrerbietung Ihm gegenüber entspringen, beweisen unseren Glauben an Ihn als den Sohn Gottes. Und die Heilige Schrift führt Folgendes als Beweis für die Treue einer Frau zu Christus an: »Wenn sie den Heiligen die Füße gewaschen hat, wenn sie den Bedrängten beigestanden hat, wenn sie allem guten Werk nachgekommen ist.« 1.Timotheus 5,10

Der Heiland freute sich über den ernstlichen Wunsch Marias, den göttlichen Willen zu tun, und nahm die Fülle uneigennütziger Zuneigung gern entgegen, die Seine Jünger nicht verstanden und nicht verstehen wollten. Marias Wunsch, ihrem Herrn diesen Dienst zu erweisen, war für Ihn mehr wert als alle kostbaren Salben der Welt, weil er zeigte, wie sehr sie den Erlöser der Welt schätzte. Es war die Liebe Christi, die sie trieb. Die Vollkommenheit des Wesens Jesu erfüllte ihre Seele. Jene Salbe war ein Symbol für das, was in ihrem Herzen vor sich gegangen war. Sie war das äußerliche Zeichen einer Liebe, die von himmlischen Quellen gespeist wurde, bis sie überfloss.

Die Tat Marias enthielt gerade die Lehre, die die Jünger benötigten, um zu verstehen, dass die Bekundung ihrer Liebe zu Christus Ihm angenehm sein würde. Er war ihnen alles gewesen, und sie erkannten nicht, dass sie bald Seiner Gegenwart beraubt sein würden und Ihm dann kein Zeichen ihrer Dankbarkeit für Seine unbeschreibliche Liebe mehr geben könnten. Die Einsamkeit Christi, der, getrennt von den himmlischen Höfen, das Leben nach menschlicher Natur lebte, wurde von den Jüngern nie verstanden oder gewürdigt, wie man es hätte erwarten sollen. Jesus war oft traurig, weil Seine Jünger Ihm nicht das gaben, was Er von ihnen zu empfangen hoffte. Er wusste aber, dass sie bald unter dem Einfluss himmlischer Engel, die Ihn begleiteten, keine Gabe für zu wertvoll halten würden, um ihre innere Verbundenheit mit Ihm zu bekunden.

Ihre spätere Erkenntnis gab den Jüngern ein echtes Empfinden für die vielen Dinge, die sie Jesus hätten erweisen können, um ihre Liebe und

Dankbarkeit zu zeigen, als sie bei Ihm waren. Als Jesus nicht mehr bei ihnen war und sie sich wirklich als Schafe ohne Hirten fühlten, fingen sie an zu erkennen, wie sie Ihm hätten etwas Gutes tun können, das Ihn erfreut hätte. Sie blickten nun nicht mehr tadelnd auf Maria, sondern auf sich selbst. Ach, könnten sie doch ihren Tadel und ihre Behauptung, dass die Armen der Gabe würdiger gewesen wären als Christus, zurücknehmen! Sie fühlten sich tief beschämt, als sie den zerschlagenen Leib ihres Herrn vom Kreuz nahmen. Der gleiche Mangel ist in heutiger Zeit zu beobachten. Nur wenige erkennen Christi Bedeutung für sie. Sonst würde so eine selbstlose Liebe, wie sie damals Maria dem Herrn erwiesen hatte, im täglichen Leben bemerkbar werden. Die Salbung erfolgte freiwillig, und das wertvolle Öl würde nicht eine Verschwendung genannt werden. Nichts wäre zu teuer, um es dem Herrn zu bringen, keine Selbstverleugnung und kein Opfer wäre zu groß gewesen, um es seinetwegen zu ertragen.

Die entrüsteten Worte der Jünger: »Was für eine Geldverschwendung« Matthäus 26,8f; NL ließen dem Heiland das größte Opfer, das je gebracht werden sollte, lebhaft vor Augen treten – nämlich das Opfer Seines Lebens als Sühne für eine verlorene Welt. Der Herr würde die menschliche Familie so überaus reichlich beschenken, dass man von Ihm nicht sagen konnte, Er könne noch mehr tun. In der Gabe Jesu gab Gott den ganzen Himmel. Aus menschlicher Perspektive würde solch ein Opfer als Verschwendung angesehen. Unserer beschränkten Urteilskraft erschiene der ganze Erlösungsplan als Vergeudung von Gnade und Werten. Selbstverleugnung und rückhaltloses Opfer begegnen uns überall. Mit Recht mag das Heer des Himmels erstaunt auf die Menschen blicken, die es ablehnen, sich von der grenzenlosen Liebe in Christus erheben und bereichern zu lassen, und die ausrufen: Was für eine Geldverschwendung! Aber die Versöhnung für eine verlorene Welt sollte unverkürzt, überreichlich und vollkommen sein. Christi Opfer war so unermesslich groß, dass es jeder Mensch, den Gott erschuf, in Anspruch nehmen kann. Es konnte nicht so eingeschränkt werden, als reiche es nur für diejenigen, die diese große Gabe annehmen würden. Nicht alle Menschen werden gerettet, doch der Erlösungsplan ist nicht deswegen nutzlos, weil er nicht all das vollbringt, wozu er großzügig vorgesehen ist. Seine Wirksamkeit ist reichlich, ja in überreichem Maße vorhanden.

Simon von Bethanien, der Gastgeber dieses Festes, war von den kritischen Bemerkungen des Judas über Marias Gabe beeinflusst worden und zeigte sich von dem Verhalten Jesu überrascht. Sein pharisäischer Stolz war verletzt. Er wusste, dass viele seiner Gäste Jesus mit Misstrauen und Unwillen beobachteten. Simon dachte bei sich: »Wenn dieser ein Prophet wäre, so wüsste er, wer und was für eine Frau das ist, die ihn anrührt; denn sie ist eine Sünderin.« Lukas 7,39 Jesus hatte Simon vom Aussatz geheilt und ihn dadurch vor einem schrecklichen Tod bewahrt. Und doch zweifelte Simon, dass der Heiland ein Prophet sei. Weil Christus dieser Frau erlaubte, sich Ihm zu nähern und weil Er sie nicht zurückwies als eine, deren Sünden zu groß waren, um vergeben werden zu können, weil Er nicht äußerte, dass sie gesündigt hatte, deshalb war Simon versucht zu glauben, dass Jesus kein Prophet sei. Er dachte, Jesus wisse nichts von dieser Frau, die so freigebig in ihren Äußerungen sei, sonst würde Er ihr doch nicht erlauben, Ihn zu berühren.

Es war aber Simons Unwissenheit über Gott und Christus, die ihn zu derartigen Gedanken führte. Er begriff nicht, dass Gottes Sohn in göttlicher Weise handeln musste – gnädig, gütig und barmherzig. Simon selbst hätte Marias bußfertigen Dienst gar nicht beachtet. Dass sie Jesu Füße küsste und salbte, reizte seine Hartherzigkeit. Er dachte, dass Jesus die Sünder doch erkennen und zurechtweisen würde, wenn Er ein Prophet wäre.

Auf diese unausgesprochenen Gedanken antwortete der Heiland: »Simon, ich habe dir etwas zu sagen. ... Ein Gläubiger hatte zwei Schuldner. Einer war fünfhundert Silbergroschen schuldig, der andere fünfzig. Da sie aber nicht bezahlen konnten, schenkte er's beiden. Wer von ihnen wird ihn am meisten lieben? Simon antwortete und sprach: Ich denke, der, dem er am meisten geschenkt hat. Er aber sprach zu ihm: Du hast recht geurteilt.« Lukas 7,40-43

Wie einst der Prophet Nathan bei David, so hüllte auch hier Christus eine tadelnde Antwort in den Schleier eines Gleichnisses und veranlasste dadurch den Gastgeber, sein eigenes Urteil zu sprechen. Simon hatte die Frau, die er jetzt verachtete, selbst zur Sünde verleitet und ihr großes Unrecht zugefügt. Im Gleichnis von den zwei Schuldnern wurden Simon und die Frau dargestellt. Jesus wollte nicht sagen, dass beide ein verschieden großes Maß an Schuld empfinden sollten, denn auf jedem lastete eine Schuld der Dankbarkeit, die er niemals zurückzahlen konnte. Und doch hielt sich Simon für gerechter als Maria, und Jesus wollte ihm zeigen, wie groß seine Schuld wirklich war. Er wollte ihm vor Augen führen, dass seine Schuld größer war als die Marias, um so viel größer, wie eine Schuld von 500 Silbergroschen jene von 50 Silbergroschen übersteigt.

Simon begann nun, sich in einem anderen Licht zu sehen. Er sah auch, wie Maria von dem eingeschätzt wurde, der mehr als ein Prophet war und mit Seinem prophetischen Auge ihre Liebe und Hingabe in ihrem Herzen las. Simon schämte sich, und er erkannte, dass er sich in der Gegenwart des Einen befand, der größer war als er.

Da sprach der Herr weiter: »Ich bin in dein Haus gekommen; du hast mir kein Wasser für meine Füße gegeben; diese aber hat meine Füße mit Tränen benetzt und mit ihren Haaren getrocknet. Du hast mir keinen Kuss gegeben; diese aber hat, seit ich hereingekommen bin, nicht abgelassen, meine Füße zu küssen.« Lukas 7,44f Christus erinnerte Simon an die vielen Gelegenheiten, die er gehabt hatte, seine Liebe zu seinem Herrn zu beweisen und das zu würdigen, was für ihn getan worden war. Deutlich, aber höflich versicherte der Heiland Seinen Jüngern, dass Sein Herz betrübt ist, wenn Seine Kinder Ihm weder durch Worte noch durch Taten der Liebe ihre Dankbarkeit zeigen wollen.

Der Herzenserforscher kannte die Motive der Tat Marias und auch die Gedanken Simons. »Siehst du diese Frau?«, fragte er ihn. Sie ist eine Sünderin. Aber ich sage dir: »Ihre vielen Sünden sind vergeben, denn sie hat viel Liebe gezeigt; wem aber wenig vergeben wird, der liebt wenig.« Lukas 7,44.47

Simons Kälte und Geringschätzung gegenüber dem Heiland zeigte, wie wenig er die ihm erwiesene Barmherzigkeit zu schätzen wusste. Er glaubte den Herrn dadurch zu ehren, dass er Ihn in sein Haus einlud. Doch jetzt sah er sich, wie es wirklich war. Während er sich einbildete, seinen Gast beurteilen zu können, musste er erleben, dass Jesus ihn besser kannte als er sich selbst. Seine Frömmigkeit war tatsächlich die eines Pharisäers gewesen. Er hatte die Barmherzigkeit Jesu verachtet und den Herrn nicht als den Stellvertreter Gottes anerkannt. Während Maria eine begnadigte Sünderin war, hatte er sich seine Schuld noch nicht nehmen lassen. Die strengen Regeln der Gerechtigkeit, die er auf Maria anwendete, verurteilten ihn nun selbst.

Die vornehme Art Jesu, ihn nicht öffentlich vor seinen Gästen zu tadeln, beeindruckte Simon sehr. Er wurde nicht so behandelt, wie er Maria zu behandeln verlangt hatte. Er erkannte, dass Jesus sein schuldhaftes Verhalten nicht vor den anderen preisgeben wollte, sondern dass er durch eine wahrhafte Darlegung der Dinge sein Gemüt zu überzeugen und durch Güte sein Herz zu bezwingen suchte. Eine harte Anklage hätte Simons Gemüt gegen eine Umkehr verschlossen, geduldige Ermahnung aber überzeugte ihn von seinem Irrtum. Er erkannte die Größe seiner Schuld gegenüber dem Herrn. Sein Hochmut war gebrochen, er bereute sein Unrecht, und der stolze, eigenwillige Pharisäer wurde ein bescheidener, sich selbst aufopfernder Jünger Jesu.

Maria wurde weithin als große Sünderin angesehen, doch Jesus kannte die Umstände, die ihr Leben bisher beeinflusst hatten. Er hätte jeden Funken Hoffnung in ihr auslöschen können, tat es aber nicht. Er hatte sie vielmehr aus Verzweiflung und Verderben herausgerissen. Siebenmal waren die bösen Geister, die ihr Herz und Gemüt beherrscht hatten, aus ihr ausgefahren. Sie hatte Seine zu ihren Gunsten gesprochenen Bitten zu Gott gehört, und sie wusste, wie anstößig die Sünde Seiner Reinheit war, und in Seiner Stärke hatte sie überwunden.

Bei den Menschen erschien Marias Fall hoffnungslos, doch Christus sah in ihr Eigenschaften zum Guten, Er erkannte ihre besseren Wesenszüge. Der

Erlösungsplan hat die menschliche Natur mit großen Möglichkeiten ausgerüstet, die im Handeln Marias sichtbar wurden. Durch Seine Gnade bekam sie Anteil an der göttlichen Natur. Sie, die gefallen und eine Behausung der Dämonen geworden war, saß nun zu Seinen Füßen und lernte von Ihm. Maria war es auch, die das kostbare Öl auf Sein Haupt goss und Seine Füße mit ihren Tränen benetzte. Maria stand am Fuß des Kreuzes und folgte Ihm zum Grab, und Maria war nach Seiner Auferstehung als erste an der Gruft. Maria war auch die erste, die den auferstandenen Heiland verkündigte.

Jesus kennt den Zustand jeder Menschenseele. Du magst sagen: Ich bin voller Schuld und Sünde. Das ist wahr, aber je schlimmer es um dich steht, desto mehr brauchst du Jesus, deinen Heiland. Er stößt keinen Weinenden, keinen Bußfertigen von sich. Er erzählt nicht jedem das, was Er eigentlich offenbaren könnte, aber Er ermutigt jede bedrängte Seele. Bereitwillig vergibt Er allen, die Ihn um Vergebung und Wiederherstellung bitten.

Christus könnte die Engel beauftragen, die Schalen Seines Zornes über unsere Erde auszugießen, um jene zu vernichten, die Gott hassen. Er könnte diesen hässlichen Fleck aus dem Weltall entfernen, aber Er tut es nicht. Er steht heute noch am Räucheraltar und bringt dem ewigen Vater die Gebete derer dar, die Seine Hilfe erbitten.

Die Menschen, die bei Jesus Zuflucht suchen, erhebt Er über die Anklagen und entzieht sie dem Bereich der bösen Zungen. Kein Mensch und kein gefallener Engel kann diese Seelen herabsetzen. Der Heiland verbindet sie mit Seiner göttlich-menschlichen Natur. Sie stehen neben dem großen Sündenträger in dem Licht, das vom Thron Gottes hervorleuchtet. »Wer will die Auserwählten Gottes beschuldigen? Gott ist hier, der gerecht macht. Wer will verdammen? Christus Jesus ist hier, der gestorben ist, ja vielmehr, der auch auferweckt ist, der zur Rechten Gottes ist und vertritt uns.« Römer 8,33f

KAPITEL 63

Auf Grundlage von
Matthäus 21,1-11; Markus 11,1-10
Lukas 19,29-44; Johannes 12,12-19

DEIN KÖNIG KOMMT!

»Juble laut, Tochter Zion, jauchze, Tochter Jerusalem! Siehe, dein König kommt zu dir: Gerecht und siegreich ist er, demütig und auf einem Esel reitend, und zwar auf einem Fohlen, einem Jungen der Eselin.« Sacharja 9,9; ELB

So beschrieb der Prophet Sacharja schon 500 Jahre vor der Geburt Jesu das Kommen des Messias zu seinem Volk. Diese Weissagung sollte sich nun erfüllen. Er, der so lange die königlichen Ehren verweigert hatte, zog nun als der verheißene Erbe von Davids Thron in Jerusalem ein.

Am ersten Tag der Woche zog Christus in die Stadt ein. Die Volksmenge, die sich in Bethanien um den Herrn gesammelt hatte, begleitete Ihn, um Zeuge Seines Empfangs in Jerusalem zu sein. Viele Menschen waren auf dem Weg zur Hauptstadt, um das Passahfest zu feiern, und diese schlossen sich denen an, die um Jesus waren. Die ganze Schöpfung schien sich zu freuen. Die Bäume prangten in hellem Grün, und die Blüten versprengten ihren Duft. Frohes Leben überall, wohin man schaute. Die Hoffnung auf das neue Reich war wieder erwacht.

Jesus wollte in die Stadt reiten und sandte zwei Jünger voraus, Ihm eine Eselin und ihr Fohlen zu holen. Bei Seiner Geburt war der Heiland auf die Gastfreundschaft Fremder angewiesen gewesen, denn die Krippe, in der Er lag, war ein geborgter Ruheort. Auch jetzt war Er, obwohl das Vieh auf den zahllosen Hügeln Ihm gehörte, wieder von der Güte Fremder abhängig, um ein Tier zu bekommen, auf dem Er als König in Jerusalem einziehen konnte. Wieder offenbarte sich Seine Gottheit, selbst in den genauen Anweisungen, die Er Seinen Jüngern für ihren Auftrag gab. Wie geweissagt, wurde die Bitte: »Der Herr braucht sie« Matthäus 21,3 bereitwillig gewährt. Jesus wählte dazu ein Tier aus, auf dem noch niemand gesessen hatte. Die Jünger legten ganz begeistert Kleider auf das Tier und setzten ihren Herrn darauf. Bis jetzt war Jesus stets zu Fuß gereist, und die Jünger hatten sich zuerst gewundert, dass ihr Meister jetzt reiten wollte. Aber Hoffnung erfüllte ihre Herzen bei dem freudigen Gedanken, dass Er im Begriff sei, in die Hauptstadt einzuziehen, um sich zum König zu erheben und Seine königliche Macht auszuüben. Während sie ihren Auftrag ausführten, teilten sie den Freunden Jesu ihre glühenden Hoffnungen mit. Die Aufregung verbreitete sich und steigerte die Erwartungen der Menge unermesslich.

Jesus folgte dem jüdischen Brauch, der beim Einzug eines Königs üblich war. Wie einst die Könige Israels auf einem Esel ritten, so auch Jesus, und es war vorausgesagt worden, dass der Messias auf diese Weise in Sein Reich kommen werde. Kaum saß Er auf dem Fohlen, als lautes Jubelgeschrei die Luft erfüllte. Die Menge begrüßte Ihn als Messias, ihren König. Jesus nahm jetzt die Huldigung an, die Er vorher niemals gestattet hatte, und die Jünger sahen darin den Beweis, dass ihre frohen Hoffnungen, ihren Herrn auf dem Thron zu sehen, verwirklicht würden. Die Volksmenge war überzeugt, dass die Stunde ihrer Befreiung gekommen sei. Sie sah im Geist die römischen Heere aus der Stadt getrieben und Israel wieder als unabhängige Nation. Alle waren froh und aufgeregt. Sie wetteiferten miteinander, Jesus zu huldigen. Äußerliche Pracht und königlichen Prunk konnten sie zwar nicht entfalten, aber sie gaben ihm die Verehrung ihrer frohen Herzen. Sie konnten Ihm keine kostbaren Geschenke überreichen, aber sie breiteten ihre Obergewänder wie einen Teppich auf Seinem Pfad aus und streuten Olivenblätter und Palmzweige vor Ihm her. Sie konnten dem Triumphzug keine königliche Standarten voraustragen, aber sie schnitten die weit ausladenden Palmzweige ab, die Zeichen des Sieges, und schwenkten sie unter lautem Jubel und Hosiannarufen hin und her.

Als sie weiterzogen, nahm die Menge ständig zu durch Leute, die vom Kommen Jesu gehört hatten und nun eilten, sich dem Zug anzuschließen. Immer mehr Zuschauer mischten sich unter die Schar und fragten: »Wer ist der?« Matthäus 21,10 Was bedeutete diese ganze Aufregung? Sie alle hatten schon von Jesus gehört und erwarteten, dass Er sich nach Jerusalem begeben würde, doch sie wussten auch, dass Er bisher jeden Versuch abgewiesen hatte, Ihn auf den Thron zu heben. So waren sie deshalb sehr erstaunt zu sehen, dass dieser Mann hier Jesus war. Sie fragten sich, was diese Sinnesänderung bewirkt haben könnte, da Er doch erklärt hatte, dass Sein Reich nicht von dieser Welt sei.

Ihre Fragen wurden übertönt von den lauten Triumphrufen. Immer wieder erhob sich der Jubel der begeisterten Menge, eilte Jesus weit voraus und hallte von den umliegenden Tälern und Höhen wider. Nun vereinigte sich der Zug mit den Menschen aus Jerusalem. Von den Scharen, die gekommen waren, das Passahfest zu besuchen, zogen Tausende heraus, um Jesus willkommen zu heißen. Sie grüßten Ihn mit ihren wedelnden Palmzweigen und dem spontanen Anstimmen geistlicher Lieder. Die Priester im Tempel bliesen zur selben Zeit die Posaunen zum Abendgottesdienst, aber nur wenige Menschen folgten der Einladung. Die Obersten waren bestürzt und sprachen untereinander: »Alle Welt läuft ihm nach!« Johannes 12,19

Nie zuvor hatte Jesus solche Kundgebungen erlaubt. Er sah die Folgen auch jetzt klar voraus: Sie würden Ihn ans Kreuz bringen. Doch es war Seine Absicht, sich öffentlich als Erlöser zu zeigen. Er wollte die Aufmerksamkeit der Menschen auf das Opfer lenken, das Seine Aufgabe für eine gefallene Welt krönen sollte. Während das Volk in Jerusalem zusammenkam, um das Passahfest zu feiern, weihte Er, das wahre Passahlamm, sich freiwillig als Opfergabe. Es wird für Seine Gemeinde zu allen Zeiten nötig sein, über Seinen Opfertod für die Sünden der Welt gründlich nachzudenken. Alles damit verbundene Geschehen sollte über jeden Zweifel erhaben sein. Es war notwendig, dass die Augen des ganzen Volkes auf Jesus blickten. Die Ereignisse, die Seinem großen Opfer vorausgingen, mussten so sein, dass sie die Aufmerksamkeit auf das Opfer selbst lenkten. Nach einer solchen Demonstration, wie sie Jesu Einzug in Jerusalem begleitete, würden aller Augen den schnellen Ablauf der Schlussereignisse verfolgen.

Die mit diesem Triumphzug in Verbindung stehenden Ereignisse würden zum allgemeinen Gesprächsstoff werden und jedem Menschen Jesus wieder ins Gedächtnis zurückrufen. Nach Seiner Kreuzigung würden sich viele an diese Ereignisse in Verbindung mit Seinem Leiden und Sterben wieder erinnern und so veranlasst werden, in den Prophezeiungen der Heiligen Schrift zu forschen und schließlich erkennen, dass Jesus der Messias war. In allen Ländern würden dann die Bekenner des Glaubens vielfältig zunehmen.

Bei dieser einzigen Triumphszene Seines irdischen Lebens hätte der Heiland in Begleitung himmlischer Engel und mit den Posaunen Gottes erscheinen können, das wäre jedoch in Widerspruch zu Seiner Aufgabe und dem Gesetz gewesen, das Sein Leben bestimmte. Er fügte sich in das bescheidene Dasein, das Er auf sich genommen hatte. Er musste die Last der menschlichen Natur tragen, bis Sein Leben für das Leben der Welt geopfert war.

Dieser Tag, der den Jüngern die Krönung ihres Lebens schien, wäre für sie trübe und umwölkt gewesen, wenn sie gewusst hätten, dass jene Freudenszenen nur den Auftakt zum Leiden und Sterben ihres Meisters darstellten. Obwohl Er ihnen wiederholt von Seinem Opferweg erzählt hatte, vergaßen sie in dem herrlichen Triumph des Tages dennoch Seine schmerzerfüllten Worte und dachten nur an die glückverheißende Herrschaft auf dem Thron Davids.

Der Festzug vergrößerte sich immer mehr. Fast alle, die sich dem Zug anschlossen, wurden von den Wogen der Begeisterung mitgerissen und stimmten mit ein in die Hosiannarufe, die von den Bergen und aus den Tälern widerhallten: »Hosianna dem Sohn Davids! Gelobt sei, der da kommt in dem Namen des Herrn! Hosianna in der Höhe!« Matthäus 21,9

Nie zuvor hatte es einen solchen Triumphzug gegeben. Kein irdischer Sieger hatte je einen ähnlichen Zug angeführt. Nicht Gefangene als

Trophäen königlicher Tapferkeit waren das Besondere, sondern den Heiland umgaben die herrlichen Zeugen Seines Dienstes der Liebe für eine gefallene Menschheit. Es waren Gefangene der Sünde, die er aus der Gewalt Satans befreit hatte und die Gott für ihre Errettung lobten. Blinde, denen Er das Augenlicht wieder geschenkt hatte, schritten auf dem Weg voran, und Stumme, deren Zunge Jesus gelöst hatte, jauchzten das lauteste Hosianna. Krüppel, die Er geheilt hatte, sprangen vor Freude und waren die Eifrigsten beim Brechen und Schwenken der Palmzweige vor dem Heiland. Witwen und Waisen priesen den Namen Jesu für Seine Barmherzigkeit, die Er an ihnen getan hatte, und die Aussätzigen, die Er gereinigt hatte, breiteten ihre reinen Kleider auf Seinen Weg und feierten Ihn als König der Herrlichkeit. Es befanden sich auch jene in der Menge, die Jesu Stimme aus dem Todesschlaf erweckt hatte, und Lazarus, dessen Körper im Grab bereits in Verwesung übergegangen war und der sich nun der herrlichen Stärke des Mannesalters freute, führte das Tier, auf dem der Heiland ritt.

Viele Pharisäer waren Zeugen dieser Szene. Zornentbrannt und neiderfüllt versuchten sie den Strom der öffentlichen Stimmung zu stoppen. Mit ihrer ganzen Autorität wollten sie das Volk zum Schweigen bringen, doch alle Aufrufe und Drohungen ließen die Begeisterung nur noch zunehmen. Sie befürchteten, die Menge könnte aufgrund ihrer Überlegenheit Jesus zum König ausrufen. So drängten sie sich durch die Menge bis zum Heiland vor und sprachen Ihn mit drohenden und tadelnden Worten an: »Meister, weise doch deine Jünger zurecht!« Lukas 19,39 Sie erklärten, dass solche lärmenden Demonstrationen ungesetzlich seien und von den Behörden nicht erlaubt wären. Durch Jesu Antwort wurden sie jedoch zum Schweigen gebracht: »Ich sage euch: Wenn diese schweigen werden, so werden die Steine schreien.« Lukas 19,40

Gott selbst hatte diesen Triumphzug Seines Sohnes angeordnet. Der Prophet hatte ihn vorhergesagt, und Menschen waren machtlos, Gottes Vorhaben zu durchkreuzen. Hätten die Menschen Gottes Plan nicht ausgeführt, so würde Er die Steine zum Leben erweckt haben, und diese hätten dann den Sohn Gottes mit Jubelrufen begrüßt. Als sich die Pharisäer zurückzogen, ertönten aus dem Mund hunderter Menschen die Worte Sacharjas: »Du, Tochter Zion, freue dich sehr, und du, Tochter Jerusalem, jauchze! Siehe, dein König kommt zu dir, ein Gerechter und ein Helfer, arm und reitet auf einem Esel« Sacharja 9,9

Als der Zug die Höhe eines Hügels erreicht hatte und nun in die Stadt hinabziehen wollte, hielt Jesus an, und die Menge kam zum Stehen. Vor ihnen lag, in das Licht der untergehenden Sonne getaucht, Jerusalem in all seiner Herrlichkeit. Der Tempel zog alle Augen auf sich. In majestätischer Erhabenheit überragte er alle anderen Bauwerke und schien gen Himmel zu zeigen, als wollte er das Volk auf den einzig wahren und lebendigen Gott hinweisen. Seit langem war der Tempel der Stolz und der Ruhm des jüdischen Volkes, und selbst die Römer prahlten mit seiner Herrlichkeit. Ein von den Römern eingesetzter König hatte sich mit den Juden verbunden, um den Tempel wiederherzustellen und zu verschönern. Sogar der römische Kaiser hatte ihn durch kostbare Gaben ausgezeichnet. Durch seine Ausdehnung, seinen Reichtum und seine große Pracht war er zu einem der Weltwunder geworden.

Während die untergehende Sonne den Himmel verfärbte und vergoldete, leuchtete der weiße Marmor der Tempelwände auf und glitzerten die goldbedeckten Säulen. Von der Höhe aus, wo Jesus und seine Jünger standen, erschien dieses Gebäude wie aus Schnee, besetzt mit goldenen Zinnen. Den Eingang des Tempels zierte ein Weinstock aus Gold und Silber mit grünen Blättern und schweren Trauben, geschaffen von den geschicktesten Künstlern. Dieses Werk stellte Israel als fruchtbaren Weinstock dar. Gold, Silber und lebendiges Grün waren von auserlesenem Geschmack und großer Kunstfertigkeit. Die Ranken wanden sich um die weißen, gleißenden Säulen und verbanden sich mit den goldenen Ornamenten. Auf ihnen spiegelte sich die sinkende Sonne in herrlichem Glanz, der vom Himmel zu stammen schien.

Der Heiland schaut auf dieses Bild. Die gewaltige Volksmenge verstummt, gebannt von dem unerwarteten Anblick solcher Schönheit. Alle Augen sind auf den Heiland gerichtet, und sie erwarten auf Seinem Antlitz die Bewunderung zu sehen, die sie selbst erfüllt. Stattdessen erblicken sie den Schatten tiefen Kummers. Sie sind überrascht und enttäuscht, Seine Augen in Tränen zu sehen und Seinen Körper hin und her schwanken wie ein Baum im Sturm, während – wie aus den Tiefen eines gebrochenen Herzens – ein Schrei angstvollen Klagens von Seinen zitternden Lippen kommt. Welch ein Anblick für die Engel im Himmel, ihren geliebten Herrn so voller Kummer zu sehen! Welch Erleben auch für die frohe Menge, die Ihn mit begeisterten Jubelrufen und mit wedelnden Palmzweigen im Triumph nach Jerusalem begleitete, wo Er Seine Herrschaft aufrichten würde, wie sie sehnlichst hofften. Jesus hatte am Grab des Lazarus geweint, aber es waren Tränen göttlichen Mitleids für das menschliche Weh gewesen. Doch dieser plötzliche Schmerz jetzt glich einem dumpfen Klagen inmitten eines großen Jubelchores. Inmitten der Freudenszene, während alle Ihm huldigten, standen dem König Israels Tränen in den Augen. Es waren nicht stille Freudentränen, sondern Tränen und Seufzer eines inneren Ringens, das Er nicht mehr länger verbergen konnte. Die Menge überfiel plötzlich Dunkelheit und ihre Beifallsrufe verstummten. Viele weinten aus Mitgefühl mit einem Schmerz, den sie nicht begreifen konnten.

Jesus weinte nicht in Erwartung der auf Ihn zukommenden Leiden. Unweit von Ihm lag Gethsemane, wo die Schrecken einer großen Finsternis Ihn bald überschatten würden. Auch konnte Er bereits das Schaftor sehen, durch das seit Jahrhunderten die Opfertiere geführt wurden. Dieses Tor sollte für Ihn, das große Vorbild, auf dessen Opfer für die Sünden der Welt alle bisherigen Opfer hingewiesen hatten, bald geöffnet werden. Nicht weit davon lag Golgatha, der Schauplatz Seines baldigen Todeskampfes. Dennoch weinte der Heiland nicht wegen dieser Hinweise auf Seinen Kreuzestod. Kein selbstsüchtiger Kummer bedrückte Ihn. Der Gedanke an das eigene Leiden ließ Seine edle, uneigennützige Seele nicht verzagen. Es war der Anblick Jerusalems, der Jesu Herz durchdrang. Jerusalem, das den Sohn Gottes verworfen und Seine Liebe verachtet hatte und sich weigerte, sich durch die großen Wundertaten Jesu überzeugen zu lassen und im Begriff war, Ihn zu töten. Jesus sah ihre Schuld, indem sie den Erlöser verwerfen – und was sie hätte sein können, wenn sie Ihn, der allein ihre Wunden heilen konnte, angenommen hätte. Er war gekommen, Jerusalem zu retten. Wie konnte Er es aufgeben!?

Israel war ein bevorzugtes Volk gewesen. Gott hatte ihren Tempel zu Seinem Wohnort erwählt. »Schön ragt empor der Berg Zion, daran freut sich die ganze Welt.« Psalm 48,3 Über 1000 Jahre hatte Christi schützende Fürsorge und hingebungsvolle Liebe, die der eines Vaters gegenüber seinem einzigen Kind glich, dort gewaltet. In diesem Tempel hatten die Propheten des Herrn ihre warnenden Stimmen erhoben. Hier war das brennende Rauchfass geschwenkt worden, während der Weihrauch mit den Gebeten der Gläubigen zu Gott emporgestiegen war. Hier war das Blut der Opfertiere geflossen, das Jesu Blut versinnbildete. Hier hatte der Ewige seine Herrlichkeit über dem Gnadenstuhl offenbart. Hier hatten die Priester ihr verordnetes Amt ausgeübt, und die Pracht des Gottesdienstes hatte sich seit Jahrhunderten hier gezeigt. Doch all dieses musste nun ein Ende haben!

Jesus erhob Seine Hand, die so oft Kranke und Leidende gesegnet hatte, gegen die dem Untergang geweihte Stadt und rief schmerzerfüllt: »Wenn doch auch du erkenntest zu dieser Zeit, was zum Frieden dient!« Lukas 19,42 Hier hielt der Heiland inne und ließ unausgesprochen, wie die Lage Jerusalems hätte sein können, wenn es die Hilfe angenommen hätte, die Gott anbot – die Gabe Seines geliebten Sohnes. Würde Jerusalem das erkannt haben, was sein Vorrecht war zu erkennen, und hätte es das Licht beachtet, das ihm vom Himmel gesandt wurde, dann wäre es hervorgetreten in der Blüte seines Wohlstands, König aller Königreiche, frei durch die von Gott erhaltenen Macht. Dann hätten keine bewaffneten Soldaten an seinen Toren gestanden, keine römischen Fahnen von seinen Mauern geweht. Das herrliche Vorrecht, mit dem Jerusalem durch die Annahme des Erlösers gesegnet worden wäre, stand dem Sohn Gottes vor Augen. Er sah, dass es durch Ihn hätte von schwerer Krankheit geheilt, von Knechtschaft befreit und zur mächtigen Hauptstadt der Welt erhoben werden können. Es wäre der Welt größte Kostbarkeit geworden. Aber das herrliche Bild von dem, was es hätte werden können, entschwand dem inneren Blick Jesu. Ihm trat vor Augen, was es nun unter dem Joch der Römer war – dem Missfallen Gottes und seinem strafenden Gericht unterworfen. Dann klagte Er: »Aber nun ist's vor deinen Augen verborgen. Denn es wird eine Zeit über dich kommen, da werden deine Feinde um dich einen Wall aufwerfen, dich belagern und von allen Seiten bedrängen; und werden dich dem Erdboden gleichmachen samt deinen Kindern in dir und keinen Stein auf dem andern lassen in dir, weil du die Zeit nicht erkannt hast, in der du heimgesucht worden bist.« Lukas 19,42-44

Jesus kam, um die Einwohner Jerusalems zu retten, doch pharisäischer Stolz, Heuchelei, Eifersucht und Bosheit hinderten Ihn an der Erfüllung Seiner Aufgabe. Der Heiland kannte die furchtbare Vergeltung, die diese verurteilte Stadt treffen würde. Er sah Jerusalem von Kriegsheeren eingeschlossen. Er sah die belagerten Einwohner dem Hunger und Tod preisgegeben. Er sah Mütter ihre toten Kinder verzehren und Eltern und Kinder sich gegenseitig den letzten Bissen entreißen, da die natürliche Liebe durch den quälenden Hunger erstickt worden war. Er sah auch, dass die Halsstarrigkeit der Juden, die sich in der Verwerfung ihres Erlösers bekundet hatte, sie auch daran hindern würde, sich den anstürmenden Heeren zu ergeben. Es sah Golgatha, die Stätte, wo Er erhöht werden würde, mit Kreuzen bedeckt, so dicht wie die Bäume des Waldes. Er sah die unglücklichen Einwohner auf der Folter und bei der Kreuzigung unerträgliche Qualen leiden. Er sah die beeindruckenden Paläste vernichtet, den Tempel in Trümmern und von seinen massiven Mauern keinen Stein auf dem anderen liegen, während die Stadt einem gepflügten Acker glich. Beim Betrachten dieser schrecklichen Szenarien konnte der Heiland Seine Tränen nicht mehr zurückzuhalten!

Jerusalem war Sein Sorgenkind gewesen. Wie ein liebevoller Vater über einen eigensinnigen Sohn trauert, so weinte Jesus über die geliebte Stadt. Wie kann ich dich aufgeben? Wie kann ich dich der Vernichtung ausgeliefert sehen? Muss ich dich aufgeben, damit du den Becher deiner Bosheit füllst? Eine einzige Seele ist so wertvoll, dass im Vergleich mit ihr das ganze Weltall zur Bedeutungslosigkeit herabsank, und hier sah Er ein ganzes Volk verlorengehen. Wenn sich die Strahlen der untergehenden Sonne am Horizont verlieren würden, wäre auch die Gnadenzeit Jerusalems zu Ende. Während der Zug auf der Höhe des Ölbergs anhielt, war es für Jerusalem noch nicht zu spät, zu bereuen, obwohl der Engel der Barmherzigkeit seine ausgebreiteten Flügel bereits sinken ließ, um von dem goldenen Thron herabzusteigen und der Gerechtigkeit und dem göttlichen Gericht Raum zu geben. Doch noch bat Jesu liebevolles Herz flehentlich für Jerusalem, das Seine Gnadengaben verachtete,

Seine Warnungen nicht geschätzt hatte und im Begriff war, die Hände mit Seinem Blut zu beflecken. Wenn Jerusalem nur bereuen würde, es war noch nicht zu spät! Während die letzten Strahlen der untergehenden Sonne auf dem Tempel, dem Berg und den Zinnen lagen, könnte denn nicht ein guter Engel in der Stadt die Liebe zum Heiland erwecken und so ihr Geschick abwenden? Schöne, aber unheilige Stadt, die die Propheten gesteinigt und den Sohn Gottes verworfen hatte, die sich durch ihre Unbußfertigkeit selbst die Fesseln der Knechtschaft schmiedete – ihre Gnadenfrist war fast vorüber.

Noch einmal spricht der Geist Gottes zu den Einwohnern Jerusalems. Bevor der Tag vergangen ist, wird ein weiteres Zeugnis für Christus gegeben. Die Stimme des Zeugen hat sich erhoben, um den Aufrufen aus prophetischer Vergangenheit zu folgen. Beachtet die Stadt diese göttliche Bestätigung und nimmt den Heiland auf, der ihre Tore betritt, dann kann sie noch gerettet werden.

Die Obersten in Jerusalem haben die Nachricht erhalten, dass sich Jesus unter großem Zulauf des Volkes der Stadt nähert. Doch sie haben keinen Willkommensgruß für den Sohn Gottes. Sie gehen dem Herrn furchterfüllt entgegen und hoffen, die Menge zerstreuen zu können. Während der Zug gerade den Ölberg herabsteigen will, wird er von den Obersten aufgehalten. Sie erkundigen sich nach der Ursache der ungestümen Freude. Als sie fragten: »Wer ist der?«, beantworteten die Jünger, erfüllt mit dem Geist göttlicher Eingebung, diese Frage, indem sie die Weissagungen auf Christus wiederholen:

Adam wird euch sagen: Er ist der Same der Frau, welcher der Schlange den Kopf zertreten soll. vgl. 1.Mose 3,15

Abraham wird sagen: Er ist »Melchisedek, der König von Salem.« 1.Mose 14,18

Jakob wird antworten: Er ist der Held aus dem Stamme Juda. vgl. 1.Mose 49,9

Jesaja wird euch sagen: »Immanuel!« Und: »Wunder-Rat, Gott-Held, Ewig-Vater, Friede-Fürst.« Jesaja 7,14; Jesaja 9,5

Jeremia wird euch antworten: Der Spross Davids, »der Herr unsere Gerechtigkeit.« Jeremia 23,6

Daniel wird euch sagen: Er ist der Messias. Hosea wird zu euch sagen: Er »ist der Gott Zebaoth, Herr ist sein Name.« Hosea 12,6

Johannes der Täufer wird euch sagen: Er ist »Gottes Lamm, das der Welt Sünde trägt.« Johannes 1,29 Gott selbst hat vom Himmel herab verkündigt: »Dies ist mein lieber Sohn.« Matthäus 3,17

Wir, Seine Jünger, bekennen: Dieser ist Jesus, der Messias, der Fürst des Lebens, der Erlöser der Welt!

Sogar der Fürst der Finsternis anerkennt Ihn, indem er sagt: »Ich weiß, wer du bist: Der Heilige Gottes.« Markus 1,24

KAPITEL 64

*Auf Grundlage von
Markus 11,11-14
Matthäus 21,17-19*

EIN VERURTEILTES VOLK

Der Triumphzug Jesu in die Stadt Jerusalem gab nur einen schwachen Vorgeschmack Seiner Wiederkunft in den Wolken des Himmels mit großer Kraft und Herrlichkeit inmitten der Siegesfreude der Engel und der Heiligen. Dann werden Seine Worte an die Pharisäer und Priester sich erfüllen: »Ihr werdet mich von jetzt an nicht sehen, bis ihr sprecht: Gelobt sei, der da kommt im Namen des Herrn!« Matthäus 23,39 Der Prophet Sacharja hatte in einer Vision jenen Tag des entscheidenden Triumphes gesehen und gleichzeitig das Schicksal derer gesehen, die Christus bei Seinem ersten Kommen verwerfen würden: »Sie werden mich ansehen, den sie durchbohrt haben, und sie werden um ihn klagen, wie man klagt um ein einziges Kind, und werden sich um ihn betrüben, wie man sich betrübt um den Erstgeborenen.« Sacharja 12,10 Diese Szene sah Jesus voraus, als Er die Stadt erblickte und über sie weinte. Im zeitlichen Untergang Jerusalems erkannte Er die endgültige Vernichtung jener, die am Blut des Sohnes Gottes schuldig waren. Die Jünger sahen den Hass der Juden auf ihren Herrn, sie erkannten aber noch nicht, wohin er führen werde. Sie verstanden weder den wahren Zustand Israels, noch begriffen sie die Vergeltung, die über Jerusalem hereinbrechen sollte. Der Herr musste ihnen dies alles bildlich veranschaulichen.

So war der letzte Aufruf an Jerusalem vergeblich gewesen. Die Priester und Obersten hatten auf ihre Frage »Wer ist der?« das prophetische Zeugnis aus der Vergangenheit von der Menge noch einmal gehört, aber jene Zeugnisse nicht als göttliche Eingebung anerkannt. Voller Ärger und Bestürzung versuchten sie, das Volk zum Schweigen zu bringen. Es befanden sich auch römische Beamte in der Menge, und bei diesen klagten Jesu Feinde Ihn als Aufrührer an, der im Begriff stünde, den Tempel einzunehmen und als König in Jerusalem zu regieren. Doch die beruhigende Stimme Jesu ließ für einen Augenblick die lärmende Menge verstummen, als Er abermals erklärte, dass Er nicht gekommen sei, ein weltliches Reich aufzurichten, sondern dass Er bald zu Seinem himmlischen Vater aufstiege und dass Seine Ankläger Ihn nicht mehr sehen würden, bis Er in Herrlichkeit

wiederkäme. Erst wenn es für ihre Errettung zu spät wäre, würden sie Ihn anerkennen. Mit Trauer in der Stimme, aber ungewöhnlich eindringlich sprach Jesus diese Worte. Die römischen Beamten schwiegen überwältigt. Ihre Herzen waren, obwohl ihnen der göttliche Einfluss unbekannt war, bewegt wie noch nie in ihrem Leben. In dem stillen, ernsten Antlitz Jesu lasen sie Liebe, Wohlwollen und gelassene Würde. Sie waren angerührt von einer Sympathie, die sie sich nicht erklären konnten. Statt Jesus festzunehmen, neigten sie eher dazu, Ihm zu huldigen. Sie wandten sich gegen die Priester und Obersten und beschuldigten diese der Ruhestörung. Die Obersten wiederum, ärgerlich und enttäuscht, wandten sich mit ihren Klagen an das Volk und stritten außerdem aufgebracht untereinander.

Währenddessen ging Christus unbemerkt zum Tempel. Hier herrschte wohltuende Stille, denn das Geschehen auf dem Ölberg hatte das Volk hinausgetrieben. Der Heiland blieb nur kurze Zeit an dieser heiligen Stätte, auf die Er traurig blickte. Dann verließ Er mit Seinen Jüngern diesen Ort und kehrte nach Bethanien zurück. Als das Volk Ihn suchte, um Ihn zu krönen, war Er nirgends in der Stadt zu finden. Die ganze Nacht verbrachte Jesus im Gebet, und am frühen Morgen ging Er wieder zum Tempel. Auf dem Weg dorthin kam Er an einem Feigengarten vorbei. Er war hungrig, und »er sah einen Feigenbaum von ferne, der Blätter hatte; da ging er hin, ob er etwas darauf fände. Und da er zu ihm kam, fand er nichts als nur Blätter; denn es war nicht die Zeit für Feigen.« Markus 11,13

Die Jahreszeit für reife Feigen war noch nicht da, außer in bestimmten Gegenden, und auf den Höhen um Jerusalem konnte man sagen: »Es war nicht die Zeit für Feigen.« Doch in dem Garten, zu dem Jesus kam, schien ein Baum allen anderen weit voraus zu sein. Er war bereits mit Blättern bedeckt, und es liegt in der Natur des Feigenbaumes, dass die wachsende Frucht erscheint, noch ehe sich die Blätter entfaltet haben. Deshalb versprach dieser im vollen Blätterschmuck stehende Baum gut entwickelte Früchte. Aber der Schein trog. Beim Absuchen seiner Zweige vom niedrigsten bis zum höchsten fand Jesus »nichts als Blätter«, eine Fülle prunkenden Laubwerks, nichts weiter.

Da verfluchte Er den Baum und sprach: »Nun esse niemand mehr eine Frucht von dir ewiglich!« Markus 11,14 Am nächsten Morgen, als Jesus mit Seinen Jüngern den gleichen Weg ging, erregten die verdorrten Zweige und die verwelkten Blätter ihre Aufmerksamkeit. Petrus sagte verwundert: »Rabbi, sieh, der Feigenbaum, den du verflucht hast, ist verdorrt.« Markus 11,21 Christi Fluch über diesen Feigenbaum hatte die Jünger überrascht. Sie konnten diese Tat überhaupt nicht mit Seinem Wandel und Seinem Wirken in Einklang bringen. Oft hatte Er ihnen gesagt, dass Er nicht gekommen sei, die Welt zu verdammen, sondern zu erlösen. Sie erinnerten sich an Seine Worte: »Des Menschen Sohn ist nicht gekommen, um die Seelen der Menschen zu verderben, sondern zu erretten.« [581/582] 459

Lukas 9,56 Seine wunderbaren Taten hatten bisher stets dazu gedient, etwas wiederherzustellen, niemals aber, etwas zu zerstören. Die Jünger hatten ihren Herrn immer nur als Helfer und als Heiland kennen gelernt. Diese Tat stand einzig da. Sie fragten sich: Warum hat der Herr diesen Baum vernichtet? Gott ist barmherzig. »So wahr ich lebe, spricht Gott der HERR: Ich habe kein Gefallen am Tode des Gottlosen, sondern dass der Gottlose umkehre von seinem Wege und lebe.« Hesekiel 33,11 Für Ihn ist das Vernichten und Verurteilen eine »seltsame Tat.« Jesaja 28,21 Er lüftet aber in Barmherzigkeit und Liebe den Schleier der Zukunft und zeigt den Menschen die Folgen eines sündigen Lebenswandels.

Das Verfluchen des Feigenbaumes war ein in die Tat übersetztes Gleichnis. Jener unfruchtbare Baum, der seinen Blätterschmuck dem Herrn zur Schau stellte, war ein Symbol für das jüdische Volk. Der Heiland wollte Seinen Jüngern die Ursache und die Gewissheit von Israels Schicksal verständlich machen. Er rüstete darum den Baum mit sittlichen Eigenschaften aus und erhob ihn zum Ausleger göttlicher Wahrheit. Die Juden nahmen unter allen Völkern eine bevorzugte Stellung ein, indem sie ihren Bund mit Gott bekannten. Sie waren von Gott in besonderer Weise begünstigt worden und beanspruchten deshalb, gerechter zu sein als jedes andere Volk. Doch sie waren durch die Liebe zur Welt und durch ihre Gewinnsucht völlig verdorben. Sie rühmten sich ihrer Erkenntnis und waren doch unwissend gegenüber dem Willen Gottes und voller Heuchelei. Wie der unfruchtbare Feigenbaum breiteten sie ihre vielversprechenden Zweige aus – üppig und schön anzusehen –, dennoch brachten sie »nichts als nur Blätter.« Die jüdische Religion mit ihrem prächtigen Tempel, ihren geweihten Altären, ihren geschmückten Priestern und ihren eindrucksvollen Gottesdiensten sah wirklich beeindruckend aus, doch Demut, Liebe und Barmherzigkeit fehlten.

Auch alle anderen Bäume im Feigengarten hatten keine Früchte, doch diese blätterlosen Bäume weckten keine Erwartungen und konnten daher auch keine Enttäuschung verursachen. Durch diese Bäume wurden die Heiden dargestellt. Ihnen fehlte ebenso wie den Juden die Gottseligkeit, aber sie gaben auch nicht vor, Gott zu dienen. Sie prahlten nicht damit, besser als andere zu sein. Das Wirken und die Wege Gottes lagen ihnen im Dunkeln; bei ihnen war noch »nicht die Zeit für Feigen.« Markus 11,13 Sie warteten noch auf den Tag, der ihnen Hoffnung und Licht bringen würde. Die Juden, die von Gott größere Segnungen erhalten hatten, waren für den Missbrauch dieser Gaben verantwortlich. Die Vorrechte, derer sie sich rühmten, vergrößerten nur noch ihre Schuld. Jesus war hungrig zu dem Feigenbaum gekommen, und er hoffte, Nahrung zu finden. Ebenso hungrig war Er auch zu den Israeliten gekommen, um bei ihnen Früchte der Gerechtigkeit zu finden. Er hatte Seine Gaben in reicher Fülle über
die Juden ausgeschüttet, damit sie zum Segen der Welt Frucht

tragen möchten. Jede Gelegenheit, jedes Privileg war ihnen gewährt worden. Als Gegenleistung suchte Er ihr Mitgefühl und ihre Mitarbeit in Seinem Gnadenwerk. Er sehnte sich danach, bei ihnen Opferbereitschaft und Barmherzigkeit, Eifer für Gott und das tiefe Verlangen nach Erlösung ihrer Mitmenschen zu sehen. Hätten sie Gottes Gesetz befolgt, dann hätten sie die gleichen selbstlosen Werke getan wie Jesus auch. Aber die Liebe zu Gott und den Menschen war durch Stolz und Selbstzufriedenheit verfinstert. Sie stürzten sich selbst ins Verderben, indem sie es ablehnten, sich um andere zu kümmern und den Schatz der Wahrheit, den Gott ihnen anvertraut hatte, der Welt weiterzugeben. An dem unfruchtbaren Feigenbaum konnten sie ihre Sünde wie auch deren Bestrafung erkennen. Unter dem Fluch des Erlösers abgestorben, verwelkt, verdorrt und bis an die Wurzel vertrocknet, stand der Feigenbaum da und zeigte den Zustand des jüdischen Volkes auf, wenn ihm die Gnade Gottes entzogen sein würde. Da Israel sich weigerte, die Gnadengaben mitzuteilen, würde es sie auch nicht länger empfangen. »Israel«, sagte der Herr, »du bringst dich ins Unglück.« Hosea 13,9

Diese Warnung gilt für alle Zeiten. Christi Fluch über den Feigenbaum, den Seine eigene Schöpfermacht geschaffen hatte, steht als Warnung über allen Gemeinden und allen Christen. Niemand kann im Gehorsam des göttlichen Gesetzes leben, ohne dem Nächsten zu dienen. Aber es gibt viele, die nicht nach dem Vorbild Christi einen barmherzigen, uneigennützigen Wandel führen. Manche, die sich selbst zu den vortrefflichsten Christen zählen, verstehen nicht, worin der wahre Dienst für Gott besteht. Sie planen und trachten, um sich selbst zu gefallen, und handeln nur im eigenen Interesse. Zeit ist für sie nur insoweit von Wert, wie sie diese ausschließlich für sich verwenden können. In ihrem täglichen Leben ist das ihr ganzes Streben. Sie kümmern sich nicht um ihren Nächsten, sondern allein um sich selbst. Gott erwählte sie, in einer Welt zu leben, die selbstlosen Dienst erfordert. Er bestimmte sie dazu, ihren Mitmenschen in jeder nur denkbaren Weise zu helfen. Doch ihr Ich ist so groß, dass sie nichts anderes mehr sehen. Menschlichkeit hat bei ihnen keinen Platz. Jene, die in dieser Weise nur für sich leben, gleichen dem Feigenbaum, der viel versprach, aber nichts brachte. Sie beachten zwar die äußeren Formen des Gottesdienstes, sind jedoch ohne Buße und ohne Glauben. Sie geben vor, das Gesetz Gottes zu ehren, aber ihnen fehlt der Glaubensgehorsam. Sie reden, aber sie handeln nicht.

In Seinem Urteil über den Feigenbaum zeigt Jesus, wie verhasst in Seinen Augen diese eitle Täuschung ist. Er erklärt, dass der offenkundige Sünder weniger schuldig ist als jener, der angeblich Gott dient, aber zu Seiner Verherrlichung keine Frucht bringt. Dieses Gleichnis, das Christus vor Seinem Besuch in Jerusalem erzählte, steht in unmittelbarem Zusammenhang mit der Lehre, die Er durch die Verfluchung des unfruchtbaren Feigenbaums erteilt hatte. Dort bittet der Gärtner für den unfruchtbaren Baum: »Herr, lass ihn noch dies Jahr, bis ich um ihn grabe und bedünge; vielleicht bringt er doch noch Frucht; wenn aber nicht, so hau ihn ab.« Lukas 13,8f Der unfruchtbare Baum sollte besonders gepflegt werden. Er sollte jeden möglichen Vorteil haben. Wenn er dennoch ohne Frucht bliebe, dann könnte ihn nichts vor der Vernichtung bewahren. Über das Ergebnis der Bemühungen des Gärtners wird im Gleichnis nichts ausgesagt. Es hing von den Menschen ab, zu denen Jesus diese Worte sprach. Sie waren es, die symbolisch für den unfruchtbaren Baum standen. In ihrer Hand lag die Entscheidung über ihr Schicksal. Alle erdenklichen Vorteile waren ihnen vom Himmel eingeräumt worden, aber sie profitierten nicht von diesen großen Segnungen. Christi Verfluchung des unfruchtbaren Feigenbaums zeigt, wohin das führte. Sie hatten ihren eigenen Untergang bestimmt. Mehr als tausend Jahre lang hatte Israel die Gnade Gottes missbraucht und dadurch Seine Strafgerichte herausgefordert. Es hatte Gottes Warnungen unbeachtet gelassen und Seine Propheten getötet. Für diese Sünden der Vergangenheit nahmen die Menschen zur Zeit Jesu die Verantwortung auf sich, indem sie den gleichen Weg verfolgten. Die Schuld jener Generation lag in der Verwerfung der ihr angebotenen Gnadengaben und Warnungsbotschaften. Die Fesseln, die das Volk jahrhundertelang geschmiedet hatte, legte es sich nun selbst an.

In jedem Zeitalter werden den Menschen Tage des Lichtes und der besonderen Gelegenheiten gegeben, eine Probezeit also, in der sie sich mit Gott versöhnen können. Aber es gibt eine Grenze für diese Gnade. Die göttliche Barmherzigkeit mag jahrelang mahnen, sie mag geringgeschätzt und verworfen werden, aber es kommt die Zeit, da sie zum letzten Mal bittet. Verhärtet sich das Herz so sehr, dass es aufhört, auf den Geist Gottes zu achten, dann bittet die wohlklingende, gewinnende Stimme des Erlösers nicht länger, und die Zurechtweisungen und Ermahnungen hören auf. Diese Zeit war nun für Jerusalem gekommen. Jesus weinte vor Schmerz über die verurteilte Stadt, aber Er konnte sie nicht mehr retten. Alle Möglichkeiten waren erschöpft. Indem Israel die Warnungen des Geistes Gottes verwarf, wies es das einzige Heilmittel zurück. Es gab keine andere Macht, durch welche die Stadt gerettet werden konnte.

Das jüdische Volk war ein Sinnbild der Menschen aller Zeitalter, welche die Bitten der unendlichen Liebe Gottes verhöhnen. Die Tränen, die Jesus über Jerusalem weinte, flossen für die Sünden aller Zeiten. Alle, die die Ermahnungen und Warnungen des Geistes Gottes missachten, können in dem angekündigten Gericht über Jerusalem ihr eigenes Schicksal erkennen.

Heute gibt es viele, die den gleichen Weg einschlagen wie einst die ungläubigen Juden. Sie haben die Offenbarungen der Macht Gottes gesehen. Der

Heilige Geist hat zu ihren Herzen gesprochen; aber sie halten an ihrem Unglauben und an ihrem Widerstand fest. Gott sendet ihnen Warnungen und Zurechtweisungen, doch sie wollen ihr Unrecht nicht einsehen und verwerfen bewusst Seine Botschaft und Seine Boten. Gerade die Mittel, die Gott zu ihrer Errettung nutzen will, werden für sie zum Stein des Anstoßes.

Die Propheten Gottes wurden von den abtrünnigen Israeliten gehasst, weil sie deren verborgene Sünden ans Tageslicht brachten. Ahab betrachtete Elia als seinen Feind, weil der Prophet gewissenhaft die geheimen Sünden des Königs rügte. So stößt auch heute der Diener Christi, der die Sünde geißelt, auf Hohn und Widerstand. Die Wahrheit der Heiligen Schrift, die Religion Christi, muss gegen einen starken Strom sittlicher Unreinheit kämpfen. Das Vorurteil gegen das schlichte Bibelwort ist in den Herzen der Menschen noch größer als zur Zeit Jesu. Der Heiland entsprach nicht den Erwartungen der Menschen, Sein Leben war ein einziger Vorwurf gegen ihre Sündhaftigkeit. Darum verwarfen sie Ihn. So stimmt auch die Wahrheit des Wortes Gottes nicht mit den Handlungen und natürlichen Neigungen der Menschen überein, und Tausende lehnen das Licht der Wahrheit ab. Von Satan beeinflusst, zweifeln die Menschen an Gottes Wort und folgen lieber ihrem unabhängigen Urteil. Sie wählen lieber die Dunkelheit als das Licht und bringen dadurch ihre Seele in Gefahr. Jene, die Christi Worte kritisieren, fanden immer neuen Anlass zur Kritik, bis sie sich von der Wahrheit und dem Leben abwandten. So ist es auch heute. Gott will nicht jeden Einwand, den das menschliche Herz gegen Seine Wahrheit vorbringt, aus dem Weg räumen. Wer die wertvollen Lichtstrahlen verwirft, die die Finsternis erhellen würden, der bleibt für immer im Dunkel des Unglaubens. Ihm ist die Wahrheit verborgen. Er wandelt im Finstern und erkennt nicht das vor ihm liegende Verderben.

Christus überschaute von der Höhe des Ölbergs aus die Welt und alle Zeitalter. Seine Worte sind auf jeden anwendbar, der die Fürsprache der göttlichen Gnade geringschätzig behandelt. Heute wendet Er sich an die Verächter Seiner Liebe. »Wenn doch auch du erkenntest zu dieser Zeit, was zum Frieden dient!« Lukas 19,42 Jesus vergießt bittere Tränen für dich, der du selbst nicht weinen kannst. Jene verhängnisvolle Herzenshärte, die die Pharisäer vernichtete, zeigt sich bereits in dir. Jeder göttliche Gnadenbeweis, jeder göttliche Lichtstrahl rührt entweder das Herz und macht es demütig oder bestärkt es in hoffnungsloser Verstocktheit. Christus sah voraus, dass die Einwohner Jerusalems verstockt und ohne Reue bleiben würden, dennoch hatten sie alle Schuld und trugen für alle Folgen der zurückgewiesenen Gnade allein die Verantwortung. So wird es jedem ergehen, der denselben Weg eigensinnig weiter läuft. Gott sagte: »Israel, du bringst dich ins Unglück.« Hosea 13,9 »Du, Erde, höre zu! Siehe, ich will Unheil über dies Volk bringen, ihren verdienten Lohn, weil sie auf meine Worte nicht achten und mein Gesetz verwerfen.« Jeremia 6,19

KAPITEL 65

Auf Grundlage von
Matthäus 21,12-16.23-46
Markus 11,15-19.27-33; 2,1-12
Lukas 19,45-48; 20,1-19

DER TEMPEL WIRD WIEDER GEREINIGT

Zu Beginn Seines Lehramtes hatte Christus alle jene aus dem Tempel getrieben, die diesen durch ihre unheiligen Geschäfte so verunreinigt hatten. Sein strenges und auch machtvolles Auftreten hatte damals die listigen Händler mit Furcht erfüllt. Nun kam Er kurz vor Ende Seines Auftrags wieder in den Tempel und fand ihn genauso entweiht wie vor Jahren. Die Situation war sogar noch schlimmer als je zuvor. Der Vorhof des Tempels glich einem riesigen Viehmarkt, auf dem das Gebrüll der Tiere und der helle Klang der Münzen sich mit den zornigen Schreien der untereinander streitenden Händler vermischten. Dazwischen hörte man die Stimmen der amtierenden Priester. Sogar die Würdenträger des Tempeldienstes beteiligten sich an den Kauf- und Wechselgeschäften und ließen sich derart von ihrer Gewinnsucht beherrschen, dass sie in den Augen Gottes nicht besser waren als Diebe.

Wie wenig erkannten die Priester und Obersten den Ernst und die Würde des Amtes, das sie zu erfüllen hatten! Zu jedem Passah- und Laubhüttenfest wurden Tausende von Tieren geschlachtet. Ihr Blut wurde von den Priestern aufgefangen und auf den Altar gegossen. Diese blutigen Opfer waren den Juden so geläufig geworden, dass sie fast die Tatsache vergaßen, dass nur ihre Sünde all dieses Blutvergießen notwendig machte.

Sie beachteten nicht, dass darin das Blut des teuren Gottessohnes versinnbildet wurde, das für das Leben der Welt vergossen werden sollte, und dass die Menschen durch das Darbringen von Opfern auf einen Erlöser, der am Kreuz stürbe, hingewiesen werden sollten.

Jesu Blick fiel auf die unschuldigen Opfertiere. Er sah, wie die Juden diese großen Zusammenkünfte zu einem Schauspiel des Blutvergießens und der Grausamkeit gemacht hatten. Statt demütige Reue über ihre Sünde zu empfinden, hatten sie die Zahl der Opfer vervielfacht, als ob Gott durch einen herzlosen Formendienst geehrt werden könnte. Die Priester und Obersten hatten nicht nur ihre Herzen durch Selbstsucht und Geiz verhärtet, sondern auch jene

Sinnbilder, die auf das Lamm Gottes hinwiesen, als ein Mittel degradiert, um Gewinne zu erzielen. So war in den Augen des Volkes die Heiligkeit des Opferdienstes in hohem Maße herabgewürdigt worden. Jesus empörte sich darüber; Er wusste, dass Sein Blut, welches für die Sünden der Welt bald vergossen werden sollte, von den Obersten und Priestern ebenso wenig geachtet würde wie das Blut der Tiere, das sie unaufhörlich fließen ließen. Gegen diese Ausübung des Opferdienstes hatte Christus bereits durch die Propheten gesprochen. Samuel hatte gesagt: »Meinst du, dass der Herr Gefallen habe am Brandopfer und Schlachtopfer gleichwie am Gehorsam gegen die Stimme des Herrn? Siehe, Gehorsam ist besser als Opfer und Aufmerken besser als das Fett von Widdern.« 1.Samuel 15,22

Als Jesaja in einer Vision den Abfall der Juden sah, redete er sie als Oberste von Sodom und Gomorra an: »Hört des Herrn Wort, ihr Herren von Sodom! Nimm zu Ohren die Weisung unsres Gottes, du Volk von Gomorra! Was soll mir die Menge eurer Opfer?, spricht der Herr. Ich bin satt der Brandopfer von Widdern und des Fettes von Mastkälbern und habe kein Gefallen am Blut der Stiere, der Lämmer und Böcke. Wenn ihr kommt, zu erscheinen vor mir – wer fordert denn von euch, dass ihr meinen Vorhof zertretet? ... Wascht euch, reinigt euch, tut eure bösen Taten aus meinen Augen, lasst ab vom Bösen! Lernt Gutes tun, trachtet nach Recht, helft den Unterdrückten, schafft den Waisen Recht, führt der Witwen Sache!« Jesaja 1,10-12.16.17 Christus, der diese Weissagungen durch Seinen Geist selbst gegeben hatte, wiederholte nun Seine Warnungen zum letzten Mal. In Erfüllung des prophetischen Wortes hatte das Volk Jesus zum König Israels ausgerufen. Er hatte ihre Huldigungen und das Amt des Königs angenommen. Als solcher musste Er handeln. Er wusste, dass Seine Bemühungen, die verderbte Priesterschaft zu reformieren, vergeblich sein würden, dennoch musste Er seine Aufgabe erfüllen, einem ungläubigen Volk den unantastbaren Beweis Seiner göttlichen Sendung zu geben.

Noch einmal überschaute Sein durchdringender Blick den entheiligten Tempelhof. Aller Augen waren auf Ihn gerichtet. Priester und Oberste, Pharisäer und Heiden blickten mit Erstaunen und ehrfürchtiger Scheu auf den, der in der Majestät des himmlischen Königs vor ihnen stand. Das Göttliche brach durch das Menschliche hindurch und bekleidete Christus mit einer Würde und Herrlichkeit, wie Er sie nie zuvor offenbart hatte. Die Ihm am nächsten standen, zogen sich scheu vor Ihm zurück, soweit die Menge es gestattete. Nur von wenigen Jüngern umringt, stand der Heiland fast allein. Alle waren verstummt. Die tiefe Stille schien unerträglich.

Da sprach der Herr mit einer Kraft, die das Volk wie mit einem gewaltigen Sturm durchschüttelte: »Es steht geschrieben: ‚Mein Haus soll ein Bethaus heißen'; ihr aber macht eine Räuberhöhle daraus.« Matthäus

21,13 Wie vom Ton einer Posaune, so hörte man seine Stimme. Der Unwille auf seinem Angesicht leuchtete wie verzehrendes Feuer. Und mit Autorität gebot er nun: »Tragt das weg!« Johannes 2,16

Drei Jahre zuvor hatten sich die Obersten des Tempels ihrer Flucht auf Jesu Befehl hin geschämt. Sie hatten sich seither über ihre Furcht und ihren unbedingten Gehorsam einem einzelnen, demütigen Menschen gegenüber gewundert. Sie hatten gespürt, dass sich unmöglich ein solch würdeloses Nachgeben wiederholen durfte. Dennoch waren sie jetzt erschrockener als damals, und in noch größerer Eile kamen sie Seiner Aufforderung nach. Niemand wagte es, Jesu Autorität in Frage zu stellen, sondern sie alle, Priester und Händler, flohen aus Seiner Gegenwart und trieben ihr Vieh vor sich her.

Auf ihrer Flucht aus dem Tempel begegneten sie einer Gruppe von Menschen mit ihren Kranken, die nach dem »Großen Arzt« fragten. Der Bericht der Fliehenden jedoch veranlasste etliche, umzukehren. Sie fürchteten sich, einem so Mächtigen gegenüberzutreten, dessen Blick allein Priester und Oberste aus Seiner Nähe vertrieben hatte. Viele aber drängten sich durch die hastende Menge, um den zu erreichen, der ihre einzige Hoffnung war. Sie gesellten sich zu denen, die im Tempel zurückgeblieben waren, als die meisten flohen. Wieder war der Tempelhof voller Kranker und Hilfsbedürftiger, und noch einmal diente ihnen ihr Heiland und Erlöser.

Nach einiger Zeit wagten sich die Priester und Obersten wieder in den Tempel zurück. Ihre erste Bestürzung war verflogen, und nun wollten sie wissen, was Jesus denn als Nächstes tun würde. Sie erwarteten, dass Er sich des Thrones Davids bemächtigte. Als sie nun in aller Stille in den Tempel zurückkehrten, vernahmen sie die Lobgesänge von Männern, Frauen und Kindern. Beim Eintritt blickten sie wie gebannt auf das wundersame Geschehen. Sie sahen die Kranken geheilt: Blinde wurden sehend, Taube hörend, und die Krüppel hüpften vor Freude. Noch lauter jubelten die Kinder, deren Gebrechen Jesus geheilt hatte. Er hielt sie in Seinen Armen und nahm ihre Küsse inniger Dankbarkeit an. Manche von ihnen waren an Seiner Brust eingeschlafen, während Er das Volk lehrte.

Nun war erneut das Lob jubelnder Kinderstimmen zu hören. Sie riefen: »Hosianna!« wie am Tag zuvor und schwenkten triumphierend Palmzweige vor dem Herrn. Der Tempel hallte von ihren Rufen wider: »Gelobt sei, der da kommt in dem Namen des Herrn!« »Siehe, dein König kommt zu dir, ein Gerechter und ein Helfer.« »Hosianna dem Sohn Davids!« Matthäus 21,9; Sacharja 9,9

Der Klang dieser frohen, glücklichen Stimmen ärgerte die Obersten des Tempels, und sie fingen an, diesem Schauspiel ein Ende zu machen. Sie machten

dem Volk klar, dass das Haus Gottes durch die Füße der Kinder und durch die lauten Freudenrufe entweiht werde. Als sie feststellten, dass ihre Worte bei dem Volk keinen Eindruck machten, wandten sie sich an den Herrn und »sprachen zu ihm: Hörst du auch, was diese sagen? Jesus antwortete ihnen: Ja! Habt ihr nie gelesen: ‚Aus dem Munde der Unmündigen und Säuglinge hast du dir Lob bereitet‘?« Matthäus 21,16 Die Prophezeiung sagte aus, dass Christus zum König ausgerufen werden sollte, und dieses Wort musste erfüllt werden. Die Priester und Obersten Israels aber weigerten sich, Seine Herrlichkeit auszurufen, und Gott berief die Kinder zu Seinen Zeugen. Hätten sie geschwiegen, dann würden selbst die Säulen des Tempels die Ehre des Heilandes verkündigt haben. Die Pharisäer waren völlig ratlos und verunsichert. Einer, den sie nicht einschüchtern konnten, führte das Kommando. Jesus hatte Seine Stellung als Wächter des Tempels eingenommen. Nie zuvor hatte Er solche königliche Macht bewiesen, nie zuvor hatten Seine Worte und Werke solche Kraft bekundet. Jesus hatte wunderbare Werke schon in ganz Jerusalem getan, aber niemals in einer so feierlichen und eindrucksvollen Weise. In Gegenwart all derer, die Zeugen Seines bewunderungswürdigen Handelns geworden waren, wagten es die Priester und Obersten diesmal nicht, Ihm offene Feindschaft zu zeigen. Durch Seine Antworten wütend gemacht und verwirrt, waren sie unfähig, an diesem Tag Weiteres gegen den Herrn zu unternehmen.

Am nächsten Morgen beratschlagte der Hohe Rat erneut, welche Maßnahmen gegen Jesus ergriffen werden könnten. Drei Jahre zuvor hatten die Obersten ein Zeichen Seines Messiasamtes von Ihm gefordert. Seitdem hatte Er im ganzen Land mächtige Wunder gewirkt. Er hatte Kranke geheilt und auf wunderbare Weise Tausende gespeist. Er war auf den Wogen gewandelt und hatte dem tobenden Meer Ruhe geboten. Er hatte wiederholt in den Herzen der Menschen wie in einem offenen Buch gelesen, hatte Dämonen ausgetrieben und Tote auferweckt. Die Obersten besaßen also die Beweise für Seine göttliche Sendung. Der Hohe Rat beschloss nun, kein Zeichen Seiner göttlichen Autorität zu fordern, sondern zu versuchen, irgendein Zugeständnis oder eine Erklärung aus Ihm herauszulocken, aufgrund deren Er verurteilt werden könnte.

Die Mitglieder des Hohen Rates begaben sich zum Tempel, wo Jesus lehrte, und sie fragten Ihn: »Aus welcher Vollmacht tust du das? Oder wer hat dir diese Vollmacht gegeben?« Markus 11,28 Sie erwarteten von Ihm zu hören, dass Er solches alles aus göttlicher Macht tue. Einer solchen Behauptung wollten sie entgegentreten. Doch Jesus antwortete ihnen mit einer Gegenfrage, die scheinbar eine ganz andere Sache betraf, und Er machte Seine Erwiderung von ihrer Antwort auf Seine Gegenfrage abhängig. »Die Taufe des Johannes, war sie vom Himmel oder von Menschen? Antwortet mir!« Markus 11,30 Die Priester erkannten jetzt, dass sie in große Verlegenheit geraten waren, aus der sie keine Spitzfindigkeit befreien konnte. Sagten sie, dass die Taufe des Johannes vom Himmel war, dann würde ihr Widerspruch deutlich; denn Christus würde sie fragen: Warum habt ihr dann nicht an ihn geglaubt? Johannes hatte von Jesus bekundet: »Siehe, das ist Gottes Lamm, das der Welt Sünde trägt!« Johannes 1,29 Glaubten die Priester diesem Zeugnis des Täufers, wie konnten sie dann leugnen, dass Jesus der Messias sei? Sagten sie aber ihre wahre Meinung, dass das Lehramt des Täufers von Menschen sei, würden sie einen Sturm der Entrüstung gegen sich selbst heraufbeschworen haben. Die Menschen glaubten doch, dass Johannes ein Prophet Gottes war.

Viele Zuhörer warteten gespannt auf die entscheidende Antwort. Sie wussten, dass die Priester bekannt hatten, die Sendung des Täufers anzuerkennen, und sie erwarteten jetzt ihr Eingeständnis, dass Johannes von Gott gesandt war. Nachdem die Priester sich untereinander besprochen hatten, beschlossen sie, sich keine Blöße zu geben. Scheinheilig erklärten sie ihre Unkenntnis: »Wir wissen's nicht.« Da erwiderte Jesus: »So sage ich euch auch nicht, aus welcher Vollmacht ich das tue.« Markus 11,33

Die Schriftgelehrten, Priester und Obersten waren zum Schweigen gebracht. Verwirrt und enttäuscht standen sie da mit gesenkten Augen und wagten nicht, weitere Fragen an den Herrn zu stellen. Durch ihre Feigheit und Unentschlossenheit hatten sie ihr Ansehen bei dem Volk, das dabeistand und sich über die Niederlage dieser stolzen, selbstgefälligen Männer amüsierte, weitgehend eingebüßt.

Alle diese Worte und Taten Jesu waren von besonderer Bedeutung, und ihr Einfluss sollte nach Seiner Kreuzigung und Auferstehung immer mehr spürbar werden. Viele von denen, die begierig auf das Ergebnis der Befragung Jesu gewartet hatten, bekannten sich später zu Seiner Nachfolge, nachdem sie sich zum ersten Mal an jenem ereignisreichen Tag von Seinen Worten angezogen fühlten. Die Szene auf dem Tempelhof entschwand nie mehr ihrem Gedächtnis. Als Jesus mit dem Hohepriester sprach, wurde der Gegensatz zwischen ihnen immer deutlicher. Der stolze Würdenträger des Tempels war in edle Gewänder gekleidet. Auf seinem Haupt trug er ein glänzendes Diadem, seine Haltung war majestätisch, sein Haar und sein wallender Bart leuchteten silberweiß – seine ganze Erscheinung flößte Ehrfurcht ein. Vor dieser erhabenen Persönlichkeit stand die Majestät des Himmels ohne jeden Schmuck und ohne jede Prachtentfaltung. Seine Kleidung trug noch die Spuren der Reise. Sein Angesicht war bleich und gezeichnet von innerem Kummer; dennoch standen Würde und Wohlwollen in Ihm geschrieben, die einen auffallenden Gegensatz zu dem stolzen, selbstbewussten und zornigen Gebaren des Hohepriesters bildeten. Viele von denen, die Zeugen

der Worte und Werke Jesu im Tempel gewesen waren, nahmen ihn von da an als Gesandten Gottes in ihr Herz auf. Aber während sich die Teilnahme des Volkes immer mehr Ihm zuwandte, nahm der Hass der Priester zu. Die Klugheit, mit der Jesus den Fallen der Priester zu entkommen wusste, bezeugte erneut seine Göttlichkeit, goss aber andrerseits neues Öl auf die Wogen ihres Zorns. In Seinem Streitgespräch mit den Rabbinern war es keineswegs Jesu Absicht, Seine Widersacher öffentlich zu demütigen. Er freute sich nicht darüber, sie in die Enge getrieben zu sehen. Er hatte ihnen nur eine notwendige Lehre gegeben. Doch Seine Gegner fühlten sich dadurch herausgefordert, dass Er zuließ, dass sie sich in die Netze verstrickten, die sie für Ihn ausgebreitet hatten. Indem sie bekannten, über das Wesen der Taufe des Täufers nichts zu wissen, gaben sie Jesus Gelegenheit zu sprechen, und Er nutzte sie, um ihnen ihre wahre Lage zu zeigen und den vielen Warnungen an sie noch eine neue hinzuzufügen.

»Was meint ihr aber?«, fragte Jesus. »Es hatte ein Mann zwei Söhne und ging zu dem ersten und sprach: Mein Sohn, geh hin und arbeite heute im Weinberg. Er antwortete aber und sprach: Nein, ich will nicht. Danach reute es ihn und er ging hin. Und der Vater ging zum zweiten Sohn und sagte dasselbe. Der aber antwortete und sprach: Ja, Herr!, und ging nicht hin. Wer von den beiden hat des Vaters Willen getan?« Matthäus 21,28-31

Mit dieser unerwarteten Frage entwaffnete Jesus Seine Zuhörer. Bis dahin hatten sie der Erzählung des Gleichnisses gut zugehört. Nun antworteten sie sofort: »Der erste.« Matthäus 21,31 Da schaute sie Jesus durchdringend an und erwiderte ernst und würdevoll: »Wahrlich, ich sage euch: die Zöllner und Huren kommen eher ins Reich Gottes als ihr. Denn Johannes kam zu euch und lehrte euch den rechten Weg, und ihr glaubtet ihm nicht; aber die Zöllner und Huren glaubten ihm. Und obwohl ihr's saht, tatet ihr dennoch nicht Buße, sodass ihr ihm dann auch geglaubt hättet.« Matthäus 21,31f

Den Priestern und Obersten des Volkes blieb nichts anderes übrig, als Jesu Frage klar zu beantworten. Die Erwiderung, die Jesus erhielt, fiel also zugunsten des ersten Sohns aus. Dieser Sohn stellte die Zöllner dar, die von den Pharisäern verachtet und gehasst wurden. Die Zöllner waren tatsächlich durch und durch unsittlich und bezeugten durch ihr Leben, dass sie Übertreter des Gesetzes Gottes waren und sich dessen Forderungen widersetzten. Auch waren sie undankbar und gottlos, denn dem Auftrag, in des Herrn Weinberg an die Arbeit zu gehen, hatten sie eine verächtliche Abfuhr erteilt. Als dann aber Johannes auftrat, Buße und Taufe predigte, nahmen die Zöllner seine Botschaft an und wurden getauft. Der zweite Sohn dagegen stellte die führenden Persönlichkeiten der jüdischen Nation dar. Zwar hatten sich einige Pharisäer bekehrt und die Taufe von Johannes empfangen, aber die verantwortlichen Leiter wollten nicht zugeben, dass dieser von Gott gesandt sei. Seine Warnungen und Anklagen bewirkten keine Erneuerung bei ihnen. Sie »verachteten, was Gott ihnen zugedacht hatte, und ließen sich nicht von ihm taufen.« Lukas 7,30 Seine Botschaft lehnten sie ab. Als der zweite Sohn zur Arbeit aufgefordert wurde, stimmte er zu: »Ja, Herr!« Trotzdem ging er nicht hin. Ebenso bekannten sich die Priester und Obersten zum Gehorsam, handelten aber wie Ungehorsame. Sie legten stolze Bekenntnisse ihrer Frömmigkeit ab und beriefen sich darauf, das Gesetz Gottes zu achten, heuchelten aber nur Gehorsam. Die Zöllner dagegen wurden von den Pharisäern als Ungläubige hingestellt und verflucht. Durch ihren Glauben und ihre Taten bewiesen sie jedoch, dass sie auf dem Weg zum Himmelreich einen Vorsprung vor jenen selbstgerechten Männern besaßen, die zwar eine große Erkenntnis vom himmlischen Königreich erhalten hatten, deren Handeln aber mit ihrer göttlichen Berufung nicht übereinstimmte.

Die Priester und Obersten wollten diese tiefgreifende Wahrheit nicht auf sich beziehen. So schwiegen sie zunächst in der Hoffnung, dass Jesus noch etwas sagen würde, was sie gegen Ihn selbst verwenden könnten. Doch wurde ihnen noch mehr zugemutet.

»Hört ein anderes Gleichnis«, fuhr Jesus fort. »Es war ein gewisser Hausherr, der pflanzte einen Weinberg, zog einen Zaun darum, grub eine Kelter darin, baute einen Wachtturm, verpachtete ihn an Weingärtner und reiste außer Landes. Als nun die Zeit der Früchte nahte, sandte er seine Knechte zu den Weingärtnern, um seine Früchte in Empfang zu nehmen. Aber die Weingärtner ergriffen seine Knechte und schlugen den einen, den anderen töteten sie, den dritten steinigten sie. Da sandte er wieder andere Knechte, mehr als zuvor; und sie behandelten sie ebenso. Zuletzt sandte er seinen Sohn zu ihnen und sprach: Sie werden sich vor meinem Sohn scheuen! Als aber die Weingärtner den Sohn sahen, sprachen sie untereinander: Das ist der Erbe! Kommt, lasst uns ihn töten und sein Erbgut in Besitz nehmen! Und sie ergriffen ihn, stießen ihn zum Weinberg hinaus und töteten ihn. Wenn nun der Herr des Weinbergs kommt, was wird er mit diesen Weingärtnern tun?« Matthäus 21,33-40

Jesus hatte sich an alle Leute gewandt, die bei Ihm waren, doch die Priester und Obersten antworteten gleich: »Er wird den Bösen ein böses Ende bereiten und seinen Weinberg andern Weingärtnern verpachten, die ihm die Früchte zur rechten Zeit geben.« Matthäus 21,41 Die Bedeutung dieses Gleichnisses war zunächst von den Sprechern nicht erkannt worden. Nun aber stellten sie fest, dass sie sich ihr eigenes Urteil gesprochen hatten. In diesem Gleichnis steht der Weinbergbesitzer für Gott, der Weinberg für das jüdische Volk und der Zaun für das göttliche Gesetz, das ihr Schutzwall war; der Turm aber symbolisierte den Tempel. Der Weinbergbesitzer hatte alle Voraussetzungen für die Fruchtbarkeit

des Weinbergs geschaffen. Er fragt: »Was sollte man noch mehr tun an meinem Weinberg, das ich nicht getan habe an ihm?« Jesaja 5,4 So war Gottes unermüdliche Sorge für Israel dargestellt.

Wie die Weingärtner dem Herrn seinen rechtmäßigen Anteil an den Früchten des Weinbergs zurückzugeben hatten, so sollte Gottes Volk Ihn durch eine Lebensführung ehren, die Seinen Gnadengaben entsprach. Aber wie die Weingärtner die Knechte töteten, die der Herr zur Einholung der Frucht sandte, so hatten die Juden viele Propheten umgebracht, durch die Gott sie zur Umkehr bewegen wollte. Ein Bote nach dem anderen war getötet worden. Bis dahin war die Bedeutung des Gleichnisses nicht fraglich, und das, was folgte, machte es womöglich noch klarer. In dem geliebten Sohn, den der Herr des Weinbergs schließlich zu seinen ungehorsamen Arbeitern schickte und den diese ergriffen und erschlugen, erhielten die Priester und Obersten ein klares Bild von Jesus und von dem, was Ihm bevorstand. Sie planten ja bereits, den zu vernichten, den der Vater als letzten Aufruf zu ihnen geschickt hatte. Die Vergeltung aber, die den unbarmherzigen Weingärtnern angedroht wurde, sollte den Untergang jener Menschen anzeigen, die Christus dem Tod ausliefern würden.

Der Heiland schaute voll Mitleid auf sie, als Er weiter ausführte: »Habt ihr nie gelesen in der Schrift: ‚Der Stein, den die Bauleute verworfen haben, der ist zum Eckstein geworden. Vom Herrn ist das geschehen und ist ein Wunder vor unsren Augen‘? Darum sage ich euch: Das Reich Gottes wird von euch genommen und einem Volk gegeben werden, das seine Früchte bringt. Und wer auf diesen Stein fällt, der wird zerschellen; auf wen aber er fällt, den wird er zermalmen.« Matthäus 21,42-44 Diese Prophezeiung hatten die Juden in ihren Synagogen oft wiederholt und auf den kommenden Messias bezogen. Christus war der »Eckstein« der jüdischen Heilsordnung und des ganzen Erlösungsplanes. Jetzt verwarfen die jüdischen Baumeister, die Priester und Obersten Israels, dieses Fundament. Der Heiland lenkte ihre Aufmerksamkeit auf die Prophezeiungen, die ihnen ihre Gefahr aufzeigten. Mit allen Mitteln versuchte Er ihnen klarzumachen, welch verhängnisvolle Tat sie im Begriff standen zu begehen.

Seine Worte dienten auch noch einem anderen Zweck. Mit der Frage: »Wenn nun der Herr des Weinbergs kommen wird, was wird er diesen Weingärtnern tun?« wollte Christus die Pharisäer gerade zu der Antwort herausfordern, die sie dann auch prompt gaben. Sie sollten sich selbst ihr Urteil sprechen. Wenn Seine Warnungen sie nicht mehr zur Umkehr bewegen konnten, würden diese ihr Schicksal besiegeln. Christus wollte sie zu der Einsicht führen, dass sie ihren Untergang selbst herbeigeführt hatten. Er wollte ihnen klarmachen, dass Gott gerecht handelte, wenn er ihnen nun ihre nationalen Vorzüge entzöge, was schließlich nicht allein zur Zerstörung des Tempels und ihrer Stadt, sondern auch zur Zerstreuung des Volkes führen würde.

Die Zuhörer verstanden die Warnung. Trotz des Urteils, das sie über sich selbst gefällt hatten, waren die Priester und Obersten entschlossen, die Voraussage zu erfüllen, die mit den Worten formuliert war: »Das ist der Erbe; kommt, lasst uns ihn töten!« Matthäus 21,38 Weiter heißt es: »Sie trachteten danach, ihn zu ergreifen; aber sie fürchteten sich vor dem Volk, denn es hielt ihn für einen Propheten.« Matthäus 21,46

Christus zitierte die Prophezeiung vom verstoßenen Eckstein und bezog sich dabei auf ein Ereignis, das sich in Israels Geschichte tatsächlich zugetragen hatte, und zwar beim Bau des ersten Tempels. Es hatte Bedeutung für das erste Kommen Christi und hätte auf die Juden besonders nachhaltig einwirken sollen. Doch auch wir können daraus lernen. Beim Bau des Salomonischen Tempels wurden die riesigen Steine für das Fundament und das Mauerwerk bereits im Steinbruch fertig zugehauen. Nachdem man sie zum Bauplatz brachte, durfte kein Werkzeug sie mehr bearbeiten. Sie mussten von den Arbeitern nur noch in die richtige Position gebracht werden. Zum Einsatz im Fundament war ein Stein von ungewöhnlicher Größe und Form herangeschafft worden, aber die Arbeiter konnten für diesen Stein keinen Platz finden und setzten ihn deshalb nicht ein. Da der riesige Stein ungenutzt im Wege lag, verursachte er den Arbeitern viel Verdruss. Lange blieb er als verschmähter Steinblock liegen. Doch dann gingen die Baumeister daran, die Eckfundamente zu legen. Dafür suchten sie lange nach einem Stein, der die erforderliche Größe und Stärke sowie die entsprechende Form hätte, um diesen Platz auszufüllen und das gewaltige Gewicht zu tragen, das später auf ihm ruhen sollte. Würden sie für diesen entscheidenden Platz den falschen Stein wählen, wäre die Sicherheit des ganzen späteren Bauwerks gefährdet. So mussten sie einen Stein finden, der den Einflüssen von Sonne, Frost und Sturm trotzen konnte. Verschiedentlich hatten sie schon Steine ausgesucht, doch waren sie alle unter der ungeheuren Belastung zerbrochen. Andere wiederum hielten den plötzlichen Veränderungen der Witterung nicht stand.

Schließlich wurde man auf den Stein aufmerksam, der so lange übersehen worden war. Er war Luft, Sonne und Wind ausgesetzt gewesen, ohne dass sich an ihm auch nur der kleinste Riss gezeigt hätte. Die Bauleute untersuchten ihn sehr sorgfältig. Mit einer Ausnahme hatte er alle Prüfungen bestanden. Wenn er auch starken Druck aushalten würde, wollte man ihn als Eckstein für das Gebäude verwenden. Der Versuch wurde unternommen, der Stein für gut befunden, an die für ihn bestimmte Stelle geschafft und eingefügt. Und er passte tatsächlich ganz genau in die Lücke.

Dem Propheten Jesaja wurde in prophetischer Schau gezeigt, dass dieser Stein ein Sinnbild für Christus sei. Er schrieb: »Erachtet nichts außer dem Herrn, dem Allmächtigen, als heilig. Ihn sollt ihr fürchten und vor ihm sollt ihr Ehrfurcht haben. So wird er ein Heiligtum sein. Aber für beide Häuser Israels wird er zum Stein des Anstoßes und ein Stolperstein, über den man fällt. Er wird den Bewohnern Jerusalems zum Fangnetz und zur Falle werden. Viele von ihnen werden stolpern und fallen und zerschmettert werden; sie werden verstrickt und gefangen.« Jesaja 8,13-15; NL Im Rahmen einer Vision auf das erste Kommen Christi wurde dem Propheten gezeigt, dass Christus derartige Belastungen und Prüfungen aushalten müsse, die bereits im Umgang mit dem Eckstein am Salomonischen Tempel symbolisiert waren: »Deshalb spricht Gott, der Herr: Seht her! Ich lege einen Stein in Jerusalem. Er ist ein kostbarer Eckstein, der fest verankert ist. Wer glaubt, bleibt bestehen.« Jesaja 28,16; NL

In seiner unendlichen Weisheit wählte sich Gott den Grundstein aus und legte ihn selbst. Er nannte ihn als »fest verankert.« Mag auch die ganze Welt mit allen ihren Lasten und Kümmernissen auf ihm liegen – dieser Stein kann alles tragen. Mit größter Zuversicht kann man auf ihm bauen. Christus ist ein »erprobter Stein« und Er enttäuscht keinen, der Ihm vertraut. Er hat jede Prüfung bestanden und die Last der Sünden Adams und dessen Nachkommen getragen. Dabei hat Er in jeder Hinsicht die Mächte des Bösen überwunden und die Lasten auf sich genommen, die Ihm alle reuigen Sünder auferlegt haben. In Christus findet das schuldbeladene Herz Trost, denn Er ist das sichere Fundament. Wer sich auf Ihn verlässt, darf sich völlig sicher fühlen.

Nach Jesajas Prophezeiung ist Christus sowohl ein sicheres Fundament als auch ein Stein des Anstoßes. Der Apostel Petrus zeigt, vom Heiligen Geist geleitet, in seinem Brief klar auf, für wen Christus ein fest verankerter Stein und für wen Er ein Stein des Anstoßes ist: »Denn ihr habt erfahren, wie freundlich der Herr ist. Kommt zu Christus, dem lebendigen Eckstein im Tempel Gottes. Er wurde von den Menschen zwar verworfen; doch in den Augen Gottes, der ihn erwählt hat, ist er kostbar. Und nun lasst euch von Gott als lebendige Steine in seinen geistlichen Tempel einbauen. Ihr sollt Gottes heilige Priester sein und ihm geistliche Opfer bringen, die er durch eure Gemeinschaft mit Jesus Christus annimmt! In der Schrift heißt es: ‚Ich lege einen Stein in Jerusalem, einen auserwählten, kostbaren Eckstein, und wer an ihn glaubt, wird nicht umkommen.‘ Für euch, die ihr glaubt, ist er kostbar, doch für die, die ihn ablehnen, gilt: ‚Der Stein, den die Bauleute verworfen haben, ist zum Eckstein geworden.‘ Und in der Schrift heißt es auch: ‚Er ist der Stein, über den Menschen stolpern, der Fels, der sie zu Fall bringt.‘ Sie stolpern, weil sie nicht auf Gottes Wort hören und es nicht befolgen, und dazu sind sie auch bestimmt.« 1.Petrus 2,3-8; NL

Christus ist ein sicheres Fundament für alle, die an Ihn glauben. Diese sind diejenigen, die auf den Felsen fallen und zerbrochen werden. Diese Darstellung steht für Unterwerfung unter Christus und den Glauben an Ihn.

Auf den Felsen zu fallen und zerbrochen zu werden bedeutet, unsere Selbstgerechtigkeit aufzugeben, sich bescheiden wie ein Kind an Christus zu wenden, eigene Übertretungen zu bereuen und Jesu vergebender Liebe zu vertrauen. Wir bauen im Glauben und Gehorsam auf Christus, unseren Grundstein.

Dieser lebendige Stein ist für Juden und Heiden da. Er bildet die einzige Grundlage, auf der wir sicher bauen können, ist Er doch breit genug für alle und zugleich so kräftig, dass Er die Last der ganzen Welt tragen kann. Ja, durch ihre Berührung mit Christus, dem lebendigen Stein, werden alle, die auf Ihn als Grundstein bauen, selbst zu lebendigen Steinen. Viele Menschen haben sich durch eigene Bemühungen behauen, poliert und verschönert. Trotzdem können sie keine »lebendigen Steine« werden, weil sie nicht mit Christus verbunden sind. Ohne diese Verbindung kann niemand gerettet werden. Wenn Christus nicht in uns lebt, können wir den Stürmen der Versuchung nicht standhalten. Unser ewiges Heil hängt also davon ab, ob wir auf dem sicheren Fundament bauen. Zahllose Menschen bauen heutzutage auf einem Grund, der nicht erprobt ist. Wenn Wolkenbrüche niedergehen, Stürme toben und Fluten hereinbrechen, wird ihr Haus zusammenbrechen, ist es doch nicht auf dem ewigen Felsen, dem auserwählten Eckstein Jesus Christus, gegründet. Denjenigen, die »in ihrem Ungehorsam am Wort Gottes Anstoß nehmen«, wird Christus zu einem »Stein des Anstoßes.« Doch »der Stein, den die Bauleute verworfen haben, ist zum Eckstein geworden.« 1.Petrus 2,7; NL Dem als wertlos verworfenen Stein gleicht das irdische Leben von Christus, das Ihm Verachtung und Schande eintrug. »Er war der Allerverachtetste und Unwerteste, voller Schmerzen und Krankheit. Er war so verachtet, dass man das Angesicht vor ihm verbarg; darum haben wir ihn für nichts geachtet.« Jesaja 53,3 Aber schon bald sollte Er verherrlicht werden.

Durch Seine Auferstehung von den Toten sollte Er »Sohn Gottes in Kraft« Römer 1,4 genannt werden. Und bei Seinem zweiten Kommen würde Er als Herr des Himmels und der Erde offenbart werden. Auch jene, die drauf und dran waren, Ihn zu kreuzigen, müssen dann Seine Majestät anerkennen. Dadurch wird der verworfene Stein vor dem gesamten Weltall zum wertvollen Eckstein. Auf wen dieser Stein »fällt, den wird er zermalmen.« Matthäus 21,42-44

Alle, die Christus ablehnten, sollten bald miterleben, wie ihre Stadt und ihr Volk vernichtet würden. Ihre Herrlichkeit sollte zerbrochen und wie Staub im Wind verstreut werden. Und wodurch wurden die Juden verstreut? Durch den »Felsen.« Er würde ihnen Sicherheit gewährt haben, wenn sie auf Ihn gebaut hätten. Weil sie aber die Güte Gottes verachteten, Seine Gerechtigkeit mit Füßen traten und Seine Gnade gering schätzten, machten sie sich selbst zu Feinden Gottes. Nun wirkte all das, was zu ihrem Heil bestimmt war, zu ihrer Vernich-

tung. Was Gott für ihr Leben vorgesehen hatte, diente ihnen zum

Tode. So zog die Kreuzigung Christi durch die Juden die Zerstörung Jerusalems nach sich. Das auf Golgatha vergossene Blut lastete auf ihnen wie ein Gewicht, das sie in dieser und auch in der künftigen Welt in den Untergang zog. So müssen dann am Jüngsten Tag alle, die Gottes Gnade verworfen haben, das Gericht Gottes über sich ergehen lassen. Dann wird Christus, ihr »Stein des Anstoßes«, ihnen als ein Berg der Vergeltung erscheinen. Die Herrlichkeit Seines Angesichts wird für die Gerechten Leben bedeuten, über die Bösen aber ein verzehrendes Feuer bringen. Der Sünder wird vertilgt werden, weil er die Liebe zurückgewiesen und die Gnade missachtet hat.

In vielen Gleichnissen und wiederholten Warnungen wies Jesus die Juden darauf hin, welche Folgen es für sie hätte, wenn sie den Sohn Gottes ablehnten. Seine Worte galten aber zugleich den Menschen aller Zeitalter, die Ihn nicht als Erlöser annehmen wollen. Jene Warnung gilt für alle. Der entweihte Tempel, der ungehorsame Sohn, die bösen Weingärtner und die hochmütigen Baumeister haben ihr Gegenstück in der Erfahrung eines jeden Sünders. Solange er nicht bereut, wird auch ihn das in diesen Gleichnissen vorausgesagte Schicksal treffen.

KAPITEL 66

*Auf Grundlage von
Matthäus 22,15-46
Markus 12,13-40; Lukas 20,20-47*

DER KAMPF

Die Priester und Obersten hatten schweigend den deutlichen Tadel Christi vernommen. Seine Anklagen vermochten sie nicht zu widerlegen. Doch nun waren sie noch entschlossener, Ihn zu ergreifen. »Deshalb suchten sie nach einer günstigen Gelegenheit und beauftragten Männer, die sich als ehrliche Zuhörer ausgaben, um Jesus auszuhorchen. Sie brauchten einen Vorwand, unter dem sie Jesus durch den römischen Statthalter verhaften lassen konnten.« Lukas 20,20; NL Sie schickten nicht die alten Pharisäer vor, denen Jesus so oft begegnet war, sondern junge Leute, die feurig und eifrig waren und von denen sie dachten, Jesus kenne sie noch nicht. Sie wurden von einigen der Männer des Herodes begleitet. Sie sollten Christus zuhören, damit sie gegen Ihn während des Gerichtsverfahrens aussagen könnten. Pharisäer und Herodianer waren eigentlich bittere Feinde, jetzt aber verband sie die Feindschaft gegen Christus.

Die Pharisäer hatten sich ständig gegen die erzwungenen Tributleistungen an die Römer aufgelehnt. Sie meinten, solche Zahlungen verstießen gegen das Gesetz Gottes. Doch jetzt sahen sie eine Gelegenheit, Christus eine Falle zu stellen. Die Spione kamen deshalb zu Ihm und fragten, scheinbar aufrichtig, als ob sie nur wissen wollten, was ihre Pflicht sei: »Meister, wir wissen, dass du aufrichtig redest und lehrst und achtest nicht das Ansehen der Menschen, sondern du lehrst den Weg Gottes recht. Ist's recht, dass wir dem Kaiser Steuer zahlen, oder nicht?« Lukas 20,21f

Die Worte: »Wir wissen, dass du aufrichtig redest und lehrst« wären ein wunderbares Zugeständnis gewesen, hätte man sie aufrichtig gemeint. Sie sollten aber nur der Täuschung dienen. Ihr Zeugnis war jedoch trotzdem wahr. Die Pharisäer wussten sehr gut, dass Christus aufrichtig und recht lehrte, und sie werden einst nach diesem Zeugnis gerichtet werden.

Die Männer, die Jesus diese Frage stellten, meinten, dass sie ihre Absicht ausreichend getarnt hätten. Jesus aber las in ihren Herzen wie in einem Buch und erkannte ihre Heuchelei: »Was versucht ihr mich?«, entgegnete Er und gab ihnen dadurch ein Zeichen, nach dem sie nicht gefragt hatten, nämlich dass Er ihre geheimen Absichten durchschaute. Noch verwirrter waren sie, als Er hinzufügte: »Bringt mir einen Silbergroschen!« Sie taten es, und Er fragte sie: »Wessen Bild und Aufschrift ist das? Sie sprachen zu Ihm: Des Kaisers.« Da wies Jesus auf die Inschrift der Münze und antwortete: »So gebt dem Kaiser, was des Kaisers ist, und Gott, was Gottes ist!« Markus 12,15-17

Die Spione hatten erwartet, dass Jesus ihre Frage so oder so direkt beantworten werde. Hätte Er gesagt: Es verstößt gegen das Gesetz, dem Kaiser Steuern zu zahlen, dann hätten sie das den römischen Behörden berichtet, und Er wäre verhaftet worden mit der Begründung, versucht zu haben, einen Aufstand anzuzetteln. Falls Er es aber als legal hingestellt hätte, den Römern Steuern zu zahlen, dann hätten sie Ihn vor dem Volk als Gegner des Gesetzes Gottes anklagen können. Jetzt waren sie verwirrt und besiegt. Ihre Pläne waren durchkreuzt. Die zusammenfassende Art, mit der ihre Frage erledigt worden war, machte weitere Entgegnungen überflüssig.

Jesu Antwort war kein Ausweichmanöver, sondern Er beantwortete aufrichtig ihre Frage. Er hielt die römische Münze in der Hand, die Name und Abbild des Cäsaren trug, und erklärte, dass die Juden, die unter dem Schutz der römischen Macht lebten, auch die von ihnen geforderten Abgaben an sie entrichten sollten, sofern sie dadurch nicht in Konflikt mit einer höheren Pflicht gerieten. Doch während sie als friedliche Bürger die Landesgesetze beachteten, sollten sie Gott stets in erster Linie treu sein.

Des Heilands Worte: »gebt … Gott, was Gottes ist« enthielten eine strenge Zurechtweisung der jüdischen Intriganten. Hätten sie gewissenhaft ihre Verpflichtungen gegenüber Gott erfüllt, so wären sie als Nation nicht zerbrochen und nicht einer fremden Macht unterstellt worden. Dann hätte kein römisches Banner über Jerusalem geweht, keine römische Wache an den Toren Jerusalems gestanden und kein römischer Statthalter in seinen Mauern geherrscht. Das jüdische Volk zahlte die Strafe für seinen Abfall von Gott.

Als die Pharisäer Christi Antwort hörten, »verwunderten sie sich, ließen von ihm ab und gingen davon.« Matthäus 22,22 Er hatte ihre Heuchelei und Anmaßung getadelt und zugleich ein wichtiges Prinzip aufgestellt, das deutlich die Pflichten des Menschen gegenüber der bürgerlichen Regierung und gegenüber Gott umreißt. Für viele war dadurch ein unangenehmes Problem gelöst worden. Sie haben später an dem richtigen Grundsatz festgehalten. Obwohl viele unzufrieden von Jesus fortgingen, sahen sie doch ein, dass das Prinzip, das der Frage der Pharisäer zugrunde lag, eindeutig herausgestellt worden war, und sie bewunderten Christi weitblickenden Scharfsinn. Kaum war den Pharisäern der Mund gestopft, als auch schon die Sadduzäer mit ihren hinterlistigen Fragen an Ihn herantraten. Beide Parteien standen einander in bitterer Feindschaft gegenüber. Die Pharisäer hielten sich streng an die Überlieferung. Sie erfüllten gewissenhaft die äußeren Zeremonien und unterzogen sich eifrig den rituellen Waschungen, Fastenzeiten und langatmigen Gebeten. Auch beim Almosengeben taten sie sich hervor. Christus aber erklärte, dass sie das Gesetz Gottes seines Sinnes aufhoben, weil sie Menschengebote als verbindlich erklärten. Als Gruppe waren sie Frömmler und Heuchler, dennoch gab es unter ihnen Menschen mit echter Frömmigkeit, die Christi Lehre annahmen und Seine Jünger wurden. Die Sadduzäer lehnten die Traditionen der Pharisäer ab. Sie behaupteten zwar, den größeren Teil der Heiligen Schriften als Glaubensgrundlage und als Regel ihres Handelns anzuerkennen, in Wirklichkeit aber waren sie Skeptiker und Materialisten.

Die Sadduzäer leugneten die Existenz von Engeln, die Auferstehung der Toten und die Lehre von einem künftigen Leben. In all diesen Lehrmeinungen unterschieden sie sich von den Pharisäern. Zwischen beiden Gruppen war die Auferstehung ein besonderer Streitpunkt. Die Pharisäer glaubten fest an die Auferstehung, doch fühlten sie sich während der Streitgespräche, was ihre Ansichten über das zukünftige Geschehen betraf, völlig aus dem Gleichgewicht gebracht. Der Tod war für sie ein unerklärbares Geheimnis. Ihre Unfähigkeit, die Behauptungen der Sadduzäer zu widerlegen, gab Anlass zu dauerndem Ärger. Die Diskussionen zwischen beiden Gruppen arteten gewöhnlich in heftige Streitereien aus und verbreiterten die Kluft zwischen ihnen nur noch mehr. Zahlenmäßig waren die Sadduzäer ihren Widersachern weit unterlegen, und sie hatten bei dem einfachen Volk auch nicht so viel Rückhalt. Viele waren aber wohlhabend und verfügten über den Einfluss, der mit Wohlstand verbunden war. Die meisten Priester kamen aus ihren Reihen, und auch die Hohepriester wurden oft aus ihrer Mitte gewählt. Jedoch geschah das mit der ausdrücklichen Bedingung, ihre skeptischen Auffassungen nicht in der Öffentlichkeit zu vertreten. Wegen der zahlenmäßigen Stärke und Beliebtheit der Pharisäer mussten sich die Sadduzäer, sofern sie ein priesterliches Amt bekleideten, nach außen hin den Lehren der Pharisäer anpassen. Die bloße Tatsache jedoch, dass sie zu einem solchen Amt wählbar waren, ließ ihre Irrtümer an Einfluss gewinnen.

Die Sadduzäer verwarfen Jesu Lehren, war Er doch von einem Geist beseelt, dem sie ablehnend gegenüberstanden. Was Er über Gott und das zukünftige Leben verkündete, widersprach ihren Theorien. Sie glaubten, dass Gott als einziges Wesen den Menschen überlegen sei, dennoch behaupteten sie, dass eine alles beherrschende Vorsehung und göttliche Vorausschau den Menschen seines freien Willens berauben und ihn auf die Stufe eines Sklaven erniedrigen würde. Sie waren davon überzeugt, dass Gott den Menschen zwar geschaffen, ihn dann aber sich selbst überlassen habe, so dass kein höherer

Einfluss auf ihn einwirke. Der Mensch sei frei, so behaupteten sie. Er könne sich selbst beherrschen und die Ereignisse der Welt selbst formen. Sein Schicksal läge allein in seinen eigenen Händen. Sie leugneten, dass der Geist Gottes durch menschliches Tun oder auf natürlichem Wege wirke. Allerdings könne der Mensch ihrer Überzeugung nach durch seine eigenen natürlichen Kräfte veredelt und erleuchtet werden. Durch die Befolgung strenger und harter Forderungen könne das Leben geläutert werden.

Ihre Vorstellungen von Gott formten ihren Charakter. Da sich Gott ihrer Meinung nach nicht für den Menschen interessierte, kümmerten sie sich auch nicht umeinander. Ihnen mangelte es an Zusammenhalt. Da sie den Einfluss des Heiligen Geistes auf das Tun der Menschen leugneten, fehlte ihrem Leben auch Seine Kraft. Wie alle anderen Juden rühmten sie sich als Kinder Abrahams ihres Geburtsrechts und ihrer strengen Gesetzestreue. Der wahre Geist des Gesetzes sowie der Glaube und die Güte Abrahams fehlten ihnen jedoch. Ihre natürliche Zuneigung galt nur einem engen Kreis. Sie meinten, allen Menschen sei es möglich, sich die Bequemlichkeiten und Annehmlichkeiten des Lebens zu beschaffen. Von den Bedürfnissen und Leiden anderer wurden ihre Herzen nicht berührt. Sie lebten nur für sich selbst.

Durch Wort und Tat bekundete Christus eine göttliche Macht, die übernatürliche Ergebnisse hervorbrachte. Er berichtete von einem zukünftigen Leben, das über das gegenwärtige hinausgeht, sowie von Gott, dem Vater aller Menschenkinder, der stets über deren wahre Interessen wacht. Er offenbarte, wie die göttliche Kraft durch Güte und Mitgefühl wirkt, und rügte dadurch das selbstsüchtige Elitebewusstsein der Sadduzäer. Er lehrte, dass Gott durch den Heiligen Geist auf die Menschenherzen zu deren zeitlichem und ewigem Wohl einwirke, und Er zeigte auch auf, wie falsch es sei, auf menschliche Kraft zu vertrauen, wenn es gilt, den Charakter umzugestalten. Dies aber könne nur durch Gottes Geist geschehen.

Die Sadduzäer waren entschlossen, diese Lehre in Verruf zu bringen. Wenn sie auch nicht Jesu Verurteilung herbeiführen konnten, so waren sie doch davon überzeugt, dass sie Ihm durch bewussten Streit Schande bringen könnten. Ausgerechnet die Frage der Auferstehung suchten sie sich dafür aus. Stimmte Er ihnen zu, dann würde Er die Pharisäer dadurch umso mehr kränken. Wäre Er dagegen anderer Meinung als sie, dann wollten sie Seine Lehre lächerlich machen. Die Sadduzäer meinten, dass der Leib, falls er im unsterblichen wie im sterblichen Zustand aus den gleichen Stoffteilen bestehe, nach der Auferstehung wieder Fleisch und Blut haben müsse und in der Ewigkeit das auf Erden unterbrochene Leben sich fortsetzen werde. In diesem Fall müssten die irdischen Beziehungen weiterbestehen, so folgerten sie. Mann und Frau kämen wieder zusammen, Heiraten würden vollzogen werden, und alles ginge so weiter wie vor dem Tod. Die Fehler und Leidenschaften dieses irdischen Lebens würden demnach im künftigen Leben verewigt werden. Mit Seiner Antwort auf ihre Frage hob Jesus den Schleier vom künftigen Leben. Er sagte: »In der Auferstehung werden sie weder heiraten noch sich heiraten lassen, sondern sie sind wie Engel im Himmel.« Matthäus 22,30 Dadurch zeigte Er auf, dass der Glaube der Sadduzäer falsch war. Ihre Voraussetzungen waren falsch. »Ihr irrt«, erklärte Er, »weil ihr weder die Schrift kennt noch die Kraft Gottes.« Matthäus 22,29 Er beschuldigte sie nicht wie die Pharisäer der Heuchelei, sondern des fehlerhaften Glaubens.

Die Sadduzäer bildeten sich ein, dass sie sich strengstens an die heiligen Schriften hielten. Jesus aber wies ihnen nach, dass sie deren wahre Bedeutung nicht erfasst hatten. Erst durch die Erleuchtung des Heiligen Geistes gelangt das Herz zu wahrer Erkenntnis. Ihre mangelnde Schriftkenntnis und ihre Unwissenheit hinsichtlich der Kraft Gottes bezeichnete Er als die Ursache ihrer Glaubensverwirrung und ihrer geistigen Dunkelheit. Sie versuchten, die Geheimnisse Gottes in den Rahmen ihres begrenzten Verstandes zu pressen. Christus rief sie dazu auf, sich den heiligen Wahrheiten zu öffnen, die ihr Verständnis erweitern und stärken würden. Tausende beharren im Unglauben, weil ihr begrenzter Verstand die Geheimnisse Gottes nicht begreifen kann. Sie können die wunderbare Entfaltung göttlicher Macht in Seinen Fügungen nicht erklären. Deshalb lehnen sie die Beweise für diese Macht ab und schreiben sie natürlichen Quellen zu, die sie noch weniger verstehen. Der einzige Schlüssel zu den Geheimnissen, die uns umgeben, besteht darin, in ihnen die Gegenwart und Kraft Gottes zu erkennen. Die Menschen müssen Gott als den Schöpfer des Alls erkennen, der alles anordnet und ausführt. Sie benötigen eine umfassendere Kenntnis seines Wesens und des Geheimnisses seines Wirkens.

Christus erklärte Seinen Zuhörern, dass die Heilige Schrift, an die sie behaupteten zu glauben, für sie sinnlos wäre, wenn es keine Auferstehung der Toten gäbe. Er sagte: »Habt ihr denn nicht gelesen von der Auferstehung der Toten, was euch gesagt ist von Gott, der da spricht: ‚Ich bin der Gott Abrahams und der Gott Isaaks und der Gott Jakobs'? Gott ist nicht ein Gott der Toten, sondern der Lebenden.« Matthäus 22,31f Gott rechnet mit Dingen, die noch gar nicht vorhanden sind. Er sieht am Anfang schon das Ende und kennt das Ergebnis Seines Handelns, als ob es bereits getan wäre. Die seligen Toten von Adam bis zum letzten Heiligen, der einmal sterben wird, werden die Stimme des Sohnes Gottes hören und aus ihren Gräbern zu unsterblichem Leben hervorkommen. Gott wird ihr Gott sein und sie werden Sein Volk sein. Zwischen den auferstandenen Heiligen und Gott werden enge, innige Bande bestehen. Diesen Zustand, den Er in Seinem Ausblick vor-

hersagt, sieht Er vor sich, als wäre er bereits Wirklichkeit. Für Gott sind die Toten lebendig. Durch Christi Worte wurde den Sadduzäern der Mund gestopft. Sie konnten Ihm nicht antworten. Er hatte nichts gesagt, was auch nur im Geringsten zu Seiner Verurteilung beitragen konnte. Seine Gegner hatten außer der Verachtung des Volkes nichts gewonnen.

Die Pharisäer jedoch meinten noch immer, Ihn zu einem Ausspruch verleiten zu können, der sich gegen Ihn verwenden ließe. Sie veranlassten einen gelehrten Schriftkundigen, Jesus zu fragen, welches von den zehn Geboten des Gesetzes die größte Bedeutung habe.

Die Pharisäer hatten die ersten vier Gebote, die auf die Pflichten des Menschen gegenüber seinem Schöpfer hinweisen, als weit bedeutsamer hingestellt als die anderen sechs, die das Verhalten des Menschen zu seinem Mitmenschen regeln. Dadurch fehlte es ihnen an praktischer Frömmigkeit. Jesus hatte dem Volk gezeigt, woran es ihm so sehr mangelte. Dabei hatte Er auf die Notwendigkeit der guten Werke hingewiesen und erklärt, dass man den Baum an seiner Frucht erkenne. Aus diesem Grund war Er angeklagt worden, die letzten sechs Gebote über die ersten vier zu stellen.

Der Rechtsgelehrte kam zu Jesus mit einer direkten Frage: »Meister, welches ist das höchste Gebot im Gesetz?« Matthäus 22,36 Christi Antwort kam prompt und überzeugend: »Das höchste Gebot ist das: ‚Höre, Israel, der Herr, unser Gott, ist der Herr allein, und du sollst den Herrn, deinen Gott, lieben von ganzem Herzen, von ganzer Seele, von ganzem Gemüt und von allen deinen Kräften.'« Markus 12,29f Das zweite ist dem ersten gleich, sagte Christus – denn es ergibt sich daraus: »‚Du sollst deinen Nächsten lieben wie dich selbst‘. Es ist kein anderes Gebot größer als diese.« Markus 12,31 »In diesen zwei Geboten hängt das ganze Gesetz und die Propheten.« Matthäus 22,40

Die ersten vier der Zehn Gebote werden in der einen großen Verordnung zusammengefasst: »Du sollst den Herrn, deinen Gott, lieben von ganzem Herzen.« 5.Mose 6,5 Die letzten sechs sind in der anderen Verordnung enthalten: »Du sollst deinen Nächsten lieben wie dich selbst.« 3.Mose 19,18 Diese beiden Gebote sind ein Ausdruck der Liebe als Prinzip. Weder kann das erste gehalten und das zweite gebrochen, noch das zweite beachtet und das erste übertreten werden. Räumen wir Gott den Ihm zustehenden Platz in unserem Herzen ein, dann erhält auch unser Mitmensch den Platz, der ihm zukommt – wir werden ihn so lieben, wie wir uns selbst lieben. Nur wenn wir Gott über alles lieben, vermögen wir auch unseren Nächsten rückhaltlos zu lieben.

Weil alle Gebote in der Liebe zu Gott und zum Nächsten zusammengefasst sind, folgt daraus, dass nicht ein Gebot übertreten werden kann, ohne diesen Grundsatz zu verletzen. So lehrte Jesus Seine Zuhörer, dass das Gesetz Gottes nicht aus vielen Einzelvorschriften besteht, von denen einige wichtiger seien als die anderen, die man daher ungestraft übertreten könne. Unser Herr stellt die ersten vier und die letzten sechs Gebote als ein göttliches Ganzes dar und lehrt, dass sich die Liebe zu Gott nur durch den Gehorsam gegenüber allen Seinen Geboten zeigt. Der Schriftgelehrte, der Jesus gefragt hatte, kannte sich im Gesetz gut aus und war daher über Jesu Worte verwundert. Er hatte bei Jesus keine so tiefe und gründliche Schriftkenntnis erwartet. Nun aber hatte er ein besseres Verständnis der Prinzipien gewonnen, die den heiligen Geboten zugrunde liegen. Vor den anwesenden Priestern und Obersten erkannte er ehrlich an, dass Christus die richtige Auslegung des Gesetzes gegeben hatte, und sagte: »Meister, du hast wahrlich recht geredet. Er ist nur einer und ist kein anderer außer ihm; und ihn lieben von ganzem Herzen, von ganzem Gemüt und von allen Kräften, und seinen Nächsten lieben wie sich selbst, das ist mehr als alle Brandopfer und Schlachtopfer.« Markus 12,32f

Die Weisheit der Antwort Jesu hatte den Schriftgelehrten überzeugt. Er wusste, dass die Religion der Juden mehr aus äußerlichen Zeremonien als aus innerlicher Frömmigkeit bestand. Er hatte begriffen, dass rein zeremonielle Opfer wertlos seien und dass es nutzlos sei, ungläubigen Herzens Blut zur Tilgung der Sünden zu vergießen. Liebe zu Gott und Gehorsam Ihm gegenüber sowie selbstlose Hinwendung zum Mitmenschen hielt er für wertvoller als alle rituellen Handlungen. Die Bereitschaft dieses Mannes, anzuerkennen, dass Christus richtig dachte, wie auch seine entschiedene und prompte Antwort vor allem Volk bewiesen eine Gesinnung, die sich von der der Priester und Obersten deutlich abhob. Jesu Herz erschloss sich voller Mitgefühl diesem ehrlichen Schriftgelehrten, der es gewagt hatte, die finsteren Blicke der Priester und die Drohungen der Obersten zu missachten und seine Herzensüberzeugung zu äußern. »Als Jesus aber sah, dass er verständig antwortete, sprach er zu ihm: Du bist nicht fern vom Reich Gottes.« Markus 12,34

Der Schriftgelehrte war dem Reich Gottes nahe, weil er erkannt hatte, dass Taten der Gerechtigkeit Gott angenehmer sind als Brandopfer und Schlachtopfer. Aber noch vermochte er nicht die Göttlichkeit Christi zu erfassen und durch den Glauben an Ihn die Kraft zu erhalten, die Werke der Gerechtigkeit auch zu vollbringen. Die rituellen Handlungen blieben wertlos, solange sie nicht durch den lebendigen Glauben mit Christus verbunden waren. Selbst das Sittengesetz verfehlt seinen Zweck, wenn es nicht in seiner Beziehung zum Heiland verstanden wird. Christus hatte mehrmals darauf hingewiesen, dass das Gesetz Seines Vaters einen tieferen Gehalt habe als bloßes Erteilen gebietender Befehle. Im Gesetz ist das gleiche Prinzip verkörpert wie im Evangelium.

Das Gesetz weist den Menschen auf seine Pflichten hin und zeigt ihm seine
Schuld. Dann muss er auf Christus schauen, wenn er Vergebung

erlangen und Kraft erhalten will, das zu tun, was das Gesetz gebietet. Die Pharisäer hatten sich ganz dicht um Jesus geschart, als Er die Frage des Schriftgelehrten beantwortete. Jetzt wandte er sich ihnen zu und fragte sie: »Was denkt ihr von dem Christus? Wessen Sohn ist er?« Matthäus 22,42 Diese Frage sollte ihren Glauben an den Messias prüfen und zeigen, ob sie Ihn nur für einen Menschen oder für den Sohn Gottes hielten. Ein ganzer Chor antwortete darauf: »Davids!« Matthäus 22,42 Das war der Titel, den die Propheten dem Messias verliehen hatten. Als Jesus durch Seine machtvollen Wunder Seine Göttlichkeit offenbarte, als Er Kranke heilte und Tote auferweckte, hatte sich das Volk gefragt: »Ist das nicht Davids Sohn?« Die kanaanäische Frau, der blinde Bartimäus und viele andere hatten ihn um Hilfe angefleht: »Ach Herr, du Sohn Davids, erbarme dich meiner!« Matthäus 15,22 Bei Seinem Einzug in Jerusalem wurde Er mit den Freudenrufen begrüßt: »Hosianna dem Sohn Davids! Gelobt sei, der da kommt in dem Namen des Herrn!« Matthäus 21,9

Die kleinen Kinder im Tempel ließen an jenem Tage diese frohen Rufe noch einmal widerhallen. Viele aber, die Jesus als Sohn Davids bezeichneten, erkannten Seine Göttlichkeit nicht. Sie begriffen nicht, dass Davids Sohn zugleich der Sohn Gottes war. Als Antwort auf die Aussage der Pharisäer, dass Christus der Sohn Davids sei, fragte Jesus: »Wie kann ihn dann David durch den Geist Herr nennen, wenn er sagt: ‚Der Herr sprach zu meinem Herrn: Setze dich zu meiner Rechten, bis ich deine Feinde unter deine Füße lege'? Wenn nun David ihn Herr nennt, wie ist er dann sein Sohn? Und niemand konnte ihm ein Wort antworten, auch wagte niemand von dem Tage an, ihn hinfort zu fragen.« Matthäus 22,43-46; Psalm 110,1

KAPITEL 67

Auf Grundlage von
Matthäus 23; Markus 12,41-44
Lukas 20,45-47; 21,1-4

»WEH EUCH
SCHRIFTGELEHRTE *UND* PHARISÄER«

Es war der letzte Tag, den Jesus im Tempel lehrte. Die Aufmerksamkeit der riesigen Menschenmenge, die in Jerusalem versammelt war, hatte sich Ihm zugewandt. Das Volk füllte die Höfe des Tempels und beobachtete den Streit, der gerade ablief. Begierig nahmen sie jedes Wort auf, das aus dem Mund Jesu kam. Nie zuvor hatte man eine solche Szene erlebt. Da stand der junge Galiläer, ohne irdischen Glanz und ohne königliche Würde, umgeben von den Priestern in ihren feudalen Gewändern, den Obersten in ihrer Amtskleidung mit den Zeichen ihrer Würde, die ihre erhöhte Stellung erkennen ließen, und den Schriftgelehrten mit den Pergamentrollen in den Händen, auf die sie häufig verwiesen. Gelassen, mit königlicher Erhabenheit stand Jesus vor ihnen. Ausgestattet mit der Vollmacht des Himmels, blickte Er unentwegt auf Seine Widersacher, die Seine Lehren verworfen und verachtet hatten und Ihm nach dem Leben trachteten. Sie hatten Ihn oft angegriffen, doch ihre Anschläge, Ihn zu ergreifen und zu verurteilen, waren gescheitert.

Einer Herausforderung nach der anderen war Er entgegengetreten, indem Er die reine, leuchtende Wahrheit im Gegensatz zur geistlichen Unwissenheit und den Irrtümern der Priester und Pharisäer darstellte. Er hatte diesen Führern des Volkes ihren wahren Zustand vor Augen geführt und auch die sicher folgende Vergeltung, wenn sie in ihren bösen Taten beharrten. Sie waren gewissenhaft gewarnt worden. Jetzt blieb Ihm etwas anderes zu tun, ein anderes Ziel galt es noch zu erreichen.

Das Interesse des Volkes an Christus und Seiner Tätigkeit hatte ständig zugenommen. Die Juden waren von Seinen Lehren begeistert, gleichzeitig fühlten sie sich auch sehr verwirrt. Bisher hatten sie die Priester und Rabbiner wegen ihrer Weisheit und augenscheinlichen Frömmigkeit geachtet und ihrer Autorität in allen religiösen Belangen stets absolut vertraut. Doch jetzt sahen sie diese Männer bei dem Versuch, Jesus herabzuwürdigen, Ihn, einen Lehrer, dessen Tugend und Erkenntnis aus jedem Angriff um so glänzender hervorleuchteten. Sie sahen auf das Mienenspiel der Priester und

Ältesten und erblickten dort Unbehagen und Verwirrung. Sie wunderten sich, dass die Obersten nicht an Jesus glauben wollten, da Seine Lehren doch so klar und einfach waren. Sie selbst wussten nicht, was sie tun sollten. Sehr gespannt beobachteten sie die Reaktion jener, deren Rat sie stets gefolgt waren.

Mit den Gleichnissen bezweckte Jesus zweierlei: Er wollte die Obersten warnen und gleichzeitig das Volk belehren, das dazu bereit war. Dazu war es nötig, noch deutlicher zu sprechen. Ihre Ehrfurcht vor der Tradition und ihren blinden Glauben an eine verderbte Priesterschaft hatte das Volk versklavt. Diese Ketten musste Christus zerbrechen. Das wahre Wesen der Priester, Obersten und Pharisäer musste vollständig enthüllt werden.

»Auf dem Stuhl des Mose«, sagte Christus, »sitzen die Schriftgelehrten und Pharisäer. Alles nun, was sie euch sagen, das tut und haltet; aber nach ihren Werken sollt ihr nicht handeln; denn sie sagen's zwar, tun's aber nicht.« Matthäus 23,2f Die Schriftgelehrten und Pharisäer behaupteten, wie Mose mit göttlicher Vollmacht ausgerüstet zu sein. Sie maßten sich an, seinen Platz als Ausleger des Gesetzes und Richter des Volkes einzunehmen. Als solche forderten sie vom Volk größte Ehrerbietung und völligen Gehorsam. Der Herr gebot seinen Zuhörern, alles zu tun, was die Rabbiner in Übereinstimmung mit dem Gesetz lehrten, niemals aber ihrem Beispiel zu folgen, da diese selbst nicht nach ihrer Lehre handelten.

Sie verkündigten vieles, was den heiligen Schriften entgegen war. Jesus sagte: »Sie binden schwere und unerträgliche Bürden und legen sie den Menschen auf die Schultern; aber sie selbst wollen keinen Finger dafür krümmen.« Matthäus 23,4 Die Pharisäer hatten eine Fülle von Vorschriften eingeführt, die sich lediglich auf Traditionen gründeten und die persönliche Freiheit auf eine unvernünftige Art beschränkten. Bestimmte Teile des Gesetzes erklärten sie so, dass dem Volk Pflichten auferlegt wurden, die sie selbst heimlich ignorierten und von denen sie behaupteten, entbunden zu sein, wenn es ihren Absichten nutzte.

Ständig waren sie bemüht, ihre Frömmigkeit zur Schau zu stellen. Nichts war ihnen zu heilig, um nicht diesem Zweck zu dienen. Im Hinblick auf die Beachtung seiner Gebote hatte Gott zu Mose gesagt: »Du sollst sie binden zum Zeichen auf deine Hand, und sie sollen dir ein Merkzeichen zwischen deinen Augen sein.« 5.Mose 6,8 In diesen Worten liegt eine tiefe Bedeutung. Der ganze Mensch wird zum Guten hin verändert, wenn er über das Wort Gottes nachdenkt und es befolgt. Seine Hände werden durch rechtschaffene und barmherzige Taten die Grundzüge des göttlichen Gesetzes öffentlich besiegeln. Sie werden weder durch Bestechung noch durch irgend etwas anderes, das verderblich und betrügerisch ist, verunreinigt werden. Stattdessen werden sie Werke der Liebe und des Mitgefühls tun. Die Augen, die auf ein edles Ziel gerichtet sind, werden klar und wahr blicken. Die Gesichtszüge, der Blick, werden den makellosen Charakter eines Menschen widerspiegeln, der das Wort Gottes liebt und ehrt. Aber an den Juden in den Tagen Christi konnte man dies alles nicht feststellen. Die Mose erteilte Weisung wurde dahingehend ausgelegt, dass die Gebote der Schrift buchstäblich am Körper getragen werden sollten. Zu diesem Zweck schrieb man sie auf Pergamentstreifen, die man in auffälliger Weise um Kopf und Handgelenke band. Dadurch konnte das Gesetz Gottes jedoch keinen nachhaltigeren Einfluss auf Geist und Herz ausüben, denn diese Pergamente wurden lediglich als eine Art Abzeichen getragen, nur um Aufsehen zu erregen. Sie sollten den Träger mit einem Hauch von Weihe umgeben und die Ehrfurcht der Leute herausfordern. Solcher eitlen Täuschung versetzte Jesus mit den folgenden Worten einen schweren Schlag: »Alle ihre Werke aber tun sie, damit sie von den Leuten gesehen werden. Sie machen ihre Gebetsriemen breit und die Quasten an ihren Kleidern groß. Sie sitzen gern obenan bei Tisch und in den Synagogen und haben's gerne, dass sie auf dem Markt gegrüßt und von den Leuten Rabbi genannt werden. Aber ihr sollt euch nicht Rabbi nennen lassen; denn einer ist euer Meister; ihr aber seid alle Brüder. Und ihr sollt niemanden unter euch Vater nennen auf Erden; denn einer ist euer Vater, der im Himmel ist. Und ihr sollt euch nicht Lehrer nennen lassen; denn einer ist euer Lehrer, Christus.« Matthäus 23,5-10

Mit diesen deutlichen Worten brandmarkte der Heiland das selbstsüchtige, immer auf Macht und Ansehen bedachte Streben, das sich scheinbar demütig gab, tatsächlich aber voll Geiz und Neid war. Wenn zum Beispiel Leute zu einem Fest eingeladen wurden, setzten sich die Gäste gemäß ihrer sozialen Stellung. Wem der ehrenvollste Platz eingeräumt wurde, dem erwies man erhöhte Aufmerksamkeit und besonderes Wohlwollen. Die Pharisäer waren stets besorgt, derartige Ehrungen zu erlangen. Dieses Verhalten tadelte Jesus.

Er verurteilte ebenso den Stolz, der sich in der Vorliebe für die Anrede »Rabbi« oder »Meister« äußerte. Solch ein Titel, so sagte Er, komme Menschen nicht zu, sondern nur Christus. Priester, Schriftgelehrte und Oberste, Ausleger und Treuhänder des Gesetzes – sie alle seien Brüder, Kinder eines Vaters. Jesus verlangte von den Leuten nachdrücklich, dass sie keinem Menschen einen Ehrentitel verleihen sollten, der andeuten könnte, sein Träger dürfe ihr Gewissen oder ihren Glauben kontrollieren. Würde Christus heute auf Erden leben, umgeben von jenen, die den Titel »Ehrwürden« oder »Hochwürden« tragen, dann wiederholte Er bestimmt das Wort: »Ihr sollt euch nicht Lehrer nennen lassen; denn einer ist euer Lehrer, Christus.« Matthäus 23,10 Die Heilige Schrift sagt über Gott: »Heilig und hehr ist sein Name.« Psalm 111,9 Auf welchen Men-

schen trifft solch ein Titel zu?

Wie wenig offenbaren Menschen doch von der Weisheit und Gerechtigkeit, die dafür erforderlich wären! Und wie viele von denen, die diesen Titel annehmen, stellen den Namen und das Wesen Gottes falsch dar! Ja, wie oft verbergen sich unter dem reich geschmückten Äußeren eines hohen und heiligen Amtes weltlicher Ehrgeiz, Gewalttat und niedrigste Sünden!

Der Heiland fuhr fort: »Der Größte unter euch soll euer Diener sein. Denn wer sich selbst erhöht, der wird erniedrigt; und wer sich selbst erniedrigt, der wird erhöht.« Matthäus 23,11f Christus lehrte immer wieder, dass wahre Größe an sittlichen Maßstäben gemessen werden muss. In der Beurteilung des Himmels besteht charakterliche Größe darin, zum Besten der Mitmenschen zu leben und Taten der Liebe und Barmherzigkeit zu vollbringen. Christus, der König der Herrlichkeit, war selbst ein Diener des gefallenen Menschen. »Weh euch, Schriftgelehrte und Pharisäer, ihr Heuchler, die ihr das Himmelreich zuschließt vor den Menschen! Ihr geht nicht hinein, und die hinein wollen, lasst ihr nicht hineingehen.« Matthäus 23,13 Durch die falsche Auslegung der Heiligen Schriften verblendeten die Priester und Schriftgelehrten die Sinne derer, die sonst die Erkenntnis über das Reich Gottes empfangen hätten sowie jenes innere, göttliche Leben, das zur wahren Heiligkeit unbedingt notwendig ist.

»Weh euch, Schriftgelehrte und Pharisäer, ihr Heuchler, die ihr der Witwen Häuser fresst und zum Schein lange Gebete verrichtet! Darum werdet ihr ein umso härteres Urteil empfangen.« Matthäus 23,14 Die Pharisäer hatten großen Einfluss auf das Volk und nutzten das für ihre Vorteile und eigenen Interessen. Sie gewannen das Vertrauen frommer Witwen und stellten es diesen als eine Pflicht dar, ihr Eigentum für religiöse Zwecke zu opfern. Verfügten sie dann über das Vermögen dieser Frauen, nutzten die listigen Ränkeschmiede es für sich. Um ihren Betrug zu vertuschen, sprachen sie öffentlich lange Gebete und trugen eine betonte Frömmigkeit zur Schau. Diese Heuchelei würde ihnen, wie Jesus sagte, eine um so schwerere Verurteilung einbringen. Derselbe Tadel gilt auch vielen in unseren Tagen, die ihre Frömmigkeit zur Schau stellen. Ihr Leben ist von Selbstsucht und Habgier verunreinigt. Trotzdem überdecken sie alles mit dem Gewand scheinbarer Reinheit und können so eine Zeitlang ihre Mitmenschen täuschen. Doch Gott können sie nicht täuschen. Er kennt jede im Herzen verborgene Absicht und wird jeden Menschen nach seinen Taten richten. Schonungslos verurteilte Jesus alle Missbräuche, ohne dabei die Verpflichtungen dem Gesetz gegenüber zu verringern.

Er tadelte die Selbstsucht, die der Witwen Gaben erpresste und falsch verwendete, gleichzeitig lobte Er die Witwe, die ihre Gaben in die Schatzkammer Gottes brachte. Der Missbrauch der Opfergaben vermochte dem Geber den Segen Gottes nicht zu rauben.

Der Heiland stand im Vorhof in der Nähe des Gotteskastens und beobachtete, wie die Gläubigen ihre Gaben brachten. Viele der wohlhabenden brachten große Beträge, die sie auffällig in den Kasten legten. Der Herr sah sie traurig an, sagte jedoch nichts zu ihrem großzügigen Opfer. Als aber eine arme Witwe sich zögernd näherte, als fürchte sie, beobachtet zu werden, erhellte sich Sein Angesicht. Als die Reichen und Hochmütigen vorüber eilten, um ihre Gaben in den Kasten zu legen, schreckte sie zurück, als ob es großen Mut kostete, sich weiter heranzuwagen. Dennoch verlangte es sie, für die Sache, die sie liebte, ebenfalls etwas zu geben, sei es auch noch so wenig. Die Frau schaute auf die Münzen in ihrer Hand. Es war unbedeutend im Vergleich zu den Gaben der anderen, doch es war alles, was sie besaß. Sie wartete auf eine günstige Gelegenheit, warf rasch ihre zwei Scherflein in den Kasten und ging schnell davon. Dabei begegnete sie dem Blick Jesu, der sehr ernst auf ihr ruhte.

Jesus rief Seine Jünger zu sich und lenkte ihre Aufmerksamkeit auf die Armut der Witwe. Dann sprach Er die lobenden Worte: »Wahrlich, ich sage euch: Diese arme Witwe hat mehr in den Gotteskasten gelegt als alle, die etwas eingelegt haben.« Markus 12,43 Freudentränen standen bei diesen Worten in den Augen der armen Frau. Sie fühlte, dass ihre Tat verstanden und gewürdigt wurde. Viele hätten ihr geraten, ihre kleine Gabe für sich zu behalten, da sie in den Händen der wohlgenährten Priester unter den vielen reichen Gaben, die in die Schatzkammer gebracht wurden, nichts bedeutete. Aber Jesus verstand ihr Motiv. Sie glaubte, dass der Tempeldienst von Gott eingesetzt war, und sie war eifrig bestrebt, alles ihr Mögliche zu tun, um ihn zu unterstützen. Weil sie tat, was sie konnte, wurde ihr Handeln für alle Zeit ein Denkmal zu ihrem Gedächtnis. Sie hatte ihr Herz sprechen lassen. Ihre Gabe wurde nicht nach dem Wert der Münze beurteilt, sondern vielmehr nach der Liebe zu Gott und der Anteilnahme an Seinem Werk, die sie zu jener Gabe veranlasst hatte.

Jesus sagte von der armen Witwe, dass sie »mehr als alle, die etwas eingelegt haben«, Markus 12,43 in den Gotteskasten gelegt habe. Die Reichen hatten von ihrem Überfluss gegeben, viele sogar mit dem einzigen Ziel, von anderen gesehen und geehrt zu werden. Ihre große Gabe hatte weder ihrer Bequemlichkeit noch ihrem Überfluss geschadet. Es war für sie kein wirkliches Opfer, und ihre Gabe hielt keinen Vergleich aus mit dem Scherflein der Witwe. Das Motiv ist es, das für unsere Handlungen maßgebend ist. Es bestimmt ihren Wert oder Unwert. Nicht die großen Dinge, die jedes Auge sieht und jede Zunge lobt, nennt Gott die köstlichsten, sondern es sind die kleinen, freudig erfüllten Pflichten, die geringen, unauffällige Gaben, die menschlichen Augen wertlos erscheinen mögen, die Gott oft am höchsten bewertet. Ein Herz voll Glauben und Liebe

bedeutet dem Herrn mehr als die kostbarste Gabe. Die arme

Witwe gab mit dem Wenigen, das sie brachte, »alles, was sie zum Leben hatte.« Markus 12,44 Sie verzichtete auf ihre Speise, um jene zwei Scherflein der Sache beizusteuern, die sie liebte. Und sie tat es im Glauben, darauf vertrauend, dass der himmlische Vater sie in ihrer Armut nicht übersehen werde. Dieser selbstlose Geist und dieser kindliche Glaube fanden das Lob des Heilandes.

Es gibt viele Arme, die Gott gern ihre Dankbarkeit für Seine Gnade und Wahrheit zum Ausdruck bringen wollen. Mit ihren wohlhabenderen Brüdern vereinen sie sich in dem Wunsch, das Werk Gottes zu unterstützen. Diese Menschenseelen sollten nicht abgewiesen werden. Lasst sie ihre Scherflein in der Bank des Himmels anlegen. Werden sie aus einem liebevollen, gotterfüllten Herzen gegeben, dann werden diese scheinbaren Kleinigkeiten zu geheiligten, unschätzbaren Opfergaben, die Gott wohlgefällig sind und die er segnet.

Als Jesus von der Witwe sagte, dass sie »mehr als sie alle eingelegt« Lukas 21,3 habe, waren Seine Worte doppelt wahr. Nicht nur der Beweggrund hatte das Opfer aufgewertet, sondern auch die Wirkung der Gabe. Die zwei Scherflein, die einen Heller ausmachten, brachten eine viel größere Summe in den Gotteskasten als alle Beiträge der reichen Juden. Die Wirkung jener kleinen Gabe ist wie ein Strom gewesen, der, klein im Anfang, immer breiter und tiefer wurde, je länger er durch die Zeitalter dahin floss. Auf vielerlei Weise hat das Beispiel der selbstlosen Witwe zur Unterstützung der Armen und zur Ausbreitung des Evangeliums beigetragen und seine Wirkung und Rückwirkung auf Tausende Herzen in allen Ländern zu allen Zeiten gehabt. Sie hat Reiche und Arme beeinflusst, und deren Opfer haben den Wert ihrer Gabe anwachsen lassen.

Der Segen Gottes, der auf dem Scherflein der Witwe ruhte, hat die kleine Gabe zu einer reichen Quelle gemacht. So ist es mit jeder Gabe, die gegeben wird, und mit jeder Tat, die mit dem aufrichtigen Verlangen erfolgt, die Ehre Gottes zu vermehren, denn sie entsprechen den Absichten des Allmächtigen, und ihre segensreichen Folgen kann kein Mensch ermessen.

Mit folgenden Worten setzte der Herr Seine Anklagen gegen die Schriftgelehrten und Pharisäer fort: »Weh euch, ihr verblendeten Führer, die ihr sagt: Wenn einer schwört bei dem Tempel, das gilt nicht; wenn aber einer schwört bei dem Gold des Tempels, der ist gebunden. Ihr Narren und Blinden! Was ist mehr: das Gold oder der Tempel, der das Gold heilig macht? Oder: Wenn einer schwört bei dem Altar, das gilt nicht; wenn aber einer schwört bei dem Opfer, das darauf liegt, der ist gebunden. Ihr Blinden! Was ist mehr: das Opfer oder der Altar, der das Opfer heilig macht?« Matthäus 23,16-19 Die Priester legten Gottes Forderungen nach ihren eigenen falschen und engen Begriffen aus. So maßten sie sich an, spitzfindige Unterschiede bezüglich der jeweiligen Höhe der Schuld bei verschiedenen Sünden aufzustellen. Dabei gingen sie über einige Sünden leicht hinweg und stellten andere, die mitunter weniger verderbliche Folgen hervorbrachten, als unverzeihlich hin. Für eine finanzielle Gegenleistung entbanden sie beispielsweise jemanden von einem bereits geleisteten Eid, und für entsprechend höhere Geldsummen waren sie oft sogar bereit, weit schlimmere Verbrechen zu dulden. Gleichzeitig aber verhängten diese Priester und Obersten in anderen Situationen harte Strafen für unbedeutende Übertretungen.

»Weh euch, Schriftgelehrte und Pharisäer, ihr Heuchler, die ihr den Zehnten gebt von Minze, Dill und Kümmel und lasst das Wichtigste im Gesetz beiseite, nämlich das Recht, die Barmherzigkeit und den Glauben! Doch dies sollte man tun und jenes nicht lassen.« Matthäus 23,23 Der Heiland verurteilt hier noch einmal den Missbrauch heiliger Verpflichtungen. Die Verpflichtung selbst ließ Er bestehen. Das Zehntensystem war von Gott eingesetzt worden, es ist seit frühesten Zeiten beachtet worden. Abraham, der Vater der Gläubigen, bezahlte den Zehnten von allem, was er hatte. Auch die jüdischen Obersten anerkannten zu Recht die Pflicht, den Zehnten zu geben. Sie ließen jedoch das Volk nicht nach eigener Überzeugung handeln. Für jeden Fall hatten sie willkürlich Regeln aufgestellt, und die Forderungen waren so erschwert worden, dass es dem Volk unmöglich war, sie zu erfüllen. Niemand wusste, wann er seinen Verpflichtungen nachkam. Gottes Gebot, wie Er es gegeben hatte, war gerecht und vernünftig, aber die Priester und Rabbiner hatten es zu einer Last gemacht.

Jede göttliche Verordnung ist bedeutungsvoll. Jesus betrachtete das Zehntengeben als selbstverständliche Pflicht, machte aber darauf aufmerksam, dass es keineswegs die Vernachlässigung anderer Pflichten entschuldige. Die Pharisäer waren sehr genau im Verzehnten der Gartenkräuter wie Minze, Dill und Kümmel. Dies kostete sie wenig, verschaffte ihnen aber den Ruf der Genauigkeit und Frömmigkeit. Gleichzeitig aber setzten sie das Volk mit ihren nutzlosen Einschränkungen unter Druck und zerstörten die Achtung vor der Heiligkeit der göttlichen Ordnung. Sie beschäftigten die Sinne der Menschen mit unbedeutenden Unterscheidungen und lenkten dadurch die Aufmerksamkeit von wichtigen Wahrheiten ab. Die schwerwiegendsten Dinge des Gesetzes – Gerechtigkeit, Barmherzigkeit und Glaube – wurden übersehen. Darum sagte Jesus mit Recht, das eine solle man tun und das andere nicht lassen.

Noch andere Gesetze waren von den Rabbinern auf ähnliche Weise entstellt worden. So war es in den durch Mose gegebenen Verordnungen verboten, etwas Unreines zu essen. Darunter fiel die Verwendung von Schweinefleisch und der Verzehr anderer Tiere, deren Konsum das Blut verunreinigen und das Leben verkürzen kann. Die Pharisäer beließen es aber nicht bei den Beschränkungen, die Gott ihnen geboten hatte, sondern übertrieben die Erfüllung der göttlichen Verordnungen extrem. Unter anderem wurde von den Leuten verlangt, alles Wasser vor dem Gebrauch zu sieben, damit nicht das kleinste Ungeziefer darin verbliebe, das eventuell zu den unreinen Tieren gehöre. Der Heiland verglich diese kleinlichen Banalitäten mit der Größe ihrer wirklichen Sünden und sagte zu den Pharisäern: »Ihr verblendeten Führer, die ihr Mücken aussiebt, aber Kamele verschluckt!« Matthäus 23,24

»Weh euch, Schriftgelehrte und Pharisäer, ihr Heuchler, die ihr seid gleichwie die übertünchten Gräber, die von außen hübsch aussehen, aber innen sind sie voller Totengebeine und lauter Unrat!« Matthäus 23,27 Wie die übertünchten und schön geschmückten Gräber die verwesenden Überreste verbargen, so lag hinter der äußeren Heiligkeit der Priester und Obersten ihre Sündhaftigkeit verborgen. Jesus fuhr fort: »Weh euch, Schriftgelehrte und Pharisäer, ihr Heuchler, die ihr den Propheten Grabmäler baut und die Gräber der Gerechten schmückt und sprecht: Hätten wir zu Zeiten unserer Väter gelebt, so wären wir nicht mit ihnen schuldig geworden am Blut der Propheten! Damit bezeugt ihr von euch selbst, dass ihr Kinder seid derer, die die Propheten getötet haben.« Matthäus 23,29-31 Um ihre Wertschätzung der verstorbenen Propheten zu zeigen, waren die Juden eifrig bemüht, deren Gräber zu verschönern. Dabei beherzigten sie weder ihre Lehren, noch beachteten sie ihre Zurechtweisungen.

Zur Zeit Christi achtete man die Ruhestätten der Toten in abergläubischer Weise. Viel Geld wurde für deren Ausschmückung verwendet. Vor Gott war das Götzendienst, denn in ihrer übertriebenen Verehrung der Toten zeigten die Leute, dass sie Gott nicht über alles liebten noch ihren Nächsten wie sich selbst. Solche übertriebene Totenverehrung finden wir vermehrt auch heute noch. Viele vernachlässigen die Witwen und Waisen, die Kranken und Armen, nur um den Toten kostbare Gedenksteine setzen zu können. Zeit, Geld und Arbeit werden dafür bereitwillig ausgegeben, während die Pflichten gegen die Lebenden – Aufgaben, auf die Christus deutlich hingewiesen hatte – versäumt werden.

Die Pharisäer bauten den Propheten Grabstätten, schmückten ihre Gräber und sagten zueinander: Wenn wir in den Tagen unserer Väter gelebt hätten, würden wir uns nicht mit ihnen vereint haben, das Blut der Diener Gottes zu vergießen. Und doch planten sie zur gleichen Zeit, das Leben des Sohnes Gottes zu vernichten. Das sollte uns eine Lehre sein und uns die Augen öffnen, die Macht Satans zu erkennen, welche alle Menschen täuscht, die sich von dem Licht der Wahrheit abwenden. Viele folgen den Wegen der Pharisäer. Sie ehren die Menschen, die um ihres Glaubens willen gestorben sind und wundern sich über die Blindheit der Juden, die Jesus verwarfen, und erklären: Hätten wir zu seiner Zeit gelebt, würden wir seine Lehren mit Freuden angenommen haben. Wir wären niemals mit jenen schuldig geworden, die ihn verwarfen. Wenn aber der Gehorsam gegen Gott Demütigung und Selbstverleugnung fordert, dann sind es gerade diese Menschen, die ihre Überzeugung verleugnen und den Gehorsam verweigern und dadurch den gleichen Geist bekunden wie einst die Pharisäer, die Christus verurteilten. Wie wenig erkannten die Juden die furchtbare Verantwortung, die sie mit der Verwerfung Jesu auf sich nahmen! Seit der Zeit, als erstmals unschuldiges Blut vergossen wurde und der gerechte Abel durch die Hand Kains fiel, hat sich das gleiche Geschehen mit wachsender Schuld wiederholt. Zu jeder Zeit haben treue Verkündiger Gottes ihre Stimme gegen die Sünden der Könige, der Obersten und des Volkes erhoben, indem sie sprachen, was Gott ihnen geboten hatte. Unter Einsatz ihres Lebens gehorchten sie seinem Willen. Von Generation zu Generation hat sich das schreckliche Strafmaß über die Verleugner des Lichtes und der Wahrheit angehäuft. Dies wurde von den Feinden Christi nun auf sie selbst herabbeschworen.

Die Sünde der Priester und Obersten war größer als die irgendeiner anderen Generation, denn durch die Verwerfung Jesu hafteten sie für das Blut aller erschlagenen Gerechten von Abel bis zu Christus. Sie standen im Begriff, den Kelch ihrer Missetaten zum Überlaufen zu bringen. Bald würde dieser in vergeltender Gerechtigkeit über sie ausgegossen werden.

Jesus warnte sie davor und sprach: »Damit über euch komme all das gerechte Blut, das vergossen ist auf Erden, von dem Blut des gerechten Abel an bis auf das Blut des Sacharjas, des Sohnes Berechjas, den ihr getötet habt zwischen Tempel und Altar. Wahrlich, ich sage euch: Das alles wird über dieses Geschlecht kommen.« Matthäus 23,35f

Die Schriftgelehrten und Pharisäer, die Christus zuhörten, wussten, dass Er die Wahrheit sprach. Sie wussten auch, wie der Prophet Zacharias umgebracht worden war. Während er die Warnungsbotschaft Gottes verkündigte, ergriff den abtrünnigen König satanische Wut, und auf seinen Befehl hin wurde der Prophet dann getötet. Sein Blut hatte auf den Steinen des Tempelhofs unauslöschbare Spuren hinterlassen und dies zeugte gegen das abgefallene Israel. Solange der Tempel stände, würden die Spuren des Blutes dieses Gerechten zu Gott um Rache schreien. Als Jesus auf die schrecklichen Folgen dieser Sünden hinwies, war die Menge entsetzt. Der Heiland aber sah voraus, dass die Unbußfertigkeit der Juden und ihre Unduldsamkeit gegen die Diener Gottes unverändert fortbestehen würden. Er sagte: »Siehe, ich sende zu euch Propheten und Weise und Schriftgelehrte; und von ihnen werdet ihr einige töten und kreuzigen, und einige werdet ihr geißeln in euren Synagogen und werdet sie verfolgen von einer Stadt zur andern.« Matthäus 23,34 Propheten und weise Männer, voll Glaubens und voll Heiligen Geistes – Stephanus, Jakobus und viele andere –, würden verurteilt und getötet werden. Mit zum Himmel erhobener Hand sprach Christus, von göttlichem Licht umhüllt, als Richter zu jenen, die vor ihm standen.

Die Stimme, die so oft gütig und bittend geklungen hatte, sprach jetzt tadelnd und verurteilend, so dass die Zuhörer Angst bekamen. Niemals würden sie den Eindruck Seiner Worte und Seinen durchdringenden Blick aus ihrem Gedächtnis auslöschen können!

Die Entrüstung des Heilandes richtete sich gegen die Heuchelei, die groben Sünden, durch die die Menschen ihre Seele schädigten, das Volk verführten und Gott entehrten. Er erkannte in den nur auf Scheingründen beruhenden, trügerischen Beweisführungen der Priester und Obersten die Wirksamkeit satanischer Kräfte. Scharf und durchdringend prangerte Er die Sünde an, doch Er sprach kein Wort von Vergeltung. Er hatte einen heiligen Zorn gegen den Fürsten der Finsternis, aber keine gereizte Stimmung.

Deshalb wird auch der Christ, der in Harmonie mit Gott lebt und Liebe und Barmherzigkeit besitzt, eine gerechte Entrüstung gegen die Sünde empfinden, aber er wird sich nicht dazu hinreißen lassen, jene zu beschimpfen, die ihn schmähen. Selbst wenn er mit solchen Leuten zusammentrifft, die von einer satanischen Macht bewegt werden und der Lüge dienen, wird er doch Ruhe und Selbstbeherrschung bewahren. Göttliches Mitleid überwältigte den Heiland, als Er Seinen Blick über den Tempel und über Seine Zuhörer gleiten ließ. Mit vor tiefem seelischem Schmerz und bitteren Tränen fast erstickter Stimme rief Er aus: »Jerusalem, Jerusalem, die du tötest die Propheten und steinigst, die zu dir gesandt sind! Wie oft habe ich deine Kinder versammeln wollen, wie eine Henne ihre Küken versammelt unter ihre Flügel; und ihr habt nicht gewollt!« Matthäus 23,37 Aus Christi Klage spricht Gottes Barmherzigkeit. Sie ist das geheimnisvolle Abschiedswort Seiner langmütigen Liebe. Die Pharisäer und Sadduzäer waren zum Schweigen gebracht. Der Herr rief Seine Jünger, und gemeinsam verließen sie den Tempel. Er ging nicht als Besiegter oder als ein durch die Gegenwart Seiner Widersacher Bezwungener, sondern als einer, dessen Werk vollendet war. Er verließ als Sieger diesen Streit.

Die Edelsteine der Wahrheit, die Jesus an jenem ereignisreichen Tag ausgeteilt hatte, wurden in manchem Herzen treu bewahrt. Neue Gedanken bildeten sich, neues Streben wurde erweckt, und eine neue Entwicklung begann. Diese Bekenner Jesu traten nach der Kreuzigung und Auferstehung Christi öffentlich auf und erfüllten ihren göttlichen Auftrag mit einer Weisheit und einem Eifer, die der Größe ihrer Aufgabe entsprachen. Sie trugen eine Botschaft, die zu den Herzen der Menschen sprach und die die alten abergläubischen Gewohnheiten schwächte, die das Leben Tausender lange Zeit niedergehalten hatten. Vor ihrem Zeugnis wurden menschliche Lehren und Philosophien zu eitlen Fabeln. Machtvoll wirkten die Worte des Heilandes, die Er zu jener verwunderten und erschütterten Menge im Tempel zu Jerusalem gesprochen hatte.

Israel als Volk aber hatte sich von Gott getrennt. Die natürlichen Zweige des Ölbaums waren abgebrochen. Indem Jesus einen letzten Blick in das Innere des Tempels warf, sprach Er mit trauriger Stimme: »Siehe, euer Haus soll euch wüste gelassen werden. Denn ich sage euch: Ihr werdet mich von jetzt an nicht sehen, bis ihr sprecht: Gelobt sei, der da kommt im Namen des Herrn!« Matthäus 23,38f Bisher hatte Er den Tempel Seines Vaters Haus genannt, doch jetzt, da Er als Sohn Gottes jene Mauern verlassen sollte, würde sich Gottes Gegenwart für immer von dem zu Seiner Herrlichkeit erbauten Tempel zurückziehen.

Von nun an würden seine Zeremonien ohne Bedeutung sein und seine Gottesdienste nur noch Hohn.

KAPITEL 68

*Auf Grundlage von
Johannes 12,20-43*

IM VORHOF DES TEMPELS

»Es waren aber einige Griechen unter denen, die heraufgekommen waren, um anzubeten auf dem Fest. Die traten zu Philippus, der von Bethsaida aus Galiläa war, baten ihn und sprachen: Herr, wir wollten Jesus gerne sehen. Philippus kommt und sagt es Andreas, und Philippus und Andreas sagten's Jesus weiter.« Johannes 12,20-22

Es schien, als ob Christi Werk zu dieser Zeit eine empfindliche Niederlage erlitten hätte. Christus war aus dem Wortstreit mit den Priestern und Pharisäern zwar als Sieger hervorgegangen, doch es war offensichtlich, dass Er von ihnen nie als Messias anerkannt würde. Die Trennung war endgültig, und den Jüngern schien die Lage hoffnungslos. Jesus aber näherte sich der Vollendung Seines Werkes. Das große Ereignis, das nicht nur das jüdische Volk, sondern die ganze Welt betraf, stand nahe bevor. Als der Heiland die eifrig vorgetragene Bitte vernahm: »Wir wollten Jesus gerne sehen« und darin das sehnsüchtige Verlangen der ganzen Welt ausgedrückt fand, erhellte sich sein Angesicht, und er sagte: »Die Zeit ist gekommen, dass der Menschensohn verherrlicht werde.« Johannes 12,23 In der Bitte der Griechen erkannte Er einen ersten Hinweis auf die außerordentliche Wirkung seines großen Opfers.

Diese Männer kamen am Ende Seines Lebens aus dem Westen her, wie damals die Weisen aus dem Osten am Anfang Seines irdischen Lebens zu Christus gekommen waren. Zur Zeit der Geburt Christi waren die Juden so sehr von ihren ehrgeizigen Plänen erfüllt, dass sie nichts von Seiner Ankunft wussten. Die Weisen aus einem heidnischen Land mussten mit ihren Geschenken zur Krippe kommen, um den Heiland anzubeten.

Ebenso kamen jetzt die Griechen als Vertreter der Völker der Welt, um Jesus zu sehen. Genauso würden die Menschen aller Länder und aller Zeiten durch das Kreuz Christi angezogen werden. »Viele werden kommen von Osten und von Westen und mit Abraham und Isaak und Jakob im Himmelreich zu Tisch sitzen.« Matthäus 8,11 Die Griechen hatten von Jesu triumphalem Einzug in Jerusalem gehört. Manche nahmen an – und sie hatten dieses Gerücht auch verbreitet –, dass Jesus die Priester und Obersten aus dem Tempel gejagt und den Thron Davids eingenommen hätte und nun als König über Israel herrsche. Die Griechen wollten sich jetzt über diesen Jesus und Seine Mission Gewissheit verschaffen. »Wir wollten Jesus gerne sehen«, sagten sie. Ihr Wunsch wurde erfüllt. Als Jesus von der Bitte dieser Griechen erfuhr, befand Er sich gerade in jenem Teil des Tempels, in dem sich nur Juden aufhalten durften, doch Er ging hinaus in den Vorhof und sprach dort mit ihnen.

Die Stunde der Verherrlichung Christi war gekommen. Er stand schon im Schatten des Kreuzes, und die Anfrage der Griechen bestätigte Ihm, dass durch das Opfer Seines Lebens viele Menschenseelen für Gott gewonnen würden. Er wusste auch, dass die Griechen Ihn bald in einer Lage sehen würden, wie sie es niemals vermutet hätten. Sie würden Ihn bald neben Barabbas, einem Räuber und Mörder, erblicken, den man sogar Ihm noch vorzöge. Sie würden auch hören, wie das von den Priestern und Obersten beeinflusste Volk seine Wahl träfe und auf die Frage von Pilatus: »Was soll ich denn machen mit Jesus?« antwortete: »Lass ihn kreuzigen!« Matthäus 27,22

Der Herr wusste aber auch, dass Sein Reich sich durch dieses Sühneopfer für die Sünden der Welt festigen und über alle Völker ausdehnen würde. Er würde als Wiederhersteller wirken und Sein Geist würde endlich siegen. Für einen Augenblick schaute Er in die Zukunft und hörte Stimmen in allen Teilen der Erde ausrufen: »Siehe, das ist Gottes Lamm, das der Welt Sünde trägt!« Johannes 1,29 Er sah in diesen Fremden das Unterpfand einer großen Ernte, die eingesammelt werden sollte, wenn die Scheidewand zwischen Juden und Heiden niedergerissen würde und alle Nationen, Sprachen und Völker die Botschaft von der Erlösung hörten. Diese Erwartung, dieses Ziel Seiner Hoffnungen fasste Er in die Worte: »Die Zeit ist gekommen, dass der Menschensohn verherrlicht werde.« Johannes 12,23 Die Art und Weise dieser Verherrlichung war Ihm schon bewusst. Das Einsammeln der Heiden würde nach Seinem Tod beginnen. Nur durch Sein Opfer am Kreuz konnte die Welt erlöst werden. Gleich dem Weizenkorn musste der Menschensohn in die Erde gelegt werden, sterben und begraben werden, um wiederum zu leben.

Christus sprach über Seine Zukunft. Dabei stütze Er sich auf Beispiele aus der Natur, damit es die Jünger besser verstehen konnten, dass die wahre Frucht Seines Werkes nur durch Seinen Tod reifen konnte. »Wahrlich, wahrlich, ich sage euch: Wenn das Weizenkorn nicht in die Erde fällt und erstirbt, bleibt es allein; wenn es aber erstirbt, bringt es viel Frucht.« Johannes 12,24 Wenn das Weizenkorn in die Erde fällt und stirbt, geht es auf und bringt seine Frucht. So würde auch der Tod Christi Frucht tragen für das Reich Gottes. In Übereinstimmung mit den

Gesetzmäßigkeiten des Pflanzenreiches ist das Leben die Frucht des Todes Christi. Ein Landmann ist sich dieses natürlichen Vorganges stets bewusst. Jedes Jahr bewahrt er sich einen Kornvorrat, indem er scheinbar den ausgesuchtesten Teil wegwirft. Eine Zeitlang muss das Korn im Acker verborgen werden, wo der Herr selbst darüber wacht. Dann erst sprießt der Halm, die Ähre bildet sich und in ihr schließlich die Frucht. Diese Entwicklung aber geschieht erst, wenn das Korn – unseren Augen entzogen – in der Erde verborgen wird und damit anscheinend verlorengeht. Die ausgestreute Saat bringt Frucht, die dann wiederum der Erde anvertraut wird. So wird die Ernte ständig vervielfacht. Genauso bringt auch Christi Tod Frucht zum ewigen Leben. Den Menschen, die dank des Opfers Christi ewig leben werden, wird das Nachsinnen über das für sie gebrachte Opfer Herrlichkeit bedeuten.

Das Weizenkorn, das sein eigenes Leben behält, kann keine Frucht bringen, es wird allein bleiben. Christus konnte sich, wenn Er wollte, vor dem Tod bewahren. Dann würde Er aber auch allein bleiben müssen und könnte nicht Söhne und Töchter zu Gott bringen. Nur durch die Dahingabe Seines Lebens konnte Er der Menschheit Leben schenken und nur dadurch, dass Er in die Erde sank und starb, konnte Er der Same jener großen Ernte werden, die aus allen Völkern, Geschlechtern und Sprachen für Gott erkauft wird.

Mit dieser Wahrheit verbindet der Herr die Lehre von der Selbstaufopferung, die alle lernen sollten: »Wer sein Leben lieb hat, der wird's verlieren; und wer sein Leben auf dieser Welt hasst, der wird's erhalten zum ewigen Leben.« Johannes 12,25 Jeder, der als Mitarbeiter Christi Frucht bringen will, muss erst in die Erde fallen und »sterben.« Das Leben muss in die Ackerfurche der Weltnot geworfen werden, und Selbstliebe und Eigensucht müssen sterben. Das Gesetz der Selbstaufopferung ist das Gesetz der Selbsterhaltung. Der Bauer erhält sein Korn, indem er es wegwirft und der Erde anvertraut. So ist es auch im menschlichen Leben.

Geben heißt leben. Das Leben, das erhalten bleibt, ist das Leben, welches freiwillig in den Dienst Gottes und der Menschen gestellt wird. Wer um Christi willen sein Leben in dieser Welt opfert, wird es für das ewige Leben bewahren. Das eigennützige Leben gleicht dem Korn, das gegessen wird. Es verschwindet, aber es vermehrt sich nicht. Ein Mensch mag dauernd für sich schaffen und sammeln, er mag für sich planen und denken – sein Leben wird vergehen und wird ihm nichts gebracht haben. Das Gesetz der Selbstsucht ist das Gesetz der Selbstvernichtung. »Wer mir dienen will«, sagte Jesus, »der folge mir nach; und wo ich bin, da soll mein Diener auch sein. Und wer mir dienen wird, den wird mein Vater ehren.« Johannes 12,26 Alle, die mit dem Herrn das Kreuz der Hingabe getragen haben, werden auch an Seiner Herrlichkeit teilhaben. Es war des Heilandes Freude in Seiner Erniedrigung und in Seinem Schmerz, dass Seine Jünger mit Ihm verherrlicht würden. Sie sind die Frucht Seiner Selbstaufopferung. Die Bekundung Seines Wesens und Seines Geistes im Leben der Jünger ist Sein Lohn und wird in Ewigkeit Seine Freude sein. Diese Freude teilen sie mit Ihm, wenn sich die Frucht ihrer Arbeit und ihres Opfers im Leben und in den Herzen anderer zeigt. Sie sind Jesu Mitarbeiter, und Gott wird sie ehren, wie Er Seinen Sohn ehrt.

Durch die Botschaft der Griechen, die das Einsammeln aller Heiden ankündigte, wurde Jesus an Seine Sendung erinnert. Das ganze Erlösungswerk von der Zeit an, als es im Himmel geplant wurde, bis zu Seinem baldigen Tod auf Golgatha zog an Seinem geistigen Auge vorüber. Eine geheimnisvolle Wolke, deren Schatten alle Umstehenden bemerkten, schien den Sohn Gottes einzuhüllen, während Er selbst gedankenverloren dasaß. Schließlich unterbrach Er das Schweigen mit trauriger Stimme: »Jetzt ist meine Seele betrübt. Und was soll ich sagen? Vater, hilf mir aus dieser Stunde?« Johannes 12,27 Im Voraussehen schmeckte der Heiland schon den bitteren Kelch, und das Menschliche in Ihm schreckte zurück vor der Stunde der Verlassenheit, wenn Er allem Anschein nach selbst von Gott verlassen sein würde und wenn alle Ihn sähen – gezüchtigt, von Gott verworfen, niedergeschlagen. Er schreckte zurück vor der öffentlichen Bloßstellung, davor, als schlimmster Verbrecher angesehen zu werden, und vor einem schmachvollen und unehrenhaften Tod. Eine Ahnung von dem Kampf mit den Mächten der Finsternis, ein Gefühl für die furchtbare Last aller menschlichen Übertretungen und für den Zorn des Vaters über die Sünden der Welt belasteten Seinen Geist. Todesblässe überzog Sein Angesicht. Dann aber beugte Er sich dem Willen Seines Vaters und sprach: »Darum bin ich in diese Stunde gekommen. Vater, verherrliche deinen Namen!« Nur durch Christi Tod konnte Satans Reich gestürzt, nur so konnte der Mensch erlöst und Gott verherrlicht werden. Jesus ergab sich dem Todeskampf. Er nahm das Opfer auf sich – die Majestät des Himmels willigte ein, als Sündenträger zu leiden. »Vater, verherrliche deinen Namen!«, bat der Heiland. Als Christus diese Worte sprach, kam die Antwort aus der über Ihm schwebenden Wolke: »Ich habe ihn verherrlicht und will ihn abermals verherrlichen.« Johannes 12,27f

Jesu ganzes Leben von der Krippe an bis zu der Zeit, da diese Worte gesprochen wurden, hatte Gott verherrlicht, und in der herannahenden Prüfung würden die göttlich-menschlichen Leiden des Heilandes den Namen des himmlischen Vaters erneut verherrlichen. Als die Stimme vom Himmel ertönte, fuhr ein Lichtstrahl aus der Wolke und umgab Jesus, als ob die Arme der ewigen Macht Ihn wie eine feurige Mauer umfingen. Die Leute schauten mit Schrecken und größtem Erstaunen auf dieses Geschehen. Niemand wagte zu reden.

Schweigend, mit angehaltenem Atem, standen sie alle da und blickten auf Christus. Nachdem das Zeugnis des Vaters gegeben war, hob sich die Wolke und löste sich über ihnen auf. Die sichtbare Gemeinschaft zwischen dem Vater und dem Sohn war erst einmal wieder beendet. »Da sprach das Volk, das dabeistand und zuhörte: Es hat gedonnert. Die andern sprachen: Ein Engel hat mit ihm geredet.« Johannes 12,29

Die Griechen sahen die Wolke und hörten die Stimme. Sie verstanden deren Bedeutung und erkannten tatsächlich den Heiland. Er wurde ihnen als der Gesandte Gottes offenbart. Die Stimme Gottes, die bei der Taufe Jesu am Anfang Seines Lehramtes und auch bei Seiner Verklärung gehört worden war, war jetzt am Ende Seines Dienstes zum dritten Mal vor einer großen Volksmenge und unter besonderen Umständen vernehmbar. Jesus hatte den Juden gerade die besonders ernste Wahrheit hinsichtlich ihres Zustandes vor Augen gehalten. Er hatte ihnen eine letzte Warnung zugerufen und ihren Untergang angekündigt. Da setzte Gott wiederum Sein Siegel auf die Botschaft Seines Sohnes und bestätigte Ihn, den Israel verworfen hatte. »Diese Stimme ist nicht um meinetwillen geschehen, sondern um euretwillen.« Johannes 12,30 Sie war der krönende Beweis Seiner göttlichen Sendung. Sie war das Zeichen des Allmächtigen, dass Jesus die Wahrheit gesprochen hatte und dass Er der eingeborene Sohn Gottes war.

»Jetzt ergeht das Gericht über diese Welt«, fuhr Jesus fort. »Nun wird der Fürst dieser Welt ausgestoßen werden. Und ich, wenn ich erhöht werde von der Erde, so will ich alle zu mir ziehen. Das sagte er aber, um anzuzeigen, welchen Todes er sterben würde.« Johannes 12,31-33

Dies ist die Krise für die Welt. Wenn ich zur Versöhnung für die Sünden der Menschen werde, dann wird die Welt erleuchtet werden. Satans Macht über die Seelen wird gebrochen. Das entstellte Ebenbild Gottes im Menschen wird wiederhergestellt und eine Familie gläubiger Kinder Gottes schließlich in der himmlischen Heimat gesammelt werden. Dies ist das Ergebnis des Erlösungstodes Jesu. Der Heiland ist in die Betrachtung der Szene des Triumphes vertieft, die sich vor Seinem inneren Auge entfaltet. Er sieht das Kreuz, das grausame, schmachvolle Kreuz mit all seinen Schrecken in Herrlichkeit erstrahlen.

Doch das Erlösungswerk für die Menschen ist nicht alles, was durch das Kreuz vollbracht wird. Gottes Liebe offenbart sich dem ganzen Weltall. Der Fürst dieser Welt wird hinausgeworfen und die Anschuldigungen Satans gegen Gott werden widerlegt und die Vorwürfe, die er gegen den Himmel schleuderte, für immer beseitigt. Engel wie auch Menschen werden zu dem Erlöser gezogen. »Wenn ich erhöht werde von der Erde, so will ich alle zu mir ziehen.« Viele Menschen waren um den Herrn versammelt, als Er diese Worte sprach. »Da antwortete ihm das Volk: Wir haben aus dem Gesetz gehört, dass der Christus in Ewigkeit bleibt; wieso sagst du dann: Der Menschensohn muss erhöht werden? Wer ist dieser Menschensohn? Da sprach Jesus zu ihnen:

»Es ist das Licht noch eine kleine Weile bei euch. Wandelt, solange ihr das Licht habt, damit euch die Finsternis nicht überfalle. Wer in der Finsternis wandelt, der weiß nicht, wo er hingeht. Glaubt an das Licht, solange ihr's habt, damit ihr Kinder des Lichtes werdet ... Und obwohl er solche Zeichen vor ihren Augen tat, glaubten sie doch nicht an ihn.« Johannes 12,34-37

Einst hatten sie Jesus gefragt: »Was tust du für ein Zeichen, damit wir sehen und dir glauben?« Johannes 6,30 So viele Zeichen waren gegeben worden, aber sie hatten ihre Augen vor ihnen verschlossen und ihre Herzen verhärtet. Sogar jetzt, als der Allmächtige selbst gesprochen hatte und sie nicht weiter nach einem Zeichen fragen konnten, weigerten sie sich, Ihm zu glauben. »Doch auch von den Obersten glaubten viele an ihn; aber um der Pharisäer willen bekannten sie es nicht, um nicht aus der Synagoge ausgestoßen zu werden.« Johannes 12,42

Sie schätzten Menschenlob mehr als das Wohlgefallen Gottes. Und um sich selbst vor Tadel und Schande zu bewahren, verleugneten sie Christus und lehnten das Angebot des ewigen Lebens ab. Wie viele haben in den weiteren Jahrhunderten dasselbe getan! Ihnen allen gilt die Warnung des Heilandes: »Wer mich verachtet und nimmt meine Worte nicht an, der hat schon seinen Richter: Das Wort, das ich geredet habe, das wird ihn richten am Jüngsten Tage.« Johannes 12,48 Wehe denen, die die Zeit ihrer Heimsuchung nicht erkannten! Langsam und mit trauerndem Herzen verließ der Heiland für immer den Bereich des Tempels.

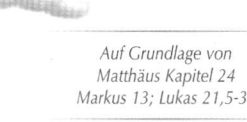

KAPITEL 69

*Auf Grundlage von
Matthäus Kapitel 24
Markus 13; Lukas 21,5-38*

AUF DEM ÖLBERG

Die Worte Jesu zu den Priestern und Obersten: »Siehe, euer Haus soll euch wüst gelassen werden« Matthäus 23,38 hatte ihre Herzen mit großer Furcht erfüllt. Sie stellten sich zwar gleichgültig, doch innerlich beschäftigte sie lebhaft die Frage nach der Bedeutung dieser Worte. Sie fühlten sich wie von einer unsichtbaren Gefahr bedroht. Konnte es sein, dass der herrliche Tempel, der Ruhm des jüdischen Volkes, bald eine Ruine sein würde? Auch die Jünger waren von einer bösen Ahnung erfüllt, und sie warteten ganz unruhig auf eine genauere Erklärung Jesu. Als sie mit Ihm den Tempel verließen, lenkten sie Seine Aufmerksamkeit auf dessen Stärke und Schönheit. Die Steine des Tempels waren aus reinstem Marmor, blendend weiß, und manche von ihnen von riesenhaften Ausmaßen. Ein Teil der Mauer hatte sogar der Belagerung durch das Heer Nebukadnezars standgehalten. Das Mauerwerk schien so festgefügt, als wäre es ein einziger massiver Stein, der aus dem Steinbruch herausgebrochen worden war. Wie diese mächtigen Mauern jemals eingerissen werden sollten, war den Jüngern unverständlich.

Welche Gedanken müssen den Heiland wohl bewegt haben, als Seine Aufmerksamkeit von der Herrlichkeit des Tempels gefesselt war! Der Anblick war wunderbar, der sich Ihm bot, doch tief traurig sagte Er: Ich sehe alles. Der Tempel ist wirklich ein herrlicher Bau. Ihr zeigt auf jene unzerstörbar scheinenden Mauern, doch hört auf meine Worte: Es wird hier »nicht ein Stein auf dem andern bleiben, der nicht zerbrochen werde.« Matthäus 24,2

Christus hatte zu vielen Zuhörern gesprochen, nun aber, als Er allein auf dem Ölberg saß, traten Petrus, Johannes und Jakobus zu Ihm mit der Bitte heran: »Sage uns, wann wird das geschehen? Und was wird das Zeichen sein für dein Kommen und für das Ende der Welt?« Matthäus 24,3 In Seiner Antwort an die Jünger trennte Jesus die Zerstörung Jerusalems nicht von dem großen Tag Seines Kommens. Er verband die Schilderung jener beiden Ereignisse. Hätte Er die künftigen Dinge so geschildert, wie Er sie vor seinem Auge sah, dann wären die Jünger unfähig gewesen, dies alles zu ertragen. In Seiner Barmherzigkeit verknüpfte Er harmonisch die Schilderung dieser beiden entscheidenden Ereignisse und überließ es den Jüngern, deren Bedeutung herauszufinden. Als Er auf die Zerstörung Jerusalems hinwies, bezogen sich Seine prophetischen Worte auch auf den letzten Weltenbrand in jenen Tagen, da der Herr sich aufmachen wird, die Welt für ihre Sündhaftigkeit zu strafen, und die Erde alles Blut, das vergossen wurde, ans Licht bringen und die Erschlagenen nicht mehr decken wird. Diese Erklärungen gab Jesus nicht allein um der Jünger willen, sondern Er dachte auch an alle jene, die in den letzten Tagen der Menschheitsgeschichte leben würden.

Der Heiland wandte sich an die Jünger und sprach: »Seht zu, dass euch nicht jemand verführe! Es werden viele kommen unter meinem Namen und sagen: Ich bin's, und werden viele verführen.« Markus 13,5f

Viele falsche Messiasse werden auftreten und den Anspruch erheben, Wunder zu wirken, und erklären, dass die Zeit der Befreiung des jüdischen Volkes gekommen sei. Sie werden viele Menschen irreführen. Christi Worte erfüllten sich. In der Zeit zwischen Seinem Tod und der Belagerung Jerusalems erschienen viele falsche Messiasse. Doch die Warnung Jesu gilt auch jenen, die in unseren Tagen leben, denn die gleichen Täuschungen, die vor der Zerstörung Jerusalems geschahen, sind durch alle Zeitalter hindurch geschehen und werden sich ständig wiederholen.

»Ihr werdet hören von Kriegen und Kriegsgeschrei; seht zu und erschreckt nicht. Denn das muss so geschehen; aber es ist noch nicht das Ende da.« Vor der Zerstörung Jerusalems kämpften ehrgeizige Männer um die höchste Gewalt im Staat. Herrscher wurden ermordet, vermeintliche Nachfolger erschlagen. Es war von »Kriegen und Kriegsgeschrei« zu hören. »Das muss so geschehen«, sprach Christus, »aber es ist noch nicht das Ende [des jüdischen Volkes als Nation]. Denn es wird sich ein Volk gegen das andere erheben und ein Königreich gegen das andere, und es werden Hungersnöte sein und Erdbeben hier und dort. Das alles aber ist der Anfang der Wehen.« Matthäus 24,6-8

Der Herr sagte: Wenn die Rabbiner diese Zeichen sehen, werden sie diese als Gericht Gottes über die Völker erklären, die Sein auserwähltes Volk in Knechtschaft gehalten haben. Sie werden behaupten, dies seien die Zeichen, die die Ankunft des Messias ankündigen. Lasst euch jedoch nicht täuschen! Diese Zeichen sind der Anfang der göttlichen Gerichte.

Die Menschen haben auf sich selbst geschaut, sie haben nicht Buße getan und sich nicht bekehrt, dass ich sie heilen könnte. Die Zeichen, die sie als Beweise ihrer Befreiung von der Knechtschaft ansehen, sind tatsächlich Zeichen ihres Untergangs. »Dann werden sie euch der Bedrängnis preisgeben und euch

töten. Und ihr werdet gehasst werden um meines Namens willen von allen Völkern. Dann werden viele abfallen und werden sich untereinander verraten und werden sich untereinander hassen.« Matthäus 24,9f

Dies alles mussten die Christen erleiden. Eltern verrieten ihre Kinder, Kinder ihre Eltern, und Freunde überantworteten einander dem Hohen Rat. Die Verfolger vollendeten ihr Vorhaben und töteten Stephanus, Jakobus und viele andere Gläubige. Gott gab den Juden durch Seine Boten eine letzte Gelegenheit zur Umkehr. Er offenbarte sich durch Seine Zeugen bei deren Gefangennahme, bei deren Verhör und im Gefängnis. Dennoch fällten ihre Richter das Todesurteil über sie. Die Verurteilten waren Männer, deren die Welt nicht würdig war. Indem die Juden sie töteten, kreuzigten sie den Sohn Gottes erneut, und so wird es wieder geschehen.

Die Regierungen werden Gesetze erlassen, die die religiöse Freiheit einschränken, und sie werden sich ein Recht anmaßen, das allein Gott zusteht. Sie werden die Auffassung vertreten, sie dürften die Gewissen zwingen, wo doch Gott allein die Regungen des Gewissens prüfen sollte. Der Anfang dazu ist bereits gemacht, und man wird mit dieser Bedrückung fortfahren, bis eine Grenze erreicht ist, die nicht überschritten werden kann. Gott selbst wird dann zugunsten Seines treuen Volkes eingreifen, das Seine Gebote hält.

Bei jeder Verfolgung um des Glaubens willen entscheiden sich Menschen für oder gegen Christus. Jene, die ihre Sympathie denen gegenüber bekunden, die ungerechterweise verurteilt wurden, zeigen dadurch ihre Verbundenheit mit Christus. Andere sind verletzt, weil die Prinzipien der Wahrheit ihre Gewohnheiten durchkreuzen. Wieder andere stolpern und fallen und geben den Glauben auf, den sie einst selbst verteidigten. Alle, die in der Zeit der Trübsal vom Glauben abfallen, werden um ihrer Sicherheit willen falsches Zeugnis ablegen und ihre Brüder verraten. Christus hat davor gewarnt, damit wir nicht überrascht sein sollen von der unnatürlichen, grausamen Handlungsweise derer, die das Licht ablehnen.

Der Heiland gab Seinen Jüngern ein Zeichen des bevorstehenden Untergangs von Jerusalem und sagte ihnen gleichzeitig, wie sie diesem entfliehen könnten: »Wenn ihr aber sehen werdet, dass Jerusalem von einem Heer belagert wird, dann erkennt, dass seine Verwüstung nahe herbeigekommen ist. Alsdann, wer in Judäa ist, der fliehe ins Gebirge, und wer in der Stadt ist, gehe hinaus, und wer auf dem Lande ist, komme nicht herein.« Lukas 21,20-22 Diese Warnung wurde gegeben, damit sie 40 Jahre später bei der Zerstörung Jerusalems beachtet würde. Die Christen folgten diesem Aufruf, und nicht ein einziger von ihnen kam bei der Einnahme der Stadt ums Leben.

»Bittet aber, dass eure Flucht nicht geschehe im Winter oder am Sabbat.« Matthäus 24,20 Christus, der den Sabbat eingesetzt hatte, hob Ihn nicht auf, indem Er ihn an Sein Kreuz heftete. Er wurde auch durch Seinen Tod nicht unbedeutend, sondern ist 40 Jahre nach Seiner Kreuzigung noch heilig gehalten worden. 40 Jahre lang mussten die Christen darum bitten, dass ihre Flucht nicht an einem Sabbat geschehe.

Von der Zerstörung Jerusalems ging Jesus dann schnell auf das größere Geschehen über, dem letzten Glied in der Kette der Weltgeschichte – auf Seine Wiederkunft mit großer Kraft und Herrlichkeit. Zwischen diesen beiden Ereignissen lagen vor Jesu Blick lange Jahrhunderte der Finsternis und Zeiten, die für Seine Nachfolger mit Blut, Tränen und Todesqualen gekennzeichnet waren. Diese Szenen zu schauen, konnten Seine Jünger damals nicht ertragen, und mit einer kurzen Andeutung ging Er darüber hinweg: »Es wird dann eine große Bedrängnis sein, wie sie nicht gewesen ist vom Anfang der Welt bis jetzt und auch nicht wieder werden wird. Und wenn diese Tage nicht verkürzt würden, so würde kein Mensch selig werden; aber um der Auserwählten willen werden diese Tage verkürzt.« Matthäus 24,21f

Mehr als 1000 Jahre lang sollte eine Verfolgung, wie die Welt sie schrecklicher nie zuvor gesehen hatte, über die Nachfolger Christi kommen. Millionen Seiner treuen Gläubigen würden getötet werden. Würde Gott Seine Hand nicht ausstrecken, um Sein Volk zu bewahren, kämen alle ums Leben. »Aber um der Auserwählten willen werden diese Tage verkürzt.«

Unmissverständlich spricht Jesus nun über Sein zweites Kommen, und Er warnt vor den Gefahren, die dieser Wiederkunft vorausgehen werden. »Wenn dann jemand zu euch sagen wird: Siehe, hier ist der Christus!, oder: Da!, so sollt ihr's nicht glauben. Denn es werden falsche Christusse und falsche Propheten aufstehen und große Zeichen und Wunder tun, sodass sie, wenn es möglich wäre, auch die Auserwählten verführten. Siehe, ich habe es euch vorausgesagt. Wenn sie also zu euch sagen werden: Siehe, er ist in der Wüste!, so geht nicht hinaus; siehe, er ist drinnen im Haus!, so glaubt es nicht. Denn wie der Blitz ausgeht vom Osten und leuchtet bis zum Westen, so wird auch das Kommen des Menschensohns sein.« Matthäus 24,23-27

Eines der Zeichen der Zerstörung Jerusalems beschrieb Christus so: »Es werden sich viele falsche Propheten erheben und werden viele verführen.« Matthäus 24,11 Tatsächlich erhoben sich überall Irrlehrer, verführten das Volk und lockten viele in die Wüste. Zauberer und Magier, die behaupteten, übernatürliche Kräfte zu besitzen, zogen das Volk in die Einsamkeit der Berge. Diese Weissagung gilt auch für die Endzeit. Die geschilderten Ereignisse sind ein Zeichen der nahen Wiederkunft Christi. Schon jetzt geschehen durch falsche Christusse und falsche Propheten Zeichen und Wunder, um die Gläubigen zu

verführen. Hören wir nicht den Ruf: »Siehe, er ist in der Wüste«?

Sind nicht Tausende dem gefolgt und in die Wüste gezogen, um dort Christus zu finden? Erklingt nicht in Tausenden von Zusammenkünften, wo Menschen den Umgang mit den Geistern Verstorbener betreiben, der Ruf: »Siehe, er ist in der Kammer«? Den gleichen Anspruch erhebt der Spiritismus. Doch was sagt Jesus? »Glaubt es nicht. Denn wie der Blitz ausgeht vom Osten und leuchtet bis zum Westen, so wird auch das Kommen des Menschensohns sein.«

Der Heiland gab uns Zeichen Seiner Wiederkunft, und mehr noch: Er bestimmte die Zeit, wann das erste Zeichen geschehen sollte. »Sogleich aber nach der Bedrängnis jener Zeit wird die Sonne sich verfinstern und der Mond den Schein verlieren, und die Sterne werden vom Himmel fallen, und die Kräfte der Himmel werden ins Wanken kommen. Und dann wird erscheinen das Zeichen des Menschensohns am Himmel. Und dann werden wehklagen alle Geschlechter auf Erden und werden sehen den Menschensohn kommen auf den Wolken des Himmels mit großer Kraft und Herrlichkeit. Und er wird seine Engel senden mit hellen Posaunen, und sie werden seine Auserwählten sammeln von den vier Winden, von einem Ende des Himmels bis zum andern.« Matthäus 24,29-31

Nach der großen päpstlichen Verfolgung der Gläubigen sollten Sonne und Mond ihren Schein verlieren, und die Sterne sollten vom Himmel fallen, sagte Jesus; und Er fügte noch hinzu: »An dem Feigenbaum lernt ein Gleichnis: Wenn seine Zweige jetzt saftig werden und die Blätter treiben, so wisst ihr, dass der Sommer nahe ist. Ebenso auch: Wenn ihr das alles seht, so wisst, dass er nahe vor der Tür ist.« Matthäus 24,32f

Christus hat uns Zeichen Seines Kommens gegeben. Er will, dass wir erkennen, wann Er nahe vor der Tür ist. Von denen, die diese Zeichen erleben, sagte der Herr: »Dieses Geschlecht wird nicht vergehen, bis dies alles geschieht.« Diese Zeichen sind erschienen. Wir wissen zuverlässig, dass des Herrn Wiederkunft nahe ist. »Himmel und Erde werden vergehen; aber meine Worte werden nicht vergehen.« Matthäus 24,34f

Christus kommt in den Wolken des Himmels mit großer Herrlichkeit. Eine Schar glänzender Engel wird Ihn begleiten. Er wird kommen, um die Toten aufzuwecken und die lebenden Gerechten von Herrlichkeit zu Herrlichkeit zu verwandeln. Er wird wiederkommen, um die zu ehren und zu sich zu nehmen, die Ihn geliebt und Seine Gebote gehalten haben. Er hat weder sie noch Seine Verheißung vergessen. Erneut werden wir mit unseren Familienangehörigen verbunden sein. Wenn wir auf unsere Toten schauen, so dürfen wir an den Morgen denken, an dem die Posaune Gottes erschallen wird, »und die Toten werden auferstehen unverweslich, und wir werden verwandelt werden.« 1.Korinther 15,52 Nur noch kurze Zeit, und wir werden den König der Welten in Seiner Herrlichkeit sehen. Nicht mehr lange, und Er wird alle Tränen von unseren Augen abwischen und uns »untadelig stellen vor das Angesicht seiner Herrlichkeit mit Freuden.« Judas 24

Darum sagte der Heiland, als Er von den Zeichen Seiner Wiederkunft sprach: »Wenn aber dieses anfängt zu geschehen, dann seht auf und erhebt eure Häupter, weil sich eure Erlösung naht.« Lukas 21,28 Den Tag und die Stunde Seiner Wiederkunft hat Christus aber nicht enthüllt. Er sagte Seinen Jüngern: »Von dem Tage aber und von der Stunde weiß niemand, auch die Engel im Himmel nicht, auch der Sohn nicht, sondern allein der Vater.« Matthäus 24,36 Hätte Er ihnen die genaue Zeit offenbaren dürfen, warum sollte Er sie dann ermahnen, in ständiger Erwartung zu bleiben? Es gibt Menschen, die behaupten, Tag und Stunde der Wiederkunft Christi zu wissen und aufrichtig versuchen, die Zukunft zu bestimmen, aber der Herr hat sie davor gewarnt. Der genaue Zeitpunkt der Wiederkunft Christi ist allein Gottes Geheimnis.

Christus sprach weiter über den Zustand der Welt vor Seinem Kommen: »Wie es in den Tagen Noahs war, so wird auch sein das Kommen des Menschensohns. Denn wie sie waren in den Tagen vor der Sintflut – sie aßen, sie tranken, sie heirateten und ließen sich heiraten bis an den Tag, an dem Noah in die Arche hineinging; und sie beachteten es nicht, bis die Sintflut kam und raffte sie alle dahin –, so wird es auch sein beim Kommen des Menschensohns.« Matthäus 24,37-39 Der Heiland spricht hier nicht von einem zeitlichen tausendjährigen Reich auf Erden, in dem sich die Menschen auf die Ewigkeit vorbereiten, sondern Er sagt uns, dass es bei Seiner Wiederkunft genauso sein wird wie in den Tagen Noahs.

Wie war es denn zu jener Zeit? »Der Herr sah, dass der Menschen Bosheit groß war auf Erden und alles Dichten und Trachten ihres Herzens nur böse war immerdar...« 1.Mose 6,5 Die Bewohner der vorsintflutlichen Welt wandten sich von ihrem Schöpfer ab und weigerten sich, Seinem heiligen Willen zu gehorchen. Sie folgten lieber ihren eigenen, unheiligen Vorstellungen und verderbten Gedanken. Wegen ihrer Bosheit wurden sie vernichtet, und heute folgt die Welt dem gleichen Weg. Es sieht wirklich nicht nach einer kommenden tausendjährigen Herrlichkeit aus. Die Übertreter des Gesetzes füllen die Erde mit ihrer Bosheit. Ihre Wettleidenschaft, ihr Pferderennsport, ihr Glücksspiel, ihre Zerstreuung, ihre lüsternen Handlungen, ihre unmäßigen Leidenschaften erfüllen die Welt schnell mit Gewalt.

In der Weissagung von der Zerstörung Jerusalems sagte der Herr: »Und weil die Ungerechtigkeit überhand nehmen wird, wird die Liebe in vielen erkalten. Wer aber beharrt bis ans Ende, der wird selig werden. Und es wird gepredigt werden dies Evangelium vom Reich in der ganzen Welt zum Zeugnis für al-

le Völker, und dann wird das Ende kommen.« Matthäus 24,12-14

Auch diese Weissagung wird sich erfüllen. Die überhand nehmende Ungerechtigkeit jenes Tages spiegelt sich in unserer Generation wider, jedoch auch die Erfüllung der verheißenen weltweiten Evangeliumsverkündigung. Vor dem Fall Jerusalems erklärte Paulus, geleitet vom Heiligen Geist, dass das Evangelium »gepredigt ist allen Geschöpfen unter dem Himmel.« Kolosser 1,23 So muss nun auch vor der Wiederkunft Christi das ewige Evangelium »allen Nationen und Stämmen und Sprachen und Völkern« Offenbarung 14,6 gepredigt werden. Gott hat »einen Tag festgesetzt, an dem er den Erdkreis richten will«, Apostelgeschichte 17,31 und Christus teilt uns den Anbruch dieser Zeit mit. Er sagt nicht, dass die ganze Welt bekehrt werden würde, sondern nur: »Es wird gepredigt werden dies Evangelium vom Reich in der ganzen Welt zum Zeugnis für alle Völker, und dann wird das Ende kommen.« Matthäus 24,14

Durch die Verkündigung des Evangeliums liegt es in unserer Macht, Christi Wiederkunft zu beschleunigen. Wir sollen nicht nur auf sie warten, sondern der Zukunft des Herrn entgegeneilen. vgl. 2.Petrus 3,12 Hätte die Gemeinde Christi das ihr aufgetragene Werk nach Seinem Willen ausgeführt, dann würde die Welt längst gewarnt worden sein und der Herr wäre mit großer Kraft und Herrlichkeit schon auf diese Erde gekommen.

Nachdem Jesus ihnen die Zeichen Seines Kommens erläutert hatte, sprach Er weiter: »Wenn ihr seht, dass dies alles geschieht, so wisst, dass das Reich Gottes nahe ist.« »Seid allezeit wach und betet.« Lukas 21,31.36

Gott hat die Menschen vor kommenden Gerichten stets gewarnt. Wer Seiner Warnungsbotschaft vertraute, Seinen Geboten gehorsam war und nach Seinem Willen handelte, der blieb vor den Heimsuchungen bewahrt, die über die Ungehorsamen und Ungläubigen hereinbrachen. Zu Noah wurde einst gesagt: »Geh in die Arche, du und dein ganzes Haus; denn dich habe ich gerecht erfunden vor mir zu dieser Zeit.« 1.Mose 7,1 Noah folgte der Aufforderung des Herrn und wurde gerettet. Lot empfing die Botschaft: »Macht euch auf und geht aus diesem Ort, denn der Herr wird diese Stadt verderben.« 1.Mose 19,14 Lot begab sich unter die Obhut der himmlischen Boten und wurde bewahrt. Auch Christi Jünger wurden vor der Zerstörung Jerusalems gewarnt. Wer von ihnen auf die Zeichen des nahenden Untergangs achtete und aus der Stadt floh, entkam der Zerstörung. So sind auch uns genügend Zeichen der Wiederkunft Christi und des Verderbens, das über die Welt hereinbrechen wird, gegeben worden. Wer diese Warnungen beachtet, wird gerettet werden.

Da wir Tag und Stunde Seines Kommens nicht wissen, sind wir aufgefordert, wach zu bleiben. »Selig sind die Knechte, die der Herr, wenn er kommt, wachend findet.« Lukas 12,37 Alle, die auf das Kommen des Herrn warten, werden nicht untätig sein. Die Erwartung der Wiederkunft Christi wird sie veranlassen, die Menschen zu mahnen, den Herrn und Seine Gerichte zu fürchten. Es gilt, ihnen die Sünde bewusst zu machen, die in der Ablehnung der göttlichen Gnade besteht. Die auf Jesu Erscheinen warten, reinigen ihre Seelen, indem sie der Wahrheit gehorsam sind, und sie verbinden ihr aufmerksames Wachen mit eifrigem Wirken. Sie wissen, dass der Tag der Erscheinung Christi nahe ist und nutzen deshalb jede Gelegenheit, mit den himmlischen Wesen für das Heil von Menschenseelen zusammenzuarbeiten. Das sind die treuen und weisen Haushalter, die den Leuten zur rechten Zeit geben, was ihnen zusteht, vgl. Luk. 12,42 denn sie lehren die Wahrheit, die der gegenwärtigen Lage besonders entspricht. Wie Henoch, Noah, Abraham und Mose die Wahrheit für ihre Zeit verkündigten, so werden Gottes Boten nun eine besondere Warnungsbotschaft auch dieser Generation mitteilen.

Christus weist aber noch auf eine andere Menschengruppe hin: »Wenn aber jener Knecht in seinem Herzen sagt: Mein Herr kommt noch lange nicht, und fängt an, die Knechte und Mägde zu schlagen, auch zu essen und zu trinken und sich voll zu saufen: dann wird der der Herr dieses Knechtes kommen an einem Tage, an dem er's nicht erwartet.« Lukas 12,45f Der untreue Knecht sagt sich: »Mein Herr kommt noch lange nicht.« Matthäus 24,48 Er sagt nicht, dass der Herr überhaupt nicht kommen wird, er spottet auch nicht über den Gedanken Seiner Wiederkunft. In seinem Herzen aber und durch sein Reden und Handeln erklärt er, dass der Herr Sein Kommen verzögern wird. Er nimmt den anderen die Gewissheit der baldigen Wiederkunft Christi und verleitet sie zu einem vermessenen, sorglosen Leben. Sie werden in ihrer Weltlichkeit und Stumpfheit bestärkt. Irdische Leidenschaften, verderbte Gedanken nisten in ihrem Gemüt. Der untreue Knecht isst und trinkt mit den Trunkenen und vereint sich mit der Welt im Streben nach Vergnügungen. Er schlägt seine Gefährten, indem er jene anklagt und verurteilt, die ihrem Herrn treu sind. Er vermischt sich mit der Welt und versinkt mit ihr immer tiefer in Sünde. Es ist ein schreckliches Aufgehen in den Verstrickungen der Welt. »Dann wird der Herr dieses Knechtes kommen an einem Tage, an dem er's nicht erwartet, und zu einer Stunde, die er nicht kennt, und wird ihn in Stücke hauen lassen und wird ihm sein Teil geben bei den Ungläubigen.« Lukas 12,46

»Wenn du aber nicht wachen wirst, werde ich kommen wie ein Dieb, und du wirst nicht wissen, zu welcher Stunde ich über dich kommen werde.« Offenbarung 3,3 Das Kommen Christi wird die falschen Lehrer überraschen, die immer gesagt haben: »Es ist Friede, es hat keine Gefahr.« 1.Thessalonicher 5,3

Wie schon die Priester und Schriftgelehrten vor der Zerstörung Jerusalems, betrachten sie die Gemeinde als Mittel, um sich irdischen Wohlergehens und Ruhmes zu erfreuen. Die Zeichen der Zeit interpretieren sie, als deuteten sie dies an. Doch was sagt das Wort Gottes von solchen Menschen? Es »wird sie das Verderben schnell überfallen.« 1.Thessalonicher 5,3 Über alle Bewohner der Erde, über alle, die diese Welt zu ihrer Heimat gemacht haben, wird der Tag Gottes wie ein Fallstrick, wie ein schleichender Dieb hereinbrechen.

Die Welt – voller Aufruhr und gottloser Vergnügungen – schläft und wiegt sich in fleischlicher Sicherheit. Die Menschen weisen die Wiederkunft des Herrn weit von sich und lachen über die Warnungsbotschaften. Ihre stolze Überheblichkeit spricht: Es »bleibt ... alles, wie es von Anfang der Schöpfung gewesen ist«, es »soll morgen sein wie heute und noch viel herrlicher.« 2.Petrus 3,4; Jesaja 56,12 Wir wollen uns noch viel ausgelassener ins Vergnügen stürzen. Christus aber sagt: »Siehe, ich komme wie ein Dieb.« Offenbarung 16,15 Die Zeichen des Endes erfüllen sich zur selben Zeit, da die Welt verächtlich fragt: »Wo bleibt die Verheißung seines Kommens?« 2.Petrus 3,4 Während sie ruft: »Es ist Friede, es hat keine Gefahr«, bricht plötzliche Vernichtung über sie herein. Wenn die Spötter und jene, die die Wahrheit zurückweisen, vermessen geworden sind, wenn die Alltagsgeschäfte in den verschiedenen Branchen ohne Rücksicht auf die Einhaltung ehrenwerter Grundsätze betrieben werden und die Forscher auf allen Bereichen außer dem des Bibelstudiums eine Vertiefung ihrer Erkenntnis suchen, dann wird Christus wie ein Dieb wiederkommen.

Die Welt befindet sich ganz und gar in Aufruhr. Die Zeichen der Zeit sind unheilvoll, und kommende Ereignisse werfen ihre Schatten voraus. Der Geist Gottes zieht sich von der Erde immer mehr zurück. Schlag auf Schlag folgen Katastrophen zu Wasser und zu Lande. Es gibt Stürme, Erdbeben, Riesenbrände, Überschwemmungen und Gewalttaten aller Art. Wer weiß, was die Zukunft birgt? Wo ist Sicherheit zu finden? Weder bei Menschen noch irgendwo sonst auf Erden gibt es Geborgenheit. Eilig scharen sich die Menschen unter das von ihnen erwählte Banner und warten voller Unruhe auf die Handlungen ihrer Führer. Daneben aber gibt es auch jene, die das Erscheinen ihres Herrn wachsam erwarten und sich dafür einsetzen. Wieder eine andere Gruppe reiht sich unmittelbar in das Kommando des ersten und obersten Abtrünnigen ein. Nur wenige glauben von Herzen daran, dass wir eine Hölle zu fürchten und einen Himmel zu gewinnen haben. So kommt die Krise allmählich auf uns zu.

Noch scheint die Sonne am Himmelszelt, noch kreist sie auf ihrer Bahn, noch erzählen die Himmel des Ewigen Ehre. Die Menschen essen und trinken, pflanzen und bauen, heiraten und lassen sich heiraten. Sie rempeln einander aus dem Weg, um den höchsten Platz zu gewinnen. Vergnügungssüchtige füllen die Theater, Rennbahnen und Spielhöllen. Überall herrscht das unruhige Hasten und Treiben der Welt. Die Gnadenzeit neigt sich dem Ende zu, und das Schicksal des Einzelnen wird dann auf ewig entschieden sein.

Satan sieht, dass seine Zeit kurz ist. Er setzt alle seine Kräfte und Möglichkeiten ein, um die Menschen zu täuschen, irrezuführen, zu fesseln und zu bezaubern, bis die Gnadenzeit vorüber ist und die Tür der Barmherzigkeit sich für immer geschlossen hat.

Ernst und feierlich klingen die warnenden Worte des Herrn, die Er einst auf dem Ölberg sprach, durch die Jahrhunderte an unser Ohr: »Hütet euch aber, dass eure Herzen nicht beschwert werden mit Fressen und Saufen und mit täglichen Sorgen und dieser Tag nicht plötzlich über euch komme … So seid allezeit wach und betet, dass ihr stark werdet, zu entfliehen diesem allen, was geschehen soll, und zu stehen vor dem Menschensohn.« Lukas 21,34.36

KAPITEL 70

*Auf Grundlage von
Matthäus 25,31-46*

DER *GERINGSTE* DIESER MEINER *BRÜDER*

»Wenn aber der Menschensohn kommen wird in seiner Herrlichkeit und alle Engel mit ihm, dann wird er sitzen auf dem Thron seiner Herrlichkeit, und alle Völker werden vor ihm versammelt werden. Und er wird sie voneinander scheiden...« Matthäus 25,31f Auf dem Ölberg stellte Jesus Seinen Jüngern diese Szene vom großen Gerichtstag vor und verdeutlichte, dass das Urteil des Gerichts nur von einem abhängig sein wird. Wenn die Völker vor Ihm versammelt werden, wird es nur zwei Gruppen von Menschen geben. Ihr ewiges Schicksal wird allein davon abhängen, was sie Ihm in der Gestalt armer, leidender Mitmenschen getan oder verweigert haben.

An jenem Tag wird Christus den Menschen nicht zeigen, welch großes Werk Er durch die Hingabe Seines Lebens zu ihrer Erlösung vollbracht hat, sondern Er wird das gewissenhafte Werk zeigen, das sie für Ihn vollbracht haben. Zu denen zu Seiner Rechten wird Er sagen: »Kommt her, ihr Gesegneten meines Vaters, ererbt das Reich, das euch bereitet ist von Anbeginn der Welt! Denn ich bin hungrig gewesen, und ihr habt mir zu essen gegeben. Ich bin durstig gewesen, und ihr habt mir zu trinken gegeben. Ich bin ein Fremder gewesen, und ihr habt mich aufgenommen. Ich bin nackt gewesen, und ihr habt mich gekleidet. Ich bin krank gewesen und ihr habt mich besucht. Ich bin im Gefängnis gewesen, und ihr seid zu mir gekommen.« Matthäus 25,34-36 Aber jene, die Christus lobt, wissen gar nicht, dass sie Ihm gedient haben. Auf ihre überraschten Fragen antwortet er: »Was ihr getan habt einem unter diesen meinen geringsten Brüdern, das habt ihr mir getan.« Matthäus 25,40

Jesus hatte Seine Jünger wissen lassen, dass sie von allen Menschen gehasst, verfolgt und gekränkt werden würden. Viele von ihnen würden aus ihren Häusern vertrieben und der Armut ausgeliefert werden. Andere wiederum gerieten durch Krankheit und Entbehrung in Not. Wieder andere würden ins Gefängnis geworfen werden. Allen, die um seinetwillen Freunde und Angehörige verlassen müssten, hatte Er bereits für dieses Leben hundertfachen Lohn versprochen. Jetzt sicherte Er denen, die zum Wohl ihrer Brüder wirken, einen besonderen Segen zu. »In allen Menschen, die um meines Namens willen leiden müssen, könnt ihr mich persönlich erkennen«, sagte Er. »Wer mir dienen will, wende sich hilfreich ihnen zu. Damit bezeugt ihr, dass ihr meine Jünger seid.« Jeder, der in die himmlische Familie hineingeboren wurde, ist in besonderem Sinne ein Bruder unseres Herrn. Die Liebe Christi verbindet alle Angehörigen Seiner Familie. Überall, wo Liebe sichtbar wird, offenbart sich die Zugehörigkeit zu Gott. »Wer liebt, der ist von Gott geboren und kennt Gott.« 1.Johannes 4,7

Vielleicht haben jene, die Christus positiv beurteilten, nur wenig theologische Kenntnisse, sie haben jedoch Seine Prinzipien ausgelebt. Durch den Einfluss des Heiligen Geistes wurden sie ihrer Umgebung zum Segen. Sogar unter den Heiden befinden sich Menschen, die den Geist der Güte offenbaren. Noch ehe sie das Wort des Lebens zu hören bekamen, sind sie mit den Missionaren freundlich umgegangen und haben ihnen oft sogar unter Lebensgefahr geholfen. Manche Heiden dienen Gott unwissentlich. Niemals wurde ihnen Sein Licht durch menschliche Boten überbracht. Trotzdem werden sie nicht verloren gehen. Zwar kannten sie das geschriebene Gebot Gottes nicht, vernahmen aber Seine Stimme in der Natur und taten, was das Gesetz verlangte. Ihre Werke beweisen, dass der Heilige Geist ihre Herzen berührt hatte, und Gott erkennt sie als Seine Kinder an. Wie überrascht und beglückt werden die Demütigen unter den Völkern und Heiden einmal von Jesus die Worte vernehmen: »Was ihr getan habt einem von diesen meinen geringsten Brüdern, das habt ihr mir getan.« Matthäus 25,40 Welche Freude wird das Herz der unendlichen Liebe erfüllen, wenn Seine Nachfolger bei Seinen Lobesworten überrascht und voller Freude zu Ihm aufschauen werden!

Christi Liebe beschränkt sich nicht auf eine besondere Menschengruppe, vielmehr ist für Ihn jedes Menschenkind gleich. Damit wir Glieder der himmlischen Familie werden könnten, wurde Er ein Teil der irdischen Familie. Als Menschensohn wurde Er jedem Sohn und jeder Tochter Adams zum Bruder. Seine Nachfolger sollen sich nicht als losgelöst von der sie umgebenden untergehenden Welt betrachten, sondern als Teil der großen menschlichen Familie. In den Augen Gottes sind sie sowohl Brüder der Sünder als auch Brüder der Heiligen. Christi Liebe umschließt alle gefallenen, irrenden und sündigen Menschen. Deshalb betrachtet Er jede Tat der Güte, jeden Akt der Barmherzigkeit, jedes Aufhelfen einer gefallenen Seele so, als wäre es für Ihn getan.

Die Engel Gottes werden gesandt, um denen zu helfen, die Erben des Heils werden sollen. Noch wissen wir nicht, wer dazugehört, und noch ist nicht erkennbar, wer überwinden und am Erbe der Heiligen im Licht teilhaben wird. Jedoch gehen himmlische Wesen über die ganze Erde und versuchen, die Traurigen zu trösten, die Angefochtenen zu schützen und die Herzen der Menschen für Christus zu gewinnen. Niemand wird von ihnen übersehen, keiner achtlos übergangen. Gott sieht nicht die Person an, Er sorgt in gleicher Weise für alle Seine Geschöpfe.

Wenn du einem Notleidenden und Betrübten Christi die Tür öffnest, heißt du damit unsichtbare Engel willkommen. Du lädst dir die Gesellschaft himmlischer Wesen ins Haus, und sie verbreiten eine geheiligte Atmosphäre der Freude und des Friedens. Sie kommen mit einem Lobpreis auf den Lippen, und im Himmel ertönt die Antwort. Jede Tat der Barmherzigkeit lässt dort Musik erklingen. Der Vater auf Seinem Thron sieht in den selbstlosen Dienern Seinen größten Schatz. Die Menschen zur Linken Christi haben Ihn nie als einen Armen und Leidenden wahrgenommen und waren sich keiner Schuld bewusst. Satan hatte sie verblendet, sodass sie nicht erkannten, was sie ihren Brüdern schuldeten. Sie dachten nur an sich selbst und hatten für die Not anderer nichts übrig.

Den Reichen hat Gott Wohlstand gegeben in der Hoffnung, dass sie Seine notleidenden Kinder unterstützen und trösten. Aber allzu oft zeigen sie kein Mitgefühl für die Bedürfnisse anderer. Ihren armen Brüdern gegenüber fühlen sie sich erhaben. Sie versetzen sich nicht in deren Lage und verstehen daher auch nichts von ihren Versuchungen und Kämpfen. Dadurch stirbt die Barmherzigkeit in ihnen ab. In ihren luxuriösen Wohnungen und mit Prunk gefüllten Kirchen schließen sich die Reichen von den Armen ab. Die Mittel, die Gott ihnen zur Linderung der Not anvertraut hat, werden von ihnen verschwenderisch und egoistisch vergeudet. Täglich wird den Armen so die Belehrung über die Gnade Gottes vorenthalten, denn eigentlich hat der Herr ausreichend dafür gesorgt, dass die Armen mit allem Lebensnotwendigen versorgt werden könnten. Sie bekommen jedoch die unangenehmen Folgen der Armut zu spüren und geraten oft in Gefahr, neidisch, misstrauisch und argwöhnisch zu werden.

Wer kaum einmal wirkliche Not an sich selbst erfahren hat, wird die Armen geringschätzig behandeln und sie in dem Gefühl bestärken, als Verlierer angesehen zu werden. Aber Christus sieht das alles und sagt: Ich war es, der hungrig und durstig vor dir stand. Ich war der Fremde, der Kranke, der Gefangene. Während du an deiner reich beladenen Tafel geschlemmt hast, hungerte Ich in einer Elendshütte oder auf einsamer Straße. Du machtest es dir in deiner Luxuswohnung bequem, Ich aber hatte nicht, wohin Ich Mein Haupt legen konnte. Während dein Kleiderschrank die teuren Gewänder kaum fassen konnte, litt Ich Not. Du gingst deinen Vergnügungen nach, während Ich im Gefängnis schmachtete.

Dachtest du jemals daran, dass du dem Herrn der Herrlichkeit etwas gabst, indem du dem armen Verhungernden nur ein Stückchen Brot oder dem erfrierenden ein dünnes Kleidungsstück brachtest? Während der ganzen Zeit deines Lebens war ich täglich in der Person solcher geplagter Menschen neben dir. Du aber hast mich nicht beachtet. Du bleibst deshalb von der Gemeinschaft mit mir ausgeschlossen. Ich kenne dich nicht.

Viele halten es für ein besonderes Privileg, die Stätten des irdischen Lebens Jesu aufzusuchen, Seinen Wegen nachzugehen, über den See zu blicken, an dessen Ufern Er gelehrt hatte, oder auf den Bergen und in den Tälern zu weilen, auf denen so oft Seine Blicke geruht hatten. Wir brauchen jedoch nicht erst nach Nazareth, Kapernaum oder Bethanien zu gehen, wenn wir in Seinen Fußtapfen wandeln wollen. Wir finden Seine Gegenwart am Lager der Kranken, in den Hütten der Armut, in den belebten Straßen der Großstädte und überall dort, wo Menschenherzen Trost brauchen. Wenn wir Jesus in dem nacheifern, was Er auf Erden tat, dann folgen wir Seinen Fußspuren.

Für jeden gibt es in dieser Hinsicht etwas zu tun. »Arme habt ihr allezeit bei euch«, Johannes 12,8 sagte Jesus. Niemand braucht das Gefühl zu haben, dass es für ihn keinen Platz gäbe, wo er dem Herrn dienen könnte. Viele Millionen Menschen sind dem Verderben ausgeliefert und mit Ketten der Unwissenheit und Sünde gebunden. Niemals haben sie auch nur das Geringste von Christi Liebe zu ihnen gehört. Wären wir an ihrer und sie an unserer Stelle, was wünschten wir uns dann wohl von ihnen? All das sollten wir für sie tun, soweit es in unserer Macht liegt. Christi Lebensregel, durch die wir beim Gericht stehen oder fallen werden, lautet: »Alles nun, was ihr wollt, dass euch die Leute tun sollen, das tut ihnen auch!« Matthäus 7,12

Der Heiland hat Sein kostbares Leben dahingegeben, um eine Gemeinde zu bauen, die fähig wäre, sich um jene Menschen zu kümmern, die in Sorgen und Versuchungen verstrickt sind. Eine Gemeinschaft von Gläubigen mag arm, ungebildet und unbekannt sein, doch durch Christus kann sie zuhause, in der Nachbarschaft, in der Gemeinde und sogar in der Ferne eine Wirkung ausüben, deren Früchte erst die Ewigkeit ausweisen wird.

Weil diese Aufgabe unterlassen wird, machen so viele Jünger Jesu kaum Fortschritte im Erlernen des Alphabets christlicher Erfahrung. Das Licht, das in ihren Herzen aufleuchtete, als Jesus zu ihnen sprach: »Deine Sünden sind dir vergeben«, Matthäus 9,2; Lukas 7,48 hätten sie dadurch lebendig erhalten müssen, dass sie anderen in ihrer Not hülfen. Die rastlose Tatkraft, die jungen Menschen so oft gefährlich werden kann, sollte in Kanäle geleitet werden, durch die sie als Strom des Segens weiterfließt. Seine Selbstsucht überwindet man durch ernsthaftes Bemühen, anderen Gutes zu tun.

Wer sich um andere bemüht, dem wird der Oberhirte auch helfen. Er wird selbst vom lebendigen Wasser trinken und zufrieden sein. Er wird sich nicht da-

nach sehnen, vergängliche Freuden oder Abwechslung im Leben

zu haben. Sein erstes Ziel wird sein, Menschenseelen zu retten, die dem Untergang geweiht sind. Der Umgang miteinander wird sich auszahlen, und die Liebe des Erlösers wird die Herzen in Einigkeit verbinden.

Wenn uns bewusst ist, dass wir Gottes Mitarbeiter sind, dann werden wir nicht gleichgültig über Seine Verheißungen sprechen. Sie werden vielmehr in unseren Herzen brennen und unseren Mund auftun. Als Mose aufgefordert wurde, einem unwissenden, ungehorsamen und aufrührerischen Volk zu dienen, versprach ihm Gott: »Mein Angesicht soll vorangehen; ich will dich zur Ruhe leiten.« 2.Mose 33,14 »Ich will mit dir sein.« 2.Mose 3,12 Das Versprechen gilt allen, die sich an Christi Statt für Betrübte und Notleidende einsetzen.

Die Liebe zum Menschen ist die zur Erde gerichtete Bekundung der Liebe Gottes. Um diese Liebe in uns einzupflanzen und uns zu Kindern der einen großen Familie zu machen, wurde der König der Herrlichkeit eins mit uns. Wenn Sein Abschiedswort: »Das ist mein Gebot, dass ihr euch untereinander liebt, wie ich euch liebe«, Johannes 15,12 von uns erfüllt wird, wenn wir die Welt so lieben, wie Er sie geliebt hat, dann hat Sein Auftrag an uns gewirkt. Wir sind bereit für den Himmel, denn wir tragen Ihn in unseren Herzen.

»Errette, die man zum Tode schleppt, und entzieh dich nicht denen, die zur Schlachtbank wanken. Sprichst du: Siehe, wir haben's nicht gewusst!, fürwahr, der die Herzen prüft, merkt es, und der auf deine Seele Acht hat, weiß es und vergilt dem Menschen nach seinem Tun.« Sprüche 24,11f

An dem großen Gerichtstag wird der Richter der Welt alle die zu den Bösen rechnen, die nichts für Christus getan haben, sondern nur an sich selbst dachten und allein für sich sorgten. Sie verfallen dem gleichen verdammenden Urteilsspruch wie die Übeltäter. Jedem ist ein besonderes Gut anvertraut worden. Jeden wird der Oberhirte dereinst fragen: »Wo ist nun die Herde, die dir befohlen war, deine herrliche Herde?« Jeremia 13,20

KAPITEL 71

Auf Grundlage von
Lukas 22,7-18
Johannes 13,1-17

EIN DIENER ALLER DIENER

Im oberen Raum eines Hauses in Jerusalem saß Christus mit Seinen Jüngern zu Tisch. Sie hatten sich hier versammelt, um das Passah zu feiern, und der Heiland wollte dieses Fest mit Seinen Jüngern allein feiern. Er wusste, dass Seine Zeit gekommen war. Er selbst war das wahre Passahlamm. An dem Tag, an dem das Passah gegessen wurde, würde Er geopfert werden. Er stand im Begriff, den Kelch des Zorns zu trinken und würde bald die Leidenstaufe empfangen müssen. Nur wenige Stunden blieben Ihm noch, und die wollte Er zum Wohl seiner geliebten Jünger verbringen.

Das Leben Jesu auf Erden war ein Leben selbstlosen Dienens gewesen. Alle Seine Taten hatten gezeigt, dass Er nicht gekommen war, »dass er sich dienen lasse, sondern dass er diene.« Matthäus 20,28 Seine Jünger hatten dies noch nicht begriffen, darum wiederholte Jesus bei diesem letzten Passahmahl Seine Lehre mit Hilfe einer Veranschaulichung, damit sie ihren Herzen und dem Verstand unauslöschlich eingeprägt werde. Die Stunden des Alleinseins mit ihrem Meister – von ihnen allen sehr geschätzt – waren den Jüngern immer ein Quelle reicher Freude. Das Passahmahl war stets ein Ereignis von besonderem Reiz gewesen, doch an diesem Passahfest zeigte sich der Herr betrübt. Sein Herz war bedrückt, und ein Schatten lag auf Seinem Angesicht. Als Er mit den Jüngern in dem oberen Saal zusammentraf, erkannten sie gleich, dass irgendetwas Sein Gemüt beschwerte. Obwohl sie die Ursache nicht wussten, nahmen sie doch innig Anteil an Seinem Kummer. Als sie um den Tisch versammelt waren, sagte Jesus mit bewegter Stimme: »Mich hat herzlich verlangt, dies Passahlamm mit euch zu essen, ehe ich leide. Denn ich sage euch, dass ich es nicht mehr essen werde, bis es erfüllt wird im Reich Gottes.

Und er nahm den Kelch, dankte und sprach: Nehmt ihn und teilt ihn unter euch; denn ich sage euch: Ich werde von nun an nicht trinken von dem Gewächs des Weinstocks, bis das Reich Gottes kommt.« Lukas 22,15-18 Christus wusste, dass die Zeit für Ihn gekommen war, diese Welt zu verlassen und zu Seinem Vater zu gehen. Er hat die Seinen in dieser Welt geliebt, und Er liebte sie bis ans Ende. Nun befand Er sich im Schatten des Kreuzes, und Schmerz peinigte Sein Herz. Er wusste, dass Er in der Stunde des Verrats allein stehen würde. Er wusste auch, dass Er durch den demütigendsten Prozess, dem Verbrecher je unterworfen wurden, zum Tod verurteilt werden würde.

Er kannte die Undankbarkeit und Grausamkeit derer, die zu retten Er gekommen war. Ihm war die Größe Seines Opfers bewusst, und Ihm war auch klar, für wie viele Menschen es vergebens sein werde. Da Er wusste, was Ihm bevorstand, vermochten die Gedanken an Seine Erniedrigung und Sein Leiden Ihn naturgemäß zu überwältigen. Er blickte aber auf die Zwölf, die sich Ihm mit ganzem Herzen angeschlossen hatten und die, wenn die Zeit Seiner Leiden vorüber wäre, dann allein sein würden in dem Ringen, in dieser Welt zu bestehen. Die Gedanken an Sein Opfer verbanden sich stets mit Seinen Jüngern. Er dachte nicht an sich selbst, vielmehr beherrschte Ihn auch jetzt die Sorge um sie.

An diesem letzten Abend hatte Jesus Seinen Jüngern viel zu sagen. Wären sie bereit gewesen, das aufzunehmen, was Er ihnen mitteilen wollte, dann wären sie vor herzzerreißender Pein, vor Enttäuschung und Unglauben bewahrt geblieben. Doch Jesus sah, dass sie nicht tragen konnten, was Er ihnen zu sagen hatte. Er blickte sie traurig an, und die mahnenden und tröstenden Worte erstarben auf Seinen Lippen. Tiefes Schweigen erfüllte den Raum. Der Heiland schien auf etwas zu warten. Den Jüngern wurde es unbehaglich. Das durch den Kummer ihres Meisters hervorgerufene Mitgefühl und die Anteilnahme an Seinem Schicksal schienen verschwunden zu sein. Seine bekümmerten Worte, die auf Seinen Leidensweg hinwiesen, hatten nur wenig Eindruck auf sie gemacht. Die Blicke, die sie einander zuwarfen, waren vielmehr von Eifersucht und Streit geprägt.

Es war »ein Streit unter ihnen, wer von ihnen als der Größte gelten solle.« Lukas 22,24 Dieser Streit, den sie auch in Jesu Gegenwart noch fortsetzten, betrübte und verletzte den Heiland. Die Zwölf klammerten sich an ihre Lieblingsidee, dass ihr Meister Seine Macht durchsetzen und den Thron Davids einnehmen möchte und im Herzen sehnte sich jeder danach, in diesem Reich der Größte zu sein. Sie hatten sich untereinander abschätzend betrachtet, statt aber ihren Bruder für würdiger zu achten, hatten sie sich selbst auf den ersten Platz gesetzt. Die Bitte der Brüder Jakobus und Johannes an Jesus, zur Rechten und Linken Seines Thrones sitzen zu dürfen, hatte den Unwillen der anderen hervorgerufen. Dass die beiden es gewagt hatten, nach dem höchsten Platz an der Seite Jesu zu fragen, erregte die Zehn so sehr, dass sie sich einander zu entfremden drohten. Sie fühlten sich falsch beurteilt, sie meinten, ihre Treue und ihre Begabung sei nicht richtig gewürdigt; besonders Judas stritt sehr heftig gegen Jakobus und Johannes. Als die Jünger den Saal betraten, waren ihre Herzen mit Groll erfüllt. Judas drängte sich an Jesu linke Seite,

Johannes setzte sich rechts von Ihm. Wenn es einen höchsten Platz gab, dann war Judas stets bestrebt, ihn einzunehmen, und als solcher galt ein Platz, der sich in nächster Nähe des Herrn befand; dabei war Judas ein Verräter.

Eine weitere Ursache der Uneinigkeit kam auf. Zu dem Fest war es üblich, dass ein Diener den Gästen die Füße wusch, und dafür waren die entsprechenden Vorbereitungen getroffen worden. Der Krug, die Schüssel und das Handtuch waren bereit. Die Fußwaschung konnte beginnen. Da aber kein Diener anwesend war, gehörte es zur Aufgabe der Jünger, diesen Dienst zu erfüllen. Doch keiner der Jünger konnte sich entschließen, seinen verwundeten Stolz aufzugeben und sich als Diener zu betätigen. Alle zeigten eine sture Gleichgültigkeit, ohne sich dessen bewusst zu sein, dass hier etwas für sie zu tun war. Durch ihr Stillschweigen lehnten sie es ab, sich zu demütigen. Was musste der Herr für diese armen Seelen tun, damit Satan keinen größeren Einfluss auf sie gewann? Wie konnte Er ihnen klar machen, dass nicht allein das Bekenntnis der Jüngerschaft sie zu Seinen Nachfolgern machte oder ihnen einen Platz in Seinem Reich sicherte? Wie konnte Er ihnen zeigen, dass wahre Größe in echter Demut und im Dienst für andere besteht? Wie konnte Er Liebe in ihren Herzen entzünden und sie befähigen, das zu verstehen, was Er ihnen sagen wollte?

Die Jünger aber machten keinerlei Anstalten, einander zu dienen. Jesus wartete eine Weile, um zu sehen, was sie tun würden, dann erhob Er sich von der Tafel, legte das störende Oberkleid ab, »nahm einen Schurz und umgürtete sich.« Erstaunt sahen die Jünger zu; schweigend warteten sie, was nun folgen würde. »Danach goss er Wasser in ein Becken, fing an, den Jüngern die Füße zu waschen, und trocknete sie mit dem Schurz, mit dem er umgürtet war.« Johannes 13,4f Diese Handlung Jesu öffnete den Jüngern die Augen, und bittere Scham erfüllte ihre Herzen, sie fühlten sich gedemütigt. Sie verstanden den unausgesprochenen Tadel und sahen sich selbst in einem ganz neuen Licht.

So drückte Jesus Seine Liebe zu Seinen Jüngern aus. Ihr selbstsüchtiger Geist machte Ihn traurig, aber Er ließ sich in dieser Angelegenheit in keinerlei Auseinandersetzung mit ihnen ein, sondern gab ihnen ein Beispiel, das sie nie vergessen würden. Seine Liebe zu ihnen konnte nicht so leicht gestört oder erstickt werden. Er »wusste, dass ihm der Vater alles in seine Hände gegeben hatte und dass er von Gott gekommen war und zu Gott ging.« Johannes 13,3

Der Heiland war sich Seiner Göttlichkeit völlig bewusst, hatte aber Seine Königskrone und Seine königlichen Gewänder abgelegt und die Gestalt eines Knechtes angenommen. Eine der letzten Handlungen auf Erden war, sich wie ein Diener zu gürten und die Aufgabe eines Dieners zu erfüllen. Vor dem Passafest hatte sich Judas ein zweites Mal mit den Pharisäern und Schriftgelehrten getroffen und mit ihnen vereinbart, Jesus in ihre Hände zu spielen.

Trotzdem mischte er sich danach unter die Jünger, als ob er nie etwas Unrechtes getan hätte, ja, er nahm sogar an den Festvorbereitungen regen Anteil. Die Jünger wussten nichts von seiner Absicht, nur Jesus kannte sein Geheimnis. Dennoch stellte Er ihn nicht bloß, denn Er sorgte sich um dessen Seele, für die Er die gleiche Bürde auf sich lasten fühlte wie für Jerusalem, als Er über die zum Untergang verurteilte Stadt weinte. Sein Herz rief: »Wie könnte ich dich aufgeben!« Judas spürte die bezwingende Macht dieser Liebe, und als Jesu Hände seine beschmutzten Füße wuschen und mit dem Schurz abtrockneten, wurde sein Herz mächtig bewegt von dem Gedanken, seine Sünde sofort zu bekennen. Er schreckte aber vor der Demütigung zurück und verhärtete sein Herz gegen die in ihm aufbrechende Reue. Die alten Regungen, für einen Augenblick zurückgedrängt, beherrschten ihn wieder. Er war sogar darüber aufgebracht, dass Jesus seinen Jüngern die Füße wusch. Wer sich so weit erniedrigte, dachte er, konnte nicht Israels König sein! Alle Hoffnungen auf weltliche Ehre in einem irdischen Königreich waren zunichte gemacht. Judas war überzeugt, dass es in der Nachfolge Christi nichts zu gewinnen gab. Nachdem Jesus sich offenbar erniedrigt hatte, fühlte sich Judas in seiner Absicht bestärkt, Ihn nicht mehr als Herrn und Meister anzuerkennen, ja, er hielt sich sogar für den Betrogenen. Er war von einem bösen Geist besessen und beschloss, das Werk zu vollenden, das er begonnen hatte, nämlich seinen Herrn zu verraten. Bei der Platzwahl am Tisch des Herrn hatte Judas mit Erfolg versucht, den ersten Platz zu erlangen, und so diente ihm Jesus auch zuerst. Johannes, gegen den Judas so sehr verbittert war, musste bis zuletzt warten. Er wertete das jedoch nicht als Tadel oder als einen Ausdruck der Geringschätzung.

Die Jünger waren tief bewegt, als sie Jesu Handlungsweise sahen. Als Petrus an die Reihe kam, rief dieser bestürzt aus: »Herr, solltest du mir die Füße waschen?« Jesu Herablassung bedrückte ihn. Er schämte sich bei dem Gedanken, dass nicht einer der Jünger zu diesem Dienst bereit gewesen war. Doch »Jesus antwortete und sprach zu ihm: Was ich tue, das verstehst du jetzt nicht; du wirst es aber hernach erfahren.« Johannes 13,6f

Petrus konnte es nicht ertragen, Seinen Herrn, von dem er glaubte, dass er Gottes Sohn sei, als Diener vor sich zu sehen. Sein ganzes Empfinden lehnte sich gegen diese Demütigung auf. Er erkannte nicht, dass Christus allein aus diesem Grund in die Welt gekommen war. Mit aller Entschiedenheit sprach er: »Nimmermehr sollst du mir die Füße waschen!« Feierlich erwiderte ihm Jesus: »Wenn ich dich nicht wasche, so hast du kein Teil an mir.« Johannes 13,8 Der Dienst, den Petrus verweigerte, war das Sinnbild einer höheren Reinigung. Christus war gekommen, das Herz vom Makel der Sünde zu reinigen. Indem Petrus dem Herrn nicht erlauben wollte, ihm die Füße zu waschen, wehrte er sich gleichzeitig gegen die Reinigung seines Herzens und verwarf dadurch eigentlich Seinen Herrn. Es ist nicht demütigend für den Herrn, wenn wir Ihm erlauben, uns zu reinigen. Wahre Demut ist, mit dankbarem Herzen jede für uns getroffene Fürsorge anzunehmen und ernsthaft für Ihn zu wirken.

Bei den Worten: »Wenn ich dich nicht wasche, so hast du kein Teil an mir« gab Petrus seinen Stolz und Eigensinn auf. Er konnte den Gedanken der Trennung von Christus nicht ertragen, das hätte für ihn den Tod bedeutet. »Herr, nicht die Füße allein«, rief er aus, »sondern auch die Hände und das Haupt! Spricht Jesus zu ihm: Wer gewaschen ist, der bedarf nichts, als dass ihm die Füße gewaschen werden; denn er ist ganz rein.« Johannes 13,9f

Das meint mehr als nur die körperliche Reinheit. Christus spricht hier von einer höheren Reinigung, dargestellt durch die niedrigere. Wer aus dem Bad kam, war rein. Nur die mit Sandalen bekleideten Füße wurden bald wieder staubig und mussten erneut gereinigt werden. So waren Petrus und seine Mitjünger in der großen Quelle gereinigt worden, die für alle Sünde und Unreinheit zugänglich ist. Der Herr anerkannte sie als die Seinen, aber die Versuchung hatte sie zur Sünde verführt, und sie brauchten noch Seine reinigende Gnade. Als sich der Heiland mit dem Schurz umgürtete, um den Staub von ihren Füßen zu waschen, wollte Er gerade durch diese Handlung ihr Herz von Eifersucht, Zwietracht und Stolz befreien. Dies war die wirkliche Bedeutung der Fußwaschung.

Mit dem Geist, der sie damals beherrschte, war nicht einer von ihnen zur Gemeinschaft mit Jesus fähig. Solange sie den Geist der Demut und Liebe nicht besaßen, waren sie nicht vorbereitet, das Passahmahl zu genießen oder an der Gedächtnisfeier teilzunehmen, die der Heiland gerade einsetzen wollte. Ihre Herzen mussten gereinigt werden. Stolz und Selbstsucht erzeugen Zwietracht und Hass. Dies alles tilgte Jesus, indem Er ihnen die Füße wusch. Ihr Herz änderte sich, und als Jesus auf sie blickte, konnte Er sagen: »Ihr seid rein.« Johannes 13,9f Jetzt herrschte Gemeinschaft der Herzen, und sie liebten einander. Sie waren bescheiden und lernbegierig geworden. Außer Judas waren sie alle bereit, einer dem andern den höchsten Platz einzuräumen. Sie konnten nun mit ergebenem, dankbarem Herzen die Worte Ihres Meisters aufnehmen.

Wie Petrus und die anderen Jünger, so sind auch wir in dem Blut Christi gewaschen worden, doch wird oft des Herzens Reinheit durch die Berührung mit dem Bösen beschmutzt, und wir müssen zu Christus kommen, um Seine reinigende Gnade zu empfangen. Petrus lehnte es entsetzt ab, seine staubigen Füße von den Händen seines Herrn und Meisters berühren zu lassen. Wie oft kommen doch unsere sündigen, unreinen Herzen mit der Heiligkeit Jesu in Berührung! Wie schmerzlich treffen Ihn unsere Launen, unsere Eitelkeit und unser Stolz! Und

doch müssen wir alle Mängel und Gebrechen zu Ihm bringen. Er allein kann uns davon rein waschen. Wir sind nicht auf die Gemeinschaft mit Ihm vorbereitet, wenn wir nicht durch Seine Kraft gereinigt sind.

Jesus sagte den Jüngern: »Ihr seid rein, aber nicht alle.« Johannes 13,10 Auch Judas waren die Füße gewaschen worden, aber sein Herz hatte sich Jesus nicht geöffnet – es war nicht gereinigt. Judas hatte sich Christus nicht ausgeliefert.

Nachdem Christus den Jüngern die Füße gewaschen, Seine Kleider genommen und sich wieder niedergelassen hatte, sprach Er: »Wisst ihr, was ich euch getan habe? Ihr nennt mich Meister und Herr und sagt es mit Recht, denn ich bin's auch. Wenn nun ich, euer Herr und Meister, euch die Füße gewaschen habe, so sollt auch ihr euch untereinander die Füße waschen. Ein Beispiel habe ich euch gegeben, damit ihr tut, wie ich euch getan habe. Wahrlich, wahrlich, ich sage euch: Der Knecht ist nicht größer als sein Herr und der Apostel größer als der, der ihn gesandt hat.« Johannes 13,12-16 Obwohl Christus Seinen Jüngern die Füße gewaschen hatte, tat dies Seiner Würde keinen Abbruch, dies wollte Er den Jüngern durch Sein Beispiel klarmachen. »Ihr nennt mich Meister und Herr und sagt es mit Recht, denn ich bin's auch.« Johannes 13,13 Gerade weil Er so unendlich erhaben war, verlieh Er dem Dienen Würde und Bedeutung. Niemand war so überaus groß wie Christus, und doch beugte Er sich zum demütigendsten Dienst. Damit Sein Volk nicht durch die Selbstsucht verführt würde, die im unbekehrten menschlichen Herzen wohnt und durch Eigennutz noch gestärkt wird, gab Christus selbst ein Beispiel der Demut. Er wollte diese wichtige Angelegenheit nicht der menschlichen Verantwortung überlassen. Für Ihn war dies von so großer Tragweite, dass Er, der allein mit Gott eins ist, selbst als Diener an Seinen Jüngern handelte. Während sie, die Ihn ihren Herrn nannten, sich um den höchsten Rang stritten, bückte Er sich vor ihnen nieder, – Er, vor dem sich alle Knie beugen sollen und dem zu dienen die heiligen Engel sich zur Ehre anrechnen – und wusch ihnen die Füße. Ja, Er wusch sogar die Füße Seines Verräters.

Christus gab in Seinem Leben ein vollkommenes Beispiel selbstlosen Dienens, das seinen Ursprung in Gott hat. Gott lebt nicht für sich selbst. In der Erschaffung der Welt und in der Erhaltung aller Dinge kümmert Er sich ständig um den Menschen. »Er lässt seine Sonne aufgehen über Böse und über Gute und lässt regnen über Gerechte und Ungerechte.« Matthäus 5,45 Dieses Vorbild des Dienens übertrug der Vater auf den Sohn. Jesus stand an der Spitze der Menschheit, die Er durch Sein Beispiel lehren sollte, was es heißt, zu dienen. Sein ganzes Leben stand unter dem Gesetz des Dienstes. Er diente allen, und Er half allen. So lebte Er in vollkommener Übereinstimmung mit dem Willen Gottes und zeigte durch Sein Beispiel, wie wir das Gesetz Gottes erfüllen können. Der Heiland hatte immer wieder versucht, Seinen Jüngern dieses Prinzip einzuprägen. Als Jakobus und Johannes um einen Vorrang baten, hatte

Er gesagt: »Wer unter euch groß sein will, der sei euer Diener.« Matthäus 20,26 In meinem Reich ist kein Raum für irgendeine Bevorzugung und Vorherrschaft. Die einzige Größe ist die der Demut, und die einzige Auszeichnung besteht in der Hingabe an den Dienst für andere. Jesus sagte, nachdem Er den Jüngern die Füße gewaschen hatte: »Ein Beispiel habe ich euch gegeben, damit ihr tut, wie ich euch getan habe.« Johannes 13,15 Mit diesen Worten hatte Jesus nicht nur das Üben von Gastfreundschaft zur Pflicht gemacht. Es war mehr damit gemeint als nur die Füße zu waschen, um sie vom Reisestaub zu säubern. Christus setzte hiermit eine religiöse Ordnung ein. Durch die Tat unseres Herrn wurde diese demütigende Zeremonie zu einem geheiligten Dienst erhoben. Den sollten die Jünger weiterführen, damit sie Jesu Lehren der Demut und der Hingabe nicht vergäßen, sondern stets im Gedächtnis behielten. Diese Fußwaschung ist die von Christus bestimmte Vorbereitung zum heiligen Abendmahl. Solange Stolz, Uneinigkeit und Machtstreben vorherrschen, kann das Herz nicht zur Einmütigkeit mit Christus finden. Wir sind dann nicht bereit, die Gemeinschaft Seines Leibes und Seines Blutes zu empfangen. Deshalb bestimmte Jesus, zuerst das Gedächtniszeichen Seiner Demütigung zu beachten.

Wenn Gottes Kinder zu dieser Feier zusammenkommen, sollten sie sich der Worte Jesu bewusst sein: »Wisst ihr, was ich euch getan habe? Ihr nennt mich Meister und Herr und sagt es mit Recht, denn ich bin's auch. Wenn nun ich, euer Herr und Meister, euch die Füße gewaschen habe, so sollt auch ihr euch untereinander die Füße waschen. Ein Beispiel habe ich euch gegeben, dass ihr tut, wie ich euch getan habe. Wahrlich, wahrlich, ich sage euch: Der Knecht ist nicht größer als sein Herr und der Apostel größer als der, der ihn gesandt hat. Wenn ihr dies wisst, selig seid ihr, wenn ihr's tut.« Johannes 13,12-17 Der Mensch neigt von Natur aus dazu, sich selbst höher zu achten als seinen Bruder. Er strebt nach seinem Vorteil und versucht, den besten Platz zu erringen. Dadurch entstehen übler Argwohn und Bitterkeit. Die dem Abendmahl vorausgehende Handlung soll diese Missverständnisse aus dem Weg räumen. Sie soll die Seele von der Selbstsucht befreien und sie von den Stelzen der Selbstüberhebung herunterholen zu herzlicher Demut, die sie dahin bringen wird, ihrem Bruder zu dienen.

Der heilige Wächter im Himmel ist bei dieser Handlung anwesend, um sie zu einer Zeit der Selbstprüfung, der Sündenerkenntnis und der Gewissheit der Sündenvergebung zu machen. Christus in der Fülle Seiner Gnade ist da, um den Lauf der Gedanken zu ändern, die in selbstsüchtigen Bahnen fließen. Der Heilige Geist belebt das Empfindungsvermögen jener, die dem Beispiel ihres Heilandes folgen. Wenn wir über die Demütigung des Heilandes nachdenken, die Er für uns auf sich nahm, dann reiht sich Gedanke an Gedanke. Eine Kette

von Erinnerungen steht vor Augen, Erinnerungen an Gottes große

Güte sowie an das Wohlwollen und die Freundlichkeit irdischer Freunde. An vergessene Segnungen, missachtete Gnadenerweise, nicht geschätzte Gefälligkeiten erinnern wir uns. Wurzeln der Bitterkeit, die die kostbare Pflanze der Liebe verdrängt haben, werden sichtbar. Charakterfehler, Pflichtversäumnisse, Undankbarkeit gegen Gott, Gleichgültigkeit gegenüber unseren Brüdern, all das wird uns bewusst werden. Unsere Sündhaftigkeit werden wir in dem Licht sehen, in dem Gott sie sieht. Unsere Gedanken sind nicht Gedanken der Selbstgefälligkeit, sondern Gedanken strenger Selbstzucht und Demut. Unser Geist wird gestärkt, um jedes Hindernis zu beseitigen, das die Entfremdung verursacht hat. Böse Gedanken und Verleumdung werden ausgeschaltet, Sünden bekannt und vergeben. Die bezwingende Gnade Jesu wird in uns mächtig werden, und Seine Liebe wird die Herzen zu einer gesegneten Einmütigkeit verbinden.

Wenn man sich die Lehre der Fußwaschung so einprägt, dann entsteht das Verlangen nach einem höheren geistlichen Leben. Auf diesen Wunsch wird der göttliche Zeuge eingehen. Die Seele wird geadelt werden, und wir können in dem Bewusstsein, dass die Sünden vergeben sind, an dem heiligen Mahl teilnehmen. Die Sonne der Gerechtigkeit Christi wird Gemüt und Seele erfüllen, und wir erblicken »Gottes Lamm, das der Welt Sünde trägt.« Johannes 1,29

Wer so den Geist dieser Handlung empfängt, für den kann sie niemals eine reine Formsache werden, sondern ihre beständige Lehre wird sein: »Durch die Liebe diene einer dem andern.« Galater 5,13 Durch die Fußwaschung bewies Jesus den Jüngern, dass Er ihnen jeden Dienst erweisen wollte, wie demütigend er auch sei, damit sie mit Ihm Erben des ewigen Reichtums himmlischer Schätze werden könnten. Seine Jünger verpflichten sich auch, ihren Brüdern ebenso zu dienen, wenn sie den gleichen Brauch ausführen. Jedes Mal, wenn diese Verordnung im rechten Geist durchgeführt wird, werden die Kinder Gottes in eine geheiligte Beziehung zueinander gebracht, um sich gegenseitig zu helfen und zu fördern. Sie versprechen, ihr Leben selbstlosem Dienst zu weihen, und das nicht nur füreinander. Ihr Arbeitsfeld ist umfassender, als das ihres Meisters war. Die Welt ist voll von Menschen, die unseren Dienst brauchen. Arme, Hilflose, Unwissende finden sich überall. Die das Abendmahl mit Christus im oberen Saal gehalten haben, werden hinausgehen, um zu dienen, wie Er gedient hat. Der Heiland kam, um aller Diener zu sein. Weil Er allen diente, werden auch Ihm alle dienen und Ihn ehren. Wer an Seinen göttlichen Eigenschaften und am Anblick der Freude der Erlösten teilhaben will, muss dem Beispiel Jesu folgen und selbstlos dienen.

Dies alles bedeutet: »Ein Beispiel habe ich euch gegeben, dass ihr tut, wie ich euch getan habe.« Das war der Zweck des von Gott eingesetzten Dienstes. »Wenn ihr dies wisst – selig seid ihr, wenn ihr's tut.« Johannes 13,17

KAPITEL 72

Auf Grundlage von
Matthäus 26,20-29; Markus 14,17-25
Lukas 22,14-23; Johannes 13,18-30

»ZU MEINEM GEDÄCHTNIS...«

»**D**er Herr Jesus, in der Nacht, da er verraten ward, nahm er das Brot, dankte und brach's und sprach: Das ist mein Leib, der für euch gegeben wird; das tut zu meinem Gedächtnis. Desgleichen nahm er auch den Kelch nach dem Mahl und sprach: Dieser Kelch ist der neue Bund in meinem Blut; das tut, sooft ihr daraus trinkt, zu meinem Gedächtnis. Denn sooft ihr von diesem Brot esst und aus diesem Kelch trinkt, verkündigt ihr den Tod des Herrn, bis er kommt.« 1.Korinther 11,23-26

Christus stand am Übergang zwischen zwei religiösen Ordnungen und ihrer jeweiligen Feste. Er, das makellose Lamm Gottes, war im Begriff, sich als Sündopfer dahinzugeben, und Er wollte dadurch die Reihe der Sinnbilder und gottesdienstlichen Handlungen beenden, die 4000 Jahre lang auf Seinen Tod hingewiesen hatten. Während Er mit Seinen Jüngern das Passahmahl einnahm, führte Er an dessen Stelle den Dienst ein, der an Sein großes Opfer erinnern sollte. Das rein jüdische Fest war damit für immer aufgehoben. Die gottesdienstliche Handlung, die Christus einsetzte, sollte von Seinen Nachfolgern in allen Ländern der Erde und zu allen Zeiten befolgt werden.

Beim Passah erinnerten sich die Juden alljährlich an ihre Befreiung aus der ägyptischen Knechtschaft. Gott hatte geboten, dass den Kindern Jahr für Jahr, wenn sie nach der Bedeutung dieses Festes fragten, die Geschichte dieses Erlebens erzählt werden sollte, damit die Tatsache der wunderbaren Befreiung vom fremden Joch allen Geschlechtern in lebendiger Erinnerung bliebe. Die Feier des heiligen Abendmahls wurde eingesetzt, um an die große Erlösung zu erinnern, die durch den Tod Christi erwirkt wurde. Das soll bis zu Seiner Wiederkunft in Kraft und Herrlichkeit gefeiert werden, um dadurch das große Werk des Heilandes in unserem Gedächtnis lebendig zu erhalten.

Unmittelbar vor ihrem Auszug aus Ägypten aßen die Israeliten stehend das Passahmahl, die Lenden umgürtet, mit dem Stab in der Hand, bereit für ihre Wanderung. vgl. 2.Mose 12,11 Die Art und Weise, in der sie diese Anordnung

durchführten, entsprach genau ihrer Lage, denn ihnen stand

bevor, Ägypten verlassen zu müssen und eine mühevolle, schwierige Reise durch die Wüste zu beginnen. Aber zu Christi Zeit hatte sich die Situation geändert. Da sollten sie kein fremdes Land verlassen, denn die Juden waren Bewohner eines eigenen Landes. Die Ruhe, die ihnen als Volk geschenkt war, äußerte sich darin, dass die Menschen, die am Passah teilnahmen, in ihrer Haltung völlig entspannt waren. Polster lagen um den Tisch herum. Auf ihnen ruhten die Gäste. Sie stützten sich auf den linken Arm und hatten die rechte Hand frei zum Essen. In dieser Position konnte ein Gast sein Haupt auf die Brust dessen legen, der neben ihm saß. Und die Füße, die sich zum äußeren Ende des Lagers hin ausstreckten, konnten von jemandem gewaschen werden, der an der Außenseite des Kreises herumging.

Christus sitzt schweigend an der Tafel, auf der das Passahmahl aufgetragen worden ist. Die ungesäuerten Brote, die in der Passahzeit gegessen wurden, liegen vor Ihm. Der unvergorene Passahwein steht auf dem Tisch. Für Christus sind diese Dinge Symbole für Sein eigenes makelloses Opfer. Nicht verdorben durch Gärung, das Sinnbild der Sünde und des Todes, weisen sie auf Jesus als »eines makellosen und unbefleckten Lammes« hin. 1.Petrus 1,19

»Und als sie aßen, nahm Jesus das Brot, dankte und brach's und gab's ihnen und sprach: Nehmet; das ist mein Leib. Und nahm den Kelch und dankte und gab ihnen den; und sie tranken alle daraus. Und er sprach zu ihnen: Das ist mein Blut des neuen Bundes, das für viele vergossen wird. Wahrlich, ich sage euch, dass ich nicht mehr trinken werde vom Gewächs des Weinstocks bis an den Tag, an dem ich aufs Neue davon trinke im Reich Gottes.« Markus 14,22-25

Judas, der Verräter, nahm an dieser heiligen Handlung teil. Er empfing aus der Hand Jesu die Sinnbilder Seines gebrochenen Leibes und Seines vergossenen Blutes. Er hörte die Worte: »Das tut zu meinem Gedächtnis.« 1.Korinther 11,24 Obwohl er in Jesu unmittelbarer Nähe saß, brütete der Verräter an seinen dunklen Absichten und nährte seine finsteren, rachsüchtigen Gedanken.

Bei der Fußwaschung hatte Christus den eindeutigen Beweis gegeben, dass Er den Charakter des Judas kannte. »Ihr seid nicht alle rein«, Joh. 13,11 hatte Er gesagt. Diese Worte überzeugten den falschen Jünger, dass Jesus von seinen geheimen Absichten wusste. Jetzt sprach Christus noch deutlicher. Als sie um den Tisch saßen, sagte Er, und dabei blickte Er Seine Jünger an: »Das sage ich nicht von euch allen; ich weiß, welche ich erwählt habe. Aber es muss die Schrift erfüllt werden: ,Der mein Brot isst, der tritt mich mit Füßen.'« Johannes 13,18

Die Jünger hegten selbst jetzt noch keinen Verdacht gegen Judas, sie bemerkten aber, dass der Heiland sehr bedrückt schien. Schatten legten sich über alle, eine Vorahnung des schrecklichen Geschehens, dessen Sinn sie nicht verstanden. Als sie nun schweigend aßen, sagte Jesus: »Einer unter euch wird mich verraten.« Matthäus 26,21 Bei diesen Worten ergriff sie Verwunderung und Bestürzung. Sie konnten nicht verstehen, wie einer von ihnen ihren göttlichen Lehrer verräterisch behandeln könnte.

Warum sollte Ihn jemand verraten? Und an wen? Wessen Herz konnte einen solchen Plan hervorbringen? Bestimmt keiner von den Zwölf, die das Vorrecht hatten, Seine Lehren zu hören, die Seine wunderbare Liebe teilten und denen Er solch große Achtung erwies, indem Er sie in Seine unmittelbare Gemeinschaft zog! Als sie die Bedeutung Seiner Worte erkannten und sich daran erinnerten, wie wahr Seine Reden sonst waren, überfiel sie Furcht und Misstrauen gegen sich selbst. Sie fingen an, ihre eigenen Herzen zu erforschen, ob auch nur ein Gedanke gegen ihren Meister dort Raum hätte. In schmerzlichster Erregung fragte dann einer nach dem anderen: »Herr, bin ich's?« Nur Judas schwieg. Tief betrübt fragte Johannes endlich: »Herr, wer ist's?« Matthäus 26,22; Johannes 13,25 Und Jesus antwortete: »Der die Hand mit mir in die Schüssel taucht, der wird mich verraten. Der Menschensohn geht zwar dahin, wie von ihm geschrieben steht; doch weh dem Menschen, durch den der Menschensohn verraten wird! Es wäre für diesen Menschen besser, wenn er nie geboren wäre.« Matthäus 26,23f Die Jünger hatten einander scharf angesehen, als sie fragten: »Herr, bin ich's?« Jetzt zog Judas durch sein Schweigen alle Blicke auf sich. Wegen der durch die Fragen und Antworten entstandenen Unruhe und Bestürzungen hatte Judas die Antwort Jesu auf die Frage von Johannes überhört. Um den prüfenden Blicken der Jünger zu entgehen, fragte er nun auch, wie sie es getan hatten: »Bin ich's, Rabbi?« Jesus erwiderte mit ernster Stimme: »Du sagst es.« Matthäus 26,25

Überrascht und verwirrt von der Bekanntgabe seiner Absicht, erhob sich Judas hastig, um den Raum zu verlassen. »Da sprach Jesus zu ihm: Was du tust das tue bald! ... Als er nun den Bissen genommen hatte, ging er alsbald hinaus. Und es war Nacht.« Johannes 13,27.30 Nacht war es für den Verräter, als sich von Christus abwandte und in die Dunkelheit hinausging.

Bis zu diesem Schritt hatte er immer noch Gelegenheit gehabt, seinen Sinn zu ändern. Doch als er seinen Herrn und seine Gefährten verließ, war die Entscheidung endgültig gefallen. Judas hatte die Grenzlinie überschritten.

Wunderbar war die Langmut des Herrn in der Behandlung dieser verführten Seele gewesen. Nichts hatte Er unterlassen, um Judas zu retten. Nachdem dieser zweimal zugesagt hatte, seinen Herrn zu verraten, gab ihm Jesus noch Gelegenheit zur Umkehr. Er las im Herzen des Verräters dessen geheime Absicht und gab ihm so den überzeugendsten Beweis Seiner Gottheit. Es war der letzte Appell an den treulosen Jünger, zu bereuen. Kein Aufruf des göttlich-menschlichen Herzens Christi war unterlassen worden. Die Wogen der Barmherzig-

keit, die von seinem unbeugsamem Stolz abgewiesen wurden,

kehrten in einer noch stärkeren Flut von werbender Liebe zurück. Doch obwohl Judas von der Entdeckung seiner Schuld überrascht und erschreckt war, handelte er nur umso entschiedener. Er verließ das heilige Mahl eilig, um sein verräterisches Werk zu vollenden.

Mit dem Weheruf über den Verräter verband der Heiland auch eine Gnadenabsicht mit den Jüngern. Er vermittelte ihnen auf diese Weise den krönenden Beweis Seines Messiasamtes. »Jetzt sage ich's euch, ehe es geschieht, damit ihr, wenn es geschehen ist, glaubt, dass ich es bin.« Johannes 13,19

Würde Jesus in scheinbarer Unwissenheit von den Dingen geschwiegen haben, die über Ihn kommen sollten, dann hätten die Jünger annehmen können, ihr Meister wäre ohne göttliche Vorausschau gewesen und durch die Auslieferung an Seine Feinde überrascht worden. Ein Jahr zuvor hatte Jesus Seinen Jüngern erzählt, dass Er ihrer zwölf erwählt habe und dass einer von ihnen ein Teufel sei. Nun würden Seine Worte an Judas, die zeigten, dass Ihm dessen Verrat bekannt war, den Glauben Seiner Nachfolger während Seiner Erniedrigung stärken. Nach dem Tod von Judas würden sie sich daran erinnern, welches Wehe Er über den Verräter ausgesprochen hatte.

Der Heiland bezweckte noch etwas anderes. Er hatte Seinen Dienst auch dem nicht verweigert, von dem er wusste, dass er ein Verräter war. Die Jünger verstanden weder Seine Worte bei der Fußwaschung: »Ihr seid nicht alle rein« Johannes 13,11 noch Seine Erklärung am Tisch: »Der mein Brot isst, hat seine Ferse gegen mich erhoben.« Johannes 13,18 Erst später, als ihnen deren Bedeutung aufging, erkannten sie die Größe der Geduld und Barmherzigkeit Gottes mit dem so schrecklich Irrenden.

Obwohl Jesus den Verräter von Anfang an kannte, wusch Er ihm die Füße, und dieser durfte sogar mit Christus an dem heiligen Mahl teilnehmen. Der langmütige Heiland bot dem Sünder jede Möglichkeit, Ihn anzunehmen, zu bereuen und von der Befleckung durch die Sünde gereinigt zu werden. Das ist beispielhaft für uns. Wenn wir vermuten, dass sich jemand in Irrtum und Sünde befindet, sollen wir uns nicht von ihm zurückziehen. Wir dürfen ihn nicht durch eine gleichgültige Trennung der Versuchung als Beute überlassen oder ihn auf Satans Schlachtfeld treiben. Das ist nicht die Methode Christi. Weil Seine Jünger irrten und unvollkommen waren, wusch Er ihnen die Füße und machte sie dadurch bis auf einen bereit zur Buße.

Christi Beispiel verbietet es, jemanden vom Abendmahl fernzuhalten. Aber es ist wahr, dass offene Sünde den Schuldigen davon ausschließt. vgl. 1.Korinther 5,11 Das lehrt der Heilige Geist sehr deutlich. Aber darüber hinaus sollte niemand ein Urteil fällen. Gott hat es nicht Menschen überlassen, festzulegen, wer an diesen Gelegenheiten teilnehmen darf. Denn wer kann in die Herzen blicken? Wer kann die Spreu vom Weizen unterscheiden? »Der Mensch prüfe aber sich selbst, und so esse er von diesem Brot und trinke von diesem Kelch.« Denn »wer nun unwürdig von diesem Brot isst oder aus dem Kelch des Herrn trinkt, der wird schuldig sein am Leib und Blut des Herrn … Wer so isst und trinkt, dass er den Leib des Herrn nicht achtet, der isst und trinkt sich selber zum Gericht.« 1.Korinther 11,28.27.29

Wenn sich die Gläubigen zum Abendmahl versammeln, sind auch Boten dabei, die menschliche Augen nicht sehen können. Es gibt vielleicht einen Judas unter den Versammelten. In diesem Fall sind die Boten des Fürsten der Finsternis anwesend, denn sie suchen alle jene auf, die sich nicht vom Heiligen Geist leiten lassen wollen. Ebenfalls anwesend sind himmlische Engel. Diese himmlischen Besucher sind bei jeder dieser Gelegenheit gegenwärtig. Manchmal kommen vielleicht Leute in die Versammlung, deren Herzen nicht von Wahrheit und Heiligkeit erfüllt sind, die aber doch gerne an diesem Gottesdienst teilnehmen möchten. Es sollte ihnen nicht verwehrt werden. Zeugen sind dabei, die miterlebten, wie Jesus die Füße Seiner Jünger und des Judas wusch. Nicht nur menschliche Augen blickten auf diese Szene.

Christus ist durch den Heiligen Geist gegenwärtig, um der von Ihm selbst verordneten Feier sein göttliches Siegel aufzudrücken. Er ist da, um die Herzen zu überzeugen und zu gewinnen. Kein Blick, kein Gedanke der Reue entgeht Ihm. Er wartet auf die zerbrochenen, reumütigen Menschenseelen und hat alles für deren Empfang vorbereitet. Er, der Judas die Füße wusch, sehnt sich danach, jedes Herz von den »Flecken und Runzeln« der Sünde zu befreien.

Niemand sollte sich von dem Abendmahl ausschließen, nur weil manche daran teilnehmen, die unwürdig sind. Jeder Nachfolger Christi ist aufgerufen, an dem heiligen Mahl teilzunehmen und dadurch zu bezeugen, dass er Jesus als seinen persönlichen Heiland angenommen hat. Dabei will Christus Seinem Volk begegnen und es durch Seine Gegenwart stärken. Selbst wenn unwürdige Hände und Herzen diese gottesdienstliche Handlung vollziehen, ist Christus gegenwärtig, um Seinen Kindern zu dienen. Alle, die ihren Glauben auf Ihn gründen, werden reichlich gesegnet werden. Und alle, die diese göttlichen Gelegenheiten versäumen, werden Schaden erleiden. Auf sie mag zutreffen, was gesagt ist: »Ihr seid nicht alle rein.«

Indem Er das Abendmahl mit ihnen einnahm, verpflichtete sich Christus Seinen Jüngern als ihr Erlöser. Er vertraute ihnen den Neuen Bund an, durch den alle, die sich zu Ihm [Christus] bekennen, Kinder Gottes und Miterben Christi werden. Jeder Segen, den der Himmel für das jetzige und zukünftige Leben schenken konnte, sollte ihnen durch dieses Bündnis zuteil werden, 528 [658/659] das durch das Blut Christi bestätigt wurde. Die Einsetzung des heiligen Abendmahls sollte den Jüngern das unendlich große Opfer vor Augen halten, das Er für einen jeden von ihnen persönlich – als Teil des gefallenen Menschengeschlechts – darbrachte.

Doch die Feier des Abendmahls soll keine Zeit der Trauer sein. Dazu wurde sie nicht eingesetzt. Wenn die Gläubigen sich am Tisch des Herrn zusammenfinden, sollen sie nicht an ihre Verfehlungen und Mängel denken und sie beklagen. Sie sollen sich nicht bei ihrer vergangenen religiösen Erfahrung aufhalten, ganz gleich, ob sie bedrückend war oder erhebend. Sie sollen sich nicht die Meinungsverschiedenheiten mit ihren Mitbrüdern ins Gedächtnis zurückrufen – das alles gehört zur Vorbereitung auf die Feier. Die Selbstprüfung, das Sündenbekenntnis, das Beilegen von Streitigkeiten soll vorher geschehen sein. Jetzt sind sie gekommen, um dem Herrn zu begegnen. Sie stehen nicht im Schatten des Kreuzes, sondern in Seinem errettenden Licht, und sie sollen ihre Seele den leuchtenden Strahlen der Sonne der Gerechtigkeit öffnen. Mit einem gereinigten Herzen durch Christi so kostbarem Blut, im vollen Bewusstsein Seiner – wenn auch unsichtbaren – Gegenwart sollen sie Seine Worte hören: »Den Frieden lasse ich euch, meinen Frieden gebe ich euch. Nicht gebe ich euch, wie die Welt gibt.« Johannes 14,27

Der Heiland sagt: Wenn ihr der Sünde überführt seid, so denkt daran, dass ich für euch gestorben bin. Unterdrückt, verfolgt oder peinigt man euch um meinetwillen oder wegen des Evangeliums, dann erinnert euch an meine Liebe, die so groß war, dass ich für euch mein Leben gab. Erscheinen euch eure Pflichten hart und streng und eure Lasten zu schwer, um sie zu tragen, dann erinnert euch daran, dass Ich um euretwillen das Kreuz ertrug und alle Schmach nicht achtete. Wenn eure Herzen vor schweren Prüfungen zurückschrecken, dann wisst, dass euer Erlöser lebt, um Fürsprache für euch zu halten.

Das Abendmahl weist auf Christi Wiederkunft hin und wurde eingesetzt, um diese Hoffnung in den Herzen der Jünger lebendig zu halten. Wann auch immer sie zusammen kamen, um an Seinen Tod zu denken, erzählten sie sich, wie Er den Kelch nahm, dankte, ihnen den Kelch gab und sprach: »Trinket alle daraus; das ist mein Blut des neuen Bundes, das vergossen wird für viele zur Vergebung der Sünden. Ich sage euch: Ich werde von nun an nicht mehr von diesem Gewächs des Weinstocks trinken bis an den Tag, an dem ich von neuem davon trinken werde mit euch in meines Vaters Reich.« Matthäus 26,27-29 In ihrer Betrübnis tröstete sie die Hoffnung auf die Wiederkehr ihres Herrn. Unsagbar wertvoll wurden ihnen die Worte: »Sooft ihr von diesem Brot esst und von diesem Kelch trinkt, verkündigt ihr den Tod des Herrn, bis er kommt.« 1.Korinther 11,26

Dies sollen wir nie vergessen. Wir müssen uns Jesu Liebe mit ihrer bezwingenden Kraft immer lebendig vor Augen halten. Der Heiland hat diese gottesdienstliche Handlung eingesetzt, damit sie die unendliche Liebe Gottes bewusst macht, die um unsertwillen gegeben wurde. Es gibt keine Gemeinschaft unserer Seele mit Gott außer durch Jesus Christus, und auch die brüderliche Gemeinschaft muss durch die Liebe Jesu gefestigt und zu einer dauerhaften Verbindung gemacht werden. Nichts weniger als Christi Tod konnte Seine Liebe für uns wirksam machen. Nur durch Seine Opfertat können wir freudig der Wiederkunft des Herrn entgegen sehen. Sein Blutopfer ist das Zentrum unserer Hoffnung. Darauf müssen wir unseren Glauben gründen.

Die göttlichen Verordnungen, die auf das Leiden und Sterben Jesu hinweisen, werden zu sehr als Zeremonie angesehen. Sie wurden um einer bestimmten Absicht willen gegeben. Unsere Sinne müssen geschärft werden, um das Geheimnis der Gottseligkeit zu erfassen. Es ist das Vorrecht des gläubigen Christen, die versöhnenden Leiden Christi immer besser zu verstehen. »Wie Mose in der Wüste die Schlange erhöht hat, so muss der Menschensohn erhöht werden, damit alle, die an ihn glauben, das ewige Leben haben.« Johannes 3,14f Wir müssen unseren Blick auf das Kreuz von Golgatha richten, das den sterbenden Erlöser trug. Unser ewiges Heil verlangt, dass wir unseren Glauben an Christus bekennen.

Jesus sagte: »Wenn ihr nicht das Fleisch des Menschensohnes esst und sein Blut trinkt, so habt ihr kein Leben in euch … Denn mein Fleisch ist die wahre Speise, und mein Blut ist der wahre Trank.« Johannes 6,53.55 Das betrifft unsere leibliche Natur. Selbst unser irdisches Leben verdanken wir dem Tod Christi. Das Brot, das wir essen, ist der Erlös Seines gebrochenen Leibes, und das Wasser, das wir trinken, ist erkauft mit Seinem Blut. Niemand, sei er gerecht oder sündhaft, genießt seine tägliche Nahrung, ohne dass sie durch den Leib und das Blut Christi gesegnet ist. Das Kreuz von Golgatha ist auf jeden Laib Brot geprägt und es spiegelt sich in jeder Wasserquelle. Dies alles hat der Heiland gelehrt, indem Er die Sinnbilder Seines großen Opfers einsetzte. Das Licht, das vom Passahmahl Jesu ausgeht, heiligt auch unsere tägliche Nahrung. Der Familientisch wird so zum Tisch des Herrn und jede Mahlzeit wird ein heiliges Mahl.

Wie viel mehr aber entsprechen Jesu Worte unserem geistlichen Leben! Christus erklärte: »Wer mein Fleisch isst und mein Blut trinkt, der hat das ewige Leben.« Johannes 6,54 Nur wenn wir das Leben annehmen, das für uns am Kreuz dahingegeben wurde, können wir ein frommes Leben führen. Wir erhalten dieses Leben, indem wir uns an Sein Wort halten und die Dinge tun, die Er uns befohlen hat. Dadurch werden wir eins mit Ihm. »Wer mein Fleisch isst«, sagte der Heiland, »und mein Blut trinkt, der bleibt in mir und ich in ihm. Wie mich der lebendige Vater gesandt hat und ich lebe um des Vaters willen, so wird auch, wer mich isst, leben um meinetwillen.« Johannes 6,56f Diese Schriftstelle weist speziell auf die Feier des heiligen Abendmahls hin. Durch gläubiges Nachdenken über die Opfertat Jesu nimmt die Seele das geistliche Leben Christi in sich auf und erhält durch jede Feier des Gedächtnismahles neue und größere Kraft. Diese gottesdienstliche Handlung schafft eine lebendige Verbindung des Gläubigen zu Christus und dadurch auch zum Vater. Sie formt in einem besonderen Sinne eine Gemeinschaft zwischen abhängigen Menschen und Gott.

Wenn wir das Brot und den Wein empfangen, die den zerbrochenen Leib und das vergossene Blut Christi symbolisieren, dann sind wir in Gedanken mit dem Geschehen im oberen Saal verbunden. Uns scheint es, als ob wir durch den Garten Gethsemane gingen, der geweiht ist durch den Todeskampf Jesu, der unser aller Sünden trug. Wir sind Zeugen des Kampfes, der unsere Versöhnung mit Gott bewirkte. Wir sehen den gekreuzigten Heiland mitten unter uns.

Sehen wir auf den gekreuzigten Erlöser, dann begreifen wir erst richtig die Größe und Bedeutung des von der Majestät des Himmels dargebrachten Opfers. Der Rettungsplan wird vor uns erhöht, und der Gedanke an Golgatha weckt lebendige und geheiligte Empfindungen in unserem Herzen. Der Lobpreis Gottes und des Lammes wohnt in unserem Herzen und erschallt von unseren Lippen. Stolz und Selbstvergötterung gedeihen nicht mehr in einer Seele, der das Geschehen auf Golgatha in lebendiger Erinnerung ist.

Wer Jesu unvergleichliche Liebe vor Augen hat, dessen Gedanken werden veredelt, dessen Herz wird gereinigt und dessen Charakter wird umgewandelt werden. Er wird hinausgehen, um der Welt ein Licht zu sein und um diese geheimnisvolle Liebe in einem gewissen Grad widerzuspiegeln. Je mehr wir an das Kreuz von Golgatha denken, desto intensiver werden wir die Worte des Apostels beherzigen: »Es sei aber ferne von mir, mich zu rühmen als allein des Kreuzes unsres Herrn Jesus Christus, durch den mir die Welt gekreuzigt ist und ich der Welt.« Galater 6,14

KAPITEL 73

»EUER HERZ ERSCHRECKE NICHT«

Der Heiland blickte Seine Jünger voll göttlicher Liebe und zärtlicher Hingabe an und sagte: »Jetzt ist der Menschensohn verherrlicht, und Gott ist verherrlicht in ihm.« Johannes 13,31 Judas hatte den Raum verlassen und der Herr war mit den elf Jüngern allein. Er war im Begriff, über die herannahende Trennung von ihnen zu sprechen, zeigte ihnen aber vorher noch einmal das große Ziel Seiner Sendung, das Ihm stets vor Augen stand. Er freute sich, dass durch Seine Erniedrigung und Sein Leiden der Name des Vaters verherrlicht würde. Darauf richtete Er zunächst auch die Gedanken Seiner Jünger.

Dann sprach der Herr zu ihnen in liebevollen Worten: »Liebe Kinder, ich bin noch eine kleine Weile bei euch. Ihr werdet mich suchen. Und wie ich zu den Juden sagte, sage ich jetzt auch zu euch: Wo ich hingehe, da könnt ihr nicht hinkommen.« Johannes 13,33 Die Jünger konnten sich über diese Worte nicht freuen, als sie das hörten. Furcht überfiel sie, und sie drängten sich näher an den Heiland heran. Ihr Meister und Herr, ihr geliebter Lehrer und Freund bedeutete ihnen mehr als ihr eigenes Leben. Bei Ihm hatten sie in allen Schwierigkeiten eine Hilfe, in allen Kümmernissen und Enttäuschungen einen Trost gefunden. Und nun wollte Er sie - eine einsame, abhängige Schar - verlassen! Dunkle Ahnungen erfüllten ihre Herzen.

Doch Jesu Worte waren voller Hoffnung. Er wusste, dass der Feind sie angreifen würde und dass Satans List bei denen besonders erfolgreich ist, die von Schwierigkeiten niedergedrückt sind. Deshalb lenkte Er ihre Gedanken von dem Sichtbaren auf das Unsichtbare, vgl. 2.Korinther 4,18 vom irdischen Jammertal hin zur himmlischen Heimat.

»Euer Herz erschrecke nicht!«, sagte Er. »Glaubt an Gott und glaubt an mich! In meines Vaters Hause sind viele Wohnungen. Wenn's nicht so wäre, hätte ich dann zu euch gesagt: Ich gehe hin, euch die Stätte zu bereiten? Und wenn ich hingehe, euch die Stätte zu bereiten, will ich wiederkommen und euch zu mir nehmen, damit ihr seid, wo ich bin. Und wo ich hingehe, den Weg wisst ihr.« Johannes 14,1ff Euretwillen kam ich auf diese Erde, wegen euch habe ich das Werk angepackt, und wenn ich hingehe, werde ich nicht aufhören, für euch da zu sein. Ich kam in die Welt, um mich euch zu offenbaren, damit ihr glauben möchtet. Ich gehe zum Vater, um mit Ihm für euch zu sorgen. Jesu Fortgehen bedeutete das Gegenteil von dem, was die Jünger befürchteten, es war keine endgültige Trennung. Er ging nur hin, für sie eine Stätte zu bereiten, um dann wiederzukommen und sie zu sich zu nehmen. Während Er Wohnungen für sie bereitete, sollten sie ihre Charaktere nach dem göttlichen Ebenbild entwickeln.

Noch immer waren die Jünger bestürzt. Thomas, der stets von Zweifeln geplagt war, sagte: »Herr, wir wissen nicht, wo du hingehst; wie können wir den Weg wissen?« Jesus antwortete ihm: »Ich bin der Weg und die Wahrheit und das Leben; niemand kommt zum Vater denn durch mich.« Johannes 14,5-7

Es führen nicht viele Wege zum Himmel, kein Mensch kann seinen eigenen Weg wählen. Der Heiland sprach: »Ich bin der Weg ... Niemand kommt zum Vater denn durch mich.« Seit der ersten Predigt des Evangeliums im Garten Eden, die besagte, dass der Same des Weibes der Schlange den Kopf zertreten würde, war Christus als der Weg, die Wahrheit und das Leben weit erhöht worden. Er war der Weg, den schon Adam gehen musste und den Abel ging, als er das Blut des geschlachteten Lammes, das Sinnbild des Erlösers, Gott darbrachte. Er war der Weg, auf dem die Patriarchen und Propheten gerettet wurden. Er ist der einzige Weg, der uns den Zugang zu Gott öffnet.

»Wenn ihr mich erkannt habt, so werdet ihr auch meinen Vater erkennen. Und von nun an kennt ihr ihn und habt ihn gesehen.« Johannes 14,7 Aber noch immer verstanden Ihn die Jünger nicht. »Herr, zeige uns den Vater und es genügt uns«, Johannes 14,8 rief Philippus aus.

Verwundert über dessen Unverständnis, fragte Jesus schmerzlich berührt: »So lange bin ich bei euch und du kennst mich nicht, Philippus?« Ist es möglich, dass du den Vater nicht in den Werken erkennst, die er durch mich tut? Glaubst du nicht, dass ich kam, um vom Vater zu zeugen? »Wie sprichst du denn: Zeige uns den Vater?« »Wer mich sieht, der sieht den Vater!« Johannes 14,9f

Christus hatte nicht aufgehört, Gott zu sein, als Er Mensch wurde. Obwohl Er sich erniedrigte und menschliche Gestalt annahm, wohnte die Gottheit noch immer in Ihm. Er allein konnte der menschlichen Natur den Vater offenbaren, und die Jünger hatten länger als drei Jahre den Vorzug gehabt, diese Offenbarung des Himmels wahrzunehmen.

»Glaubt mir, dass ich im Vater bin und der Vater in mir; wenn nicht, so glaubt doch um der Werke willen.« Johannes 14,11 Ihr Glaube konnte sicher ruhen auf dem Zeugnis, das in den Werken Christi zum Ausdruck kam – in Werken, die kein Mensch aus sich selbst je getan hatte noch tun konnte. Christi Werke bezeugten Seine Göttlichkeit. Durch Ihn war der Vater offenbart worden.

Wenn die Jünger an diese lebendige Verbindung zwischen dem Vater und dem Sohn glaubten, dann würden sie ihr Vertrauen auf Christus nicht verlieren, wenn sie Sein Leiden und Sterben für die Rettung der untergehenden Welt miterlebten. Jesus versuchte die Jünger von ihrem niedrigen Glaubensstand zu der Erfahrung zu bringen, die sie machen könnten, wenn sie wirklich erkennten, was Er war – Gott in menschlicher Gestalt. Er wünschte, ihr Glaube führte sie allmählich zu Gott und fände dort festen Grund. Wie ernsthaft und beharrlich war der barmherzige Heiland bemüht, Seine Jünger auf den Sturm der Versuchung vorzubereiten, der bald über sie hereinbrechen würde! Er wollte sie dann mit Ihm in Gott geborgen wissen.

Während Jesus mit ihnen redete, leuchtete die Herrlichkeit Gottes auf Seinem Antlitz, und alle Anwesenden überkam eine heilige Ehrfurcht, als sie Ihm mit gespannter Aufmerksamkeit zuhörten. Ihre Herzen fühlten sich immer mehr zu Ihm hingezogen, und als sie mit Christus in größerer Liebe verbunden waren, kamen sie sich auch untereinander näher. Sie spürten die Nähe des Himmels und ahnten, dass diese Worte eine an sie gerichtete Botschaft ihres himmlischen Vaters waren.

»Wahrlich, wahrlich, ich sage euch: Wer an mich glaubt, der wird die Werke auch tun, die ich tue, und er wird noch größere als diese tun; denn ich gehe zum Vater.« Johannes 14,12 Jesus war sehr bestrebt, Seinen Jüngern verständlich zu machen, zu welchem Zweck Seine Gottheit sich mit der menschlichen Natur verbunden hatte. Er war in die Welt gekommen, um die Herrlichkeit Gottes bekannt zu machen, damit Menschen durch deren erneuernde Kraft gebessert werden mögen. Gott offenbarte sich in Ihm, damit Jesus in ihnen offenbart würde.

Jesus besaß keine Eigenschaften und verfügte über keinerlei Kräfte, deren auch die Menschen durch den Glauben an Ihn nicht teilhaftig werden könnten. Seine Vollkommenheit als Mensch können alle Seine Nachfolger besitzen, wenn sie sich Gott so unterwerfen, wie Er es tat.

»Und wird größere [Werke] als diese tun; denn ich gehe zum Vater.« Johannes 14,12 Der Heiland meinte nicht, dass die Arbeit der Jünger bedeutender sein würde als sein Werk, Er sprach damit nur die räumlich größere Ausdehnung an. Er bezog sich nicht allein auf Wundertaten, sondern auf all das, was durch die Kraft des Heiligen Geistes geschehen würde.

Nach der Himmelfahrt des Herrn erkannten die Jünger die Erfüllung Seines Versprechens. Die Vorgänge der Kreuzigung, der Auferstehung und der Himmelfahrt waren ihnen lebendige Wirklichkeit geworden – die Weissagungen hatten sich buchstäblich erfüllt. Sie durchforschten die heiligen Schriften und nahmen ihre Lehre mit einem Vertrauen und einer Zuversicht an, die ihnen bis dahin unbekannt waren. Sie wussten, dass der göttliche Lehrer alles das war, was Er zu sein vorgegeben hatte. Als sie ihre Erfahrungen erzählten und die Liebe Gottes verkündigten, wurden die Herzen der Menschen angerührt und im Innersten überwältigt. So glaubten sehr viele Leute an den Herrn.

Jesu Versprechen an Seine Jünger war gleichzeitig eine Zusage an Seine Gemeinde bis ans Ende der Zeit. Gott wollte nicht, dass Sein herrlicher Erlösungsplan nur unbedeutende Ergebnisse hervorbrachte. Alle, die hinausgehen, um im Weinberg des Herrn zu arbeiten und dabei nicht auf die eigene Kraft vertrauen, sondern darauf, dass Gott für und durch sie wirken kann, werden ganz sicher die Erfüllung Seines Versprechens erkennen: Ihr werdet größere Werke »als diese tun; denn ich gehe zum Vater.«

Bis jetzt kannten die Jünger noch nicht die unbegrenzten Hilfsmittel und die Macht ihres Herrn. Er sagte zu ihnen: »Bisher habt ihr nichts gebeten in meinem Namen.« Johannes 16,24 Damit wollte Er sie darauf aufmerksam machen, dass das Geheimnis ihres Erfolges darin liege, in Seinem Namen Stärke und Gnade zu erbitten. Er würde dann vor den Vater treten, um für sie zu sprechen. Er bringt das Gebet des demütigen Bittenden stellvertretend als Seinen eigenen Wunsch vor den Vater. Jedes aufrichtige Gebet wird im Himmel gehört werden, mag es auch nur stockend gesprochen sein. Wenn es von Herzen kommt, wird es zum Heiligtum aufsteigen, in dem Christus dient. Er wird es dann nicht als verlegenes Stammeln vor den Vater bringen, Seine Worte werden dagegen wohlklingend sein und den Geruch Seiner Vollkommenheit ausströmen.

Der Weg der Aufrichtigkeit und Redlichkeit ist nicht frei von Hindernissen. In jeder Schwierigkeit aber sollen wir eine Aufforderung zum Gebet erkennen. Es gibt niemanden, der irgendeine Stärke besäße, die er nicht von Gott empfangen hätte. Die Quelle dieser Kraft steht auch dem schwächsten Menschen offen. »Was ihr bitten werdet in meinem Namen, das will ich tun, damit der Vater verherrlicht werde im Sohn. Was ihr mich bitten werdet in meinem Namen, das will ich tun.« Johannes 14,13f

Christus forderte die Jünger auf, in Seinem Namen zu beten. Im Namen Christi können Seine Nachfolger vor Gott stehen. Durch die Größe des für sie dargebrachten Opfers sind sie in den Augen Gottes wertvoll geworden. Wegen der ihnen zugerechneten Gerechtigkeit ihres Erlösers sind sie vor Gott kostbar. Um Christi willen vergibt der Herr allen, die Ihn fürchten. Er sieht in ihnen nicht die Schlechtigkeit des Sünders, sondern erkennt darin das Bild Seines Sohnes, an den sie glauben. Gott ist enttäuscht, wenn Seine Kinder sich selbst gering einschätzen. Er wünscht, dass Seine Auserwählten sich nach dem Preis beurteilen, den Er für sie bezahlt hat. Gott brauchte sie, andernfalls hätte Er Seinen Sohn nicht mit einem so teuren Auftrag gesandt, um sie zu erlösen. Er hat eine Aufgabe für sie, und es erfreut Ihn, wenn sie Ihn bis zum Äußersten beanspruchen, um Seinen Namen verherrlichen zu können. Sie dürfen große Dinge erwarten, wenn sie Seinen Verheißungen glauben. Es bedeutet viel, in Christi Namen zu beten. Es bedeutet, dass wir Sein Wesen annehmen, Seinen Geist offenbaren und Seine Werke tun. Der Heiland selbst knüpft eine Bedingung an Sein Versprechen: »Liebt ihr mich, so werdet ihr meine Gebote halten.« Johannes 14,15 Gott errettet die Menschen nicht in, sondern von ihren Sünden. Und alle, die den Herrn lieben, werden ihre Liebe durch Gehorsam zeigen.

Jeder wahre Gehorsam kommt aus dem Herzen. Auch bei Christus war das so. Wenn wir Ihm zustimmen, wird Christus sich so mit unseren Gedanken und Zielen identifizieren und unsere Herzen und Sinne so mit Seinem Willen verschmelzen, dass wir, wenn wir Ihm gehorchen, unsere eigenen Absichten ausführen. Der Wille wird, geläutert und geheiligt, sein höchstes Entzücken darin finden, Seinem Beispiel der Hingabe zu folgen. Wenn wir Gott so kennen, wie es unser Vorrecht ist, dann wird unser Leben ein Leben beständigen Gehorsams sein. Durch die Wertschätzung des Wesens Christi und durch die Verbindung mit Gott wird uns die Sünde verhasst sein.

Wie Jesus einst als Mensch nach dem Gesetz lebte, so können wir es auch tun, indem wir uns an Seine Stärke halten. Doch wir dürfen die Verantwortung für unsere Pflicht nicht auf andere abwälzen und darauf warten, dass sie uns sagen, was zu tun ist, und nicht von dem Rat der Menschen abhängig sein. Gott wird uns unsere Pflicht ebenso bereitwillig lehren, wie Er sie irgendeinem anderen auch lehren wird. Wenn wir im Glauben zu Ihm kommen, wird Er uns persönlich Seinen Willen mitteilen. Unser Herz wird oft in uns brennen, wenn der Eine sich uns nähert, um sich mit uns genauso zu unterhalten wie einst mit Henoch. Jene, die sich entschieden haben, in keiner Weise etwas zu tun, was Gott missfällt, werden, nachdem sie Ihm ihre Angelegenheit dargelegt haben, genau wissen, welchen Weg sie gehen müssen. Sie werden nicht nur Weisheit erhalten, sondern auch Stärke. Sie werden die Kraft haben, gehorsam zu sein und zu dienen, wie Jesus es versprochen hat. Alles, was Christus empfing, alle Mittel, um den Nöten des gefallenen Menschengeschlechts abzuhelfen, wurden Ihm als Haupt und Vertreter der Menschen gegeben. »Was wir bitten, werden wir von ihm empfangen; denn wir halten seine Gebote und tun, was vor ihm wohlgefällig ist.« 1.Johannes 3,22

Ehe Er sich selbst als Opfer gab, wollte der Heiland Seinen Jüngern die wichtigste und vollkommenste Gabe verleihen, eine Gabe, die ihre Herzen öffnete für die grenzenlosen Möglichkeiten der Gnade. »Ich will den Vater bitten«, sagte Er ihnen, »und er wird euch einen anderen Tröster geben, dass er bei euch sei in Ewigkeit: den Geist der Wahrheit, den die Welt nicht empfangen kann; denn sie sieht ihn nicht und kennt ihn nicht. Ihr kennt ihn;

denn er bleibt bei euch und wird in euch sein. Ich will euch nicht als Waisen zurücklassen; ich komme zu euch.« Johannes 14,16-18

Der Heilige Geist war schon vorher in der Welt wirksam gewesen. Er hatte seit dem Beginn des Erlösungswerkes die Herzen der Menschen beeinflusst. Doch während der Heiland auf Erden weilte, hatten sich die Jünger keinen anderen Tröster gewünscht. Erst nach Jesu Himmelfahrt würde in ihnen das Bedürfnis nach der Gegenwart des Heiligen Geistes geweckt werden, und dann sollte Er kommen. Er ist der Vertreter Christi, jedoch ist Er frei von den Beschränkungen menschlicher Natur und völlig unabhängig davon. Der Heiland konnte durch Seine menschliche Natur auf Erden nicht überall präsent sein. Es war darum ausschließlich zum Besten Seiner Nachfolger, dass Er wieder zum Vater ging und den Heiligen Geist als Seinen Stellvertreter sandte. Niemand könnte dann wegen seines Aufenthaltsortes oder wegen seiner persönlichen Verbindung mit Christus irgendeinen Vorteil haben. Durch den Heiligen Geist würde Jesus allen Menschen erreichbar sein. In diesem Sinne konnte Er ihnen näher sein, als wenn Er nicht zum Himmel aufgefahren wäre. »Wer mich aber liebt, der wird von meinem Vater geliebt werden, und ich werde ihn lieben und mich ihm offenbaren.« Johannes 14,21

Der Heiland kannte das irdische Schicksal Seiner Jünger. Er sah einen aufs Schafott gebracht, einen ans Kreuz geheftet, einen anderen auf die einsame Felseninsel im Meer verbannt und wieder andere verfolgt und erschlagen. Er ermutigte sie mit dem Versprechen, in jeder Schwierigkeit mit ihnen zu sein. Dieses Versprechen hat noch nichts von seiner Kraft verloren. Der Herr weiß alles über Seine treuen Diener, die um Seinetwillen im Gefängnis schmachten oder auf einsamen Inseln verbannt leben müssen. Er tröstet sie durch die Verheißung Seiner Gegenwart. Steht der Gläubige um der Wahrheit willen vor den Schranken eines ungerechten Gerichtes, dann ist ihm der Herr zur Seite. Alle Beschuldigungen, denen er sich gegenübersieht, fallen auf Christus zurück, der in der Gestalt seines Jüngers abermals verurteilt wird. Ist jemand im Gefängnis eingekerkert, dann beglückt Christus dessen Herz mit Seiner Liebe. Erduldet jemand den Tod um Seinetwillen, so hat dieser Sein Wort: Ich bin »der Lebendige. Ich war tot, und siehe, ich bin lebendig von Ewigkeit zu Ewigkeit und habe die Schlüssel des Todes und der Hölle.« Offenbarung 1,18 Das Leben, das für Christus geopfert wird, ist für die ewige Herrlichkeit aufbewahrt.

Überall und zu allen Zeiten, in allen Kümmernissen und Glaubensnöten, wenn der Ausblick dunkel erscheint und die Zukunft verwirrend und wir uns hilflos und allein fühlen, wird Gott den Tröster, den Heiligen Geist, senden als Antwort auf unsere Gebete. Die Umstände mögen uns von allen Freunden trennen, nichts aber, keine Entfernung kann uns von dem himmlischen Tröster scheiden. Wo immer wir sind, wo immer wir hingehen, Er ist uns stets zur Seite, um uns zu stützen und zu kräftigen, um uns beizustehen und zu ermutigen.

Die Jünger verstanden Jesu Worte immer noch nicht in ihrer geistlichen Bedeutung, und der Herr musste sie ihnen abermals erklären. Durch den Heiligen Geist, sagte Er, würde Er sich selbst ihnen offenbaren. »Der Tröster, der Heilige Geist, den mein Vater senden wird in meinem Namen, der wird euch alles lehren und euch an alles erinnern, was ich euch gesagt habe.« Johannes 14,26

Dann werdet ihr nicht mehr sagen: Ich kann es nicht verstehen! Ihr werdet nicht mehr »durch einen Spiegel ein dunkles Bild« 1.Korinther 13,12 sehen, sondern ihr »könnt mit allen Heiligen begreifen, welches die Breite und die Länge und die Höhe und die Tiefe ist; auch die Liebe Christi erkennen, die alle Erkenntnis übertrifft.« Epheser 3,18f

Die Jünger sollten Zeugnis ablegen von dem Leben und Wirken ihres Herrn. Durch ihr Wort wollte Jesus zu allen Menschen auf dem ganzen Erdenkreis reden. Doch die Demütigung und der Tod Christi würden ihnen schwere Anfechtungen und Enttäuschungen bringen. Damit nach dieser Erfahrung ihr Wort überzeugungskräftig und genau wäre, verhieß ihnen Jesus den Heiligen Geist: »Der wird euch alles lehren und euch an alles erinnern, was ich euch gesagt habe.« Johannes 14,26

»Ich habe euch noch viel zu sagen«, sprach Jesus weiter, »aber ihr könnt es jetzt nicht ertragen. Wenn aber jener, der Geist der Wahrheit, kommen wird, wird er euch in alle Wahrheit leiten. Denn er wird nicht aus sich selber reden; sondern was er hören wird, das wird er reden, und was zukünftig ist, wird er euch verkündigen. Er wird mich verherrlichen; denn von dem Meinen wird er's nehmen und euch verkündigen.« Johannes 16,12-14

Der Heiland hatte Seinen Jüngern ein weites Gebiet der Wahrheit geöffnet, aber es fiel ihnen sehr schwer, Seine Lehren von den Traditionen und Grundsätzen der Schriftgelehrten und Pharisäer deutlich zu trennen. Sie waren unterwiesen worden, die Lehren der Rabbiner als Stimme Gottes anzunehmen. Diese Erziehung übte noch einen großen Einfluss auf ihr Verständnis aus und formte ihre Gesinnung. Irdische Vorstellungen und weltliche Dinge nahmen in ihren Gedanken noch einen breiten Raum ein, und sie verstanden nicht die geistliche Natur des Reiches Christi, obwohl Er sie ihnen oft erklärt hatte. Sie wurden verwirrt und begriffen nicht die Wichtigkeit der von Christus angeführten Schriftstellen. Viele Seiner Lehren schienen sie überhaupt nicht zu erreichen.

Der Heiland erkannte, dass sie die wahre Bedeutung Seiner Reden nicht verstanden, und in Seiner Barmherzigkeit versprach Er ihnen, dass der Heilige Geist ihnen diese Worte wieder ins Gedächtnis zurückrufen werde. Er ließ vieles unausgesprochen, das die Jünger doch nicht verstehen konnten, auch das würde ihnen der Heilige Geist später mitteilen. Er würde ihr Verständnis beleben, damit sie die himmlischen Dinge würdigen könnten. »Wenn aber jener, der Geist der Wahrheit, kommen wird, wird er euch in alle Wahrheit leiten.« Johannes 16,13 Der Tröster wird der »Geist der Wahrheit« genannt. Es ist Seine Aufgabe, die Wahrheit zu bestimmen und festzuhalten. Er wohnt zuerst im Herzen als Geist der Wahrheit und wird dadurch zum Tröster, denn nur in der Wahrheit liegen Trost und Frieden. Die Falschheit kennt keinen wahren Frieden oder Trost. Satan gewinnt durch falsche Lehren und Überlieferungen die Gewalt über den Verstand, und indem er die Menschen in den Irrtum verführt, entstellt er ihr ursprüngliches Wesen. Der Heilige Geist aber spricht durch die Heilige Schrift zum Herzen des Menschen und prägt ihm die Wahrheit ein. Dadurch legt Er den Irrtum bloß und vertreibt ihn aus der Seele. Durch den Geist der Wahrheit, der durch Gottes Wort wirkt, macht sich der Herr Sein auserwähltes Volk untertan.

Indem Jesus Seinen Jüngern das Amt des Heiligen Geistes beschrieb, versuchte Er in ihnen die Freude und Hoffnung zu wecken, die Ihn selbst erfüllte. Er freute sich über die reiche Unterstützung, die für Seine Gemeinde vorgesehen war; denn der Heilige Geist war die wertvollste Gabe, die Er von Seinem Vater zur Erhöhung Seines Volkes erbitten konnte. Dieser Geist sollte uns als eine erneuernde Kraft erfüllen, ohne die das Opfer Christi wertlos gewesen wäre.

Der Hang zum Bösen war jahrhundertelang gestärkt worden, und die Unterwerfung der Menschen unter diese satanische Knechtschaft war höchst bestürzend. Der Sünde zu widerstehen und sie zu überwinden, war es nur durch die machtvolle Kraft der dritten Person der Gottheit möglich, die nicht mit beschränkter Kraft, sondern in der Fülle göttlicher Macht kommen sollte. Der Heilige Geist macht lebendig, was der Heiland der Welt vorbereitet hat. Er reinigt das Herz, und durch Ihn erhält der Gläubige Anteil an der göttlichen Natur. Christus hat Seinen Geist als eine göttliche Kraft gegeben, um alle ererbten und anerzogenen Neigungen zum Bösen zu überwinden und Seiner Gemeinde Sein Wesen aufzuprägen.

Jesus sagte noch von dem Geist: »Er wird mich verherrlichen.« Der Heiland kam, um den Vater durch die Darstellung Seiner Liebe zu verherrlichen. Genauso soll auch der Heilige Geist den Heiland verklären, indem Er Seine Gnadenfülle der Welt offenbart. Das Ebenbild Gottes soll im Menschen wiederhergestellt werden. Die Ehre Gottes, die Ehre Christi sind untrennbar verbunden mit einer untadeligen charakterlichen Entwicklung Seiner Nachfolger.

»Wenn er kommt, wird er der Welt die Augen auftun über die Sünde und über die Gerechtigkeit und über das Gericht.« Johannes 16,8 Die Verkündigung des Wortes Gottes wird ohne die ständige Gegenwart und Hilfe des Heiligen Geistes nutzlos sein, denn Er ist der einzige erfolgreiche Lehrer der göttlichen Wahrheit. Nur wenn die Kraft des Geistes das Wort der Wahrheit in die Herzen senkt, wird es das Gewissen wecken und das Leben umgestalten. Ein Mensch kann fähig sein, das Wort Gottes treu mitzuteilen, er kann sich mit all seinen Geboten und Verheißungen auskennen, doch wenn der Heilige Geist die Wahrheit nicht fest gründet, wird die Seele nicht auf den »Eckstein« fallen und daran »zerschellen.« Lukas 20,17f

Weder eine umfassende Ausbildung noch irdische Vorteile, wie groß sie auch sein mögen, können den Menschen ohne die Mitwirkung des Geistes Gottes zum Lichtträger machen. Die Aussaat des Evangeliumssamens wird nicht aufgehen, wenn nicht der Tau des Himmels ihn zum Leben erweckt. Ehe eines der neutestamentlichen Bücher geschrieben war, ehe eine Predigt nach der Himmelfahrt Christi gehalten wurde, kam der Heilige Geist auf die betenden Apostel. Dann war das Zeugnis ihrer Feinde: »Ihr habt Jerusalem erfüllt mit eurer Lehre.« Apostelgeschichte 5,28

Christus hat Seiner Gemeinde die Gabe des Heiligen Geistes versprochen. Diese Verheißung gehört uns genauso wie den ersten Gläubigen. Doch wie jede andere Verheißung auch ist sie an Bedingungen geknüpft. Es gibt viele, die an die Verheißungen des Herrn glauben und behaupten, sie in Anspruch zu nehmen. Sie sprechen über Christus und über den Heiligen Geist und es nützt ihnen nichts. Sie öffnen ihre Seele nicht der göttlichen Wirksamkeit, damit sie geleitet und beherrscht werde. Wir besitzen nicht die Fähigkeit, den Heiligen Geist in unseren Dienst zu nehmen, sondern der Heilige Geist muss sich dagegen unser bedienen. Gott wirkt durch den Geist in Seinen Kindern »das Wollen und das Vollbringen, nach seinem Wohlgefallen.« Philipper 2,13 Doch viele Menschen wollen sich dem nicht unterwerfen, sie wollen sich selbst organisieren. Deshalb erhalten sie nicht diese himmlische Gabe. Nur den Gläubigen, die demütig auf den Herrn harren und auf Seine Führung und auf Seine Gnadengabe achten, wird der Heilige Geist gegeben. Die Kraft Gottes wartet darauf, dass die Menschen nach ihr verlangen und sie annehmen. Wird dieser verheißene Segen im Glauben beansprucht, so zieht er alle anderen Segnungen nach sich. Er wird nach dem Reichtum der Gnade Christi gegeben werden. Er kann die Bedürfnisse jeder Menschenseele befriedigen, soweit die bereit ist, die göttliche Kraft aufzunehmen. Jesus machte in Seinem Gespräch mit den Jüngern keine traurige Anspielung auf Sein Leiden und Sterben. Sein letztes Vermächtnis an sie war vielmehr die Zusicherung göttlichen Friedens. Er sagte ihnen: »Den Frieden lasse ich euch, meinen Frieden gebe ich euch. Nicht gebe ich euch, wie die Welt gibt. Euer Herz erschrecke nicht und fürchte sich nicht.« Johannes 14,27 Bevor sie den Abendmahlsraum verließen, stimmte der Heiland mit den Jüngern einen Lobgesang an. Seine Stimme erklang nicht in einem trauernden Klagegesang, sondern in einem frohen Passahlied: »Lobet den Herrn, alle Heiden! Preiset ihn, alle Völker! Denn seine Gnade und Wahrheit waltet über uns in Ewigkeit. Halleluja!« Psalm 117 Nach diesem Lobgesang gingen sie hinaus. Sie bahnten sich einen Weg durch die Menge, die auf den Straßen hin und her unterwegs war, und gelangten durch das Stadttor in der Nähe des Ölbergs hinaus ins Freie. Sie wanderten langsam dahin, jeder tief in Gedanken versunken. Als sie an den Ölberg kamen, sagte der Heiland bekümmert: »In dieser Nacht werdet ihr alle Ärgernis nehmen an mir. Denn es steht geschrieben: ‚Ich werde den Hirten schlagen, und die Schafe der Herde werden sich zerstreuen.‘« Matthäus 26,31

Traurig und bestürzt schwiegen die Jünger. Sie dachten daran, wie in der Synagoge zu Kapernaum, als Christus von sich als dem Brot des Lebens sprach, viele sich empört von Ihm abgewandt hatten. Sie aber waren Ihm treu geblieben, und Petrus hatte im Namen aller ihre Loyalität bekundet. Darauf hatte der Herr erwidert: »Habe ich nicht euch Zwölf erwählt? Und einer von euch ist ein Teufel.« Johannes 6,70 Und heute Abend hatte der Meister beim Passahmahl gesagt, dass einer der Zwölf Ihn verraten und dass Petrus Ihn verleugnen würde. Nun aber schlossen Seine Worte sie alle ein.

Wieder war es Petrus, der dem Herrn leidenschaftlich zurief: »Und wenn sie alle Ärgernis nehmen, so doch ich nicht.« Markus 14,29 Oben im Saal hatte er sogar erklärt: »Ich will mein Leben für dich lassen.« Johannes 13,37 Jesus hatte ihm daraufhin erwidert, dass er Seinen Heiland noch in derselben Nacht verraten würde. Jetzt wiederholte Er Seine Warnung: »Wahrlich, ich sage dir: Heute, in dieser Nacht, ehe der Hahn zweimal kräht, wirst du mich dreimal verleugnen.« Petrus aber »redete noch weiter: Auch wenn ich mit dir sterben müsste, wollte ich dich nicht verleugnen. Das Gleiche sagten sie alle.« Markus 14,30f

In ihrem Selbstvertrauen widersprachen sie der wiederholten Aussage dessen, der alle Dinge weiß. Auf eine Prüfung waren sie nicht vorbereitet. Sie würden ihre Schwäche erst erkennen, wenn die Versuchung sie überraschte. Petrus meinte es mit jedem Wort aufrichtig, als er dem Herrn versprach, Ihm in Gefängnis und Tod zu folgen, aber er kannte sich selbst nicht. In seinem Herzen verborgen, schlummerten noch böse Neigungen, die durch besondere Umstände leicht geweckt werden konnten und ihn unweigerlich dem ewigen Verderben überantworten würden, wenn man ihm nicht diese Gefahr deutlich zum Bewusstsein brächte. Jesus sah in ihm eine Eigenliebe und ein Selbstvertrauen, die sogar über seine Liebe zum Herrn hinausgehen würden. Viel Schwachheit, unbeherrschte Sünde, Achtlosigkeit des Geistes, Jähzorn und Sorglosigkeit gegenüber der Versuchung wurden in der Erfahrung von Petrus zum Vorschein gebracht. Jesu ernstes ermahnendes Wort sollte ihn zur Selbstprüfung veranlassen. Petrus musste sich selbst misstrauen und einen tieferen Glauben in Christus haben. Hätte er die Warnung demütig angenommen, so würde er den Hirten der Herde gebeten haben, Seine Schafe zu bewahren. Als er einst auf dem See Genezareth am Versinken war, hatte er nach dem Herrn gerufen: »Herr, rette mich!« Matthäus 14:30 Und Christus hatte Seine Hand ausgestreckt und ihn ergriffen. So wäre er auch jetzt bewahrt worden, wenn er seinen Heiland gebeten hätte: Hilf mir vor mir selbst! Aber Petrus empfand Jesu Worte nur als Misstrauen und fühlte sich gekränkt. Er war bereits beleidigt und wurde in seinem Selbstvertrauen nur noch beharrlicher.

Der Herr schaute voller Mitleid auf Seine Jünger. Er konnte sie nicht vor der kommenden Versuchung bewahren, aber Er verließ sie nicht ungetröstet. Er gab ihnen die Zusicherung, dass Er die Fesseln des Grabes zerbrechen und dass Seine Liebe zu ihnen niemals aufhören werde. »Wenn ich aber auferstanden bin«, sagte Er, »will ich vor euch hingehen nach Galiläa.« Matthäus 26,32 Schon vor der Verleugnung erhielten sie die Gewissheit Seiner Vergebung. Nach Seinem Tod und Seiner Auferstehung dann wussten sie, dass ihnen vergeben war und dass sie dem Herzen Christi teuer waren.

Jesus befand sich mit Seinen Jüngern auf dem Weg nach Gethsemane, einem ruhig gelegenen Ort am Fuß des Ölbergs, den der Herr oft aufgesucht hatte, um nachzudenken und zu beten. Jesus hatte den Jüngern das Wesen Seiner Sendung und ihre geistliche Bindung zu Ihm erklärt, die sie lebendig erhalten sollten. Nun veranschaulichte Er ihnen diese Erklärung. Das silberne Licht des Mondes enthüllte einen Weinstock, der voller Reben war. Der Heiland lenkte die Aufmerksamkeit der Jünger auf dieses Bild und benutzte es als ein Symbol.

»Ich bin der wahre Weinstock«, Johannes 15,1 sagte Er. Statt die anmutige Palme, die stattliche Zeder oder die starke Eiche für Seinen Vergleich zu wählen, wies der Herr auf den Weinstock mit den sich anklammernden Ranken und verglich sich mit Ihm. Palmen, Zedern und Eichen stehen allein, sie brauchen keine Stütze. Der Wein aber rankt sich am Spalier entlang und strebt dadurch himmelwärts. So war Christus als Mensch von der göttlichen Macht abhängig.

»Der Sohn kann nichts von sich aus tun«, Johannes 5,19 erklärte er. »Ich bin der wahre Weinstock.« Die Juden hatten den Weinstock stets als die edelste aller Pflanzen betrachtet. Sie nahmen ihn als Sinnbild all dessen, was stark, herrlich und fruchtbar war. Israel selbst war als ein Weinstock dargestellt worden, den Gott in dem verheißenen Land eingepflanzt hatte. Die Juden gründeten die Hoffnung ihres Heils auf die Tatsache, dass sie mit Israel verbunden waren, aber Jesus sagte: »Ich bin der wahre Weinstock.« Glaubt nicht, dass ihr durch die Verbindung mit Israel Teilhaber des göttlichen Lebens und Erben seiner Verheißung werdet. Durch mich allein wird geistliches Leben empfangen.

»Ich bin der wahre Weinstock, und mein Vater ist der Weingärtner.« Johannes 15,1 Auf den Hügeln von Palästina hatte der himmlische Vater diesen guten Weinstock gepflanzt, und Er selbst war der Weingärtner. Viele wurden durch die Schönheit dieses Weinstocks angezogen und bekannten, er sei himmlischen Ursprungs. Doch den Führern Israels erschien er wie eine Wurzel auf dürrem Erdreich. Sie nahmen die Pflanze, beschädigten sie und traten darauf in der Hoffnung, sie für immer zu vernichten. Aber der himmlische Weingärtner ließ das edle Reis nicht aus den Augen. Nachdem die Menschen glaubten, es vernichtet zu haben, nahm er es und verpflanzte es auf die andere Seite der Mauer. So war der Weinstock nunmehr nicht länger sichtbar, und er blieb den zerstörenden Angriffen der Menschen entzogen. Aber seine Reben hingen über die Mauer und wiesen wiederum auf den Weinstock, durch sie konnten immer noch Wildlinge mit dem guten Weinstock verbunden werden. Auch sie haben Früchte gebracht und sind zur Ernte gereift, die die Vorübergehenden eingebracht haben.

»Ich bin der Weinstock, ihr seid die Reben.« Das sagte der Herr zu Seinen Jüngern. Obwohl Er im Begriff stand, sie zu verlassen, war ihre geistliche Verbindung mit Ihm unverändert. Die Verbindung der Rebe mit dem Weinstock, so sagte Er, stellt das Verhältnis dar, in dem ihr zu mir bleiben sollt. Der junge Trieb wird dem Weinstock eingepfropft und wächst Faser auf Faser, Ader auf Ader in den Stamm ein, so dass das Leben des Weinstocks sich mit dem der Rebe vereint. So empfängt auch die in Schuld und in Sünden abgestorbene Seele neues Leben durch die Verbindung mit Christus.

Durch den Glauben an Ihn als einen persönlichen Heiland wird der Bund geschlossen. Der Sünder vereinigt seine Schwachheit mit der Stärke Christi, seine Leere mit der Fülle Jesu und seine Gebrechlichkeit mit Christi ausdauernder Kraft. Er wird eines Sinnes mit Ihm, und die menschliche Natur Christi hat unser Menschsein berührt und unsere menschliche Natur die Gottheit. So wird der Mensch durch die Vermittlung des Heiligen Geistes der göttlichen Natur teilhaftig; er ist »begnadet ... in dem Geliebten.« Epheser 1,6 Diese Verbindung mit Christus muss, wenn sie einmal entstanden ist, aufrechterhalten werden.

Der Herr sagte: »Bleibt in mir und ich in euch. Wie die Rebe keine Frucht bringen kann aus sich selbst, wenn sie nicht am Weinstock bleibt, so auch ihr nicht, wenn ihr nicht in mir bleibt.« Johannes 15,4

Dies ist keine zufällige Berührung, keine gelegentliche Verbindung. Die Rebe wird ein Teil des Weinstocks. Leben, Kraft und Fruchtbarkeit fließen ihr ungehindert und beständig aus der Wurzel zu. Getrennt vom Weinstock aber kann die Rebe nicht leben. Auch ihr, so sprach Jesus, könnt nicht leben ohne mich. Das Leben, das ihr von mir empfangen habt, kann nur durch die ständige Gemeinschaft mit mir bewahrt werden. Ohne mich könnt ihr weder eine

Sünde überwinden noch einer Versuchung widerstehen. »Bleibt in mir und ich in euch.« In Christus zu bleiben, bedeutet Seinen Geist beständig zu empfangen und ein Leben der vorbehaltlosen Hingabe an Seinen Dienst zu führen. Die Verbindung zwischen dem Menschen und Seinem Gott darf nicht unterbrochen werden. Wie die Rebe unaufhörlich den Saft aus dem lebenden Weinstock zieht, so müssen wir uns an Jesus klammern und von Ihm durch den Glauben Stärke und Vollkommenheit Seines Wesens empfangen.

Die Wurzel sendet die Nahrung durch die ganze Rebe hindurch in die äußersten Spitzen. Genauso übermittelt der Herr dem Gläubigen Ströme voller geistlicher Stärke. Solange die Seele mit Christus verbunden ist, besteht keine Gefahr, dass sie verwelkt oder umkommt.

Das Leben des Weinstocks zeigt sich deutlich in seinen duftenden Früchten. »Wer in mir bleibt und ich in ihm, der bringt viel Frucht; denn ohne mich könnt ihr nichts tun.« Johannes 15,5 Leben wir durch den Glauben an den Sohn Gottes, dann werden sich die Früchte des Geistes in unserem Leben zeigen – nicht eine einzige Frucht wird fehlen.

»Mein Vater [ist] der Weingärtner. Eine jede Rebe an mir, die keine Frucht bringt, wird er wegnehmen.« Johannes 15,1f Während der eingepfropfte Zweig äußerlich mit dem Weinstock verbunden ist, kann doch die lebendige Verbindung fehlen. Dann werden sich weder Wachstum noch Fruchtbarkeit zeigen. So gibt es auch eine scheinbare Verbindung mit Christus ohne eine wirkliche Einigkeit mit Ihm durch den Glauben.

Ein Glaubensbekenntnis macht den Menschen zwar zum Mitglied einer christlichen Gemeinschaft, aber erst der Charakter und die Lebensführung beweisen, ob er mit Christus verbunden ist. Trägt solch ein Bekenner keine Frucht, dann wird er wie eine schlechte Rebe verwelken und vergehen. »Wer nicht in mir bleibt, der wird weggeworfen wie eine Rebe und verdorrt, und man sammelt sie und wirft sie ins Feuer, und sie müssen brennen.« Johannes 15,6

»Eine jede Rebe an mir ..., die Frucht bringt, wird er reinigen, dass sie mehr Frucht bringe.« Johannes 15,2 Von den zwölf Jüngern, die Jesus erwählt hatte, stand einem unmittelbar bevor, wie eine verdorrte Rebe weggeworfen zu werden, die anderen aber würden unter das Winzermesser scharfer Prüfungen kommen. In ernster Besorgnis erklärte Jesus die Absicht des Weingärtners. Das Beschneiden verursacht Schmerzen, aber es ist der Vater, der das Messer führt. Er arbeitet nicht mit lässiger Hand oder mit gleichgültigem Herzen. Einige Reben wachsen am Boden, sie müssen daher von den irdischen Stützen getrennt werden, an denen ihre Ranken haften. Sie sollen sich aufwärts entwickeln und an Gott Halt finden. Das übermäßige Laub, das der Frucht die Lebenskraft entzieht, muss

beschnitten und entfernt werden, damit gleichzeitig die milden

Strahlen der Sonne der Gerechtigkeit durchdringen können. Der Weingärtner schneidet den zu üppigen Wuchs ab, damit die Früchte schöner und reichlicher gedeihen können.

»Darin wird mein Vater verherrlicht, dass ihr viel Frucht bringt.« Johannes 15,8 Gott möchte die Heiligkeit, die Güte und das Erbarmen Seines Wesens durch uns offenbaren. Dennoch gebietet Jesus den Jüngern nicht, danach zu trachten, Frucht zu bringen. Er sagt ihnen nur, in Ihm zu bleiben. »Wenn ihr in mir bleibt und meine Worte in euch bleiben, werdet ihr bitten, was ihr wollt, und es wird euch widerfahren.« Johannes 15,7

Jesus Christus bleibt in den Gläubigen durch Sein Wort. Es ist die gleiche lebenswichtige Verbindung, die auch durch das Essen Seines Fleisches und das Trinken Seines Blutes versinnbildet wird. Christi Worte sind Geist und Leben. Wer sie aufnimmt, empfängt das Leben des Weinstocks. Wir leben »von einem jeden Wort, das aus dem Mund Gottes geht.« Matthäus 4,4 Das Leben Christi in uns erzeugt die gleichen Früchte wie in Ihm, und wenn wir in Christus leben, an Ihm hängen, von Ihm gestützt werden und unsere Nahrung von Ihm nehmen, dann tragen wir auch Frucht wie er.

Bei diesem letzten Zusammensein mit Seinen Jüngern sprach Jesus die große Bitte aus, dass sie sich untereinander lieben möchten, wie Er sie geliebt hatte. Immer wieder äußerte Er diesen Gedanken. »Das ist mein Gebot, dass ihr euch untereinander liebt.« Johannes 15,12

Jetzt, beim Abendmahl, schärfte Er ihnen als Erstes ein: »Ein neues Gebot gebe ich euch, dass ihr euch untereinander liebt, wie ich euch geliebt habe, damit auch ihr einander lieb habt.« Johannes 13,34 Den Jüngern war dieses Gebot neu, denn sie hatten einander nicht so geliebt, wie Jesus sie liebte. Er erkannte, dass sie neue Gedanken und neue Antriebskräfte benötigten und dass sie nach neuen Grundsätzen handeln müssten. Durch Sein Leben und Sterben sollten sie einen neuen Begriff von der Liebe erhalten. Das Gebot der brüderlichen Liebe erhielt im Licht Seiner Selbstaufopferung eine neue Bedeutung. Das ganze Wirken der Gnade ist ein beständiger Dienst der Liebe, der Selbstverleugnung und der Selbstaufopferung. In jeder Stunde Seines Erdenlebens gingen unaufhaltsame Ströme der Liebe Gottes von Jesus aus, und alle, die Seines Geistes sind, werden Liebe üben, wie Er sie vorlebte. Das gleiche Prinzip, das Jesus bewegte, wird auch sie in ihrem Handeln untereinander leiten.

Diese Liebe ist der Beweis ihrer Jüngerschaft. »Daran wird jedermann erkennen, dass ihr meine Jünger seid, wenn ihr Liebe untereinander habt.« Johannes 13,35 Wenn Menschen nicht aus Zwang oder eigenem Interesse, sondern aus Liebe miteinander verbunden sind, macht sich in ihrem Leben das Wirken einer Macht bemerkbar, die über jedem irdischen Einfluss steht. Wo dieses Einssein besteht, ist es ein Beweis dafür, dass das Ebenbild Gottes im Menschen wiederhergestellt ist und ein neues Lebensprinzip eingepflanzt wurde. Es wird sich dann zeigen, dass in der göttlichen Natur Kraft genug ist, den übernatürlichen Mächten des Bösen zu widerstehen, und dass die Gnade Gottes auch die dem natürlichen Herzen eigene Selbstsucht überwindet.

Zeigt sich diese Liebe in der Gemeinde, dann wird sie sicherlich den Zorn Satans erregen. Der Heiland hat Seinen Jüngern keinen leichten Weg bestimmt. Er sagte ihnen: »Wenn euch die Welt hasst, so wisst, dass sie mich vor euch gehasst hat. Wäret ihr von der Welt, so hätte die Welt das Ihre lieb. Weil ihr aber nicht von der Welt seid, sondern ich euch aus der Welt erwählt habe, darum hasst euch die Welt. Gedenkt an mein Wort, das ich euch gesagt habe: Der Knecht ist nicht größer als sein Herr. Haben sie mich verfolgt, so werden sie euch auch verfolgen; haben sie mein Wort gehalten, so werden sie eures auch halten. Aber das alles werden sie euch tun um meines Namens willen; denn sie kennen den nicht, der mich gesandt hat.« Johannes 15,18-21 Das Evangelium wird unter ständigem Kampf inmitten von Widerstand, Gefahr, Verlust und Leiden verbreitet werden. Nur wer diese Aufgabe anpackt, folgt wahrhaft den Fußstapfen seines Meisters.

Als Erlöser der Welt wurde Christus ständig mit scheinbaren Fehlschlägen konfrontiert. Er, der Bote der Barmherzigkeit an unsere Welt, schien nur wenig von dem Werk der Erbauung und der Rettung ausführen zu können, nach dem Sein Herz sich so sehnte. Satanische Einflüsse waren ständig am Wirken, um Seinen Weg zu verstellen, aber Er ließ sich davon nicht entmutigen. Durch die Worte des Propheten Jesaja erklärte Er: »Ich aber hatte gedacht: Ich habe mich vergeblich abgemüht und meine Kraft umsonst und nutzlos verbraucht! Doch steht mein Recht bei dem Herrn und mein Lohn bei meinem Gott ... Israel aber wurde nicht gesammelt, und doch wurde ich geehrt in den Augen des Herrn und mein Gott war meine Stärke« Diese Verheißung wurde Christus gegeben: »So spricht der Herr, der Erlöser Israels, sein Heiliger, zu dem von jedermann Verachteten, zu dem Abscheu der Nation, zu dem Knecht der Herrschenden: Könige werden es sehen und aufstehen und Fürsten anbetend niederfallen um des Herrn willen, der treu ist ... So spricht der Herr: Zur angenehmen Zeit habe ich dich erhört und am Tag des Heils dir geholfen; und ich will dich behüten und dich dem Volk zum Bund geben, damit du dem Land wieder aufhilfst und die verwüsteten Erbteile wieder als Erbbesitz austeilst; damit du den Gefangenen sagst: ‚Geht heraus!' und zu denen in der Finsternis: ‚Kommt hervor!' ... Sie werden weder hungern noch dürsten; keine trügerische Wasserspiegelung noch Sonne wird sie blenden; denn ihr Erbarmer wird sie führen und zu den Wasser-

quellen leiten.« Jesaja 49,4.5.7-10

Auf diese Verheißung vertraute Jesus und gab Satan keinen Vorteil. Als Er die letzten Schritte Seiner Erniedrigung zu gehen hatte, als der schmerzlichste Kummer Seine Seele bedrückte, sagte Er zu Seinen Jüngern: »Es kommt der Fürst der Welt. Er hat keine Macht über mich.« Johannes 14,30 »Der Fürst dieser Welt [ist] gerichtet.« Johannes 16,11 »Nun wird der Fürst dieser Welt ausgestoßen werden.« Johannes 12,31 Mit dem prophetischen Auge überblickte Christus die kommenden Ereignisse des letzten großen Kampfes. Er wusste, dass der ganze Himmel triumphieren würde, wenn Er ausriefe: »Es ist vollbracht!« Sein Ohr vernahm schon die ferne Musik und die Siegesrufe im Himmel. Er wusste, dass dann die Sterbeglocke für Satans Reich schlagen und der Name Christi von einem Himmelskörper zum andern verkündigt werden würde.

Der Heiland freute sich, dass Er für Seine Nachfolger mehr tun konnte, als sie bitten oder ahnen konnten. Er sprach bestimmt zu ihnen, in der Gewissheit, dass ein allmächtiger Ratschluss gefasst worden war, noch bevor diese Welt geschaffen wurde. Er wusste, dass die Wahrheit – gerüstet mit der Allmacht des Heiligen Geistes – im Kampf mit dem Bösen siegen und das blutgetränkte Banner im Triumph über Seinen Nachfolgern wehen würde. Er wusste auch, dass das Leben der ihm vertrauenden Jünger dem seinen gleichen und eine ununterbrochene Reihe von Siegen sein würde, die als solche auf Erden nicht wahrgenommen würden, aber dafür in der Ewigkeit.

»Das habe ich mit euch geredet, damit ihr in mir Frieden habt. In der Welt habt ihr Angst; aber seid getrost, ich habe die Welt überwunden.« Johannes 16,33 Christus gab nicht auf und wurde nicht entmutigt. Seine Nachfolger sollen denselben dauerhaften Glauben offenbaren. Sie sollen leben, wie Er lebte, und wirken, wie Er wirkte, weil sie sich auf Ihn als Führer und Berater verlassen können. Sie müssen Mut, Tatkraft und Ausdauer besitzen und in Seiner Gnade vorangehen, auch wenn sich ihnen unüberwindlich scheinende Hindernisse in den Weg stellen. Sie sind berufen, Schwierigkeiten zu überwinden, statt zu beklagen und an nichts verzweifeln, sondern auf alles hoffen. Mit der goldenen Kette Seiner unvergleichlichen Liebe hat Christus sie an den Thron Gottes gebunden. Er will, dass der höchste Einfluss im Weltall, der von der Quelle aller Kraft ausgeht, zu ihrer Verfügung steht. Sie sollen Macht haben, dem Bösen zu widerstehen – solche Macht, dass weder die Erde, noch der Tod, noch die Hölle sie überwältigen können – eine Macht, die sie befähigen wird, zu überwinden, wie Christus überwand.

Jesus Christus sieht vor, dass die Ordnung des Himmels, der himmlische Regierungsplan, die göttliche Harmonie des Himmels auf dieser Erde in Seiner Gemeinde dargestellt wird. So wird Er in Seinem Volk verherrlicht. Durch die Gläubigen wird die Sonne der Gerechtigkeit in ihrem ungetrübten

Glanz auf die Welt scheinen. Christus hat Seiner Gemeinde beträchtliche Gaben verliehen, so dass Er von Seinem erlösten und erkauften Eigentum einen großen Ertrag an Herrlichkeit zurückbekommen kann. Er hat Seinem Volk Fähigkeiten und Segnungen gegeben, damit es Seinen Reichtum darstelle. Die Gemeinde, ausgestattet mit der Gerechtigkeit Christi, ist Sein Schatzhaus, in dem die Fülle Seiner Barmherzigkeit, Seiner Gnade und Seiner Liebe zu letzter und völliger Entfaltung kommen soll. Christus betrachtet Sein Volk, das rein und vollkommen vor Ihm steht, als Lohn für Seine Erniedrigung und als Ergänzung Seiner Herrlichkeit – Christus, der große Mittelpunkt, von dem alle Herrlichkeit ausstrahlt.

Hoffnungsvoll beendete der Heiland die Unterweisung Seiner Jünger. Dann schüttete Er die Last Seiner Seele im Gebet für Seine Jünger aus, Seine Augen zum Himmel emporhebend, sprach Er: »Vater, die Stunde ist da: verherrliche deinen Sohn, damit dich der Sohn verherrliche, denn du hast ihm Macht gegeben über alle Menschen, damit er das ewige Leben gebe allen, die du ihm gegeben hast. Das ist aber das ewige Leben, dass sie dich, der du allein wahrer Gott bist, und den du gesandt hast, Jesus Christus, erkennen.« Johannes 17,1-3

Christus hatte das Werk vollendet, das Ihm aufgetragen war. Er hatte Gott auf Erden verherrlicht, Er hatte den Namen des Vaters offenbart und jene erwählt, die Sein Werk unter den Menschen fortsetzen sollten. Von ihnen sagte Er: »Ich bin in ihnen verherrlicht. Ich bin nicht mehr in der Welt; sie aber sind in der Welt, und ich komme zu dir. Heiliger Vater, erhalte sie in deinem Namen, den du mir gegeben hast, dass sie eins seien gleichwie wir ... Ich bitte aber nicht allein für sie, sondern auch für die, die durch ihr Wort an mich glauben werden, damit sie alle eins seien. Wie du, Vater, in mir und ich in dir; so sollen auch sie in uns sein, damit die Welt glaube, dass du mich gesandt hast. Und ich habe ihnen die Herrlichkeit gegeben, die du mir gegeben hast, damit sie eins seien, wie wir eins sind, ich in ihnen und du in mir, damit sie vollkommen eins seien und die Welt erkenne, dass du mich gesandt hast und sie liebst, wie du mich liebst.« Johannes 17,10.11.20-23

Mit diesen Worten übergab Jesus Christus Seine auserwählte Gemeinde in die Obhut des himmlischen Vaters. Er trat für Sein Volk wie ein geweihter Hohepriester ein und sammelte Seine Herde wie ein treuer Hirte unter den Schutz des Allmächtigen, einer starken und sicheren Zuflucht. Auf Ihn wartete nun der letzte Kampf mit Satan, und Er ging hinaus, ihn aufzunehmen.

KAPITEL 74

Auf Grundlage von
Matthäus 26,36-56; Markus 14,32-50
Lukas 22,39-53; Johannes 18,1-12

GETHSEMANE

D er Heiland wanderte mit Seinen Jüngern zum Garten Gethsemane. Der Mond zur Passahzeit stand hell und voll am wolkenlosen Himmel. Die Stadt der Pilgerzelte ruhte in tiefem Schweigen.

Jesus hatte sich bis dahin ernstlich mit Seinen Jüngern unterhalten und sie unterwiesen. Je näher sie jedoch dem Garten Gethsemane zuschritten, desto schweigsamer wurde Er. Oft hatte Er sich an diesen Ort zur Andacht und zum Gebet zurückgezogen, aber noch nie war Er mit einem so bekümmerten Herzen hierher gekommen wie in dieser Nacht Seines letzten Ringens. Während Seines ganzen Erdenlebens hatte Er im Licht der Gegenwart Gottes gelebt, und selbst im Zwiespalt mit Menschen, die vom Geist Satans besessen waren, konnte Er sagen: »Der mich gesandt hat, ist mit mir. Der Vater lässt mich nicht allein; denn ich tue allezeit, was ihm gefällt.« Johannes 8,29

Jetzt aber schien Er von dem bewahrenden Licht der Gegenwart Gottes ausgeschlossen zu sein. Er wurde nun zu den Übeltätern gerechnet und musste die Schuld der gefallenen Menschheit tragen. Auf Ihn, der keine Sünde kannte, musste alle unsere Missetat gelegt werden. So schrecklich erschien Ihm die Sünde, so groß war die Last der Schuld, die Er zu tragen hatte, dass Er fürchtete, auf ewig von der Liebe des Vaters ausgeschlossen zu werden. Als Er empfand, wie furchtbar der Zorn Gottes wegen der Übertretung Seiner Gebote ist, rief Er aus: »Meine Seele ist betrübt bis an den Tod.« Matthäus 26,38

Als sie dem Garten näher kamen, bemerkten die Jünger die Veränderung, die mit ihrem Herrn vor sich gegangen war. Sie hatten Ihn noch nie so traurig und still gesehen. Als Er weiter ging, wurde diese ungewöhnliche Betrübnis immer größer. Dennoch wagten sie nicht, Ihn nach der Ursache Seines Kummers zu fragen. Er schwankte, als würde Er jeden Augenblick fallen.

Nachdem sie den Garten gemeinsam betreten hatten, schauten sich die Jünger besorgt nach dem Platz um, an den sich Jesus gewöhnlich zurückzog, damit ihr Meister dort ruhen möge. Jeder Schritt, den Er nun vorwärts ging, wurde für Ihn zur Anstrengung. Er stöhnte vernehmlich, als stünde Er unter einer schrecklichen Belastung. Zweimal mussten Ihn Seine Gefährten stützen, sonst wäre Er gefallen.

In der Nähe des Eingangs zum Garten ließ Jesus Seine Jünger bis auf drei zurück und forderte sie auf, für sich selbst und für Ihn zu beten. Mit Petrus, Jakobus und Johannes ging Er an jenen Ort der Abgeschiedenheit. Diese drei waren Seine vertrautesten Gefährten. Sie hatten Seine Herrlichkeit auf dem Verklärungsberg erlebt, sie hatten Mose und Elia mit Ihm sprechen sehen, sie hatten auch die Stimme vom Himmel gehört – jetzt wollte sie Christus während Seines großen Kampfes in Seiner Nähe wissen. Oft schon hatten sie eine Nacht mit Ihm in dieser Zurückgezogenheit verbracht. Oft schliefen sie ungestört nach einer Zeit des Wachens und Betens in einiger Entfernung von ihrem Meister, bis Er sie morgens zu neuem Tagewerk weckte. Doch jetzt wünschte sich ihr Meister, dass sie die ganze Nacht mit Ihm wachten und beteten – obwohl es ihm unerträglich war, dass selbst diese drei Jünger zu Zeugen Seines Seelenkampfes werden sollten, den Er auf sich nehmen musste.

»Bleibt hier«, sagte Er ihnen, »und wacht mit mir!« Matthäus 26,38 Er ging einige Schritte abseits, gerade so weit, dass sie Ihn noch sehen und hören konnten, und fiel auf die Erde nieder. Die Sünde trennte Ihn von Seinem Vater, das spürte Er. Der Abgrund war so breit, so dunkel und so tief, dass Sein Geist davor schauderte. Er durfte Seine göttliche Macht nicht dazu einsetzen, um diesem Kampf zu entrinnen. Als Mensch musste Er die Folgen der Sünde der Menschheit erleiden, als Mensch musste Er den Zorn Gottes über die Übertretungen ertragen.

Die Stellung Jesu war jetzt eine andere als zuvor. Sein Leiden kann man am besten mit den Worten des Propheten Sacharja ausdrücken: »Schwert, mach dich auf über meinen Hirten, über den Mann, der mir der Nächste ist!, spricht der Herr Zebaoth.« Sacharja 13,7 Als Vertreter und Bürge der sündigen Menschen litt Christus unter der göttlichen Gerechtigkeit, deren ganzen Umfang Er nun erkannte. Bisher war Er ein Fürsprecher für andere gewesen, jetzt sehnte Er sich danach, selbst einen Fürsprecher zu haben.

Als der Heiland spürte, dass Sein Einssein mit dem himmlischen Vater unterbrochen war, befürchtete Er, in Seiner menschlichen Natur unfähig zu sein, den kommenden Kampf mit den Mächten der Finsternis zu bestehen. Schon in der Wüste der Versuchung hatte das Schicksal des Menschengeschlechts auf dem Spiel gestanden – doch Jesus war Sieger geblieben. Jetzt war der Versucher zum letzten schrecklichen Kampf gekommen, auf den er sich während der dreijährigen Lehrtätigkeit des Herrn vorbereitet hatte.

Alles hing von dem Ausgang dieses Kampfes ab. Würde Satan verlieren, dann wäre seine Hoffnung auf die Oberherrschaft gebrochen und die Reiche der Welt würden schließlich Christus gehören. Er selbst würde überwältigt und ausgestoßen werden. Ließe sich Christus aber überwinden, dann würde die Erde Satans Reich werden und das Menschengeschlecht für immer in seiner Gewalt bleiben.

Mit den Folgen dieses Streites vor Augen war Christi Seele ganz erfüllt von der Furcht vor der Trennung von Gott. Satan sagte dem Herrn, dass Er als Bürge für die sündige Welt ewig von Gott getrennt wäre. Er würde dann zu Satans Reich gehören und niemals mehr mit Gott verbunden sein.

Was war durch dieses Opfer zu gewinnen? Wie hoffnungslos erschienen die Schuld und die Undankbarkeit der Menschen! In den härtesten Zügen schilderte Satan dem Herrn die Situation. Alle jene, die für sich in Anspruch nehmen, ihre Mitmenschen in zeitlichen und geistlichen Dingen zu überragen, haben dich verworfen. Sie versuchen, dich zu vernichten, der du der Grund, der Mittelpunkt und das Siegel aller Weissagungen bist, die ihnen als einem auserwählten Volk offenbart wurden. Einer Deiner eigenen Jünger, der Deinen Unterweisungen zugehört hat, der einer der ersten Deiner Mitarbeiter gewesen ist, wird Dich verraten, einer Deiner eifrigsten Nachfolger wird Dich verleugnen, ja, alle werden Dich verlassen! Christi ganzes Sein widersetzte sich diesen Gedanken. Dass jene, die Er retten wollte und die Er so sehr liebte, sich an Satans Plänen beteiligen würden, schnitt Ihm ins Herz. Der Konflikt war schrecklich. Sein Maßstab war die Schuld Seines Volkes, Seiner Ankläger und Seines Verräters und die Schuld einer in Gottlosigkeit am Boden liegenden Welt. Die Sünden der Menschen lasteten schwer auf Ihm, und das Bewusstsein des Zornes Gottes überwältigte Ihn.

Seht Ihn über den Preis nachsinnen, der für die menschliche Seele bezahlt werden muss! In Seiner Angst krallt Er sich fest in die kalte Erde, als ob Er verhindern wolle, Seinem Vater noch ferner zu rücken. Der frostige Tau der Nacht legt sich auf Seine hingestreckte Gestalt, aber Er merkt es nicht. Von Seinen bleichen Lippen dringt der qualvolle Schrei: »Mein Vater, ist's möglich, so gehe dieser Kelch an mir vorüber.« Und Er fügt noch hinzu: »Doch nicht wie ich will, sondern wie du willst!« Matthäus 26,39

Das menschliche Herz sehnt sich im Schmerz nach Anteilnahme. Auch Christus war in Seinem Innersten von dieser Sehnsucht erfüllt. In äußerster seelischer Not kam Er zu Seinen Jüngern mit dem brennenden Wunsch, bei ihnen, die Er so oft gesegnet und getröstet sowie in Kummer und Verzweiflung behütet hatte, einige Worte des Trostes zu finden. Er, der für sie stets Worte des Mitgefühls gehabt hatte, litt jetzt selbst übermenschliche Schmerzen und sehnte sich danach, zu wissen, dass sie gerade jetzt für sich und für Ihn beteten. Wie dunkel erschien die Boshaftigkeit der Sünde! Ungeheuer groß war die Versuchung, dem Menschengeschlecht selbst die Folgen der eigenen Schuld aufzubürden, während Er unschuldig vor Gott stünde.

Wenn Er nur wüsste, dass Seine Jünger das erkannten und begriffen – es würde Ihn mit neuer Kraft erfüllen.

Nachdem Er sich unter schmerzhafter Anstrengung erhoben hatte, wankte Er zu der Stelle, wo Er Seine Getreuen zurückgelassen hatte, aber Er »fand sie schlafend.« Matthäus 26,40 Hätte Er sie betend gefunden – wie würde es Ihm geholfen haben! Hätten sie bei Gott Zuflucht gesucht, damit die teuflischen Mächte sie nicht überwältigen könnten, dann wäre Er durch ihren standhaften Glauben getröstet worden. Sie hatten aber Seine mehrmalige Aufforderung: »Wachet und betet!« Matthäus 26,41 nicht beachtet. Zuerst waren sie sehr beunruhigt gewesen, ihren Meister, der sonst so ruhig und würdevoll auftrat, mit einem Schmerz ringen zu sehen, der alle Fassungskraft überstieg. Sie hatten gebetet, als sie die laute Qual des Leidenden hörten, und sie wollten keineswegs ihren Herrn im Stich lassen. Doch sie schienen wie gelähmt von einer Erstarrung, die sie hätten abschütteln können, wenn sie beständig im Gebet mit Gott verbunden gewesen wären. Sie aber erkannten nicht die Notwendigkeit des Wachens und Betens, um der Versuchung widerstehen zu können.

Kurz bevor Jesus zum Garten hin schritt, hatte Er Seinen Jüngern noch gesagt: »Ihr werdet in dieser Nacht alle an mir Anstoß nehmen.« Markus 14,27 Die Jünger aber hatten Ihm mit starken Worten versichert, dass sie mit Ihm ins Gefängnis und in den Tod gehen wollten. Und der bedauernswerte, selbstbewusste Petrus hatte hinzugefügt: »Und wenn sie alle Ärgernis nehmen, so doch ich nicht.« Markus 14,29 Die Jünger aber bauten auf sich selbst und schauten nicht auf den mächtigen Helfer, wie der Herr es ihnen geraten hatte. So fand der Heiland sie schlafend, als Er ihre Anteilnahme und ihre Gebete am meisten brauchte. Selbst Petrus schlief.

Und Johannes, der liebevolle Jünger, der an Jesu Brust gelehnt hatte, schlief auch. Gewiss, die Liebe zu seinem Meister hätte ihn wach halten sollen, seine aufrichtigen Gebete hätten sich in der Stunde der äußersten Qual mit den Gebeten Seines geliebten Heilandes vereinen sollen. Der Erlöser hatte in langen, einsamen Nächten für Seine Jünger gebetet, dass ihr Glaube nicht aufhören möge. Hätte Er jetzt an Jakobus und Johannes die Frage gerichtet, die Er ihnen einmal gestellt hatte: »Könnt ihr den Kelch trinken, den ich trinken werde und euch taufen lassen mit der Taufe, mit der ich getauft werde?«, Matthäus 20,22 sie würden nicht gewagt haben, diese noch einmal zu bejahen.

Jesus weckte die schlafenden Jünger, aber sie erkannten Ihn kaum, so sehr hatte die durchzustehende Qual Sein Antlitz verändert. Jesus wandte sich an Petrus und fragte ihn: »Simon, schläfst du? Vermochtest du nicht eine Stunde zu wachen? Wachet und betet, dass ihr nicht in Versuchung fallt! Der Geist ist willig;

aber das Fleisch ist schwach.« Markus 14,37f Die Schwachheit Seiner Jünger erweckte Jesu Mitgefühl. Er fürchtete, dass sie die Prüfung, die durch den Verrat an Ihm und durch Seinen Tod über sie kommen würde, nicht bestehen könnten. Er tadelte sie nicht, sondern bat: »Wachet und betet, dass ihr nicht in Versuchung fallt!« Sogar in Seiner großen Todesnot suchte Er ihre Schwachheit zu entschuldigen und sprach: »Der Geist ist willig; aber das Fleisch ist schwach.« Erneut wurde der Heiland von übermenschlicher Angst ergriffen. Fast ohnmächtig vor Schwäche und völlig erschöpft, taumelte Er an Seinen Platz zurück. Seine Qual wurde noch größer als vorher, und in der Todesangst Seiner Seele wurde »sein Schweiß wie Blutstropfen, die fielen auf die Erde.« Lukas 22,44 Die Zypressen und Palmen waren stille Zeugen Seines Ringens. Von ihren Zweigen fielen Tautropfen auf Seine Gestalt, als ob die Natur über ihren Schöpfer weinte, der mit den Mächten der Finsternis einen einsamen Kampf austrug.

Erst kürzlich hatte Jesus wie eine mächtige Zeder dem Sturm des Widerstandes getrotzt, der sich wütend gegen Ihn erhob. Halsstarrige Köpfe sowie boshafte und verschlagene Herzen hatten vergeblich versucht, Ihn zu verwirren und zu überwältigen. In göttlicher Majestät hatte Er sich als Sohn Gottes unbeugsam gezeigt. Jetzt dagegen glich Er einem windgepeitschten Schilfrohr. Er war der Vollendung Seiner Aufgabe wie ein Held entgegengegangen. Mit jedem Schritt errang Er einen Sieg über die Mächte der Finsternis. Als ein schon Verklärter hatte Er Seine Verbundenheit mit Gott behauptet und mit fester Stimme hatte Er Seine Lobgesänge gesungen, Seine Jünger aufgemuntert und getröstet. Aber jetzt war die Stunde der Macht der Finsternis über Ihn hereingebrochen. Seine Stimme durchbrach die stille nächtliche Luft, sie hörte sich nicht an wie Triumphgesang, sondern war voller Angst und Sorge, als sie an die Ohren der schlaftrunkenen Jünger drang: »Mein Vater, ist's nicht möglich, dass dieser Kelch an mir vorübergehe, ohne dass ich ihn trinke, so geschehe dein Wille!« Matthäus 26,42

Der erste Gedanke der Jünger war, zu Ihm zu gehen, aber Jesus hatte ihnen ja geboten, an ihrem Platz zu bleiben, zu wachen und zu beten. Als der Heiland erneut zu ihnen kam, fand Er sie »abermals schlafend.« Wieder hatte Er sich nach ihrer Gesellschaft gesehnt, nach einigen Worten von ihnen, die Ihm hätten Erleichterung bringen und die Zeit der Finsternis brechen können, die Ihn fast überwältigte. Aber ihre Augen waren »voller Schlaf, und sie wussten nicht, was sie ihm antworten sollten.« Markus 14,40 Seine Gegenwart machte sie wach. Sie schauten Sein vom blutigen Schweiß entstelltes Angesicht, und sie fürchteten sich. Sie konnten Seine Seelenangst nicht verstehen. »So sehr war sein Angesicht entstellt, mehr als das irgendeines Mannes, und seine Gestalt, mehr als die der Menschenkinder.« Jesaja 52,14

Wiederum wandte sich Jesus ab und ging an Seinen Zufluchtsort zurück. Von den Schrecken einer großen Finsternis überwältigt, fiel Er zu

Boden. Die menschliche Natur Jesu zitterte in dieser schweren Stunde. Er betete jetzt nicht für Seine Jünger, dass ihr Glaube nicht wankend werden möge, sondern für Seine eigene geprüfte und gemarterte Seele. Der schreckliche Augenblick war gekommen, jene Stunde, die das Schicksal der Welt entscheiden sollte. Das Geschick der Menschenkinder war noch in der Schwebe. Noch konnte sich Christus weigern, den für die sündige Menschheit bestimmten Kelch zu trinken. Es war noch nicht zu spät. Jesus konnte sich immer noch den blutigen Schweiß von Seiner Stirn wischen und den Menschen in seiner Gottlosigkeit verderben lassen. Er konnte sagen: Lass den Übertreter die Strafe seiner Schuld empfangen, ich will zurückgehen zu meinem Vater im Himmel. Wird der Sohn Gottes den bitteren Kelch der Erniedrigung und des Leidens bis zur Neige leeren? Wird Er, der unschuldig war, die Folgen des Fluches der Sünde erleiden, um die Schuldigen zu retten? Von den bleichen Lippen Jesu fielen stammelnd die Worte: »Mein Vater, ist's nicht möglich, dass dieser Kelch an mir vorübergehe, ohne dass ich ihn trinke, so geschehe dein Wille!« Matthäus 26,42

Dreimal hatte Jesus so gebetet und dreimal war das Menschliche in Ihm vor dem letzten, krönenden Opfer zurückgeschreckt. Nun zieht im Geist noch einmal die ganze Geschichte des Menschengeschlechts am Welterlöser vorüber. Er sieht, dass die Gesetzesbrecher – wenn sich selbst überlassen – untergehen müssen. Er sieht die Hilflosigkeit der Menschen und die Macht der Sünde. Das Elend und die Klagen einer verurteilten Welt steigen vor Ihm auf, Er erkennt deren drohendes Geschick, und Sein Entschluss ist gefasst. Er wird die Menschen retten, koste es, was es wolle. Er nimmt die Bluttaufe an, damit Millionen Verdammter das ewige Leben gewinnen können. Er hatte die himmlischen Höfe verlassen, wo Reinheit, Freude und Herrlichkeit herrschten, um das eine verlorene Schaf – die durch Übertretung gefallene Welt – zu retten. Er wird sich Seiner Aufgabe nicht entziehen. Er wird dem der Sünde verfallenen Geschlecht die Versöhnung ermöglichen. Nun ist Sein Gebet vom Gehorsam durchdrungen: »Ist's nicht möglich, dass dieser Kelch an mir vorübergehe, ohne dass ich ihn trinke, so geschehe dein Wille!« Nach dieser Entscheidung fiel Er wie tot zu Boden, von dem Er sich halb aufgerichtet hatte. Wo waren jetzt Seine Jünger, um liebevoll ihre Hände unter das Haupt des ohnmächtigen Erlösers zu legen, um jene Stirn zu netzen, die stärker zerfurcht war als bei den Menschen sonst? Der Heiland trat die Kelter allein, und niemand unter den Völkern war bei Ihm. Aber Gott der Vater litt mit Seinem Sohn, und die Engel waren Zeugen Seiner Qualen. Sie sahen ihren Herrn inmitten von Legionen satanischer Kräfte, niedergebeugt von schauderndem, geheimnisvollem Entsetzen.

Im Himmel herrschte tiefe Stille. Kein Harfenklang ertönte. Hätten Sterbliche die Bestürzung der Engelscharen wahrgenommen, als diese in stillem Schmerz beobachteten, wie der himmlische Vater Seinem geliebten Sohn die Strahlen des Lichts, der Liebe und der Herrlichkeit entzog, dann würden sie besser verstehen, wie verhasst in Seinen Augen die Sünde ist.

Die nicht gefallenen Welten und die himmlischen Engel hatten mit größter Anteilnahme zugeschaut, wie der Kampf sich seinem Ende näherte. Auch Satan und seine Verbündeten, Legionen der Abtrünnigen, beobachteten aufmerksam diese Stunde der Entscheidung im ganzen Heilsgeschehen. Die Mächte des Guten und Bösen hielten sich zurück, um zu sehen, wie die Antwort auf Jesu dreimalige Bitte lautete. Die Engel hatten sich danach gesehnt, dem göttlichen Dulder Hilfe zu bringen, aber das durfte nicht geschehen. Es gab kein Entrinnen für den Sohn Gottes. In dieser furchtbaren Krise, da alles auf dem Spiel stand und der geheimnisvolle Kelch in den Händen Jesu zitterte, öffnete sich der Himmel, ein Licht durchbrach das unruhige Dunkel dieser bedeutenden Stunde und der Engelfürst, der die Position des ausgestoßenen Satans in der Gegenwart Gottes eingenommen hatte, trat an Jesu Seite. Der Engel kam nicht, um Christus den Leidenskelch aus der Hand zu nehmen, sondern um Ihn durch die Versicherung der Liebe des Vaters zu stärken, den Kelch zu trinken. Er kam, um dem göttlich-menschlichen Bittsteller Kraft zu spenden. Er zeigte Ihm den offenen Himmel und sprach zu Ihm von den Menschen, die durch Sein Leiden gerettet würden. Er versicherte ihm, dass Sein Vater im Himmel größer und mächtiger sei als Satan, dass Sein Tod die vernichtendste Niederlage Satans bedeute und dass das Königreich dieser Welt den Heiligen des Allerhöchsten gegeben werde. Er erzählte Ihm, dass Er, »nachdem seine Seele Mühsal erlitten« haben werde, »seine Lust sehen und die Fülle haben« Jesaja 53,11 werde, denn Er werde eine große Schar Erlöster sehen, auf ewig erlöst.

Christi Seelenschmerz hörte nicht auf, aber die Niedergeschlagenheit und Entmutigung verließen Ihn. Der Sturm in Seiner Seele hatte keineswegs nachgelassen, aber Christus, gegen den sein Wüten gerichtet war, fühlte sich gekräftigt, ihm zu widerstehen. Ruhig und gefasst ging Er aus dem Kampf hervor und himmlischer Friede ruhte auf Seinem Angesicht. Er hatte erduldet, was kein menschliches Wesen jemals würde ertragen können, denn Er hatte die Leiden des Todes für alle Menschen durchlebt.

Die schlafenden Jünger waren durch das helle Licht, das den Heiland umgab, plötzlich aufgeweckt worden. Sie sahen den Engel sich über ihren hingestreckt liegenden Meister beugen. Sie sahen, wie er des Erlösers Haupt gegen seine Brust lehnte und die Hand zum Himmel erhob. Sie hörten seine wohllautende Stimme Worte des Trostes und der Hoffnung sprechen. Ihnen kam die Erinnerung an das Geschehen auf dem Verklärungsberg auf. Sie erinnerten sich an die Herrlichkeit, die Jesus im Tempel zu Jerusalem umgeben hatte, und an die Stimme Gottes, die aus der Wolke an ihr Ohr gedrungen war. Nun offenbarte sich ihnen hier dieselbe Herrlichkeit, und sie fürchteten sich nicht mehr für ihren Meister. Er war jetzt unter der Fürsorge Gottes, der einen mächtigen Engel zum Schutz des Erlösers gesandt hatte. Und wieder überlassen sich die Jünger in ihrer Müdigkeit jenem ungewöhnlichen Dämmerzustand, und Jesus findet sie abermals schlafend.

Traurig blickt Er auf die Schlafenden und spricht zu ihnen: »Ach, wollt ihr weiter schlafen und ruhen? Siehe, die Stunde ist da, dass der Menschensohn in die Hände der Sünder überantwortet wird.«

Noch während Er diese Worte sprach, hörte Er die Schritte derer, die Ihn suchten, und Er fügte hinzu: »Steht auf, lasst uns gehen! Siehe, er ist da, der mich verrät.« Matthäus 26,45f Jesus zeigte keinerlei Spuren mehr von dem eben überstandenen inneren Ringen, als Er dem Verräter entgegentrat. Vor Seinen Jüngern stehend, sagte Er: »‚Wen sucht ihr?‘ Sie antworteten: ‚Jesus von Nazareth.‘ Er [sprach] zu ihnen: ‚Ich bin's!‘« Johannes 18,4f In diesem Augenblick trat der Engel, der sich kurz zuvor um Jesus gekümmert hatte, zwischen Ihn und die Schar der Häscher. Göttliches Licht erhellte Jesu Angesicht, und ein taubenähnlicher Schatten fiel auf Seine Gestalt. Die Gegenwart dieser himmlischen Herrlichkeit konnten die Mordgesellen nicht ertragen. Sie wichen zurück – und Priester, Älteste, Soldaten, selbst Judas, sanken wie tot zu Boden.

Der Engel zog sich zurück, und das Licht verblasste. Jesus hatte die Möglichkeit zu fliehen, doch Er blieb, gelassen und beherrscht. Als ein Verklärter stand Er inmitten dieser verhärteten Schar, die jetzt hingestreckt und hilflos zu Seinen Füßen lag. Die Jünger blickten schweigend, scheu und verwundert auf das Geschehen vor ihnen.

Doch schnell änderte sich die Szene wieder. Die Häscher sprangen auf. Die römischen Soldaten, die Priester und Judas umringten Christus. Sie schienen sich ihrer Schwäche zu schämen und fürchteten, Er würde ihnen entkommen. Da wiederholte Jesus nochmals die Frage: »Wen sucht ihr?« Sie hatten zwar schon einen ausreichenden Beweis dafür erhalten, dass der, der vor ihnen stand, der Sohn Gottes war, aber sie wollten sich nicht überzeugen lassen. Auf die Frage: »Wen sucht ihr?« antworteten sie wieder: »Jesus von Nazareth.« Johannes 18,7 Der Heiland sagte darauf: »Ich habe es euch gesagt, dass ich es bin. Sucht ihr denn mich, so lasst diese gehen!« Johannes 18,8 – und zeigte auf Seine Jünger. Er kannte ihren schwachen Glauben und wünschte sie vor Versuchungen und Anfechtungen zu bewahren. Er war bereit, sich für sie zu opfern.

Judas, der Verräter, vergaß nicht, was er tun wollte. Als die Häscher den Garten betraten, hatte er sie angeführt, dicht gefolgt vom Hohepriester. Mit den Verfol-

gern Jesu hatte er ein Zeichen vereinbart und zu ihnen gesagt:

»Welchen ich küssen werde, der ist's; den ergreift.« Matthäus 26,48 Jetzt tat er so, als habe er mit ihnen nichts zu tun. Er ging auf den Herrn zu, ergriff freundschaftlich seine Hand, küsste Ihn wiederholt mit den Worten: »Sei gegrüßt, Rabbi!« und gab sich den Anschein, als weine er aus Mitleid mit ihm in dessen gefahrvoller Lage. Jesus sprach zu ihm: »Mein Freund, dazu bist du gekommen?« Seine Stimme zitterte vor Wehmut, als er hinzufügte: »Judas, verrätst du den Menschensohn mit einem Kuss?« Matthäus 26,49f; Lukas 22,48 Diese Worte hätten das Gewissen des Verräters wachrütteln und sein verstocktes Herz anrühren müssen, aber Ehre, Treue und menschliches Empfinden hatten ihn verlassen. Dreist und herausfordernd stand er da, und er ließ durch nichts erkennen, dass er bereit war, nachzugeben. Er hatte sich Satan verschrieben und war völlig unfähig, ihm zu widerstehen. Jesus aber wies nicht einmal den Kuss des Verräters zurück.

Der Pöbel wurde kühn, als er sah, dass Judas den berührte, der soeben vor ihren Augen verklärt worden war. Sie ergriffen den Heiland und begannen die teuren Hände zu fesseln, die nur Gutes getan hatten.

Die Jünger hatten nicht geglaubt, dass sich ihr Meister gefangen nehmen ließe. Die gleiche Macht, die die Verfolger wie tot zu Boden gestreckt hatte, konnte diese doch so lange hilflos halten, bis sie und ihr Meister entkommen wären. Sie waren enttäuscht und aufgebracht, als sie die Stricke sahen, mit denen die Hände dessen gebunden werden sollten, den sie liebten.

Petrus zog in seinem Zorn rasch sein Schwert und wollte seinen Meister verteidigen. Er traf den Diener des Hohepriesters und hieb ihm ein Ohr ab. Als Jesus sah, was geschehen war, befreite Er Seine Hände aus der Gewalt der römischen Soldaten und sagte: »,Lasst ab! Nicht weiter!' Und er rührte sein Ohr an und heilte ihn.« Lukas 22,51 Dann sagte Er zu dem heftigen Petrus: »Stecke dein Schwert an seinen Ort! Denn wer das Schwert nimmt, der soll durchs Schwert umkommen. Oder meinst du, ich könnte meinen Vater nicht bitten, dass er mir sogleich mehr als zwölf Legionen Engel schickte?« Matthäus 26,52f – für jeden Jünger eine Legion. Warum, so dachten die Jünger, rettet Er nicht sich und uns!? Da antwortete ihnen der Herr auf ihre unausgesprochene Frage: »Wie würde dann aber die Schrift erfüllt, dass es so geschehen muss?« »Soll ich den Kelch nicht trinken, den mir mein Vater gegeben hat?« Matthäus 26,54; Johannes 18,11

Ihre amtliche Würde hatte die jüdischen Obersten nicht davon abhalten können, sich der Verfolgung Jesu anzuschließen. Seine Verhaftung war eine zu wichtige Angelegenheit, um sie ausschließlich ihren Untergebenen zu überlassen. Sie hatten sich der Tempelwache und dem lärmenden Pöbel angeschlossen und waren Judas nach Gethsemane gefolgt. Welch eine Gesellschaft für jene Würdenträger! Eine wilde, ungeordnete Horde, die nach Sensationen hungerte und mit allerlei Werkzeugen bewaffnet war, als wollte [696/697] 557 sie einem wilden Tier nachstellen. Christus wandte sich den Priestern und Ältesten zu und blickte sie durchdringend an. Die Worte, die Er zu ihnen sprach, würden sie ihr Leben lang nicht vergessen. Sie wirkten wie scharfe Pfeile aus der Hand des Allmächtigen. Würdevoll sagte Er: »Ihr seid wie gegen einen Räuber mit Schwertern und mit Stangen ausgezogen. Ich bin täglich bei euch im Tempel gewesen und habe gelehrt, und ihr habt mich nicht ergriffen. Aber dies ist eure Stunde und die Macht der Finsternis!« Lukas 22,52f; Markus 14,48f

Die Jünger waren sehr erschrocken, als sie sahen, dass Jesus sich Seinen Feinden auslieferte. Sie ärgerten sich, dass Er diese Demütigung über sich und über sie brachte. Sie konnten Sein Verhalten nicht verstehen und beschuldigten Ihn, dass Er sich dem Mob unterwarf. In ihrer Furcht und Entrüstung schlug Petrus vor, sich selbst zu retten, und auf seine Idee hin »verließen ihn alle und flohen.« Markus 14,50 Doch Jesus hatte ihre Flucht vorausgesehen. »Siehe«, so hatte er gesagt, »es kommt die Stunde und ist schon gekommen, dass ihr zerstreut werdet, ein jeder in das Seine, und mich allein lasst. Aber ich bin nicht allein, denn der Vater ist bei mir.« Johannes 16,32

KAPITEL 75

Auf Grundlage von
Matthäus 26,57-75;27,1; Markus 14,53-72; 15,1
Lukas 22,54-71; Johannes 18,13-27

JESUS VOR
HANNAS UND KAIPHAS

S ie trieben den Heiland über den Bach Kidron, an Gärten und Olivenhainen
vorbei, durch die Straßen der schlafenden Stadt. Mitternacht war vorüber,
und das Geschrei des höhnenden Pöbels, der ihm folgte, brach sich schrill
an der nächtlichen Stille.

Der Heiland war gefesselt und scharf bewacht. Er konnte sich nur unter
Schmerzen fortbewegen. Dennoch trieben Ihn Seine Wächter eiligst zum Palast
des ehemaligen Hohepriesters Hannas. Er war das Oberhaupt der amtierenden
Priesterfamilie. Mit Rücksicht auf sein Alter wurde er vom Volk als Hoheprie-
ster anerkannt. Sein Rat war gesucht und als Stimme Gottes geachtet. Darum
musste Jesus als Gefangener der Priester zuerst zu Hannas gebracht werden.
Dieser sollte bei dem Verhör dabei sein aus Angst, der noch wenig erfahrene
Kaiphas könnte ihre ausgeklügelte Anklagebegründung zum Scheitern bringen.
Seine arglistige, schlaue und spitzfindige Art wurde bei diesem Fall gebraucht,
um die Verurteilung Jesu unter allen Umständen zu sichern.

Nach der Voruntersuchung durch Hannas sollte Jesus vor dem Hohen Rat
verhört werden. Unter der römischen Besatzung durfte der Hohe Rat keine
Todesurteile ausführen lassen. Er durfte den Gefangenen nur verhören und ein
Urteil fällen, das aber von der römischen Obrigkeit bestätigt werden musste.
Die Priester mussten darum die Anklage auf solche Vergehen stützen, die bei
den Römern als Verbrechen galten und die gleichzeitig Jesus in den Augen des
jüdischen Volkes verdammten. Nicht wenige Priester und Oberste waren durch
Jesus überzeugt worden, doch die Furcht, in den Bann getan zu werden, hinderte sie daran, sich zu Ihm zu bekennen. Die Priester erinnerten sich noch gut
an die Frage von Nikodemus: »Richtet denn unser Gesetz einen Menschen, ehe
man ihn verhört und erkannt hat, was er tut?« Johannes 7,51

Wegen dieser Frage war damals ihre Sitzung abgebrochen worden, so dass
ihre Pläne durchkreuzt wurden. Nikodemus und auch Joseph von Arimathia
waren daher jetzt nicht eingeladen, doch es könnten andere wagen, für Recht
und Gerechtigkeit einzutreten. Das Verhör musste deshalb so

geschickt geleitet werden, dass alle Mitglieder des Hohen Rates Jesus einstimmig verurteilten. Zwei Anklagen waren es, die die Priester erheben wollten. Könnte man Jesus als Gotteslästerer bezichtigen, dann würde Ihn das jüdische Volk verurteilen. Gelänge es noch, Ihn des Aufruhrs für schuldig zu erklären, dann wäre auch Seine Verurteilung durch die Römer gesichert. Die zweite Anklage versuchte Hannas zuerst zu begründen. Er fragte Jesus nach Seinen Jüngern und nach Seinen Lehren, wobei er hoffte, der Gefangene würde etwas sagen, das ihm etwas in die Hand gäbe, womit er gegen Ihn vorgehen könnte. Könnte Hannas auch nur einige Bemerkungen aus Jesus herauslocken als Beweis dafür, dass Er einen Geheimbund gründen wollte mit der Absicht, ein neues Königreich aufzurichten, dann würden die Priester einen Grund haben, Ihn als Friedensstörer und Unruhestifter den Römern auszuliefern.

Christus durchschaute die Absicht der Priester. Als ob Er ihre geheimsten Gedanken lesen würde, verneinte Er, dass es einen geheimen Bund zwischen Ihm und Seinen Jüngern gäbe und dass Er sie heimlich und bei Dunkelheit versammelte, um Seine Absichten zu verbergen. Sein Vorhaben und Seine Lehren waren frei von Geheimnissen. »Ich habe frei und öffentlich geredet vor der Welt«, sagte Er. »Ich habe allezeit gelehrt in der Synagoge und in dem Tempel, wo alle Juden zusammenkommen, und habe nichts im Verborgenen geredet.« Johannes 18,20 Der Heiland verglich die Art Seines Wirkens mit den Methoden Seiner Ankläger. Monatelang hatten sie Ihn gejagt, um Ihn in eine Falle zu locken und vor ein geheimes Gericht zu bringen, wo sie durch Meineid das erreichen könnten, was bei einem ehrlichen Verfahren unmöglich wäre. Nun führten sie ihre Absicht aus. Die mitternächtliche Festnahme durch den Pöbel, Seine Verspottung und Misshandlung, bevor Er verurteilt oder zumindest angeklagt war, entsprach ihrer Art zu handeln und nicht Seiner. Ihr Vorgehen stand im Widerspruch zum Gesetz. Ihre eigenen Regeln verlangten, dass jeder als unschuldig zu gelten habe, solange seine Schuld nicht erwiesen sei. Von ihren eigenen Geboten wurden die Priester verurteilt. Darauf wandte Er sich an den Fragesteller, den Hohepriester: »Was fragst du mich?« Hatten nicht die Priester und Obersten Spione ausgesandt, um Sein Tun und Treiben zu beobachten und jedes Seiner Worte mitzuteilen? Hatten diese nicht an jeder Versammlung teilgenommen und dann ihren Auftraggebern über Seine Schritte Bericht erstattet? »Frage die, die gehört haben, was ich zu ihnen geredet habe«, erwiderte Er dem Hohepriester. »Siehe, sie wissen, was ich gesagt habe.« Johannes 18,21

Hannas wurde durch diese entschiedene Antwort zum Schweigen gebracht. Er befürchtete, dass Christus seine verwerfliche Handlungsweise enthüllen würde, und sagte jetzt nichts mehr zu Ihm. Einer seiner Diener, von Zorn erfüllt, 560 [700/701] als er sah, dass Hannas schwieg, schlug dem Herrn ins Gesicht und sprach: »Sollst du dem Hohepriester so antworten?« Christus entgegnete: »Habe ich übel geredet, so beweise, dass es böse ist; habe ich aber recht geredet, was schlägst du mich?« Johannes 18,22f Er sprach keine flammenden Worte der Rache. Seine ruhige Antwort kam aus einem sündlosen Herzen voller Geduld und Sanftmut, das sich nicht provozieren ließ. Doch litt Er schwer unter den Misshandlungen und Beleidigungen. Von den Geschöpfen, die Er selbst geschaffen hatte und für die Er sich aufzuopfern bereit war, empfing Er jede nur denkbare Schmach. Das Ausmaß Seines Leidens entsprach Seiner Vollkommenheit und Größe Seines Hasses gegen die Sünde. Sein Verhör durch Menschen, die sich wie Teufel aufführten, war für Ihn ein andauerndes Opfer. Von Menschen umgeben zu sein, die sich unter der Macht Satans befanden, war empörend für Ihn. Er wusste, dass Er durch ein plötzliches Aufleuchten Seiner göttlichen Kraft Seine Peiniger auf der Stelle in den Staub werfen konnte. Gerade das machte Seine Prüfung noch schwerer erträglich.

Die Juden erwarteten einen Messias, der sich in äußerlichem Glanz offenbaren würde. Sie stellten sich vor, dass er durch ein Hervorbrechen seines alles überwältigenden Willens die Gedanken der Menschen ändern und sie zur Anerkennung seiner Herrschaft zwingen würde. Dadurch, so meinten sie, sichere er seine eigene Erhöhung und befriedige auch ihre ehrgeizigen Hoffnungen. Als Christus nun Verachtung begegnete, war Er versucht, Sein göttliches Wesen zu offenbaren. Durch ein Wort, durch einen Blick konnte Er Seine Verfolger zu dem Bekenntnis zwingen, dass Er Herr war über Könige und Fürsten, über Priester und Tempel. Doch es war Seine schwere Aufgabe, sich zu der von Ihm erwählten Stellung als eins mit Menschen zu bekennen.

Die Engel im Himmel beobachteten jede Tat, die sich gegen ihren Herrn richtete. Sie sehnten sich danach, Ihn zu befreien. Unter göttlicher Führung haben sie unbegrenzte Gewalt. Sie hatten bei einer Gelegenheit auf Christi Befehl hin 185000 Mann der assyrischen Streitkräfte in einer Nacht geschlagen. Wie leicht hätten die Engel beim Anblick des schmachvollen Verhörs Jesu ihre Empörung zeigen können, indem sie die Feinde Gottes vernichteten! Doch sie hatten dazu keinen Auftrag. Er, der Seine Feinde mit dem Tod hätte strafen können, ertrug ihre Grausamkeit. Die Liebe zu Seinem Vater und Sein von Anbeginn der Welt gegebenes Versprechen, der Welt Sünde auf Sich zu nehmen, veranlassten Ihn, ohne Klagen die rohe Behandlung derer zu ertragen, die zu retten Er gekommen war. Es war ein Teil Seiner Aufgabe, den ganzen Hohn und alle Verachtung zu tragen, die Menschen auf Ihn häufen konnten. Die einzige Hoffnung der Menschheit lag in dieser Unterwerfung Jesu. Er hatte nichts gesagt, woraus Seine Ankläger einen Vorteil hätten ziehen können; dennoch wurde Er gebunden als Zeichen, dass Er verurteilt war. Um aber den Schein der

Gerechtigkeit zu wahren, musste eine gerichtliche Untersuchung erfolgen, und die Obersten waren entschlossen, rasch zu handeln. Sie unterschätzten nicht das Ansehen, dass Jesus beim Volk genoss, und sie fürchteten deshalb eventuelle Versuche, Ihn zu befreien, sobald die Nachricht von Seiner Haft überall bekannt wäre. Außerdem würden sich Verhör und Urteilsvollstreckung, brächte man das Verfahren nicht sofort zum Abschluss, wegen des Passahfestes um eine Woche verzögern, und dies hätte ihre Pläne vereiteln können. In der Sicherung der Verurteilung Jesu verließen sie sich stark auf die lärmende Menge, ein großer Bestandteil derer der Mob aus Jerusalem war. Sollte sich das ganze um eine Woche verzögern, würde die Erregung abklingen und vermutlich eine Gegenwirkung einsetzen. Der besonnenere Teil des Volkes träte auf die Seite Jesu. Viele würden ein Zeugnis zu Seiner Rechtfertigung ablegen und so die mächtigen Werke bekunden, die Er getan hatte. Dies riefe allgemeinen Unwillen gegen den Hohen Rat hervor. Dessen Verfahren würde missbilligt und Jesus wieder frei gelassen werden, wo Er aufs Neue die Huldigung der Menge entgegen nähme.

Die Priester und Obersten beschlossen deshalb, ehe ihre Absichten misslingen konnten, Jesus den Römern zu übergeben. Zuallererst aber musste ein ausreichender Anklagepunkt gefunden werden, bisher hatten sie jedoch nichts erreicht. Hannas befahl kurz entschlossen, Jesus zu Kaiphas zu bringen. Dieser gehörte zu den Sadduzäern, die mit zu den erbittertsten Feinden Jesu zählten. Er war, obwohl ihm jede charakterliche Stärke fehlte, genauso streng, unbarmherzig und gewissenlos wie Hannas. Er würde kein Mittel unversucht lassen, um Jesus zu vernichten. Es war früh am Morgen und noch dunkel. Mit Fackeln und Laternen zog der bewaffnete Haufen mit Christus zum Palast des Hohepriesters. Hier wurde, während sich unterdessen der Hohe Rat versammelte, der Herr wiederum von Hannas und Kaiphas verhört, aber auch jetzt ohne Erfolg.

Als der Rat in der Gerichtshalle versammelt war, nahm Kaiphas seinen Platz als Vorsitzender dieser Versammlung ein. Auf beiden Seiten standen die Richter und alle, die ein sachlich begründetes Interesse an dem Verhör hatten. Die römischen Soldaten standen auf einer Art Tribüne unterhalb des Präsidentenstuhls und davor stand Jesus. Alle blickten auf Ihn. Es herrschte ungeheure Aufregung im Saal. Nur Christus war ruhig und gelassen. Die unmittelbare Atmosphäre, die Ihn umgab, schien von einer heiligen Kraft durchdrungen.

Kaiphas hatte Jesus als Rivalen betrachtet. Der Eifer des Volkes, den Erlöser zu hören, und die offensichtliche Bereitschaft, Seine Lehren anzunehmen, hatten die erbitterte Eifersucht des Hohepriesters geweckt. Doch als Kaiphas auf den Gefangenen blickte, erfüllte ihn eine Bewunderung für dessen edles und würdiges Verhalten. Er wurde überzeugt, dass dieser Mann göttlicher Herkunft sein musste. Doch schon im nächsten Augenblick wies er diesen

Gedanken verächtlich von sich. Sogleich befahl er dem Herrn mit spöttischer, anmaßender Stimme, vor dieser erwählten Versammlung eines seiner mächtigen Wunder zu tun. Aber seine Worte fanden keinerlei Echo beim Herrn. Die Menschen verglichen das aufgeregte, bösartige Verhalten der Hohepriester Hannas und Kaiphas mit der ruhigen, majestätischen Haltung Jesu. Selbst in den Herzen jener gefühllosen Menge erhob sich die Frage, ob dieser Mann von gottähnlichem Auftreten als ein Verbrecher verurteilt werden könne.

Kaiphas bemerkte diesen Einfluss auf die Menge und beschleunigte das Verhör. Jesu Feinde waren in großer Verwirrung. Sie waren entschlossen, Ihn zu verurteilen, aber sie wussten nicht, wie sie es machen sollten. Die Mitglieder des Rates setzten sich aus Pharisäern und Sadduzäern zusammen. Zwischen ihnen bestanden Spannungen und Feindschaften. Manche strittigen Themen wagte man aus Angst vor Streit nicht anzusprechen. Mit wenigen Worten hätte Jesus ihre gegenseitigen Vorurteile erregen und so ihren Zorn von sich abwenden können. Kaiphas wusste das, und genau das wollte er vermeiden. Viele konnten bezeugen, dass Christus die Priester und Schriftgelehrten angegriffen und sie Heuchler und Mörder genannt hatte. Doch dieses Zeugnis reichte nicht aus, um gegen Ihn vorzugehen, hatten doch die Sadduzäer bei ihren scharfen Auseinandersetzungen mit den Pharisäern ähnliche Ausdrücke gebraucht. Eine solche Anschuldigung hätten auch die Römer, die von dem anmaßenden Verhalten der Pharisäer angewidert waren, als belanglos angesehen. Es waren genug Beweise vorhanden, dass Jesus die Überlieferungen der Juden missachtet und über viele ihrer Vorschriften respektlos gesprochen hatte, doch bezüglich der Auslegung der Tradition standen sich Pharisäer und Sadduzäer feindlich gegenüber. Außerdem hätte so eine Beweisführung keinerlei Eindruck auf die Römer gemacht. Die Feinde Jesu wagten es nicht, Ihn wegen der Übertretung des Sabbatgebotes anzuklagen, weil sie fürchteten, dass eine Untersuchung das göttliche Wesen Seines Wirkens enthüllen würde. Wenn nämlich Seine Wundertaten bekannt würden, dann wäre die Absicht der Priester vereitelt.

Falsche Zeugen waren bestochen worden, um Jesus des Aufruhrs und des versuchten Landesverrats anzuklagen. Ihre Aussagen aber erwiesen sich als unklar und widersprüchlich. Im Verhör widerlegten sie ihre eigenen Behauptungen. Jesus hatte am Beginn Seines Dienstes einmal gesagt: »Brecht diesen Tempel ab und in drei Tagen will ich ihn aufrichten.« Johannes 2,19

In der bildhaften Sprache der Weissagung hatte Er so Seinen Tod und Seine Auferstehung vorhergesagt. »Er aber redete von dem Tempel seines Leibes.« Johannes 2,21 Die Juden hatten diese Worte Jesu wörtlich verstanden und gemeint, sie würden sich auf den Tempel in Jerusalem beziehen. Unter dem, was Christus gesagt hatte, konnten die Priester nichts finden, um es gegen Ihn zu verwenden, außer diesen Worten. Indem sie die falsch auslegten, hofften sie, einen Vorteil zu gewinnen. Die Römer hatten beim Wiederaufbau und zur Ausschmückung des Tempels geholfen und waren stolz auf ihn. Ihn zu missachten, würde gewiss ihren Unwillen hervorrufen. Hier konnten Römer und Juden, Pharisäer und Sadduzäer sich einigen, denn sie alle hielten den Tempel in hohen Ehren. Es wurden zwei Zeugen gefunden, deren Aussagen nicht so widerspruchsvoll waren wie die der anderen. Einer von ihnen, der bestochen war, Jesus anzuklagen, sagte nun aus: »Er hat gesagt: Ich kann den Tempel Gottes abbrechen und in drei Tagen aufbauen.« Matthäus 26,61 So wurden Jesu Worte entstellt, die selbst vor dem Hohen Rat zu einer Verurteilung nicht ausgereicht hätten, wenn sie wahrheitsgemäß wiedergegeben worden wären. Wäre Jesus nur ein einfacher Mann gewesen, wie die Juden behaupteten, so hätte man Seine Äußerungen nur als Ausdruck eines unvernünftigen, prahlerischen Geistes werten und sie nicht als Lästerung hinstellen können. Selbst in der missdeuteten Darstellung der falschen Zeugen enthielten Seine Worte nichts, was von den Römern als todeswürdiges Verbrechen angesehen werden könnte.

Geduldig hörte Jesus die sich widersprechenden Aussagen an, kein Wort äußerte Er zu Seiner Verteidigung. Schließlich verwickelten sich Seine Ankläger in Widersprüche, wurden verwirrt und wütend. Das Verhör brachte keinerlei Fortschritte. Es schien, als würden die Anschläge der Obersten fehlschlagen. Kaiphas war verzweifelt. Nun blieb nur noch eine letzte Möglichkeit offen: Christus musste gezwungen werden, sich selbst schuldig zu sprechen. Der Hohepriester sprang von seinem Richterstuhl auf, sein Gesicht war vor Zorn entstellt, seine Stimme und sein Verhalten verrieten deutlich, dass er den vor ihm stehenden Gefangenen niederschlagen würde, wenn er dazu die Macht hätte. »Antwortest du nichts auf das, was diese gegen dich bezeugen?«, Matthäus 26,62 rief er aus.

Jesus schwieg. »Als er gemartert ward, litt er doch willig und tat seinen Mund nicht auf wie ein Lamm, das zur Schlachtbank geführt wird; und wie ein Schaf, das verstummt vor seinem Scherer, tat er seinen Mund nicht auf.« Jesaja 53,7 Schließlich erhob Kaiphas seine rechte Hand zum Himmel und sprach zu Jesus eindringlich: »Ich beschwöre dich bei dem lebendigen Gott, dass du uns sagst, ob du der Christus bist, der Sohn Gottes.« Matthäus 26,63

Auf diese Frage musste Jesus antworten. Es gibt eine Zeit zu schweigen, aber es gibt auch eine Zeit zu reden. Er hatte nicht gesprochen, bis Er direkt gefragt wurde. Er wusste, dass die Antwort auf diese Frage Seinen Tod besiegeln würde, doch diese Aufforderung wurde von dem Vertreter der höchsten Obrigkeit des jüdischen Volkes und im Namen des Allerhöchsten an Ihn gerichtet. Christus wollte nicht versäumen, dem Gesetz den schuldigen Respekt zu erweisen.

Darüber hinaus war Seine ganze Beziehung zu Seinem himmlischen Vater in Zweifel gezogen. Er musste nun unmissverständlich Sein Amt und Seinen Auftrag bekennen, denn einst hatte Er Seinen Jüngern erklärt: »Wer nun mich bekennt vor den Menschen, den will ich auch bekennen vor meinem himmlischen Vater.« Matthäus 10,32 Jetzt bekräftigte Er diese Lehre durch Sein eigenes Beispiel. Jedes Ohr war gespitzt, jeder Blick unverwandt auf Ihn gerichtet, als Er antwortete: »Du sagst es.« Ein himmlisches Licht schien sein bleiches Antlitz zu erleuchten, als Er hinzufügte: »Doch sage ich euch: Von nun an werdet ihr sehen den Menschensohn sitzen zur Rechten der Kraft und kommen auf den Wolken des Himmels.« Matthäus 26,64

Für einen Moment leuchtete Christi Göttlichkeit durch Seine menschliche Gestalt hindurch. Der Hohepriester wich vor den durchdringenden Blicken des Heilands zurück. Sie schienen seine geheimen Gedanken zu lesen und brannten in seinem Herzen. Sein Leben lang vergaß er nicht diesen forschenden Blick, den der gepeinigte Sohn Gottes auf ihn gerichtet hatte.

»Von nun an werdet ihr sehen den Menschensohn sitzen zur Rechten der Kraft und kommen auf den Wolken des Himmels.« Matthäus 26,64 Mit diesen Worten schilderte Jesus das Gegenteil der momentanen Lage. Er, der Herr des Lebens und aller Herrlichkeit, wird zur Rechten des Allerhöchsten sitzen und über die Erde richten. Gegen Seine Entscheidung gibt es keine Berufung. Dann werden alle Geheimnisse im Licht der Gegenwart Gottes offenbar, und über jeden Menschen wird das Urteil gesprochen werden nach seinen Werken.

Jesu Worte erschreckten den Hohepriester. Der Gedanke, dass es eine Auferstehung gebe, nach der alle Menschen vor dem Richterstuhl Gottes stehen und sie nach ihren Werken gerichtet würden, bereitete Kaiphas größtes Unbehagen. Er wollte nicht glauben, dass er nach seinem Tod den Urteilsspruch nach seinen Werken empfangen würde. Blitzschnell zogen an seinem geistigen Auge die Szenen des Jüngsten Gerichtes vorüber. Er sah die Gräber sich öffnen und die Toten hervorkommen mit all ihren Geheimnissen, die sie meinten, auf ewig verbergen zu können. Für einen Augenblick war ihm, als ob er selbst vor dem ewigen Richter stünde, der ihn mit einem Blick, dem alle Dinge offenbar sind, durchschaute und all seine Geheimnisse ans Licht brächte, die er mit sich ins Grab nehmen wollte. Der Priester fand aus jenem Geschehen wieder in die Wirklichkeit zurück.

Christi Worte hatten ihn, den Sadduzäer, bis ins Innerste getroffen. Kaiphas leugnete die Lehre von der Auferstehung, dem Gericht und dem zukünftigen Leben. Nun wurde er von satanischer Wut befallen. Sollte dieser Mann, ein Gefangener, seine vornehmsten Lehren angreifen? Er zerriss sein Kleid, damit alle Anwesenden seine angebliche Erregung wahrnehmen konnten, und forderte, den Gefangenen ohne weitere Verhandlungen wegen Gotteslästerung zu verurteilen. »Was bedürfen wir weiterer Zeugen?«, rief er. »Siehe, jetzt habt ihr die Gotteslästerung gehört. Was ist euer Urteil?« Matthäus 26,65f Da sprachen sie ihn alle des Todes schuldig. Überzeugung und Leidenschaft führten Kaiphas zu dem, was er tat. Er war auf sich selbst wütend, weil er Christi Worten glaubte. Aber statt sein Herz zu zerreißen mit dem vollen Bewusstsein für Wahrheit und Jesus als Messias zu bekennen, zerriss er sein Priestergewand in entschlossenem Widerstand. Diese Tat war von tiefer Bedeutung. Kaiphas wurde sich dessen kaum bewusst. Mit diesem Akt, der die Richter beeinflussen und die Verurteilung Christi herbeiführen sollte, verurteilte der Hohepriester sich selbst. Nach dem Gesetz Gottes war er zum Priesteramt unfähig geworden. Er hatte sich selbst das Todesurteil gesprochen. Ein Hohepriester durfte sein Gewand nicht zerreißen. Nach dem levitischen Gesetz war das bei Todesstrafe verboten. Es durfte unter gar keinen Umständen, bei keiner Gelegenheit geschehen. Es gehörte zum Brauch der Juden, beim Tod eines Freundes das Kleid zu zerreißen, nur die Priester waren davon ausgeschlossen. Christus hatte dazu durch Mose unmissverständliche Verordnungen gegeben. »Da sprach Mose zu Aaron und seinen Söhnen Eleasar und Ithamar: Ihr sollt euer Haupthaar nicht wirr hängen lassen und eure Kleider nicht zerreißen, dass ihr nicht sterbet und der Zorn über die ganze Gemeinde komme.« 3.Mose 10,6

Jedes Kleidungsstück, das der Priester trug, musste vollständig sein und ohne Fehler. Durch das vollkommene priesterliche Amtskleid sollte das makellose Wesen des großen Vorbildes Jesus Christus dargestellt werden. Allein die Vollkommenheit in Kleidung und Verhalten, in Wort und Geist war vor Gott akzeptabel. Gott ist heilig, und Seine göttliche Herrlichkeit und Vollkommenheit mussten durch den irdischen Dienst dargestellt werden – nur das konnte die Heiligkeit des himmlischen Dienstes richtig darstellen. Der sterbliche Mensch mochte sein Herz zerreißen, indem er sich reuevoll und demütig zeigte, das würde Gott erkennen. Aber ein priesterliches Kleid musste fehlerlos sein, sonst würde das Bild des Himmlischen entstellt werden.

Der Hohepriester, der es wagte, mit einem zerrissenen Gewand zum heiligen Dienst zu erscheinen und die Aufgabe im Heiligtum zu tun, wurde angesehen, als hätte er sich von Gott getrennt. Indem er sein Kleid zerriss, wurde er von Gott nicht mehr als offizieller Priester angesehen. Eine Handlungsweise wie die des Kaiphas verriet menschlichen Zorn und menschliche Unvollkommenheit.

Kaiphas machte durch das Zerreißen seines Gewandes das Gesetz Gottes wirkungslos, um menschlicher Überlieferung zu folgen. Eine menschliche Satzung gestattete einem Priester im Fall einer Gotteslästerung als Ausdruck des Abscheus vor der Sünde, seine Kleider zu zerreißen und dennoch schuldlos zu sein. So wurde Gottes Gebot durch Menschensatzungen aufgehoben.

Jede Handlung des Hohepriesters wurde vom Volk sehr aufmerksam verfolgt, und Kaiphas wollte offen seine Frömmigkeit zeigen. Doch in seinem Tun, das als Anklage gegen Christus gedacht war, schmähte er den, von dem Gott gesagt hatte, dass Sein Name in Ihm sei. vgl. 2.Mose 23,21 Er selbst, Kaiphas, beging eine frevelhafte Lästerung. Und während er unter dem Verdammungsurteil Gottes stand, verurteilte er Christus als Gotteslästerer.

Als Kaiphas sein Gewand zerriss, zeigte das, welche Position die Juden als Volk nun Gott gegenüber einnehmen würden. Das einst begünstigte Volk Gottes trennte sich von Ihm und wurde bald eine Nation, zu der Jahwe sich nicht mehr bekannte. Als Christus am Kreuz ausrief: »Es ist vollbracht!« Johannes 19,30 und der Vorhang im Tempel in zwei Stücke zerriss, erklärte der heilige Wächter, dass das jüdische Volk den verworfen hatte, der das Vorbild ihres ganzen Gottesdienstes, das Wesen aller ihrer Schatten war. Israel war von Gott geschieden. Dann mochte Kaiphas wohl sein Amtsgewand zerreißen, das ihn als Repräsentanten des großen Hohepriesters auswies, denn es hatte von nun an keine Bedeutung mehr für ihn und sein Volk. Durchaus mit Recht konnte der Hohepriester dann aus Entsetzen vor sich und seinem Volk sein Kleid zerreißen.

Der Hohe Rat hatte Jesus der Todesstrafe für würdig erklärt, doch es war dem jüdischen Gesetz entgegen, einen Gefangenen in der Nacht zu verhören. Eine rechtskräftige Verurteilung konnte nur am Tag vor einer vollzähligen Versammlung des Hohen Rates geschehen. Trotzdem wurde der Heiland jetzt wie ein abgeurteilter Verbrecher behandelt und der Willkür niedrigster und gemeinster Menschen überlassen. Den Palast des Hohepriesters umgab ein großer Hof, in dem sich Soldaten und viele Neugierige versammelt hatten. Über diesen Hof wurde Jesus in den Wachraum geführt, begleitet von spöttischen Bemerkungen über Seinen Anspruch, der Sohn Gottes zu sein. Seine eigenen Worte, dass sie sehen würden »des Menschen Sohn sitzen zur Rechten der Kraft und kommen in den Wolken des Himmels«, Matthäus 26,64 wurden immer wieder höhnisch wiederholt. Niemand schützte Ihn, während Er im Wachraum auf Sein rechtmäßiges Verhör wartete. Der unwissende Pöbel hatte die Grausamkeit gesehen, mit der Er vor dem Hohen Rat behandelt worden war. Deshalb erlaubten sie sich, alle satanischen Züge ihres Wesens zu zeigen. Christi würdevolles und gottähnliches Verhalten reizte ihren Zorn. Seine Sanftmut, Seine Unschuld und Seine göttliche Geduld erfüllten sie mit satanischem Hass. Barmherzigkeit und Gerechtigkeit wurden mit Füßen getreten. Niemals wurde ein Verbrecher so unmenschlich behandelt wie der Sohn Gottes. Doch eine tiefere Qual zerriss das Herz des Heilandes. Der Schlag, den Er hinnehmen musste, kam nicht von der Hand eines Feindes. Während Er vor Kaiphas die Niederträchtigkeiten des Verhörs ertrug, verleugnete Ihn einer Seiner treuesten Jünger.

Nachdem die Jünger ihren Meister im Garten Gethsemane verlassen hatten, wagten es zwei von ihnen, Petrus und Johannes, der Schar, die Jesus gefangen genommen hatte, in einiger Entfernung zu folgen. Den Priestern war Johannes als Jünger Jesu gut bekannt. Sie gestatteten ihm den Zutritt zum Verhandlungshaus in der Hoffnung, dass er sich als Zeuge der Demütigung Jesu von der Auffassung lossage, dass dieser Gottes Sohn sei. Durch Johannes erhielt auch Petrus die Erlaubnis, das Gebäude zu betreten.

Im Hof hatte man ein Feuer angezündet, denn es war die kälteste Stunde der Nacht, kurz vor Anbruch der Morgendämmerung. Eine Gruppe von Menschen umstand das Feuer, und Petrus drängte sich dreist mitten unter sie. Er wollte nicht als Jünger Jesu erkannt werden. Indem er sich unbekümmert unter die Menge mischte, hoffte er für einen von denen gehalten zu werden, die Jesus zum Gerichtsgebäude gebracht hatten. Doch als ein Feuerschein auf sein Gesicht fiel, warf die Türhüterin einen prüfenden Blick auf ihn. Sie hatte ihn mit Johannes kommen sehen, hatte ihm auch seine gedrückte Stimmung gleich am Gesicht ablesen können und daher vermutet, dass dieser Mann ein Jünger Jesu sei. Sie gehörte zu den Dienerinnen im Hause des Kaiphas und war sehr neugierig. So sprach sie zu Petrus: »Du warst auch mit dem Jesus aus Galiläa.« Matthäus 26,69 Petrus erschrak und wurde verwirrt; alle schauten ihn an. Da tat er so, als hätte er sie nicht verstanden. Doch die Magd gab nicht nach und sagte zu den Umstehenden, dass dieser Mann mit Jesus zusammen gewesen sei. Petrus fühlte sich dadurch zu einer Antwort genötigt und erwiderte ärgerlich: »Ich weiß nicht und verstehe nicht, was du sagst.« Markus 14,68 Das war die erste Verleugnung, und unmittelbar darauf krähte der Hahn. O Petrus, so bald schon schämst du dich des Meisters, so bald schon verleugnest du deinen Herrn!

Johannes hatte beim Betreten der Gerichtshalle gar nicht erst zu verbergen gesucht, dass er ein Nachfolger Jesu war. Er mischte sich nicht unter das grobe Volk, das seinen Herrn schmähte. Es fragte ihn auch niemand; denn er verstellte sich nicht und setzte sich so keiner Verdächtigung aus. Er wählte sich eine einsame Ecke, wo er der Aufmerksamkeit des Pöbels verborgen blieb, aber doch Jesus so nahe wie möglich war. Hier konnte er alles sehen und hören, was beim Verhör seines Herrn vor sich ging.

Petrus dagegen wollte sich nicht zu erkennen geben. Indem er sich jetzt gleichgültig stellte, begab er sich auf den Boden des Feindes und wurde eine leichte Beute der Versuchung. Wäre er berufen worden, für seinen Meister zu kämpfen, dann wäre er bestimmt ein tapferer Streiter gewesen. Als man aber verachtend auf ihn schaute, erwies er sich als Feigling.

Viele, die den offenen Kampf für ihren Herrn nicht scheuen, werden dagegen

durch Spott und Hohn dahin gebracht, ihren Glauben zu verleugnen. Durch den Umgang mit Menschen, die sie besser meiden sollten, lassen sie sich auf den Weg der Versuchung locken. Sie fordern den Feind geradezu heraus, sie zu verführen, und sie sagen und tun dann schließlich das, woran sie unter anderen Umständen niemals schuldig geworden wären. Der Nachfolger Christi, der in unseren Tagen seinen Glauben aus Furcht vor Leiden und Schmähungen nicht frei bekennt, verleugnet seinen Herrn genauso wie einst Petrus im Hof des Gerichtshauses.

Petrus versuchte gleichgültig zu scheinen, aber sein Herz litt schwer, als er die grausamen Schmähungen hörte und die Misshandlungen sah, die Jesus zu ertragen hatte. Mehr als das: Er war überrascht und ärgerlich zugleich, dass der Herr sich und Seine Jünger derart demütigte, indem Er sich solch eine schmachvolle Behandlung gefallen ließ. Um seine wahren Gefühle zu verbergen, bemühte sich Petrus, sich den Verfolgern Jesu und ihren ungehörigen Spötteleien anzuschließen. Doch sein Auftreten war unnatürlich, und er handelte unaufrichtig. Obwohl er versuchte, unbefangen zu reden, gelang es ihm doch nicht, seinen Unwillen über die auf seinen Meister gehäufte Schmach zu unterdrücken. Zum zweiten Mal richtete sich aller Aufmerksamkeit auf ihn, und er wurde wieder beschuldigt, ein Nachfolger Jesu zu sein. Aber Petrus schwor: »Ich kenne den Menschen nicht.« Matthäus 26,72

Noch eine andere Gelegenheit wurde ihm gegeben. Es war etwa eine Stunde später, als ihn ein Diener des Hohepriesters und naher Verwandter des Mannes, dem er das Ohr abgehauen hatte, fragte: »Sah ich dich nicht im Garten bei ihm?« »Wahrhaftig, du bist einer von denen; denn du bist auch ein Galiläer.« Joh.18,26; Markus 14,70 Darüber wurde Petrus sehr wütend. Jesu Jünger waren gerade wegen ihrer einwandfreien Sprache bekannt. Um seine Fragesteller endgültig zu täuschen und um seine angenommene Haltung zu rechtfertigen, verleugnete Petrus seinen Herrn jetzt unter Fluchen und Schwören. Wiederum krähte der Hahn. Diesmal hörte ihn Petrus, und er erinnerte sich an die Worte Jesu: »Ehe der Hahn zweimal kräht, wirst du mich dreimal verleugnen.« Markus 14,30

Noch während die herabsetzenden Schwüre aus dem Mund des Petrus kamen und das schrille Krähen von dem Hahn in seinen Ohren klang, wandte sich Jesus von den finster blickenden Richtern ab und schaute Seinen armen Jünger voll an. Im gleichen Augenblick wurden auch die Augen von Petrus zu seinem Meister hingelenkt. In Jesu Angesicht lag tiefes Mitleid und großer Kummer, aber es war kein Ärger darin zu sehen.

Der Anblick jenes bleichen, gequälten Antlitzes, jener bebenden Lippen und jener erbarmenden und vergebenden Züge drang ihm wie ein Stachel tief ins Herz. Das Gewissen war erwacht, die Erinnerung wurde lebendig. Petrus dachte an sein vor wenigen Stunden gegebenes Versprechen, seinen

Herrn ins Gefängnis, ja sogar in den Tod zu begleiten. Er erinnerte sich an seinen Kummer, als der Heiland ihm beim Abendmahl erzählte, dass er Ihn noch in dieser Nacht dreimal verleugnen würde. Eben erst hatte er erklärt, Jesus nicht zu kennen, doch nun wurde ihm in bitterem Schmerz bewusst, wie gut der Herr ihn kannte und wie genau er in seinem Herzen jene Falschheit gelesen hatte, die ihm selbst unbekannt geblieben war. Eine Flut von Erinnerungen überkam Petrus. Die Barmherzigkeit des Heilandes, Seine Freundlichkeit und Langmut, Seine Güte und Geduld gegen Seine irrenden Jünger – all das kam ihm wieder zum Bewusstsein. Ihm fiel auch Jesu Warnung ein: »Simon, Simon, siehe, der Satan hat begehrt, euch zu sieben wie den Weizen. Ich aber habe für dich gebetet, dass dein Glaube nicht aufhöre.« Lukas 22,31f Er war entsetzt über seine Undankbarkeit, die Lüge und den Meineid. Noch einmal schaute er seinen Heiland an und sah eine frevelhafte Hand erhoben, um Jesus ins Gesicht zu schlagen. Unfähig, diese Szene länger zu ertragen, rannte er mit bekümmertem Herzen davon.

Es trieb ihn vorwärts in Einsamkeit und Dunkelheit, er wusste nicht wohin. Schließlich fand er sich im Garten Gethsemane wieder. Die Ereignisse der letzten Stunden wurden wieder in ihm lebendig. Das leidende Antlitz seines Herrn, vom Blutschweiß entstellt und vor Angst völlig verkrampft, stand ihm wieder vor Augen. In tiefer Reue dachte er daran, dass Jesus allein geweint und allein im Gebet gerungen hatte, während sie schliefen, anstatt in dieser schwierigen Stunde mit ihm verbunden zu sein. Er erinnerte sich an die ernste Aufforderung Jesu: »Wachet und betet, dass ihr nicht in Anfechtung fallt!« Matthäus 26,41 Noch einmal erlebte er das Geschehen in der Gerichtshalle. Für sein wundes Herz war es eine Marter zu wissen, dass er zu der Erniedrigung und zu dem Schmerz des Heilandes den größten Beitrag geleistet hatte. An derselben Stelle, an der Jesus in Todesangst Seine Seele dem himmlischen Vater anvertraut hatte, fiel Petrus auf sein Angesicht und wünschte sich, einfach sterben zu können.

Indem Petrus schlief, obwohl Jesus geboten hatte, zu wachen und zu beten, geriet er auf den Weg der Sünde. Alle Jünger erlitten einen schweren Verlust, weil sie in dieser kritischen Stunde schliefen. Christus kannte die Feuerprobe, durch die sie gehen mussten. Er wusste, was Satan tun würde, um ihre Sinne zu lähmen, damit sie der großen Prüfung unvorbereitet gegenüber stünden. Deshalb hatte Er sie gewarnt. Hätten sie diese Stunden im Garten Gethsemane gewacht und gebetet, dann würde sich Petrus nicht auf seine eigene schwache Kraft verlassen haben. Er hätte seinen Herrn nicht verleugnet. Hätten die Jünger mit Christus während Seines Ringens im Garten gewacht, wären sie vorbereitet gewesen, Zeugen Seines Leidens am Kreuz zu sein. Sie hätten das Ausmaß Seiner unaussprechlichen Qual annähernd verstanden. Sie wären

auch fähig gewesen, sich an die Worte zu erinnern, mit denen Er

Seine Leiden, Seinen Tod und Seine Auferstehung vorhergesagt hatte. Inmitten der Düsternis dieser schwersten Stunde hätte mancher Hoffnungsstrahl die Finsternis erhellt und ihren Glauben gestärkt.

Sobald es Tag war, versammelte sich der Hohe Rat erneut, und wieder wurde Jesus in den Versammlungsraum gebracht. Er hatte erklärt, der Sohn Gottes zu sein, und Seine Verfolger hatten dieses Bekenntnis in eine Anklage gegen Ihn selbst umgewandelt. Sie konnten Ihn deshalb aber noch nicht verurteilen, denn viele der Ratsmitglieder hatten an dem nächtlichen Verhör nicht teilgenommen und deshalb Seine Worte nicht gehört. Außerdem wussten sie sehr genau, dass das römische Gericht an diesen Worten nichts finden würde, was eine Todesstrafe rechtfertigen könnte. Doch wenn sie alle Zeugen Seiner eigenen Worte wären, dann könnte ihre Vorhaben noch Erfolg haben. Seinem Anspruch, der Messias zu sein, würden sie ein aufrührerisches, politisches Ziel unterstellen. »Bist du der Christus, so sage es uns!«, forderten sie Ihn auf. Aber Christus schwieg. Mit immer neuen Fragen bombardierten die Priester Ihn. Schließlich antwortete Er ihnen mit trauriger Stimme: »Sage ich's euch, so glaubt ihr's nicht; frage ich aber, so antwortet ihr nicht.« Damit sie sich aber nicht entschuldigen konnten, fügte Er hinzu: »Von nun an wird der Menschensohn sitzen zur Rechten der Kraft Gottes.« »Bist du denn Gottes Sohn?«, fragten sie darauf wie aus einem Munde, und Er antwortete ihnen: »Ihr sagt es, ich bin es.« Sie aber riefen: »Was bedürfen wir noch eines Zeugnisses? Wir haben's selbst gehört aus seinem Munde.« Lukas 22,67-71

So wurde Jesus zum dritten Mal von den jüdischen Obersten zum Tod verurteilt. Alles, was sie jetzt noch brauchten, war, so dachten sie, dass die Römer das Urteil bestätigten und ihnen den Herrn auslieferten. Dann kam es zum dritten Mal zu Misshandlungen und Schmähungen, die noch schlimmer waren als jene, die Jesus von dem unwissenden Pöbel hinnehmen musste. Dies alles geschah in der Gegenwart der Priester und Obersten und mit ihrer Zustimmung. Jedes Gefühl der Sympathie oder Menschlichkeit hatten sie verloren. Reichten ihre Argumente nicht aus, um Seine Stimme zum Schweigen zu bringen, so hatten sie andere Waffen, solche, wie sie zu allen Zeiten angewandt wurden, um Ketzer zum Schweigen zu bringen – Leiden, Gewalt und Tod.

Als das Urteil gegen Jesus von den Richtern verkündet war, wurden die Leute von einer satanischen Wut erfüllt. Das Geschrei ihrer Stimmen glich dem Brüllen wilder Tiere. Die Menge stürzte auf den Herrn zu und rief: »Er ist des Todes schuldig.« Matthäus 26,66 Wären nicht die römischen Soldaten da gewesen, Jesus hätte nicht mehr lebendig ans Kreuz geschlagen werden können. Er wäre vor seinen Richtern zerrissen worden, würden nicht die Römer dazwischengetreten sein und mit Waffengewalt die Ausschreitungen des Pöbels verhindert haben. Heidnische Männer ärgerten sich über die brutale Behandlung dessen, dem keine Schuld hatte nachgewiesen werden können.

Die römischen Offiziere erklärten, die Juden hätten mit der Verurteilung Jesu nicht nur gegen die römische Macht verstoßen, sondern auch gegen das jüdische Gesetz, das eindeutig verbiete, einen Menschen auf Grund seiner eigenen Aussage zum Tod zu verurteilen. Dieser Einwand ließ die Verhandlungen vorübergehend ins Stocken geraten, doch die jüdischen Obersten fühlten weder Schande noch Scham.

Priester und Oberste vergaßen die Würde ihres Amtes und beleidigten den Sohn Gottes durch gemeine Redensarten. Sie verspotteten Ihn wegen Seiner Geburt, und sie erklärten, dass Seine Anmaßung, sich selbst als Messias auszugeben, den schlimmsten Tod verdient hätte. Die zügellosesten Gesellen waren dabei, den Heiland auf infame Weise zu misshandeln. Es wurde ein altes Gewand über Seinen Kopf geworfen, und Seine Verfolger schlugen Ihn ins Gesicht und riefen dabei: »Weissage uns, Christus, wer ist's, der dich schlug?« Matthäus 26,68 Als Ihm das Tuch wieder abgenommen wurde, spie ein dreister Bösewicht dem Herrn ins Angesicht. Die Engel Gottes verzeichneten gewissenhaft jeden beleidigenden Blick, jedes Wort und jede Tat, die gegen ihren Herrn gerichtet waren. Eines Tages werden alle, die das stille, bleiche Antlitz Christi verhöhnten und besudelten, dieses Antlitz in einer Herrlichkeit erblicken, die glanzvoller leuchtet als die Sonne.

KAPITEL 76

JUDAS

D ie Geschichte von Judas zeigt das traurige Ende eines Lebens, das bei Gott hätte hochgeachtet werden können. Wäre Judas vor seiner letzten Reise nach Jerusalem gestorben, dann hätte man ihn nicht nur als einen Mann angesehen, der eines Platzes unter den zwölf Aposteln würdig sei, sondern man hätte ihn auch stark vermisst. Die Abscheu, die ihm in allen Jahrhunderten gefolgt ist, wäre ohne die Geschehnisse am Ende seines Lebens gar nicht erst aufgekommen. Aber sein wahrer Charakter wurde der Welt enthüllt, um all denen zur Warnung zu sein, die wie er heiliges Vertrauen missbrauchen.

Kurz vor dem Passahfest hatte Judas seinen Vertrag mit den Priestern erneuert, um ihnen Jesus in die Hände zu spielen. Es war verabredet worden, den Heiland an einem der einsamen Orte gefangen zu nehmen, wo er gewöhnlich einige Zeit in tiefem Nachdenken und im Gebet verbrachte. Seit dem Fest im Haus von Simon hatte Judas Gelegenheit gehabt, über sein Vorhaben nachzudenken, das auszuführen er sich verpflichtet hatte, doch seine Absicht blieb unverändert. Für dreißig Silberstücke – den Preis für einen Sklaven – übergab er den Herrn der Herrlichkeit der Schmach und dem Tod.

Judas hatte von Natur aus eine besondere Vorliebe für Geld. Aber er war nicht immer so schlecht gewesen, um solch eine Tat wie diese auszuführen. Er hatte den bösen Geist der Habsucht so lange gepflegt, bis sie die beherrschende Antriebskraft seines Lebens wurde. Die Liebe zum Mammon gewann die Oberhand über die Liebe zu Christus. Indem er zum Sklaven eines Lasters wurde, gab er sich selbst in die Hände Satans, um in allen Sünden versucht zu werden.

Judas hatte sich den Jüngern angeschlossen, als Jesus eine große Menge nachfolgte. Die Lehren des Meisters bewegten die Herzen der Menschen, als sie im Innersten überwältigt Seinen Worten lauschten, die Er in der Synagoge, am Meeresufer und am Bergeshang zu ihnen sprach. Judas erlebte, wie Kranke, Lahme und Blinde aus den Städten zu Jesus strömten. Er sah, wie Sterbende ihm zu Füßen gelegt wurden. Er war Zeuge der machtvollen Bekundungen des Heilandes, wenn Er Kranke heilte, Teufel austrieb und Tote auferweckte. Er spürte an sich selbst die Macht Jesu und war sich bewusst, dass Jesu Lehren alles überragten, was er bisher gehört hatte. Er liebte den großen Lehrer und sehnte sich danach, bei Ihm zu sein. Er hatte den Wunsch, dass sein Wesen und Leben umgewandelt würde, und er hoffte dies durch seine Verbindung mit Jesus zu erleben. Der Heiland wies Judas nicht zurück. Er gab ihm einen Platz unter den zwölf Aposteln, vertraute ihm das Amt eines Evangelisten an und stattete ihn aus mit der Kraft, Kranke zu heilen und Teufel auszutreiben. Dennoch konnte sich Judas nicht überwinden, völlig in Christus aufzugehen. Weder gab er seinen weltlichen Ehrgeiz auf noch seine Liebe zum Geld. Obwohl er das Amt eines Dieners Christi annahm, überließ er sich nicht dem göttlichen Einfluss. Er meinte, sich ein eigenes Urteil und eine eigene Meinung bewahren zu können und neigte dazu, andere zu kritisieren und anzuklagen.

Unter den Jüngern war Judas hoch geachtet, und er übte großen Einfluss auf sie aus. Er hatte eine hohe Meinung von seinen Fähigkeiten und glaubte sich seinen Brüdern an Urteilskraft und Talent stark überlegen. Er meinte, sie würden die sich ihnen bietenden Gelegenheiten nicht erkennen und keinen Vorteil daraus ziehen. Die christliche Gemeinde könne mit solch kurzsichtigen Männern an der Spitze nicht gedeihen. Petrus sei ungestüm und handle oft ohne Überlegung. Johannes, der Christi Lehre in sich aufnahm und bewahrte, war in den Augen von Judas ein schlechter Haushalter. Matthäus, dessen Erziehung ihn gelehrt hatte, in allen Dingen peinlich genau zu sein, sei hinsichtlich der Aufrichtigkeit übergenau. Er dachte stets über alle Worte Christi gründlich nach und vertiefte sich so hinein, dass ihm nach der Meinung des Judas keine Aufträge anvertraut werden könnten, die Scharfsinn und Weitblick verlangten. In dieser Weise nahm sich Judas alle Jünger vor und schmeichelte sich, dass der Jüngerkreis oft in Verwirrung und Verlegenheit geraten wäre, wenn es ihn mit seiner Fähigkeit als guter Manager nicht gegeben hätte. Er war überzeugt, dass niemand ihm das Wasser reichen konnte. Er schätzte sich selbst als Ehrenmitglied dieses Kreises ein – dementsprechend war seine Haltung.

Judas war blind gegenüber seinen Charakterschwächen, und Jesus setzte ihn dort ein, wo es ihm möglich gewesen wäre, seine Mängel zu erkennen und zu korrigieren. Als Schatzmeister der Jünger musste er für die leiblichen Bedürfnisse dieser kleinen Gemeinschaft sorgen und auch die Not der Armen lindern. Als Jesus in dem Raum, wo sie das Passahmahl einnahmen, zu ihm sagte: »Was du tust, das tue bald!«, Johannes 13,27 glaubten die Jünger, Jesus hätte ihm geboten, etwas für das Fest einzukaufen oder aber den Armen eine Gabe zukommen zu lassen. Durch den Dienst für andere hätte Judas einen selbstlosen Geist entwickeln können. Und doch gab er sich, während er täglich den

Lehren Jesu zuhörte und Zeuge dessen uneigennützigen Lebens

war, seinen habgierigen Neigungen hin. Die kleinen Beträge, die durch seine Hände gingen, waren für ihn eine ständige Versuchung. Oft, wenn er dem Herrn einen kleinen Dienst erwiesen oder seine Zeit auf religiöse Aufgaben eingesetzt hatte, nahm er sich selbst seinen Lohn aus der bescheidenen Kasse. Ihm dienten solche Gelegenheiten als Vorwand, seine Handlungsweise zu entschuldigen. In Gottes Augen aber war er ein Dieb.

Christi oft wiederholte Feststellung, dass Sein Reich nicht von dieser Welt sei, ärgerte Judas. Er bestimmte für Jesus eine Handlungsweise und erwartete, dass Er nach ihr handeln würde. So erwartete er, dass Johannes der Täufer aus dem Gefängnis befreit würde. Doch Johannes blieb eingekerkert und wurde enthauptet. Und Jesus, statt Sein königliches Recht wahrzunehmen und den Tod des Täufers zu rächen, zog sich mit den Jüngern an einen ländlichen Ort zurück. Judas wünschte ein aggressiveres Vorgehen. Er glaubte, dass sie ihre Aufgabe bedeutend erfolgreicher lösen könnten, wenn Jesus sie nicht immer davon abhielte, ihre Pläne durchzuführen. Er bemerkte die zunehmende Feindseligkeit der jüdischen Oberen und musste erleben, dass ihr Verlangen, von Christus ein göttliches Zeichen zu sehen, unbeachtet blieb.

Sein Herz öffnete sich dem Unglauben, und Satan säte Gedanken des Zweifels und der Auflehnung. Warum hielt sich Jesus so lange mit den Dingen auf, die entmutigend waren? Warum weissagte Er von Prüfungen und Verfolgungen, die Ihn und Seine Jünger treffen sollten? Ihn, Judas, hatte doch hauptsächlich die Aussicht auf eine einflussreiche Stellung im neuen Königreich bewogen, für die Sache Christi einzutreten. Sollten seine Hoffnungen enttäuscht werden? Judas hatte keineswegs entschieden, dass Jesus nicht Gottes Sohn sei, aber er zweifelte und suchte nach einer Erklärung für die mächtigen Taten des Herrn.

Ungeachtet der Äußerungen Jesu verbreitete Judas ständig die Idee, dass Jesus als König in Jerusalem herrschen werde. Bei der Speisung der 5000 versuchte er sie sogar zu verwirklichen. Er half bei der Verteilung der Speise an die hungrige Menge und konnte dabei wahrnehmen, welche Wohltat darin liegt, anderen zu geben. Er fühlte die Befriedigung, die einen stets im Dienst für Gott erreicht. Auch half er mit, Kranke und Leidende, die sich in der Menge befanden, zu Christus zu führen. Er sah dabei, welche Erleichterung, welche Freude und welcher Frohsinn durch die heilende Kraft des Erlösers in Menschenherzen einziehen können. Hier hätte er die Handlungsweise Jesu verstehen lernen können, aber durch seine selbstsüchtigen Wünsche war er völlig verblendet. Judas war der Erste, der die Begeisterung der Menge über das Wunder der Speisung ausnutzen wollte. Er war es, der den Plan hervorbrachte, Christus mit Gewalt zum König zu machen. Seine Hoffnungen waren hochgespannt – seine Enttäuschung dadurch umso bitterer.

Als Jesus in der Synagoge zu Kapernaum vom Brot des Lebens sprach, ging in Judas eine entscheidende Veränderung vor. Er hörte die Worte: »Wenn ihr nicht das Fleisch des Menschensohns esst und sein Blut trinkt, so habt ihr kein Leben in euch.« _{Johannes 6,53} Judas begriff hier, dass Jesus mehr geistliche als weltliche Güter anbot. Er hielt sich für äußerst weitblickend und glaubte zu erkennen, dass der Herr keine weltlichen Ehren annehmen werde und den Jüngern keine angesehene Stellung verschaffen könne. Deshalb beschloss er, sich nur so weit an Christus anzuschließen, dass er sich jederzeit wieder von Ihm lossagen konnte. Er wollte abwarten, und das tat er auch.

Von nun an ließ Judas Zweifel laut werden, die die Jünger verwirrten. Er warf Streitfragen auf und erweckte zwiespältige Empfindungen, indem er die von den Schriftgelehrten und Pharisäern gebrauchten Argumente gegen die Behauptungen Jesu wiederholte. Alle kleinen und größeren Unannehmlichkeiten, Nöte und Schwierigkeiten sowie offensichtliche Hindernisse bei der Ausbreitung des Evangeliums deutete Judas als Beweise gegen die Wahrhaftigkeit der göttlichen Botschaft. Er führte Schriftstellen an, die mit den von Christus verkündigten Wahrheiten in gar keiner Verbindung standen. Diese Schriftworte, aus dem Zusammenhang gerissen, beunruhigten die Jünger und vergrößerten die Entmutigung, unter der sie immer mehr litten. Dieses Vorgehen von Judas geschah dennoch in einer Weise, dass er als äußerst gewissenhaft erschien. Während die Jünger nach Hinweisen suchten, um die Worte des großen Lehrers zu bestätigen, führte sie Judas unmerklich auf eine andere Bahn. In dieser frommen und scheinbar klugen Weise stellte er viele Dinge anders dar als Jesus und unterlegte dessen Worten eine Bedeutung, die dieser nie gemeint hatte. Seine Einflüsterungen weckten bei den Jüngern ehrgeizige Wünsche nach weltlicher Größe und lenkten sie dadurch von den wichtigen Dingen ab, denen sie sich hätten widmen sollen. Der Streit, wer der Größte unter ihnen sein sollte, wurde meistens von Judas hervorgerufen.

Als der Heiland den reichen jungen Mann mit den Bedingungen der Jüngerschaft bekannt machte, war Judas unzufrieden und glaubte, dass hier ein Fehler gemacht worden sei. Wenn sich nämlich solche Männer wie dieser Oberste mit den Gläubigen verbinden würden, dann könnten sie dazu beitragen, das Werk Christi zu fördern. Würde man ihn, Judas, nur einmal als Ratgeber anhören, er könnte manch einen Vorschlag machen zum Vorteil der kleinen Gemeinde. Seine Grundsätze und Methoden würden sich zwar etwas von den Grundsätzen Jesu unterscheiden, dafür glaubte er aber auch, in dieser Sache viel klüger zu sein als der Herr. An allem, was Jesus Seinen Jüngern sagte, war etwas, womit Judas innerlich nicht übereinstimmte. Unter seinem Einfluss begann der Sauerteig der Unzufriedenheit schnell zu wirken. Die Jünger erkannten nicht den wahren Urheber alles dessen, aber Jesus wusste, dass Satan Judas stark beeinflusste und dadurch einen Weg fand, auch die anderen Jünger in seinen Bann zu ziehen. Schon ein Jahr vor dem Verrat des Judas hatte Christus erklärt: »Habe ich nicht euch Zwölf erwählt? Und einer von euch ist ein Teufel.« Johannes 6,70 Doch Judas wandte sich nicht offen gegen den Heiland, auch schien er dessen Lehren nicht anzuzweifeln. Er trat mit seiner Unzufriedenheit erst beim Fest in Simons Haus offen hervor. Als Maria die Füße des Heilandes salbte, zeigte sich seine habsüchtige Gesinnung. Der Tadel, den ihm Jesus daraufhin aussprach, ärgerte ihn sehr. Verletzter Stolz und das Verlangen nach Rache rissen alle Schranken nieder. Die Habgier, der er bisher nachgegeben hatte, beherrschte ihn jetzt völlig. Die gleiche Erfahrung wird jeder machen, der sich beharrlich mit der Sünde abgibt. Üble Neigungen, denen wir nicht widerstehen und die wir nicht überwinden, verleiten dazu, den Versuchungen Satans nachzugeben. Der Mensch wird damit sein Gefangener.

Judas aber war für den Geist Christi noch nicht ganz unempfänglich geworden. Selbst nachdem er sich schon zweimal vorgenommen hatte, den Heiland zu verraten, hätte er noch Gelegenheit zur Umkehr gehabt. Beim Abendmahl bewies der Heiland seine Göttlichkeit, indem er die Absicht des Verräters offenbarte. In warmherziger Liebe schloss er dennoch Judas in den Dienst ein, den er seinen Jüngern erwies. Aber auch dieses letzte Liebeswerben beachtete Judas nicht. Daraufhin war sein Fall entschieden, und die Füße, die der Heiland gewaschen hatte, eilten hinaus, um den Verrat zu vollenden.

Wenn es bestimmt war, dass Jesus gekreuzigt werde – so argumentierte Judas –, dann musste es auch so kommen. Ob er den Herrn verriete oder nicht, würde daran nichts ändern. Lag der Tod Jesu nicht im Plan der Vorsehung, so wäre Er wenigstens gezwungen, sich zu befreien. Auf jeden Fall aber würde Judas etwas aus seinem Verrat gewinnen. Er rechnete, dass er ein gutes Geschäft gemacht habe, indem er den Herrn verriet.

Judas glaubte jedoch nicht, dass sich Jesus gefangen nehmen ließe. Durch seinen Verrat bezweckte er, Jesus eine Lektion zu erteilen und Ihn zu veranlassen, ihn, Judas, in Zukunft mit gebührender Achtung zu behandeln. Judas wusste nicht, dass er Jesus tatsächlich in den Tod gab. Wie oft waren, als Jesus in Gleichnissen redete, die Schriftgelehrten und Pharisäer von Seinen treffenden Bildern gepackt worden! Wie oft hatten sie sich ihr eigenes Urteil sprechen müssen! Häufig, wenn die Wahrheit ihnen durchs Herz ging, waren sie von Zorn erfüllt gewesen und hatten Steine aufgehoben, um nach dem Herrn zu werfen. Doch immer wieder hatte Jesus ungehindert entkommen können. Da Er sich schon von so vielen Nachstellungen befreien konnte, nahm Judas an, dass Er sich gewiss auch diesmal nicht festnehmen lassen würde.

Judas entschloss sich, die Angelegenheit zu testen. War Jesus wirklich der Messias, dann würde das Volk, für das Er so viel getan hatte, sich um Ihn scharen und Ihn zum König ausrufen. Das würde manches Gemüt, das jetzt noch unsicher war, für immer im Glauben festigen. Und er, Judas, hätte dann den Ruhm, Jesus auf den Thron Davids gehoben zu haben. Diese Tat würde ihm auch den höchsten Platz nach Christus in dem neuen Königreich sichern.

So ging der falsche Jünger hin und verriet seinen Herrn. Als er den Anführern des Pöbels im Garten sagte: »Welchen ich küssen werde, der ist's, den ergreift«, Matthäus 26,48 war er noch fest davon überzeugt, dass Christus ihren Händen entkommen werde. Sollte man ihm später Vorwürfe machen, dann würde er erklären: Sagte ich euch nicht, ihr solltet ihn ergreifen?

Judas blickte die Knechte an, wie sie den Herrn auf sein Wort hin fest banden. Zu seiner Bestürzung sah er, dass der Heiland sich fortführen ließ. Beunruhigt folgte er Ihm vom Garten aus zum Verhör vor den jüdischen Obersten. Bei jeder Bewegung schaute er erwartungsvoll zu Ihm hin, ob Jesus wohl Seine Feinde überraschen werde, indem Er vor ihnen als der Sohn Gottes erschiene und ihre Anschläge wie ihre ganze Gewalt zunichte machte. Als jedoch Stunde um Stunde verstrich und Jesus alle auf Ihn gehäuften Schmähungen ertrug, bekam der Verräter schreckliche Angst, und er fragte sich, ob er seinen Herrn in den Tod verkauft habe.

Kurz vor Beendigung des Verhörs konnte Judas die Qual seines schuldbeladenen Gewissens nicht länger ertragen. Plötzlich gellte ein heiserer Schrei, der alle Herzen mit Furcht erfüllte, durch das Haus: Er ist unschuldig! Gib Ihn frei, Kaiphas! Alle blickten auf die große Gestalt des Verräters, der sich durch die aufgeregte Menge drängte. Sein Gesicht war kalkweiß und ausgezehrt, große Schweißtropfen standen auf seiner Stirn. Er stürzte auf den Richterstuhl zu, warf die 30 Silberstücke, den Preis für seinen Verrat, dem Hohepriester vor die Füße, ergriff in ungeduldiger Hast das Gewand von Kaiphas und flehte ihn an, Jesus freizugeben. Er erklärte, dass dieser nichts getan hätte, was den Tod rechtfertige. Wütend schüttelte ihn Kaiphas ab, doch er war verwirrt und wusste nicht, was er sagen sollte. Die Hinterlist der Priester wurde deutlich. Es war offensichtlich, dass sie den Jünger bestochen hatten, Jesus zu verraten. »Ich habe unrecht getan«, schrie Judas, »dass ich unschuldiges Blut verraten habe.« Aber der Hohepriester, der sich schnell gefasst hatte, erwiderte verächtlich: »Was geht uns das an? Da sieh du zu!« Matthäus 27,4f

Die Priester waren bereit gewesen, Judas als Werkzeug zu benutzen. Gleichzeitig verachteten sie aber seine niedrige Gesinnung. Als er sich mit seinem Geständnis an sie wandte, wiesen sie ihn ab. Judas warf sich nun Jesus zu Füßen, anerkannte Ihn als den Sohn Gottes und bat Ihn inständig, sich zu befreien. Der Heiland machte seinem Verräter keine Vorwürfe. Er wusste, dass Judas nicht bereute. Das Geständnis, das sich dessen schuldbeladener Seele entrang, war nur durch die schreckliche Angst vor der Verdammnis und dem kommenden Gericht erzwungen worden. Er empfand jedoch keinen tiefen, herzzerreißenden Kummer darüber, dass er den Sohn Gottes, der ohne jede Schuld war, verraten und den Heiligen in Israel verleugnet hatte. Dennoch verdammte ihn Jesus mit keinem Wort, sondern mitleidig schaute Er Judas an und sagte: Wegen dieser Stunde bin ich in die Welt gekommen. Ein Raunen der Überraschung ging durch die Versammlung. Verwundert erlebten sie die Langmut Jesu mit dem Verräter. Dieses Geschehen ließ erneut die Überzeugung in ihnen aufklingen, dass dieser Mensch mehr als ein Sterblicher sei. Doch wenn Er Gottes Sohn sei, so fragten sie sich weiter, warum befreite Er sich dann nicht von Seinen Banden und triumphierte über Seine Ankläger? Als Judas erkannte, dass sein Bitten erfolglos blieb, rannte er aus dem Gerichtsgebäude und rief laut: Es ist zu spät! Es ist zu spät! Er fühlte, dass er es nicht ertragen konnte, den gekreuzigten Jesus ein Leben lang vor sich zu sehen. Verzweifelt ging er hin und erhängte sich.

Etwas später am gleichen Tag wurde auf dem Weg vom Palast des Pilatus nach Golgatha das Geschrei und Gespött all der bösartigen Menschen, die Jesus zur Kreuzigungsstätte begleiteten, plötzlich unterbrochen. An einer einsamen Stelle erblickten sie am Fuß eines abgestorbenen Baumes den Leichnam von Judas. Welch ein abstoßendes Bild! Sein schwerer Körper hatte den Strick zerrissen, mit dem er sich am Baum aufgehängt hatte. Durch den Sturz war sein Leib aufgeplatzt, und gierig verschlangen ihn die Hunde. Seine Überreste wurden sofort außer Sichtweite begraben. Von nun an ließ der Spott unter der Volksmenge nach, und manch ein fahles Gesicht offenbarte die Gedanken des Herzens. Vergeltung schien bereits jene heimzusuchen, die am Blut Jesu schuldig waren.

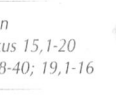

KAPITEL 77

Auf Grundlage von
Matthäus 27,2.11-31; Markus 15,1-20
Lukas 23,1-25; Johannes 18,28-40; 19,1-16

BEI PILATUS

Im Gerichtsgebäude des römischen Landpflegers Pilatus stand Christus als Gefangener, um Ihn herum die Wächter. Das Gebäude füllte sich schnell mit Schaulustigen. Vor dem Eingang fanden sich die Richter des Hohen Rates, Priester, Oberste, Älteste und der Pöbel ein. Nach Jesu Verurteilung hatten sich die Mitglieder des Hohen Rates bei Pilatus eingefunden, damit der das Urteil bestätigte und es vollstrecken ließe. Die jüdischen Beamten wollten jedoch die römische Gerichtshalle nicht betreten, da sie nach ihrem Zeremonialgesetz dadurch verunreinigt würden und dann am Passahfest nicht teilnehmen könnten. In ihrer Verblendung erkannten sie nicht, dass mordsüchtiger Hass ihre Herzen schon verunreinigt hatte. Sie begriffen nicht, dass Jesus das wahre Passahlamm war und dass das große Fest, seit sie Ihn verworfen hatten, für sie längst seine Bedeutung verloren hatte.

Als Jesus in das Gerichtsgebäude geführt wurde, blickte Ihn Pilatus unfreundlich an. Man hatte ihn in aller Eile aus seinem Schlafgemach gerufen, und er wollte sich nun dieses Falles so schnell wie möglich entledigen. Er war bereit, den Gefangenen mit gebieterischer Strenge zu behandeln. Er blickte ernst drein und wandte sich um, den Mann zu mustern, den er verhören sollte und um dessentwillen er zu so früher Morgenstunde aus dem Schlaf geholt worden war. Ihm war klar, dass es sich um jemand handeln musste, den die jüdischen Obersten unverzüglich verhört und bestraft sehen wollten.

Pilatus schaute zu den Männern hin, die Jesus bewachten. Dann ruhte sein Blick forschend auf Jesus. Er hatte schon mit Verbrechern aller Art zu tun gehabt, aber noch nie war ein Mensch zu ihm gebracht worden, der so viel Güte und natürlichen Adel ausstrahlte. Kein Anzeichen einer Schuld, keinen Ausdruck von Furcht oder Dreistigkeit erkannte er auf dessen Antlitz. Er sah einen Mann von ruhiger Wesensart und Würde vor sich, dessen Gesichtszüge nicht die Kennzeichen eines Verbrechers trugen, sondern die eines mit dem Himmel verbundenen Menschen. Christi Erscheinung machte einen positiven Eindruck auf

Pilatus, dessen bessere Natur war angesprochen. Er hatte von

Jesus und Seinem Wirken gehört. Auch seine Frau hatte ihm manches über die wunderbaren Taten des galiläischen Propheten mitgeteilt, der die Kranken heilte und Tote auferweckte. Das alles kam ihm jetzt wieder zum Bewusstsein – wie ein vergessener Traum. Er erinnerte sich an bestimmte Gerüchte, die er von verschiedenen Seiten gehört hatte, und er beschloss, die Juden zu fragen, welche Anklage sie gegen diesen Mann vorzubringen hätten. »Wer ist dieser Mann, und weshalb habt ihr ihn hergebracht?«, fragte er sie. »Welche Anschuldigung bringt ihr gegen ihn vor?« Die Juden wurden verwirrt. Da sie sehr wohl wussten, dass sie ihre gegen Jesus gerichteten Anklagen nicht beweisen konnten, wünschten sie keine öffentliche Untersuchung. Sie antworteten deshalb, Er sei ein Betrüger und werde Jesus von Nazareth genannt.

Pilatus fragte noch einmal: »Was für eine Klage bringt ihr gegen diesen Menschen vor?« Die Priester beantworteten seine Frage nicht, aber mit dem, was sie sagten, verrieten sie ihre große Irritation: »Wäre dieser nicht ein Übeltäter, wir hätten ihn dir nicht überantwortet.« Johannes 18,29f

Wenn die Mitglieder des Hohen Rates, die angesehensten Männer des Volkes, dir einen Mann bringen, den sie des Todes für würdig halten, ist es dann noch nötig, nach einer Anklage gegen Ihn zu fragen? Sie hofften damit, Pilatus von ihrer eigenen Wichtigkeit überzeugen zu können und Ihn dadurch zu veranlassen, ihre Bitte ohne weitere Förmlichkeit zu erfüllen. Sie erwarteten eine schnelle Bestätigung ihres Urteilsspruchs, denn sie wussten, dass das Volk, das Christi Wundertaten erlebt hatte, etwas erzählen konnte, das sich wesentlich von dem unterscheiden würde, was sie selbst jetzt vorbrachten.

Die Priester meinten, bei dem schwachen, unschlüssigen Pilatus ihre Absichten ohne weiteres durchdrücken zu können. Hatte er doch bis dahin Todesurteile unbedenklich unterzeichnet und so Menschen dem Tod überantwortet, die, wie sie wussten, eine solche Strafe nicht verdient hatten. Das Leben eines Gefangenen zählte bei ihm nicht viel. Ob jemand schuldig oder unschuldig war, spielte keine besondere Rolle. So hofften sie, er werde auch jetzt das Todesurteil über Jesus verhängen, ohne Ihm noch Gehör zu schenken. Das erbaten sie sich als eine besondere Gunst anlässlich ihres großen nationalen Festes.

Pilatus sah aber etwas in dem Gefangenen, das ihn von allzu schnellem Handeln zurückhielt. Er wagte nicht, Ihn zu verurteilen. Auch erkannte er die Absicht der Priester. Er erinnerte sich, dass dieser Jesus erst kürzlich einen Mann namens Lazarus, der schon vier Tage tot gewesen war, wieder auferweckt hatte. Darum beschloss er, erst in Erfahrung zu bringen, weshalb sie Ihn beschuldigten und ob das bewiesen werden könnte, ehe er das Urteil unterschriebe. Wenn euer Urteil berechtigt ist, sagte er, warum bringt ihr diesen Mann dann noch zu mir? »So nehmt ihr ihn hin und richtet ihn nach eurem Gesetz.«

Johannes 18,31 So in die Enge getrieben, konnten die Priester nur antworten, dass sie Jesus bereits verurteilt hätten, dass der Spruch aber noch von ihm bestätigt werden müsste, damit er rechtskräftig würde. »Wie lautet euer Urteil?«, fragte Pilatus. »Wir haben ihn zum Tod verurteilt«, antworteten sie darauf, »doch es ist uns nach dem Gesetz nicht erlaubt, die Todesstrafe zu vollstrecken.« Sie baten ihn, auf ihr Wort hin Christi Schuld anzuerkennen und ihr Urteil zu bestätigen. Sie würden die Verantwortung dafür auf sich nehmen.

Pilatus war weder ein gerechter noch ein gewissenhafter Richter. Obwohl in seiner inneren Haltung schwankend, weigerte er sich doch, diese Bitte zu gewähren. Er wollte Jesus nicht verurteilen, bis eine Anklage gegen Ihn erhoben worden wäre. Die Priester gerieten in große Verlegenheit. Sie mussten ihre Heuchelei unter einem undurchdringlichen Deckmantel verbergen und durften keinesfalls den Anschein erwecken, als sei Jesus aus religiösen Gründen festgenommen worden. Eine solche Beweisführung würde der Römer nicht anerkennen. Sie mussten vielmehr glaubhaft machen, dass sich Jesus gegen die Staatsgesetze vergangen habe, dann erst konnte Er als politischer Verbrecher bestraft werden. Aufruhr und Widerstand gegen die römische Staatsgewalt waren bei den Juden an der Tagesordnung. Die Römer griffen in solchen Fällen hart durch und waren darauf bedacht, jeden Aufstand im Keim zu ersticken. Erst kurz zuvor hatten die Pharisäer versucht, Jesus eine Falle zu stellen, indem sie Ihn fragten: »Ist's recht, dass wir dem Kaiser Steuer zahlen, oder nicht?« Lukas 20,22 Jesus aber hatte ihre Heuchelei durchschaut. Einigen Römern, die das mitbekamen, war das Scheitern der Bemühen der Verschwörer und deren Unbehagen bei Jesu Antwort nicht entgangen, denn Jesus hatte ihnen gesagt: »Gebt dem Kaiser, was des Kaisers ist, und Gott, was Gottes ist!« Lukas 20,25

Jetzt wollten die Priester es so darstellen, als hätte Jesus bei dieser Gelegenheit das gelehrt, was sie zu hören gehofft hatten. In höchster Verlegenheit riefen sie falsche Zeugen zu Hilfe und »fingen an, ihn zu verklagen, und sprachen: Wir haben gefunden, dass dieser unser Volk aufhetzt und verbietet, dem Kaiser Steuern zu geben, und spricht, er sei Christus, ein König.« Lukas 23,2 Das waren drei Anklagen ohne jede Grundlage. Die Priester waren sich dessen durchaus bewusst und zudem sogar bereit, einen Meineid zu leisten, wenn sie damit ihr Ziel erreichen konnten.

Pilatus aber durchschaute ihre Absichten. Er glaubte nicht, dass der Gefangene sich gegen den Staat aufgelehnt hatte. Dessen ruhiges und bescheidenes Wesen stimmte ganz und gar nicht mit den Anklagepunkten überein. Pilatus war davon überzeugt, dass es sich hier um eine niederträchtige Verschwörung handelte, um einen unschuldigen Menschen zu vernichten, der den jüdischen 582 [725/726] Würdenträgern im Weg stand. Er wandte sich an Jesus und fragte: »Bist du der Juden König?« Der Heiland aber antwortete: »Du sagst es.« Matthäus 27,11 Bei diesen Worten leuchtete Sein Angesicht auf, als ob ein Sonnenstrahl darauf schiene. Als Kaiphas und seine Begleiter diese Antwort hörten, riefen sie Pilatus zum Zeugen dafür auf, dass Jesus das Verbrechen bekannt hätte, dessen er angeklagt wurde. Unter lärmenden Zurufen forderten Priester, Schriftgelehrte und Oberste das Todesurteil.

Diese Rufe wurden vom Pöbel aufgenommen, und es entstand ein ohrenbetäubendes Geschrei. Das alles verwirrte Pilatus. Als er sah, dass Jesus Seinen Anklägern nicht erwiderte, sagte er zu Ihm: »‚Antwortest du nichts? Siehe, wie hart sie dich verklagen!' Jesus aber antwortete nichts mehr.« Markus 15,4f

Christus, der hinter Pilatus stand und von allen im Gerichtsgebäude gesehen werden konnte, vernahm die Schmähungen, doch antwortete Er mit keinem Wort auf alle diese falschen Anschuldigungen. Seine ganze Haltung zeugte davon, dass Er Sich Seiner Schuldlosigkeit bewusst war. Er stand unbewegt angesichts der Wellen von Wut, die gegen Ihn schlugen. Es war, als wenn die Wogen des Zorns, immer höher und höher stiegen, den ungestümen Wellen des Ozeans gleich, und über Ihm zusammenbrächen, ohne Ihn überhaupt zu berühren. Jesus stand schweigend, aber Sein Schweigen war voller Beredsamkeit, als ob ein Licht von dem inneren auf den äußeren Menschen fiel.

Pilatus staunte über das Verhalten Jesu. »Ignoriert dieser Mann die Vorgänge der Untersuchung, weil er sein Leben nicht retten will?«, fragte er sich. Er blickte Jesus an, der Spott und Misshandlungen ertrug, ohne sich dagegen aufzulehnen, und empfand, dass dieser Mann nicht so ungerecht und gottlos sein konnte wie jene lärmenden Priester. In der Hoffnung, von Ihm die Wahrheit zu erfahren und zugleich dem Aufruhr der Menge zu entgehen, nahm Pilatus den Herrn beiseite und fragte Ihn noch einmal: »Bist du der Juden König?«

Jesus beantwortete diese Frage nicht direkt. Er wusste, dass der Heilige Geist an Pilatus wirkte. Er gab ihm Gelegenheit, seiner Überzeugung auszudrücken. »Sagst du das von dir aus«, fragte Er ihn, »oder haben dir's andere über mich gesagt?« Johannes 18,33f Anders gesagt: Waren es die Anschuldigungen der Priester oder das Verlangen, mehr Licht von Christus zu erhalten, die Pilatus diese Frage eingaben? Der römische Landpfleger verstand die Bedeutung der Frage des Herrn, aber Stolz erhob sich in seinem Herzen. Er wollte nicht seine innere Überzeugung offenbaren, die ihn veranlasst hatte, den Herrn zu fragen. So sagte er: »Bin ich ein Jude? Dein Volk und die Hohepriester haben dich mir überantwortet. Was hast du getan?« Johannes 18,35

Pilatus hat die gute Gelegenheit, die ihm Gott hiermit gab, ungenutzt verstreichen lassen. Dennoch erhellte ihm Jesus abermals sein Verständnis. Indem Er die direkte Beantwortung der Frage von Pilatus umging, erklärte Er Ihm deutlich Seine göttliche Sendung. So gab Er dem Römer zu verstehen, dass Er nicht nach irdischer Macht gestrebt hatte. Jesus sagte zu Pilatus: »‚Mein Reich ist nicht von dieser Welt. Wäre mein Reich von dieser Welt, meine Diener würden darum kämpfen, dass ich den Juden nicht überantwortet würde; nun aber ist mein Reich nicht von dieser Welt.‘ Da fragte Ihn Pilatus: ‚So bist du dennoch ein König?‘ Jesus antwortete: ‚Du sagst es, ich bin ein König. Ich bin dazu geboren und in die Welt gekommen, dass ich die Wahrheit bezeugen soll. Wer aus der Wahrheit ist, der hört meine Stimme.‘« Johannes 18,36f

Christus bestätigte damit, dass Sein Wort ein Schlüssel ist, der allen, die bereit sind, es zu empfangen, das Geheimnis Gottes erschließt. Es entfaltet eine in ihm selbst liegende Kraft, und nur so ist es erklärbar, dass sich Jesu Reich der Wahrheit so weit auszudehnen vermochte. Jesus wollte Pilatus verständlich machen, dass sein verpfuschtes Leben nur erneuert werden könne, wenn er die göttliche Wahrheit annehmen und in ihr aufgehen würde.

Pilatus hatte den Wunsch, die Wahrheit kennen zu lernen. Er war innerlich beunruhigt und klammerte sich an Jesu Worte. Sein Herz sehnte sich danach zu erfahren, was es mit der von Jesus verkündigten Wahrheit auf sich habe und wie er sie erlangen könne. »Was ist Wahrheit?«, Johannes 18,38 fragte er den Herrn. Doch wartete er nicht auf eine Antwort. Der Lärm von draußen erinnerte ihn an die Bedeutung dieser Stunde, denn die Priester verlangten ungestüm eine sofortige Entscheidung. Er ging zu den Juden hinaus und erklärte ihnen mit Nachdruck: »Ich finde keine Schuld an Ihm.«

Diese Worte eines heidnischen Richters tadelten die Hinterlist und Falschheit der Obersten in Israel, die den Heiland anklagten. Als die Priester und Ältesten die Worte von Pilatus hörten, kannten ihre Wut und Enttäuschung keine Grenzen. Lange hatten sie diese Gelegenheit geplant und auf sie gewartet. Als sie jetzt die Möglichkeit der Freilassung erkannten, hätten sie Jesus am liebsten in Stücke gerissen. Mit lauter Stimme klagten sie Pilatus an und drohten ihm mit einem Verweis der römischen Verwaltung. Sie warfen ihm vor, er habe sich geweigert, diesen Jesus zu verurteilen, der sich, so erklärten sie, gegen den Kaiser erhoben habe. Böse Stimmen wurden laut, die behaupteten, dass der aufrührerische Einfluss Jesu doch im ganzen Land bekannt sei. Die Priester riefen: »Er wiegelt das Volk auf damit, dass er lehrt hier und dort in ganz Judäa, angefangen von Galiläa bis hierher.« Lukas 23,5

Pilatus hatte bis dahin nicht die Absicht gehabt, Jesus zu verurteilen, denn er wusste, dass die Juden Ihn nur aus Hass und Vorurteil angeklagt hatten. Auch kannte er seine Pflicht genau: Die Gerechtigkeit forderte, Jesus sofort wieder freizulassen. Doch Pilatus fürchtete den Unwillen des Volkes. Sollte er es ablehnen, Jesus ihnen zu überantworten, würde sich ein Tumult erheben, und davor fürchtete er sich. Als er hörte, dass Jesus aus Galiläa stammte, beschloss er, ihn zu Herodes zu schicken, dem König über jene Provinz, der sich gerade in Jerusalem aufhielt. Auf diese Weise wollte er die Verantwortung für die Gerichtsverhandlung von sich auf Herodes schieben. Zudem sah er darin eine gute Gelegenheit, einen alten Streit zwischen ihm und Herodes zu schlichten. Und so geschah es. Die beiden Herrscher schlossen Freundschaft über dem Verhör des Heilandes.

Pilatus übergab Jesus abermals den Soldaten, und unter den höhnischen Rufen und Schmähungen des Volkes wurde Er schnell zum Gerichtsgebäude von Herodes gebracht. »Als aber Herodes Jesus sah, freute er sich sehr.« Er war noch nie mit dem Heiland zusammengetroffen. Deshalb hätte er »ihn längst gerne gesehen; denn er hatte von ihm gehört und hoffte, er würde ein Zeichen von ihm sehen.« Lukas 23,8 Dieser Herodes hatte seine Hände mit dem Blut Johannes des Täufers befleckt. Als er zum ersten Mal von Jesus hörte, sagte er erschreckt: »Johannes, den ich enthauptet habe, der ist auferstanden«; »darum tut er solche Taten.« Markus 6,16; Matthäus 14,2 Dennoch wollte Herodes Jesus gerne kennen lernen. Nun fand sich die Gelegenheit, das Leben dieses Propheten zu retten, und der König hoffte, die Erinnerung an das blutige Haupt, das ihm in einer Schüssel gebracht worden war, für immer aus seinem Gedächtnis verbannen zu können. Zudem wollte er unbedingt seine Neugierde befriedigen. Gäbe man Christus irgendeine Aussicht auf Freilassung, wäre er sicherlich bereit, alles zu tun, worum man ihn bitten würde, so dachte er.

Eine große Schar Priester und Ältester hatte Jesus zu Herodes begleitet. Als der Heiland in den Palast gebracht wurde, klagten ihn diese Würdenträger mit aufgeregter Stimme an. Doch Herodes beachtete ihre Anklagen wenig. Er gebot Ruhe, weil er selbst Christus Fragen stellen wollte, und befahl, Christus die Fesseln abzunehmen. Gleichzeitig warf er den Feinden Jesu vor, Ihn grob behandelt zu haben. Mitfühlend sah er in das ruhige Antlitz des Erlösers der Welt und las darin nur Weisheit und Reinheit. Wie Pilatus war auch er davon überzeugt, dass Christus aus Arglist und Missgunst angeklagt wurde.

Herodes fragte Jesus einiges, aber der Heiland schwieg die ganze Zeit hindurch. Auf Anordnung des Königs brachte man Kranke und Gebrechliche herein, und Jesus wurde aufgefordert, Seinen Anspruch durch ein Wunder zu rechtfertigen. Herodes sagte Ihm: Man behauptet, du könntest Kranke heilen. Mir ist sehr wichtig zu sehen, ob deine weitverbreitete Berühmtheit sich nicht auf Lügen gründet. Jesus erwiderte nichts, und Herodes versuchte noch weiter, Jesus zu drängen: Wenn du für andere Wunder tun kannst, so wirke sie jetzt zu deinem eigenen Vorteil, das wird dir nützlich sein. Immer wieder forderte er: Zeige uns durch Zeichen, dass du die Macht hast, die man dir nachsagt. Doch Jesus schien nichts zu hören und zu sehen. Der Sohn Gottes war Mensch geworden, und Er musste sich auch so verhalten, wie sich Menschen in derselben Lage verhalten müssten. Er wollte kein Wunder wirken, um sich dadurch dem Leid und der Erniedrigung zu entziehen, die Menschen unter ähnlichen Umständen erdulden müssten.

Herodes versprach dem Heiland sogar, Ihn freizulassen, wenn Er in seiner Gegenwart irgendein Wunder wirken würde. Christi Ankläger hatten mit eigenen Augen die durch göttliche Kraft vollbrachten machtvollen Taten gesehen. Sie hatten gehört, wie Er die Toten aus dem Grab rief und wie sie, Seiner Stimme gehorchend, auferstanden. Furcht packte sie, weil Er jetzt ein Wunder vollbringen sollte, denn nichts fürchteten sie so sehr wie eine Äußerung Seiner Macht. Eine derartige Machtbekundung würde ihren Plänen den Todesstoß versetzen und sie vielleicht sogar das Leben kosten. Sehr besorgt schleuderten die Priester und Obersten erneut ihre Anklagen gegen Jesus. Sie schrien laut: Er ist ein Verbrecher, ein Lästerer! Er vollbringt Seine Wunder durch die Ihm von Beelzebub, dem Fürsten des Bösen, verliehene Macht. Es bot sich ein Bild der Verwirrung und einer schrie lauter als der andere.

Das Gewissen von Herodes war weit weniger empfindlich als zu jener Zeit, da er bei der Bitte der Herodias um das Haupt Johannes des Täufers vor Entsetzen gezittert hatte. Eine Zeitlang war er wegen jener schrecklichen Tat von heftigen Gewissensbissen gequält worden, aber sein ausschweifendes Leben hatte im Laufe der Zeit sein sittliches Empfindungsvermögen immer mehr abstumpfen lassen. Jetzt war sein Herz so verhärtet, dass er sich sogar der Strafe rühmen konnte, die über Johannes verhängt worden war, weil dieser es gewagt hatte, ihn zu tadeln. Er bedrohte Jesus und hielt Ihm mehrmals vor, dass er die Macht hätte, Ihn freizulassen oder zu verdammen. Doch Jesus gab durch nichts zu erkennen, dass Er auch nur ein Wort davon gehört hätte.

Dieses andauernde Schweigen Jesu regte Herodes auf, da es äußerste Gleichgültigkeit gegenüber seiner Machtstellung anzudeuten schien. Den eingebildeten und prahlerischen König hätte ein offener Tadel weniger beleidigt, als in dieser Weise gezeigte Nichtanerkennung. Wieder bedrohte er ärgerlich den Herrn, doch dieser verharrte still und unbewegt.

Es war nicht die Aufgabe Jesu in dieser Welt, eitle Neugierde zu befriedigen. Er war vielmehr gekommen, um die zerbrochenen Herzen zu heilen. Hätte Er ein Wort sprechen können, um die Wunden sündenkranker Seelen zu heilen, Er würde bestimmt nicht geschwiegen haben. Aber jenen, die die Wahrheit unter ihre unheiligen Füße treten würden, hatte Er nichts zu sagen. Sicherlich hätte Christus Herodes manches mitteilen können, das dem innerlich verhärteten König durch

und durch gegangen wäre. Es hätte den König mit Furcht und mit

Zittern erfüllt, würde Er ihm seine ganze Sündhaftigkeit und die Schrecken des über ihn hereinbrechenden Gerichts gezeigt haben. Doch Christi Stillschweigen war der härteste Tadel, den Er in diesem Fall austeilen konnte. Herodes hatte die Wahrheit verworfen, die ihm von dem größten aller Propheten vermittelt worden war. So sollte er keine andere Botschaft mehr empfangen. Nicht ein Wort hatte der Herr des Himmels für ihn. Die Ohren, die dem menschlichen Leid stets geöffnet waren, hörten nicht auf die Aufforderungen des jüdischen Königs. Die Augen, die stets in mitleidsvoller und barmherziger Liebe dem reumütigen Sünder zugewandt waren, hatten keinen Blick für Herodes. Die Lippen, die die eindrucksvollsten Wahrheiten verkündet und die zärtlich bittend die Sündigsten und die am tiefsten Gefallenen angefleht hatten, blieben für den hochmütigen König geschlossen, der nicht das Bedürfnis nach einem Heiland spürte.

Herodes wurde dunkelrot vor Zorn. Sich an das Volk wendend, klagte er aufgeregt Jesus als Betrüger an. Zum Herrn sagte er darauf: Wenn du keinen Beweis für deine Behauptung geben willst, werde ich dich den Soldaten und dem Volk ausliefern. Vielleicht werden sie dich zum Sprechen bringen. Bist du ein Betrüger, dann ist der Tod aus ihren Händen nur das Urteil, das du verdienst. Bist du aber Gottes Sohn, dann rette dich, indem du ein Wunder tust! Kaum waren diese Worte gesprochen, als ein Sturm gegen Jesus losbrach. Wie wilde Bestien stürzte sich die Menge auf ihre Beute. Jesus wurde hin und her gerissen, und auch Herodes folgte der Menge in der Absicht, den Sohn Gottes zu demütigen. Hätten nicht die römischen Soldaten eingegriffen und die wütende Schar zurückgedrängt, Jesus wäre in Stücke gerissen worden.

»Herodes mit seinen Soldaten verachtete und verspottete ihn, legte ihm ein weißes Gewand an und sandte ihn zurück zu Pilatus.« Lukas 23,11 Die römischen Soldaten beteiligten sich an diesen Übergriffen. Alle Misshandlungen, die sich diese boshaften, verderbten Krieger, von Herodes und den jüdischen Würdenträgern unterstützt, ausdenken konnten, häufte man auf den Heiland. Dennoch verlor Er nicht einen Augenblick Seine göttliche Geduld.

Jesu Verfolger hatten versucht, Sein Wesen an ihrem eigenen Charakter zu messen. Sie hatten Ihn als ebenso niedrig und gemein hingestellt, wie sie selbst waren. Doch abgesehen von dem derzeitigen Schauspiel drängte sich vielen ein anderes Geschehen auf – ein Bild, das ihnen eines Tages in aller Herrlichkeit offenbar werden wird. Einige waren unter ihnen, die in Christi Gegenwart zu zittern begannen. Während sich die rohe Volksmenge spottend vor Ihm verbeugte, wandten sich andere erschrocken und wortlos um, ohne ihr Vorhaben ausgeführt zu haben. Selbst Herodes kam seine Schuld zum Bewusstsein. Die letzten Strahlen barmherzigen Lichtes fielen auf sein durch die Sünde verhärtetes Herz. Er spürte, dass Jesus kein gewöhnlicher Mensch war, denn göttliches Licht hatte Seine Menschlichkeit durchleuchtet. Während Jesus von Spöttern, Ehebrechern und Mördern umringt wurde, glaubte Herodes einen Gott auf Seinem Thron zu erblicken. So gefühllos Herodes auch war, er wagte es doch nicht, das Urteil über Jesus zu bestätigen. Er wollte sich von dieser schrecklichen Verantwortung befreien und sandte Jesus wieder zum römischen Gerichtsgebäude zurück.

Pilatus war enttäuscht und sehr ärgerlich. Als die Juden mit ihrem Gefangenen zurückkamen, fragte er sie ungeduldig, was er nach ihrer Meinung noch tun solle. Er erinnerte sie daran, dass er Jesus bereits verhört und keine Schuld an Ihm gefunden habe. Auch sagte er ihnen, dass sie Jesus verklagt hätten, ohne auch nur einen Anklagepunkt beweisen zu können. Er habe Ihn zu Herodes gesandt, dem Vierfürsten in Galiläa – einem Juden wie sie auch –, doch auch dieser hatte nichts Todeswürdiges an Jesus finden können. »Darum will ich ihn schlagen lassen und losgeben.« Lukas 23,16

Hier zeigte Pilatus seine Schwäche. Er hatte erklärt, dass Jesus unschuldig sei. Dennoch wollte er Ihn um Seiner Ankläger willen geißeln lassen, mit der Absicht, sie zu beruhigen. Er war bereit, Grundsätze und Gerechtigkeit zu opfern, um mit den Leuten einen Kompromiss auszuhandeln. Er brachte sich aber dadurch selbst in eine ungünstige Lage. Die Menge nützte jetzt seine Unentschlossenheit aus und forderte dreister das Leben des Gefangenen. Wäre Pilatus das erste Mal fest geblieben und hätte er sich geweigert, einen als unschuldig erfundenen Menschen zu verurteilen, dann würde er die unheilvolle Kette zerbrochen haben, die ihn ein Leben lang an Schuld und Gewissensnot binden sollte. Hätte er von Anfang an gemäß seiner Überzeugung gehandelt, wären die Juden nicht so anmaßend geworden, ihm Vorschriften zu machen. Christus wäre getötet worden, aber die Schuld hätte nicht auf Pilatus geruht. Doch nun hatte er Schritt für Schritt sein Gewissen preisgegeben. Er hatte es unterlassen, gerecht und unparteiisch zu handeln, und fand sich jetzt nahezu hilflos in den Händen der Priester und Obersten. Sein Schwanken und seine Unentschlossenheit gereichten ihm schließlich zum Verderben.

Sogar jetzt brauchte Pilatus nicht unbesonnen zu handeln. Eine von Gott gesandte Botschaft warnte ihn vor der Tat, die er im Begriff war zu vollziehen. Auf Christi Gebet hin war die Frau des Pilatus von einem himmlischen Engel aufgesucht worden, und in einem Traum hatte sie Jesus erblickt und mit Ihm gesprochen. Die Frau von Pilatus war keine Jüdin. Als sie jedoch in ihrem Traum auf Jesus schaute, hatte sie keinen Zweifel an Seinem Wesen oder an Seiner Sendung. Sie erkannte in Ihm den Gesalbten Gottes. Sie sah Ihn beim Verhör im Gerichtsgebäude. Sie sah Seine Hände gefesselt wie die eines Verbrechers. Sie sah Herodes und seine Soldaten ihr schlimmes Werk tun. Sie hörte die neiderfüllten, heimtückischen Priester und Obersten Ihn hartnäckig anklagen und vernahm die Worte: »Wir haben ein Gesetz, und nach dem Gesetz muss er sterben.« Johannes 19,7 Sie sah auch, wie Pilatus Ihn geißeln ließ, nachdem er erklärt hatte: »Ich finde keine Schuld an ihm.« Johannes 18,38 Sie hörte, wie Pilatus das Todesurteil sprach und sah, wie er Christus den Mördern übergab. Sie sah das Kreuz auf Golgatha und die Erde in Finsternis gehüllt, und sie hörte den geheimnisvollen Schrei: »Es ist vollbracht!« Johannes 19,30 Dann sah sie noch ein anderes Bild: Sie erkannte Jesus auf einer großen, weißen Wolke sitzend, während die Erde im Weltraum hin und her taumelte und Seine Mörder vor der Offenbarung Seiner Herrlichkeit flohen. Mit einem Schrei des Entsetzens erwachte sie, und unverzüglich schrieb sie Pilatus eine Warnungsbotschaft.

Während Pilatus noch überlegte, was er tun solle, drängte sich ein Bote durch die Menge und übergab ihm das Schreiben seiner Frau, in dem es hieß: »Habe du nichts zu schaffen mit diesem Gerechten; denn ich habe heute viel erlitten im Traum seinetwegen.« Matthäus 27,19

Pilatus wurde bleich. Einander widerstrebende Empfindungen verwirrten ihn. Doch während er noch zögerte zu handeln, schürten die Priester und Obersten noch weiter die Erregung des Volkes. Pilatus war gezwungen zu handeln. Da erinnerte er sich an einen Brauch, der Christi Freilassung gewährleisten könnte. Es war üblich, anlässlich des Passahfestes einen Gefangenen freizulassen, den das Volk sich wählen durfte. Dieser Brauch war heidnischen Ursprungs und mit dem Grundsatz der Gerechtigkeit völlig unvereinbar, dennoch wurde er von den Juden sehr geschätzt. In römischem Gewahrsam befand sich zu jener Zeit ein Verbrecher namens Barabbas, der zum Tod verurteilt war. Dieser Mann hatte behauptet, der Messias zu sein und die Vollmacht zu besitzen, eine andere Ordnung aufzustellen, um die Welt zu vervollkommnen. Unter teuflischem Einfluss beanspruchte er, dass alles, was er durch Diebstahl und Raub erlangte, ihm gehöre. Mit satanischer Hilfe hatte er große Dinge vollbracht. Er besaß unter dem Volk eine große Anhängerschar und hatte auch einen Aufstand gegen die Römer angezettelt. Unter dem Deckmantel religiöser Begeisterung verbarg sich ein hartherziger, verwegener Schurke, ausgerichtet allein auf Aufruhr und Grausamkeit. Indem Pilatus das Volk vor die Entscheidung stellte, zwischen diesem Mann und dem unschuldigen Heiland zu wählen, wollte er sich an das Gerechtigkeitsempfinden des Volkes wenden. Er hoffte, trotz des Widerstandes der Priester und Obersten ihr Mitgefühl für Jesus gewinnen zu können. So fragte er besonders ernst die Menge: »Welchen wollt ihr? Wen soll ich euch losgeben, Barabbas oder Jesus, von dem gesagt wird, er sei der Christus?« Matthäus 27,17 Die Antwort des Volkes glich dem Brüllen wilder Tiere: »Gib uns Barabbas los!« Lukas 23,18 Immer lauter schrien sie: Barabbas! Barabbas! In der Meinung, das Volk habe seine Frage nicht verstanden, sagte Pilatus nochmals: »Wollt ihr nun, dass ich euch den König der Juden losgebe?« Aber sie schrien wieder: »Nicht diesen, sondern Barabbas!« Johannes 18,39f Pilatus aber fragte dagegen: »Was soll ich denn machen mit Jesus, von dem gesagt wird, er sei der Christus?« Matthäus 27,22 Wieder schrieen sie wie vom Teufel besessen. Tatsächlich waren böse Geister in menschlicher Gestalt unter den Versammelten. Wie hätte daher eine andere Antwort kommen können als: »Lass ihn kreuzigen!« Matthäus 27,22 Pilatus war bestürzt. Dass es so weit kommen würde, hatte er nicht gedacht. Er schreckte davor zurück, einen unschuldigen Menschen dem schändlichsten und grausamsten Tod auszuliefern. Als das Stimmengewirr nachgelassen hatte, wandte er sich an die Menge und fragte: »Was hat er denn Böses getan?« Matthäus 27,23 Aber Argumente konnten hier nicht mehr weiterhelfen. Die Leute verlangten keinen Beweis mehr für die Unschuld Christi, sondern Seine Verurteilung.

Immer noch versuchte Pilatus den Herrn zu retten und wandte sich deshalb zum dritten Mal an die Menge: »Was hat denn dieser Böses getan? Ich habe nichts an ihm gefunden, was den Tod verdient; darum will ich ihn schlagen lassen und losgeben.« Lukas 23,22 Aber die Erwähnung Seiner Freilassung erregte das Volk bis zum Wahnsinn. Unablässig schrie es: »Kreuzige ihn! Kreuzige ihn!« Markus 15,13f Der Aufruhr, den Pilatus durch seine Unentschlossenheit hervorgerufen hatte, nahm immer mehr zu.

Jesus war ermattet, schwach und mit Wunden bedeckt. Er wurde gepackt und vor den Augen der Menge gegeißelt. »Die Soldaten aber führten ihn hinein … ins Gerichtsgebäude, und riefen die ganze Abteilung zusammen und sie zogen ihm einen Purpurmantel an und flochten eine Dornenkrone und setzen sie ihm auf und fingen an, ihn zu grüßen: Gegrüßt seist du, der Juden König! Und … spien ihn an und fielen auf die Knie und huldigten ihm.« Markus 15,16-19 Von Zeit zu Zeit ergriffen einige Boshafte das Rohr, das man Jesus in die Hand gegeben hatte, und schlugen damit auf die Krone, die Seine Stirn drückte, so dass die Dornen in Seine Schläfen drangen und das Blut an Wangen und Bart herabtropfte.

Wundere dich, Himmel! Und staune, Erde! Seht die Unterdrücker und den Unterdrückten! Eine wutentbrannte Menschenmenge umringt den Heiland der Welt. Spott und Hohn mischen sich mit groben Flüchen und Lästerungen. Seine einfache Herkunft und Sein demütiges Leben werden von dem gefühllosen Pöbel zum Anlass der Kritik. Sein Anspruch, der Sohn Gottes zu sein, wird ins Lächerliche gezogen, und gemeine Scherze und kränkender Hohn machen die Runde.

Satan führte ja diese unbarmherzige, den Heiland hart beschimpfende Schar selbst an. Es war seine Absicht, den Herrn, wenn möglich, zu einem Vergeltungsschlag zu reizen oder Ihn dazu zu bewegen, zu Seiner Befreiung ein Wunder zu wirken und auf diese Weise den Erlösungsplan zunichte zu machen. Ein einziger Makel auf Jesu Leben, ein einmaliges Versagen Seiner menschlichen Natur beim Ertragen dieser furchtbaren Prüfung würde genügen, aus dem Lamm Gottes ein unvollkommenes Opfer zu machen und die Erlösung der Menschheit zu vereiteln. Aber Er, der auf einen Befehl hin die himmlischen Heerscharen hätte zu Hilfe rufen können, – Er, der durch eine Offenbarung Seiner göttlichen Majestät die Menge hätte veranlassen können, in panischem Schrecken vor Seinem Angesicht zu fliehen – Er unterwarf sich in vollkommenem Schweigen den hässlichsten Beschimpfungen und Handlungen. Jesu Feinde hatten als Beweis Seiner Gottheit ein Wunder gefordert. Weitaus größere Beweise, als sie überhaupt verlangt hatten, wurden ihnen gegeben. Wie die Grausamkeit Seine Peiniger nicht mehr menschenwürdig erscheinen ließ und sie zum Ebenbild Satans herabzog, so erhoben Seine Sanftmut und Geduld Christus über alles Menschliche hinaus und offenbarten seine Verwandtschaft mit Gott. Seine Erniedrigung war das Unterpfand Seiner Erhöhung. Die Blutstropfen Seiner Schmerzen, die von Seinen verwundeten Schläfen auf Gesicht und Bart flossen, waren die Bürgschaft Seiner Salbung mit dem »Öl der Freude« Hebräer 1,9 zu unserem großen Hohepriester.

Satans Zorn war groß, als er erkennen musste, dass alle gegen den Heiland gerichteten Schmähungen auch nicht die geringste Äußerung aus Seinem Mund erzwingen konnten. Obwohl Jesus die menschliche Natur angenommen hatte, wurde Er durch eine göttliche Kraft unterstützt und wich in keinem Fall von dem Willen Seines Vaters ab.

Als Pilatus Jesus zur Geißelung und Verspottung freigab, meinte er, damit das Mitleid der Menge wecken zu können. Er hoffte, sie würde entscheiden, dass diese Bestrafung genüge. Selbst der Hass der Priester würde nun befriedigt sein, so dachte er. Aber die Juden erkannten sehr deutlich, wie haltlos eine solche Bestrafung eines Mannes sein musste, der als unschuldig erklärt worden war. Sie durchschauten den Versuch von Pilatus, das Leben des Gefangenen zu retten und waren fest entschlossen, eine Freilassung Jesu zu verhindern. Um uns einen Gefallen zu tun und uns zufrieden zu stellen, hat Pilatus Ihn geißeln lassen, so dachten sie. Wir müssen nur mit allem Nachdruck unser Ziel anstreben, dann werden wir es am Ende auch erreichen. Pilatus ließ jetzt Barabbas zum Gerichtsgebäude holen. Dann stellte er die beiden Gefangenen nebeneinander und sagte mit ernster Stimme, indem er auf Jesus deutete: »Seht, welch ein Mensch!« »Seht, ich führe ihn heraus zu euch, damit ihr erkennt, dass ich keine Schuld an ihm finde.« Johannes 19,4f

Da stand der Sohn Gottes, angetan mit dem Gewand des Spottes und der Dornenkrone. Bis zum Gürtel entblößt, zeigte Sein Rücken lange, entsetzliche Striemen, von denen das Blut herunterfloss. Sein Gesicht war blutverschmiert und trug die Zeichen des Schmerzes und der Erschöpfung, aber nie erschien es schöner als gerade jetzt. So wie Er Seinen Feinden gegenüberstand, war Sein Aussehen keineswegs entstellt. Jeder Gesichtszug bekundete Sanftmut und Ergebenheit und zärtliches Erbarmen mit Seinen grausamen Feinden. In Seinem Wesen lag nicht etwa feige Schwäche, sondern die Kraft und die Würde der Langmut. Einen auffälligen Gegensatz zu Ihm bot der Gefangene an Seiner Seite. Jeder Gesichtszug von Barabbas offenbarte den verstockten Rüpel, der er war. Dieser Unterschied zwischen den beiden Gefangenen wurde allen Zuschauern deutlich. Viele von ihnen weinten.

Als sie so auf Jesus blickten, waren ihre Herzen voller Mitgefühl. Selbst die Priester und Obersten kamen zu der Überzeugung, dass Seine Haltung völlig Seinem göttlichen Anspruch entsprach.

Die römischen Soldaten, die Christus umgaben, waren nicht alle rau und hart. Einige von ihnen suchten aufrichtig in dem Antlitz Jesu nach einem Ausdruck, der auf ein kriminelles und allgemeingefährliches Wesen schließen ließe. Ab und zu warfen sie auch einen geringschätzigen Blick auf Barabbas. Es bedurfte keines besonders scharfen Blickes, um auf den Grund seiner Seele schauen zu können. Doch dann ruhten ihre Augen wieder auf dem Einen, der unter Anklage stand. Der göttliche Dulder besaß ihr ungeteiltes Mitleid. Seine stille Demut prägte sich ihnen ein wie ein Bild, das niemals mehr verlöschen würde, bis sie Ihn entweder als Christus angenommen oder, indem sie Ihn verwarfen, ihr eigenes Schicksal besiegelt hätten.

Pilatus war äußerst verwundert über die grenzenlose Geduld Jesu. Er hatte nicht daran gezweifelt, dass der Anblick dieses Mannes – im Gegensatz zu Barabbas – die Sympathie der Juden wecken würde. Doch er verstand nicht den leidenschaftlichen Hass der Priester gegen den, der als das Licht der Welt ihre Finsternis und ihren Irrtum offenbar gemacht hatte. Sie hatten das Volk zu schlimmer Wut aufgestachelt, und erneut stimmten Priester, Oberste und das Volk den entsetzlichen Ruf an: Kreuzige Ihn! Kreuzige Ihn!

Da verlor Pilatus die Geduld mit ihrer vernunftwidrigen Grausamkeit und rief verzweifelt aus: »Nehmt ihr ihn hin und kreuzigt ihn, denn ich finde keine Schuld an ihm.« Johannes 19,6 Der an grausame Szenen gewöhnte römische Landpfleger hatte Mitleid mit dem leidenden Gefangenen, der – verurteilt und gegeißelt, mit blutender Stirn und mit zerschundenem Rücken – selbst jetzt noch die Haltung eines Königs auf Seinem Thron bewahrte. Doch die Priester erklärten: »Wir haben ein Gesetz, und nach dem Gesetz muss er sterben, denn er hat sich selbst zu Gottes Sohn gemacht.« Johannes 19,7

Pilatus war erschrocken. Er hatte noch keine genaue Vorstellung von Jesus und Seiner Aufgabe, aber in ihm regte sich ein unbestimmter

Glaube an Gott und an Wesen, die über den Menschen stehen. Ein Gedanke, der ihn schon einmal beschäftigt hatte, nahm jetzt deutliche Gestalt an. Er fragte sich, ob dieser Mensch, der vor ihm stand, bekleidet mit dem Purpur des Spottes und der Krone aus Dornen, nicht ein göttliches Wesen sein könne.

Erneut ging er zurück in das Gerichtsgebäude und fragte den Herrn: »Woher bist du?« Johannes 19,9 Aber Jesus gab ihm keine Antwort. Der Heiland hatte offen mit Pilatus gesprochen und Seine Aufgabe als Zeuge für die Wahrheit erläutert, doch Pilatus hatte das Licht verachtet. Er hatte sein hohes Richteramt missbraucht, indem er seine Grundsätze und seine Autorität den Forderungen der Volksmenge opferte. Jesus konnte ihm keine weitere Erkenntnis vermitteln. Über Jesu Schweigen verärgert, sagte Pilatus hochmütig: »Redest du nicht mit mir? Weißt du nicht, dass ich Macht habe, dich loszugeben, und Macht habe, dich zu kreuzigen?« Jesus antwortete: »Du hättest keine Macht über mich, wenn sie dir nicht von oben her gegeben wäre. Darum: Der mich dir überantwortet hat, der hat größere Sünde.« Johannes 19,10f

So entschuldigte der mitleidvolle Erlöser inmitten Seines größten Leides und Schmerzes soweit wie möglich die Handlungsweise des römischen Statthalters, der Ihn zur Kreuzigung auslieferte. Welch ein Bild, das der Nachwelt für alle Zeit überliefert werden sollte! Was für ein Licht wirft es auf den Charakter dessen, der der Richter der ganzen Welt ist!

»Darum: Der mich dir überantwortet hat«, sagte Jesus, »der hat größere Sünde.« Damit meinte Jesus Kaiphas, der als Hohepriester das jüdische Volk repräsentierte. Die Priester kannten die Grundsätze, die für die römischen Machthaber galten. Dazu besaßen sie die Erkenntnis aus den Prophezeiungen, die sich auf den Messias bezogen, sowie aus Seinen eigenen Lehren und Seinem Wirken. Die jüdischen Richter hatten unmissverständliche Beweise für die Göttlichkeit dessen erhalten, den sie zum Tod verurteilten. Und entsprechend ihrer Erkenntnis werden sie gerichtet werden.

Die größte Schuld und die schwerste Verantwortung lag auf denen, die die höchsten Positionen im Volk bekleideten, auf den Hütern der heiligen Wahrheiten, die sie in schimpflicher Weise preisgaben. Pilatus, Herodes und die römischen Soldaten wussten verhältnismäßig wenig von Jesus. Sie wollten den Priestern und Obersten einen Dienst erweisen, indem sie den Heiland misshandelten. Sie hatten nicht die Erkenntnis, die dem jüdischen Volk so reichlich vermittelt worden war.

Noch einmal schlug Pilatus vor, den Heiland freizulassen. Aber die Juden schrien: »Lässt du diesen frei, so bist du des Kaisers Freund nicht.« Johannes 19,12 So gaben jene Heuchler vor, auf das Ansehen des Kaisers bedacht zu sein. In Wirklichkeit aber waren sie die erbittertsten aller Gegner der römischen Herrschaft. Wo ihnen kein Schaden daraus entstand, setzten sie ihre eigenen nationalen und religiösen Belange rücksichtslos durch. Wollten sie aber irgendeine schändliche Tat begehen, dann rühmten sie die Macht des Kaisers. Um die Vernichtung Jesu zu vollenden, beteuerten sie ihre Ergebenheit gegenüber der fremden Macht, die sie eigentlich verabscheuten.

»Wer sich zum König macht, der ist gegen den Kaiser«, Johannes 19,12 fügten sie hinzu. Diese Worte berührten Pilatus an einem wunden Punkt. Er war der römischen Regierung bereits verdächtig und wusste, dass ein derartiger Bericht sein Ruin bedeutete. Auch wusste er, dass sich der Zorn der Juden gegen ihn richten würde, falls er ihre Absichten durchkreuzte. Sie würden nichts unversucht lassen, um sich zu rächen. Pilatus sah sich einem besonderen Beispiel der Hartnäckigkeit gegenüber, mit der sie dem Einen nach dem Leben trachteten, den sie grundlos hassten.

Pilatus nahm nun seinen Richterplatz wieder ein, stellte Jesus noch einmal vor das Volk und sagte dann: »Seht, das ist euer König!« Wiederum erhob sich ein wütendes Geschrei: »Weg, weg mit dem! Kreuzige ihn!« Da fragte Pilatus so laut, dass alle ihn verstehen konnten: »Soll ich euren König kreuzigen?« Lästernd kam aus gottlosem Mund die Antwort: »Wir haben keinen König als den Kaiser.« Johannes 19,14f

Indem die Juden sich zu einem heidnischen Herrscher bekannten, hatten sie sich von der Gottesherrschaft losgesagt und Gott als ihren König verworfen. Seitdem hatten sie keinen Befreier, keinen König außer dem römischen Kaiser. Dahin hatten die Priester und Obersten das Volk geführt. Sie trugen dafür sowie für die fruchtbaren Folgen die Verantwortung. Die Sünde und das Verderben eines ganzen Volkes waren den religiösen Führern zuzuschreiben. »Als aber Pilatus sah, dass er nichts ausrichtete, sondern das Getümmel immer größer wurde, nahm er Wasser und wusch sich die Hände vor dem Volk und sprach: Ich bin unschuldig an seinem Blut; seht ihr zu!« Matthäus 27,24

Scheu und voller Selbstvorwürfe schaute er auf den Heiland. Von den zahllosen Gesichtern, die auf ihn gerichtet waren, zeigte allein das Antlitz Jesu inneren Frieden. Von Seinem Haupt schien ein sanftes Licht auszugehen. Pilatus bewegte in seinem Herzen der Gedanke: Er ist ein Gott! Dann wandte er sich der Volksmenge zu und erklärte ihnen: Ich will mit Seinem Blut nichts zu tun haben. Nehmt ihr Ihn und kreuzigt Ihn. Aber denkt daran, Priester und Oberste, ich erkläre Ihn zu einem gerechten Menschen! Möge der, den er als Seinen Vater anruft, euch und nicht mich für diesen Tag zur Rechenschaft ziehen. Darauf hin wandte er sich an Jesus und sagte zu Ihm: Vergib mir diese Tat, aber ich kann dich nicht retten. Und nachdem er Jesus noch einmal hatte geißeln lassen, übergab er Ihn darauf dem Kreuzestod.

Pilatus hätte Jesus gerne freigegeben. Doch er erkannte, dass er seine Freilassung nicht durchsetzen konnte, ohne seine eigene Stellung und sein Ansehen zu verlieren. Er war eher bereit, ein unschuldiges Leben zu opfern, als seine irdische Machtstellung aufzugeben. Wie viele opfern in gleicher Weise ihre Grundsätze, nur um Leid und Verlust zu entgehen! Das Gewissen und die Pflicht weisen einen anderen Weg als die eigensüchtigen Wünsche. Der Strom treibt mit großer Stärke in die falsche Richtung, und wer sich mit dem Bösen einlässt, wird in den Strudel der Schuld gerissen.

Pilatus gab den Forderungen der Leute nach. Er übergab den Heiland lieber dem Kreuzestod, als zu riskieren, seine Stellung zu verlieren. Doch trotz seiner Vorsichtsmaßnahmen kam das Unglück, das er befürchtete, später dennoch über ihn. Er wurde seiner Ehre beraubt und seines hohen Amtes enthoben. Bald nach der Kreuzigung Jesu machte er, von Gewissensbissen gequält und von verletztem Stolz gedemütigt, seinem Leben ein Ende. So werden alle, die mit der Sünde Kompromisse schließen, nur Sorgen und Verderben ernten. »Mancher Weg scheint dem Menschen richtig, aber zuletzt bringt er ihn doch zum Tod.« Sprüche 14,12 Als Pilatus erklärte, dass er unschuldig sei am Blut Jesu, antwortete Kaiphas trotzig: »Sein Blut komme über uns und unsere Kinder!« Diese schrecklichen Worte wurden von den Priestern und Obersten aufgenommen und wurden von der großen Volksmenge in einem unmenschlichen Gebrüll wiedergegeben. Alle riefen sie: »Sein Blut komme über uns und unsere Kinder!« Matthäus 27,25

Das Volk Israel hatte seine Wahl getroffen. Es hatte auf Jesus hingewiesen und geschrien: »Hinweg mit diesem, gib uns Barabbas los!« Lukas 23,18 Barabbas, ein Räuber und Mörder, war der Vertreter Satans. Christus war der Vertreter Gottes. Barabbas wurde erwählt, Christus verworfen. Sie sollten Barabbas haben. Mit dieser Wahl nahmen sie jenen an, der von Anbeginn ein Lügner und Mörder war. Satan war ihr Führer. Als Nation würden sie nach seiner Weisung handeln. Seine Werke würden sie tun. Seine Herrschaft mussten sie ertragen.

Jene Menschen, die Barabbas statt Christus wählten, sollten bis zum Ende der Zeit die Grausamkeit des Barabbas zu spüren bekommen. Angesichts des gemarterten Lammes Gottes riefen die Juden aus: »Sein Blut komme über uns und unsere Kinder!« Matthäus 27,25 Dieser furchtbare Ruf stieg zum Thron Gottes empor. Dieses selbstgesprochene Urteil wurde im Himmel festgehalten und dieser Wunsch wurde erhört. Das Blut des Sohnes Gottes kam über ihre Kinder und Kindeskinder als ewiger Fluch.

Auf schreckliche Weise erfüllte sich dieser Fluch bei der Zerstörung Jerusalems. Nicht weniger furchtbar bekundete er sich während der folgenden 18 Jahrhunderte in dem Zustand des jüdischen Volkes – einer vom Weinstock getrennten Rebe, eines abgestorbenen, dürren Zweigs, abgetrennt, um aufgelesen und verbrannt zu werden. Von Land zu Land und durch die ganze Welt, von Jahrhundert zu Jahrhundert – tot in Übertretungen und Sünden!

Ebenso entsetzlich wird die Erfüllung jenes Ausrufs am Jüngsten Tag sein. Wenn Christus wieder zur Erde herabkommt, dann wird die Menschheit Ihn nicht mehr als einen von einem Pöbelhaufen umgebenen Gefangenen sehen. Sie wird Ihn dann als König des Himmels erkennen. Christus wird in Seiner Herrlichkeit, in der Seines Vaters und der heiligen Engel erscheinen. Zehntausendmal zehntausend und tausendmal tausend Engel, die schönen und siegreichen Söhne Gottes, die eine alles übertreffende Lieblichkeit und Pracht besitzen, werden Ihn auf Seinem Weg begleiten. Dann wird Er auf dem Thron Seiner Herrlichkeit sitzen, und alle Völker werden um Ihn versammelt sein. Jedes Auge wird Ihn sehen – auch die, »die ihn durchbohrt haben.« Offenbarung 1,7

Statt der Dornenkrone wird Er die Krone der Herrlichkeit tragen. Statt des alten purpurnen Königsmantels wird Er angetan sein mit Kleidern aus reinstem Weiß, wie »sie kein Bleicher auf Erden so weiß machen kann.« Markus 9,3 Auf Seinem Gewand und auf Seiner Hüfte wird ein Name geschrieben sein: »König aller Könige und Herr aller Herren.« Offenbarung 19,16 Die Ihn verhöhnt und misshandelt haben, werden dabei sein. Die Priester und Obersten werden nochmals jene Szene im Gerichtsgebäude an sich vorüberziehen sehen. Alle Einzelheiten werden vor ihnen erscheinen wie mit feurigen Buchstaben geschrieben. Dann werden jene, die ausriefen: »Sein Blut komme über uns und unsre Kinder«, Matthäus 27,25 die Antwort auf ihre Bitte erhalten.

Die ganze Welt wird dann wissen, verstehen und erkennen, gegen wen sie als arme, schwache und sterbliche Wesen gekämpft haben. In Todesangst und Schrecken werden sie zu den Bergen und Felsen rufen: »Fallt über uns und verbergt uns vor dem Angesicht dessen, der auf dem Thron sitzt, und vor dem Zorn des Lammes! Denn es ist gekommen der große Tag ihres Zorns, und wer kann bestehen?« Offenbarung 6,16f

KAPITEL 78

GOLGATHA

» **A** ls sie kamen an die Stätte, die da heißt Schädelstätte, kreuzigten sie ihn dort.« Lukas 23,33 »Darum hat auch Jesus, damit er das Volk heilige durch sein eigenes Blut, gelitten draußen vor dem Tor.« Hebräer 13,12 Weil Adam und Eva Gottes Gesetz übertreten hatten, wurden sie aus Eden verbannt. Christus litt als unser Vertreter außerhalb der Grenzen Jerusalems. Er starb dort, wo Verbrecher und Mörder hingerichtet wurden – außerhalb des Tores. Sehr bedeutsam sind die Worte: »Christus aber hat uns erlöst von dem Fluch des Gesetzes, da er zum Fluch wurde für uns.« Galater 3,13

Eine riesige Menschenmenge folgte Jesus vom Gerichtsgebäude hin nach Golgatha. Die Nachricht von Seiner Verurteilung hatte sich in ganz Jerusalem verbreitet, und unterschiedlichste Menschen strömten zur Kreuzigungsstätte. Die Priester und Obersten hatten versprechen müssen, Jesu Anhänger nicht zu belästigen, wenn Er selbst ihnen ausgeliefert würde. So schlossen sich auch die Jünger und die Gläubigen aus der Stadt und der Umgebung der Menge an, die dem Heiland folgte.

Als Jesus am Eingang des Gerichtsgebäudes vorbeikam, wurde das für Barabbas vorbereitete Kreuz auf Seine wunden und blutenden Schultern gelegt. Zwei Gefährten von Barabbas sollten zur selben Zeit mit Jesus den Tod erleiden, und auch ihnen wurden Kreuze aufgelegt. Dem Heiland war diese Last in Seinem geschwächten und leidenden Zustand zu schwer, denn Er hatte seit dem Passahmahl mit Seinen Jüngern weder etwas gegessen noch getrunken. Er hatte im Garten Gethsemane mit den Mächten der Finsternis gerungen und die Schmach des Verrats ertragen. Er hat sehen müssen, wie Ihn Seine Jünger verließen und flohen. Er war von Hannas zu Kaiphas, von diesem zu Pilatus, dann zu Herodes und wieder zu Pilatus geführt worden. Beleidigungen und Misshandlungen, Spott und Hohn und die Qualen der zweimaligen Geißelung – die ganze Nacht hindurch hatten sich die Ereignisse überstürzt, die dazu angetan waren, einen Menschen bis zum Äußersten auf die Probe zu stellen. Christus versagte nicht. Er hatte kein Wort gesprochen, außer es diente zu Gottes Ehre. Während des [741/742] 597 ganzen Verhörs, das nur eine skandalöse Farce darstellte, hatte Er eine feste, würdige Haltung bewahrt. Als Ihm aber nach der zweiten Geißelung das schwere Kreuz aufgelegt wurde, vermochte die menschliche Natur diese Last nicht mehr zu tragen. Ohnmächtig brach Er zusammen.

Die Menge, die dem Heiland folgte, sah doch Seine kraftlosen, taumelnden Schritte, aber sie half Ihm nicht, sondern sie verhöhnte und verspottete Ihn, weil Er das schwere Kreuz nicht tragen konnte. Erneut legte man die Bürde auf Ihn, und wieder fiel Er entkräftet zu Boden. Da erkannten Seine Peiniger, dass es für Ihn unmöglich war, die Last noch weiter zu tragen. Sie standen vor dem schwierigen Problem, einen Menschen zu finden, der die unwürdige Last tragen würde. Ein Jude durfte es nicht tun, denn die damit verbundene Verunreinigung hätte ihn vom Passahmahl ausgeschlossen. Selbst von der nachfolgenden Menge würde sich niemand so weit erniedrigen, das Kreuz zu tragen. Gerade kommt ein Fremder, Simon von Kyrene, vom Land her, auf jene große Schar zu. Er hört die spöttischen und lästernden Reden der Menge und wie immer wieder verächtlich gerufen wird: Macht den Weg frei für den König der Juden! Bestürzt betrachtet er dieses Geschehen, und als er sein Mitgefühl mit Christus ausdrückt, ergreift man ihn schnell und legt das Kreuz des Herrn auf seine Schultern.

Simon hatte schon von Jesus gehört. Seine Söhne glaubten an den Heiland, aber er selbst gehörte nicht zu den Jüngern. Das Tragen des Kreuzes nach Golgatha jedoch wurde ihm zum Segen, und er ist später immer für diese Fügung dankbar gewesen. Es diente ihm als Anlass, das Kreuz Christi freiwillig auf sich zu nehmen und es stets freudig zu tragen.

Nicht wenige Frauen befinden sich unter der Menge, die dem unschuldig Verurteilten zur Kreuzigungsstätte folgt. Ihre Aufmerksamkeit ist ganz auf Jesus gerichtet. Einige von ihnen haben Ihn schon früher gesehen. Manche haben ihre Kranken und Leidenden zu Ihm gebracht oder sind selbst geheilt worden. Die Erzählungen über die Szenen, die stattgefunden haben, werden ihnen ins Gedächtnis zurückgerufen. Sie wundern sich über den Hass, den die Menge dem entgegenbringt, für den ihr Herz vor Mitleid zerreißt. Ungeachtet der Haltung jener rasenden Menschenmenge und der zornigen Worte der Priester und Obersten zeigen sie ihre Zuneigung offen, und sie wehklagen laut, als Jesus unter der Last des Kreuzes zusammenbricht.

Diese Anteilnahme war das einzige, was Christi Aufmerksamkeit erregte. Obwohl Er selbst tiefstes Leid erduldete, während Er die Sündenlast dieser Welt trug, ließ Ihn der Ausdruck des Kummers dieser Frauen nicht gleichgültig. Er blickte sie mit herzlichem Erbarmen an. Diese glaubten nicht an Ihn, und Er wusste, dass sie Ihn nicht als den von Gott Gesandten beweinten, sondern dass es nur menschliches Mitgefühl war, das sie bekundeten. Er wies ihr Mitgefühl nicht zurück. Es weckte vielmehr in Ihm eine noch größere Anteilnahme für sie. »Ihr Töchter von Jerusalem«, rief Er, »weint nicht über mich, sondern weint über euch selbst und über eure Kinder.« Lukas 23,28 Von den vor Ihm sich abspielenden Geschehnissen ausgehend, dachte Christus an die Zerstörung Jerusalems. Während jener schrecklichen Zeit würden auch von diesen Frauen, die jetzt über Ihn weinten, viele mit ihren Kindern umkommen.

Von der Zerstörung Jerusalems aus wanderten Seine Gedanken weiter zu einem noch umfassenderen Gericht. In der Zerstörung der unbußfertigen Stadt sah Er symbolisch die endgültige Vernichtung, die über die ganze Welt kommen wird. So fuhr Er fort: »Dann werden sie anfangen zu sagen zu den Bergen: Fallt über uns!, und zu den Hügeln: Bedeckt uns! Denn wenn man das tut am grünen Holz, was wird am dürren werden?« Lukas 23,30f Mit dem grünen Holz meinte Er sich selbst, den unschuldigen Erlöser. Gott ließ Seinen Zorn über die Sünden der Menschheit auf Seinen geliebten Sohn kommen, der dafür gekreuzigt werden musste. Wie viel Leid müssten dann die Sünder ertragen, die in der Sünde bleiben? Unbußfertige und Ungläubige würden einen Schmerz und eine Trübsal erleiden, die nicht in Worte zu fassen sind.

Viele von denen, die dem Heiland auf Seinem Weg nach Golgatha folgten, hatten Ihn noch bei Seinem glorreichen Einzug in Jerusalem mit jubelnden Hosiannarufen begrüßt und Palmzweige geschwungen. Nicht wenige, die Ihn damals laut gepriesen hatten, weil alle es taten, stimmten jetzt leidenschaftlich mit ein in den Ruf: »Kreuzige, kreuzige ihn!« Lukas 23,21

Als Jesus in die Stadt einzog, waren die Hoffnungen der Jünger aufs Äußerste gestiegen. Sie selbst hatten sich in Jesu nächster Nähe aufgehalten und ihre Verbundenheit mit dem Herrn als hohe Ehre empfunden. Nun folgten sie dem gedemütigten Herrn in einiger Entfernung. Sie waren von Kummer erfüllt und fühlten sich vor Enttäuschung niedergeschlagen. Wie hatten sich doch Jesu Worte bewahrheitet: »In dieser Nacht werdet ihr alle Ärgernis nehmen an mir. Denn es steht geschrieben: ‚Ich werde den Hirten schlagen, und die Schafe der Herde werden sich zerstreuen.‘« Matthäus 26,31

Nachdem die Kreuzigungsstätte erreicht war, wurden die Gefangenen an das Marterholz gebunden. Die zwei Übeltäter wanden sich in den Händen derer, die sie ans Kreuz heften sollten. Jesus leistete keinen Widerstand. Seine Mutter war Ihm, gestützt von Johannes, dem Lieblingsjünger, bis zum Kreuz gefolgt. Sie hatte Ihn unter der schweren Last zusammenbrechen sehen und sehnte sich danach, Sein verwundetes Haupt mit ihren Händen zu stützen und das Antlitz zu waschen, das einmal an ihrer Brust geruht hatte. Aber selbst solch trauriger Liebesdienst war ihr nicht gestattet worden. Mit den Jüngern hoffte sie immer noch, dass Jesus Seine Macht offenbaren und sich von Seinen

Feinden befreien würde. Anderseits verzagte ihr Herz, als sie sich an Seine Worte erinnerte, in denen Er die gerade stattfindenden Ereignisse vorausgesagt hatte. Als die Übeltäter ans Kreuz gebunden wurden, sah sie in qualvoller Erwartung zu. Würde Er, der Toten das Leben wiedergegeben hatte, sich selbst kreuzigen lassen? Würde der Sohn Gottes sich auf so grauenvolle Weise umbringen lassen? Musste sie ihren Glauben aufgeben, dass Jesus der Messias ist? Musste sie Zeuge Seiner Schmach und Seines Schmerzes sein, ohne Ihm in Seiner schwersten Stunde beistehen zu können? Sie sah die ausgestreckten Hände am Kreuz. Hammer und Nägel wurden gebracht, und als die Stifte in den Körper des Heilandes drangen, mussten die zutiefst erschütterten Jünger die ohnmächtig gewordene Mutter Jesu von dem grausamen Ort wegtragen.

Kein Laut der Klage kam über die Lippen des Heilandes. Sein Gesicht blieb ruhig und gelassen, wenn auch große Schweißtropfen auf Seiner Stirn standen. Weder regte sich eine mitleidsvolle Hand, den Todesschweiß von Seinem Gesicht zu wischen, noch erquickten Worte der Anteilnahme und der unveränderten Treue Sein menschliches Herz. Während die Kriegsknechte ihr schreckliches Werk ausführten, betete Jesus für Seine Feinde: »Vater, vergib ihnen; denn sie wissen nicht, was sie tun!« Lukas 23,34 Trotz Seiner Schmerzen beschäftigten sich Seine Gedanken mit den Sünden Seiner Peiniger und der schrecklichen Vergeltung, die auf sie wartete. Er fluchte nicht den Soldaten, die Ihn so roh behandelten. Er verwünschte auch nicht die Priester und Obersten, die sich über das Gelingen ihres Planes hämisch freuten. Vielmehr bemitleidete sie Jesus in ihrer Unwissenheit und Schuld. Flüsternd nur bat Er für sie, dass ihnen vergeben würde, »denn sie wissen nicht, was sie tun.«

Wäre ihnen bewusst gewesen, dass sie demjenigen Folterqualen aussetzten, der gekommen war, die sündige Menschheit vor dem ewigen Verderben zu retten, dann hätte ihr Gewissen sie angeklagt und Schrecken sie erfasst. Doch ihre Unwissenheit hob ihre Schuld nicht auf, denn es war ihr Vorrecht gewesen, Jesus als ihren Heiland zu erkennen und anzunehmen. Einige von ihnen würden vielleicht noch ihre Sünde erkennen und bereuen und sich dann bekehren. Andere aber würden verstockt bleiben und es dadurch unmöglich machen, dass sich Jesu Bitte an ihnen erfüllte. Aber gerade so ging Gottes Plan seiner Vollendung entgegen. Jesus erhielt das Recht, ein Fürsprecher für die Menschen vor dem Vater zu sein. Jenes Gebet Christi für Seine Feinde umspannte die ganze Welt. Jeder einzelne Sünder, ob er schon gelebt hatte oder noch leben würde, von Anbeginn der Welt bis ans Ende der Zeiten, war in diese Bitte eingeschlossen. Denn auf jedem Einzelnen ruht auch die Schuld der Kreuzigung des Sohnes Gottes, und jedem Einzelnen wird Vergebung bereitwillig angeboten. »Wer da will«, kann

Frieden mit Gott haben und das ewige Leben bekommen.

Sobald man Jesus ans Kreuz genagelt hatte, wurde dieses von kräftigen Männern angehoben und mit aller Gewalt in das dafür vorbereitete Loch gestoßen. Dieses Aufrichten des Kreuzes verursachte dem Sohn Gottes heftigste Schmerzen. Pilatus ließ über dem Haupt Jesu eine Inschrift in Hebräisch, Griechisch und Lateinisch ans Kreuz heften, auf der zu lesen stand: »Jesus von Nazareth, der König der Juden.« Johannes 19,19 Diese Worte ärgerten die Juden. Im Gerichtssaal hatten sie gerufen: »Kreuzige ihn! ... Wir haben keinen König als den Kaiser.« Johannes 19,15 Sie hatten jeden als Verräter bezeichnet, der sich zu einem anderen König bekannte. Pilatus fasste also in der Inschrift über dem Kreuz nur zusammen, was die Juden als ihre Meinung zum Ausdruck gebracht hatten. Es bestand keine andere Anklage gegen Jesus als die, dass Er der König der Juden war. Jene Inschrift war eigentlich eine Bestätigung der Untertanenpflicht der Juden gegenüber der römischen Macht. Sie besagte nämlich, dass jeder, der den Anspruch erhebe, König von Israel zu sein, des Todes würdig sei. Die Priester waren zu weit gegangen. Als sie Jesu Tod planten, hatte Kaiphas es für nützlicher gehalten, dass einer stürbe, als dass das ganze Volk unterginge. Jetzt wurde ihre Heuchelei enthüllt. Um Christus zu vernichten, waren sie sogar bereit gewesen, ihre nationalen Belange aufs Spiel zu setzen.

Als die Priester erkannten, was sie da getan hatten, baten sie Pilatus, die Inschrift über dem Kreuz zu ändern. Sie sagten zu ihm: »Schreibe nicht: Der König der Juden, sondern dass Er gesagt habe: Ich bin der König der Juden.« Aber Pilatus, der sich über seine frühere Schwäche ihnen gegenüber ärgerte und dazu die eifersüchtigen und listigen Priester und Obersten gründlich verachtete, erwiderte kalt: »Was ich geschrieben habe, das habe ich geschrieben.« Johannes 19,21f Diese Inschrift war unter dem Einfluss einer höheren Macht als der des Pilatus oder der Juden über Jesu Haupt angebracht worden. Nach der Vorsehung von Gott sollten dadurch die Menschen zum Nachdenken und zum Studium der heiligen Schriften angeregt werden. Der Ort der Kreuzigung lag nahe bei der Stadt. Tausende von Menschen aus vielen Nationen befanden sich in Jerusalem, und die Inschrift, die Jesus von Nazareth als den Messias bezeichnete, würde gelesen werden. Sie war eine lebendige Wahrheit, geschrieben von einer Hand, die Gott geführt hatte.

Durch die Leiden Jesu am Kreuz wurde die Prophezeiung erfüllt. Jahrhunderte vor der Kreuzigung hatte der Heiland alles, was Ihm widerfahren würde, vorausgesagt mit den Worten: »Hunde haben mich umgeben, und der Bösen Rotte hat mich umringt; sie haben meine Hände und Füße durchgraben. Ich kann alle meine Knochen zählen; sie aber schauen zu und sehen auf mich herab. Sie teilen meine Kleider unter sich und werfen das Los um mein Gewand.« Psalm 22,17-19 Die Prophezeiung über Seine Kleider erfüllte sich buchstäblich, ohne dass es dazu eines Anstoßes oder einer Einmischung der Freunde oder Feinde Jesu bedurfte. Die Soldaten, die Ihn gekreuzigt hatten, erhielten Seine Gewänder. Der Heiland hörte ihren Zank, als sie die Kleider unter sich teilten. Sein Gewand war ohne Naht in einem Stück gewebt, und so sagten sie: »Lasst uns das nicht zerteilen, sondern darum losen, wem es gehören soll.« Johannes 19,24

In einer anderen Prophezeiung hatte der Heiland erklärt: »Die Schmach bricht mir mein Herz und macht mich krank. Ich warte, ob jemand Mitleid habe, aber da ist niemand, und auf Tröster, aber ich finde keine. Sie geben mir Galle zu essen und Essig zu trinken für meinen Durst.« Psalm 69,21f Es war erlaubt, den am Kreuz Sterbenden einen betäubenden Trank zu reichen, um das Schmerzempfinden zu dämpfen. Ein solcher Trunk wurde auch Jesus angeboten, aber als er ihn schmeckte, wies er das Getränk zurück. Er wollte nichts nehmen, was Seinen Geist trüben könnte. Sein Glaube musste seinen festen Halt an Gott bewahren. Das war Seine einzige Stärke. Die Sinne betäuben aber hieße Satan einen Vorteil einräumen. Noch am Kreuz ließen Jesu Feinde ihre Wut an Ihm aus. Priester, Oberste und Schriftgelehrte verhöhnten gemeinsam mit dem Pöbel den sterbenden Heiland. Bei der Taufe und bei der Verklärung Jesu war Gottes Stimme gehört worden, die Christus als Seinen Sohn verkündete. Auch kurz vor dem Verrat hatte der Vater die Gottheit des Sohnes bezeugt. Doch jetzt am Kreuz schwieg der Himmel. Kein Zeugnis zu Jesu Gunsten erschallte. Allein erlitt Er die Misshandlungen und ertrug den Spott von bösen Menschen.

»Wenn du Gottes Sohn bist«, sagten sie, »steig herab vom Kreuz!« Matthäus 27,40 »Er helfe sich selber, ist er der Christus, der Auserwählte Gottes.« Lukas 23,35 In der Wüste der Versuchung hatte einst Satan gesagt: »Bist du Gottes Sohn, so sprich, dass diese Steine Brot werden ... Bist du Gottes Sohn, so wirf dich hinab« Matthäus 4,3.6 von der Zinne des Tempels. Auch jetzt weilte der Teufel mit seinen Engeln – in Menschengestalt – an der Kreuzigungsstätte. Der Erzfeind und seine Verbündeten arbeiteten mit den Priestern und Obersten zusammen. Die Lehrer hatten das unwissende Volk aufgestachelt, über den ein Urteil zu fällen, den viele nie zuvor gesehen hatten, bis es gezwungen war, gegen ihn Zeugnis abzulegen. Satanische Raserei einte die Priester, Obersten, Pharisäer und den gefühllosen Volkshaufen. Die religiösen Führer verbanden sich mit Satan und seinen Engeln. Sie alle führten seine Befehle aus. Jesus hörte, leidend und sterbend, jedes Wort, als die Priester erklärten: »Anderen hat er geholfen und kann sich selber nicht helfen. Ist er der König von Israel, so steige er nun vom Kreuz herab. Dann wollen wir an ihn glauben.« Matthäus 27,42 Christus hätte vom Kreuz herabsteigen können. Weil Er sich aber selbst nicht retten wollte, darf der Sünder auf Vergebung und Gnade von dem himmlischen Vater hoffen. Als sie

Jesus verhöhnten, wiederholten die Männer, die behaupteten,

Ausleger der prophetischen Schriften zu sein, gerade jene Verse, die sie nach der Vorausschau des göttlichen Wortes bei dieser Gelegenheit sprechen sollten. Doch in ihrer Blindheit erkannten sie nicht, dass sie die Prophezeiung über Jesus erfüllten. Jene, die höhnend sagten: »Er hat Gott vertraut; der erlöse ihn nun, wenn er Gefallen an ihm hat; denn er hat gesagt: Ich bin Gottes Sohn«, Mattäus. 27,43 ahnten nicht, dass ihr Zeugnis durch alle künftigen Zeiten klingen würde. Diese Worte, im Spott gesprochen, veranlassten viele Menschen, die Schrift zu studieren, wie sie es nie zuvor getan hatten. Kluge Leute hörten das Wort Gottes, suchten in der Schrift, überdachten alles und beteten.

Manche ruhten nicht eher, als sie die Bedeutung der Sendung Christi erkannten, indem sie Schriftstelle mit Schriftstelle verglichen. Auch war nie zuvor die Erkenntnis über Jesus so verbreitet, wie zu der Zeit, als Er am Kreuz hing. Das Licht der Wahrheit schien in die Herzen vieler, welche die Kreuzigung miterlebten und die Worte Jesu hörten.

In Seiner Todesnot am Kreuz erhielt der Heiland einen schwachen Trost durch die Bitte des reumütigen Übeltäters. Die beiden Verbrecher, die mit Jesus gekreuzigt wurden, hatten Ihn zuerst beschimpft. Besonders der eine wurde durch seine Schmerzen immer herausfordernder und trotziger. Nicht so sein Gefährte, den man nicht als einen verstockten Verbrecher bezeichnen konnte, sondern der lediglich durch schlechte Gesellschaft verführt worden war und weniger Schuld auf sich geladen hatte als viele von denen, die um das Kreuz standen und den Heiland schmähten. Er hatte Jesus gesehen und gehört und war von Seiner Lehre überzeugt worden, aber die Priester und Obersten hatten ihn vom Herrn abgewendet. Indem er seine gewonnene Überzeugung zu unterdrücken suchte, verstrickte er sich immer tiefer in Sünde, bis man ihn endlich festnahm, als Verbrecher überführte und zum Tod am Kreuz verurteilte. Im Gerichtsgebäude und auf dem Weg nach Golgatha war er in Jesu Nähe gewesen und hatte auch die Worte des Pilatus gehört: »Ich finde keine Schuld an ihm.« Johannes 18,38 Er hatte Jesu göttliches Verhalten beobachtet und erlebt, wie Er Seinen Peinigern mitleidsvoll vergab. Vom Kreuz herab sieht er zahlreiche religiöse Eiferer vor Jesus verächtlich die Zunge herausstrecken und Ihn verspotten. Er sieht, wie sie die Köpfe über den Heiland schütteln, und er hört das Schimpfen seines Gefährten: »Bist du nicht der Christus? Hilf dir selbst und uns!« Lukas 23,39 Aber er vernimmt auch, wie mancher der Vorübergehenden Jesus verteidigt, Seine Worte wiederholt und von Seinem Wirken erzählt. So wird er wieder überzeugt davon, dass es Christus ist, der neben ihm am Kreuz hängt. Er wendet sich an den anderen Schächer und ruft ihm zu: »Und du fürchtest dich auch nicht vor Gott, der du doch in gleicher Verdammnis bist?« Die sterbenden Übeltäter haben nichts mehr vor den Menschen zu fürchten. Der eine aber ist immer mehr davon überzeugt, dass es einen Gott gibt, der zu fürchten ist, und eine Zukunft, die ihn zittern lässt. Nun steht er am Ende seines sündenbefleckten Lebens, und er stöhnt: »Wir sind es zwar mit Recht, denn wir empfangen, was unsre Taten verdienen; dieser aber hat nichts Unrechtes getan.« Lukas 23,40f

Er hat keine Fragen mehr, keine Zweifel und Vorwürfe. Als er für sein Verbrechen verurteilt wurde, wurde er hoffnungslos und verzweifelt. Aber seltsame, heilige Gedanken tauchen nun in ihm auf. Er ruft sich all das in Erinnerung, was er von Jesus gehört hatte, wie dieser Kranke heilte und Sünden vergab. Er hatte die Worte derer gehört, die an Jesus glaubten und Ihm weinend gefolgt waren. Er hatte die Schrift über dem Kopf des Heilandes gesehen und gelesen und hatte die Vorbeigehenden diese Worte murmeln hören, manche mit bebenden, zitternden Lippen, andere voller Spott und Hohn. Der Heilige Geist erleuchtet das Verständnis dieses reumütigen Sünders und hilft ihm nach und nach zur Erkenntnis der Wahrheit. Seine Augen sehen in dem zerschlagenen, verspotteten und gekreuzigten Jesus das Lamm Gottes, das der Welt Sünde trägt. Seine Stimme drückt Hoffnung und Furcht zugleich aus, als sich die hilflose, sterbende Menschenseele dem mit dem Tod ringenden Heiland ausliefert: »Herr gedenke an mich, wenn du in deiner Königsherrschaft kommst!« Lukas 23,42 Die Antwort kommt rasch. Mit weicher und melodischer Stimme, voller Liebe, Mitgefühl und Kraft, versichert ihm Jesus: »Wahrlich, ich sage dir (schon) heute: Du wirst mit mir im Paradiese sein.« Lukas 23,43; Menge

Lange, qualvolle Stunden hindurch hat Jesus den Hohn und Spott hören müssen. Während Er am Kreuz hing, drangen immer noch Flüche und Spottreden an Sein Ohr. Mit sehnsüchtigem Herzen hat es Ihn danach verlangt, von Seinen Jüngern ein Wort des Vertrauens zu hören. Doch Er vernahm lediglich ihre verzagten Worte: »Wir aber hofften, er sei es, der Israel erlösen werde.« Lukas 24,21 Wie wohltuend war deshalb das gläubige Vertrauen und die Liebe, die Ihm der sterbende Schächer entgegenbrachte! Während die Obersten der Juden Ihn verleugnen und selbst die Jünger an Seiner Gottheit zweifeln, nennt diese arme, an der Schwelle der Ewigkeit stehende Seele Ihn »Herr.« Viele waren bereit gewesen Ihn so anzureden, als Er noch Wunder wirkte, und sie waren es wieder, nachdem Er aus dem Grab auferstanden war, aber niemand beugte sich vor Ihm, als Er sterbend am Kreuz hing und in letzter Stunde dem bußfertigen Übeltäter das ewige Leben verhieß.

Die Umstehenden hörten, wie der Übeltäter den Gekreuzigten »Herr« nannte. Die Stimme des reuigen Sünders ließ sie aufmerksam werden. Selbst die Kriegsknechte, die sich am Fuß des Kreuzes um das Gewand Christi gestritten hatten und nun dabei waren, darum zu losen, horchten auf. Ihre zornigen Stimmen waren verstummt. Mit angehaltenem Atem blickten sie auf Jesus und warteten auf die Antwort Seiner verlöschenden Stimme. Als Er die Worte der Verheißung sprach, fiel ein helles Licht vom Himmel auf Golgatha und durchbrach die dunkle Wolke, die das Kreuz Christi zu verhüllen schien. Der bußfertige Schächer wurde mit jenem vollkommenen Frieden erfüllt, der dem Bewusstsein der Versöhnung mit Gott entspringt. Christus wurde in Seiner Erniedrigung verherrlicht.

Er, den alle anderen für unterlegen hielten, war in Wirklichkeit der Sieger. Er wurde offenbar als jener, der unsere Sünden trägt. Menschen konnten sich Seines irdischen Körpers bemächtigen und Ihm die Dornenkrone aufs Haupt drücken, Ihm das Gewand ausziehen und um dessen Aufteilung streiten. Aber sie konnten Ihn nicht der Macht berauben, Sünden zu vergeben. Noch im Sterben zeugte Er von Seiner Göttlichkeit zur Ehre Seines Vaters. Seine Ohren sind nicht so taub, dass Er nicht hören, Sein Arm nicht so kurz, dass Er nicht helfen könnte. Es ist Sein königliches Recht, allen die Erlösung zu schenken, die durch Ihn zu Gott kommen. »Wahrlich, ich sage dir (schon) heute: Du wirst mit mir im Paradiese sein.« Lukas 23,43; Menge Jesus versprach nicht, noch am Tag der Kreuzigung mit dem Schächer im Paradies zu sein. Er selbst ging an jenem Tag nicht ins Paradies ein. Bis zum Auferstehungsmorgen ruhte Er im Grab. An diesem Morgen dann sprach Er zu Maria: »Rühre mich nicht an! denn ich bin noch nicht aufgefahren zum Vater.« Johannes 20,17 Am Tag der Kreuzigung aber, dem Tag der scheinbaren Niederlage und Finsternis, wurde das erlösende Versprechen gegeben. »Heute«, während Er selbst als Übeltäter am Kreuz stirbt, versichert Christus dem armen Sünder: »Du wirst mit mir im Paradiese ein.«

Die Übeltäter, die mit Jesus gekreuzigt waren, hatten ihren Platz Ihm zur Rechten und zur Linken. vgl. Lukas 23,33 Dies geschah auf Veranlassung der Priester und Obersten. Jesu Position zwischen den Übeltätern sollte zeigen, dass Er von ihnen der größte Verbrecher sei. Dadurch erfüllte sich wiederum die Schrift: Er ist »den Übeltätern gleichgerechnet.« Jesaja 53,12

Doch die ganze Bedeutung ihrer Handlung erkannten die Juden nicht. Wie Jesus mitten unter den Übeltätern gekreuzigt wurde, so ragt Sein Kreuz auch mitten aus einer in Sünde liegenden Welt heraus. Die Worte der Vergebung, die Er zu dem reumütigen Verbrecher sprach, ließen ein Licht aufleuchten, das in die entlegensten Teile der Erde scheinen wird.

Erstaunt sahen da die Engel im Himmel die grenzenlose Liebe des Heilandes, der während der schwersten leiblichen und seelischen Qualen nur an andere dachte und die reumütige Seele zum Glauben ermutigte. In Seiner tiefsten Erniedrigung hatte Er als Prophet die weinenden Frauen auf dem Kreuzweg angesprochen. Er hatte als Priester und Fürsprecher selbst für Seine Mörder beim Vater um Vergebung ihrer Sünden gebetet, und als liebender Heiland hatte Er dem reuigen Schächer vergeben.

Als Christus Seine Augen über die Menge um Ihn herum gleiten ließ, erregte eine Person Seine besondere Aufmerksamkeit. Am Fuß des Kreuzes stand, von Johannes gestützt, Seine Mutter. Sie konnte es nicht ertragen, von ihrem Sohn fernzubleiben. Und als Johannes sah, dass das Ende Jesu nahe war, hatte er Maria wieder zum Kreuz gebracht. Der Heiland dachte in Seiner Sterbestunde an Seine leidende Mutter. Als Er in ihr kummervolles Angesicht blickte und dann Seine Augen auf Johannes richtete, sagte Er zu ihr: »Frau, siehe, das ist dein Sohn!« Und zu Johannes gewandt, sprach Er: »Siehe, das ist deine Mutter!« Johannes 19,26f Johannes verstand diese Worte seines Herrn und übernahm die ihm aufgetragene Pflicht. Er nahm Maria sogleich mit in sein Haus und sorgte von da an mit rührender Liebe für sie. Welch ein mitleidsvoller, liebender Heiland! In seiner unbeschreiblichen körperlichen Qual und in Seinem seelischen Schmerz dachte Er fürsorglich an Seine Mutter. Er hatte kein Geld, womit Er ihr Wohlergehen hätte sicherstellen können, aber Er hatte einen Platz im Herzen Seines Jüngers, und diesem vertraute Er Seine Mutter als kostbares Vermächtnis an. Damit gab Er Seiner Mutter das, was sie am dringendsten brauchte – die zärtliche Liebe eines Menschen, der ihr zugetan war, weil sie Jesus liebte. Und indem Johannes sie als anvertrautes kostbares Gut aufnahm, empfing er selbst großen Segen, denn Maria erinnerte ihn beständig an seinen geliebten Meister.

Jesu vorbildliche Kindesliebe strahlt in ungetrübtem Glanz durch das Dunkel aller Zeiten. Fast dreißig Jahre lang hatte Christus durch Seine tägliche Arbeit geholfen, die Lasten der Familie zu tragen. Sogar jetzt in Seiner Todesstunde, sorgte Er für Seine trauernde, verwitwete Mutter. Dieselbe Einstellung werden alle wahren Nachfolger des Herrn haben. Wer Christus nachfolgt, wird es als Verpflichtung seines Glaubens ansehen, die Eltern zu achten und für sie zu sorgen. Wer Jesu Liebe im Herzen hegt, der wird es nicht versäumen, seinen Eltern sorgsame Pflege zu gewähren und liebevolle Anteilnahme entgegenzubringen.

Der Herr der Herrlichkeit starb zur Erlösung des Menschengeschlechts. Während Er Sein kostbares Leben dahingab, hielt Ihn keine triumphierende Freude aufrecht. Über allem lag eine bedrückende Düsternis. Es war nicht der Schrecken des Todes, der auf Ihm lastete, und nicht die Pein und die Schmach des Kreuzes, die Seine unbeschreiblichen seelischen Qualen verursachten. Christus war der Fürst der Leidenden, aber Sein Schmerz entstand aus dem Bewusstsein von der Bösartigkeit der Sünde, aus dem Wissen, dass durch den Umgang mit dem Bösen die Menschen blind werden gegen dessen Abscheulichkeit. Christus sah, wie tief das Böse in den Menschenherzen verwurzelt ist und wie wenige bereit sind, sich von dieser teuflischen Macht loszureißen. Er wusste, dass die Menschheit ohne Gottes Hilfe sterben müsste, und Er sah viele Menschen um-

kommen, obwohl sie genug Hilfe hätten haben können.

Auf Christus als unseren Stellvertreter und Bürgen wurde alle unsere Ungerechtigkeit gelegt. Er wurde zu den Übertretern gezählt, damit Er uns von der Verdammnis des Gesetzes erlösen konnte. Die Schuld der Menschen seit Adam lastete schwer auf Seinem Herzen, und der Zorn Gottes über die Sünde, die furchtbare Bekundung Seines Missfallens an der Gottlosigkeit, erfüllte Christus mit Bestürzung. Sein ganzes Leben hindurch hatte Er der gefallenen Welt die frohe Botschaft von der Gnade und der vergebenden Liebe des Vaters verkündigt. Die Rettung auch für den größten Sünder war stets das Ziel Seines Wirkens gewesen. Doch nun, als Er die schreckliche Sündenlast trug, konnte Er das versöhnliche Angesicht des Vaters nicht sehen. Ein Schmerz, den kein Menschenherz nachempfinden kann, durchdrang Sein Herz, weil Ihm in dieser Stunde der höchsten Not die göttliche Gegenwart entzogen war. Seine Seelenqual war so groß, dass Er die körperlichen Schmerzen kaum spürte.

Satan quälte den Heiland mit heftigen Versuchungen. Der Blick Jesu konnte nicht durch die Pforten des Grabes dringen. Keine aufhellende Hoffnung zeigte Ihm Sein Hervorkommen aus dem Grab als Sieger oder bestätigte Ihm die Annahme Seines Opfers beim Vater. Er befürchtete, dass die Menge der Sünde in den Augen Gottes so schwer wiegen würde, dass Er auf ewig von Seinem Vater getrennt wäre. Er fühlte die Seelenangst, die den Sünder befallen wird, wenn die erlösende Gnade nicht mehr länger für das schuldige Geschlecht Fürbitte einlegt. Es war das Gefühl für die auf Ihm ruhende Sündenlast, die den Zorn des Vaters auf Ihn als den Stellvertreter der Menschen fallen ließ, das den Leidenskelch so bitter machte, dass Sein Herz brach. Die Engel verfolgten mit höchster Bestürzung den verzweifelten Kampf Jesu, und die Heerscharen des Himmels verhüllten ihr Angesicht vor diesem schrecklichen Anblick. Die unbelebte Natur trauerte um ihren geschmähten, sterbenden Schöpfer, und die Sonne schien nicht mehr, um nicht Zeuge dieses grausamen Geschehens zu sein. Noch um die Mittagsstunde fielen ihre hellen, vollen Strahlen auf das Land, doch plötzlich schien die Sonne wie ausgelöscht zu sein. Vollständige Dunkelheit umhüllte das Kreuz wie ein Leichentuch. »Von der sechsten Stunde an kam eine Finsternis über das ganze Land bis zur neunten Stunde.« Matthäus 27,45

Der Grund für diese Dunkelheit, die so tief war wie eine Nacht ohne Mond oder Sterne, war keine Sonnenfinsternis oder irgendeine andere Naturerscheinung. Sie war ein wunderbares Zeugnis, das Gott gegeben hatte, um den Glauben späterer Generationen zu stärken. In dieser dichten Finsternis war Gottes Gegenwart verborgen, denn Er macht die Dunkelheit zu Seinem Zelt und verbirgt Seine Herrlichkeit vor den Augen der Menschen. Gott und Seine Engel waren neben dem Kreuz. Der Vater stand bei Seinem Sohn. Doch Seine Gegenwart wurde nicht spürbar. Hätte Seine Herrlichkeit aus der Wolke hervorgeleuchtet, so wären alle menschlichen Augenzeugen ringsumher vernichtet worden. Auch sollte Jesus in dieser erhabenen Stunde nicht durch die Gegenwart des Vaters gestärkt werden. Er trat die Kelter allein – niemand unter den Völkern war mit Ihm. vgl. Jesaja 63,3 Gott verhüllte die letzte Seelenqual Seines Sohnes in dichter Dunkelheit. Alle, die Jesu in Seinem Leiden gesehen hatten, waren von Seiner Göttlichkeit überzeugt worden. Wer Sein Angesicht einmal gesehen hatte, konnte es nie mehr vergessen. Wie das Gesicht Kains seine Schuld als Mörder ausdrückte, so offenbarte Jesu Angesicht die Unschuld, Lauterkeit und Güte Seines Wesens – das Ebenbild Gottes. Doch Seine Ankläger achteten nicht darauf. Während langer, schmerzlicher Stunden hatte die höhnende Menge auf Jesus gestarrt. Nun verhüllte Gott Ihn gnädig wie unter einem Umhang.

Grabesstille schien über Golgatha zu liegen. Ungeheurer Schrecken bemächtigte sich der das Kreuz umstehenden Menge. Das Fluchen und Schmähen brach mitten im Satz ab. Männer, Frauen und Kinder stürzten zu Boden. Grelle Blitze zuckten hin und wieder aus den Wolken und beleuchteten für Bruchteile von Sekunden das Kreuz mit dem sterbenden Erlöser. Priester, Oberste, Schriftgelehrte, Kriegsknechte und das Volk glaubten, die Stunde der Vergeltung sei gekommen. Nach kurzer Zeit flüsterten einige, dass Jesus jetzt vom Kreuz herabsteigen würde. Andere versuchten, sich an die Brust schlagend und zitternd vor Furcht, zur Stadt zurückzutappen.

Um die neunte Stunde löste sich die Finsternis über den Versammelten auf. Sie hüllte nur noch das Kreuz ein als Sinnbild der Angst und des Grauens, die auf Jesu Herzen lasteten. Niemand konnte durch diese Dunkelheit schauen oder sie durchdringen, die die leidende Seele des Herrn vor den Blicken verbarg. Die zornigen Blitze schienen auf Ihn, der am Kreuz hing, geschleudert zu werden. Dann »schrie Jesus laut: Eli, Eli, lama asabtani? das heißt: Mein Gott, mein Gott, warum hast du mich verlassen?« Matthäus 27,46

Als die Dunkelheit um den Heiland zunahm, riefen einige: Die Rache des Himmels lastet auf Ihm! Die Pfeile des göttlichen Zorns treffen Ihn, weil Er den Anspruch erhob, Gottes Sohn zu sein. Viele, die an Ihn glaubten, hörten ebenfalls Seinen verzweifelten Schrei, und alle Hoffnung verließ sie. Wenn Gott selbst Jesus verlassen hatte, auf wen sollten sie dann noch vertrauen?

Als die Finsternis von dem gebeugten Geist Christi gewichen war, spürte Er wieder körperliche Schmerzen und rief: »Mich dürstet!« Johannes 19,28 Ein römischer Soldaten, vom Anblick der trockenen Lippen Jesu gerührt, nahm einen Schwamm, steckte ihn auf ein langes Ysoprohr, tauchte ihn in Essig und reichte ihn Christus. Aber die Priester spotteten über die Qualen Jesu. Als Finsternis noch die Erde bedeckte, hatten sie Angst bekommen, doch sobald ihr Schre-

cken nachließ, befürchteten sie wieder, dass Er ihnen immer noch entkommen könne. Seine Worte: »Eli, Eli, lama asabtani?« hatten sie falsch verstanden. Mit Verachtung sagten sie: »Der ruft nach Elia.« Die letzte Gelegenheit, Jesu Leiden zu mindern, ließen sie ungenutzt vorübergehen. Kaltherzig sagten sie: »Halt, lass sehen, ob Elia komme und ihm helfe!« Matthäus 27,47.49

Der Sohn Gottes, fleckenlos und ohne Makel, hing am Kreuz. Sein Fleisch war von den Misshandlungen zerrissen. Die Hände, die Er so oft segnend ausgestreckt hatte, waren an das Holz genagelt. Die Füße, die unermüdlich Wege der Liebe gegangen waren, hatte man ans Kreuz geheftet. Das königliche Haupt war von der Dornenkrone verwundet. Die bebenden Lippen waren im Schmerz verzogen. Alles, was der Heiland erduldete – die von Seinem Kopf, Seinen Händen und Füßen fallenden Blutstropfen, die Seinen Körper quälenden Schmerzen und die unaussprechliche Seelenqual, als der Vater Sein Antlitz verbarg – es ist deinetwegen geschehen! Für dich hat Er sich bereit gefunden, jene Schuldenlast zu tragen. Für dich hat Er die Macht des Todes gebrochen und die Pforten des Paradieses wieder geöffnet. Er, der das stürmische Meer stillte und auf den schäumenden Wogen wandelte, der die Teufel erzittern ließ und Krankheiten verbannte, der Blinden die Augen öffnete und den Toten neues Leben gab – Er brachte sich selbst am Kreuz zum Opfer, weil Er dich liebt. Er, der Sündenträger, erduldete den Zorn der göttlichen Gerechtigkeit und wurde um deinetwillen selbst zur Sünde gemacht. vgl. 2.Korinther 5,21 Schweigend wartete das Volk auf das Ende dieses furchtbaren Geschehens. Die Sonne schien wieder, nur um das Kreuz Jesu war es noch dunkel. Priester und Oberste schauten nach Jerusalem hin. Da nahmen sie wahr, dass sich die dunkle Wolke über der Stadt und der Ebene von Judäa festgesetzt hatte. Die Sonne der Gerechtigkeit, das Licht der Welt, hatte seine segnenden Strahlen dem einst begünstigten Jerusalem entzogen. Die zuckenden Blitze des Zornes Gottes waren nun gegen die dem Verderben geweihte Stadt gerichtet. Plötzlich löste sich das Dunkel um das Kreuz auf, und mit klarer und lauter Stimme, die durch die ganze Schöpfung zu hallen schien, rief der Herr aus: »Es ist vollbracht!« »Vater, ich befehle meinen Geist in deine Hände!« Johannes 19,30; Lukas 23,46 Ein blendender Lichtschein umgab jetzt das Kreuz, und das Angesicht des Heilandes leuchtete wie der Glanz der Sonne. Dann neigte Jesus Sein Haupt auf die Brust und starb.

Inmitten der schrecklichen Finsternis, scheinbar von Gott verlassen, hatte Jesus den Leidenskelch bis zur Neige geleert. In diesen furchtbaren Stunden hatte Er sich auf die Ihm vorher gegebene Zusicherung verlassen, dass Ihn der Vater annehmen werde. Er kannte das Wesen Seines Vaters, und Er verstand auch dessen Gerechtigkeit, Erbarmen und große Liebe. In festem Glauben verließ Er sich auf Gott, dem Er stets freudig gehorcht hatte. Als Er Sein Leben nun demütig Gott anvertraute, wurde das Gefühl, der Vater habe Ihn verlassen, langsam zurückgedrängt. Durch den Glauben wurde Christus Sieger. Noch nie hatte die Welt so etwas erlebt. Die Menge stand wie gelähmt und starrte mit angehaltenem Atem auf den Heiland. Da ballte sich noch einmal dichtes Dunkel über ihnen zusammen, und ein lautes Grollen, wie bei einem heftigen Gewitter, war zu hören. Ein starkes Erdbeben erschütterte die ganze Gegend. Die Menschen wurden umhergeworfen und ein wildes Durcheinander entstand. In den umliegenden Bergen zerbarsten die Felsen und stürzten donnernd in die Tiefe. Gräber taten sich auf, und Tote wurden herausgeworfen. Es schien, als zerfiele die ganze Schöpfung in kleinste Teile. Priester, Oberste, Soldaten und alle anderen lagen stumm vor Schreck am Boden.

Als der Ruf: »Es ist vollbracht!« über die Lippen von Jesus kam, wurde im Tempel gerade das Abendopfer dargebracht. Das Opferlamm, das Christus darstellte, hatte man hereingeführt, damit es geschlachtet würde. Mit seinem bedeutungsvollen, prächtigen Gewand angetan, erhob der Priester gerade das Messer – ähnlich wie Abraham, als er im Begriff war, seinen Sohn zu töten. Gebannt verfolgte das Volk diese Handlung. Doch da zittert und bebt plötzlich die Erde unter ihren Füßen, denn der Herr selbst nähert sich. Mit durchdringendem Geräusch wird der innere Vorhang des Tempels von einer unsichtbaren Hand von oben bis unten durchgerissen, und das Allerheiligste, in dem Gott sich einst offenbart hatte, liegt den Blicken des Volkes offen. Hier hatte die Herrlichkeit (Schechina) Gottes geweilt, hier hatte Gott Seine Macht über dem Gnadenstuhl offenbart. Allein der Hohepriester durfte den Vorhang zurückschieben, der den dahinter liegenden Raum vom übrigen Tempel trennte. Einmal im Jahr ging er dort hinein, um die Sünden des Volkes zu versöhnen. Doch dieser Vorhang war nun in zwei Teile gerissen. Der heiligste Ort des irdischen Heiligtums war nicht länger mehr eine geweihte Stätte.

Überall herrschen Schrecken und Verwirrung. Der Priester will das Opfertier töten, doch seiner kraftlosen Hand entfällt das Schlachtmesser, und das Opferlamm entkommt. Vorbild und Symbol begegnen sich im Tod des Sohnes Gottes. Das große Opfer ist gebracht worden. Der Weg zum Allerheiligsten ist geöffnet – ein neuer, lebendiger Weg, der allen offen steht. Die sich ängstigende, sündige Menschheit braucht nicht länger auf den Hohepriester zu warten. Von nun an wird der Heiland selbst als Priester und Fürsprecher der Menschen im Himmel dienen. Es scheint, als hätte eine lebendige Stimme den Anbetenden gesagt: Es hat ein Ende mit allen Opfern und Gaben für die Sünde. Der Sohn Gottes ist gekommen nach Seiner Verheißung: »Siehe, ich komme – im Buch steht von mir geschrieben –, dass ich tue, Gott, deinen Willen.« Hebräer 10,7

Er ist »durch sein eigenes Blut ein für alle Mal in das Heiligtum eingegangen

und hat eine ewige Erlösung erworben.« Hebräer 9,12

KAPITEL 79

*Auf Grundlage von
Johannes 19,28-30*

»ES IST VOLLBRACHT!«

C hristus gab auf Erden nicht eher Sein Leben auf, bis Er das Werk vollendet hatte, das auszuführen Er gekommen war. Erst mit dem letzten Atemzug am Kreuz rief Er aus: »Es ist vollbracht!« Johannes 19,30 Der Kampf war gewonnen. Seine Rechte und Sein heiliger Arm hatten Ihm den Sieg erstritten. vgl. Psalm 98,1 Als Sieger hatte Er Sein Banner auf den ewigen Höhen errichtet. Herrschte darüber nicht Freude unter den Engeln? Der ganze Himmel nahm jubelnd Anteil an dem Sieg des Erlösers. Satan war geschlagen, und er wusste, dass sein Reich verloren war.

Für die Engel und die nicht gefallenen Welten war Jesu Ruf: »Es ist vollbracht!« von tiefer Bedeutung. Das große Erlösungswerk war für sie genauso vollbracht worden wie für uns. Ihnen wie uns kommen die Früchte des Sieges Christi zugute. Erst durch den Tod Christi wurde den Engeln und allen nicht gefallenen Welten der wahre Charakter Satans völlig erkennbar. Der Erzfeind hatte sich so geschickt verstellt, dass selbst heilige Wesen weder seine Grundsätze verstanden noch die Art seiner Empörung klar erkannt hatten. Als Wesen von wunderbarer Kraft und Herrlichkeit hatte er sich gegen Gott erhoben. Über Luzifer sagt der Herr: »Du warst das Abbild der Vollkommenheit, voller Weisheit und über die Maßen schön.« Hesekiel 28,12 Er hatte als schirmender Cherub in der Gegenwart Gottes gestanden und war das höchste aller Geschöpfe gewesen. Er hatte besonderen Anteil daran gehabt, Gottes Absichten dem Universum zu offenbaren. Nachdem er gesündigt hatte, war seine betrügerische Macht umso größer und die Enthüllung seines wahren Charakters umso schwieriger, weil er eine herausragende Stellung bei Gott eingenommen hatte.

Gott hätte Satan und seine Anhänger so leicht vernichten können, wie man einen Kieselstein zur Erde fallen lassen kann, aber Er tat es nicht. Die Rebellion sollte nicht durch Gewalt überwunden werden. Zwangsmaßnahmen sind nur unter Satans Herrschaft zu finden. Gottes Grundsätze sind anders geartet. Seine Autorität beruht auf Güte, Gnade und Liebe, und die Darstellung dieser Grundsätze ist das Mittel, das genutzt werden soll. Gottes Regierung ist moralisch einwandfrei, und Wahrheit und Liebe sollen die überwindende Macht sein. Es war Gottes Absicht, alle Dinge auf eine ewige, sichere Grundlage zu stellen. Im Ratschluss des Himmels wurde entschieden, Satan Zeit zu geben, die Prinzipien zu entwickeln, die seiner Herrschaft zu Grunde liegen. Er hatte behauptet, dass sie erfolgreicher seien als die göttlichen Grundsätze. Der Entfaltung satanischer Grundsätze wurde Zeit gewährt, damit deren Auswirkungen von den himmlischen Welten beobachtet werden könnten.

Satan verführte den Menschen zur Sünde. Daraufhin wurde der Erlösungsplan eingesetzt. 4000 Jahre lang wirkte Christus für eine Besserung der Menschheit, während sich Satan um deren Herabsetzung und Vernichtung bemühte. Und der Himmel war Zeuge dieses Ringens. Als Jesus zur Welt kam, wandte sich Satans Macht gegen Ihn. Von der Zeit an, da Jesus als Kindlein in Bethlehem erschien, kämpfte der Thronräuber darum, Ihn zu vernichten. Er versuchte mit allen Mitteln, Jesus daran zu hindern, sich zu einem vollkommenen Kind, zu einem untadeligen Mann, zu einem heiligen Diener und zu einem fleckenlosen Opfer zu entwickeln. Doch es gelang ihm nicht. Er konnte den Erlöser nicht zur Sünde verleiten. Er konnte Ihn weder entmutigen noch von der Aufgabe fernhalten, um derentwillen Er auf diese Erde gekommen war. Von der Wüste bis nach Golgatha stürmte der Zorn Satans auf Ihn ein. Doch je erbarmungsloser der Böse Ihn angriff, desto fester hielt Jesus die Hand des Vaters. Alle Anstrengungen Satans, Christus zu unterdrücken und zu überwinden, ließen dessen makelloses Wesen nur umso heller erstrahlen.

Der Himmel und die ungefallenen Welten waren Zeugen jenes Konfliktes. Mit wachsender Anteilnahme verfolgten sie den zu Ende gehenden Kampf. Sie sahen den Heiland den Garten Gethsemane betreten, Seine Seele gebeugt unter dem Schrecken einer großen Finsternis. Sie hörten Seinen schmerzerfüllten Ruf: »Mein Vater, ist's möglich, so gehe dieser Kelch an mir vorüber.« Matthäus 26,39 Als die Gegenwart des Vaters wich, sahen sie den Herrn in noch größerer Seelennot als bei Seinem letzten großen Todeskampf. Blutiger Schweiß drang aus Seinen Poren und fiel in schweren Tropfen auf die Erde. Dreimal entrang sich Seinen Lippen ein Gebet um Errettung. Der Himmel konnte diesen furchtbaren Anblick nicht länger ertragen, und Gott sandte einen Boten, um den Sohn zu trösten und zu stärken.

Der Himmel sah das Opfer verraten in der Hand des mörderischen Volkes und mit Spott und Gewalt von einer Gerichtsverhandlung zur anderen gehetzt. Er hörte das Hohngelächter der Verfolger Jesu, die sich über Seine niedere Herkunft lustig machten, und bis zu Ihm drang die mit Fluchen und Schwören bekräftigte Verleugnung Jesu durch einen Seiner Lieblingsjünger. Engel sahen das rasende Wirken Satans und seine Macht, die er über die

Herzen der Menschen hatte. Welch ein schreckliches Schauspiel! Der Heiland wurde um Mitternacht in Gethsemane ergriffen, hin- und hergeschleppt zwischen Palast und Gerichtsgebäude, zweimal vor die Priester gestellt, zweimal vor den Hohen Rat, zweimal vor Pilatus und einmal vor Herodes. Er wurde verhöhnt, gegeißelt, verurteilt und dann, mit der Bürde des Kreuzes belastet, unter dem Wehklagen der Töchter Jerusalems und dem Johlen des Volkshaufens zur Kreuzigungsstätte geführt. Schmerzlich bewegt und voller Bestürzung sah der Himmel den Heiland am Kreuz hängen. Blut strömte von Seinen verwundeten Schläfen herab, und blutig gefärbter Schweiß stand auf Seiner Stirn. Von Seinen Händen und Füßen fiel das Blut tropfenweise auf den Felsen, in den das Kreuz eingelassen war. Die von den Nägeln gerissenen Wunden wurden durch das Gewicht des Körpers immer größer. Sein Atem ging tief und stoßweise, als Seine Seele unter der Sündenlast der ganzen Welt ächzte. Der ganze Himmel war von Verwunderung erfüllt, als Jesus inmitten dieser furchtbaren Not betete: »Vater, vergib ihnen; denn sie wissen nicht, was sie tun!« Lukas 23,34 Doch das Kreuz umstanden nach dem Bilde Gottes gestaltete Menschen, die sich zusammengetan hatten, das Leben des eingeborenen Gottessohnes zu vernichten. Welch ein Anblick für die himmlischen Welten!

Alle Mächte und Gewalten der Finsternis waren um das Kreuz versammelt und warfen den höllischen Schatten des Unglaubens in die Herzen der Menschen. Als Gott diese Wesen schuf, damit sie vor Seinem Thron stünden, waren sie schön und herrlich. Ihre Schönheit und Heiligkeit entsprach ihrer hohen Stellung. Sie waren voll der Weisheit Gottes und umgürtet mit der Rüstung des Himmels – sie waren Diener Jahwes. Wer konnte jedoch jetzt noch in diesen gefallenen Engeln die herrlichen Seraphim erkennen, die einst im Himmel dienten?! Satanische Kräfte verbanden sich mit bösen Menschen und veranlassten das Volk zu glauben, dass Christus der größte unter den Sündern und verachtenswert sei. Jene, die den Herrn am Kreuz verspotteten, wurden vom Geist des ersten großen Rebellen erfüllt. Er ließ sie gemeine und widerliche Reden führen und bestärkte sie in ihren Hohnreden. Doch bei alledem erreichte Satan nichts.

Hätte an Christus nur ein Unrecht gefunden werden können, hätte Er auch nur im Geringsten dem Versucher nachgegeben, um den schrecklichen Qualen zu entgehen, dann würde der Feind Gottes und der Menschen triumphiert haben. Jesus neigte Sein Haupt und starb, aber Er hatte Seinen Glauben bewahrt und Sich Seinem Vater unterworfen. »Ich hörte eine große Stimme, die sprach im Himmel: Nun ist das Heil und die Kraft und das Reich unseres Gottes geworden und die Macht seines Christus; denn der Verkläger unsrer Brüder ist verworfen, der sie verklagte Tag und Nacht vor unsrem Gott.« Offenbarung 12,10 Satan stellte fest, dass ihm seine Maske weggerissen wurde.

Seine Handlungsweise wurde vor den nicht gefallenen Engeln und dem ganzen Himmel offengelegt. Er hatte sich selbst als Mörder zu erkennen gegeben. Indem er das Blut des Sohnes Gottes vergoss, hatte er alle Sympathien der himmlischen Wesen verspielt. Seitdem wurde sein Wirken beschränkt. Welche Haltung er auch immer einnehmen würde, er konnte nicht mehr auf die Engel warten, wenn sie von den himmlischen Höfen kamen, und vor ihnen Christi Brüder verklagen, dass sie mit unreinen, sündenbefleckten Kleidern ange-tan seien. Das letzte Band der Zuneigung zwischen der himmlischen Welt und Satan war zerrissen. Dennoch wurde Satan damals nicht vernichtet. Die Engel verstanden selbst zu jenem Zeitpunkt noch nicht alles, was mit dem großen Kampf zu tun hatte. Die Grundsätze, die auf dem Spiel standen, sollten noch vollständiger offenbart werden. Und um der Menschen willen sollte Satans Existenz noch erhalten bleiben. Der Mensch muss so wie die Engel den großen Gegensatz zwischen dem Fürsten des Lichts und dem Fürsten der Finsternis erkennen und sich entscheiden, wem er dienen will.

Zu Beginn des großen Kampfes hatte Satan erklärt, dass Gottes Gesetz nicht gehalten werden könne, dass Gerechtigkeit und Barmherzigkeit unverein-bar seien und dass es, sollte das Gesetz übertreten werden, für den Sünder unmöglich sei, Vergebung zu erlangen. Jede Sünde müsse bestraft werden, sagte Satan, und wenn Gott die Strafe erlassen würde, wäre Er kein Gott der Wahrheit und Gerechtigkeit. Als die Menschen Gottes Gebote verletzten und dem göttlichen Willen trotzten, triumphierte Satan. Er behauptete jedes Mal, es sei nun erwiesen, dass man das Gesetz nicht halten und dass den Menschen nicht vergeben werden könne. Weil er nach seiner Empörung aus dem Himmel ausgestoßen worden war, forderte er, dass auch das Menschengeschlecht von der Gunst Gottes ausgeschlossen sein sollte. Gott könne nicht gerecht sein und zugleich einem Sünder Gnade erweisen.

Der Mensch war aber – selbst als Sünder – in einer anderen Situation als Satan. Luzifer hatte im Himmel im Licht der Herrlichkeit Gottes gesündigt. Ihm war die Liebe Gottes gezeigt worden wie keinem anderen Geschöpf. Er kannte das Wesen Gottes und Seine Güte und wählte sich dennoch seinen eigenen selbstsüchtigen, unabhängigen Weg. Seine Wahl war endgültig. Gott konnte nichts mehr tun, um ihn zu retten. Der Mensch aber wurde getäuscht, sein Geist wurde durch die ausgeklügelten Spitzfindigkeiten Satans verdunkelt, er kannte nicht die Höhe und Tiefe der Liebe Gottes. Für ihn bestand Hoffnung, wenn er die Liebe Gottes kennenlernen würde. Durch die Betrachtung des göttlichen Wesens konnte er wieder zu Gott gezogen werden.

Durch Jesus wurde den Menschen Gottes Barmherzigkeit offenbart, doch
Barmherzigkeit hebt die Gerechtigkeit nicht auf. Das Gesetz ist

ein Spiegel des Wesens Gottes. Nicht ein Punkt davon kann geändert werden, um dem Menschen in seinem gefallenen Zustand entgegenzukommen.

Gott änderte Sein Gesetz nicht, aber Er opferte sich selbst in Christus zur Erlösung der Menschen. »Denn Gott war in Christus und versöhnte die Welt mit sich selber.« 2.Korinther 5,19 Das Gesetz fordert Gerechtigkeit – ein gerechtes Leben, einen vollkommenen Charakter. Der Mensch kann aber dies nicht erfüllen, er kann den Anforderungen des göttlichen Willens nicht genügen. Aber Christus, der als Mensch auf die Erde kam, führte ein heiliges Leben und entwickelte einen vollkommenen Charakter. Er bietet dies jedem, der es für sich in Anspruch nehmen will, als freies Geschenk an. Sein Leben bürgt für das Leben der Menschen. So erlangen sie durch die Langmut Gottes Vergebung ihrer in der Vergangenheit liegenden Sünden. Mehr noch: Christus durchdringt die Menschen mit den Eigenschaften Gottes. Er formt den menschlichen Charakter nach dem himmlischen Vorbild und verleiht ihm dadurch geistliche Kraft und Schönheit. So wird gerade die Gerechtigkeit des Gesetzes in Christi Nachfolgern erfüllt. Es gilt, dass Gott allein »gerecht ist und gerecht macht den, der da ist aus dem Glauben an Jesus.« Römer 3,26

Gottes Liebe hat sich in Seiner Gerechtigkeit nicht weniger bekundet als in Seiner Gnade. Gerechtigkeit ist die Grundlage Seiner Herrschaft und die Frucht Seiner Liebe. Satan wollte die Gnade von der Wahrheit und Gerechtigkeit trennen. Er versuchte zu beweisen, dass die Gerechtigkeit des göttlichen Gesetzes seinem Frieden feindlich gegenübersteht. Christus aber zeigte, dass nach dem Plan Gottes beides unlösbar miteinander verbunden ist und dass das eine nicht ohne das andere bestehen kann. Er will, »dass Güte und Treue einander begegnen, Gerechtigkeit und Friede sich küssen.« Psalm 85,11

Durch Sein Leben und durch Seinen Tod bewies Christus, dass die Gerechtigkeit Gottes nicht Seine Barmherzigkeit zunichte macht, sondern dass die Sünde vergeben wird, dass das Gesetz gerecht ist und ganz gehalten werden kann. Satans Anklagen waren widerlegt. Gott hatte den Menschen einen eindeutigen Beweis Seiner Liebe gegeben.

Nun versuchte Satan eine andere Täuschung. Er erklärte, dass Gnade die Gerechtigkeit zunichte gemacht und Christi Tod das Gesetz des Vaters aufgehoben habe. Wäre es möglich gewesen, Gottes Gesetz zu verändern oder abzuschaffen, dann hätte Christus nicht zu sterben brauchen. Aber das Gesetz aufzuheben, hieße die Übertretungen zu verewigen und die Welt der Herrschaft Satans zu unterstellen. Weil das Gesetz unveränderlich war und weil der Mensch nur durch den Gehorsam gegen Seine Vorschriften gerettet werden konnte, wurde Christus am Kreuz erhöht. Und doch stellte Satan die Mittel, durch die Jesus das Gesetz aufrichtete, so dar, als ob sie das

Gesetz zunichte machten. Hierüber wird der letzte Streit des großen Kampfes zwischen Christus und Satan entbrennen.

Satan behauptet jetzt, das von Gott selbst verkündete Gesetz sei fehlerhaft und einige seiner Vorschriften seien aufgehoben worden. Dies ist der letzte große Betrug, den er der Welt bringen wird. Er braucht nicht das ganze Gesetz anzugreifen. Wenn er nur die Menschen dazu verleiten kann, eine Vorschrift zu ignorieren, ist seine Absicht schon erreicht, »denn wenn jemand das ganze Gesetz hält und sündigt gegen ein einziges Gebot, der ist am ganzen Gesetz schuldig.« Jakobus 2,10

Lassen sich die Menschen darauf ein, auch nur ein Gebot zu übertreten, so begeben sie sich unter Satans Gewalt. Der Teufel versucht die Welt dadurch zu beherrschen, dass er Menschengebote an die Stelle der göttlichen Verordnungen setzt. Dieses Vorhaben ist bereits durch das prophetische Wort vorausgesagt worden, denn es heißt von der großen abtrünnigen Macht, die der Stellvertreter Satans ist: Sie »wird den Höchsten lästern und die Heiligen des Höchsten vernichten und wird sich unterstehen, Festzeiten und Gesetz zu ändern. Sie werden in seine Hand gegeben werden.« Daniel 7,25 Die Menschen werden sicher mit eigenen Gesetzen den Gesetzen Gottes entgegenarbeiten. Sie werden versuchen, die Gewissen anderer zu zwingen, und in ihrem Eifer ihre Gesetze durchsetzen und ihre Mitmenschen unterdrücken.

Der Kampf gegen Gottes Gesetz, der im Himmel seinen Anfang nahm, wird bis zum Ende der Zeit fortgesetzt. Jeder Mensch wird geprüft werden. Gehorsam oder Ungehorsam, das ist die Frage, die von der ganzen Welt entschieden werden muss. Alle werden ihre Wahl treffen müssen zwischen dem Gesetz Gottes und den Geboten der Menschen. Hier wird die große Trennlinie gezogen werden. Es wird dann nur zwei Menschengruppen geben. Der Charakter eines jeden Menschen wird vollständig entwickelt sein, und alle werden zeigen, ob sie Treue oder Empörung gewählt haben.

Dann wird das Ende kommen. Gott wird Sein Gesetz rechtfertigen und Sein Volk erlösen. Satan und alle, die sich mit ihm in der Empörung verbunden haben, werden vernichtet werden. Sünde und Sünder werden untergehen, und es werden »ihnen weder Wurzel noch Zweig« Maleachi 3,19 gelassen werden.

Des Herrn Wort wird sich am Fürsten des Bösen erfüllen: »Weil sich dein Herz überhebt, als wäre es eines Gottes Herz, ... verstieß ich dich vom Berge Gottes und tilgte dich, du schirmender Cherub, hinweg aus der Mitte der feurigen Steine ... Alle, die dich kannten unter den Völkern, haben sich über dich entsetzt, dass du so plötzlich untergegangen bist und nicht mehr aufkommen kannst.« Hesekiel 28,6.16.19 Dann wird der Gottlose nicht mehr sein, »und wenn du nach seiner
Stätte siehst, ist er weg.« Psalm 37,10

Dies ist keine willkürliche Handlung Gottes. Vielmehr ernten die Verächter Seiner Gnade, was sie gesät haben. Gott ist die Quelle des Lebens, und wer den Dienst der Sünde wählt, trennt sich von Gott und schneidet sich selbst vom Leben ab. Er ist dann »entfremdet dem Leben, das aus Gott ist.« Epheser 4,18 Der Herr sagt: »Alle, die mich hassen, lieben den Tod.« Sprüche 8,36 Gott lässt sie eine Zeitlang gewähren, damit sie ihren Charakter entwickeln und ihre Prinzipien offenlegen können. Wenn dies geschehen ist, erhalten sie die Früchte ihrer eigenen Wahl. Durch ein Leben der Empörung stellten sich Satan und seine Verbündete so völlig außerhalb der Übereinstimmung mit Gott, dass allein dessen heilige Gegenwart für sie ein verzehrendes Feuer ist.

Zu Beginn des großen Kampfes verstanden die Engel dies nicht. Hätten Satan und seine Scharen zu jener Zeit schon alle Folgen ihrer Übertretung ernten müssen, wären sie umgekommen, aber die himmlischen Wesen würden dann nicht klar erkannt haben, dass die Vernichtung das unvermeidliche Ergebnis der Sünde gewesen wäre. In ihren Herzen wäre ein Zweifel an Gottes Güte als böses Samenkorn zurückgeblieben, und eine todbringende Frucht der Sünde und des Elends hätte reifen können.

So wird es nun nicht mehr sein, wenn der große Kampf beendet ist. Wenn der große Erlösungsplan vollendet ist, wird das Wesen Gottes allen intelligenten Geschöpfen enthüllt sein. Die Vorschriften Seines Gesetzes werden sich als vollkommen und unveränderlich erweisen.

Die Sünde hat ihre Natur offenbart, und Satan hat seinen Charakter bekundet. Dann wird die Ausrottung der Sünde Gottes Liebe rechtfertigen und Seine Ehre in dem Universum wiederherstellen, dessen Bewohner mit Freuden Seinen Willen tun und Sein Gesetz in ihrem Herzen tragen. So mögen sich die Engel denn gefreut haben, als sie auf den am Kreuz hängenden Heiland schauten. Wenn sie auch noch nicht alles begriffen, wussten sie doch, dass die Vernichtung der Sünde und des Teufels für alle Zeiten gewiss, dass die Erlösung der Menschen gesichert und das Weltall auf ewig gerettet war. Der Heiland selbst kannte genau die Folgen Seines Opfers auf Golgatha. Diese sah Er vor sich, als Er am Kreuz ausrief: »Es ist vollbracht!« Johannes 19,30

KAPITEL 80

Auf Grundlage von
Matthäus 27,60

IN JOSEPHS GRAB

N un ruhte Jesus endlich: Der lange Tag der Schmach und Qual war vorüber. Als die letzten Strahlen der untergehenden Sonne den Sabbat ankündigten, lag der Heiland still in Josephs Grab. Seine Aufgabe war vollbracht, Seine Hände friedlich ineinander gefaltet, so ruhte Er während der heiligen Stunden des Sabbats.

Bei der Schöpfung hatten Vater und Sohn am Sabbat von ihren Werken ausgeruht. Als »Himmel und Erde mit ihrem ganzen Heer« 1.Mose 2,1 vollendet waren, freute sich der Schöpfer mit allen himmlischen Wesen beim Anblick jenes herrlichen Bildes. »Die Morgensterne ... jauchzten [miteinander] und alle Söhne Gottes jubelten.« Hiob 38,7 Jetzt ruhte Jesus aus von dem Erlösungsgeschehen, und trotz der Trauer derer, die Ihn auf Erden liebten, herrschte Freude im Himmel. In den Augen der himmlischen Wesen erschien die Verheißung der Zukunft in strahlendem Glanz. Eine wiederhergestellte Schöpfung, ein erlöstes Menschengeschlecht, das niemals wieder fallen konnte, weil es die Sünde überwunden hatte – so sahen Gott und die Engel die Früchte des von Christus vollbrachten Erlösungswerkes. Mit dieser frohen Aussicht ist Jesu Sterbetag auf Golgatha für immer verknüpft, denn »seine Werke sind vollkommen«, 5.Mose 32,4 und »alles, was Gott tut, das besteht für ewig.« Prediger 3,14

Auch noch zu der Zeit, da »wiedergebracht wird, wovon Gott geredet hat durch den Mund Seiner heiligen Propheten von Anbeginn«, Apostelgeschichte 3,21 wird der Schöpfungssabbat, der Tag, an dem Jesus in Josephs Grab ruhte, ein Tag des Friedens und der Freude sein. Himmel und Erde werden vereint Gott loben, während die Völker der Geretteten »einen Sabbat nach dem anderen« Jesaja 66,23 Gott und das Lamm anbeten werden.

Während der Schlussereignisse am Tag der Kreuzigung wurde ein neuer Beweis für die Erfüllung der Weissagung erbracht und ein neues Zeugnis für die Gottheit Jesu gegeben. Als sich die Dunkelheit am Kreuz wieder aufgelöst hatte und der Sterberuf Jesu verklungen war, hörte man unmittelbar darauf eine Stimme sagen: »Wahrlich, dieser ist Gottes Sohn gewesen!« Matthäus 27,54

Diese Worte wurden keineswegs flüsternd gesprochen. Aller Augen wandten sich um und versuchten zu erkennen, woher sie kamen. Wer hatte das gesagt? Es war der Hauptmann, ein römischer Soldat. Die göttliche Geduld des Heilandes, Sein plötzlicher Tod, der Siegesruf auf Seinen Lippen, hatte den Heiden sehr beeindruckt. Er erkannte in dem verwundeten, zerschlagenen Körper am Kreuz die Gestalt des Sohnes Gottes. Er konnte nicht anders, er musste seinen Glauben bekennen! So wurde wiederum ein Beweis dafür gegeben, dass das Ringen des Erlösers nicht erfolglos war. An Seinem Todestag bekannten sich drei sehr unterschiedlich geartete Männer zu ihrem Heiland: der Befehlshaber der römischen Wache; Simon, der Träger des Kreuzes Jesu und der Übeltäter am Kreuz.

Als der Abend hereinbrach, lag eine unnatürliche Stille über Golgatha. Die Menschen zerstreuten sich, viele kehrten nach Jerusalem ganz anders gesinnt zurück, als sie es morgens verlassen hatten. Viele waren aus Neugierde zur Kreuzigung gekommen und nicht aus Hass gegen Christus, doch sie glaubten den Anschuldigungen der Priester und sahen in Jesus Christus einen Übeltäter. Von der Erregung der Masse angestachelt, hatten sie in die Schmährufe gegen Ihn mit eingestimmt. Als sich aber die Erde plötzlich in dichte Finsternis hüllte und ihr Gewissen sie hart anklagte, sahen sie ihr Unrecht ein. Während dieser schrecklichen Finsternis hörte man keinerlei Scherze oder spöttisches Gelächter mehr, und als sich das Dunkel lichtete, gingen sie in ernstem Schweigen wieder nach Hause. Sie waren davon überzeugt, dass die Beschuldigungen der Priester falsch waren, dass Jesus kein Betrüger war. Als Petrus einige Wochen danach am Pfingsttag predigte, befanden auch sie sich unter den Tausenden, die an Jesus Christus gläubig wurden.

Die Obersten der Juden aber blieben von dem Erlebten unberührt. Ihr Hass auf Jesus hatte nicht nachgelassen. Die Dunkelheit, die während der Kreuzigung die Erde überzogen hatte, war nicht dichter gewesen als die geistliche Finsternis, die noch immer die Sinne der Priester und Obersten umgab. Ein Stern hatte Christi Geburt verkündet und die Weisen zum Stall geführt, in dem Jesus lag. Die himmlischen Heerscharen hatten den Heiland verkündet und Ihm über den Feldern von Bethlehem Lob und Preis gesungen. Dem Meer war Seine Stimme vertraut gewesen, und es hatte Seinem Gebot gehorcht. Krankheit und Tod hatten Seine Vollmacht anerkannt und Ihm ihre Opfer ausgeliefert. Die Sonne hatte beim Anblick Seines Todeskampfes ihre Strahlen verborgen. Die Felsen hatten Ihn gekannt und waren bei Seinem Todeskampf zersplittert. Die unbelebte Natur hatte Christi Göttlichkeit deutlich bezeugt. Nur die Priester und Obersten in Israel verschlossen sich weiterhin dem Sohn Gottes. Doch Ruhe fanden sie nicht. Sie hatten ihre Absicht erreicht und Jesus getötet, aber sie konnten ihres Sieges nicht froh werden. Selbst in der Stunde ihres augenscheinlichen Triumphes wurden sie von Zweifeln beunruhigt, was als Nächstes geschehen werde. Sie hatten Jesu Ruf: »Es ist vollbracht!« Johannes 19,30 sowie Seine Worte: »Vater, ich befehle meinen Geist in deine Hände!« Lukas 23,46 gehört. Zudem hatten sie gesehen, wie die Felsen zersprangen, und erlebt, wie die Erde bebte. Dies alles machte sie unruhig und ängstlich. Sie waren auf den Einfluss des Herrn eifersüchtig gewesen, den Er auf das Volk ausübte, als Er noch lebte. Nun waren sie es sogar auf Ihn, als er tot war. Sie fürchteten den toten Christus weit mehr, als sie den lebenden je gefürchtet hatten. Sie waren besorgt, dass sich die Aufmerksamkeit des Volkes weiterhin auf die Ereignisse richten würde, die während der Kreuzigung geschahen. Sie hatten Angst vor den Folgen ihres Handelns an jenem Tag. Keinesfalls sollte darum Jesu Körper während des Sabbats am Kreuz bleiben. Der Sabbat stand bevor, und die Heiligkeit dieses Tages würde durch die am Kreuz verbleibenden Körper verletzt werden. Dies als Vorwand benutzend, baten die jüdischen Obersten Pilatus, den Todeskampf der Verurteilten abzukürzen und ihre Leiber noch vor Sonnenuntergang vom Kreuz zu nehmen. Pilatus wollte ebenso wenig wie sie Jesus am Kreuz hängen lassen. Mit seiner Zustimmung wurden den beiden Übeltätern die Beine gebrochen, um ihren Tod zu beschleunigen, doch Jesus war bereits gestorben. Die Soldaten waren durch das, was sie von Jesus gesehen und gehört hatten, mild gestimmt worden, und verzichteten darauf, Ihm die Beine zu brechen. So erfüllte sich in der Opferung des Gotteslammes das Passahgesetz: »Sie sollen nichts davon übrig lassen bis zum Morgen, auch keinen Knochen davon zerbrechen und sollen's ganz nach der Ordnung des Passah halten.« 4.Mose 9,12

Die Priester und Obersten waren überrascht, dass Jesus schon gestorben war. Der Kreuzestod bedeutete ein sehr langsames Sterben, und es war schwer festzustellen, wann das Herz des Gekreuzigten aufgehört hatte zu schlagen. Es war ungewöhnlich, wenn jemand innerhalb 6 Stunden nach der Kreuzigung starb. Die Priester aber wollten Gewissheit über den Tod Jesu haben, und auf ihre Veranlassung stieß ein Kriegsknecht einen Speer in die Seite Jesu. Aus der so entstandenen Wunde flossen Wasser und Blut. Das wurde von allen festgestellt, die das Kreuz umstanden, und Johannes vermittelt dieses Geschehen sehr genau: »Einer der Soldaten stieß mit dem Speer in seine Seite, und sogleich kam Blut und Wasser heraus. Und der das gesehen hat, der hat es bezeugt, und sein Zeugnis ist wahr, und er weiß, dass er die Wahrheit sagt, damit auch ihr glaubt. Denn das ist geschehen, dass die Schrift erfüllt würde: ,Ihr sollt ihm kein Bein brechen.' Und abermals spricht die Schrift: ,Sie werden sehen auf den, in welchen sie gestochen haben.'« Johannes 19,34-37; 2.Mose 12, 46; Sacharja 12, 10

Nach der Auferstehung verbreiteten die Priester und Obersten das Gerücht, Christus sei nicht am Kreuz gestorben, sondern nur ohnmächtig geworden und man habe Ihn später wiederbelebt. Auch wurde behauptet, dass nicht ein wirklicher Leib aus Fleisch und Knochen, sondern ein nachgeahmter Körper ins Grab gelegt worden sei. Die Handlung der römischen Soldaten aber widerlegte diese Lügen. Sie brachen Seine Beine nicht, weil Er bereits gestorben war. Nur um die Priester zufriedenzustellen, stießen sie in Seine Seite. Wäre Jesu Leben nicht schon erloschen gewesen, so hätte diese Wunde Seinen Tod herbeigeführt. Aber es war nicht der Stich mit dem Speer und auch nicht die Schmerzen am Kreuz, die den Tod Jesu hervorriefen. Sein lauter Schrei im Augenblick des Sterbens Matthäus 27,50; Lukas 23,46 und das Heraustreten von Wasser und Blut aus Seiner Seite beweisen, dass Er an gebrochenem Herzen starb. Seelenqual war die Ursache. Die Sünde der Welt hat Ihn getötet.

Mit dem Tod Jesu schwanden die Hoffnungen der Jünger. Sie schauten auf Seine geschlossenen Augenlider und auf das geneigte Haupt, auf Sein mit Blut getränktes Haar, Seine durchbohrten Hände und Füße, und ihr Schmerz war unbeschreiblich. Bis zu dem letzten Augenblick hatten sie nicht geglaubt, dass Er sterben würde. Sie konnten es nicht fassen, dass ihr Heiland wirklich tot war. In ihrem Kummer dachten sie nicht an Seine Worte, die gerade dieses Geschehen vorhergesagt hatten. Nichts von alledem, was Er ihnen mitgeteilt hatte, konnte sie trösten. Sie sahen nur das Kreuz und das blutende Opfer. Die Zukunft schien ihnen von Hoffnungslosigkeit verdunkelt. Ihr Glaube an Jesus war verlorengegangen, und doch hatten sie den Herrn nie mehr geliebt als jetzt. Nie zuvor hatten sie Seine Bedeutung und die Notwendigkeit Seiner Gegenwart stärker empfunden als in diesen Stunden.

Sogar der tote Leib Christi war den Jüngern überaus kostbar. Sie wollten Ihm gern ein würdiges Begräbnis geben, nur wussten sie nicht, wie sie dies ausführen sollten. Jesus war wegen Verrats an der römischen Macht verurteilt worden. Wer auf Grund einer solchen Anklage hingerichtet worden war, den schaffte man auf einen speziell für diese Verbrecher angelegten Begräbnisplatz. Der Jünger Johannes war mit den Frauen aus Galiläa an der Kreuzigungsstätte geblieben. Sie wollten den Leib ihres Herrn nicht in den Händen gefühlloser Soldaten und in einem unehrenhaften Grab wissen. Doch sie konnten es nicht verhindern, da sie kein Verständnis von den jüdischen Obersten erwarten durften und auch keinen Einfluss auf Pilatus hatten. In dieser Notlage kamen Joseph von Arimathia und Nikodemus den Jüngern zu Hilfe. Beide waren Mitglieder des Sanhedrin und mit Pilatus gut bekannt, dazu waren sie reich und besaßen großen Einfluss. Diese Männer waren entschlossen, dem Leib des Herrn ein ehrenhaftes Begräbnis zu geben. Joseph ging kurz entschlossen zu Pilatus und bat ihn um den Leichnam Jesu. Jetzt erst erfuhr Pilatus, dass Jesus wirklich tot war. Widerspruchsvolle Berichte über die Begleiterscheinungen während der Kreuzigung hatte er schon gehört, doch die Kunde vom Tod Jesu war ihm absichtlich verheimlicht worden. Die Priester und Obersten hatten ihn bereits in Bezug auf den Leichnam Jesu vor einem Betrugsversuch der Anhänger Jesu gewarnt. Als er von Josephs Bitte hörte, ließ er deshalb den Hauptmann kommen, der die Wache am Kreuz hatte, und erhielt von ihm die Gewissheit des Todes Jesu. Er ließ sich von ihm auch einen Bericht über die Geschehnisse auf Golgatha geben, der Josephs Darstellung bestätigte.

Die Bitte Josephs wurde gewährt. Während sich Johannes noch um das Begräbnis seines Meisters sorgte, kehrte Joseph mit der von Pilatus getroffenen Anordnung zurück, den Leichnam Jesu vom Kreuz zu nehmen. Nikodemus beschaffte darauf eine wertvolle, hundert Pfund schwere Mischung von Myrrhe und Aloe zum Einbalsamieren. Dem Angesehensten in ganz Jerusalem hätte zu Seinem Tod keine größere Ehre erwiesen werden können. Die Jünger waren erstaunt, dass jene begüterten Obersten dem Begräbnis ihres Herrn dieselbe Anteilnahme entgegenbrachten wie sie selbst.

Weder Joseph von Arimathia noch Nikodemus hatten sich öffentlich zum Heiland bekannt, als Er noch lebte. Sie wussten, ein solcher Schritt würde sie vom Hohen Rat ausschließen. Außerdem hofften sie, Ihn durch ihren Einfluss in den Beratungen schützen zu können. Eine Zeitlang schienen sie auch Erfolg gehabt zu haben, aber die verschlagenen Priester hatten bald die Schutzmaßnahmen der beiden Ratsmitglieder vereitelt, als sie deren Bewunderung für Christus erkannten. In ihrer Abwesenheit wurde Jesus verurteilt und dem Kreuzestod übergeben. Jetzt, da Jesus gestorben war, verbargen sie nicht länger ihre Zuneigung zu Ihm. Während die Jünger zu furchtsam waren, um sich öffentlich als Seine Nachfolger zu bekennen, traten Joseph und Nikodemus mutig hervor, um ihnen zu helfen. Die Hilfe dieser beiden wohlhabenden und hochgeachteten Männer war in dieser Stunde äußerst wertvoll. Sie konnten für den toten Meister das tun, was den armen Jüngern unmöglich gewesen wäre. Ihr Reichtum und Einfluss schützte die Jünger auch weitgehend vor der Bosheit der Priester und Obersten. Vorsichtig und ehrerbietig nahmen sie Jesu Leichnam eigenhändig vom Kreuz ab. Tränen des Mitleids schossen ihnen in die Augen, als sie Seinen geschlagenen und verwundeten Körper betrachteten. Joseph besaß ein neues, in einen Felsen gehauenes Grab. Er hatte es für sich selbst bestimmt. Da es aber nahe bei Golgatha gelegen war, bereitete er es nun für die Aufnahme des Leichnams Jesu vor. Dann wurde Jesu Leib zusammen mit den Spezereien, die Nikodemus mitgebracht hatte, sorgfältig in ein Leinentuch eingeschlagen und zum Grab getragen. Dort streckten die drei Jünger Seine verkrümmten Glieder und falteten die zerstochenen Hände auf Seiner Brust. Die

Frauen aus Galiläa kamen, um sich davon zu überzeugen, dass

alles getan worden war, was für den Leichnam ihres geliebten Lehrers gemacht werden konnte. Dann sahen sie, wie ein schwerer Stein vor den Eingang des Grabgewölbes gewälzt und der Heiland der Ruhe überlassen wurde. Die Frauen waren die letzten am Kreuz gewesen, und sie waren auch die letzten am Grab Christi. Die Abendschatten hatten sich schon auf das Land gesenkt, da weilten sie immer noch an der Ruhestätte ihres Herrn und beweinten in bitteren Tränen das Schicksal dessen, den sie liebten. »Sie kehrten aber um ... Und den Sabbat über ruhten sie nach dem Gesetz.« Lukas 23,56

Diesen Sabbat konnten weder die trauernden Jünger noch die Priester, Obersten, Schriftgelehrten und das Volk jemals vergessen. Bei Sonnenuntergang erschallten am Rüsttag die Trompeten, die den Beginn des Sabbats ankündigten. Das Passah wurde gefeiert wie seit Jahrhunderten, während der, auf den es hinwies, von ruchlosen Händen getötet worden war und in Josephs Grab lag. Am Sabbat war der Tempelhof mit Gläubigen gefüllt. Der Hohepriester, der auf Golgatha Christus verspottet hatte, war prächtig geschmückt in seinen priesterlichen Gewändern. Priester mit weißen Turbanen gingen eifrig ihren Aufgaben nach. Doch manche der Anwesenden fühlten sich beunruhigt, als die Stiere und Ziegen als Sündopfer dargebracht wurden. Sie erkannten zwar nicht, dass das Wesen bereits den Schatten aufgehoben hatte, dass ein ewiges Opfer für die Sünden der Welt dargebracht worden war. Auch wussten sie nicht, dass ihr sinnbildlicher Gottesdienst allen weiteren Wert verloren hatte – doch nie zuvor hatten die Menschen einem solchen Gottesdienst mit derart widerstreitenden Gefühlen beigewohnt. Die Posaunen, die Musikinstrumente und die Stimmen der Sänger klangen so laut und klar wie immer. Jedoch lag ein seltsam fremder Hauch über allem. Einer nach dem anderen fragte, welches sonderbare Ereignis stattgefunden habe. Das Allerheiligste, das bisher geschützt war, lag offen vor aller Augen. Der schwere Vorhang, aus reinem Leinen gewebt und mit Gold, Purpur und Scharlach prächtig durchwirkt, war von oben bis unten zerrissen.

Der Platz, an dem Gott dem Hohepriester gegenübertrat, um seine Herrlichkeit mitzuteilen, der Ort, der bisher Gottes heiliger Audienzraum gewesen war, lag vor aller Augen offen da – er war eine Stätte, die der Herr nicht länger anerkannte. Mit dunklen Vorahnungen dienten die Priester am Altar. Die Entschleierung des göttlichen Geheimnisses im Allerheiligsten erfüllte sie mit Angst vor einem kommenden Unheil.

Die Gedanken vieler Menschen waren noch mit den Vorgängen auf Golgatha beschäftigt. Von der Kreuzigung bis zur Auferstehung durchforschten viele schlaflose Augen beständig die Weissagungen der heiligen Schriften. Einige wollten sich der vollen Bedeutung des Passahfestes vergewissern. Andere wollten feststellen, dass Jesus nicht der war, für den Er sich ausgegeben hatte. Wieder andere suchten mit trauerndem Herzen nach Beweisen, dass Jesus der wahre Messias war. Obwohl sie mit verschiedenen Zielsetzungen die heiligen Schriften durchforschten, wurden sie doch alle von einer Wahrheit überzeugt, dass sich die Prophezeiung in den Ereignissen der letzten Tage erfüllt hatte und dass der Gekreuzigte der Erlöser der Welt war. Viele, die diesem Gottesdienst beiwohnten, haben niemals wieder am Passahfest teilgenommen. Sogar viele Priester wurden von dem edlen Charakter Jesu überzeugt. Ihr Suchen in den Schriften war nicht vergeblich gewesen und nach Jesu Auferstehung anerkannten sie Ihn als den Sohn Gottes.

Als Nikodemus Jesus am Kreuz erhöht sah, erinnerte er sich an die Worte, welche Jesus in jener Nacht am Ölberg gesprochen hatte: »Wie Mose in der Wüste die Schlange erhöht hat, so muss der Menschensohn erhöht werden, damit alle, die an ihn glauben, das ewige Leben haben.« Johannes 3,14f

An jenem Sabbat, als Jesus im Grab ruhte, hatte Nikodemus Gelegenheit, über diese Worte nachzudenken. Ein helleres Licht erleuchtete jetzt seinen Verstand, und Jesu Worte blieben ihm nicht mehr länger geheimnisvoll. Er fühlte, dass er vieles versäumt hatte, weil er nicht schon zu dessen Lebzeiten mit Jesus in Verbindung getreten war. Jetzt erinnerte er sich an die Ereignisse auf Golgatha. Jesu Gebet für Seine Mörder und Seine Antwort auf die Bitte des sterbenden Übeltäters gingen dem gelehrten Ratsmitglied zu Herzen. Vor seinem inneren Auge erblickte er noch einmal den sterbenden Heiland und wieder hörte er jenen letzten Aufschrei, wie aus dem Mund eines siegreichen Eroberers: »Es ist vollbracht!« Johannes 19,30

Erneut sah er die taumelnde Erde, den verfinsterten Himmel, den zerrissenen Vorhang, die erbebenden Felsen – und sein Glaube war für immer gegründet. Gerade das Geschehen, das die Hoffnungen der Jünger vernichtete, überzeugte Joseph und Nikodemus von der Gottheit Jesu. Ihre Ängste wurden durch den Mut eines festen, unerschütterlichen Glaubens überwunden.

Nie hatte Christus so sehr die Aufmerksamkeit der Menge erregt wie jetzt, da Er im Grab ruhte. Nach ihrer Gewohnheit brachte das Volk seine Kranken und Leidenden in die Höfe des Tempels und fragte: Wer kann uns sagen, wo Jesus von Nazareth ist? Viele waren von weit her gekommen, um den zu sehen, der Kranke geheilt und Tote auferweckt hatte. Von allen Seiten erscholl der Ruf: Wir wollen zu Christus, dem großen Arzt! Bei dieser Gelegenheit wurden alle jene von den Priestern untersucht, bei denen man Symptome von Lepra festzustellen glaubte. Viele mussten mit anhören, wie ihre Männer, Frauen oder Kinder als aussätzig erklärt wurden. Diese Armen mussten daraufhin ihre Heime verlassen, auf die Fürsorge seitens ihrer Freunde verzichten und jeden Fremdling mit dem traurigen Ruf: »Unrein, unrein!« davor warnen, sich ihnen zu nähern.

Jesu gütige Hände hatten sich nie geweigert, die ekelerregenden Leprakranken mit heilender Kraft zu berühren. Jetzt lagen sie gefaltet auf Seiner Brust. Seine Lippen, die der aussätzigen Bitten mit den tröstlichen Worten beantwortet hatten: »Ich will's tun; sei rein!«, Matthäus 8,3 waren nun verstummt.

Viele Menschen flehten die Hohepriester und Obersten an, Mitleid mit ihnen zu haben und ihnen zu helfen, aber vergeblich. Sie wollten den lebenden Christus wieder in ihrer Mitte haben. Mit beharrlichem Ernst fragten sie nach Ihm und ließen sich nicht abweisen. Deshalb vertrieb man sie aus den Tempelhöfen. Soldaten bewachten die Tore. Sie sollten das Volk zurückhalten, das mit den Kranken und Sterbenden kam und Einlass begehrte.

Die Kranken, die gekommen waren, um vom Heiland geheilt zu werden, wurden bitter enttäuscht. Die Straßen füllten sich mit Klagenden. Leidende starben, weil sie von Jesu heilender Hand nicht berührt werden konnten. Ärzte fragte man vergeblich um Rat. Keiner besaß die Fähigkeit des Mannes, der nun in Josephs Grab lag. Das Wehklagen der Leidenden machte Tausenden von Menschen bewusst, dass in der Welt ein großes Licht erloschen war. Ohne Christus war es dunkel und finster auf der Erde. Viele, die den Ruf: »Kreuzige, kreuzige ihn!« mit ihren Stimmen verstärkt hatten, erkannten jetzt, welches Unglück sie getroffen hatte. Am liebsten hätten sie jetzt – wenn der Heiland noch gelebt hätte – genauso laut gerufen: Gebt uns Jesus!

Als bekannt wurde, dass Jesus auf Anstiften der Priester getötet worden war, erfragte man Näheres über Sein Sterben. Die Einzelheiten über Sein Verhör hielt man so geheim wie möglich, doch während Er im Grab ruhte, war Sein Name auf Tausenden von Lippen, und Berichte von dem Scheinverhör Jesu und von der unmenschlichen Haltung der Priester und Obersten machten überall die Runde. Menschen von Verstand und Urteilskraft forderten von den Priestern und Obersten eine klare Auslegung der Weissagungen vom Messias im Alten Testament. Während diese als Antwort Lügen zu ersinnen versuchten, gebärdeten sie sich wie Geistesgestörte. Sie konnten die Weissagungen, die sich auf Christi Leiden und Sterben bezogen, nicht erklären, und viele Fragesteller wurden davon überzeugt, dass sich die Schrift erfüllt hatte. Die Rache, die die Priester sich so süß gedacht hatten, wurde ihnen immer mehr zur Bitterkeit. Sie wussten, dass sie schweren Vorwürfen des Volkes ausgesetzt sein würden und dass jetzt gerade diejenigen, die sie gegen Jesus beeinflusst hatten, über ihr schandbares Werk entsetzt waren. Die Priester hatten versucht, Jesus als Betrüger darzustellen, aber es war vergeblich gewesen. Einige von ihnen hatten am Grab von Lazarus gestanden und den Toten ins Leben zurückkehren sehen. Sie zitterten vor Furcht, dass Jesus sich selbst ins Leben zurückrufen könnte und wieder vor ihnen erscheinen würde, hatten sie Ihn doch sagen hören, dass

Er Macht habe, Sein Leben zu lassen und es wiederzunehmen. Sie dachten auch daran, dass Er gesagt hatte: »Brecht diesen Tempel ab, und in drei Tagen will ich ihn aufrichten.« Johannes 2,19

Von Judas waren ihnen Jesu Worte wiederholt worden, die Er auf der letzten Reise nach Jerusalem zu Seinen Jüngern gesprochen hatte: »Siehe, wir ziehen hinauf nach Jerusalem, und der Menschensohn wird den Hohepriestern und Schriftgelehrten überantwortet werden; und sie werden Ihn zum Tode verurteilen und werden Ihn den Heiden überantworten, damit sie Ihn verspotten und geißeln und kreuzigen, und am dritten Tage wird Er auferstehen.« Matthäus 20,18f

Über diese Worte hatten sie damals gespottet und gelacht. Doch jetzt fiel ihnen auf, dass sich Jesu Vorhersagen bisher stets erfüllt hatten. Er hatte gesagt, Er würde am dritten Tage auferstehen, und wer wollte behaupten, dass sich das nicht auch erfüllen würde? Sie versuchten zwar, diese Gedanken zu verbannen, aber es ging nicht. Wie ihr Vater, der Teufel, glaubten sie und zitterten.

Nachdem nun die heftige Erregung gewichen war, drängte sich Jesu Bild den Priestern immer stärker auf. Sie sahen Ihn, wie Er gelassen und ohne zu klagen vor Seinen Feinden stand und den Beschimpfungen und Misshandlungen wortlos standhielt. Alle Phasen des Verhörs und der Kreuzigung zogen in Gedanken noch einmal an ihnen vorüber und brachten sie unwiderstehlich zu der Überzeugung, dass Jesus der Sohn Gottes war. Sie fühlten, dass Er zu irgendeiner Zeit wieder vor ihnen stehen könne, nicht mehr als Angeklagter, sondern als Ankläger, als Richter und nicht mehr als Gerichteter. Der Ermordete würde Gerechtigkeit durch die Vernichtung Seiner Mörder fordern.

Die Priester konnten an diesem Sabbat nur wenig Ruhe finden. Obwohl sie die Schwelle eines heidnischen Hauses aus Angst vor Verunreinigung nicht überschreiten würden, kamen sie doch zusammen, um sich über den Leichnam Jesu zu beraten. Tod und Grab durften den nicht wieder hergeben, den sie gekreuzigt hatten. »Am nächsten Tag ... kamen die Hohepriester und Pharisäer zu Pilatus und sprachen: Herr, wir haben daran gedacht, dass dieser Verführer sprach, als Er noch lebte: Ich will nach drei Tagen auferstehen. Darum befiehl, dass man das Grab bewache bis zum dritten Tag, damit nicht Seine Jünger kommen und Ihn stehlen und zum Volk sagen: Er ist auferstanden von den Toten, und der letzte Betrug ärger wird als der erste. Pilatus sprach zu ihnen: Da habt ihr die Wache; geht hin und bewacht es, so gut ihr könnt.« Matthäus 27,62-65

Die Priester gaben alle Anweisungen zur Sicherung des Grabes. Ein großer Stein war vor den Eingang gewälzt worden. Über diesen zogen sie Schnüre, befestigten die Enden an dem massiven Felsen und versiegelten sie mit dem römischen Siegel. Der Stein konnte also nicht beseitigt werden, ohne das Siegel 626 [777/778] zu verletzen. Eine Wache von 100 Soldaten wurde dann um das

Grab aufgestellt, um es vor Unberufenen zu schützen. Die Priester taten alles, was sie konnten, damit Christi Leichnam dort bliebe, wo Er hingelegt worden war. Der Tote wurde so gesichert, als sollte Er bis in alle Ewigkeit im Grab ruhen.

So berieten und planten schwache Menschen. Wie wenig erkannten diese Mörder die Zwecklosigkeit ihrer Bemühungen! Doch durch ihre Tat wurde Gott verherrlicht, denn gerade die Anstrengungen, die gemacht wurden, um Christi Auferstehung zu verhindern, mussten die überzeugendsten Beweise liefern. Je mehr Soldaten das Grab bewachten, desto stärker würde das Zeugnis Seiner Auferstehung sein. Jahrhunderte vor Christi Tod hatte die Heilige Schrift durch den Psalmisten erklärt: »Warum toben die Heiden und murren die Völker so vergeblich? Die Könige der Erde lehnen sich auf, und die Herren halten Rat miteinander wider den Herrn und seinen Gesalbten..., aber der im Himmel wohnt, lachet ihrer, und der Herr spottet ihrer.« Psalm 2,1.2.4 Römische Soldaten und römische Waffen waren machtlos, den Herrn des Lebens im Grab festzuhalten. Die Stunde Seiner Befreiung stand nahe bevor.

KAPITEL 81

Auf Grundlage von
Matthäus 28,2-4:11-15

DER *HERR*
IST *AUFERSTANDEN!*

D er Sabbat war vergangen und der erste Wochentag angebrochen. Es war die Zeit der dunkelsten Stunde, kurz vor Tagesanbruch. Christus lag noch als Gefangener in dem engen Grab. Der große Stein war noch davor, das Siegel ungebrochen, und die römischen Soldaten hielten Wache. Auch unsichtbare Wächter, Scharen böser Engel, hatten sich dort versammelt. Wäre es möglich gewesen, dann hätte der Fürst der Finsternis mit seinem Heer von Abgefallenen auf ewig das Grab versiegelt gelassen, das den Sohn Gottes gefangen hielt. Aber auch eine himmlische Schar umgab die Grabstätte. Mit besonderer Kraft ausgestattete Engel wachten ebenfalls und warteten darauf, den Fürsten des Lebens willkommen zu heißen.

»Und siehe, es geschah ein großes Erdbeben. Denn ein Engel des Herrn kam vom Himmel herab.« Bekleidet mit der Rüstung Gottes hatte dieser Engel die himmlischen Höfe verlassen. Die hellen Strahlen der Herrlichkeit Gottes gingen vor ihm her und erleuchteten seinen Pfad. »Seine Gestalt war wie der Blitz und sein Gewand weiß wie der Schnee. Die Wachen aber erschraken aus Furcht vor ihm und wurden, als wären sie tot.« Matthäus 28,2-4

Ihr Priester und Obersten, wo bleibt jetzt die Macht eurer Wache? Tapfere Soldaten, die vor keiner menschlichen Gewalt zurückgeschreckt waren, wurden ohne Schwert oder Lanze gefangen genommen. Was sie vor sich sahen, war nicht der Anblick eines sterblichen Kriegers, sie sahen das Angesicht des mächtigsten im Heer des Herrn. Dieser Himmelsbote war kein anderer als der, der Luzifers einstige Position eingenommen hatte. Es war derselbe, der auch auf Bethlehems Hügeln die Geburt des Heilandes verkündigte. Die Erde erzitterte bei seinem Herannahen, die Scharen der Finsternis flohen erschreckt, und als er den Stein von Jesu Grab wegrollte, schien es, als neigte sich der Himmel auf die Erde. Die Soldaten sahen, dass er den Stein wie einen Kiesel zur Seite schob und hörten ihn mit lauter Stimme rufen: Du Sohn Gottes, komm heraus! Dein Vater ruft dich! Dann erlebten sie mit, wie Jesus aus Seinem Grab stieg und über der leeren Grabeshöhle laut ausrief: »Ich bin die Auferstehung und das Leben.« Johannes 11,25 Als Christus in Majestät und Herrlichkeit herauskam, beugte sich die Engelschar in Anbetung tief vor dem Erlöser und jubelte dem Auferstandenen in Lobliedern zu. Ein Erdbeben markierte die Stunde, als Jesus Sein Leben ließ, und ein Erdbeben wiederum bezeugte den Augenblick, da Er es im Triumph wieder nahm. Er, der Tod und Grab überwunden hatte, entstieg unter dem Schwanken der Erde, dem Zucken der Blitze und Grollen des Donners im Schritt eines Siegers Seiner Gruft. Wenn Er wiederkommt, wird Er »nicht allein die Erde, sondern auch den Himmel« Hebräer 12,26 bewegen. »Die Erde wird taumeln wie ein Trunkener und wird hin und her geworfen wie eine schwankende Hütte.« Jesaja 24,20 »Der Himmel wird zusammengerollt werden wie eine Buchrolle.« Jesaja 34,4 »Die Elemente aber werden vor Hitze schmelzen, und die Erde und die Werke, die darauf sind, werden ihr Urteil finden.« 2.Petrus 3,10 »Aber seinem Volk wird der Herr eine Zuflucht sein und eine Burg den Israeliten.« Joel 4,16

Bei Jesu Tod hatten die Soldaten die Erde am Tag in Finsternis gehüllt gesehen. Bei Seiner Auferstehung aber sahen sie, wie der Glanz der Engel die Nacht erleuchtete, und sie hörten die große Freude und den Jubel der himmlischen Scharen, als diese sangen: Du hast Satan und die Mächte der Finsternis überwunden; du hast den Tod verschlungen in den Sieg!

Christus kam verherrlicht aus dem Grab, und die römischen Soldaten sahen Ihn. Sie konnten ihre Augen nicht abwenden von dem, den sie kurz zuvor noch verspottet und verhöhnt hatten. In diesem verklärten Wesen erkannten sie den Gefangenen, den sie im Gerichtsgebäude gesehen und dem sie eine Dornenkrone geflochten hatten. Das war genau Er, der wehrlos vor Pilatus und Herodes gestanden hatte und dessen Leib durch die grausame Geißelung so schlimm zugerichtet worden war. Er war ans Kreuz genagelt worden, und über Ihn hatten die Priester und Obersten überheblich ihre Köpfe geschüttelt, wobei sie ausriefen: »Anderen hat er geholfen und kann sich selber nicht helfen.« Matthäus 27,42 Ihn hatte man in Josephs neues Grab gelegt. Aber der Befehl des Himmels hatte dem Gefangenen die Freiheit wiedergegeben. Würde man auch Berge über Berge auf Sein Grab getürmt haben, nichts hätte Ihn daran hindern können, das Grab zu verlassen.

Beim Anblick der Engel und des verklärten Heilandes waren die römischen Wächter ohnmächtig geworden und lagen wie tot am Boden. Als dann die himmlischen Wesen vor ihren Augen verborgen wurden, erhoben sie sich und rannten, so schnell ihre zitternden Glieder sie tragen konnten, zum Ausgang des Gartens. Wie Trunkene taumelten sie in die Stadt und erzählten allen, denen sie begegneten, diese wunderbare Neuigkeit. Sie waren auf dem Weg zu Pilatus, aber ihr Bericht war bereits der jüdischen Obrigkeit überbracht worden, und die Hohepriester und Obersten verlangten sie zuerst zu sehen.

Die Soldaten sahen seltsam aus. Zitternd vor Furcht, mit farblosen Gesichtern, berichteten sie von der Auferstehung Jesu. Sie erzählten alles genauso, wie sie es erlebt hatten. Es war ihnen keine Zeit geblieben, etwas anderes zu denken oder zu sagen als die Wahrheit. Schmerzlich bewegt sagten sie: Es war der Sohn Gottes, der gekreuzigt worden ist. Wir haben gehört, dass Ihn ein Engel als Majestät des Himmels, als König der Herrlichkeit ankündigte.

Totenblässe legte sich auf die Gesichter der Priester. Kaiphas versuchte zu sprechen, seine Lippen bewegten sich, aber er brachte keinen Laut heraus. Die Soldaten waren schon dabei, den Raum wieder zu verlassen, als eine Stimme sie zurückhielt. Kaiphas hatte endlich seine Sprache wiedergefunden. »Wartet, wartet!«, beschwor er sie. »Erzählt niemandem, was ihr gesehen habt.«

Sie wurden beauftragt, zu lügen: »Sagt, seine Jünger kamen des Nachts und stahlen ihn, während wir schliefen.« Matthäus 28,13 Damit betrogen die Priester sich selbst, denn wie konnten die Soldaten aussagen, dass die Jünger Jesu Leichnam gestohlen hätten, während sie schliefen? Wie konnten sie wissen, was sich dann ereignet hatte? Und wenn die Jünger wirklich den Leichnam Jesu gestohlen hätten, hätten die Priester sie nicht als Erste verurteilt?

Wenn die Wächter wirklich am Grab geschlafen hätten, wären die Priester dann nicht zuerst bei Pilatus erschienen, um diese anzuklagen? Die Soldaten erschraken bei dem Gedanken, dass sie sozusagen sich selbst beschuldigen sollten, auf ihrem Posten geschlafen zu haben. Auf dieses Vergehen stand die Todesstrafe. Sollten sie falsches Zeugnis ablegen, das Volk betrügen und ihr eigenes Leben in Gefahr bringen? Hatten sie ihren ermüdenden Dienst nicht mit größter Aufmerksamkeit versehen? Wie könnten sie selbst um Geldes willen das kommende Verhör bestehen, wenn sie einen Meineid leisteten?

Damit das Geschehen, dessen Bekanntwerden sie fürchteten, verschwiegen würde, versprachen die Priester, für die Sicherheit der Wächter sorgen zu wollen, indem sie sich darauf beriefen, dass Pilatus ebenso wenig die Verbreitung ihrer Berichte wünsche wie sie. Da verkauften die römischen Soldaten ihre Redlichkeit an die jüdischen Obersten. Mit einer höchst aufregenden, aber wahren Botschaft waren sie zu den Priestern gekommen. Sie verließen die Priester nun mit Geld in den Händen und einem lügnerischen Bericht auf der Zunge, den diese für sie erfunden hatten.

Inzwischen war die Mitteilung von der Auferstehung Jesu zu Pilatus gedrungen. Obwohl Pilatus dafür verantwortlich war, Jesus dem Tod übergeben zu haben, fühlte er sich nicht sehr beunruhigt. Da er den Heiland nur widerwillig und mit einem Gefühl des Mitleids im Herzen verurteilt hatte, waren ihm bis jetzt noch keine ernstlichen Bedenken gekommen. Doch nach diesem Bericht

schloss er sich entsetzt in seinem Haus ein und ließ niemand zu sich. Die Priester verschafften sich trotzdem Eingang, erzählten ihm die von ihnen erfundene Lügengeschichte und baten ihn, den Soldaten das Pflichtversäumnis nachzusehen. Doch ehe Pilatus einwilligte, befragte er heimlich die Wächter, die, um ihr Leben bangend, es nicht wagten, etwas zu verbergen. Von ihnen erhielt Pilatus einen Bericht über alles, was geschehen war. Er aber ließ die ganze Angelegenheit auf sich beruhen, doch konnte er seit jener Zeit keinen inneren Frieden mehr finden.

Als Jesus ins Grab gelegt wurde, triumphierte Satan. Er gab sich der Hoffnung hin, dass der Heiland Sein Leben nicht wieder erlangen würde. Er beanspruchte Jesu Leib für sich, setzte Wächter um das Grab und versuchte Christus als Gefangenen festzuhalten. Er war sehr zornig, als seine Engel beim Nahen der himmlischen Boten flohen. Und als er Jesus siegreich aus dem Grab kommen sah, wusste er, dass sein Reich ein Ende haben würde und er schließlich untergehen müsse.

Die Priester hatten sich durch die Ermordung Jesu zu Werkzeugen Satans gemacht. Nun standen sie völlig unter seiner Herrschaft. Sie waren in eine Schlinge verstrickt, aus der sie kein Entweichen sahen, außer sie setzten ihren Kampf gegen Jesus fort. Als ihnen von Christi Auferstehung berichtet wurde, fürchteten sie den Zorn des Volkes. Sie fühlten, dass ihr eigenes Leben in Gefahr war. Ihre einzige Hoffnung bestand darin, Jesus als Betrüger hinzustellen, indem sie Seine Auferstehung leugneten. Sie bestachen die Soldaten, nahmen Pilatus das Versprechen ab, zu schweigen, und verbreiteten ihre Lügenberichte über das ganze Land. Aber es gab Zeugen, die sie nicht zum Schweigen bringen konnten.

Viele hatten von den Soldaten die Kunde über Jesu Auferstehung gehört. Dazu waren einige von denen, die mit Christus auferstanden waren, einer Reihe von Menschen erschienen und hatten erzählt, dass Er auferstanden war. Die Priester wurden von denen informiert, die diese Auferstandenen gesehen und ihre Aussagen gehört hatten. Sie und die Obersten befürchteten nun, auf den Gassen oder in der Abgeschlossenheit ihrer Wohnungen plötzlich dem Herrn gegenüberzustehen. Nirgends fühlten sie sich sicher. Schlösser und Riegel waren nur ein sehr unvollkommener Schutz gegen den Sohn Gottes. Tag und Nacht verfolgte sie jenes schreckliche Geschehen im Gerichtsgebäude, wo sie gerufen hatten: »Sein Blut komme über uns und unsre Kinder!« Matthäus 27,25 Niemals mehr würde die Erinnerung an diese Szene sie verlassen, nie mehr würden sie friedlich schlafen können.

Als man die Stimme jenes mächtigen Engels vor Jesu Grab hörte: »Dein Vater ruft dich!«, da erschien der Heiland aus Seiner Gruft durch das Ihm innewohnende Leben. Es erfüllte sich, was Er einst gesagt hatte: »Ich [lasse] mein Leben..., dass ich's wieder nehme ... Ich habe Macht, es

zu lassen, und habe Macht, es wieder zu nehmen.« Johannes 10,17f Ebenso erfüllte sich die Prophezeiung, die Er den Priestern und Obersten gegeben hatte:
»Brecht diesen Tempel ab und in drei Tagen will ich ihn aufrichten.« Johannes 2,19
Über dem aufgebrochenen Grab hatte Jesus sieghaft erklärt: »Ich bin die Auferstehung und das Leben.« Johannes 11,25

Diese Worte konnten nur von Gott selbst gesprochen worden sein. Alle
erschaffenen Wesen leben durch Seinen Willen und Seine Macht. Sie sind
abhängige Empfänger des Lebens Gottes. Vom höchsten Seraph bis zum
niedrigsten Lebewesen werden alle von der Quelle des Lebens gespeist. Nur
der mit Gott eins ist, konnte sagen:»Ich habe Macht, mein Leben zu lassen, und
habe Macht, es wieder zu nehmen.« Christus besaß in Seiner Gottheit die Kraft,
die Fesseln des Todes zu brechen.

Christus stand von den Toten auf als Erstling unter denen, die da schlafen.
Er war das Gegenbild der Webegarbe. Seine Auferstehung erfolgte am gleichen
Tag, an dem die Webegarbe dem Herrn dargebracht werden sollte. Mehr als tausend Jahre lang war diese sinnbildliche Handlung ausgeführt worden. Die ersten
reifen Kornähren wurden auf dem Erntefeld geschnitten, und wenn das Volk zum
Passahfest nach Jerusalem hinaufzog, wurde diese Erstlingsgarbe als ein Dankopfer vor dem Herrn geschwenkt. Nicht eher, als sie dem Herrn dargebracht
war, durfte die Sichel an das Korn gelegt und dieses in Garben gebunden werden. Die dem Herrn geweihte Garbe war ein Symbol für die Ernte. Ebenso vertrat
Jesus als Erstlingsfrucht die große geistliche Ernte, die für das Reich Gottes gesammelt werden wird. Seine Auferstehung ist das Vorbild und das Unterpfand
der Auferstehung aller gerechten Toten. »Denn wenn wir glauben, dass Jesus
gestorben und auferstanden ist, so wird Gott auch die, die entschlafen sind,
durch Jesus mit ihm einher führen.« 1.Thessalonicher 4,14

Als Christus auferstand, brachte Er viele von denen, die in den Gräbern
gefangen waren, ins Leben zurück. Das Erdbeben bei Seinem Tod hatte ihre
Gräber geöffnet, und als Er auferstand, kamen sie mit Ihm hervor. Sie gehörten
zu denen, die Gottes Mitarbeiter gewesen waren und unter Einsatz ihres Lebens
für die Wahrheit Zeugnis abgelegt hatten. Jetzt sollten sie auch Zeugen sein für
den, der sie von den Toten auferweckt hatte.

Während Seines irdischen Dienstes hatte Jesus Tote wieder ins Leben zurückgerufen – den Jüngling der Witwe zu Nain, die Tochter des Obersten Jairus
und auch Lazarus. Diese waren aber nicht mit Unsterblichkeit bekleidet worden,
sondern verfielen, nachdem sie auferweckt worden waren, wiederum dem Tod.
Die jedoch bei Jesu Auferstehung aus ihren Gräbern hervorgingen, wurden auferweckt zum ewigen Leben. Sie fuhren mit dem Herrn gen Himmel als Zeichen
632 *[785/786]*   Seines Sieges über Tod und Grab. Diese, sagte Jesus, sind nicht

länger mehr Gefangene Satans, denn ich habe sie erlöst. Ich habe sie als Erstlingsfrüchte meiner Macht aus dem Grab hervorgebracht, damit sie bei mir seien, wo ich bin, um nie wieder den Tod zu sehen und den Kummer zu erfahren. Diese Auferstandenen gingen in die Stadt, erschienen vielen und berichteten, dass Christus von den Toten auferstanden sei und sie mit Ihm. So wurde die Wahrheit der Auferstehung Jesu verewigt. Die Auferstandenen bezeugten die Wahrheit der Worte: »Deine Toten werden leben, deine Leichname werden auferstehen.« Ihre Auferstehung bestätigte die Erfüllung jener prophetischen Worte: »Wachet auf und rühmet, die ihr liegt unter der Erde! Denn ein Tau der Lichter ist dein Tau, und die Erde wird die Toten herausgeben.« Jesaja 26,19

Für die Gläubigen ist Christus die Auferstehung und das Leben. Durch unseren Heiland ist das Leben, das durch die Sünde verloren ging, wiedergebracht worden, denn Er hat das Leben in sich selbst und kann lebendig machen, wen Er will. Ihm ist das Recht übertragen, Unsterblichkeit zu verleihen. Das Leben, das Er als Mensch ließ, nahm Er wieder zurück, um es der Menschheit zu geben. Er sagte: »Ich bin gekommen, damit sie das Leben und volle Genüge haben sollen.« Johannes 10,10 »Wer aber von dem Wasser trinken wird, das ich ihm gebe, den wird in Ewigkeit nicht dürsten, sondern das Wasser, das ich ihm geben werde, das wird in ihm eine Quelle des Wassers werden, das in das ewige Leben quillt.« Joh. 4,14 »Wer mein Fleisch isst und mein Blut trinkt, der hat das ewige Leben, und ich werde ihn am Jüngsten Tage auferwecken.« Joh. 6,54 Der Tod ist dem Gläubigen keine sehr wichtige Angelegenheit. Jesus spricht von ihm, als sei er von geringer Bedeutung. »Wahrlich, wahrlich, ich sage euch: Wer mein Wort hält, der wird den Tod nicht sehen in Ewigkeit.« Johannes 8,51 Für die Nachfolger Christi ist der Tod nur ein Schlaf, ein Augenblick der Stille und der Dunkelheit. Ihr Leben ist verborgen mit Christus in Gott, und wenn »Christus, [ihr] Leben, sich offenbaren wird, dann [werden sie] auch offenbar werden mit ihm in Herrlichkeit.« Kolosser 3,4

Die Stimme, die vom Kreuz rief: »Es ist vollbracht!«, Johannes 19,30 wurde von den Toten gehört. Sie durchdrang die Mauern der Gräber und gebot den Schläfern aufzustehen. So wird es auch sein, wenn Christi Stimme vom Himmel erschallen wird. Diese Stimme wird in die Tiefe der Gräber dringen, und die Toten in Christus werden auferstehen. Bei Jesu Auferstehung öffneten sich nur einige Gräber, aber bei Seiner Wiederkunft werden all die kostbaren Toten Seine Stimme hören und zu unvergänglichem Leben aus den Gräbern hervorkommen. Dieselbe göttliche Kraft, die Jesus aus dem Grab rief, wird auch Seine Gemeinde erwecken und sie mit Ihm verherrlichen über alle Fürstentümer, über alle Mächte und über jeden Namen, der genannt ist – nicht nur in dieser, sondern auch in der kommenden Welt.

KAPITEL 82

Auf Grundlage von
Matthäus 28,1.5-8; Markus 16,1-8
Lukas 24,1-12; Johannes 20,1-18

»WARUM WEINST DU?«

Die Frauen, die unter dem Kreuz Jesu gestanden hatten, warteten darauf, dass die Sabbatstunden vergingen. Am ersten Tag der Woche machten sie sich schon sehr früh auf den Weg zum Grab und nahmen kostbare Spezereien mit, um den Körper des Heilandes zu salben. Sie dachten nicht im Geringsten daran, dass Jesus von den Toten auferstanden sein könnte. Die Sonne ihrer Hoffnung war untergegangen und Nacht hatte sich auf ihre Herzen gesenkt. Auf dem Weg zum Grab dachten sie wohl an Jesu Werke der Liebe und an Seine Worte des Trostes, doch sie erinnerten sich nicht an Seine Verheißung: »Ich will euch wiedersehen.« Johannes 16,22 Sie hatten keine Ahnung, was gerade geschah, als sie sich dem Garten näherten. Sie überlegten nur: »Wer wälzt uns den Stein von des Grabes Tür?« Markus 16,3 Sie wussten, dass sie den schweren Stein selbst nicht bewegen konnten, dennoch gingen sie ihren Weg weiter. Da erhellte den Himmel plötzlich ein Glanz, der nicht von der aufgehenden Sonne kam. Die Erde zitterte und bebte. Die Frauen sahen, dass der große Stein zur Seite gewälzt und die Gruft selbst leer war.

Sie waren nicht alle aus derselben Richtung zum Grab gekommen. Maria Magdalena hatte als Erste die Grabstätte erreicht. Als sie nun sah, dass das Grab offen war, eilte sie weg, um es den Jüngern mitzuteilen. Inzwischen hatten auch die anderen Frauen den Garten erreicht. Sie sahen Jesu Grab von einem hellen Licht umleuchtet, aber den Leichnam des Herrn fanden sie nicht. Als sie noch etwas verweilten, bemerkten sie plötzlich, dass sie nicht allein waren. Ein junger Mann in weißem Gewand saß im Innenraum des Grabes. Es war der Engel, der den schweren Stein von der Tür gewälzt hatte. Er hatte Menschengestalt angenommen, um die Freunde Jesu nicht zu beunruhigen. Ihn umleuchtete das Licht der himmlischen Herrlichkeit, und die Frauen fürchteten sich. Sie wollten schon fliehen, als der Engel sie zurückhielt: »Entsetzt euch nicht!«, sprach er zu ihnen. »Ihr sucht Jesus von Nazareth, den Gekreuzigten. Er ist auferstanden, Er ist nicht hier. Siehe da die Stätte, wo sie Ihn hinlegten! Geht aber hin und sagt Seinen Jüngern und Petrus, dass Er vor euch hingehen wird nach Galiläa.«

Markus 16,6f Die Frauen schauten erneut in die Gruft hinein, und abermals hörten sie die wunderbare Botschaft. Noch ein anderer Engel in Menschengestalt war dort, und dieser sagte jetzt: »Was sucht ihr den Lebenden bei den Toten? Er ist nicht hier, er ist auferstanden. Denkt daran, wie er euch gesagt hat, als er noch in Galiläa war: Der Menschensohn muss überantwortet werden in die Hände der Sünder und gekreuzigt werden und am dritten Tag auferstehen.« Lukas 24,5-7

Er ist auferstanden! Er ist auferstanden! Die Frauen wiederholen immer wieder diese Worte. Nun brauchen sie ihre Salben und Spezereien nicht mehr, der Heiland lebt. Jetzt erinnern sie sich auch daran, dass Jesus, als Er von Seinem Tod sprach, ihnen gesagt hat, Er würde auferstehen. Welch ein Tag ist dies für die ganze Welt! Die Frauen eilten vom Grab hinweg »mit Furcht und großer Freude und liefen, um es seinen Jüngern zu verkündigen.« Matthäus 28,8

Maria hatte die Freudenbotschaft noch nicht gehört. Sie befand sich auf dem Weg zu Petrus und Johannes und brachte ihnen die erschütternde Nachricht: »Sie haben den Herrn weggenommen aus dem Grab, und wir wissen nicht, wo sie ihn hingelegt haben.« Johannes 20,2 Die Jünger liefen sofort zum Grab und sahen die Worte Marias bestätigt. Sie erkannten die Leichentücher; aber ihren Herrn selbst fanden sie nicht. Trotzdem gab es Beweise von der Auferstehung des Herrn. Die Grabtücher waren nicht achtlos beiseite geworfen, sondern lagen sorgfältig zusammengelegt jedes an seinem Platz. Johannes »sah und glaubte.« Johannes 20,8 Er hatte zwar noch nicht verstanden, dass Jesus nach der Schrift von den Toten auferstehen müsse, aber er erinnerte sich jetzt aller Worte, die der Heiland von Seiner Auferstehung jemals gesagt hatte.

Der Heiland selbst hatte die Leinentücher sorgfältig zusammengelegt. Als der Engelfürst zum Grab hernieder kam, wurde er von einem Engel begleitet, der gemeinsam mit anderen den Leichnam Jesu bewacht hatte. Während der Engelfürst den schweren Stein hinwegwälzte, betrat der andere Engel das Grab und befreite den Leib des Herrn aus der festen Umhüllung. Aber es war Jesus selbst, der die Tücher faltete und sie an ihren Platz legte. In den Augen dessen, der die Sterne genauso lenkt wie die winzigsten Atome, ist nichts unwichtig. Ordnung und Vollkommenheit sind das Kennzeichen aller Seiner Werke.

Maria war den Jüngern wieder zum Grab gefolgt. Als diese aber nach Jerusalem zurückkehrten, blieb sie zurück. Sie schaute wieder in das leere Grab, und Kummer erfüllte ihr Herz. Da sah sie die zwei Engel im Grab stehen – am Kopfende und am Fußende an der Stelle, wo Jesus gelegen hatte. »Und die sprachen zu ihr: Frau, was weinst du? Sie spricht zu ihnen: Sie haben meinen Herrn weggenommen, und ich weiß nicht, wo sie ihn hingelegt haben.« Johannes 20,13 Daraufhin wandte sie sich von den Engeln ab und meinte, sie müsse jemanden finden, der ihr Auskunft geben könnte, was mit Jesu Leichnam geschehen sei. Da wurde sie von einer anderen Stimme angesprochen: »Frau, was weinst du? Wen suchst du?« Mit durch Tränen verschleiertem Blick erkannte Maria die Gestalt eines Mannes und dachte, es sei der Gärtner, und fragte ihn: »Herr, hast du ihn weggetragen, so sage mir, wo du ihn hingelegt hast, so will ich ihn holen.« Johannes 20,15 Sollte des reichen Mannes Grabstätte zu ehrenvoll gewesen sein für Jesus, dann würde sie selbst einen Platz für Ihn suchen. Sie dachte an das Grab, das Jesus selbst leer machte – das Grab, wo Lazarus gelegen hatte. Könnte sie dort nicht einen guten Ruheort für ihren Herrn finden? Sie fühlte, dass es für sie in ihrem Kummer sehr tröstlich wäre, wenn sie sich um den Leichnam des Gekreuzigten kümmerte.

Doch plötzlich sagte Jesus in der ihr so wohl vertrauten Stimme zu ihr: »Maria!« Da wusste sie, dass es kein Fremder war, der sie so ansprach. Und als sie sich umdrehte, sah sie Christus lebendig vor sich stehen. In ihrer Freude vergaß sie, dass Er inzwischen gekreuzigt worden war. Sie stürzte auf Ihn zu, als wollte sie Seine Füße umschlingen, und rief: »Rabbuni! das heißt: Meister!« Da erhob Jesus Seine Hand und sagte zu ihr: »Rühre mich nicht an! Denn ich bin noch nicht aufgefahren zum Vater. Geh aber hin zu meinen Brüdern und sage ihnen: Ich fahre auf zu meinem Vater und zu eurem Vater, zu meinem Gott und zu eurem Gott.« Johannes 20,16f Und Maria eilte zu den Jüngern, um ihnen die frohe Botschaft zu bringen.

Jesus wollte nicht eher die Huldigung der Seinen entgegennehmen, bis Er die Gewissheit hatte, dass Sein Opfer vom Vater angenommen war. Er stieg zum Himmel empor und empfing von Gott selbst die Zusicherung, dass Seine für die Sünden der Menschheit vollbrachte Versöhnung ausreichend gewesen war, um es allen Menschen zu ermöglichen, durch Sein Blut das ewige Leben zu erlangen. Der Vater bestätigte den mit Christus geschlossenen Bund, dass Er bußfertige und gehorsame Menschen aufnehmen und sie so lieben würde wie Seinen Sohn auch. Christus hatte Sein Werk zu vollenden und Sein Versprechen zu erfüllen, »dass ein Mann kostbarer sein soll als feinstes Gold und ein Mensch wertvoller als Goldstücke aus Ophir.« Jesaja 13,12 Alle Macht im Himmel und auf Erden wurde dem Lebensfürsten gegeben. Er kehrte zurück zu Seinen Nachfolgern in einer sündigen Welt, um ihnen von Seiner Macht und Herrlichkeit mitzuteilen.

Während Jesus in Gottes Gegenwart köstliche Gaben für Seine Gemeinde erhielt, dachten die Jünger an Sein leeres Grab, trauerten und weinten. Der Tag, den der ganze Himmel als Freudentag feierte, war für die Jünger ein Tag der Ungewissheit, der Verwirrung und Unruhe. Ihr Unglaube gegenüber dem Zeugnis der Frauen bewies, wie tief ihr Glaube gesunken war. Die Nachricht von der Auferstehung Christi unterschied sich so sehr von dem, was sie erwartet hatten, dass sie daran nicht glauben konnten. Sie dachten, es sei zu schön, um wahr zu sein. Sie hatten so viel über die Lehren und die sogenannten wissenschaftlichen Theorien der Sadduzäer gehört, dass sie sich von der Auferstehung kein klares Bild mehr machen konnten. Sie wussten kaum noch, was die Auferstehung von den Toten bedeutete, und waren unfähig, das große Ereignis zu fassen. »Geht aber hin«, so hatten die Engel den Frauen aufgetragen, »und sagt seinen Jüngern und Petrus, dass er vor euch hingehen wird nach Galiläa; dort werdet ihr ihn sehen, wie er euch gesagt hat.« Markus 16,7

Die Engel waren während Seines Erdenlebens die Beschützer Jesu gewesen. Sie hatten das Verhör und die Kreuzigung miterlebt und Christi Worte an Seine Jünger gehört. Dies war aus der Botschaft zu ersehen, die sie an die Jünger richteten, und hätte sie von deren Echtheit überzeugen müssen. Solche Worte hatten nur von den Boten des auferstandenen Herrn stammen können. »Sagt [es] seinen Jüngern und Petrus«, hatten die Engel geboten. Seit dem Tod Christi war Petrus, von Gewissensbissen geplagt, sehr niedergeschlagen. Sein schmählicher Verrat am Herrn und der liebevolle und zugleich schmerzbewegte Blick des Heilandes standen ihm Tag und Nacht vor Augen. Von allen Jüngern hatte er am meisten gelitten; nun wurde ihm die Zusicherung gegeben, dass seine Reue angenommen und seine Sünde vergeben war. Er wurde mit Namen genannt.

»Sagt seinen Jüngern und Petrus, dass er vor euch hingehen wird nach Galiläa; da werdet ihr ihn sehen.« Alle Jünger hatten den Herrn im Stich gelassen, und die Aufforderung, ihn wieder zu treffen, schloss sie alle ein, er hatte sie nicht verstoßen. Als Maria Magdalena ihnen erzählte, dass sie den Herrn gesehen hatte, wiederholte sie die Aufforderung, ihn in Galiläa zu treffen. Ein drittes Mal erhielten sie die Botschaft durch die anderen Frauen, denen Jesus erschien, nachdem er zum Vater aufgefahren war. »Seid gegrüßt!«, sagte er zu ihnen. »Und sie traten zu ihm und umfassten seine Füße und fielen vor ihm nieder. Da sprach Jesus zu ihnen: Fürchtet euch nicht! Geht hin und verkündigt es meinen Brüdern, dass sie nach Galiläa gehen: Dort werden sie mich sehen.« Matthäus 28,9f

Nach Seiner Auferstehung bestand Christi erste Aufgabe darin, Seine Jünger von Seiner unverminderten Zuneigung und liebevollen Rücksichtnahme ihnen gegenüber zu überzeugen. Er wollte ihnen beweisen, dass Er ihr lebendiger Heiland war, der die Fesseln des Todes zerrissen hatte und den der Feind, der Tod, nicht hatte halten können. Sie sollten erkennen, dass Er dasselbe Herz voll Liebe besaß wie vorher, als Er, ihr geliebter Meister, unter ihnen geweilt hatte. Deshalb erschien Er ihnen immer wieder und schlang das Band der Liebe noch enger um sie. »Geht hin und verkündigt es meinen Brüdern, dass sie gehen nach Galiläa.« Als die Jünger diese so bestimmt gegebene Anordnung hörten, fielen ihnen Jesu Worte ein, die Seine Auferstehung vorhersagten. Doch auch jetzt freuten sie sich nicht. Sie konnten ihren Zweifel und ihre Verwirrung noch nicht aufgeben. Selbst als die Frauen erklärten, dass sie Jesus gesehen hatten, wollten die Jünger es nicht glauben und meinten, dass jene einer Illusion zum Opfer gefallen wären. Eine Schwierigkeit schien der anderen zu folgen. Am sechsten Tag der Woche hatten sie ihren Meister sterben sehen, am ersten Tag der neuen Woche meinten sie, Sein Leichnam sei geraubt worden, und sie selbst wurden beschuldigt, Ihn gestohlen zu haben, um so das Volk zu täuschen. Sie zweifelten daran, sich jemals von diesem Verdacht befreien zu können, der sich immer mehr verstärkte. Dazu fürchteten sie die Feindschaft der Priester und den Zorn des Volkes. Sie sehnten sich nach Jesu Gegenwart, der ihnen aus jeder schwierigen Situation geholfen hatte.

Oft wiederholten sie die Worte: »Wir aber hofften, er sei es, der Israel erlösen werde.« Lukas 24,21 Allein gelassen und verzagten Herzens dachten sie auch an Jesu Worte: »Denn wenn man das tut am grünen Holz, was wird am dürren werden?« Lukas 23,31

Sie trafen sich im oberen Stockwerk und verschlossen und verriegelten die Türen, wussten sie doch, dass sie jederzeit das Schicksal ihres geliebten Meisters teilen konnten. Wie groß aber hätte zur gleichen Zeit die Freude sein können, weil der Heiland doch auferstanden war! Maria hatte weinend im Garten gestanden, als der Heiland sich bereits hinter ihr befand. Ihre Augen waren so voller Tränen, dass sie Ihn nicht erkannte. Und das Herz der Jünger war so voller Kummer, dass sie weder der Botschaft der Engel noch Christi eigenen Worten zu glauben vermochten.

Wie viele Christen handeln so wie die Jünger damals! Wie viele klagen mit Maria: »Sie haben meinen Herrn weggenommen, und ich weiß nicht, wo sie ihn hingelegt haben«! Johannes 20,13 An wie viele Menschen könnten Jesu Worte gerichtet sein: »Was weinst du? Wen suchst du?« Johannes 20,15 Er steht dicht hinter ihnen, aber ihre tränenverschleierten Augen bemerken Ihn nicht. Er spricht zu ihnen, aber sie verstehen Ihn nicht. Ach, dass sich doch diese gebeugten Häupter aufrichten, die verweinten Augen Ihn sehen und die Ohren Seine Stimme hören möchten! »Geht eilends hin und sagt seinen Jüngern, dass er auferstanden ist von den Toten.« Matthäus 28,7 Fordert sie dazu auf, ihren Blick nicht auf Josephs neues Grab zu richten, das mit einem schweren Stein verschlossen und mit dem römischen Siegel gesichert war. Christus ist nicht dort. Schaut auch nicht zum leeren Grab. Trauert nicht wie solche, die ohne Hoffnung und Hilfe sind. Jesus lebt! Und weil Er lebt, werden auch wir leben. Aus frohem Herzen und von Lippen, die von göttlichem Feuer brennen, soll der Jubelgesang erschallen: Christus lebt! Er lebt, um unser Fürsprecher zu sein. Ergreife diese Hoffnung, und sie wird deine Seele wie ein sicherer und bewährter Anker festhalten. Glaube, *638 [794/795]* und du wirst die Herrlichkeit Gottes sehen!

KAPITEL 83

*Auf Grundlage von
Lukas 24,13-33*

DER WEG NACH EMMAUS

A m späten Nachmittag des Auferstehungstages gingen zwei Jünger nach Emmaus, einer etwa zwölf Kilometer von Jerusalem entfernt liegenden Kleinstadt. Diese Jünger waren im Dienst Jesu nicht weiter in Erscheinung getreten, dennoch konnten sie als ernste Gläubige gelten. Nach Jerusalem gekommen, um das Passahfest zu feiern, waren sie bestürzt wegen der Ereignisse, die kürzlich geschehen waren. Sie hatten am Morgen die Nachricht gehört, dass Jesu Leib aus dem Grab verschwunden sei, und hatten auch den Bericht der Frauen vernommen, die die Engel gesehen und Jesus getroffen hatten. Jetzt kehrten sie wieder nach Hause zurück, um über alles nachzusinnen und zu beten. Mit traurigen Gedanken gingen sie ihren abendlichen Weg dahin und unterhielten sich über das Verhör und die Kreuzigung. Noch nie waren sie so sehr entmutigt gewesen. Verzweifelt und verzagt wanderten sie im Schatten des Kreuzes.

Sie waren noch nicht weit gekommen, da gesellte sich ein Fremder zu ihnen. Sie waren aber so sehr in ihrer Schwermut und Enttäuschung gefangen, dass sie diesen Fremden nicht näher betrachteten. Sie unterhielten sich weiter und tauschten ihre Gedanken aus. Sie besprachen die Lehren, die ihnen Jesus erteilt hatte und die sie nicht zu verstehen schienen. Als sie wieder auf die jüngsten Ereignisse zu sprechen kamen, sehnte sich Jesus danach, sie zu trösten. Er sah ihren tiefen Kummer und verstand die widerstreitenden, wirren Gedanken, die in ihnen die Frage aufkommen ließen: Konnte dieser Mann, der sich so sehr erniedrigen ließ, der Christus sein? Sie konnten ihren Kummer nicht mehr zurückhalten und weinten. Jesus wusste, dass sie Ihn sehr liebten. Er wollte so gerne ihre Tränen abwischen und sie mit Fröhlichkeit und Jubel erfüllen. Aber zuerst musste Er ihnen einige Lehren erteilen, die sie nicht mehr vergessen würden.

»Er sprach aber zu ihnen: Was sind das für Dinge, die ihr miteinander verhandelt unterwegs? Da blieben sie traurig stehen. Und der eine, mit Namen Kleopas, antwortete und sprach zu Ihm: Bist du der Einzige unter den Fremden in Jerusalem, der nicht weiß, was in diesen Tagen dort geschehen ist?« Sie erzählten Ihm nun von ihrer Enttäuschung über den Meister, »der ein

Prophet war, mächtig in Taten und Worten vor Gott und allem Volk«; aber die »Hohepriester und Obersten«, sagten sie, haben ihn »zur Todesstrafe überantwortet und gekreuzigt.« Mit vor Enttäuschung wundem Herzen und mit zitternden Lippen fügten sie hinzu: »Wir aber hofften, er sei es, der Israel erlösen würde. Und über das alles ist heute der dritte Tag, dass dies geschehen ist.« Lukas 24,17-21

Wie seltsam, dass sich die Jünger nicht an Jesu Worte erinnerten und auch nicht daran dachten, dass Er die Ereignisse der letzten Tage vorhergesagt hatte! Sie machten sich nicht bewusst, dass sich der letzte Teil Seiner Weissagung genauso erfüllen würde wie der erste und dass Er schließlich am dritten Tag auferstünde. Daran hätten sie denken müssen. Sogar die Priester und Obersten hatten es nicht vergessen. Am Tag, »der auf den Rüsttag folgt, kamen die Hohepriester und Pharisäer zu Pilatus und sprachen: Herr, wir haben daran gedacht, dass dieser Verführer sprach, als er noch lebte: Ich will nach drei Tagen auferstehen.« Matthäus 27,62f Die Jünger aber hatten sich an diese Worte nicht erinnert. »Und er sprach zu ihnen: O ihr Toren, zu trägen Herzens, all dem zu glauben, was die Propheten geredet haben! Musste nicht Christus dies erleiden und in seine Herrlichkeit eingehen?« Lukas 24,25f Die Jünger fragten sich erstaunt, wer dieser Fremde sei, der das Innere ihres Wesens ergründen konnte und mit solchem Ernst, mit solcher Zärtlichkeit und Teilnahme und dabei doch so hoffnungsvoll zu ihnen sprach. Zum ersten Mal seit dem Verrat Jesu fassten sie wieder etwas Mut. Oft blickten sie ihren Begleiter ernst an und dachten, dass seine Aussagen genau den Worten entsprachen, die Jesus gesprochen hatte. Höchstes Erstaunen erfasste sie, und ihre Herzen begannen in freudiger Erwartung schneller zu schlagen. Beginnend beim Buch Mose, dem Anfang der biblischen Geschichte, erklärte Ihnen Christus alle Schriftstellen, die sich auf Ihn bezogen. Hätte Er sich ihnen sofort zu erkennen gegeben, wären sie zufrieden gewesen, und in der Fülle ihrer Freude würden sie nichts weiter verlangt haben. Und doch war es für sie notwendig, die Sinnbilder und Weissagungen des Alten Testamentes zu verstehen, die auf Jesus hindeuteten, denn darauf sollte ihr Glaube ja gegründet sein. Christus tat kein Wunder, um sie zu überzeugen, sondern Er sah es als Seine erste Aufgabe an, ihnen die heiligen Schriften zu erklären.

Sie hatten Seinen Tod als Vernichtung all ihrer Hoffnungen angesehen, und nun zeigte Jesus ihnen aus den Propheten, dass gerade Sein Kreuzestod der stärkste Beweis für ihren Glauben sei. Indem Jesus jene Jünger lehrte, wies Er auf die Wichtigkeit des Alten Testamentes hin als ein Zeugnis Seiner Sendung. Viele angebliche Christen legen heute das Alte Testament zur Seite und behaupten, dass es nicht länger von Bedeutung sei. Doch dies lehrte Christus keineswegs. Er selbst schätzte es so hoch, dass Er einmal sagte: »Hören sie Mose und die Propheten nicht, so werden sie sich auch nicht überzeugen lassen, wenn jemand von den Toten auferstünde.« Lukas 16,31 Es ist die Stimme Christi, die durch den Mund der Patriarchen und Propheten von Adam an bis zur Endzeit hin spricht. Der Heiland wird im Alten Testament genauso klar offenbart wie im Neuen Testament. Gerade das Licht der prophetischen Vergangenheit lässt das Leben Jesu und die Lehren des Neuen Testaments in aller Wahrheit und Schönheit hervortreten. Wohl ist Christi Wunderwirken ein Beweis Seiner Gottheit, aber ein bedeutend stärkerer Beweis, dass Er der Erlöser der Welt ist, wird durch den Vergleich der alttestamentlichen Prophezeiungen mit der Geschichte des Neuen Testamentes erbracht.

Anhand der alttestamentlichen Prophezeiungen gab Jesus den Jüngern ein genaues Bild davon, welche Aufgabe Er in menschlicher Gestalt übernehmen sollte. Ihre Erwartung eines Messias, der Seinen Thron und Seine Herrschermacht in Übereinstimmung mit menschlichen Wünschen aufrichten müsste, hatte sie in die Irre geführt. Diese Auffassung wirkte sich störend darauf aus, Sein Herabsteigen von der höchsten bis zu niedrigsten Stellung, die überhaupt eingenommen werden konnte, recht zu begreifen. Christus wünschte, dass die Vorstellungen Seiner Jünger in jeder Hinsicht klar und wahr wären. Sie mussten soweit wie möglich alles verstehen lernen, was mit dem Leidenskelch zusammenhing, der Ihm bestimmt worden war. Er zeigte ihnen, dass der schreckliche Kampf, den sie jetzt noch nicht begreifen konnten, die Erfüllung des Bundes bedeutete, der vor Grundlegung der Welt beschlossen worden war. Christus musste sterben, wie jeder Gesetzesübertreter sterben muss, wenn er in seiner Sünde beharrt. Dies war also notwendig, aber das Ende soll keine Niederlage, sondern ein herrlicher, ewiger Sieg sein. Jesus sagte ihnen auch, dass jede Anstrengung gemacht werden muss, um die Welt von der Sünde zu befreien. Seine Nachfolger müssen leben, wie Er gelebt, und wirken, wie Er gewirkt hat – mit ernstem und beharrlichem Eifer.

So sprach der Herr mit den Jüngern und öffnete ihr geistiges Verständnis, damit sie die heiligen Schriften verstehen konnten. Obwohl die Jünger müde waren, erlahmte die Unterhaltung nicht. Worte des Lebens und der Zuversicht flossen von den Lippen des Heilandes. Aber ihre Augen wurden noch gehalten. Als Er ihnen von der Zerstörung Jerusalems erzählte, blickten sie auf die verurteilte Stadt und weinten. Auch jetzt noch ahnten sie kaum, wer ihr Weggefährte war. Sie dachten nicht, dass der Herr, von dem sie gesprochen hatten, an ihrer Seite ging, denn Jesus sprach von sich selbst, als wäre Er ein anderer. Sie hielten Ihn für einen der Besucher, die zum Passahfest gekommen waren und nun wieder heimwärts zogen. Er ging ebenso vorsichtig wie sie über die spitzen Steine und hielt ab und zu mit ihnen an, um von der Mühe des Weges auszuruhen. So schritten sie auf dem bergigen Weg voran, während der Eine neben ihnen herging, der bald Seine Stellung zur Rechten Gottes einnehmen würde und der von sich sagen konnte: »Mir ist gegeben alle Gewalt im Himmel und auf Erden.« Matthäus 28,18

Währenddessen war die Sonne untergegangen, und bevor die Reisenden ihr Heim erreichten, hatten die Bauern auf dem Feld ihre Arbeit verlassen. Als die Jünger ihr Haus betreten wollten, schien es, als wolle der Fremde seine Reise fortsetzen. Doch die Jünger fühlten sich zu Ihm hingezogen, und sie sehnten sich danach, mehr von Ihm zu hören. Sie baten Ihn: »Bleibe bei uns.« Der Herr aber schien die Einladung nicht annehmen zu wollen; darum nötigten sie Ihn dringender: »Denn es will Abend werden, und der Tag hat sich geneigt.« Da gab Jesus ihrer Bitte nach und »er ging hinein, bei ihnen zu bleiben.« Lukas 24,29

Hätten die Jünger den Herrn nicht so dringend genötigt, so würden sie nicht erfahren haben, dass ihr Reisegefährte der auferstandene Herr gewesen war. Christus drängt Seine Gemeinschaft niemandem auf. Er nimmt sich aber aller an, die Ihn brauchen. Gern tritt Er in die bescheidenste Hütte und erfreut das Herz des Allergeringsten. Sind die Menschen aber zu gleichgültig, um an den himmlischen Gast zu denken oder Ihn zu bitten, bei ihnen zu bleiben, so geht Er weiter. Viele erleiden auf diese Weise einen großen Verlust. Sie kennen dann Christus nicht besser als die Jünger auf dem Weg nach Emmaus.

Ein einfaches Abendessen ist bald bereitet und wird dem Gast vorgesetzt, der am Kopfende des Tisches Platz genommen hat. Da streckt Jesus Seine Hand aus und segnet die Speise. Die Jünger stutzen. Ihr Begleiter breitet die Hände genauso aus, wie es ihr Meister zu tun pflegte. Sie blicken wieder hin – und siehe da, sie erkennen die Nägelmale an Seinen Händen. Beide rufen zugleich aus: Es ist der Herr Jesus! Er ist von den Toten auferstanden!

Sie erheben sich, um Ihm zu Füßen zu fallen und Ihn anzubeten, aber Er ist ihren Blicken entschwunden. Sie schauen auf den Platz, auf dem der gesessen hat, dessen Körper vor Kurzem noch im Grab ruhte, und sagen zueinander: »Brannte nicht unser Herz in uns, als er mit uns redete auf dem Wege und uns die Schrift öffnete?« Lukas 24,32 Mit solch großer Neuigkeit, die mitzuteilen ist, können sie nicht einfach sitzen und reden. Müdigkeit und Hunger sind vergessen. Sie lassen ihre Mahlzeit unberührt, und voller Freude brechen sie sofort auf und eilen den gleichen Weg, den sie kamen, wieder in die Stadt zurück, um den Jüngern diese Botschaft zu bringen. An einigen Stellen ist der Weg unsicher, aber sie klettern über schroffe Steine und eilen auf glattem Fels dahin. Sie sehen und wissen nicht, dass sie unter dem Schutz dessen stehen, der vorher mit ihnen diesen Weg gegangen ist. Mit dem Stab in der Hand drängen sie vorwärts und möchten gern noch schneller gehen, als sie es jetzt schon wagen. Sie verlieren ihren Pfad und finden ihn wieder. Manchmal rennend, manchmal stolpernd, eilen sie weiter mit ihrem unsichtbaren Begleiter während der ganzen Wegstrecke an ihrer Seite.

Die Nacht ist dunkel, aber die Sonne der Gerechtigkeit scheint auf die eilenden Jünger. Ihr Herz droht vor Freude zu zerspringen. Sie fühlen sich wie in einer neuen Welt, haben sie doch erfahren: Christus ist ein lebendiger Heiland! Sie brauchen Ihn nicht länger als Toten zu betrauern. Er ist auferstanden – immer und immer wieder sagen sie es vor sich hin. Diese Botschaft dürfen sie den Trauernden bringen. Sie müssen ihnen die wunderbare Geschichte von ihrem Weg nach Emmaus erzählen. Sie müssen berichten, wer sich ihnen auf dem Weg angeschlossen hat. So tragen sie die größte Botschaft, die je der Welt gegeben wurde – eine frohe Botschaft, auf der alle Hoffnung der menschlichen Familie für Zeit und Ewigkeit ruht.

KAPITEL 84

»*FRIEDE* sei mit *Euch!*«

E ndlich haben die beiden Jünger Jerusalem erreicht. Sie gehen durch das
östliche Tor, das bei festlichen Gelegenheiten nachts geöffnet ist. In den
Häusern ist alles dunkel und still, aber die beiden Wanderer finden ihren
Weg durch die engen Gassen beim Schein des aufgehenden Mondes. Sie gehen zu dem Obergemach, in dem Jesus den letzten Abend vor Seinem Tod verbrachte. Sie wissen, dass sie hier ihre Brüder finden werden. So spät es auch
ist, wissen sie, dass die Jünger doch nicht eher zur Ruhe gehen werden, als sie
Genaues über den Verbleib des Leichnams ihres Herrn erfahren. Die Tür zum
Gemach ist fest verschlossen. Sie klopfen an, aber keine Antwort erfolgt – alles
bleibt still. Dann nennen sie ihre Namen, und endlich wird vorsichtig die Tür
entriegelt. Sie treten ein und mit ihnen noch ein anderer, ein unsichtbarer Gast.
Dann wird die Tür wieder verriegelt, um Spione fernzuhalten.

Die Wanderer finden alle in höchster Erregung. Die im Raum versammelt
sind, stimmen immer wieder ein Lobpreis und Dank an und rufen: »Der Herr ist
wahrhaftig auferstanden und Simon erschienen.« Lukas 24,34 Die Männer von
Emmaus, von ihrem eiligen Marsch noch ganz außer Atem, erzählen darauf die
wunderbare Geschichte, wie Jesus ihnen erschienen ist. Sie haben gerade ihren
Bericht beendet, und einige meinen noch, sie könnten es nicht glauben, da es zu
schön wäre, um wahr zu sein, als auf einmal noch eine andere Gestalt vor ihnen
steht. Aller Augen richten sich auf den Fremden. Niemand hat um Einlass gebeten, keine Schritte wurden vernommen. Die Jünger sind bestürzt und fragen sich,
was das bedeuten solle. Doch da hören sie eine Stimme, die keinem anderen
gehört als ihrem Meister Jesus Christus. Klar und deutlich kommen die Worte
von Seinen Lippen: »Friede sei mit euch!« »Sie erschraken aber und fürchteten
sich, meinten, sie sähen einen Geist. Und er sprach zu ihnen: Was seid ihr so
erschrocken, und warum kommen solche Gedanken in euer Herz? Seht meine
Hände und meine Füße, ich bin's selbst. Fasst mich an und seht; denn ein Geist
hat nicht Fleisch und Knochen, wie ihr seht, dass ich sie habe. Und als er das
gesagt hatte, zeigte er ihnen die Hände und die Füße.« Lukas 24,37-

40 Die Jünger blickten auf Seine grausam durchbohrten Hände und Füße. Sie erkannten auch Seine Stimme, die ihnen wie keine andere in Erinnerung geblieben war. »Als sie aber noch nicht glaubten vor Freude und sich verwunderten, sprach er zu ihnen: Habt ihr hier etwas zu essen? Und sie legten ihm ein Stück gebratenen Fisch vor. Und er nahm's und aß vor ihnen.« »Da wurden die Jünger froh, dass sie den Herrn sahen.« Lukas 24,41-43; Johannes 20,20 An Stelle ihres Zweifels traten Freude und Glauben. Mit Empfindungen, die nicht mehr in Worte zu kleiden waren, bekannten sie sich zu ihrem auferstandenen Heiland.

Bei Jesu Geburt hatte der Engel den Menschen Frieden und Wohlgefallen verkündigt. Nun, da Jesus zum ersten Mal nach Seiner Auferstehung den Jüngern erschien, begrüßte Er sie mit dem Wort: »Friede sei mit euch!« Jesus ist immer bereit, inneren Frieden zu schenken, deren Seelen mit Zweifeln und Ängsten erfüllt sind. Er wartet darauf, dass wir Ihm unser Herz öffnen und zu Ihm sagen: Bleibe bei uns! Er spricht: »Siehe, ich stehe vor der Tür und klopfe an. So jemand meine Stimme hören wird und die Tür auftun, zu dem werde ich hineingehen und das Abendmahl mit ihm halten und er mit mir.« Offb. 3,20

Die Auferstehung Jesu war ein Sinnbild der Auferstehung von allen, die in Ihm schlafen. Das Aussehen des auferstandenen Heilandes, Sein Wesen und Seine Art zu sprechen waren Seinen Jüngern vertraut. Wie Jesus von den Toten auferstand, so werden alle, die in Ihm ruhen, auch auferstehen. Wir werden unsere Freunde wiedererkennen, wie die Jünger Jesus erkannten. Mögen sie im irdischen Leben verunstaltet, krank und verkrüppelt gewesen sein – sie werden schön gestaltet und in vollkommener Gesundheit auferstehen. Und doch wird in dem verklärten Leib ihre Identität vollständig gewahrt sein. »Dann aber werde ich erkennen, wie ich erkannt bin.« 1.Korinther 13,12 In Angesichtern, die in dem von Jesu Antlitz ausgehenden Licht hell glänzen werden, werden wir die Züge unserer Lieben wiedererkennen.

Als Jesus Seinen Jüngern erschien, erinnerte Er sie an die Worte, die Er vor Seinem Tod zu ihnen gesprochen hatte, dass sich nämlich alles erfüllen müsse, was im Gesetz Moses, in den Propheten und in den Psalmen über Ihn geschrieben stehe. »Da öffnete er ihnen das Verständnis, sodass sie die Schrift verstanden, und sprach zu ihnen: So steht's geschrieben, dass Christus leiden wird und auferstehen von den Toten am dritten Tage; und dass gepredigt wird in seinem Namen Buße zur Vergebung der Sünden unter allen Völkern. Fangt an in Jerusalem und seid dafür Zeugen.« Lukas 24,45-48

Die Jünger fingen an, das Wesen und den Umfang ihrer Aufgabe zu begreifen. Sie sollten der Welt die herrlichen Wahrheiten verkündigen, die Jesus ihnen anvertraut hatte. Die Ereignisse Seines Lebens, Sein Tod, Seine Auferstehung, die Weissagungen, die darauf hinwiesen, die Heiligkeit des Gesetzes Gottes, das Geheimnis des Erlösungsplanes, die Macht Christi zur Vergebung der Sünden – all dies konnten sie aus eigener Erfahrung und Anschauung bezeugen. Nun sollten sie es der Welt bekannt machen. Sie sollten das Evangelium des Friedens und der Erlösung durch Buße und die Kraft des Heilandes verkündigen.

»Und als er das gesagt hatte, blies er sie an und sprach zu ihnen: Nehmt hin den Heiligen Geist! Welchen ihr die Sünden erlasst, denen sind sie erlassen; und welchen ihr sie behaltet, denen sind sie behalten.« Johannes 20,22f Der Heilige Geist war noch nicht offenbart, denn Christus war noch nicht verherrlicht worden. Die volle Gabe des Heiligen Geistes wurde ihnen nicht vor der Himmelfahrt des Herrn zuteil. Erst wenn sie Ihn empfangen hatten, konnten sie ihren Auftrag ausführen, der Welt das Evangelium zu verkündigen. Jetzt erhielten sie den Heiligen Geist aus einem besonderen Grund. Bevor die Jünger ihre Aufgabe in der Gemeinde erfüllen konnten, gab Jesus ihnen erst Seinen Geist. Er vertraute ihnen damit eine besonders heilige Gabe an und wollte ihnen die Tatsache einprägen, dass sie ohne diesen Geist ihren Dienst nicht ausführen konnten.

Der Heilige Geist ist der Atem des geistlichen Lebens in der Seele. Jemanden mit dem göttlichen Geist auszurüsten bedeutet, ihn mit dem Leben Christi zu füllen. Der Geist durchdringt den Empfänger mit den Eigenschaften Christi. Nur wer auf diese Weise von Gott unterwiesen ist, wer die nach innen gerichtete Wirksamkeit des Geistes spürt und in wem sich das christusähnliche Leben offenbart, der kann als Bevollmächtigter der Gemeinde dienen.

»Welchen ihr die Sünden erlasst«, sagte Christus, »denen sind sie erlassen; und welchen ihr sie behaltet, denen sind sie behalten.« Johannes 20,22f Der Herr gibt damit niemandem die Freiheit, über andere ein Urteil zu fällen. Schon in der Bergpredigt forderte Jesus Seine Zuhörer auf, diese Angewohnheit zu lassen, denn das Richten steht allein Gott zu. Der Gemeinde aber als Organisation ist vom Herrn eine Verantwortung für jedes einzelne Mitglied auferlegt. Gegenüber denen, die in Sünde fallen, hat die Gemeinde die Pflicht, zu warnen, zu belehren und, falls es möglich ist, zu bessern. »Weise zurecht, drohe, ermahne mit aller Geduld und Lehre«, 2.Timotheus 4,2 sagt der Herr. Bleibe ehrlich gegenüber jedem Unrecht. Warne jeden, der in Gefahr ist. Überlasse niemanden dem Selbstbetrug und nenne die Sünde bei ihrem richtigen Namen. Verkündige, was Gott über die Lüge, über das Brechen des Sabbats, über Stehlen, Abgötterei und jede andere Sünde gesagt hat: »Die solches tun, werden das Reich Gottes nicht erben.« Galater 5,21 Wenn sie aber in ihrer Sünde beharren, wird das Gericht, das du ihnen aus der Heiligen Schrift angekündigt hast, im Himmel über sie ausgesprochen werden. Indem sie beschließen zu sündigen, verstoßen sie Christus. Die Gemeinde

muss zeigen, dass sie deren Taten nicht gutheißt, oder sie selbst entehrt ihren Herrn. Sie muss über die Sünde ebenso urteilen wie Gott. Sie muss die Übertretungen genauso behandeln, wie Gott es vorgeschrieben hat, dann wird ihre Handlungsweise im Himmel bestätigt werden. Wer die Vollmacht der Gemeinde verachtet, der verachtet damit die Autorität Christi.

Doch diese Darstellung hat noch eine angenehmere Seite. »Welchen ihr die Sünden erlasst, denen sind sie erlassen.« Johannes 20,23 Dieser Gedanke soll überwiegen. Blickt bei der Arbeit für die Irrenden mit beiden Augen auf den Heiland! Die Hirten sollten die Herde von des Herrn Weide mit liebevoller Fürsorge leiten. Den Irrenden sollten sie von der vergebenden Gnade des Herrn erzählen und den Sünder ermutigen, seine Taten zu bereuen und an den zu glauben, der vergeben kann. Lasst die Diener Gottes im Namen des göttlichen Wortes verkünden: »Wenn wir aber unsre Sünden bekennen, so ist er treu und gerecht, dass er uns die Sünden vergibt und reinigt uns von aller Ungerechtigkeit.« 1.Johannes 1,9 Alle Reumütigen haben die Zusicherung: »Er wird sich unser wieder erbarmen, unsere Schuld unter die Füße treten und alle unsere Sünden in die Tiefen des Meeres werfen.« Micha 7,19

Mit dankbarem Herzen sollte die Reue des Sünders von der Gemeinde angenommen, der Bußfertige aus der Finsternis des Unglaubens in das Licht des Glaubens und der Gerechtigkeit geführt und seine zitternde Hand in die ihm liebevoll dargebotene Hand Jesu gelegt werden. Solch eine Art der Vergebung wird im Himmel gutgeheißen. Nur in diesem Sinne besitzt die Gemeinde die Macht, dem Sünder zu vergeben, denn das Lösen von der Sünde kann nur durch die Verdienste von Christus erreicht werden. Weder einem Menschen noch einer Vereinigung von Menschen ist die Macht gegeben, die Seele von Schuld zu befreien. Christus beauftragte Seine Jünger, die Vergebung der Sünden in Seinem Namen allen Völkern zu predigen, aber sie selbst waren nicht ermächtigt worden, auch nur die geringste Sünde wegzunehmen. In Jesu Namen allein ist Heil, und es ist auch »kein andrer Name unter dem Himmel den Menschen gegeben, durch den wir sollen selig werden.« Apostelgeschichte 4,12

Als Jesus zum ersten Mal Seinen Jüngern im Obergemach erschienen war, hatte Thomas gefehlt. Er hörte zwar die Berichte der anderen und erhielt genügend Beweise für die Auferstehung des Herrn, dennoch erfüllten Schwermut und Unglaube sein Herz. Als er die Jünger von den wunderbaren Bekundungen des auferstandenen Heilandes erzählen hörte, stürzte ihn das nur noch in tiefere Verzweiflung. Wenn Jesus wirklich von den Toten auferstanden wäre, dann bestünde fortan keine Hoffnung mehr auf ein buchstäblich irdisches Königreich. Auch verletzte es seine Eitelkeit, wenn er daran dachte, dass sein Meister sich allen Jüngern außer ihm offenbart haben sollte. Er war daher entschlossen, das Gehörte nicht zu glauben, und brütete eine ganze Woche lang über seinem Elend, das ihm im Gegensatz zu der Hoffnung und dem Glauben seiner Brüder umso dunkler erschien. Während dieser Zeit hatte Thomas wiederholt erklärt: »Wenn ich nicht in seinen Händen die Nägelmale sehe und meinen Finger in die Nägelmale lege und meine Hand in seine Seite lege, kann ich's nicht glauben.« Johannes 20,25 Er wollte nicht durch die Augen seiner Brüder sehen oder einen Glauben üben, der sich auf ihr Zeugnis stützte. Er liebte seinen Herrn von ganzem Herzen, aber er hatte Eifersucht und Unglauben in sein Herz und in seine Gedankenwelt eindringen lassen.

Einem Teil der Jünger diente das vertraute obere Gemach als vorläufige Unterkunft, und abends versammelten sich dort alle außer Thomas. Eines Abends entschied sich auch Thomas, mit den anderen Jüngern zusammenzukommen. Trotz seines Unglaubens hegte er die schwache Hoffnung, dass jene gute Nachricht doch wahr sein könnte. Während des Abendessens sprachen die Jünger über die Beweise, die Jesus ihnen in den Prophezeiungen gegeben hatte. Plötzlich »kommt Jesus, als die Türen verschlossen waren, und tritt mitten unter sie und spricht: Friede sei mit euch«! Johannes 20,26

Dann blickte Er zu Thomas und sagte: »Reiche einen Finger her und siehe meine Hände und reiche deine Hand her und lege sie in meine Seite und sei nicht ungläubig, sondern gläubig!« Johannes. 20,27

Diese Worte zeigten, dass dem Herrn die Gedanken und Worte des Thomas gut bekannt waren. Der zweifelnde Jünger wusste, dass niemand seiner Mitjünger den Herrn in der vergangenen Woche gesehen hatte. Sie konnten Jesus nichts von seinem Unglauben erzählt haben. Da erkannte er seinen Herrn und wollte keinen weiteren Beweis. In überströmender Freude warf er sich Jesus zu Füßen und rief: »Mein Herr und mein Gott!« Johannes 20,28

Jesus nahm sein Bekenntnis an, tadelte ihn aber mit freundlicher Milde wegen seines Unglaubens: »Weil du mich gesehen hast, Thomas, darum glaubst du. Selig sind, die nicht sehen und doch glauben!« Johannes 20,29

Das Glaubensbekenntnis von Thomas hätte den Heiland mehr gefreut, würde er dem Zeugnis seiner Brüder geglaubt haben. Folgte die Welt heute dem Beispiel von Thomas, dann glaubte niemand an die Erlösung, denn alle, die Christus annehmen, müssen sich auf das Zeugnis anderer stützen.

Viele, die zum Zweifel neigen, entschuldigen sich damit, dass sie behaupten, sie würden gewiss glauben, wenn sie den Beweis bekämen, den Thomas von seinen Gefährten bekommen hatte. Sie erkennen aber nicht, dass sie nicht nur diesen Beweis, sondern noch weitaus mehr Zeugnisse haben. Viele, die ähnlich wie Thomas darauf warten, dass ihnen jeder Anlass zum Zweifel aus dem Weg geräumt wird, werden nie ihre Wünsche verwirklicht sehen. Allmählich werden sie immer tiefer in den Unglauben verstrickt. Wer sich dazu erzieht, nur auf die schwierige Seite zu schauen, zu murren und zu klagen, erkennt nicht, was er tut. Er sät den Samen des Zweifels und wird auch eine Ernte des Zweifels einbringen. In einer Zeit, in der Glaube und Vertrauen besonders wichtig sind, werden sich so viele nicht in der Lage sehen, zu hoffen und zu glauben.

Durch Sein Verhalten gegenüber Thomas gab Jesus Seinen Nachfolgern eine gute Lehre. Sein Beispiel zeigt uns, wie wir die Schwachen im Glauben und die Zweifler behandeln sollen. Jesus überhäufte Thomas nicht mit Vorwürfen, noch ließ Er sich mit ihm auf Streitfragen ein. Er offenbarte sich dem Zweifelnden. Thomas hatte äußerst unvernünftig gehandelt, als er vorschrieb, unter welchen Bedingungen er glauben wolle. Jesus aber brach durch Seine großmütige Liebe und Rücksicht alle Schranken nieder. Der Unglaube wird selten durch Wortgefechte überwunden. Er greift gewöhnlich zur Selbstverteidigung und findet immer neue Unterstützung und Entschuldigungsgründe. Doch lasst Jesus in Seiner Liebe und Barmherzigkeit als den gekreuzigten Heiland offenbart werden, und viele einst unwillige Lippen werden das Bekenntnis des Thomas nachsprechen: »Mein Herr und mein Gott!«

KAPITEL 85

*Auf Grundlage von
Johannes 21,1-22*

NOCH EINMAL AM SEE GENEZARETH

C hristus hatte mit Seinen Jüngern vereinbart, sie in Galiläa zu treffen; und bald nach dem Ende der Passahwoche machten sie sich dorthin auf. Ihre Abwesenheit von Jerusalem während des Passahfestes wäre als Abneigung und Abfall gedeutet worden. Deshalb blieben sie bis zum Schluss der Festwoche und eilten dann erst freudig heimwärts, um ihren Herrn zu treffen, wie Er es geboten hatte. Sieben der Jünger wanderten zusammen. Sie waren in das schlichte Gewand der Fischer gekleidet. Wohl waren sie arm an irdischen Gütern, doch reich in der Erkenntnis und im Ausleben der Wahrheit, was ihnen in himmlischer Sicht den höchsten Rang als Lehrer eintrug. Sie hatten zwar keine Prophetenschulen besucht, waren aber drei Jahre lang von dem besten Erzieher, den die Welt je gekannt hat, unterrichtet worden. Unter Seinem Einfluss waren sie edler, verständiger und vollkommener geworden – Werkzeuge, durch die andere Menschen zur Erkenntnis der Wahrheit geführt werden konnten.

Die meiste Zeit, die Jesu Lehrtätigkeit einnahm, hatten sie in der Nähe des Sees Genezareth verbracht. Als die Jünger sich an einem Ort versammelten, wo sie kaum gestört werden konnten, sahen sie sich immer wieder durch die Umgebung an Jesus und Seine mächtigen Taten erinnert. Auf diesem See war Er ihnen, auf den Wellen schreitend, zu Hilfe gekommen, als ihre Herzen sich fürchteten und der wilde Sturm sie dem Untergang entgegen trieb. Hier war der Sturm durch Sein Wort gestillt worden. Sie konnten den Strand überschauen, wo mehr als zehntausend Menschen mit wenigen kleinen Broten und Fischen gespeist worden waren. Nicht weit davon entfernt lag Kapernaum, der Schauplatz so vieler Wunder. Als die Jünger nun die Landschaft betrachteten, waren sie in Gedanken ganz bei ihrem Heiland.

Es war ein angenehmer Abend, und Petrus, der sich noch viel von seiner einstigen Begeisterung für Boote und Fischfang bewahrt hatte, machte den Vorschlag, auf den See hinauszufahren und die Netze auszuwerfen. Alle waren mit seinem Plan einverstanden, denn sie brauchten Nahrung und Kleidung, und der

Erlös aus einem erfolgreichen nächtlichen Fischzug würde ihren

Bedarf decken. So fuhren sie in ihrem Boot hinaus, doch sie fingen nichts. Sie plagten sich die ganze Nacht – ohne Erfolg. Während jener langen Nachtstunden unterhielten sie sich über ihren abwesenden Herrn und riefen sich die wunderbaren Ereignisse ins Gedächtnis zurück, die sie in der Zeit Seines öffentlichen Dienstes am See erlebt hatten. Sie fragten sich, was die Zukunft ihnen bringen würde, und der Ausblick auf die kommende Zeit machte sie traurig. Die ganze Zeit über folgte ihnen vom Ufer aus ein einsamer Beobachter mit Seinen Blicken, während Er selbst unbemerkt blieb. Endlich dämmerte der Morgen. Das Boot war dem Ufer schon sehr nahe gekommen, und jetzt sahen die Jünger einen Fremden am Strand stehen, der sie mit den Worten ansprach: »Kinder, habt ihr nichts zu essen?« Als sie die Frage verneinten, sagte der Fremde zu ihnen: »Werft das Netz aus zur Rechten des Bootes, so werdet ihr finden. Da warfen sie es aus und konnten's nicht mehr ziehen wegen der Menge der Fische.« Johannes 21,5f

Johannes aber erkannte den Fremden und rief Petrus zu: »Es ist der Herr!« Petrus war so übermütig und so voller Freude, dass er sich ungeduldig gleich vom Boot aus ins Wasser warf und bald neben seinem Herrn stand. Die anderen Jünger fuhren im Boot heran und zogen das mit Fischen gefüllte Netz hinter sich her. »Als sie nun ans Land stiegen, sahen sie ein Kohlenfeuer und Fische darauf und Brot.« Johannes 21,7.9 Sie waren zu überrascht, um zu fragen, woher das Feuer und die Speise stammten. Jesus sagte zu ihnen: »Bringt von den Fischen, die ihr jetzt gefangen habt!« Johannes 21,10 Da rannte Petrus zu dem Netz, das er hatte fallen lassen, und half seinen Brüdern, es an Land zu ziehen. Nachdem sie diese Arbeit erledigt hatten und alle Vorbereitungen getroffen waren, bat Jesus Seine Jünger, mit Ihm zu speisen. Er brach das Brot und verteilte es unter sie und wurde nunmehr von allen sieben erkannt und anerkannt. Das Wunder von der Speisung der 5000 am Berghang kam ihnen auf einmal wieder ins Gedächtnis; doch zeigten sie eine merkwürdige Scheu, und schweigend schauten sie den auferstandenen Heiland an.

Lebhaft erinnerten sie sich an das Geschehen am See, als Jesus ihnen geboten hatte, Ihm zu folgen. Sie dachten daran, wie sie auf Seinen Befehl hin auf den See hinausgefahren waren und ihre Netze ausgeworfen hatten und wie der Fischzug eine so reiche Beute erbracht hatte, dass die Netze zu zerreißen drohten. Dann waren sie von Jesus aufgefordert worden, ihre Fischerboote zu verlassen, und Er hatte ihnen versprochen, aus ihnen Menschenfischer zu machen. Um ihnen dieses Erlebnis wieder lebendig werden zu lassen und dessen Eindruck zu vertiefen, hatte Er abermals das Wunder des Fischzuges vollbracht. Dieses Wunder stellte eine Erneuerung des göttlichen Auftrages an die Jünger dar. Es führte ihnen vor Augen, dass der Tod ihres Meisters ihre Verpflichtung nicht verringert hatte, die ihnen vom Herrn zugewiesene Aufgabe zu erfüllen. Obwohl sie auf den persönlichen Umgang mit dem Herrn und auf das Bestreiten ihres Lebensunterhaltes aus ihrem früheren Beruf würden verzichten müssen, würde sich der auferstandene Heiland dennoch um sie kümmern. Solange sie Seinen Auftrag ausführten, würde Er für ihre Bedürfnisse sorgen. Mit der Anweisung, ihr Netz rechts vom Schiff auszuwerfen, hatte der Heiland eine bestimmte Absicht verfolgt. An jener Seite stand Er am Ufer – das war die Seite des Glaubens. Arbeiteten sie mit Ihm zusammen, indem sie ihre menschlichen Bemühungen mit Seiner göttlichen Macht verbänden, dann könnte der Erfolg nicht ausbleiben.

Noch eine weitere Lehre, die besonders Petrus anging, musste Jesus ihnen erteilen. Dass Petrus den Herrn verleugnet hatte, war ein schändlicher Gegensatz zu seinen früheren Treueversprechen gewesen. Er hatte den Herrn entehrt und sich das Misstrauen seiner Brüder zugezogen. Diese glaubten, dass er seine frühere Stellung unter ihnen nicht mehr einnehmen dürfe, und auch er selbst fühlte, dass er das Vertrauen in ihn verscherzt hatte. Ehe er nun berufen wurde, sein Apostelamt wieder aufzunehmen, musste er vor ihnen allen den Beweis für seine Reue erbringen. Andernfalls hätte seine Schuld, obwohl er sie bereute, seinen Einfluss als Diener Christi untergraben können.

Der Heiland schenkte ihm Gelegenheit, das Vertrauen seiner Brüder wieder zu gewinnen und soweit wie möglich die Schmach zu beseitigen, die sein schändliches Verhalten dem Evangelium von der Herrlichkeit Jesu Christi gebracht hatte. Hierdurch wurde allen Nachfolgern Christi eine Lehre gegeben. Das Evangelium schließt keinen Kompromiss mit der Sünde, es kann kein Unrecht entschuldigen. Geheime Sünden sollten Gott im Verborgenen bekannt werden, offenkundige Sünden aber erfordern ein öffentliches Bekenntnis. Wenn die Jünger sündigen, trifft der Vorwurf Christus. Das veranlasst Satan zum Triumph und lässt schwache Menschen straucheln. Indem der Jünger Reue beweist, soll er, soweit es in seiner Macht steht, die Schmach beseitigen. Während Jesus gemeinsam mit Seinen Jüngern am Ufer speiste, fragte Er Petrus: »Simon, Sohn des Johannes, hast du mich lieber, als mich diese haben?« Johannes 21,15 Dabei wies Er auf seine Gefährten. Petrus hatte einst erklärt: »Wenn sie auch alle Ärgernis nehmen, so will ich doch niemals Ärgernis nehmen an dir.« Matthäus 26,33 Doch jetzt konnte er sich besser beurteilen. »Ja, Herr«, antwortete er, »du weißt, dass ich dich lieb habe.« Johannes 21,15 Das ist keine leidenschaftliche Versicherung, dass seine Liebe die seiner Brüder übersteige. Er gibt nicht einmal seiner eigenen Meinung über den Wert seiner Hingabe Ausdruck. Vielmehr bittet er den, der alle Beweggründe des Herzens kennt, seine Aufrichtigkeit zu beurteilen: »Herr, du weißt, dass ich dich lieb habe.« Und Jesus fordert ihn auf: »Weide meine Lämmer!« Johannes 21,15 Abermals prüfte der Herr Petrus, indem Er Seine Frage wiederholte: »Simon, Sohn des Johannes, hast du mich lieb?« Diesmal fragte Er Petrus nicht, ob dieser Ihn mehr liebe als seine Brüder. Doch auch die zweite Antwort glich der ersten, sie war frei von übertriebenen Beteuerungen: »Ja, Herr, du weißt, dass ich dich lieb habe.« Jesus sagte ihm darauf: »Weide meine Schafe!« Johannes 21,16 Aber noch einmal stellte der Heiland die prüfende Frage: »Simon, Sohn des Johannes, hast du mich lieb?« Da wurde Petrus traurig, glaubte er doch, dass Jesus an seiner Liebe zweifele. Er wusste, dass sein Herr Grund hatte, ihm zu misstrauen. So antwortete er mit schmerzendem Herzen: »Herr, du weißt alle Dinge, du weißt, dass ich dich lieb habe.« Und wieder wies Jesus ihn an: »Weide meine Schafe!« Johannes 21,17 Dreimal hatte Petrus seinen Herrn öffentlich verleugnet, und dreimal verlangte Jesus von ihm nun die Versicherung seiner Liebe und Treue, wobei die wiederholte, gezielte Frage Petrus wie ein spitzer Pfeil ins wunde Herz drang. Vor den versammelten Jüngern enthüllte Jesus, wie tief Petrus seine Tat bereute, und ließ dadurch erkennen, wie gründlich sich der einst so ruhmredige Jünger gedemütigt hatte.

Petrus war von Natur aus vorschnell und unbeherrscht, und Satan hatte diese Wesensmerkmale zu seinem Vorteil benutzt, um ihn zu Fall zu bringen. Kurz vor jener schändlichen Tat hatte Jesus zu Petrus gesagt: »Simon, Simon, siehe, der Satan hat begehrt, euch zu sieben wie den Weizen. Ich aber habe für dich gebeten, dass dein Glaube nicht aufhöre. Und wenn du dereinst dich bekehrst, so stärke deine Brüder.« Lukas 22,31f Diese Zeit war jetzt gekommen, die Umwandlung im Wesen von Petrus war allen deutlich. Die eindringlichen, prüfenden Fragen des Herrn hatten keine vorschnelle, selbstzufriedene Antwort hervorgerufen. Seine Demütigung und seine Reue hatten Petrus besser als je zuvor darauf vorbereitet, ein Hirte der Herde zu sein.

Die erste Aufgabe, die Jesus Petrus anvertraute, als er ihn in den Dienst wieder einsetzte, war das Hüten der Lämmer. Das war eine Tätigkeit, in der Petrus bisher nur wenig Erfahrungen gesammelt hatte. Sie würde von ihm viel Sorgfalt und Einfühlungsvermögen, viel Geduld und Ausdauer erfordern. Es war ein Ruf, denen zu dienen, die jung im Glauben waren. Er sollte die Unwissenden belehren, ihnen die Schrift öffnen und sie zu nützlichen Mitarbeitern im Dienst für Jesus erziehen. Bis jetzt war Petrus weder für diese Aufgabe tauglich gewesen, noch verstand er deren Wichtigkeit. Aber gerade dazu berief ihn der Herr nun. Sein Leid und seine Reue hatten ihn dafür vorbereitet. Vor seinem Fall hatte Petrus immer wieder unüberlegt, aus einem plötzlichem Antrieb heraus gesprochen. Stets war er bereit gewesen, andere zurechtzuweisen und seine eigene Meinung kundzutun, bevor er sich über sich selbst oder über das, was er zu sagen hatte, völlig im Klaren war. Der bekehrte Petrus aber handelte ganz anders. Er behielt wohl seine frühere Begeisterung, doch die Gnade Christi leitete seinen Eifer in die richtigen Bahnen. Er war nicht mehr heftig, selbstvertrauend und überheblich, sondern ruhig, beherrscht und gelehrig. Er konnte sowohl die Lämmer als auch die Schafe der Herde Christi weiden.

Jesu Handlungsweise gegenüber Petrus war für diesen wie für seine Brüder sehr lehrreich. Er zeigte ihnen, dass sie dem Übertreter mit Geduld, Mitgefühl und vergebender Liebe zu begegnen hatten. Obwohl Petrus seinen Herrn verleugnet hatte, schwankte die Liebe, mit der Jesus ihn trug, niemals. Ebensolche Liebe sollte der Unterhirte für seine Schafe und Lämmer aufbringen, die seiner Obhut übergeben waren. Indem er sich seiner eigenen Schwäche und seines Versagens erinnerte, sollte Petrus ebenso feinfühlig mit seiner Herde umgehen, wie Jesus an ihm gehandelt hatte. Jesu Frage an Petrus war bedeutungsvoll. Er führte nur eine Bedingung zur Jüngerschaft und zum Dienst an: »Hast du mich lieb?« Johannes 21,17 Das ist die wichtigste Voraussetzung. Würde Petrus alle möglichen Befähigungen besessen haben, hätte er doch ohne die Liebe Christi kein treuer Hirte über die Herde des Herrn sein können. Erkenntnis, Mildtätigkeit, Beredsamkeit, Dankbarkeit und Eifer sind gute Hilfsmittel im Werk des Herrn, aber wenn ein Diener Christi nicht Jesu Liebe im Herzen trägt, wird sein Dienst erfolglos bleiben.

Jesus ging mit Petrus allein, denn es gab einiges, das Er nur mit ihm besprechen wollte. Vor Seinem Tod hatte Jesus zu ihm gesagt: »Wo ich hingehe, kannst du mir diesmal nicht folgen; aber du wirst mir später folgen.« Darauf hatte Petrus geantwortet: »Herr, warum kann ich dir diesmal nicht folgen? Ich will mein Leben für dich lassen.« Johannes 13,36f Als er das sagte, hatte er nur wenig Ahnung davon, über welche Höhen und in welche Tiefen Christus ihm auf dem Weg vorangehen würde. Petrus hatte versagt, als die Prüfung kam, aber wieder sollte er Gelegenheit haben, seine Liebe zu Christus zu beweisen. Damit er für die endgültige Glaubensprüfung gestärkt würde, breitete der Heiland seine Zukunft vor ihm aus. Er offenbarte ihm, dass nach einem fruchtbaren Leben, wenn dann das Alter an seinen Kräften zehrte, er tatsächlich seinem Herrn folgen würde. Jesus sagte ihm: »Als du jünger warst, gürtetest du dich selbst und gingst, wo du hinwolltest; wenn du aber alt wirst, wirst du deine Hände ausstrecken, und ein anderer wird dich gürten und führen, wo du nicht hinwillst. Das sagte er aber, um anzuzeigen, mit welchem Tod er Gott preisen würde.« Johannes 21,18f Jesus machte Petrus ganz offen mit der Art und Weise seines Todes vertraut. Er sagte ihm sogar das Ausstrecken seiner Hände am Kreuz voraus. Erneut forderte Er dann seinen Jünger auf: »Folge mir nach!« Petrus wurde durch diese Offenbarung nicht entmutigt. Er war bereit, für seinen Herrn jeden Tod zu erleiden.

Bisher hatte Petrus den Herrn dem Fleisch nach gekannt, wie Ihn viele auch heute kennen. Doch er sollte nicht länger eine derartig begrenzte Schau haben.

Er hatte Ihn jetzt anders kennengelernt als zu der Zeit, da er mit

Ihm in irdischer Gemeinschaft verbunden war. Er hatte Jesus als Mensch geliebt, als einen vom Himmel gesandten Lehrer. Jetzt liebte er Ihn als Gott. Nach und nach hatte er erkannt, dass Jesus ihm »alles in allem« 1.Korinther 15,28 war. Nun war er bereit, teilzuhaben an Seines Herrn Aufgabe, die Opfer bedeutete. Als schließlich gekreuzigt werden sollte, wurde er auf seine Bitte hin mit dem Haupt nach unten gekreuzigt. Er hielt es für eine zu große Ehre, auf dieselbe Weise den Tod zu erleiden wie sein Meister.

Für Petrus waren die Worte: »Folge mir nach!« äußerst lehrreich. Diese Unterweisung war ihm nicht nur für sein Sterben, sondern auch für jeden weiteren Schritt seines Lebens gegeben worden. Bisher hatte Petrus lieber selbständig gehandelt, hatte versucht, von sich aus für das Werk Gottes Pläne auszuarbeiten, statt geduldig zu warten und dann dem Plan Gottes zu folgen. Indem er dem Herrn vorauseilte, konnte er jedoch nichts gewinnen. Jesus fordert ihn auf: »Folge mir nach!« Lauf mir nicht voran. Dann brauchst du den Heeren Satans nicht allein gegenüberzustehen. Lass mich vorangehen, und der Feind wird dich nicht überwältigen können.

Als Petrus gerade neben Jesus ging, sah er, dass Johannes ihnen folgte. Da wurde er von dem Wunsch beseelt, auch dessen Zukunft zu erfahren, und fragte er Jesus: »Herr, was wird aber mit diesem?« Jesus antwortete ihm: »Wenn ich will, dass er bleibt, bis ich komme, was geht es dich an? Folge du mir nach!« Johannes 21,21f Petrus hätte bedenken sollen, dass sein Herr ihm alles das offenbaren würde, was für ihn zu wissen gut wäre.

Eines jeden Pflicht ist es, Christus nachzufolgen, ohne dabei eine unangebrachte Besorgnis über die den anderen aufgetragene Arbeit zu hegen. Als Jesus von Johannes sagte: »Wenn ich will, dass er bleibe, bis ich komme«, gab Er damit keineswegs die Versicherung ab, dass dieser Jünger bis zum zweiten Kommen des Herrn leben werde. Er erläuterte mit diesen Worten lediglich seine uneingeschränkte Macht. Zum andern wollte Er zeigen, dass es die Aufgabe von Petrus in keiner Weise beeinträchtigen würde, wenn es tatsächlich Sein Wille wäre, dass jener Jünger nicht stürbe. Die Zukunft von Johannes wie auch von Petrus lag in den Händen ihres Herrn. Beiden war die Pflicht auferlegt, Ihm im Gehorsam zu folgen. Wie viele Menschen heute gleichen Petrus! Sie kümmern sich um die Angelegenheiten anderer und brennen darauf, deren Pflichten kennen zu lernen, während sie Gefahr laufen, ihre eigenen Aufgaben zu vernachlässigen. Es kommt uns zu, auf Jesus zu schauen und Ihm nachzufolgen. Im Leben und im Charakter anderer Menschen werden wir Fehler und Mängel entdecken. Die menschliche Natur ist mit Schwachheit behaftet; in Jesus Christus aber werden wir Vollkommenheit finden. Indem wir auf Ihn sehen, werden wir verwandelt werden.

Johannes erreichte ein sehr hohes Alter. Er erlebte die Zerstörung Jerusalems und den Untergang des prächtigen Tempels – ein Symbol für die endgültige Vernichtung der Welt. Bis zu seinem Tod folgte er treu seinem Herrn. Der wesentliche Inhalt seines Zeugnisses an die Gemeinden lautete: »Ihr Lieben, lasst uns einander lieb haben; denn die Liebe ist von Gott ... und wer in der Liebe bleibt, der bleibt in Gott und Gott in ihm.« 1.Johannes 4,7.16

Petrus war wieder in sein Apostelamt eingesetzt worden, doch die ihm von Christus zuteil gewordene Ehre und Vollmacht bedeutete keine Vorrangstellung gegenüber seinen Brüdern. Das hatte Jesus klar herausgestellt, als er auf die Frage von Petrus: »Was wird aber mit diesem?« die Antwort gab: »Was geht es dich an? Folge du mir nach!« Johannes 21,21f

Petrus wurde nicht als Leiter der Gemeinde geehrt. Die Gnade, die ihm Jesus dadurch erwiesen hatte, dass Er ihm seinen Abfall vergab und ihm die Sorge für die Herde anvertraute, sowie seine Treue in der Nachfolge Christi hatten Petrus das Vertrauen seiner Brüder wiedergewonnen. Er besaß großen Einfluss in der Gemeinde. Aber die Lehre, die ihm der Herr am See Genezareth erteilt hatte, bewahrte er für sein ganzes Leben.

Unter dem Einfluss des Heiligen Geistes schrieb er an die Gemeinden: »Die Ältesten unter euch ermahne ich, der Mitälteste und Zeuge der Leiden Christi, der ich auch teilhabe an der Herrlichkeit, die offenbart werden soll: Weidet die Herde Gottes, die euch anbefohlen ist, achtet auf sie, nicht gezwungen, sondern freiwillig, wie es Gott gefällt; nicht um schändlichen Gewinns willen, sondern von Herzensgrund; nicht als Herren über die Gemeinde, sondern als Vorbilder der Herde. So werdet ihr, wenn erscheinen wird er Erzhirte, die unvergängliche Krone der Herrlichkeit empfangen.« 1.Petrus 5,1-4

KAPITEL 86

Auf Grundlage von
Matthäus 28,16-20
Markus 16,15

»GEHET HIN UND LEHRET ALLE VÖLKER«

Kurz vor Seiner Himmelfahrt versicherte Christus den Jüngern: »Mir ist gegeben alle Gewalt im Himmel und auf Erden.« Dann sprach er: »Darum gehet hin und machet zu Jüngern alle Völker.« Matthäus 28,18f »Gehet hin in alle Welt und predigt das Evangelium aller Kreatur.« Markus 16,15 Immer wieder wurden diese Worte wiederholt, damit die Jünger deren Bedeutung begriffen. Auf alle Bewohner der Erde, ob Groß oder Klein, Reich oder Arm, sollte das Licht des Himmels kraftvoll und hell scheinen. Die Jünger sollten mit ihrem Erlöser zur Rettung der Welt zusammenarbeiten. Der Auftrag war den zwölf Aposteln schon gegeben worden, als Jesus ihnen im Obergemach begegnete; doch nun sollte er einer größeren Anzahl mitgeteilt werden. Alle Gläubigen, die zusammengerufen werden konnten, waren dort auf einem Berg in Galiläa versammelt. Christus selbst hatte vor Seinem Tod den Zeitpunkt und den Ort der Zusammenkunft bestimmt.

Der Engel am Grab hatte die Jünger an Jesu Versprechen erinnert, sie in Galiläa zu treffen. Diese Verheißung wurde den Gläubigen wiederholt, die sich während der Passahwoche in Jerusalem befanden, und durch sie wurde diese vielen Einsamen übermittelt, die den Tod ihres Herrn beklagten. Mit höchstem Interesse blickten sie der Begegnung entgegen. Auf Umwegen gelangten sie an den Versammlungsort. Sie kamen aus allen Richtungen, um sich bei den argwöhnischen Juden nicht verdächtig zu machen. Staunenden Herzens kamen sie herbei und besprachen tief ergriffen, was sie über Christus erfahren hatten.

Zur festgesetzten Zeit hatten sich etwa fünfhundert Gläubige in kleinen Gruppen am Bergeshang eingefunden, die sich alle wünschten, soviel wie möglich von denen zu erfahren, die Christus seit Seiner Auferstehung gesehen hatten. Die Jünger gingen von Gruppe zu Gruppe, berichteten über alles, was sie von Jesus gesehen und gehört hatten, und legten die Schrift aus, so wie es Jesus mit ihnen getan hatte. Thomas sprach von seinem Unglauben und erzählte, wie seine Zweifel hinweggefegt worden waren. Plötzlich stand Jesus mitten unter ihnen. Niemand konnte sagen, woher oder wie Er zu ihnen *[818/819]* 657 gekommen war. Viele der Anwesenden hatten Ihn nie zuvor gesehen, aber an Seinen Händen und Füßen sahen sie die Nägelmale der Kreuzigung. Sein Angesicht erschien wie das Antlitz Gottes, und als sie Ihn erblickten, beteten sie Ihn an. Einige aber zweifelten. So wird es immer sein. Es sind jene, denen es schwerfällt zu glauben, deshalb begeben sie sich auf die Seite der Zweifelnden. Sie verlieren viel wegen ihres Unglaubens.

Das war die einzige Begegnung, die Jesus mit zahlreichen Gläubigen nach Seiner Auferstehung hatte. Er trat zu ihnen und sagte: »Mir ist gegeben alle Gewalt im Himmel und auf Erden.« Matthäus 28,18 Die Jünger hatten Ihn schon angebetet, bevor Er zu ihnen sprach, doch diese Worte kamen aus einem Mund, der im Tod verschlossen gewesen war, und das berührte die Anwesenden mit besonderer Kraft. Er war in der Tat der auferstandene Heiland. Viele von den Anwesenden hatten miterlebt, wie Er Seine Macht einsetzte, um Kranke zu heilen und satanische Gewalten unter Seine Herrschaft zu bringen. Sie glaubten, dass es in Seiner Macht läge, Sein Reich in Jerusalem zu errichten, allen Widerstand zu brechen und die Kräfte der Natur zu beherrschen. Er hatte das zornige Meer beruhigt, war auf schäumenden Wellen gegangen, hatte Tote zum Leben erweckt. Nun erklärte Er, dass Ihm »alle Gewalt« gegeben sei. Seine Worte trugen die Gedanken der Zuhörer über irdische und zeitliche Belange hinaus bis zu himmlischen und ewigen Dingen. Sie erhielten eine außerordentliche Vorstellung von Seiner Würde und Seiner Herrlichkeit.

Christi Worte am Bergeshang gaben zu erkennen, dass sein für den Menschen gebrachtes Opfer vollständig und abgeschlossen war. Die Bedingungen für die Versöhnung waren erfüllt worden. Die Aufgabe, für die Er in diese Welt gekommen war, hatte Er vollendet. Nun war Er auf dem Weg zum Thron Gottes, um von Engeln, Fürstentümern und Gewalten geehrt zu werden. Er hatte Sein Mittleramt angetreten. Ausgestattet mit unbeschränkter Autorität, erteilte Er den Jüngern Seinen Auftrag: »Darum gehet hin und machet zu Jüngern alle Völker: Taufet sie auf den Namen des Vaters und des Sohnes und des Heiligen Geistes und lehret sie halten alles, was ich euch befohlen habe. Und siehe, ich bin bei euch alle Tage bis an der Welt Ende.« Matthäus 28,19f

Die Juden waren zu Hütern der heiligen Wahrheit bestimmt worden, aber das Pharisäertum hatte sie zu den unzugänglichsten und engstirnigsten Menschen dieser Welt werden lassen. Alles was mit den Priestern und Obersten in Zusammenhang stand – ihre Kleidung und ihre Bräuche, ihre Zeremonien und ihre Überlieferungen –, machte sie untauglich, das Licht der Welt zu sein. Sie selbst, die jüdische Nation,– das war für sie die Welt. Christus jedoch beauftragte Seine Jünger, einen Glauben und eine Anbetung zu verkündigen, die

nichts zu tun hatte mit der gesellschaftlichen Stellung oder der

Volkszugehörigkeit, einen Glauben, der von allen Völkern, Nationalitäten und Menschengruppen angenommen werden könnte.

Bevor Christus Seine Jünger verließ, machte Er ihnen die Art Seines Reiches verständlich. Er erinnerte sie daran, was Er ihnen früher darüber mitgeteilt hatte. Er erklärte, dass es nicht Seine Absicht gewesen war, ein zeitliches, sondern vielmehr ein geistliches Reich auf dieser Erde zu gründen. Auch wollte Er nicht als irdischer König auf Davids Thron herrschen. Erneut zeigte Er ihnen aus der Schrift, dass alles, was Er erlitten hatte, schon im Himmel in gemeinsamen Beratungen zwischen Ihm und Seinem Vater festgelegt worden war. Und alles war von Menschen vorausgesagt worden, die vom Heiligen Geist geleitet waren. Ihr seht, sagte Er ihnen, dass alles eingetroffen ist, was ich euch über meine Verwerfung als Messias offenbart habe. Ebenso ist alles in Erfüllung gegangen, was ich euch hinsichtlich meiner Demütigung, die ich ertragen, und meines Todes, den ich erleiden sollte, erklärt habe. Am dritten Tag bin ich auferstanden. Studiert noch sorgfältiger in den Schriften, und ihr werdet erkennen, dass sich in allen diesen Dingen die von mir zeugenden Aussagen des prophetischen Wortes erfüllt haben.

Christus beauftragte Seine Jünger, die Aufgabe zu erledigen, die Er ihnen überlassen hatte, und sie sollten in Jerusalem damit beginnen. Jerusalem war der Schauplatz gewesen, wo Er sich um der Menschen willen am tiefsten zu ihnen herabgelassen hatte. Dort hatte Er gelitten, dort war Er verworfen und verurteilt worden. Judäa war Sein Geburtsland. Dort war Er, in menschlicher Gestalt, mit Menschen zusammen gewesen, und nur wenige hatten erkannt, wie nahe der Himmel der Erde gekommen war, als Jesus unter ihnen weilte. In Jerusalem musste die Arbeit der Apostel beginnen.

Im Blick auf all das, was Christus dort erlitten hatte, und auf die nicht gewürdigte Mühe, die Er sich gegeben hatte, hätten die Jünger wohl ein mehr versprechendes Arbeitsfeld erbitten können. Doch sie erbaten es nicht. Gerade der Boden, auf dem Jesus bereits den Samen der göttlichen Wahrheit ausgestreut hatte, sollte von den Jüngern bearbeitet werden. Die Saat würde aufgehen und eine reiche Ernte hervorbringen. Bei ihrem Dienst würden sie durch die Eifersucht und den Hass der Juden Verfolgung erleiden müssen, doch das hatte auch ihr Meister ertragen, und deshalb wollten sie nicht davor zurückschrecken. Das erste Gnadenangebot sollte den Mördern des Heilandes gelten.

Es gab in Jerusalem viele, die heimlich an Jesus geglaubt hatten, und es gab nicht wenige, die durch die Priester und Obersten betrogen worden waren. Auch sie sollte man mit dem Evangelium bekannt machen. Sie mussten zur Sinnesänderung aufgerufen werden. Die herrliche Wahrheit, dass durch Christus allein Vergebung der Sünden erlangt werden kann, sollte gut erklärt werden. Während ganz Jerusalem noch durch die aufregenden Ereignisse der vergangenen Wochen innerlich bewegt war, würde die Predigt des Evangeliums den tiefsten Eindruck hinterlassen.

Aber das Werk durfte hier nicht aufhören. Es sollte bis in die entlegensten Gebiete der Erde getragen werden. Jesus sprach zu Seinen Jüngern: Ihr seid Zeugen dafür, dass ich ein Leben der Selbstaufopferung für diese Welt geführt habe. Auch habt ihr meine Bemühungen um Israel gesehen. Obwohl sie nicht zu mir kommen wollten, um das Leben zu empfangen, und die Priester und Obersten mit mir umgingen, wie es ihnen gefiel, obwohl sie mich verworfen haben, wie es die Schriften vorhersagten, – sie sollen noch eine weitere Gelegenheit haben, den Sohn Gottes anzunehmen. Ihr habt gesehen, dass ich alle bereitwillig annehme, die zu mir kommen und ihre Sünden bekennen. Wer zu mir kommt, den werde ich auf keinen Fall abweisen. Alle, die das wünschen, können mit Gott versöhnt werden und das ewige Leben empfangen. Euch, meinen Nachfolgern, übertrage ich diese Gnadenbotschaft. Sie soll zuerst Israel verkündigt werden, danach allen anderen Nationen, Sprachen und Völkern. Juden und Heiden sollte sie gegeben werden, und alle, die daran glauben, sollen in einer Gemeinde gesammelt werden.

Durch die Gabe des Heiligen Geistes sollten die Jünger mit übernatürlicher Kraft ausgerüstet werden und ihr Zeugnis würde sich durch Zeichen und Wunder bestätigen. Wunder würden nicht nur von den Aposteln vollbracht, sondern auch von denen, die ihre Botschaft annähmen. Jesus verhieß: »In meinem Namen werden sie böse Geister austreiben, in neuen Zungen reden, Schlangen mit den Händen hochheben, und wenn sie etwas Tödliches trinken, wird's ihnen nicht schaden; auf Kranke werden sie die Hände legen, so wird's besser mit ihnen werden.« Markus 16,17f

Damals kamen häufig Giftmorde vor. Gewissenlose Menschen aber zögerten nicht, durch derartige Mittel jene zu beseitigen, die ihrem Ehrgeiz im Weg standen. Jesus wusste, dass dadurch auch das Leben Seiner Jünger gefährdet war. Viele würden meinen, Gott einen Dienst zu erweisen, wenn sie Seine Zeugen umbrächten. Deshalb versprach Er ihnen Schutz vor dieser Gefahr.

Die Jünger sollten die gleiche Kraft haben, die Jesus besaß, um »alle Krankheit und alle Gebrechen im Volk« Matthäus 4,23 zu heilen. Indem sie in Seinem Namen die Krankheiten des Körpers heilten, würden sie Jesu Macht zum Heilen der Menschenseele bezeugen. Eine neue Gabe wurde ihnen nun versprochen. Da die Jünger auch in anderen Ländern predigen sollten, würden sie die Macht erhalten, auch in anderen Sprachen zu reden. Die Apostel und ihre Begleiter waren ungelehrte Männer, doch durch die Ausgießung des Geistes zu Pfingsten

wurde ihre Rede – ob in der Mutter- oder Fremdsprache – sowohl in der Wortwahl als auch in der Aussprache klar, einfach und fehlerfrei. So erteilte Jesus den Jüngern ihren Auftrag. Er hatte alle Vorkehrungen für die Durchführung des Werkes getroffen und übernahm selbst die Verantwortung für dessen Erfolg. Solange sie Seinem Wort gehorchten und in Verbindung mit Ihm arbeiteten, würden sie nicht versagen können. Geht zu allen Völkern, gebot Er ihnen. Geht bis zu den entferntesten Teilen der bewohnten Welt und wisst, dass ich auch dort sein werde! Wirkt im Glauben und voller Vertrauen, denn es wird nie geschehen, dass ich euch verlasse.

Jesu Auftrag an Seine Jünger schloss alle Gläubigen ein. Bis zum Ende der Zeiten sind alle, die an Christus glauben, davon betroffen. Es ist ein verhängnisvoller Irrtum anzunehmen, die Aufgabe der Seelenrettung beziehe sich allein auf den ordinierten Geistlichen. Vielmehr ist allen, denen die himmlische Erkenntnis zuteil geworden ist, die Frohbotschaft anvertraut. Wer durch Christus neues Leben empfangen hat, ist dazu ausersehen, an der Errettung seiner Mitmenschen mitzuwirken. Zu diesem Zweck wurde die Gemeinde gegründet, und alle, die gelobt haben, zur Gemeinschaft der Gläubigen zu gehören, haben sich damit verpflichtet, Mitarbeiter Christi zu sein.

»Der Geist und die Braut sprechen: Komm! Und wer es hört, der spreche: Komm!« Offenbarung 22,17 Jeder, der Ohren hat zu hören, sollte die Einladung wiederholen. Ungeachtet seiner beruflichen Pflichten sollte es sein erstes Anliegen sein, Menschen für Christus zu gewinnen. Er mag nicht in der Lage sein, vor großen Versammlungen zu sprechen, doch kann er gut für einzelne Menschen arbeiten. Ihnen kann er die Anweisungen weitergeben, die er von Gott erhalten hat. Der Dienst für den Herrn besteht nicht nur im Predigen. Es dienen auch solche, die die Kranken und Leidenden trösten, die den in Not Geratenen helfen und die den Verzagten und Schwachen im Glauben Trost und Stärkung zusprechen. Überall gibt es Menschenseelen, die durch das Bewusstsein ihrer Schuld niedergedrückt sind. Nicht Bedrängnis, schwere Arbeit oder Armut entwürdigen die Menschheit, sondern Schuld und Übeltat. Diese bringen Unruhe und Unzufriedenheit mit sich. Christus erwartet von Seinen Dienern, dass sie von Sünde behafteten Menschen helfen.

Die Jünger sollten ihre Aufgabe dort beginnen, wo sie sich befanden. Das schwierigste und am wenigsten versprechende Feld durfte nicht übergangen werden. So soll jeder Mitarbeiter Christi dort beginnen, wo er sich aufhält. In der eigenen Familie mögen Seelen nach Mitgefühl verlangen, gar nach dem Brot des Lebens hungern. Es gibt vielleicht Kinder, die für Christus zu erziehen sind. Schon in unserer nächsten Umgebung finden wir Ungläubige. Deshalb lasst uns gewissenhaft die uns am nächsten liegende Aufgabe erfüllen und dann unsere Bemühungen so weit ausdehnen, wie Gottes Hand uns leiten wird.

Das Wirken vieler Menschen mag durch bestimmte Umstände räumlich begrenzt erscheinen. Doch wo immer es auch geschieht, erfolgt es im Glauben und mit ganzem Einsatz. So wird es bis an die äußersten Enden der Erde zu spüren sein. Als Christus auf dieser Erde weilte, schien Sein Aufgabenbereich nur auf ein kleines Feld beschränkt zu sein, und doch vernahmen zahllose Menschen aus allen damals bekannten Ländern Seine Botschaft. Gott gebraucht oft die einfachsten Mittel, um die größten Ergebnisse zu erzielen.

Es ist Sein Plan, dass jeder Teil Seines Werkes sich harmonisch auf den anderen stützen soll, so wie ein Rädchen in das andere greift. Der geringste Arbeiter wird, vom Heiligen Geist erfasst, gleichsam unsichtbare Saiten berühren, deren Schwingungen sich bis an die Enden der Erde fortsetzen und durch alle Zeitalter hindurch erklingen werden.

Der Befehl: »Gehet hin in alle Welt!« darf nie aus den Augen verloren werden. Wir sind aufgerufen, unsere Blicke auf entfernte Gebiete zu richten. Christus reißt die Scheidewand, das trennende Vorurteil der Volkszugehörigkeit, hinweg und lehrt, die Liebe zu allen Angehörigen der menschlichen Familie auszuüben. Er hebt die Menschen über den engen Kreis hinaus, den die Selbstsucht ihnen vorschreibt. Und Er hebt alle nationalen Grenzen und alle künstlich errichteten gesellschaftlichen Unterschiede auf. Christus macht keinen Unterschied zwischen Nachbar und Fremdling, Freund und Feind. Er lehrt uns, jede bedürftige Seele als unseren Bruder und die Welt als unser Arbeitsgebiet anzusehen.

Als Jesus gebot: »Gehet hin und machet zu Jüngern alle Völker«, Matthäus 28,19 da sagte Er auch: »Die Zeichen aber, die folgen werden denen, die da glauben, sind diese: In meinem Namen werden sie böse Geister austreiben, in neuen Zungen reden, Schlangen mit den Händen hochheben, und wenn sie etwas Tödliches trinken, wird's ihnen nicht schaden; auf Kranke werden sie die Hände legen, so wird's besser mit ihnen werden.« Markus 16,17f

Diese Verheißung ist so weitreichend wie der Auftrag. Natürlich wird nicht jeder Gläubige alle Gaben erhalten, denn der Geist »teilt einem jeden das Seine zu, wie er will.« 1.Korinther 12,11 Doch sind die Gaben des Geistes jedem Gläubigen soweit verheißen, wie er sie im Dienst für das Werk Gottes benötigt. Dieses Versprechen ist heute noch genauso aktuell und vertrauenswürdig wie in den Tagen der Apostel. Die Zeichen werden sich an denen erweisen, die glauben. Darin besteht der Vorzug der Kinder Gottes, und im Vertrauen sollten sie an all dem festhalten, damit es als Bekräftigung des Glaubens dienen kann. »Auf Kranke werden sie die Hände legen, so wird's besser mit ihnen werden.« Diese Welt ist ein großes Krankenhaus, doch Christus erschien, um die Kranken zu heilen und den Gefangenen Satans die Befreiung zu verkünden. Er hatte selbst Gesund-

heit und Stärke in sich. So gab Er von Seiner Lebenskraft den

Kranken, den Betrübten und den Besessenen. Keinen wies Er ab, der kam, um Seine heilende Kraft zu empfangen. Wohl wusste Er, dass jene, die Ihn um Hilfe baten, durch eigenes Verschulden krank geworden waren, dennoch weigerte Er sich nicht, sie zu heilen. Und wenn die in Christus wirkende Kraft in diese armen Menschen eindrang, wurden sie von ihrer Sündhaftigkeit überzeugt, und viele erfuhren Heilung von ihrer geistlichen und körperlichen Krankheit zugleich. Das Evangelium besitzt heute noch die gleiche Kraft. Weshalb sollten wir dann heute nicht auch die gleichen Ergebnisse erwarten?

Christus spürt den Schmerz eines jeden, der leidet. Wenn böse Geister den menschlichen Körper peinigen, dann fühlt Jesus den Fluch. Wenn Fieber die Lebenskraft aufzehrt, empfindet Er die Qual. Er ist heute genauso gern bereit, die Kranken zu heilen, wie damals, als Er persönlich auf Erden weilte. Christi Diener sind Seine Repräsentanten, die Vermittler Seines Wirkens. Durch sie möchte Er Seine heilende Kraft ausüben.

In der Heilweise des Heilandes gab es viele Lehren für die Jünger. Bei einer Gelegenheit bestrich er die Augen eines Blinden mit Lehm und gebot ihm: »Geh zum Teich Siloah ... und wasche dich! Da ging er hin und wusch sich und kam sehend wieder.« Johannes 9,7

Die Heilung konnte nur durch die Kraft des großen Arztes vollbracht werden, und doch benutzte Christus die einfachen Mittel der Natur. Während Er die ärztliche Behandlung durch Medikamente nicht unterstützte, hieß Er den Gebrauch einfacher und natürlicher Heilmittel gut.

Zu vielen ehemals Verzweifelten, die geheilt worden waren, sagte Jesus: »Sündige hinfort nicht mehr, dass dir nicht etwas Schlimmeres widerfahre.« Johannes 5,14 Auf diese Weise lehrte Er, dass Krankheit die Folge der Übertretung der göttlichen Gesetze ist, sowohl der natürlichen als auch der geistlichen. Das große Elend in der Welt bestünde nicht, wenn die Menschen nur in Übereinstimmung mit den Bestimmungen des Schöpfers lebten.

Christus war der Führer und Lehrer des alten Israel gewesen und hatte das Volk unterwiesen, dass Gesundheit die Belohnung für den Gehorsam gegen Gottes Gesetz ist. Der große Arzt, der die Kranken in Palästina heilte, hatte einst aus der Wolkensäule zu Seinem Volk gesprochen und ihm erklärt, was es selbst tun müsste und was Gott vollbringen würde. So sagte Er: »Wirst du der Stimme des Herrn, deines Gottes, gehorchen und tun, was recht ist vor ihm, und merken auf seine Gebote und halten alle seine Gesetze, so will ich dir keine der Krankheiten auferlegen, die ich den Ägyptern auferlegt habe; denn ich bin der Herr, dein Arzt.« 2.Mose 15,26 Christus gab den Israeliten bestimmte Anweisungen für ihre Lebensgewohnheiten und versicherte ihnen: »Der Herr wird von dir nehmen alle Krankheit.« 5.Mose 7,15 Solange sie die Bedingungen erfüllten, bewahrheitete sich an ihnen die Verheißung: »Es war kein Gebrechlicher unter ihren Stämmen.« Psalm 105,37

Diese Lehren sind uns gegeben. Wer seine Gesundheit bewahren will, muss bestimmte Bedingungen erfüllen. Alle sollten diese Voraussetzungen kennen lernen. Gott ist mit all denen nicht zufrieden, die Seinem Gesetz unwissend gegenüberstehen. In dem Bemühen, die Gesundheit des Körpers und der Seele wiederherzustellen, sollten wir mit Gott zusammenarbeiten.

Wir sollten andere darin unterrichten, wie sie ihre Gesundheit bewahren und wiedergewinnen können. Bei der Heilung von Kranken sollten wir die Heilmittel anwenden, die Gott in der Natur bereitgestellt hat, und sie auf den hinweisen, der allein Genesung schenken kann. Es ist unsere Aufgabe, die Kranken und Leidenden auf den Armen des Glaubens zu Christus zu bringen und sie zu lehren, an den großen Arzt zu glauben. Dazu müssen wir Seinen Verheißungen vertrauen und um die Offenbarung Seiner Macht beten. Der eigentliche Inhalt des Evangeliums ist die Wiederherstellung unserer leiblichen und seelischen Gesundheit. Gott erwartet von uns, dass wir die Kranken, die Hoffnungslosen und die Betrübten auffordern, Seine Stärke in Anspruch zu nehmen.

Die Macht der Liebe bekundete sich in jeder von Christus vollbrachten Heilung, und nur wenn wir durch den Glauben an dieser Liebe teilhaben, können wir Werkzeuge Seines Dienstes sein. Versäumen wir es, uns in göttlicher Verbindung mit Christus zusammenzuschließen, dann kann der Strom lebensspendender Kraft nicht ausreichend durch uns auf andere überfließen. Es gab Orte, in denen selbst der Heiland nicht viele machtvolle Taten tun konnte, da deren Bewohner ungläubig waren. So trennt der Unglaube auch heute die Gemeinde von ihrem göttlichen Helfer. Ihr Vertrauen auf ewige Werte ist schwach. Durch so einen Glaubensmangel wird Gott enttäuscht und Seiner Herrlichkeit beraubt.

Wenn die Gemeinde das Werk Christi ausführt, besitzt sie die Verheißung Seiner Gegenwart. »Gehet hin und machet zu Jüngern alle Völker«, sagte Jesus. »Und siehe, ich bin bei euch alle Tage bis an der Welt Ende.« Matthäus 28,19f

Sein Joch auf sich nehmen, ist eine der ersten Bedingungen für das Erhalten seiner Kraft. Tatsächlich hängt das Leben der Gemeinde davon ab, mit welcher Hingabe sie den Auftrag des Herrn erfüllt. Wenn dieser Auftrag vernachlässigt wird, so sind mit Sicherheit geistlicher Niedergang und Verfall die Folge. Wo nicht tatkräftig für andere gearbeitet wird, da schwindet die Liebe, und der Glaube wird schwach. Christus erwartet von Seinen Dienern, dass sie die Gemeinde in der Evangeliumsarbeit anleiten. Sie sollen die Leute unterweisen, wie sie die Verlorenen suchen und retten können. Aber sind sie mit dieser Aufgabe beschäftigt? Ach, wie viele setzen alles daran, den Lebensfunken in einer

Gemeinde zu entfachen, die im Sterben liegt! Wie viele Gemeinden werden wie kranke Lämmer gehütet von denen, die eigentlich die verlorenen Schafe suchen sollten! Und zur gleichen Zeit gehen Millionen und aber Millionen Menschen ohne Christus zugrunde.

Gottes Liebe hat sich um der Menschen willen über alles Verstehen hinaus offenbart, und die Engel sind verwundert, dass die Empfänger dieser Liebesbeweise nur eine oberflächliche Dankbarkeit zeigen. Ebenso sind sie erstaunt, wie wenig die Liebe Gottes von den Menschen gewürdigt wird. Der Himmel ist über die Vernachlässigung von Menschenseelen empört. Wollen wir wissen, was Christus darüber empfindet? Wie würden sich ein Vater und eine Mutter fühlen, wenn sie wüssten, dass ihr in Kälte und Schnee verlorengegangenes Kind von denen übersehen und dem Untergang preisgegeben wurde, die es hätten retten können? Wären sie nicht furchtbar traurig und zugleich sehr entrüstet? Würden sie nicht diese Mörder mit einem Zorn anklagen, heiß wie ihre Tränen und stark wie ihre Liebe? Wenn irgendein Mensch leidet, dann leidet damit ein Kind Gottes, und wer seinen zugrunde gehenden Mitmenschen keine helfende Hand bietet, der fordert den gerechten Zorn von Gott und dem Lamm heraus. Allen denen, die angeblich Gemeinschaft mit Christus haben und sich doch nicht um die Nöte ihrer Mitmenschen kümmern, wird Er am Tag des letzten großen Gerichts erklären: »Ich kenne euch nicht; wo seid ihr her? Weicht alle von mir, ihr Übeltäter!« Lukas 13,27

In dem Missionsauftrag zeigte Jesus Seinen Jüngern nicht nur das Ausmaß, sondern auch den Inhalt ihrer Aufgabe: »Lehret sie halten alles, was ich euch befohlen habe.« Matthäus 28,20 Die Jünger sollten das lehren, worin Jesus sie unterwiesen hatte. Das umfasste alles, was Er nicht nur persönlich, sondern auch durch die Propheten und Lehrer des alten Bundes verkündigt hatte. Menschliche Lehren sind davon ausgenommen. In diesem Auftrag finden sich keine Überlieferungen, keine menschlichen Theorien und Beschlüsse oder Gemeindebestimmungen. Auch von kirchlichen Würdenträgern beschlossene Gesetze haben keinen Platz darin. Christi Diener sollen nichts davon verkündigen. Das »Gesetz und die Propheten«, dazu die Berichte über die Worte und Taten Jesu sind den Jüngern als Schatz anvertraut. Und den sollen sie der Welt weitergeben. Christi Name ist ihre Losung und das Zeichen ihrer Bestimmung; Er ist das Band ihrer Einigkeit, die Autorität hinter ihren Handlungen und die Quelle ihres Erfolges. Was nicht Seinen Namen trägt, wird in Seinem Reich nicht anerkannt werden. Das Evangelium soll nicht als leblose Theorie, sondern als eine lebendige Kraft dargestellt werden, die das Leben verändert. Gott wünscht, dass die Empfänger Seiner Gnade zu Zeugen seiner Macht werden. Alle, deren bisheriger Lebensweg dem Herrn ein Gräuel war, nimmt Er bereitwillig auf. Bekennen sie ihre Sünden, dann schenkt Er ihnen Seinen göttlichen Geist, setzt sie in die höchsten Vertrauensstellungen ein und sendet sie in das Lager der Untreuen, damit sie Seine grenzenlose Barmherzigkeit verkündigen. Nach Gottes Willen sollen Seine Diener bezeugen, dass wir als Menschen durch göttliche Gnade einen christusähnlichen Charakter besitzen können und uns der Gewissheit Seiner großen Liebe erfreuen dürfen. Wir sind aufgerufen zu verkündigen, dass Gott erst dann völlig zufrieden ist, wenn alle Menschen bekehrt und erneut in ihre heiligen Befugnisse als Söhne und Töchter des Herrn eingesetzt sind.

In Christus sind die Fürsorge des Hirten, die Zuneigung der Eltern und die unvergleichliche Gnade des barmherzigen Erlösers vereint. Seine Segnungen spendet Er in der angenehmsten Form, und Er begnügt sich nicht, uns diese Segnungen nur anzukündigen, nein, Er stellt sie uns so begehrenswert dar, dass wir sie gern besitzen wollen. So sind Seine Diener angewiesen, die Herrlichkeit dieses unbeschreiblichen Gnadengeschenks zu verkündigen. Die wunderbare Liebe Christi wird dort die Herzen auftauen und bezwingen, wo man mit ständiger Wiederholung von Lehrpunkten nichts erreicht. »Tröstet, tröstet mein Volk!, spricht euer Gott ... Zion, du Freudenbotin, steig auf einen hohen Berg; Jerusalem, du Freudenbotin, erhebe deine Stimme mit Macht; erhebe sie und fürchte dich nicht! Sage den Städten Judas: Siehe, da ist euer Gott, siehe, da ist Gott der Herr! Er kommt gewaltig, und sein Arm wird herrschen. Siehe, was er gewann, ist bei ihm, und was er sich erwarb, geht vor ihm her. Er wird seine Herde weiden wie ein Hirte. Er wird die Lämmer in seinen Arm sammeln, und im Bausch seines Gewandes tragen und die Mutterschafe führen.« Jesaja 40,1.9-11

Erzählt den Menschen von dem, der »auserkoren unter vielen Tausenden« Hohelied 5,10.16 ist, und an dem alles lieblich ist. Worte allein aber können diese Gedanken nicht ausdrücken. Sie müssen sich im Wesen widerspiegeln und in der Lebensführung zeigen.

Christus lässt Sein Bild in jedem Nachfolger erstehen. Alle hat Gott dazu bestimmt, »dass sie gleich sein sollten dem Bild seines Sohnes.« Römer 8,29 In jedem Einzelnen soll sich der Welt Gottes geduldige Liebe, Seine Heiligkeit, Sanftmut, Barmherzigkeit und Wahrheit offenbaren. Die ersten Jünger zogen aus und predigten das Wort. Sie offenbarten Christus durch ihren Lebenswandel, »und der Herr wirkte mit ihnen und bekräftigte das Wort durch die mitfolgenden Zeichen.« Markus 16,20 Diese Jünger bereiteten sich auf ihre Aufgabe vor. Noch vor dem Pfingstfest kamen sie zusammen und beseitigten alle Meinungsverschiedenheiten. Sie waren einmütig beieinander und vertrauten Jesu Versprechen, dass sie Seinen Segen erhalten würden, und beteten im Glauben. Sie baten jedoch nicht allein für sich, spürten sie doch die Schwere der Last, für die

Errettung von Menschen zu wirken. Das Evangelium sollte bis an die äußersten Enden der Erde getragen werden, und so verlangten sie danach, mit der Kraft ausgerüstet zu werden, die Christus verheißen hatte. Da wurde der Heilige Geist ausgegossen, und Tausende bekehrten sich an einem Tag.

So kann es auch heute sein. Lasst uns statt menschlicher Spekulationen das Wort Gottes predigen. Die Christen sollten ihre Zwistigkeiten beiseitelegen und sich Gott ergeben, um dadurch für die Rettung der Verlorenen wirken zu können. Lasst sie im Glauben um den Segen Gottes bitten, und sie werden ihn erhalten. Die Ausgießung des Geistes in den Tagen der Apostel war der »Frühregen«, und seine Wirkung war machtvoll. Doch der »Spätregen« Joel 2,23 wird in noch reicherem Maß ausgegossen werden. Alle, die Leib, Seele und Geist dem Herrn weihen, erhalten ständig neue geistige und körperliche Kraft. Die unerschöpflichen Reichtümer des Himmels stehen ihnen zur Verfügung. Christus gibt ihnen den Odem Seines Geistes und Leben von Seinem Leben. Mit äußerster Kraftentfaltung wirkt der Heilige Geist an Herz und Sinn. Die Gnade Gottes vergrößert und vervielfältigt ihre Fähigkeiten, und die göttliche Vollkommenheit hilft ihnen bei der Rettung von Seelen. Indem sie gemeinsam mit Christus wirken, haben sie auch Anteil an Seiner Vollkommenheit. Trotz ihrer menschlichen Schwäche sind sie fähig, die Taten des Allmächtigen zu vollbringen.

Der Heiland wartet sehnlichst darauf, Seine Gnade zu offenbaren und Sein Wesen der ganzen Welt einzuprägen. Sie ist Sein erkauftes Eigentum, und Er will die Menschen frei, rein und heilig machen. Wenn auch Satan bemüht ist, Jesu Absicht zu verhindern, so sind doch durch das für die Welt vergossene Blut Siege zu erringen, die Gott und dem Lamm zur Ehre gereichen werden. Christus wird nicht eher ruhen, als der Sieg vollkommen ist. »Weil seine Seele sich abgemüht hat, wird er das Licht schauen und die Fülle haben.« Jesaja 53,11 Alle Völker der Erde sollen die frohe Botschaft von Seiner Gnade hören. Zwar werden nicht alle Seine Gnade empfangen, doch »wird [er] Nachkommen haben, die ihm dienen; vom Herrn wird man verkündigen Kind und Kindeskind.« Psalm 22,31 »Das Reich und die Macht und die Gewalt über die Königreiche unter dem ganzen Himmel wird dem Volk der Heiligen des Höchsten gegeben werden«, Daniel 7,27 und »das Land wird voll Erkenntnis des Herrn sein, wie Wasser das Meer bedeckt.« Jesaja 11,9 »Dass der Name des Herrn gefürchtet werde bei denen vom Niedergang der Sonne und seine Herrlichkeit bei denen von ihrem Aufgang.« Jesaja 59,19

»Wie lieblich sind auf den Bergen die Füße der Freudenboten, die da Frieden verkündigen, Gutes predigen, Heil verkündigen, die da sagen zu Zion: Dein Gott ist König! ... Seid fröhlich und rühmt miteinander, ihr Trümmer Jerusalems; denn der Herr hat sein Volk getröstet ... Der Herr hat offenbart seinen heiligen Arm vor den Augen aller Völker, dass aller Welt Enden sehen das Heil unsres Gottes.« Jesaja 52,7.9f

KAPITEL 87

»ZU MEINEM *VATER* UND ZU EUREM *VATER*«

F ür Jesus war die Zeit gekommen, zum Thron Seines Vaters aufzusteigen. Als göttlicher Überwinder würde Er mit dem Zeichen des Sieges zu den himmlischen Höfen zurückkehren. Vor Seinem Tod hatte Er Seinem Vater erklärt: »Ich habe … das Werk vollendet, das du mir gegeben hast.« Johannes 17,4 Nach Seiner Auferstehung blieb Er noch für kurze Zeit auf Erden, damit Seine Jünger Ihn in Seinem auferstandenen und verklärten Leib kennen lernen konnten. Jetzt wollte Er Abschied nehmen. Er hatte deutlich bewiesen, dass Er ein lebendiger Heiland ist. Seine Nachfolger brauchten nun nicht länger an das Grab zu denken, wenn sie an Ihn dachten. Sie konnten ihren Meister als den in Erinnerung behalten, der vor himmlischen Welten verherrlicht worden war.

Als Schauplatz für die Himmelfahrt wählte Jesus jenen Ort, der so oft durch Seine Gegenwart geheiligt worden war, als Er noch unter den Menschen weilte. Weder der Berg Zion, auf dem die Stadt Davids lag, noch der Berg Morija, auf dem der Tempel stand, sollten durch dieses Ereignis ausgezeichnet werden. Dort war Jesus gelästert und verworfen worden, dort waren die Wellen der göttlichen Barmherzigkeit an Herzen abgeprallt, die so hart wie Stein waren und von dort war Jesus müde und mit schwerem Herzen fortgegangen, um am Ölberg Ruhe zu finden. Als die Herrlichkeit Gottes vom ersten Tempel gewichen war, hatte sie auf dem östlichen Berg verweilt, als wollte sie die auserwählte Stadt nicht verlassen. Ebenso stand Christus auf dem Ölberg und schaute wehmütigen Herzens auf Jerusalem. Die Haine und Niederungen des Ölbergs waren durch Seine Gebete und Tränen geheiligt worden. An den steilen Hängen hatten sich die begeisterten Schreie der Menge gebrochen, die Ihn zum König ausrief. Auf der einen Seite des Berges hatte Er bei Lazarus in Bethanien ein gastliches Heim gefunden, und im Garten Gethsemane am Fuß des Berges hatte Er allein gebetet und gerungen. Von dort wollte Er nun zum Himmel auffahren. Auf dem Gipfel wird Er auch verweilen, wenn Er wieder erscheinen wird. Nicht als ein Mann der Schmerzen, sondern als siegreicher und triumphierender König wird Er dann auf dem Ölberg stehen, *668* [829/830] während die große Schar der Erlösten ihren Lobgesang anheben wird: Krönt Ihn, den Herrn aller Herren! Jetzt schritt Jesus mit den elf Jüngern dem Berg zu. Als sie das Jerusalemer Tor passierten, schauten viele der kleinen Gruppe nach, die von einem angeführt wurde, den die Obersten erst kurz zuvor verurteilt und ans Kreuz geschlagen hatten. Die Jünger wussten nicht, dass dies ihr letztes Beisammensein mit dem Meister sein würde. Jesus sprach die ganze Zeit über mit ihnen und wiederholte dabei, was Er ihnen früher schon mitgeteilt hatte. Als sie dann dem Garten Gethsemane näher kamen, blieb Jesus stehen, damit sich die Jünger an die Lehren erinnern konnten, die Er ihnen in der Nacht Seines großen Seelenkampfes gegeben hatte. Erneut betrachtete Er den Weinstock, der Ihm damals dazu gedient hatte, die Gemeinschaft der Gläubigen mit Ihm selbst und mit Seinem Vater darzustellen, und Er sprach abermals von den Wahrheiten, die Er zuvor enthüllt hatte. Um Ihn gab es überall Erinnerungen an Seine unerwidert gebliebene Liebe. Selbst die Jünger, die Ihm so nahe standen, hatten Ihm in der Stunde Seiner Erniedrigung Vorwürfe gemacht und Ihn verlassen.

Christus war 33 Jahre lang auf dieser Erde. Während dieser Zeit hat Er Verachtung, Beschimpfung und Spott ertragen. Er ist verworfen und gekreuzigt worden. Als Er nun im Begriff steht, zum Thron Seiner Herrlichkeit aufzusteigen und noch einmal die Undankbarkeit derer überdenkt, die zu retten Er gekommen ist, wird Er ihnen da nicht Seine Teilnahme und Liebe entziehen? Wird sich Seine Zuneigung nicht dorthin wenden, wo Er recht gewürdigt wird und wo sündlose Engel auf Ihn warten? O nein – denen, die Er liebt und auf Erden zurücklassen muss, verspricht Er: »Ich bin bei euch alle Tage bis an der Welt Ende.« Matthäus 28,20

Als sie den Ölberg erreicht hatten, führte sie Jesus quer über den Gipfel auf die nach Bethanien weisende Seite. Hier blieb Er stehen, und Seine Jünger scharten sich um Ihn. Von Seinem Antlitz schienen Lichtstrahlen auszugehen, als Er sie liebevoll anschaute. Er tadelte sie nicht für ihre Fehler und ihr Versagen. Die letzten Worte, die aus Seinem Mund kamen und die Ohren Seiner Zuhörer erreichten, waren von tiefer Innigkeit getragen. Mit segnend ausgebreiteten Händen, als ob es die Gewissheit Seiner schützenden Gegenwart verbürgte, stieg Er langsam aus ihrer Mitte auf – von einer Macht gen Himmel gezogen, die alle irdische Anziehungskraft übertraf. Als Er sich himmelwärts entfernte, schauten Ihm die Jünger, von Ehrfurcht ergriffen, gespannt nach, um noch einen letzten Blick ihres aufsteigenden Herrn zu erhaschen. Dann verbarg Ihn eine herrliche Wolke vor ihren Augen. Und als der aus Engeln bestehende Wolkenwagen den Herrn aufnahm, vernahmen sie erneut die Worte: »Und siehe, ich bin bei euch alle Tage bis an der Welt Ende.« Matthäus 28,20 Zugleich hörten sie aus der Höhe die lieblichen, von großer Freude erfüllten Gesänge des Engelchores. Während die Jünger noch nach oben starrten, wurden sie von einer Stimme angesprochen, die ihnen wie klangvolle Musik ans Ohr drang. Sie wandten sich um und sahen zwei Engel in menschlicher Gestalt, die zu ihnen sagten: »Ihr Männer von Galiläa, was steht ihr da und seht zum Himmel? Dieser Jesus, der von euch weg gen Himmel aufgenommen wurde, wird so wiederkommen, wie ihr ihn habt gen Himmel fahren sehen.« Apg. 1,11 Diese Engel gehörten zu der Schar, die in einer leuchtenden Wolke auf den Heiland gewartet hatte, um Ihn in Seine himmlische Heimat zu begleiten. Als besonders ausgezeichnete Engel hatten diese beiden zur Zeit der Auferstehung Jesu an Seinem Grab gestanden, auch waren sie während Seines Erdenlebens immer um Ihn gewesen. Mit ungeduldigem Verlangen hatte der ganze Himmel auf das Ende des Aufenthaltes Jesu in einer durch den Fluch der Sünde verderbten Welt gewartet. Endlich war für die himmlische Welt die Stunde gekommen, ihren König zu empfangen. Sehnten sich nicht auch die beiden Engel danach, bei der Schar zu sein, die Jesus begrüßte? Sie blieben jedoch in liebevoller Anteilnahme zurück, um denen tröstend beizustehen, die Er verlassen hatte. »Sind sie nicht allesamt dienstbare Geister, ausgesandt zum Dienst um derer willen, die das Heil ererben sollen?« Hebräer 1,14

Christus war in menschlicher Gestalt zum Himmel aufgefahren. Die Jünger hatten eine Wolke gesehen, die Ihn aufnahm. Derselbe Jesus, der neben ihnen geschritten war, der mit ihnen geredet und gebetet hatte, der vor ihnen das Brot gebrochen hatte, der mit ihnen zusammen in ihren Booten auf dem See gewesen war und noch am selben Tag mit ihnen mühsam den Ölberg erstiegen hatte – derselbe Jesus war nun hinweg gegangen, um den himmlischen Thron mit Seinem Vater zu teilen. Und die Engel hatten ihnen versichert, dass derselbe Jesus, den sie zum Himmel hatten auffahren sehen, so wiederkommen würde, wie Er aufgestiegen war. Er wird kommen »mit den Wolken, und es werden ihn sehen alle Augen.« Offenbarung 1,7 »Denn Er selbst, der Herr, wird, wenn der Befehl ertönt, wenn die Stimme des Erzengels und die Posaune Gottes erschallen, herabkommen vom Himmel, und zuerst werden die Toten, die in Christus gestorben sind, auferstehen.« 1.Thessalonicher 4,16 »Wenn aber der Menschensohn kommen wird in seiner Herrlichkeit und alle Engel mit ihm, dann wird er sitzen auf dem Thron seiner Herrlichkeit.« Matthäus 25,31 Dann wird sich auch des Herrn Zusage erfüllen, die Er Seinen Jüngern gegeben hatte: »Wenn ich hingehe, euch die Stätte zu bereiten, will ich wiederkommen und euch zu mir nehmen, damit ihr seid, wo ich bin.« Johannes 14,3 So durften die Jünger sich freuen in der Hoffnung auf die Wiederkunft ihres Herrn Jesus Christus.

Als die Jünger nach Jerusalem zurückkehrten, wurden sie von den Leuten verwundert angeschaut. Man hatte gedacht, sie nach dem Verhör und der Kreuzigung Christi niedergeschlagen und beschämt zu sehen. Ihre Feinde erwarteten, auf ihren Angesichtern Trauer und Enttäuschung zu erkennen. Stattdessen strahl-

ten sie nur Freude und Siegesgewissheit aus. Auf ihren Gesichtern leuchtete eine geradezu überirdische Glückseligkeit. Sie betrauerten keine enttäuschten Hoffnungen mehr, sondern waren voll Lob und Dank gegen Gott. Mit großer Freude erzählten sie das wunderbare Geschehen von der Auferstehung und Himmelfahrt Christi, und ihr Zeugnis wurde von vielen angenommen.

Die Jünger waren auch wegen der Zukunft nicht mehr misstrauisch. Sie wussten, dass Jesus zwar im Himmel war, dass ihnen aber dennoch Seine innigste Anteilnahme galt. Ihnen war bewusst, dass sie einen Freund am Thron Gottes hatten. Deshalb brachten sie Gott mit allem Eifer im Namen Jesu ihre Bitten vor. In heiliger Ehrfurcht beugten sie sich im Gebet und wiederholten die Verheißung: »Wenn ihr den Vater um etwas bitten werdet in meinem Namen, wird er's euch geben. Bisher habt ihr um nichts gebeten in meinem Namen. Bittet, so werdet ihr nehmen, dass eure Freude vollkommen sei.« Johannes 16,23f Ihr Glaube nahm immer mehr zu, hatten sie doch das durchschlagende Argument: »Christus ist hier, der gestorben ist, ja vielmehr, der auch auferweckt ist, der zur Rechten Gottes ist und uns vertritt.« Römer 8,34 Das Pfingstfest brachte ihnen dann die Fülle der Freude durch die Gegenwart des Trösters, wie es Christus versprochen hatte.

Der ganze Himmel wartete darauf, den Heiland in den himmlischen Höfen willkommen zu heißen. Als Er aufstieg, führte Er den großen Zug derer an, die in den Gräbern gefangen gewesen und nach Seiner Auferstehung befreit worden waren. Das himmlische Heer begleitete diesen Freudenzug mit lauten Lobrufen und Gesängen. Sie nähern sich der Stadt Gottes, und die begleitenden Engel rufen laut: »Machet die Tore weit und die Türen in der Welt hoch, dass der König der Ehre einziehe!« Freudig erwidern die Wächter: »Wer ist der König der Ehre?« Die Engel stellen diese Frage nicht etwa, weil sie nicht wüssten, wer dieser König ist, sondern um als Antwort ein begeistertes Lob zu vernehmen: »Es ist der Herr, stark und mächtig, der Herr, mächtig im Streit. Machet die Tore weit und die Türen in der Welt hoch, dass der König der Ehre einziehe!« Wieder ist der Ruf zu hören: »Wer ist der König der Ehre?« Denn die Engel werden niemals müde, wenn es darum geht, Christi Namen zu verherrlichen. So antworten die begleitenden Engel wieder: »Es ist der Herr Zebaoth; er ist der König der Ehre.« Psalm 24,7-10 Dann werden die Tore der Gottesstadt weit geöffnet, und die Engelschar zieht unter lauten Klängen von herrlicher Musik in die Stadt ein.

Dort steht der Thron, umgeben von dem Regenbogen der Verheißung. Da weilen Cherubim und Seraphim. Die Anführer der Engelheere, die Söhne Gottes, die Vertreter der nicht gefallenen Welten sind versammelt. Der himmlische Rat, vor dem Luzifer Gott und Seinen Sohn beschuldigt hatte, die Angehörigen jener sündlosen Reiche, über die Satan seine Herrschaft ausdehnen wollte – sie alle stehen bereit, den Erlöser zu grüßen. Sie haben nur einen Wunsch: Christi Sieg zu verkünden und ihren König zu verherrlichen. Doch Jesus wehrt dem Jubel. Die Zeit dafür ist noch nicht gekommen. Er kann noch nicht die Ehrenkrone und das königliche Gewand empfangen. Er geht in die Gegenwart Seines Vaters. Er weist auf Sein verwundetes Haupt, auf die zerstochene Seite und die entstellten Füße. Er hebt Seine Hände, die noch die Nägelmale tragen. Er weist auf die Zeichen Seines Sieges; dazu bringt Er Gott die Webegarbe dar, jene, die mit Ihm auferweckt wurden als Vertreter der großen Schar, die bei Seiner Wiederkunft aus ihren Gräbern hervorgehen wird. Dann nähert Er sich dem Vater, der sich über jeden Sünder freut, der bereut. Vor Grundlegung der Welt hatten Vater und der Sohn gemeinsam beschlossen, den Menschen zu erlösen, falls er von der Macht Satans überwunden werden sollte. Sie hatten feierlich gelobt, dass Christus der Bürge für das Menschengeschlecht werden sollte. Dieses Gelübde hat Christus nun erfüllt. Als Er am Kreuz ausrief: »Es ist vollbracht!«, Joh. 19,30 wandte Er sich damit an den Vater. Die vor Erschaffung der Welt getroffene Übereinkunft war ganz erfüllt worden. Nun erklärt Er dem Vater: Es ist vollbracht! Deinen Willen, mein Gott, habe ich getan. Ich habe das Erlösungswerk vollendet. Wenn deiner Gerechtigkeit Genüge geschehen ist, dann will ich, »dass, wo ich bin, auch die bei mir seien, die du mir gegeben hast.« Johannes 17,24 Da erklärt Gott, dass die Gerechtigkeit erfüllt und Satan besiegt ist. Christi arbeitende und kämpfende Nachfolger seien »begnadet ... in dem Geliebten.« Epheser 1,6

Vor den Engeln und den Vertretern der ungefallenen Welten sind sie als gerecht erklärt worden. Wo der Herr ist, da soll Seine Gemeinde auch sein. »Gnade und Wahrheit sind einander begegnet, Gerechtigkeit und Friede haben sich geküsst.« Psalm 85,11 Der Vater umarmt den Sohn und befiehlt: »Es sollen ihn alle Engel Gottes anbeten.« Hebräer 1,6; Psalm 97,7 Mit unaussprechlicher Freude anerkennen alle Obersten, Fürsten und Gewaltigen die Oberhoheit des Lebensfürsten. Das Engelheer beugt sich vor Ihm, während der frohe Ruf die himmlischen Höfe erfüllt: »Würdig ist das Lamm, das geschlachtet worden ist, zu empfangen Kraft und Reichtum und Weisheit und Stärke und Ehre und Ruhm und Lob.« Offb. 5,12 Jubellieder mischen sich mit Klängen der von Engeln gespielten Harfen, bis der Himmel vor Freude und Lob überzufließen scheint.

Die Liebe hat gesiegt. Das Verlorene ist wiedergefunden. Der Himmel klingt wider von hellen, melodischen Stimmen: »Dem, der auf dem Thron sitzt, und dem Lamm sei Lob und Ehre und Preis und Gewalt von Ewigkeit zu Ewigkeit!« Offb. 5,13 Von dieser Szene himmlischer Freude erreicht uns auf Erden das Echo der wunderbaren Worte Christi: »Ich fahre auf zu meinem Vater und zu eurem Vater, zu meinem Gott und zu eurem Gott.« Johannes 20,17 Die himmlische und die irdische Familie sind dann vereint. Der Herr ist um unsertwillen zum Himmel aufgefahren und lebt für uns. »Daher kann er auch für immer selig machen, die durch ihn zu
Gott kommen; denn er lebt für immer und bittet für sie.« Hebr.7,25